I0597040

F. 5146.

(Par Bosquet)

F. 2711. porté
  /4. C.

3103

DICTIONNAIRE

RAISONNÉ,

DES DOMAINES

ET DROITS DOMANIAUX;

DES Droits d'Échanges, & de ceux de Contrôle des Actes des Notaires & fous-Signatures privées, Infinuations-Laïques, Centième Denier, Petit-Scel, Contrôle des Exploits, Formule, Gréfes, Droits-réfervés, Francs-Fiefs, Amortiffement, & Nouvel-Acquêt.

Ouvrage dans lequel on a établi les principes de chaque matière, dévelopé leurs conféquences & fait connaître la Jurifprudence actuelle.

TOME PREMIER.

A ROUEN,

De l'Imprimerie de JACQUES-JOSEPH LE BOULLENGER, Imprimeur du Roi.

M. DCC. LXII.

AVEC APROBATION ET PRIVILÉGE DU ROI.

DISCOURS PRÉLIMINAIRE.

EN préfentant au public le premier Dictionnaire qui ait été fait fur les domaines & droits domaniaux, & fur les droits de contrôle des actes & autres qui y font joints, l'auteur croit devoir donner une idée générale des matières traitées dans cet ouvrage, rendre compte des raifons qui l'ont déterminé à préférer l'ordre alphabétique, expliquer le plan qu'il a fuivi.

LA partie des fermes du Roi, connuë fous le nom de la *Ferme des domaines*, comprend, non-feulement les domaines de la couronne & tous les droits domaniaux en dépendans, mais encore plufieurs autres droits détaillés dans le titre même de ce dictionnaire, qui ont été joints & unis aux domaines, pour ne compofer qu'un feul & même corps de ferme. Ce feroit mal juger de ces diférentes parties, que de les confidérer fous le fimple titre de droits des fermes.

LES domaines font les biens patrimoniaux & inféparables de la couronne : ils confiftent en terres, feigneuries & autres biens-fonds, héritages & droits réels.

LES droits domaniaux font de deux efpèces : les uns font nommés droits régaliens ; parce qu'étant acceffoires à la fouveraineté, dont ils font indivifibles, ils ne peuvent être éxercés que par le fouverain : tels font ceux de franc-fiefs, d'amortiffement, de nouvel-acquêt, d'au-

iv

baine & autres femblables ; les autres , font les droits
feigneuriaux , tant fixes que cafuels , féodaux & cen-
fuels , dûs à caufe des terres & feigneuries du domaine:
comme les cens & rentes , les droits de péages , paffages :
ifles , iflots &c; les lods & ventes , quints , requints ,
treizièmes , reliefs , rachats , fous-rachats & autres de
pareille nature , qui font dûs au Roi , comme feigneur
des terres & feigneuries du domaine.

LES autres droits qui ont été joints & unis aux domaines , pour ne compofer qu'un feul & même corps de
ferme , avoient été attribués à diférens oficiers , dont les
fonctions étoient de donner aux actes de procédures &
à tous ceux qui fe paffent dans la fociété , tant judiciairement que volontairement , les formalités auxquelles
ils ont été affujétis , & dont dépend leur validité ; les
ofices ont enfuite été fuprimés , & les droits ont été
réfervés pour être perçûs au profit du Roi , par ceux
qui feroient chargés d'éxercer ces fonctions.

L'ON peut donc dire que , quoique la ferme des
domaines ne foit pas la plus confidérable par fon produit , elle eft inconteftablement de la plus grande importance par fon objet , puifqu'avec les droits régaliens ,
les terres de la couronne , & les droits feigneuriaux &
féodaux en dépendans , elle ne comprend que des droits ,
qui font le falaire de formalités indifpenfables pour affûrer la validité & l'autenticité des actes de procédures ,
des actes volontaires , & généralement de toutes les conventions qui fe font entre les citoïens.

PLUS ces matières font intéreffantes , plus il eft

effentiel qu'elles foient bien connuës, tant de ceux qui font prépofés pour en faire la régie, & pour percevoir les droits, en conformité des règles qui font établies, que de ceux qui font dans le cas de païer ces droits, afin d'affûrer leurs conventions, & d'éviter les nullités & les autres peines qui peuvent réfulter du défaut de la formalité, ou même d'une formalité qui ne feroit pas règulière & telle qu'elle eft prefcrite par la loi.

LA quantité d'édits, déclarations, lettres patentes, règlemens, arrêts & décifions, rendus fur ces diférentes parties, eft fi confidérable, que très-peu d'emploïés de la ferme des domaines, & encore moins de particuliers, peuvent fe procurer une collection d'environ 60 volumes *in - 4°*.

D'AILLEURS, le recuëil le plus complet de ces autorités n'eft pas à beaucoup près fufifant : il n'y a jamais eû de loi fur aucun objet qui ait prévû toutes les dificultés, parce qu'il eft de la condition de l'efprit humain de n'arriver au vrai que par dégrés ; quelques claires que foient les difpofitions des règlemens & arrêts qui ont interprété ces loix primitives, elles ne laiffent pas que de faire naître diverfes queftions, dont la décifion dépend des principes du droit & de l'équité naturelle : la diverfité des circonftances doit naturellement opérer en certains cas la diférence des décifions ; & ces décifions établiffent la jurifprudence qui doit fervir de règle pour tout ce qui, n'aïant pas été prévû ou fufifamment expliqué par la loi, fe trouve dans les mêmes circonftances.

DE-LA cette multitude de règlemens, arrêts & décifions du confeil, dont plufieurs femblent même au premier coup d'œil impliquer contradiction, parce que la juftefle ne s'en fait fentir qu'à un efprit attentif, qui, après avoir remonté au principe, en a tiré toutes les conféquences qui doivent en dériver.

INDÉPENDAMMENT des édits, règlemens & arrêts, il faut donc encore pouvoir faire une étude des principes des loix municipales & de la jurifprudence, qui ont un raport immédiat & une liaifon intime avec la plûpart des droits dépendans de la ferme des domaines, dans la régie de laquelle il s'élève journellement des queftions de droit & des dificultés réelles fur l'interprétation des difpofitions des actes, fur la nature des biens & fur l'état des perfonnes.

AVEC tous ces fecours, qu'arrive-t-il encore? Les uns font une étude des loix & des règlemens : ils croïent les favoir, parce qu'ils ont faifi quelques principes ; ils veulent en faire ufage, & ils fe trompent, parce qu'ils ne les ont pas conférés avec la jurifprudence : d'autres, moins apliqués, ne confultent ces loix & les règlemens, qu'à mefure qu'ils en ont befoin fur chaque queftion qui fe préfente; &, ne pouvant pas même donner le tems néceffaire à leurs recherches & à faifir le raport de la jurifprudence, ils manquent le principe & tombent dans des erreurs toujours préjudiciables au public ou à la ferme.

IL a donc été naturel de penfer qu'un ouvrage fait en vûe de remédier à ces inconvéniens, ne pouroit man-

quer d'être reçû favorablement ; en conséquence, l'auteur
a tâché de réunir en trois volumes cette immensité de règlemens, de rapeller les principes de chaque matière, d'en
déveloper les conséquences, de faire connaître la jurifprudence actuelle & les principes fur lefquels elle eft
fondée, & de diftinguer, par ce moïen, ceux qui font fuivis dans la pratique, de ceux qui ne fubfiftent plus ;
dans un pareil ouvrage, il n'a pû entrer dans le détail
immenfe de toutes les loix & coûtumes du roiaume ; mais,
il a eû l'attention d'indiquer les objets fur lefquels il faut
confulter le droit écrit & les coûtumes qui régiffent les
biens ; il a même raporté les difpofitions qui peuvent
être confidérées, comme formant un droit commun &
général.

L'ORDRE alphabétique a été préféré, parce qu'il
eft inconteftablement le plus commode pour faciliter au
lecteur le moïen de trouver promptement ce qu'il cherche ; obligé de parler de tous les actes qui fe paffent
dans la fociété, des formalités dont ils doivent être revêtus, & des droits qui font le falaire de ces formalités,
l'auteur étoit en quelque forte affujéti à fuivre l'ordre
alphabétique que le légiflateur a obfervé lui-même dans
le tarif des droits de contrôle des actes du 29 Septembre
1722. L'on peut même dire que cet ordre étoit néceffaire
pour éviter des répétitions qui auroient été indifpenfables
en traitant des diférens droits dûs pour un même acte.

LE nombre de dictionnaires que nous avons aujour-
d'hui, tant fur la jurifprudence, que fur les autres fciences
& fur les arts, eft une preuve du goût décidé des lecteurs

viij

pour l'ordre alphabétique ; & la raifon en eft naturelle :
c'eft que cet ordre , dans les matières abondantes , procure le double avantage de préfenter fur chaque queftion
les diférentes autorités qui y font relatives , & de n'offrir
que le feul article qu'on a befoin de confulter dans le
moment.

ON a opofé aux dictionnaires qu'ils favorifoient la pa-
reffe de la plûpart des lecteurs : ce ne peut être en tout
cas , que de ceux qui n'auroient jamais eû la patience
ou le tems d'aller puifer dans les fources ; ainfi , les dictionnaires ont à leur égard plus d'utilité que d'inconvéniens. On a dit auffi que , par l'ordre alphabétique , le
fil des raifonnemens fe perdant , leur utilité s'évanouif-
foit ; & cet inconvénient peut être réel , lorfqu'un auteur
de dictionnaire fe borne fimplement à la nomenclature
& à des citations.

MAIS , depuis que l'efprit d'analyfe & de difcuffion
a apris à règler la marche & l'œconomie du droit français,
tous les auteurs modernes obfervent une méthode incon-
nuë aux anciens ; & cette méthode peut être fuivie
dans les dictionnaires comme dans tout autre ouvrage ,
parce qu'il n'y a point d'obftacle qui empêche d'aprofondir les matières , en les traitant diftinctement dans
l'ordre alphabétique.

POUR remplir cet objet , il femble qu'il fufit , fous le
titre de chacun des articles généraux , de difcuter les
queftions , comme on l'auroit fait dans un ouvrage d'une
autre forme : d'établir le principe : d'en raprocher la
jurif-

jurifprudence , & de les conférer : d'indiquer à cet éfet
les articles particuliers qui dépendent d'un article général : de faire voir la liaifon & l'analogie des diférens objets , & de marquer leurs dépendances avec ce qui a précédé & ce qui doit fuivre : de multiplier les renvois aux
articles divifés, afin d'éviter les répétitions ; & de s'abftenir de féparer certaines matières , qui , étant pour ainfi
dire contextuelles, ne pouroient être divifées , qu'en les
rendant moins claires ; par ce moïen, le lecteur eft en état
de raffembler au befoin toutes les parties difperfées , de
les confidérer de fuite , & d'en tirer la même utilité que
fi elles étoient réunies dans un traité particulier.

CE font ces règles que l'auteur de ce dictionnaire a
toujours eûes en vûe , & auxquelles il a tâché de fe conformer le plus éxactement qu'il a été poffible ; en conféquence , il a cru pouvoir lui donner le titre de *Dictionnaire raifonné*.

POUR en expliquer fommairement le plan , l'on fui-
vra l'ordre des matières tel qu'il eft annoncé dans le
titre même du dictionnaire.

DOMAINES ; l'article principal eft : *Domaines de
la couronne*, fous lequel on a expliqué, par les divifions
& fubdivifions qui ont paru néceffaires, l'origine & la
confiftance du domaine , fes priviléges & tout ce qui y
eft relatif; dans fa confiftance l'on a dénommé toutes les
diférentes parties qui en dépendent : elles font renvoïées
pour être traitées diftinctement dans leur ordre , afin de
ne pas donner trop d'étenduë à ce titre principal ; &

Tome I. ✱ ✱

comme les *Droits domaniaux* cafuels font une dépendance du domaine , le renvoi en a été fait à l'article *Cafuels* , où , après avoir fait l'énumération de ces diférens droits cafuels , l'on a renvoyé à la dénomination de chacun en particulier , pour ce qui lui est propre ; enforte que , fous le titre *Cafuels* , il ne fe trouve que les règles communes aux droits feigneuriaux & féodaux cafuels , dûs au Roi , tant pour la manière de les régir , que par raport aux priviléges & aux éxemtions que quelques perfonnes peuvent prétendre ; ainfi , pour favoir tout ce que l'ouvrage entier renferme , foit fur le domaine & fes dépendances , foit fur les autres matières , il fufit de confulter l'article principal , d'y réunir ceux qui y font indiqués , & d'en ufer de même aux articles divifés.

CONTROLE des actes des notaires &c ; fous ce titre , l'on n'a parlé que de l'établiffement de la formalité & des règles générales qui font prefcrites à cet égard ; il n'étoit pas poffible de traiter avec méthode , dans un feul article , des difpofitions de tous les actes qui fe paffent dans la fociété , & des diférens droits auxquels elles font affujéties ; aulieu que , chaque acte étant dans l'ordre alphabétique , il eft plus naturel & infiniment plus commode pour le lecteur , de trouver dans un feul article , quels font les droits de contrôle , d'infinuation , de centième denier , de petit-fcel , droits feigneuriaux , & autres qui peuvent être dûs pour un même acte , que fi l'explication en étoit difperfée fous les titres de ces diférens droits. On a donc renvoïé à la dénomination particulière de chaque acte ; & l'on a eû l'attention de faire les divifions ou paragraphes néceffaires , relativement aux diférentes difpofitions qui peuvent fe rencontrer dans un acte, afin de procurer au lecteur plus de facilité à trouver la folution de ce qu'il cherche ; l'on a auffi renvoïé, tant au mot, *Commis*, pour les fonctions relatives à la formalité du contrôle, qu'à ceux, *Gréfiers & Notaires*, pour y faire connaître ce que ces oficiers doivent obferver par raport au contrôle de leurs actes.

CONTROLE des actes fous-fignatures privées ; cet article eft fommaire : il ne contient que les motifs de l'établiffement de la formalité ; parce que, fous le titre d'*Actes fous-fignatures privées*, divifé en 18 paragraphes, l'on croit avoir raporté tout ce qui concerne cette matière.

INSINUATION-LAIQUE ; l'on a fuivi le même ordre que pour le contrôle des actes : c'eft-à-dire, que toutes les règles générales font raportées à l'article, *Infinuation*, & que, fous la dénomination de chaque acte, il eft fait mention de ceux qui font fujets à l'infinuation, des droits qui font dûs, du lieu, du tems & de la forme dans lefquels il doit être fatisfait à cette formalité, & des peines auxquelles on s'expofe, lorfqu'on néglige d'y fatisfaire.

CENTIÉME DENIER ; les principes généraux de ce droit font raportés à fon article, où les divifions font indiquées & renvoïées aux diférens actes tranflatifs & rétroceffifs de propriété, ou d'ufufruit d'immeubles, & aux fucceffions ouvertes en ligne collatérale.

PETIT-SCEL ; le titre principal de cet article eft

au mot *Scel*, où l'on a établi les principes du droit, & indiqué les renvois à certains actes, & même à quelques jurisdictions roïales.

CONTROLE des exploits; c'est sous ce titre même, que, par le moïen de diférens paragraphes, l'on a tâché de dire tout ce qui a raport à cette formalité & aux droits qui en font le falaire.

FORMULE; cet article étant peu fufceptible de renvois, il en a été fait un traité complet fous fon titre; l'on trouve à la fuite ce qui concerne la formule à l'ufage des actes des notaires de Paris.

GRÉFES; fous ce titre, l'auteur s'eft attaché à débrouiller la matière des gréfes; mais on n'y trouvera que ce qui concerne les gréfes en chef. Quant à ce qu'on apelle les petits gréfes & les droits acceffoires, il a renvoïé aux articles, *Afirmations de voïage, Défauts, Préfentations, & Contrôle des gréfes.*

DROITS-RÉSERVÉS dans les cours, chancelleries, préfidiaux, bailliages, & autres jurifdictions roïales; cet article eft un traité le plus complet qu'on a pû faire de ces droits.

FRANC-FIEFS; fous l'article principal, on a fait quelques divifions, pour traiter diftinctement de l'origine, de la nature & des principes de ce droit; des perfonnes qui y font fujétes, & des biens pour raifon defquels il eft dû; en quel tems il eft éxigible; de quelle manière il doit être liquidé, & de ce qui doit être obfervé pour en faire le recouvrement. Il n'a été fait que quelques renvois pour les villes, dont les habitans jouïffent ou ont prétendu jouïr de l'éxemtion de ce droit, & pour certaines perfonnes qui, fans être nobles, ont cru être fondées à réclamer la même éxemtion, comme un privilége de leurs charges ou ofices.

AMORTISSEMENT; cet article divifé en 35 paragraphes, eft un traité fuivi du droit d'amortiffement; pour éviter la longueur, il a été fait quelques renvois, mais feulement des parties, qui, devant être aprofondies, pouvoient être divifées fans aucun inconvénient; ces renvois font indiqués dans le paragraphe même qui en annonce la divifion.

NOUVEL-ACQUEST; ce qu'il y avoit à dire fur ce droit, fe trouve à fon article, du moins quant aux principes généraux & aux liquidations fubfiftantes, fauf les renvois aux villes & lieux dont les habitans ont élevé des conteftations particulières.

CES articles & ceux qui en dépendent immédiatement, ne font pas les feuls qui foient traités dans ce dictionnaire; on y trouvera généralement tout ce qui a un raport médiat ou immédiat à la ferme des domaines, & par conféquent tout ce qui concerne les *Amendes* arbitraires & de recouvrement; les *Amendes* de confignation & de condamnation; les droits d'*Échanges*, & autres matières que l'on remarquera facilement à l'infpection des tables fommaires qui fe trouvent à la fin de chaque volume.

L'AUTEUR n'a rien négligé pour rendre cet ouvrage utile & d'un ufage facile ; il s'eft effentiellement apliqué à ce double objet : il a, dans cette vûë, multiplié les divifions, fous le titre même de chaque article, afin que le lecteur puiffe trouver ce qu'il cherche, fans être obligé de s'occuper de ce qui y eft étranger ; l'article *Contrat de mariage* contient plus de 40 pages : s'il n'avoit pas été divifé méthodiquement, il s'y trouveroit tant de confufion, qu'on feroit obligé de lire l'article entier pour trouver la décifion d'une queftion ; mais, il a été fait de cet article 22 paragraphes, qui contiennent les diférentes divifions dont il étoit fufceptible, pour traiter diftinctement des ftipulations qui peuvent être faites par le plus important des actes qui fe paffent dans la fociété ; il en a été ufé de même pour les *donations*, & généralement pour tous les articles qui ont dû être divifés.

UN ouvrage annoncé fous le titre de dictionnaïre & les matières qui font traitées dans celui-ci, femblent exclure les differtations : il faut beaucoup de circonfpection lorfqu'on parle de droits, de quelque nature qu'ils foient ; leur donner de l'étenduë, c'eft un crime ; & prétendre les reftreindre, c'eft contrevenir aux loix en vertu defquelles ils font éxigés & païés ; l'on doit donc prendre le jufte milieu & fe tenir toujours fur la ligne qui fépare le trop du trop peu ; mais, l'on peut propofer fon opinion, fans pouvoir être foupçonné d'avoir voulu décider. L'auteur a dit quelquefois fon fentiment, parce que le plan de l'ouvrage éxigeoit qu'il fit ufage de cette liberté naturelle ; & comme il n'a prétendu donner aucune affertion fur ce qui n'eft pas établi fur des principes inconteftables, il fera facile de diftinguer ce qui n'eft qu'opinion , de ce qui eft principe. S'il n'a rien donné de nouveau pour le fond des règles , il a du moins fait connaître leur origine , & l'état actuel de la jurifprudence ; il n'a pas prétendu la rendre fixe & invariable : c'eft un droit réfervé au légiflateur.

SOUS chaque article & fous chacune des divifions dont il étoit fufceptible , l'auteur, après avoir établi le principe & en avoir fait connaître les conféquences , a quelquefois raporté chronologiquement les édits , déclarations , arrêts & décifions qui y font relatifs ; c'étoit le feul moïen d'établir le progrès de la jurifprudence , de faciliter l'intelligence du réfultat , & de donner des éxemples au befoin , fuivant les circonftances qui fe préfentent ; quelques lecteurs pouront trouver ce détail long & ennuïeux ; mais , s'ils ont une queftion à aprofondir ou à traiter , ils defireront peut-être en trouver encore davantage ; on a donc cru devoir raporter tout ce qui paroiffoit pouvoir être de quelque utilité.

L'ON trouvera dans ce dictionnaire quelque dénomination de villes & provinces , tant étrangères , que du roïaume ; il y a des nations étrangères qui jouïffent en France de quelques priviléges particuliers , foit pour l'éxemtion du droit d'aubaine ou autrement : il étoit par conféquent indifpenfable de faire connaître ces nations : elles ont été feulement indiquées à l'article *Aubain*, tom. 1 , pag. 231 , col. 2 , & l'on eft entré dans le détail de leurs priviléges à chaque article particulier. Il y a auffi des villes du roïaume qui ont dû entrer dans la nomenclature , foit parce que les étrangers qui s'y

xvj

trouvent, jouïffent de certains priviléges, foit parce
que les habitans naturels de ces villes ont eux-mêmes,
ou prétendent avoir des éxemtions de droits de franc-
fiefs ou autres ; enfin, lorfqu'il s'eft préfenté des chofes
effentielles à obferver pour quelques villes ou provinces
du roïaume, fur le domaine & fur les autres matières du
dictionnaire, on a tâché de les placer dans le lieu qui paroiffoit le plus commode pour les trouver facilement.

COMME il a paru néceffaire de joindre à l'ouvrage les
tarifs des droits de petit-fcel, & ceux de contrôle des actes
& d'infinuation-laïque, on les a mis au commencement
du premier volume ; parce que ces loix devoient précéder
le commentaire qui en eft fait après la définition des diférens actes qui y font dénommés.

IL a été ajoûté à chaque volume une *table* fommaire contenant le texte de tous les articles qui y font compris, ainfi
que de leurs divifions & fubdivifions, afin que l'on puiffe,
à l'ouverture du livre, trouver l'objet que l'on cherche ;
à la fin du dernier volume, il s'en trouve une générale
qui fert d'addition : elle comprend tout ce que l'on a remarqué avoir été obmis dans le cours de l'ouvrage, &
les règlemens effentiels qui font intervenus pendant l'impreffion.

____

Nota. *L'Aprobation & le Privilége de cet Ouvrage fe trouveront à
la fin du troifiéme Volume.*

TARIFS

TARIFS

1°. *Du* 10 *Novembre* 1699, *pour les droits de* Petit - fcel, *des expéditions & extraits délivrés par les notaires roïaux, d'actes antérieurs au premier Octobre* 1706 *feulement, attendu que par édit du mois d'Août* 1706, *le droit de fceller eux-mêmes leurs actes, leur a été attribué.*

2°. *Du* 20 *Mars* 1708, *pour les droits de* Petit-fcel, *des actes judiciaires & autres actes y exprimés.*

3°. *Du* 29 *Septembre* 1722, *pour les droits de* Contrôle, *des actes des notaires & de ceux faits fous-fignatures privées.*

4°. *Dudit jour* 29 *Septembre* 1722, *pour les droits d'*Infinuation-*laïque des contrats, jugemens & actes, qui doivent être infinués.*

EXTRAIT du Tarif, des droits de *Petit-fcel*, arrêté au confeil roïal des finances, le 10 Novembre 1699, & annéxé à la déclaration du Roi du même jour, régiftrée au parlement de Paris, le 28 Novembre 1699.

Scel.
10 Novembre 1699.

NOTAIRES ROYAUX.

POur les contrats & actes des notaires, gardes-notes & tabellions roïaux, fera païé :

SAVOIR,

Pour les contrats de conftitution de rentes ; obligations ; partages ; ventes d'immeubles ou d'ofices ; contrats de mariage ; donations à

a

Scel.
10 Novem-
bre 1699.

vie ou à perpétuité ; les inventaires ; partages ; réfignations ; permutations ; réfilimens d'actes ; échanges ; tranfports de meubles ou immeubles , rentes , droits fucceffifs ; titres nouveaux & reconnaiffances ; baux à rente ou à longues années ; tranfactions ; ceffions , fubrogations d'immeubles , ou de conftitutions de rentes par contrats , quitances , ou autrement ; tranfports & marchés ; contrats pignoratifs , gracieux ou à faculté ; teftamens , codiciles , dons-mutuels ; actes de prife de poffeffion de bénéfices ou d'immeubles ; clôtures de comptes ; compromis ; fentences arbitrales ; reconnoiffances des actes ci-deffus paffés , d'abandonnement de biens ; & *généralement pour tous autres contrats* , qui feront reçus & paffés par les notaires & tabellions roïaux , fera payé pour le droit de fcel , les fommes qui enfuivent :.

S A V O I R ,

1. Pour les contrats ou actes , dont les principaux ne feront que de cent livres & au-deffous , dix-fols , ci   10 f.

De ceux de cent livres , jufqu'à cinq cent livres , vingt fols , ci 20 f.

Et de ceux de cinq cent livres , à quelques fommes qu'ils puiffent monter , quarante fols , ci   40 f.

2. Pour les baux à loïer , fous-baux à moitié ou autres , il fera païé , pour ceux jufqu'à cent livres & au-deffous , dix fols , ci   10 f.

Pour ceux depuis cent livres jufqu'à cinq cent livres , vingt fols , ci   20 f.

Pour ceux de cinq cent livres & au-deffus , à quelque fomme qu'ils puiffent monter , trente fols , ci   30 f.

3. Pour les rétroceffions & fubrogations de baux , il fera païé moitié de ceux ci-deffus.

4. Pour chacune procuration , ratification pure & fimple , même de celles des avis de parens , pour tutelles , curatelles , ou autres cas , fix fols , ci   6 f.

5. Pour les renonciations , confentemens purs & fimples , actes d'acquiefcement ou de défiftement , acte d'apel ou d'opofition , fommation , ou confignation de dépôts , raports d'experts ou autres , fix fols , ci   6 f.

6. Pour procès verbaux de ventes de meubles , faits par les notaires , trente fols , ci   30 f.

7. Obligations pour prêt de fel , fix deniers pour chacun y dénommé , ci   6 d.

8. Pour les déclarations fournies aux papiers terriers des domaines du Roi , ou aux Seigneurs particuliers , il fera païé pour le fcel

d'une déclaration, qui fera au-deſſous de dix articles, cinq ſols, ci 5 ſ.

Et pour celles au-deſſus, à tel nombre qu'il puiſſe être, dix ſols, ci   10 ſ.

9. Les obligations & actes deſquels il ne reſtera point de minute, feront ſcellés ſur les brevets, & les droits païés, ſans que les notaires les puiſſent délivrer autrement, à peine de cent livres d'amende.

10. Et à l'égard des autres contrats ou actes, dont il y aura minute, les notaires n'en pourront délivrer les expéditions qu'elles n'aient été ſcellées & les droits païés.

11. Pour le droit de ſcel des contrats & actes de la qualité de ceux ci-deſſus, reçus par les notaires & tabellions, avant l'édit du mois de Novembre 1696, il ne ſera païé que moitié des ſuſdits droits.

Fait & arrêté au conſeil roïal des finances, tenu à Marly; le dixième jour de Novembre mil ſix cent quatre-vingt-dix-neuf. Collationné, *Signé* DELAISTRE.

DÉCLARATION DU ROI,

Portant règlement pour la perception des droits des Petits-Sceaux, ſuivant le Tarif ci-après tranſcrit.

Donnée à Verſailles, le 20 Mars 1708.

LOUIS, par la grace de Dieu, Roi de France & de Navarre : A tous ceux qui ces préſentes lettres verront ; ſalut. Nous avons par notre Déclaration du 10 Novembre 1699, réglé entr'autres choſes le pié ſur lequel ſeroit païé le droit du Petit-Scel des ſentences, jugemens & autres actes des juriſdictions roïales, enſemble le ſceau des rôles des tailles, & fait arrêter en notre conſeil le même jour un tarif deſdits droits ; mais, quoique nous aïons aporté toute l'attention néceſſaire pour empêcher qu'il n'arrivât des conteſtations ſur la perception deſdits droits, nous ſommes cependant informés qu'il ne laiſſe pas d'en ſurvenir aſſez fréquemment entre les redevables deſdits droits & les commis de notre fermier, ſur la maniere de les percevoir, & la quotité d'iceux ; ce qui retarde l'éxécution de noſdits édits, déclarations, tarifs, & arrêts de notre conſeil ; à quoi deſirant pourvoir, nous avons eſtimé qu'il n'y avoit pas de meilleur moïen

20 Mars 1708.

Scel.
20 Mars
1708.

que celui de faire arrêter en notre conseil un nouveau tarif, sur lequel lesdits droits seront perçus à l'avenir. A ces causes & autres à ce nous mouvans, de notre certaine science, pleine puissance & autorité roïale, nous avons par ces présentes signées de notre main, dit, déclaré & ordonné, disons, déclarons & ordonnons, voulons & nous plaît.

ARTICLE PREMIER.

Qu'à commencer au premier Juillet prochain, les droits de scel des sentences des jurisdictions roïales, & des rôles des tailles, & autres impositions de toutes les provinces & généralités de notre roïaume, à l'exception seulement des rôles des tailles & impositions des provinces & généralités de Toulouse, Montpellier, Provence, Bourgogne, Flandre, Haynault & Artois, soient perçus en conséquence & suivant le tarif que nous avons fait cejourd'hui arrêter en notre conseil, & attaché sous le contre-scel des présentes.

II. Voulons que lesdits droits de scel soient païés, sur le pié réglé par ledit tarif, aux officiers créés par notre édit du mois d'Octobre 1707, ou au fermier de nosdits droits, ses procureurs ou commis, sans qu'ils y puissent être troublés ni empêchés par quelques sortes de personnes, & sous quelque prétexte que ce puisse être.

III. Et afin que nos officiers gardes des petits-sceaux créés par notredit édit du mois d'Octobre 1707, ou les commis qui seront par eux ou par le fermier de nosdits droits, préposés à l'exercice ou recette d'iceux, puissent faire leurs fonctions avec toute l'aplication & l'éxactitude nécessaire, voulons qu'ils ne puissent être imposés à la taille, s'ils n'y ont été avant qu'ils soient pourvûs desdits offices ou commissions, & s'ils y étoient imposés, qu'ils ne puissent en aucune manière être augmentés, sinon en cas d'augmentation de biens; comme aussi qu'ils jouïssent de l'éxemtion de logemens de gens de guerre, collecte de la taille & autres impositions, tutelle, curatelle, & des mêmes & semblables priviléges & éxemtions, dont jouïssent les commis de nos fermes générales, sans qu'ils puissent y être troublés, par qui ou pour quelque cause que ce soit ou puisse être.

IV. Voulons au surplus que tous nos édits, déclarations, arrêts & règlemens rendus sur la perception desdits droits, soient éxécutés selon leur forme & teneur, en ce qu'ils ne seront point contraires à ces présentes.

Si donnons en mandement à nos amés & féaux conseillers les gens tenans notre cour de parlement, chambre des comptes & cour des aydes à Paris, que ces présentes ils aïent à faire lire, publier &

regiſtrer, & le contenu en icelles garder & éxécuter ſelon leur forme & teneur, nonobſtant tous édits, déclarations, arrêts & autres choſes à ce contraires, auxquels nous avons dérogé & dérogeons par ces préſentes, aux copies deſquelles, collationnées par l'un de nos amés & féaux conſeillers-ſecrétaires, voulons que foi ſoit ajoûtée comme à l'original ; car tel eſt notre plaiſir : en témoin de quoi nous avons fait mettre notre ſcel à ceſdites préſentes. Donnée à Verſailles, le vingtième jour de Mars, l'an de grace mil ſept cent huit, & de notre règne le ſoixante-cinquième. *Signé* LOUIS ; *& plus bas*, par le Roi, PHELYPEAUX. *Vû au conſeil*, DESMARETZ. Et ſcellée du grand ſceau de cire jaune.

Regiſtrée, à Paris, en parlement, le quinzième Juin mil ſept cent huit. Signé, DONGOIS.

TARIF

Des droits que le Roi en ſon conſeil a ordonné & ordonne être païés, en éxécution de l'édit du mois de Novembre 1696. Déclarations des 3 & 17 Septembre 1697, ſix Mai 1698, dix Novembre 1699, & de celle de ce jour, renduë pour le ſcel des ſentences, jugemens, & actes émanés des requêtes du palais, établies près les cours, bailliages, & ſénéchauſſées, prévôtés, vigueries, châtellenies, juſtices conſulaires & autres juriſdictions roïales ; pour être toutes leſdites ſentences, jugemens & autres actes ſcellés, conformément auxdits édit & déclarations, à peine de nullité, & de cent livres d'amende pour chacune contravention, dans l'étenduë du roïaume, païs, terres & ſeigneuries de l'obéïſſance de S. M., à l'exception des ſentences renduës au châtelet de Paris, même par le juge auditeur.

PREMIEREMENT.

POUR chacune ſentence ou jugement définitif, contradictoire ou par défaut, portant condamnation, liquidation, contrainte ou décharge de ſomme liquidée, & les éxécutoires de dépens, dommages ou intérêts, il ſera païé :

SAVOIR,

Pour leſdites ſentences & jugemens définitifs ou éxécutoires de

Scel.
20 Mars
1708.

cent livres & au-deſſous , douze ſols ſix deniers, ci   12 ſ. 6 d.

Et depuis cent livres , juſqu'à cinq cent livres , dix-huit ſols neuf deniers, ci   18 ſ. 9 d.

Et depuis cinq cent livres juſqu'à mille livres , vingt-cinq ſols , ci   25 ſ.

Depuis mille livres & au-deſſus , à quelques ſommes qu'ils puiſſent monter , trente-ſept ſols ſix deniers , ci   37 ſ. 6 d.

Pour les ſentences ou actes d'enregiſtrement , inſinuation , nantiſſement , enſaiſinement , apropriment , inſinuation , enregiſtrement , publication de donation , ou ouverture de teſtament & autres de cette qualité , ſera païé :

Savoir,

Pour ceux de cent livres & au-deſſous , douze ſols ſix deniers , ci   12 ſ. 6 d.

Depuis cent livres juſqu'à cinq cent livres , dix-huit ſols neuf deniers , ci   18 ſ. 9 d.

Depuis cinq cent livres juſqu'à mille livres , vingt-cinq ſols , ci   25 ſ.

Et depuis mille livres & au-deſſus , trente-ſept ſols ſix deniers , ci   37 ſ. 6 d.

Pour les ſentences ou jugemens , portant condamnation par proviſion ou de ſommes liquidées , même celles de païement d'alimens ou médicamens , il ſera païé moitié des ſommes ordonnées pour les ſentences ou jugemens définitifs.

DEUXIÉME CLASSE DES SENTENCES.

Pour les ſentences portant revendication ou renvoi de cauſe , débouté de déclinatoire , converſion d'opoſition en ſaiſie & arrêt , main-levée des ſaiſies , ou qui convertiront les opoſitions à fin de charge , ou de diſtraire , celles qui recevront les apellations , ou qui porteront défenſes d'éxécuter les ſentences des juges inférieurs ; celles qui donneront acte aux commiſſaires aux ſaiſies-réelles de leurs diligences ; celles qui contiendront des déclarations , affirmation , ſoumiſſion en éxécution d'autres ſentences , ou qui ordonneront l'éxécution d'autres jugemens , actes , ou ſentences ; celles qui ordonneront que les ſommes ſaiſies ſeront délivrées , ou main-levée des ſommes conſignées ; celles qui ordonneront que les ſommes colloquées ſeront païées ; celles qui ordonneront qu'il ſera baillé caution ;

eelles de réception de caution ; celles portant commiffion rogatoire, fera païé pour le droit de fcel de chacune, vingt-cinq fols, ci 25 f.

TROISIÉME CLASSE DES SENTENCES.

Pour les fentences portant nomination de tuteur, curateur, commiffaires-fequeftres ; celles qui ordonneront affemblées de parens, aux fins de nomination de tuteur, curateur, ou pour donner avis pour les affaires des mineurs, d'habitans & communautés ; celles portant condamnation de rendre compte par les tuteurs, curateurs, commiffaires-fequeftres & autres dépofitaires ; celles portant clôtures & adition de compte & inventaires ; celles qui ordonneront les partages, interdiction, féparation, renonciation, reconnoiffance en éxécution des retraits ; celles de bénéfice d'âge ou inventaire ; & celles d'enregiftrement de lettres roïales, il fera païé pour le droit de fcel de chacune d'icelles, vingt-cinq fols, ci   25 f.

QUATRIÉME CLASSE DES SENTENCES.

Pour les fentences qui ordonneront la vente ou licitation d'immeubles, vifite, procès verbaux de vifites, ou eftimation & entérinement de raports ; celles qui porteront réception de tiercement des baux judiciaires, ou des enchères fur lefdits baux, vingt-deux fols fix deniers, ci   22 f. 6 d.

CINQUIÉME CLASSE DES SENTENCES.

Pour les opofitions aux criées, fix fols trois deniers, ci   6 f. 3 d.
Pour les fentences de vérification ou certification des criées, ou congé d'adjuger, trente-fept fols fix deniers, ci   37 f. 6 d.
Pour les adjudications faites en juftice, ou de biens vendus par décret, licitation volontaire ou forcée, fera païé pour celles, jufqu'à mille livres & au-deffous, trente-fept fols fix deniers, ci   37 f. 6 d.
Pour celles depuis mille livres jufqu'à quatre mille livres, trois livres quinze fols, ci   3 l. 15 f.
Pour celles de quatre mille livres & au-deffus, fept livres dix fols, ci   7 l. 10 f.

SIXIÉME CLASSE DES SENTENCES.

Pour les reconnoiffances ou vérification d'écritures, jugemens,

portant règlement fur débats de comptes, ceux portant qu'il fera apofé des affiches, ou fait publications, douze fols fix deniers, ci
12 f. 6 d.

Pour les baux judiciaires de quatre cent livres & au-deffous, vingt-cinq fols, ci
25 f.

Pour ceux au-deffus de quatre cent livres, trente - fept fols fix deniers, ci
37 f. 6 d.

SEPTIÉME CLASSE DES SENTENCES.

Pour une commiffion d'ajournement perfonnel, douze fols fix deniers, ci
12 f. 6 d.

Pour les fentences portant converfion de décret ou d'affigné pour être ouï en ajournement perfonnel ou prife de corps ; celles qui convertiront les procès criminels en ordinaires, où il y aura partie civile ; celles qui permettront de compulfer, informer, interroger ou qui déclareront que les témoins feront recollés & confrontés ; celles d'élargiffement de perfonnes, quand elles nē font point détenuës à la requête des receveurs des tailles ; celles qui ordonneront que les témoins qui feront en demeure ou refufans de dépofer, y feront contraints, il fera païé pour chacun defdits actes, fept fols fix deniers, ci
7 f. 6 d.

A l'égard des actes de préfentations, ceux d'affirmations de voïages, ceux de produits, les défauts & congés levés aux gréfes des préfentations, qui ne porteront point de condamnation, les apointemens de conclufion ou d'apointé en droit ou à mettre, les ordonnances mifes au bas des requêtes concernant les inftructions des procédures, comme pour donner acte, foit fignifié, ou en jugeant, production reçuë, viennent à l'audience, & qui ne porteront aucune permiffion de faifir, d'apeller parties, compulfer, ni autres règlemens & condamnation, ils ont été déchargés du droit de fcel par la déclaration de S. M. du dix Novembre 1699, & ne fera païé aucun droit pour iceux.

Les rôles des tailles & du fel & autres impofitions générales & particulières de toutes les provinces & généralités du roïaume, à l'exception des généralités de Touloufe, Montpellier, Provence, Bourgogne, Flandre, Haynault & Artois, feront fujets au droit du fcel, avant que de pouvoir être mis à éxécution.

S A V O I R,

SAVOIR,

Pour un rôle au-deſſous de quatre cent livres, trois livres, ci 3 l.

Pour un, depuis quatre cent livres juſqu'à mille livres, quatre livres, ci
4 l.

Pour un, depuis mille livres juſqu'à deux mille livres, ſix livres, ci
6 l.

Pour un, depuis deux mille livres, juſqu'à trois mille livres, huit livres, ci
8 l.

Pour un, depuis trois mille livres & au-deſſus, à telle ſomme qu'il puiſſe monter, douze livres, ci
12 l.

Pour les décrets & ordonnances apoſés ſur les requêtes ou procès verbaux, portant permiſſion d'aſſigner, ſaiſir, éxécuter, ſurſéance & établiſſement de ſequeſtre ou autres actes de cette qualité, il ſera païé ſix ſols trois deniers, ci
6 ſ. 3 d.

Et s'ils portent condamnation proviſoire ou définitive, il ſera païé comme pour les ſentences.

Pour les ſcellés aux inventaires, il ſera païé pour chaque vacation juſqu'à la confection de l'inventaire, trente-ſept ſols ſix deniers, ci
37 ſ. 6 d.

Pour le ſcel des actes de foi & hommage, ſouffrance ou réception d'aveu & dénombrement, il ſera païé pour chacun deſdits actes.

SAVOIR,

Pour les fiefs ſimples, vingt-cinq ſols, ci
25 ſ.

Et pour les châtellenies, baronnies ou autres terres titrées, cinquante ſols, ci
2 l. 10 ſ.

Pour les commiſſions ou mandemens, pour mettre à éxécution les ſentences & jugemens par d'autres huiſſiers que ceux des juriſdictions où auront été renduës leſdites ſentences & jugemens, ſera païé vingt ſols, ci
20 ſ.

JUSTICES CONSULAIRES.

Il ſera païé pour le droit du ſcel.

SAVOIR,

Pour les ſentences éxécutoires au-deſſous de cinquante livres, ſept ſols ſix deniers, ci
7 ſ. 6 d.

Et pour celles de cinquante livres & au-deſſus, douze ſols ſix deniers, ci   12 ſ. 6 d.

Pour les ſentences proviſionnelles ou définitives, contradictoires ou par défaut, éxécutoires de dépens, au-deſſus de cent livres, à quelques ſommes qu'elles puiſſent monter, vingt-cinq ſols, ci   25 ſ.

Et pour les autres procédures de ladite juriſdiction, S. M. les a diſpenſées dudit ſceau, ainſi qu'il eſt porté par la déclaration du trois Septembre 1697.

<h2 style="text-align:center">REQUESTES DU PALAIS.</h2>

Il ſera païé pour le droit de ſcel des ſentences proviſoires ou définitives, éxécutoires de dépens, jugemens & autres actes deſdites requêtes, comme dans les autres juriſdictions roïales, à l'exception des procédures concernant les inſtructions faites èſdites requêtes ; & feront les lettres patentes du 30 Juillet 1697, concernant le droit de ſcel des requêtes de l'hôtel du palais à Paris, éxécutées ſelon leur forme & teneur, pour le ſcel des ſentences, jugemens & actes de la qualité de ceux ci-deſſus, qui ont été rendus avant l'édit du mois de Novembre 1696, dans toutes les juriſdictions du roïaume, & qui feront délivrées & miſes à éxécution, il ne ſera païé que moitié deſdits droits de ſcel ci-deſſus fixés.

Seront en outre païés les deux ſols pour livre de tous leſdits droits aux Oficiers créés par les édits des mois de Février & Octobre 1707.

Fait & arrêté au conſeil roïal des finances, tenu à Verſailles, le vingtième jour de Mars 1708. Collationné. *Signé* GOUJON.

Regiſtrées, à Paris, en parlement, le quinzième Juin mil ſept cent huit. Signé DONGOIS.

* * *

DÉCLARATION DU ROI,

Concernant le contrôle des actes des notaires & les inſinuations laïques.

Donnée à Verſailles, le 29 Septembre 1722.

Regiſtrée en parlement.

LOUIS, par la grace de Dieu, Roi de France & de Navarre : A tous ceux qui ces préſentes lettres verront, ſalut. Il nous a été ſouvent repréſenté que les tarifs du 20 Mars 1708, concernant le

contrôle des actes & les infinuations laïques , ont fixé à des fommes
trop fortes les droits d'un grand nombre d'actes , qui font les plus
fréquens dans la fociété civile , & qui intéreffent le commerce , la
navigation , la culture des terres , & les perfonnes du commun ; nous
aurions fort défiré de prendre fur nos propres fonds la diminution
qu'il eft néceffaire d'accorder fur les droits de tous ces différens actes ; mais le défir que nous avons d'aquitter règulièrement les dettes
de notre état , nous obligeant de ménager nos revenus , nous n'avons
point trouvé d'autres moïens pour diminuer les droits de ces actes ,
que de mettre fur les actes les plus importans , une légère augmentation de droits , qui étant proportionnée aux fommes pour lefquelles
ces actes feront paffés , fe trouvera auffi proportionnée aux facultés
des contractans ; de réunir à notre ferme les droits de contrôle , infinuations-laïques & petit-fcel , qui ont été aliénés ou abonnés ; de
les rétablir dans les lieux où ils ont été fuprimés , & d'en rendre la
règie & la perception générale & uniforme dans toute l'étenduë de
notre roïaume , n'étant pas jufte que quelques lieux demeurent
affranchis de ces droits , auxquels tous les autres font fujets. Nous
pouvons rétablir le contrôle des actes des notaires , avec d'autant
plus de raifon dans notre bonne ville de Paris , que ce droit y aïant
été créé comme dans les autres villes & lieux du roïaume , par le feu
Roi de glorieufe mémoire , notre très-honoré feigneur & bifaïeul ;
les notaires de ladite ville n'en furent déchargés , qu'au moïen d'un
prêt qu'ils lui firent de la fomme de neuf cent mille livres en rente
fur la ville , dont ils ont reçu règulièrement les arrérages , & dont
nous leur avons remboursé le capital. Et comme nous avons lieu
d'efpérer que ces droits étant fixés par les nouveaux tarifs , que nous
en avons fait arrêter cejourd'hui en notre confeil , avec plus de
proportion qu'ils ne l'étoient par les anciens tarifs , les parties , les
notaires , gréfiers & autres perfonnes publiques , ne s'expoferont
pas à l'avenir aux peines de nullité & d'amende portées par les édits ,
déclarations & règlemens ; Nous voulons bien , par grace fpéciale ,
non-feulement les relever de celles qu'ils ont encouruës , pourvû que
la condamnation n'en ait point encore été prononcée , mais même
leur accorder un délai convenable , pour faire contrôler , infinuer
& fceller les actes & jugemens qui ne l'ont pas été , & les valider
du jour qu'ils auront été contrôlés , infinués & fcellés. A ces caufes
& autres , à ce nous mouvans , de l'avis de notre très-cher & très-
amé oncle le duc d'Orléans , petit-fils de France , règent ; de notre
très-cher & très-amé oncle le duc de Chartres , premier prince de

29 Sept.
1722.

notre fang ; de notre très-cher & très-amé coufin le duc de Bourbon ; de notre très-cher & très-amé coufin le comte de Charrollois ;
de notre très-cher & très-amé coufin le prince de Conty , princes
de notre fang ; de notre très-cher & très-amé oncle le comte de
Touloufe , prince légitimé ; & autres grands & notables perfonnages de notre roïaume , & de notre certaine fcience , pleine puiffance & autorité roïale , nous avons , par ces préfentes , fignées de
notre main , dit , déclaré & ordonné , difons , déclarons & ordonnons , voulons & nous plaît.

ARTICLE PREMIER.

Que les nouveaux tarifs que nous avons fait arrêter cejourd'hui en
notre confeil , attachés fous le contre-fcel des préfentes , concernant les droits de contrôle des actes des notaires & fous-fignature
privée ; & les droits des infinuations-laïques , ainfi que l'ancien tarif
du 20 Mars 1708 , concernant le petit-fcel des fentences & actes
judiciaires , foient éxécutés dans toute l'étenduë de notre roïaume ,
païs , terres & feigneuries de notre obéïffance.

II. Révoquons à cet effet la déclaration du 27 Avril 1694 , concernant les actes paffés par nos confeillers-notaires au châtelet de
notre bonne ville de Paris , & les autres édits , déclarations & arrêts
portant fupreffion , aliénation ou abonnement des droits de contrôle
des actes , infinuations-laïques & petit-fcel , précédemment rendus.
Voulons qu'à commencer du premier Novembre prochain , tous les
contracts & actes qui feront reçus & paffés par nofdits confeillers ,
notaires au Châtelet de Paris , par ceux de notre bonne ville de
Lyon , & par tous les autres notaires & tabellions , tant roïaux ,
apoftoliques , que feigneuriaux , gréfiers & autres perfonnes publiques , qui ont droit de paffer & recevoir des actes fujets auxdits droits ,
enfemble tous les jugemens & actes judiciaires fujets au petit-fcel ,
foient contrôlés , infinués & fcellés dans les délais prefcrits par les
précédens règlemens & conformément à iceux , & les droits païés
fous les peines y portées , fans aucune diftinction des lieux où lefdits droits n'ont point été ci-devant perçus , en la même forme &
maniere qui fe pratique dans les lieux où lefdits droits font actuellement établis , fauf à raporter en notre confeil , les titres en vertu
defquels les fupreffions , aliénations ou abonnemens ont été faits ,
pour être fur iceux procédé à la liquidation des finances , qui feront
par nous rembourfées , s'il y échet , ou à l'indemnité des aliénatai-

res, fur le pié de l'évaluation de leur ancienne jouïffance ; laquelle indemnité leur fera annuellement païée par le fermier defdits droits, outre & par deffus le prix de fon bail, ainfi que nous l'en chargeons par ces préfentes.

III. Permettons , par grace fpéciale, à ceux qui n'ont point fait contrôler, infinuer & fceller dans les délais portés par les règlemens, les actes & jugemens , dans les lieux qui y font fujets, de les faire contrôler, infinuer & fceller dans le tems de trois mois, à compter du jour de la publication des préfentes, en païant les droits portés par les tarifs de ce jour, pour le contrôle & l'infinuation, & fuivant le tarif du 20 Mars 1708, pour le petit-fcel, pour avoir lefdits actes & jugemens hipotéque, force & vertu, du jour feulement qu'ils feront contrôlés, infinués & fcellés. Déchargeons les parties, les notaires, gréfiers & autres, qui font tombés dans des contraventions à nos précédens règlemens, des peines & amendes qu'ils ont encouruës, pourvu qu'elles n'aïent point été prononcées ; à la charge de fatisfaire auxdits règlemens, & de païer lefdits droits dans ledit tems ; lefquels droits lefdits notaires , gréfiers & autres perfonnes publiques, feront tenus d'avancer, fauf leur recours contre les parties qui les doivent : après lequel délai & fans efpoir d'aucun autre, voulons que la nullité prononcée par nos édits & déclarations, ait fon entier effet, & que lefdits notaires & autres, demeurent refponfables des dommages & intérêts que les parties pourront fouffrir pour la nullité defdits actes & jugemens, & que les peines & amendes foient pourfuivies & païées fans aucune remife ni modération.

IV. Faifons très-expreffes inhibitions & défenfes aux commis à la perception defdits droits de contrôle, infinuations-laïques & petit-fcel, de donner communication de leurs regiftres, ni d'en délivrer aucuns extraits, pour quelque caufe & fous quelque prétexte que ce puiffe être, qu'en vertu d'ordonnance de juftice, à peine de mille livres d'amende, de révocation, & d'être privés pour toujours de toutes fortes d'emplois.

V. Voulons au furplus que tous les édits , déclarations & règlemens ci-devant rendus au fujet de la régie & perception defdits droits de contrôle, infinuations-laïques & petits-fcels, foient éxécutés felon leur forme & teneur, en ce qu'ils ne font point contraires à ces préfentes. Si donnons en mandement à nos amés & féaux confeillers les gens tenans notre cour de parlement à Paris , que ces préfentes ils aïent à faire lire, publier & regiftrer, même en tems de vacations ; & le contenu en icelles, garder & obferver felon leur forme & teneur ; aux copies collationnées defquelles, par l'un de nos amés & féaux confeillers - fecrétaires, voulons que foi foit ajoûtée comme à l'original : car tel eft notre plaifir. En témoin de quoi nous avons fait mettre notre fcel à cefdites préfentes. Donné à Verfailles, le vingt-neuviéme jour de Septembre, l'an de grace mil fept cent vingt-deux, & de notre règne le huitiéme. *Signé*, LOUIS ; *Et plus bas*, par le Roi, le duc d'Orléans, régent, préfent. *Signé*, Phelypeaux : Et fcellé du grand fceau de cire jaune.

Regiftrées, à Paris, en Parlement, le 8 Octobre 1722.

✻✻✻✻✻✻✻✻✻✻✻✻✻✻✻✻✻✻✻✻✻✻✻✻

TARIF

Des droits que le Roi, en fon confeil, veut & ordonne être païés à l'avenir, à commencer du premier Novembre prochain, en éxécution de l'édit du mois de Mars 1693, & autres édits, déclarations, arrêts & règlemens rendus en conféquence ; & notamment de la déclaration de ce jour, pour le contrôle des actes & contrats qui feront paffés dans toute l'étenduë du roïaume, païs, terres & feigneuries de l'obéiffance de S. M., par fes confeillers-notaires au châtelet de Paris, & de la ville de Lyon ; & par tous les autres notaires & tabellions, tant roïaux, apoftoliques, que feigneuriaux, gréfiers, gens de loi & autres, qui ont droit d'inftrumenter ; & pour le contrôle des actes fous-fignatures privées.

ARTICLE PREMIER.

Actes eccléfiaftiques, les droits en feront païés.

SAVOIR,

Pour les nominations ou préfentations à bénéfices, par patrons eccléfiaftiques ou laïques, permutations, démiffions, réfignations, provifions données par les abbés, abbeffes, bénéficiers & autres collateurs, collations accordées par ceux qui ont droit d'indult ; celles données par les chanceliers des églifes & univerfités, à ceux qui font nommés par S. M. ; fignifications de lettres d'indult, de joïeux avénement & ferment de fidélité ; informations d'âge, vie & mœurs des perfonnes nommées aux archevêchés & évêchés ; procurations pour prendre poffeffion de bénéfice ou dignité ; celles pour se démettre ; celles qui portent résignation ou rétrocession , ou qui feront conçuës dans des termes qui pourront difpenfer les réfignatai-res de pafler d'autres actes par devant notaires, pour parvenir à l'ob-tention des provifions ; prife de pofleffion, oppofitions & interpel-lations que les parties défireront faire pour la confervation de leurs droits aux patrons, aux élifans, collateurs & collatrices ; ceffions , fous le bon plaifir du Roi, d'indult des officiers du parlement de Paris ; ceffions & échanges des patronages d'églifes ; procès verbaux de fulmination de bulles , ou vifa de fignature de cour de Rome ; ceux d'élection à une premiere dignité d'églife cathédrale , collégiale ou conventuelle ; ceux de bénédictions d'abbés ou d'abbeffes ; requi-fitions de confirmation ; & les concordats au fujet des archevêchés , évêchés, abbaïes, dignités & autres bénéfices , fur procès mûs & à mouvoir , pour raifon du poffeffoire defdits bénéfices ; création , réduction & extinction de penfion créée & à créer en cour de Rome, cinq livres, ci   5 liv.

Les commiffions d'archidiacre pour deffervir une cure, compro-mis & expéditions des fentences arbitrales , entre feuls eccléfiaftiques, pour raifon des droits appartenans à leurs églifes ; & les actes de vê-ture , noviciat ou profeffion dans les monafteres, deux liv. ci   2 liv.

Les actes de vêture & de profeffion dans les ordres des mendians , feront contrôlés gratis.

Et les nominations des gradués , procurations pour compromettre , requérir , réfigner , céder ou rétrocéder un bénéfice ; celles pour noti-fier les noms , titres & qualités des gradués, ou pour confentir créa-tion ou extinction de penfion ; révocations defdites procurations , rétractations, fignifications defdits actes & des brefs , bulles , figna-tures, refcrits apoftoliques , des concordats & atteftations de tems d'étude ; notifications de dégrés & autres repréfentations ; requifitions de vifa de fulmination de bulles , d'admiffion à prendre l'habit , à faire noviciat & profeffion ; celles pour fatisfaire au décret d'une pro-vifion de bénéfice règulier ; & celles faites aux curés pour publier aux prônes des meffes , les prifes de pofleffion ; les publications à iffuës de meffes des prifes de pofleffion, en cas de refus des curés ; actes de refus d'ouvrir les portes pour prendre pofleffion ou autrement ; oppofitions à prife de pofleffion , lettres d'intronifation , & les répu-diations des provifions, une livre, ci   1 liv.

I I.

Abandonnement ou ceffion volontaire de biens par un débiteur à fes créanciers, cinq livres , ci   5 liv.

I I I.

Contrôle.
29 Sept.
1711.

Acquifitions de meubles ou immeubles , foit par contrats volon‑
taires , adjudications en direction ou autrement.

Au‑deffous de cinquante livres , cinq fols , ci   5 f.

De cinquante livres à cent livres , dix fols , ci   10 f.

De cent livres à deux cent livres , une livre , ci   1 liv.

De deux cent livres & au‑deffus jufqu'à dix mille livres , à raifon de dix fols pour chaque cent livres.

De dix mille livres , cinquante livres , ci   50 liv.

Et au‑deffus de dix mille livres , à quelques fommes qu'elles puiffent monter , à raifon de vingt fols d'augmentation pour chaque mille livres.

I V.

Acquifitions de meubles ou immeubles , où toutes les fommes & autres chofes qui en font le prix , ne feront pas défignées ni éva‑ luées , fera païé , pour tenir lieu du plus fort droit , deux cent livres , ci   200 liv.

V.

Atteftations ou certificats purs & fimples , dix fols , ci   10 f.

V I.

Aveu & dénombrement d'un fief aïant haute‑juftice , reçu par les notaires , gréfiers des feigneurs , ou autres qui en ont le droit , fix livres , ci   6 liv.

Aïant droit de moïenne & baffe‑juftice , quatre livres dix fols , ci   4 liv. 10 f.

Aïant droit de baffe‑juftice feulement , trois livres , ci   3 liv.

Pour le fimple fief fans juftice , deux livres , ci   2 liv.

A caufe d'une , deux , ou trois pieces de terres hommagées ou no‑ bles , dix fols , ci   10 f.

Les actes mentionnés au préfent article ne peuvent être fournis ni reçus fous‑fignatures privées , qu'ils n'aïent été préalablement contrôlés.

V I I.

Actes & contrats d'affurances , obligations à la groffe‑aventure , & celles pour retour de voïages , qui feront reçus par les notaires , cenfaux , courtiers , agens de changes , gréfiers des amirautés , ceux des jurifdictions confulaires , ou autres qui font en ufage de les rece‑ voir , fera païé pour chacun defdits actes , & par chacun des affu‑ reurs , donnans à la groffe , ou prenans à retour de voïage.

S A V O I R ,

S A V O I R,

Pour les affurances, fur le pié des fommes données pour la prime ; & pour les obligations à la groffe, ou pour retour de voïage, fur le pié des fommes principales, ou valeur des chofes données.

Au-deffous de cent livres, cinq fols, ci   5 f.
De cent livres à deux cent livres, dix fols, ci   10 f.
De deux cent livres à quatre cent livres, quinze fols, ci   15 f.
De quatre cent livres à cinq cent livres, une livre, ci   1 liv.
De cinq cent livres à mille livres, une livre dix fols, ci   1 liv. 10 f.
De mille livres à quinze cent livres, deux liv. dix fols, ci   2 liv. 10 f.
De quinze cent livres à deux mille livres, trois livres, ci   3 liv.
De deux mille livres à deux mille cinq cent livres, quatre livres, ci   4 liv.
De deux mille cinq cent livres à trois mille livres, cinq livres, ci   5 liv.
De trois mille livres à quatre mille livres, fix livres, ci   6 liv.
De quatre mille livres à cinq mille livres, fept livres, ci   7 liv.
De cinq mille livres à fix mille livres, huit livres, ci   8 liv.
De fix mille livres à fept mille livres, neuf livres, ci   9 liv.
De fept mille livres à huit mille livres, dix livres, ci   10 liv.
De huit mille livres & au-deffus, à quelques fommes qu'ils puiffent monter, quinze livres, ci   15 liv.

V I I I.

Acte d'abandonnement pour fait d'affurance ou groffe avanture, quatre livres, ci   4 liv.

I X.

Affurances & obligations à la groffe avanture, ou pour retour de voïage, faites pour le compte de S. M., par les intendans & commiffaires, pour les fournitures concernant la marine, ne fera païé que la moitié des droits mentionnés à l'article VII du préfent tarif.

X.

Acte de refpect, ou réquifition faite par des enfans à leurs peres & meres, pour confentir à leurs mariages, fera païé :

S A V O I R,

Pour toutes fortes de perfonnes, à l'exception des artifans & gens du commun, trois livres, ci   3 liv.

Et par les artifans & gens du commun, une livre, ci   1 liv.

X I.

Acceptation de communauté de biens ou fucceffions, dont les actes font reçus par les notaires, gréfiers ou autres, une livre, ci 1 liv.

X I I.

Atermoïement ou accord entre un débiteur & fes créanciers, le droit en fera païé à proportion de toutes les fommes y contenuës, jointes enfemble, fur le pié réglé par les articles III & IV du préfent tarif.

X I I I.

Autorifation d'un mari à fa femme pour paffer des actes & contrats, ou pour efter en juftice ; enfemble les actes contenans dé-claration de refus d'autorifation, les droits en feront païés fuivant les qualités des perfonnes, ainfi qu'il eft réglé par l'article X du préfent tarif.

X I V.

Baux d'héritages à cens ou à rente fonciere, rachetable ou non rachetable, les droits feront païés fur le pié de l'article III du préfent tarif, à raifon du capital au denier vingt de la redevance, à quoi feront jointes les fommes données pour droits d'entrées, pots de vin & autres chofes faifant augmentation de prix, s'il y en a.

X V.

Baux à loïers, ou à titre de ferme, & tous autres, jufqu'à neuf années feulement, fera païé pour les droits, fur le pié d'une année du loïer en argent, efpéces ou autres chofes qui feront évaluées :

S A V O I R,

Pour ceux au-deffous de cinquante livres, cinq fols, ci   5 f.

De cinquante livres à cent livres, dix fols, ci   10 f.

De cent livres à cent cinquante livres, une livre, ci   1 liv.

De cent cinquante livres à deux cent livres, une livre dix fols, ci   1 liv. 10 f.

De deux cent livres à deux cent cinquante livres, deux livres, ci   2 liv.

De deux cent cinquante livres à trois cent livres, trois livres, ci   3 liv.

De trois cent livres à quatre cent livres, quatre livres, ci   4 liv.

De quatre cent livres & au-deffus, jufqu'à trois mille livres, à raifon de vingt fols pour chaque cent livres.

De trois mille livres, trente livres, ci   30 liv.

Et au-deſſus de trois mille livres, à quelques ſommes qu'ils puiſ-ſent monter, à raiſon de vingt ſols d'augmentation pour chaque mille livres.

X V I.

Les mêmes droits ſeront païés pour les ſous-baux, tranſports, ceſſions, retroceſſions & ſubrogations deſdits baux.

X V I I.

Baux à moitié ou par tiers, ou ceux faits moïennant certaines eſpéces, les droits ſeront païés ſur le pié de l'article X V du préſent tarif, & ſui-vant l'eſtimation que les parties ſeront tenuës de faire dans leſdits baux, de la valeur, année commune, des choſes qui doivent être païées au bailleur, laquelle eſtimation ſe fera ſans fraude, à peine de deux cent livres d'amende, tant contre le bailleur que le preneur.

X V I I I.

Baux emphitéotiques, à vie & autres au-deſſus de neuf années, & ceux à domaine congéable, ſera païé le double des droits réglés par l'article X V du préſent tarif, à proportion du prix annuel deſdits baux.

X I X.

Baux à chetels de beſtiaux, à croît ou décroît, ou de pâtu-rage, le droit en ſera païé ſur le pié du capital du prix des beſtiaux, dont l'eſtimation ſera faite dans l'acte ;

S A V O I R ,

Pour ceux au-deſſous de vingt livres, deux ſols, ci   2 ſ.

De vingt livres à cinquante livres, quatre ſols, ci   4 ſ.

De cinquante livres à cent livres, huit ſols, ci   8 ſ.

De cent livres à deux cent livres, dix ſols, ci   10 ſ.

De deux cent livres à trois cent livres, quinze ſols, ci   15 ſ.

De trois cent livres à quatre cent livres, une livre, ci   1 liv.

De quatre cent livres à ſix cent livres, une livre dix ſols, ci   1 liv. 10 ſ.

De ſix cent livres à mille livres, deux livres, ci   2 liv.

De mille livres à quinze cent livres, trois livres, ci   3 liv.

De quinze cent livres à deux mille livres, quatre livres, ci   4 liv.

De deux mille livres à trois mille livres, ſix livres, ci   6 liv.

De trois mille livres & au-deſſus, à quelques ſommes qu'ils puiſſent monter, dix livres, ci   10 liv.

X X.

Contrôle.
29 Sept.
1722.

Baux ou adjudications des biens & revenus communs , patrimoniaux & d'octrois des villes , communautés & paroiffes , les droits
feront païés à raifon d'une année du revenu fur le pié de l'article XV
du préfent tarif.

X X I.

Baux des boucheries qui feront paffés par devant notaires , par
délibération des communautés , ou reçus par les gréfiers ou fecrétaires
des villes , communautés ou paroiffes , foit qu'ils contiennent des prix
fixes en faveur defdites villes , communautés & paroiffes , ou qu'ils
ne contiennent feulement que la fixation du prix de la vente des
viandes , les droits feront païés ;

S A V O I R ,

Pour ceux des villes où il y a cour fupérieure , préfidial ou évêché ,
vingt livres , ci   20 liv.
De celle où il y a bailliage , fénéchauffée , élection ou autre jurif-
diction roïale , dix livres , ci   10 liv.
Des autres villes & bourgs clos , fix livres , ci   6 liv.
De toutes les autres communautés & paroiffes , trois livres , ci 3 liv.

X X I I.

Baux ou traités pour la levée des tailles & autres impofitions ,
tant ordinaires , qu'extraordinaires , le droit en fera païé fuivant
l'article XV du préfent tarif , fur le pié du montant de la remife
accordée.

X X I I I.

Brevets d'aprentiffage ès villes où il y a parlement ou autre
cour fupérieure , une livre , ci   1 liv.
Pour ceux des autres villes & lieux , dix fols , ci   10 f.

X X I V.

Cautionnemens portés par les mêmes contrats & actes , pour
raifon defquels ils feront faits , il n'en fera dû aucun droit ; mais , lorfqu'ils feront faits par acte particulier , le droit en fera païé comme
pour les contrats , obligations & actes , pour raifon defquels ils feront faits , conformément au préfent tarif.
Cautionnement pur & fimple , par acte particulier , qui n'aura aucun rapport à autres actes ou contrats , pour quelque caufe que ce
foit , excepté les deux cas ci après , deux livres , ci   2 liv.
Cautionnement pur & fimple , par acte particulier , pour des offi-

ciers en titre , tréforiers ou receveurs des chapitres & communautés , ou pour des commis qui ont maniment de deniers , cinq livres , ci.   5 liv.

Cautionnement pour un domeftique , cinq fols , ci   5 f.

X X V.

Ceffions , tranfports & fubrogations de chofes mobiliaires ou immobiliaires , les droits en feront païés fur le pié réglé par les articles III & IV du préfent tarif.

X X V I.

Conftitutions de rentes en argent ou efpéces , les droits en feront païés fur le pié du capital , fuivant l'article III du préfent tarif.

X X V I I.

Conftitutions de penfions ou rentes viagères , pour dotation de religieux ou religieufes , les droits en feront païés fur le pié du capital de la rente au denier dix , fuivant l'article III du préfent tarif.

Lorfque dans les conftitutions de penfions pour dotations de religieufes , il y aura des fommes païées en argent , le capital de la penfion au denier dix y fera joint , & le droit païé pour le total.

X X V I I I.

Conftitution de penfions ou rentes viagères à prix d'argent , pour quelque caufe que ce foit , le droit en fera païé fur le pié du capital de la rente au denier dix , fuivant l'article III du préfent tarif.

X X I X.

Collation de piéces ou extraits , fera païé cinq fols , ci   5 f.

Lorfque la collation ou extrait fera de plufieurs piéces , il fera païé cinq fols pour la premiere piéce , & moitié du droit pour chacune des autres.

Les actes par devant notaires , & ceux fous-fignatures privées , ne peuvent être extraits ou collationnés , qu'ils n'aïent été préalablement contrôlés.

X X X.

Compromis entre toutes perfonnes pour quelque caufe que ce foit , deux livres , ci   2 liv.

X X X I.

Comptes , précomptes , fociétés , traités & fous-traités dans lefquels les fommes feront certaines , les droits feront païés fuivant l'article III du préfent tarif.

Et lorfque les fommes ne feront pas certaines , le droit en fera païé ;

Contrôle.
29 Sept.
1722.

S A V O I R ,

Entre gens d'affaires , douze livres , ci   12 liv.

Entre marchands , huit livres , ci   8 liv.

Entre particuliers , pour quelque caufe que ce foit , quatre livres dix fols , ci   4 liv. 10 f.

X X X I I.

Contre – lettres d'un contrat d'acquifition , conftitution , obligation , ou autre acte , le droit fera païé comme pour le contrat ou acte pour raifon duquel elles feront faites , fur le pié réglé par le préfent tarif.

X X X I I I.

Contrats de mariage , dans lefquels les fommes ou valeur des biens & effets provenans du côté de l'un & de l'autre des conjoints feront évaluées , en y joignant les meubles & autres effets conftitués ou donnés , les droits en feront païés fur le pié de l'article III du préfent tarif.

X X X I V.

Contrats de mariage , dans lefquels le bien de l'un des conjoints ne fera évalué , défigné ni eftimé , ou dans lefquels l'une des parties fera prife avec fes droits , le droit de Contrôle dû fur le pié du bien de l'autre fera doublé.

X X X V.

Contrats de mariage , dans lefquels les biens des conjoints ne feront défignés ni eftimés , ou qui fe prendront réciproquement avec leurs droits , fera païé ;

S A V O I R ,

Pour ceux des perfonnes conftituées en dignité , gentilshommes qualifiés , ou ceux qui poffédent des terres aïant haute , moïenne ou baffe juftice , foit gentilshommes ou roturiers , préfidens , confeillers , avocats ou procureurs généraux & gréfiers en chef des parlemens & autres cours fupérieures , oficiers de finances , fecrétaires du Roi , tréforiers & autres pourvûs d'emplois confidérables , fermiers , fous-fermiers & traitans des droits du Roi , banquiers & marchands en gros de toutes les villes , premiers oficiers & bourgeois vivans de leur revenu , des villes où il y a cour fupérieure , préfidial ou évêché , cinquante livres , ci   50 liv.

Pour ceux des fimples gentilshommes de toutes les villes & pa-

roiffes , oficiers de judicature des préfidiaux , bailliages , fénéchauffées , vigueries , élections & autres jurifdictions roïales , premiers
oficiers & bourgeois vivans de leur revenu , de toutes les autres villes que celles mentionnées en l'article précédent , directeurs , receveurs , & principaux commis des fermes & droits du Roi , trente
livres , ci   30 liv.

Pour ceux des oficiers de judicature des duchés-pairies & autres
jurifdictions feigneuriales , reffortiffantes nuëment ès parlemens ;
avocats , notaires , procureurs , gréfiers & autres oficiers ; médecins ,
chirurgiens , apoticaires , peintres , fculpteurs , orfévres , marchands
en détail , & autres notables artifans des villes où il y a cour fupérieure , préfidial , bailliage , fenéchauffée , élections , & autres jurifdictions roïales , vingt livres , ci   20 liv.

Pour ceux des oficiers de judicature des autres jurifdictions feigneuriales , procureurs , notaires , gréfiers , & autres oficiers des mêmes
jurifdictions ; médecins , chirurgiens , apoticaires , marchands , bourgeois des autres villes , gros laboureurs & fermiers , dix livres ,
ci   10 liv.

Pour ceux des artifans , manouvriers , journaliers , & autres perfonnes du commun des villes , trois livres , ci   3 liv.

Et pour ceux des fimples manouvriers , journaliers , & autres perfonnes du commun de la campagne , une livre dix fols , ci 1 liv. 10 f.

XXXVI.

Déguerpiffement , exponfe , ou abandonnement d'héritages , pour
être déchargé de la rente ou redevance dont il eft chargé , le droit
fera païé fur le pié du capital de la rente , au denier vingt.

SAVOIR ,

Au-deffous de cinquante livres , cinq fols , ci   5 f.
De cinquante livres à cent livres , dix fols , ci   10 f.
De cent livres à deux cent livres , quinze fols , ci   15 f.
De deux cent livres à quatre cent livres , une livre , ci   1 liv.
De quatre cent livres à fix cent livres , une livre dix fols , 1 liv. 10 f.
De fix cent livres à mille livres , deux livres , ci   2 liv.
De mille livres à quinze cent livres , trois livres , ci   3 liv.
De quinze cent livres à deux mille livres , quatre livres , ci 4 liv.
De deux mille livres à trois mille livres , fix livres , ci   6 liv.
De trois mille livres à quatre mille livres , fept livres , ci   7 liv.
De quatre mille livres à cinq mille livres , huit livres , ci   8 liv.
De cinq mille livres à fix mille livres , dix livres , ci   10 liv.

Contrôle.
29 Sept.
1722.

De fix mille livres & au-deſſus, à quelques ſommes qu'ils puiſſent monter ; & pour ceux qui ne contiendront point d'évaluation, douze livres, ci   12 liv.

XXXVII.

Dépôt ou conſignation, le droit en ſera païé à proportion des ſommes ou valeur des choſes dépoſées ou conſignées , ſur le pié règlé par les articles III & IV du préſent tarif.

XXXVIII.

Dépôt d'actes ſous-ſignatures privées, de quelqu'eſpéce qu'ils ſoient, dix ſols , ci   10 ſ.

Leſdits actes ſous-ſignatures privées ne peuvent être dépoſés ou annexés aux minutes des notaires , gréfiers & autres perſonnes qui les recevront en dépôt, qu'ils n'aïent été préalablement contrôlés , & les droits païés , ſuivant leur nature , dont mention doit être faite dans les actes de dépôt.

XXXIX.

Déclaration pour le tout ou partie du contenu d'un contrat d'acquiſition , conſtitution, obligation ou autre acte , lorſqu'elle ſera renfermée dans le même contrat ou acte , il n'en ſera dû aucun droit ; mais lorſqu'elle ſera faite par un acte particulier , le droit en ſera païé comme pour le contrat & acte pour raiſon duquel elle ſera faite , & à proportion de la ſomme qui ſera contenuë dans ladite déclaration, ſur le pié règlé par le préſent tarif.

XL.

Déclaration pure & ſimple , qui n'a raport à aucun contrat ou acte , celle d'apel de jugement des juges inférieurs, ou pour quelqu'autre cauſe que ce puiſſe être, ſeize ſols , ci   16 ſ.

XLI.

Déclaration ou reconnaiſſance au papier terrier des choſes tenuës en cenſive.

Pour celles au-deſſous de dix articles , cinq ſols , ci   5 ſ.

Et pour celles de dix articles & au-deſſus , dix ſols , ci   10 ſ.

XLII.

Déſiſtement pur & ſimple d'une demande faite , tant en matière civile que criminelle, ou d'un acte d'apel par la partie qui l'a interjeté ou relevé , ſans l'acceptation de l'autre , avant qu'il ait été prononcé aucun jugement , & dans leſquels il n'y aura aucune ſomme déſignée , ni autres diſpoſitions que celles qui conviennent au déſiſtement pur & ſimple, une livre , ci   1 liv.

XLIII.

XLIII.

Diſſolution ou réſolution de traités, ſous-traités & ſociétés, pour quelque cauſe que ce ſoit, dix livres, ci   10 liv.

XLIV.

Donations entre-vifs, par toutes ſortes d'actes, de quelque nature qu'ils ſoient, ſoit par démiſſion, abandonnement en avancement de droits ſucceſſifs, ou pour quelqu'autre cauſe que ce puiſſe être, ſoit de meubles ou immeublés donnés en propriété, les droits en ſeront païés ſur le pié réglé par les articles III & IV du préſent tarif.

XLV.

Donations d'uſufruits, de penſion ou rente viagère, les droits en ſeront païés ſur le pié de l'évaluation qui ſera faite du fonds de l'uſufruit, penſion ou rente, à raiſon du denier dix, ſuivant l'article III du préſent tarif.

Et pour celles qui ne contiendront point d'évaluation, ſuivant l'article IV.

XLVI.

Dons mutuels entre maris & femmes, les droits ſeront païés;

Savoir,

Pour ceux des perſonnes conſtituées en dignité, gentilshommes qualifiés, ceux qui poſſédent des terres aïant haute, moïenne ou baſſe-juſtice, oficiers des cours ſupérieures, gréfiers en chef deſdites cours, oficiers & gens du Roi des préſidiaux, bailliages, ſenéchauſſées, élections & autres juriſdictions roïales, ſecrétaires du Roi, tréſoriers de France, receveurs généraux des finances, receveurs des tailles, & tous autres oficiers de finance; fermiers, ſous-fermiers & traitans des droits du Roi; directeurs, receveurs & principaux commis des fermes; banquiers & négocians en gros, quinze livres, ci   15 liv.

Pour ceux des ſimples gentilshommes, oficiers de judicature, autres que ceux dénommés en la claſſe ci-deſſus, avocats, notaires, procureurs, gréfiers, huiſſiers, médecins, chirurgiens, apoticaires, bourgeois, marchands en détail, & notables artiſans des villes, dix livres, ci   10 liv.

Pour tous autres artiſans des villes, laboureurs, fermiers & habitans de la campagne, deux livres, ci   2 liv.

XLVII.

Décharges de papiers données aux procureurs par leurs parties, qui ne contiendront point d'obligation , ni autre difpofition , que celle qui convient à une fimple décharge , dix fols , ci   10 f.

Contrôle.
29 Sept.
1722.

XLVIII.

Echange , le droit fera païé à proportion de la valeur de ce qui fera donné en échange par l'une des deux parties , fuivant l'évaluation & eftimation qui fera faite par les contrats fans fraude , finon à l'amiable ou par experts , fur le pié des articles III & IV du préfent tarif.

XLIX.

Engagemens , antichrefes ou pignoratifs , le droit en fera païé fur le pié règlé par les articles III & IV du préfent tarif.

L.

Engagemens de matelots , foldats & autres , pour l'équipage des navires armés , foit pour le négoce ou pour la courfe , le cahier fera contrôlé dans la quinzaine , à compter du jour de la clôture d'icelui , qui fera faite au plûtard le jour du départ du bâtiment , & les droits païés à raifon de cinq fols par article , fans néanmoins que le droit puiffe excéder quinze livres.

LI.

Emancipations qui ne contiendront aucune donation , avancement de fucceffion , ou autre difpofition que celle néceffaire pour tirer les enfans hors de la puiffance paternelle , fera païé ;

S A V O I R ,

Pour les enfans des perfonnes dénommées en la première claffe de l'article XLVI du préfent tarif , fix livres , ci   6 liv.

Pour ceux dénommés en la feconde claffe , trois livres , ci   3 liv.

Pour ceux dénommés en la troifième claffe , une livre , ci   1 liv.

LII.

Exhérédations , les mêmes droits ferons païés que pour les émancipations , fuivant la qualité des perfonnes dénommées dans les trois claffes de l'article XLVI du préfent tarif.

LIII.

Fondations où les fommes en principal feront évaluées , les droits feront païés fur le pié de l'article III du préfent tarif.

LIV.

Foi & hommage , les droits feront païés fur le pié des claffes règlées par l'article VI du préfent tarif.

LV.

Indemnité pour raifon d'obligations , contrats ou actes , il n'en

fera dû aucun droit, lorfqu'elle fera renfermée dans le même contrat, obligation ou acte ; mais, lorfque ce fera par acte particulier,
le droit en fera païé comme pour l'obligation, contrat ou acte, fur
le pié règlé par le préfent tarif.

Indemnité pure & fimple, qui n'aura raport à aucun contrat ou
acte, pour quelque caufe que ce foit, une livre dix fols, ci 1 liv. 10 f.

LVI.

Inventaires de meubles & papiers, faits par les notaires, gréfiers
& autres qui ont droit de les faire, dans lefquels les meubles feront
eftimés, ainfi que tous les autres éfets mobiliaires, les droits feront
païés conformément à l'article III du préfent tarif.

Et pour ceux qui ne contiendront point d'eftimation ni évaluation,
fuivant l'article IV.

LVII.

Inventaires où il ne fe trouvera que des papiers concernant la propriété des immeubles, foit en terres, maifons, héritages, contrats
de conftitution ou traités d'ofices, fera païé ;

SAVOIR,

Pour ceux des perfonnes conftituées en dignités, eccléfiaftiques ou
laïques, gentilshommes qualifiés, ceux qui poffédent des terres aïant
haute, moïenne ou baffe-juftice, oficiers des cours fupérieures, gréfiers en chef defdites cours, oficiers & gens du Roi des préfidiaux,
bailliages, fenéchauffées, élections & autres jurifdictions roïales, fecrétaires du Roi, tréforiers de France, receveurs généraux des finances, receveurs des tailles, & tous autres oficiers de finance, fermiers, fous-fermiers & traitans des droits du Roi, directeurs, receveurs, & principaux commis des fermes, banquiers & négocians
en gros, douze livres, ci   12 liv.

Pour ceux des fimples eccléfiaftiques qui ne poffédent aucun bénéfice, fimples gentilshommes, oficiers de judicature, autres que
ceux dénommés en la claffe ci-deffus, avocats, notaires, procureurs,
gréfiers, huiffiers, médecins, chirurgiens, apoticaires, bourgeois,
marchands en détail, & notables artifans des villes, fix livres,
ci   6 liv.

Pour tous autres artifans des villes, laboureurs, fermiers & habitans de la campagne, deux livres, ci   2 liv.

LVIII.

Inventaires qui contiendront des meubles & éfets mobiliaires, &

des papiers concernant la propriété des immeubles, dans un même acte, il n'en sera païé qu'un seul droit sur le pié le plus fort, soit des meubles & éfets mobiliaires, ou des papiers, suivant les articles ci-dessus.

LIX.

Lotissement de doüaire, ou licitation entre copropriétaires, les droits en seront païés sur le pié règlé par les articles III & IV du présent tarif.

LX.

Lettres de voitures, sera païé cinq sols pour chaque personne à qui l'envoi sera fait.

LXI.

Marchés entre particuliers, pour quelque cause que ce soit, les droits en seront païés sur le pié règlé par les articles III & IV du présent tarif.

LXII.

Marchés pour la marine, qui seront faits pour le compte de S. M. par les intendans & commissaires, ne sera païé que moitié des droits règlés pour les autres marchés, suivant les articles III & IV du présent tarif.

LXIII.

Main-levée ou consentement pur & simple, dix sols, ci   10 f.

LXIV.

Obligations où les sommes seront désignées, & celles où elles ne le seront pas, les droits en seront païés sur le pié règlé par les articles III & IV du présent tarif.

LXV.

Offres suivies de païement, portant quitance par le même acte, soit qu'elles soient reçües par les notaires, gréfiers, huissiers, ou autres personnes publiques, les droits en seront païés sur le pié de l'article III du présent tarif.

LXVI.

Offres pures & simples, qui ne contiendront que refus de recevoir ou protestation, sans aucune autre disposition, dix sols, ci   10 f.

LXVII.

Opositions aux inventaires, ventes ou adjudications de meubles, faites par notaires, gréfiers, ou autres qui en ont la faculté, soit qu'elles soient insérées dans les inventaires & ventes, ou qu'elles soient faites par acte particulier, sera païé, outre le droit dû pour

(29)

lefdits inventaires & ventes , autant de droits de dix fols qu'il y
aura d'opofitions.

LXVIII.

Opcfitions à la célébration des mariages , & autres en matières laï‑
ques , pour quelque caufe que ce foit , dix fols , ci   10 f.

LXIX.

Partages de meubles ou immeubles , entre telles perfonnes que ce
foit , faits par devant notaires , gréfiers & autres qui en ont la fa‑
culté , les droits feront païés fur le pié de la valeur des biens , fui‑
vant les articles III & IV du préfent tarif.

LXX.

Prife de poffeffion d'héritages & immeubles , en conféquence de
contrats volontaires qui auront été contrôlés , fera païé le quart des
droits fur le pié du prix des contrats , ainfi qu'il eft règlé par les
articles III & IV du préfent tarif.

Prife de poffeffion d'héritages , ou immeubles échus par fucceffion ,
ou en vertu de jugemens , ou autres actes judiciaires non fujets au
contrôle , les droits en feront païés fur le pié de la valeur des im‑
meubles , fuivant & conformément aux articles III & IV du préfent
tarif.

LXXI.

Procès verbaux de nomination de maires , échevins , capitouls , con‑
fuls , jurats , procureurs findics , & autres oficiers , receveurs & ad‑
miniftrateurs municipaux des villes , communautés & paroiffes , re‑
çûs par les notaires , gréfiers , fecrétaires des hôtels de ville , com‑
munautés & autres , dix fols , ci   10 f.

LXXII.

Procès verbaux de raport d'experts , ceux des arpentages , mefu‑
rages , prifages , vérifications , eftimations de réparations & dégra‑
dations , & autres de pareille nature , qui feront reçûs par les no‑
taires , gréfiers , arpenteurs roïaux , gréfiers des experts ou de l'écri‑
toire , & autres qui en ont la faculté , dix fols , ci   10 f.

LXXIII.

Procurations pour réfigner un ofice de cour fupérieure , ou pour
ofice de finance , comme receveurs généraux des finances , receveurs
des tailles , & autres de pareille qualité , quatre livres , ci   4 liv.

Pour les ofices de préfidiaux , bailliages , & autres juftices reffor‑
tiffantes nuëment ès cours fupérieures , deux livres , ci   2 liv.

Et pour tous autres ofices , de quelque nature qu'ils puiffent être ,
une livre , ci   1 liv.

LXXIV.

Contrôle.
29 Sept.
1722.

Procurations simples en matières laïques , pour plaider, transiger, consentir , requérir , agir , contracter , païer , recevoir, donner avis de parens , pouvoir de contraindre & autres , pour quelque cause que ce puisse être, autres que celles ci-dessus exprimées , dix sols, ci   10 s.

LXXV.

Quitances pour quelque cause que ce soit , soit qu'elles soient pures & simples , ou qu'elles contiennent d'autres dispositions , le droit en sera païé sur le pié réglé par les articles III & IV du présent tarif.

LXXVI.

Quitances pour reste d'une plus grande somme , le droit sera païé pour la quitance finale , comme si elle étoit pour le total , sur le pié ci-dessus , à moins qu'il ne soit justifié que les quitances du surplus auront été passées par devant notaires , & contrôlées ; auquel cas il ne sera païé pour le contrôle de ladite quitance finale , qu'à proportion de la somme y contenuë.

LXXVII.

Ratifications pures & simples d'actes ou contrats passés par devant notaires , qui ne contiendront point d'autres dispositions que celles contenuës dans les actes ou contrats ratifiés , dix sols , ci   10 s.

LXXVIII.

Reconnaissances ou ratifications d'actes sous-signatures privées , qui auront préalablement été contrôlés , dont mention sera faite dans les ratifications ou reconnaissances , dix sols , ci   10 s.

LXXIX.

Remboursemens du prix des contrats ou rentes constituées ou foncières , les droits en seront païés sur le pié des articles III & IV du présent tarif.

LXXX.

Renonciations ou répudiations de successions , communautés , & autres droits , dix sols , ci   10 s.

LXXXI.

Résiliment d'actes , deux livres , ci   2 liv.

LXXXII.

Retrait lignager , féodal ou conventionnel , les droits seront païés sur le pié des articles III & IV du présent tarif.

LXXXIII.

Rétrocession des choses portées par toutes sortes d'actes , pour quelque cause & matière que ce soit , sera païé comme pour les actes rétrocédés , sur le pié réglé par le présent tarif.

LXXXIV.

Rôles des tailles, fouages, & autres impofitions de la province de Bretagne, les droits feront païés ;

S A V O I R ,

Pour un rôle au-deffous de quatre cent livres, une livre, ci 1 liv.
Pour un de quatre cent livres jufqu'à mille livres, une livre dix fols, ci   1 liv. 10 f.
Pour un depuis mille livres jufqu'à deux mille livres, deux livres, ci   2 liv.
Pour un depuis deux mille livres jufqu'à trois mille livres, trois livres, ci   3 liv.
Et pour un depuis trois mille livres & au-deffus, à quelque fomme qu'il puiffe monter, quatre livres, ci   4 liv.

LXXXV.

Saifine, inveftiture, lecture & publication, ou prife de poffeffion d'héritages & immeubles, le droit en fera païé ainfi qu'il eft règlé par l'article LXX du préfent tarif.

LXXXVI.

Sentences arbitrales entre perfonnes laïques ou eccléfiaftiques, pour intérêts particuliers, les droits en feront païés fur le pié règlé par les articles III & IV du préfent tarif.

LXXXVII.

Sociétés, traités, fous-traités, & comptes entre gens d'affaires, marchands & autres particuliers, foit pour le commerce fur terre ou fur mer, armement ou autrement, les droits en feront païés ainfi qu'il eft règlé par l'article XXXI du préfent tarif.

LXXXVIII.

Sommations, protêts de lettres de change ou billets, proteftations, empêchemens, notifications, ou autres actes qui fe fignifient ou notifient en matières laïques, pour quelque caufe que ce foit, dix fols, ci   10 f.

LXXXIX.

Teftamens, codiciles, donations à caufe de mort, fubftitutions & autres actes portant donations, qui ne doivent avoir éfet qu'après la mort des teftateurs ou donateurs, foit que l'eftimation, défignation ou évaluation des chofes foit faite ou non par lefdits actes, les droits en feront païés fuivant la qualité des teftateurs ou donateurs ;

Contrôle.
29 Sept.
1722.

S A V O I R ,

Pour ceux des perfonnes conftituées en dignités, eccléfiaftiques ou laïques, gentilshommes qualifiés, ou ceux qui poffédent des terres aïant haute, moïenne ou baffe-juftice, foit gentilshommes ou roturiers, préfidens, confeillers, avocats ou procureurs généraux, & gréfiers en chef des parlemens & autres cours fupérieures, oficiers de finance, fecrétaires du Roi, tréforiers & autres pourvûs d'emplois confidérables, fermiers, fous-fermiers & traitans des droits du Roi, banquiers & marchands en gros de toutes les villes; premiers oficiers & bourgeois vivans de leur revenu, des villes où il y a cour fupérieure, préfidial ou évêché, leurs veuves & enfans, de l'un & de l'autre fexe, cinquante livres, ci   50 liv.

Pour ceux des chanoines, curés & autres eccléfiaftiques pourvûs de bénéfices, de toutes les villes & paroiffes, fimples gentilshommes, oficiers de judicature des préfidiaux, bailliages, fenéchauffées, vigueries, élections, & autres jurifdictions roïales; premiers oficiers & bourgeois vivans de leur revenu, de toutes les autres villes que celles mentionnées en l'article précédent, directeurs, receveurs & principaux commis des fermes & droits du Roi, trente livres, ci   30 liv.

Pour ceux des oficiers de judicature des duchés-pairies & autres jurifdictions feigneuriales reffortiffantes nuëment ès parlemens, avocats, notaires, procureurs, gréfiers & autres oficiers; médecins, chirurgiens, apoticaires, peintres, fculpteurs, orfévres, marchands en détail, & autres notables artifans des villes où il y a cour fupérieure, préfidial, bailliage, fenéchauffée, élection, & autres jurifdictions roïales, vingt livres, ci   20 liv.

Pour ceux des eccléfiaftiques qui ne font pourvûs d'aucun bénéfice, de toutes les villes & paroiffes, oficiers de judicature des autres jurifdictions feigneuriales, procureurs, notaires, gréfiers & autres oficiers des mêmes jurifdictions; médecins, chirurgiens, apoticaires, marchands, bourgeois des autres villes, gros laboureurs & fermiers, dix livres, ci   10 liv.

Pour ceux des artifans, manouvriers, journaliers & autres perfonnes du commun des villes, trois livres, ci   3 liv.

Et pour ceux des fimples manouvriers, journaliers, & autres perfonnes du commun de la campagne, une livre dix fols, ci 1 liv. 10 f.

X C.

Titres cléricaux ou facerdotaux par les pères & mères ou autres ;

au

au profit de l'afpirant, portant conftitution de rente ou donation de fonds, les droits en feront païés fur le pié du capital au denier vingt, fuivant l'article III du préfent tarif.

Et lorfque les titres cléricaux contiendront feulement des rentes ou penfions viagères, les droits feront païés fur le pié du capital au denier dix.

XCI.

Titre nouvel & reconnaiffance d'hipotéque de rentes conftituées ou foncières, les droits feront païés comme pour les contrats de conftitution ou de création de rentes, fur le pié règlé par le préfent tarif.

XCII.

Tranfactions ou accords en matière civile, dans lefquels toutes les fommes, enfemble les dommages & intérêts feront défignés, les droits en feront païés fuivant l'article III du préfent tarif.

Et pour celles où les fommes ne feront pas défignées, les droits en feront païés fuivant l'article IV.

Tranfactions ou accords en matière criminelle pour excès, injures ou autres cas, dans lefquels il n'y aura aucune fomme défignée, fera païé trois livres, ci   3 liv.

XCIII.

Ventes d'ofices, les droits en feront païés à proportion des fommes qui y feront défignées, fuivant l'article III du préfent tarif.

XCIV.

Pour tous les actes qui ne fe trouveront point expreffément compris dans le préfent tarif, les droits en feront païés fur le pié de ceux auxquels ils auront raport.

XCV.

Et à l'égard de ceux qui ne pourront recevoir d'aplication, ils feront réputés actes fimples, & les droits en feront païés fur le pié de dix fols, ci   10 f.

XCVI.

Pour les contrats & actes qui renfermeront différentes difpofitions concernant les mêmes parties, il ne fera païé qu'un droit, qui fera pris fur le pié de l'article le plus fort de tous ceux du préfent tarif, auquel lefdits contrats & actes pourront avoir raport ; mais lorfque lefdits actes contiendront diférentes difpofitions pour diférens faits, & entre diférentes parties, qui auront des intérêts diférens, il fera païé autant de droits de contrôle, fuivant le tarif, qu'il y aura de diférentes parties principales ou intervenantes dans lefdits actes, pour

Contrôle.
29 Sept.
1722.

des intérêts particuliers , chacun suivant la nature des difpofitions qui les concerneront.

XCVII.

Tous les actes qui feront faits fous-fignatures privées , de quelque nature qu'ils foient , feront contrôlés , & les droits paiés par raport à leur nature , fur le pié règlé par le préfent tarif , de même que s'ils étoient paffés par devant notaires , avant qu'il puiffe être fait aucune demande , fignification , exploit ni acte en conféquence , ni produits en juftice , pour quelque caufe que ce foit , à l'exception feulement des lettres de change & billets à ordre ou au porteur entre gens d'affaires , marchands & négocians , & des billets de marchands à marchands , caufés pour fourniture de marchandife de leur commerce réciproque , & des extraits des livres entre marchands pour fourniture de marchandife concernant leur négoce feulement ; le tout fous les peines & amendes portées par l'édit du mois d'Octobre 1705.

XCVIII.

Tous lefquels droits , enfemble les quatre fols pour livre , pendant le tems que la levée en doit être faite au profit de S. M. feront paiés par toutes fortes de perfonnes , éxemtes & non éxemtes , privilégiées & non privilégiées , fans aucune exception , pour quelque caufe & fous quelque prétexte que ce foit ou puiffe être , nonobftant tous édits , déclarations , arrêts , règlemens & ufages à ce contraires , fans que les fermiers defdits droits , leurs commis & prépofés , puiffent faire remife ou modération des droits en faveur de qui que ce foit , ni à eux-mêmes pour les actes qui les concerneront , à peine de reftitution du quadruple , & de deux cent livres d'amende pour chacun acte dont lefdits droits n'auront pas été paiés.

Fait & arrêté au confeil roïal des finances , tenu à Verfailles , le vingt-neuvième jour de Septembre mil fept cent vingt-deux. *Signé* LOUIS. *Et plus bas ,* Phelypeaux.

Regiftré , à Paris , en Parlement , le 8 Octobre 1722.

Infinuat.
29 Sept.
1722.

TARIF

*Des droits que le Roi , en fon confeil , veut & ordonne être païés à
l'avenir , à commencer au premier Novembre prochain , en éxécution
de l'édit du mois de Décembre 1703 , édits , déclarations , arrêts
& règlemens rendus en conféquence , & notamment de la déclaration
de ce jour , pour l'infinuation & enregiftrement des contrats , arrêts ,
jugemens , fentences , lettres & autres actes mentionnés auxdits règlemens.*

SAVOIR,

ARTICLE PREMIER.

POUR toutes donations entre-vifs , à caufe de mort ou autrement ,
de meubles ou immeubles , à l'exception de celles faites en ligne
directe , par contrat de mariage , ou à caufe de mort , & de celles
entre-vifs ou à caufe de mort , de fommes mobiliaires qui n'excéderont pas trois cent livres , en faveur des églifes , chapelles , couvens ,
monaftères , hôpitaux & communautés , pour œuvres pies , fera païé ;

SAVOIR,

Pour celles de cinquante livres & au-deffous , dix fols , ci   10 f.
De cinquante livres à cent livres , une livre , ci   1 liv.
De cent livres & au-deffus , à raifon de vingt fols pour chaque
cent livres , fans néanmoins que le droit puiffe excéder cinquante livres.
Et pour les donations ou legs qui ne contiendront point d'évaluation
ou eftimation des chofes données , fera païé cinquante livres , ci 50 liv.

II.

Teftamens ou codiciles en faveur de toutes perfonnes , autres que
les defcendans en ligne directe , dans lefquels le legs univerfel ou
l'hérédité mobiliaire ne feront point évalués , les droits en feront
païés fuivant la qualité des teftateurs ou donateurs , fans préjudice
de l'infinuation des legs particuliers , des fubftitutions s'il y en a ,
& du centième denier des immeubles ;

SAVOIR,

Pour ceux des perfonnes conftituées en dignités , eccléfiaftiques ou
laïques , gentilshommes qualifiés , ou ceux qui poffédent des terres
aïant haute , moïenne ou baffe-juftice , foit gentilshommes ou roturiers , préfidens , confeillers , avocats ou procureurs généraux , & gréfiers en chef des parlemens & autres cours fupérieures ; oficiers de
finance , fecrétaires du Roi , tréforiers & autres pourvûs d'emplois

confidérables , fermiers , fous-fermiers & traitans des droits du Roi ,
banquiers & marchands en gros de toutes les villes ; premiers oficiers
& bourgeois vivans de leur revenu des villes où il y a cour fupérieure ,
préfidial ou évêché , leurs veuves & enfans de l'un ou de l'autre fexe ,
cinquante livres , ci   50 liv.

Pour ceux des chanoines , curés & autres eccléfiaftiques pourvûs
de bénéfices de toutes les villes & paroiffes , fimples gentilshommes ,
oficiers de judicature des préfidiaux , bailliages , fenéchauffées , vigueries , élections & autres jurifdictions roïales ; premiers oficiers &
bourgeois vivans de leur revenu , de toutes les autres villes que celles
mentionnées en l'article précédent ; directeurs , receveurs & principaux commis des fermes & droits du Roi, trente livres , ci 30 liv.

Pour ceux des oficiers de judicature des duchés-pairies , & autres
jurifdictions feigneuriales reffortiffantes nuëment ès parlemens , avocats , notaires , procureurs , gréfiers & autres oficiers ; médecins ,
chirurgiens , apoticaires , peintres , fculpteurs , orfévres , marchands
en détail , & autres notables artifans des villes où il y a cour fupérieure , préfidial , bailliage , fenéchauffée , élection & autres jurifdictions roïales , vingt livres , ci   20 liv.

Pour ceux des eccléfiaftiques qui ne font pourvûs d'aucun bénéfice ,
de toutes les villes & paroiffes , oficiers de judicature des autres jurifdictions feigneuriales ; procureurs , notaires , gréfiers , & autres
oficiers des mêmes jurifdictions ; médecins , chirurgiens , apoticaires ,
marchands , bourgeois des autres villes , gros laboureurs & fermiers ,
dix livres , ci   10 liv.

Pour ceux des artifans , manouvriers , journaliers & autres perfonnes du commun des autres villes , trois livres , ci   3 liv.

Et pour ceux des fimples manouvriers , journaliers & autres perfonnes du commun de la campagne , une livre dix fols , ci 1 liv. 10 f.

III.

Pour chacun des legs faits par teftamens , codiciles ou donations
à caufe de mort , fera paié par les héritiers , légataires univerfels ,
ou éxécuteurs teftamentaires , les droits règlés par l'article premier
du préfent tarif , & à proportion des fommes données à chacun légataire , defquels droits il leur fera tenu compte par lefdits légataires
lors du païement de leurs legs , chacun pour ce qui les concernera.

IV.

Dons mutuels entre maris & femmes , les droits en feront païés
fuivant la qualité du mari.

S A V O I R ,

Pour ceux des perfonnes conftituées en dignités , gentilshommes qualifiés , ceux qui poſſédent des terres aïant haute , moïenne ou baſſe-juſtice ; oficiers des cours ſupérieures , gréfiers en chef deſdites cours , oficiers & gens du Roi des préſidiaux , bailliages , ſenéchauſfées , élections & autres juriſdictions roïales ; ſecrétaires du Roi , tréſoriers de France , receveurs généraux des finances , receveurs des tailles , & tous autres oficiers de finance , fermiers , ſous-fermiers & traitans des droits du Roi , directeurs , receveurs & principaux commis des fermes , banquiers & négocians en gros , cinquante livres , ci   50 liv.

Pour ceux des ſimples gentilshommes , oficiers de judicature , autres que ceux dénommés en la claſſe ci-deſſus ; avocats , notaires , procureurs , gréfiers , huiſſiers , médecins , chirurgiens , apoticaires , bourgeois , marchands en détail , & notables artiſans des villes , vingt livres , ci   20 liv.

Pour tous autres artiſans des villes , laboureurs , fermiers & habitans de la campagne , cinq livres , ci   5 liv.

Les mêmes droits feront païés pour les donations mutuelles & réciproques entre maris & femmes , ou autres particuliers , qui ne contiendront point d'évaluation , ſuivant la qualité de la perſonne dénommée dans l'acte qui produira le plus fort droit.

V.

Subſtitutions de biens , meubles ou immeubles , les droits feront païés par chacun ſubſtitué , ſuivant la qualité des ſubſtituans , ſans néanmoins qu'il puiſſe être perçû plus de quatre droits , compris l'inſtitution , en quelque nombre que ſoient les ſubſtitués.

S A V O I R ,

Pour celles faites par les perſonnes eccléſiaſtiques ou laïques , dénommées dans la première claſſe de l'article II du préſent tarif , cinquante livres , ci   50 liv.

Par celles dénommées dans la deuxième , trente livres , ci   30 liv.

Par celles dénommées dans la troiſième , vingt livres , ci   20 liv.

Par celles dénommées dans la quatrième , dix livres , ci   10 liv.

Et par celles dénommées dans les cinq & ſixième , cinq livres , ci   5 liv.

V I.

Exhérédation , ſera païé cinquante livres , ci   50 liv.

VII.

Séparation de biens , de corps ou d'habitation , ou excluſion de communauté entre maris & femmes , ſoit qu'elles ſoient ſtipulées par contrat de mariage & autres actes , ou ordonnées en juſtice , le droit en ſera païé ſuivant la qualité du mari , & ſur le pié règlé par l'article IV du préſent tarif.

VIII.

Infinuat.
29 Sept
1722.

Pour les interdictions de contrats des prodigues, furieux, gens en démence, ou pour quelqu'autre cause que ce soit, volontaires ou ordonnées en justice, quinze livres, ci   15 liv.

IX.

Et pour les actes & jugemens qui auront cassé, annullé, ou fait main-levée des actes mentionnés aux articles précédens, il ne sera païé que moitié des droits.

X.

Pour chacune lettre d'annoblissement, réhabilitation de noblesse, légitimation, naturalité, érection de roture en fief, érection en duchés, marquisats, comtés, baronies, & autres titres de dignités, concessions de justice, foires ou marchés, sera païé par chacun impétrant, cent livres, ci   100 liv.

XI.

Pour chacune quitance du droit d'amortissement dû par les gens de main-morte, & pour chacune quitance du droit d'indemnité dû aux seigneurs.

Pour les biens de valeur de cinq cent livres & au-dessous, dix livres, ci   10 liv.

De cinq cent livres à deux mille livres, vingt livres, ci   20 liv.

De deux mille livres à quatre mille livres, quarante liv. ci   40 liv.

De quatre mille livres à six mille livres, soixante livres, ci   60 liv.

De six mille livres à dix mille livres, quatre-vingt liv. ci   80 liv.

De dix mille livres & au-dessus, cent livres, ci   100 liv.

Lorsque la quitance d'amortissement aura été insinuée, & le droit païé, les lettres d'amortissement seront insinuées gratis.

XII.

Renonciation à succession, le droit sera païé pour chacun des renonçans, suivant la qualité des personnes décédées ;

S a v o i r ,

Par les personnes dénommées dans la première classe de l'article IV du présent tarif, en y comprenant les ecclésiastiques possédans bénéfices ou dignités, six livres, ci   6 liv.

Par celles dénommées dans la deuxième, en y comprenant les simples ecclésiastiques, trois livres, ci   3 liv.

Et par celles dénommées dans la troisième, une livre, ci   1 liv.

XIII.

Renonciation à communauté entre mari & femme, le droit sera païé suivant la qualité du mari,

SAVOIR,

Par les perſonnes dénommées dans la première claſſe de l'article IV du préſent tarif , ſix livres , ci   6 liv.

Par celles dénommées dans la deuxième , trois livres , ci   3 liv.

Et par celles dénommées dans la troiſième , une livre , ci   1 liv.

XIV.

Pour toutes lettres de bénéfice d'âge , lettres & actes d'émancipations , lettres de bénéfice d'inventaire , ou pour l'inventaire dans les païs où le bénéfice d'inventaire a lieu , ſans qu'il ſoit beſoin d'obtenir de lettres , actes d'acceptations ou jugemens qui permettront de ſe porter héritiers bénéficiaires , ſera paié pour chacun des impétrans , émancipés , acceptans , ou héritiers , par raport à la qualité de la perſonne de la ſucceſſion de laquelle il s'agit ;

SAVOIR,

Par les perſonnes dénommées dans la première claſſe de l'article IV du préſent tarif, en y comprenant les eccléſiaſtiques poſſédans bénéfice ou dignités , quinze livres , ci   15 liv.

Par celles dénommées dans la ſeconde , en y comprenant les ſimples eccléſiaſtiques , ſix livres , ci   6 liv.

Et par celles dénommées dans la troiſiéme , trois livres , ci 3 liv.

XV.

Pour chacune nomination de curateur aux ſucceſſions vacantes , à ſubſtitutions , aux interdits , aux mineurs & autres , ſoit par acte judiciaire ou volontaire , pour quelque cauſe que ce ſoit , les droits en ſeront païés pour chaque ſucceſſion , & pour chacun des interdits , mineurs , & autres compris dans un même acte ou ſentence , par raport à la qualité de la perſonne de la ſucceſſion de laquelle il s'agit ;

SAVOIR,

Par ceux dénommés dans la première claſſe de l'article IV du préſent tarif, en y comprenant les eccléſiaſtiques poſſédans bénéfices ou dignités , ſix livres , ci   6 liv.

Par ceux dénommés dans la deuxième, en y comprenant les ſimples eccléſiaſtiques , trois livres , ci   3 liv.

Et par ceux dénommés dans la troiſième , une livre , ci   1 liv.

XVI.

Contrats d'union ou de direction de créanciers , ceux d'atermoïement ou abandonnement de biens , pourvû que l'abandonnement

foit fait par le débiteur à fes créanciers , pour être vendus en direction , fera païé dix livres , ci   10 liv.

Et lorfque l'abandonnement ne fera pas fait par le débiteur à
fes créanciers , pour être les biens vendus en direction , le droit
de centième denier en fera païé comme des ventes pures & fimples.

XVII.

Pour chacune lettre de répi , arrêts , jugemens , fentences portant
furféance générale , foit qu'ils foient accordés par S. M. ou par les
cours & autres jurifdictions , vingt livres , ci   20 liv.

XVIII.

Pour la recherche fur les regiftres , lorfque les juges auront permis d'en délivrer des extraits , ne fera païé que dix fols , fi on in-
dique l'année dans laquelle l'infinuation aura été faite ; mais lorfque les commis feront obligés d'en faire la recherche fur plufieurs
années , il fera païé dix fols pour chacune année , à compter du
jour de la paffation de l'acte , jufqu'à celui de l'infinuation feulement ; & lorfqu'il ne fera délivré que de fimples extraits , fera païé
dix fols pour chacun defdits extraits ; mais s'il eft requis copie
entière de l'enregiftrement des actes , fera païé par rôle de groffes , même droit qui fe païe , pour les expéditions en papier , aux
gréfes des fiéges roïaux , près lefquels lefdites infinuations feront
établies.

XIX.

Tous lefquels droits , enfemble les quatre fols pour livre pendant
le tems que la levée en doit être faite au profit de S. M. feront païés
par toutes fortes de perfonnes , éxemtes & non éxemtes , privilégiées
& non privilégiées , fans aucune exception , pour quelque caufe &
fous quelque prétexte que ce foit ou puiffe être , nonobftant tous
édits , déclarations , arrêts , règlemens & ufages à ce contraires ,
fans que les fermiers defdits droits , leurs commis & prépofés , puiffent faire remife ou modération des droits en faveur de qui que ce
foit , ni à eux-mêmes pour les actes qui les concerneront , à peine
de reftitution du quadruple & de trois cent livres d'amende pour
chacun acte dont les droits n'auront pas été païés.

Fait & arrêté au confeil roïal des finances , tenu à Verfailles le
vingt-neuvième jour de Septembre mil fept cent vingt-deux. *Signé,*
LOUIS. *Et plus bas ,* PHELYPEAUX.

Regiftré , à Paris , en Parlement le 8 Octobre 1722.

DICTION-

DICTIONNAIRE
RAISONNÉ

DES Domaines & Droits Domaniaux , Droits de Contrôle des Actes des Notaires & sous-Signatures privées, Insinuations-laïques, Centiéme denier , petit-Scel , Contrôle des Exploits, Formule , Gréfes , Droits-réservés , francs-Fiefs , Amortissemens , nouvel-Acquêt &c.

A

BANDONNEMENT volontaire de biens , par un débiteur à ses créanciers , est un acte qui se passe par devant notaires ; par lequel le débiteur céde & abandonne à ses créanciers tous ses biens , meubles & immeubles, éfets & crédits actifs , pour être vendus , & le prix de la vente distribué entr'eux ; à l'éfet de demeurer quite envers eux de ce qu'il leur doit.

Cet abandonnement étant fait pour être les biens *vendus en direction* , par les créanciers *unis* , le débiteur n'est point exproprié ; les créanciers n'ont aucune

Tome I.　　　　　　　　　　　A

propriété ; ils ne font que les mandataires ou procureurs du débiteur , lequel peut jufqu'à l'inftant de l'adjudication conferver fes biens , en païant fes créanciers ; ainfi jugé par arrêt du parlement de Paris , du 7 Septembre 1660 , raporté dans le traité des fiefs de Guyot , vol. 3 , p. 364 , & dans celui de Livoniere , liv. 3 , chap. 5 , p. 186.

C'eft fur le principe que cet abandonnement n'eft pas tranflatif de propriété , que le droit de *contrôle* en a été fixé à 5 liv. feulement par l'art. 2 du tarif du 29 Septembre 1722.

Il doit en outre être *infinué* au bureau des infinuations , établi près le domicile du débiteur , art. 7 & 15 , de l'édit du mois de Décembre 1703 , art. 8 de la déclaration du 20 Mars 1708 ; & le droit dû pour cette *infinuation* eft fixé à 10 liv. par l'art. 16 du tarif des infinuations du 29 Septembre 1722.

Mais , fi l'abandonnement fait aux créanciers n'eft pas à la charge que les biens foient vendus en direction , enforte qu'ils puiffent les conferver ou en difpofer de telle façon qu'il leur plait , l'acte eft tranflatif de propriété : c'eft alors ce qu'on apelle *datio in folutum ;* le droit de contrôle eft dû fur le pié de la valeur des biens , s'ils font défignés ou eftimés ; finon , fur le pied règlé par l'art 4 du tarif de 1722 ; & le *centiéme denier* en doit être païé comme d'une vente pure & fimple , conformément à l'art. 16 du tarif des infinuations ; les droits feigneuriaux en font pareillement dûs.

Arrêt du confeil du 1er Décembre 1733 , & décifions des 14 Août 1734 , & 14 Juin 1738 , qui condamnent les créanciers de Jean Allevet , au païement du centième denier des biens qu'il leur avoit abandonnés purement & fimplement.

Décifion du confeil du 11 Janvier 1749 , qui juge qu'il n'eft dû que 5 liv.

de contrôle & 10 liv. d'infinuation pour un acte paffé entre M. D... & fes créanciers *unis* en direction ; par lequel les créanciers fe défiftent d'un précédent contrat d'abandonnement qu'il leur avoit fait en 1743 , des revenus de fes biens pendant fept ans , & même du fonds , s'il ne s'étoit pas encore libéré ; au moïen de quoi, M. D... céde une partie de fes biens à M. l'Abbé de S.... fon frère , en païement de fa légitime ; & il fait un abandon général à fes créanciers *unis* de tous les autres biens qui lui reftent , tranfportant auxdits créanciers , & à ceux qui les acquerront d'eux en direction , tous droits de propriété ; il eft au furplus jugé par cette décifion , que les droits de contrôle & de centième denier font dûs fur la valeur de ce qui eft cédé au frère.

Cette décifion eft jufte , parce que les créanciers unis ne font pas un corps politique capable d'acquérir ; ainfi, ils n'étoient pas vraiment propriétaires , mais , tenus de vendre les biens en direction , pour être le prix diftribué entr'eux.

Par décifion du confeil du 20 Octobre 1757 , il a été jugé que les créanciers de Pierre Rouffy , doivent le demi-droit de centième denier de l'abandon que Rouffy leur a fait des loïers échus & à écheoir d'une maifon , même de la jouïffance d'icelle , jufqu'à l'entier acquit de ce qu'il leur doit , les autorifant à paffer des baux & à faire les réparations ; & cela , parce que l'abandon de la jouïffance étoit perfonnel auxdits créanciers.

Par autre décifion du 12 Janvier 1758 , il a été jugé qu'il eft dû un droit de centième denier , à caufe de la fucceffion collatérale du fieur de Lanut , décédé fix mois après avoir fait un abandonnement de fes biens à fes créanciers , à la charge de les vendre en direction ; attendu que , par cet abandonnement , il n'étoit pas deffaifi de la propriété de fes biens , qui n'ont été ajugés en direction que depuis fa mort ;

cela eſt conforme au principe établi ci-
deſſus.

ABANDONNEMENT forcé par le débiteur à ſes créanciers, ſe fait en Juſtice
en vertu d'Ordonnance du Juge, ou de
Lettres qui admettent le débiteur au bénéfice de ceſſion, nonobſtant l'opoſition
de ſes créanciers. Voïez ci-après *Cef-
ſion.*

ABANDONNEMENT de biens, ou
déguerpiſſement, ſe fait par le détemteur,
lorſqu'il ne veut pas reconnaître le cens,
ou paſſer titre nouvel d'une rente foncière
ou autre charge réelle de pareille nature.
Voïez *Déguerpiſſement.*

ABANDONNEMENT de biens, ſe
fait auſſi par le tiers détemteur aſſigné en
déclaration d'hypotéque, pour s'éxemter
de païer la dette à laquelle l'immeuble qu'il
poſſéde eſt hipotéqué, & dont il n'eſt
point fait mention dans l'aliénation qui lui
a été faite ou à ſon auteur.

Le droit de *contrôle* en eſt fixé par
l'art. 36 du Tarif du 29 Septembre 1722,
& le *centiéme denier* en eſt dû ſuivant
l'art. 6 de la Déclaration du 20 Mars
1708. Voïez *Déguerpiſſement.*

ABANDONNEMENT en avancement
de droits ſucceſſifs, eſt compris dans l'art.
44 du Tarif du *contrôle*, qui renvoie aux
art. 3 & 4. Et il eſt ſujet à *l'inſinuation*
ſuivant le Tarif pour les meubles, & au
centiéme denier pour les immeubles ; à
moins qu'il ne ſoit fait en ligne directe,
en faveur de mariage, & par le contrat
de mariage même ; art. 3 de la Déclaration du 20 Mars 1708. Voïez *Avancement de ſucceſſion* & *Démiſſion.*

ABANDONNEMENT, contrat mari-
time ; l'abandonnement pour fait d'aſſurance ou groſſe avanture, eſt un acte par
lequel l'aſſuré dénonce la perte à l'aſſureur
& lui abandonne les marchandiſes & autres éfets aſſurés. Le droit de *contrôle* en
eſt fixé à 4 liv. par l'art. 8 du Tarif de
1722, & il eſt en outre ſujet au *contrôle*

des exploits quoique fait par des Notaires, de même que tous les autres actes qui
ſe notifient aux parties ; mais s'il eſt fait
par un Huiſſier, il n'eſt ſujet qu'au contrôle des exploits.

Au ſurplus, l'abandonnement pour fait
d'aſſurance peut être fait au Gréfe de l'Amirauté ſuivant l'Ordonnance, & enſuite notifié ; mais étant fait au Gréfe il doit être
contrôlé dans la quinzaine, & le droit
perçû comme il eſt réglé par l'art. 8 du
Tarif.

ABBAYE, Abbés & Abbeſſes ; les Procès verbaux de bénédiction d'Abbés ou
d'Abbeſſes ſont ſujets au contrôle. Voïez
Bénédiction, & *Actes* eccléſiaſtiques.

La portion des Abbés commandataires
dans les biens de l'Abbaye eſt des deux
tiers, y compris le tiers lot affecté aux
réparations de l'Egliſe, de la Maiſon abbatiale, des lieux réguliers & des autres
charges ; & les Religieux n'ont pour eux
qu'un tiers.

Lorſqu'il a été fait une fois un partage
canonique entre l'Abbé & les Religieux,
les autres actes qu'ils paſſent enſuite, ſoit
pour changer le tout ou partie des biens
dont ils jouïſſent, ſoit pour tranſmettre
aux Religieux le tiers lot, à condition de
ſatisfaire aux charges auxquelles il eſt affecté, ſont ſujets aux droits ordinaires. Voïez
Concordats, *Echanges* & *Partages.*

Arrêt du Conſeil du 10 Octobre 1752,
qui condamne les Prieur & Religieux de
l'Abbaye de Marmoutiers à païer le droit
de centiéme denier des biens à eux abandonnés, moïennant une rente annuelle,
par M. l'Archevêque de Tours ; leſquels
biens étoient communs entre la Manſe
abbatiale unie à l'Archevêché de Tours,
& la Manſe conventuelle ; & cela, parce
que les biens apartenans également à l'une
& à l'autre Manſe, n'ont pû être réunis & incorporés à celle des Religieux que
par une ceſſion emportant aliénation, dont
la rente annuelle eſt le prix : le droit a

été payé en conféquence , & enfuite celui d'amortiffement après une longue contef-tation. Voyez *Partage* entre les Abbés & Religieux.

Décifion du Confeil du 2 Novembre 1753 , qui confirme une Ordonnance de M. l'Intendant de Soiffons , par laquelle les Bénédictins de S. Vincent de Laon ont été condamnés au païement du centiéme de-nier de biens fonds à eux abandonnés par leur Abbé à titre de fuplément d'un par-tage ci-devant fait par acte autentique , & pour les indemnifer des réparations dont ils fe chargent.

Arrêt du Confeil du 25 Mai 1756 , qui réforme une Ordonnance de M. l'Intendant d'Amiens , & en conféquence ordonne que les droits de contrôle & de centiéme de-nier d'un échange fait en 1751 , entre les Prieur & Religieux d'Honnecourt & leur Abbé , de biens dont ils jouïffoient divifé-ment envertu d'un partage de 1679 , fe-ront païés fur le pied de la valeur entière des biens échangés.

Décifion du Confeil du 20 Octobre 1757 , qui confirme une Ordonnance de M. l'Intendant de Caën , par laquelle les Prieur & Chanoines réguliers de Mont-morel , ont été condamnés au païement du droit de centiéme denier des biens apellés la réferve de l'Abbaye , à eux cédés par l'Abbé commandataire , qui en jouïffoit en vertu d'un ancien partage ; à condition de fatisfaire aux réparations & autres char-ges du tiers lot.

ABBEVILLE , capitale du comté de Ponthieu en Picardie.

Il y a une Déclaration du Roi du mois de Mars 1411 , portant que le comté de Ponthieu & la ville d'Abbeville ne feront point aliénés & féparés du Domaine de la Couronne.

Les habitans d'*Abbeville* ayant obtenu fous les précédens régnes , l'éxemtion du droit de *franc-fiefs* , ils la réclamèrent de nouveau lors des recouvremens de 1672 & 1692 ; mais elle ne leur fut ac-cordée qu'au moïen des finances qu'ils païèrent , parce que l'éxemtion de ces droits qui font du Domaine de la Couron-ne , emporteroit une aliénation prohibée. Lefdits droits aïant été mis en fèrme en éxécution de l'Edit du mois de Mai 1708 , les habitans d'Abbeville furent pourfuivis pour le païement de ceux qu'ils devoient , & ils demandèrent encore l'éxemtion ; ils obtinrent un Arrêt du Confeil le 25 Avril 1719 , qui fixa à la fomme de 16000 liv. les droits de *franc-fiefs* par eux dûs depuis 1718 , & à celle de 1500 liv. annuellement ceux qu'ils devroient à l'ave-nir pendant le cours du bail qui fubfiftoit alors. Et par autre Arrêt du Confeil du 24 Mai 1723 , il fut ordonné que lefdits ha-bitans païeroient en détail les droits de franc-fiefs par eux dûs ; & enfuite ils en ont encore obtenu l'abonnement.

Par Arrêt du Confeil du 26 Septembre 1730 , tous les habitans de ladite ville d'*Abbeville* ont été déchargés des droits de *franc-fiefs* , pour tous leurs fiefs & ter-res nobles fitués *dans l'étenduë de la gé-néralité d'Amiens* : & il a été ordonné qu'ils païeroient 16500 liv. & les 2 fols pour liv. pour indemnifer les précédens Fermiers de la non-jouïffance de ces droits ; & qu'ils païeront aux Soûfermiers actuels defdits droits , & à ceux qui leur fuccéderont , la fomme de 1500 liv. par chacun an , avec les 2 fols pour liv. de ladite fomme , aux Receveurs généraux des domaines de ladite généralité d'A-miens.

Les conditions fous lefquelles on peut jouïr de cet abonnement font expliquées ci-après , Verb. *Abonnement* de droits de *franc-fiefs* , page 6.

ABONNEMENT des droits de con-trôle & autres y joints ; il y en a eu & même des aliénations pour diverfes Pro-vinces. Voïez *Aliénation* ; mais par l'art. 2 de la Déclaration du Roi du 29 Septembre 1722 , tous Edits , Déclarations ou Arrêts , portant fuppreffion ou abonnement des droits de contrôle des actes, infinuations laïques, & petit-fcel , ont été révoqués ; & il a été ordonné que les titres d'aliénation , fupreffion ou abonnement, feroient repréfentés , pour être fur iceux procédé à la liquidation des finances & pourvû au rembourfement , s'il y échet.

Par Arrêt du Confeil du 9 Mai 1724 , fans avoir égard aux requêtes, mémoires & remontrances des villes de *Lyon*, *Roüen*, *Bordeaux*, *Toul*, *Sarlouis & Cambray* ; *& des provinces de Franche-Comté*, *Dauphiné*, *Navarre*, *Flandre*, *Hainault*, *Artois & Provence* , ni aux demandes y contenuës pour l'éxemtion defdits droits de contrôle & infinuation ; il a été ordonné que la Déclaration du 29 Septembre 1722 , fera éxécutée felon fa forme & teneur dans toutes lefdites Villes & Provinces ; & en conféquence que les droits de contrôle des actes , infinuation , centiéme denier, petit-fcel , & 4 fols pour liv. feront perçûs conformément aux Tarifs , Edits , Déclarations & Arrêts du Confeil , nonobftant toutes aliénations, abonnemens, ou fupreffions de tout ou de partie defdits droits ; fauf à celles defdites Villes qui auront financé à remettre leurs titres , conformément à la Déclaration de 1722 , pour être procédé à la liquidation de la finance & au rembourfement.

Il y a néanmoins quelques Provinces du Royaume où les droits de contrôle & d'infinuation font actuellement abonnés , aliénés , ou rédimés. *Voïez* les Dénominations particulières de ces Provinces ; l'*Artois*, la *Flandre*, le *Hainault*, font abonnés. *Voïez* auffi *Bourges & Moulins*, où il y a des droit aliénés. *Voïez* encore *Bretagne*.

Ces droits n'ont point lieu dans l'*Alface*, ni dans la baronnie d'*Eftroeng*, nonplus que dans les principautés de *Dombes*, *Orange & Enrichemont*, ni dans le comté de *Clermont* en Argonne.

Enfin le contrôle des actes des Notaires n'a pas lieu à *Paris*. Voïez *Paris*.

ABONNEMENT des droits de *francfiefs* ; il y a des Villes dont tous les habitans ont été déclarés fous les précédens régnes, habiles à poffeder des fiefs & biens nobles, fans païer le droit de *franc-fiefs* ; mais ces priviléges ont ceffé , lorfque le recouvrement des droits de franc-fiefs eft devenu régulier ; parce que de telles conceffions emportoient aliénation d'un droit du domaine de la Couronne ; il y a d'autres Villes dont les habitans ont jouï de l'éxemption à titre d'abonnement.

L'Edit du mois d'Août 1692 fait une diftinction des Villes qui avoient eû l'éxemption à titre de privilége , & de celles qui n'étant pas privilégiées, avoient été admifes au rachat ou à l'abonnement des droits de franc-fiefs ; diftinction fuivie par la Déclaration du 9 Mars 1700 , & par celle du 16 Juillet 1702.

Il fut réglé par cette Déclaration de 1702 , que les habitans des Villes ou Provinces abonnées, qui avoient contribué au payement du prix des abonnemens , demeureroient éxemts des droits de francfiefs jufqu'à l'expiration des vingt années du jour de leur poffeffion ; & qu'au moïen des fommes payées en conféquence de l'Edit de 1692 par les habitans des Villes privilégiées, les roturiers poffédans fiefs èfdites Villes & Provinces, qui juftifieroient y avoir contribué , & ceux qui (n'y ayant pas contribué) payeroient une année de revenu de leurs fiefs & biens nobles , jouïroient les uns & les autres de l'éxemtion du droit de franc-fiefs pendant leur vie.

Ainfi l'éxemtion pour les Villes abonnées fut reftrainte à une poffeffion de vingt années ; & celle pour les Villes privilégiées fut limitée en faveur des habitans , qui perfonnellement ont financé en éxécution de l'Edit de 1692 & de la Déclaration de 1702 , & pour jouïr de cette éxemtion pendant leur vie feulement ; il n'y a pas d'aparence que cette éxemtion puifle être réclamée aujourd'hui.

Il y a eu de nouveaux abonnemens qui fubfiftent encore actuellement en faveur de quelques Villes ; les uns plus ou moins étendus. Ces Villes font celles d'*Abbeville*, *Angers*, *Chartres*, le *Mans*, *Orleans* & *Peronne* ; la Province du *Perche* eft auffi abonnée jufqu'en 1765 , mais pour les fiefs Bourfaux feulement.

Ces abonnemens font perfonnels aux habitans defdites Villes ; les vrais habitans font ceux qui font originaires de ces Villes & qui y font une réfidence actuelle ; le privilége a lieu néanmoins en faveur de ceux qui n'étant pas originaires defdites Villes, y font depuis dix ans une habitation réelle & non fimulée ; & qui en conféquence prouvent avoir contribué aux charges & impofitions de la Ville depuis dix années confécutives ; ce font des conditions expreffes pour tous ceux qui ne font pas originaires des Villes abonnées fans aucune exception.

Arrêt du Confeil du 26 Février 1737 , contre le fieur Bouffion du Coudray, qui raportoit un certificat des Maire & Echevins d'*Angers*, qu'il demeuroit dans cette Ville, & que comme habitant il avoit contribué à toutes les charges de la Ville, tant de capitation qu'autres impofitions ; mais il étoit prouvé par des actes qu'il réfidoit à la campagne où il étoit impofé à la taille. Par cet Arrêt il a été condamné au païement du droit de franc-fiefs ; & il eft en outre » ordonné que *nul* roturier ne » pourra fe prétendre éxemt des droits » de franc-fiefs en vertu de l'Arrêt du » Confeil du 19 Septembre 1730 , rendu » en faveur des habitans d'Angers , s'il » n'eft originaire de ladite Ville, & n'y a » fon domicile établi ; ou fi n'en étant point » originaire, il n'y fait fa réfidence actuel- » le, & n'y païe les charges & impofitions » depuis dix années confécutives.

Décifion du Confeil du 30 Novembre 1740 , qui condamne le fieur Plumard au payement du droit de franc-fiefs , quoique bourgeois & originaire du *Mans*, où il difoit faire fa réfidence actuelle ; attendu qu'il eft pourvû d'un office au grenier à fel de la Ferté-Bernard , où il eft tenu de réfider , & que par conféquent il ne peut jouïr des priviléges des bourgeois de la ville du Mans.

Arrêt du Confeil du premier Mars 1741 , qui condamne le fieur le Loyer au païement du droit de franc-fiefs dont il fe prétendoit éxemt comme bourgeois de la ville du *Mans* ; attendu qu'il n'y avoit encore acquis qu'un domicile de huit années.

Autre Arrêt du Confeil du 14 Août 1744 , qui confirme une Ordonnance de M. l'Intendant de Tours , par laquelle le fieur Jouye a été condamné au païement du droit de franc-fiefs dont il fe prétendoit éxemt comme bourgeois de la ville du *Mans*, où il difoit avoir réfidé depuis 1730 ; mais on lui a opofé une abfence de 1733 , jufqu'à 1738 , fondé fur ce qu'il n'eft point emploïé pendant ce tems fur les rôles de l'abonnement des franc-fiefs & de la capitation de la Ville. Il eft en outre ordonné par cet Arrêt que » *nul* roturier » ne poura fe prétendre éxemt des droits » de franc - fiefs en vertu de l'Arrêt du » 18 Septembre 1731 , rendu en faveur » des habitans de la ville du Mans, s'il » n'en eft originaire & n'y a fon domicile » établi ; ou fi n'en étant point originaire , » il n'y fait fa réfidence actuelle & n'y » païe fa part des charges & impofitions » depuis dix années confécutives.

Décifion du Confeil du 26 Février 1749 , qui condamne le fieur Bouteville au payement du droit de franc-fiefs dont il fe prétendoit éxemt comme bourgeois originaire & habitant de *Peronne*, où il païe la capitation & où il remplit l'emploi de premier Capitaine de la Milice bourgeoife ; attendu qu'il eft Subdélégué &

Bailli d'Albert , où il fait fa véritable réfidence , quoiqu'il ait une maifon à Peronne.

Décifion du Confeil du 22 Avril 1750 , qui condamne le fieur Dubois originaire de Rennes & Profeffeur en Droit de l'Univerfité d'Angers , pour lequel les autres Profeffeurs avoient pris fait & caufe , au païement du droit de franc-fiefs ; attendu que n'ayant pas acquis à *Angers* un domicile de dix années , il ne peut jouïr de l'éxemtion du droit , conformément à l'Arrêt du 26 Février 1737.

Décifion du Confeil du 3 Décembre 1756 , qui confirme deux Ordonnances de M. l'Intendant d'Orléans renduës contre le fieur Grevolias , qui fe prétendoit éxemt de droit de franc-fiefs comme originaire de la ville d'*Orléans* , y faifant fa réfidence & y étant Commandant d'un bataillon de Milice ; attendu qu'il n'avoit qu'un domicile fimulé à Orléans , & qu'il eft prouvé par des actes & par des extraits de baptême & de fépulture qu'il réfide dans fa terre avec fa femme , que fes enfans y font nés & baptifés , & que ceux qui font morts y ont été inhumés.

Autre Décifion du 30 Avril 1757 , qui confirme une Ordonnance de M. l'Intendant d'Orléans , par laquelle le fieur Sartre demeurant à S. Laurent-des-Eaux , en qualité de Tuteur de fes enfans , a été condamné à païer le droit de franc-fiefs de biens apartenans auxdits enfans du chef de leur mère , fans avoir égard à fon allégation que fes enfans demeuroient chez leur ayeule à *Orléans* ; attendu que des enfans mineurs n'ont d'autre domicile que celui de leur père ou de leur tuteur.

ABSENCE du Roïaume , ne fait encourir aucune incapacité lorfqu'elle n'eft pas accompagnée d'un établiffement marqué & déterminé en païs étranger. *Droit com. de la Fr. par M. Bourjon, tom. 1, tit. 8 ch. 1, n. 2, p. 87* ; ainfi l'abfent du Roïau-

me n'eft point incapable de fuccéder à fes parens Français s'il eft catholique romain ; mais il faut qu'il revienne en France & qu'il y fixe fon domicile, autrement & s'il refte fous une domination étrangère , il eft incapable de fuccéder en France.

Si l'abfent s'eft réfugié dans le païs étranger pour y faire un établiffement, il eft coupable du crime de défertion ; ce crime emporte confifcation , mort civile & la peine des galères perpétuelles. La Déclaration du Roi du dernier Mai 1685 , le porte expreffément ; d'où il réfulte qu'un homme qui s'eft abfenté du Roïaume fans la permiffion du Roi , & qui s'eft établi dans un autre , ne peut en revenant en France être réintégré dans fes droits qu'en obtenant des Lettres de réhabilitation ; il eft incapable de fuccéder en France à fes parens qui font dans le Roïaume , lefquels ne peuvent non plus lui fuccéder ; & les biens qu'il laiffe en France au jour de fon décès , apartiennent au Roi à titre d'aubaine. Voïez *Aubain ,* §. 3.

A l'égard de ceux qui s'abfentent du Roïaume pour caufe de religion. Voïez *Religionnaires.*

ABSENCE ; par quel tems l'abfence d'un homme , dont on n'a pas eû de nouvelles , fait - elle ouverture à fa fucceffion ?

Maximes générales.

En général l'homme eft préfumé vivre jufqu'à l'âge de cent ans ; mais cette préfomption n'eft admife que dans le cas d'une incertitude entière , fans aucun fait déterminant ; elle n'a même lieu qu'à l'égard des intérêts de l'abfent ou de fes créanciers , & jufqu'alors il eft capable de fuccéder & préfumé recueïllir les fucceffions qui lui échéent. Voïez *le Dr. com. de la Fr. tom. 1, p. 87 & Bril. verb. Abf. n. 87,* où il cite un Arrêt du 7 Juillet 1629 , par lequel l'abfent a été réputé avoir fuccédé à fa mère morte 14 ans après fon départ.

Les exceptions à cette régle générale fe tirent des difpofitions des Coûtumes, de la jurifprudence des Cours, & des confidérations du tems, de l'âge & des circonftances.

Les Coûtumes d'Anjou, art. 269 & du Maine, art. 287, autorifent l'héritier à fe mettre en poffeffion des biens de l'abfent après fept ans fans nouvelles ; il en eft de même en Bretagne, où l'on juge que l'abfent eft cenfé vivant les fept premieres années, après lequel tems il eft réputé mort. Arr. du 5 Janvier 1701, rap. par Bril. verb. abf. n. 71.

A Bordeaux il faut 10 ans ; le partage provifionnel des biens de l'abfent ne peut être demandé qu'après ce tems, Arr. du 21 Janvier 1700 ; & par ceux qui font les plus proches lors de l'échéance des 10 ans. Arr. du 2 Juillet 1715, Bril. abf. n. 80.

L'on peut dire en général qu'après 10 ans de l'abfence ou de la derniere nouvelle, l'abfent eft réputé mort à l'éfet du partage provifionnel de fes biens, en donnant caution, laquelle demeure déchargée après 30 ans ; car paffé ce terme, les héritiers peuvent fe faire envoïer en poffeffion purement & fimplement. *Breton.* Sur Henr. tom. 2, l. 4, q. 160. Le Brun, des fucceffions, liv. 1, ch. 1, feét. 1, n. 8 ; & le Dr. com. de la Fr. liv. 1, tit. 8, ch. 3.

Il y a beaucoup d'autorités pour réputer l'abfent mort au bout de 9 ans, quant au partage provifionnel de fes biens. *Voïez* Bril. verb. abf. n. 82, & verb. Partage, n. 10, où il cite Filleau, part. 4, q. 77. C'eft une maxime fuivie au Confeil pour le droit de *centiéme denier*, comme il fera dit ci-après.

Les circonftances qui font abréger le délai de la préfomption de mort, font lorf-qu'il y a des conjectures puiffantes ; com-me fi l'abfent s'eft engagé & qu'il ait ceffé de paroître depuis une bataille dans laquelle il étoit ; ou s'il s'eft embarqué & qu'on n'ait eû aucune nouvelle du vaiffeau ; dans ces cas, il eft cenfé mort du jour de la derniere bataille ou de l'embarquement ; parce qu'un fait déterminant l'emporte fur une préfomption de droit. Henrys, tom. 2, liv. 4, q. 160, & Dr. com. de la Fr. liv. 1, tit. 8, ch. 1.

Lorfque l'abfent ne revient point, il eft réputé mort du jour de fon départ ou de la derniere nouvelle que l'on en a euë ; enforte que fa fucceffion eft réputée ouverte dès ce tems-là ; les héritiers qu'il avoit alors font préfumés l'avoir recuëillie dès ce moment ; & quoiqu'ils décédent avant les 10 ans d'abfence, ils ne laiffent pas que de transférer leurs droits à leurs héritiers. Arr. du P. de Paris, en gr. Ch. du 23 Mars 1688 ; & de Touloufe, des 5 Avril 1677, & 23 Mars 1679. *Breton.* Sur Henr. tom. 2, l. 4, q. 160. Il en réfulte que dans ce cas l'abfent n'a point été cenfé faifi & qu'il n'a point tranfmis à fes héritiers les fucceffions qui lui étoient dévoluës par la loi depuis qu'on n'a eu de fes nouvelles.

Mais fi les Coûtumes fixent un tems pour la préfomption de mort, ou fi les circonftances donnent un fait déterminant, ce n'eft que de l'expiration de ce tems ou du jour de ce fait, qu'il eft cenfé y avoir ouverture à la fucceffion. Arr. du P. de Paris dans la Coût. du Maine, du 9 Mars 1688, qui juge que l'abfent n'eft réputé mort que du jour que les fept ans font expirés. Bril. verb. abf. & Dr. com. de la Fr. tom. 1, p. 682. Autre Arrêt du 9 Juin 1731, cité dans le rec. de Jurifpr. de la Combe.

Enfin, dans tous les cas, l'abfent eft cenfé avoir tranfmis à fes héritiers les fucceffions qui lui font dévoluës par la loi, jufqu'au jour qu'il eft réputé mort fuivant les Coûtumes, la Jurifprudence & les circonftances.

Décifions

Décifions pour le droit de centiéme denier.

Il eſt de principe certain que toute jouïſ-fance d'immeubles qui excéde neuf années eſt ſujéte au centiéme denier ; & par une conféquence de ce principe, le Fermier eſt fondé à demander ce droit aux préſom-ptifs héritiers de l'abſent après neuf ans , s'ils ne produiſent des nouvelles certaines ; & même plutôt , s'il y a des faits déter-minans.

Mais le Fermier ne peut recevoir que pro-viſoirement ſous la caution de ſon bail, lorſ-que le droit eſt païé dans les 30 ans de l'abſence ; & ſauf à reſtituer ſi l'abſent re-paroit. L'on ne peut pas dire que le droit ſoit dû dans ce cas par l'héritier préſomptif pour la jouïſſance qu'il aura euë , puiſqu'il eſt tenu de rendre , non-feulement les biens , mais encore tous les fruits qu'il aura perçûs.

Si le Fermier ne formoit ſa demande qu'après vingt ans du jour de l'abſence , & que ce fut dans une Coûtume où l'abſent eſt réputé mort du jour de ſon départ , pourroit-on lui objeéter une fin de non-recevoir , tirée de la clauſe de ſon bail qui ne lui accorde que vingt années pour ſes recherches ? Non , cette fin de non-recevoir ne feroit pas admiſſible ; parce que d'un côté le Fermier n'a pas été en état d'agir avant le tems défini pour ré-puter l'abſent mort , & que de l'autre on ne peut fonder la fin de non-recevoir que ſur un Jugement , un partage proviſionnel ou autre aéte autentique qui auroit donné connoiſſance de l'ouverture au droit : *non valenti agere , non currit præſcriptio.*

Décifion du Conſeil du 23 Février 1727 , contre Louis-Auguſtin Mouret , qui avoit été envoïé en poſſeſſion des biens de ſon frère abſent depuis quatorze ans.

Autre Décifion du 18 Mai 1727 , qui condamne Geneviéve Collet à païer le

Tom. I.

centiéme denier des biens d'André de S. Denis abſent, deſquels biens elle avoit été autoriſée à ſe mettre en poſſeſſion , ſauf à rendre compte en cas de retour.

Décifion du premier Mars 1732 , qui condamne Noël le Roux au païement du centiéme dernier des biens de Pierre Durand , abſent depuis vingt ans ſans nouvelles.

Décifion du 5 Janvier 1736 , contre les enfans héritiers bénéficiaires de la veuve Tillois , qui avoient obtenu Sen-tence d'adjudication des revenus des biens de leur frère abſent depuis dix ans , à la charge de rendre compte ; qui les con-damne au païement du centiéme denier & à un droit en ſus , faute d'avoir païé le droit dans les trois mois de la Sentence.

Décifion du 28 Février 1736 , qui con-damne Remy Brunet au païement du cen-tiéme denier des biens de ſon frère abſent, ſans aucune certitude de mort ; il avoit été fait en 1734 , ſuivant la Coûtume de Me-lun , un partage des loïers de vingt-neuf années des biens de l'abſent.

Décifion du 26 Juin 1736 , qui déchar-ge le ſieur Duval Elu à Paris, du centiéme denier des biens de ſon frère abſent depuis 1700 , dont il a été envoïé en poſſeſ-ſion par Sentence , à la charge de donner caution des fonds & des fruits en cas de retour. Mais le tems de l'abſence du fils , dès 1700 avant la mort du père qui n'eſt décédé qu'en 1716 , a déterminé cette Décifion ; parce qu'à ce moïen le père eſt cenſé avoir ſurvécu au fils abſent , & avoir tranſmis direétement au ſieur Duval Elu.

Décifion du Conſeil du 15 Février 1738, ſur la demande faite à François Thoumine du droit de centiéme des biens de ſon frère abſent dès 1713 , avant la mort du père arrivée en 1724 ; portant qu'il juſtifiera dans un mois que le frère eſt décédé avant le père , ſinon qu'il païera le droit.

Décifion du 15 Avril 1741 , qui réfor-me une Ordonnance de M. l'Intendant de

B

Bourges , par laquelle il avoit déchargé le fieur des Colombieres , doyen des Confeillers du Bailliage & Siége Préfidial de Bourges , du centiéme denier des biens du fieur de la Thomaffiere , abfent depuis plus de vingt ans , fous prétexte qu'un homme n'eft réputé mort qu'au bout du plus long âge , & que ce n'eft qu'après ce terme que les héritiers de l'abfent font en droit de fe mettre définitivement en poffeffion de fes biens ; la Décifion juge que toute jouïffance excédant neuf années eft fujéte au centiéme denier.

Autre du 4 Août 1742 , qui condamne Jean Cointrel au païement du centiéme denier des biens d'un abfent depuis vingt à trente ans fans nouvelles.

Autre du 16 Mars 1743 , contre le fieur Heffelin , pour la fucceffion de fon frère , abfent depuis vingt-fept ans ; des biens duquel il étoit autorifé à jouïr en donnant caution.

Autre du 18 Avril 1744 , en faveur des fieurs Vaffet frères , qui avoient été condamnés par M. l'Intendant de Caën , à payer le centiéme denier des biens de Nicolas leur frère abfent , faute par eux de juftifier qu'il eft décédé avant leur père : ils ont dit qu'il étoit paffé dans les Ifles en 1723 , fans avoir eû d'autre nouvelle que celle du naufrage du navire dans lequel il étoit ; & que leur père n'eft décédé qu'en 1734. La Décifion réforme l'Ordonnance , atendu que les frères n'ont point formé de lot à l'abfent lors du décès de leur père , parce qu'il y avoit plus de dix ans qu'il étoit abfent. La queftion n'étoit pas foûtenable , parce que la circonftance du naufrage du navire fans nouvelles poftérieures de l'abfent , faifoit qu'il étoit cenfé mort du jour de cet événement ; ainfi il ne fe trouvoit aucuns biens dans fa fucceffion , puifque le père n'eft décédé que plus de dix ans après.

Décifion du Confeil du 20 Mai 1747 , qui confirme une Ordonnance de M. l'In-

tendant d'Alençon , par laquelle le fieur le Febvre prêtre , a été condamné au païement du centiéme denier des biens de fon frère qu'il difoit être en Sicile au fervice d'un feigneur depuis dix à douze ans , dont il ne raportoit pas de nouvelles ; mais il fe foûmettoit d'en raporter après la guerre. La Décifion lui accorde néanmoins trois mois pour raporter un certificat de vie.

Décifion du Confeil du 25 Novembre 1747 , qui réforme une Ordonnance de M. l'Intendant de Provence , & condamne la dame de Villeneuve de S. Laurent à payer le centiéme denier des biens de fon frère , abfent depuis quarante ans , dont M. l'Intendant l'avoit déchargée quant à préfent.

Décifion du Confeil du 27 Décembre 1753 , contre le fieur Guyard qui demandoit la décharge du centiéme denier des biens de fon frère , abfent depuis long-tems , & qui avoit envoïé de Leogane une procuration en 1732 ; ledit fieur Guyard s'étoit fait depuis autorifer par Arrêt à faire vendre les meubles des père & mère , & à jouïr des revenus. Décidé que le droit eft dû , fauf la reftitution en cas de retour.

Autre Décifion du 12 Juillet 1754 , pour la fucceffion du fieur de Brie abfent ; l'héritière mariée au fieur Bureau , s'eft fait envoïer en poffeffion des biens par Sentence du Châtelet en 1739 , à la charge de rendre en cas de retour ; & la Décifion la condamne à païer le centiéme denier , fauf la reftitution fi l'abfent revient.

Autre Décifion du 15 Mai 1755 , qui déboute le nommé Bloc & fa femme de leur demande en reftitution du droit de centiéme denier , & d'un droit en fus qu'on leur avoit fait païer pour la fucceffion d'un homme , abfent depuis vingt ans qu'il a paffé au fervice d'Efpagne , & qui n'avoit pas alors quarante ans.

ABSENCE des Commis de leurs Bureaux.

Les Commis ne peuvent abandonner la Régie qui leur eſt confiée qu'après en avoir prévenu leurs Commettans ou leur Directeur, & qu'après l'inſtallation de leur ſucceſſeur, duquel ils retirent une décharge de la remiſe de tous les regiſtres & papiers concernans la manutention de l'emploi.

Ils ne peuvent non plus s'abſenter de leurs bureaux ſous quelque prétexte que ce ſoit, qu'en vertu d'une permiſſion de leurs Commettans ou du Directeur, & après avoir confié leur Régie à quelqu'un dont ils répondent, qui ait la capacité & l'intelligence néceſſaires pour que le bien de la Ferme & le ſervice public ne ſouffrent point de l'abſence du Commis ordinaire, lequel eſt toujours reſponſable de tous les événemens de ſon abſence.

Si le Commis qui veut s'abſenter eſt établi auprès d'un Bailliage roïal & chargé de l'inſinuation des donations entre-vifs, il doit avoir la précaution de faire prêter ſerment devant le Lieutenant général ou autre premier Officier du Siége, par celui qu'il met à ſa place, pour la validité des donations dont on pourroit requérir l'inſinuation à ſon bureau pendant ſon abſence.

Par Arrêt du Conſeil du 13 Octobre 1722, il a été fait très-expreſſes inhibitions & défenſes aux Commis du contrôle des actes & droits y joints d'abandonner la Régie des droits, pour quelque cauſe & ſous quelque prétexte que ce ſoit, ſans ordre exprès & par écrit du Fermier & de ſes cautions, à peine de tous dépens, dommages & intérêts qui pourroient réſulter de leur abſence, & d'être privés pour toujours de toutes ſortes d'emplois. Voïez *Commis*.

ABSTENTION ſuffit à l'égard de la ſucceſſion collatérale pour n'être pas héritier; mais il n'en eſt pas de même en ligne directe : il faut répudier la ſucceſſion par renonciation, par raport à la régle : *Filius, ergo hæres*. Acte de notoriété du Châtelet de Paris du 24 Juillet 1716, raporté par Brillon. Verb. Abſtention.

Après les délais pour renoncer, les héritiers du ſang, ſaiſis par la Loi de la ſucceſſion, peuvent être pourſuivis & même condamnés comme héritiers ; ce qui ne les exclut cependant pas de renoncer, ſi les choſes ſont entières ; l'éfet du retardement ne les expoſe qu'aux frais : *Droit commun de la France*, tom. 1, p. 767.

Dans la régle générale le mort ſaiſit le vif, & l'inſtant de la mort eſt celui de l'ouverture des ſucceſſions ; ainſi l'héritier commence à poſſéder dans l'inſtant même que la poſſeſſion du décédé ceſſe ; il n'y a point de vuide entre l'une & l'autre de ces poſſeſſions ; & l'un des héritiers décédant un inſtant après le défunt, il meurt ſaiſi de ſa portion héréditaire qu'il tranſmet à ſes héritiers. *Ibid*, p. 678.

Déciſion du Conſeil du 25 Mars 1725, qui condamne le ſieur de Richemont à païer le centiéme denier des biens de la ſucceſſion de ſa fille mineure, décédée peu de tems après la mère, leſquels biens avoient paſſé aux deux autres enfans. Il diſoit que la ſucceſſion de la mère n'avoit pas été acceptée ni recueillie, & que la ſœur n'y avoit pas eû de part diſtincte.

Autre Déciſion du 14 Février 1728, qui condamne le ſieur Carré à païer le centiéme denier des biens de la ſucceſſion de ſon frère aîné, dont il prétendoit ſe diſpenſer, diſant que ſuivant la Coûtume d'Artois, nul ne peut tranſmettre héritages de ſon chef, s'il ne les a apréhendé par relief des ſeigneurs, ce que ſon aîné n'avoit pas fait.

Autre Déciſion du Conſeil du 7 Juillet 1742, qui réforme une Ordonnance de M. l'Intendant de Roüen, & qui condamne le ſieur le Petit de Belaunay à païer le centiéme denier des biens de la ſucceſſion de ſon beau frère, mort peu de jours après le frère aîné ; il opoſoit que le dernier décédé n'avoit pas été ſaiſi, n'aïant point fait acte d'héritier, & que par ſon abſtention, la fucceffion du premier avoit paffé à la dame de Belaunay fon époufe, qui en avoit païé le centiéme denier.

Autre Décifion du 28 Février 1741, contre le fieur du Rozel qui prétendoit n'avoir pas dû comprendre un fief fitué en Normandie, dans la déclaration des biens de la fucceffion de fon frère aîné, fous prétexte que le défunt n'en avoit pas fait l'option pour fon préciput, & qu'en conféquence de cette abftention le fief avoit dû paffer audit fieur du Rofel.

L'ABSTENTION fimple fans acte ne produit aucuns droits, quoiqu'elle procure un accroiffement en faveur des autres qui font habiles à fuccéder. Décifion du Confeil du 26 Novembre 1724, en faveur du fieur du Rouvray, qui avoit recuëilli la fucceffion du père par l'abftention du frère. Cette Décifion porte que l'abftention ne donne pas lieu au centiéme denier, fi elle n'a été précédée d'un acte d'héritier.

L'acte d'abftention fait au Gréfe eft purement volontaire, & doit par conféquent être contrôlé dans la quinzaine de la date. Voïez *Actes volontaires*, & Arrêt du Confeil du 28 Juin 1723, qui déclare nul un acte d'abftention, & prononce l'amende de 100 livres encouruë par Wezel Gréfier du Bailliage de Beauvais, faute de l'avoir fait contrôler dans la quinzaine & avant que d'en délivrer l'expédition.

Cet acte eft pareillement fujet à l'infinuation, parce qu'il vaut renonciation. *Voïez* le droit commun de la France, tom. 1, p. 807 & Renonciation.

Dans la Coûtume d'Amiens & autres voifines, la part des puînés qui s'abftiennent d'apréhender le quint héréditaire des fiefs, ou qui l'aïant apréhendé, décédent fans enfans, accroit aux autres puînés qui la veulent apréhender & non à l'aîné qui n'y peut rien prétendre, fi tous les puînés ne meurent fans enfans. Arrêt du 4 Janvier 1633, rap. par Bril. verb. quint. n. 3.

Décifion du Confeil du 11 Juillet 1725, qui juge le droit de centiéme denier dû dans le cas d'abftention : Le fieur du Rouvray d'Amiens, avoit difpofé de fes biens en faveur de fes enfans par teftament, portant que toute la part afférante à Jean fon fils aîné Prêtre, demeureroit fubftituée en faveur des autres ; après la mort du père, l'aîné avoit confenti par un acte fous fignature privée que Louis premier puîné, aïant droit par fon abftention, relevât les fiefs & rentes, & en fit la foi & hommage, tant pour lui que pour les autres puînés. Sur la demande du droit de centiéme denier réfultant de cet acte, Louis difoit être devenu héritier du père par l'abftention de l'aîné qui n'avoit fait aucun acte d'héritier ni reçû aucune fomme. Le Confeil a décidé que le droit étoit dû, parce que l'aîné a difpofé par l'acte dont il s'agit de la part qui lui étoit échuë dans la fucceffion du père.

ACCENSEMENT, autrement apellé fous-inféodation, eft un contrat par lequel on prend un héritage à cens ou rente foncière. L'accenfement proprement dit eft le bail à cens ou rente foncière avec rétention de foi. Traité des fiefs de Guyot, vol. 3, ch. 4, §. 6. Voïez *Baux* à rente.

L'accenfement ne fe peut faire qu'en arroturant l'héritage noble, ce qui forme un démembrement ; le propriétaire d'un fief qui releve d'un autre ne peut faire à fon préjudice ces démembremens, que jufqu'à concurrence de ce qui eft réglé par les Coûtumes.

Le Roi peut aliéner par accenfement les petits domaines qu'il poffède. Voïez *Domaine*.

ACCEPTATION de fucceffion purement & fimplement, eft l'acte par lequel un préfomptif héritier déclare qu'il accepte la fucceffion à laquelle il eft apellé ; cet acte, foit qu'il foit reçû par un Notaire ou par un Gréfier eft fujet au *contrôle* dans la quinzaine de fa date, conformément à l'art. 11 du Tarif du 29 Septembre 1722 , parce qu'il eſt purement volontaire & qu'il ſe conſomme par le ſeul conſentement des parties , ſans qu'il ſoit beſoin du miniſtère du Juge. Le droit de contrôle eſt fixé par le même article à une livre.

Cet acte n'eſt point ſujet à l'*inſinuation* ; & il ſeroit inutile d'en faire l'obſervation , ſi quelques Emploïés déterminés par de faux principes n'avoient prétendu le contraire.

ACCEPTATION de ſucceſſion ſous bénéfice d'inventaire , eſt un acte connu dans le païs de Droit écrit ; s'il n'y a point eû de lettres de bénéfice d'inventaire qui aïent été préalablement inſinuées, l'acte d'acceptation ou le jugement qui permet de ſe porter héritier bénéficiaire eſt ſujet à l'*Inſinuation* , & il eſt dû un droit pour chacun des acceptans ou héritiers , conformément à l'art. 14 du Tarif des inſinuations. *Voïez* Bénéfice d'Inventaire.

ACCEPTATION de communauté , eſt l'acte par lequel une veuve déclare accepter la communauté de biens qui étoit entr'elle & ſon défunt mari. *Voïez* les obſervations faites ſur l'acceptation de ſucceſſion purement & ſimplement , qui ſont en tout communes à cet article.

Les Notaires ou Gréfiers qui reçoivent les actes d'acceptation de communauté doivent en garder minute ; Arrêt du Parlement de Paris du 14 Février 1701 , au Recueil du contrôle des Actes.

ACCEPTATION de tranſport ou de délégation , forme un nouvel obligé , contre lequel le créancier a une obligation perſonnelle ; en conſéquence, cette diſpoſition donne lieu à un droit particulier de contrôle, quoique contenuë dans l'acte principal , pour raiſon duquel elle eſt faite.

Si par l'acte de tranſport d'une rente , le débiteur d'icelle intervient , l'accepte & ſe le tient pour ſignifié , il a été décidé

au Conſeil le 15 Mars 1723 , que comme par un tel acte le ceſſionnaire acquiert une obligation contre le débiteur de la rente , il eſt dû un droit particulier pour cette diſpoſition , comme paſſée entre diférens particuliers.

Un débiteur délégue ſon fermier à païer ce qu'il doit à ſon créancier & le fermier intervient & accepte ; il eſt dû un ſecond droit de contrôle quoique le fermier fut déja débiteur par ſon bail contrôlé , & qu'il ne faſſe que changer de créancier : Déciſions du Conſeil des 30 Août 1728 & 10 Mai 1731.

Autre Déciſion du Conſeil du premier Juin 1737 , contre le ſieur de la Motte Mire , au ſujet de trois conſtitutions de rente , contenant délégation acceptée par le fermier du conſtituant ; cette Déciſion porte que l'acceptation du Fermier forme un nouvel obligé qui a un intérêt diférent , & que le prêteur aïant voulu , aulieu d'un obligé , en avoir deux, qu'il pût diſcuter ſéparément , il eſt dû deux droits de contrôle.

Autre Déciſion du 25 Novembre 1747, contre le nommé le Moine , qui juge qu'il eſt dû deux droits de contrôle pour un tranſport accepté. Voïez encore *Délégation* ; & *Actes contenant diférentes diſpoſitions*.

ACCEPTATION de lettres de change ou billets. *Voïez* Billets ; & Lettres de change.

ACCEPTATION d'une Donation entre-vifs eſt néceſſaire pour ſa validité, parce que c'eſt le concours des volontés qui donne la perfection à l'acte. *Voïez* les art. 5 & ſuivans de l'Ordonnance du mois de Février 1731. Voïez auſſi *Donations entre-vifs* , §. 2.

ACCORD , eſt proprement dit une tranſaction. Voïez ci-après *Tranſaction* , & l'art. 92 du Tarif.

L'art. 12 du Tarif du 29 Septembre 1722 , fixe le droit de *contrôle* des accords faits entre un débiteur & ſes créanciers ; fi cet acte contient des remifes ou des termes en faveur du débiteur , le droit de contrôle eft dû fur le pié réglé par le fufdit article 12 , & fur ce qui refte dû feulement , déduction faite de la remife, & il eft en outre fujet à l'infinuation. *Voïez ci-après* Atermoïement.

Mais fi l'accord ne contient ni remife ni terme , & qu'il ne foit queftion de la part des créanciers que d'une dérogation aux contraintes par corps qu'ils ont obtenuës ou qu'ils pourroient obtenir , le droit de contrôle n'eft dû que fur le pié d'acte fimple , fauf à percevoir le droit fur le contrat qui fe fait par la fuite entre le débiteur & fes créanciers. Décifion du Confeil du 6 Mai 1747 , fur le Mémoire du fieur Bourée ancien Receveur des tailles d'Angoulême.

ACCROISSEMENT de terre par la violence des eaux ; ce que la Rivière détache peu à peu d'un héritage & ajoûte à un héritage voifin , eft un accroiffement imperceptible , qui par acceffion apartient au propriétaire de l'héritage auquel il eft joint. *Voïez Alluvion.* Mais ce qui accroît fubitement à l'héritage d'un autre par la force des eaux , n'apartient pas au propriétaire de l'héritage auquel il a été ajoûté ; parce que ce qui nous apartient ne peut pas être tranfporté à un autre fans notre fait. *Dict. fer.*

Les accroiffemens faits hors les Rivières apartiennent aux propriétaires des héritages les plus proches & non au Roi , ni aux Seigneurs haut-jufticiers , lefquels n'ont en ce cas que le droit de haute-juftice ou de cenfive , comme du Moulin l'a remarqué fur l'art. 1er de la Coûtume de Paris. *Voïez* Berth. ch. 31 , p. 105. *Voïez* Accruës.

A l'égard des accroiffemens ou affabliffemens de Fleuves ou Rivières navigables , ils apartiennent au Roi. *Voïez* Ifles ; & Rivières.

ACCROISSEMENT en fucceffion *ab*

inteftat , ou teftamentaire ; c'eft un droit par lequel les portions de ceux qui ne veulent ou ne peuvent poffèder , profitent par augmentation à ceux qui font fondés dans les autres portions de la chofe ; il a lieu en fucceffions , & en donations teftamentaires , & non en donations entre-vifs. *Voïez* Bafnage , fur l'art. 422 de la Coût. de Normandie , & Frain fur Bretagne.

L'accroiffement eft le droit qu'à chacun de deux héritiers d'une même fucceffion , ou de deux légataires d'une même chofe , d'avoir la portion de l'autre , qui ne peut ou qui ne veut point la prendre ; Domat. l. Civ. part. 2 , liv. 3 , tit. 1 , fect. 9 , *eft jus quo pars vacans cedit & accrefcit portioni occupatæ.*

Par l'incapacité ou par la renonciation l'on ne compte point le défaillant ; la Loi défére fa portion à ceux qui recueillent , & l'incorpore pour ainfi dire à la portion pour laquelle ils fe portent héritiers.

L'accroiffement fait partie de la fucceffion même ; celui qui fe porte héritier ne peut l'en féparer , fuivant la maxime certaine que celui qui eft appellé à fuccéder ne peut reconnoitre l'hérédité pour une portion & la rejetter pour l'autre.

Suivant l'art. 310 de la Coûtume de Paris , le droit & part de l'enfant qui s'abftient & qui renonce à la fucceffion de fes père ou mère , accroît aux autres enfans héritiers , fans aucune prérogative d'aîneffe de la portion qui accroît ; & fuivant l'art. 6 de la même Coûtume , il n'eft dû aucun relief pour la renonciation faite par aucun des enfans à l'hérédité de leurs père & mère , ayeul ou ayeule, encore que par ladite renonciation il y ait accroiffement au profit des autres enfans.

La part qui accroît eft cenfée être toujours reftée dans la maffe de la fucceffion ; & par conféquent l'accroiffement ne peut être confidéré comme une mutation.

L'accroiffement ne paroit pas naturel

dans les fucceffions teftamentaires , comme dans celles déférées par le droit du fang. Cependant il a lieu dans les legs & dans les fucceffions teftamentaires , lorfque le teftateur n'a point divifé , & que les légataires ou les héritiers inftitués fe trouvent joints par la difpofition ; parce que la volonté du teftateur fait ceffer la difpofition de la Loi ; fes feuls héritiers font ceux qu'il a nommés , & il n'en a plus de légitimes.

Par la renonciation de la veuve ou de fes héritiers à la communauté , il y a accroiffement en faveur du mari ou de fes repréfentans. C'eft un accroiffement *non decrefcendo* , qui ne donne ouverture à aucuns droits feigneuriaux : Traité des Fiefs de Guyot , vol 2 , du Relief, ch. 15 , n. 30 ; il n'eft pas fujet non plus au droit de centiéme denier , parce qu'il ne produit pas une véritable mutation , le mari étant cenfé avoir toujours été propriétaire de la totalité ; ainfi décidé au Confeil le 5 Février 1729 , en faveur du fieur Mequet.

C'eft un principe qu'il faut fuivre pour l'accroiffement en fucceffion & en teftament ; celui qui recueille par accroiffement , ne doit que les mêmes droits qu'il devroit s'il étoit apellé par la Loi ou par le teftament pour recueillir le tout ; parce qu'en éfet il n'agit qu'en cette qualité. Mais il faut que la renonciation de celui qui ne prend pas , foit pure & fimple ; car s'il avoit reçû quelque chofe pour s'abftenir ou renoncer , ce feroit une ceffion.

Si le mari & la femme font légataires d'un ufufruit , pour eux & pour le furvivant d'eux , on demande fi , nonobftant le droit qu'ils ont payé pour le legs , il fera dû par le furvivant un droit de mi-centiéme denier de la moitié dont il y a accroiffement en fa faveur par le décès de l'un d'eux ? Décidé au Confeil le 23 Novembre 1748 , pour l'affirmative contre la Dame de Nyere.

Voïez encore la Décifion du 24 Octobre 1739 , renduë contre la dame veuve du fieur le Vernier ; En 1721 M. le Comte d'Agenois lui avoit cédé & à fon mari , l'ufufruit d'un château & dépendances , pour en joüir par l'un & l'autre , & par le furvivant d'eux ; l'acte a été contrôlé & infinué depuis la mort du mari ; on a enfuite demandé à la veuve le demi-centiéme denier de la moitié dont il y avoit accroiffement : elle a dit que la mort de fon mari n'avoit point fait de mutation ; que l'ufufruit dont elle a droit de joüir lui eft perfonnel ; & qu'il lui apartient par le feul éfet de l'acte de 1721 : la Décifion porte que s'il n'a été payé qu'un demi-droit de centiéme denier lors de l'acte de 1721 , il eft dû un quart du droit par la veuve pour l'accroiffement en fa faveur.

Autre Décifion du Confeil du 7 Octobre 1751 , qui juge pareillement que la dame veuve de M. de la Jonchere doit le demi-centiéme denier de la moitié d'une terre dont fon mari & elle (qui étoient feparés de biens) avoient acquis l'ufufruit , pour eux & pour le furvivant , par acte en forme ; & ce , à caufe de l'accroiffement d'ufufruit en faveur de ladite dame par la mort du mari.

Décifion du 8 Juillet 1737 , au fujet d'un legs fait à Angélique & Madeléne Paffelague , par leur frère , de 300 liv. de rente viagère à chacune , avec accroiffement en faveur de la furvivante , pour joüir des 600 livres ; elles ont prétendu ne devoir que 30 liv. chacune pour l'infinuation de ce legs ; & il a été décidé que l'un des droits feroit perçû fur le pié de 3000 liv. & l'autre fur le pié de 6000 liv.

Autre Décifion du 22 Juillet 1741 , pour une donation de 200 liv. de rente viagère faite à un mari , à fa femme & à leur fille , avec ftipulation que le furvivant joüira de la totalité ; jugé qu'il eft dû trois droits d'infinuation , l'un de 7 liv. fur le tiers , le fecond de 10 liv. fur la moitié ,

& le troifiéme de 20 liv. fur la totalité.

Il réfulte de ces Décifions qu'il faut diftinguer fi l'objet fufceptible d'accroiffe-ment eft de fa nature fujet au centiéme denier ou à l'infinuation fuivant le Tarif ; dans le premier cas, le droit de centiéme denier n'eft éxigible que lorfque l'accroiffe-ment a lieu ; & dans le fecond, le droit d'infinuation doit être perçû en même-tems que l'on infinue l'acte.

ACCRUES eft un terme d'ufage en plu-fieurs Coûtumes, pour fignifier les Ifles & Attériffemens qui fe font dans les Rivières.

Celles qui fe forment dans les Rivières navigables apartiennent au Roi, fuivant la Déclaration de Charles IX. du 7 Juin 1572, qui porte que les Ifles, Pêcheries & Attériffemens qui fe font ès Rivières navigables apartiennent à Sa Majefté, s'il n'y a titre particulier qui prouve le con-traire. Celles des autres Rivières & Ruif-feaux apartiennent aux Seigneurs haut-jufti-ciers, pourvû que l'Ifle ou l'Attériffement ne foit point en l'héritage d'un particulier ; parce que dans ce cas l'accruë apartient au propriétaire de l'héritage. *Voïez* Ac-croiffement ; & Ifles.

ACQUÉREUR d'immeubles ; indépen-damment des droits dûs pour fon acquifi-tion, il eft encore tenu du païement des droits feigneuriaux & de centiéme denier dûs pour les mutations antérieures, par la raifon que ces droits font réels ; mais il n'eft pas tenu des droits de franc-fiefs dûs par fes vendeurs, parce que ces droits font plus perfonnels que réels. *Voïez* Détemteur.

ACQUEST : nouvel-acquêt. Droit dû par les gens de main-morte pour la jouïf-fance qu'ils ont d'héritages & rentes juf-qu'à ce qu'ils foient amortis. Le païement de l'amortiffement fait ceffer le droit de nouvel-acquêt, qui confifte annuellement dans la vingtiéme partie du revenu, avec les deux fols pour liv.

Le droit de nouvel-acquêt eft auffi dû par les communautés laïques, habitans des villes, bourgs & hameaux, pour les biens dont lefdites communautés ont la poffeffion & l'ufage en commun, tels que les droits de paccage, glandage, chauf-fage & autres ufages. *Voïez ci-après* Nouvel-Acquêt.

ACQUISITIONS de meubles ou im-meubles ; le droit de contrôle en eft fixé par les articles 3 & 4 du Tarif, du 29 Septembre 1722.

Les acquifitions d'immeubles donnent ouverture à des droits feigneuriaux, tels qu'ils font réglés par les Coûtumes des lieux. Voïez *Lods*.

Ces acquifitions d'immeubles ont été affu-jéties à l'infinuation par l'art. 24 de l'Edit du mois de Décembre 1703 ; pour le falaire de laquelle infinuation il eft dû le centiéme denier. *Voïez* Vente d'immeubles.

Les droits de contrôle & de centiéme denier font dûs fur le prix porté aux contrats, en obfervant que les charges impofées à l'acquéreur ou dûës fur les biens, contribuent à former le prix. *Voïez* Charges, §. 4, & Prix.

Il fuffit que l'acquifition d'immeubles foit infinuée dans l'étenduë de la Juftice roïale de la fituation des biens ; enforte que l'infinuation faite dans un bureau éta-bli près d'une Juftice feigneuriale eft bonne, pourvû que ce bureau foit dans l'étenduë de la Juftice roïale ; fuivant les articles 19 & 24 de l'Edit de 1703, cette infinuation ne pouvoit être faite que dans le lieu des Bailliages ou autres Siéges roïaux ordinaires, dans le reffort defquels les biens font fitués. Il fut permis par l'art. 22 de la Déclaration du 19 Juillet 1704, d'établir des bureaux dans l'étenduë du reffort du Siége roïal ; ce font les bureaux d'arondiffement, où l'on peut valablement infinuer les acquifitions, pourvû que ce foit dans le reffort de la Juftice roïale or-dinaire de la fituation. *Voïez* la Décifion du Confeil du 4 Juin 1720.

ACQUI-

ACQUISITION *d'ufufruit.* Voïez *Vente* à vie.

ACQUISITIONS *d'immeubles, fous fignature privée,* doivent être *contrôlées* avant que de pouvoir être infinuées. Voïez *Act. fous fignature privée,* §. 13.

Elles doivent auffi être *infinuées* dans les trois mois de leur date, à peine du triple droit de centiéme denier, conformément aux Edits des mois de Décembre 1703, & Octobre 1705, qui prononcent cette peine contre tous les acquéreurs qui ne font pas infinuer leurs titres dans ce délai. *Voïez* auffi les Arrêts du Confeil des 16 Mai 1719, 31 Décembre 1720, 17 Novembre 1722, 9 Mai 1724, 5 Octobre 1728, & 12 Juin 1745, concernant les acquéreurs d'immeubles par actes fous fignature privée ; & les Décifions du Confeil raportées, Verb. *Actes fous fignature* privée, §. 14.

ACQUISITIONS *faites par le Roi,* dans les directes & mouvances des Seigneurs.

Le Roi étant le Seigneur des Seigneurs de fon Roïaume, ne peut être tenu d'aucune fujettion, foi, hommage, droits & devoirs envers qui que ce foit, ne reconnoiffant que Dieu pour fupérieur ; enforte que lorfque Sa Majefté acquiert des immeubles, à quelque titre que ce puiffe être, les mouvances particulières font éteintes ; Sa Majefté eft tenuë à la vérité d'en indemnifer les Seigneurs particuliers ; & au moïen de cette indemnité, les parties fous-inféodées acquifes par le Roi font rapellées à la mouvance immédiate de la Couronne, d'où elles font originairement forties ; & où elles doivent perpétuellement refter, quelque difpofition qui en foit faite. Voïez *Indemnité* duë par le Roi.

Il n'eft point dû de droits de *contrôle* ni de *centiéme denier* pour les acquifitions faites par le Roi, parce que le Souverain ne peut être fujet aux droits qu'il a impofés

Tome I.

pour fon ufage & pour les befoins de l'Etat.

Décifion du Confeil du 6 Juin 1723, portant qu'une quitance contenant fubrogation en faveur du Roi fera contrôlée *gratis* ; il s'agiffoit du refte du prix d'une acquifition faite par M. Law de M. le Duc de Nevers ; & les biens étoient paffés à Sa Majefté par la fubrogation faite en fa faveur.

Décifion du 1er Mai 1728, qui juge qu'il n'eft dû aucuns droits pour une acquifition faite, afin d'accroître l'hôtel de la monnoie de Tours.

Par une Décifion du 3 Juillet 1728, il fut jugé que le droit de centiéme denier étoit dû pour une acquifition, quoique faite pour le Roi, fuivant la déclaration qui en avoit été faite enfuite par l'acquéreur dénommé dans le contrat.

Mais par autre Décifion du Confeil du 8 Mars 1732, le Fermier des domaines de Bretagne a été débouté de fa demande, tendante à ce qu'il lui fut tenu compte des droits d'une acquifition faite pour le Roi.

Voïez encore *Exemtion* de droits pour actes qui concernent le Roi.

ACQUISITIONS, *pour l'utilité publique,* & pour la décoration des Villes.

Voïez *Amortiffement,* §. 10, & *Exemtions* des Villes & Provinces.

ACQUITS *à caution* ; les foumiffions faites pour les acquits à caution qui fe délivrent dans les bureaux des Fermes, & les autres foumiffions faites dans lefdits bureaux pour fûreté du païement des droits du Roi, & des amendes & confifcations, font déclarées exemtes du *contrôle* des actes, encore qu'il foit formé des demandes en conféquence ; Arrêt du Confeil du 4 Février 1738, qui déroge à celui du 25 Octobre 1723, par lequel le droit de contrôle en avoit été fixé à cinq fols.

ACTE, eft un terme générique apli-

C

table à toutes les conventions qui fe rédigent par écrit dans la fociété. Il fe prend ordinairement pour les actes paffés par devant Notaires ou autres perfonnes publiques ; il fignifie auffi les actes qui fe font en jugement, & même les actes fous fignature privée.

L'Ordonnance de Moulins, art. 54, & l'Ordonnance de 1667, tit. 20, art. 2, veulent qu'il foit paffé acte devant Notaires ou fous fignature privée, de toutes chofes éxcédant la valeur ou la fomme de 100 liv., ce qui exclut feulement la preuve par témoins, jufqu'à concurrence de cette fomme.

Nous ne parlerons fous le titre d'*Actes* que de ceux que l'on y doit naturellement chercher ; & les autres feront renvoïés à leur dénomination particulière. Pour éviter la confufion, nous avons fuivi la divifion fuivante :

Actes capitulaires.
Actes eccléfiaftiques.
Actes des Notaires.
Actes nuls & refaits enfuite.
Actes fous fignature privée.
Actes fimples.
Actes contenans diférentes difpofitions.
Actes de refpect.
Actes paffés dans les païs où le contrôle n'a pas lieu.
Actes judiciaires.
Actes volontaires paffés en Juftice.
Actes qui font fujets à l'infinuation, doivent être infinués avant que de s'en fervir.
Actes fujets à l'infinuation légale.
Actes & Jugemens qui caffent & annulent d'autres actes.

ACTES *capitulaires*, font ceux faits dans les chapitres des Chanoines, & des Communautés régulières & féculières de l'un & de l'autre fexe ; ainfi que dans les bureaux de régie & adminiftration des œuvres & fabriques, des hôpitaux, maifons & œuvres de charité, &c.

On les diftingue en deux efpéces : ceux concernant le fpirituel & la police intérieure ; & ceux concernant l'adminiftration temporelle & extérieure.

Les premiers ne font point fujets au contrôle, le Fermier n'en peut pas même demander la communication, s'ils font infcrits dans un regiftre particulier qui leur foit uniquement deftiné ; mais les actes capitulaires, qui concernent l'adminiftration extérieure & temporelle, doivent être communiqués au Fermier lors qu'il requiert cette communication, & font tous de nature à devoir être contrôlés, les uns dans la quinzaine de leur date, & les autres avant que de s'en fervir, comme on l'expliquera ci-deffous, après avoir raporté l'Arrêt du 30 Août 1740.

La réponfe du Roi fur l'article 12 du cahier du Clergé de l'année 1735, porte que fi les chapitres n'inféroient dans leurs regiftres aucuns actes fujets au contrôle, lès Commis du Fermier n'auroient aucun droit de les vérifier ; mais que tandis que lès Gréfiers des chapitres feront fonction de Notaires, ils doivent être foumis aux mêmes régles.

Sur les pourfuites faites contre les chapitres des Eglifes cathédrales & collégiales, & contre les hôpitaux pour la repréfentation de leurs regiftres capitulaires, & pour faire contrôler les actes qui y font fujets, il fut ordonné par *Décifion* du Confeil du 22 Juin 1737, qu'il feroit fourni par M^{rs} les Agens généraux du Clergé, un état de tous les actes fujets aux droits de contrôle, compris dans lefdits regiftres, lequel état feroit certifié des Doïens & Secrétaires des chapitres, pour être les droits païés fur cet état ; & qu'à l'avenir il feroit *tenu deux regiftres*, dont l'un contiendroit les actes capitulaires, & l'autre les actes d'adminiftration, dont le Fermier prendroit communication quand bon lui fembleroit.

Le Clergé fe plaignit enfuite de la recherche du Fermier pour le contrôle des actes.

de nomination, préſentation, permutation, démiſſions, priſes de poſſeſſion, & autres actes eccléſiaſtiques, qui ont accoûtumé d'être reçûs par les Secrétaires ou Gréfiers des chapitres. Il ſoûtint que les Arrêts du Conſeil des 13 Juillet 1728 & 19 Juillet 1729, étoient rendus dans des cas particuliers ; que l'Arrêt du 12 Juillet 1695, n'aſſujettit pas nommément au contrôle les Secrétaires des chapitres, non-plus que la Déclaration du 29 Mars 1708 ; qu'à la vérité les Arrêts des 27 Juillet & 30 Décembre 1727, ordonnent aux communautés de faire contrôler tous les actes de délibération & autres reçus par les Gréfiers & Secrétaires ; mais que cela ne s'entend que des communautés laïques & non des communautés eccléſiaſtiques : que le Fermier ne peut prétendre que les Gréfiers ou Secrétaires des chapitres ſoient compris ſous le nom de Gréfiers des communautés des gens de main-morte, dont il eſt parlé dans l'Arrêt du 28 Octobre 1698 ; que les actes de vêture & de profeſſion des filles religieuſes n'ont jamais été ſujets au contrôle, quand ils n'ont pas été paſſés par devant Notaires ; mais qu'au contraire ils en ont été diſpenſés par l'art. 41 de la Déclaration du 9 Avril 1736. Qu'à l'égard des dotations il y en a de deux ſortes : celles qui contiennent donation ou affectation d'immeubles ont toujours été aſſujetties au contrôle & à l'inſinuation, même au centiéme denier, & que ce n'eſt qu'à titre de grace que le clergé en demande la décharge. Mais par raport aux dotations, dont il n'y avoit ni contrats ni quitances, qui ſe font au moïen d'une ſomme modique que les parens donnent manuellement à la communauté par forme d'aumône, le Clergé a ſoûtenu qu'elles ne peuvent & ne doivent être aſſujetties ni au contrôle ni à l'inſinuation ; & il a demandé qu'il fût permis aux Secrétaires & Gréfiers, tant des chapitres des Egliſes cathédrales ou collégiales, qu'à ceux des hôpitaux ou des communautés religieuſes, de continuer à paſſer leurs délibérations capitulaires, ſoit pour la police intérieure & ſpirituelle, ſoit pour l'adminiſtration extérieure & temporelle, ſans que les Fermiers puiſſent les aſſujettir au contrôle qu'autant qu'elles ſeront portées en Juſtice.

Par Arrêt du Conſeil du 3 Mars 1739, rendu en conſéquence, il a été ordonné que dans ſix mois les Gréfiers & Secrétaires des chapitres, communautés religieuſes & hôpicaux, ſeront tenus de remettre au Fermier, un état de tous les actes ſujets aux droits de contrôle, compris dans leurs regiſtres depuis le 10 Octobre 1724, juſqu'au premier Janvier 1739 ; & que ſur ces états les droits ſeront païés, &c. Ordonné qu'à l'avenir, à commencer du premier Janvier 1739, il ſera *tenu deux regiſtres* par leſdits Gréfiers, Secrétaires ou autres ; l'un contenant les actes capitulaires concernant la police intérieure, qui ne ſera point ſujet à vérification ; l'autre contenant les actes d'adminiſtration temporelle & extérieure, dans lequel ſeront inſcrits tous les actes aſſujettis aux droits de contrôle par les Réglemens ; dont le Fermier, ſes Commis & Prépoſés, pourront prendre communication toutesfois & quantes ; & faute par leſdits Gréfiers, Secrétaires & autres, de tenir leſdits deux regiſtres, ils ſeront contraints à la repréſentation de leurs Regiſtres ordinaires. Ordonné en outre que dans tous les cas leſdits Gréfiers, Secrétaires & autres ſeront tenus de faire contrôler dans la quinzaine du jour de leur date, tous les actes ſujets à cette formalité, à peine de nullité, & de 200 liv. d'amende pour chaque acte qui ne ſe trouvera pas contrôlé dans ledit délai, conformément auxdits Réglemens. Veut que conformément à la Déclaration du 9 Avril 1736, tous les *actes de vêture, noviciat & profeſ- ſion*, ſoient exemts des droits de contrôle & de tous autres ; veut pareillement qu'il foit furcis à toutes pourfuites contre les communautés de religieux & religieufes pour le païement des droits d'infinuation des dotations dont il n'y a ni contrats ni quitances paffés par devant Notaires , jufqu'à ce qu'autrement il en ait été ordonné. Voïez *Dotations.*

Par Arrêt du Confeil du 30 Août 1740, les offres faites par le Clergé pour éviter de fournir les états ordonnés par celui de 1739 , & de communiquer les regiftres , ont été admifes ; & en conféquence , il a été ordonné qu'en payant par le Clergé général ès mains du Fermier du contrôle, la fomme de 120000 liv. en cinq années , tous les chapitres , toutes les maifons religieufes , tant féculières que régulières , de l'un & de l'autre fexe , les œuvres & fabriques , toutes les confréries , & généralement tous les corps & communautés eccléfiaftiques de l'un & de l'autre fexe du Roïaume, tant des diocèfes qui font corps du Clergé de France , que de ceux des païs conquis & reconquis , feront & demeureront affranchis de tous droits de contrôle qui peuvent être dûs pour raifon des actes infcrits & à infcrire dans les regiftres defdits chapitres, maifons religieufes & autres, ci-deffus mentionnés , jufques & compris le dernier Décembre 1740) avec défenfes au Fermier d'éxiger aucuns droits de contrôle , des actes infcrits fur lefdits regiftres jufqu'audit jour dernier Décembre 1740 ; & il a été ordonné que les hôpitaux, maifons & œuvres de charité , jouïront des mêmes avantages.

Le montant de cet abonnement a été païé , & enfuite réparti entre les Soûfermiers des diférentes Provinces & Généralités du Roïaume , par Arrêt du Confeil du 20 Mars 1742.

Comme l'abonnement n'a eû & ne pouvoit avoir pour objet que les droits qui reftoient à payer lorfqu'il a été fait , il s'enfuit que le Clergé ne pouvoit pas demander la répétition de ce qui avoit été

précédemment païé ; & c'eft ce qui a été décidé le 24 Juin 1741 , contre le Sindic du Chapitre de faint Aphrodife de Beziers , & le 15 Août 1744 contre les Doïen , Chanoines & Chapitre de l'Eglife collégiale & roïale de Touffaints de Mortagne au Perche.

Par un fecond Arrêt du Confeil du 30 Août 1740 , rendu en interprétation de celui du 3 Mars 1739, pour expliquer quels font les actes fujets au contrôle, & ceux qui en font difpenfés ; il a été ordonné (*Art.* 2) que les délibérations qui feront prifes dans les chapitres des Chanoines , & des communautés féculières & régulières de l'un & de l'autre fexe , ainfi que celles qui feront prifes dans les bureaux de régie & d'adminiftration des œuvres & fabriques , des hôpitaux , maifons & œuvres de charité , demeureront éxemtes du droit de contrôle , lorfqu'il ne s'agira dans lefdites délibérations que d'inftituer ou deftituer des Oficiers du bas chœur ; de régler le fervice intérieur de l'Eglife ; de la correction de quelqu'un des Capitulans ; de députation d'un Chanoine ou autre perfonne pour vacquer , foit à la fuite des procès , foit à l'adminiftration des biens ruraux , à la réparation & reconftruction des maifons & fermes , ou enfin à quelqu'autre chofe que ce foit (*pourvû que ce foit en forme de délibération à la pluralité des voix*) fi ce n'eft que ces actes fuffent produits en juftice pour former quelque demande , ou qu'en vertu des pouvoirs y contenus , ceux qui auroient lefdits pouvoirs vinffent à paffer quelques actes , dans lefquels lefdits pouvoirs leur ferviffent d'autorifation ; & fans que lefdites délibérations venant à être produites en juftice par forme d'exception , elles puiffent être affujetties au contrôle ; *Art.* 3. N'entend pareillement Sa Majefté affujettir au droit de contrôle les actes de *noviciat, vêture & profeffion*, non-plus que les actes paffés dans les chapitres &

bureaux d'administration des hôpitaux , même avec des personnes étrangères , pourvû qu'ils ne foient point rédigés par les Secrétaires.ou Gréfiers , dans la forme d'actes devant Notaires , fi ce n'eft toutesfois que ces actes fuffent produits en juftice pour former une demande.

Cet Arrêt , quant aux actes capitulaires , n'a pour objet que ceux dont la formalité eft libre & qui peuvent être rédigés fous fignature privée ; ce font les feuls qui faifoient la matière de la conteftation pendante depuis 1735 ; ainfi l'on ne peut apliquer ce réglement aux baux à loïer ou à vie , ni aux dotations , qui doivent néceffairement être paffés par devant Notaires , non-plus-qu'aux autres actes de cette efpéce , ni même à ceux qui étant fujets à l'infinuation doivent être infinués dans un tems fixe.

Les art. 2 & 3 de l'Arrêt de 1749 , n'ayant donc pour objet que les actes dont la forme & les formalités font libres , on a diftingué ces actes en deux efpéces ; la première comprend ceux reçus par les Gréfiers ou Secrétaires qui atteftent que les parties comparuës devant eux ont arrêté telles conventions , qu'ils ont rédigées & dont ils leur ont accordé acte ; les actes de cette efpéce font confidérés comme actes notariés , & doivent néceffairement être contrôlés dans la quinzaine de leur date.

Ceux de la feconde efpéce font ceux qui pouvant être valablement faits fous fignature privée , font rédigés en forme de délibération à la pluralité des voix , fans miniftère de Gréfier ou Secrétaire pour en donner acte aux parties. Ces derniers actes , dans ce cas , ne peuvent être confidérés que comme des actes fous fignature privée , & par conféquent ils ne font fujets au contrôle que lorfqu'on veut paffer d'autres actes en conféquence , ou s'en fervir en juftice ; à moins qu'ils ne contiennent des difpofitions fujettes à l'infinuation ou au centième denier ; au-

quel cas le Fermier pouvant forcer au païement de ces droits , les actes doivent être néceffairement contrôlés auparavant.

Décifion du Confeil du 6 Février 1723 , au fujet d'un acte capitulaire par lequel le Chapitre d'Autun céde à un Chanoine la jouïffance d'une terre pour partie de fa Prébende ; jugé que le droit de centiéme denier eft dû comme bail à vie , que l'acte devoit être paffé par devant Notaires , & que le droit de contrôle eft dû.

Par Décifion du Confeil du 9 Septembre 1747 , les Chanoines deffervans l'hôtel-Dieu de Châteaudun , ont été déboutés de la demande par eux formée pour le Secrétaire-Gréfier dudit hôtel-Dieu , tendante à la reftitution de 300 liv. d'amende qu'il avoit païés conformément à fa foumiffion , pour n'avoir pas fait contrôler dans la quinzaine quatorze actes par lui reçûs depuis le premier Janvier 1741.

Décifion du 22 Décembre 1750 , qui confirme une Ordonnance de M. l'Intendant d'Amiens , en ce qu'elle a prononcé l'amende encouruë pour n'avoir pas fait contrôler & infinuer dans la quinzaine un bail à vie d'une maifon , fait par acte capitulaire par les Chanoines de la cathédrale de Soiffons à l'Abbé Cornil ; & ordonne en outre que les droits de contrôle & de centième denier en feront payés.

Autre Décifion du 27 Juillet 1758 , contre les Adminiftrateurs de l'hôpital de Mantes , au fujet d'un acte infcrit fur leur regiftre d'adminiftration , au commencement duquel il eft dit que la dame veuve Soyeux eft comparuë , &c. & à la fin , qu'il en fera délivré expédition à ladite dame ; elle avoit donné 600 liv. pour contribuer à une conftruction , parce qu'elle préfenteroit chaque année un pauvre à l'hôpital. On foûtenoit qu'il n'étoit dû aucuns droits pour cet acte , & il a été jugé qu'il avoit dû être contrôlé & infinué dans la quinzaine , & que les droits en doivent être païés.

Tous les actes capitulaires concernant l'adminiſtration temporelle & extérieure, doivent être inſcrits dans un même regiſtre ſujet à la vérification des Emploïés de la Ferme, en quelque forme que leſdits actes ſoient rédigés. Il n'y a uniquement que les actes concernant la police intérieure qui puiſſent être inſcrits dans un regiſtre particulier non-ſujet à vérification. C'eſt la diſpoſition de l'Arrêt du 3 Mars 1739, qui n'admet d'autre diſtinction dans l'ordre de la tenuë des regiſtres que celle des actes de l'intérieur & des actes de l'extérieur. S'il eſt dit par cet Arrêt que dans le ſecond regiſtre ſeront inſcrits tous les actes aſſujettis aux droits de contrôle par les Réglemens, on n'en peut prendre de prétexte pour n'y pas comprendre tous les actes de l'adminiſtration temporelle & extérieure ſans exception ; car il eſt certain qu'ils ſont tous de leur nature ſujets au contrôle ; les uns dans la quinzaine, & les autres avant que de s'en ſervir, relativement à la forme dans laquelle ils ſont rédigés ; d'ailleurs l'Arrêt de 1739 ne diſpenſe abſolument de communiquer au Fermier que les actes de l'adminiſtration intérieure.

ACTES *eccléſiaſtiques*, ſont ceux qui concernent la collation, la préſentation ou le poſſeſſoire des bénéfices ; qui regardent directement ou indirectement le titre ou l'adminiſtration du bénéfice, quant au ſpirituel ſeulement.

On diſtingue ces actes entre ceux qui émanent de la juriſdiction gracieuſe & volontaire des Evêques, & qui ont accoûtumé d'être ſignés d'eux ſans miniſtère de Notaires (*a*) ; & ceux qui ont accoûtumé d'être reçûs par les Notaires, & qui ſont de la compétence des Notaires apoſtoliques.

Les premiers ne ſont ſujets au *contrôle* dans aucun cas ; & les autres y ſont ſujets dans la quinzaine de leur date, encore qu'ils ſoient reçûs par les Secrétaires ou Gréfiers des chapitres en quelque forme que ce ſoit.

Les actes eccléſiaſtiques ont été aſſujetis au contrôle par l'Edit du mois de Mars 1693. L'article 20 de la Déclaration du 20 Avril 1694, a même compris nommément les nominations à bénéfice, réſignations, permutations, priſes de poſſeſſion & requiſitions de viſa.

Néanmoins, par Arrêt du Conſeil du 4 Janvier 1695, rendu en faveur du clergé du diocèſe de Langres, il fut fait défenſes au Fermier de contraindre les eccléſiaſtiques & bénéficiers à faire contrôler les actes eccléſiaſtiques, ſur le fondement que ce Diocèſe avoit acquis les charges de gréfiers eccléſiaſtiques, créées par Edit du mois de Décembre 1691.

Mais par Arrêt d'interprétation du 12 Juillet 1695, il a été jugé qu'il n'y avoit d'éxemt du contrôle que les actes eccléſiaſtiques qui ont accoûtumé d'être ſignés par les Archevêques & Evêques ſans miniſtère de Notaires ; & qu'à l'égard des nominations, réſignations, permutations, procurations, priſes de poſſeſſion & autres actes concernant les bénéficiers, qui ont accoûtumé d'être paſſés & qui ſeront reçûs par les Notaires roïaux ou apoſtoliques, ils ſeront contrôlés ſous les peines portées par les Réglemens.

L'article 4 de la Déclaration du 19 Mars 1696, contient les mêmes diſpoſitions.

Par l'Arrêt du Conſeil du 28 Octobre 1698, il eſt ordonné, en conformité de l'art. 5 de l'Edit du mois de Décembre 1691, que les actes ou procurations des Gradués pour requérir bénéfices, les notifications deſdits actes ou procurations, &

(*a*) Voïez ci-après l'Art. premier de l'Arrêt du 30 Août 1740, qui explique quels ſont ces actes, page 24.

tous autres actes sans exception , qui peuvent servir à obtenir ou posséder bénéfices , feront passés par devant les Notaires roïaux & apostoliques , ou par devant ceux qui en font les fonctions , & contrôlés , à peine de nullité ; au surplus, que tous les actes , qui ont accoûtumé d'être signés par les Archevêques & Evêques , même par leurs Vicaires généraux & officiaux , fans le ministère des Notaires roïaux ou apostoliques , feront exemts du contrôle.

L'article 7 de la Déclaration du 14 Juillet 1699 , contient les mêmes dispositions.

Par Arrêt du Conseil du 13 Juillet 1728 rendu contre le Chapitre de la cathédrale de Bourges , il est ordonné que les prises de possession de bénéfices & autres actes de la nature de ceux qui sont de la compétence des Notaires apostoliques , énoncés dans l'Edit du mois de Décembre 1691 , reçûs par le Secrétaire dudit Chapitre, depuis l'Arrêt du 10 Octobre 1724 , seront contrôlés à la diligence dudit Secrétaire & les droits païés ; & en y satisfaisant dans le mois , il a été déchargé des amendes encouruës ; cet Arrêt ordonne au surplus qu'à l'avenir ledit Secrétaire & autres dudit Chapitre feront tenus de faire contrôler dans la quinzaine tous ceux desdits actes qu'ils recevront , sous les peines portées par les Réglemens.

Autre Arrêt du Conseil du 19 Juillet 1729 , sur la requête des Chanoines du Chapitre de Rheims & du Chapitre de Châlons , qui ordonne l'éxécution de celui du 13 Juillet 1728 , & en conséquence que les Gréfiers , Secrétaires desdits Chapitres & autres seront tenus d'y satisfaire dans le tems & sous les peines y portées.

Par l'article 13 du cahier du Clergé de l'année 1735 , il repréfenta que l'art. 3 de l'Edit du mois de Décembre 1691 , portant création d'offices de Notaires apostoliques , réferve aux Gréfiers des Eglises cathédrales , collégiales & conventuelles ,

qui ont coûtume d'expédier les actes de ceux qui font pourvûs de bénéfices dépendans desdites Eglises , le droit de continuer d'en user ainsi , conformément à l'Edit de 1550 , & il demanda que lesdits Gréfiers qui font en possession d'expédier les actes de présentation , de collation & de réception des bénéfices dépendans desdits Chapitres & Eglises , pussent continuer de le faire , fans que les actes fussent sujets au contrôle , si ce n'est dans le cas où ils feroient portés en Justice. Sur cette demande il fut répondu par le Roi que
» la faculté réservée par l'Edit de 1691 ,
» auxdits Gréfiers ne les dispense pas du
» contrôle ; qu'on ne peut disconvenir
» qu'ils ne fassent fonctions de Notaires
» en expédiant les actes que les Notaires
» devroient recevoir ; & que par consé-
» quent ils doivent être assujettis aux
» mêmes droits & aux mêmes formalités.

Décision du 21 Novembre 1739 , en faveur du sieur Chaudemanche Prêtre d'Angers , qui ordonne la restitution du droit de contrôle perçû pour les provisions à lui données par l'Evêque ; c'est ce qui avoit déja été jugé par deux Décisions des 28 Mars 1733 & 2 Mars 1735 , parce que ces provisions s'accordent par Mrs les Evêques , fans ministère de Notaires.

Mais les collations accordées par tous autres collateurs sont sujettes aux droits.

Décision du 16 Mars 1758 , qui juge régulière la perception de 12 liv. pour une procuration donnée par le sieur Abbé Malet , afin de prendre possession d'une Chapelle sur la nomination de M. le Cardinal de Luynes , attendu que la collation n'a pas été accordée comme Evêque , mais comme Abbé de Corbie , & que par conséquent elle devoit être contrôlée avant la procuration.

Il ne peut rester aucune difficulté sur les actes ecclésiastiques sujets au contrôle , ils sont même tous énoncés dans les articles 1 , 4 , 5 & 6 de l'Arrêt du 30 Août 1740 , raporté ci - deſſous.

Les *droits de contrôle des actes eccléſiaſtiques* ſont fixés par l'article premier du Tarif du 29 Septembre 1722 , & par l'Arrêt du Conſeil du 30 Août 1740 , dont on va raporter les diſpoſitions.

L'article 1er de cet Arrêt , porte que les aprobations , atteſtations , démiſſoires , diſpenſes , enterrinemens , érections de bénéfices & cures , les éxeat , les fulminations , les inſtitutions canoniques , les lettres d'ordre , les permiſſions , les viſa , les unions , les légaliſations ſignées des Evêques ou de leurs ſecrétaires ; les permutations qui ſe font devant les Evêques , & généralement tous les actes qui ſont de la Juriſdiction gracieuſe & volontaire des Evêques , lors même qu'ils ſeroient faits & donnés par les Chapitres pendant la vacance du Siége , ſont & demeureront à toujours *éxemts du droit de contrôle* , encore qu'ils ſoient produits en Juſtice.

Article 4. en ce qui concerne les nominations & préſentations à bénéfices , par patrons laïques ou eccléſiaſtiques , les permutations & démiſſions en Cour de Rome ; réſignations , proviſions données par les Abbés , Abbeſſes , Bénéficiers & autres Collateurs ; collations accordées par ceux qui ont droit d'indult , ou données par les Chancelliers des Egliſes & Univerſités à ceux qui ſont nommés par S. M. ſignifications de Lettres d'indult , de joïeux avénement & de ſerment de fidélité ; information d'âge , vie & mœurs des perſonnes nommées aux Archevêchés & Evêchés : les procurations pour prendre poſſeſſion de bénéfices ou dignités , ou pour s'en démettre ; les procurations qui portent réſignation ou rétroceſſion , ou qui ſont conçuës dans des termes qui diſpenſent les réſignataires de paſſer d'autres actes pour parvenir à l'obtention des proviſions ; les priſes de poſſeſſion , les opoſitions & interpellations que les

parties deſireront faire aux Patrons , aux Elifans & aux Collateurs & Collatrices pour la conſervation des droits deſdites parties ; les ceſſions ſous le bon plaſir du Roi de l'indult des Officiers du Parlement de Paris ; les ceſſions & échanges de patromages des Egliſes , les procès verbaux de fulmination de bulles , ou viſa de ſignature en Cour de Rome ; les procès verbaux d'élection à une premiere dignité d'Egliſe Cathédrale , Collégiale ou conventuelle ; les procès verbaux de bénédiction des Abbés ou des Abbeſſes ; les requiſitions de confirmation ; les concordats au ſujet d'Archevêchés , Evêchés Abbaïes , dignités ou autres bénéfices , ſur procès nûs & à mouvoir , pour raiſon du poſſeſſoire deſdits Bénéfices ; les créations , réductions & extinctions de penſions créées & à créer en Cour de Rome ; *tous leſdits actes compris au préſent Article ſeront & demeureront ſujets au droit de contrôle* , pour lequel droit il ſera ſeulement païé la ſomme de 5 livres & les 4 ſols pour livre tant qu'ils auront lieu.

Article 5. Veut que les commiſſions d'Archidiacre pour deſſervir une Cure , les compromis & expéditions de Sentences arbitrales entre ſeuls eccléſiaſtiques , pour raiſon des droits apartenans à leur bénéfice , ſoient *ſujets au droit de contrôle* ; pour leſquels actes il ſera ſeulement païé 2 livres , & les 4 ſols pour livre.

Article 6. En ce qui concerne les nominations de gradués ; les procurations pour compromettre , requérir , réſigner , céder , ou rétrocéder un bénéfice ; les procurations pour notifier les noms , titres & qualités des gradués , ou pour conſentir la création ou extinction de penſion ; les révocations deſdites procurations , les rétractations & les ſignifications des brefs & bulles , ſignatures & reſcrits apoſtoliques ; les atteſtations du
tems

tems d'étude, les notifications de dégrés & autres repréfentations ; les réquifitions de vifa & de fulmination de bulles ; les requifitions pour l'admiffion à prendre l'habit, faire noviciat & profeffion ; les réquifitions pour fatisfaire au décret d'une provifion de bénéfice régulier ; les requifitions qui fe font aux Curés, pour publier aux prônes des meffes les prifes de poffeffion, en cas de refus des Curés ; les actes de refus d'ouvrir les portes, pour prendre poffeffion ou autrement ; les opofitions à la prife de poffeffion ; les lettres d'intronifation & les répudiations des provifions, Sa Majefté déclare tous les fufdits actes *fujets au droit de contrôle* ; pour lequel, conformément aux Tarifs de 1693 & 1711, il fera feulement païé une livre & les 4 fols pour livre tant qu'ils auront lieu.

Décifions du Confeil des 5 Octobre 1735, & 5 Janvier 1736, contre le fieur Daniel Barelly, qui jugent qu'il eft dû deux droits de-contrôle, de la collation & nomination de fa perfonne, à une prébende du Chapitre de la collégiale de l'Ifle-Jourdain, par acte fait dans le Chapitre.

Voïez les dénominations particulières de chacun des actes eccléfiaftiques.

ACTES *des Notaires*, doivent être contrôlés dans la quinzaine de leur date. Voïez *Notaires*.

Ces actes font parfaits par la fignature des parties ; dès-lors les droits en font acquis au Fermier, & l'on n'y peut plus rien changer. La Décifion du Confeil du 14 Août 1707, porte que le droit eft dû fitôt que les actes font fignés, foit qu'ils aïent leur éxécution, ou non.

C'eft un principe certain, en conformité duquel, le Confeil a, par Décifion du 3 Juillet 1723, débouté des particuliers qui demandoient la permiffion de changer une difpofition qui ne pouvoit avoir lieu.

Tome I.

Voïez encore les Décifions des 15 Décembre 1747, & 17 Décembre 1748, citées dans celle du 15 Janvier 1749, qui jugent que les droits font acquis dès l'inftant de la fignature des parties, parce qu'ils ne dépendent pas de l'évènement. Voïez *Evènement*.

Si un acte paffé par devant Notaires eft réfilié, même dans la quinzaine de fa date, il n'eft pas moins fujet au contrôle dans le délai ordinaire à la diligence du Notaire : le droit eft acquis dès l'inftant de la fignature qui donne la perfection à l'acte. *Voïez* ci-après *Notaires*, §. 3.

ACTES *nuls, & refaits enfuite.* Lorfqu'un acte eft nul par quelque défaut de formalités & qu'il eft refait de nouveau, les droits du nouvel acte font-ils dûs en entier, fans avoir égard à ceux païés pour le premier ?

On peut affurer que les droits de contrôle & d'infinuation font dûs, parce qu'ils font le falaire d'une formalité qui ne peut être donnée fans droits ; au lieu que le centiéme denier eft un droit réel dû pour la mutation, & qui par conféquent, n'eft pas dû de nouveau, fi le fecond acte ne fait que confirmer la tranflation de propriété opérée par le premier, fans augmentation de prix.

Les droits du Fermier font dûs fur les difpofitions des actes ; ce n'eft point à lui à entrer dans la difcuffion de leur validité ou invalidité. Les droits attachés à la formalité, comme ceux de contrôle & d'infinuation fuivant le Tarif, lui font donc acquis fur toutes les difpofitions d'un acte dès qu'il eft parfait ; & l'acte a une perfection fufifante à fon égard, par la fignature. Ainfi ces droits doivent lui être païés toutes les fois que la formalité eft requife.

Décifion du Confeil du 11 Octobre 1711, contre le fieur Perfeval, au fujet d'une donation mutuelle, refaite parce que la femme étoit mineure lors de la

D

premiere ; la Décifion porte que le droit du nouvel acte eft dû en entier.

Autre du 4 Juillet 1724 , au fujet d'une féparation entre mari & femme , dont la premiere qui étoit infinuée , avoit été mal faite. Jugé que le droit eft néanmoins dû pour la feconde.

Autre du 28 Août 1726 , contre les Jéfuites de Dieppe , portant qu'il eft dû un fecond droit de contrôle pour un acte fait au lieu d'un précédent, qui avoit été contrôlé & infinué.

Décifion du 11 Mars 1730 , au fujet d'un contrat de mariage fait devant Notaires & réfilié fous fignature privée , deux jours après la quinzaine ; il en a été enfuite fait un fecond entre les mêmes parties. Décidé que les droits font dûs pour le dernier, nonobftant ceux païés pour le premier.

Autre Décifion du Confeil du 5 Avril 1732 , au fujet d'une donation réfaite par raport à un manque de formalité dans la premiere ; qui fixe le droit du fecond acte fur le pié de ratification ; c'eft mal jugé , parce que le fecond acte eft la véritable donation , qui doit même néceffairement être infinuée.

Décifion du 14 Août 1734 , au fujet d'une donation faite le 3 Mai 1732 , aux cent filles orphelines de la Miféricorde du Fauxbourg Saint Marcel à Paris , du Gréfe de la Vicomté de Vernon ; comme on avoit obmis d'y inférer le Gréfe du Bailliage , il a été fait le 23 Février 1733 , un fecond acte qui comprend l'un & l'autre ; décidé que le droit d'infinuation fera perçu fur la valeur du Gréfe du Bailliage.

Autre Décifion du 11 Septembre 1734, fur le mémoire des fieurs Baudenet ; leur oncle leur avoit donné entre-vifs, le 28 Avril 1734 , des fonds de valeur de 14880 livres , & plufieurs rentes & arrérages ; comme il avoit été obmis quelques formalités , il a été fait le 17 Mai

1734 , un nouvel acte, dont les droits de contrôle , d'infinuation & de centiéme denier, ont été perçus en entier ; décidé que le centiéme denier feulement fera reftitué.

Autre Décifion du 3 Août 1737 , au fujet d'une donation faite en 1735 , à M. le Comte de Grammont, par la Dame Marquife de Poitiers avec fubftitution , confirmée litéralement en 1737 , par un acte qui , cependant change le premier , quant à l'ordre de la fubftitution. M. de Grammont demandoit la reftitution des droits de contrôle & d'infinuation , perçûs en entier pour le fecond acte à Montbafon , & qu'il fut infinué *gratis* dans les autres Bureaux ; décidé que fi l'on veut faire infinuer le fecond acte , on ne peut fe difpenfer de payer les droits , conformément aux Tarifs.

Autre Décifion du 3 Août 1737 , contre Anne Herluiffon, qui avoit obtenu des lettres de bénéfice d'âge , adreffées au Prévôt de Paris & infinuées , au lieu qu'elles devoient être adreffées au Juge de Marigny. La Chancellerie lui en ayant expédié de nouvelles *gratis* , elle demandoit qu'elles fuffent auffi infinuées *gratis* , & elle a été déboutée de fa demande.

Décifion du Confeil du 23 Décembre 1751 , contre le fieur le Picard donataire du Prince de Ligne ; il avoit d'abord accepté , & enfuite il a réïtéré fon acceptation au pié de la minute ; il prétendoit que ce fecond acte devoit être infinué *gratis* , parce que le droit avoit été païé pour le premier ; décidé que le Droit eft dû.

Décifion du Confeil du 15 Juin 1752 , qui réforme une Ordonnance de M. l'Intendant de Languedoc , par laquelle il avoit ordonné la reftitution de droits de contrôle & d'infinuation , payés pour un inventaire déclaré nul , à caufe de l'incompétence des Officiers qui l'avoient fait ; lequel inventaire a été refait de nouveau, & contrôlé & infinué ; décidé que les droits de contrôle & d'infinuation fuivant le Tarif, ne font point reftituables, le contrôle étant dû dans la quinzaine, à peine de nullité de l'acte, & le droit d'infinuation étant le falaire du Commis qui repréfente le Gréfier, & qui a fait l'infinuation.

Autre Décifion du 8 Février 1753, au fujet de lettres de légitimation obtenuës par Marie B. qui, après avoir été infinuées, ont été refufées à l'enterrinement au Parlement, faute de lui avoir été adreffées ; elle en a obtenu un duplicata avec l'adreffe ; & la Décifion juge qu'il eft dû un nouveau droit d'Infinuation.

Autre Décifion du 19 Juin 1753, fur le mémoire de M. le Comte Donsen-Bray, qui avoit fait un acte le 4 Avril 1753, dont l'objet étoit de confirmer une donation du 18 Février précédent, en fupléant fimplement à une omiffion ; il demandoit que ce dernier acte fut infinué *gratis*. La Décifion le condamne à païer de nouveau les droits d'infinuation dans tous les lieux où il fera infinuer le dernier acte.

Autre Décifion du 25 Avril 1754, fur le mémoire de la Dame Delpech ; M. de Curgis fon père, lui avoit fait remife de biens fubftitués, & l'acte avoit été infinué ; mais fe trouvant nul & vicieux, il en a été fait un fecond devant les Notaires de Paris, que l'on prétendoit faire infinuer *gratis*. La Décifion condamne à païer de nouveau le droit d'infinuation fuivant le Tarif, & juge qu'il n'eft pas dû de fecond droit de centiéme denier.

Voïez auffi *Infinuation*, n. 6.

ACTES *fous fignature privée*, font ceux faits entre des Parties qui favent figner & écrire, & qui rédigent entr'elles leurs conventions fans le miniftère d'aucun officier public ou autres.

Il y a des actes que les loix défendent de faire fous fignature privée, & qui doivent être paffés par devant des officiers publics ; tels font les contrats de mariage & les quitances de dot ; les baux à loïer & à vie des revenus des gens de main-morte ; toutes donations ; les dotations de religieufes, & les échanges de biens immeubles. *Voïez* ces diférens titres.

Les actes fous fignature privée ne font point exécutoires, & n'ont point d'hipotéques en France. L'hipotéque ne fe peut acquérir que par l'autorité du Prince & par le miniftère de fes officiers, ou de ceux qui ont obtenu de lui ce pouvoir. Bafn. Coût. Norm. art. 546. Il faut donc que les actes fous fignature privée, foient reconnus en Juftice ou devant Notaires pour être exécutoires, & pour acquérir hipotéque. La formalité du contrôle eft un préalable néceffaire.

Avant l'Edit du mois d'Octobre 1705, les reconnoiffances, même celles pourfuivies en Juftice, ne pouvoient être faites ou ordonnées, fi les actes fous fignature privée, n'étoient dépofés à un Notaire, qui en délivroit des expéditions ; & le droit de contrôle étoit païé pour le dépôt, comme fi l'acte dépofé avoit été paffé devant Notaires. *Voïez* les Arrêts des 21 Juillet 1693, 20 Avril 1694, 13 Décembre 1695, l'art. 5 de la Déclaration du 19 Mars 1696. L'Arrêt du 28 Octobre 1698, & l'art. 5 de la Déclaration du 14 Juillet 1699, qui portent en outre qu'on ne pourra acquérir aucun Privilége, hipotéque, propriété, décharge ni aucun autre droit, action, exception, ni exemption fur des actes fous fignature privée, s'ils ne font reconnus devant Notaires & contrôlés.

Tout ce qui a raport à ce titre, eft tellement étendu, que pour l'établir avec quelqu'ordre, nous fuivrons la divifion fuivante :

§. 1. *Les actes sous signature privée doivent être contrôlés avant que de s'en servir en Justice.*

§. 2. *Même devant les Commissaires du Conseil.*

§. 3. *Ainsi que dans les Jurisdictions Consulaires.*

§. 4. *Et avant que de passer des actes en conséquence.*

§. 5. *Le tout, nonobstant l'ancienneté desdits actes.*

§. 6. *Ils n'ont point de date avant le contrôle.*

§. 7. *Exception ; actes exemts de contrôle.*

§. 8. *Les exploits de demandes doivent être libellés.*

§. 9. *Cas de fausse mention de contrôle dans les demandes.*

§. 10. *Où doit-on faire contrôler les actes sous signature privée ?*

§. 11. *Les droits sont dûs sur leurs dispositions.*

§. 12. *Il y a cependant quelques exceptions.*

§. 13. *Ils ne peuvent être insinués, s'ils ne sont contrôlés ?*

§. 14. *En quel tems doivent-ils être insinués, s'ils y sont sujets ?*

§. 15. *Les gens publics & de loi ne peuvent les écrire pour autrui.*

§. 16. *Ces actes ne peuvent être signés de témoins.*

§. 17. *Ni faits par des fondés de procuration.*

§. 18. *Recouvrement des droits desdits actes.*

§. 1. *Les actes sous signature privée doivent être contrôlés avant que de pouvoir s'en servir en Justice.*

Par Edit du mois d'Octobre 1705, il est ordonné que tous les actes qui seront passés sous signature privée, (à l'exception des lettres de change & billets à ordre & au porteur, des marchands, négocians & gens d'affaires) seront contrôlés avant qu'on en puisse faire aucune demande en Justice, & les droits païés suivant la qualité des actes, & à proportion des sommes y contenuës, comme s'ils étoient originairement passés devant Notaires ; à peine de nullité desdits actes & de 300 livres d'amende pour chacune contravention, tant contre les parties qui s'en feront servi, que contre les Huissiers & Sergens qui auront fait des exploits & actes en conséquence ; avec défenses aux Juges royaux, & à ceux des Seigneurs de prononcer aucun jugement portant reconnoissance, ni de condamnation sur des actes sous signature privée, qu'il ne leur soit aparu du contrôle & du païement des droits, à peine de nullité des jugemens & de 300 livres d'amende contre les Juges, & de pareille amende contre les Procureurs, qui auront occupé dans les instances, & contre les Huissiers & Sergens qui mettront les jugemens à éxécution ; lesquelles peines demeureront encouruës en vertu du présent Edit, sans qu'il soit besoin d'autre jugement ni condamnation, & sans pouvoir être modérées ni sursises par les Juges, à peine d'en être responsables en leurs propres & privés noms ; & il est ordonné que dans les jugemens, portant reconnoissance ou condamnation, qui interviendront sur des actes sous signature privée, il sera fait mention du contrôle desdits actes, ainsi qu'il se pratique pour le contrôle des exploits, à peine contre les Gréfiers de 300 livres d'amende pour chaque contravention.

Par Arrêt du 9 Mars 1706, il est défendu aux Contrôleurs des exploits de contrôler à l'avenir aucuns exploits faits en éxécution, & pour raison des actes sous signature privée, qu'il ne leur soit aparu du contrôle desdits actes, & du païement des droits, à peine de 300 livres d'amende contre lesdits Contrôleurs d'exploits pour chaque contravention.

L'art. 183 du Tarif du 20 Mars 1708, ordonne que les actes sous signature privée, feront contrôlés avant qu'il puisse être fait aucune signification, exploit & autres actes en conséquence, & qu'on en puisse faire aucune demande en Justice ; & les droits païés fuivant la qualité desdits actes, à proportion des sommes y contenuës, comme s'ils étoient passés par devant Notaires, à peine de nullité desdits actes, & de 300 livres d'amende pour chaque contravention, tant contre les parties qui s'en feront fervi, que contre les Huissiers & Sergens qui auront fait des exploits & actes en conféquence.

Arrèt du 21 Août 1714, qui déclare nulle une assignation donnée à l'Officialité de Paris, pour reconnoître un billet, ensemble les Sentences renduës à l'Officialité, & condamne la Partie & l'Huissier en l'amende.

Autre du 16 Janvier 1717, qui condamne le fieur Camelin Conseiller au Préfidial d'Auxerre, & la veuve Boucher en l'amende, pour avoir plaidé sur l'éxécution d'un traité sous signature privée passé entr'eux, & au païement des droits.

Celui du 7 Mai 1718, déclare nul un compte fait entre le Sindic du Diocèse de Reims, & le Receveur des décimes, faute d'avoir été contrôlé avant que d'agir en conféquence ; déclare pareillement nulle l'Ordonnance obtenuë sur icelui en la Chambre ecclésiastique du Diocèse ; & condamne la partie & l'Huissier en l'amende, quoique le compte eût été contrôlé à Paris avant les pourfuites du Fermier, mais depuis la Sentence de la chambre ecclésiastique.

Arrèt de Réglement du 7 Février 1719, rendu contradictoirement avec les Juges-Consuls du Royaume, qui ordon-

ne l'éxécution de la Déclaration & du Tarif de 1708, & en interprétant l'art. 183 dudit Tarif, ordonne que tous actes sous signature privée, feront contrôlés avant que la demande en puisse être formée en Justice, dans tous Siéges & Jurifdictions, même dans les Jurifdictions Consulaires ; à l'exception néanmoins des lettres de change & billets à ordre des négocians & gens d'affaires, & des billets faits de marchands à marchands, caufés pour fourniture de marchandifes de leur commerce réciproque entr'eux, pour raison de leur négoce feulement, conformément à l'art. 4 du titre 12 de l'Edit du mois de Mars 1673 ; pourvû néanmoins que les extraits de Livres ne forment point de fociétés, traités, fous-traités & comptes, auxquels cas ils feront contrôlés ; ordonne que lesdits actes exceptés demeureront éxemts du contrôle dans le cas fufdit feulement, fans qu'en aucuns autres, ni fous quelque prétexte que ce foit, on puisse fe fervir d'aucun acte fous signature privée, qu'il n'ait été préalablement contrôlé fous les peines portées par l'Edit du mois d'Octobre 1705, Déclarations & Arrêts rendus en conféquence.

Arrèt du Confeil du 24 Février 1719, qui déclare nulles des faisies & assignations données devant le Lieutenant civil du Châtelet de Paris, à la requête d'un Marchand de Paris, à la veuve d'un Avocat, pour être païé des marchandifes à elle fournies fuivant fon arrêté, non contrôlé ; & condamne les contrevenans aux amendes ; & au païement du droit de contrôle de l'arrêté.

Autre Arrèt du 18 Août 1719, qui déclare nulle une faifie faite à la requête de la communauté des Huissiers de la Chambre des Comptes de Dijon, en conféquence d'un cautionnement fous-signature privée non contrôlé, ainsi que tout ce qui s'eft enfuivi ; fans avoir égard à un Arrêt du Parlement de Dijon, qui avoit confirmé la Sentence renduë fur cette failie , nonobftant l'exception du défaut de contrôle du cautionnement ; & condamne les contrevenans en l'amende , & la communauté au païement du droit de contrôle du cautionnement.

Autre Arrêt du 12 Mars 1720 , qui déclare nuls quatre billets non contrôlés , en vertu defquels un Marchand avoit affigné un Avocat au Châtelet de Paris ; déclare pareillement nulles les affignations , les Sentences & tout ce qui s'eft enfuivi ; condamne les contrevenans en l'amende & au païement des droits de contrôle des billets.

Arrêt du 19 Avril 1720 , qui déclare nulle une demande incidente formée par requête au Parlement de Bretagne , en conféquence de deux actes fous fignature privée de 1763 & 1709 ; condamne la partie & le ftipulant au païement des droits & en l'amende , ainfi que le Procureur.

Autre Arrêt du 14 Mai 1720 , qui déclare nulle une délibération des habitans d'Autrey , faute d'avoir été contrôlée avant que de s'en fervir ; condamne la partie au païement du droit de contrôle & en l'amende , ainfi que l'Huiffier.

Autre du 17 Mai 1720 , qui déclare nuls deux traités d'abonnement entre les Corroïeurs de Perronne & les Officiers des droits fur les cuirs , & tout ce qui a été fait en conféquence ; condamne les parties , le Procureur , le Gréfier & l'Huiffier , aux amendes & au païement des droits.

Autre du 17 Mai 1720 , qui déclare nulles trois lettres miffives , fauffement atteftées contrôlées, dans une requête préfentée au Lieutenant civil du Châtelet de Paris , & tout ce qui s'eft enfuivi ; condamne la partie & le Procureur en l'amende de 300 liv. chacun , & au païement des droits ; interdit en outre le Procureur des fonctions de fon office , & lui fait défenfes de s'y immifcer , à peine de faux , & d'être

procédé extraordinairement contre lui.

Arrêt du 24 Mai 1720 , qui déclare nul un congé donné à un locataire & par lui accepté fous fignature privée ; ainfi que la fommation à lui faite en conféquence de fortir , & ce qui s'eft enfuivi ; condamne les contrevenans en l'amende & aux droits.

Arrêt du Confeil du 7 Septembre 1720, qui déclare nuls plufieurs actes fous fignature privée , fignifiés dans une inftance pendante au Parlement de Paris ; condamne le Procureur & l'Huiffier en l'amende.

Arrêt du 11 Octobre 1720 , qui déclare nul un billet & l'affignation donnée en conféquence au Châtelet de Paris , & prononce les amendes encourues. *Nota.* Le billet avoit été porté au contrôle deux heures après la fignification ; & dans cette fignification , on avoit donné copie d'un tranfport dudit billet , quoiqu'il n'y en eût point fur icelui , mais feulement un blanc figné de celui au profit duquel étoit le billet ; l'Arrêt interdit l'Huiffier des fonctions de fa charge.

Autre Arrêt du 6 Décembre 1720 , qui prononce les amendes encourues pour avoir fait faire une fommation de la part d'entrepreneurs à un maitre Maçon de convenir d'Experts pour reconnoitre & toifer les ouvrages faits par lui , & eftimer ceux qui ne font pas compris au marché d'entr'eux , non contrôlé.

Autre du 31 Décembre 1720 , qui déclare nulle une affignation donnée en conféquence d'un billet fauffement contrôlé , & qui paroit l'avoir été depuis l'affignation donnée , la mention qui en a été faite étant en interligne & d'une encre diférente ; prononce les amendes encourues , & commet M. l'Intendant de Tours pour faire le procès aux coupables du faux.

Ordonnance de M. l'Intendant de Paris du 4 Avril 1721 , qui déclare nulle une affignation donnée en vertu d'un marché fous fignature privée , qui a feulement été contrôlé le lendemain, jour de la Sentence intervenuë ; condamne la partie & l'Huissier aux amendes.

Arrêt du Conseil du 29 Avril 1721 , contre les Jurats de Bearn, qui demandoient à ne faire contrôler les actes sous signature privée que lors qu'on les communiqueroit en Justice après la demande formée. L'article 6 de cet Arrêt ordonne que lesdits actes seront contrôlés avant qu'il puisse être fait aucune signification, exploit & autres actes en conséquence, ni qu'on puisse faire aucune demande en Justice, à peine de nullité desdits actes & des autres peines portées par les Réglemens.

Autre Arrêt du 11 Juillet 1721 , qui confirme une Ordonnance, par laquelle le nommé Caillon Huissier, a été condamné en l'amende & interdit jusqu'au païement, pour avoir donné des assignations en conséquence d'un bail sous signature privée qui étoit contrôlé, mais l'exploit n'en faisoit pas mention, ni même si l'acte étoit devant Notaire ou sous signature privée.

Ledit jour 11 Juillet 1721 , il a été arrêté au Conseil que l'on ne prononceroit plus la nullité des actes sous signature privée non contrôlés ; mais seulement celle des pourfuites qui feront faites en conséquence, avant le contrôle, avec les amendes & les droits.

Arrêt du Conseil du 15 Juillet 1721 , qui prononce les amendes encourues pour avoir fait faire sommation au créancier d'une rente foncière d'en recevoir le remboursement, en vertu d'un acte sous signature privée de 1695 , non contrôlé, qui accordoit la faculté de rachat, & pour avoir plaidé en conséquence. Cet Arrêt a été confirmé par un autre du 9 Décembre 1721 , quoique l'acte sous signature privée eût été contrôlé avant la Sentence , mais depuis la sommation.

Arrêt du 30 Septembre 1721 , qui casse un Arrêt du Parlement de Besan-

çon rendu fur un billet non contrôlé ; condamne la partie , le Procureur , l'Huissier & le Gréfier en 300 livres d'amende chacun , quoique le billet ait été contrôlé , mais postérieurement à l'Arrêt du Parlement.

Autre Arrêt du 11 Décembre 1721 , qui déclare nuls un exploit & une sentence de l'Officialité d'Auxerre , fur des articles de mariage non contrôlés ; & prononce les amendes encourues. *Nota.* Les parties ont été déboutées de leur oposition par autre Arrêt du 24 Avril 1722.

Autre Arrêt du 23 Décembre 1721 , qui déclare nulle une signification & assignation donnée devant le Lieutenant général de Police à Paris à un Huissier en vertu de ses reconnoissances d'avoir été saisi de billets de diférens particuliers , pour les assigner ; lesquelles reconnoissances avoient été volontairement présentées au contrôle six jours après la signification ; & prononce les amendes encourues. *Nota.* Cet Arrêt a été confirmé par un autre du 30 Mars 1722.

Autre Arrêt du 30 Décembre 1721 , qui déclare nul un acte de production signifié à la requête du sieur Burteur Conseiller au Parlement de Dijon , contenant plusieurs actes sous signature privée de 1690 & 1699 , dont il entendoit se servir ; le condamne , & ceux qui avoient signé la production , en 300 liv. d'amende chacun , & aux droits desdits actes.

Autre du 25 Août 1722 , au sujet d'offres faites par un Sergent du reste du prix d'un marché de bois non contrôlé ; qui annulle toutes les procédures , & condamne les contrevenans en 300 livres d'amende chacun.

Autre Arrêt du 7 Septembre 1722 , qui déclare nulle une Sentence du Prévôt des Marchands de Paris , rendue sur un billet à ordre non contrôlé , fait par un Ebéniste à un Voiturier par eau , pour une piéce de vin ; condamne la partie , l'Huis-

hier , le Procureur & le Gréfier , en 300 livres d'amende chacun. Cet Arrêt a été confirmé par un autre du 5 Avril 1723 , qui
déboute le Prévôt des Marchands & les
Echevins de Paris , de l'opofition par eux
formée.

L'article 97 du Tarif du 29 Septembre
1722 , porte que tous les actes qui feront
faits fous fignature privée , de quelque
nature qu'ils foient , feront contrôlés , &
les droits pañés par raport à leur nature ,
de même que s'ils étoient paffés par devant Notaires , avant qu'il puiffe être fait
aucune demande , fignification , exploit ,
ni acte en conféquence ; ni produits en
Juſtice pour quelque caufe que ce foit ,
(à l'exception feulement des lettres de
change & billets à ordre ou au porteur
entre gens d'affaires , Marchands & Négocians , & des billets de Marchands à
Marchands , caufés pour fourniture de marchandifes de leur commerce réciproque ,
& des extraits des livres entre Marchands
pour fourniture de marchandifes concernant
leur négoce feulement) le tout fous les
peines & amendes portées par l'Edit du
mois d'Octobre 1705.

Arrêt du Confeil du 5 Avril 1723 ,
qui déclare nulle la fignification d'une requête préfentée par le fieur Poupet de la
Boulardiere , faute d'avoir fait contrôler
un traité fous fignature privée y énoncé ;
le condamne , ainfi que le fieur Mouffet
fon Procureur au Parlement , qui a figné
la requête , & l'Huiffier en l'amende &
au droit de contrôle.

Décifion du Confeil du 7 Août 1723 ,
contre Jacques François , qui vouloit produire une fociété & une quitance dans un
procès au Parlement , fans les faire contrôler. Décidé qu'ils doivent être préa-
blement contrôlés.

Arrêt du Confeil du 19 Juin 1725 ,
qui confirme une ordonnance de M. l'Intendant de Caën , en ce qu'elle prononce
l'amende de 300 liv. contre le fieur Bou-

renne Ruel , Vicomte de Valogne , pour
avoir homologué une délibération fous
fignature privée non contrôlée.

Arrêt du Confeil du 2 Mars 1728 , qui
condamne Claude Campagne en l'amende
de 300 liv. pour avoir affigné le nommé
le Gay devant le Juge de Gaillefontaine ,
afin d'être condamné à faire les réparations néceffaires aux biens qu'il tenoit à
ferme dudit Campagne , par bail fous fignature privée ; le Procureur en pareille
amende pour avoir figné la requête ; le
Juge en 300 liv. d'amende auffi pour avoir
déclaré le bail éxécutoire ; le Gréfier en
pareille amende pour avoir délivré la Sentence ; & le Sergent en 600 livres pour
avoir fignifié la requête & la Sentence.
Et toutes les procédures déclarées nulles.

Décifion du Confeil du 23 Juillet 1729,
qui juge que le Fermier de la marque des
cuirs d'Argentan a dû faire contrôler fon
bail avant que d'agir en fa qualité de
Fermier ; & de faire une faifie de cuirs
non marqués.

Décifion du Confeil du 6 Septembre
1736 , contre la Dame veuve de la Cofte ;
il y avoit conteftation au fujet d'une penfion conftituée par acte fous fignature
privée ; le païement en fut ordonné aux
Requête du Palais à Bordeaux fur la fimple repréfentation de l'acte à l'audience.
M. l'Intendant prononce feulement le païement du droit de contrôle , & décharge
de toutes les peines , attendu que l'acte
n'avoit pas été fignifié , & qu'il ne paroiffoit pas que la veuve de la Cofte eût formé
fa demande en conféquence ; mais la Décifion réforme l'Ordonnance à cet égard ,
& condamne la partie en l'amende.

Autre Décifion du 10 Mai 1738 , contre le fieur Pellard Receveur des tailles
à Bernay , qui avoit fait un partage avec
fon frère ; & celui-ci , fous prétexte de
lézion , avoit fait affigner aux Requêtes du
Palais afin de nouveau partage , ledit fieur
Pellard , qui avoit opofé & produit le partage ;

tage ; décidé que ledit partáge devoit être contrôlé , parce que l'ayant opofé à fon frère , qui vouloit un partage nouveau , il eft fenfible que ledit fieur Pellard demandoit l'éxécution de celui précédamment fait.

Décifion du Confeil du 17 Juin 1747 , qui condamne le fieur Boyard partie , l'Huiffier & le Procureur en la Cour des Aides de Paris en 300 liv. d'amende pour avoir produit en Juftice une promeffe fous fignature privée non contrôlée, fur laquelle eft intervenu Arrêt qui a été fignifié , & en outre au païement du droit de contrôle de ladite promeffe.

Décifion du Confeil du 13 Février 1751 , qui prononce les amendes & les droits de contrôle de reconnoiffances de billets , non mentionnés dans la demande , mais dans le dire du défendeur inféré dans une Sentence Confulaire.

Autre du 29 Mai 1751 , qui prononce les amendes & les droits de contrôle d'un prétendu billet de change , en vertu duquel il a été fait fommation en forme de protèt à un Receveur des Fermes ; le Fermier a dit que le débiteur n'étant pas marchand , le billet ne pouvoit être confidéré que comme pur & fimple.

Arrêt du Confeil du 5 Décembre 1752 , qui confirme une Ordonnance de M. l'Intendant de Limoges , portant condamnation aux amendes encouruës par le fieur Perot des Ouches , fon Procureur au fiége de Bellac & un Huiffier , pour s'être fervi , avoir occupé & fignifié une quitance fous fignature privée non contrôlée.

Arrêt du Confeil du 2 Avril 1754 , qui déclare nulle une affignation donnée au fieur Lorrain, à la requète du fieur Giraud, par Marfin Huiffier , pour voir juger bon & valable un congé de bail , non mentionné dans l'exploit ni contrôlé ; prononce les amendes encouruës & les droits.

Décifion du 27 Août 1755 , qui réforme une ordonnance du Lieutenant général de la Vicomté d'Auge , par laquelle il avoit déchargé le nommé Collet partie , & un Huiffier de la demande du Fermier ; & les avoit cependant condamnés aux frais ; il y avoit eû un partage fous fignature privée entre Collet & fes cohéritiers , avec claufe qu'il feroit reconnu devant Notaires à la premiere requifition de l'une des parties ; fur un refus verbal , Collet avoit fait faire fommation à fes cohéritiers , de venir reconnoître ; le commis de Touques avoit retenu cette fommation & raporté procès verbal ; le motif de la décharge prononcée par le Lieutenant général , eft que le partage avoit été contrôlé à Honfleur , près Touques , à la verité deux jours après la fommation , mais antérieurement au procès verbal. La Décifion prononce la réformation, & cependant accorde par grace la décharge de l'amende.

Arrêt du Confeil du 7 Octobre 1755 , qui confirme une Ordonnance de M. l'Intendant de Limoges , renduë contre le fieur Defcubes de la Vernouille , qui le condamne au païement des droits d'un acte fous fignature privée , portant ceffion de fonds en païement de la dot de fa femme , & en l'amende encouruë pour s'en être fervi en Juftice.

Décifion du 20 Mai 1756 , qui juge qu'un compte de Marguillier , arrêté par un Archidiacre , a dû être contrôlé avant que d'affigner en conféquence pour le païement du reliqua.

Il refte à obferver que l'on ne doit conclure contre les Procureurs élus par les exploits que lors qu'ils ont occupé en conféquence ; c'eft même la difpofition précife de l'Edit du mois d'Octobre 1705 , & cela doit être ainfi , quand bien même le Procureur auroit lui-même dreffé l'exploit. *Voïez* la Décifion du Confeil du 26 Juillet 1749 , au fujet d'une affignation donnée devant le Maire de Neufinoutiers , à la requète de Chriftophe Menager , tendante au païement d'un reliqua de compte

*Actes fous
signat. pri-
vées.*

non contrôlé. Cette Décifion porte qu'on ne peut pas décharger la partie & l'Huiffier de l'amende qu'ils ont encouruë ; mais qu'à l'égard du Procureur qui a rédigé l'exploit , il n'y a point de Réglement qui prononce de peine contre ceux qui ne font qu'écrire les exploits. *Voïez* auffi celle du 23 Mars 1735 , fur le mémoire de la veuve Naudet , tendante à être déchargée de l'amende pour avoir fait donner affignation en vertu d'un billet non contrôlé , attendu qu'elle l'avoit remis à l'Huiffier & que c'étoit à lui à le faire contrôler. La Décifion lui accorde la décharge & porte qu'il n'y a que l'Huiffier qui ait encouru l'amende , atendu que l'exploit n'a été fuivi d'aucune procédure.

§. 2. *Les actes fous fignature privée doivent être contrôlés avant
que de s'en fervir devant M^{rs} les
Commiffaires du Confeil.*

Voïez les Réglemens généraux raportés ci-deffus , §. 1.

Arrêt du Confeil du 6 Décembre 1720 , qui condamne les Entrepreneurs de la maifon de ville de Salins & l'Huiffier , aux amendes par eux encouruës , pour avoir donné des affignations devant M. l'Intendant à un maitre Maçon , pour convenir d'Experts , à l'éfet de reconnoitre fes ouvrages & eftimer ceux non compris dans le marché d'entr'eux , non contrôlé.

Arrêt du Confeil du 2 Août 1723 , portant qu'à l'avenir il ne pourra être formé aucune demande fur des écrits fous fignature privée , par les créanciers du fieur Law , devant les Commiffaires du Confeil , nommés pour la difcuffion des biens dudit fieur Law , que lefdits écrits n'aïent été contrôlés & les droits païés , fous les peines & amendes portées par les Réglemens.

Autre Arrêt du 20 Septembre 1723 ,

portant que l'Edit du mois d'Octobre 1705 fera exécuté fans aucune exception , foit que les actes fous fignature privée foient produits à l'ordinaire , foit qu'ils le foient dans les inftances portées devant les Commiffaires du Confeil.

Décifion du Confeil du 7 Mai 1729 , qui juge en conformité , à l'occafion d'une inftance pendante devant les Commiffaires des vivres.

Autre Décifion du 1er Novembre 1738 , fur mémoire du Contrôleur des bons d'états du Confeil , au fujet d'un compte inféré dans un Jugement des Commiffaires du Confeil. Cette Décifion porte que le Jugement pourroit être attaqué , fi le Fermier ne fe contentoit pas du droit de contrôle du compte qui eft dû.

§. 3. *Les actes fous fignature
privée doivent-ils être contrôlés
avant que de s'en fervir dans les
Jurifdictions Confulaires ?*

Les actes fous fignature privée doivent être contrôlés avant que de s'en fervir dans les Jurifdictions Confulaires , de même que dans les autres Jurifdictions , à l'exception des lettres de change , billets à ordre faits par des gens d'affaires , Marchands & Négocians ; & des billets faits par des Marchands , caufés pour fourniture de marchandifes de leur commerce. Voïez *Billets* & *Lettres* de change.

Par Arrêt du Confeil du 30 Mars 1706 , le Roi déclara n'avoir entendu que l'Edit du mois d'Octobre 1705 , eût fon exécution dans les Jurifdictions Confulaires ; & permit en conféquence aux Juges Confuls de prononcer toutes condamnations comme avant cet Edit , pour toutes les matières de leur compétence qui feroient portées devant eux , fans que les actes , en vertu defquels les demandes feroient faites , fuffent contrôlés.

Les matières de la compétence des Juges Consuls font expliquées par l'art. 4. du titre 12 de l'Ordonnance du mois de Mars 1673 , raporté ci - après. Verb. *Consuls.*

Sous prétexte de l'exception faite par l'Arrêt du 30 Mars 1706 , tous ceux qui étoient porteurs de billets formoient leurs demandes devant les Juges Consuls , qui en prenoient connoissance , quoique les matières ne fussent pas de leur compétence.

C'est pourquoi intervint Arrêt du Conseil du 12 Octobre 1706 , qui déclare nulles les assignations qui feront données , & les Jugemens qui feront rendus par les Juges Consuls, pour les caufes, qui feront portées devant eux , autres que celles dont la connoissance leur est attribuée par l'article 12 de l'Ordonnance du mois de Mars 1673 , & prononce les peines portées par les Réglemens.

Il restoit encore des dificultés fur les distinctions de la compétence, parce que cet Arrêt laissoit subsister l'éxemption du contrôle des actes fous fignature privée , dont on fe fervoit valablement dans les Justices Confulaires.

Mais par l'article 183 du Tarif du 20 Mars 1708 , il fut ordonné que les actes faits fous fignature privée , à l'exception des lettres de change & billets à ordre & au porteur, des Marchands, Négocians & gens d'affaires , feroient contrôlés avant d'en pouvoir faire aucune fignification , exploit , ni autres actes en conféquence, ni qu'on en puisse faire aucune demande en Justice ; & les droits païés, nonobstant la difpofition de l'Arrêt du Conseil du 12 Octobre 1706 , à peine de nullité defdits actes , & de 300 livres d'amende pour chacune contravention , tant contre les parties que contre les Huissiers & Sergens.

Cet article fut encore expliqué positivement par l'Arrêt de réglement du 7 Février 1719 , rendu contradictoirement avec les Juges Consuls du Royaume , & raporté ci-dessus , §. 1 , page 29.

Arrêt du Conseil du 11 Juillet 1719 , qui casse & annulle trois Sentences des Juges Consuls de Riom , rendues fur un tranfport fous fignature privée non contrôlé , & tout ce qui s'est enfuivi. Condamne les contrevenans aux amendes encourues , & fait itératives défenses aux Juges Consuls de rendre aucun jugement fur des actes fous fignature privée ; aux exceptions portées par l'article 183 du Tarif de 1708, & par l'Arrêt du 7 Février 1719 , à peine de nullité , caffation des procédures & 300 livres d'amende.

Autre Arrêt du 29 Juin 1721 , au fujet d'une Sentence des Juges Consuls d'Amiens rendue fur le billet d'un Marchand & Cabaretier à un Ouvrier en laine , non contrôlé. Pendant que l'instance étoit à l'Intendance fur la contravention , les Juges avoient ordonné que le Gréfier délivreroit une feconde expédition de la Sentence , qui feroit éxécutée fans être fcellée. L'Arrêt casse les Sentences , condamne la partie en 900 livres d'amende ; favoir , 300 livres pour l'assignation donnée en vertu du billet non contrôlé ; 100 livres pour s'être fervi de la Sentence non fcellée , & 500 livres pour s'être pourvue devant d'autres Juges que ceux auxquels apartenoit la connoissance de la contestation fur la contravention. Condamne pareillement l'Huissier , le Procureur, le Gréfier & les Juges en l'amende & au païement des droits de contrôle & de fceau , ainsi qu'au coût de l'Arrêt.

Les Juges , le Procureur , le Gréfier & le Sergent s'étant pourvûs en opofition , fur le fondement que le billet étoit à ordre & qu'ils n'avoient pas connoissance de l'Arrêt du 7 Février 1719 ; ils ont été déboutés par autre Arrêt du Conseil du 10 Octobre 1721.

Arrêt du Conseil du 29 Juillet 1721 , qui déclare nulle une assignation donnée devant les Juges Confuls d'Angers, en vertu d'un marché fous fignature privée non contrôlé, ainfi que la Sentence renduë fur ladite affignation ; condamne la partie, l'Huiffier, le Commis qui a contrôlé l'affignation, & le Gréfier qui a expédié la Sentence, en 300 livres d'amende chacun.

Autre Arrêt du 8 Août 1721, qui déclare nulle une affignation donnée à la requête d'un Marchand de draps à un Cabaretier en conféquence d'un billet non contrôlé, caufé pour valeur reçuë en marchandifes, devant les Juges Confuls de Niort ; condamne la partie & l'Huiffier en l'amende & au païement du droit de contrôle.

Autre Arrêt du 29 Août 1721, qui caffe une Sentence des Juges Confuls d'Amiens, par laquelle, en condamnant un Marchand de bois au païement de 24 liv. par lui dûs fuivant une lettre de voiture, ils ne l'avoient pas condamné à païer au demandeur le droit de contrôle de cette lettre, prétendant qu'il avoit été induëment perçû ; condamne les Juges en l'amende, & interdit l'ancien de fes fonctions ; ordonne que la Sentence fera raïée & biffée, & que le préfent Arrêt fera enregiftré aux Gréfes des Jurifdictions Confulaires.

Autre Arrêt du 30 Septembre 1721, qui déclare nulle une affignation donnée devant les Juges Confuls de Paris fur un billet non contrôlé, fait au profit d'un bourgeois, par un autre bourgeois, qualifié mal-à-propos de banquier dans l'affignation ; condamne la partie, l'Huiffier & le Gréfier qui a délivré la Sentence en l'amende & au païement du droit de contrôle, défend à tous Juges Confuls de rendre des Jugemens contre aucunes perfonnes, fous titre & défignation de Banquiers, Marchands, Négocians ou gens d'affaires, s'il ne leur apert qu'ils font véritablement de l'une de ces profeffions ou qualités ; & de connoître d'autres caufes que de celles de leur compé-

tence, à peine de nullité & de 300 liv. d'amende pour chaque contravention.

Autre Arrêt du 14 Novembre 1721, qui déclare nulle une affignation donnée devant les Juges Confuls de Châlons, à la requête d'un Marchand à un Avocat fous le titre de Marchand, en vertu d'un billet non contrôlé, caufé pour fourniture de marchandifes ; condamne la partie & l'Huiffier en l'amende & au droit de contrôle.

Autre dudit jour 14 Novembre 1721, qui déclare nulle une affignation donnée devant les Juges Confuls de Paris de la part d'un chef de fruiterie à un Perruquier, pour être païé du contenu en un mandement tiré à fon profit par un tiers, valeur reçuë en tabac, & accepté par le Perruquier. Condamne la partie & l'Huiffier en l'amende & au droit de contrôle.

Autre du 21 Mars 1722, qui déclare nulles des affignations données devant les Juges Confuls de Paris, en conféquence de *marchés* non contrôlés, & prononce les amendes encouruës.

Autre du 15 Mai 1722, qui déclare nulle un Sentence des Juges Confuls de Saint Malo, renduë fur un tranfport non contrôlé ; & prononce les amendes encouruës.

Arrêt du Confeil du 15 Mars 1723, qui, fans avoir égard à la requête des nommés Toufé père & fils Marchands, déclare nulle une Sentence des Juges Confuls, renduë en conféquence de deux *marchés* fous fignature privée non contrôlés, & prononce les amendes encouruës, ainfi que le païement des droits de contrôle des marchés.

Arrêt du Confeil du 26 Avril 1723, qui déclare nulle une Sentence des Juges Confuls de Paris, renduë fur une reconnoiffance faite par le fieur Peras au fieur Bruffelet, qui en avoit fait le tranfport au fieur Reconfeil, Agent de change ; & prononce les amendes encouruës par la partie, l'Huiffier & le Gréfier.

Autre Arrêt du 12 Novembre 1726, qui déboute le sieur Reconseil de son opofition, fondée sur ce qu'il s'agissoit d'une *reconnoissance d'éfets négociables* ; que toutes les parties sont Négocians ou Agens de change, & que l'instance étoit commencée avant l'Arrêt du 7 Février 1719.

Autre Arrêt du Conseil du 2 Septembre 1727, qui casse un Arrêt du Parlement de Paris, confirmatif de la Sentence Consulaire obtenuë par ledit Reconseil, & le condamne aux frais.

Autre du 2 Août 1728, qui déboute ledit sieur Reconseil de son opofition au précédent, & le condamne aux dépens.

Arrêt du Conseil du 25 Septembre 1725, qui prononce les amendes encouruës, pour une demande formée au Consulat de Nantes, en vertu d'un acte sous fignature privée non contrôlé ; & ordonne que tous exploits seront libellés. *Voïez* ci-dessous, §. 8.

Autre du 29 Mars 1729, qui condamne Jacques Caillot, l'Huissier & le Procureur aux amendes encouruës, pour avoir donné une assignation devant les Juges Consuls de Troyes, en conséquence d'un *marché*, dont il n'a été parlé dans l'exploit ni dans la Sentence, mais dont l'éxistence a ensuite été prouvée.

Décifion du 23 Mai 1736, qui prononce les amendes encouruës au sujet d'une assignation aux Consuls donnée à l'Entrepreneur de la fourniture du pain pour l'armée, à la requête d'un Boulanger, en vertu d'une convention en forme de société non contrôlée. Et par autre Décifion du 4 Septembre 1736, l'Huissier a été débouté de sa demande, tendante à la décharge de l'amende.

Décifion du Conseil du 3 Mai 1738, contre le sieur Panel, Gréfier de la Jurifdiction Consulaire de Rouen, qui confirme une Ordonnance, par laquelle il a été condamné en une amende, pour avoir expédié une Sentence renduë sur un *marché* entre marchands, non contrôlé.

Autre Décifion du 17 Juillet 1742, au sujet de billets faits au sieur Gaillard, Receveur général des Fermes à Rouen, par les sieurs de la Ruë Banquiers. Il étoit intervenu Sentence en la Jurifdiction Consulaire de Rouen, par laquelle les sieurs de la Ruë avoient été condamnés au paiement du principal & des frais, à l'exception des droits de contrôle de ces billets, païés par le sieur Gaillard, lequel s'étoit en conféquence pourvû pour obtenir la restitution de ces droits, difant que les sieurs de la Ruë étoient dans l'ufage de lui fournir des billets païables à volonté, des sommes qu'il leur remettoit, pour être ensuite convertis en lettres de change. Décidé que les droits font dûs, vû la forme des billets qui font purs & simples & païables à volonté.

Décifion du 23 Janvier 1751, qui prononce les amendes encouruës par la partie, le Procureur & l'Huissier pour avoir agi & obtenu Sentence aux Consuls de Paris pour un marchand de fer, contre un maitre de forges, en vertu de *marchés* sous fignature privée, non énoncés dans la demande, mais joints à la Sentence, lorfqu'elle a été portée au Sceau.

Décifion du Conseil du 13 Février 1751, qui prononce les amendes & les droits de contrôle de reconnoissances de billets, non mentionnés dans la demande, mais dans le dire du défendeur inféré dans une Sentence Consulaire.

Autre Décifion du 29 Mai 1751, qui prononce les amendes & le droit de contrôle d'un prétendu billet de change, en vertu duquel il a été fait sommation en forme de protêt à un Receveur des Fermes. Le Fermier a dit que le débiteur n'étant pas marchand, le billet ne pouvoit être confidéré que comme pur & fimple.

Décifion du Conseil du 31 Octobre 1758, contre les créanciers du sieur

M*** Receveur général des Finances,
au fujet de billets non contrôlés, dont
ils fe font fervis, faits par un ancien
changeur, au profit dudit fieur M***,
portant promeffe de lui remettre des éfets
& billets au porteur.

Voïez encore *Billets ; Lettres* de
change ; *Marchés ; & Extraits* des livres des marchands ; & ci-deffous, §. 7.

§. 4. *Les actes fous fignature privée doivent auffi être contrô-lés avant que de paffer des actes publics en conféquence.*

Les Notaires, les Gréfiers & autres
qui ont droit de raporter des actes, n'en
peuvent paffer aucuns en conféquence de
ceux faits fous fignature privée, s'ils ne
font préa'ablement contrôlés; ils ne peuvent non plus les recevoir en dépôt, ni
les annéxer à leurs minutes, s'ils ne font
revêtus de cette formalité ; & ils doivent faire mention dans leurs actes du
lieu & de la date du contrôle de ceux
fous fignature privée, du nom du Contrôleur & du droit reçu ; le tout à peine de nullité de leurs actes & de 300
livres d'amende pour chaque contravention,

Il eft vrai que par l'Arrêt du Confeil du 28 Novembre 1716, il a été
permis aux Notaires de raporter & énoncer dans leurs actes d'autres actes fous
fignature privée ; quoique non contrôlés,
pourvû qu'ils ne fuffent pas annéxés aux
minutes ; mais cela ne s'entend que d'une
énonciation fimple d'actes cités par exception, ou pour fervir d'explication ;
& non pas de ceux dont on tire une
induction active, & qui font le principe
& la bafe de ceux que l'on paffe devant Notaires. Les actes primitifs & originaires qui font le principe de l'acte
notarié & qui font néceffaires pour fon
éxécution entière, ou qui doivent être
exécutés conjoi tement, doivent être
néceffairement contrôlés, avant que de
paffer aucuns actes en vertu d'iceux.

Voïez l'Edit du mois d'Octobre 1705,
l'article 183 du Tarif du 20 Mars 1708,
& l'art. 97 du Tarif du 29 Septembre 1722,
raportés ci-deffus, § 1. *pag.* 28, 29 & 32.

Par Arrêt du Confeil du 9 Novembre 1700, il eft défendu aux Notaires,
Tabellions, Gréfiers & autres perfonnes
publiques de tranfcrire, & de faire aucunes mentions fur leurs minutes des quitances fous fignature privée, données
par les parties ; & de fouffrir qu'elles
écrivent ou fignent elles-mêmes fur lefdites minutes aucuns actes fous fignature
privée, à peine d'interdiction, nullité defdits actes & de 200 l. d'amende, tant contre
les parties, que contre lefdits Notaires
ou Gréfiers.

Par l'art. 1er de l'Arrêt du Confeil du
6 Août 1715, rendu contre les Notaires de Rouen, il eft défendu à tous
Notaires, Tabellions & Gréfiers de recevoir aucun dépôt, & de faire au-une
collation d'actes fous fignature privée, non
contrôlés ; l'art. 2 leur défend pareillement de raporter dans leurs actes, joindre & annéxer aux minutes d'iceux, aucuns defdits actes fous fignature privée,
de quelque nature, qualité & date qu'ils
foient. Et l'art. 3 leur ordonne de faire
mention dans leurs actes du contrôle defdits
actes fous fignature privée, à peine de
nullité & de 200 livres d'amende pour
chaque contravention, qui ne pourra
être remife ni modérée pour quelque caufe
& fous quelque prétexte que ce foit.

Par l'Arrêt du Confeil du 28 Novembre 1716, les Notaires de Rouen ont
été reçus opofans au précédent, en ce
que par l'art. 2 il leur étoit fait défenfes de raporter & énoncer dans leurs
actes aucuns actes fous fignature privée
qu'ils n'euffent été contrôlés ; & en conféquence il leur a été permis de rapor-

ter & énoncer dans leurs actes d'autres actes sous signature privée , encore qu'ils n'aient point été contrôlés ; leur faisant cependant défenses de joindre & annéxer à leurs minutes lesdits actes sous signature privée , qu'ils n'aient été contrôlés & les droits païés , à peine de 100 liv. d'amende pour chaque contravention. Au surplus il est ordonné que l'Arrêt du 6 Août 1715 , sera éxécuté selon sa forme & teneur.

Arrêt du Conseil du 7 Septembre 1720 , qui déclare nulle une procuration sous signature privée , ainsi que le contrat de constitution passé en vertu d'icelle , devant le Douaren , Notaire à Moncontour en Bretagne , à la minute duquel ladite Procuration étoit annéxée , sans avoir été contrôlée ; & condamne ledit le Douaren en 300 livres d'amende pour avoir reçu le contrat de constitution en conféquence de ladite Procuration ; sauf aux parties à se pourvoir ainsi qu'elles aviseront contre lui , pour les dommages & intérêts résultant de la nullité desdits actes.

Autre Arrêt du 14 Mars 1721 , contre les sieurs Bouron & le Prévôt, Notaires au Châtelet de Paris ; l'un pour avoir reçu en dépôt deux actes non contrôlés ; & l'autre pour avoir passé un Contrat de vente , en conféquence d'un Ecrit sous signature privée , qui étoit le titre de propriété du vendeur , & l'avoir annéxé audit contrat , sans qu'il fut contrôlé ; cet Arrêt les condamne au païement des droits desdits actes sous signature privée , & en 100 livres d'amende chacun , ainsi que les parties ; réïtére les défenses faites , tant aux Notaires du Châtelet de Paris , qu'à tous autres Notaires & Tabellions royaux & seigneuriaux , & à tous autres qui ont droit d'instrumenter comme Notaires , & à tous Gréfiers de joindre & annéxer aux minutes des actes & contrats qu'ils pas-

feront aucuns écrits & actes sous signatures privée , de quelque nature qu'ils soient ; d'en recevoir aucuns en dépôt & faire aucune collation d'iceux , qu'ils n'aient été préalablement contrôlés & les droits païés suivant la qualité & nature d'iceux. Ordonne en outre auxdits Notaires & Gréfiers de faire mention dudit contrôle dans les actes qu'ils passeront en conféquence de ceux sous signature privée ; du nom du Contrôleur, de celui du Bureau où ils auront été contrôlés , de la date du contrôle & du droit reçu, ainsi qu'il se pratique pour le contrôle des exploits.

Autre Arrêt du 4 Avril 1721 , qui déclare nul un acte sous signature privée , & la reconnoissance qui en a été passée devant le Jeune , Notaire au Châtelet de Paris , à la minute de laquelle il étoit annéxé sans avoir été contrôlé ; condamne le Notaire & la partie au païement du droit & en l'amende.

Autre Arrêt du 23 Décembre 1721 , qui condamne deux particuliers en l'amende , pour avoir écrit sous signature privée , la résiliation d'une vente sur la minute de cette vente faite devant Notaires deux jours auparavant.

Autre Arrêt du 30 Décembre 1721 , qui condamne un Notaire en 800 livres d'amende , pour avoir reçu le dépôt du montant d'une acquisition sous signature privée, non contrôlée ni insinuée , & pour n'avoir pas fait contrôler l'acte de dépôt.

Autre du 24 Février 1722 , qui confirme une Ordonnance de l'Intendant de Pau , par laquelle Depié , Notaire , a été condamné en 3600 livres d'amende pour avoir souffert que les parties aïent écrit & signé sur ses minutes dix-huit quitances & actes sous signature privée , comme quitance de lods , &c.

L'Arrêt de Réglement du 2 Mars 1723 , au sujet des procurations *ad refignandum* , explique positivement que suivant l'art. 97 du Tarif du 29 Sep-

tembre 1722 & fuivant les anciens Réglemens , il ne peut être fait aucuns
actes en conféquence d'écrits fous fignature privée , que lefdits écrits n'aïent
été préalablement contrôlés , fous peine
de nullité & de 300 livres d'amende ;
& c'eft fur ce principe qu'il ordonne
que les traités d'office feront repréfentés
pour en être les droits païés , outre ceux
de la procuration *ad refignandum* donnée en conféquence.

Arrêt du Confeil du 22 Octobre 1726 ,
qui fans avoir égard aux Ordonnances de
M. l'Intendant de Champagne , déclare
nuls des actes reçus par le Grand & le
Clerc, Notaires à Châlons , comme faits en
conféquence d'écrits fous fignature privée
non contrôlés , les condamne au païement
des droits , & en 600 liv. d'amende.

Décifion du Confeil du 26 Avril 1738, fur
le mémoire de Nicolas Pigache , bourelier ,
& de Louis Jean , doreur , qui fe plaignoient qu'on leur retenoit une délégation faite devant Notaires à Paris , de
mémoires dûs par la Reine d'Efpagne
& arrêtés par M. le Duc de Nevers.
La Décifion porte que la ceffion , quoique d'actes fous fignature privée , auffi-
tôt qu'elle eft paffée devant Notaires ,
les affujettit au contrôle , & que l'acte fous
fignature privée , ne peut être cédé fans
être préalablement contrôlé.

Décifion du Confeil du 2 Mai 1739 ,
qui confirme une Ordonnance de M.
l'Intendant d'Amiens, par laquelle le fieur
Dubois , Notaire à Bretheuil , a été condamné en l'amende pour avoir paffé un
bail en vertu d'une lettre miffive fervant de procuration & non contrôlée.

Ordonnance de M. l'Intendant de Paris ,
du 8 Août 1739 , par l'art. 4 de laquelle il eft défendu aux Notaires, Tabellions & Gréfiers de recevoir le dépôt,
reconnoiffance ou tranfport d'actes fous
fignature privée , non contrôlés , à peine
de 300 livres d'amende.

Décifion du Confeil du 16 Mars 1745 ,
au fujet d'un tranfport fait devant Notaire à Paris , de fommes duës par actes
fous fignature privée non contrôlés &
qui n'étoient point annéxés à la minute. La
Décifion porte que ces actes deviennent effentiels par l'acte notarié auquel ils fervent
de bafe.

Arrêt du Confeil du 15 Mai 1745 ,
qui déclare nul un acte de tranfport paffé devant Chomel , Notaire à Paris ,
par le fieur Rafle à Louis-Simon Drouet,
en conféquence d'une obligation & d'un
marché fous fignature privée , non annéxés à la minute. Condamne le Notaire &
la partie au païement des droits de contrôle
defdits actes, & chacun en l'amende de 300
livres , & l'Huiffier qui avoit fignifié le
tranfport en pareille amende. Réitère les
défenfes faites à tous Notaires & Gréfiers de faire aucuns actes en conféquence de ceux fous fignature privée , s'ils
n'ont été préalablement contrôlés & les
droits païés , à peine de nullité & des
amendes portées par les Réglemens. Ordonne fous les mêmes peines aux Notaires & Gréfiers de faire mention dans
les actes qu'ils pafferont en conféquence
de ceux fous fignature privée , du contrôle defdits actes, du nom du Contrôleur , & de celui du Bureau où ils auront été contrôlés , ainfi que des droits
qui auront été païés.

Lettre de M. de Fulvy , Intendant des
Finances , du premier Mars 1746 , à
M. l'Intendant de Roüen, au fujet d'un
contrat de vente de biens échus au
vendeur par un partage fous fignature
privée ; portant que dans ce cas le Fermier peut, à la rigueur, éxiger des amendes , puifqu'il y a contravention aux Réglemens.

Décifion du Confeil du 20 Août 1746 ,
contre Denis Bobée héritier de fa mère ,
qui juge qu'une veuve ne peut réclamer
fes reprifes & remports lors de l'inventaire

ventaire, fi le contrat de mariage. qui les lui accorde, n'eft préalablement contrôlé. Lettre de M. le Contrôleur général en conformité de cette Décifion, du 29 dudit mois d'Août 1746. *Voïez* encore en pareil cas les Décifions des 15 Juin 1748, contre la veuve Herambourg; 22 Décembre 1750, contre la dame Marfolet; 13 Février 1751, contre la dame Matouville; 24 Juillet 1753, contre le fieur de l'Homme; 29 Novembre 1753, contre la veuve Rainbault; & 15 Février 1755, contre le fieur de Moy.

Ordonnance de M. l'Intendant de Rouen, du 28 Février 1747, portant défenfes à tous Notaires de recevoir aucunes quitances de dot en conféquence de contrats de mariage qui n'auront pas été contrôlés; & de faire aucune mention de païement ou émargement fur des actes fous-fignature privée non contrôlés : le tout, fous peine de nullité & de 300 liv. d'amende pour chaque contravention.

Arrêt du Confeil du 1er Avril 1749, qui confirme une Ordonnance de M. l'Intendant d'Alençon, rendue contre Pierre Violete, par laquelle il a été condamné à païer les droits d'un partage fous-fignature privée, en vertu duquel il avoit vendu des biens devant Notaires en 1735. Il eft en outre fait par cet Arrêt très-expreffes défenfes à tous Notaires royaux & feigneuriaux & à toutes autres perfonnes qui ont le droit d'inftrumenter comme Notaires, & à tous Gréfiers, de faire aucuns actes en conféquence d'actes fous-fignature privée, qu'ils n'aïent été préalablement contrôlés & les droits païés, à peine de nullité & des amendes portées par les Réglemens. Ordonné fous les mêmes peines, auxdits Notaires & Gréfiers de faire mention dans les actes qu'ils pafferont en conféquence de ceux fous-fignature privée, du nom du Contrôleur, de ce-

Tome I.

lui du Bureau, de la date du contrôle & du droit reçu.

Voïez encore les Décifions du Confeil des 8 Juillet 1747, 25 Mai, 15 Juin, 5 Juillet, 24 Août, 4 Octobre 1748; 18 Janvier, 20 Décembre 1749; 19 Janvier, 25 Juillet, 22 Août 1750; 15 Juillet 1751; 15 Juin, 11 Novembre 1752; 6 Septembre 1753; 10 Janvier, 11 Février, 5 Juin, 31 Août, 31 Août, 5 Décembre, 19 Décembre 1754; 23 Janvier, 23 Janvier, 4 Février, 27 Février, 12 Juin, 27 Août, 22 Octobre, 6 Novembre 1755 & 8 Janvier 1756, qui toutes ont condamné des parties à raporter des partages & contrats de mariage, en vertu defquels elles avoient paffé devant Notaires des actes de propriété, tels que ventes, baux, aveux, &c. & au païement des droits defdits actes fous-fignature privée.

Celles des 20 Décembre 1749, 11 Novembre 1752, 6 Septembre 1753, 5 & 19 Décembre 1754, 23 & 23 Janvier, 4 & 27 Février, 12 Juin, 27 Août, 22 Octobre, 6 Novembre 1755, & 8 Janvier 1756, font dans des cas où les partages n'étoient pas énoncés dans les contrats; mais la preuve de leur éxiftence étoit fuffifamment établie par les qualités des parties, tant en vendant une portion diftincte dans une fucceffion commune qu'autrement.

Celles des 5 Juin & 19 Décembre 1754, font pour des partages, en vertu defquels l'un des cohéritiers avoit fait des baux devant Notaires, des biens à lui échus diftinctement.

Celle du 25 Juillet 1750 eft pour un partage, en vertu duquel il n'avoit été fait qu'une vente fous-fignature privée; mais cette vente a été enfuite reconnue devant Notaires. Et il a été jugé que le partage qui lui fervoit de bafe devoit être contrôlé auparavant.

La Décifion du Confeil du 15 Juin

F

1752 , eſt renduë ſur la demande faite au ſieur Duperré , des droits de ſon contrat de mariage , parce que depuis la mort de ſa femme , il avoit, comme Tuteur de ſes enfans & en privé nom, vendu des biens qu'il déclaroit lui apartenir au droit de ſa femme. M. l'Intendant de Caën l'avoit déchargé de la demande ſur ſa méconnaiſſance ; mais ſur l'apel, il a été condamné à raporter ſon contrat de mariage & à en païer les droits.

Celle du 10 Janvier 1754 , contre le ſieur Rainbault , qui avoit vendu , conjointement avec ſa mère , des biens du chef de ſa mère ; on lui demandoit les droits du contrat de mariage de ſon père , ou de tel autre titre qui lui avoit tranſmis une partie des biens de ſa mère : & la Déciſion confirme l'Ordonnance de M. l'Intendant de Roüen , par laquelle il a été condamné à raporter ce titre , & à en païer les droits.

Celle du 11 Février 1754 , renduë contre François Delaunay , auquel on demandoit les droits de ſon contrat de mariage , parce qu'il avoit vendu des biens qu'il avoit déclaré lui apartenir & à ſa femme , du chef de ſadite femme , ſubrogeant l'acquéreur en ſes droits & en ceux de ſa femme. Il ſoûtenoit qu'il ne lui apartenoit rien dans les biens de ſa femme , & que le Notaire avoit eû tort de faire la vente en ſon nom. M. l'Intendant l'avoit condamné à raporter ſon contrat de mariage , & à en païer les droits , s'il contient donation en ſa faveur , de partie des biens de ſa femme. Cette Ordonnance a été confirmée.

Autre Déciſion du 31 Août 1754 , contre Philippe Cottard , qui ſur la demande des droits d'un partage , en vertu duquel il avoit paſſé un contrat de vente en 1751 , a fait faire le partage devant les Notaires de Paris en 1753 ; M. l'Intendant d'Alençon le condamne , & ſur l'apel , il a été décidé que le partage ſous-ſignature privée , ayant ſervi de baſe à un contrat notarié , fait avant le ſecond partage , eſt ſujet au droit de contrôle ; & l'Ordonnance a été confirmée.

Autre du 12 Juin 1755 , qui confirme une Ordonnance de M. l'Intendant de Roüen , par laquelle le ſieur de l'Homme a été condamné à raporter & à païer les droits d'un accord fait ſous-ſignature privée , entre lui & ſa mère , réſolu devant Notaires en 1733. Il diſoit qu'après la mort du père , il étoit convenu verbalement avec la mère de régir en commun , & que cette convention ne ſubſiſte plus puiſqu'elle eſt réſoluë.

Voïez la Lettre écrite le 4 Février 1756 , par M. de Séchelles , Contrôleur Général des Finances à M. Meliand , Intendant de Soiſſons , qui demandoit la régle qu'il devoit ſuivre dans ſes jugemens ſur les demandes formées par le Fermier , des droits de différens partages ſous ſignature privée , ſur le fondement qu'il avoit été paſſé des contrats de vente ou des baux à ferme , en conſéquence deſdits partages. Il eſt dit par cette Lettre que ſuivant l'art. 97 du Tarif de 1722 , un acte ſous ſignature privée , eſt ſujet au contrôle , non-ſeulement dans les cas où l'on forme des demandes en conſéquence , & qu'il eſt ſignifié ou produit en Juſtice ; mais auſſi , dans ceux où l'on paſſe des actes en conſéquence ; que c'eſt ſur ce principe que le Conſeil a décidé toutes les fois que la queſtion s'eſt préſentée , qu'un partage ſous-ſignature privée , étoit ſujet au droit, lorſqu'il avoit tellement influé dans un acte paſſé devant Notaires , qu'il n'auroit pas été poſſible de faire le dernier ſans l'éxiſtence préalable du premier ; ce qui eſt fondé ſur ce que cette dépendance des deux actes , prouve que l'acte paſſé devant Notaires , a été fait en conſéquence de celui ſous ſignature privée , ſur tout ſi celui paffé devant Notaires , eft une vente de partie des biens de la fucceffion échue à l'un des cohéritiers , qui n'a pû avoir une portion diftincte dans l'hérédité qu'en vertu d'un partage qui eft fon titre , & fans lequel tout acquéreur rifqueroit d'être évincé par les autres héritiers. A l'égard des baux à ferme , comme la conféquence n'eft pas auffi néceffaire , le Fermier ne doit demander la repréfentation des partages fous-fignature privée , que dans le cas où il fe trouveroit dans lefdits baux quelqu'énonciation qui indiquât que c'eft comme propriétaire en vertu d'un partage , que le bailleur a donné à ferme le bien dont il y eft queftion. Quant aux moyens des parties qui ont préfenté des requétes , ils font les mêmes que ceux dont fe font fervis jufqu'à préfent les redevables des droits prétendus par le foûfermier , dont la plûpart nioient formellement qu'il eût été fait aucun partage fous fignature privée , & qui cependant les ont repréfentés après les Décifions du Confeil , pour obtenir une liquidation de droits , moindre que les fommes portées par les contraintes dont l'éxécution étoit ordonnée.

Il y a une autre lettre du 16 Février 1756 , écrite en conformité de la précédente par M. Chauvelin , Intendant des Finances , à M. de Magnanville , Intendant à Tours.

Arrêt du Confeil du 23 Mars 1756 , qui réforme une Ordonnance de M. l'Intendant de Poitiers , & condamne les fieur & dame Tinguy , à repréfenter un partage de fucceffion directe , mentionné dans un contrat de vente , faite en 1747 , & à en païer les droits. Le motif de la décharge prononcée par M. l'Intendant , étoit que le partage n'étoit pas daté , qu'il n'y avoit pas de preuve qu'il en eût été fait un par écrit ; & que les parties foûtenoient qu'il n'en avoit point été fait , à caufe de la mi-

norité de ladite dame. Mais le contrat énonçoit que les biens lui étoient échus par le partage d'entr'elle & fes cohéritiers.

Décifion du Confeil du 20 Mai 1756 , qui confirme une Ordonnance de M. l'Intendant de Roüen , contre le fieur Petit , pour les droits du partage d'entre lui & fon frère des biens du père ; parce qu'en 1749 , il a vendu , feul , une maifon qui en provenoit ; il difoit qu'il n'y avoit point de partage , & que fon frère avoit confenti verbalement à cette aliénation , pour lui faciliter les moïens de fe foûtenir au fervice.

Autre Décifion du 23 Septembre 1756 , qui confirme une Ordonnance de M. l'Intendant de Roüen , contre le fieur de Charlemagne de Bouteville , pour les droits d'un partage ; attendu qu'en 1742 , il a vendu devant Notaires , au nom de fon frère , des biens à lui apartenans , comme échus dans fon lot.

Décifion du Confeil du 12 Mai 1757 , qui déboute Mrs Bremont , Comte & Vicomte d'Ars , de leur opofition à une précédente Décifion du 12 Juin 1755 , confirmative d'une Ordonnance de M. l'Intendant de la Rochelle , par laquelle ils ont été condamnés à païer les droits d'un partage d'entr'eux & leur fœur ; attendu qu'en 1752 , ils ont vendu des biens qu'ils ont déclaré leur apartenir diftinctement. Ils difoient qu'il n'avoit été fait de partage qu'après la mort de la fœur ; mais de fon vivant , il y avoit eû des baux diftincts par les uns & les autres , ce qui établiffoit la preuve d'un partage antérieur.

Décifion du 17 Novembre 1757 , contre le fieur Dufour , pour droits d'un partage , à lui demandés , parce qu'en 1728 , il avoit vendu devant Notaires en qualité d'héritier de fon père , des biens à lui échus par accord en forme de lots. Il difoit que cette demande étoit contraire à des ordres donnés par le Confeil en 1756 ; & en conféquence, M. l'Intendant de la Rochelle l'avoit déchargé de la demande. Mais le Confeil a réformé l'Ordonnance, & condamné ledit Dufour au païement des droits ; attendu que le partage eft énoncé dans la vente, & que les droits en ont été demandés avant les 20 années du jour de cette vente.

Décifion du 16 Novembre 1758, qui réforme une Ordonnance de M. l'Intendant de Roüen ; en conféquence condamne la dame le Vaillant de Reinemare au païement des droits du partage d'entr'elle & fes frères & fœurs des biens de fon oncle ; attendu qu'en 1733, elle a vendu des biens de cette fucceffion, qu'elle a déclaré lui apartenir fuivant le partage. Elle a foûtenu qu'il n'y avoit point eu de partage, & que le bien vendu provenoit même de la fucceffion de fa mère qui étoit feule héritière de l'oncle.

Autre Décifion du 14 Décembre 1758, qui condamne la dame du Mouchet, veuve Rofnivinen de Chamboy, à repréfenter le partage fait entr'elle, & fes cohéritiers des biens de la fucceffion de fon père, mort en 1715, & à en païer les droits ; finon, ordonne que la contrainte du Fermier fera exécutée ; attendu qu'en 1739 elle a vendu des biens qu'elle a déclaré lui apartenir, fuivant partage fait avec fes cohéritiers. Elle a opofé qu'il n'y avoit point eû de partage par écrit ; que d'ailleurs c'étoit une ancienne recherche ; enfin qu'il ne s'agit que d'une énonciation vague, & que le Confeil a défendu de former des demandes fur de pareils fondemens.

Arrêt du Confeil du 3 Avril 1759, qui confirme une Ordonnance de M. l'Intendant de Roüen, contre les fieurs le Marchand, pour les droits d'un partage fous-fignature privée, mentionné dans des actes de 1739, dont ils nioient l'éxiftence, en conteftant au furplus la demande au fonds.

§. 5. *Les actes fous - fignature privée, doivent être contrôlés avant que de s'en fervir, quelques anciens qu'ils foient.*

Ce principe ne doit pas être confidéré comme donnant un éfet rétroactif à la loi ; parce que les actes fous-fignature privée, ne font pas affujettis à être contrôlés dans un tems fixe, mais feulement avant que de s'en fervir ; depuis l'Edit du mois d'Octobre 1705, ils ne peuvent plus être produits en Juftice, ni fervir de fondement à aucun acte public, s'ils ne font préalablement contrôlés.

L'Arrêt du Confeil du 12 Janvier 1706, ordonne que les actes fous-fignature privée feront contrôlés, & les droits païés avant qu'on en puiffe faire aucune demande en Juftice, foit qu'ils aïent été paffés, avant ou depuis l'Edit du mois d'Octobre 1705, & fous les peines y portées.

Celui du 19 Avril 1720, déclare nulle une demande formée en conféquence d'un acte fous-fignature privée, de l'année 1703, non contrôlé.

Arrêts du Confeil des 15 Juillet & 9 Décembre 1721 au fujet d'une fommation faite en conféquence d'un acte fous-fignature privée, de l'année 1695, non contrôlé.

Autre Arrêt du 30 Décembre 1721, qui déclare nul un acte de production, contenant des actes fous - fignature privée, des années 1690 & 1699, dont on entendoit fe fervir ; & prononce les amendes encourües.

Décifion du Confeil du 24 Juin 1730, au fujet d'actes, fous-fignature privée, paffés dès 1660 ; dont on vouloit fe fervir pour prouver une propriété conteftée ; qui juge que les droits de ces actes doivent être païés en entier.

Décision du Conseil du 17 Septembre 1746 , qui déboute le sieur du Lude de sa demande en restitution du droit de contrôle perçu pour un testament olographe de 1648 , dont on prétendoit pouvoir se servir , sans qu'il fut contrôlé.

Il est donc constant que les actes sous-signature privée , quelques anciens qu'ils puissent être , doivent être contrôlés avant que l'on puisse s'en servir , de même que s'ils étoient passés depuis 1705. Mais il n'en est pas de même de l'insinuation : c'est une formalité qui doit être donnée dans un tems fixe , & seulement aux actes qui sont passés depuis qu'elle est établie. *Voïez* la Décision du Conseil du 3 Mars 1716 , article 8 , au sujet d'un contrat de mariage sous-signature privée , de l'année 1678.

§. 6. *Les actes sous-signature privée n'ont point de date, s'ils ne sont contrôlés.*

Il est de principe certain que les actes sous-signature privée , n'ont point de date avant le contrôle ; & qu'en vertu d'iceux , on ne peut acquérir aucun privilége, hipotéque, propriété, décharge , ni aucun autre droit, action, exception , ni éxemption, s'ils ne sont contrôlés & reconnus. Déclarations des 19 Mars 1696, art. 5 ; & 14 Juillet 1699, art. 5.

Il est également certain que le Fermier n'est point borné par son bail à un époque fixe pour la recherche des droits des actes sous-signature privée ; le délai de 20 années qui lui a été fixé par le bail de Forceville du 16 Septembre 1738 , & par les subséquens , ne concerne que les actes des Notaires ; l'expression est formelle à cet égard, & il n'y a point de limites à l'article qui concerne les actes sous-signature privée.

Par Arrêt du Conseil du 11 Janvier 1724 , Beguin Fermier des droits d'amortissemens , du bail résilié le dernier Mars 1715 , a été condamné à restituer aux cautions de Sold Fermier du bail commencé le 1er Avril de la même année , le droit d'amortissement qu'il avoit reçu en 1717 , des Religieuses d'Alençon , pour une acquisition faite par acte sous-signature privée , du 5 Janvier 1715 , reconnuë le 1er Avril suivant ; sur le fondement que les actes sous-signature privée n'ont de date que du jour qu'ils sont devenus autentiques , & que celui-ci n'aïant été contrôlé & reconnu que dans le bail de Sold , le droit d'amortissement lui apartenoit.

Autre Arrêt du Conseil du 2 Mars 1734 , qui condamne Simonnet , cessionnaire de Guedon , Soûfermier de Grenoble du bail fini en 1732 , à rendre à Hebert Soûfermier du bail commencé en 1733 , le droit d'amortissement par lui reçu le 7 Juin 1733 , pour raison d'une acquisition faite sous-signature privée le 6 Décembre 1732 , qui n'a été contrôlée & reconnuë que dans le bail dudit Hebert.

Décision du Conseil du 15 Février 1744 , qui condamne le sieur Piquefeu à payer au Fermier des domaines de la généralité de Roüen , les droits de contrôle & de centiéme denier d'un échange fait sous-signature privée en 1723 , par feu son père ; sans avoir égard à la fin de non-recevoir par lui oposée, en disant que l'acte étoit fait plus de 20 années avant la demande , & que par conséquent le Fermier n'étoit pas recevable.

Autre Décision du 26 Septembre 1744, qui réforme une Ordonnance de M. l'Intendant de Tours ; & en conséquence condamne le sieur Danthenaise à païer les droits de contrôle & de centiéme denier d'un acte de cession faite sous-signature privée en 1711 , dont il prétendoit assurer la date par un bail que le cessionnaire avoit fait en 1714.

Autre Décifion du 10 Avril 1745, qui confirme une Ordonnance de M. l'Intendant de Roüen, renduë contre le fieur Defnoyers, pour les droits d'un partage fous-fignature privée de 1719, contenant un retour de lot. La Décifion porte que *les actes fous-fignature privée n'ont point de date jufqu'à ce qu'ils foient contrôlés.*

Autre du 22 Mai 1745, contre le fieur Gueroult, au fujet des droits de fon contrat de mariage, contenant don mobil, fait fous-fignature privée en 1719; dont il prétendoit affurer la date par l'acte de célébration du mariage.

Autre Décifion du 13 Décembre 1745, contre le fieur Vivien Prêtre; au fujet de droits d'un partage contenant retour de lot, fait fous-fignature privée en 1712; dont il foûtenoit la date affurée, par un aveu que l'un des copartageans avoit fourni en 1715, par un bail & par une aliénation de 1718. Décidé que l'on ne peut admettre de date aux actes fous-fignature privée que lorfqu'il ont été reconnus ou contrôlés.

Autre du 20 Août 1746, contre le fieur Marchand, au fujet des droits du contrat de mariage de fes père & mère fait fous-fignature privée en 1724, duquel il prétendoit affurer la date, par la mort de quelques-uns de ceux qui y avoient figné, arrivée plus de 20 ans avant la demande du Fermier.

Autre Décifion dudit jour 20 Août 1746, contre Denis Bobée, pour les droits du contrat de mariage de fes père & mère fait fous-fignature privée en 1719, dont il vouloit affurer la date par l'acte de célébration. Décidé *qu'à l'égard du laps de tems, il ne peut y avoir aucune dificulté : les actes fous-fignature privée n'aïant point de date, jufqu'à ce qu'ils foient revêtus de la formalité du contrôle ou reconnus.*

Lettre de M. le Contrôleur général du 29 Août 1746, à M. l'Intendant de Roüen, au fujet de ces deux dernières Décifions; portant que les actes fous-fignature privée n'ont de date, jufqu'à ce qu'ils foient revêtus de la formalité du contrôle ou reconnus; *qu'il ne faut pas varier fur ce principe par la confidération des circonftances, parce que la loi eft précife, & que ce feroit donner ouverture à la fraude que de laiffer introduire quelque doute à cet égard.*

Décifion du Confeil du 15 Juin 1748, contre la veuve Herambourg, pour les droits de fon contrat de mariage de 1707, inventorié en 1742; & en vertu duquel les héritiers du mari ont confenti à la délivrance que la veuve a demandée de certains meubles de la fucceffion.

Autre dudit jour 15 Juin 1748, contre le fieur de la Houffaye, pour les droits d'un échange fait fous-fignature privée, par feu fon père en 1712, & connu par l'inventaire.

Autre du 24 Août 1748, contre le fieur de Beaupré, pour le droit de contrôle d'un partage en vertu duquel il avoit paffé un contrat; il opôfoit que le partage étoit certainement antérieur aux 20 années, puifque l'un des copartageans étoit mort en 1723.

Lettre du 12 Septembre 1748, écrite par M. de Fulvy Intendant des Finances, à M. l'Intendant d'Alençon, au fujet d'actes tranflatifs de propriété, faits fous-fignature privée par une perfonne morte en 1714; portant *qu'il eft de maxime conftante au Confeil que les actes fous-fignature privée n'ont de date que du jour de la reconnoiffance, & que d'ailleurs ils ne font pas dans l'exception du bail des Fermes; qu'ainfi le Fermier eft fondé à en demander les droits.*

Décifion du Confeil du 17 Mars 1749, qui confirme une Ordonnance de M. l'Intendant d'Alençon, par laquelle la veuve du fieur de la Cour d'Ingreville & fa fœur ont été condamnées au païement des droits de contrôle & de centiéme denier , dûs pour la démission faite en leur faveur par leur mère en 1706 , par acte sous-signature privée ; nonobstant leur exception tirée du laps de tems.

Décision du Conseil du 19 Janvier 1750, contre le sieur Doucet de Butanval, pour les droits d'un partage sous-signature privée , en vertu du quel , son frère avoit passé devant Notaires un contrat de vente dès l'année 1711.

Autre Décision du 4 Septembre 1750 , qui confirme une Ordonnance de M. l'Intendant d'Alençon , par laquelle la Dame de la Forest a été condamnée à payer les droits d'une démission faite sous-signature privée en 1710 , & rapellée dans un contrat de mariage passé devant Notaires en 1714.

Autre Décision du 31 Octobre 1750 , qui confirme une Ordonnance de M. l'Intendant de Roüen , contre M. de Lezeau, pour les droits d'un partage fait sous-signature privée en 1719 , contenant un retour , & justifié par un inventaire de 1734.

Décision du Conseil du 2 Septembre 1751 , qui condamne le sieur Deherte héritier du sieur Bocquillon, à païer les droits d'une vente faite audit sieur Bocquillon par les Religieuses de Clermont, sous-signature privée en 1713 ; dont il prétendoit constater la date par le décès dudit Bocquillon en 1724 , & par un bail fait devant Notaires en 1726.

Décision du Conseil du 15 Octobre 1752 , qui condamne M. de Langle à païer les droits d'une licitation faite sous-signature privée en 1716 , entre son père & ses cohéritiers , énoncée dans un acte de remboursement de la rente créée par cette licitation , fait par devant Notaires en 1720.

Autre Décision du 24 Juillet 1753 , qui confirme une Ordonnance de M. l'Intendant de Roüen , par laquelle le sieur de l'Homme Avocat , a été condamné à païer les droits du contrat de mariage de ses père & mère fait sous-signature privée en 1712 , inventorié en 1730.

Décision du Conseil du 29 Novembre 1753 , qui confirme une Ordonnance de M. l'Intendant de Roüen , par laquelle la veuve du sieur Rainbault a été condamnée à païer les droits de son contrat de mariage fait sous-signature privée en 1717 , énoncé dans l'aposition de scellés faite après le décès du mari ; lors de laquelle , la veuve a réclamé ses habits , hardes & joïaux ; elle oposoit l'époque des 20 années , antérieures à la demande du Fermier.

Autre Décision du 31 Août 1754 , sur la question renvoïée par M. l'Intendant de Caën , de savoir si le Fermier étoit fondé à demander les droits d'un partage fait sous-signature privée en 1713 , contenant un retour de lot , mentionné dans un acte passé devant Notaires en 1714. Décidé que le droit est dû.

Autre Décision du 4 Février 1755 , contre les Religieuses Bénédictines de Baugé , auxquelles le Fermier demandoit le droit d'insinuation d'une quitance d'indemnité pour une acquisition faite en 1714, dont l'indemnité avoit été païée au Seigneur en 1719 , par quitance sous-signature privée ; elles soûtenoient le Fermier non-recevable , parce qu'il n'avoit formé sa demande qu'en 1748 , & M. l'Intendant de Tours avoit jugé en leur faveur ; mais son Ordonnance a été réformée par cette Décision , qui porte que le droit doit être païé , atendu que l'*Acte est sous signature privée* , & qu'il *n'est pas du nombre de ceux pour lesquels le Fermier est borné à* 20 *années.*

Autre Décision du 28 Août 1755 , qui confirme une Ordonnance de M. l'Intendant de Caën , contre le sieur Renault de Maresquet, pour les droits d'un partage sous-signature privée de 1709 , contenant retour de lot.

Décifion du Confeil du 6 Novembre 1755 , qui confirme une Ordonnance de M. l'Intendant d'Alençon , par laquelle la veuve de Noël Bouvier , & fon beau-frère , ont été condamnés à repréfenter un partage , & à en païer les droits , nonobftant l'allégation de l'ancienneté de ce partage , conftatée par la mort de leur père , arrivée 30 ans avant la demande.

Autre Décifion dudit jour 6 Novembre 1755 , contre le fieur Feroux Dagincourt , pour les droits d'une ceffion à lui faite fous-fignature privée , par fes père & mère en 1715 ; il difoit que fon père eft mort en 1719 , & que l'acte eft devenu public par l'inventaire fait la même année ; M. l'Intendant de Paris avoit renvoïé la queftion au Confeil.

Autre Décifion du 3 Juin 1756, qui confirme une Ordonnance de M. l'Intendant de Limoges , contre les Prêtres de la miffion du Séminaire d'Angoulême , pour droits d'infinuation de quitances d'indemnité données fous-fignature privée en 1721.

Arrêt du Confeil du 3 Octobre 1758 , qui juge que les actes fous-fignature privée n'ont point de date , & qu'ils ne font pas même compris dans l'exception du bail des Fermes ; condamne le fieur Groult Delamote à païer les droits d'un partage de 1715 , référé dans un Inventaire de 1736 ; & réforme une Ordonnance de M. l'Intendant de Bretagne , par laquelle ledit fieur Groult avoit été déchargé de ces droits ; fous prétexte que le partage avoit une date antérieure aux 20 années du jour de la demande du Fermier , puifqu'elle étoit conftatée par le décès de l'un des copartageans arrivé en 1717.

§. 7. *Des actes fous - fignature privée , exemts de contrôle.*

1. Les lettres de change tirées de place en place ; les billets à ordre des Négocians & gens d'affaires ; les billets des marchands , caufés pour fourniture de marchandifes de leur Commerce ; & les extraits des livres des marchands , pour fourniture de leur négoce , pourvû qu'ils ne forment point de fociétés , traités , fous-traités , comptes ou marchés, font difpenfés du contrôle. Edit du mois d'Octobre 1705 ; Arrêt du 9 Mars 1706 ; art. 183 du Tarif du 20 Mars 1708 ; Arrêt du 7 Février 1719 ; & art. 97 du Tarif du 29 Septembre 1721.

Voïez l'Arrêt du 7 Février 1719 , fuivant lequel l'exemption n'a lieu pour ces actes , que lorfqu'il s'agit de s'en fervir dans les Jurifdictions confulaires feulement. Voïez auffi *Billets ; Extraits* de livres ; & *Lettres* de change.

2. Les endoffemens des billets à ordre (foit que ces billets foient éxemts ou fujets au contrôle) ont auffi été déchargés du contrôle , par l'Arrêt du Confeil du 29 Juillet 1732. Voïez *Billets à ordre.*

3. Les actes & piéces qui font produits en Juftice pour le foûtien de la recette & de la dépenfe des comptes , font auffi difpenfés de contrôle ; pourvû qu'ils ne contiennent d'autres difpofitions que celles qui ont raport auxdits comptes , & qu'en conféquence il ne foit fait aucun acte , exploit , fignification , demande en Juftice , ou autre acte. Art. 7. de l'Arrêt du Confeil du 29 Avril 1721 , rendu fur le Mémoire des Jurats de Bearn , & Décifions du Confeil des 22 Juillet 1728 , & 27 Juin 1730.

4. Toutes piéces & actes qui ne font produits que par exception , pour établir une défenfe , fans en fignifier de copie , & fans en tirer aucune induction active , font encore dans le cas de l'éxemption de contrôle.

Décifion du Confeil du 3 Août 1715 , art. 20 , portant que , lorfque pour fa défenfe, l'on produit une quitance, fans en faire la fignification, elle n'eſt point fujette au contrôle.

Autre du 13 Mars 1721, portant qu'une piéce produite pour établir fa défenfe, fans avoir été fignifiée, n'eſt point fujette au contrôle.

Autre du 18 Mars 1722, qui juge que les piéces produites par exception, ne font point fujettes au contrôle, s'il n'eſt formé en conféquence aucune demande incidente ou en garantie.

Par autre Décifion du 31 Décembre 1722, la même chofe a été jugée à l'égard de lettres miſſives produites, qui ne contiennent ni obligation, ni matière fur laquelle il foit formé aucune demande.

Autre du 10 Juin 1729, qui juge qu'un acte dont on prétend fe fervir pour prouver la qualité d'un particulier, & pour en tirer par conféquent une induction active, doit être préalablement contrôlé.

§. 8. *Les exploits de demandes doivent être libellés.*

Toute demande doit contenir fa caufe & fon objet ; il y doit être fait mention fi elle eſt fondée fur un titre par écrit, auquel cas ce titre doit être daté, & il en doit être fignifié copie ou extrait au défendeur par le même exploit ; & fi la demande n'eſt fondée fur aucun titre par écrit, il en doit être fait mention expreſſe.

L'art. 5 du titre 2 des ajournemens de l'Ordonnance de 1667, porte que les demandeurs feront tenus de faire donner dans la même feuille ou cahier de l'exploit, copie des piéces fur lefquelles la demande eſt fondée, ou des extraits, fi elles font trop longues.

L'art. 1er de l'Edit du mois de Décembre 1684, porte que celui qui demandera le païement d'une promeſſe, ou l'éxécution d'un autre acte fous-fignature privée, fera tenu d'en faire donner copie avec l'exploit d'aſſignation.

Tome I.

Les actes fous-fignature privée aïant été aſſujettis au contrôle, par l'Edit du mois d'Octobre 1705, les Huiſſiers & les Sergens d'intelligence avec les parties, affectoient de ne point donner de copies des actes, & de n'en point faire mention dans leurs exploits, dans l'idée d'éviter le païement des droits de contrôle defdits actes ; mais il y a été pourvû par diférens réglemens.

L'Arrêt du Confeil du 27 Avril 1706, rendû en réglement, porte que tous Huiſſiers & Sergens qui feront des exploits, aſſignations & demandes fur des billets & actes fous-fignature privée, feront tenus d'en donner des copies dans le même cahier de l'exploit de demande, & d'en faire mention dans l'original, enfemble de la date du contrôle, du bureau, & du nom du Contrôleur, à peine de nullité des exploits, & de 300 livres d'amende contre chacun des Huiſſiers ou Sergens qui les auront faits, & contre les parties qui s'en ferviront, & pour chaque contravention ; avec défenfes de contrôler aucuns exploits qu'ils ne foient dûment libellés fous les mêmes peines.

Autre Arrêt du Confeil du 29 Décembre 1716 en réglement, qui ordonne l'éxécution de l'Ordonnance de 1667, de l'Edit de 1684, de celui du mois d'Octobre 1705, de l'Arrêt du 27 Avril 1706, & de l'art. 183 du Tarif de 1708 ; en conféquence, fait itératives défenfes à tous Huiſſiers, Sergens roïaux, fieffés & fubalternes, archers & autres, de former ou fignifier aucune demande, & de donner aucun exploit, qu'il ne foit libellé, & que les titres en vertu defquels ils donnent lefdits exploits, & forment les demandes, ne foient copiés en entier ou par extrait ; ordonne aufdits Huiſſiers & Sergens, de faire mention dans lefdites copies d'actes fous-fignature privée du contrôle d'iceux, du Bureau & du nom du Contrôleur. Et au cas que les demandes foient formées fans titre par écrit , lefdits Huiffiers & Sergens en feront mention dans lefdits exploits, à peine de nullité d'iceux , & de 300 livres d'amende , tant contre l'Huiffier qui aura donné ledit exploit , que contre la partie qui s'en fera fervi , & contre les Procureurs qui auront occupé en conféquence.

Arrêt du Confeil du 24 Février 1719 , qui ordonne aux Huiffiers & Sergens de donner copie fur un même cahier des billets & actes fous-fignature privée ; de faire mention dans leurs exploits de la date du contrôle, du nom du Commis, & du lieu où lefdits actes ont été contrôlés ; & d'inférer les dates & la nature des actes qui ferviront de fondement & pour raifon defquels lefdits exploits feront faits, fous peine de nullité , & de 300 livres d'amende pour chaque contravention , contre les Huiffiers qui feront les exploits , contre les parties qui s'en ferviront, & contre les Procureurs qui occuperont en conféquence.

Arrêt du Confeil du 11 Juillet 1721, qui confirme une Ordonnance , par laquelle le nommé Caillou Huiffier, a été condamné en 300 livres d'amende, pour avoir donné des affignations , en vertu d'un traité fous-fignature privée , fans avoir fait mention fi cet acte étoit devant Notaires , ou fous-fignature privée , ni s'il étoit contrôlé ; quoique ce traité eût été effectivement contrôlé deux jours avant les affignations. L'Huiffier a en outre été interdit jufqu'au païement de l'amende.

Arrêt du Confeil du 25 Septembre 1725 , qui prononce les amendes encourues pour une demande formée au Confulat de Nantes , en vertu d'un acte fous-fignature privée non contrôlé. Ordonne l'éxécution de l'Arrêt du 29 Décembre 1716 , & en conféquence fait itératives défenfes à tous Huiffiers ,

Sergens ou autres aïant pouvoir d'exploiter , de former ou fignifier aucune demande , & de donner aucun exploit qu'il ne foit libellé , & que les titres en vertu defquels ils donnent lefdits exploits , ne foient copiés en entier ou par extrait. Ordonne aux Huiffiers , Sergens & autres , de faire mention dans les copies d'actes fous-fignature privée , du contrôle d'iceux , du nom du Bureau & de celui du Contrôleur ; & au cas que les demandes foient formées fans titre par écrit , lefdits Huiffiers en feront mention dans leurs exploits , à peine de nullité d'iceux , & de 300 livres d'amende , tant contre l'Huiffier qui aura donné l'exploit , que contre la partie qui s'en fera fervi , & contre les Procureurs qui auront occupé en conféquence.

Autre Arrêt du 29 Mars 1729 , qui ordonne l'éxécution de ceux des 17 Avril & 29 Décembre 1716 ; en conféquence condamne Jacques Caillot partie , Gaillard Huiffier , & Fourrey Procureur, en 300 livres d'amende chacun , pour avoir donné une affignation & obtenu Sentence en la Jurifdiction Confulaire de Troyes , en vertu d'un marché fous-fignature privée , dont il n'a été parlé ni dans l'exploit , ni dans la Sentence ; mais dont l'éxiftence a enfuite été prouvée.

Autre Arrêt du 30 Janvier 1731 , fur un exploit fait à la requête d'un hôtellier portant fommation à un laboureur , de remettre les foins fpécifiés dans un marché , dont copie a été fignifiée , fans faire mention s'il étoit contrôlé. Ce marché fut préfenté au contrôle le jour même que l'exploit y avoit été porté , & il fut retenu à caufe de la contravention; l'Arrêt condamne la partie & l'Huiffier en 300 livres d'amende chacun , & au païement du droit de contrôle du marché ; déclare l'exploit nul & interdit l'Huiffier.

Voïez encore les Arrêts des 7 Mai, 1718, 11 Octobre 1720, 11, 15 Juillet, 30 Septembre, 9, 23 Décembre 1721, & 30 Mars 1722, au sujet d'actes sous-signature privée, qui n'ont été présentés au contrôle que depuis les demandes formées en conséquence.

Décision du 18 Avril 1733, contre le nommé Guerin, Huissier à verge, qui avoit obmis de déclarer dans deux exploits, si la demande étoit formée en vertu d'un titre par écrit.

Arrêt du Conseil du 9 Mai 1752, qui confirme une Ordonnance de M. l'Intendant de Champagne, par laquelle le sieur Hollandre, Procureur au Bailliage de Chaumont, a été condamné en 300 livres d'amende, pour avoir occupé pour le nommé Bertaud, sur une demande, afin de condamnation de 30 livres, pour le prix de deux chênes réservés par une cession sous-signature privée, d'une adjudication de bois. Il oposoit qu'il n'étoit fait aucune mention de l'acte dans la demande ; que cet acte ne lui avoit été remis que long-tems après ; qu'il n'en avoit aucunement parlé dans l'instruction de la procédure ; & qu'il est libre à une partie de former sa demande sur le fondement de son acte, ou d'agir sur le seul fait ; que dans ce dernier cas, elle n'est pas tenuë de faire contrôler l'acte, puisqu'elle ne s'en sert pas ; & que dans l'espéce, la convention du prix à 30 livres, pour les chênes réservés, a été faite verbalement depuis l'acte sous-signature privée.

Par cet Arrêt, il est en outre fait itératives défenses à tous Huissiers, Sergens & autres qui ont pouvoir d'exploiter, de former ou signifier aucune demande, & de donner aucun exploit qu'il ne soit libellé, & que les titres en vertu desquels ils donnent lesdits exploits, ne soient copiés en entier ou par extrait ; avec injonction auxdits Huissiers, Sergens &

autres de faire mention dans les copies d'actes sous-signature privée, du contrôle d'iceux, du nom du Bureau où ils auront été contrôlés, & de celui du Contrôleur ; & dans les cas où les demandes seront formées sans titre par écrit, d'en faire mention dans leurs exploits, à peine de nullité d'iceux & de 300 livres d'amende, tant contre l'Huissier, Sergent ou autre qui aura donné l'exploit, que contre la partie qui s'en sera servi, & contre les Procureurs qui auront occupé en conséquence.

Arrêt du Conseil du 19 Décembre 1752, qui condamne Froment le jeune, Huissier à cheval au Châtelet de Paris, en l'amende pour n'avoir pas fait mention dans un exploit fait en vertu d'un billet, du contrôle dudit billet.

Décision du Conseil du 19 Mai 1753, qui confirme une Ordonnance de M. l'Intendant de Bourgogne, par laquelle le nommé Vertier, acquéreur d'un jardin par acte sous-signature privée, & l'Huissier qui avoit agi pour lui, ont été condamnés en 500 livres d'amende pour avoir fait une sommation de remettre la clef du jardin. Ils ont prétendu qu'il n'y avoit point de contravention lorsqu'on ne donne point copie de l'acte, & qu'il n'est daté ni énoncé pour apuïer la demande.

Autre Décision du Conseil du 21 Février 1754, qui déclare nul un exploit, & prononce l'amende encouruë par Bailly, Huissier au Châtelet de Paris, pour avoir donné une assignation, afin d'être condamné au païement d'une somme de 300 livres, pour prêt fait par Honoré Chaillou, au feu sieur Monbayen, sans avoir énoncé le titre dans cette assignation ou déclaré qu'il n'y en avoit point.

Autre Décision du 10 Juillet 1754, qui réforme une Ordonnance de M. l'Intendant de Paris, par laquelle Brigault Huissier, qui avoit signifié une assignation à la requête du nommé Trouble , étant aux droits & ceſſionnaire de Ni-colas , à l'effet d'obtenir condamnation du païement d'une rente , ſans faire mention de la ceſſion , avoit été déchargé de la demande du Fermier , faute par lui de juſtifier de l'acte de ceſſion ; en conſé-quence l'Huiſſier & la partie ont été con-damnés ſolidairement au païement des droits de la ceſſion & en l'amende encouruë.

Déciſion du Conſeil du 5 Septembre 1754, qui déboute le ſieur Giraud par-tie , Varnier Procureur & Mirſin Huiſ-ſier , de leur opoſition à un Arrêt du Conſeil du 2 Avril précédent, par le-quel ils ont été condamnés au païement du droit de contrôle d'un bail ſous-ſigna-ture privée , & aux amendes encouruës. Ils ſoûtenoient que les actes ſous-ſigna-ture privée ne ſont ſujets au contrôle que lorſqu'on s'en ſert , & qu'ils ſont juſtificatifs de la demande formée en con-ſéquence ; mais que dans la procédure faite ſur un exploit de congé , il n'a point été parlé du bail , que l'Huiſſier n'en avoit pas même eu connoiſſance , & que le ſeul fait de l'occupation de l'apartement étoit ſuffiſant pour pouvoir agir.

§. 9. *Cas de fauſſe mention de contrôle dès actes ſous-ſignature privée , dans les demandes for-mées en conſéquence.*

Dans ce cas , le Fermier eſt fondé à prendre la voie extraordinaire , & à pour-ſuivre le procès de l'auteur de la de-mande , indépendamment de la condam-nation des amendes encouruës.

Arrêt du Conſeil du 17 Mai 1720, au ſujet d'une requête dans laquelle on avoit inſéré que les lettres miſſives, qui en faiſoient le fondement, étoient contrô-lées , quoiqu'elles ne le fuſſent pas. Cet Arrêt prononce la nullité deſdites lettres, de la requête & de tout ce qui s'eſt en-ſuivi ; condamne la partie & le Procu-reur en 300 livres d'amende chacun & au païement des droits ; permet de les y contraindre par corps ; interdit en ou-tre le Procureur des fonctions de ſon office , & lui fait défenſes de s'y immiſ-cer à peine de faux , & d'être procé-dé extraordinairement contre lui.

§. 10. *Où doit-on faire contrôler les actes ſous ſignature privée ?*

Les particuliers porteurs d'actes ſous-ſignature privée , ont eu long-tems la liberté de les faire contrôler indiférem-ment dans tous les Bureaux , même dans les Généralités où ils jugeoient à pro-pos ; parce que les Réglemens n'avoient point fixé d'arondiſſement pour le con-trôle de ces actes : ce qui privoit cha-que Fermier des droits qui devoient faire partie de ſon bail , & donnoit en même-tems lieu à divers abus.

Le 15 Juin 1717 , il fut décidé au Conſeil, que les actes ſous-ſignature pri-vée , ne pourroient être contrôlés dans les Bureaux de S. A. R. M. le Duc d'Orléans , ſi l'une des deux parties dé-nommées dans l'acte n'étoit domiciliée dans le reſſort deſdits Bureaux.

Cette Déciſion ne ſuffiſoit pas pour établir une régle générale , & pour faire jouïr chaque Fermier des droits qui de-voient lui apartenir ; elle n'a pas même eu d'éxécution.

Mais par Arrêt du Conſeil du 12 Sep-tembre 1747 , rendu en réglement du mouvement du Roi, il a été ordonné qu'à compter du 1er Octobre de la mê-me année , les actes ſous-ſignature pri-vée ne pourront être contrôlés ailleurs que dans les Bureaux des Juriſdictions où l'on voudra introduire les inſtances , ou dans ceux d'arondiſſement des Notaires qui en recevront le dépôt ; lequel dépôt ne poura être fait que dans l'étenduë de la généralité où ſe trouvera ſitué le domicile de la partie qui le requerra, à peine de nullité dudit contrôle, & de 100 livres d'amende pour chaque contravention. Il eſt en outre fait défenſes aux commis & prépoſés, à la perception des droits de contrôle, de contrevenir aux diſpoſitions du préſent Arrêt, & de faire aucune compoſition, remiſe ni modération des droits fixés par le Tarif de 1722, ſous peine de reſtitution du quadruple, & de 200 livres d'amende pour chacune contravention ; & les Fermiers ſont déclarés ſolidairement garans & reſponſables deſdits droits & amendes, qui apartiendront aux Fermiers des généraités, où les actes auroient dû être contrôlés.

Déciſion du Conſeil du 7 Novembre 1752, contre M. de Breteville domicilié en Normandie, qui ſur la demande que le Fermier de cette province lui avoit faite des droits d'un acte ſous-ſignature privée, l'avoit fait contrôler & inſinuer à Paris. Décidé qu'il fera contrôler & inſinuer de nouveau en Normandie où il païera les droits, à la déduction de ce qui a été païé à Paris, dont la remiſe ſera faite au Fermier de Normandie par celui de Paris.

Arrêt du Conſeil du 14 Novembre 1752, rendu ſur la requête de S. A. S. M. le Duc d'Orléans ; portant que l'Arrêt du 12 Septembre 1747, ſera éxécuté par les Fermiers du Roi & par ceux de M. le Duc d'Orléans ; en conſéquence, que les actes ſous-ſignature privée paſſés entre domiciliés dans les lieux & paroiſſes où les droits de contrôle des actes apartiennent au Roi, ne pouront être contrôlés que dans les Bureaux des Fermiers de Sa Majeſté ; que les actes ſous-ſignature privée, paſſés entre domiciliés dans les lieux & paroiſſes où M. le Duc d'Orléans jouït des droits de contrôle ne pouront pareillement être contrôlés que dans les bureaux de ſes Fermiers, à peine de nullité dudit contrôle & de 200 livres d'amende pour chaque contravention, tant contre les parties que contre les commis, & de la reſtitution du quadruple des droits ; deſquelles reſtitutions & amendes encouruës par les Commis, les Fermiers ſeront réciproquement garans & reſponſables ; & au païement deſquelles ils ſeront contraints par les voies ordinaires. Et en interprétant en tant que de beſoin l'Arrêt du 12 Septembre 1747, il eſt ordonné que dans le cas où l'une des parties ſera domiciliée dans une généralité & l'autre dans une autre, où l'une ſur le territoire du Roi & l'autre dans les terres patrimoniales, d'engagement ou de l'apanage de M. le Duc d'Orléans, le droit de contrôle de l'acte qu'elles auront paſſé ſous-ſignature privée ſera païé, ſoit au bureau du domicile de la partie qui requerra le contrôle, ſoit au bureau établi près la Juriſdiction où elle voudra introduire l'inſtance ; que les actes ſous-ſignatures privée contenant mutation de propriété de biens immeubles, pouront être contrôlés au bureau de la ſituation des biens, quand même aucune des parties ne ſeroit domiciliée dans l'arondiſſement de ce bureau, ni dans la généralité dont il dépend, ſous les mêmes peines & amendes. Défend Sa Majeſté aux parties de dépoſer les actes ſous-ſignature privée hors du territoire roïal ſi elles y ſont domiciliées ; & de même, d'en faire le dépôt hors de l'apanage, & des terres patrimoniales & d'engagement de M. le Duc d'Orléans ſi elles y ont leur domicile ; & aux Notaires & Tabellions, ſoit roïaux, ſoit de l'apanage & des terres patrimoniales & d'engagement de M. le Duc d'Orléans, de recevoir de ſemblables dépôts, à peine de reſtitution des droits & de 200 livres d'amende, tant contre les parties que contre les Notaires & Tabellions ; à moins qu'il ne s'agiffe d'actes tranflatifs de propriété d'immeubles , qui pourront dans tous les cas être dépofés chez les Notaires de l'arondiffement du bureau de la fituation des biens.

Décifion du Confeil du 31 Août 1754 , qui confirme une ordonnance de M. l'Intendant d'Alençon , renduë contre le fieur Veraquin de Domfront , en ladite généralité , qui avoit fait contrôler en celle de Tours le partage fait entre lui & fes cohéritiers fous-fignature privée ; ce contrôle a été déclaré nul , & ledit fieur Veraquin a été condamné à païer le droit au Fermier de la généralité d'Alençon , & en une amende.

Décifion du Confeil du 20 Mai 1756 , fur le mémoire des fieurs Lair qui demandoient la reftitution des droits de contrôle & de centiéme denier païés à Andely en la généralité de Roüen , pour un partage fous-fignature privée contenant retour de lot , & dépofé le même jour à un Notaire du même lieu ; attendu que quelques jours après , la perfonne qu'ils avoient chargée de leur procuration pour vendre les biens , a fait contrôler & infinuer le partage à Cuves généralité de Caën , dans le territoire de M. le Duc d'Orléans, où les biens font fitués. La Décifion ordonne la reftitution du droit de centiéme denier mal-à-propos perçû à Andely ; mais elle juge que le droit de contrôle y a été bien perçû, attendu que l'une des parties étoit domiciliée dans la généralité de Roüen , & que l'acte y a été dépofé.

§. 11. *Les droits de contrôle des actes fous-fignature privée font dûs fur leurs difpofitions entières.*

Il eft de principe que le droit de contrôle des actes fous-fignature privée eft dû comme fi ces actes étoient paffés par devant Notaires ; la formalité eft indivifible ; il n'eft pas poffible de la donner à une partie de l'acte , & d'en excepter une autre partie. C'eft un principe général dont on ne peut s'écarter pour les tranfactions , marchés , & pour tous autres actes fynallagmatiques ; il n'y a été dérogé que par une exception particulière pour les fimples billets feulement. *Voïez* le §. 12 ci-après.

L'Edit du mois d'Octobre 1705 , porte que les actes fous-fignature privée feront contrôlés & les droits païés fuivant la qualité des actes & à proportion des fommes y contenuës , *comme s'ils étoient originairement paffés par devant Notaires ,* conformément aux Tarifs.

L'article 183 du Tarif du 20 Mars 1708, porte également que les droits de contrôle defdits actes feront païés fuivant la qualité des actes , & à proportion des fommes y contenuës , comme s'ils étoient paffés par devant Notaires , conformément à l'Edit du mois d'Octobre 1705.

L'article 97 du Tarif du 29 Septembre 1722 , porte que les droits de contrôle defdits actes feront païés par raport à leur nature , fur le pié réglé par le Tarif, de même que s'ils étoient paffés par devant Notaires.

Décifion du Confeil du 8 Mai 1728 , contre Marie-Anne Trumeau veuve Cerveau , qui prétendoit que le droit de contrôle des deux arrêtés de mémoires ne devoit être perçû que fur la fomme reftante à païer.

Décifion du 9 Octobre 1728 , contre Denis Marin , qui prétendoit la même chofe pour un devis & marché.

Décifion du 9 Avril 1729 , au fujet d'un tranfport fait par la veuve Blanchet au fieur du Bois , de la moitié de ce qui lui étoit dû par le Fermier des Aides de Caën , & de tout ce qui pouroit lui revenir dans le tiers des reftes des domaines de Saint Sauveur fans autre défignation. Jugé qu'il eft dû le plus fort droit de contrôle , nonobftant la Déclaration du fieur du Bois , de fe reftraindre à 1500

livres pour tout ce qui lui avoit été tranfporté.

Autre Décifion du 10 Juin 1729, contre le fieur Bouraffel, qui vouloit fe fervir d'actes fous-fignature privée, feulement pour juftifier que le fieur Cagnard
avoit pris une qualité. Décidé que les
droits font dûs en entier pour lefdits actes.

Autre Décifion du 24 Juin 1730, fur
des actes paffés depuis 1660, dont on
vouloit fe fervir pour prouver une propriété conteftée. Décidé que les droits
font dûs en entier.

Autre du 21 Juillet 1731, au fujet
d'un ordre d'emploïer annuellement 1000
livres dans la dépenfe d'un compte d'adminiftration, pour lequel ordre le fieur l'Heu-
reux prétendoit qu'il n'étoit dû que 10
fols. Jugé que le droit eft dû fur la fomme
dont il veut former la demande.

Autre Décifion du 16 Mars 1731, qui
juge que le droit de contrôle d'une reconnoiffance de deux affignations fur le
tréfor roïal eft dû fur les fommes qui en
font l'objet.

Autre du 26 Avril 1732, contre le
fieur Balgniere, qui juge que le droit de
contrôle d'une déclaration qu'il n'avoit en-
doffé douze billets à ordre que pour faire
plaifir à fon parent, eft dû fur la fomme
contenuë aux billets.

Autre du 20 Février 1734, au fujet
d'une fociété dont on prétendoit réduire
le droit de contrôle fur la fomme à répéter. Décidé qu'il eft dû fur l'objet de la
fociété.

Autre Décifion du 15 Avril 1741,
portant qu'un acte ne peut être contrôlé
s'il ne l'eft en entier ; il s'agiffoit d'une
vente faite moïennant 3500, livres parce
que l'acquéreur retiendroit 1000 livres
pour fes foins & peines ; il demandoit que
le droit ne fût perçû que fur les 1000
livres auxquelles il déclaroit fe reftraindre.

Lettre du 28 Mars 1744, écrite par
M. Orry Contrôleur général des finances,

à M. l'Intendant de Roüen, fur la queftion
de favoir fi les partages fous-fignature
privée, dont le Fermier demandoit les
droits, parce qu'ils contenoient des retours de lot fujets au centiéme denier,
devoient être préalablement contrôlés, &
fi le droit de contrôle devoit être perçû
fur la valeur entière des biens partagés,
ou feulement à proportion du montant des
retours. Le Miniftre décide que le droit
de contrôle eft dû fur la valeur entière,
& il obferve que le contrôle eft une formalité, tant à l'égard des actes paffés par
devant Notaires, que de ceux fous-fignature privée, qui ne peut tomber fur une
partie d'un acte fans tomber fur les autres.

Lettre du 1er Mars 1746, écrite par
M. de Fulvy Intendant des finances, à M.
l'Intendant de Roüen, qui rapelle les principes contenus dans celle ci-deffus, au
fujet d'une Ordonnance renduë en faveur
de M. de Bermonville ; par laquelle, fur
la demande des droits d'un partage fous-
fignature privée, contenant retour de lot,
il étoit ordonné que le droit de contrôle
feroit feulement perçû à proportion du
retour ; en conféquence de cette Lettre,
le Fermier a été reçû opofant à la première Ordonnance, & il en a été rendu
une feconde le 23 Avril 1746, qui a ordonné que le droit de contrôle du partage feroit païé fur la valeur entière des
biens.

Décifion du Confeil du 30 Mars 1748,
qui réforme une Ordonnance de M. l'Intendant de Bretagne, portant réduction
du droit de contrôle d'une tranfaction fur
l'objet dont on vouloit fe fervir ; & en
conféquence juge que le droit de contrôle
étant indivifible, il doit être perçû en
entier.

Décifion du 20 Décembre 1749, au
fujet d'une promeffe de vendre une charge fous peine d'un dédit. Cette promeffe
n'aïant pas eû d'éxécution, l'on prétendoit que le droit de contrôle n'étoit dû

que fur l'objet du dédit. Jugé que le droit est dû fur l'objet entier de l'acte, comme s'il avoit été paſſé devant Notaires.

Autre Déciſion du 16 Août 1750, au fujet d'un compte, qui juge que le droit de contrôle est dû fur tout le reliqua, quoiqu'on ne voulut fe fervir que d'un article, pour prouver l'éxiſtence d'une rente.

§. *12. Il y a néanmoins des actes fous-fignature privée, dont le droit de contrôle ne doit être perçû que fur ce qui reſte à éxécuter, lorfqu'on veut les faire contrôler.*

Cette exception à la règle générale n'a lieu uniquement que pour les ſimples billets, dont le droit de contrôle ne doit être perçû que fur la fomme qui reſte actuellement duë, lorfqu'on les foûmet au contrôle. *Voïez* la Déciſion du Conſeil du 3 Mars 1716, article 3.

Déciſion du 18 Mars 1723, qui juge la même choſe ; & qu'il n'eſt rien dû pour les quitances qui ſont au dos ou au pié defdits billets. Cela eſt juſte lorfque le porteur du billet ne fe fert pas de ces quitances pour en tirer une induction active, & que le débiteur n'eſt dans le cas de s'en prévaloir que par forme d'exception pour diminuer d'autant le contenu du billet ; mais ſi un coobligé ou autre vouloit répéter le tout ou partie d'un billet, en vertu des quitances qui lui en auroient été fournies, il feroit tenu de les faire préalablement contrôler, puifqu'elles ferviroient de fondement à fa demande.

Déciſion du 20 Mai 1723, en faveur du ſieur Bougis, porteur d'un billet de 2100 livres endoſſé de 1740 liv. qui juge que le droit n'eſt dû que fur le reſtant.

Autre du 21 Septembre 1723, au fujet d'un billet folidaire, dont l'un des coobligés qui a païé le tout veut fe fervir

pour en répéter la moitié vers fon coobligé. Décidé qu'il ne païera le droit que fur le pié de cette moitié, en déclarant au dos qu'il ne veut agir que pour cette répétition.

Autre du 16 Septembre 1725, au fujet d'un traité non éxécuté, dont l'une des parties veut fe fervir pour répéter des dommages & intéréts réfultans de l'inéxécution. Jugé que le droit ne fera perçû que fur la fomme à laquelle le demandeur fe reſtraindra, en le déclarant au dos.

Autre du 14 Avril 1726, pour des quitances que l'on veut produire & qui prouvent l'objet de la demande. Décidé que le droit ne fera perçû que fur le montant des fommes dont on veut demander la reſtitution en vertu d'icelles, en le déclarant au dos.

Autre Déciſion du 7 Octobre 1728, en faveur du ſieur Bougis, portant que le droit de contrôle d'un billet endoſſé ne fera perçû que fur ce qui reſte dû.

Autre du 16 Octobre 1728, pour un arrêté de compte montant à 12160 livres, qui règle le droit fur 290 livres reſtant alors à païer.

Les 22 Mai & 5 Juin 1728, il avoit été décidé que les droits étoient dûs en entier pour des mémoires arrêtés ; mais le 2 Août 1730, il a été décidé en faveur du ſieur Marfollier que le droit ne feroit perçû que fur ce qui reſte dû d'un pareil arrêté.

Déciſion du 14 Janvier 1730, fur un marché pour l'entreprife d'une maiſon, arrêté à 6822 livres. Décidé que le droit fera perçû feulement fur 1664 livres qui reſtent dûs. Cette Déciſion eſt contraire au principe avancé ci-deſſus, §. 11 & 12, & elle ne peut fervir de règle. *Voïez* *Marchés.*

Autre Déciſion du 21 Juillet 1731, qui juge que le droit de contrôle d'une promeſſe de 1000 livres d'apointemens fera perçû fur la fomme dont on veut former la demande.

Autre

Autre du 23 Mai 1736, fur le mémoi-re de M. le Marquis de Broglie, au fujet d'un marché de 18000 livres, dont 1100 livres païées comptant & quitancées par le marché, au pié du quel il y a des quitan-ces de 3800 livres; il vouloit fe fervir de ce marché pour répéter de M. fon père fa part de ce qu'il avoit reçû, & deman-doit que le droit de contrôle fut perçû fur cet objet feulement. Décidé qu'on ne peut contrôler le marché que pour la fom-me y contenuë, en déduifant feulement le païement de 1100 liv. qui y eft inféré.

§. 13. *Les actes fous-fignature-privée ne peuvent être infinués, s'ils ne font préalablement con-trôlés.*

L'infinuation eft un acte de Juftice; ainfi les actes qui de leur nature font fu-jets au contrôle, ne peuvent être infinués, s'ils ne font préalablement contrôlés. L'Edit du mois de Mars 1693 porte que les infinuations, publications & enre-giftremens prefcrits par les Ordonnances & Coûtumes ne peuvent être faits, fi les actes ne font contrôlés.

L'article 5 de l'Arrêt du Confeil du 29 Avril 1721, fervant de règlement au fu-jet des actes reçûs par les Jurats de Bearn, réïtère les défenfes auxdits Juges & Offi-ciers d'ordonner l'infinuation, publication ou enregiftrement des actes & contrats s'ils ne font contrôlés, à peine de nullité defdits jugemens, & de 200 liv. d'amen-de pour chaque contravention.

Arrêt du Confeil du 5 Août 1721, qui déclare nulle l'infinuation faite à Salins d'une donation paffée à Nancy, non contrô-lée; condamne le Juge & le Gréfier en 500 liv. d'amende chacun, & ordonne que la donation fera contrôlée à Salins, pour être enfuite luë, publiée & infinuée.

Décifion du Confeil du 24 Février 1731, fur la queftion propofée par M.

Tome I.

l'Intendant de Champagne, de favoir fi les actes fous-fignature privée fujets au centiéme denier, dont le Fermier deman-doit les droits, devoient être préalable-ment contrôlés. Décidé que l'infinuation eft un acte de Juftice, qui ne peut être fait que l'acte ne foit contrôlé.

Autre Décifion du 11 Août 1733, fur la queftion propofée par M. le Pelle-tier de Beaupré Intendant de Champagne, de favoir fi un contrat de vente d'immeu-bles, fait fous-fignature privée, doit être contrôlé en même-tems qu'on en requiert l'infinuation. Jugé qu'on doit le faire con-trôler auparavant. M. de Beaupré a été informé de cette Décifion par M. Ame-lot de Chaillou Intendant des finances, le 14 Août 1733.

Autre Décifion du Confeil du 8 Juin 1737, fur le mémoire de Mᶜ de Belloy, portant qu'on ne peut infinuer un acte fous-figna-ture privée, fans qu'il foit contrôlé.

Autre Décifion du 10 Août 1737, contre le fieur Rigaud acquéreur d'im-meubles par acte fous-fignature privée, lequel foûtenoit ne pas devoir raporter l'acte, ni en païer les droits, parce qu'il n'y avoit aucune conteftation entre lui & fon vendeur. Décidé qu'il doit païer le droit de contrôle, & celui de centiéme denier, avec un demi-droit en fus, par modération du triple droit encouru.

Autre Décifion du 29 Novembre 1738, contre le fieur Vrioult, qui fe plaignoit de ce que le Commis du bureau de Ponteau-demer lui demandoit le droit de contrôle, outre celui de centiéme denier d'une ven-te de bois de haute-fûtaïe. La Décifion porte qu'y aïant eû une vente fous-figna-ture privée, le Commis n'a pas dû l'in-finuer que le contrôle ne fut païé en même tems.

Lettre écrite le 28 Mars 1744, par M. Orry Contrôleur général des finances, à M. l'Intendant de Roüen, au fujet de partages fous-fignature privée, contenant

H

Actes fous
fignat. pri-
vée.

des retours de lot ; portant que l'infinuation eft une formalité pour rendre publics
certains actes ; que les Gréfiers des infinuations , repréfentés par les Commis du
Fermier , font des Oficiers affujettis aux
mêmes obligations que les autres Oficiers
publics ; qu'ainfi ils ne peuvent agir ni
prêter leur miniftère en conféquence d'actes fous-fignature privée , fans que lefdits
actes aïent été préalablement contrôlés ,
attendu que l'infinuation eft un acte de
Juftice.

Décifion du Confeil du 11 Juillet 1744,
fur une queftion renvoïée par M. l'Intendant de Champagne , contre les nommés
Vriel & Baron , au fujet d'un partage
fous-fignature privée contenant retour de
lot. Décidé qu'on ne peut infinuer fans
contrôle ; qu'ainfi le droit de contrôle
doit être païé en même-tems que celui
d'infinuation.

Lettre écrite le 1er Mars 1746 , par
M. de Fulvy Intendant des finances , à
M. l'Intendant de Roüen , au fujet d'un
partage contenant retour de lot , dont
M. l'Intendant avoit mal-à-propos réduit
le droit de contrôle à proportion du retour. Cette Lettre porte que le droit de
contrôle doit être païé en entier , avant que
de pouvoir infinuer la difpofition de l'acte
qui y eft fujette.

Autre Lettre de M. de Fulvy du 12
Septembre 1748 , à M. l'Intendant d'Alençon , portant que , lorfqu'il s'agit d'actes
fous-fignature privée fujets au centiéme
denier , le Fermier peut en tout tems contraindre au païement de ce droit , & conféquemment de celui de contrôle , parce
que l'infinuation eft une formalité judiciaire , qui ne peut être apofée à un acte
qu'il ne foit contrôlé.

§. 14. *Dans quel tems les actes f. f. p. doivent-ils être infinués, lorfqu'ils y font fujets ?*

Il ne s'agit ici que des actes , qui comme
tranflatifs ou rétroceffifs de propriété ou
d'ufufruit d'immeubles , font fujets à l'infinuation du centiéme denier ; il y a néanmoins bien des actes fous-fignature privée
fujets à l'infinuation fuivant le Tarif ; mais
les Règlemens n'ont prononcé de peine
pour le défaut de cette infinuation dans
un tems fixe , que pour les donations de
chofes mobiliaires ; & les donations ne
peuvent être faites fous-fignature privée ;
le Fermier peut bien former la demande
des droits d'infinuation fuivant le Tarif ,
dûs pour des actes fous-fignature privée ;
mais il ne peut éxiger aucune peine , faute
d'y avoir fatisfait ; à moins qu'on ne fe fut fervi de ces actes , avant qu'ils fuffent infinués.

A l'égard des actes fous-fignature privée fujets au centiéme denier , ils doivent
être infinués dans les trois mois , à peine
du triple droit.

L'Edit du mois de Décembre 1703 ,
art. 24 ; & la Déclaration du 19 Juillet
1704 , articles 18 & 20 , affujettiffent
tous les actes tranflatifs & retroceffifs de
propriété d'immeubles , à l'infinuation pour
laquelle il eft dû le droit de centiéme denier ; l'Edit du mois d'Octobre 1705 , &
la Déclaration du 20 Mars 1708 , art.
6 , ainfi que l'Arrêt du Confeil du 13 Juillet 1706 , les y déclarent également fujets ,
& fixent le délai de cette infinuation à
trois mois du jour de la date , à peine
du triple droit de centiéme denier. C'eft
une règle générale pour les actes fous-
fignature privée , comme pour tous autres
actes.

Arrêt du Confeil du 16 Mai 1719 , qui
prononce la peine du triple droit , faute
d'avoir fait infinuer un bail à rente fous-
fignature privée dans les trois mois de fa
date ; & qui ordonne que les acquéreurs
à titre de bail à rente foncière , engagemens , démiffions , abandonnemens , tranfports , fubrogations , réfolutions volontaires de ventes & autres actes tranflatifs de
propriété d'immeubles , paffés fous-figna-

ture privée , qui n'auront pas fait infinuer lefdits actes , & païé le centiéme
denier dans les trois mois du jour de leur
date , conformément à la Déclaration du
20 Mars 1708 , feront contraints au païement du droit de centiéme denier , & du
triple dudit droit , fans qu'il puiffe leur
en être fait aucune remife ni modération ,
pour quelque caufe & fous quelque prétexte que ce foit.

Arrêt du Confeil du 31 Décembre
1720 , qui ordonne que M. le Marquis
de Praflin fera infinuer dans les bureaux
de la fituation des biens , un contrat d'acquifition par lui fait fous-fignature privée
au mois de Février précédent , & qu'il
païera le centiéme denier , enfemble le
triple droit.

Décifion du Confeil du 10 Septembre
1721 , qui condamne le fieur des Mayets
au païement du triple droit de centiéme
denier , pour une acquifition faite fous-
fignature privée.

Arrêt du Confeil du 17 Novembre
1722 , qui condamne Jean Mallet à
païer le centiéme denier d'une vente qu'il
avoit faite fous-fignature privée en 1714 ,
& de la rétroceffion qui lui en a été
faite en 1718 , avec le triple defdits
droits , fauf fon recours contre l'acquéreur pour ce qui le concerne ; condamne ledit Mallet au coût de l'Arrêt ;
& caffe un Jugement du Lieutenant général d'Orléans , par lequel Mallet n'avoit
été condamné à païer que le fimple droit
de la rétroceffion.

Autre Arrêt du 9 Mai 1724 , qui condamne le fieur Louis Rouffel Confeiller au
Bailliage d'Amiens , au païement du triple droit de centiéme denier d'une acquifition faite fous-fignature privée en 1712 ;
& fait itératives défenfes à M[rs] les Intendans de modérer les peines & amendes
portées par les Règlemens.

Décifion du Confeil du 14 Mai 1724 ,
qui condamne le fieur Boiftel Chanoine à
Amiens , au païement du triple droit de
centiéme denier d'une acquifition faite
fous-fignature privée , par celui dont il étoit
héritier.

Décifion du 2 Juin 1726 , qui condamne le fieur Duperron au païement du
triple droit de centiéme denier d'une acquifition fous-fignature privée , non infinuée dans les trois mois.

Arrêt du Confeil du 5 Octobre 1728 ,
qui caffe une Ordonnance du Lieutenant
général du Bailliage d'Auge , & condamne
le fieur de Saint Etienne au païement du
centiéme denier & du triple droit pour
une acquifition faite fous-fignature privée
d'une rente foncière.

Décifion du Confeil du 10 Août 1737 ,
contre le fieur Rigaud , acquéreur d'immeubles par acte fous-fignature privée ,
lequel foûtenoit ne pas devoir raporter
l'acte , ni en païer les droits , parce
qu'il n'y avoit aucune conteftation entre
lui & fon vendeur. Décidé qu'il doit
païer les droits de contrôle & de centiéme denier avec un demi-droit en fus ,
par modération du triple droit.

Arrêt du Confeil du 12 Juin 1745 ,
qui réforme deux Ordonnances de M.
Dodart Intendant à Bourges ; condamne les y dénommés à païer le triple droit
de centiéme denier d'acquifitions fous-
fignature privée ; & fait défenfes de remettre ou modérer pour quelque caufe
& fous quelque prétexte que ce foit ,
la peine du triple droit pour les acquifitions fous-fignature privée.

Décifion du Confeil du 22 Avril 1747 ,
qui condamne la dame veuve Gouy à
païer le centiéme denier , avec un droit
en fus , à caufe de plufieurs acquifitions
faites fous-fignature privée , par le feu
fieur Mahou fon père , & connuës par
l'inventaire fait après fon décès.

Autre Décifion du 7 Septembre 1748 ,
qui confirme une Ordonnance de M. l'Intendant d'Alençon , par laquelle Nicolas

Rouviere , Maître des Poftes à Séez, a été condamné au païement du triple droit de centiéme denier , de deux acquifitions par lui faites fous-fignature privée, quoique depuis la premiere condamnation , il eut paffé des contrats par devant Notaires , dont les droits fimples avoient été païés ; & ce, attendu qu'il n'avoit pas fait infinuer lefdites actes fous-fignature privée, dans les trois mois de leur date.

Autre Décifion du Confeil dudit jour 7 Septembre 1748 , qui, en réformant une Ordonnance de M. l'Intendant d'Auch, par laquelle il avoit déchargé le fieur Fortiffon de la peine du triple droit pour une acquifition fous-fignature privée , porte que Mⁱˢ les Intendans ne doivent jamais s'écarter des réglemens.

Décifion du 3 Mai 1752 , qui déboute le fieur Marchand de la Borie de fa demande en reftitution du triple droit de centiéme denier , perçu en infinuant dans la quinzaine , un contrat de vente paffé devant Notaires ; parce que cette vente avoit d'abord été faite par acte fous-fignature privée un an auparavant , dont il n'avoit pas été néanmoins fait mention dans le contrat.

Décifion du Confeil du 24 Avril 1755 , contre Martin Regnard, qui avoit préfenté au contrôle un acte fous-fignature privée , portant prolongation de trois ans d'un bail de neuf ans ; fur la demande des droits de contrôle & de centiéme denier , il refufoit de les païer , & demandoit que l'acte lui fut rendu, difant qu'il ne prétendoit en faire aucun ufage. Décidé que les droits font dûs , & qu'il eft tenu de les acquiter.

Décifion du Confeil du 20 Octobre 1757 , qui déboute M. l'Abbé de Varennes de fa demande en reftitution d'un double droit de centiéme denier perçu à Meudon, pour une acquifition qu'il avoit faite fous-fignature privée , dans le deffein de fe procurer le tems de fe

faire pourvoir d'une charge de Conféiller au Parlement , afin de jouïr de l'éxemption des lods , avant que de rendre fon acquifition publique.

Lorfqu'une vente fous-fignature privée eft préfentée au Bureau du contrôle par le vendeur , pour requérir qu'elle foit contrôlée , on peut fatisfaire à cette formalité , fauf à agir contre l'acquéreur pour le païement du droit de centiéme denier qui lui eft perfonnel, & de la peine du triple droit. C'eft même ce qui a été décidé au Confeil le 23 Février 1731 , en faveur de M. de Fourcy , Abbé de S. Wandrille , & par une autre Décifion du 27 Février 1755.

§. 15. *Les Gens publics & de loi ne peuvent écrire pour autrui aucuns actes fous-fignature privée.*

Les Curés & autres Eccléfiaftiques ; les Juges , Avocats , Notaires , Gréfiers , Procureurs , Huiffiers & autres gens de pratique & de loi , ne peuvent écrire aucuns actes fous-fignature privée où ils ne font pas parties principales , à peine de nullité d'iceux , & de 200 livres d'amende pour chaque contravention , & contre chaque contrevenant.

Par Arrêt du Confeil du 21 Juillet 1693 , il fut fait défenfes à tous Notaires & Tabellions d'écrire , ou figner aucuns actes & contrats en qualité de témoins , lorfque lefdits actes feront paffés fous-fignature privée par les parties ; à peine de 200 livres d'amende pour chaque contravention ; & défendu aux Curés & Juges de recevoir aucuns des contrats ou actes qui doivent être reçus & paffés par les Notaires & Tabellions, à peine de nullité defdits actes , & de 100 livres d'amende.

Par autre Arrêt du Confeil du 13 Septembre 1695 , un Eccléfiaftique à été condamné en 200 livres d'amende pour avoir fait & figné un accommodement fous-fignature privée, en vertu du pouvoir qui lui avoit été donné par la partie de pourfuivre l'inftance ou d'accommoder & tranfiger à telles conditions qu'il jugeroit à propos ; & un Gréfier en pareille amende , pour avoir figné l'acte comme témoin.

Par autre Arrêt du Confeil du 13 Décembre 1695 , il a été ordonné que les contrats de mariage & autres actes faits en conféquence , feront paffés par devant Notaires ; & il eft fait défenfes à tous Juges, Curés , Vicaires , & à toutes autres perfonnes, autres que les Notaires & Tabellions, d'en recevoir aucuns , à peine d'interdiction & de 200 livres d'amende.

L'article 5 de la Déclaration du Roi, du 19 Mars 1696 , porte que les Notaires & Tabellions, ne pourront écrire ni figner comme témoins les actes qui feront faits fous-fignature privée , à peine de 200 livres d'amende pour chaque contravention.

Par Arrêt du Confeil du 23 Octobre 1696 , le fieur Curé de Chambourfy , Jean & Pierre Arnoult , ont été condamnés en l'amende , au fujet d'une tranfaction faite entre lefdits Arnoult, paffée par ledit Curé qui l'avoit fignée , expédiée & délivrée. Et il eft fait très-expreffes & itératives défenfes à tous Curés , Vicaires & Eccléfiaftiques de quelque qualité qu'ils foient de recevoir, paffer ni délivrer aucuns actes qui doivent être reçus par les Notaires & Tabellions , à peine de nullité defdits actes , & de 200 livres d'amende contre chaque contrevenant.

Par la Déclaration du Roi du 14 Juillet 1699 , art. 5 , il eft expreffément défendu à tous Notaires , Tabellions , & Gréfiers aïant auffi la qualité de Procureur , Huiffiers ou Sergens , d'écrire ou figner comme témoins aucuns actes fous-fignature privée , à peine d'interdiction , de nullité defdits actes & de 200 livres d'amende.

Par Arrêt du Confeil du 23 Février 1706 , le fieur Canas Notaire à Villenaux , a été condamné en 200 livres d'amende , & le fieur Mathelin Notaire à Sainte Menehould , en 800 livres , pour avoir écrit des actes fous-fignature privée pour autrui.

Par l'art. 4 de la Déclaration du 20 Mars 1708 , il eft défendu à tous Curés , Eccléfiaftiques & autres qui n'ont pas droit d'inftrumenter comme Notaires , de recevoir aucuns actes de quelque nature qu'ils foient , finon les teftamens en la maniere ordinaire ; comme auffi il leur eft défendu & à tous Notaires , Tabellions , Gréfiers & à toutes autres perfonnes, telles qu'elles puiffent être , de fervir de témoins dans aucuns actes qui feront faits fous-fignature privée, à peine de 200 livres d'amende , tant contre lefdits Curés , Eccléfiaftiques & autres qui n'ont pas droit d'inftrumenter comme Notaires , que contre chacun de ceux qui auront figné lefdits actes comme témoins ; le tout conformément aux Arrêts du Confeil des 21 Juillet 1693 , & 13 Septembre 1695.

L'Arrêt du Confeil du 6 Août 1715 , art. 8 , fait très-expreffes inhibitions & défenfes aux Notaires & Tabellions d'écrire aucuns actes fous-fignature privée , fous les peines & amendes portées par les Edits , Déclarations & Arrêts rendus à cet égard.

L'Arrêt du Confeil du 1er Septembre 1716 , condamne le nommé Compaigne qui avoit figné un bail fous-fignature privée , comme l'aïant retenu , en 200 liv. d'amende ; & les nommés Bernard & Moulinard qui l'avoient figné comme témoins , en pareille amende. Fait défenfes à toutes perfonnes qui n'ont pas droit

d'inftrumenter comme Notaires de recevoir aucuns actes de quelque nature qu'ils
foient, & à toutes perfonnes telles qu'elles puiffent être de fervir de témoins
dans aucun acte fous-fignature privée ,
à peine de 200 livres d'amende contre
chacun des contrevenans.

L'Arrêt du 29 Décembre 1716 , prononce la nullité d'un bail fous-fignature
privée , écrit par Roulleau Notaire
roïal à Gennes ; le condamne en 200
livres d'amende , ainfi que Bridault Marchand , pour l'avoir figné comme témoin.
Fait itératives défenfes à tous Notaires ,
Gréfiers , Procureurs, Huiffiers , Curés ,
Tabellions & tous autres d'écrire ni figner
comme témoins, aucuns actes de telle efpéce qu'ils puiffent être , à peine de nullité
d'iceux & de 200 livres d'amende contre chaque contrevenant.

L'Arrêt du Confeil du 22 Mars 1720,
condamne Chefnay Notaire à Géneft,
en 200 livres d'amende pour avoit écrit
une obligation fous-fignature privée , en
tête de laquelle il avoit laiffé deux lignes
en blanc après la date ; & deux particuliers qui avoient figné ledit acte comme témoins en pareille amende chacun ;
interdit ledit Notaire des fonctions de
fa charge ; fait itératives défenfes à tous
Notaires , Gréfiers & autres gens de pratique & de loi , même auxdits Notaires ,
& Gréfiers aïant la qualité de Procureurs ,
Huiffiers ou Sergens , d'écrire ni figner
comme témoins aucuns actes fous-fignature privée , de telles efpéces qu'ils puiffent être , à peine de nullité defdits actes ,
d'interdiction , & de 200 livres d'amende
contre chacun contrevenant.

Arrêt du Confeil du 19 Avril 1720,
qui déclare nul un défiftement d'inftance
écrit par un Curé ; le condamne , ainfi
que le fieur Coulon qui l'avoit figné comme témoin , en 200 livres d'amende chacun ; & réitère les défenfes aux Curés ,
Notaires , & autres perfonnes d'écrire

ni figner , & d'être témoins en aucuns
actes fous-fignature privée.

Autre du 20 Septembre 1720 , qui
caffe deux Ordonnances de M. l'Intendant de Roüen ; déclare nuls deux actes
fous-fignature privée , l'un écrit par Dela-
tour Huiffier à Roüen , & par lui figné
comme témoin ; & l'autre figné de deux
témoins ; & condamne les trois contrevenans en 200 livres d'amende chacun.

Autre Arrêt du Confeil du 5 Octobre
1728 , qui condamne le nommé Bréard ,
ci-devant Tabellion à Pontlévêque , & les
nommés Hauvel & le Deffié en 200 liv.
d'amende chacun ; le premier pour avoir
écrit un acte fous-fignature privée pour
autrui , depuis même qu'il avoit ceffé d'è-
tre Tabellion , en tête duquel il avoit
laiffé l'efpace de trois lignes après la
date ; & les deux autres pour l'avoir
figné comme témoins.

Décifion du 30 Mars 1735 , qui déboute le fieur Mauconvenant Prêtre ,
de fa demande en reftitution d'une amende par lui païée , pour avoir écrit une
obligation fous-fignature privée.

Autre Décifion du 21 Juin 1736 , qui
déboute le Curé d'Inval en Vimeux , de
fa demande en reftitution de l'amende
par lui païée , pour avoir fait un inventaire de biens apartenans à de pauvres
particuliers de fa Paroiffe.

Décifion du 7 Mars 1739 , contre les
fieurs Malinchen & Ricard , Avocats à
Beauvais , qui ont figné un acte fous-
fignature privée , écrit par l'un deux &
figné des parties.

Décifion du Confeil du 21 Octobre
1739 , contre le fieur de la Campagne
Avocat au Parlement , Procureur Fifcal
de Nifmes , & Juge de diférentes Juftices , lequel avoit écrit deux actes fous-
fignature privée ; il difoit qu'en qualité
d'Avocat , il étoit en droit de donner
des avis à fes cliens & de régler leurs
intérêts , tant en Juftice contentieufe

qu'à l'amiable ; que les deux actes ne devoient être regardés que comme des modèles, n'étant pas signés de lui ; enfin que les Réglemens ne concernent que les Notaires, les Juges & les Gréfiers. Par la Décision il a été condamné en 60 livres d'amende par modération, pour avoir écrit lesdits deux actes ; & il lui a été fait défenses d'en faire de pareille nature, à peine de nullité & des amendes portées par les Réglemens.

Autre Décision du Conseil du 28 Janvier 1741, contre le sieur du Bois Avocat à Bayeux, pour avoir écrit en 1723, un acte sous-signature privée, au pié duquel il avoit taxé ses honoraires, & signé au dessous.

Par une Ordonnance contradictoire de M. l'Intendant de Roüen du 21 Novembre 1749, le nommé Jean Monfray simple habitant de la Campagne, a été condamné en 1000 livres d'amende pour avoir écrit & rédigé cinq actes où il n'étoit point partie ; & au païement des droits desdits actes qui ont été déclarés nuls ; sauf le recours des parties contre lui pour les dommages & intérêts résultans de la nullité prononcée ; avec défenses à tous gens de pratique & de loi, gens publics & à toutes autres personnes généralement quelconques, d'écrire & rédiger aucuns actes sous-signature privée où il n'auront point d'intérêt personnel, sous les mêmes peines de nullité, amendes, restitution de droits & dommages & intérêts.

Arrêt du Conseil du 12 Mai 1750, qui réforme une Ordonnance de M. l'Intendant d'Amiens, en ce que par icelle le sieur Maubaillarcq Avocat, n'avoit été condamné qu'en une amende de 10 livres, pour avoir écrit & rédigé en 1743, un acte sous-signature privée, contenant réglement & partage ; en conséquence prononce l'amende de 200 livres par lui encourue. Il soûtenoit que cet acte ne devoit être regardé que comme un projet rédigé en qualité d'Avocat, pour que les parties pussent connoitre leurs droits ; que la profession d'Avocat est libre, indépendante & non publique comme celle des Notaires & Gréfiers.

Décision du Conseil du 15 Novembre 1751, qui, sur la question renvoïée au Conseil par M. l'Intendant de Soissons, prononce l'amende de 200 livres contre Bordos Huissier à Noyon, pour avoir écrit pour autrui un acte sous-signature privée, qui n'étoit pas signé de lui.

Ordonnance de M. l'Intendant de Roüen, du 1er Mars 1754, qui défend à toutes personnes d'écrire pour autrui aucuns actes sous-signature privée, & condamne le sieur Courtois Avocat à Gisors, en 600 livres d'amende, pour avoir écrit trois actes où il n'avoit point d'intérêts.

Décision du 8 Juin 1754, qui réforme une Ordonnance de M. l'Intendant d'Amiens, par laquelle le nommé du Penty Huissier en la Police de Saint-Quentin, & postulant au Consulat, qui avoit écrit pour autrui un acte sous-signature privée, avoit été déchargé des conclusions du Fermier. Il disoit qu'il n'avoit pas signé l'acte ; qu'il ne l'avoit fait que comme porteur de piéces, à l'éfet de terminer une instance au Consulat, & qu'il n'avoit agi par conséquent que comme homme privé. La Décision le condamne en l'amende, & au païement du droit de contrôle de l'acte.

Ordonnance de M. l'Intendant de Champagne du 21 Octobre 1754, contre les sieurs Bouchu & autres, Avocats & Procureurs au Présidial de Langres, pour avoir dressé & signé un partage sous-signature privée où ils n'étoient point parties.

Ordonnance de M. l'Intendant de Roüen du 28 Janvier 1755, contre le sieur Costé Procureur au Havre, & le nommé Reauté fon clerc , pour avoir écrit pour autrui un partage fous-fignature privée ; par cette Ordonnance les défenfes font réïtérées à toutes perfonnes , d'écrire ces actes lorfqu'elles n'y font pas parties.

Décifion du Confeil du 27 Août 1755 , qui réforme une Ordonnance du Lieutenant général du Pontlévéque , & en conféquence condamne Duval Sergent, en l'amende, modérée néanmoins par grace , pour avoir écrit & rédigé une délibération des habitans de la paroiffe d'Englefqueville , par lui préfentée le lendemain au contrôle ; & il lui eft fait défenfes de récidiver fous plus grandes peines.

Décifion du Confeil du 8 Décembre 1755 , fur le mémoire des Avocats du Bailliage de Mortain, qui difoient pouvoir écrire tous actes fous-fignature privée ; que les Réglemens du Confeil ne les concernoient aucunement ; & qu'enfin, fi on leur interdifoit cette faculté, il falloit accorder un délai , pour faire raporter les actes de cette nature qu'ils avoient écrit, & pour les faire contrôler fans éxiger les amendes. Le Confeil les a déboutés de leurs prétentions , & a ordonné que les Réglemens feront éxécutés.

Autre Décifion du Confeil du 29 Juillet 1756 , qui réforme une Ordonnance du Lieutenant particulier de Mortain ; & en conféquence condamne les nommés Rageot & Hebert, au païement des droits de deux actes qu'ils avoient écrits pour autrui, & en l'amende. Le Lieutenant particulier les avoit déchargés vû leur bonne foi, l'ignorance populaire à cet égard , le filence des Contrôleurs, & l'idée générale que les Réglemens ne concernoient que les perfonnes publiques.

Autre Décifion du 20 Décembre 1756, qui réforme une Ordonnance du Lieutenant général du Pontlévéque , & condamne Touret maitre d'école, de la paroiffe de Saint Etienne-la-Tillais , en 200 livres d'amende , pour avoir écrit un bail fous-fignature privée de 20 livres par an , & au païement du droit de contrôle. Le Lieutenant général l'avoit déchargé par grace, attendu qu'il n'avoit pas figné le bail.

L'on a dit d'abord que les Eccléfiaftiques & les gens de loi , & autres qui ont un caractère public ne peuvent écrire pour autrui des actes fous-fignature privée, dans lefquels ils ne font point parties. L'on a enfuite raporté des Ordonnances & des Décifions fous les dates des 21 Novembre 1749 ; 28 Janvier 1755 ; 29 Juillet & 20 Décembre 1756 , qui paroiffent étendre cette prohibition à tous particuliers , quoiqu'ils ne foient revêtus d'aucun caractère public.

Il paroit donc néceffaire de donner une explication à cet égard : il eft certain que les parties qui favent figner peuvent faire fous leur fignature privée, les actes que des loix pofitives n'ont pas ordonné de paffer par devant Notaires ; il feroit abfurde de prétendre alofs que ces actes ne puffent être écrits que de la main des contractans : ils peuvent inconteftablement fe fervir d'une main étrangère , pourvû que ce ne foit pas celle d'un Eccléfiaftique ou d'un homme revêtu d'un caractère public.

Ainfi , ce n'eft que lors que les parties ne favent pas figner qu'il eft défendu à toutes perfonnes fans nulle exception , d'écrire pour elles des actes fous-fignature privée , qui font abfolument nuls ; d'autant qu'il n'y a que la fignature des parties, ou l'acte public qui puiffe obliger. On ne doit donc faire aucune autre aplication des Ordonnances & Décifions de 1749 , 1755 , & 1756.

§. *16. Les actes fous-fignature privée ne peuvent être fignés de témoins.*

Il eft expreffément défendu à toutes perfonnes ,

perfonnes, telles qu'elles puiffent être, de fervir de témoins dans les actes qui font faits fous-fignature privée, à peine de 200 livres d'amende contre chacun de ceux qui fignent lefdits actes en qualité de témoins ; foit que les parties principales fachent écrire & figner, ou non. Et l'on doit regarder comme témoins tous ceux qui n'ont point un intérêt perfonnel à l'acte qu'ils ont figné ; à l'exception néanmoins des contrats de mariage, qui peuvent être fignés des parens & des amis des contractans ; la prohibition à l'égard de ces derniers actes n'a lieu que pour les perfonnes qui les fignent véritablement comme témoins, pour attefter les marques des parties principales, lorf-qu'elles ne favent pas figner.

Il faut encore excepter les quitances des mariniers & matelots, pour les armemens qui fe font pour le compte du Roi ; lefquelles peuvent être fignées de témoins pour attefter les marques defdits mariniers & matelots qui ne favent pas écrire, fuivant l'article 3 du livre 8 de l'Ordonnance de la Marine ; Décifion du Confeil du 10 Juillet 1728, & Arrêt du Confeil rendu en conféquence le 27 du même mois de Juillet 1728.

Voïez les Arrêts du Confeil des 21 Juillet 1693, & 13 Septembre 1695. L'article 5 de la Déclaration du 19 Mars 1696 ; l'article 5 de celle du 14 Juillet 1699 ; & l'article 4 de celle du 20 Mars 1708 ; les Arrêts des 1er Septembre, 29 Décembre 1716, 22 Mars, 19 Avril, & 20 Septembre 1720, raportés ci-deffus, §. 15.

L'Arrêt du Confeil du 6 Décembre 1720, déclare nul un marché d'aprentiffage, condamne deux particuliers en l'amende, pour l'avoir figné comme témoins ; & fait défenfes à toutes perfonnes de figner comme témoins aucuns actes fous-fignature privée, à peine de nullité & de 200 livres d'amende.

Autres Arrêts des 8 Avril & 12 Dé-

Tome I.

cembre 1721, qui condamnent plufieurs particuliers en l'amende pour avoir figné comme témoins des actes fous-fignature privée.

Décifion du Confeil du 4 Mai 1722, portant que les actes fous-fignature privée foufcrits de témoins ne peuvent être validés par le contrôle, qu'il n'y a que les fignatures des parties qui puiffent les obliger, ou le feul acte devant Notaires, lorf-qu'elles ne favent pas figner. M. l'Intendant de Caën avoit propofé d'admettre au contrôle dans un tems fixe tous les actes de cette efpéce qui avoient été faits jufqu'alors.

Arrêt du Confeil du 13 Novembre 1722, qui déclare nul un acte fous-fignature privée foufcrit de deux témoins ; les condamne en l'amende & réitère les défenfes à toutes perfonnes telles qu'elles puiffent être, de figner ces actes comme témoins, à peine de nullité d'iceux & de 200 livres d'amende.

Par Arrêt du Confeil du 7 Mai 1725, il fut permis aux Contrôleurs des actes des provinces de Flandre, Artois & autres lieux, où la formalité du contrôle des actes n'a été établie qu'en conféquence de la Déclaration du 29 Septembre 1722, de contrôler jufqu'au 1er Octobre 1725, tous les actes fous-fignature privée fignés de témoins, faits entre les habitans defdites provinces ; paffé lequel tems lefdits actes non contrôlés feroient nuls ; avec défenfes expreffes de les contrôler.

Décifion du Confeil du 14 Février 1728, rendue contre le fieur Defgranges, Procureur au Préfidial de la Rochelle, qui avoit figné en 1710 comme témoin & en qualité de Procureur des parties, une tranfaction fous-fignature privée.

L'Arrêt du Confeil du 5 Octobre 1728, (raporté §. 15. ci-deffus) condamne deux particuliers en l'amende, pour avoir pareillement figné des actes fous-fignature privée comme témoins.

I

L'Arrêt du 27 Octobre 1739, condamne trois Curés & deux Vicaires aux amendes de 200 liv. par chaque contravention, pour avoir figné comme témoins une tranfaction fous-fignature privée entre une mère & fon fils , & un autre acte du lendemain étant au pié ; les condamne en outre folidairement au païement des droits de contrôle defdits actes, par forme de reftitution , & au coût de l'Arrêt, dont l'affiche & la publication font ordonnées.

Arrêt du Confeil du 19 Février 1743 , qui condamne deux Procureurs du Parlement de Dijon en 200 livres d'amende chacun, pour avoir figné conjointement avec leurs parties , un acte fous-fignature privée , propofé & admis enfuite pour expédient par Arrêt du Parlement.

Décifion du Confeil du 13 Novembre 1745 , qui réforme un Ordonnance du Subdélégué de l'Intendance de Roüen , par laquelle il avoit déchargé deux particuliers des amendes encourues , pour avoir figné comme témoins un acte fous-fignature privée , fur le fondement que leur fignature n'ajoûtoit rien à l'acte, qui étoit figné des parties intéreffées , qu'ils n'avoient agi que comme parens & médiateurs , & que l'objet étoit modique. La Décifion porte que la queftion ne pouvoit être jugée que conformément à l'Arrêt du 27 Octobre 1739 , qui profcrit tous actes faits en préfence de témoins ; en conféquence, lefdits particuliers ont été condamnés en l'amende & au païement du droit de l'acte.

Autre Décifion du Confeil du 9 Juillet 1746 , qui condamne deux particuliers en l'amende pour pareille contravention.

Décifion du 23 Novembre 1752 , qui condamne les nommés Chollet & Bonnefoi en 200 liv. d'amende chacun , pour avoir figné comme témoins en 1723 , une vente de bois , faite fous-fignature privée.

Autre Décifion du Confeil du 20 Décembre 1756 , qui condamne Taillet, le Févre & la Vigne aux amendes encouruës , pour avoir figné un acte fous-fignature privée comme témoins ; ordonne le païement des droits de l'acte , & réforme une Ordonnance du Lieutenant général du Pontlevêque , par laquelle ils avoient été déchargés par grace de l'amende.

§. *17. Les actes ne peuvent être faits fous-fignature privée , par des fondés de procuration de ceux qui ne favent pas écrire.*

Si ceux qui ne favent pas écrire donnent procuration à un tiers de contracter pour eux, tranfiger ou faire d'autre actes , il eft certain que les actes faits en conféquence de cette procuration par le conftitué , doivent être paffés par devant Notaires , étant de principe que le fondé de procuration ne peut faire que ce que le conftituant auroit pû faire lui-même. Or , le conftituant , faute de favoir écrire , ne pouvant contracter fous-fignature privée, il s'enfuit que le conftitué ne peut pas le faire non plus ; fi cela étoit admis, ce feroit un moïen de reftraindre confidérablement les fonctions des Notaires & de frauder la plus grande partie des droits de contrôle , en ce que ceux qui ne favent pas écrire & qui ne peuvent par conféquent contracter que par devant Notaires , fubftitueroient d'autres perfonnes à leur place, pour contracter fous-fignature privée & éluder le païement des droits ; mais dans ce cas , les conftitués doivent être confidérés comme témoins qui fignent un acte fous-fignature privée auquel ils n'ont point d'intérêt perfonnel ; & en conféquence les témoins ou fondés de procuration doivent être condamnés en l'amende.

Par Arrêt du Confeil du 13 Septembre 1695 , un Eccléfiaftique a été condamné en 200 livres d'amende pour avoir fait &

figné un accord fous - fignature privée , comme fondé du pouvoir de la partie , à l'éfet de pourfuivre une inftance , accommoder ou tranfiger à telles conditions qu'il jugeroit à propos.

Ordonnance de M. l'Intendant d'Alençon du 12 Mars 1747 , qui condamne le nommé Batincourt en 200 livres d'amende & aux droits d'un partage qu'il avoit fait fous-fignature privée , en conféquence de la procuration de l'une des parties, qui ne favoit pas figner ; lui défend & à tous autres particuliers chargés de procurations de perfonnes qui ne favent pas figner , de paffer aucuns actes en vertu defdites procurations , que par devant Notaires , fous pareilles peines.

Décifion du Confeil du 18 Avril 1750 , fur une queftion renvoïée par M. l'Intendant de Caën , au fujet du partage des biens de Thomas le Tourneur , fait fous-fignature privée par les nommés Chevalier & Hebert Huiffiers , porteurs de procurations des copartageans , paffées devant Notaires. Cette Décifion porte qu'il eft conftant que les fondés de procuration n'ont paru dans le partage que comme témoins , puifque les parties principales étoient préfentes ; qu'ainfi il y a contravention formelle aux Réglemens , & que l'amende a été encourue par les témoins ; lefquels ont en outre été condamnés conjointement avec les parties au païement des droits du partage.

Décifion du Confeil du 16 Février 1756 , fur une queftion renvoïée au Confeil par M. l'Intendant de Caën ; Jacques Gohier avoit donné procuration devant Notaires au fieur Marie , pour régler à l'amiable un compte avec Michel Gohier ; le fieur Marie avoit en conféquence arrêté & figné cinq actes fous-fignature privée & donné une quitance de 100 livres à Michel ; & le lendemain , Jacques Gohier avoit donné devant Notaires au fieur Marie une décharge de cette fomme , & des actes qu'il avoit paffés. La Décifion ordonne le païement des droits des actes , & prononce cinq amendes de 200 livres chaque contre ledit fieur Marie.

§. 18. *Recouvrement des droits des actes fous-fignature privée.*

Il eft à la liberté des particuliers qui favent écrire de rédiger leurs conventions fous-fignature privée ; à l'exception de quelques actes qui doivent être autentiques & dont on a parlé dans l'obfervation préliminaire (page 27) ; mais l'on ne peut paffer aucuns actes publics en vertu de ceux faits fous-fignature privée s'ils ne font préalablement contrôlés , comme on peut le voir dans les divifions ci-deffus ; & même fi ces actes contiennent des difpofitions fujettes à l'infinuation ou au centiéme denier , il doit être fatisfait au païement de ces droits ainfi qu'il a été dit aux §. 13 & 14.

Enforte que le Fermier à deux moïens principaux pour le recouvrement des droits des actes fous-fignature privée : le premier , lorfqu'il a été paffé quelqu'acte public en vertu d'iceux ; il n'eft pas même néceffaire que l'acte fous-fignature privée foit précifément énoncé & daté dans les actes publics paffés en conféquence : il fuffit que fon éxiftence foit démontrée inconteftablement , de quelque manière que ce foit. On entend par actes publics ceux qui font faits en Juftice , ainfi que ceux paffés devant Notaires , Gréfiers & autres Oficiers. *Voïez* ci-deffus §. 1 & 4 , pages 28 & 38.

Le fecond moïen , eft lorfque le Fermier prouve l'éxiftence d'un acte fous-fignature privée fujet à l'infinuation , ou au centiéme denier ; il eft indiférent de quelle façon cette preuve foit faite , pourvû qu'elle foit concluante ; foit parce que les actes fous-fignature privée de cette efpéce feront énoncés dans d'autres actes de quelque nature qu'ils puiſſent être ; ſoit parce qu'un particulier , propriétaire en vertu deſdits actes ſous-ſignature privée , aura paſſé d'autres actes , où ſans avoir énoncé ſon titre , il aura par des qualités priſes , ou autres choſes ſemblables , annoncé une mutation de propriété ; attendu que nulle mutation de propriété d'immeubles ne peut s'éfectuer que par un acte , ſi ce n'eſt ſeulement celle qui ſe fait à titre ſucceſſif. *Voïez* ci-deſſus les §. 13 & 14.

Il y a encore d'autres motifs , pour demander les droits des actes ſous-ſignature privée ; ils réſultent de ce qui a été établi aux §. 15 & 16 ci-deſſus.

Comme les actes ſous-ſignature privée ſont entre les mains des parties qui refuſent ordinairement de les repréſenter , dans la vuë de ſe diſpenſer d'en païer les droits , il ſuffit au Fermier de raporter des preuves de leur éxiſtence relativement à ce que l'on vient de dire ; & ſi les parties s'obſtinent à ne pas repréſenter leurs actes , les contraintes décernées contr'elles doivent être éxécutées.

Voïez les Déciſions du Conſeil des 14 Mai 1724 , 20 , 29 Août 1746 , 21 Janvier , 4 Février , 11 Mars & 25 Novembre 1747 , 15 Juin 1748 , & 31 Octobre 1750 , pour des actes ſous-ſignature privée ſujets au centiéme denier, dont l'éxiſtence étoit prouvée par des inventaires.

Déciſion du 29 Juin 1748 , contre le ſieur Saillard , pour les droits de ſon contrat de mariage , dont il nioit l'éxiſtence ; mais elle étoit ſuffiſamment prouvée par une déclaration dudit ſieur Saillard dans un acte particulier, juſtificatif qu'il avoit un don mobil de biens immeubles ; atendu que c'eſt un principe certain qu'il n'y a point de don mobil ſur les immeubles ſans contrat. *Voïez Don mobil.*

Autre Déciſion du 31 Octobre 1750 , contre le ſieur de la Haugais du Buiſſon , Lieutenant en l'Election de Verneuil , lequel , en acquérant des biens, avoit déclaré

que le prix provenoit de la dot de ſa femme , & que les biens acquis lui tiendroient lieu de remplacement ; ſur ce fondement on lui demandoit les droits de ſon contrat de mariage , & la Déciſion confirme une Ordonnance de M. l'Intendant d'Alençon , par laquelle il a été condamné à le repréſenter , & à en païer les droits.

Autre Déciſion du 15 Juin 1752 , contre le ſieur du Perray , qui avoit vendu des biens , avec déclaration qu'ils lui apartenoient au droit de ſa défunte femme ; M. l'Intendant de Caën l'avoit déchargé de la demande des droits de ſon contrat de mariage , ſur ſa méconnaiſſance d'en avoir un ; & cette Ordonnance a été réformée par la Déciſion.

Déciſion du Conſeil du 15 Février 1755 , qui réforme une Ordonnance de M. l'Intendant de Roüen , & condamne le ſieur de Moy à repréſenter le contrat de mariage de ſa femme , avec le ſieur du Tot , ſon premier mari ; & à en païer les droits , faute de quoi la contrainte du Fermier ſera éxécutée. Il diſoit n'être pas ſaiſi de cet acte , & que l'héritier du ſieur Dutot avoit juridiquement déclaré ne pouvoir le trouver ; en conſéquence M. l'Intendant de Roüen avoit ordonné qu'il feroit une Déclaration des biens des contractans lors du mariage , & que les droits ſeroient païés ſur cette Déclaration.

Voïez encore *Mutation.*

ACTES *ſimples ;* l'art. 95 du Tarif du 29 Septembre 1722 , porte que les actes qui ne pourront recevoir d'aplication , ſeront réputés actes ſimples , & que les droits de contrôle en ſeront païés ſur le pié de 10 ſols.

Il y a très-peu d'actes qui ne ſoient ſuſceptibles d'une dénomination particuliere , & qui ne ſoient par conſéquent applicables à quelques articles du Tarif ; on raportera néanmoins ici quelques eſ-

péces particulières , fur lefquelles le Confeil a décidé que le droit étoit dû comme
pour actes fimples.

Décifion du Confeil du 15 Juillet
1730 , en faveur du fieur Paparel, pour
une procuration , par laquelle M. de la
Fare a déclaré que les biens du fieur
Paparel font francs & quites de toutes
dettes envers lui.

Autre du 10 Juillet 1731 , pour un
acte , par lequel des Marguilliers , au lieu
de faire la quête perfonnelle , conviennent qu'eux & leurs fuccesfeurs en place païeront chacun 100 liv. annuellement
au tréfor.

Autre du 31 Janvier 1733 , pour une
lettre écrite par un particulier , qui demandoit une fomme de 1000 livres en
prêt.

Il eft vrai qu'une pareille lettre n'engage pas celui qui l'a écrite , parce qu'elle ne prouve pas qu'il ait reçu la fomme ;
ainfi il eft quitte en affirmant qu'elle ne
lui a pas été réellement prêtée. Si l'on ne
fait contrôler la lettre que pour s'en fervir , à l'éfet de prouver une rélation entre les parties , elle eft dans ce cas regardée comme un acte fimple ; mais le Fermier eft toujours en état d'éxiger le droit
de contrôle fur le pié de la fomme ,
à moins que la partie ne déclare qu'elle n'entend pas en demander le païement , & qu'elle ne figne cette déclaration fur la lettre même. Cela eft de toute équité , parce que fi elle veut fe fervir de la lettre , à l'éfet de répéter la
fomme , elle doit païer le droit fur le pié
de cette fomme.

Autre Décifion du Confeil du 25 Avril
1733 , pour des actes contenant prière
à un ami d'avoir foin de fa femme & de
fa fille , & de leur fournir ce dont elles auront befoin , avec promeffe de le
rembourfer.

Il eft certain que lorfqu'on fait contrôler de pareils actes , pour agir afin d'être
rembourfé , le Commis eft fondé à faire
déclarer au pié la fomme à laquelle la
demande fera fixée , & à percevoir le
droit de contrôle fur cette fomme.

Décifion du Confeil du 22 Juillet
1741 , pour un acte par lequel M. l'Abbé
de Ris , auquel il eft dû une penfion
viagère , décharge de fes priviléges &
hipotéques l'un des éfets fpécialement
affectés à cette penfion.

Autre du 3 Septembre 1746 , pour
la ratification d'un acte fait en forme , par
un fondé de procuration , avec décharge
de la fomme qu'il avoit reçue.

Autre du 16 Avril 1753 , en faveur
de M. Durey de Noinville Maître des
Requêtes , au fujet d'une reconnoiffance , portant promeffe de remettre des
quitances montantes à 4627 livres.

ACTES *contenant différentes difpofitions.* Il n'eft dû qu'un droit de contrôle & un d'infinuation , lorfque ces difpofitions font entre les mêmes perfonnes ; mais lorfque les diverfes difpofitions
font pour diférens faits & entre diférentes
parties qui ont des intérêts diférens , il eft
dû autant de droits qu'il y a de parties principales ou intervenantes dans lefdits actes
pour des intérêts particuliers.

Droits de Contrôle.

L'Arrêt du Confeil du 11 Novembre
1693 , porte que fi des particuliers donnent par un même acte des quitances pour
faits diférens , ils païeront les droits de
contrôle , comme fi elles étoient féparées ;
& que fi elles font pour un même fait ,
ils ne païeront qu'un feul droit.

L'Arrêt du 26 Mars 1697 , l'article
13 de la Déclaration du Roi du 14 Juillet 1699 , & l'article 182 du Tarif du
20 Mars 1708 , portent que pour les actes
contenant diférentes difpofitions entre les
mêmes parties , il ne fera païé qu'un feul
droit fur la plus forte difpofition.

La Décifion du Confeil du 14 Août 1707, porte qu'il n'eft dû qu'un feul droit de diférentes difpofitions contenuës dans un même acte, pourvû qu'elles ne regardent que les mêmes perfonnes ; mais que fi elles concernent diférens particuliers & pour diférentes natures d'affaires, il eft dû autant de droits qu'il y a de difpofitions diférentes, de même que fi c'étoient diférens actes.

Ordonnance de M. l'Intendant de Languedoc du 10 Juillet 1714, qui juge que fi les diférentes difpofitions font étrangères les unes aux autres, ou qu'elles concernent diférentes parties aïant des intérêts particuliers, il eft dû autant de droits ; & en conféquence, ordonne le païement de trois droits pour une conftitution de rente faite par une communauté à trois particuliers.

Autre Ordonnance de M. l'Intendant de Languedoc du 3 Avril 1715, qui ordonne le païement de deux droits de contrôle pour un acte contenant obligation d'une fomme pour prêt, & quitance par un tiers à l'emprunteur.

Décifion du Confeil du 3 Août 1715, articles 18 & 22, qui juge qu'une quitance donnée par plufieurs ouvriers ou artifans des fommes à eux païées, doit autant de droits qu'il y a de quitances dans le même acte ; & que pour un contrat de vente, par lequel l'acquéreur eft chargé de païer les dettes du vendeur, fuivant les délégations y contenuës, lorfque par le même acte, l'acquéreur païe à chaque créancier délégué, & déclare que ces païemens proviennent de deniers qu'il emprunte d'un particulier, au profit duquel il conftituë une rente hipotéquaire fur l'héritage, il eft dû un droit pour la vente, autant de droits qu'il y a de quitances données par les créanciers & un autre droit pour la conftitution.

L'Arrêt du Confeil du 6 Août 1715, article 5, porte que pour les actes & contrats qui contiendront diférentes difpofitions entre diférentes parties & fur diférens faits, il fera païé autant de droits qu'il y aura de diférentes parties.

Celui du 20 Octobre 1716, rendu contre les Notaires de Lyon, ordonne que pour les contrats & actes qui contiendront diférentes difpofitions, entre diférentes parties & fur diférens faits, il fera païé autant de droits de contrôle qu'il y aura d'actes renfermés dans une feule & même minute ; & que pour un protêt de lettres de change à diférens particuliers non affociés, il fera païé autant de droits qu'il contiendra de notifications diférentes.

L'Arrêt du Confeil du 14 Mars 1719, juge que la pluralité des droits de contrôle a lieu pour une conftitution faite par le fieur Morel, par laquelle il païe des créanciers, qui lui fourniffent par le même acte des quitances de rembourfement.

Celui du 1er Août 1719, fans avoir égard à une Ordonnance de M. l'Intendant de Bretagne, ordonne qu'il fera païé deux droits de contrôle pour un contrat de conftitution paffé par la dame du Pleffix-Belliere d'une fomme qu'elle emploïe par le même acte à païer un créancier.

Autre Arrêt dudit jour 1er Août 1719, qui juge qu'il eft dû trois droits de contrôle pour un contrat d'acquifition, contenant emprunt à titre de conftitution par l'acquéreur, & païement de la part de celle qui vend, à des Religieufes, pour fa dotation à caufe de fa profeffion en religion.

Décifion du Confeil du 2 Juin 1721, renduë dans les mêmes principes, au fujet d'un emprunt, fait pour païer trois créanciers, contenant quitance de leur part, avec fubrogation en faveur du prêteur, par le même acte. Décidé qu'il eft dû quatre droits.

L'article 96 du Tarif du 29 Septembre 1722, porte que pour les contrats & actes qui renfermeront diférentes difpofitions concernant les mêmes parties, il ne fera païé qu'un droit, qui fera pris fur le pié de l'article le plus fort de tous ceux du Tarif, auquel lefdits contrats & actes pourront avoir raport ; mais que, lorfque lefdits actes contiendront diférentes difpofitions pour diférens faits, & entre diférentes parties qui auront des intérêts diférens, il fera païé autant de droits de contrôle fuivant le Tarif qu'il y aura de diférentes parties principales ou intervenantes dans lefdits actes pour des intérêts particuliers, chacun fuivant la nature des difpofitions qui les concerneront.

Décifion du Confeil du 20 Juin 1723, qui juge qu'il eft dû deux droits de contrôle pour un retrait, par lequel le retraïant rembourfe l'acquéreur ; & fe charge de païer ce qui refte dû au vendeur, lequel accepte cette obligation.

Arrêt du Confeil du 27 Septembre 1723, qui, fans tirer à conféquence, ordonne que pour chaque adjudication qui fera faite par les Jurats des Communautés du païs de Bearn de leurs ufages, à chaque particulier, pour la fomme de dix livres & au deffous, le droit de contrôle en fera païé conformément à l'article 3 du Tarif; & qu'à l'égard de celles faites dans une même vacation à diférens particuliers, pour des fommes au deffous de dix livres, lefdites fommes feront accumullées, & le droit de contrôle païé autant de fois qu'il y aura de dix livres ; & en outre un droit pour l'excédent. Ordonne qu'il en fera ufé de même pour les quitances paffées devant Notaires, que les aînés des fiefs en Normandie donnent à leurs codétenteurs des parts & portions dont il font tenus defdites rentes acquitées par les aînés.

Décifion du Confeil du 31 Octobre 1732, qui juge régulière la perception de deux droits de contrôle pour un acte de notoriété, contenant qu'une fille eft héritière, & procuration par elle pour recevoir.

Décifion du Confeil du 10 Juillet 1734, contre le fieur Coquart, Marchand à Calais, qui avoit acquis les biens de fa fœur moïennant 1000 livres, payées par le même acte aux Bénédictines de Calais acceptantes, pour partie de la dotation de la demoifelle Coquart. Il a été débouté de fa demande en reftitution du fecond droit de contrôle & d'infinuation perçû pour la quitance.

Autre Décifion du 20 Juillet 1735, contre le fieur Befnier Notaire ; il s'agiffoit d'un mandement de M. de Braffac, pour païer 1000 livres au porteur ; il étoit accepté par le fieur Befnier, & M. de Braffac avoit enfuite déclaré que cette acceptation n'avoit été faite que pour lui faire plaifir. Décidé qu'il eft dû 6 livres 12 fols pour la déclaration comme pour le mandement.

Décifion du 31 Octobre 1739, au fujet d'une vente faite par mari & femme féparés de biens, d'un fonds qui étoit propre au mari, avec délégation de la plus grande partie du prix à la femme pour fes créances ; elle déclare en tenir quite fon mari, & elle laiffe le prix à l'acquéreur, qui eft fon frère, à titre d'avancement de fa fucceffion. Jugé qu'il eft dû un droit de contrôle pour la vente ; un fecond pour la quitance de la femme au mari, & un troifiéme pour la donation de la femme à fon frère.

Décifion du Confeil du 28 Janvier 1747, contre la Communauté des Gréfiers des bâtimens à Paris, qui juge régulière la perception de douze droits de contrôle pour un pouvoir donné par douze ouvriers de diférens métiers à un Architecte, pour vifiter une maifon nouvellement conftruite.

A C T

Décifion du 24 Février 1752, au fujet d'un acte, par lequel un tuteur rend
compte à des mineurs des éfets des fucceffions de leurs père & mère, & des
revenus par lui adminiftrés. Ils font par
cet acte le partage entr'eux des meubles & des immeubles. Le Fermier de
la généralité de Bourges prétendoit deux
droits de contrôle, & il a été jugé qu'il
n'en étoit dû qu'un, fur le pié de partage
feulement.

Cette Décifion ne paroît pas jufte :
elle n'a pû être déterminée que par le
principe établi à l'égard des actes qui
contiennent démiffion & partage ; mais
on n'en pouvoit faire aucune aplication
à l'efpéce : lorfqu'un tuteur rend compte
à des mineurs devenus majeurs, ils peuvent faire tel ufage qu'ils veulent de ce
qui leur revient ; & s'ils le partagent,
le tuteur n'eft nullement partie dans cette
feconde difpofition qui lui eft totalement
étrangère ; dès qu'il a rendu compte, fa
fonction eft finie ; au lieu que s'il s'agit
d'un acte contenant démiffion & partage ;
la première difpofition n'eft faite qu'en
vûë de la feconde : le père démettant
préfide au partage, & il eft cenfé s'être
démis en faveur de chaque enfant de la
portion même qui lui revient par le partage.

Voïez encore *Autorifation ; Démiffion ; Délégation* & *Partage.*

Droits d'Infinuation.

On doit fuivre pour les droits d'infinuation fuivant le Tarif, les mêmes diftinctions que pour les droits de contrôle
des actes ; c'eft-à-dire que lorfqu'un acte
contient diférentes difpofitions fujettes à
l'infinuation, concernant les mêmes perfonnes, il n'eft dû qu'un droit fur la plus
forte difpofition. Mais il n'en eft pas de
même du centiéme denier, qui étant un
droit réel, eft dû pour toutes les difpo-

fitions qui y donnent ouverture, quoiqu'entre les mêmes parties.

L'article 23 de l'Edit du mois de
Décembre 1703, porte que dans le cas
où un même acte fe trouveroit contenir
diférentes difpofitions fujettes à l'infinuation, & concernant les mêmes perfonnes, il ne fera païé qu'un feul droit d'infinuation fur le pié le plus fort. Sur ce
principe il a été jugé par deux Décifions du Confeil du 16 Septembre 1730,
que pour les contrats de mariage contenant exclufion de communauté & dona-
nation entre les futurs, il n'eft dû qu'un
feul droit d'infinuation fuivant le Tarif,
parce qu'il n'y a qu'une infinuation à faire.

Mais indépendamment que ces principes n'ont d'aplication qu'à l'infinuation
fuivant le Tarif, qui eft la feule dont
il foit queftion dans l'Edit de 1703, jufqu'audit article 23, il faut obferver
que fi les diférentes difpofitions qui concernent les mêmes parties, & qui font
renfermées dans le même acte, devoient
être infinuées dans des bureaux diférens,
il feroit dû autant de droits.

Par éxemple, l'augment, le don mobil, le gain de noces & autres ftipulations de cette nature, doivent être
infinuées dans les bureaux où l'acte eft
contrôlé ; & l'exclufion de communauté
au même bureau, pourvû qu'il foit dans
le reffort de la Juftice roïale ordinaire du domicile du mari ; fi le contrat de mariage qui contient l'une ou
l'autre de ces difpofitions renferme en
outre des donations entre les futurs conjoints fujettes à être infinuées aux Bureaux
établis près la Jurifdiction roïale, reffor-
tiffante nuëment aux cours, en conformité de la Déclaration du 17 Février 1731,
& que ces Bureaux foient différens, il
s'enfuivra qu'il y aura diférentes infinuations à faire ; & par conféquent qu'il
fera dû diférens droits, parce qu'il ne fe
fait point d'infinuation fans falaire ; au
lieu

lieu que , fi les deux difpofitions d'entre les mêmes parties doivent être infinuées dans le même Bureau , il ne fera dû qu'un droit. Voïez la Décifion du 14 Mai 1746 , au fujet d'un contrat de mariage , contenant exclufion de communauté , & donation par l'un des conjoints à l'autre , qui juge qu'il n'eft dû qu'un droit , n'y aïant qu'une infinuation à faire.

Décifion du Confeil du 22 Juin 1737 , qui juge qu'il eft dû un droit d'infinua-tion , fuivant le Tarif , & un droit de centiéme denier pour un acte fait entre les mêmes parties , contenant donation mobiliaire & vente d'immeubles.

Décifion du Confeil du 22 Mai 1745 , contre la Veuve du fieur Martin , qui re-fufoit de païer le centiéme denier de l'inf-titution faite en fa faveur , par le tefta-ment de fon mari , fous prétexte que ce teftament avoit été infinué , & le droit païé fuivant le Tarif ; voïez à cet égard l'art. 2 du Tarif du 29 Septembre 1722.

Décifion du 19 Février 1757 , contre le fieur Beaupré , qui juge qu'il eft dû deux droits d'infinuation pour fon contrat de mariage , contenant donation à la fu-ture par fon oncle , & donation par le mari à titre d'augment , bagues & joïaux.

ACTES *de refpect* , ou requifitions faites par des enfans à leurs père & mère pour confentir à leur mariage.

Le droit de contrôle en eft fixé par l'art. 10 du Tarif de 1722 ; favoir à 3 livres pour toutes perfonnes , à l'ex-ception des artifans & gens du commun ; & à 1 livre pour les artifans & gens du commun.

Comme la requifition refpectueufe eft de nature à être faite par des Notaires , il s'enfuit qu'elle n'eft fujette qu'au con-trôle des actes , lorfqu'elle eft faite par des Notaires , puifque dans ce cas ils ne font point les fonctions d'Huiffiers. Il y a un Arrêt de Réglement du Parlement de Paris du 27 Août 1692 , qui or-

donne que , dans la Ville de Paris ces actes feront faits par deux Notaires , & par tout ailleurs , par deux Notaires , ou par un Notaire & deux témoins , à peine de nullité.

Voïez la Décifion du Confeil du 30 Mars 1743 , qui déboute le Fermier de l'apel par lui interjetté d'une Sentence des Juges roïaux de Lefneven en Bre-tagne , par laquelle le nommé Toullet Notaire , avoit été déchargé de l'éfet d'un procès verbal , qui avoit été raporté con-tre lui , pour n'avoir pas fait contrôler aux exploits un acte de refpect ou requifi-fition de confentir à mariage.

Si l'acte eft fait par un Huiffier ou Ser-gent , ce n'eft point au Fermier à juger s'il eft valable ; & dans ce cas il n'eft dû que le droit de contrôle des exploits ; l'art. 10 du Tarif ne concerne que les actes faits par les Notaires.

ACTES *paffés en païs étranger , & dans les lieux où le contrôle n'eft pas établi.*

L'hipotéque ne fe peut acquérir que par l'autorité du Prince & par le minif-tère de fes Oficiers , ou de ceux qui ont obtenu de lui ce pouvoir comme les haut-Jufticiers. C'eft pourquoi les actes paffés hors le Roïaume , ne portent point d'hipotéque , foit expreffe ou tacite fur les biens fitués en France. Bafnage , art. 546 de la Coûtume de Normandie.

L'art. 121 de l'Ordonnance de Louis XIII , en 1629 , porte que les Juge-mens rendus , les contrats ou obligations reçus ès Roïaumes & Souverainetés étran-gères , pour quelque caufe que ce foit , n'auront aucune hipotéque ni éxécution en France ; ains tiendront les contrats lieu de fimples promeffes.

Il s'enfuit donc que les actes paffés en païs étranger , ne peuvent être confi-rés que comme des actes fous-fignature privée , & par conféquent qu'ils doi-vent être contrôlés , avant que de pouvoir s'en fervir dans les païs où le contrôle eft établi.

Il en eft de même de ceux paffés en France dans les lieux éxemts de contrôle, quoique faits devant Notaires, entre des domiciliés & pour biens fitués dans le diftrict de ces Notaires; foit que le contrôle & l'infinuation n'y aïent jamais été établis, foit qu'ils aïent été abonnés, rachetés ou rédimés.

Il faut cependant excepter les actes paffés par devant les Notaires de Paris, qui font éxécutoires dans tout le Roïaume, quoique non contrôlés; & ceux paffés en Flandres, en Artois & en Hainault, entre des domiciliés & pour biens fitués dans ces Provinces feulement.

Mais fi les actes paffés en Flandres, en Artois, en Hainault, ou en tout autre païs éxemt de contrôle, font faits entre des domiciliés dans les lieux où cette formalité eft établie, il y a de leur part contravention aux Réglemens qui feront raportés ci-après; parce que l'éxemtion n'a lieu qu'en faveur des habitans du païs.

Sur ce principe, il eft défendu d'aller paffer, ou d'envoïer des procurations, à l'éfet de paffer des actes dans les païs éxemts de contrôle, fi l'une des parties contractantes n'y eft actuellement domiciliée.

Nous allons d'abord raporter les Réglemens généraux, & paffant enfuite aux efpéces particulières, nous diviferons cet article en deux fections. Dans la première, il fera parlé de l'ufage fait dans les lieux où le contrôle eft établi, des actes paffés en païs étranger & autres lieux non fujets au contrôle. Et dans la feconde il fera parlé des actes paffés en païs éxemt de contrôle par des domiciliés dans les lieux où cette formalité eft établie.

Réglemens généraux.

Arrêt du Confeil du 9 Juin 1693,

portant que les actes paffés dans les lieux où le contrôle n'eft pas établi, ne pouront être reçus, faire foi en Juftice, établir aucun action, privilége ni hipotéque dans l'étendue du Roïaume, qu'ils n'aïent été contrôlés dans le plus proche Bureau (du lieu où l'on voudra s'en fervir.)

Autre du 21 Novembre 1693, contenant pareille difpofition pour les actes paffés par les Notaires de la Vicomté de Turennne, où le contrôle n'étoit pas encore établi.

Arrêt du Confeil du 22 Novembre 1695, contenant les difpofitions renouvellées par la Déclaration de 1696.

Déclaration du Roi du 19 Mars 1696, article 1.er, portant que les actes paffés où le contrôle n'eft pas établi, ou dans les lieux où il eft abonné, & dans ceux qui en ont été déchargés, ne pouront être reçus, ni faire foi en Juftice, établir aucune action, privilége ni hipotéque en aucun des lieux du Roïaume où le contrôle eft établi, qu'ils n'aïent été contrôlés, & les droits païés dans les Bureaux les plus prochains de celui où ils auront été paffés. Fait défenfes à tous Juges & Oficiers d'y avoir égard, & à tous Huiffiers ou Sergens de faire aucuns actes ni exploits en conféquence d'iceux, dans les lieux où ledit contrôle eft établi, à peine de 200 livres d'amende, païable folidairement, tant par eux que par les parties qui s'en feront fervi, & fans que ladite amende puiffe être modérée fous quelque prétexte que ce foit. N'entend néanmoins y comprendre les contrats & actes qui feront paffés dans la Ville de Paris, lefquels feront éxécutés dans tout le Roïaume, fans être contrôlés.

L'Edit du mois de Janvier 1698, en confirmant la fupreffion des droits de contrôle dans les généralités de *Tours*, *Grenoble*; païs de *Lorraine* & *Barois*;

départemens de *Dunkerque*, *Hainault*, *la Sarre*, *Alsace* & *Paris*, porte que c'est à la charge que les contrats & actes, qui seront passés dans lesdites provinces & généralités rédimées, ne pourront être mis à éxécution dans les provinces où le contrôle est établi, sans être contrôlés, à peine de nullité desdits actes & contrats, & de 200 livres d'amende pour chacune contravention.

Par Arrêt du Conseil du 28 Octobre 1698, il a été défendu à toutes sortes de personnes de mettre à éxécution, dans les provinces où le contrôle est établi, aucuns contrats & actes passés ou reconnus par devant Notaires, dans les provinces, païs ou lieux èsquels ledit contrôle n'a pas lieu au profit du Roi, soit par privilége ou éxemtion, soit que lesdits droits aïent été rachetés ou remboursés, que préalablement lesdits actes & contrats n'aïent été contrôlés au plus prochain bureau du lieu où lesdits actes se mettront à éxécution, sous peine de 200 livres d'amende & de nullité de tout ce qui pouroit être fait en conséquence desdits contrats ou actes ; à l'exception des actes passés par les Notaires de Paris, qui seront éxécutoires par tout le Roïaume, sans être contrôlés.

L'article 19 de l'Arrêt du Conseil du 19 Novembre 1709, rendu entre le Fermier & les Notaires de Provence, porte la même chose ; & il ajoûte que les Notaires de Provence & païs adjacens, ne pourront aller passer des actes & contrats dans le païs où le contrôle n'est pas établi, sans les soumettre au contrôle, sous les peines & amendes portées par les Edits & Déclarations.

Déclaration du Roi du 6 Décembre 1707, portant que tous les actes & contrats qui ont été ou seront passés par des Notaires demeurans hors l'étenduë du Roïaume, ou dans les païs, terres & seigneuries de l'obéïssance de Sa Majesté, où les contrôles des actes des Notaires &

insinuations laïques ne sont pas établis, ne pouront avoir aucune éxécution, ni fonder aucune action en justice, privilége ou hipotéque entre les sujets des provinces où lesdits contrôles & insinuations sont établis, s'ils n'ont été contrôlés, & insinués dans les cas où ils sont sujets à l'insinuation, dans les bureaux les plus prochains des lieux où l'on voudra s'en servir ; & les droits païés conformément aux Edits, Déclarations, Tarifs & Arrêts rendus en conséquence. Fait défenses à toutes personnes de s'en servir, & à tous les Oficiers des Cours & autres Juges d'y avoir égard, à peine de nullité de leurs Jugemens & de 500 livres d'amende contre chacun des contrevenans.

La Déclaration du 20 Mars 1708, article 11, porte que la disposition de la Déclaration du 6 Décembre 1707, pouroit avoir une trop grande étenduë à l'égard des actes dont l'insinuation est nécessaire à l'état & à la qualité des personnes ; en conséquence ordonne que les actes personnels passés dans les païs non sujets aux droits d'insinuation, & dont l'insinuation est nécessaire, par raport à l'état & à la qualité des personnes domiciliées dans lesdits païs, seront seulement insinués dans les lieux où les insinuations sont établies, au Gréfe du Siége & Jurisdiction dans le ressort duquel on en voudra faire usage pour la première fois ; & qu'après que lesdits actes auront été une fois insinués, ils pourront avoir leur éxécution dans toute l'étenduë du Roïaume.

Par Arrêt du Conseil du 29 Juin 1728, les Droits de contrôle des actes, petits-sceaux & insinuations laïques ont été abonnés dans la province de *Hainault* pour cinq ans, à compter du 1er Janvier 1728, & les actes faits avant & depuis ledit jour ont été validés. Mais cette disposition ne peut être étenduë hors la province.

Et par autre Arrêt du 5 Août 1732,

rendu en interprétation, Sa Majesté a déclaré n'avoir entendu déroger aux dispositions de l'article 1er de la Déclaration du 19 Mars 1696 ; en conséquence ordonne que, tant que l'abonnement de la province de *Hainault* aura lieu, tous les contrats & actes passés par les Notaires de ladite province ou autres personnes publiques, aïant pouvoir d'instrumenter, ne pourront établir aucune action, privilége ou hipotéque, ni même être produits en Justice, dans les Jurisdictions où le contrôle est établi, s'ils n'ont été préalablement contrôlés & insinués dans les cas où ils feront sujets à insinuation, dans les bureaux les plus prochains des lieux où l'on voudra s'en servir. Fait Sa Majesté défenses à toutes ses Cours & Juges d'y avoir égard, & à tous Huissiers & Sergens de faire aucuns actes & exploits en conséquence, à peine de 200 liv. d'amende, païable solidairement, tant par lesdits Huissiers & Sergens, que par les parties qui s'en feront servi.

Le 5 Mars 1740, le Conseil a décidé que depuis les Edits de réciprocité, tous les actes passés en *Lorraine* auront le même éfet en France ; & que les droits de contrôle perçûs fur iceux en France ou en Lorraine, produiront le même éfet de réciprocité. Mais cette Décifion ne concerne que les actes de ceux qui font domiciliés dans les lieux où ils font passés ; les personnes qui demeurent en France ne peuvent aller en *Lorraine* passer leurs actes. *Voïez* l'Arrêt du 13 Décembre 1740, raporté ci-deffous.

Arrêt du Conseil du 28 Juin 1740, qui déclare nul un acte passé en 1732, devant Commerson, Notaire de *Dombes*, & qui fait défenses à tous Notaires dans les lieux où le contrôle des actes n'eft point établi, de recevoir aucuns actes entre les domiciliés & pour biens fitués ès provinces & lieux où le contrôle des actes a lieu, à peine de nullité & de 300 liv. d'a-

mende contre lefdits Notaires pour chaque contravention ; & pareilles défenses, fous les mêmes peines, aux habitans de la Breffe, & à tous autres domiciliés & dont les biens font fitués, ès lieux où le contrôle des actes eft établi, de paffer aucuns contrats & actes devant les Notaires de Dombes & autres Notaires des Juftices dans le reffort defquelles le contrôle n'a pas lieu.

Arrêt du Conseil du 13 Décembre 1740, qui ordonne l'éxécution de l'Edit du mois d'Octobre 1705, & des Arrêts des 2 Août 1707, 7 Novembre 1724, & 28 Juin 1740 ; en conséquence, fait très-expreffes inhibitions & défenses à tous fujets domiciliés dans les généralités de *Metz* & *Champagne* limitrophes de la *Lorraine*, & à tous autres d'y aller ou envoïer leurs procurations pour paffer des actes entr'eux pour caufes de chofes mobiliaires ou de biens réels fitués en France, à peine de nullité defdits actes & de 300 livres d'amende pour chacune contravention ; fors & à l'exception du feul cas où l'une des parties contractantes fe trouveroit domiciliée & actuellement en Lorraine lors de la paffation de l'acte qui y feroit fait avec un domicilié de France ou le porteur de procuration. Décharge par grace deux particuliers, des amendes encouruës pour avoir été paffer leurs contrats de mariage en Lorraine, & les valide en tant que befoin. Ordonne néanmoins que dans quinzaine, ils en raporteront les expéditions au bureau du lieu de leur domicile, & qu'ils en païeront les droits par forme de reftitution ; accorde à tous les domiciliés defdites généralités de Champagne & Metz, un délai de trois mois pour repréfenter au bureau du Fermier les expéditions des actes qu'ils ont paffés entr'eux par devant les Notaires de Lorraine, pour y être les droits d'iceux païés dans ledit délai, au bureau de la fituation du domicile des parties ; moïennant quoi lefdits actes auront la même force &

éfet que s'ils étoient paſſés en France , Sa Majeſté les déchargeant de la peine de nulli-té. Et faute par leſdites parties de profiter du ſuſdit délai de grace, & icelui paſſé , leſdits actes demeureront nuls & de nul éfet, & les particuliers qui les auront paſſés pou-ront être pourſuivis pour le païement des amendes prononcées par les Règlemens.

Par autre Arrêt du 24 Octobre 1741 , ſemblables défenſes ont été faites aux ſujets domiciliés dans la généralité de *Châlons* limitrophe du *Clermontois* , & à tous autres ; & il leur a été accordé un pareil délai de trois mois , aux mêmes charges & conditions.

Et par autre Arrêt du 26 Juin 1742 , les mêmes défenſes , injonctions & condi-tions ont été preſcrites à tous les domi-ciliés de *Franche-Comté* , relativement à la *Lorraine*.

Les droits de contrôle des actes , in-ſinuations , centiéme denier & petit-ſcel , aïant été abonnés dans l'Intendance de *Lille* par Arrêt du 13 Janvier 1733 pour ſix années ; & cet abonnement continué pour le même-tems par autre Arrêt du 15 Juillet 1738 , il a été ordonné par ce dernier Arrêt que tous actes paſſés par les Notaires de *Flandre* entre Flamands ou autres parties , dont l'une ſera domi-ciliée en Flandre , ſeront éxécutés & pro-duits en Juſtice dans tout le Roïaume , ſans être aſſujettis au contrôle , dérogeant à l'article 1er de la Déclaration du 19 Mars 1696. Ces diſpoſitions ſont re-nouvellées à chaque abonnement. Voïez *Flandre*.

Il réſulte des autorités que l'on vient de raporter , que , dans les lieux où le contrôle eſt établi , l'on ne peut ſe ſervir des actes paſſés , ſoit en païs étranger , ſoit dans les provinces où cette formalité n'a pas lieu , ſi leſdits actes ne ſont préalable-ment contrôlés ; & que les perſonnes , do-miciliées en païs de contrôle , ne peuvent aller paſſer leurs actes en païs éxemt ,

ou y envoïer leurs Procurations à cet éfet ; c'eſt dans l'ordre de cette diſtinction que nous allons raporter les Règlemens particuliers.

§. 1. *On ne peut ſe ſervir dans les lieux où le contrôle & l'inſinua-tion ſont établis , des actes paſſés en païs étranger ou dans ceux où ces formalités n'ont pas lieu , ſi leſdits actes ne ſont préalable-ment contrôlés & inſinués.*

Les actes paſſés en païs étranger & dans les lieux où le contrôle & l'inſinua-tion ne ſont pas établis , ne peuvent être mis à éxécution , établir aucune action , pri-vilége ou hipotéque dans les lieux où leſdits contrôle & inſinuation ſont établis ; ſervir de fondement à aucun acte ni exploit , ni produire aucun autre éfet , s'ils ne ſont préalablement contrôlés & inſinués , au cas qu'ils ſoient ſujets à l'inſinuation , par raport à l'état & à la qualité des perſonnes , quoiqu'ils ſoient paſſés entre les domiciliés & pour biens ſitués dans les païs où ils ont été faits ; aux exceptions néanmoins marquées dans la ſection ſuivante. Ce principe eſt établi par les Règlemens généraux rapotés ci-de-vant , & confirmé par les autorités ci-après.

Arrêt du Conſeil du 17 Décembre 1720 , qui confirme une Ordonnance de M. l'Intendant de la Rochelle , par la-quelle il avóit condamné le ſieur d'Aba-die , Commiſſaire de la Marine à Roche-fort , en 500 livres d'amende , faute d'a-voir fait contrôler un contrat de vente , paſſé à la Leogane , côte de S. Domin-gue , d'une habitation aux Iſles , avant que de s'en ſervir à la Rochelle comme Procureur des acquéreurs , en faiſant faire des offres par des Notaires du prix de l'acquiſition , au vendeur qui étoit venu depuis s'établir à la Rochelle ; leſquelles offres ont été ſignifiées avec aſſignation en Juſtice. Le condamne en outre au païe-

Actes passés en païs étrangers.

ment du droit de contrôle du contrat de vente.

Arrêt dû Conseil du 5 Août 1721, qui déclare nul un Jugement du Lieutenant Général de Salins, qui ordonnoit l'infinuation d'une donation faite par le Prince de Vaudemont au Prince d'Elbeuf, devant le Tabellion général de Lorraine à Nancy, ainsi que l'acte d'infinuation, faute d'avoir préalablement fait contrôler la donation ; condamne le Juge & le Gréfier en 500 livres d'amende chacun, & ordonne que la donation fera contrôlée à Salins pour être enfuite luë, publiée & infinuée.

Décision du Conseil du 23 Février 1723, qui juge qu'un testament fait à Rome, contenant legs à l'Hôtel-Dieu de Paris, doit être contrôlé, & même infinué pour le legs qui doit être éxécuté en France.

Décision du Conseil du 21 Septembre 1723, au fujet du testament de la Princesse des Urfins, fait à Rome, qui juge que ce testament doit être contrôlé & même infinué pour les legs qui doivent être acquités en France, avant que d'en pouvoir faire aucun ufage.

Décision du 7 Octobre 1724, au fujet d'un Testament fait à Bruxelles, par un particulier qui y étoit domicilié. Jugé que les droits d'infinuation font dûs pour raifon des biens de France, & que le testament doit être préalablement contrôlé & le droit païé en entier.

Ordonnance de M. l'Intendant de Lyon, du 6 Novembre 1724, qui condamne Poncelet Huiffier, en l'amende pour avoir fignifié une procuration paffée devant Notaires en Savoye, fans qu'elle fut contrôlée.

Décision du Conseil du 3 Février 1727, qui juge qu'un testament reçu par un Notaire de Modéne, doit être infinué pour les difpofitions à éxécuter en France, & préalablement contrôlé en percevant le droit en entier.

Décifion du Conseil du 3 Avril 1728, qui juge qu'une procuration paffée en païs abonné, doit être contrôlée, avant que de s'en fervir en Hainault.

Arrêt du Conseil du 20 Avril 1728, qui condamne les fieur & dame de Baillivy, l'Huiffier, le Procureur & le Gréfier du Bailliage de Chaumont en Baffigny en 500 livres d'amende chacun, à caufe d'une affignation donnée au fieur d'Herbigny, pour voir déclarer éxécutoire contre lui le contrat de mariage de la dame de Baillivy, paffé en 1708, devant le Notaire de Nancy où ladite dame étoit alors domiciliée, fans avoir fait préalablement contrôler ce contrat ; condamne auffi les Oficiers du Bailliage en pareille amende à caufe du Jugement rendu fur l'affignation ; & tous les contrevenans folidairement à la reftitution des droits. Déclare nulle la Sentence & tout ce qui s'eft enfuivi ; & réitére auxdits Oficiers & autres, les défenfes faites par la Déclaration du 6 Décembre 1707.

Arrêt du Conseil du 1er Juin 1728, qui déboute Jacques le Grand & Etienne le Nain, Notaires royaux à Châlons, de leur opofition à un Arrêt du 2 Octobre 1726, par lequel ledit le Grand a été condamné en 500 livres d'amende, & le Nain en 300 livres, pour avoir annéxé à leurs minutes des actes paffés à Charleville non contrôlés. Le Grand difoit les avoir envoïés au contrôle avec fes minutes, & que la Déclaration de 1707, ne prononce point de peines contre les Notaires. Il eft fait en outre par cet Arrêt, itératives défenfes à tous Notaires & Tabellions d'annéxer à leurs minutes aucuns écrits fous-fignature privée, ni actes paffés en païs étranger, abonné ou rédimé, fi lefdits actes n'ont été préalablement contrôlés, le tout fous les peines portées par les Réglemens.

Arrêt du Conseil du 28 Juin 1729,

qui condamne M. de Beaufremont, fon Procureur, l'Huiffier, & le Gréfier de Chaumont en Baffigny, ainfi que les Oficiers du Bailliage, en 200 livres d'amende chacun, à l'occafion d'un contrat de conftitution paffé en Lorraine, au profit de M. de Beaufremont, demeurant à Verdun, par le fieur de Villemur, demeurant en Champagne, déclaré éxécutoire audit Bailliage de Chaumont, fans avoir été contrôlé ; déclare la Sentence nulle, & ce qui s'eft enfuivi ; & réïtère les défenfes faites par la Déclaration du 6 Décembre 1707.

Décifion du Confeil du 9 Juillet 1729, qui juge qu'il n'eft dû que 10 fols pour le contrôle d'une ratification faite en France par un étranger, d'une donation qu'il avoit précédemment faite en fon païs de biens y fitués, laquelle étoit revêtuë des formalités qui y font prefcrites, & qui ne devoit avoir aucune éxécution en France.

Décifion du Confeil du 1er Septembre 1731, contre madame la Comteffe de Coiwaren, qui, aïant paffé fon contrat de mariage à Bruxelles, où les parties étoient domiciliées, vouloit le faire enregiftrer au Bailliage de Gray en Franche-Comté, dans la crainte de le perdre. Jugé qu'elle doit le faire contrôler préalablement.

Autre Décifion du 29 Novembre 1732, au fujet de teftamens faits en Hollande, pour lefquels on offroit le droit de contrôle, fûr le pié de la valeur d'une rente fur la ville de Paris, qui faifoit tout l'objet de l'ufage qu'on en vouloit faire en France. Jugé que le droit de contrôle doit être païé fuivant la qualité du teftateur, & que celui d'infinuation eft dû pour le legs qui comprend ladite rente. Les motifs de cette Décifion, quant au contrôle, font que le droit eft indivifible, & qu'il n'eft pas poffible de contrôler un acte pour une partie, fans que cette formalité tombe fur toutes les difpofitions de l'acte ; à l'égard du droit d'infinuation, on peut faire infinuer un legs, fans faire infinuer les autres ; mais le droit eft dû pour la totalité du legs, ne pouvant pas non plus le divifer.

Décifion du Confeil du 9 Mars 1735, qui condamne Aulmant Huiffier, en 200 livres d'amende, pour avoir fait des pourfuites en vertu d'un acte paffé à Seville en Efpagne, fans qu'il fut contrôlé en France ; & déclare les pourfuites nulles.

Autre Décifion du Confeil du 24 Août 1735, fur le Mémoire du fieur Richard de la Foffe, au fujet du teftament de la dame Marquife de Porze Buenno, décédée à Madrid ; il prétendoit ne païer les droits que fur quelques éfets en France, qui faifoient partie du legs univerfel. Décidé qu'il eft dû 60 livres de contrôle, & pareille fomme pour l'infinuation du legs univerfel.

Décifion du 30 Avril 1746, qui juge que la Comteffe de Biclinska, veuve du Baron de Buzenval, ne peut fe fervir en France de fon contrat de mariage paffé à Varfovie, s'il n'eft préalablement contrôlé & infinué.

Décifion du Confeil du 10 Juin 1747, contre la dame Comteffe de Kuniel, qui prétendoit qu'une tranfaction paffée devant les Notaires de Malines, entre des domiciliés à Malines ne devoit être contrôlée que par rapport aux biens de France qui en faifoient partie. Décidé que les actes ne peuvent être divifés, & que le droit eft dû fur la fomme entière portée par la tranfaction.

Décifion du Confeil du 9 Janvier 1740, au fujet d'un teftament fait à Liége & revêtu des formalités du païs, contenant legs d'une rente fur l'Hôtel-de-Ville de Paris. Décidé qu'avant que de pouvoir fe faire immatriculer, il faut païer le droit de contrôle du teftament & l'infinuation du legs.

Ordonnance contradictoire de M. l'In-

Actes
paffés en
païs étran-
gers.

tendant de Roüen du 27 Janvier 1751, qui condamne le fieur Chauvel du Havre, à païer le droit de contrôle d'un contrat d'acquifition, d'une habitation à la Leogane faite pour lui aux Ifles par fon fondé de procuration, avec ftipulation que le prix feroit païé en lettres fur ledit fieur Chauvel & jufqu'alors l'intérêt ; en vertu de ce contrat, le fieur Chauvel avoit paffé une procuration devant les Notaires du Havre, pour faire fommation à fon vendeur aux Ifles, de lui indiquer à qui païer en France, afin de faire ceffer l'intérêt. Cette Ordonnance eft fondée fur ce que la procuration fert de ratification, & que d'ailleurs elle tend à l'éxécution du contrat pour le païement qui doit être fait en France.

Décifion du Confeil du 6 Août 1752, qui confirme une Ordonnance de M. l'Intendant de Soiffons, par laquelle le fieur Jourdain du Parpe a été condamné à païer le droit de contrôle d'une rétroceffion du 4 Avril 1751, de la vente qu'il avoit faite d'une terre en 1750 ; & de l'acte de ratification du 15 dudit mois d'Avril 1751 ; il opofoit que la rétroceffion étoit paffée en Hainault, & la ratification à Cambray ; & que les droits n'en étoient éxigibles, que lorfqu'il voudroit s'en fervir en Juftice. Le Fermier a répondu qu'il s'en étoit fervi en rentrant en poffeffion, & que d'ailleurs la rétroceffion étant fujette au centiéme denier, elle doit être contrôlée avant que de pouvoir être infinuée.

Décifion du Confeil du 16 Février 1754, au fujet d'un acte paffé en Amérique, contenant ceffion d'éfets à recevoir en France, mentionné dans une procuration paffée devant Notaires en Amérique, laquelle procuration a été dépofée à un Notaire de Nantes ; & comme elle étoit donnée à l'éfet de recevoir en France l'objet de la ceffion, qu'elle eft par conféquent une fuite de cette ceffion

en vertu de laquelle & fans laquelle le Procureur fondé n'auroit ni droit ni matière pour agir, le Fermier a demandé le droit de contrôle de la ceffion fur le fondement du dépôt de la procuration donnée en conféquence. Décidé que le droit n'eft pas dû, à moins qu'on ne faffe ufage de l'acte de ceffion.

§. 2. *Les perfonnes domiciliées dans les lieux où le contrôle eft établi, ne peuvent aller paffer leurs actes dans les païs où il n'a pas lieu.*

Les parties ne peuvent, pour s'éxemter du païement des droits, fe choifir des Notaires à leur gré ; les Règlemens défendent même expreffément aux perfonnes qui font domiciliées dans les lieux où le contrôle eft établi, d'aller paffer leurs actes dans les païs qui font éxemts de cette formalité, ou d'y envoïer leurs procurations pour cet éfet, à moins que l'une des parties n'y foit actuellement domiciliée lors de la paffation de l'acte.

Arrêt du Confeil du 7 Novembre 1724, qui déclare nul un bail fait devant un Notaire de la principauté d'Enrichemont, païs éxempt de contrôle, entre des particuliers qui n'y font pas demeurans & pour biens qui n'y font pas fitués ; condamne le Notaire en 300 livres d'amende, & les parties en pareille amende.

Voïez l'Arrêt du Confeil du 1er Juin 1728, qui, en confirmant l'éxemtion des droits de contrôle & d'infinuation dans la baronnie d'Eftroeng, porte expreffément que c'eft à condition qu'il ne pourra être paffé aucuns actes par les gens de loi de ladite baronnie, que ceux qui intéreffent le feigneur & les habitans en leur nom, lefquels ne pourront paffer aucuns actes en vertu des procurations qui leur feroient adreffées par des particuliers réfidens dans des païs fujets auxdits droits, à peine de nullité

lité & de 200 liv. d'amende pour chaque contravention, tant contre les parties que contre les Oficiers qui auront reçû lesdits actes.

Voïez aussi les Arrêts du Conseil des 28 Juin, 13 Décembre 1740, 24 Octobre 1741, & 26 Juin 1742, contenant règlement à cet égard, raportés ci-dessus, §. 1.

Décision du Conseil du 10 Novembre 1742, qui décharge du droit de contrôle prétendu pour une donation de biens en Artois, faite en Artois, païs abonné, par un domicilié tenu à résidence en Flandres, païs également abonné, en faveur d'un donataire domicilié à Amiens.

Autre Décision du 8 Mai 1745, qui décharge du droit de contrôle demandé pour un contrat de vente passé en Artois en 1744 ; attendu que l'acquéreur y étoit domicilié ; & cela en conformité de l'Arrêt du Conseil du 31 Juillet 1738, & des lettres patentes du 14 Octobre suivant. *Voïez* Artois.

Décision du Conseil du 31 Juillet 1745, qui confirme une Ordonnance de M. l'Intendant d'Amiens, par laquelle la dame Volant veuve Darfy, a été condamnée à païer les droits de son contrat de mariage passé devant les Notaires d'Artois en 1720, quoique son mari & elle n'y fussent pas domiciliés ; & en une amende, faute de l'avoir raporté & païé les droits dans le délai fixé par les Arrêts des 2 Janvier & 9 Septembre 1742.

Arrêt du Conseil du 7 Août 1745, qui condamne la dame de Grangemont à païer au bureau de Sedan les droits de contrôle de quatre actes par elle passés devant le Notaire de Stenay, païs éxemt de contrôle, quoiqu'elle fut domiciliée en Champagne où les biens sont situés ; & en outre en 1200 livres d'amende pour avoir été passer lesdits actes à Stenay, & n'en avoir pas raporté les expéditions dans le délai fixé par l'Arrêt du 24 Octobre 1741, &

Tome I.

aux frais faits, ainsi qu'au coût de l'Arrêt.

Décision du Conseil du 26 Mars 1746, qui déboute la dame de Grangemont de son opofition à l'Arrêt ci-dessus.

Décision du Conseil du 29 Juin 1748, qui condamne les héritiers de madame d'Honnecourt au païement des droits d'une transaction passée à Cambray par des domiciliés en païs limitrophe, & où le contrôle est établi.

Autre Décision du 5 Juillet 1748, au sujet d'une constitution passée & contrôlée en Lorraine, par un bourgeois de Toul, au profit du Commissaire ordonnateur des guerres à Toul ; portant que le droit de contrôle demandé par le Fermier est dû, puisque l'acte a été passé en Lorraine par des domiciliés en France.

Décision du Conseil du 3 Février 1756, qui déboute le sieur de la Genefte, Notaire en la souveraineté de Dombes, de son opofition à un Arrêt du Conseil du 21 Novembre 1752, par lequel il a été condamné en 600 liv. d'amende pour avoir passé des actes entre des domiciliés du Lyonnois.

Voïez Artois, Flandres, Hainault, Lorraine & Paris, &c.

ACTES *judiciaires*, sont ceux qui sont faits en justice & qui n'étoient pas de nature à pouvoir être consommés autrement qu'en préfence du Juge, dont l'autorité étoit nécessaire pour donner force à l'acte. Ce sont les actes émanés de l'autorité de la Justice sur les contestations des parties sans anticipation sur les fonctions des Notaires, qui sont Oficiers créés pour donner acte aux parties de leurs conventions volontaires.

Les actes judiciaires, tels qu'on vient de les définir, ne font point sujets au contrôle des actes ; mais il ne faut pas les confondre avec ceux qui sont purement volontaires & de nature à pouvoir être faits par devant Notaires, dont il sera parlé ci-après, sous le titre d'actes volontaires reçûs en Justice.

L

Il n'eſt dû pour les actes judiciaires éma- nés des Juſtices roïales que les *droits ré- ſervés* ; ceux de *gréfe* & de *petit-ſcel*, comme on l'établira fous ces diférens ti- tres ; en obſervant néanmoins qu'ils peu- vent être ſujets à l'inſinuation ou au cen- tiéme denier ſelon les diſpoſitions qu'ils renferment.

Déciſion du Conſeil du 1er Juin 1723, qui porte que les cautionnemens qui ſe font au Gréfe en éxécution de Sentences qui donnent terme & délai, ne ſont pas ſujets au contrôle, parce qu'ils ſont judi- ciaires, ne pouvant être faits qu'au Gréfe de la Juſtice.

Autre Déciſion du 12 Mars 1729, qui juge qu'un inventaire fait par un Juge, n'eſt pas ſujet au contrôle, attendu qu'il avoit été ordonné par Arrêt que le Juge y procéderoit, d'où il ſuit que c'eſt un acte judiciaire.

Déciſion du Conſeil du 15 Décembre 1731, qui juge que les Jugemens rendus à l'audience, qui donnent acte des offres & de la réception d'icelles, ne ſont pas ſujets au contrôle, lorſqu'ils ne contiennent qu'offre & acceptation ; mais qu'ils y ſont ſujets, s'ils contiennent quitance.

Autre dudit jour 15 Décembre 1731, qui juge que les cautionnemens fournis pour l'éxécution d'une Sentence prononcée éxécutoire nonobſtant l'apel, en donnant caution, ne ſont pas ſujets au contrôle.

Autre Déciſion du 1er Mars 1732, qui juge que les Sentences portant titre nou- vel, ſoit qu'elles ordonnent forcément le titre nouvel, ſoit qu'elles ſoient renduës par expédient, ne ſont pas ſujettes au Con- trôle ; & cela parce qu'il n'y a rien de vo- lontaire, encore que le défendeur acquieſce, lorſqu'il eſt aſſigné en vertu d'un titre.

Autre Déciſion du 10 Août 1737, qui ordonne la reſtitution d'un droit de contrôle perçû ſur une licitation faite en Juſtice entre des cohéritiers ; parce que ſur la conteſtation des héritiers, il avoit

été ordonné que les biens ſeroient vendus ou licités en Juſtice, & que par conſéquent il n'avoit pas été libre aux parties d'y pro- céder par devant Notaires.

ACTES *volontaires reçûs en Juſtice*, ſont ceux qui ſont purement volontaires de la part des parties, & qui étoient de nature à être paſſés par devant Notaires ; ces actes ne ſont point du reſſort du pou- voir du Juge, qui ne peut ſtatuer que ſur les conteſtations réguliérement portées devant lui, ſans pouvoir régler aucune convention volontaire entre les parties.

L'uſage de faire rédiger des conven- tions volontaires dans la forme d'actes ju- diciaires, eſt ancien ; l'idée que de pareils actes ſont ſtables, l'a introduit ; & le deſſein de ſe ſouſtraire au païement des droits des Notaires, & à ceux de con- trôle & autres, l'a continué de diférentes manières ; ſoit en ſimulant une conteſta- tion, ſur laquelle on fait admettre un expédient, contenant les conventions vo- lontaires des parties ; ſoit en obtenant ſur de pareilles conteſtations un renvoi devant des Avocats, dont on raporte enſuite l'avis pour le faire homologuer ; ou autrement.

Mais ces expédiens, ces avis, & toutes autres conventions, dans quelque forme qu'elles ſoient rédigées, ſont de vérita- bles tranſactions qui doivent être contrô- lées avant que d'être admiſes par le Juge, ſi elles ſont ſignées des parties ; ſinon le jugement qui les admet, doit être contrôlé dans la quinzaine de ſa date, à la dili- gence du Gréfier.

Il eſt de principe qu'il n'y a d'éxemt du contrôle que les actes & jugemens qui ne ſont pas de convention, & où par conſé- quence le miniſtère du Juge eſt néceſſaire ; & que tous ceux qui ſont volontaires & de nature à pouvoir être paſſés par de- vant Notaires, doivent être contrôlés dans la quinzaine, quoique faits en Juſtice, en quelque forme que ce ſoit.

Par Edit de François Ier du mois de

Novembre 1542 , il fut défendu à tous Juges, Lieutenans & Gréfiers , de paſſer & recevoir aucuns contrats & actes volontaires , avec injonction de les laiſſer faire & expédier aux Notaires & Tabellions , chacun dans ſon reſſort , à peine de nullité & de tous dépens , dommages & intérêts.

Par Arrêt du Conſeil du 23 Mars 1694, il fut ordonné que tous actes & contrats qui ſeroient reçûs par les Prévôts , Magiſtrats , Maires , Echevins & gens de loi des villes & châtellenies de Lille , Tournay , Maubeuge & autres , ſeroient contrôlés en la forme & manière portées par l'Edit du mois de Mars 1693.

Arrêt du Conſeil du 10 Mai 1723 , rendu contradictoirement avec le Chapitre de Saint Quentin , qui expoſoit que les Oficiers des Juriſdictions du Chapitre ſont en droit de recevoir les aveux , foi & hommages , inventaires & partages ; & qui prétendoit que leſdits Oficiers n'étoient pas ſujets à faire contrôler ces actes ; parce que les uns ſont purement du fait du Juge , & que ſon miniſtère intervient dans les autres. Par cet Arrêt ils ont été déboutés de leur requête , & il a été ordonné que les actes volontaires qui ſeront reçûs par leurs Juges , Gréfiers & autres leurs Oficiers , en quelque forme qu'ils ſoient rédigés , ſeront contrôlés dans les délais preſcrits par les Règlemens , & ſous les peines & amendes y portées.

Arrêt du Conſeil du 28 Juin 1723 , qui juge qu'un acte d'abſtention fait au Gréfe du Bailliage de Beauvais a dû être contrôlé dans la quinzaine , & condamne le Gréfier en 100 livres d'amende , faute d'y avoir ſatisfait dans ledit tems , & avant que d'en délivrer l'expédition.

Arrêt du Conſeil du 22 Novembre 1723 , qui déclare nulles pluſieurs adjudications de bois , faites en la baronnie de Lucheux , ſignées des parties , des Juges & du Gréfier , faute d'avoir été contrôlées dans la quinzaine ; & prononce les amendes encouruës. Voïez encore à cet égard *Adjudications de Bois.*

Autre du 6 Juin 1724 , qui déclare nulle une tranſaction reçûë par les Juges Conſuls de Lille , rédigée en forme de Sentence , ainſi que ce qui s'eſt enſuivi , faute de l'avoir fait contrôler dans la quinzaine ; condamne les Juges , les parties & le Gréfier aux amendes encouruës , & ſolidairement à la reſtitution des droits de contrôle. Voici l'eſpéce dont il s'agiſſoit : Deſchamps Négociant à Lille , débiteur de Duval Marchand à Paris , pour lettres de change s'étoit réfugié à Valenciennes ; ſa femme chargée de ſa procuration s'accommoda avec Duval ; l'accommodement fut fait verbalement à l'audience des Conſuls , ſans aſſignation , en s'obligeant à païer à Duval une ſomme en diférens éfets ; ce qui fut homologué par Sentence renduë ſur le champ ; pour donner la perfection à cet accommodement , Duval offrit une caution & un certificateur qui furent reçûs par autre Sentence trois jours après , & acceptés par une troiſiéme Sentence. L'Arrêt a jugé que tous ces actes étant volontaires avoient dû être contrôlés dans la quinzaine de leur date.

Arrêt du Conſeil du 26 Septembre 1724 , qui déclare nulles quatre quitances reçûës par le ſieur le Grand Gréfier , faute de les avoir fait contrôler dans la quinzaine ; le condamne aux amendes encouruës & aux droits de contrôle ; lui fait défenſes & à tous autres Gréfiers de paſſer aucuns des actes qui doivent être reçûs par les Notaires.

Arrêt de Règlement du 10 Octobre 1724 , du mouvement du Roi , qui ordonne que les Gréfiers & autres Oficiers de Juſtice , devant leſquels il ſera fait des adjudications & autres actes de nature à pouvoir être également reçûs par devant Notaires , ſeront tenus de les faire contrôler dans la quinzaine de leur date , ſous peine de nullité , reſtitution de droits & de 100

livres d'amende pour chacune contravention ; & cependant permet de faire contrôler jufqu'au 31 Mars 1725, les adjudications & autres actes faits jufqu'à ce
jour, en païant les droits, au moïen de
quoi lefdits actes feront valables.

Le délai fixé par ce Règlement a été
prorogé jufqu'au dernier Décembre 1737;
par Arrêts des 8 Avril, 8 Octobre 1725,
5 Janvier 1726, 20 Septembre 1727,
13 Janvier & 9 Novembre 1728, 23
Août 1729, 14 Février & 25 Avril 1730,
21 Avril 1733, 5 Janvier, 6 Juillet 1734,
28 Juin 1735, & 21 Mai 1737, qui
réïtèrent les difpofitions de celui du 10
Octobre 1724.

Le Règlement du 10 Octobre 1724,
ne fait pas une loi nouvelle, puifqu'il eft
rendu fur le principe des précédens, &
qu'il ordonne même de faire contrôler les
actes paffés antérieurement ; néanmoins il
a été décidé au Confeil le 4 Mars 1725,
qu'il ne feroit fait aucunes pourfuites contre les Gréfiers pour lefdits actes antérieurs, fauf à les contrôler, lorfqu'on les
préfentera dans le délai accordé pour les
faire valider.

Arrêt du Confeil du 4 Mai 1728,
contre le Gréfier du Parlement & des Requêtes du Palais d'Aïx, pour diférens actes
volontaires rédigés en forme de Jugemens.

Décifion du Confeil du 15 Décembre
1731, qui juge que les Sentences rendues
à l'audience, portant acte des offres, font
fujettes au contrôle, lorfqu'elles contiennent
quitance ; ainfi que les Jugemens portant
condamnation, du confentement des parties qui paroiffent & qui fignent.

Décifion du Confeil du 26 Juillet 1732,
au fujet d'une requête préfentée au Parlement de Befançon, contenant vente d'une
feigneurie moïennant une rente que conftituent les acquéreurs qui n'étoient pas parties
au procès ; fur laquelle requête le Parlement avoit rendu Arrêt qui condamnoit
toutes les parties à l'éxécution de la ven-

te & des autres claufes & conventions
arrêtées entr'elles par la requête. Décidé
que le droit de contrôle eft dû, la requête devant être regardée comme une
vraie tranfaction.

Décifion du Confeil du 3 Juin 1734,
qui juge que le droit de contrôle eft dû
pour un acte fait par un Maitre particulier
des Eaux & Forêts ; les habitans de Sei-
gneville étant en procès avec le feigneur
pour leurs bois, fe font adreffés au Confeil, & l'affaire a été renvoïée au Grand
Maitre des Eaux & Forêts de Champagne
qui a commis le Maitre particulier pour
dreffer procès verbal des conteftations,
dires & raifons des parties ; celui-ci ne
s'eft pas borné à ce qui étoit de fon miniftère, il a fait une tranfaction par acte
en forme de Jugement, figné des parties ;
& c'eft cet acte qui a été déclaré fujet
au contrôle.

Autre Décifion du 19 Juin 1734, qui
juge que les actes volontaires reçûs en
juftice doivent être contrôlés fur les minutes & non fur les expéditions.

Décifion du Confeil du 5 Octobre 1735,
contre Michel Thouin, qui juge que le
droit de contrôle eft dû pour une Sentence qui adjuge un retrait lignager à fa fille,
attendu que le prix a été rembourfé par le
même acte, des deniers dudit Thouin qu'il
a prêtés à fa fille mineure.

Autre Décifion du 15 Novembre 1735,
au fujet d'une tranfaction paffée le 18 Mai
1734, au Gréfe du Parlement d'Aix, entre
M. le Marquis de Senas & M. le Marquis
Dorgeval fon neveu, contenant ceffion
d'une terre à titre de partage. Décidé que
l'acte eft fujet aux droits de contrôle.

Autre Décifion du 16 Mars 1737, fur
le mémoire du Gréfier de Lifieux, qui
juge que les baux à nourriture des mineurs
faits en juftice, font fujets au contrôle dans
la quinzaine de leur date, attendu que
ces actes font réputés volontaires, & que
la préfence du Juge n'y eft pas néceffaire.

Arrêt du Conseil du 19 Février 1743, qui condamne trois Procureurs au Parlement de Dijon en 500 livres d'amende chacun, pour avoir signé avec leurs parties un expédient, contenant accord entr'elles sur l'inftance pendante, & pour avoir conclu à ce qu'il fut admis au Parlement; le Gréfier en 300 livres pour avoir rédigé l'Arrêt d'admiffion, & les parties en pareille amende & à la reftitution des droits. Ordonne aux Gréfiers des Cours & Jurifdictions de faire contrôler à leur diligence, dans la quinzaine de la date, tous les Arrêts & Jugemens rendus par forme d'expédient, fous les peines portées par les Règlemens.

Autre Arrêt du Conseil du 10 Juillet 1744, qui condamne les sieurs Thonon & Cazaubon, Gréfiers du Parlement de Pau, conjointement avec les parties, au païement des droits de contrôle & d'infinuation de diférens Arrêts rendus en forme d'expédient audit Parlement depuis 1732, & aux amendes encouruës. Ordonne à tous Gréfiers de faire contrôler à leur diligence dans la quinzaine de la date, tous Arrêts, Sentences & Jugemens rendus par forme d'expédient.

Décifion du Conseil du 17 Juin 1747, qui déboute les Sindics généraux du Béarn de leur opofition à l'Arrêt du 10 Juillet 1744 ci-deffus; ils fe fondoient fur l'ufage obfervé de renvoïer la plus part des difcuffions devant des Avocats, à l'avis defquels on affujettiffoit les parties.

Décifion du Conseil du 29 Juin 1748, fur le mémoire du fieur Jarry Gréfier de Rofoy en Brie; & lettre écrite en conformité à M. le Procureur général du Parlement de Paris, au fujet des baux de boucherie; baux à nourriture de mineurs, & partages; portant que les partages entre cohéritiers, lorfqu'ils font rédigés & arrêtés, fans conteftation, devant le Juge, font réputés actes volontaires & fujets au contrôle.

Arrêt du Conseil du 21 Avril 1750, qui homologue un traité d'abonnement fait entre les Etats de Bourgogne & de Bugey, & le Fermier des domaines, au fujet des droits de contrôle des Arrêts & Sentences d'expédient, & autres actes volontaires faits en juftice; lefquels actes feront à ce moïen contrôlés gratis dans le cours de l'année 1750 feulement.

Décifion du Conseil du 25 Juillet 1750, contre le Gréfier du Bailliage de Langres, & contre celui du Duché-Pairie de ladite ville, au fujet d'avis d'Avocats donnés en éxécution de Sentences qui leur avoient renvoïé la difcuffion & le règlement des conteftations & diférends des parties; fur lefquels avis il étoit intervenu des Sentences qui les avoient reçûs par forme d'apointement. Décidé que les actes paffés par les Juges, de nature à pouvoir être paffés par les Notaires, font affujettis au droit de contrôle des actes.

Décifion du Conseil du 11 Janvier 1753, qui condamne le Gréfier du Bailliage de Refnel en Languedoc, aux amendes encouruës, & au païement des droits de contrôle, de quatre actes de mife en poffeffion, & de prife de poffeffion de biens immeubles adjugés par décret.

Autre Décifion du 31 Août 1753, fur une queftion renvoïée au Conseil par M. l'Intendant de Roüen, au fujet d'un acte de l'Amirauté de Dieppe; le nommé Tripé pêcheur, avoit demandé permiffion à l'Amirauté de faire naviguer pour la pêche un bateau dont il eft propriétaire, & en même-tems il avoit reconnu que le fieur Dufour lui avoit prêté 1712 liv. pour la conftruction & les agrès, s'obligeant de lui fournir chaque marée un lot de fa pêche, jufqu'au parfait païement. Dufour avoit retiré l'expédition de l'acte; & pour être païé, il avoit fait faifir les aparaux. Décidé que l'acte a dû être contrôlé dans la quinzaine, le Gréfier, la Partie, le Procureur & le

Gréfier ont été condamnés au païement du droit, & par grace déchargés de l'amende.

Décifion du 16 Septembre 1756, qui confirme une Ordonnance de M. l'Intendant de Languedoc, contre le fieur Barthelemy Julien, au fujet de Sentences renduës par expédient, par lefquelles fes frères & fœurs lui cédent leurs droits légitimaires, moïennant une fomme païée.

ACTES *fujets à l'infinuation*, doivent être revêtus de cette formalité avant que de pouvoir s'en fervir en Juftice, de les faire fignifier, de paffer des actes en conféquence, & d'en faire aucun ufage. *Voïez* ci-après Infinuation, §. 1.

Il en eft de même des actes qui ne font affujettis à l'infinuation que par les coûtumes & ufages locaux; ils doivent être pareillement infinués, encore qu'ils ne foient pas dénommés dans les Réglemens, & les droits païés fur le pié de ceux dûs pour les actes de pareille nature. *Voïez* l'Edit du mois d'Octobre 1705, & Infinuation, §. 2.

ACTES & *Jugemens qui caffent & annullent* ou qui accordent main-levée d'autres actes, tels que des donations entre-vifs, ou à caufe de mort; donations mutuelles, dons mutuels; teftamens, fubftitutions, exhérédations; féparations entre mari & femme ou exclufions de communautés; doivent être infinués comme les actes caffés & annullés; mais il n'eft dû pour les actes & jugemens qui caffent, annullent ou qui accordent main-levée, que la moitié des droits fixés pour les premiers. Article 9 du Tarif du 29 Septembre 1722. *Voïez* ci-après nullité, §. 3.

ACTION : *les droits & actions*, font meubles ou immeubles, fuivant la qualité de leur objet & la nature de la fin à laquelle ils tendent, fans confidérer la qualité des biens fur lefquels on les éxerce. Arrêtés de M. le P. P. D. L. M. de

la qualite des biens, art. 1er; & art. 332 de la Coûtume de Paris.

Les actions principales font perfonnelles ou réelles; les perfonnelles font attachées à la perfonne obligée, & la fuivent par tout: on ne les éxerce que contr'elle & contre ceux qui la repréfentent; les actions réelles fuivent la chofe en quelque main qu'elle paffe. Supl. des loix civ. liv. 4 tit. 1.

Voïez *Vente* des droits & actions. *Voïez* auffi *Retrait* éxercé par un ceffionnaire.

ACTIONS *en Banque*; c'eft l'intérêt que l'on a dans une compagnie formée pour l'établiffement de quelque commerce ou autrement.

Les actions de la Compagnie des Indes ne devant pas être regardées comme des écritures privées, elles ne font point fujettes au contrôle; Décifion du Confeil du 4 Juin 1722.

Lorfqu'il fe trouve des actions comprifes dans un inventaire, c'eft fur le pié de leur valeur dans le commerce que le montant doit être joint à celui des autres éfets, pour percevoir le droit de contrôle fur le tout. Décifion du 20 Juin 1723.

L'éxemption du droit de contrôle n'a lieu que pour les actions mêmes, & non pour les reconnoiffances d'actions qui y font fujettes fur le pié de la valeur des actions au cours de la place. Décifion du 20 Juin 1723.

Il a même été décidé le 15 Août 1723, que des reconnoiffances d'actions étoient fujettes au contrôle fur le pié de la valeur, quoiqu'on opofât que les actions étoient nulles, faute d'avoir été dépofées.

Les mêmes régles doivent être obfervées à l'égard des actions des Fermes, créées fur les Fermes générales, par Arrêt du Confeil & Lettres patentes du 17 Avril 1759, à l'imitation de celles qui furent créées jufqu'à concurrence de cent millions fur le bail d'Aymard Lambert, par Arrêt du 16 Septembre 1718, & dont le dividende fut réglé par Arrêt du Conseil du 21 Juillet 1719.

ADJUDICATIONS *de Bois* ; nous parlerons d'abord des adjudications des bois du Roi ; ensuite de celles des bois des communautés eccléfiaftiques & laïques ; enfin des adjudications des bois des seigneurs & des particuliers.

ADJUDICATIONS *des bois du Roi* ; les adjudications & ventes des bois de S. M. tant en futaïe que taillis, ne peuvent être faites que par les grands Maîtres ou par les Maîtres particuliers, dans les auditoires où se tient la Juftice ordinaire des Eaux & Forêts, à peine de nullité & d'amende. Art. 3 du titre 15 de l'Ordonnance des Eaux & Forêts du mois d'Août 1669. *Voïez* auffi l'article 6 du titre 17.

Ainfi ces actes étant néceffairement judiciaires, ne peuvent être fujets au contrôle ; les expéditions ou extraits qui en font délivrés aux Receveurs généraux des domaines & bois, ou aux Receveurs particuliers, font difpenfés de tous droits de contrôle & de fceau.

Par Arrêt du Conseil du 14 Juillet 1722, il eft ordonné que les Gréfiers des Maîtrifes & des Gruries royales, feront tenus de délivrer gratuitement aux Receveurs généraux des domaines & bois, & aux Receveurs particuliers des Maîtrifes, les expéditions des adjudications des bois de S. M. tant ordinaires qu'extraordinaires ; enfemble les actes de réception de caution, certificateurs & autres, fans que ces expéditions foient fujettes au contrôle des actes ni au fceau, à la charge par les Gréfiers de mettre fur lefdites expéditions que la délivrance en eft faite auxdits Receveurs généraux & particuliers.

Par autre Arrêt du Conseil du 8 Mai 1725, il eft ordonné auxdits Gréfiers des Maîtrifes & Gruries, de remettre aux Receveurs généraux des domaines & bois, & aux Receveurs particuliers, les états des ventes des chablis, paiffons, glandées & menus marchés, dans la huitaine des ventes ; & les expéditions des adjudications des ventes ordinaires & extraordinaires, tant des bois de S. M. que de ceux des eccléfiaftiques, communautés régulières & féculières, avec le cahier des charges, actes de réception de caution, certificateurs & autres, un mois après les ventes, les récolemens & Sentences de congé de cour defdites ventes, dans le même délai du jour de leur date, le tout fans frais ; lefquelles ventes & actes ne feront fujets au contrôle des actes ni fceau, dont S. M. les a difpenfés & difpenfe.

Dès que le Roi a quelque intérêt dans des bois de feigneurs ou autres, foit pour tiers & danger, quart de réferve ou autrement, ces bois ne peuvent être vendus que par adjudications dans les Maîtrifes ou Gruries du Roi ; & par conféquent les adjudications ne font point fujettes au contrôle des actes. Décifion du Conseil du 29 Avril 1727.

La Déclaration que l'adjudicataire des bois du Roi, fait au Gréfe de la Maîtrife, pour nommer fes affociés, eft également réputée acte judiciaire éxempt de contrôle. Décifion du Conseil du 28 Janvier 1730.

Les adjudications des bois du Roi, n'étant point fujettes au contrôle, parce que ce font des actes judiciaires, il s'enfuit que les cautionnemens fournis en conféquence dans les Maîtrifes & Gruries roïales, n'y font pas fujets. Décifion du Conseil du 29 Décembre 1726.

ADJUDICATIONS *des Bois des communautés eccléfiaftiques & laïques.*

Les adjudications des coupes extraordinaires des bois des gens de mainmorte, communautés eccléfiaftiques & laïques, doivent néceffairement être faites dans les siéges des Maîtrises, de même que les cautionnemens fournis en conséquence ; article 6 du titre 24 de l'Ordonnance de 1669. Ainsi ce font des actes judiciaires qui ne font pas fujets au contrôle des actes, non plus que les déclarations faites au Gréfe par l'adjudicataire dans la huitaine.

On ne connoît point de loi qui affujettiffe lefdites Communautés à faire faire les adjudications des coupes ordinaires & réglées dans les fiéges des Maîtrifes ; mais lorfqu'elles y font faites, elles font pareillement éxemtes de contrôle fuivant les réglemens ci-après.

Mais fi ces adjudications ne font pas faites dans les Maîtrifes & Gruries roïales, elles ne font pas éxemtes du contrôle des actes. Il faut fuivre à cet égard la même régle que pour les adjudications des bois des feigneurs.

Arrêt du Confeil du 29 Juin 1728, qui ordonne que les adjudications des bois des communautés eccléfiaftiques & laïques, bénéficiers & gens de main-morte ; les adjudications au rabais des réparations & aménagemens qui ont été ou feront faites aux Siéges des Maîtrifes par les fieurs grands Maîtres ou autres Officiers des Eaux & Forêts ; Réceptions de cautions auffi par eux faites judiciairement, foit en vertu de l'Ordonnance de 1669, foit en éxécution des Arréts du Confeil qui permettent & ordonnent lefdites ventes, feront & demeureront éxemtes du droit de contrôle.

Décifion du Confeil du 28 Janvier 1730, qui juge que les actes par lefquelles l'adjudicataire nomme fes affociés dans la huitaine de l'adjudication, au Gréfe des Eaux & Forêts en conformité de l'Ordonnance, ne font pas fujets au contrôle, parce qu'ils font partie de l'adjudication, & que ce font des actes néceffairement judiciaires.

Les cautionnemens fournis en confé-quences d'adjudications éxemtes de contrôle, n'y font pas fujets non plus. Décifion du 29 Décembre 1726 & Arrêt du 29 Juin 1728.

L'Arrêt du Confeil du 14 Octobre 1732, déclare lefdites adjudications éxemtes de l'enregiftrement au Gréfe des domaines des gens de main-morte & du contrôle d'icelui ; lorfqu'elles font faites en vertu d'Arrêts du Confeil & Lettres patentes par les Oficiers des Maîtrifes.

Il n'eft point dû de *centiéme denier* pour les adjudications des *bois des gens de main-morte*, & des communautés eccléfiaftiques & laïques, même dans les coûtumes où ces bois font immeubles & où ceux des feigneurs & des particuliers font affujettis à ce droit. Décifion du Confeil du 23 Janvier 1748.

ADJUDICATIONS *des Bois des feigneurs, ou des particuliers.*

Il n'y a aucune loi qui affujettiffe à faire ces adjudications en Juftice, lorfque le Roi ou les engagiftes n'ont aucun intérêt dans les bois ; ainfi ces actes doivent être contrôlés dans la quinzaine de leur date à la diligence des Gréfiers, de même que les cautionnemens qui font féparément fournis en conféquence, conformément aux principes établis ci-devant, Verb. Actes volontaires reçus en Juftice, p. 82.

Arrêt du Confeil du 22 Novembre 1723, qui déclare nulles 64 adjudications de bois faites en la Baronnie de Lucheux, fignés des Parties, du Juge & du Gréfier ; & condamne le Gréfier en autant d'amendes de 200 livres pour ne les avoir pas fait contrôler dans la quinzaine de leur date.

Arrêt du Confeil rendu en Réglement le 10 Octobre 1724, qui ordonne que les Gréfiers & autres Oficiers de Juftice devant lefquels il fera fait des adjudications & autres actes de nature à pouvoir être également faits par devant

vant Notaires, feront tenus de les faire contrôler dans la quinzaine de leur date, fous peine de nullité, reftitution des droits, & de 200 livres d'amende pour chacune contravention ; & cependant valide lefdits actes, faits jufqu'à ce jour, à la charge de les faire contrôler avant le premier Avril 1725.

Ce délai a été prorogé jufqu'au 31 Décembre 1737, par Arrêts des 8 Avril, 8 Octobre 1725, 20 Septembre 1727, 9 Novembre 1728, 23 Août 1729, 14 Février 1730, 21 Avril 1733, 5 Janvier, 6 Juillet 1734, 28 Juin 1735, & 21 Mai 1737, qui contiennent les mêmes difpofitions que celui du 10 Octobre 1724.

Décifion du Confeil du 28 Avril 1732, fur Mémoire de M. le Duc de Luxembourg, portant que l'on ne peut difpenfer les bois de la Maitrife de Gournay de la régle générale, qu'ainfi les adjudications doivent être contrôlées.

Autre Décifion du 3 Mai 1732, fur Mémoire de M. le Duc de Nevers, au fujet des adjudications de fes bois, faites par les Oficiers de fa Chambre des Comptes de Nevers, & par ceux de fa Maitrife. Décidé qu'on ne peut les difpenfer de la règle.

Décifion du Confeil du 19 Janvier 1736, qui condamne l'adjudicataire des bois de M. le Marquis de Mailly à païer le droit de contrôle de fon adjudication, & des cautionnemens fournis en conféquence.

Décifion du Confeil du 15 Février 1737, fur Mémoire de M. le Duc de Luynes, au fujet de ventes faites tous les ans de fes bois par coupes ordinaires. Décidé que l'on ne peut rien changer à l'Arrêt du 10 Octobre 1724.

Décifions des 3 Mai & 30 Août 1738, qui jugent que les adjudications des bois du parc de la Grange que la dame Marquife de la Grange a fait faire en qua-

Tome I.

lité de tutrice de fes enfans, devant le Bailli du Marquifat de la Grange, en vertu d'avis de parens, de publications & afiches, font fujettes au contrôle.

Décifion du Confeil du 29 Août 1741, qui confirme une Ordonnance de M. l'Intendant d'Orléans, portant condamnation contre les Gréfiers de Marché-Noir & de Freteval, de plufieurs amendes, pour n'avoir pas fait contrôler des adjudications des bois de M. le Duc de Luynes, faites dans fes Maîtrifes du Comté de Dunois, & les cautionnemens fournis en conféquence.

L'article 3 de l'Arrêt du Confeil du 19 Mars 1743, fervant de Règlement au fujet des adjudications des bois du Comté d'Eu, porte que les adjudications & ventes des bois de fûtaïe ou taillis, pour une ou plufieurs années, feront contrôlées, & les droits païés fuivant le Tarif de 1722, & que les adjudications & ventes des bois de fûtaïe feront infinuées, & les droits de centiéme denier païés conformément à l'Arrêt du 10 Août 1734.

Décifion du Confeil du 29 Juillet 1743, contre le fieur Dupont, Gréfier du Duché & Pairie de Saint Aignan en Berry, qui n'avoit pas fait contrôler les adjudications des bois de M. le Duc de Saint Aignan, & les cautionnemens fournis en conféquence. Cette Décifion lui adjuge néanmoins fon recours des droits contre les Marchands de bois.

Décifion du Confeil du 23 Juin 1756, fur un renvoi de M. l'Intendant de Soiffons, contre le Gréfier du Bailliage & Grurie de Bohain, pour les droits de contrôle des adjudications, faites depuis 20 ans des bois du Comté de Bohain ; il difoit que c'étoit un domaine engagé; qu'il y a été créé une Grurie roïale, dont les Oficiers doivent faire les affiettes & martellages des balivaux, ventes & adjudications de bois. Décidé que

M

les droits de contrôle font dûs defdites adjudications.

Quelques Seigneurs ont prétendu qu'aïant une Grurie qu'ils tenoient par conceſſion du Souverain, & avec les mêmes prérogatives, priviléges & éxemtions attribuées aux Maitriſes, les adjudications de leurs bois, faites dans ces Gruries, n'étoient pas ſujèttes au contrôle. Mais ce moïen n'eſt d'aucune conſidération : le droit de Grurie apartient naturellement à tous les Hauts-Juſticiers, ainſi qu'il a été jugé par un Arrêt du Parlement de Paris du 18 Mars 1706 ; il conſiſte à donner aux Seigneurs la liberté de faire garder leurs bois, & de faire juger par les Oficiers de leur Juſtice, en premiere inſtance, les délits commis dans leſdits bois. Par Edit du mois de Mars 1707, il fut néanmoins créé des Juges Gruïers dans toutes les Juſtices des Seigneurs, dont les fonctions fixées par la Déclaration du 15 Avril 1710, devoient conſiſter à faire l'aſſiette, martellage & récollement des ventes de bois de fûtaïe ſeulement, contenant plus d'un journal en quarré ; ſans pouvoir faire aucune viſite dans leſdits bois, ſinon en cas de délit, ou qu'ils en fuſſent requis par les Propriétaires ; & ſans pouvoir pareillement faire les ventes & adjudications des bois taillis, dont l'exploitation & la vente furent réſervées au gré des Propriétaires. Ces Ofices furent unis aux Juſtices des Seigneurs, par la Déclaration du 15 Avril 1710, à la charge d'une finance ; au moïen de quoi leſdits Seigneurs ſont rentrés dans le libre éxercice de la Grurie ; en conſéquence ils ont la liberté d'exploiter & de vendre leurs bois comme il leur plait ; tout ce qui eſt réſulté de la création de ces Ofices en faveur des Seigneurs, c'eſt le droit de faire garder leurs bois, & de faire juger les délits en premiere inſtance par leurs Oficiers.

Ainſi les adjudications qu'ils ſont faire de leurs bois dans leurs Juſtices, ſont des actes volontaires ſujets au contrôle.

Lorſque par une même adjudication il eſt vendu des bois à divers particuliers, il n'eſt dû qu'un droit de contrôle ſur le total des adjudications, faites dans la même ſéance & par le même cahier. Déciſion du Conſeil du 11 Juillet 1725, ſur le mémoire du Gréfier de Lucheux. *Voïez* encore la Déciſion du 31 Mars 1736, qui déboute le Fermier de Champagne de ſon apel d'une Ordonnance, par laquelle le droit de contrôle de l'adjudication des biens & revenus communaux de Beaumont en Argone, faite à pluſieurs particuliers, avoit été fixé ſur le total.

Si l'adjudication eſt faite en Juſtice, en vertu de quelque autorité qui l'a ainſi ordonné, elle n'eſt plus volontaire ni par conſéquent ſujette au contrôle. Déciſion du Conſeil du 28 Juin 1731, au ſujet d'une adjudication qui avoit été faite en Juſtice, en vertu d'Arrêt.

Il eſt d'uſage dans quelques provinces d'adjuger les bois par piéces & cantons, à tant la verge ou l'arpent, dont la quantité ne ſe conſtate que trois ou quatre mois après l'adjudication, & ſouvent même après la coupe. Par Arrêt du Conſeil du 23 Septembre 1725, il eſt ordonné que ces adjudications de bois feront portées au contrôle dans la quinzaine de leur date, pour y être enregiſtrées & pour être mis un *vû* ſur les minutes ; ſans qu'auparavant cet engiſtrement, il puiſſe être fait aucun acte ni pourſuites en conſéquence, autres que les procès verbaux de meſurage ; & que, pour conſtater la quantité des arpens ou verges, compris dans leſdites adjudications, & en fixer les droits de contrôle, le meſurage ſera fait & parfait contradictoirement avec les vendeurs & les adjudicataires dans le délai de ſix mois au plûtard à compter du jour de la date defdites adjudications, & les droits de contrôle païés fur le pié de la quantité qui fe trouvera, dans la quinzaine du jour de la perfection du mefurage, dont le procès verbal fera raporté pour être contrôlé; duquel contrôle il fera fait mention fur lefdites adjudications, pour laquelle mention il ne fera perçû aucun droit. Enfin que les vendeurs ne pourront demander aux adjudicataires autres ni plus grandes fommes que celles qui réfulteront des procès verbaux de mefurage qui auront fervi à fixer les droits de contrôle.

Il y a auffi quelques provinces où les bois de fûtaïe vendus pour être coupés, font affujettis au droit de *centiéme denier*, comme en Normandie, en Guyenne, &c. Il faut alors avoir attention de percevoir ce droit fur toutes les adjudications des bois des Seigneurs & des particuliers. *Voïez* ci-après *Bois.*

ADJUDICATIONS *de biens en direction*, font les ventes faites par les créanciers unis, des biens que leur débiteur leur a volontairement abandonnés pour être ainfi vendus en direction.

Ces adjudications ou ventes font affujetties au *contrôle des actes* par l'art. 3 du Tarif du 29 Septembre 1722, & le *centiéme denier* eft dû des immeubles. *Voïez Abandonnement; & Direction.*

Décifion du Confeil du 21 Août 1752, qui juge qu'il n'eft dû qu'un droit de contrôle pour l'adjudication en direction des biens du fieur Natalis, abandonnés à fes Créanciers; quoique par le même acte il y ait diftribution du prix à païer par l'adjudicataire aux créanciers. Le commis prétendoit que cette difpofition étoit une délégation pour laquelle il étoit dû un fecond droit; mais ce n'eft qu'une fuite néceffaire de l'abandonnement, qui a toujours pour objet l'adjudication en direction par les Créanciers, pour être païés.

ADJUDICATIONS *par décret*, font les ventes faites en Juftice des biens faifis réellement. Ce font des actes judiciaires forcés, qui ne font par conféquent point fujets au contrôle des actes. Le droit de *centiéme denier* eft dû des immeubles réels qui font ainfi adjugés, parce qu'il y a mutation de propriété, *Voïez Décret & Déclaration.*

ADJUDICATIONS, *ou reventes à la fole-enchère des adjudicataires;* ce font les publications qui fe font de nouveau, aux rifques, périls & fortunes de ceux qui ont les derniers enchéri, faute par eux d'avoir rempli les conditions des adjudications qui leur ont été faites.

Avant que d'expliquer les droits de centiéme denier réfultans de ces adjudications, il paroît convenable de raporter les maximes féodales à cet égard.

Maximes féodales.

En vente forcée, la configuation ou le païement eft de l'effence du contrat, & le défaut de païement du prix fait regarder la premiere adjudication comme une enchère feulement, en forte qu'il n'y a qu'une vente.

Ricard fur l'art. 84 de la Coûtume de Paris, dit que fi l'adjudicataire ne configne point, & qu'on revende à fa fole-enchère, il eft dû doubles droits de lods; & il raporte trois Arrêts des 21 Mai 1607, 21 Juin 1609 & 8 Juillet 1618.

La plûpart des auteurs font d'avis contraire; c'eft-à-dire qu'ils n'eftiment pas qu'il foit dû doubles droits feigneuriaux, fi le premier adjudicataire n'a pas configné. *Voïez* Henrys, tom. 2, liv. 3, queft. 10; Brill. Verb. Configuration, n. 2, & Guyot en fon Traité des Fiefs, tom. 3, du quint. ch. 4, §. 2, n. 12. *Voïez* encore Henrys, liv. 3, qu. 54, n. 3; Ferrieres fur l'art. 83 de la Coût. de Paris, n. 17 & 18, & Bafnage fur

Adjudication ou Revente à la fole-enchère.

l'art. 171 de la Coût. de Norm. où il cite un Arrêt du Parlement de Roüen, du 27 Juillet 1638.

Brodeau fur M. Louet, lettre R. fom. 2, raporte deux Arrêts des 21 Août 1607, & 8 Juillet 1628 (qui paroiffent les mêmes que ceux cités par Ricard) qui adjugent doubles droits ; mais Guyot obferve que l'adjudicataire avoit jouï dix ans, & que ce ne fut qu'après ce tems qu'on procéda à la fole-enchère.

Les auteurs, qui font de l'avis des doubles droits, difent que fi la première adjudication eft annullée, c'eft par une réfolution volontaire & par la faute du premier adjudicataire qui doit fe l'imputer ; Ricard fur l'art. 84 de la Coûtume de Paris ; Dupleffis fur la même Coûtume ; & Ferriers, Traité des Fiefs, ch. 2, §. 3, art. 1, n. 25, font de cet avis.

Poquet de Livonniere eft d'avis contraire, & dit que Charondas, fur l'art. 84 de la Coût. de Paris, Henrys, tome 2, de fes Arrêts, liv. 3, qu. 30, & le Maitre fur Paris, p. 106, confidèrent la première adjudication comme nulle, attendu que le premier adjudicataire n'a jamais été propriétaire ni poffeffeur, d'autant que la feconde adjudication fe fait fur le premier faifi & fur les procédures du premier décret, après quelques publications à la fole-enchère du premier adjudicataire ; cependant fi ce premier adjudicataire étoit entré en poffeffion des biens, en avoit jouï & en avoit été invefti par le feigneur, ce qui peut arriver lorfque le prix de cette première adjudication eft païable aux créanciers qui ont donné terme ou attendu le païement ; en ce cas Livonniere eftime que la première adjudication a eû fon éfet & a produit une vraie mutation. Mais fi, faute de confignation dans le tems de l'Ordonnance, on procéde incontinent à une adjudication à la fole-enchère de l'adjudicataire, avant qu'il ait fait aucun acte confidérable de propriété, il n'eft dû qu'un feul droit. Livon. Traité des Fiefs,

livre 3, chapitre 4, fect. 2, p. 158.

Décifions pour le centiéme denier.

Si, faute de confignation dans le tems de l'Ordonnance, on procéde incontinent à une nouvelle adjudication à la fole-enchère du premier adjudicataire, il n'y a qu'une mutation éfective, de laquelle le droit de centiéme denier doit être éxigé feulement ; enforte que s'il a été païé pour la première, la feconde n'y eft fujette qu'à raifon de l'augmentation du prix s'il s'en trouve ; mais fi le prix de la feconde eft inférieur à celui de la première, l'excédent du droit ne doit pas être reftitué ; c'eft une partie des frais de la fole-enchère que fuporte le premier adjudicataire.

Si ce premier adjudicataire a été fait propriétaire & qu'il ait jouï, il eft inconteftablement dû deux droits de centiéme denier.

Le 22 Octobre 1719, il a été décidé au Confeil qu'il étoit dû deux droits de centiéme denier, l'un pour l'adjudication faite d'une maifon à Denis & à Louis Picton, & l'autre pour la revente faite à leur fole-enchère au fieur Reale pour le même prix.

Décifion du Confeil du 3 Octobre 1733, qui juge que le droit de centiéme denier n'eft dû que pour l'adjudication à la fole-enchère, & qu'il n'eft rien dû pour la première.

Le 27 Juillet 1737, il a été décidé contre Guillaume Alingre, que, n. nobftant le centiéme denier païé pour une première adjudication par licitation, qui eft demeurée fans éfet par la revente à lui faite enfuite à la fole-enchère de fon frère adjudicataire, il eft dû un nouveau droit fur le pié de la moitié, qui originairement n'apartenoit pas à Guillaume, & dont il devient propriétaire par la derniere adjudication.

Décifion du Confeil du 25 Février 1747, qui juge qu'il eft dû deux droits de centiéme denier, l'un pour l'adju-

dication faite en 1729 , à Eutrope Larcher , & l'autre à caufe de la fucceſſion
dudit Larcher échuë en 1741 à fon neveu,
fur lequel il a été fait une revente à la
fole-enchère en 1742 , dont le droit de
centiéme denier a été païé. *Nota.* La
queſtion ne pouvoit fouffrir aucune dificulté , vû la longue jouïſſance d'Eutrope Larcher qui eſt même décédé faili.

Autre Déciſion du 23 Novembre 1751,
contre le fieur Logrie, qui juge qu'il doit
païer le centiéme denier de l'adjudication
qui lui a été faite en 1751, d'une maiſon
à Paris, à titre de revente ordonnée par
Arrêt du Parlement, à la fole-enchère de
celui qui en étoit reſté adjudicataire en
1738 , & qui avoit païé ce droit pour fon
adjudication.

ADJUDICATIONS *par miſe à prix*
font en uſage en Flandres. Ces actes ne
font parfaits qu'après quarante jours, pendant leſquels toutes perſonnes font reçuës
à faire des enchères.

Arrêt du Conſeil rendu en forme de
Règlement le 9 Janvier 1725 , qui ordonne que les contrats de vente par miſe
à prix feront contrôlés dans la quinzaine
de leur date , & les droits païés fur le pié
des fommes y contenuës ; que chaque enchère fera pareillement contrôlée dans la
quinzaine de fa date , & les droits païés
fur le montant des enchères ; que le droit
de centiéme denier fera païé dans la quinzaine de la dernière enchère , & en même-
tems qu'e le fera contrôlée ; & que pour
l'inſinuation des biens fitués hors l'arondiſſement du bureau où les actes feront
paſſés ; les trois mois accordés par les
Règlemens ne courront que du jour de la
dernière enchère.

ADJUDICATIONS *des revenus communs, des biens patrimoniaux & d'octroi
des villes & communautés féculières &
régulières*, font fujettes au contrôle dans
la quinzaine de leur date ; foit qu'elles
foient faites par les Magiſtrats & autres

Oficiers des villes , par délibérations ; foit
qu'elles foient reçuës par les Secrétaires
des villes ou autrement. *Voïez Baux* des
revenus des communautés , *&c.*

Les adjudications des revenus des communautés laïques, qui font faites devant
Mrs les Intendans & Commiſſaires dépar-
ties, font nommément diſpenſées du contrôle des actes par l'Arrêt du 13 Décembre
1695 ; l'art. 14 de la Déclaration du 19
Mars 1696 , l'art. 3 de celle du 14 Juillet 1699 , & l'art. 2 de celle du 20
Mars 1708.

Déciſion du Conſeil du 3 Février 1748 ,
qui juge que l'adjudication des octrois de
Lyon faite par M. l'Intendant, en vertu
des ordres du Conſeil, n'eſt point fujette
au contrôle , quoique les précédentes
euſſent été contrôlées ; parce qu'elles
étoient abuſivement faites par les
Prévôt des Marchands & Echevins de
Lyon.

ADJUDICATIONS *des domaines &
biens domaniaux.* Il fe fait des adjudications des domaines du Roi à titre de ferme. *Voïes Fermes* ; il fe fait auſſi des
adjudications des grands & petits domaines, foit à titre de propriété incommutable , foit à faculté de rachat perpétuel ,
foit à vie ; enfin il fe fait des adjudications
à titre de revente fur une première aliénation. *Voïez* Domaine , & Revente.

Les Fermiers des domaines doivent
païer fur les lieux les frais des adjudications fur les Ordonnances de Mrs les Intendans , & le rembourſement doit leur
en être fait à Paris , par le Caiſſier de la
revente des domaines. Déciſion du Conſeil
du 8 Mars 1740.

ADJUDICATIONS *en général* , font
fujettes au contrôle des actes, même celles
faites en Juſtice, lorſqu'elles font volontaires & de nature à pouvoir être confommées par des marchés particuliers , ou
par des actes paſſés devant Notaires, conformément aux principes établis ci-devant,

Verb. *Actes volontaires reçûs en Justice*,
p. 82 & *Adjudications de Bois.*

Décidé au Conseil le 15 Février 1724,
que l'adjudication de l'entretien du Port
de Cette en Languedoc, faite par M^rs les
Commiſſaires du Roi & des Etats de la
Province, eſt ſujette au contrôle.

Par Déciſion du Conseil du 7 Mai 1729,
il a été jugé que le droit de contrôle eſt
dû pour une adjudication d'ouvrages à faire
à une boucherie, faite au rabais devant
le Lieutenant général de Police.

Déciſion du 25 Novembre 1735, qui
juge que les adjudications pour le nétoïement des ruës de Beſançon, ſont ſujettes
au contrôle, mais que le droit n'eſt dû que
comme pour un bail.

Par Arrêt du Conſeil du 27 Septembre
1723, concernant les adjudications que font
les Jurats des Communautés de Bearn des
revenus deſdites communautés, qui conſiſtent dans des bruïeres & branchages d'arbres; leſquelles adjudications ſe font par détail & à des prix très-modiques, il eſt ordonné que pour *chaque* adjudication faite à *chaque* particulier, moïennant dix livres & au-
deſſous, le droit de contrôle ſera païé conformément à l'art. 3 du Tarif de 1722; & qu'à
l'égard des adjudications faites dans une
même vacation à diférens particuliers,
pour des ſommes au-deſſous de dix livres,
leſdites ſommes ſeront accumulées & jointes enſemble, & le droit de contrôle païé
autant de fois qu'il y aura de dix livres,
& en outre un droit pour l'excédent.

L'article 3 de l'Arrêt de Règlement du
15 Octobre 1737, concernant les actes
des communautés du Languedoc, déclare
ſujettes au contrôle des actes les adjudications au rabais pour les conſtructions ou
réparations de maiſons & édifices publics.

Déciſion du Conſeil du 29 Juillet 1747,
qui juge que les adjudications faites à l'Oſ-
cialité, des droits de déport des bénéfices
en Normandie, doivent être contrôlées
dans la quinzaine. Voïez *Déport.*

La Déciſion du Conſeil du 17 Octobre
1748, rendue contre le ſieur Guymont,
Gréfier de l'hôtel de ville de Mayenne,
juge que les adjudications faites à l'hôtel
de ville pour l'entretien des pavés, enleve-
ment des boües, nétoïement des ruës, &c.
ont dû être contrôlées dans la quinzaine.

Déciſion du Conſeil du 2 Mai 1750, ſur
queſtion renvoïée par M. l'Intendant de
Metz; qui juge que les adjudications qui
ſe font annuellement à Verdun de la fourniture du pain des priſonniers, devant le
Lieutenant criminel, ſur la requéte du
Procureur du Roi, ſont ſujettes au contrôle.

Les adjudications volontaires de navires faites à l'Amirauté, ſont ſujettes au
contrôle dans la quinzaine. *Voï ʒ* l'article
18 de l'Arrêt du 9 Novembre 1700. C'eſt
auſſi ce qui a été jugé le 29 Juin 1754,
par M. l'Intendant de Bretagne, contre le
Gréfier de l'Amirauté de Saint Brieux;
mais il faut excepter celles qui ſont faites
à la requête du Procureur du Roi, de
navires pris ſur l'ennemi, & de ceux briſés
ou naufragés; parce qu'alors ſon miniſtère
eſt néceſſaire, ſuivant l'art. 3 du titre 2
de l'Ordonnance de la Marine pour la Bretagne de 1684; les adjudications de navires
ſur la ſaiſie des créanciers ſont également
judiciaires; mais les adjudications qui font
faites ſur les propriétaires & armateurs, &
autres, ſoit par l'éfet de diſſolution de
ſociété ou autre motif volontaire, ou faites
par les créanciers ſur l'abandonnement de
leur débiteur, ſont ſujettes au contrôle
dans la quinzaine.

AFFIRMATION de voïage; eſt un
acte qui ſe fait à un bureau établi à cet
éfet par le Fermier des domaines, comme
aïant droit de commettre à l'éxercice des
Gréfes des affirmations de voïage, qui n'ont
point été levés. Cet acte contient l'affirmation d'une partie de s'être tranſportée ou
d'avoir ſéjourné dans le lieu, pour tel
objet; & c'eſt ſur l'expédition de cet acte
que les frais du voïage ou du ſéjour ſont

paffés en taxe à la partie, fi elle obtient à fes fins.

Il fut ordonné par Edit du mois de Mars 1597, qu'il ne feroit procédé à la taxe des voïages des parties que fur des actes de comparution & de départ faits aux Gréfes ; pour lefquels actes il feroit païé aux Gréfiers des Cours, cinq fols, tant pour l'acte de comparution que pour celui du départ ; & aux autres Gréfiers, trois fols ; & faute auxdits Gréfiers de païer la finance de ces attributions, il fut par le même Edit créé & érigé en titre d'ofice formé, un Gréfier des affirmations en chacune des Cours, Bailliages, Sénéchauffées & Siéges préfidiaux, requêtes de l'hôtel & du Palais, Greniers à Sel, Elections & autres Jurifdictions roïales du Roïaume.

L'Ordonnance de 1667, titre 31. art. 14, porte que » les voïages & féjours » qui doivent entrer en taxe, ne pourront » être emploïés ni taxés, s'ils n'ont été » véritablement faits & dûs être faits, » & que celui qui en demandera la taxe » ne faffe aparoir d'un acte fait au Gréfe » de la Jurifdiction en laquelle le procès » fera pendant, lequel (acte) contiendra » fon affirmation qu'il a fait exprès le voïa- » ge pour le fait du procès ; & que l'acte » n'ait été fignifié au Procureur de la par- » tie auffi-tôt qu'il aura été paffé ; & le » féjour ne poura être compté que du jour » de la fignification.

Il fut créé en conféquence, par Edit du mois d'Août 1669, des Ofices de Gréfiers des affirmations de voïage dans toutes les Cours & Siéges du Roïaume qui ont pouvoir de taxer des dépens, pour expédier lefdits actes d'afirmations de voïage, privativement & à l'exclufion de tous autres Gréfiers ; & il leur fut attribué pour chacun defdits actes ; favoir, dans les Cours fupérieures, vingt fols, & dans les Préfidiaux & autres Jurifdictions, dix fols.

Au moïen de cet établiffement les fonctions des Gréfiers de la création de 1597,

ont ceffé, fauf à eux à fe faire rembourfer. *Voïez* les Arrêts du Confeil des 26 Août 1669, & 13 Janvier 1670, portant que le Fermier général commettra à l'éxercice defdits Gréfes, & qu'il jouïra des émolumens ; celui du 5 Février 1671, portant que Vialet, Fermier général, jouïra du Gréfe des affirmations de voïage du Bailliage d'Aurillac, fauf au Gréfier établi en conféquence de l'Edit de 1597, à raporter fes titres. Il a encore été ordonné par celui du 4 Janvier 1672, que les anciens Gréfiers des affirmations feroient liquider leurs finances pour être remboursés.

Arrêt du Confeil du 20 Septembre 1672, portant que les Gréfiers des Cours & Siéges communiqueront au Fermier & à fes Commis les états, taxes & liquidations ; avec défenfes aux Juges, Procureurs-tiers & autres qui taxeront & liquideront les dépens, de comprendre aucuns frais de voïage & féjour dans les taxes de dépens, s'il ne paroit d'acte d'affirmation, à peine d'interdiction & des dommages & intérêts du Fermier ; & aux Procureurs de pourfuivre & de demander des frais de voïage & féjour, finon fur des actes d'affirmation, à peine d'interdiction & de 500 livres d'amende.

L'Arrêt du Confeil du 1er Mai 1676, rendu en éxécution du précédent, défend aux Oficiers des Cours & des Juftices roïales, ordinaires & extraordinaires, de taxer & liquider les frais de voïage & féjour, s'il ne leur aparoit d'actes d'affirmation, à peine contre les Juges d'en répondre ; & contre les Procureurs, du quadruple, & de tous dépens dommages & intérêts.

Celui du 18 Novembre 1681, rendu en forme de Règlement, caffe deux Arrêts du Parlement de Rouen ; ordonne l'éxécution de l'art. 14 du titre 31 de l'Ordonnance de 1667, de l'Edit de 1669, & des Arrêts des 20 Septembre 1672,

14 Janvier 1673, 1ᵉʳ Mai 1676, & autres. Fait itératives défenfes aux Oficiers
des Cours & des Jurifdictions fubalternes
de la Normandie, & à tous autres aïant
qualité de taxer & liquider dépens, de
taxer aucuns voïages & dépens, même
fous le titre de vacation d'un jour ou moins;
s'il ne leur paroit d'acte d'affirmation figné
des prépofés du Fermier ; & aux Juges
qui liquideront les dépens à l'audience ou
autrement, d'adjuger des voïages fous les
mots de fimples voïages ou de vacations ;
& aux Procureurs de les emploïer dans les
déclarations de dépens, fans raporter lefdits actes d'ffiarmation, dont mention fera
faite dans les liquidations & déclarations
de dépens, à peine d'interdiction & de
500 livres d'amende contre les Procureurs
contrevenans.

Les droits d'affirmation de voïage furent attribués en entier par la Déclaration du 23 Avril 1689, aux engagiftes des Gréfes des petits Bailliages, Prévôtés, Vicomtés & autres Juftices roïales,
à la charge de païer une finance.

Mais par Edit du mois d'Avril 1695,
il fut créé des Ofices de Gréfiers des
affirmations dans les Cours, Préfidiaux,
Bailliages, Sénéchauffées, Elections,
Greniers à fel & autres Jurifdictions roïales,
auxquels lefdits droits furent attribués.

Les Ofices de Gréfiers en chef, aïant
été fuprimés par l'Edit du mois de Décembre 1699, les droits qui leur étoient
attribués furent réunis au domaine, & en
conféquence les droits d'affirmations de
voïage, furent compris dans le bail général
des Gréfes, fait à Gervais le Roux, par
réfultat du Confeil du 8 Décembre 1699.

Ces droits furent attribués par l'Edit
du mois d'Octobre 1704, aux engagiftes des Gréfes ordinaires des Jurifdictions, à la charge de païer une finance ; & par Edit du mois de Février
1715, ils furent réunis au domaine.

Par Arrêt du Confeil du 8 Juillet 1710;

il eft fait défenfes aux Oficiers des élections de Dauphiné, de paffer en taxe
des frais de voïage à ceux qui leur aportent les Rôles des Tailles à vérifier, à
moins qu'ils n'aïent pris des actes d'affirmation de voïages ; & aux oficiers de la
Chambre des Comptes de Grenoble, de paffer des frais de voïage aux Receveurs des
Tailles qui vont y rendre leurs comptes,
fi ce n'eft fur des actes d'affirmation de
voïage levés au Gréfe.

Arrêt du Confeil du 31 Décembre
1715, qui fait défenfes aux tiers référendaires, taxateurs de dépens, d'emploïer ou paffer en taxe aucuns frais de
voïage, à moins qu'il ne leur aparoiffe
d'un acte d'affirmation levé au Gréfe des
affirmations, pour chaque voïage qu'il
conviendra taxer, & du contrôle d'icelui,
à peine de 300 livres d'amende pour chaque contravention, & de répondre en
leur propre & privé nom des droits defdits actes d'affirmation & contrôle.

Par l'Edit du mois de Janvier 1716,
il eft ordonné que le Fermier jouïra des
droits d'affirmation de voïage dans les nouvelles Jurifdictions Confulaires créées par
les Edits de Mars 1710 & 1711, ainfi
que dans les anciennes. *Voïez* auffi l'Arrêt
du 18 Août fuivant, contenant pareille
difpofition pour les Elections, Siéges Criminels & de Police, Eaux & Forêts, &
Bureaux des Finances.

Arrêt du Confeil du 24 Juillet 1717,
portant que le Fermier général jouïra des
droits d'affirmation de voïage & contrôle,
tant en l'Election de Paris que dans les
autres Elections du Roïaume, avec défenfes aux Procureurs de paffer à leurs parties
aucuns frais de voïage, à moins qu'il n'ait
été pris au Gréfe un acte d'affirmation côn-
trôlé, à peine de 300 livres d'amende
pour chaque contravention.

Arrêt du Confeil du 9 Avril 1718, portant que le Fermier jouïra defdits droits
dans la Jurifdiction Confulaire d'Angers.

Contrôle

Contrôle des Affirmation.

Par Edit du mois de Septembre 1704, il fut créé des Ofices de Contrôleurs des actes d'affirmation de voïage, avec attribution de dix fols pour chaque acte d'affirmation expédié dans les Cours de Parlement & autres Cours fupérieures ; & de cinq fols pour chaque acte d'affirmation qui fera expédié dans les Siéges Préfidiaux, Bailliages & autres Juftices roïales du Roïaume, qui ont pouvoir de taxer des dépens fans exception ; pour être lefdits droits païés outre & par deffus ceux portés par l'Edit du mois d'Août 1669.

Ces Ofices de Contrôleurs furent fuprimés par Edit du mois d'Octobre 1708, & les droits qui leur étoient attribués furent unis à la Ferme des Gréfes, dont ils font encore partie.

L'Arrêt du 24 Avril 1717, porte que Normand, Fermier général des Gréfes, jouïra des droits de contrôle des actes d'affirmation de voïage.

Au moïen de ce contrôle, les deux fols pour livre établis fur les diférens droits de Gréfes, ne doivent pas être perçus fur ceux d'affirmation de voïage.

Il a été ordonné par Arrêt du Confeil du 24 Mai 1740, que le Fermier jouïra du contrôle des affirmations de voïage au grand Confeil & à la Prévôté de l'hôtel ; fur le compte de ces droits qu'il a demandé à la communauté des Procureurs, il a été ordonné le 6 Juillet 1740, que ce compte feroit fourni, à commencer du 1er Avril de la même année.

Il réfulte de ce que deffus, que le droit dû pour chaque acte d'affirmation de voïage eft de trente fols dans les Cours fupérieures, y compris le contrôle ; & de quinze fols dans les diférens Siéges & Jurifdictions, y compris pareillement le contrôle. Edits des mois d'Août 1669, & Septembre 1704,

Tome I.

Les droits des actes d'affirmations de voïage ont-ils lieu dans tous les Siéges ?

Suivant l'Ordonnance de 1667, l'acte d'affirmation doit être fait au Gréfe de la Jurifdiction en laquelle le procès eft pendant.

Par l'Edit de 1669, le Roi dit que fon intention eft de créer & établir des Gréfiers particuliers dans toutes fes Cours, Siéges & Juftices du Roïaume, pour les actes d'affirmation ; & en conféquence, Sa Majefté a créé des Gréfiers dans toutes les Cours & Siéges qui ont pouvoir de taxer les dépens.

Cet établiffement avoit alors pour objet toutes les Jurifdictions roïales indiftinctement ; car fous prétexte que l'Edit ne parle que des Siéges qui ont le pouvoir de taxer les dépens, on ne doit pas en exclure les Siéges roïaux fubalternes, que l'art. 33 du titre 31 de l'Ordonnance de 1667, affujettit à *liquider* les dépens ; d'autant que tous Juges roïaux qui ont acquis l'Ofice de Commiffaire éxaminateur des dépens, ont le droit de les *taxer*, fi ce n'eft dans les affaires fommaires qui fe vuident à l'audience. Les Arrêts rendus pour l'éxécution de l'Edit de 1669, ne font aucune diftinction des Juges qui ont le pouvoir de *taxer* de ceux qui ne peuvent que *liquider*.

Les Arrêts des 20 Septembre 1671, & 1er Mai 1676, comprennent toutes les Juftices roïales ordinaires & extraordinaires, fans exception.

Celui du 18 Novembre 1681, défend aux Oficiers des *Jurifdictions fubalternes* & *à tous autres*, aïant pouvoir de *taxer* & *liquider* dépens, de paffer aucuns voïages fans actes d'affirmation ; & aux Juges qui *liquideront* les dépens à l'audience ou autrement, d'adjuger des voïages fous les mots de fimples voïages ou vacations fans actes d'affirmation.

N

Les droits des actes d'affirmation de voïage devoient tellement être perçûs au profit du Roi dans les Justices roïales subalternes, que par la Déclaration du 23 Avril 1689, lesdits droits furent attribués aux engagistes des Gréfes des petits Baillages, Prévôtés, Vicomtés & autres Justices roïales, à la charge par eux de païer une finance.

La création des Ofices de Gréfiers des affirmations de voïage dans tous les Siéges roïaux sans exception, fut même réïtérée par l'Edit du mois d'Avril 1695, avec attribution des droits fixés par celui de 1669. Ainsi il n'y a aucune distinction à faire dans les Siéges roïaux, soit que les Juges aïent le pouvoir de *taxer* les dépens, soit qu'ils ne puissent que les *liquider* par les jugemens.

Tous les Ofices de Gréfiers en chef aïant été suprimés par Edit du mois de Décembre 1699, les droits qui leur étoient attribués, furent réunis au Domaine; & en conféquence les droits des actes d'affirmation de voïage furent compris dans le bail de Gervais le Roux, par Résultat du Conseil du 8 Décembre 1699.

Les actes d'affirmation de voïage se faisoient alors dans les Siéges roïaux pour tout le ressort. Ils étoient expédiés par les Commis du Fermier, à l'exclusion des Gréfiers des Justices seigneuriales & autres, qui ne pouvoient s'immiscer dans ces fonctions ni s'attribuer des droits établis par le Roi, dont la perception étoit ordonnée au profit de Sa Majesté.

Mais cela ne remplissoit pas entièrement les dispositions de l'Ordonnance de 1667, suivant laquelle l'acte d'affirmation doit être pris au Gréfe de la Jurisdiction dans laquelle le Procès est pendant. C'est pourquoi Gervais le Roux établit des Commis pour les affirmations de voïage dans plusieurs Jurisdictions seigneuriales par démembrement des Gréfes des Justices roïales dont elles dépendoient; &

particulièrement dans les Jurisdictions seigneuriales qui étoient confidérables & éloignées des Justices roïales.

Par Edit du mois de Septembre 1704, le Roi créa, en chacune de fes Cours & Siéges qui ont pouvoir de taxer les dépens, des ofices de Contrôleurs des actes d'affirmation de voïage pour contrôler tous les actes d'affirmation, avec pouvoir au Fermier de commettre à l'exercice jufqu'à la vente.

Cet Edit, calqué fur celui de 1669, fembloit n'avoir assujetti au contrôle que les actes d'affirmation de voïage des Cours & des Siéges roïaux du premier ordre; & en avoir excepté les Justices roïales, subalternes, & à plus forte raifon les Jurisdictions seigneuriales. Il falloit donc une explication : elle ne tarda pas.

Par Arrêt du Conseil du 7 Octobre 1704, rendu de mouvement, le Roi rapelle son Edit du mois de Septembre précédent, & fur ce que l'on a obmis d'y faire mention des *Duchés-Pairies & autres Justices des Seigneurs*, quoique l'intention de S. M. ait été que les ofices de contrôleurs fussent établis partout où les Gréfiers des affirmations l'ont été, il est ordonné, en interprétant ledit Edit, qu'il fera procédé à la vente & établissement des ofices de Contrôleurs des actes d'affirmations de voïage, dans toutes les Justices & Jurisdictions, dans lesquelles les Gréfiers des affirmations ont été établis, soit que les droits attribués pour raifon desdites actes aïent été engagés aux Seigneurs desdites Justices & autres particuliers, ou qu'ils foient actuellement perçus au profit du Fermier des Gréfes.

Cet Arrêt a été suivi d'une Déclaration du 26 Mai 1705, enregistrée au Parlement de Paris le 10 Juin, par laquelle, après avoir rapellé l'Edit du mois de Septembre 1704, & l'Arrêt du 7 Octobre fuivant, il est ordonné qu'il fera établi dans toutes les Cours & Ju-rifdictions du Roïaume, dans lefquelles les Gréfiers des affirmations l'ont été en en éxécution de l'Edit de 1669 (à l'éxeption de la Provence (*) & de la Franche-Comté) des Contrôleurs des actes des affirmations ; avec défenfes à tous Juges de donner, aux audiences, acte aux Parties de leur voïage & féjour, & de leur allouer aucune taxe pour raifon de ce, qu'en juftifiant d'un acte d'affirmation dûment contrôlé.

L'Arrêt du 9 Octobre 1708, rendu en conféquence du bail paffé le même jour à Claude l'Héritier, ordonne qu'il jouïra des droits attribués par la Déclaration du 26 Mai 1705, pour le contrôle des actes d'affirmation de voïage dans toutes les Cours & Siéges du Roïaume où les Gréfiers des affirmations ont été établis, à l'exception de la Provence & de la Franche-Comté ; avec permiffion de commettte à l'éxercice.

Il eft donc conftant que l'établiffement des Gréfiers d'affirmations a eu lieu dans les Juftices feigneuriales, & que le contrôle a pareillement dû y être établi. Il eft également certain que les droits en apartiennent au Roi, fi ce n'eft que les Seigneurs les euffent acquis ; auquel cas le Fermier du Roi ne jouïroit que du contrôle, conformément à l'Arrêt du 7 Octobre 1704.

Les actes d'affirmations font libres ; mais les Juges des Seigneurs ne peuvent non plus que les roïaux donner acte des voïages, ni les allouer dans les taxes, ou liquidations de dépens, fans un acte d'affirmation contrôlé. Ce n'eft point un acte du Gréfe ordinaire, & par conféquent le Gréfier de la Juftice ne peut en apliquer les droits à fon profit ; il ne peut même les recevoir, ni expédier les actes

s'il n'eft commis à cet éfet par le Fermier, auquel il doit compter des droits.

Par Arrêt du Confeil du 11 Juin 1726, il a été ordonné que Charles Baffet, Fermier des Gréfes, jouïra des droits d'affirmations de voïage des Juftices feigneuriales du reffort du Préfidial de Nantes, au préjudice du fieur Frefneau, qui prétendoit qu'au moïen du bail à lui fait du Gréfe en chef du Préfidial & de tous les émolumens, droits de préfentations & affirmations, il devoit jouïr defdits droits dans l'étenduë du reffort, fous prétexte que l'établiffement des affirmations de voïage n'avoit été ordonné par les Réglemens, que dans les Juftices roïales, & qu'on ne l'avoit étendu dans les Juftices feigneuriales, que pour épargner au public la peine de venir au Gréfe roïal ; qu'ainfi les droits d'affirmations des Juftices feigneuriales étoient une dépendance du Gréfe roïal en chef qui lui étoit afferme.

Par Ordonnance contradictoire de M. le Bret, Intendant en Bretagne du 29 Mars 1755, René Berthereau, Gréfier de la Jurifdiction feigneuriale de Monframery, a été condamné à païer au Fermier des Domaines 209 livres cinq fols, pour les droits de 279 actes d'affirmations de voïage par lui reçus & expédiés. Il difoit que les Gréfiers des Seigneurs font dans l'ufage de recevoir ces actes dans les endroits où le Fermier n'a pas établi de Bureau ; que ce ne font que de fimples Déclarations concernant le Gréfe, & pour lefquelles les Gréfiers ne perçoivent que 6 fols au lieu de 15 fols que prétend le Fermier ; il lui eft en outre enjoint, & aux autres Gréfiers des Jurifdictions feigneuriales de la Province, de fe conformer aux Réglemens, avec défenfes de s'attribuer

---

(*) Les Procureurs de Provence avoient racheté les ofices de Contrôleurs, ainfi qu'il paroît par l'Edit du mois de Décembre 1707.

les droits des affirmations de voïage.

Cette Ordonnance eſt énoncée & conſtatée par l'Arrêt du Conſeil du 8 Juillet 1755 , rendu contre ledit Gréfier & autres , au ſujet de la plainte par eux formée , contre les emploïés chargés de l'éxécution de ladite Ordonnance , & du décret prononcé en conſéquence.

AFFIRMATION *des procès verbaux des commis & autres emploïés de la Ferme des domaines.*

Ces procès verbaux doivent être affirmés devant M^{rs} les Intendans ou leurs ſubdélégués , & même à défaut devant le Juge du lieu ou autre gradué , lorſqu'on ne peut pas joindre à ces procès verbaux de piéces de conviction de la contravention ; car s'il s'agit de faits prouvés par des piéces , comme dans les cas de fauſſes eſtimations , l'affirmation n'eſt aucunement néceſſaire ; l'on pourroit même dans ce cas ſe paſſer du Procès verbal qui n'eſt qu'un ſimple raport , & agir en vertu d'une contrainte ; mais lorſqu'il eſt queſtion de refus d'ouverture d'étude , ou de communication de minutes ; d'un exploit ou d'un acte , aportés au contrôle après le délai , & autres cas ſemblables , qui ne peuvent être conſtatés que par un procès verbal , il faut qu'il en ſoit raporté un , & qu'il ſoit affirmé auſſitôt qu'il eſt fait , du moins dans les 24 heures.

Cependant l'affirmation n'eſt abſolument néceſſaire que pour concourir à faire rejetter une inſcription de faux que l'on voudroit former après le tems utile. Le procès verbal d'un commis qui a prêté ſerment , ſera toujours ſufiſant , quoique non affirmé , pour conſtater un fait , juſqu'à l'entrepriſe de la preuve du contraire ; on ne peut en venir à cette preuve que par la voie de l'inſcription en faux , & le tems de la former eſt limité , ſi le Procès verbal eſt affirmé , (*voïez* ci-après *inſcription* de faux) au lieu que le dé-

faut d'affirmation peut donner lieu à admettre l'inſcription après le délai.

Au ſurplus l'affirmation peut être valablement faite devant les Juges les plus prochains des lieux , ſoit roïaux , ſoit des Seigneurs , leſquels ſont tenus de mettre l'acte d'affirmation au pié du procès verbal , & de le ſigner ſans frais ; ſans néanmoins aucune attribution de Juriſdiction , qui demeure conſervée aux Juges , auxquels elle apartient. Déclaration du Roi du 23 Septembre 1732.

Par Arrêt du Conſeil du 17 Maï 1720 , nonobſtant l'exception des Notaires de Grenoble , que le Procès verbal raporté contr'eux , pour refus de communication de leurs minutes , n'étoit pas affirmé , ils ont été condamnés aux amendes encournës par leur refus.

Déciſion du Conſeil du 31 Août 1754 , contre le Gréfier de la Sénéchauſſée de Boullogne , qui par Ordonnance de M. l'Intendant d'Amiens avoit été condamné à repréſenter ſes minutes aux emploïés , & déchargé par grace de l'amende encouruë par ſon refus. Il diſoit , ſur l'apel du Fermier , que le procès verbal étoit nul , faute de lui en avoir donné copie ſur le champ & de l'avoir affirmé , ſoûtenant qu'il n'avoit pas refuſé. La Déciſion réforme l'Ordonnance , quant à la décharge de l'amende.

Arrêt de la Cour des Aides de Paris , du 7 Septembre 1750 , qui déclare valable un procès verbal des emploïés aux Aides , qui étoit attaqué ſous prétexte qu'il n'étoit pas dit dans l'affirmation que le Juge en eut fait lecture aux Commis.

Les affirmations des procès verbaux des commis des Fermes générales & des Aides , ne ſont point ſujettes au droit de *petit-ſcel* , quoique faites devant des Juges roïaux. Déciſion du Conſeil du 1er Juin 1729.

AFFIRMATION *d'un débiteur ſur une ſaiſie-arrêt faite entre ſes mains.*

Le Jugement qui accorde acte de cette

affirmation dans une Justice roïale, est sujet au *petit-scel*, & il est dû 25 so's pour le droit, suivant la seconde classe du Tarif du 20 Mars 1708. Décision du Conseil du 31 Décembre 1722.

Il arrive quelques fois que sur les saisies faites pour le recouvrement des deniers roïaux, les affirmations des débiteurs ne sont pas sincères, soit en disant de concert avec les principaux redevables que l'on a païé d'avance, soit en raportant des quitances sous-signature privée de date antérieure aux saisies-arrêts, quoique données depuis.

Par Arrêt de la Chambre souveraine des franc-fiefs du 18 Juin 1659, il fut ordonné que les Fermiers des débiteurs des droits, qui, sur les saisies faites entre leurs mains, raporteroient des quitances de païemens faits d'avance, seroient contraints, nonobstant lesdites quitances, sauf leur recours.

Par Arrêt rendu en la seconde Chambre des Enquêtes du Parlement de Paris, le 31 Janvier 1693, il a été jugé que le Fermier, qui dit avoir païé d'avance, doit affirmer la vérité des païemens; cet Arrêt est raporté dans le Diction. de Brillon, Verb. *païement*, n. 3.; & au mot *Bail*, n. 36; il est dit que lorsqu'un Fermier a avancé l'année de son bail, s'il survient une saisie, il n'est que créancier de la somme prêtée, pour laquelle il doit venir à contribution avec le saisissant; & qu'il a été ainsi décidé à la Bibliothéque des Avocats le 27 Février 1715.

Il est certain qu'on ne doit avoir aucun égard aux quitances sous-signature privée, pour des païement faits d'avance, si ce n'est en conformité des clauses du bail; l'on peut même en tout état faire affirmer la vérité des païemens.

Si le bail ne contient point l'obligation de païer d'avance, & que le fermier ou locataire, ne raporte pour les païe-mens d'avance, que des quitances sous-signature privée; il n'est pas douteux que sans y avoir égard, il doit être condamné à se dessaisir, sauf sa reprise contre le bailleur, sur tout lorsque le droit qui fait l'objet de la saisie, est privilégié sur le fonds dont les revenus sont saisis.

Par Ordonnance de M. de la Bourdonnaye, Intendant de Roüen, du 11 Septembre 1750, la veuve Bertaux, Fermière du sieur de Vidame, entre les mains de laquelle il avoit été fait une saisie pour le recouvrement d'un droit de franc-fiefs, & qui raportoit des quitances sous-signature privée de païemens faits d'avance, auxquels elle n'étoit point obligée par son bail, a été condamnée à païer au Fermier du domaine, tous les termes échus depuis la saisie, sauf sa reprise contre le propriétaire.

Décision du Conseil du 11 Février 1754, qui confirme une Ordonnance de M. l'Intendant d'Alençon, rendüe dans les mêmes circonstances, contre les Fermiers du sieur Camus.

AFFRANCHISSEMENT *de droits & redevances dûs au domaine du Roi, même à des Seigneurs particuliers, pour biens situés dans les Villes & Bourgs.*

Les affranchissemens de foi & hommage, & de droits seigneuriaux des biens domaniaux ne peuvent être valables; le Roi ne peut faire que des engagemens à faculté perpétuelle de rachat des profits & revenus casuels des fiefs & des autres biens du domaine de la Couronne; il a néanmoins été ordonné dans des besoins pressans de l'Etat, divers affranchisse-mens.

1°. *De Droits seigneuriaux casuels.*

Déclaration du Roi du 28 Janvier 1651, qui accorde la faculté aux possesseurs de biens en la censive & mou-

vance de S. M. de les affranchir du païement des lods & ventes, quint, requint,
relief, treizième, rachat & autres droits
caſuels, en païant volontairement l'indemnité à S. M. & faute par eux d'en
faire l'acquiſition, permis à toutes perſonnes de les acquérir.

Edit du mois de Novembre 1658,
portant que les cens, lods, ventes,
quint, requint, rentes, treizièmes, rachat,
reliefs & autres droits ſeigneuriaux & féodaux qui ſont ès mains du Roi ou engagés,
ſeront vendus & aliénés à titre d'inféodation ; avec création de la quantité néceſſaire de fiefs en chaque Bailliage & Sénéchauſſée.

Edit du mois de Mars 1693, pour
l'affranchiſſement, moïenant - finance,
& à faculté de rachat, des cenſives,
rentes foncières ſeigneuriales & autres,
& de tous devoirs & redevances annuelles ; enſemble des droits de quint, requint, reliefs, rachats, treizièmes, lods,
ventes & autres droits caſuels, de tous
fiefs, maiſons, places & autres bien mouvans & relevans du domaine, ſitués
dans les Villes, Fauxbourgs, & Bourgs
fermés du Roïaume, ſous la réſerve de
la foi & hommage pour les fiefs, & d'un
louis d'or à chaque mutation de vaſſal ;
& à l'égard des rotures, de 5 ſols pour
tous droits de mutations & profits.

Par autre Edit du mois de Septembre 1693, le Roi ordonna que l'affranchiſſement porté par l'Edit du mois de
Mars 1693, auroit lieu & ſeroit éxécuté
dans toutes les Villes, Fauxbourgs &
Bourgs fermés du Roïaume, tant pour les
maiſons, héritages & autres biens qui
ſont dans la cenſive & directe de S. M.
que pour ceux qui ſont dans la cenſive
& directe des Seigneurs particuliers ; en
conſéquence, que les Propriétaires deſdites maiſons & autres biens ſeroient déchargés à perpétuité de païer aucuns
droits aux mutations, tant à S. M. qu'aux

Seigneurs particuliers, en païant au Roi
par les Propriétaires, la même ſomme qui
ſeroit païée en cas de mutation ; ſauf à
S. M. à pourvoir inceſſamment à l'indemnité des Seigneurs ſur les états de produit deſdits droits qu'ils fourniroient ;
exceptant néanmoins de l'éxécution de
cet Edit, les Propriétaires des maiſons de la ville de Paris, à l'égard deſquels Sa Majeſté expliqueroit ſes intentions.

Les motifs de cet Edit furent que quoique
dans pluſieurs Villes, S. M. n'eut la directe
que ſur une partie des maiſons, il étoit
convenable de rendre leur qualité uniforme, & de les faire également contribuer aux beſoins de l'Etat ; qu'à cet éfet
Sa Majeſté avoit réſolu de ſe ſervir en
cette occaſion du droit que lui donne la
police générale qui lui apartient dans tout
le Roïaume, & de la prérogative émi-
nente de la ſouveraineté, qui lui attribuë le droit de ſe ſervir de tout ce qui
eſt dans l'Etat, quand la néceſſité le demande, en indemniſant d'ailleurs les particuliers auxquels apartiennent les choſes
priſes pour l'utilité publique. Ces motifs
furent auſſi tirés de l'éxemple des précédens Rois, qui en diverſes occaſions
avoient ordonné, non-ſeulement le rachat
des cens & rentes, tant féodales que
foncières, quoique non rachetables ; mais
encore, dans les néceſſités de l'Etat, que
les deniers du rachat ſeroient portés à
leur épargne, en indemniſant ceux auxquels ces rentes étoient duës, par des
conſtitutions d'autres rentes à leur profit, comme il fut fait ſous le régne de Henry II. ſuivant ſes Edits & Déclarations
des mois de Mai & Février 1553.

Les rôles arrêtés au Conſeil en vertu des
Edits de 1693, pour les Provinces,
ont monté à 7420000 liv. mais le recouvrement ne répondit pas à cet objet. Il
ne paroît pas même que l'affranchiſſement
ait eu lieu dans les cenſives & directes
des Seigneurs particuliers.

L'Edit du mois de Septembre 1693 , par lequel le Roi s'étoit réfervé d'expliquer fes intentions à l'égard des Propriétaires des maifons de Paris , fut fuivi d'un Arrêt du Confeil du 15 du même mois de Septembre 1693 , par lequel la ville de Paris fut exceptée de l'éxécution de l'Edit du mois de Mars précédent; il eft vrai qu'il fut dérogé à cet Arrêt par un autre du 15 Juin 1708 , portant que l'Edit de 1693 , feroit éxécuté à Paris , comme dans les autres Villes du Roïaume. Mais par autre Arrêt du Confeil du 23 Août 1720 , les habitans de Paris furent déchargés de l'éxécution de l'Edit du mois de Mars 1693 , & des rôles arrêtés en conféquence ; & il fut ordonné que les récépiffés donnés par le fieur Miotte , pour l'affranchiffement de droits feigneuriaux dûs au Roi dans la ville de Paris , feroient raportés pour être pourvû au rembourfement de ceux qui avoient financé. Et par un autre Arrêt du 1er Décembre 1720 , il fut ordonné que , faute de raporter lefdits récépiffés dans quinzaine , ils demeureroient nuls.

2°. *De Cens & Rentes.*

Il a été permis en diférens tems aux débiteurs des cens & rentes dûs au Roi, de les amortir fur le pié du denier 12 & du denier 15 ; & enfuite il a été ordonné qu'il feroit païé un fuplément de finance jufqu'a concurrence du denier 24 , faute de quoi les rentes ont été rétablies jufqu'à la même concurrence.

Voïez *Rentes* ; voïez auffi le n. 1. ci-deffus.

3°. *De Charges locales.*

Les engagiftes des domaines , parts & portions d'iceux , furent affranchis , moïennant finance , des charges affignées fur les fonds defdits domaines , par Décla-

rations des 12 Octobre 1601 , & du mois de Décembre 1643 ; ils ont enfuite , nonobftant ce rachat , été affujettis aux frais de Juftice , par Arrêt du 11 Décembre 1647 , qui a ordonné que ce qu'ils avoient païé en éxécution des Déclarations ci-deffus , leur tiendroit lieu de fuplément de finance ; enfin ils ont été déclarés fujets à toutes les autres charges affignées fur lefdits domaines. Voïez l'Arrêt du 27 Février 1659 , la Déclaration du 22 Décembre fuivant , & l'Arrêt du Confeil du 1er Février 1662.

Voïez ci-après *Charges locales.*

AFFRANCHISSEMENT *de fervitude* par raport aux perfonnes & aux biens ; voïez ci-après *main-mortables.*

On a agité la queftion de favoir s'il eft dû un droit d'infinuation , & fur quel pié pour un acte , par lequel un particulier *affranchit fon Négre* en France , & lui donne la liberté.

Les uns prétendent que c'eft une donation dont le droit d'infinuation eft dû fur la valeur que le Négre a dans le commerce ; d'autres difent qu'on doit confidérer l'acte comme émancipation , & percevoir le droit d'infinuation fur le pié réglé par la troifiéme claffe de l'art. 14 du Tarif. D'autres enfin foûtiennent que cet affranchiffement n'eft point un don , que c'eft la remife d'un pouvoir odieux , & qu'il n'eft aucunement fujet à l'infinuation.

Il eft vrai que l'affranchiffement eft , quant à l'efclave , un retour à la liberté naturelle , qui eft le partage de tous les hommes ; mais on fait une exception pour les efclaves Négres de l'Amérique : ils font dans le commerce , ils peuvent être vendus , cédés , tranfportés , donnés & légués ; il font même cenfés compris dans un legs univerfel , quoiqu'ils n'y foient pas défignés , fuivant un acte de notoriété du Châtelet de Paris du 1er Novembre 1705.

Par leur affranchiſſement , le maître leur fait non-ſeulement remiſe du prix qu'ils lui ont coûté ; il ſe départ de la puiſſance qu'il avoit ſur eux, & qu'il pouvoit conſerver , céder à un tiers , ou tranſmettre à ſes héritiers.

Cet affranchiſſement ne met pas ſeulement l'eſclave Négre dans l'état de liberté ; il lui donne en France le droit naturel des français, & lui attribuë le pouvoir de tous les éfets civils, dont il étoit originairement incapable comme étranger.

C'eſt par raport aux grands avantages qui réſultent de cet affranchiſſement, que la faculté de l'accorder a été reſtrainte par lés Edits & Déclarations.

Les maitres qui amenent des Négres en France ont été aſſujettis par les Edits de 1685 & 1716 , & par la Déclaration du 15 Décembre 1738 , à certaines précautions , & à ne pouvoir les retenir que trois années dans le Roïaume , faute de quoi ils feroient confiſqués au profit du Roi.

Il a été défendu par la Déclaration du mois de Décembre 1721 , aux mineurs d'en diſpoſer aucunement avant que d'avoir atteint l'âge de 25 ans accomplis.

Et par l'article 11 de la Déclaration du 15 Décembre 1738 , il eſt ordonné que les maîtres qui améneront des Eſclaves en France , avec les formalités & les précautions accoûtumées, ne pourront en aucuns cas , ni ſous aucuns prétextes, les y affranchir autrement que par teſtament , & à la charge même que ces affranchiſſemens n'auront lieu qu'autant que le teſtateur mourra dans le cours des trois années , durant leſquelles il peut les retenir dans le Roïaume.

Ces précautions , les éfets qu'elles produiſent , & les avantages qui en réſultent , éxigent néceſſairement la publicité , qui ne peut être donnée que par l'inſinuation, où chacun peut s'aſſurer du véritable état du Négre , & y trouver la certitude des engagemens qu'il contraſte ; de même que

chez les Romains , il étoit tenu des regiſtres publics pour y inſérer les aſtes de manumiſſion ou affranchiſſemens d'eſclaves.

C'eſt ſur ce principe de publicité que tous les aſtes qui concernent l'état des perſonnes & dont il eſt intéreſſant à chacun d'avoir connaiſſance , ont été aſſujettis à l'inſinuation, comme les lettres de nobleſſe , de légitimation , de naturalité, les aſtes d'exhérédation , d'interdiſtion , d'émancipation & autres de cette eſpéce.

Ainſi l'affranchiſſement des eſclaves Négres doit étre pareillement inſinué , & le droit perçû ſur la valeur qu'ils ont dans le commerce , dont on leur fait don en les affranchiſſant , puiſque par l'affranchiſſement le teſtateur ôte de ſa ſucceſſion par un pur mouvement de libéralité ou de reconnaiſſance *nemine cogente* , un éfet qui en devoit faire partie ; ce qui eſt le vrai caraſtère du Don.

Voilà les motifs pour ſoûtenir le droit d'inſinuation : ils paroiſſent bien déterminaſis ; mais on doit faire attention à la faveur de la liberté qui eſt naturelle en France, où l'on ne connoit point d'eſclaves ; que l'affranchiſſement peut avoir lieu par le ſeul fait du maitre , ſoit en inſtituant le Négre légataire univerſel, ſoit en le nommant éxécuteur teſtamentaire, ſoit en conſentant à ſon mariage en France. Si par tous ces aſtes les Négres ſont affranchis de droit, de même que par un ſéjour de 3 ans en France , lorſque le maître n'a pas autentiquement déclaré que ſon intention étoit de les remener dans les Colonies, on peut dire que l'aſte d'affranchiſſement qui eſt comme une ſeconde naiſſance, par laquelle l'affranchi eſt égalé aux autres ſujets du Roïaume , doit moins être conſidéré comme un don que comme un aſte d'humanité.

AGE ; les Commis de la ferme du contrôle des aſtes doivent avoir au moins vingt ans accomplis pour éxercer leurs fonſtions. Voïez *Commis*.

Les Receveurs généraux des domaines

&

& bois peuvent être pourvûs à vingt-deux ans ; article 21 de l'Edit du mois de Décembre 1701, & art. 11 de celui du mois de Juin 1725.

L'âge de 70 ans met à couvert de la contrainte par corps pour dettes purement civiles, fuivant l'art. 9 du titre 34 de l'Ordonnance de 1667, qui excepte néanmoins le ftellionnat, le recélé, & les dépens prononcés en matière criminelle.

Les feptuagénaires, retentionnaires de deniers roïaux, ne font pas dans le cas de jouïr de cette faveur, parce que le Roi ne donne pas de priviléges contre lui-même. *Voïez* l'Arrêt du Confeil du 14 Mai 1668, rendu contre le fieur de la Riviere, par lequel il a été jugé que, lorfqu'il y a fraude, les feptuagénaires ceffent d'être favorables ; il eft raporté par Bornier.

Par Arrêt du Confeil du 28 Mars 1680, les feptuagénaires, comptables envers le Roi, ont été déclarés fujets à la contrainte par corps ; fondé fur ce que le Roi ne donne point de priviléges contre lui-même. Dittion. de droit. *Verb.* Septuagénaire.

Il y a un Arrêt de la Cour des Aides de Paris du 28 Février 1716, qui a déchargé un feptuagénaire, débiteur de deniers roïaux, de la contrainte par corps.

Mais par Arrêt du Parlement de Paris du 30 Mars 1716, rendu fur les conclufions de M. Chauvelin Avocat général, contre le nommé Mazens feptuagénaire, débiteur de deniers roïaux, une Sentence du Châtelet de Paris qui avoit ordonné la contrainte par corps, a été confirmée. Envain allégua-t-on l'Arrêt que la Cour des Aides venoit de rendre : on répondit que c'étoit tout au plus un préjugé, & que les deniers roïaux avoient un privilége fingulier, en ce que celui qui les a, eft un retentionnaire ; & qu'il y a du dol dans la retention. Dict. de droit. *Verb.* Septuagénaire.

Il faut obferver, au furplus, que l'on

ne doit ufer de la contrainte par corps, contre des feptuagénaires pour deniers roïaux, que lorfqu'il s'agit de comptabilité ; c'eft-à-dire contre des Commis & autres Receveurs reliquataires de tout ou de partie des deniers de leurs recettes ; & contre leurs cautions qui font contraignables par les mêmes voies que le principal obligé. On peut encore ufer de la contrainte par corps contre des débiteurs de deniers roïaux, quoique feptuagénaires, lorfqu'ils ont emploïé des moïens frauduleux pour les retenir ; mais à l'égard de tous autres débiteurs de droits dûs au Roi ou à fes Fermiers ou Regiffeurs, il faut refpecter l'âge : la contrainte par corps contre un feptuagénaire feroit trop rigoureufe, & certainement ne feroit pas aprouvée.

A l'égard des lettres de bénéfice d'âge. Voïez *Bénéfice.*

A G E N, ville capitale du comté d'Agenois en Guyenne ; les comtés d'Agenois & d'Angoumois furent confifqués fur Edouard d'Angleterre Prince de Galles, & unis au domaine de la Couronne par Charles V. Roi de France. Déclaration du 14 Mai 1380. *Voïez* encore le Traité des droits du Roi par M. Dupuy, p. 406.

Les comtés d'Agenois & Condomois font actuellement poffédés à titre d'engagement par M. le Duc d'Aiguillon, en vertu de contrat du 11 Mars 1642.

Par Arrêt du Confeil du 19 Octobre 1734, il a été permis à M. de Richelieu Duc d'Aiguillon, engagifte des comtés d'Agenois & Condomois, de faire affigner en reprife d'inftance, Colombat Sous-Fermier des domaines de Guyenne, les Maire, Confuls, Proconfuls, Procureur Sindic & habitans des villes d'Agen, Coudom, *&c.* pour les droits de lods & ventes par lui prétendus, & qui lui font conteftés fous prétexte de franc-aleu ; l'engagifte a foûtenu que le franc-aleu ne pouvoit avoir lieu fans titre exprès, conformément à l'Ordonnance de 1629, &

aux Arrêts des 18 Décembre 1670, 1ᵉʳ Août 1682, & 24 Octobre 1687.

Autre Arrêt du Conseil du 12 Septembre 1746, par lequel, aïant aucunement égard aux requêtes & demandes de l'Inspecteur général du domaine, & de M. le Duc d'Aiguillon, il a été jugé que la directe universelle emportant censives, lods & vente, & autres droits seigneuriaux, apartient au Roi dans l'étenduë des villes, jurisdictions & territoire d'Agen, Condom, Marmande, Mézin & Montréal, sans préjudice néanmoins des directes particulières & des priviléges, dont ceux qui les prétendront seront tenus de justifier par titres bons & valables ; ordonné en conséquence que dans les lieux où la perception du cens peut avoir été interrompuë, il en sera imposé de nouveau, à raison de ce qui se païe dans les seigneuries circonvoisines ; pour jouïr par le sieur Duc d'Aiguillon desdits droits de directe & de cens, conformément au contrat d'engagement du 11 Mars 1642, & à l'Arrêt interprétatif d'icelui du 11 Janvier 1689. Ce faisant, les tenanciers des Jurisdictions desdites villes & territoires condamnés à païer audit sieur Duc d'Aiguillon, les arrérages dudit cens & les autres droits & devoirs échus pendant les 29 années antérieures à sa demande, ensemble ceux qui sont échus depuis. Et néanmoins à l'égard des héritages pour lesquels il n'auroit été païé aucun cens ni autres droits & devoirs seigneuriaux, les arrérages desdits cens & devoirs ne seront païés qu'à compter du jour de la demande dudit sieur Duc d'Aiguillon. Voïez *Franc-aleu.*

Acte de notoriété du Parquet des Tréforiers de France de la généralité de Guyenne du 4 Juin 1683, portant que pour les sénéchaussées d'Agenois & Condomois, attendu qu'il n'y avoit aucun usage établi pour les lods & ventes des biens nobles qui sont demeurés éxemts du païement des lods jusqu'à l'Arrêt du Conseil

du 23 Décembre 1625, on a pris depuis le pié fixé par la Coûtume de Bordeaux, qui est le huitiéme denier, comme étant le pié du fief dominant qu'on doit suivre lorsqu'il n'y a pas de pié réglé dans le fief servant.

Par l'Edit du mois de Septembre 1616, qui réunit au domaine les Gréfes, présentations, affirmations, insinuations & clercs des Gréfes, il est ordonné qu'il sera procédé à la vente & adjudication à faculté de rachat perpétuel de tous les Gréfes, tant civils que criminels & bourse des marchands des comtés d'Agenois & Condomois, dont jouïssoit la feuë Reine Marguerite.

AGENCEMENT, est un avantage que le mari & la femme peuvent se faire par le contrat de mariage. Brillon dit que cette donation, qui tourne au profit du survivant, a bien du raport avec le préciput stipulé en païs coûtumier.

L'agencement donné par la femme n'est pas une pure libéralité, mais un don fait à titre onéreux, & qui dépend de l'événement de la mort de l'un ou de l'autre des conjoints.

Il est sujet à l'insinuation ; mais le défaut de cette formalité n'en peut occasionner la nullité. *Voïez* l'art. 3 de la Déclaration du 20 Mars 1708, & celles des 25 Juin 1729 & 17 Février 1731. *Voïez* encore *Contrats de mariage*, §. 14.

AIDES, *Cour des Aides* ; *Voïez* ci-après *Cour.*

AIDES, *Ferme des Aides.*

Les baux de la Ferme des Aides doivent être enregistrés dans les Elections, & les trois sols pour livre des épices & vacations des Juges doivent être acquités. Voïez *Droits réservés*, §. 4.

Les réceptions des Commis aux aides doivent être retirées, & les droits païés avant qu'ils puissent faire aucunes fonctions ; le droit de petit-scel de ces réceptions est fixé à douze sols six deniers, &

les quatre fols pour livre. Décifion du Confeil du 11 Juin 1729.

Les contraintes des Directeurs des aides contre les contraignables, ne font fujettes qu'à un droit de petit-fcel, quoiqu'il y ait plufieurs contraignables dénommés dans la contrainte. Décifion du Confeil du 31 Décembre 1722.

Les Ordonnances des Oficiers des Elections, au pié des requêtes préfentées par les Directeurs des aides, portant permiffion de faire des vifites chez les particuliers foupçonnés de fraude, font fujettes au petit-fcel; & le droit eft de fept fols fix deniers, & les quatre fols pour livre. Décifion du 19 Juillet 1731.

Les exploits faits pour la ferme des aides peuvent être contrôlés le huitiéme jour de leur date, lorfqu'ils ne font pas faits dans le lieu où il y a un bureau de contrôle établi, conformément à la Déclaration du 17 Février 1688. Décifion du Confeil du 24 Août 1734.

Le droit de trois fols par faifie mobiliaire n'eft pas dû dans les affaires qui concernent le Fermier des aides. Décifion du 2 Février 1724.

Il a été décidé le 10 Septembre 1729, que, pour un exploit donné à un Cabaretier, à fon entrepofeur, aux vendeurs & aux buveurs & autres pour un même genre de fraude, il eft dû autant de droits de contrôle qu'il y a de fignifications de l'exploit, conformément à la Déclaration du 23 Février 1677.

Les cautionnemens faits par les Directeurs ou Receveurs des aides, en conformité de la Déclaration du Roi du 16 Mars 1720, pour l'éxécution, nonobftant l'apel des Sentences renduës au profit du Fermier des aides, font fujets au contrôle des actes, lorfque la caution n'a pas été ordonnée par le Juge. Décifion du Confeil du 25 Juin 1724.

AIGUILLON, ville dans le comté d'Agenois en Guyenne.

Lettres patentes du mois d'Août 1599, portant érection des Baronnies d'Aiguillon, Monpezat, Saint Leuvrade, Madaillan & Delmirat en duché-pairie, en faveur d'Henry de Lorraine & de fes fucceffeurs & ayant caufe, perpétuellement, pour le tenir à une feule foi & hommage du Roi & de la Couronne de France, à caufe du château du Louvre.

La terre d'Aiguillon fut de nouveau érigée en duché-pairie, fous le nom du duché de Puy-Laurent, en faveur d'Antoine de Lage, Seigneur de Puy-Laurent par lettres patentes du mois de Décembre 1634.

Et par autres lettres patentes du mois de Janvier 1638, cette terre & feigneurie d'Aiguillon fut créée, rétablie & érigée avec les terres y annéxées par celles du mois d'Août 1599, en duché-pairie d'Aiguillon, en faveur de Marie-Madelene de Vignerot, veuve d'Antoine du Roure, fieur de Combalet, avec *cette claufe fingulière*, » pour en joüir par ladite dame, » fes héritiers & fucceffeurs, tant mâles » que femelles, tels qu'elle voudra choifir.

Envertu de cette claufe, elle apella par fon teftament de 1674, au duché d'Aiguillon, Marie-Thérèfe fa niéce, à laquelle elle fubftitua fon petit-neveu Louis, Marquis de Richelieu; dont le fils, le Comte d'Agénois, a été déclaré Duc d'Aiguillon par Arrêt du Parlement de Paris de 1731, contradictoirement avec tous les Pairs de France. *Voïez* l'Abrégé chron. de l'Hift. de France, année 1638.

ALBERGUES; rentes & redevances duës au domaine.

On a beaucoup recherché l'origine de ce mot *Albergues*; mais ces recherches font plus favantes & curieufes qu'utiles. On peut voir à ce fujet Dolive, queftions notables, liv. 2, ch. 5. Geraud, Traité des droits feigneuriaux, ch. 7, n. 6, & les Réfléxions de M. de la Motte-Conflans, inférées dans les Journaux de Verdun , des mois d'Octobre 1748, page 257, & Avril 1751 , page 285.

Il réfulte de ces recherches , que l'on fait dériver le terme d'*Albergues* des droits de gite ou d'hébergement que les vassaux devoient à leur seigneur ; lesquels droits étoient nommés *Albergues* en Dauphiné & en Languedoc. Droits qui pouvant devenir abusifs & qui l'étant devenus en éfet , ont ensuite été convertis en une redevance annuelle & fixe , qui a retenu le nom de son origine.

L'on ajoûte , d'après Salvaing , qu'en Dauphiné l'albergement est un bail emphytéotique , ou un contrat d'arrentement perpétuel ; enforte que les rentes *Albergues* ne font autre chose dans cette province qu'une redevance en deniers , réfervée lors de la concession du fonds.

Il nous fuffit ici d'obférver qu'il est dû au Roi des redevances annuelles , fous le nom d'*Albergues* , dans la plûpart des provinces du Roïaume , même dans celles où l'hébergement n'a jamais eû lieu. L'Edit du mois de Septembre 1627 , adreffé au Parlement de Toulouse , au fujet de la Jurifdiction des domaines , défigne nomément les *Albergues* comme faifant partie des droits domaniaux , dont les Tréforiers de France devoient connoitre.

En diférens tems , les engagiftes & poffeffeurs des petits domaines ont été confirmés dans leur poffeffion , à la charge d'une rente annuelle , par forme d'*Albergue* ou autre dénomination. *Voïez* l'Edit du mois d'Août 1669 , concernant ces domaines , parts & portions d'iceux ; & la Déclaration du Roi du mois d'Avril 1686 , qui confirme les poffeffeurs des Ifles des Rivières navigables du Languedoc dans leur poffeffion , en païant une finance , & à la charge d'une redevance annuelle par forme d'*Albergue* & de champart.

Cette dénomination d'*Albergues* a pareillement été donnée aux rentes impofées par les contrats d'aliénation defdits biens & droits domaniaux , à titre d'inféodation. C'eft la raifon pour laquelle il eft dû des rentes au domaine , fous le nom d'*Albergues* dans prefque tout le Roïaume.

On peut même dire que ce n'eft pas feulement en France que le nom d'*Albergues* eft ufité : les habitans de la Vallée de Barcelonette doivent d'anciennes redevances fous ce titre , dont le Préfét jouiffoit avant que cette Vallée eût été cédée à la France par le Traité d'Utrecht ; lefquelles redevances ont enfuite été unies au domaine du Roi en 1716. Voïez *Barcelonette*.

L'on entend communément , & plus particuliérement fous le nom d'*Albergues* , les rentes & redevances duës au domaine , qui ont été rachetées à raifon du denier douze ou du denier quinze , & enfuite rétablies pour une partie jufqu'à concurrence du denier vingt-quatre. Voïez *Rentes*.

ALBRET , ville de Gafcogne , dans les landes de Bordeaux , diocéfe de Bazas. *Voïez* le Traité des droits du Roi par M. Dupuy , page 408.

Le Comté d'Albret fut érigé en duché-pairie par Lettres patentes de Henry II. du mois de Décembre 1556 , en faveur d'Antoine de Bourbon , Roi de Navarre ; & de Jeanne d'Albret fon époufe ; Henry IV. le réunit à la couronne ; & Louis XIV. le donna par contrat du 20 Mars 1651 , au Duc de Bouillon en échange de la principauté de Sedan.

Par Lettres patentes du mois de Novembre 1643 , le comté de Guiche qui étoit mouvant du duché d'Albret en fut diftrait , pour relever de la groffe tour du Louvre.

Lettres patentes du mois de Février 1652 , portant rétabliffement des titres de duché & de pairie aux terres d'Albret & de Château-Thierry en faveur de Frédéric-Maurice de la Tour , Duc de Bouillon & de fes enfans & héritiers , fucceffeurs & defcendans , tant mâles que femelles ; même de Henry de la Tour, Maréchal de France, fon frère, pour avoir rang & féance ; ordonnent que le contrat d'échange defdites terres, avec la principauté de Sedan du 20 Mars 1651, & les Lettres patentes du mois d'Avril fuivant feront enregiftrées.

Lettres du 1er Avril 1656, portant juffion au Parlement de Paris, pour enregiftrer purement & fimplement les Lettres patentes du mois d'Avril 1651, concernant l'échange des fouverainetés de Sedan & de Raucourt, avec les duchés d'Albret & de Château-Thierry. Je ne croi pas qu'il y ait encore été fatisfait jufqu'à préfent.

Lettres patentes du 7 Mars 1661, confirmatives du contrat, par lequel M. le prince de Condé a délaiffé au Roi la duché-pairie d'Albret, la baronnie de Durance, les Juftices de la Ville de Nogaro, &c. & en contr'échange le Roi lui a délaiffé le duché de Bourbonnois, fes apartenances & dépendances, pour en jouïr à titre d'engagement pour lui & fes fuccefleurs, ainfi qu'il jouïffoit du duché d'Albret.

Lettres patentes du mois d'Août 1662, qui confirment celles des mois d'Avril 1651, & Février 1652 ; & rétabliffent les titres de duché & pairie aux terres & feigneuries d'Albret & de Château-Thierry, en faveur de Godefroy Maurice de la Tour, Duc de Bouillon, grand Chambellan de France, pour en jouïr par lui, fes enfans, héritiers, fuccefleurs & defcendans, tant mâles que femelles à perpétuité, & même par Henry de la Tour, Maréchal général des camps & armées, fon oncle, & fes defcendans à défaut d'héritiers mâles & femelles dudit Duc de Bouillon.

ALBY, ville capitale de l'Albigeois dans le haut-Languedoc. *Voïez* les Lettres patentes & Ordonnances des Comtes de Touloufe & des Rois de France, des années 1222, 1227, 1256, 1259, 1274, 1282, 1288, 1303 & 1320 ; au fujet des droits de pezade, paffade, coûtumes & fervitudes dûs par les habitans du diocèfe d'Alby ; elles font raportées enfemble dans le Receuil du domaine. *Voïez* auffi le traité des droits du Roi, par M. Dupuy, page 407.

Arrêt du Confeil du 11 Avril 1676, portant Règlement pour la levée du droit de pezade d'Alby : par cet Arrêt les communautés de Tamus, Mirandol, Moulares, Andouque, Montirat, Pont de Ciron, Treban, le Bofc, Padiès & Caftel-garic, font condamnées à païer à l'avenir, à compter du 1er Janvier 1676, au Receveur ou Fermier du domaine du Roi, chaque année, le jour de S. Julien 29 Août, la moitié du droit & redevance annuelle de la pezade ; ladite moitié confiftant en une quarte de blé froment ou feigle, tel qu'il croit fur le terroir, & une quarte d'avoine ; le tout par chaque paire de bœufs laboureurs ; & demi-quarte defdits grains pour chaque paire de jumens, vaches, mules, ou âneffes labourantes ; & en la moitié defdits grains pour chaque demi-paire defdits labourages, à proportion ; enfemble quatre deniers pour chaque tête de gros bétail qui n'eft emploïé au labour ; un denier pour fix menuës bêtes ; & deux deniers pour chacun homme, à l'exception des nobles & des eccléfiaftiques, tant pour leurs biens que pour leurs perfonnes, que Sa Majefté a déclaré & déclare exemts de toutes lefdites redevances de la pezade. Ne feront tenus de ladite redevance de deux deniers pour leurs perfonnes feulement, les mineurs au-deffous de 14 ans, les vieillards de 60 ans & au-deffus ; les laboureurs menans actuellement la charruë, ni les femmes. Ordonne que dans deux mois le Sindic fournira réponfe à la demande, tendante à ce que cet Arrêt foit déclaré commun avec toutes les autres communautés du diocèfe.

Arrêt du Confeil du 29 Janvier 1678, portant que, dans trois mois de la fignification qui en fera faite aux Communautés du Diocèfe d'Alby, le Fermier entrera en poffeffion & jouïffance du droit de pezade, fuivant le Règlement de 1676 ; en vertu duquel lefdites Communautés feront toutes contraintes au païement dudit droit.

Par Arrêt du Confeil du 8 Mars 1681, lefdits droits ont été adjugés au Roi : & en conféquence ils ont été compris dans le bail fait à Fauconnet le 26 Juillet 1681.

Le droit de pezade a été aliéné moïennant une rente annuelle de 13000 livres ; & cette rente fut aliénée moïennant 156000 livres, en vertu de l'Edit du mois d'Avril 1702. Mais elle a été réunie au domaine par Arrêt du Confeil du 3 Juillet 1717.

Cette rente de 13000 livres fut cédée en contr'échange à M. de Bellifle par contrat du 2 Octobre 1718, en conféquence d'Arrêt & Lettres patentes du 27 Septembre précédent ; elle fut diftraite de cet échange par Déclaration du 18 Juillet 1724 ; remife enfuite dans l'échange par autre Déclaration du 10 Septembre 1726, & définitivement diftraite par Lettres patentes du mois de Mars 1731, pour être unie & incorporée au domaine à compter du 1er Avril 1731.

ALENÇON, ville de Normandie, chef-lieu de généralité.

Le comté d'Alençon fut érigé en Duché en faveur de Jean, Comte d'Alençon pour tenir ledit Duché par lui & fes fucceffeurs en Pairie, &c. par Lettres patentes du 1er Janvier 1414.

Ce Duché a été réuni à la Couronne par Lettres patentes du mois de Janvier 1549.

Par Arrêt du Confeil du 28 Juillet 1668, il a été ordonné que les engagiftes des domaines d'Effey, Moulins,

Bonmoulins, Falaife & autres en la généralité d'Alençon, feroient tenus de repréfenter leurs titres ; & par autre Arrêt du 31 Décembre 1668, ces domaines ont été réunis.

Par Lettres patentes du mois de Juin 1710, il fut fait don à Charles de France, Duc de Berry des Duchés d'Alençon & d'Angoulême, du Comté de Ponthieu, des Châtellenies de Coignac & de Merpins ; & des terres & feigneuries de Noyelles, Hiermont, Courteville & le Mefnil, pour en jouïr par lui & fes hoirs mâles, en ligne directe, à titre d'apanage.

Le Comté de Ponthieu & les terres & feigneuries de Noyelles, Hiermont, Courteville & le Mefnil furent diftraits de cet apanage par Lettres patentes du mois de Septembre 1710, & on leur fubftitua les Vicomtés d'Andely, Vernon & Gifors.

Après la mort de M. le Duc de Berry, le tout a été réuni au Domaine par Edit du mois d'Août 1714, portant Règlement pour le Douaire de Marie-Louife-Elifabeth d'Orléans, Ducheffe de Berry, fa veuve ; laquelle eft enfuite décédée au mois de Juillet 1719.

ALEU eft un héritage dont on eft poffeffeur ; & franc-aleu eft celui que l'on poffède librement, & indépendamment de tout devoir de féodalité. Voïez *Franc-aleu*.

ALIÉNATION, comprend toutes fortes de difpofitions, en vertu defquelles il y a tranfport de propriété ou d'ufufruit. Voïez les diférens titres des aliénations ; tels que bail à rente ; échange ; vente ; &c.

ALIÉNATION des droits de contrôle des actes des Notaires & de ceux fous-fignature privée ; infinuations laïques & petits-fceaux des actes judiciaires.

Ces droits ne peuvent être valablement aliénés. Les droits régaliens & les droits d'impofition doivent être levés & perçus au profit du Roi & de l'état ; auffi, lors qu'il en a été fait des aliénations dans des befoins preffans de l'état, elle; ont été révoquées auffi-tôt que ces befoins ont ceffé.

Le bail fait defdits droits le 31 Mars 1708, à Etienne Rey, fut réfolu par Edit du mois de Mars 1710, qui ordonna l'aliénation à perpétuité de ces droits. Ils furent en conféquence aliénés pour dix ans dans les généralités de *Touloufe*, *Montpellier*, *Montauban* & païs de *Rouffillon*, le 11 Novembre 1710.

Dans les généralités de *Roüen* & *Alençon* le 25 du même mois de Novembre 1710, auffi pour dix années.

Dans les généralités de *Metz* & de *Tours*, le 9 Décembre 1710, pareillement pour dix ans, par deux aliénations diftinctes.

Dans les généralités de *Paris*, *Moulins*, *Riom* & *Bordeaux*, & dans les Provinces de *Navarre* & *Béarn*, le 30 du même mois de Décembre 1710, pour dix années.

Dans la généralité de *Châlons*, le même jour 30 Décembre 1710, également pour dix ans.

Par une Déclaration du Roi dudit jour 30 Décembre 1710, il fut ordonné qu'il feroit fait une ferme du produit de ces droits dans les Provinces de *Bourgogne*; *Breffe*, *Bugey*, *Valromey*, *Gex*, & dans les généralités de *Grenoble* & *Soiffons*, ainfi que dans la Province de *Franche-Comté*; le prix de laquelle ferme fut deftiné au païement des rentes affignées fur lefdits droits

Par autre Déclaration du 3 Février 1711, il fut ordonné qu'il feroit procédé à l'aliénation des droits d'infinuation laïques, & de contrôle des actes fousfignature privée de la Ville & Fauxbourgs de *Paris*.

Le même jour, il fut fait aliénation pour dix ans, des droits de contrôle, infinuation, & petit-fcel dans les Villes de *Marfeille*, *Arles* & terres adjacentes moïennant 400000 livres.

Lefdits droits furent pareillement aliénés pour dix années dans les généralités d'*Orléans*, *Poitiers*, *Limoges*, la *Rochelle* & *Bourges*, à l'exception des droits de petits-fceaux des actes judiciaires & de ceux des Nôtaires & Tabellions roïaux, de ladite généralité de Bourges, précédamment aliénés à la Maifon de Condé. Déclaration du Roi du 16 Février 1711.

Je ne trouve point ce qui fut fait alors pour les provinces & généralités d'Amiens, Bretagne, Caën & Lyon; mais les mêmes droits y ont été pareillement aliénés, foit pour dix années, foit à perpétuité, puifque par la Déclaration du Roi du 6 Août 1712, il eft dit que l'Edit du mois de Mars 1710 a été entiérement éxécuté par les diférentes adjudications defdits droits, à perpétuité pour quelques généralités, & dans les autres pour dix années feulement; & que par l'Edit du mois de Mars 1714, il eft pareillement reconnu qu'il a été fait des aliénations à perpétuité & à tems dans les diférentes provinces & généralités, à l'exception de celles de Dijon, Befançon, Grenoble & Soiffons, où ils furent affermés en conféquence de la Déclaration du 30 Décembre 1710 (raportée ci-deffus.)

Ces diférentes aliénations & baux furent révoqués par Edit du mois de Mars 1714; & les droits réunis au domaine, pour être perçus au profit du Roi.

Par l'art. 2 de la Déclaration du Roi du 29 Septembre 1722, Sa Majefté a encore révoqué tous Edits, Déclarations ou Arrêts, portant fuppreffion, ou abonnement defdits droits de contrôle, infinuations laïques & petit-fcel. Voïez *Abonnement*.

Les Princes du fang qui jouïffoient defdits droits, ont été exceptés par l'Arrêt du Confeil du 10 Octobre 1722, portant qu'ils continuëront d'en jouïr, à la charge de les faire percevoir fur le pié des Tarifs ; avec les 4 fols pour livre en outre , tant qu'ils auront liéu , pour en compter à Sa Majefté.

Par autre Arrêt du Confeil du 26 Janvier 1723 , le Roi a encore déclaré n'avoir entendu comprendre dans la révocation ordonnée par fa Déclaration du 29 Septembre 1722 , les droits dont jouît M. le Duc d'Orléans. Voïez *Apannage*.

Il y a diférentes Provinces où lefdits droits font abonnés : elles font indiquées ci-devant ; voïez *Abonnement*, page 4 ; ils viennent d'être aliénés à la province de Bretagne. Voïez *Bretagne*.

ALIÉNATION des domaines du Roi. Voïez *Domaines*.

ALLUVION eft un accroiffement de terre qui fe fait lorfqu'un héritage fitué fur le bord d'une rivière ou de la mer , s'accroit imperceptiblement , après plufieurs années , par les terres que l'eau améne , & qu'elle confolide à cet héritage.

L'alluvion , quoiqu'elle fe faffe toujours au préjudice de quelqu'héritage qui perd autant de terrein que l'autre en gagne , eft un des plus légitimes moïens d'acquérir ; il eft fondé fur cette loi naturelle , qui veut que le profit & la perte foient pour celui qui eft expofé à l'incommodité & aux avantages. Voïez les inftituts de Juftinien , liv. 2 , tit. 1 , §. 20.

L'art. 195 de la coûtume de Normandie , porte que les terres d'Alluvion accroiffent aux propriétaires des héritages contigus , à la charge de les bailler par aveu au feigneur du fief , & d'en païer les droits feigneuriaux comme des autres héritages adjacens.

Voïez auffi la coût. d'Auxerre , art. 268 ; celle de Sens , art. 154 , & celle de Metz , tit. 12 , art. 28 , qui y font conformes & qui font admifes pour fervir de règle dans le droit François. Voïez encore *Accroiffement*.

ALSACE , province de France , qui lui eft revenuë par le traité de Munfter en 1648 , & qui lui a été irrévocablement confirmée par celui de Rifwick.

Cette province a été exceptée de l'établiffement du *contrôle des actes* ; Déclaration du Roi du 14 Juillet 1699.

Elle a pareillement été exceptée de l'éxécution de la Déclaration du Roi du 29 Septembre 1722 , tant pour le *contrôle* que pour l'*infinuation* , art. 2 de l'Arrêt du Confeil du 10 Octobre 1722. Voïez encore l'art. 552 du bail de Carlier du 19 Août 1726 , portant exception de la province d'Alface , dans laquelle les droits de *contrôle des actes* n'ont point été établis.

Par l'art. 496 du bail de Forceville du 16 Septembre 1738 , il eft dit qu'il jouïra des domaines & droits domaniaux établis en Alface , confiftant en droit de péage , fuivant le Tarif du 12 Janvier 1663 ; les Arrêts des 3 Octobre 1680 , & 20 Février 1683 , & autres poftérieurement rendus , même dans la ville de Landaw & fes dépendances ; droits de pontenage , où ils ont lieu ; droits de la vente du fel , dans les lieux de l'ancienne domination , au prix de 10 livres 16 fols 8 deniers le quintal ; & dans les villes de Huningue , Fort-Louis , Neufbrifac , citadelle & forts de Strafbourg , au prix de 7 livres 10 fols le quintal ; droit de Mafphening ou impôt fur le vin , dans les lieux de l'ancienne domination ; droits de protection des Juifs ; d'aubaines ; d'émigrations , deshérences & bâtardifes , amendes édictées au Confeil fupérieur d'Alface , & autres Juftices roïales , droits de défrichement & autres , ainfi qu'en ont jouï ou dû jouïr les précédens Fermiers , en conféquence des Arrêts du Confeil & Ordonnances renduës par les Commiffaires départis dans ladite province.

Dans le droit commun d'Allemage , les
fiefs

fiefs font inaliénables ; & à la mort du dernier des defcendans de ceux auxquels les premières inféodations ont été faites, ils retournent dans la main du feigneur principal, pour en difpofer à fa volonté ; à l'exception toutesfois de quelques fiefs dont les inveftitures primordiales font étenduës aux filles defcenduës du premier poffeffeur.

La province d'*Alface* a fait long-tems partie du gouvernement d'*Allemagne*, avant que de revenir à la France, dont elle dépendoit originairement ; la réverfion des fiefs y étoit obfervée, & par conféquent le Roi avoit droit de réünir à fa Couronne les fiefs, qui, après l'extinction des mâles, avoient paffé à d'autres familles. Les poffeffeurs de ces fiefs, reconnoiffant le vice de leur poffeffion, fupliérent Sa Majefté de vouloir rendre leurs fiefs libres & paifibles dans leurs familles, en forte qu'ils puffent paffer à leurs enfans mâles ou femelles, fucceffeurs & aïans caufe ; & de leur permettre d'en difpofer comme de leurs autres biens, moïennant les fommes qu'ils offrirent volontairement de païer.

En conféquence, Louis XIV. donna une Déclaration le 26 Février 1697, par laquelle, voulant favorablement traiter fes fujets d'*Alface*, Sa Majefté fe défifta du *droit de réverfion* qui lui apartenoit fur tous les fiefs de cette Province, au défaut d'hoirs mâles des poffeffeurs ; ordonna que les poffeffeurs actuels, les enfans mâles ou femelles, héritiers, fucceffeurs & aïans caufe, en jouïroient à l'avenir, pleinement & paifiblement, avec pouvoir de les vendre & en difpofer comme de leurs autres biens ; le tout à la charge par ceux qui voudroient jouïr de cette grace, de païer les fommes pour lefquels ils feroient compris dans les rôles qui en feroient arrêtés au Confeil ; voulant Sa Majefté que fur les quitances de finance des fommes par eux païées, il leur fût, par les Commiffaires

Tome I.

députés pour l'aliénation des domaines, paffé des contrats, par lefquels il feroit renoncé au nom de Sa Majefté, à tous & tels droits qu'elle pouvoit avoir fur ces fiefs, fans qu'elle, ni les Rois fes fucceffeurs puffent y rentrer ni ufer du droit de réverfion, qu'en rembourfant aux poffeffeurs, actuellement & en un feul païement, les fommes qu'ils auroient païées en vertu de cette Déclaration.

Ainfi l'affranchiffement du droit de réverfion, a lieu en Alface, pour les fiefs relevans immédiatement du Roi ; mais feulement en faveur des poffeffeurs qui, aïant païé la finance ordonnée, ont retiré leurs quitances de finance, & fait paffer des contrats à leur profit, en conformité de la Déclaration de 1697.

AMBASSADEURS & réfidens des Cours étrangères en France, jouïffent de plufieurs priviléges. Voïez *Aubain*, §. 1, n. 8.

AMENDES, peines pécuniaires, qui, en matière criminelle font prononcées par forme de réparation du crime dont un accufé eft convaincu ; & qui font introduites en matière civile, pour punir de l'infraction de certaines règles ; on en diftingue de trois fortes :

1°. Les amendes *fixées* par les Ordonnances contre les plaideurs, pour les punir de la témérité d'une entreprife dans laquelle ils fuccombent ; il y a plufieurs cas dans lefquels ces amendes doivent être confignées en tout ou partie, avant que de former l'entreprife, fauf la reftitution, fi le plaideur parvient à fes fins ; on les nomme, particulièrement dans la régie, *Amendes de confignation & de condamnation*.

2°. Les amendes *arbitraires, & de recouvrement* ; c'eft-à-dire celles qui ne font point fixées par les Ordonnances, & qui font adjugées au Roi, en matière criminelle ou civile, pour crimes, délits, contraventions aux Règlemens civils, de police, de manufactures & autres.

P.

3°. Les amendes *de contravention* aux Règlemens concernant l'adminiftration, régie & perception des droits du Roi.

C'eft dans l'ordre de cette diftinction, que nous parlerons de ces diférentes amendes.

AMENDES de *confignation* & de *condamnation*, font, comme il a été obfervé ci-deffus, fixées par les Ordonnances; on les nomme de confignation, parce qu'elles doivent être confignées en tout ou partie, pour fe pourvoir par *apel*; par tierce *opofition*; par *requête civile*; en *récufation* de Juges; en *caffation* d'Arrêts, *&c.* & avant que de former des *infcriptions* en faux. Les fommes confignées font non-feulement acquifes au Roi & au Fermier de fes domaines, fi le plaideur fuccombe, mais encore il doit être condamné en la totalité de l'amende, telle qu'elle eft fixée par les Ordonnances, dans les cas où elle n'a pas été confignée en entier; au lieu que s'il réfiffit dans fon objet, l'amende doit lui être reftituée.

La confignation ne peut être faite qu'entre les mains du Commis du Fermier des domaines, repréfentant & faifant les fonctions des Receveurs des amendes en titre, fuprimés par l'Edit du mois d'Août 1716; & il doit en même-tems être païé au Commis, deux fols huit deniers pour liv. du montant & en fus de toutes les amendes confignées, & fix fols huit deniers pour droit de quitance de la confignation; lefquels droits apartiennent au Fermier des domaines, fans qu'en aucun cas, il foit tenu de les rendre, lors des reftitutions des amendes confignées. Il lui eft même dû un droit de quitance lors de la reftitution aux parties; lequel droit eft fixé à treize fols quatre deniers. Voïez *Droits réfervés*, ch. 6.

Pour ne pas confondre les objets, & ne pas étendre inutilement cet article, on renvoïe à ceux indiqués ci-deffus; *Apel*; *Caffation*; *Déclinatoire*; *Evocation*; *Inf-*cription; *Opofition*; *Récufation*, *Règlement* de Juges, & *Requêtes* civiles; fous chacun de ces titres l'on expliquera les amendes qui doivent être confignées, & les cas dans lefquels ces amendes doivent éré reftituées, ou font acquifes; ainfi que ceux dans lefquels la partie adverfe a droit de prétendre une partie de l'amende.

AMENDES *arbitraires* & *de recouvrement*, adjugées au Roi en matière criminelle ou civile, foit pour crimes ou délits, foit pour contraventions aux Réglemens civils, de police, de manufactures & autres.

On les apelle *arbitraires*, parce que la plûpart ne font point fixées par les Ordonnances; & quoiqu'il y ait quelques amendes, dont la quotité foit exprimée par les Règlemens de police ou de manufactures, les Juges peuvent néanmoins dans certains cas diminuer cette quotité, relativement aux circonftances. On les nomme *de recouvrement*, parce qu'elles ne font pas dans le cas d'être confignées, & que c'eft au Fermier des domaines à en fuivre le recouvrement, par fes Commis chargés d'en faire la recette; à l'éfet de quoi les Gréfiers des Cours, Siéges & Jurifdictions font obligés de fournir des extraits de tous les Jugemens portant condamnation d'amendes.

Il n'eft pas poffible de détailler toutes ces amendes, puifqu'elles font arbitraires & qu'elles s'étendent fur toutes fortes de crimes & de contraventions. Il s'uffit d'établir les règles générales.

§. 1. *Ces amendes apartiennent au Roi, & le Fermier des domaines doit en jouïr.*

Les amendes font des droits utiles de la Juftice; des profits cafuels, acceffoires du droit de la rendre; elles font partie du domaine du Roi, & elles apartiennent à Sa Majeſté dans toutes les Cours, Siéges & Juriſdictions roïales, où la Juſtice eſt renduë au nom de Sa Majeſté, tenuë des frais de ſon adminiſtration.

Quelques engagiſtes des domaines jouïſſent des amendes dans les Juſtices de leur engagement ; mais pour les prétendre, il ne ſuffit pas que le mot *amendes* ſe trouve compris dans l'aliénation d'un domaine à titre d'engagement, parce que dans ce cas il n'a d'aplication qu'aux amendes féodales établies par les Coûtumes & uſages contre les vaſſaux, pour devoirs non faits & droits ſeigneuriaux non païés. Il faut, pour qu'un engagiſte puiſſe prétendre les amendes, que la Juſtice lui ait été aliénée, avec tous ſes droits acceſſoires, utiles & onéreux ; alors il jouït des amendes, mais il eſt tenu de tous les frais de Juſtice, de l'entretien des palais & auditoires, & de la nourriture des priſonniers, *&c.* Mais dans ce cas même, la recette des amendes doit être faite, pour lui en compter, par les Commis du Fermier des domaines, qui, ſeuls, repréſentent les Receveurs des amendes en titre, dont les Ofices ont été ſuprimés en 1716. Voïez *Droits réſervés*, ch. 6.

Par une Déclaration du Roi du 6 Novembre 1706, dont il ſera encore parlé ci-après, §. 4, n. 5, il avoit été ordonné que les amendes qui ſeroient adjugées à Sa Majeſté apartiendroient aux Fermiers des domaines, durant les baux deſquels elles ſeroient prononcées ; mais cela a été changé dans les baux faits depuis la régie.

L'article 504 du bail de Forceville du 16 Septembre 1738, confirmé par les baux ſubſéquens, contient la règle qui doit être actuellement ſuivie ; il porte que ledit Forceville jouïra des amendes de toute nature qui ſeront conſignées entre ſes mains, ou en celles de ſes Sous-Fermiers & Commis, dans toutes les Cours & Juriſdictions, y compris le Parlement de Paris ; & des amendes de Police, ſoit qu'elles ſoient adjugées au Roi, acquiſes, ou qu'elles reſtent indéciſes ; des amendes arbitraires ſujettes à recouvrement ; même de celles prononcées pendant les précédens baux, dont il n'aura été formé aucune demande : en ce compris la portion deſdites amendes qui avoit été attribuée aux ofices de Receveurs, Contrôleurs & Inſpecteurs des amendes, & les deux ſols huit deniers pour livre en ſus d'icelles, & droits de quitance attribués auxdits ofices, ſuivant qu'ils en ont jouï ou dû jouïr.

Par le même article, les amendes adjugées dans les Juriſdictions des Tables de Marbre & Maîtriſes des Eaux & Forêts, ſont exceptées, comme aïant été diſtraites & déſunies de la ferme des domaines par Arrêt du Conſeil du 14 Mai 1715.

L'Adjudicataire des fermes eſt chargé par cet article de rendre & reſtituer aux parties, à la première requiſition, les amendes conſignées, dont la reſtitution ſera ordonnée pendant ſon bail ; même les amendes qui pourront être à reſtituer ſur des Arrêts & Sentences précédemment rendus, de quelque tems que les conſignations aïent été faites ; le tout, conformément aux Edits, Déclarations & autres Règlemens ſur ce intervenus. Et auſſi de païer aux précédens Fermiers des domaines, dont les baux ſont expirés avant le 1er Janvier 1721, les amendes adjugées pendant leurs baux, & qui *peuvent* leur être duës, enſorte qu'il ne puiſſe en être fait demande au Roi dans aucun cas. Au moïen de la jouïſſance deſquelles amendes & reſtitutions ci-deſſus ordonnées, ledit Forceville ſera diſpenſé de rendre aucun compte du fonds des amendes qui auront été conſignées en ſes mains, ou en celles de ſes Sous-Fermiers & Commis.

Il y a des amendes de Police, dont il a été attribué des portions aux Oficiers de Police ; il a été auſſi accordé des portions des amendes de contravention aux

Amendes arbitraires §. 1.

Règlemens des manufactures , soit aux Inspecteurs des manufactures , soit aux Gardes & Jurés des métiers , soit aux Hôpitaux. *Voïez* ci-après les articles : *Manufactures & Police.*

Quelques Oficiers des Siéges & Jurisdictions des provinces de *Flandre & Hainault ,* aïant prétendu jouïr de partie des amendes adjugées au Roi , il fut ordonné par Arrêt du Conseil du 14 Juillet 1722 , que tous Juges & Oficiers prétendant avoir droit ou portion dans les amendes de quelque nature qu'elles soient , seroient tenus de représenter leurs titres devant Mrs les Intendans desdites provinces de Flandre & Hainault. Le sieur Broux , Procureur du Roi du Bailliage de Bouchain , prétendit en cette qualité devoir jouïr du tiers des amendes comme les autres Procureurs du Roi de la gouvernance de Lille , Douay & autres : il s'y fit même confirmer par un Arrêt du Parlement de Flandre , qui condamnoit le sieur Langa , Receveur des amendes à Bouchain , à lui en faire le païement ; mais par *Arrêt* du Conseil du 25 Octobre 1723 , le Roi , sans avoir égard audit Arrêt du Parlement de Flandre , déchargea ledit Langa des condamnations contre lui prononcées , & ordonna qu'il rendroit compte à Cordier , chargé de la régie des Fermes , des amendes par lui reçuës ; avec défenses à ladite Cour de Parlement de détourner ni faire aucune *aplication* desdites amendes , sauf audit sieur Broux à produire ses titres , s'il en a. En conséquence , le sieur Broux produisit l'Edit du mois de Mars 1690 , portant érection en titre d'ofice des charges de judicature du Parlement de *Flandre ,* & des Siéges du ressort , par lequel Edit il est attribué au Procureur général de ce Parlement une portion dans les amendes prononcées en matière criminelle , & il prétendit avoir les mêmes droits. Mais par *Arrêt* définitif du 31 Juillet 1725 , ren-

du sur l'avis de M. l'Intendant de Flandre , il a été jugé que cette attribution est uniquement attachée à la charge de Procureur général du Parlement de Flandre ; en conséquence Sa Majesté a ordonné que les Déclarations des 21 Mars 1671 , 21 Janvier 1685 , & les Arrêts du Conseil des 14 Juillet 1722 , & 25 Octobre 1723 , seront exécutés , & que *la totalité des amendes* qui ont été & seront jugées , tant dans les Siéges roïaux de *Bouchain ,* que dans toutes les autres Jurisdictions inférieures du Parlement de *Flandre ,* demeureront & apartiendront au domaine de Sa Majesté , & *qu'il en sera compté en entier à* Cordier , chargé de la régie des Fermes , & à ses successeurs , sans que ledit sieur Broux & autres pourvûs de pareils ofices y puissent rien prétendre.

Par un autre Arrêt du Conseil du 5 Novembre 1726 , il a été ordonné que les articles 15 du chap. 64 des nouvelles chartres & coûtumes du *Hainault ,* du 5 Mars 1619 , les art. 11 & 39 du chap. 69 , l'art. 14 du ch. 75 , l'art. 2 du chap. 111 , & l'art. 1 du chap. 112 de ladite coûtume ; le jugement de M. l'Intendant de Flandre du 6 Mai 1682 , & celui des Trésoriers de France de Lille du 29 Novembre 1723 , seront exécutés ; en conséquence Sa Majesté a cassé trois Arrêts du Parlement de *Flandre ,* & ordonné que les *amendes* de quint , demi-quint , & peines de lettres , seront païées conformément auxdits art. de coûtumes , pour les contraintes & demandes introduites devant les Oficiers du Bailliage de *Bouchain* & des autres Justices & Jurisdictions roïales du *Hainault ,* tant par commissions expédiées au Gréfe , que par main-mise ou apostille desdits Oficiers , sur les Requêtes présentées par les créanciers contre les débiteurs , encore que lesdites demandes & contraintes soient de la nature de celles qui auroient pû être portées en la Cour de Mons , par exclusion ou par prévention aux autres Juges. Et feront les redevables contraints au païement des fommes par eux duës , après fommation préalable ; & ce , par provifion , nonobftant toutes opofitions , fauf à eux à fe pourvoir au Bureau des finances de Lille en première inftance. Et ne pouront les Oficiers du Bailliage de Bouchain & autres Juges accorder aucune main-levée ou permiffion de faifir & contraindre par apoftille fur Requête , ni les parties s'en fervir , ni les Huifliers les mettre à éxécution qu'elles n'aïent été enregiftrées par le Gréfier fur le regiftre qu'il tiendra , *pour en être les droits dûs au domaine perçus par le Receveur des amendes* , le tout à peine de nullité , caffation des procédures & de 300 livres d'amende contre les parties qui s'en feront fervi , & les Huifliers qui les auront mifes à éxécution , fans qu'elles aïent été enregiftrées.

Par Arrêt du Confeil du 12 Février 1671 , il a été ordonné que Vialet , Fermier général des domaines & fes prépofés jouïront & feront la recette de toutes les amendes adjugées au Roi , & qui s'adjugeront aux Confeils fouverains d'*Arras* & de *Tournay* , & autres Siéges dudit païs , & que les Gréfiers fourniront tous les Lundis , des états certifiés defdites amendes , à peine d'en répondre.

Par autre Arrêt du Confeil du 24 Oétobre 1747 ; il a été ordonné que toutes les amendes qui feront prononcées par les Maire , Sous-Maire & *Jurats de la ville de Bordeaux* , foit dans l'éxercice de la Jurifdiétion criminelle , foit dans celle de *la Police* & à quelque fomme qu'elles puiffent monter , apartiendront au Roi , & que le recouvrement en fera fait par le Fermier des domaines ; il eft enjoint à cet éfet auxdits Maire & Jurats de faire rédiger fommairement & fur le champ tous les jugemens qu'ils rendront , portant condam-

nation d'amendes , à quelques fommes qu'elles puiffent monter. Et il leur eft fait défenfes & à tous autres d'en percevoir ni s'en aproprier aucunes , fous quelque prétexte que ce foit , & ce , fous les peines prononcées par les Règlemens.

A l'égard des amendes prononcées pour *jeux défendus* , il y a un Arrêt de Règlement du Parlement de Paris du 16 Septembre 1680 , qui en adjuge le tiers au Roi , un tiers au dénonciateur , & l'autre tiers à l'hôpital général des enfans trouvés. Par Arrêt du Confeil du 30 Janvier 1685 , le Roi confirma la défenfe des jeux prohibés dans tout le Roïaume , à peine de 3000 livres d'amende , dont le tiers apartiendroit aux dénonciateurs , & le furplus aux hôpitaux des lieux ; mais par autre Arrêt du Confeil du 17 Mars 1685 , il fut ordonné que le Fermier du domaine continuëroit de jouïr dans la ville de Paris & dans la banlieuë d'icelle , du tiers defdites amendes , nonobftant l'Arrêt du 30 Janvier 1685. Voïez encore l'Ordonnance de M. de Baudry , Lieutenant général de Police à Paris , du 4 Décembre 1720 , portant que les anciennes & nouvelles Ordonnances du Roi , & notamment celles des 4 Décembre 1717 & 17 Novembre 1718 , enfemble les Arrêts du Confeil & du Parlement , feront éxécutés ; en conféquence défend de tenir aucunes affemblées de jeux défendus , fous peine de 3000 livres d'amende , aplicable un tiers au Roi , un tiers à l'hôpital général , & l'autre tiers au dénonciateur.

Par Arrêt du Confeil du 17 Avril 1725 , il a été ordonné que les Edits , Déclarations & Arrêts concernant les amendes , feront éxécutés dans la province de *Franche-Comté* , comme dans les autres provinces & généralités du Roïaume ; & en conféquence , que le Gréfier de la Chambre des Comptes de Dole , & ceux des autres Cours & Jurifdiétions

de ladite Province , feront tenus de fournir des extraits des jugemens de condamnation des amendes , tant de celles
de confignation qu'autrement , certifiés
véritables , contenant les noms & qualités
des parties , leur domicile & les noms
de leurs Procureurs ; & que le Receveur des amendes de ladite Chambre fournira au Fermier des états de ce qu'il a
reçu , dont il comptera à la déduction de
ce qui lui eft attribué. Cet Arrêt a été
occafionné par un refus du Gréfier , autorifé par la Chambre des Comptes, de fournir lefdits extraits, jufqu'à ce que Pila-
voine & Cordier euffent juftifié qu'ils
étoient fermiers ou régiffeurs des amendes. Il eft auffi à obferver que les ofices des Receveurs des amendes en titre ,
n'ont point été fuprimés en Flandre ni
en Franche-Comté.

Les amendes prononcées contre les
Collecteurs , foit pour défaut de confection des rôles ou autrement ; & celles
qui font prononcées contre les Receveurs
& Oficiers *comptables* , faute d'avoir rendu leurs comptes dans les tems qui leur
font accordés , apartiennent en entier au
Roi , & font partie de la Ferme des domaines de Sa Majefté. *Déclaration* du 28
Novembre 1700. *Arrêt* du Confeil du
9 Août 1672 , qui caffe une Sentence
des Elus de Dreux , par laquelle, en prononçant une amende contre un collecteur ,
ils en avoient fait l'aplication au profit
des habitans de la Paroiffe ; en conféquence ordonne qu'elle fera païée au Fermier des domaines , avec défenfes de faire
aucune aplication defdites amendes. *Arrêt*
du Confeil du 24 Novembre 1744, qui
ordonne que les contraintes décernées
par le Receveur des amendes de la Chambre des Comptes de Roüen , Commis du
Fermier des domaines de Normandie ,
contre les Receveurs généraux des finances
de Caën & plufieurs Receveurs des tailles de la province de Normandie , feront

éxécutées ; les déboute de leur opofition
auxdites contraintes , & ordonne qu'ils
feront tenus de païer les amendes contr'eux
prononcées aux jugemens de leurs comptes , par la Chambre des Comptes de
Roüen.

A l'égard des amendes prononcées
dans les fiéges d'Amirautés ; *voïez* ci-après :
Amirauté.

Les amendes prononcées dans les Jurifdictions des *Tables de marbre* & *Maîtrifes des Eaux & Forêts* , pour raifon defdites Eaux & Forêts , ont ci-devant fait partie des baux des domaines ,
pour une moitié feulement ; mais par Arrêt
du Confeil du 14 Mai 1715 , & par l'E-
dit du mois de Mai 1716 , elles en
ont été entièrement diftraites & défunies.
Ces amendes ne peuvent être prétenduës
par les engagiftes , conformément à l'Ordonnance de 1669. Voïez l'Arrêt du Confeil du 20 Juin 1724 , contre la dame
de Cruffol engagifte du domaine de
Laon.

Les amendes & confifcations prononcées contre ceux de la *Religion préten-
duë-réformée* , réfractaires aux ordres du
Roi , tombent en régie , pour être le
tout emploïé à la fubfiftance des nouveaux convertis à la foi catholique ; &
le Fermier du domaine n'y peut rien prétendre. Arrêt du Confeil du 17 Avril
1703 , & art. 18 de la Déclaration du
Roi du 14 Mai 1724.

§. 2. *Les amendes doivent être
païées en entier , fans pouvoir
en faire aucune aplication , ni
diftraction.*

Les Juges qui ont le pouvoir de régler les amendes criminelles , civiles ou
de Police , qui ne font pas fixées , n'ont
pas celui d'en faire l'*aplication* , foit pour
réparations , pain des prifonniers , nécef-

sités du Palais, impressions, frais de Justice, ni pour quelqu'autre prétexte que ce soit ; & même, en condamnant les accusés en des amendes envers le Roi, ils ne peuvent prononcer aucune condamnation d'aumône pour emploïer en œuvres pies ; si ce n'est dans le cas où il a été commis sacrilége, & autres cas ésquels il n'échet d'amende, & lorsque la condamnation d'aumône pour œuvres pies, fait partie de la réparation.

Ces amendes sont entièrement comprises dans les baux des Fermes, & le Fermier doit jouïr de la totalité de ce qui apartient à Sa Majesté, qui se charge de subvenir aux réparations des palais & auditoires, nourriture des prisonniers, frais de Justice, *&c.*

Par l'art. 5 de la *Déclaration* du Roi du 21 Mars 1671, il est dit que les Cours & Juges ne pourront ordonner la remise ou modération des amendes acquises au Roi ; & qu'ils ne pourront faire *aplication* d'aucunes amendes civiles & criminelles à quelques sommes qu'elles se puissent monter, soit pour réparations, pain des prisonniers, nécessités du palais, à l'Ordonnance de la Cour, ou sous quelqu'autre prétexte que ce soit ; lesquelles apartiendront entièrement à Sa Majesté, attendu que par les états arrêtés au Conseil, Sa Majesté pourvoit au païement de toutes les charges ordinaires & extraordinaires qui doivent être prises sur lesdites amendes : pourront néanmoins condamner les accusés en quelques sommes, aplicables en œuvres pies, dans les cas où il aura été commis sacrilége, & où ladite condamnation d'œuvres pies fera partie de la réparation.

Arrêt du Conseil du 27 Mai 1671, qui casse diférens Arrêts du Parlement de Bretagne, portant *conversion* d'amendes en aumônes, & *aplication* aux menuës nécessités du palais. Fait très-expresses inhibitions, & défenses audit Parle-

ment de convertir les amendes en aumônes, ou de les apliquer autrement qu'au profit du Roi ; & aux parties condamnées, de les païer à autres qu'au Fermier, ses commis & préposés, à peine de païer deux fois, nonobstant la destination contraire, qui seroit ordonnée par ladite Cour, que Sa Majesté a dès-à-présent déclarée nulle.

Arrêt du Conseil du 15 Janvier 1672, qui casse un Arrêt du Parlement d'Aix, portant *aplication* de partie de deux amendes au pain des prisonniers & aux menuës nécessités & réparations du palais ; ordonne qu'elles seront délivrées au Fermier par ceux qui les ont reçues, à ce faire contraints par corps ; fait défenses audit Parlement & à tous autres Juges de faire aucune aplication des amendes civiles & criminelles, à quelques sommes qu'elles se puissent monter, *&c.*

Arrêt du Conseil du 10 Mai 1672, qui casse une Sentence du Présidial de Blois, portant *aplication* d'amendes en réparations & aumônes. Fait très-expresses inhibitions, & défenses auxdits Oficiers & à tous autres de convertir les amendes, si ce n'est aux cas portés par la Déclaration du 21 Mars 1671, à peine d'interdiction, de 1500 livres d'amende, & de tous dépens dommages & intérêts.

Arrêt du Conseil du 9 Août 1672, qui casse deux Sentences des Elus de Dreux, portant *aplication* au profit d'une paroisse d'une amende de 100 liv. prononcée contre un collecteur ; défend auxdits Elus & à tous autres Juges de faire aucune aplication des amendes, *&c.*

Arrêt du Conseil du 22 Janvier 1678, qui casse un Arrêt du Parlement de Paris, portant *aplication* d'amendes aux parties & à l'Hôtel-Dieu ; ordonne qu'elles seront païées au Fermier des domaines, à quoi faire les dépositaires contraints par toutes voïes, même par corps ; & défend aux Oficiers du Parlement & à tous autres Juges d'ordonner à l'avenir des aplications d'amendes contre les termes de la Déclaration de 1671, & des Arrêts rendus en conféquence, fous les peines y contenuës.

Arrêt du Confeil du 7 Novembre 1682, fur l'avis de M. Charuel, Intendant de Metz, portant que le Fermier des domaines, jouïra des amendes qui ont été & feront adjugées par les Juges & pour le fait de la *Police*, dans les villes & lieux de la généralité de *Metz*; à l'éfet de quoi les rôles defdites amendes lui feront délivrés, pour en faire le recouvrement en vertu de fon bail. Fait défenfes auxdits Juges de Police de faire aucune *aplication* defdites amendes, fous prétexte de réparations, ou pour quelqu'autre caufe que ce foit, à peine d'en répondre en leurs propres & privés noms.

Arrêt du Confeil du 13 Novembre 1683, concernant les amendes & confifcations adjugées par les Confuls & autres oficiers *de Police* des villes & communautés du Languedoc; qui défend auxdits Confuls & Oficiers de Police de divertir, apliquer ni modérer lefdites amendes, à peine de mille livres d'amende.

Arrêt du Confeil du 11 Juillet 1684, qui fait défenfes au Lieutenant criminel de Murat & à tous autres Juges d'emploïer dans les condamnations d'amendes ces mots: *de laquelle feront diftraits les frais de Juftice*, à peine d'interdiction; condamne ledit Lieutenant criminel, en fon propre & privé nom, à païer au Fermier des domaines les amendes qu'il a ainfi prononcées, & dont il s'étoit emparé, fous ce prétexte, conjointement avec les autres Oficiers du Siége.

Déclaration du Roi du 11 Janvier 1685, regiftrée au Parlement de Paris le 3 Mars fuivant; par laquelle, en ordonnant l'éxécution de celle de 1671, il eft défendu aux Cours & Juges qui jugent en dernier reffort, en condamnant les

accufés en des amendes envers Sa Majefté, de prononcer contr'eux aucunes condamnations d'aumônes pour emploïer en œuvres pies, fi ce n'eft dans le cas où il aura été commis facrilége, & où ladite condamnation, pour œuvres pies, fera partie, de la réparation. Pouront néanmoins lefdites Cours & Juges, attendu qu'il n'échet pas d'amendes contre les porteurs de *lettres de rémiffion*, ou ès autres cas où il n'échet pas non-plus d'amende envers le Roi, condamner, s'il y échet, felon qu'ils l'eftimeront en leur confcience, lefdits porteurs de rémiffion ou accufés, en des aumônes, lefquelles (quant aux porteurs de rémiffion) feront uniquement apliquées au pain des prifonniers; & quant aux autres aumônes èfquelles les accufés pouront être condamnés, foit pour facriléges ou autres cas èfquels il n'échet d'amende, ne pouront lefdites aumônes être apliquées à autres ufages qu'au pain des prifonniers, ainfi qu'il eft accoûtumé, ou au profit des Hôtels-Dieu, Hôpitaux généraux des lieux, Religieux & Religieufes mandians & autres lieux pitoïables, à peine de défobéïffance.

Arrêt du Confeil du 11 Septembre 1685, par lequel, fans s'arrêter à un Arrêt du Parlement de Metz de 1683, portant *aplication* aux réparations de l'auditoire de Verdun, de partie d'une amende prononcée contre un particulier accufé de crime de faux & d'ufure, il eft ordonné que cette partie fera païée au Fermier des domaines; avec défenfes aux Oficiers dudit Parlement, & à tous autres Juges, d'ordonner des aplications d'amendes, fous les peines portées par la Déclaration de 1671, & Arrêts rendus en conféquence. Il y avoit encore une partie de l'amende apliquée à des Religieux mandians, à la charité & aux pauvres; le Confeil a laiffé fubfifter cette aplication comme réparation néceffaire à caufe de la nature du crime d'ufure.

Arrêt

Arrêt du Conseil du 6 Novembre 1685, par lequel, fans s'arrêter à un Arrêt du Conseil fouverain de Rouffillon, qui n'avoit adjugé au Roi que le tiers d'une amende de 500 livres, aïant *apliqué* le furplus aux réparations du Palais, il eft ordonné que ladite amende fera païée en entier au Fermier des domaines, à ce faire le redevable contraint comme pour les deniers & affaires de Sa Majefté.

Par l'Edit du mois de Février 1691, portant création d'ofices de Receveurs des amendes, il eft défendu à toutes Cours de décerner aucuns éxécutoires contr'eux pour raifon des menuës néceffités, réparations d'auditoires ou autre dépenfe telle qu'elle foit, & de difpofer en aucune façon du fonds defdites amendes.

Arrêt du Conseil du 19 Octobre 1720, qui réitère les défenfes à toutes Cours & Juges, même aux Juges-Confuls, Juges confervateurs des priviléges des foires, Oficiers de Police, Prévôts, Châtelains & tous autres Oficiers des Juftices roïales ordinaires & extraordinaires, de faire *aplication* d'aucunes amendes civiles & criminelles, qui ont été & qui feront par eux prononcées & adjugées, à quelques fommes qu'elles puiffent monter, foit pour réparations, pain des prifonniers, néceffités du Palais, ou fous quelqu'autre prétexte que ce foit; même en condamnant les accufés en des amendes envers le Roi, de prononcer contr'eux aucunes condamnations d'aumônes pour emploïer en œuvres pies, fi ce n'eft dans les cas où il aura été commis facrilége, & où la condamnation d'aumônes pour œuvres pies fera partie de la réparation, conformément aux Déclarations de 1671 & 1685, à peine de défobéiffance; ordonne en outre que toutes lefdites amendes apartiendront au Fermier des domaines, &c.

Décifion du Conseil du 11 Avril 1727, fur propofition de M. l'Intendant de Bretagne, tendante à prendre les frais d'impreffion des Jugemens de Police, fur les amendes; décidé que les amendes apartiennent en entier au Fermier, & que ces frais feront pris fur le domaine par la voie d'un éxécutoire à l'ordinaire.

Arrêt du Conseil du 11 Janvier 1729, par lequel il eft fait défenfes au Lieutenant général de la ville de Tours, & à tous autres Juges, de faire aucune *aplication* des amendes civiles & criminelles, qui feront par eux prononcées & adjugées, &c. (conformément à l'Arrêt de 1720,) le tout à peine de 500 livres d'amende pour chaque contravention.

Arrêt du Conseil du 27 Février 1731, qui ordonne qu'une amende de 3000 liv. prononcée par le Parlement de Bretagne, fera païée au Fermier du domaine, *fans aucune déduction des frais de Juftice,* dont le païement fera fait fur les éxécutoires des Juges, en la manière ordinaire.

§. 3. *Droits & prétentions des Fermiers des domaines entr'eux fur les amendes.*

1°. Les amendes apartiennent incontestablement au Fermier du lieu où elles ont été adjugées; le Commis établi près du Siége qui en a prononcé la condamnation, eft feul en droit d'en faire le recouvrement & la recette, quelque puiffe être la réfidence de la partie condamnée.

Mais lorfqu'il y a apel d'une condamnation d'amende, & que cet apel eft porté dans une généralité différente, il faut, pour décider à qui apartient l'amende, diftinguer la manière dont il a été prononcé fur l'apel: fi la condamnation eft confirmée, l'amende apartient au Fermier du lieu où elle a été prononcée; & fi le premier Jugement eft infirmé, l'amende qui fera prononcée par le Juge d'apel, apartiendra au Fermier du lieu où l'apel aura été porté.

Arrêt du Conseil du 13 Mars 1683,

portant que les amendes prononcées par
les Juges du duché de Lorraine , & confirmées par le Parlement de Metz , en cas
d'apel , apartiendront au Fermier des
domaines de Lorraine ; & que celles qui
feront prononcées par le Parlement , en
confirmant les Sentences defdits Juges ,
apartiendront au Fermier des amendes du
Parlement.

Autre Arrêt du Confeil du 24 Février
1685 , qui , en conformité du précédent ,
ordonne que les amendes prononcées &
adjugées par les Juges des lieux , & qui
auront été confirmées par les Cours en
cas d'apel, apartiendront aux Sous-Fermiers
des villes & lieux de l'établiffement des
Siéges où les Sententes auront été renduës ; & que les amendes qui feront prononcées par lefdites Cours , lorfqu'elles
infirmeront les Sentences des Juges inférieurs , apartiendront aux Fermiers des
amendes defdites Cours.

Arrêt du Confeil du 10 Août 1686 ,
qui juge qu'une amende prononcée à la
Maîtrife de Compiégne , & modérée à la
Table de Marbre , apartient au Fermier
de Compiégne , & déboute le Receveur
des amendes de la Table de Marbre de
fa prétention.

La même règle a été prefcrite par Décifion du Confeil du 6 Février 1732 , pour
le droit de contrôle des dommages & intérêts prononcés par Jugement dont il y
a apel.

2°. C'eft *au Fermier du bail actuel* ,
qu'apartiennent toutes les amendes ; non-
feulement celles confignées , acquifes ou
adjugées pendant le cours de fon bail ,
mais encore toutes celles qui peuvent
avoir été prononcées dans les précédens
baux , dont les Fermiers defdits baux
n'ont point formé demande dans le tems
qui leur a été fixé ; à ce moïen c'eft le
Fermier actuel qui eft tenu de rendre &
reftituer aux parties les amendes confignées , dont la reftitution eft ordonnée

pendant fon bail , même celles qui peuvent être à reftituer fur des Arrêts & Sentences précédemment rendus , en quelque
tems que les confignations aïent été faites.
Art. 504 du bail de Forceville , raporté
ci-deffus , §. 1 , page 114.

Le délai accordé à chaque Fermier ,
eft *d'une* année feulement , après l'expiration de fon bail , pour s'affurer , par des
pourfuites ou par des promeffes ou obligations paffées devant Notaires , les amendes acquifes ou adjugées avant la fin de
fon bail ; paffé lequel tems *d'une* année ,
elles font dévoluës au bail de fon fucceffeur , qui doit en jouïr conformément
audit article 504 du bail de Forceville ,
& aux Règlemens rendus en conformité.

Il avoit été ordonné par Arrêt du Confeil du 29 Septembre 1699 , que les Fermiers des domaines auroient trois ans après
l'expiration de leurs baux pour s'affurer
les droits domaniaux cafuels échus dans
le cours de leurs baux. Les amendes font
purement domaniales , comme il a été
obfervé au commencement du §. 1er de
cet article , page 114 , ainfi il eft inconteftable qu'elles fe trouvoient dans le cas
de l'Arrêt de 1699. Par un autre Arrêt du
17 Mai 1720 , ce délai a été réduit à
une année , avec défenfes aux Fermiers
dont les baux feront expirés , de former
aucunes demandes pour droits domaniaux ,
dont il n'y aura pas eu de demande par
exploit contrôlé , ou pour lefquels ils
n'auront pas de promeffes , conventions
ou obligations paffées à leur profit par
devant Notaires , dans ledit tems , à peine
de reftitution & de 1000 livres d'amende ,
païable au Fermier fucceffeur. L'expreffion *d'une* & de *trois* années qui fe trouve
dans les Arrêts du Confeil des 29 Octobre 1720 , & 11 Janvier 1729 , rendus
nommément pour les amendes , eft relative aux tems ; c'eft-à-dire que ces Arrêts ,
qui *ordonnent* pofitivement *l'éxécution de
celui du 17 Mai 1720* , accordent aux

Fermiers antérieurs à 1720 , les amendes qu'ils se sont conservées dans les trois ans qui ont suivi l'expiration de leurs baux ; & aux Fermiers postérieurs à 1720 , celles qui , seulement , ont été conservées dans l'année. Ce ne peut donc être que par erreur que l'on a dit dans quelques instructions que les Fermiers sortans ont trois années après leurs baux pour cette recherche ; le délai d'une année suffit : la loi est positive , & son objet a été de prévenir les demandes & autres poursuites qui pouroient être faites par diférens Fermiers pour un même objet. *Voïez* les motifs expliqués dans l'Arrêt du 17 Mai 1720.

Au surplus , cette règle est établie seulement de Fermier à Fermier. Ce qui cesse d'apartenir à l'un , est aussi-tôt dévolu à son successeur , qui , pendant trente années du jour de la condamnation , est recevable à former la demande des amendes. *Voïez* le §. suivant , n. 5.

§. 4. *Recouvrement des amendes.*

1. Pour faciliter le recouvrement de toutes amendes adjugées , ou acquises au Roi par péremption d'instance , désertion d'apel , accords , transaction ou autrement , les *Gréfiers* sont tenus de fournir au Fermier des *extraits* des jugemens qui prononcent les amendes. *Arrêts* du Conseil du 12 Février 1671 , concernant les Gréfiers des Conseils souverains d'Arras & Tournay & Siéges en dépendans , à peine d'en demeurer responsables. Art. 8 & 9 de la *Déclaration* du 21 Mars 1671 , qui enjoignent aux Procureurs d'insérer dans les qualités des Arrêts & Jugemens , les noms , surnoms , qualités & demeures des parties condamnées , & aux Gréfiers d'en fournir les extraits au Fermier , tous les Lundis de chaque semaine ; le tout à peine de païer par les contrevenans , chacun en droit soi , lesdites amendes en leur propre & privé

nom , & en outre de 500 livres d'amende contre chacun Gréfier & Procureur contrevenant , pour la première fois , & d'interdiction , en cas de récidive. *Arrêts* du Conseil des 12 Mars 1683 & 22 Février 1686 , concernant les amendes prononcées aux Conseils du Roi , qui prescrivent aux Avocats aux Conseils de cotter les noms , qualités & domiciles des parties condamnées , & aux Secrétaires & Gréfiers d'en faire mention dans les extraits qu'ils sont tenus de fournir au Fermier des domaines. *Edit* du mois de Février 1691 , qui enjoint aux Gréfiers de délivrer aux Receveurs des amendes , des extraits de tous les jugemens , portant condamnation d'amendes ; savoir , ceux des Cours , tous les lundis , & ceux des Présidiaux & autres Justices inférieures , le premier jour de chaque mois , ou un certificat comme il n'y aura eu aucune amende adjugée ; lesquels extraits contiendront les noms & qualités des parties , leurs domiciles & les noms de leurs Procureurs. *Arrêt* du Conseil du 29 Octobre 1720 , par lequel , pour faciliter le recouvrement des amendes , tant d'apel , inscriptions de faux , requêtes civiles , que généralement toutes autres amendes de condamnation , civiles , & criminelles , les dispositions de la Déclaration de 1671 , sont entièrement réïtérées , pour être les extraits délivrés au Fermier & à ses Commis à la recette des amendes ; & pour chacun desquels il sera païé auxdits Gréfiers , 2 sols 6 deniers seulement, avec le coût du papier timbré, conformément aux Arrêts du Conseil des 22 Novembre 1689 & 12 Janvier 1694. *Arrêt* du Conseil du 17 Avril 1725 , pour la Franche-Comté , raporté ci-dessus , §. 1. *Arrêt* du Conseil du 26 Août 1727 , qui enjoint à tous Gréfiers , tant des Conseils que des Cours , Siéges & Jurisdictions du Roïaume , de fournir au Fermier des domaines & des droits réservés , tous les extraits & expéditions

———— des Arrêts, Sentences & Jugemens fujets aux dits droits, dont il aura befôin, à peine de 500 livres d'amende. *Arrêt* du Confeil du 11 Janvier 1729, qui enjoint aux Gréfiers de délivrer des extraits en bonne forme & d'eux certifiés de toutes les condamnations d'amendes de toute nature, contenant les noms, qualités, & domiciles des parties; les noms des Procureurs, la date des Jugemens, & le montant des amendes, ou des certificats négatifs, en cas qu'il n'en ait point été prononcé ; pour chacun defquels extraits, il leur fera païé 2 fols 6 deniers, avec le coût du papier timbré ; à peine de 500 livres d'amende, faute d'y fatisfaire, & de pareille amende pour chaque obmiffion ; il leur eft pareillement enjoint de tenir des Regiftres en bonne forme, de toutes les amendes prononcées, defquels ils donneront communication au Fermier des domaines, fes Procureurs & Commis, lorfqu'ils en feront requis.

2. Sur ces extraits, le Fermier, ou fon Commis à la recette des amendes, doit décerner fes *contraintes*, les faire fignifier, & enfuite les mettre à éxécution, par les voies ordinaires & accoûtumées pour le recouvrement des deniers roïaux. Déclaration du 21 Mars 1671, Edit du mois de Février 1691, Arrêts du Confeil des 29 Octobre 1720, & 11 Janvier 1729.

3. Le recouvrement des amendes de condamnations peut être fait *par corps*, contre les parties condamnées. *Arrêt de Règlement* du Parlement de Roüen, du 11 Février 1647, portant que tous les condamnés en des amendes, faute de les païer dans le délai du Bailliage, pour ceux refféans dans le reffort ; & dans deux mois pour ceux qui font demeurans hors la Province, pouront être contraints par toutes voïes düés & raifonnables, même par emprifonnement de leurs perfonnes, après fommation dûment faite à per-

fonne ou domicile ; avec défenfes à tous Juges de procéder à l'élargiffement des prifonniers arrêtés pour lefdites amendes, à peine d'en répondre en leur propre & privé nom. *Arrêt* du Confeil du 15 Janvier 1671, qui caffe quatre Arrêts du Parlement de Bordeaux ; prononce les amendes contre des demandeurs en Requête civile qui ont füccombé, & ordonne qu'ils feront contraints au païement defdites amendes par toutes voïes, même par corps. L'art 11 de la *Déclaration* du 21 Mars 1671, porte qu'en cas que les Concierges & Gréfiers des Géoles reçoivent des amendes, pour faciliter l'élargiffement des prifonniers condamnés en icelles, ils feront tenus de le déclarer, & d'en fournir les deniers au Fermier du domaine ou à fes Commis, à peine d'y être contraints & de 100 livres d'amende. *Arrêt* du Confeil du 12 Juillet 1675, qui caffe une Sentence de la Chambre du Tréfor à Paris, par laquelle l'emprifonnement de Gafpard Petit, condamné par Arrêt en une amende de 75 livres, avoit été déclaré injurieux & tortionnaire, avec défenfes au Fermier de faire emprifonner les domiciliés en la ville de Paris, qu'au préalable il n'eut fait faifir & vendre leurs meubles ; en conféquence, Sa Majefté a défendu aux Oficiers de ladite Chambre de furfeoir les contraintes par corps, contre les redevables des deniers roïaux. *Voïez* auffi le Dictionnaire de Ferriere, Verb. *Amende* pécuniaire, où il dit que l'on peut être contraint par corps au païement d'une amende pécuniaire en laquelle on a été condamné par Jugement.

4. Les amendes doivent être païées par *privilége & préférence* à tous Créanciers. L'art. 10 de la *Déclaration* du 21 Mars 1671, porte que toutes les amendes apartenantes au Roi, feront païées fur les biens meubles & immeubles, & autres éfets des condamnés, par

préférence & privilége à tous Créanciers , tant par les Fermiers conventionnels & judiciaires , Receveurs des Consignations , Commissaires aux saisies-réelles , Païeurs des gages d'Oficiers , que par tous autres débiteurs des condamnés ésdites amendes ; lesquels y seront contraints , comme dépositaires , nonobstant toutes saisies & arrêts , opositions ou apellations , ou autres empêchemens quelconques ; encore que le Fermier ou ses Commis ne se soient oposés aux décrets des biens des condamnés , & sans qu'ils soient obligés de le faire dire & ordonner avec les créanciers , partiés saisies , saisissans & oposans. L'*Edit* du mois de Février 1691 , confirme ces dispositions ; & l'*Arrêt* du Conseil du 13 Septembre 1695 , juge que les amendes doivent être païées par préférence aux frais de Justice , qui ne pourront être répétés que sur le surplus des biens des condamnés.

Cette préférence pour les amendes , tant civiles que criminelles , n'a lieu que sur les biens meubles , fruits , revenus & éfets mobiliaires ; puisque suivant la Déclaration du Roi du 13 Juillet 1700 , le Roi n'a d'hipothéque sur les biens immeubles des condamnés aux amendes que du jour de la condamnation , Sa Majesté aïant à cet éfet dérogé à la Déclaration de 1671 , & à l'Edit de 1691. Voïez encore la *Déclaration* du Roi du 16 Août 1707 , enregistrée au Parlement de Paris le 4 Octobre suivant , qui porte que les amendes de toute nature apartenantes au Roi en matière civile & criminelle , feront païées sur les *biens-meubles* , fruits , revenus & autres éfets mobiliaires des condamnés aux amendes , tant par les Fermiers conventionnels & judiciaires , Commissaires aux saisies-réelles , Receveurs des Consignations , Païeurs des gages d'Oficiers , que tous autres débiteurs desdits condamnés , lesquels y seront contraints, comme dépositaires , & ce , par pré-

férence & privilége à tous créanciers , *à la réserve* des propriétaires des maisons pour les loïers ; d'un marchand qui revendiqueroit sa marchandise non païée , & encore en nature sous bale & sous corde ; comme aussi des gages des domestiques pour la derniere année , & de ce qui peut être dû aux Boulangers pour les derniers six mois ; & nonobstant toutes saisies & arrêts , opositions , apellations & autres empêchemens quelconques , après un commandement fait auxdits condamés à personne ou domicile ; sans que lesdits Receveurs , Fermiers , Commissaires aux saisies-réelles & autres débiteurs soient obligés de le faire dire & ordonner avec les créanciers , parties saisies , saisissans & oposans. Et à l'égard des *biens-immeubles* des condamnés ésdites amendes , les Receveurs & Fermiers des amendes n'y auront d'hipothéque pour le récouvrement que du jour du Jugement de condamnation, conformément à la Déclaration de 1700.

L'amende pour crime , ne doit même être prise sur les biens du condamné qu'après la somme adjugée à la partie civile pour réparation , dommages & intérêts ; parce que l'offense faite au public , n'est qu'une suite & une conséquence de celle qui a été faite à la partie intéressée ; c'est ce qui a été jugé par Arrêt du Parlement de Paris , du 10 Mars 1660 ; & par un autre du Vendredi 28 Février 1681 , à l'Audience de la Grand'Chambre , en confirmant une Sentence de la Chambre du Trésor.

Par Arrêt du Conseil 21 Juin 1720 , rendu sur le dire de M. Magneux , Inspecteur général du domaine de la couronne , le Roi a cassé un Jugement rendu par les Oficiers du Bureau des Finances de Provence , par lequel ils avoient annullé une saisie faite sur les fonds & fruits du nommé Tronc , Marchand à Marseille , pour le recouvrement d'une amende criminelle prononcée contre lui ;

& ils en avoient ordonné la délivrance aux créanciers ; en conféquence, S. M. a ordonné que le Fermier des domaines feroit païé, par privilége & préférence à tous créanciers, du montant de ladite amende, & qu'à cet éfet il feroit, à la requête dudit Fermier, procédé à lavente & éxécution des biens-meubles & éfets mobiliaires dudit Tronc, à la repréfentation defquels, enfemble des fruits & revenus, feront tous gardiens & dépofitaires contraints.

5. Les amendes fe *preferivent* par 30 ans du jour qu'elles font acquifes ou adjugées ; le crime fe preferit : l'amende qui en eft une efpéce de réparation, ne doit pas moins être fujette à la prefeription ; & cette prefeription a lieu en éfet par 30 années, pour les amendes de toute nature, comme elle a lieu pour tous les droits domaniaux cafuels, fous la reftriction faite pour lefdits droits par l'Edit du mois de Mai 1710, dont il fera parlé, Verb. *Enfaifinement* & *Prefeription*.

Charles Yvon, fe difant ancien Sous-Fermier des domaines de la généralité de Paris, & très-ancien en éfet, puifqu'il a cefté de l'être en 1732 ; s'eft avifé plus de 25 ans après, de faire des recherches des amendes prononcées pendant fon bail & même antérieurement, quoiqu'il n'eut aucun droit fur celles qu'il ne s'étoit pas confervées par des demandes ou par des obligations, conformément à ce qui a été obfervé au §. précédent, page 122. Il ne s'eft pas même borné à celles qui étoient dans l'époque des 30 années ; & lorfque les parties inquiettées lui ont opofé la prefeription, il leur a répondu par des fophifmes ; il a dit que par une Déclaration du 6 Novembre 1706, le Roi avoit ordonné que les amendes qui feroient adjugées à Sa Majefté, apartiendroient aux Fermiers des domaines, durant les baux defquels elles feroient prononcées, depuis 1670, & à l'avenir à compter du 1er Janvier 1707,

ce qui compofant le laps de 36 ans, faifoit par conféquent connoître qu'il n'y a point de prefeription pour les amendes, comme faifant partie du domaine de Sa Majefté.

On convient avec Yvon que les amendes font domaniales, & même qu'il n'y a point de prefeription pour le domaine du Roi ; mais c'eft pour le fonds feulement, car il eft inconteftable que les droits domaniaux cafuels dûs au Roi fe preferivent, & cela ne peut faire la matière d'un doute ; il en eft donc ainfi des amendes prononcées & adjugées, fuivant Yvon même.

Cette Déclaration de 1706 qu'il cite, ne parle que des amendes de confignation feulement : elle avoit établi une police à cet égard entre les Fermiers, pour prévenir le peu d'attention que l'on donnoit au recouvrement des amendes adjugées ; & à cet éfet, elle porte *qu'à l'avenir* toutes les amendes *confignées* pendant les baux précédens, depuis que la confignation en a été établie & qui feront adjugées au Roi, apartiendront aux Fermiers des domaines, durant les baux defquels elles *feront* adjugées.

Cela eft bien diférent de l'expofé d'Yvon : il ne s'agifloit que d'une règle générale entre les Fermiers, pour attribuer les amendes confignées à ceux qui étoient en ferme, lorfqu'elles étoient adjugées, fans avoir égard au tems de la confignation ; parce que réellement ce n'eft que du jour que les amendes font adjugées, & non du jour de leur confignation qu'elles font véritablement acquifes. Il n'y a donc aucune induction, contre la prefeription, à tirer d'une loi qui n'autorifoit aucune recherche ancienne contre les Parties, & qui n'avoit d'aplication qu'aux amendes *confignées* entre les mains des Receveurs en titre, pour déterminer à quel Fermier des domaines elles apartiendroient à l'avenir, Règle alors néceffaire ; & inutile aujour-

d'hui , au moïen de ce que la consignation se fait entre les mains des Fermiers ,
lesquels restent dépositaires du fonds des
amendes consignées , jusqu'à ce qu'il y ait
lieu d'en faire la restitution, qui est toujours à la charge du Fermier en place ,
lorsque cette restitution est valablement
requise.

La Déclaration de 1706 , invoquée
par Yvon , étoit même contradictoire à ses
demandes : en éfet, ces demandes formées
en 1758 , à la femme du nommé Hamot,
à la veuve Metayer & autres , avoient pour
objet des amendes adjugées en 1723 &
1725 ; ces amendes , en conformité de la
Déclaration de 1706 , auroient donc dû
apartenir à Cordier, alors chargé de la régie ;
elles ne pouvoient donc être prétenduës
par Yvon , dont le bail n'a commencé
qu'en 1727 ; & s'il les a réclamées comme lui étant dévoluës faute d'avoir été
demandées par Cordier, c'étoit convenir
que par la même raison elles étoient dévoluës au Fermier actuel.

Pour tâcher décarter les moïens tirés
de la prescription, Yvon a encore dit que
suivant l'Edit du mois de Février 1691 ,
les amendes sont acquises au Roi par
péremption d'instance ou autrement. Or,
a-t-il ajoûté, la péremption ne s'acquiert
que par le laps de *trente* ans ; donc les
amendes adjugées au Roi ne prescrivent
point par le laps de trente ans , puisqu'au
contraire il les lui adjuge. Raisonnement
faux dans le principe & dans la conséquence.

L'Edit de 1691 , porte que les amendes *consignées* , adjugées au Roi, ou qui
feront acquises à Sa Majesté par péremption d'instance , seront remises par les Receveurs des amendes , au Fermier du
domaine , auquel elles apartiendront ;
qu'en résulte-t-il ? C'est que , lors que celui
qui a consigné ne suit pas l'instance &
qu'il la laisse périmer par le laps de *trois*
ans , & non pas de *trente*, l'amende con-

signée est, par l'éfet de cette péremption ,
acquise sans retour , de même que s'il
étoit intervenu un Jugement par lequel
elle eût été adjugée au Roi.

Il a paru d'autant plus nécessaire de
s'élever contre la prétention d'Yvon, &
de réfuter ses erreurs , qu'il est absolument sans aucun droit pour rechercher
des amendes, qu'il ne s'est point assurées
dans l'année 1733 , qui a suivi l'expiration de son bail ; & que l'adjudicataire des
fermes est seul en droit d'agir pour les
amendes encore éxigibles, qui n'ont point
été conservées par les précédens Fermiers,
dans le délai d'une année fixée par l'Arrêt
du 17 Mai 1720 ; mais il est bien éloigné
de faire former des demandes pour celles
qui sont adjugées ou acquises il y a plus
de trente ans.

On vient de dire que les amendes sont
domaniales & qu'elles se prescrivent par
trente ans. Il y a même des provinces
dont les loix , coûtumes , statuts ou usages
ont établi une *préscription* moins longue
pour le recouvrement des amendes ; on
peut citer particulièrement l'art. 1er du
titre 21 du Règlement , for & coûtume
de Bearn, du 5 Juillet 1584, suivant lequel , l'action pour demander les amendes
adjugées au fisc, doit être éxercée dans
le cours de cinq années ; & si, pendant
ce tems, il n'y a aucune diligence faite en
Justice pour le recouvrement desdites
amendes , elles sont déclarées prescrites.
Mais ces préscriptions légales n'ont lieu
que pour les amendes arbitraires prononcées par les Juges desdites provinces ,
dans les cas où , lors de la rédaction de la
loi, il y avoit lieu de prononcer lesdites
amendes ; & nullement pour celles établies
par les Ordonnances , Edits & Déclarations, encore qu'elles soient adjugées par
lesdits Juges , non plus que pour toutes
autres amendes de quelque nature qu'elles
soient, prononcées par d'autres Juges que
ceux desdites provinces, quoique contre

des particuliers qui y foient domiciliés.

Par Arrêt du Confeil du 23 Octobre 1725 , rendu contradictoirement avec les Etats de Bearn , & fur le dire de M. de Poilly , Infpecteur général du domaine de la Couronne , il a été jugé que la *prefcription* établie par le Réglement de Bearn de 1584 , pour le recouvrement des amendes , ne peut avoir lieu pour les amendes adjugées aux Confeils du Roi , & par tous Juges , autres que ceux de la province de Bearn ; non plus que pour celles établies par les Ordonnances , Edits & Déclarations , encore qu'elles foient prononcées par les Juges de ladite province ; ce faifant, S. M. a ordonné que les Ordonnances, Edits, Déclarations & Règlemens concernant les amendes de fol-apel , infcriptions de faux , évocation , caffation , & de requéte civile , feront éxécutés felon leur forme & teneur ; en conféquence , que les condamnés auxdites amendes pouront être pourfuivis au païement d'icelles pendant *trente années* , à compter du jour des Jugemens ou Arrêts de condamnation , foit qu'ils foient habitans & demeurans dans le païs de Bearn , ou dans d'autres provinces du Roïaume.

6. Les Commis du Fermier des domaines font feuls en droit de recevoir toutes les amendes , comme repréfentans & faifant les fonctions des Receveurs des amendes en titre , fuprimés par l'Edit du mois d'Août 1716 , fauf à ceux qui font fondés à prétendre une partie defdites amendes , à la recevoir par les mains defdits Commis ; il doit en même-tems être païé deux fols huit deniers pour livre du montant en entier defdites amendes , & fix fols buit deniers pour le droit de la quitance que donne le Commis à la partie condamnée. Voïez *Droits réfervés* , ch. 6.

AMENDES *de contravention* aux Règlemens concernant l'adminiftration & la régie des droits des Fermes. 1°. Elles apartiennent au Fermier de ces droits.

2°. Il lui eft libre d'en traiter fans atendre un Jugement de condamnation. 3°. Il peut même décerner fes contraintes pour les amendes encouruës. 4°. Sont-elles éxigibles par corps ? 5°. Les héritiers des contrevenans en font-ils tenus ?

1°. Les amendes de contravention apartiennent au Fermier.

Les diférens Fermiers du Roi jouïffent des amendes encouruës pour contravention aux Règlemens , concernant les droits qui leur font affermés.

L'art. 135 du bail de Charriere du 18 Mars 1687 , porte que les amendes & confifcations lui apartiendront , comme faifant partie de fon bail ; qu'il en poura difpofer , en traiter ou les modérer comme bon lui femblera , fans atendre les Jugemens , fur les faifies & contraventions.

Par Arrêt du Confeil du 9 Mars 1694 , il fut ordonné que le recouvrement des amendes *adjugées au Roi* & apartenantes aux Fermiers de fes domaines , feroit fait par les Receveurs des amendes , créés en 1691 ; mais que le recouvrement de celles *adjugées au Fermier* général , fes Sous-Fermiers ou Arrière-Fermiers , pour raifon des cinq groffes fermes & droits y joints , feroit fait par eux ou par leurs Commis ; avec défenfes auxdits Receveurs des amendes de s'y immifcer.

Par autre Arrêt du 1er Juillet 1698 , il eft encore fait défenfes aux Receveurs des amendes de s'immifcer au recouvrement des amendes adjugées & à adjuger aux Fermiers & Sous-Fermiers , pour raifon des droits des Fermes.

L'Edit du mois d'Octobre 1705 , concernant les infinuations , porte que toutes les peines & amendes qui feront païées pour contravention audit Edit , apartiendront au Fermier defdits droits , comme faifant partie de fon bail.

Voïez

Voïez encore les Arrêts du Conseil des
31 Mars 1708, & 14 Août 1714, &
l'art. 3 de celui du 10 Octobre 1722,
qui portent que les droits de contrôle,
infinuation laïque, petit-fcel & contrôle
des exploits, ainfi que les amendes encouruës pour contraventions, feront partie du bail.

En général toutes les amendes prononcées, foit à titre de condamnation, foit
pour contraventions, font partie du bail
du Fermier des domaines ; mais il faut
excepter celles prononcées pour contraventions aux droits des Fermes du Roi,
qui apartiennent à chaque Fermier de ces
droits.

2°. *Le Fermier peut traiter des
amendes de contravention.*

L'art. 6 du titre des confifcations &
amendes de l'Ordonnance des gabelles du
mois de Mai 1680, défend à l'adjudicataire des Fermes de tranfiger des amendes avant qu'elles foient ordonnées en
Juftice ; mais cette difpofition n'a lieu
que pour la Ferme des gabelles dans le
reffort des Cours des Aides de Paris & de
Roüen.

L'art. 289 du bail de Fauconnet, pour
les cinq groffes Fermes du 26 Juillet 1681,
lui permet de difpofer des confifcations
& amendes, fans attendre les jugemens
qui interviendront fur les faifies.

L'art. 225 du bail de Domergue du
18 Mars 1687, lui permet de tranfiger
des confifcations & amendes, fans attendre le jugement.

L'Arrêt du Confeil du 19 Janvier
1694, fur la Requête de Pierre Pointeau,
Fermier général des cinq groffes fermes,
ordonne l'éxécution des tranfactions par
lui faites, avec des contrevenans au fujet
des amendes encouruës ; & ajoûtant à
l'art 428 du bail de Domergue, permet audit Pointeau de tranfiger & com-

pofer des amendes & confifcations, au
fujet des faifies & contraventions faites
aux droits des cinq groffes fermes & autres unies, fans atendre les jugemens,
ni demander le confentement des Procureurs généraux ou Procureurs des
Jurifdictions, où elles feront pendantes.
Défend aux Juges des Traites, d'inquiéter le Fermier, fes commis & prépofés,
pour raifon de l'éxécution des accommodemens qu'il fera fur lefdites amendes
& confifcations, à peine de tous dépens,
dommages & intérêts, tant du Fermier
que des parties.

Ces difpofitions ont été réïtérées par
l'art. 577 du bail de Forceville du 16
Septembre 1738.

Arrêt du Confeil du 7 Juin 1740, qui
caffe une Ordonnance des Oficiers de l'E-
lection de Belley ; ordonne l'éxécution de
l'Arrêt de 1694, & du bail de Forceville ; en conféquence lui permet de tranfiger & compofer des amendes & confifcations, avec défenfes aux Juges de l'inquiéter ni fes Commis & prépofés pour
raifon des accommodemens fur lefdites
amendes & confifcations.

Arrêt de la Cour des Aides de Paris
du 18 Juin 1740, qui infirme une Sentence des Elus de Compiégne, par laquelle
il étoit fait défenfes aux Commis des Aides de faire aucuns accommodemens avec
les particuliers trouvés en contravention ;
& la Cour a validé l'accommodement que
lefdits Elus avoient annullé, fous prétexte qu'il étoit écrit par les Commis,
& même que les accommodemens ne pouvoient être faits que par les Directeurs,
& par actes doubles.

Le Fermier, en tranfigeant des amendes, ne peut traiter que fur ce qui eft
connu & établi par un procès verbal,
fans quoi il en réfulteroit des inconvéniens préjudiciables à la ferme & au
public.

Voïez l'Arrêt du Confeil du 7 Septembre 1728, qui casse & annulle un traité fait en 1717, entre les Procureur & Commis de Crediou, Sous-Fermier des droits de contrôle & infinuation de la généralité de Châlons, & Jean-Baptifte Robert, Commis au Bureau de Nogent le Roy; par lequel traité, il étoit déchargé généralement des droits de tous les actes qu'il avoit contrôlés & infinués, fans les porter fur fes Regiftres, ainfi que des amendes; ce qui donnoit lieu à divers inconvéniens, d'autant que ce Commis recevoit encore des droits, en datant fes quitances antérieurement au traité. Cet Arrêt permet en conféquence à Pillavoine de faire informer devant M. l'Intendant de Châlons, & même de faire publier monitoire, pour avoir preuve des fauffetés & antidates; & être le procès fait & parfait, fuivant la rigueur des Ordonnances.

Par autre Arrêt du 30 Septembre 1721, ledit Jean-Baptifte Robert a été débouté de fon opofition à celui du 7 Septembre 1720, dont l'éxécution a été ordonnée.

Décifion du Confeil du 28 Septembre 1737, qui condamne le fieur Royet, ci-devant Commis, en diférentes amendes pour contraventions & infidélités dans la régie, nonobftant un traité qu'il avoit paffé poftérieurement, dans lequel ces objets n'étoient pas mentionnés.

3°. *Le Fermier peut décerner fes contraintes pour les amendes encouruës.*

La Déclaration du 15 Juillet 1710, permet au Fermier de décerner fes contraintes pour les droits de contrôle, infinuation & petit-fcel, & pour les amendes, contre les redevables, Notaires, Gréfiers & autres.

Voïez encore les Arrêts du Confeil des 21 Août 1714, 24 Février & 28 Mars 1719, portant que les contrevenans feront contraints au païement des amendes fur les contraintes du Fermier.

Néanmoins il eft bien plus régulier de raporter procès verbal des contraventions, pour faire prononcer les amendes encouruës.

4°. *Les amendes de contravention font-elles éxigibles par corps?*

La queftion n'eft pas fufceptible de doute : les droits du Roi font éxigibles par corps; mais il faut à cet éfet obtenir un jugement qui l'ordonne : à l'égard des amendes de contravention, dès qu'elles ont été prononcées, le contrevenant peut être contraint par corps à les acquiter, quoique le jugement de condamnation n'en faffe aucune mention, parce qu'il ne s'agit pas d'un fimple droit; mais d'une infraction à la loi du Prince, que le contrevenant eft perfonnellement tenu de réparer par le païement de la peine prononcée, qui affecte non-feulement fes biens, mais fa perfonne.

L'Arrêt du Confeil du 14 Mars 1719, permet de contraindre par corps des Notaires & Gréfiers au païement des amendes contr'eux prononcées, pour avoir refufé de communiquer leurs minutes aux Emploïés de la Ferme.

Celui du 22 Mars 1720, ordonne qu'un Notaire & deux particuliers qui avoient écrit & figné un acte fous-fignature privée comme témoins, feront contraints par corps au païement des amendes par eux encouruës.

Celui du 17 Mai 1720 condamne les Notaires de Grenoble aux frais de l'emprifonnement de leurs perfonnes, pour le païement d'amendes prononcées contr'eux, pour refus de communication de leurs minutes.

La contrainte par corps pour les amendes a encore été prononcée par autres Arrêts des 17 & 24 Mai 1720.

Par Arrêt du Conseil du 24 Février 1722, l'emprisonnement que le Fermier avoit fait faire d'un Notaire & d'un Procureur, pour le païement de l'amende prononcée contr'eux par M. l'Intendant de Pau & Auch, a été jugé bien fait ; & en conféquence l'Ordonnance du Subdélégué, qui ordonnoit l'élargiffement fous prétexte de l'apel, a été caffée & annullée.

Voyez encore la décifion du Confeil du 8 Novembre 1734, qui déboute un Notaire de fa demande, tendante à être élargi des prifons où il eft détenu de la part du Fermier des domaines, pour des amendes de contraventions prononcées contre lui.

Autre décifion du Confeil du 20 Avril 1735 rendue contre Jean Hervé, Notaire roïal à Hennebond, qui fe plaignoit de l'emprifonnement fait de fa perfonne pour le payement de 120 livres d'amende prononcée contre lui par M. l'Intendant de Bretagne, pour défaut de répertoire & refus de communiquer fes minutes ; & qui concluoit à fa liberté & à des dommages & intérêts contre le Fermier. Le Confeil l'a débouté de fes demandes, & lui a enjoint de fatisfaire au païement des condamnations prononcées.

Au furplus, l'on ne doit ufer de cette voie rigoureufe qu'avec prudence, & lorfqu'il s'agit d'amendes prononcées pour des faits graves, contre des perfonnes, qui par état ne peuvent être préfumés ignorer les difpofitions des Réglemens, auxquelles elles font contrevenuës ; & encore lorfqu'il n'y a pas d'autres moyens de fe procurer fûrement le payement des condamnations.

5º. *Les héritiers des contrevenans font-ils tenus des amendes ?*

Les héritiers font feulement tenus des droits qui étoient dûs par ceux dont ils héritent ; mais les amendes de contravention font perfonnelles, & l'héritier n'en peut être tenu, lorfqu'elles n'ont pas été prononcées contre le contrevenant même.

Le contraire avoit été jugé par les Arrêts des 30 Septembre, 23 Décembre 1721, 24 Avril & 10 Juillet 1725, & par la décifion du Confeil du 18 Mars 1725.

Mais voïez la décifion du 24 Août 1727 rendue contre Caraman, Fermier de Bretagne, qui demandoit aux héritiers d'un Notaire les amendes encouruës par cet Oficier ; cette décifion prononce feulement les droits, & juge que l'héritier n'eft pas tenu des amendes.

Celle du 14 Février 1728 fur la queftion propofée par M. de Leffeville, Intendant de Pau & Auch, juge que l'héritier n'eft pas tenu d'une amende qui n'étoit pas prononcée contre celui aux droits duquel il eft.

Par décifion du 5 Mars 1729, l'héritier d'un Notaire a été condamné au païement d'une amende encouruë par le Notaire ; mais il s'agiffoit de l'éxécution d'une foumiffion que ce Notaire avoit faite, & cette foumiffion étoit une véritable condamnation.

Autre du 6 Août 1729 en faveur de l'héritier d'un Notaire ; portant que les droits font dûs, mais que l'héritier n'eft pas tenu d'une amende qui n'a pas été prononcée du vivant de l'Oficier.

Autre décifion du 15 Juillet 1732 fur la queftion propofée par M. Bignon, en faveur des héritiers d'un Notaire ; portant que les héritiers doivent les droits ; mais qu'ils ne font pas tenus des amendes qui n'étoient pas prononcées contre celui dont ils héritent ; & que les acquéreurs des charges ne doivent rien.

Décifion du 21 Janvier 1741, qui ordonne contre les héritiers d'un Notaire & Contrôleur des Actes, l'éxécution des Ordonnances qui ont été renduës contre lui pour prévarications ; & en conféquence permet de contraindre lefdits héritiers au païement des amendes prononcées.

Autre décifion du Confeil du 4 Janvier 1755, contre Jean-Baptifte Ragot, héritier de fon frère, Notaire & Contrôleur des Actes, qui avoit fait une foumiffion pour amendes réfultantes de diverfes contraventions, dont l'héritier demandoit à être déchargé. Décidé que la foumiffion doit être éxécutée.

AMIENS, ville capitale de la province de Picardie, unie au domaine de la couronne par Edit du mois d'Avril 1470. Voïez ce que dit du domaine d'Amiens M. Dupuy, Traité des Droits du Roi, p. 415. Voïez auffi ce qu'il dit de plufieurs autres domaines fitués dans cette généralité ; favoir, Beaumont-fur-Oife, p. 435 ; Beaurain, p. 436 ; Beauvais, p. 437 ; Boullogne, p. 445 ; Bray-fur-Somme, p. 462 ; Calais, p. 466 ; & Corbie, p. 494.

Edit du mois de Février 1594, pour la vente à faculté de rachat perpétuel des domaines & gréfes de la généralité de Picardie.

Le domaine d'*Amiens* & dépendances fut compris dans le bail de Charriere, du 18 Mars 1687, art. 65, pour en jouïr à compter du 1 Janvier 1689 feulement, auquel jour expiroit la jouïffance accordée de ce domaine à la dame Marquife de Seneterre.

Arrêt du Confeil du 10 Août 1700, qui accepte les offres de Philbert Hytier de la fomme de 33000 liv. pour les droits d'*Échange*, reftant à aliéner dans l'étendue de la généralité d'Amiens & païs d'Artois ; à la réferve des domaines dont le Roi jouït, ou qui font engagés ; pour, par ledit Hytier ou fes aïans caufe, jouïr héréditairement de tous lefdits droits ; avec permiffion de les revendre en tout ou partie, &c.

Arrêt du Confeil du 24 Novembre 1703 ; qui, fur ce que la généralité d'Amiens eft un païs de nantiffement, dans lequel il eft néceffaire pour *enfaifiner* l'ac-

quéreur que le vendeur foit dépoffédé réellement, foit par le Seigneur, foit par fon Bailli, lequel enfaifine le nouvel acquereur ; maintient & garde les Tréforiers de France ou autres Juges ordinaires de ladite généralité, dans le droit & poffeffion où ils font d'enfaifiner en la manière ordinaire, les contrats de vente & adjudications par décret, & tous autres Actes tranflatifs de propriété de terres & héritages tenus de S. M. en fief ou en roture, tant à caufe des domaines dont elle jouït, que de ceux qui font engagés en ladite généralité, pour acquérir hipothéque fur lefdites terres & héritages, ou faire courir l'année du retrait. Veut néanmoins S. M. que l'Edit du mois de Décembre 1701 foit éxécuté dans l'étendue de ladite généralité, & en conféquence, que pour conferver la connaiffance des domaines & mouvances de S. M. dans ladite généralité, tous les contrats de vente, adjudications par décret & autres titres tranflatifs de propriété defdites terres & héritages tenus de S. M. à caufe de fes domaines de ladite généralité, foient, à commencer du 1er Janvier 1685, conformément à l'Arrêt du Confeil du 7 Août dernier, enregiftrés par le Receveur & le Contrôleur de ladite généralité, pour lequel enregiftrement leur feront païés les droits réglés par ledit Edit pour l'enfaifinement ; à quoi faire les Poffeffeurs feront contraints par faifie des revenus defdites terres & héritages.

Par Arrêt du Confeil du 5 Septembre 1721, le Roi a réuni à fon domaine les droits domaniaux ci-devant attachés au gouvernement de *Boulogne*, dont jouïffoit M. le Duc d'Aumont, à caufe de fon gouvernement, y compris une rente de 200 liv. duë par la ville de Boulogne pour l'abonnement de la brafferie du Château.

Arrêt du Confeil du 27 Novembre 1724, qui réunit au domaine les *dixmes* de Guimper & Neuve-Eglife, faifant partie des dixmes du domaine de *Calais* ;

réunies par la mort de madame la Ducheſſe d'Aumont.

Arrêt du Conſeil du 11 Septembre
1725, qui ordonne qu'une rente de 1510
liv. 5 ſ. faiſant moitié de celle ci-devant
engagée à Jaques Cuignon & André Couvert, & dûe par Louis le Maire, Engagiſte
de domaines dans la généralité d'Amiens ;
pour l'acquiſition deſquels 1510 liv. 5 ſ.
la dame Marquiſe de Mezieres a païé au
Tréſor roïal en 1721, la ſomme de 36246
liv. ſur le pied du denier 24 , dont la
réunion a été faite ſur leſdits Cuignon &
Couvert, en éxécution des Arrêts des 16
Mai & 23 Juin 1721, ſera & demeurera
de nouveau réunie au domaine , pour en
jouïr par Baſſet Régiſſeur, & par les Fermiers qui lui ſuccéderont , à compter du
1er Janvier 1725 ; & ordonne en conſéquence que ladite Dame de Mezieres ſera
rembourſée.

Arrêt du Conſeil du 16 Octobre 1725,
portant engagement au Sieur le Bas de
Montargis , à faculté de rachat, des *dixmes*
de paroiſſes de Marcq & Pihen , dépendantes du domaine de *Calais*; en païement
de 650000 liv. à lui dûes par le Roi, pour
le rembourſement de l'ofice triennal de
Garde du tréſor roïal dont il a été pourvû,
& qui a été ſuprimé par Edit du mois de
Décembre 1716.

Arrêt du Conſeil du 4 Mars 1726 ,
portant aliénation à M. le Marquis de
Teſſé , moïennant 150000 liv. des *dixmes*
de la paroiſſe de Guïſnes, pour en jouïr
pendant ſa vie ; & de celles des paroiſſes
de Boucres & Coquelles dans le département de *Calais* , pour en jouïr pendant
ſa vie & celle de ſon épouſe , & pendant
celle de leur fille unique.

Par l'art. 493 du bail de Forceville du
16 Septembre 1738 , il eſt dit qu'il jouïra
des domaines & droits domaniaux ſitués
près la ville de *Boulogne*, dont le Roi
avoit accordé la jouïſſance à M. le Duc
d'Aumont, comme Gouverneur de Boulo-

gne, & que S. M. a réunis au domaine par
l'Arrêt du 5 Septembre 1721, & qu'à l'é-
gard des domaines dont la jouïſſance a été
accordée au Gouverneur de Calais, il con-
tinuera d'en jouïr ainſi qu'il en jouït pré-
ſentement.

Les habitans de la ville d'*Amiens* furent
exemptés du droit de *franc-fiefs* par Louis
XI. en 1470 , ce qui fut confirmé en 1597,
& même par Arrêt du 4 Août 1693 ; mais
les priviléges de l'éxemption de ce droit
ne pouvant ſe ſoûtenir , & aïant même été
révoqués comme il a été obſervé , Verb.
Abonnement, leſdits habitans païérent une
finance de 25000 livres en 1712 , & ils
obtinrent le 29 Octobre , un Arrêt du
Conſeil, qui les confirma de nouveau dans
l'éxemtion.

Cette éxemption n'étoit qu'un abonnement , qui ne pouvoit excéder le bail de
Sadet qui ſubſiſtoit alors , & qui devoit
finir le 30 Avril 1717. Néanmoins M.
l'Intendant d'Amiens jugea par Ordonnance du 14 Août 1720 , que les habitans
d'Amiens devoient jouïr à perpétuité de
l'éxemtion du droit de franc-fiefs.

Mais par Arrêt du Conſeil du 17 Octobre 1724 , ſans s'arrêter à lad. Ordonnance,
il a été ordonné que les habitans de la ville
d'Amiens , nouveaux propriétaires de fiefs ,
à quelque titre, que ce puiſſe être, depuis
le dernier Avril 1717 , enſemble ceux qui
poſſédoient des fiefs lors de l'abonnement
ordonné par l'Arrêt du Conſeil du 29 Octobre 1712 , dont les 20 années de jouïſſance ſont expirées, ſeront ſujets au droit
de *franc-fiefs*.

Les habitans de *Saint Quentin* ſont pareillement aſſujettis au païement de ce droit.
Arrêt du 23 Décembre 1718. Ceux de Boulogne & du Boulonnois ; Arrêts des 5 Septembre 1721 , & 15 Mai 1722 , & Déciſion
du 18 Mars 1725. *Voïez* Boulogne.

AMIRAUTÉ, eſt une Juriſdiction
roïale, où la Juſtice ſe rend au nom de
l'Amiral , par les Oficiers qu'il nomme &

qui font pourvûs de provifions du Roi, conformément aux art. 1 & 2 du tit. 1, du liv. 1, de l'Ordonnance de la Marine de 1681.

Il y a Siége général d'Amirauté. Voïez *Table de Marbre* ; & les Siéges particuliers établis dans les Ports & Havres du Roïaume.

Dans les Siéges d'Amirauté de la province de Bretagne, la Juftice fe rend au nom du Roi ; les Oficiers d'Amirauté font tenus de prendre l'attache du Gouverneur fur leurs provifions, fuivant les Lettres patentes du 29 Mars 1737.

Avant l'union de la Bretagne à la couronne, les Ducs éxerçoient tous les droits régaliens, & donnoient le droit d'Amirauté à leurs Gouverneurs & Lieutenans généraux. Cela n'a point été changé depuis l'union ; & nonobftant la fupreffion de la charge d'Amiral de France en 1627, les Gouverneurs de Bretagne fe font maintenus dans les fonctions d'Amiral ; lorfque cette charge a été rétablie par l'Edit du mois de Novembre 1669, pour être éxercée dans tout le Roïaume, la province de Bretagne a été nommément exceptée. Il y a même pour cette Province une Ordonnance particulière de la Marine, de l'année 1684, qui confirme au Gouverneur le privilége de jouïr, en cette qualité, des droits & pouvoirs d'Amiral.

En Bretagne, les Ofices des Siéges d'Amirauté qui font vacans, tombent aux parties cafuelles du Roi ; & dans les autres Provinces, c'eft aux parties cafuelles de l'Amiral de France.

L'art. 4 du Réglement du 12 Novembre 1669, concernant les droits de l'Amiral, porte qu'il jouïra des *amendes*, confifcations, & de tous autres droits de Juftice dans tous les Siéges particuliers d'Amirauté, & de la moitié dans ceux des Tables de Marbre.

Par Arrêt du Confeil du 13 Décembre 1687, rendu fur la requête de M. le Comte de Touloufe Amiral de France, au fujet d'un jugement rendu par M. l'Intendant de Provence, avec les Oficiers de l'Amirauté de Marfeille, qui prononçoit des *amendes* & la confifcation de faux fequins faifis dans un batiment abordé à Chipre ; il a été ordonné qu'en conformité du Réglement de 1669, l'Amiral jouïra des *amendes*, confifcations & de tous autres droits de Juftice, dans tous les Siéges particuliers d'Amirauté, & de la moitié dans les Tables de Marbre ; & en conféquence, que les amendes & confifcations prononcées par ledit jugement, feront remifes à fon Receveur à Marfeille.

Par un autre Arrêt du Confeil du 29 Juillet 1702, rendu contradictoirement entre M. l'Amiral & le Fermier des domaines, au fujet d'un Jugement rendu par M. l'Intendant de Provence, en conféquence d'une attribution particulière, pour, avec les Oficiers de l'Amirauté de Marfeille ou le nombre requis de gradués, faire & juger le procès aux coupables du tranfport de 250 écus aux coin & armes de France, faifis à Smirne dans un vaiffeau parti de Marfeille ; il a été ordonné que les *amendes* & confifcations prononcées par ledit Jugement, feront remifes au Receveur de l'Amiral, comme à lui feul apartenantes à caufe de fa charge d'Amiral de France.

Il a été expédié le 7 Septembre 1702, des Lettres patentes fur ces Arrêts, & elles ont été enregiftrées dans les Parlemens.

Par les Règlemens qui concernent la Police & la difcipline des équipages des navires expédiés pour les Colonies, l'embarquement & le débarquement des Matelots ; & notamment par ceux des 19 Mai 1745, & 22 Juin 1753, les *amendes* pour contraventions à ces Règlemens, font attribuées à M. l'Amiral, qui eft tenu des frais de Juftice des Amirautés, comme aïant tous les droits utiles de la Juftice.

Mais , en Bretagne , le Gouverneur de la Province n'étant point tenu de ces frais , les amendes apartiennent au Roi.

Voïez l'Arrêt du Conseil du 4 Septembre 1753 , qui casse une Sentence de l'Amirauté de Nantes , par laquelle les *amendes* encouruës par un Armateur & par un Capitaine de navire , avoient été modérées , & apliquées , moitié à M. l'Amiral , & l'autre moitié au Trésorier des Invalides ; en conséquence , le Conseil a prononcé les amendes suivant les Règlemens ; favoir , une pour n'avoir pas inscrit des Matelots fur le Rôle de l'équipage , laquelle amende a été adjugée en entier au Roi ; & quatre autres amendes , pour avoir débauché quatre Matelots ; desquelles il a été adjugé la moitié au Roi , & l'autre moitié au premier Maître des Matelots débauchés , suivant l'art. 1 du Règlement de 1745 , & l'art. 11 de celui de 1753.

Droits-réservés.

Les différens ofices qui ont été supprimés par l'Edit du mois d'Août 1716 , portant réserve d'une partie des droits qui leur étoient attribués , avoient été créés dans toutes les Juridictions roïales sans exception ; il n'y avoit donc aucun doute que les Amirautés y fussent comprises , puisque ce font des Jurisdictions roïales.

Les Amirautés font même nommément exprimées dans l'Edit du mois de Novembre 1689 , portant création des ofices de tiers-référendaires , taxateurs & calculateurs de dépens.

Elles font également exprimées dans l'Edit du mois de Mars 1694 , portant création d'ofices de Contrôleurs des Déclarations de dépens.

Par la Déclaration du 9 Mars 1709 , il est ordonné que les Receveurs des amendes , épices & vacations , créés par les Édits de 1691 , 1704 & 1705 , pour être établis dans toutes les Cours... Pré-

fidiaux... Amirautés... & généralement dans toutes les Justices & Jurisdictions roïales du Roïaume , feront la recette de toutes les amendes adjugées au Roi , & des droits à eux attribués ; & que les Receveurs des épices pareillement créés en 1691 , dans toutes les Jurisdictions roïales , jouïront des droits à eux attribués fur toutes les épices & vacations des Juges , & nommément pour les procès verbaux des prises fur mer , inventaires , déchargemens & ventes d'icelles , & des éfets tirés du fond de la mer.

Les Amirautés furent exceptées , ainsi que les Elections , de la création faite par Edit du mois de Mars 1691 , d'ofices de Raporteurs & Vérificateurs des défauts ; mais par un autre Edit du mois de Septembre 1710 , il fut ordonné que ces ofices feroient établis dans chaque Amirauté particulière du roïaume ; que tous Jugemens & Sentences qui interviendroient dans lesdits Siéges d'Amirauté fur défauts non vérifiés feroient nuls , & que les contrevenans encourroient l'amende.

Néanmoins par Arrêt du Conseil du 8 Février 1710 , il a été ordonné que les Jurisdictions des Amirautés demeureroient exceptées de la création des ofices de Receveurs & Contrôleurs des *amendes* & *épices* , & du païement des droits y attribués fans tirer à conséquence.

Par autre Arrêt du 6 Novembre 1714 , rendu contre le Sieur Montigny , qui étoit pourvû des ofices de Receveur & Contrôleur des *amendes* & *épices* au Siége de l'Amirauté de Vannes , & qui avoit été maintenu dans la jouïssance des droits attribués auxdits ofices par Arrêt du 17 Avril précédent , M. le Comte de Touloufe a été reçu opofant audit Arrêt , & à tous autres rendus en pareil cas ; en conféquence , il a été ordonné que celui de 1710 , feroit éxécuté ; & défendu de faire les fonctions desdits ofices dans les Amirautés , fauf à ceux qui en étoient pourvûs à raporter leurs titres pour être remboursés.

Ces Arrêts particuliers n'empêchèrent point que les *Amirautés* ne fussent nommément comprises dans le Tarif du 8 Août 1716, qui fixe les *droits réservés* de ceux qui étoient attribués aux ofices suprimés par l'Edit du même mois.

Mais par Arrêt du Conseil du 28 Février 1719, il fut fait défenses à Brunet, chargé de la régie des droits réservés & à tous autres de percevoir, dans les Amirautés du Roïaume, les droits portés par le Tarif arrêté en conséquence de l'Edit du mois d'Août 1716; & ordonné néanmoins que lesdits droits continueront d'être perçus conformément aux Edits & au Tarif, pour ceux des ofices compris dans la supression, qui peuvent avoir été levés dans les Amirautés, & dont les propriétaires se trouveront avoir des quitances de finance des sommes payées pour l'acquisition desdits ofices.

Les droits réservés ayant été ensuite éteints & suprimés par Arrêt du 28 Octobre 1719, ils furent rétablis par Déclaration du Roi du 15 Mai 1722, pour être perçus dans les diférens Siéges & Jurisdictions roïales, en conformité de l'Edit du mois d'Août 1716. Il a même été expressément ordonné par les Lettres patentes du 29 Novembre 1722, que lesdits droits réservés seront perçus par Martin Girard chargé de la régie, ses Commis & Préposés, dans *toutes* les Cours & Jurisdictions du Roïaume, *soit que les ofices aient été levés, ou non* ; S. M. se réservant de pourvoir dans les cas particuliers au remboursement ou à l'indemnité qui pouront être dûs.

Il résulte de ces dispositions que les précédens Arrêts ne peuvent nullement empêcher la perception des droits réservés dans les Amirautés, qui font des Siéges roïaux ; & où les ofices suprimés en 1716, ont été créés & même levés en partie.

Il s'est élevé depuis ce tems des contestations à l'Amirauté de Marseille, au sujet des trois fols pour livre des épices, du contrôle des dépens, dommages & intérêts, & des autres droits réservés ; sur lesquelles contestations, il a été rendu le 19 Mars 1743, un Arrêt interlocutoire & provifoire, dont la teneur suit :

Le Roi étant informé que les contestations qui se font élevées entre M. l'Amiral & les Oficiers de l'Amirauté de Marseille d'une part, & les Sous-Fermiers des domaines & droits y joints de la Provence, d'autre part, au sujet du païement des droits de quatre & trois fols pour livre des épices des Juges & Oficiers de ladite Amirauté, ensemble des droits sur les dépens, dommages & intérêts, & autres réservés par l'Edit du mois d'Août 1716, & la Déclaration du 3 Août 1732, font la matière d'une instance actuellement pendante au Conseil ; & d'autant que l'indécision de cette instance suspend le Jugement des affaires qui se portent journellement au Siége de ladite Amirauté, S. M. a résolu de faire connoître ses intentions. Oüi le raport du Sieur Orry Conseiller d'Etat, & ordinaire au Conseil roïal des Finances. Le Roi étant en son Conseil, avant faire droit sur ladite instance, a ordonné & ordonne que les Jugemens, procès verbaux, expéditions & autres Actes sujets au païement des droits réservés par l'Edit du mois d'Août 1716, & la Déclaration de S. M. du 3 Août 1732, continueront d'être délivrés par le Gréfier de ladite Amirauté, lequel sera tenu néanmoins de se faire païer par les parties les droits dûs sur chacun desdits Jugemens, procès verbaux, expéditions & autres Actes, en conformité desdits Edit & Déclaration ; pour en être par lui compté, après le jugement de ladite instance, à qui il fera par S. M. ordonné par l'Arrêt qui interviendra sur ladite instance. Enjoint S. M. auxdits Sous-Fermiers

miers d'enregiftrer lefdits Jugemens, procès verbaux , expéditions & autres Actes
qui leur feront préfentés , ou à leurs fondés de procuration , par le Gréfier deladite
Amirauté , & d'en faire mention fur la
minute de tous lefdits Actes , fans que
pour raifon de ce , ils puiffent . éxiger le
païement d'aucun defdits droits , qui demeureront en dépôt entre les mains dudit
Gréfier. Enjoint aufli S. M. au Sieur Intendant & Commiffaire départi en Provence de tenir la main à l'éxécution du
préfent Arrêt , lequel fera à cet éfet enregiftré au Gréfe de ladite Amirauté , pour
y avoir recours fi befoin eft. Fait au Confeil d'Etat du Roi , S. M. y étant , tenu
à Verfailles , le 19 Mars 1743. Signé
Phelypeaux.

Par cet Arrêt , il a donc été jugé que
les *Droits réfervés* font dûs , puifque le
Gréfier a été autorifé à les faire païer
par les Parties , fur tous les Jugemens ,
procès verbaux & autres actes émanés de
l'Amirauté ; mais il ne paroit pas que
l'affaire ait été fuivie depuis ce tems de
la part du Fermier des domaines : les changemens de Baux & de Fermiers ont fans
doute fait perdre cette affaire de vuë ; il
eft néanmoins intéreffant qu'il intervienne
un jugement définitif : fi les droits font
dûs , (ce ne doit pas être la matière d'un
doute) le Fermier des domaines a feul
le droit de les percevoir & d'en joüir : &
le Gréfier doit lui compter de tout ce
qu'il a reçu depuis 1743. Si l'on juge à
propos d'éxempter les Amirautés de ces
droits , le Gréfier de celle de Marfeille
fera tenu de reftituer aux Parties tout ce
qu'il a reçu , & de ceffer de percevoir
des droits qui ne peuvent lui apartenir
à aucun titre.

Gréfes.

Par Edit du mois de Décembre 1639 ,
il fut créé des ofices de Gréfiers alter-

Tome I.

natifs & triennaux , Clercs , Commis ,
Parifis & Contrôle dans toutes les Jurifdictions roïales du Roïaumé ; & par une
déclaration du 8 Décembre 1640 , le Roi
déclara n'avoir entendu comprendre dans
cet Edit les *Amirautés* , avec défenfes
d'y pourvoir à ces ofices.

Par Arrêt du Confeil du 22 Décembre 1670 , les Gréfes des Amirautés ,
comme dépendans de la charge d'Amiral ,
furent exceptés du bail général de la
ferme des Domaines & Gréfes. Cet Arrêt
eft énoncé dans celui du 25 Juillet 1690 ,
ci-après.

Le Roi aïant ordonné par la Déclaration du 23 Avril 1689 , l'établiffement des
ofices de Gréfiers créés en 1672 & 1673 ,
& ayant en même-tems attribué aux Engagiftes des Gréfes des petits Bailliages
& autres Jurifdictions roïales , les droits
des affirmations de voïage , à la charge de
païer une finance ; il intervint le 25 Juillet 1690 , un Arrêt du Confeil fur la requête de M. le Comte de Touloufe , Amiral , par lequel les Gréfes des Amirautés
furent exceptés de l'éxécution de la Déclaration de 1689 , & les Gréfiers déchargés des fommes pour lefquelles ils étoient
compris dans les Rôles arrêtés en conféquence. Les motifs de la requête de M.
l'Amiral étoient que cette taxe ne pouvoit concerner que les Engagiftes des Gréfes Domaniaux , & non les Gréfes des
Amirautés , qui font cafuels & à fa nomination.

C'eft fur les mêmes motifs que par autre Arrêt du Confeil du 13 Décembre
1695 , le Roi déclara n'avoir entendu
comprendre les Gréfes des Amirautés dans
l'éxécution de l'Edit du mois d'Avril précédent , pour l'acquifition des droits de
préfentations.

Par Edit du mois de Mai 1711 , le Roi
créa en chacun des Siéges généraux &
particuliers des Amirautés du Roïaume ,
un ofice de Lieutenant général , criminel ,

enquêteur , éxaminateur & garde-fcel , & plufieurs autres ofices dans lefdits Siéges , pour y adminiftrer la Juftice , conformément aux Ordonnances de 1681 & 1684. Cet Edit contient une explication plus particulière fur la compétence defdits Siéges , afin d'éviter les conflits de Jurifdiction.

Par un autre Edit du mois de Mai 1711 , il eft dit que cette explication de compétence doit augmenter le produit des Gréfes des Amirautés ; & que ceux qui prétendent en être propriétaires , en éxercent les fonctions , & en perçoivent les droits , les uns fans titre & fans finance , & les autres en vertu de titres furpris & non émanés de S. M. ni de l'Amiral de France ; en conféquence , tous les ofices de Gréfiers anciens , alternatifs & triennaux , créés & établis dans tous les fiéges des Amirautés du Roïaume , tant généraux , tables de marbre , que dans les fiéges particuliers ; enfemble leurs Commis , Clercs & Contrôleurs , foit qu'ils fuffent en titre ou autrement , ont été éteints & fuprimés , & *réunis au Domaine du Roi* , avec les droits & émolumens y attribués , pour être par S. M. vendus & aliénés en la manière accoûtumée ; & en conféquence , il a été , par le même Edit , créé & érigé dans chaque fiége des Amirautés du Royaume , tant généraux , tables de marbre que particuliers ci - devant établis : favoir , dans chacun des fiéges généraux , un Confeiller du Roi , Gréfier en chef , Commis , Clerc & Contrôleur dudit Gréfe ; & dans chacun des fiéges particuliers , un Gréfier-Commis , Clerc & Contrôleur , pour ne faire & compofer enfemble qu'un feul & même corps d'ofice , fous le titre d'ancien , alternatif & triennal ; expédier & figner les fentences , jugemens , procès verbaux & autres actes defdits fiéges ; auxquels Gréfiers il a été attribué les mêmes & femblables droits & émolumens pour l'expédition des fentences , juge-

mens , procès verbaux & autres actes , que percevoient & dont joüiffoient alors les Gréfiers , leurs Commis , Clercs & Contrôleurs établis dans lefdits Siéges généraux & particuliers ; il fut ordonné que lefdits ofices & droits feroient vendus & adjugés par devant les Commiffaires généraux députés pour l'aliénation des domaines ; permis à toutes perfonnes de les acquérir , & de les éxercer ou faire éxercer , en vertu des contrats de vente qui leur en feroient paffés par lefdits Commiffaires , & des quitances de finance qui leur en feroient expédiées en conféquence par le Tréforier des revenus cafuels du Roi , fur lefquelles & fur lefdits contrats toutes lettres de provifions ou commiffions du grand fceau , feroient expédiées auxdits adjudicataires , ou à ceux qui acquerroient d'eux lefdits ofices & droits , ou qui feroient par eux commis aux fonctions d'iceux ; à la charge néanmoins par lefdits adjudicataires , acquéreurs ou commis de raporter la nomination & préfentation de l'Amiral de France. Enfin , il fut permis par cet Edit à ceux qui fe rendroient adjudicataires defdits ofices & droits , d'acquérir & réunir auxdits ofices , ceux de Receveurs & Contrôleurs des Confignations , Commiffaires & Contrôleurs aux Saifies-réelles , Receveurs & Contrôleurs des *amendes* & *épices* , *tiers-référendaires* ; taxateurs & Contrôleurs des *dépens* & tous autres ofices & droits de femblable nature , *créés & établis dans lefdits Siéges* , en rembourfant par eux les pourvûs & propriétaires defdits ofices & droits.

Par Arrêt du Confeil du 12 Mai 1711 , Me. Arnoud Boffu fut chargé de l'éxécution de ces deux Edits , pour parvenir à l'établiffement & à la vente defdits ofices de Lieutenans & de Gréfiers.

Tous les ofices de Gréfiers furent adjugés le 22 Décembre 1713 , à M. le Comte de Touloufe , Gouverneur & Lieutenant général , pour le Roi en la Pro-

vince de Bretagne , Pair & Amiral de
France ; & en conféquence , il lui fut expédié le 18 Janvier 1714 , une quitance
du tréforier des parties cafuelles de la
fomme de 273000 livres pour les deux
ofices de Confeillers du Roi , Gréfiers en
chef , Commis , Clercs & Contrôleurs des
Gréfes aux Siéges généraux des Amirautés de Paris & de Roüen , créés par
l'Edit du mois de Mai 1711 , & des
55 ofices de Gréfiers créés par le même
Edit , pour chacun des 55 Siéges particuliers des Amirautés ; pour en joüir en
conformité de fon adjudication & dudit
Edit , enfemble de 8000 livres de gages
attribués par la Déclaration du Roi du 8
Août 1713 ; avec faculté de commettre
à l'éxercice defdits ofices ; & à la charge de rembourfer les Gréfiers fuprimés
jufqu'à la fomme de 250000 livres , qui
tiendra lieu d'augmentation de finance ,
en raportant les Arrêts de liquidation ,
les piéces y mentionnées , avec les quitances de ceux auxquels le rembourfement
aura été fait.

Il a été arrêté au Confeil le 15 Décembre 1714 , un Tarif des droits attribués aux Gréfiers des Amirautés , dont
l'éxécution a été ordonnée par Déclaration
du Roi du 28 Avril 1715 ; portant que
les pourvûs ou adjudicataires des ofices
de Gréfiers des Amirautés , créés par l'E-
dit du mois de Mai 1711 , & commis à
l'éxercice d'iceux , joüiront des droits ,
falaires & vacations , fuivant & conformément audit Tarif ; lequel règle les droits
des actes d'affirmation de voïage ; ceux
de chaque préfentation des défendeurs ,
intimés & anticipés , hors le cas où les
affignations feroient données à jour certain , & que les défauts feroient jugés
à l'audience ; & ceux de chaque défaut
& congé baillé à juger. En forte que tous
lefdits droits , ainfi que les autres émolumens de ces Gréfes font entièrement attribués aux Gréfiers.

Par Arrêt du Confeil du 31 Janvier
1719 , fans avoir égard à une Ordonnance de M. l'Intendant de Bordeaux ,
par laquelle il étoit enjoint au fieur Drouet,
Commis du Gréfe de l'Amirauté de
Bordeaux , de rendre compte à François
Huchon , Fermier des Gréfes des généralités de Bordeaux , Touloufe & Montauban , du produit des droits des actes
d'affirmations de voïage & des préfentations , ledit Drouet a été déchargé de
rendre aucun compte ; & il a été défendu au Fermier des Gréfes & à tous autres de troubler les Gréfiers des Amirautés du Roïaume , dans les fonctions
de leurs charges , & des droits y attribués par le Tarif annéxé à la Déclaration du 28 Avril 1715.

Il réfulte de ces Règlemens que le
Fermier des domaines ne peut rien prétendre dans les Gréfes des Amirautés ,
pas même le droit de contrôle des affirmations de voïage ; préfentations & défauts ni le dixiéme des émolumens ; puifque les Gréfiers ont été créés fous le titre
de Gréfiers , Commis , Clercs & Contrôleurs , & que la plénitude des droits leur
eft attribuée.

Petit-fcel.

Par l'Edit du mois de Novembre 1696 ,
portant création d'ofices de garde-fcel
des Sentences , jugemens & actes émanés des Jurifdictions roïales , il en fut
nommément créé un pour chaque Siége
des Amirautés ; l'art. 15 de cet Edit ,
porte que vacation , (*vacance*) arrivant
des ofices de garde-fcel , dans les Siéges des Amirautés dépendans de l'Amiral de France , la nomination lui en
apartiendra , ainfi & de la même manière que des autres ofices de l'Amirauté , & les provifions au Roi. En conféquence , lefdits Siéges furent compris dans
le Tarif des droits de petit-fcel du 27

Novembre 1696, annéxé à cet Edit.

Par l'art. 15 de la Déclaration du 10 Novembre 1699, les Tables de marbre furent dénommées, & l'ofice de garde-fcel fut uni aux Oficiers de celle de Paris, à la charge d'éxercer le droit de fcel, de même & ainfi qu'il eft fixé & réglé pour les Requêtes du Palais de ladite Ville.

Les règlemens poftérieurs ont compris dans leurs difpofitions tous Siéges roïaux, généralement quelconques; il a même été ordonné par la Déclaration du 17 Septembre 1697, que lefdits ofices & droits de garde-fcels, feront établis dans toutes les Jurifdi&ions du Roïaume éxercées, tant fous le nom du Roi, que fous ceux des Maires & Echevins des villes & Communautés, fans aucune exception.

Il ne paroît pas qu'il ait été formé d'opofition à la perception du droit de petit-fcel dans les Amirautés avant 1723.

Les Gréfiers des Amirautés, & M. le Comte de Touloufe prenant leur fait & caufe, expofèrent que la création de 1696, ne devoit avoir lieu que dans les Jurifdi&ions, où la Juftice eft renduë au nom du Roi; que dans les Amirautés elle eft renduë au nom de l'Amiral; que tous les fruits de cette Juftice lui apartiennent, que les droits de fceau en font partie, & que c'eft à caufe de ces fruits & droits de Juftice que l'Amiral eft chargé des frais des procès criminels qui s'inftruifent dans les Amirautés à la requête du Procureur du Roi; qu'il eft encore certain que l'Amiral a le droit de Chancellerie fuivant les Ordonnances de 1517 & 1584, portant que les apellations des Juges inférieurs feront portées devant les Juges de la Table de marbre fous le fceau de l'Amiral; que fur fon opofition à l'Edit de 1696, il n'a plus été fait mention des Amirautés dans les Règle-

mens poftérieurs; que par l'Edit du mois de Mai 1711, il a été créé dans les Amirautés des ofices de Lieutenans généraux Garde-fcels, avec attribution des droits de fcel des a&es judiciaires. Mais que fous prétexte de l'art. 2 de la Déclaration du Roi du 29 Septembre 1722 (qui révoque tous Edits, Déclarations & Arréts précédemment rendus, portant fupreffion, aliénation ou abonnement defdits droits, & qui ordonne que ces droits feront perçus fans aucune diftinctions des lieux où ils ne l'avoient point été ci-devant,) le Fermier avoit obtenu de M. l'Intendant de la Rochelle une Ordonnance, portant que le droit de petit-fcel feroit perçû au Siége de l'Amirauté de la Rochelle, de la même manière que dans les autres Jurifdi&ions roïales; ce qui obligeoit M. l'Amiral à demander à être maintenu dans le droit & poffeffion de faire fceller de fon fceau, toutes les Sentences, Jugemens, Ordonnances & autres a&es émanés des Jurifdi&ions des Amirautés.

Par la réponfe de Pierre Deftabeau, Fermier général, il eft convenu que dans les Siéges des Amirautés, là Juftice s'éxerce au nom de l'Amiral, & que les fruits lui en apartiennent (il devoit excepter la Province de Bretagne;) il a dit que les Oficiers font roïaux & pourvûs de provifions du Roi, qui eft en droit d'établir dans fes Jurifdi&ions les nouveaux Oficiers qu'il juge néceffaires; il a ajouté que les droits de Chancellerie de l'Amiral font ceux qui fe perçoivent fur les lettres d'apel, anticipations, défértions & autres femblables qui s'expédient en Chancellerie; au lieu que les droits de petit-fcel fe perçoivent fur les Sentences, jugemens & a&es, qui ne font nullement fujets au droit de Chancellerie; que par l'Edit de Charles IX. de 1568, il eft porté en termes précis que les droits de petit-fcel, feront établis dans les Amirautés, & qu'en conféquençe ils furent attribués aux Oficiers Garde-fcels roïaux, créés par le même Edit ; avec injonction de fceller avec un fceau aux coin & armes de S. M. d'où il faut conclure que ces droits n'ont jamais apartenu à l'Amiral, qu'ils font domaniaux d'ancien établiſſement, & que c'eſt une marque d'autorité que les Rois fe font confervée dans toutes les Jurifdictions roïales fans exception. Enfin, il a obfervé que l'attribution des droits de petit-fcel aux Oficiers créés en 1711, étoit une aliénation qui fe trouvoit dans le cas de la révocation générale portée par la Déclaration du 29 Septembre 1722.

Par la réplique de M. l'Amiral, il perfiſta à dire que la Juſtice devant être rendüe en fon nom, cela emportoit néceſſairement le droit de fceller de fon fceau tous les jugemens & autres actes qui font émanés des Siéges d'Amirautés.

Et par l'Arrêt rendu au Confeil fur cette conteſtation le 6 Septembre 1723, fans s'arrêter à l'Ordonnance de M. l'Intendant de la Rochelle, Deſtabeau a été débouté de fa demande, afin d'établiſſement des droits de petit-fcel dans les Amirautés.

On ne peut regarder cet Arrêt que comme un éfet de la faveur accordée aux Siéges des Amirautés, où la Juſtice fe rend au nom de l'Amiral, en conformité de l'Ordonnance de 1681, d'autant plus que l'aliénation des droits de petit-fcel, faite par l'Edit de 1711, étoit révoquée par la Déclaration de 1722, ainſi qu'il a été jugé à l'égard de diférens autres aliénataires, & qu'on le verra ci-après, Verb. *Scel.* Mais les motifs qui ont déterminé cet Arrêt, ne pouvant avoir lieu pour les Amirautés de Bretagne, où la Juſtice eſt rendüe au nom du Roi, & où M. l'Amiral ne jouït point des droits utiles de la Juſtice, & ne fuporte point les frais des Procès criminels, il s'enfuit que dans cette Province les droits de petit-fcel font dûs au Roi de tous les jugemens & actes émanés defdits Siéges.

Contrôle de actes & autres droits.

Les droits de contrôle des actes font dûs & fe perçoivent pour ce qui eſt relatif aux Amirautés, comme pour cé qui concerne les autres Siéges du Roïaume. Il faut néanmoins excepter les contrats & polices d'aſſurance qui ont été difpenfés du contrôle par l'Arrêt du 12 Août 1732. *Voïez* Aſſurance.

Par l'art. 18 de l'Arrêt du Confeil du 9 Novembre 1700, il fut ordonné que les Gréfiers des Amirautés feroient contrôler les ventes & adjudications de vaiſſeaux, marchés, groſſes aventures, & autres actes par eux reçus & paſſés. *Voïez* ci-devant *Actes volontaires*, page 82 & *Adjudication*, page 94.

Décifion du Confeil du 23 Juillet 1740, au fujet des Teſtamens maritimes des gens de mer, reçus par les écrivains de vaiſſeau & dépofés au Gréfe des Amirautés ; qui juge qu'il ne doit être rien innové à cet égard, & que le Fermier du domaine doit en ufer comme fes prédéceſſeurs qui n'ont jamais prétendu de droit de contrôle de ces teſtamens.

Lettre de M. Orry, Contrôleur général des Finances, du 16 Septembre 1743, adreſſée à M^{rs} les Intendans, fur ce que les Gréfiers des Amirautés refufoient d'enregiſtrer les reconnoiſſances & billets confentis par les Colons de l'Amérique, des fommes par eux dües aux Armateurs, fi ces actes n'étoient préalablement contrôlés ; il eſt dit par cette lettre que comme ces enregiſtremens ne fe font que par précaution, lorfqu'on veut envoïer les reconnoiſſances & billets à l'Amérique pour en recevoir le montant, ces actes peuvent être librement enregiſtrés à l'Amirauté, fans être contrôlés ; à condition néanmouis qu'il n'en poura être fait aucun ufage en France, ni des copies qui en feront délivrées, en cas de perte des originaux, s'ils ne font préalablement contrôlés & les droits païés.

Décifion du Confeil du 31 Août 1754, qui juge fujet au contrôle des actes dans la quinzaine, un acte fait à l'Amirauté de Dieppe, par lequel le nommé Tripé, pêcheur, a demandé permiffion de faire naviger un bateau pour la pêche ; reconnoiffant que le fieur Dufour, Négociant, lui a prêté une fomme pour la conftruction & les agrès, pour quoi il s'oblige à lui fournir un lot de fa pêche, chaque marée, jufqu'à l'entier païement.

A l'égard des engagemens de matelots, foldats & autres pour l'équipage des Navires. *Voïez* ci-après *Engagement.*

Voïez auffi *Connoiffement* ; & *Lettres de voiture.*

On voit dans les Amirautés, des actes que l'on nomme charte-parties, affrettement ou nolliffement, qui font termes d'ufage, pour exprimer la convention concernant le louage d'un navire. L'art. 1er du titre 1, du liv. 3 de l'Ordonnance de la Marine de 1681, porte que cette convention doit être rédigée par écrit ; mais elle peut être faite devant Notaires, ou fous fignature privée, lorfque les parties favent écrire. Un pareil acte eft un marché ordinaire, dont le droit de contrôle eft dû fur le pié des fommes fixées pour le fret & fur toutes les difpofitions de la charte, encore bien qu'on ne veuille fe fervir que de quelques difpofitions : parce que le contrôle eft une formalité indivifible, & qui tombe fur toutes les parties de l'acte qui y eft foumis. Voïez *Actes fous-fignature privée*, § 11, p. 54.

Les Gréfiers des Amirautés font tenus, comme tous autres Gréfiers, de communiquer au Fermier des domaines & à fes emploïés les regiftres, liaffes & minutes de leur Gréfe, pour faire les vérifications

néceffaires, & la recherche des droits dûs au Roi. Voïez *Gréfiers*, & la Décifion du Confeil du 6 Mars 1755, qui confirme une Ordonnance de M. l'Intendant de Roüen, par laquelle il a été enjoint au Gréfier de l'Amirauté de Dieppe de communiquer au Fermier des domaines & à fes emploïés les regiftres, liaffes, & minutes de fon gréfe, à leur premiere requifition, fous les peines prononcées par les Règlemens.

Au retour des voïages maritimes, il fe fait aux Gréfes des Amirautés des déclarations des perfonnes mortes en mer. Les Commis de la Ferme doivent en prendre communication de tems à autre, pour être en état de faire païer les droits qui peuvent être dûs à caufe de l'ouverture de la fucceffion de ces perfonnes ; comme droits de relief, de rachat, de franc-fiefs, de centiéme denier ou autres.

Quant aux *Epaves maritimes*, voïez ci-après *Epaves.*

AMNISTIE, grace du Souverain, par laquelle il veut qu'on oublie ce qui a été fait contre lui ou contre fes ordres.

Par la Déclaration du Roi du 14 Juillet 1699, S. M. déchargea par grace fpéciale, les Notaires, Tabellions, & Commis à l'éxercice du contrôle des Actes de toutes contraventions à l'Edit du mois de Mars 1693. Déclarations & tarifs; & de toutes prévarications à cet égard ; avec défenfes à toutes perfonnes de quelque qualité & condition qu'elles fuffent de leur faire aucun trouble à cet égard ; impofant même fur ce, filence perpétuel à fes Procureurs généraux & leurs Subftituts.

Au moïen de cette Déclaration, on ne pût faire aucune recherche de droits de contrôle pour des Actes antérieurs ; les recherches furent même enfuite fixées au 1er Janvier 1700, fans pouvoir excéder cette époque. Décifion du Confeil du 27 Janvier 1723.

Par l'article 3 de la Déclaration du Roi du 29 Septembre 1722, il fut permis de faire contrôler, infinuer & fceller dans trois mois, les Actes qui ne l'avoient pas été, en païant les droits ; au moïen de quoi, ces Actes auroient hipothéque, force & vertu du jour qu'ils feroient contrôlés, infinués & fcellés ; paffé lequel délai les Règlemens auroient leur entier éfet, & les Notaires & autres demeureroient garans des dommages & intérêts des parties réfultans de la nullité des Actes ; & les peines & amendes feroient pourfuivies & païées fans aucune remife ni modération. Ce délai a été prorogé jufqu'au 1er Avril 1723, par Arrêt du Confeil du 19 Janvier 1723.

Il fut auffi permis par Arrêt du 6 Février 1723, aux Gréfiers du Châtelet de Paris, de faire contrôler & infinuer fur les minutes, jufqu'au 1er Avril 1723, les Actes de renonciations, abandonnemens & autres Actes par eux reçus, & qu'ils avoient négligé de faire contrôler; lefquels Actes auroient force & vertu du jour du contrôle & de l'infinuation feulement.

Par autre Arrêt du Confeil du 23 Février 1723, il fut permis aux Commis des lieux où le contrôle, l'infinuation & le petit-fcel étoient nouvellement établis, de contrôler, fceller & infinuer les Actes paffés depuis le 1er Novembre 1722, encore que les délais fuffent expirés; & ce, dans le courant du mois de Mars 1723 feulement.

Et par autre Arrêt du Confeil du 11 Mai 1723, les délais accordés par l'article 3 de la Déclaration du 29 Septembre 1722, & par les Arrêts des 19 Janvier & 23 Février 1723, furent prorogés jufqu'au 1er Octobre 1723, fans efpérance d'autre délai.

Par la Déclaration du Roi du 21 Juin 1733, S. M. a accordé un délai jufqu'au 1er Janvier 1734, pour faire contrôler, infinuer & fceller les Actes y fujets, paffés avant la Déclaration du 29 Septembre 1722, & qui n'avoient point été révêtus de ces formalités, aux conditions exprimées par l'article 3 de ladite Déclaration de 1722; au moïen de cette Déclaration, les contrevenans qui s'y font conformés, ont été relevés de toutes condamnations précédentes. Décifion du 5 Septembre 1733.

Il a été auffi accordé diférens délais pour faire contrôler les Actes de foi & hommage, adjudications de bois & autres Actes paffés devant les Juges, Gréfiers & autres Officiers de Juftice, de nature à pouvoir être faits également par devant Notaires ; les Déclarations ou reconnoiffances aux papiers terriers ; & les aveux & dénombremens fournis fous-fignature privée, aux Chambres des Comptes & Bureaux des Finances, fans avoir été contrôlés ; au moïen duquel contrôle & du païement des droits dans les délais accordés, lefdits Actes ont été validés, & les contrevenans relevés des peines & amendes par eux encourues, encore qu'il y eût eu des Arrêts ou Ordonnances de condamnation ; le dernier délai a été fixé jufqu'au dernier Décembre 1737, par l'Arrêt du Confeil du 21 Mai précédent.

Il a de même été accordé des délais pour faire infinuer les lettres de naturalité, légitimation, d'annobliffement, de réhabilitation de nobleffe ; d'érections de fiefs, érections de marquifats, comtés, baronnies & autres dignités ; de conceffion de Juftice, foires & marchés, & autres femblables, enregiftrées dans les Cours & Jurifdictions, fans avoir été infinuées. Voïez ci-après *Lettres*.

Tous ces délais font qualifiés d'*amniftie* par les Arrêts même qui les ont accordés.

AMORTISSEMENT, eft une conceffion du Roi, faite aux gens de main-morte, par laquelle S. M. leur permet de tenir & poff1éder des biens, fans pouvoir être contraints d'en vuider leurs mains;

& l'on nomme *droit d'amortiſſement*, la finance qui doit être , à cet éfet , païée au
Roi , pour la validité de l'amortiſſement ,
& pour tenir lieu du dédommagement de
la perte que ſouffrent l'Etat & le public
par la ſortie de ces biens du commerce.

Il y a diférentes opinions ſur l'ori-
gine de ce droit ; les uns attribuent
ſon établiſſement à Philippes le Long.
Voïez , Tr. hiſt. de la ſouv. du Roi.
Mais il eſt beaucoup plus ancien : en éfet,
Philippes V. dit le Long , ne monta ſur le
Trône qu'en 1316, & nous avons pluſieurs
Ordonnances des Rois précédens ſur le
droit d'amortiſſement, & notamment une de
Philippes III. dit le Hardy , fils de Saint
Louis , de l'année 1275. Elle eſt dans le
Rec. des Dr. d'Am. tom. 1.

Dans l'Encyclopédie, à l'article *amortiſſement* , l'on dit que ce fut Saint Louis
qui imagina l'expédient d'introduire ce
droit , pour réprimer l'avidité des Eccléſiaſtiques de ſon tems. Sans contredire le
motif, on peut aſſurer que l'origine du
droit eſt plus ancienne ; puiſque nous
voïons par le préambule de la Déclaration de Louis XIV. du 5 Juillet 1689,
que le droit d'amortiſſement étoit établi
avant Saint Louis , & qu'il fut éxercé
ſous ſon règne.

D'autres attribuent l'amortiſſement aux
Régens qui furent chargés du ſoin & de
l'adminiſtration de l'Etat pendant les voïages de Saint Louis ; & ils fondent leur
ſentiment ſur la réſiſtance qu'on dit qu'y
aporta le Pape Aléxandre IV.

Par l'Arrêt du Conſeil rendu le 5 Avril
1731 , contre les Religieux de l'Abbaye
de Clermarais en Artois, l'on voit qu'au
mois de Septembre 1200, Balduines ,
Comte d'Artois , amortit les biens donnés à
cette Abbaïe par Bertouldus , Comte de
Flandre , en 1183.

Pocquet de Livonniere (Tr. des fiefs ,
liv. 1, ch. 4) remonte plus haut : il dit
qu'autrefois les Eccléſiaſtiques , qui poſſé-

doient des fiefs , étoient obligés de ſervir
perſonnellement le Roi en guerre ; & que
comme l'éxercice des armes ne convenoit
pas à leur profeſſion , ils furent affranchis
du ſervice militaire par Ordonnance arrêtée dans l'aſſemblée des Etats , ſous Charles le Chauve (qui monta ſur le Trône
en 840) à la charge de païer le droit
d'amortiſſement.

Il eſt dit , en éfet , par la Déclaration
de Louis XIV. du 5 Juillet 1689 , que
le zèle des précédens Rois pour le ſervice
de Dieu les avoit portés à diſpenſer les
Prélats ſéculiers & réguliers , de les ſervir
dans les guerres , afin que rien ne les dé-
tournât de l'aplication continuelle qu'ils
devoient donner à la conduite de leurs
Egliſes ; mais que , comme l'augmentation
du bien des anciennes Egliſes , la multiplication des Monaſtères , & l'établiſſement de diférentes Communautés , diminuoient trop conſidérablement dans la ſuite
du tems les forces du Roïaume & les
revenus de la couronne , il a été néceſſaire d'y aporter des remédes ; que d'a-
bord on a obligé les Eccléſiaſtiques & les
Communautés à mettre hors de leurs mains
les biens dont ils ne pouvoient accomplir
les charges ; & qu'enfin on leur a accordé
la faculté de les poſſéder moïennant une
finance , apellée droit d'amortiſſement.

On voit une ombre de l'amortiſſement
dès le quatriéme ſiécle ſous les Empereurs
Romains, qui ſelon le témoignage de Saint
Jerôme , mirent des bornes aux acquiſitions que faiſoient les Egliſes ; leſquelles
recevant de toutes parts, & ne faiſant que
très-rarement des aliénations , ſe fuſſent
trouvées à la fin poſſéder tous les biens
temporels ; ce fut par ce motif que les
Rois dans les douziéme & treiziéme ſiécles , pour remédier aux trop grandes acquiſitions que la ferveur de la religion inſ-
piroit , déclarèrent les Egliſes incapables
de poſſéder des biens temporels. Queſt,
Feod. d'Hevin.

Le

La loi de l’amortiſſement qui eſt ſuivie non-ſeulement en France, mais dans divers autres Etats, étoit même établie à Rome dès le tems de la République, où il n’étoit pas permis de dédier ni conſacrer aux Dieux, des fonds, ni de leur élever des Temples & des Autels, ſans le conſentement du peuple Romain, qui étoit ſouverain, & qui avoit intérêt qu’on ne retranchât rien de ſon domaine. Cette loi prit ſon commencement à Rome ſous le Tribunat de Papyrius. *Voïez* Jarry, p. 6, & l’Encyclopédie, où l’on dit que le droit a été introduit à l’imitation de la loi *Papyria.*

Quoiqu’il en ſoit de l’origine de l’amortiſſement, c’eſt un *droit roïal*, qui apartient au Roi ſeul, à cauſe de ſa couronne, S. M. ayant ſeule le pouvoir d’amortir & de rendre les gens de main-morte capables de poſſéder des héritages dans ſon Roïaume; ce droit eſt *impreſcriptible*, parce que les gens de main-morte ne peuvent par aucun laps de tems acquérir la faculté de poſſéder des biens ſans la permiſſion du Roi. *Voïez* le préambule de la Déclaration de Louis XIII. du 19 Avril 1639.

M. Giry, Avocat du Roi, de la commiſſion établie en conſéquence de cette Déclaration, par Lettres patentes du 21 Mai 1639, pour la recherche, taxe & liquidation des droits d’amortiſſement dûs au Roi par les gens de main-morte du roïaume, dans le ſavant diſcours qu’il fit le 23 Mai 1639, lors de la publication de ladite Déclaration, après avoir repréſenté les droits que font perdre au Roi les Egliſes & Communautés qui poſſédent des terres, ſoit en fief, ſoit en cenſive, dit: » Ainſi la loi de l’amortiſſement eſt
» juſte, parce que l’intérêt de l’Etat la
» rend néceſſaire; c’eſt pour cela qu’elle
» a été embraſſée par nos voiſins; c’eſt
» une Loi ancienne d’Angleterre; elle eſt
» en uſage en Eſpagne, en Sicile, & aux

» Païs-bas; elle ſe pratique en Avignon,
» & les Papes même l’ont aprouvée, là
» où ils ſont les Souverains; elle étoit
» autrefois obſervée à Gênes; elle l’eſt
» encore à Veniſe, où nous ſavons qu’elle
» excita, il y a quelques années, un grand
» orage qui fut diſſipé par la ſageſſe du
» Roi Henry le Grand. *Dict. de Droit*,
» article, *Amortiſſement.*

Il importe au Public & à l’Etat que les gens de main-morte n’augmentent pas leurs poſſeſſions; ils ſont éxemts de pluſieurs charges & impoſitions, auxquelles les Laïcs ſont ſujets; ainſi par les acquiſitions de la main-morte le poids de ces impoſitions retombe ſur les Laïcs. C’eſt pourquoi en permettant à la main-morte de poſſéder, elle a été ſoumiſe à une finance par forme de dédommagement du préjudice que ſouffre l’Etat; & cette finance n’exclut aucunement l’indemnité ni les autres droits ſeigneuriaux.

Ainſi, ce droit eſt dû au Roi à cauſe de ſa couronne, pour le dédommagement de la perte que ſouffrent l’Etat & le public, lorſque les biens ſortent du commerce; un auteur a dit qu’il ſe païe, parce que tous les biens relevent directement ou indirectement du Roi, & que ce n’eſt qu’une indemnité de la privation de droits ſeigneuriaux; mais c’eſt un faux principe qui l’a conduit en diférentes erreurs. *Voïez* la collection de juriſprudence, verb. Amortiſſement.

L’amortiſſement eſt très-diſtinct de l’indemnité: le Roi jouït du premier de ces droits au titre que l’on vient de dire; & il jouït en outre de l’indemnité comme ſeigneur, lorſque les biens ſont dans ſes cenſives, mouvances, directes ou juſtices. *Voïez* la Déclaration du 21 Novembre 1724, & *Indemnité.*

Le droit d’amortiſſement n’eſt donc nullement relatif à la mouvance médiate ou immédiate du Roi, ni aux droits ſeigneuriaux; il eſt dû pour tous biens, même pour ceux en franc-aleu abfolu ; voïez *Franc-aleu*. Il doit pareillement être païé par tous gens de main-morte indiftincte-ment, nonobftant tous priviléges quelconques. *Voïez* deux Arrêts du Confeil du 15 Juillet 1749, rendus contre les Sindics des Etats de la baffe-Navarre, & contre ceux de la province de Bearn ; & un autre Arrêt du Confeil du 28 Avril 1750, rendu contre les gens de main-morte de la principauté d'*Yvetot*, qui jufqu'alors n'avoient païé aucun droit d'a-mortiffement, fous prétexte de prétendus priviléges. Il faut néanmoins excepter quelques établiffemens que la piété de nos Rois a éxemtés dans de certains cas de païer le droit d'amortiffement. Il en fera parlé ci-après.

L'amortiffement fe fait par lettres du Prince, fcellées du grand fceau, & en-regiftrées, tant à la Chambre des Comptes qu'au Parlement ; mais le droit fe païe fur les récépiffés du Fermier des domaines ou de fes Receveurs ; lefquels font enfuite convertis en quitances des Receveurs généraux des domaines & bois ; & c'eft fur ces quitances que les gens de main-morte obtiennent des lettres d'amor-tiffement.

L'éfet de ces lettres eft de rendre les gens de main-morte capables de poffeder les biens qui y font défignés, & par ce moïen d'empêcher que les Seigneurs de qui relevent ces biens, ne puiffent les obliger d'en vuider leurs mains. *Voïez* Ferriere fur Bacquet, ch. 52 & 53 des amortiffemens ; & Lalande fur l'article 41 de la coûtume d'Orléans.

Mais comme les lettres d'amortiffement font toujours accordées fans préjudice des droits des Seigneurs, elles ne leur font aucun obftacle pour demander l'indemnité qui leur eft dûe, & qu'il leur foit fourni homme vivant & mourant.

L'héritage amorti peut retourner à fa première condition & nature : il ne de-meure amorti, que tant qu'il eft poffédé par la main-morte qui a obtenu l'amortif-fement. Dès qu'il fort de fes mains, il ceffe d'être amorti, parce que l'amortiffe-ment n'eft pas réfolutif de la mouvance, mais feulement fufpenfif ; & comme il eft perfonnel, il ne peut fervir qu'à ceux qui l'ont obtenu, & nullement à d'autres gens de main-morte, quoique de même qualité ou du même ordre.

Les biens poffédés par les gens de main-morte, foit qu'ils foient amortis ou non, demeurent non-feulement fous la jurifdiction du Seigneur, mais encore fous la mouvance féodale ; ils reftent même chargés des rentes & devoirs accidentels au fief. *Queft. feod. d'Hevin.* Voïez auffi la Déclaration du Roi du 19 Juillet 1701, qui ordonne que les gens de main-morte païeront les redevances dûes fur les biens dont ils ont païé l'amortiffe-ment, à moins de juftifier du rachat de ces rentes & redevances.

L'amortiffement ni l'indemnité n'étei-gnent aucunement la mouvance ni les de-voirs auxquels elle affujettit : le droit ca-nonique permet à une Abbeffe & à une Prieure de fortir pour aller faire l'hom-mage, cap. 1. §. *Verum de ftatu regula-rium, in* 6. Ce qui fait connoitre que les biens poffédés par la main-morte, ne ceffent pas d'être mouvans du Seigneur, & fujets à la juftice féculière. Auffi par Arrêt du Parlement de Bretagne du 20 Juillet 1651, il fut jugé que l'Abbeffe de faint Sulpice devoit aller faire hommage au Seigneur de Betton, dans fon auditoire, pour les biens temporels relevant de lui, & poffédés par l'Abbaïe, nonob-ftant l'allégation de l'obligation de clôture. *Queft. feod. d'Hevin.*

L'indemnité n'eft que le défintéreffement des droits cafuels, & ne fait aucune ex-tinction de la mouvance, rentes & autres charges ; ni de l'obligation de fournir des aveux & de faire la foi, comme enfeignent du Moulin fur Paris , §. 51 , n. 71 ; & Baffage fur norm. art. 141.

C'eft une maxime certaine que les droits d'amortiffement & d'indemnité font perfonnels , & qu'ils ne profitent qu'à ceux qui les ont païés ; l'éfet du païement de ces droits ne dure qu'autant qu'ils font en poffeffion des biens ; en forte que fi l'héritage amorti paffe d'une main-morte à une autre , il y a lieu à nouveaux droits d'amortiffement & d'indemnité , & à fournir homme vivant & mourant. Et fi l'héritage amorti rentre dans le commerce , & qu'il paffe de la main-morte en main laïc , il retourne à fa première nature. *Voïez* Bacq. de l'am. ch. 53 , n. 7 , & 12 ; M. le Prêtre , centurie 2 , ch. 7 , & centurie 1 , ch. 87 ; un arrêt célèbre du 6 Août 1663 , au fecond tom. du Journ. des aud. liv. 5. ch. 27 ; & Bafnage fur l'art. 140 , de la coût: de Norm. où il raporte un arrêt du parlement de Roüen , du 13 Mai 1631 , par lequel un laïc acquéreur de biens tenus en aumône , dont l'amortiffement & l'indemnité avoient été païés , a été condamné au païement des droits feigneuriaux de fon acquifition.

C'eft fur les mêmes principes , que par arrêt du grand Confeil , du 9 Avril 1739 , il a été jugé que des terres données en franche-aumône à l'abbaïe de Bellozanne , & par elle aliénées à titre de rente feigneuriale , font rentrées dans la directe des feigneurs de Gournay dont elles étoient originairement mouvantes , & que les preneurs à rente font tenus de fournir déclaration auxdits feigneurs de Gournay.

Les droits d'amortiffement & d'indemnité font dûs par les gens de main-morte ; ainfi il faut d'abord expliquer ce que l'on entend fous cette dénomination.

§. 2. *Des gens de main-morte.*

Les gens de main-morte font tous les corps & communautés , tant eccléfiafti-ques que laïcs , qui font perpétuels , & qui par une fubrogation de perfonnes , étant cenfés être toujours les mêmes , ne produifent aucune mutation par mort.

On diftingue les gens de main - morte eccléfiaftiques & les laïcs. Les premiers fe fubdivifent encore en ceux qui païent décimes & ceux qui n'en païent pas ; de manière que l'on peut compter trois fortes de gens de main-morte.

Les premiers , font les archevêques , évêques , abbés , prieurs , curés , chapelains & communautés régulières ; comme doïens , chanoines & chapitres , religieux & couvens de l'un & de l'autre fexe , commanderies conventuelles , & autres monaftères & gens d'églife.

Les feconds , font les gouverneurs & adminiftrateurs d'hôpitaux , d'hôtels-dieu , maladeries , léproferies , aumôneries , commanderies fimples , fabriques , confrairies , marguilliers & autres femblables.

Et les troifiémes , font les communautés féculières , comme celles des prévôts des marchands , maires & échevins , capitouls , jurats , & autres gouverneurs & oficiers municipaux des villes , communautés d'habitans des bourgs & villages , les univerfités , colléges , principal , bourfiers , jurés de métier , communautés de marchands , & autres de pareille qualité.

Tous lefdits gens de main - morte font fujets au droit d'amortiffement , lorfqu'ils n'en ont pas été nommément difpenfés , en confidération de la faveur de leur établiffement & de la deftination des biens. Ainfi les communautés de marchands & autres femblables , dont on vient de parler , font dans le cas , pour ce qui eft acquis en commun , encore bien que lefdites communautés ne foient pas fondées fur des lettres patentes ; parce que ces lettres ne font pas effentielles auxdites communautés féculières , & qu'il leur fuffit d'avoir des ftatuts ; en conféquence , il a été jugé , toutes les fois que la queftion s'eft préfentée , que les communautés de marchands doivent le droit d'amortissement pour raison des acquisitions faites en commun.

Voïez la décision du Conseil du 24 Juillet 1722, contre les marchands drapiers-merciers de Roüen ; celle du 8 Février 1728 , contre les brasseurs de la même ville. Arrêt du 8 Mai 1736 , contre les huissiers de la ville de Roüen , pour l'acquisition d'une sergenterie noble. Décisions des 7 Janvier 1740 & 25 Février 1742 , contre les marchands-merciers & les bonnetiers de Paris ; celle du 7 Mai 1745 , contre les fabriquans de la ville de Tours , pour l'acquisition d'une maison destinée à l'établissement d'une calendre ; celle du 29 Novembre 1747 , contre les apoticaires de Caën , qui juge qu'ils doivent le droit d'amortissement du sol , pour une acquisition destinée à faire un jardin botanique & un laboratoire. Autre du même jour , qui juge la même chose contre les marchands drapiers & merciers de Falaise , pour l'acquisition d'une maison destinée au contrôle & à la visite des marchandises. La raison pour laquelle la superficie a été dispensée du droit par ces deux décisions , c'est qu'elle est destinée à l'utilité publique , sans raporter ni revenu , ni utilité particulière auxdites communautés. *Voïez* encore la décision du Conseil roïal des finances , du 23 Septembre 1749 , qui réforme une ordonnance de M. l'intendant de Roüen , & condamne la communauté des maîtres drapiers & fergers d'Evreux à païer le droit d'amortissement d'un moulin à foulon , acquis par bail à rente en 1731.

§. 3. *Défenses aux gens de main-morte d'acquérir.*

Les gens de main-morte , sans exception , ne peuvent plus acquérir aucuns biens immeubles , ni même des rentes foncières , ou constituées sur des particuliers , qu'en vertu de lettres patentes enregis-

trées ; il leur est seulement libre d'acquérir & de recevoir des rentes sur le Roi , sur le clergé , sur les païs d'états & sur les communautés , sans lettres patentes ; on ne peut même leur donner que des rentes de cette dernière espece , encore que ce soit à charge d'obtenir des lettres patentes. *V.* la décl. du 18 Mai 1731 , pour le comté de Bourgogne , autrement dit la province de Franche-Comté; celle du 9 Juillet 1738 pour la Flandre & le Hainault ; celle du 1er Juin 1739 , pour le ressort du parlement de Metz ; & l'édit concernant tous les gens de main-morte du royaume , du mois d'Août 1749 , dont la teneur suit :

Louis , par la grace de Dieu , Roi de France & de Navarre , à tous présens & à venir , salut. Le desir que nous avons de profiter du retour de la paix , pour maintenir de plus en plus le bon ordre dans l'intérieur de notre Royaume , nous fait regarder comme un des principaux objets de notre attention , les inconvéniens de la multiplication des établissemens de gens de main-morte , & de la facilité qu'ils trouvent à acquérir des fonds , naturellement destinés à la subsistance & à la conservation des familles. Elles ont souvent le déplaisir de s'en voir privées ; soit par la disposition que les hommes ont à former des établissemens nouveaux qui leur soient propres, & fassent passer leur nom à la postérité , avec le titre de fondateur ; soit par une trop grande affection pour des établissemens déja autorisés , dont plusieurs testateurs préférent l'intérêt à celui de leurs héritiers légitimes ; indépendamment même de ces motifs , il arrive souvent que par les ventes qui se font à des gens de main-morte , les biens immeubles qui passent entre leurs mains cessent pour toujours d'être dans le commerce , en sorte qu'une très-grande partie des fonds de notre Royaume se trouve actuellement possédée par ceux dont les biens ne pouvant être diminués par des aliénations , s'augmentent au contraire continuellement par de nouvelles acquifitions. Nous favons que les Rois nos prédéceffeurs, en protégeant les établiffemens qu'ils jugeoient utiles à leur état, ont fouvent renouvellé les défenfes d'en former de nouveaux fans leur autorité ; & le feu Roi, notre très-honoré feigneur & bifaïeul, y ajoûta des peines févères par fes lettres patentes en forme d'édit du mois de Décembre 1666. Il eft d'ailleurs dans notre roïaume un genre de biens, tels que les fiefs & les cenfives, dont les établiffemens même les plus autorifés pouvoient être contrains à vuider leurs mains, parce qu'en diminuant par l'acquifition qu'ils en faifoient, les droits dûs à notre domaine, ils diminuoient auffi ceux des feigneurs particuliers, lorfque les fonds acquis étoient dans leur mouvance, & ils ne pouvoient s'affranchir de cette obligation, qu'en obtenant des lettres d'amortiffement, qui ne devoient leur être accordées qu'en connoiffance de caufe, & toujours relativement au bien de l'état ; mais ce qui fembloit devoir arrêter le progrès de leurs acquifitions, a fervi au contraire à l'augmenter, contre l'intention du légiflateur, par l'ufage qui s'eft introduit de recevoir d'eux, fans aucun éxamen, le droit d'amortiffement, qu'ils fe font portés fans peine à païer, dans l'efpérance de faire mieux valoir les fonds qu'ils acquéroient, que les anciens propriétaires. La multiplication des rentes conftituées fur des particuliers, a contribué encore à l'accroiffement des biens poffédés par les gens de main-morte, parce qu'il arrive fouvent, ou par la négligence du débiteur à acquitter les arrérages de ces rentes, ou par les changemens qui furviennent dans fa fortune, qu'ils trouvent le moïen de devenir propriétaires des fonds mêmes fur lefquelles elles étoient conftituées. Ils fe font fervis enfin de la voïe du retrait féodal pour réunir à leur domaine les fiefs

vendus dans leur mouvance. Plufieurs coûtumes, à la vérité, les ont déclarés incapables d'éxercer ce droit ; mais le filence des autres donne lieu de former un doute fur ce fujet, qui ne peut être entièrement réfolu que par notre autorité. Le meilleur ufage que nous puiffions en faire dans une matière fi importante, eft de concilier, autant qu'il eft poffible, l'intérêt des familles avec la faveur des établiffemens véritablement utiles au public. C'eft ce que nous nous propofons de faire, foit en nous réfervant d'autorifer ceux qui pouroient être fondés fur des motifs fuffifans de religion & de charité, foit en laiffant aux gens de main-morte déja établis, la faculté de nous expofer les raifons qui peuvent nous porter à leur permettre d'acquérir quelques fonds, & en leur confervant une entière liberté de pofféder des rentes conftituées fur nous, ou fur ceux qui font de la même condition qu'eux, dont la jouïffance leur fera fouvent plus avantageufe, & toujours plus convenable au bien public, que celle des domaines, ou des rentes hipothéquées fur les biens des particuliers. A ces caufes, & autres confidérations à ce nous mouvantes, de l'avis de notre Confeil, & de notre certaine fcience, pleine puiffance & autorité roïale, nous avons, par notre préfent édit perpétuel & irrévocable, ftatué & ordonné, difons, ftatuons & ordonnons, voulons & nous plaît ce qui fuit :

I. Renouvellant, en tant que de befoin, les défenfes portées par les ordonnances des Rois nos prédéceffeurs, voulons qu'il ne puiffe être fait aucun nouvel établiffement de chapitres, colléges, féminaires, maifons ou communautés religieufes, même fous prétexte d'hofpices, congrégations, confrairies, hôpitaux, ou autres corps & communautés, foit eccléfiaftiques, féculières ou régulières, foit laïcs, de quelque qualité qu'elles foient, ni pareillement aucune nouvelle éreétion de chapelles ou autres titres de bénéfices, dans toute l'étendue de notre Royaume, terres & païs de notre obéïffance, fi ce n'eft en vertu de notre permiffion expreffe portée par nos lettres patentes enregiftrées en nos parlemens ou confeils fupérieurs, chacun dans fon reffort, en la forme qui fera preferite ci-après.

II. Défendons de faire à l'avenir aucune difpofition par acte de derniere volonté, pour fonder un nouvel établiffement de la qualité de ceux qui font mentionnés dans l'article précédent, ou au profit de perfonnes qui feroient chargées de former ledit établiffement, le tout à peine de nullité ; ce qui fera obfervé, quand même la difpofition feroit faite à la charge d'obtenir nos lettres patentes.

III. N'entendons comprendre dans les deux articles précédens les fondations particulières qui ne tendroient à l'établiffement d'aucun nouveau corps, collége ou communauté, ou à l'éréction d'un nouveau titre de bénéfice, & qui n'auroient pour objet que la célébration de meffes ou obits, la fubfiftance d'étudians ou de pauvres eccléfiaftiques ou féculiers, des mariages de pauvres filles, écoles de charité, foulagement de prifonniers, ou incendies, ou autres œuvres pieufes de même nature, & également utiles au public ; *à l'égard defquelles fondations il ne fera point néceffaire d'obtenir nos lettres patentes*, & il fuffira de faire homologuer les actes ou difpofitions qui les contiendront, en nos parlemens & confeils fupérieurs, chacun dans fon reffort, fur les conclufions ou requifitions de nos procureurs généraux : voulons qu'il foit en même-tems pourvu par nofdits parlemens ou confeils fupérieurs, à l'adminif-tration des biens deftinés à l'éxécution defdites fondations, & aux comptes qui en feront rendus.

IV. Ceux qui voudront faire par des actes entre-vifs un nouvel établiffement de la qualité mentionnée dans l'article 1er, feront tenus, avant toute donation ou convention, de nous faire préfenter le projet de l'acte, par lequel ils auront intention de faire ledit établiffement, pour en obtenir la permiffion par nos lettres patentes, lefquelles ne pourront être ex-pédiées, s'il nous plait de les accorder, qu'avec la claufe expreffe, que dans l'acte qui fera paffé pour confommer ledit éta-bliffement, il ne poura être fait aucune addition ni changement audit projet, qui fera attaché fous le contre-fcel de nofdites lettres patentes ; & après l'enregiftrement defdites lettres, ledit acte fera paffé dans les formes requifes pour la validité des contrats ou des donations entre-vifs.

V. Déclarons que nous n'accorderons aucunes lettres patentes pour permettre un nouvel établiffement, qu'après nous être fait informer éxactement de l'objet & de l'utilité dudit établiffement, nature, valeur & qualité des biens deftinés à le doter, par ceux qui peuvent en avoir connoiffance, notamment par les archevéques ou évêques diocéfains, par les juges roïaux, par les oficiers municipaux ou findics des communautés, par les adminiftrateurs des hôpitaux, par les fupérieurs des communautés déja établies dans les lieux où l'on propofera d'en fonder une nouvelle ; pour, fur le compte qui nous en fera par eux rendu, chacun en ce qui peut le concerner, fuivant la diférente nature des établiffemens, y être par nous pourvû, ainfi qu'il apartiendra.

VI. Lorfqu'il y aura lieu de faire ex-pédier nos lettres patentes, pour autorifer l'établiffement propofé, il fera fait mention expreffe dans lefdites lettres, ou dans un état qui fera annéxé fous le contre-fcel d'icelles, des biens deftinés à la dotation dudit établiffement, fans que dans la fuite il puiffe y en être ajoûté aucuns autres de la qualité marquée par l'article quatorziéme, qu'en fe conformant à ce qui fera réglé ci-après , fur les acquifi- tions qui feroient faites par des gens de main-morte ; ce que nous voulons être pareillement obfervé , même à l'égard des établiffemens déja faits en vertu de lettres patentes dûment enregiftrées , & ce , no- nobftant toutes claufes ou permiffions. gé- nérales , par lefquelles ceux qui auroient obtenu lefdites lettres , auroient été au- torifés à acquérir des biens-fonds indif- tinctement , ou jufqu'à concurrence d'une certaine fomme.

VII. Lefdites lettres patentes feront communiquées à notre Procureur général en notre Parlement ou Confeil fupérieur , dans le reffort duquel ledit établiffement devra être fait , pour être par lui fait telles réquifitions , ou pris telles conclu- fions qu'il jugera à propos ; & lefdites lettres ne pourront être enregiftrées qu'a- près qu'il aura été informé à fa requête de la commodité ou incommodité dudit établiffement , & qu'il aura été donné communication defdites lettres aux per- fonnes dénommées. dans l'art. 5 ci-deffus , fuivant la nature dudit établiffement ; com- me auffi aux feigneurs dont les biens fe- ront mouvans immédiatement , en fief ou en roture , ou qui ont la haute-juftice fur lefdits biens , même aux autres perfon- nes dont nos Parlemens ou Confeils fupé- rieurs jugeront à propos d'avoir l'avis ou le confentement , & feront lefdites for- malités obfervées , à peine de nullité.

VIII. Les opofitions qui pourront être formées avant l'enregiftrement defdites let- tres , comme auffi celles qui le feroient après ledit enregiftrement , feront com- muniquées à notre Procureur général , pour y être fur fes conclufions ftatué par nofdits Parlemens ou Confeils fupé- rieurs , ainfi qu'il apartiendra.

IX. Defirant affurer pleinement l'éxécu- tion des difpofitions du préfent Edit , con- cernant les établiffemens mentionnés dans l'art. 1er , déclarons nuls tous ceux qui feroient faits à l'avenir , fans avoir obtenu nos lettres patentes , & les avoir fait en- regiftrer dans les formes ci-deffus pref- crites : voulons que tous les actes & difpofitions , qui pouroient avoir été faits en leur faveur , directement ou indirecte- ment , ou par lefquels ils auroient acquis des biens de quelque nature que ce foit , à titre gratuit ou onéreux , foient décla- rés nuls , fans qu'il foit befoin d'obtenir des lettres de refcifion contre lefdits actes ; & que ceux qui fe feront ainfi établis , ou qui auroient été chargés de former ou adminiftrer lefdits établiffemens , foient déchûs de tous les droits réfultans def- dits actes & difpofitions , même de la ré- pétition des fommes qu'ils auroient païées pour lefdites acquifitions , ou emploïées en conftitution de rentes ; ce qui fera obfervé , nonobftant toute prefcription , & tous confentemens exprès ou tacites , qui pouroient avoir été donnés à l'éxé- cution defdits actes ou difpofitions.

X. Les enfans ou préfomptifs héritiers feront admis , même du vivant de ceux qui auront fait lefdits actes ou difpofi- tions , à réclamer les biens par eux donnés ou aliénés : voulons qu'ils en foient en- voïés en poffeffion , pour en jouïr en toute propriété , avec reftitution des fruits ou arrérages , à compter du jour de la deman- de qu'ils en auront formée : laiffons à la prudence des juges d'ordonner ce qu'il apartiendra par raport aux jouïffances échuës avant ladite demande ; & le con- tenu au préfent article aura lieu pareille- ment , après la mort de ceux qui auront fait lefdits actes ou difpofitions , en faveur de leurs héritiers , fucceffeurs ou aïans caufe ; le tout à la charge , qu'encore que la faculté à eux accordée par le préfent article n'ait été éxercée que par l'un d'eux , elle profitera également à tous fes cohéritiers ou aïant le même droit que lui , lefquels feront admis à parta- ger avec lui , fuivant les loix & coûtumes des lieux , les biens réclamés , foit pendant la vie ou après la mort de celui qui aura fait lefdits actes ou difpofitions.

XI. Les Seigneurs dont aucuns defdits biens feront tenus immédiatement , foit en fief ou en roture , & qui ne feront pas eux-mêmes du nombre des gens de main-morte , pourront auffi demander à en être mis en poffeffion , avec reftitution des jouiffances , à compter du jour de la demande qu'ils en formeront , à la char-ge néanmoins qu'en cas que les perfonnes mentionnées en l'article précédent , for-ment leur demande , même poftérieurement à celle defdits feigneurs , ils leurs feront préférés ; comme auffi que lefdits feigneurs feront tenus de leur remettre lefdits fonds., fi lefdites perfonnes en forment la deman-de dans l'an & jour , après le jugement qui en aura mis lefdits feigneurs en pof-feffion ; auquel cas les fruits échus depuis ledit jugement jufqu'au jour de ladite de-mande , demeureront auxdits feigneurs : voulons que la propriété defdits fonds leur foit acquife irrévocablement , s'il n'a point été formé de demande dans ledit délai ; & lorfque lefdits feigneurs feront du nombre des gens de main-morte , il y fe-ra pourvû ainfi qu'il fera marqué par l'ar-ticle fuivant.

XII. Enjoignons à nos Procureurs gé-néraux dans chacun de nofdits Parlemens & Confeils fupérieurs de tenir la main à l'éxécution du préfent édit , concernant lefdits établiffemens ; & en cas de négli-gence de la part des parties ci-deffus mentionnées , il fera ordonné fur le requi-fitoire de notre Procureur général , que faute par les perfonnes dénommées en l'ar-ticle 1 o & par les feigneurs qui ne feroient gens de main-morte , de former leurs de-mandes dans le délai qui fera fixé à cet effet , & qui courra du jour de la publi-cation & affiches faites aux lieux accoûtu-més , de l'Arrêt qui aura été rendu , lef-dits biens feront vendus au plus ofrant

& dernier enchériffeur , & que le prix en fera confifqué à notre profit , pour être par nous apliqué à tels hôpitaux , ou emploïé au foulagement des pauvres , ou à tels ouvrages publics que nous juge-rons à propos.

XIII. A l'égard des établiffemens de la qualité marquée par l'article 1ᵉʳ , qui fe-roient antérieurs à la publication du pré-fent édit , voulons que tous ceux qui auront été faits depuis les lettres paten-tes en forme d'édit du mois de Décembre 1666 , ou dans les trente années précé-dentes , fans avoir été autorifés par des lettres patentes bien & dûment enre-giftrées , foient déclarés nuls , comme auffi tous actes ou difpofitions faits en leur fa-veur ; ce qui aura lieu nonobftant toutes claufes ou difpofitions générales , par lef-quelles il auroit été permis à des ordres ou communautés régulières d'établir de nouvel-les maifons dans les lieux qu'ils jugeroient à propos ; nous réfervant néanmoins , à l'é-gard de ceux defdits établiffemens qui fubfiftent paifiblement , & fans aucune de-mande en nullité formée avant la publi-cation du préfent édit , de nous faire ren-dre compte , tant de leur objet , que de la nature & quantité des biens dont ils font en poffeffion , pour y pourvoir ainfi qu'il apartiendra , foit en leur accordant nos lettres patentes , s'il y échet , foit en réuniffant lefdits biens à des hôpitaux ou autres établiffemens déja autorifés , foit en ordonnant qu'ils feront vendus , & que le prix en fera apliqué , ainfi qu'il eft porté par l'article précédent.

XIV. *Faifons défenfes à tous les gens de main-morte d'acquérir , recevoir , ni poffé der à l'avenir aucuns fonds de ter-re , maifons , droits réels , rentes fon-cières ou non rachetables , même des ren-tes conftituées fur des particuliers , fi ce n'eft après avoir obtenu nos lettres pa-tentes pour parvenir à ladite acquifition , & pour l'amortiffement defdits biens , &*

après

après que lefdites lettres, s'il nous plaît de les accorder, auront été enregiftrées en nofdites Cours de Parlement, ou Confeils fupérieurs, en la forme qui fera ci-après prefcrite ; ce qui fera obfervé nonob-ftant toutes claufes ou difpofitions gé-nérales qui auroient pû être inférées dans les lettres patentes ci-devant obtenués par les gens de main-morte, par lefquelles ils auroient été autorifés à recevoir ou acquérir des biens-fonds indiftinctement ou jufqu'à concurrence d'une certaine fomme.

XV. La difpofition de l'article précé-dent fera obfervée, même à l'égard des fonds, maifons, droits réels & rentes qui feroient réputés meubles, fuivant les coû-tumes, ftatuts & ufages des lieux.

XVI. Voulons auffi que la difpofition de l'article 14 foit éxécutée, à quelque titre que lefdits gens de main-morte puiffent acquérir les biens y mentionnés, foit par vente, adjudication, échange, ceffion, ou tranfport, même en païement de ce qui leur feroit dû, foit par donations en-tre-vifs, pures & fimples, ou faites à la charge de fervices ou fondations, & en général pour quelque caufe gratuite ou onéreufe que ce puiffe être.

XVII. Défendons de faire à l'avenir au-cune difpofition de dernière volonté, pour donner aux gens de main-morte des biens de la qualité marquée par l'article 14 ; voulons que lefdites difpofitions foient dé-clarées nulles, quand même elles feroient faites à la charge d'obtenir nos lettres patentes, ou qu'au lieu de donner directe-ment lefdits biens auxdits gens de main-morte, celui qui en auroit difpofé auroit ordonné qu'ils feroient vendus ou régis par d'autres perfonnes, pour leur en re-mettre le prix ou les revenus.

XVIII. Déclarons n'avoir entendu com-prendre dans la difpofition des articles 14, 15, 16 & 17 ci-deffus, *les rentes conftituées fur nous, ou fur le clergé,*

diocèfes, païs d'états, villes ou commu-nautés, que lefdits gens de main-morte pouront acquérir & recevoir, fans être obligés d'obtenir nos lettres patentes ; voulons qu'ils en foient difpenfés, même pour celles qu'ils ont acquifes par le paffé.

XIX. Voulons qu'à l'avenir il ne puiffe être donné ni acquis pour l'éxécution des fondations mentionnées en l'article 3, que des rentes de la qualité marquée par l'ar-ticle précédent, lorfque lefdites fondations feront faites par des difpofitions de der-nière volonté ; & fi elles font faites par des actes entre-vifs, il ne poura être donné ou acquis, pour l'éxécution def-dites fondations, aucuns des biens énon-cés dans l'article 14, qu'après avoir ob-tenu nos lettres patentes, & les avoir fait enregiftrer, ainfi qu'il eft porté par ledit article ; le tout à peine de nullité.

XX. Dans tous les cas où il fera néccf-faire d'obtenir nos lettres patentes, fui-vant ce qui eft porté par les articles 14 & 19, elles ne feront par nous accor-dées qu'après nous être fait rendre compte de la nature & valeur des biens qui en feront l'objet, comme auffi de l'utilité & des inconvéniens de l'acquifition que lef-dits gens de main-morte voudroient en faire, ou de la fondation à laquelle ils fe-roient deftinés.

XXI. Lefdites lettres patentes, en cas que nous jugions à propos de les accorder, ne pourront être enregiftrées que fur les conclufions de nos Procureurs généraux, après qu'il aura été informé de la commo-dité ou incommodité de l'acquifition, ou de la fondation, & qu'il aura été donné communication defdites lettres aux fei-gneurs dont lefdits biens feroient tenus immédiatement, foit en fief ou en roture, ou qui y auroient la juftice, même aux autres perfonnes dont nofdites cours de parlement, ou confeils fupérieurs juge-roient à propos de prendre les avis ou le confentement ; & s'il furvient des opo-

ſitions , ſoit avant ou après l'enregiſtrement deſdites lettres , il y ſera ſtatué ſur
les concluſions de noſdits procureurs généraux , ainſi qu'il apartiendra.

XXII. Défendons à tous notaires , tabellions , ou autres oficiers , de paſſer aucun contrat de vente , échange , donation,
ceſſion ou tranſport des biens mentionnés
dans l'article 14 , ni aucun bail à rente , ou
conſtitution de rente ſur des particuliers ,
au profit deſdits gens de main-morte , ou
pour l'éxécution deſdites fondations , qu'a-
près qu'il leur ſera aparu de nos lettres patentes , & de l'arrêt d'enregiſtrement d'i-
celles ; deſquelles lettres & arrêt , il ſera
fait mention expreſſe dans leſdits contrats
ou autres actes , à peine de nullité , d'interdiction contre leſdits notaires , tabellions , ou autres oficiers ; des dommages
& intérêts des parties , s'il y échet ; &
d'une amende qui ſera arbitrée ſuivant l'éxigence des cas ; laquelle ſera apliquée ,
ſçavoir , un tiers au dénonciateur , un tiers
à nous , & un tiers au ſeigneur , dont les
biens ſeront tenus immédiatement ; & en
cas qu'ils ſoient tenus directement de notre domaine , ladite amende ſera apliquée
à notre profit pour les deux tiers.

XXIII. *Il ne ſera expédié à l'avenir aucune quitance du droit d'amortiſſement*, (*)
qui ſeroit dû pour les biens de la qualité
marquée par l'article 14 , s'il n'a été juſ-

tifié de noſdites lettres patentes & arrêt
d'enregiſtrement d'icelles ; deſquelles lettres & arrêt , il ſera fait mention expreſſe
dans leſdites quitances ; ce qui ſera éxécuté , à peine de nullité , & en outre de
confiſcation au profit de l'hôpital général
le plus prochain , des ſommes qui auroient été païées pour l'amortiſſement deſdits biens avant leſdites lettres & arrêt.
Voulons que ceux qui les auroient païées ,
ne puiſſent être admis à obtenir , dans la
ſuite , des lettres patentes pour raiſon des
mêmes biens ; *nous réſervant , au ſurplus ,
d'expliquer plus amplement nos intentions
ſur les cas où le droit d'amortiſſement
ſera dû , & ſur la quotité dudit droit.*

XXIV. Défendons à toutes perſonnes de
prêter leurs noms à des gens de main-
morte pour l'acquiſition ou la jouïſſance
des biens de ladite qualité , à peine de
trois mille livres d'amende , aplicable ainſi
qu'il eſt porté par l'article 22 , même ſous
plus grande peine , ſuivant l'éxigence des
cas.

XXV. Les gens de main-morte ne pouront éxercer à l'avenir aucune action en
retrait féodal ou ſeigneurial , à peine de
nullité ; à l'éfet de quoi nous avons dérogé & dérogeons à toutes loix , coûtumes
ou uſages qui pouroient être à ce contraires ; ſauf auxdits gens de main-morte
à ſe faire païer des droits qui leur ſeront

(*) Les art. 9 , 10 , 11 & 12 , de l'édit , auxquels l'art. 27 renvoïe , prononcent des peines contre la
main-morte qui acquiert ſans lettres patentes ; mais ces peines ne l'empêchent pas d'acquérir journellement
des immeubles , à diférens titres , ſans obtenir ces lettres. Il y a une infinité d'éxemples de ſemblables
acquiſitions , & il ſeroit dificile d'en trouver un de l'éxécution des art. 11 & 12. La ſécurité à cet égard ,
& la défenſe de faire païer le droit d'amortiſſement de ces acquiſitions , donnent donc lieu de craindre que
l'édit du mois d'Aout 1749 , ne produiſe aucun autre éfet que celui d'anéantir le droit d'amortiſſement ,
à moins qu'il ne ſoit pris des précautions pour y pourvoir. Il ſuffiroit de remettre en vigueur les loix de l'amortiſſement , rapelées par les Déclarations des 19 Avril 1639 , & 5 Juillet 1689 ; par la première , Louis XIII.
dit que ſuivant ces loix , il pouvoit légitimement réunir à ſon domaine tous les héritages & les poſſeſſions des
gens de main-morte , faute de les avoir mis hors de leurs mains , dans l'an & jour de leurs acquiſitions , ou
d'avoir obtenu des lettres d'amortiſſement & païé les droits ; dans la ſeconde , Louis XIV. dit la même choſe ,
& ordonne en outre que les biens que les gens de main-morte auront obmis de comprendre dans leurs déclarations , ſeront réünis au domaine , après avoir fait déduction des charges dont ils pouront être tenus , & des
droits réſultans des acquiſitions deſdits gens de main-morte. La *réünion au domaine* , des biens acquis contre
les diſpoſitions de l'édit de 1749 , eſt un moïen certain , & peut-être le ſeul , d'aſſurer l'éxécution entière de
cet édit ; ſauf néanmoins la préférence pendant un tems fixe , en faveur des perſonnes dénommées dans
les articles 10 & 11.

dûs fuivant les loix, coûtumes ou ufages des lieux.

XXVI. Dans tous les cas dans lefquels les biens de la qualité marquée par l'article 14, pouroient écheoir auxdits gens de main-morte, en vertu des droits attachés aux feigneuries à eux apartenantes, ils feront tenus de les mettre hors de leurs mains dans un an, à compter du jour que lefdits biens leur auront été dévolus; fans qu'ils puiffent les faire paffer à d'autres gens de main-morte, ou emploïer le prix defdits biens à en acquérir d'autres de la même qualité; & faute de fatisfaire à la préfente difpofition dans ledit tems, *lefdits biens feront réunis à notre domaine*, fi la feigneurie apartenante auxdits gens de main-morte eft dans notre mouvance immédiate; & fi elle releve de feigneurs particuliers, il leur fera permis, dans le délai d'un an, après l'expiration dudit tems, d'en demander la réunion à leurs feigneuries, faute de quoi ils demeureront réunis de plein droit à notre domaine, & les fermiers ou receveurs de nos domaines feront les diligences & pourfuites néceffaires pour s'en mettre en poffeffion.

XXVII. Pour affurer l'entière éxécution des difpofitions portées par les articles 14, 15, 16, 17, 19, 20, 21 & 25 ci-deffus, concernant les biens de la qualité marquée auxdits articles, voulons que tout ce qui eft contenu dans l'article 9, au fujet des nouveaux établiffemens non autorifés, foit obfervé par raport aux difpofitions ou actes, par lefquels aucuns defdits biens auroient été donnés ou aliénés contre ce qui eft réglé par le préfent édit à des gens de main-morte, corps ou communautés, valablement établis, ou pour l'éxécution des fondations ci-deffus mentionnées. Voulons pareillement, que les perfonnes dénommées aux articles 10 & 11, puiffent répéter lefdits biens, ainfi qu'il eft porté auxdits articles; & qu'en cas de négligence de leur part, ils foient vendus fur la requifition de notre procureur général, fuivant ce qui eft prefcrit par l'article 12.

XXVIII. N'entendons rien innover en ce qui concerne les difpofitions ou actes cidevant faits en faveur des gens de mainmorte légitimement établis, ou pour l'éxécution defdites fondations, lorfque lefdites difpofitions ou actes auront une date autentique avant la publication des préfentes (*), ou auront été faits par des perfonnes décédées avant ladite publication; & les conteftations qui pouroient naître au fujet defdites difpofitions ou actes, feront jugées par les juges qui en doivent connoître, fuivant les loix & la jurifprudence, qui avoit lieu avant le préfent édit, dans chacun des païs du reffort de nofdits parlemens, ou confeils fupérieurs.

XXIX. Toutes les demandes qui feront formées en éxécution des difpofitions du préfent édit, feront portées directement en la grand-chambre, ou première chambre de nofdites cours de parlement ou confeils fupérieurs, & ce, privativement à tous autres juges, pour y être ftatué,

---

(*) Par arrêt du confeil du 28 Novembre 1758, fans s'arrêter à une ordonnance de M. l'intendant de Tours, il a été ordonné que fi les marguilliers de faint Nicolas de Saumur, ont accepté, ou s'ils acceptent le legs de 10 livres de rente fait par la veuve la Touche, à prendre fur fa maifon, pour fûreté de fondation perpétuelle, par fon teftament fait *devant notaires* le 5 Mai 1748, ils feront tenus d'en païer le droit d'amortiffement; cet arrêt a été rendu contradictoirement avec François Prouft & autres héritiers de la veuve la Touche, qui foûtenoient que la teftatrice étant décédée depuis la publication de l'édit du mois d'Août 1749, la difpofition par elle faite étoit nulle, parce que c'eft le dernier moment de la vie qui donne la force & l'éxiftence au teftament, & que la main-morte n'avoit plus la liberté d'acquérir lorfque ladite veuve eft décédée. Ainfi cet arrêt juge qu'un teftament fait *devant notaires* avant la publication de l'édit de 1749, eft dans le cas de l'éxception faite par l'article 28, & produit fon éfet, quoique le teftateur ne foit décédé que poftérieurement.

fur les conclufions de notre procureur général , dérogeant , à cet éfet , à toutes
évocations , committimus ou autres priviléges accordés par le paffé , ou qui
pouroient l'être dans la fuite , à tous ordres , même à l'ordre de Malthe , & à
celui de Fontevrault , ou à toutes congrégations , corps , communautés ou particuliers , lefquels n'auront aucun éfet en
cette matière. Si donnons en mandement
à nos amés & féaux confeillers , les gens
tenans notre cour de parlement de Paris ,
que notre préfent édit ils aïent à faire
lire , publier & enregiftrer , & le contenu en icelui , garder & obferver de point
en point , felon fa forme & teneur , nonobftant tous priviléges & autres chofes à ce
contraires : Car tel eft notre plaifir. Et afin
que ce foit chofe ferme & ftable à toujours ,
nous y avons fait mettre notre fcel. Donné à Verfailles au mois d'Août , l'an de
grace mil fept cent quarante-neuf , & de
notre règne le trente-quatriéme. *Signé* ,
Louis. *Et plus bas* , par le Roi , M.
P. de Voyer d'Argenfon. *Vifa* Da-
gueffeau. Et fcellé du grand fceau de
cire verte , en lacs de foïe rouge & verte.
*Enregiftré au parlement de Paris le 2
Septembre 1749.*

Depuis cet édit , les droits d'amortiffement font d'un très-foible produit dans le
Roïaume ; mais le dédommagement s'en
trouvera dans les autres droits de toute
efpéce que produiront à l'état , les biens
qui refteront dans le commerce , lorfque
toutes les difpofitions de l'édit fe trouveront éxactement remplies.

§. 4. *Nouveaux règlemens fur le droit d'amortiffement.*

Avant que d'entrer dans le détail des
queftious particulières fur les droits d'a-
mortiffement , l'on raportera l'arrêt du
confeil du 21 Janvier 1738 , & les autres
Règlemens rendus fur cette partie depuis
l'édit du mois d'Août 1749.

*Arrêt du confeil d'état du Roi du 21
Janvier 1738.* Le Roi étant informé des
diférentes conteftations qui fe font élevées
entre les redevables des droits d'amortiffement & francs-fiefs , & les fermiers
defdits droits , fe feroit fait repréfenter
les règlemens rendus à ce fujet : Et S. M.
voulant établir une jurifprudence certaine , qui ne laiffe aucun obftacle à la
perception des droits facrés de fa couronne , en traitant néanmoins le plus favorablement qu'il fera poffible , les gens
de main-morte , & fur tout les hôpitaux ,
& autres établiffemens fervans à l'utilité
publique. Vû les mémoires des agens généraux du clergé , des gens de main-
morte , & des diférens fermiers ; ouï le
raport du fieur Orry , confeiller d'état , &
ordinaire au confeil roïal , contrôleur général des finances , Sa Majefté étant en
fon confeil , a ordonné & ordonne ce qui
fuit.

I. Les échanges , acquifitions , dons
& legs qui feront faits de terres , maifons
& héritages , pour être uniquement emploïés à l'élévation , agrandiffement , ou
plus grande commodité des églifes , chapelles , facrifties , & autres lieux fervans
à faire le fervice divin , comme auffi les
bâtimens qui feront conftruits de nouveau ,
ou reconftruits , pour être emploïés à
ces ufages , feront éxemts de tous droits
d'amortiffement , comme étant lefdits lieux
plus particulièrement dédiés à Dieu , &
ne produifans aucun revenu , conformément aux déclarations des 5 Juillet 1689 ,
& 9 Mars 1700.

II. Les échanges , acquifitions , dons &
legs qui feront faits de terres , maifons
& héritages , aux perfonnes religieufes ,
de l'un & de l'autre fexe , pour leur fervir de lieux réguliers , de jardins , & de
logemens , comme auffi les bâtimens qu'elles
feront conftruire de nouveau , ou reconf

tertire , dans l'intérieur de leur clôture , dont elles ne retireront aucun revenu , feront pareillement éxemts des droits d'amortiffement ; mais , dans le cas où lefdits biens & bâtimens cefferoient d'être emploïés à ces ufages , & produiroient un revenu , les droits d'amortiffement feront païés de la valeur defdits biens & bâtimens , aux fermiers qui feront en place , lorfqu'ils rentreront dans le commerce.

III. Les hôpitaux particuliers , & hôtels-dieu , les maifons & communautés , tant féculières que régulières , où l'hôfpitalité eft éxercée , jouïront de la même éxemption des droits d'amortiffement , que les hôpitaux généraux , pour toutes les acquifitions , échanges , dons & legs , de quelque nature qu'ils puiffent être , conftructions & reconftructions de bâtimens qui feront deftinés & emploïés , foit au logement , à la fubfiftance & entretien des pauvres & des malades , foit à leur inftruction gratuite ; mais au cas que l'hofpitalité ceffe d'y d'être éxercée , ou que les biens acquis , échangés , ou donnés , & lefdits bâtimens ceffent d'être emploïés à ces ufages , les droits d'amortiffement feront païés en entier de toutes lefdites acquifitions , échanges , dons & legs , & bâtimens , aux fermiers qui feront en place , lorfque lefdits biens rentreront dans le commerce , & produiront un revenu.

IV. Les maifons & écoles de charité des paroiffes , & les charités des fabriques , enfemble les affemblées des pauvres , tant des villes que de la campagne , par quelques perfonnes qu'elles foient régies & adminiftrées , ne païeront aucuns droits d'amortiffement pour toutes les acquifitions , échanges , dons & legs , conftructions & reconftructions de bâtimens qui feront deftinés & emploïés , foit au logement , à la fubfiftance & au foulagement des pauvres malades , foit à l'inftruction gratuite de la jeuneffe , tant que lefdits

biens feront emploïés auxdits ufages , conformément à l'article précédent.

V. Les échanges , acquifitions , dons & legs faits en faveur des hôpitaux généraux & particuliers , maifons & écoles de charité , enfemble les bâtimens , conftructions & reconftructions qui auront toute autre deftination que la fubfiftance , l'entretien & le foulagement des pauvres & des malades , & leur inftruction gratuite , & celle de la jeuneffe , feront fujets aux droits d'amortiffement , à moins que les biens acquis , échangés ou donnés , n'en foient éxemts par des édits , déclarations ou arrêts du confeil.

VI. Les fondations perpétuelles de prières , faites dans les hôpitaux généraux ou particuliers , ou dans les maifons & écoles de charité , ne feront fujettes aux droits d'amortiffement , que jufqu'à concurence de ce qui fera jugé néceffaire pour acquiter lefdites fondations ; mais celles qui feront faites en deniers à tous autres gens de main-morte , feront fujettes au païement de ces droits , fur le pié des fommes en entier données pour cette deftination , lorfque le donateur n'aura pas fixé les fommes qu'il veut être emploïées à l'acquit de ces fondations.

VII. Les dons & legs qui feront faits aux gens de main-morte , de rentes fur l'hôtel de ville de Paris , fur les tailles & fur le clergé , même fur les diocèfes particuliers , ne feront fujets à aucuns droits d'amortiffement , quand même elles feroient données pour caufe de fondation , & quoiqu'elles fuffent conftituées originairement & même avant 1710 , au profit des particuliers qui les donneront ; mais en cas de rembourfement defdites rentes , les emplois portant revenus , qui feront faits des deniers rembourfés , feront fujets auxdits droits , à moins que ce ne foit en rentes éxemtes defdits droits.

VIII. Les conftructions à neuf , & les reconftructions des fermes & autres édifices qui ne produisent pas par eux-mêmes un revenu ni un loïer particulier, mais qui servent seulement à la commodité desdites fermes, ne seront sujettes à aucuns droits d'amortissement, soit qu'elles soient faites sur les mêmes ou sur de nouveaux fondemens.

IX. Les constructions à neuf de bâtimens que les gens de main-morte feront faire sur un terrein non amorti, & dont ils retireront ou pourront retirer des loïers, seront sujettes aux droits d'amortissement, sur le pié de la valeur, tant du sol que des bâtimens.

X. Les constructions à neuf de bâtimens sur un terrein amorti, dont les gens de main-morte retireront ou pourront retirer des loïers, seront aussi sujettes aux droits d'amortissement, sur le pié de la valeur, tant du sol que des bâtimens, à la déduction néanmoins du tiers pour le fonds amorti, en justifiant qu'il l'a été avec finance.

XI. Et voulant Sa Majesté statuer sur les contestations qui sont nées au sujet de l'éxécution de l'arrêt du premier Décembre 1719, & en interprétant, en tant que de besoin, la déclaration du 16 Juillet 1702, a ordonné & ordonne que les reconstructions de bâtimens que les gens de main-morte feront faire, soit sur les anciens, soit sur de nouveaux fondemens, dont ils retireront ou pourront retirer un loïer, quand même elles seroient faites sur des fonds qui auroient été amortis auparavant, & faisant partie des monastères, & quoiqu'il n'y ait pas de plus grande élévation de bâtimens, ni augmentation de corps de logis, & que les gens de main-morte aïent païé depuis dix années, les droits d'amortissement des maisons, au lieu & place desquelles ils auront fait construire les nouveaux édifices, seront sujettes à païer les droits d'amortissement, sur le pié de ce dont le loïer sera augmenté depuis la nouvelle construction, à la dé-

duction du tiers sur cette augmentation de loïer, dont S. M. veut bien leur faire remise, en justifiant par les gens de main-morte, qu'ils ont païé l'amortissement, tant du sol que des anciens bâtimens ; mais s'ils ne peuvent justifier que le sol, & les anciens bâtimens aïent été par eux amortis avec finance, les droits seront païés sur le pié, tant des anciens loïers, que de ce dont ils seront augmentés ; & s'ils ne justifient que de l'amortissement du sol avec finance, il sera seulement fait déduction du tiers sur le produit, tant des anciens que des nouveaux loïers.

XII. Ne pourront les gens de main-morte, non plus que les hôpitaux généraux & particuliers, & les maisons & écoles de charité, joindre à leurs clôtures aucunes maisons, ni faire, soit dans lesdites clôtures, soit en dehors, aucunes constructions à neuf, ni reconstructions de bâtimens, qu'après en avoir communiqué les plans & devis aux sieurs commissaires départis dans les provinces & généralités du royaume, & dans Paris, au sieur lieutenant général de police ; lesquels enverront leur avis au conseil, tant sur la nécessité des bâtimens, que sur les droits d'amortissement qui pourront en être dûs, à peine contre ceux qui n'y auront pas satisfait, de païer le double de la somme à laquelle pourroient monter les droits, si les bâtimens étoient sujets à l'amortissement, sans qu'ils puissent en espérer aucune remise ni modération.

XIII. Ordonne S. M. que les droits d'amortissement qui pourront être dûs pour les constructions & reconstructions de bâtimens, apartiendront au fermier pendant le bail duquel les bâtimens auront été commencés, pourvu qu'il y ait des devis & des dépris passés par devant notaires pendant la durée du bail.

XIV. Les bâtimens que les villes & communautés pourront faire faire pour des casernes, des écuries pour la cavalerie, des magaſins d'abondance , ou pour loger les gouverneurs , évêques , intendans & curés , tant des villes que de la campagne , & tous autres édifices pour le ſervice de S. M. pour l'utilité publique , & pour la décoration des villes , ne feront ſujets à aucuns droits d'amortiſſement , pourvu que les villes & communautés n'en retirent aucun revenu ; mais feront ſujets auxdits droits les fonds ſur leſquels leſdits bâtimens feront conſtruits , s'ils ne font pas amortis avec finance. Et dans le cas où leſdites villes & communautés acheteroient des maiſons toutes bâties pour ces uſages , l'amortiſſement n'en ſera pareillement païé que ſur le pié de la valeur du fonds : voulant néanmoins S. M. que ſi leſd. bâtimens ceſſoient de ſervir à ces uſages , & produiſoient par la ſuite un revenu auxdites villes & communautés , elles ſoient tenuës d'en païer aux fermiers , qui feront pour lors en place , l'amortiſſement ſur le pié du capital des loïers , à la déduction néanmoins du tiers pour le fonds amorti , en juſtifiant qu'il l'a été avec finance.

XV. Ne feront tenus les fermiers de s'en raporter pour la liquidation des droits d'amortiſſement qui pouront être dûs , aux eſtimations des biens faites par les contrats d'acquiſition , ou par les actes de donations ; & en cas de conteſtation , il ſera procédé à l'eſtimation des biens & des bâtimens , par experts convenus , ſinon nommés d'ofice par les ſieurs intendans & commiſſaires départis.

XVI. Les deniers provenans du rembourſement des rentes de toute nature , données ou conſtituées au profit des gens de main-morte , par dons & legs , même pour ſûreté de fondations , pour leſquels les droits d'amortiſſement auront été païés , enſemble ceux provenans du rembourſement du prix des acquiſitions faites par les gens de main-morte , avec faculté de réméré , dont l'amortiſſement aura été païé , pouront être employés par les gens de main-morte , ſoit en acquiſitions de fonds , ſoit en conſtructions ou reconſtructions de bâtimens , ſans que les fermiers en place lors du rembourſement & des remplacemens , puiſſent prétendre aucun nouveau droit d'amortiſſement , en gardant les formalités preſcrites par l'arrêt du 11 Juillet 1690 , & à la charge en outre par les gens de main-morte , lorſqu'ils feront des remplacemens , de faire faire mention ſur la minute de la quitance de rembourſement , par le notaire qui en ſera dépoſitaire , des ſommes qu'ils remplaceront , & de la nature du remploi , & d'en raporter un extrait , ſigné du notaire , aux fermiers qui feront pour lors en place.

XVII. Les gens de main-morte qui acquerront des héritages & autres immeubles , moïennant des rentes foncières , païeront les droits d'amortiſſement ſur le pié du capital de la rente , lorſqu'ils feront leſdites acquiſitions ; mais ils ne feront tenus de païer aucun ſuplément lorſqu'ils feront le rembourſement deſdites rentes ; & lorſque les gens de main-morte , créanciers de rentes foncières , céderont & tranſporteront à d'autres gens de main-morte la propriété deſdites rentes , les ceſſionnaires & acquéreurs deſdites rentes en païeront les droits d'amortiſſement.

XVIII. Dans tous les cas mentionnés ci-deſſus , où la liquidation ſe doit faire ſur le capital des revenus , ledit capital ſera fixé , pour la ville de Paris , au denier vingt-deux ; & pour les autres villes & la campagne , au denier vingt.

XIX. Pour faire ceſſer les conteſtations qui naiſſent journellement entre les fermiers des droits de francs-fiefs , & les redevables , à l'occaſion des accenſemens ou aliénations à titre de cens & rentes , qui ſe font par les propriétaires des fiefs , ordonne S. M. que les acquéreurs auxdits titres , ne feront ſujets aux droits de francs-fiefs , que dans le cas où les aliénations excéderoient la permiſſion accordée par les coûtumes aux ſeigneurs de ſe jouer ou d'aliéner une partie de leurs fiefs.

XX. Veut S. M. que les fermiers des amortiſſemens & franc-fiefs, remettent aux gréfes des intendans, à la fin de chaque année, & au plus tard, dans les trois mois qui ſuivront l'expiration de chaque année, un état certifié par leurs directeurs, des droits par eux reçûs pendant le cours de l'année précédente, contenant les noms des redevables, la cauſe du païement, la nature du bien, & celle de l'acte qui a donné lieu aux droits ; deſquels états, les ſucceſſeurs des fermiers, les redevables, & toutes autres perſonnes pourront prendre communication, même tels extraits qu'ils eſtimeront néceſſaires : & faute par leſdits fermiers de remettre leſdits états dans les tems ci-deſſus marqués, ordonne S. M. que leſdits fermiers & leurs cautions feront contraints ſolidairement au païement de la ſomme de mille livres, pour chaque contravention, au profit des hôpitaux de la ville principale de la généralité, ſans qu'ils puiſſent en eſpérer aucune remiſe ni modération.

XXI. Veut S. M. que le préſent arrêt ſoit exécuté, à commencer du premier Janvier 1739, dans toutes les provinces & généralités du Royaume, même dans les provinces de Flandres, Haynault, Artois & dans le comté de Bourgogne ; à l'exception des articles concernant les hôpitaux, maiſons de charité, & autres lieux pieux deſdites provinces de Flandres, Haynault, Artois & du comté de Bourgogne, pour leſquels il ne ſera rien innové.

XXII. Veut en outre S. M. que leſdits droits d'amortiſſement & franc-fiefs, dûs & échus dans toutes les provinces & généralités du Roïaume, juſqu'audit jour premier Janvier 1739, ſoient liquidés & païés ſur le pié des précédens réglemens, leſquels ſeront au ſurplus exécutés ſelon leur forme & teneur.

Enjoint S. M. aux ſieurs intendans & commiſſaires départis dans les provinces & généralités du royaume, de tenir la main à l'éxécution du préſent arrêt, nonobſtant toutes opoſitions ou autres empêchemens quelconques, dont, ſi aucuns interviennent, S. M. s'eſt réſervé la connoiſſance & à ſon conſeil, & icelle interdit à toutes ſes cours & autres juges. Et feront ſur le préſent arrêt toutes lettres néceſſaires expédiées. Fait au conſeil d'état du Roi, S. M. y étant, tenu à Verſailles le vingt-un Janvier mil ſept cent trente-huit. *Signé* Phelypeaux.

Autre arrêt du conſeil d'état du Roi, du 13 Avril 1751, ſervant de règlement pour le recouvrement deſdits droits d'amortiſſement. Le Roi s'étant fait repréſenter l'arrêt du conſeil du 21 Janvier 1738, ſervant de règlement pour le recouvrement des droits d'amortiſſement & franc-fiefs ; & étant informé que, depuis ce règlement, il s'eſt élevé diférentes conteſtations entre les redevables deſd. droits & les fermiers, ſur leſquelles S. M. déſire établir *une juriſprudence certaine.* Vû les mémoires du clergé de France, pour ce qui concerne les droits d'amortiſſement ; ouï le raport, S. M. étant en ſon conſeil, a ordonné & ordonne que l'arrêt du conſeil du 18 Octobre 1749, ſera éxécuté ainſi qu'il ſuit :

I. Les droits d'amortiſſement des fondations faites en termes généraux, ſans déſignation d'égliſe ou de main-morte, à charge aux héritiers de faire dire les prières où ils jugeront à propos, feront païés par les héritiers des fondateurs ; permet S. M. aux fermiers de décerner leurs contraintes contre leſdits héritiers : & lorſque l'égliſe où la fondation doit être éxécutée, ſera déſignée, la main-morte ſera contrainte, ſauf ſon recours s'il y a lieu.

II. Les ſommes & éfets mobiliaires, données à des communautés & autres gens de main-morte, ſans aucune fondation

tion de messes ou prières particulières sujettes à rétribution, mais seulement, pour avoir part aux prières ordinaires de la communauté ou église, ne feront sujettes à aucun droit d'amortissement.

III. Tous actes qui porteront fondations pour cinquante ans & au-dessous, paieront moitié du droit d'amortissement ; & au-dessus de cinquante ans, le droit entier : à l'exception néanmoins des messes & autres prières qui doivent se faire dans l'année, à compter du jour de la mort du testateur, lesquelles ne seront sujettes à aucun droit d'amortissement.

IV. Tous gens de main-morte qui acquerront des biens roturiers dans leurs directes, en conséquence des lettres patentes qui pourront leur être accordées, paieront le droit d'amortissement au cinquième ; mais dans le cas où la réunion de la roture au fief ne se feroit pas, ils ne seront tenus d'en païer l'amortissement qu'au sixiéme.

V. L'amortissement des biens en franc-aleu sera païé comme pour les autres biens ; c'est-à-dire au cinquiéme, pour les biens en franc-aleu noble, & au sixiéme, pour les biens en franc-aleu roturier.

VI. L'amortissement des messes qui ont été ou seront fondées dans les hôpitaux, hôtel-dieux, & autres maisons de charité, sera païé sur le pié de la rétribution, que S. M. a fixé à dix sols pour chaque messe dans les provinces ; & à quinze sols dans la ville, fauxbourgs & banlieuë de Paris.

VII. En conséquence de l'article 14 de l'arrêt du conseil du 21 Janvier 1738, veut & entend S. M. que les bâtimens que les villes & communautés pourront faire faire, pour des casernes, des écuries pour la cavalerie, des magasins d'abondance, ou pour loger les gouverneurs, évêques, intendans & curés, tant desdites villes que de la campagne, & tous

Tome I.

autres édifices pour le service de S. M. pour l'utilité publique, & pour la décoration des villes, ne soient sujets à aucun droit d'amortissement, pourvu que les villes & communautés n'en retirent aucun revenu ; mais seront sujets auxdits droits, les fonds sur lesquels lesdits bâtimens seront construits, s'ils ne sont pas amortis avec finance : & dans le cas où lesdites villes & communautés acheteroient des maisons toutes bâties pour ces usages, l'amortissement n'en sera pareillement païé que sur le pié de la valeur du fonds. Voulant néanmoins S. M. que, si lesdits bâtimens cessoient de servir à ces usages, & produisoient par la suite un revenu auxdites villes & communautés, elles soient tenuës d'en païer aux fermiers qui seront pour lors en place, l'amortissement sur le pié du capital des loïers, à la déduction seulement de la somme qui aura été païée pour le droit d'amortissement du sol, au lieu du tiers porté par ledit article, auquel S. M. déroge à cet égard.

VIII. Les gens de main-morte qui, pour sûreté de leurs créances, auront été envoïés, par forme d'engagement, en possession de biens-fonds, en vertu de jugemens ou d'actes passés par devant notaires, seront tenus de païer le droit de nouvel-acquêt depuis leur jouïssance : & au cas qu'ils les possédent depuis plus de dix années, ils seront tenus de quiter la possession desdits biens, sauf à eux à les faire vendre pour être païés de leurs créances. Et où S. M. jugeroit à propos de leur accorder des lettres patentes pour continuer la jouïssance desdits biens au-delà des dix années, ils seront tenus d'en païer l'amortissement ; bien entendu néanmoins que, si après le païement fait dudit droit d'amortissement, lesdits gens de main-morte étoient obligés d'abandonner la jouïssance desdits biens, au moïen du remboursement qui leur seroit fait de leurs

X

créances , ils pouroient remplacer les ſommes qui leur auroient été rembourſées , en d'autres fonds de pareille nature , ſans païer de nouveau l'amortiſſement , en obſervant les formalités preſcrites par les arrêts du conſeil des 11 Juillet 1690 , 21 Janvier 1738 , & par l'édit d'Août 1749. Défend S. M. à tous gens de main-morte , de prendre à l'avenir aucun bien par engagement , ſans en avoir obtenu des lettres patentes , conformément à l'article 14 de l'édit du mois d'Août 1749.

IX. Ordonne S. M. que les ſommes données ou léguées pour cauſe de fondations de meſſes , prières & autres œuvres pieuſes compriſes dans l'article 3 de l'édit du mois d'Août 1749 , qui ſeront délivrées aux gens de main-morte , en rentes ſur l'hôtel de ville de Paris , ne ſeront ſujettes à aucun droit d'amortiſſement , quelle que ſoit l'origine deſdites rentes ; ſoit que les contrats deſdites rentes faſſent partie des biens des fondateurs , ſoit qu'elles aïent été acquiſes par les héritiers ou aïans cauſe deſdits fondateurs. Les gens de main-morte pouront pareillement placer en rentes ſur l'hôtel de ville , les ſommes qu'ils auront reçûes pour l'acquit deſdites fondations , ſans païer le droit d'amortiſſement. Tous les autres éfets , même les rentes ſur le clergé , ſur les païs d'états , & autres de pareille nature , ſeront ſujets à l'amortiſſement ; ſauf , en cas de rembourſement deſdites rentes , à pouvoir les remplacer en autres rentes , ſans païer un nouveau droit d'amortiſſement , en obſervant les formalités preſcrites par les arrêts du conſeil des 11 Juillet 1690 , 21 Janvier 1738 , & par l'édit du mois d'Août 1749.

X. A l'égard des deniers donnés & légués pour être emploïés aux bâtimens des égliſes & lieux règuliers , & à charge de fondations de meſſes , prières , &c. l'amortiſſement n'en ſera dû que juſqu'à concurrence de ce qui ſera jugé néceſſaire pour l'acquitement des fondations , en juſtifiant , par quitances paſſées par devant notaires , que leſdits deniers ont été réellement emploïés auxdits bâtimens.

XI. Dans le cas où les gens de main-morte emploïeroient des deniers donnés ou légués pour cauſe de fondations , à l'acquitement de ce qu'ils peuvent devoir pour des fonds précédemment acquis , & dûment amortis , veut S. M. que l'amortiſſement deſdits deniers donnés pour fondations , ne ſoit païé que ſur le montant des capitaux des ſommes néceſſaires pour l'acquitement des fondations.

XII. Les droits d'amortiſſement des bâtimens conſtruits ſur des terreins donnés par les gens de main-morte à baux emphitéotiques ou à vie , à la charge par les preneurs d'y bâtir , ne ſeront dûs qu'à l'expiration des termes convenus par leſdits baux ; mais à l'égard des bâtimens qui pouroient être conſtruits ſur des fonds donnés par les gens de main-morte , pendant le cours d'un bail ordinaire , les droits d'amortiſſement en ſeront dûs auſſi-tôt que leſdits bâtimens ſeront couverts.

XIII. Les ſéminaires , les colléges & les communautés ſéculières & régulières , ne feront ſujets à aucun droit d'amortiſſement , par raport aux logemens que leurs penſionnaires occupent dans l'intérieur de leurs maiſons : il ne ſera pareillement dû aucun droit d'amortiſſement , pour les logemens qui ſeront loués dans l'intérieur des communautés religieuſes , pourvu néanmoins que leſdits apartemens n'aïent aucune ſorte de communication au dehors , ni d'autre ſortie que la principale porte du couvent.

XIV. Il ne ſera auſſi dû aucun droit d'amortiſſement par les curés des paroiſſes , pour raiſon des tranſactions , concordats ou acquiſitions qu'ils pouroient faire au profit de leur cure , avec les gros décimateurs ou autres eccléſiaſtiques ou laïcs ,

au sujet des dixmes de leur paroisse , soit qu'elles soient ecclésiastiques ou inféodées.

XV. Ne pourront néanmoins les ecclésiastiques & autres gens de main-morte , profiter des dispositions du présent arrêt, qu'autant qu'ils auront préalablement satisfait à toutes les formalités prescrites par l'édit du mois d'Août 1749 , auquel S. M. n'entend donner atteinte ni déroger en aucune manière par le présent règlement. *Notat* , les articles 16 , 17 , 18 , 19 , 20 & 21 sont raportés à l'article *Franc-fiefs* , tom. 2 , page 433.

XXII. Sa Majesté interprétant , en tant que de besoin, la déclaration du 20 Janvier 1699 , a ordonné & ordonne que la restitution des droits d'amortissement & franc-fiefs indûment perçûs pendant le cours des baux , ne poura être demandée que dans le cours des deux années qui suivront la fin desdits baux ; & à l'égard de ceux qui seront païés après les baux finis , soit que la demande en ait été faite pendant le cours des baux , soit dans les trois années accordées aux fermiers pour former leurs demandes , la prescription des deux années commencera à courir du jour du païement.

XXIII. Veut S. M. que le présent arrêt soit exécuté , à commencer du 1er Janvier 1751 , dans toutes les provinces & généralités du roïaume , même dans les provinces de Flandres , Hainault, Artois , & dans le comté de Bourgogne.

XXIV. Veut en outre S. M. que lesdits droits d'amortissement & franc-fiefs , dûs & échus dans toutes les provinces & généralités du roïaume , jusqu'audit jour 1er Janvier 1751 , soient liquidés & païés sur le pié du présent règlement ; à moins qu'il ne s'en trouve d'antérieurs qui contiennent des dispositions contraires : enjoint S. M. aux sieurs intendans & commissaires départis dans les provinces & généralités du roïaume , de tenir la main à l'exécution du présent arrêt , nonobstant toutes opositions ou autres empêchemens quelconques, dont

Tome I.

si aucuns interviennent , S. M. s'est réservé la connaissance , & à son conseil , & icelle interdit à toutes ses cours & autres juges. Et seront sur le présent arrêt toutes lettres nécessaires expédiées. Fait au conseil d'état du Roi , S. M. y étant, tenu pour les finances, à Versailles , le 13 Avril 1751. *Signé* M. P. de Voyer d'Argenson.

Par arrêt du conseil & lettres patentes du 28e Juin 1755 , qui confirment & autorisent la délibération de l'assemblée générale du clergé de France , du 25 du même mois , au sujet du don gratuit de seize millions de livres accordé au Roi , par autre délibération du 6 dudit mois , S. M. a permis de faire l'emprunt de cette somme à constitution de rente au denier 25 , au nom du clergé ; & a déclaré que *les rentes* qui seront *constituées par le clergé* en vertu de ladite délibération , au profit des diocèses , bénéficiers , communautés ecclésiastiques , séculières & régulières , & autres gens de main-morte , ne seront sujétes aux droits *d'amortissement* , nouveaux-acquêts & autres , non plus que les rentes qu'ils pourront acquérir de celles qui seront constituées par le clergé , dont , en tant que de besoin , S. M. les a déchargés & décharge ; même dans le cas où les rentes constituées sur le clergé , seroient données ou léguées pour cause de fondation ou œuvres pies , dérogeant à cet éfet S. M. à l'article 9 de l'arrêt de son conseil du 13 Avril 1751.

Le clergé assemblé à Paris en 1755 , aïant présenté un cahier au Roi , contenant quelques articles sur les droits d'amortissement , S. M. y a répondu le 30 Décembre 1756. Par le premier article , le clergé a demandé l'éxemtion des droits d'amortissement , centième denier & nouvel-acquêt des dons & legs faits pour *fondations de places gratuites dans des séminaires* , pour l'instruction de jeunes ecclésiastiques. Réponse ; S. M. a répondu

Amor-
tiffement.

à l'art. 7 , du cahier de l'affemblée de 1745 , qu'elle ne pouvoit , quant-à-préfent , accorder cette grace : les circonftances n'aïant point changé , S. M. ne peut encore l'accorder.

Par l'article 2 , le clergé a demandé l'éxemtion du droit d'amortiffement des fommes données , foit en rentes , foit en fonds , pour le produit en être emploïé au *mariage de pauvres filles* , qui feroient indiquées par les évêques , les curés , fabriciens de paroiffes ou autres , attendu que ce produit ne tourne point au profit de la main-morte , & qu'il rentre dans le commerce , en le païant au laïques qui époufent ces filles. Réponfe : *le droit d'amortiffement étant dû pour les fondations les plus favorables , celles qui font faites pour des mariages , n'en peuvent être éxemtées.*

Par l'article 3 , concernant les *fondations à tems* , le clergé a demandé qu'en interprétant l'article 3 du règlement du 13 Avril 1751 , il fut ordonné que les fondations faites pour trente ans & au-deffous , fuffent éxemtes de tous droits d'amortiffement ; que celles depuis 30 jufqu'à 50 ans païaffent le quart du droit ; celles depuis 50 jufqu'à 80 , la moitié ; & celles de 80 & au-deffus , le droit entier. Réponfe : *le règlement de 1751 , rendu fur le vû des mémoires du clergé , contient toute la faveur qu'il eft poffible de lui accorder à l'égard de ces fortes de fondations.*

L'article 9 de l'édit du mois d'Avril 1758 , portant création de *rentes* , à quatre pour cent , *fur les aides & gabelles* , porte que les communautés eccléfiaftiques , les hôpitaux du roïaume , & autres gens de main-morte , pourront acquérir lefdites rentes & en jouïr comme de leurs autres biens , fans être obligés à aucune formalité , ni païer aucuns droits d'amortiffement.

Par les lettres patentes du 24 Mai 1760 , qui autorifent les délibérations du clergé pour le don gratuit de 16 millions

de livres , il eft permis d'en faire l'emprunt à conftitution de rente au denier 20 , au nom du clergé de France ; S. M. déclare les rentes qui feront conftituées par le clergé , en vertu de ladite délibération , au profit des diocèfes , bénéficiers , communautés eccléfiaftiques , féculières & régulières , & autres gens de main-morte , n'être fujétes aux droits d'amortiffement , nouveaux-acquêts & autres , non plus que les rentes qu'ils pouront acquérir de celles qui feront conftituées par le clergé , dont , en tant que de befoin , S. M. les a déchargés & décharge ; même dans le cas où les *rentes conftituées fur le clergé* , feroient données ou léguées pour caufe de fondation ou œuvres pies , & ce , nonobftant la claufe portée par l'article 9 de l'arrêt du confeil du 13 Avril 1751 , à laquelle S. M. a dérogé.

§. 5. *Amortiffemens généraux ; & époque de la recherche.*

Par lettres patentes du 8 Mars 1547 , il fut accordé un amortiffement général , en faveur du clergé de France , pour tous les biens non amortis ou qui avoient été amortis fans finance.

Autres lettres patentes du mois de Mai 1551 , portant amortiffement général , moïennant une finance , en faveur du clergé de Sens , compofé des diocèfes de Sens , Paris , Chartres , Orléans , Meaux , Auxerre , Nevers & Troyes , pour toutes les acquifitions faites depuis 1522.

Par le contrat paffé à Mantes le 14 Août 1641 , Loüis XIII , au moïen d'une fubvention extraordinaire de 5500000 livres , accorda au clergé de France , affemblé en ladite ville , un amortiffement général ; & en conféquence promit aux corps & communautés eccléfiaftiques de l'un & de l'autre fexe , féculiers ou réguliers , & généralement à tous ceux qui contribueroient à ce don gratuit , des lettres d'amortiſſement de tous les biens par eux poſſédés juſqu'alors ; ce qui fut confirmé par déclaration de Louis XIV. du mois de Juillet 1646. En conſéquence, le recouvrement de ces droits ne fut ordonné par les déclarations des 5 Juillet 1689 & 9 Mars 1700, qu'à compter de cet amortiſſement général de 1641.

Par arrêt du conſeil du 22 Novembre 1689, le Roi déclara n'avoir entendu comprendre dans l'amortiſſement général de 1641, que les bénéficiers & eccléſiaſtiques païant décimes, & ceux non païant décimes, qui juſtifieroient avoir païé leur cotte-part en la contribution des 5500000 livres du contrat de Mantes. Et par autre arrêt du 31 Décembre 1689, le terme de la recherche fut fixé au 1er Janvier 1600, à l'égard des autres bénéficiers & gens de main-morte. *Voïez* les dix-huitiéme & dix-neuviéme déciſions du conſeil ſur le recouvrement de 1689.

Par lettres patentes du 19 Juin 1746, S. M. aïant égard aux remontrances du clergé, a ordonné que les eccléſiaſtiques, bénéficiers, communautés ſéculières & régulières, de l'un & de l'autre ſexe, païant & non païant décimes, qui ſe trouveront avoir contribué aux dons gratuits accordés à S. M. depuis 1641, ſeront & demeureront éxemts de tous droits d'amortiſſement, pour raiſon des biens par eux acquis depuis ladite année 1641, juſqu'au 1er Janvier 1700, ſans préjudice de l'éxécution des règlemens pour les acquiſitions faites depuis ledit jour 1er Janvier 1700.

Les droits d'amortiſſement ſont impreſcriptibles par quelque laps de tems que ce puiſſe être ; nous l'avons dit au commencement de cet article ; & le principe eſt établi par diférens règ'emens ; la déclaration du 19 Avril 1639, s'explique poſitivement à cet égard : elle ordonne même le recouvrement deſdits droits d'amortiſſement pour toutes les poſſeſſions des gens de main-morte, ſans aucune limitation de tems, & ne fait d'exception qu'en faveur de ceux païant décimes, à l'égard deſquels la recherche fut bornée aux biens qu'ils avoient acquis depuis 1520, ce qui faiſoit plus d'un ſiécle.

Mais la recherche des droits anciennement échus ne peut être faite que pour le compte du Roi, & en vertu d'ordres de S. M. parce que par l'article 529 du bail de Forceville du 16 Septembre 1738, confirmé par les ſubſéquens, il eſt ſtipulé que le fermier & ſes ſous-fermiers ne pourront faire aucunes recherches deſdits droits d'amortiſſement recélés ou négligés, au de là de vingt années antérieures au jour de la demande, S. M. ſe réſervant le recouvrement de ceux échus avant cette époque.

§. 6. *Des égliſes & autres lieux deſtinés au ſervice divin.*

La dédicace des égliſes & chapelles conſacrées au culte divin, en abolit la mouvance féodale, pour tout le tems de cette deſtination ; parce qu'étant dédiées à Dieu, elles n'apartiennent plus aux hommes : *ſunt res nullius*, comme dit l'empereur ; & n'y aïant plus de poſſeſſeur, il ne peut plus y avoir de ſeigneur de fief, ni de vaſſal ; mais elles reſtent ſous la haute-juſtice du ſeigneur du territoire.

Les échanges, acquiſitions, dons & legs d'immeubles, pour l'élévation, l'agrandiſſement ou plus grande commodité des égliſes, chapelles, ſacriſties & autres lieux ſervans à faire le ſervice divin ; & les conſtructions & reconſtructions pour ces uſages, ſont éxemts de tous droits d'amortiſſement, comme étant leſdits lieux particulièrement dédiés à Dieu, & ne produiſant aucun revenu ; déclarations du Roi des 5 Juillet 1689 & 9 Mars 1700. Edit du mois de Mai 1708, & art. 1er de l'arrêt de règ'ement du 21 Janvier 1738.

Il a même été jugé par arrêt du confeil du 25 Janvier 1757, qu'il n'eſt point dû de droit d'amortiſſement pour un terrein acquis par la ville d'Epernay, pour en faire le cimetière de la ville.

Les deniers donnés & légués pour être emploïés aux bâtimens des églifes & lieux réguliers, & à charge de fondations de meſſes & prières, ne font ſujets au droit d'amortiſſement que juſqu'à concurrence de ce qui eſt jugé néceſſaire pour l'acquit des fondations, en juſtifiant que les deniers ont été emploïés auxdits bâtimens, par des quitances paſſées par devant notaires. Art. 10 du règlement du 13 Avril 1751.

§. 7. *Clôture des Communautés.*

Par la déclaration du 5 Juillet 1689, l'art. 17 de celle du 9 Mars 1700, & l'art. 12 de l'édit du mois de Mai 1708, les bâtimens, lieux réguliers, & jardins compris dans la clôture, ſervant actuellement aux perſonnes religieuſes, font déclarés valablement amortis, ſans finance, comme plus particulièrement dédiés à Dieu.

Par les déciſions rendues ſur le recouvrement de 1689, il fut jugé, art. 4, que les lettres d'amortiſſement, ſans finance, obtenues depuis l'établiſſement des communautés, ne pouroient avoir lieu que pour les fonds précédemment acquis pour la clôture, quand même on y auroit fait mention des acquiſitions faites ou à faire; & que celles obtenues avant l'établiſſement deſdites communautés, ne devoient avoir lieu que pour la première acquiſition faite en conſéquence, & non pas pour les autres, quoique compriſes dans la clôture, à moins qu'il ne parut manifeſtement que les premières acquiſitions ne fuſſent pas ſuffiſantes, eû égard au nombre des perſonnes dont la communauté eſt compoſée.

Par l'art. 2 de l'arrêt de règlement, du 21 Janvier 1738, il eſt ordonné que les échanges, acquiſitions, dons & legs, qui feront faits de terres, maiſons & héritages, aux perſonnes religieuſes de l'un & de l'autre ſexe, pour leur ſervir de lieux réguliers, de jardins & de logement; comme auſſi les bâtimens qu'elles feront conſtruire de nouveau, ou reconſtruire dans l'intérieur de leur clôture, *dont elles ne retireront aucun revenu*, feront éxemts des droits d'amortiſſement; mais que dans le cas où leſdits biens & bâtimens *ceſſeroient d'être employés à ces uſages & produiroient un revenu*, les droits d'amortiſſement feront païés de la valeur deſdits biens & bâtimens, aux fermiers qui feront en place, lorſqu'ils rentreront dans le commerce.

Arrêt du conſeil du 19 Février 1742, qui permet aux prêtres de l'oratoire de Marſeille d'acquérir une maiſon pour joindre à leur clôture, ſans payer d'amortiſſement, tant qu'ils n'en retireront point de revenu.

Déciſion du 6 Mai 1744, qui décharge le Séminaire de Rouen, du droit d'amortiſſement d'une maiſon & jardin, acquis pour faire une infirmerie, & de la conſtruction de l'infirmerie.

Autre du 11 Juin 1749, qui décharge les marguilliers de la paroiſſe faint Paul de Paris, du droit d'amortiſſement d'une reconſtruction en 1747, de la maiſon ſervant au logement des enfans de chœur de la paroiſſe.

Autre du 4 Septembre 1749, en faveur des marguilliers de la paroiſſe faint Laurent, pour conſtruction en 1735, d'un bâtiment occupé par les vicaires, prêtres & autres oficiers de cette églife.

Les gens de main-morte, les hôpitaux, & les maiſons & écoles de charité, ne peuvent joindre à leurs clôtures aucunes maiſons; ni faire, ſoit dans les clôtures, ſoit en dehors, aucunes conſtructions à neuf, ni reconſtructions de bâtimens, qu'après en avoir communiqué les plans &

devis à M^rs les intendans, fous les peines portées par l'art. 12 du règlement du 21 Janvier 1738.

Décifion du confeil du 28 Avril 1751, contre les religieufes de notre-dame de Pau ; elles avoient acquis en 1739 une maifon & un jardin, avec déclaration que c'étoit pour joindre à leur clôture, & que le prix provenoit du rembourfement d'une dixme acquife en 1695, dont elles ont été évincées par retrait, après en avoir païé l'amortiffement ; elles avoient même été autorifées, en 1729, à en faire le remploi. En conféquence de leur acquifition, elles ont démoli partie de la maifon & fait diférentes conftructions, fans avoir préalablement communiqué les plans & devis : c'eft pourquoi M. l'intendant les a condamnées au païement du droit demandé, & du double d'icelui, pour la peine encouruë, conformément à l'art. 12 du règlement de 1738. Le confeil a confirmé cette ordonnance, & néanmoins, par grace & fans tirer à conféquence, a modéré le fimple droit à moitié. Si ces religieufes avoient communiqué les plans & devis avant la jonction à leur clôture, & avant la démolition & les conftructions, & qu'en conféquence elles euffent été autorifées à les faire, elles n'auroient dû aucun droit d'amortiffement ; la décifion ne les a pas déchuës de leur éxemtion ; elle n'a prononcé que fur la peine encouruë, qui a été modérée par grace particulière.

Lorfque l'acquifition ne porte pas expreffément que c'eft pour joindre à la clôture, le droit d'amortiffement eft dû, quand bien même la communauté qui a acquis, s'aviferoit enfuite de joindre les biens à fa clôture. Décifion du 12 Décembre 1742, & arrêt du confeil du 22 Mai 1743, contre les religieufes de notre-dame de faint Junien.

L'art. 13 de l'arrêt du confeil du 13 Avril 1751, porte que les féminaires, les colléges & les communautés féculières & régulières, ne feront fujets à aucun droit d'amortiffement, par raport aux logemens que leurs penfionnaires occupent dans l'intérieur de leurs maifons ; & qu'il ne fera pareillement dû aucun droit d'amortiffement pour les logemens qui feront loüés dans l'intérieur des communautés religieufes, pourvu néanmoins que lefdits apartemens n'aïent aucune forte de communication au-dehors, ni d'autre fortie que la principale porte du couvent.

Cette éxemtion eft limitée aux logemens particuliers dans l'intérieur des communautés religieufes, qui n'aïant de communication au-dehors que, par la principale porte du couvent, ne font point cenfés dans le commerce. Mais les autres parties des clôtures font fujettes au droit d'amortiffement, dès que leur ufage primitif ceffe, qu'elles fervent à un ufage prophane, & qu'elles produifent un revenu, en les affermant, pour fervir de logement, magafins, entrepôts, feules, celliers, caves, greniers ou autremen; parce que cette deftination les met éfectivement dans le commerce, foit qu'elles aïent une fortie particulière ou non.

Par arrêt du 10 Décembre 1709, les chartreux de Paris ont été condamnés au païement du droit d'amortiffement, d'une maifon bâtie fur un terrein de leur clôture, qu'ils ont donnée à loüer.

Et par autre arrêt du 4 Juillet 1724, les jéfuites du noviciat de Paris ont auffi été condamnés au païement du droit, pour bâtimens conftruits & loüés dans leur enceinte.

Décifion du 25 Novembre 1739, contre les cordeliers de Loches, pour conftruction de bâtimens, affermés avec partie de leur cloître, à la ferme générale, pour magafin & dépôt de fel.

Autre du 17 Août 1740, contre les cordeliers du grand-couvent à Paris, pour un chantier de bois de menuiferie, & une maifon ou apentis élevé dans la cour intérieure de leur couvent, le tout occupé par un menuiſier.

Arrêt du conſeil du 14 Mars 1747, contre les cordeliers de Caſtelnaudary, pour des portions de leur couvent, dont ils retiroient un revenu. Ils diſoient n'a-voir point fait de conſtructions, & qu'ils avoient ſeulement conſenti que quelques négocians de la ville dépoſaſſent leurs grains, en attendant la vente, dans cer-tains endroits de leur couvent, tels que l'ancienne infirmerie, l'ancien réfectoire, le chapitre & la cuiſine ; qu'ils ne les avoient point affermés ; qu'ils n'en re-tiroient aucune ſomme fixe ; mais qu'on leur donnoit, par forme d'aumône ou de reconnoiſſance, purement gratuite, une ſomme plus ou moins forte. L'arrêt les condamne à païer le droit d'amortiſſement deſdits lieux qu'ils n'habitent point, & dont ils tirent un revenu, ſur le pié de l'eſtimation par experts convenus ou nom-més d'ofice, ſi mieux n'aiment repréſen-ter les baux.

Sur une pareille demande, formée con-tre les religieux cordeliers de Roüen, à cauſe de pluſieurs parties de leur clôtu-re, dont ils retiroient un revenu, ils opo-fèrent, que par leur état, en qualité de religieux de ſaint François, de l'étroite obſervance, & d'une province qui a tou-jours été réformée, ils étoient incapables & inhabiles à poſſéder aucuns revenus, leur règle le défendant expreſſément ; qu'à la vérité les religieux des quatre grandes provinces confédérées, & le grand cou-vent de Paris, ont obtenu un bref du pape Benoît XIV, le 23 Août 1745, qui leur permet de poſſéder des immeu-bles ; lequel bref a été ſuivi de lettres d'attache du Roi, du 14 Décembre 1745, enregiſtrées au parlement le 14 Janvier 1746 ; qu'il en réſulte que la réforme de 1670, pour la non poſſeſſion d'immeu-bles, a inviolablement fait loi en France pour toutes les huit provinces qui ſont

dans le Roïaume ; & que n'ayant ceſſé d'être telle pour les quatre grandes pro-vinces confédérées, & le grand couvent de Paris, que par l'enregiſtrement du bref, elle continuë à faire loi pour les quatre autres provinces réformées, du nombre deſquelles eſt celle de Roüen ; qu'ainſi ils ſont inhabiles à poſſéder des biens, & à diſpoſer, comme propriétai-res, de ceux dont l'uſage ne leur eſt ac-cordé que pour leur habitation ; que ne vivant que d'aumônes, ils n'ont pû refu-ſer de permettre, au beſoin, à des com-merçans, de mettre des marchandiſes dans certains endroits de leur maiſon, ſans troubler en rien la régularité ; que c'eſt un ſimple prêt gratuit, ſans nulle con-vention, ni d'autre avantage que celui d'être utile au public & à des bienfai-teurs ; qu'ils ne ſont point dans l'eſpéce des cordeliers de Caſtelnaudary, qui ſont de la province de l'Aquitaine, l'une des quatre confédérées ; que l'arrêt de 1747, en les condamnant au païement du droit d'amortiſſement, a réaliſé à leur égard un revenu certain, qu'il eſt impoſſible de réaliſer à l'égard de ceux qui ſont inha-biles à le poſſéder ; enfin, ils ont déclaré ſe ſoumettre à ne plus permettre de dé-poſer des marchandiſes dans aucune partie de leur maiſon.

Ces moyens n'étant que ſpécieux, les cordeliers ont été condamnés au païe-ment du droit, par ordonnance de M. l'intendant de Roüen, du 16 Novembre 1750, qu'ils ont éxécutée ; parce que dans le fait, ils loüoient & retiroient un revenu ſous le titre d'aumônes, & qu'ils n'avoient pas moins de capacité d'en joüir, que les cordeliers de Caſtelnaudary, aux-quels le droit d'amortiſſement, pronon-cé par l'arrêt du 14 Mars 1747, avoit été demandé en 1741, pour locations par conſéquent antérieures au bref de 1745.

Déciſion du conſeil du 29 Avril 1749,
contre

contre les Jacobins de Sens, pour bâtimens conftruits fur un terrein de leur clôture, & loüés au fermier des coches d'eau, pour y ferrer des grains.

Décifion du confeil du 8 Septembre 1754, qui confirme une ordonnance de M. l'intendant de Limoges, par laquelle le prieur commandataire de faint Gerald, a été condamné au païement de 440 liv. pour droit d'amortiffement de la maifon prieurale & jardin, fitués dans l'enceinte & clôture de faint Gerald, qu'il a donnés à loüer, moïennant 110 liv. par an. Il difoit que ne pouvant l'occuper, il avoit été obligé de la loüer, & que n'aïant d'autre fortie que la principale porte, il n'étoit point dû de droit d'amortiffement; mais elle étoit dans le commerce par la location.

Arrêt du confeil du 7 Janvier 1755, qui déboute les carmes de la ville de Limoges de leur apel d'une ordonnance de M. l'intendant, & de leur opofition à une décifion du 25 Avril 1754, confirmative de ladite ordonnance; en conféquence, les condamne au païement du droit d'amortiffement d'un cellier, faifant partie des bâtimens de leur clôture, par eux loüé à un aubergifte, pour y mettre des vins; & ce, fur le pié de la demande du fermier, fi mieux ils n'aiment juftifier, par la repréfentation de leur regiftre, du prix du loüer. Ils ont en outre été condamnés au coût de l'arrêt. Ils difoient avoir feulement prêté ce cellier fans aucune rétribution, & le fait étoit attefté par un acte capitulaire & par un certificat du locataire; mais il étoit notoire qu'un aubergifte occupoit depuis cinq à fix ans ce cellier, & qu'il avoit une fortie particulière fur la ruë.

Décifion du confeil du 3 Décembre 1756, qui confirme une ordonnance de M. l'intendant de Poitiers, par laquelle M. de Buffy, abbé commandataire de faint Laon de Thouars, a été condamné au

païement du droit d'amortiffement de la maifon abbatiale qu'il a donnée à loüer en 1755. Il difoit que, quoiqu'elle eut été habitée par fes prédéceffeurs, il n'avoit pû l'occuper, & qu'il l'avoit loüée, de même qu'il peut affermer les terres qu'il auroit pû faire valoir par lui-même.

Il faut obferver que lorfque le droit d'amortiffement eft dû des parties de la clôture, & de l'intérieur des communautés, mifes dans le commerce, il doit être liquidé fur le pié entier du revenu, fans nulle déduction pour le fol; parce que ces parties amorties, à caufe de leur deftination primitive, l'ont été fans finance; au lieu que lorfqu'il s'agit de biens, dont le droit d'amortiffement a été païé pour le fol, il en faut faire déduction, conformément à l'art. 7 du règlement du 13 Avril 1751, lorfque ces biens font mis dans le commerce & produifent revenu.

A l'égard des conftructions & reconftructions dans l'intérieur de la clôture, *voïez* ci-après l'article des *Conftructions*.

§. 8. *Maifons canoniales.*

Voïez *Chapites*, §. 1.

§. 9. *Maifons de curés, ou prefbitères.*

Il n'eft point dû de droit d'amortiffement des bâtimens pour loger les curés, tant & fi long-tems qu'il n'en eft retiré aucun revenu; mais le droit eft dû pour les fonds fur lefquels ces bâtimens font conftruits, s'ils ne font pas amortis avec finance. *Voïez* §. 7 & 19.

§. 10. *Biens deftinés au fervice du Roi, à l'utilité publique, & à la décoration des villes.*

Les acquifitions pour la décoration des villes & lieux publics, ont été déchargés

Amortif-
fement.

du droit d'amortiffement par la déclaration du 16 Juillet 1702.

Suivant l'art. 14 du règlement du 21 Janvier 1738, & l'art. 7 de celui du 13 Avril 1751, les bâtimens pour des cafernes, des écuries pour la cavalerie, pour des magafins d'abondance, ou pour loger les gouverneurs, évêques, intendans & curés, tant des villes que de la campagne, & tous autres édifices pour le fervice du Roi, pour l'utilité publique, & pour la décoration des villes, font éxemts du droit d'amortiffement, pourvû que les villes & communautés n'en retirent aucun revenu; mais le droit eft dû pour les fonds fur lefquels ces bâtimens font conftruits, s'ils ne font pas amortis avec finance. Et lorfque, pour ces ufages, les villes & communautés acquièrent des maifons toutes bâties, le droit d'amortiffement n'en eft dû que fur le pié de la valeur du fonds; parce que, fi les bâtimens ceffent de fervir à ces ufages, & produifent par la fuite un revenu aux villes & communautés, elles en païeront le droit d'amortiffement aux fermiers pour lors en place, fur le pié du capital des loïers, à la déduction feulement de ce qui aura été païé pour le droit d'amortiffement du fol.

Cette règle doit être füivie pour toutes acquifitions faites pour l'utilité publique, lorfque la propriété privée du fonds demeure aux villes & communautés laïques, fans exception des communautés de marchands & autres femblables. *Voïez* le §. 2 ci-deffus, p. 147; mais fi les acquifitions ont une deftination immuable pour l'utilité publique, foit pour faire des quais, élargir des ruës &c. il n'eft dû aucun droit d'amortiffement, conformément à la déclaration de 1702, parce que la propriété n'apartient à perfonne. *Voïez* ci-après, v°. *Exemtions* des villes & provinces, ce qui a été dit au fujet des diférens droits de ces acquifitions.

L'art. 530 du bail de Forceville, du 16 Septembre 1738, porte qu'il ne poura éxiger aucuns droits d'amortiffement, fur les bâtimens deftinés aux cafernes, magafins à blé, & autres édifices publics, qui ferpnt conftruits par les villes, lorfqu'elles n'en retireront aucun loïer; mais feulement du prix ou valeur de l'acquifition des terreins & emplacemens; fauf à faire païer ledit droit, fi dans la fuite lefdits bâtimens étoient loüés ou affermés, en faifant déduction de ce qui aura été païé pour le terrein.

Par arrêt du confeil du 27 Novembre 1741, le droit d'amortiffement d'une maifon acquife par la ville de Caudebec, pour fervir de cafernes, a été liquidé, du confentement du fermier, fur le pié du tiers du prix de l'acquifition.

Par arrêt du confeil du 29 Juillet 1760, fans avoir égard à l'opofition des fieurs prévôt des marchands & échevins de la ville de Paris, à une décifion du confeil, du 31 Août 1757, ni à leurs demandes, (tendantes à l'éxemtion de tous droits d'amortiffement, fous prétexte qu'ils n'acquéroient que pour l'embelliffement de la ville & la commodité publique) dont S. M. les a déboutés; il a été ordonné que, conformément à ladite décifion, lefdits fieurs prévôt des marchands & échevins, feront tenus de païer le droit d'amortiffement des acquifitions que la ville a faites d'immeubles, des conftructions, reconftructions & augmentations de bâtimens, dans les maifons & fonds qui lui apartiennent, & dont elle retire un revenu.

§. 11. *Biens donnés par le Roi.*

Il n'eft point dû de droit d'amortiffement, pour raifon des biens donnés par les Rois; parce qu'il eft de l'effence du don d'être gratuit, & que le fouverain, en donnant, accorde la capacité fuffifante pour recevoir & pour pofféder ce qu'il donne. Il fut même décidé, lors du recouvrement de 1689, que les fonds acquis des deniers donnés ou légués par le Roi, à condition d'en faire emploi, feroient éxemts de tous droits d'amortiſſement & de nouvel-acquêt.

Arrêt du conſeil du premier Décembre 1733, qui décharge les jéſuites de Perpignan du droit d'amortiſſement, de maiſons acquiſes par le Roi, & cédées, au nom de S. M. pour l'augmentation du collége.

Autre arrêt du 23 Novembre 1735, en faveur du collége de Navarre ; qui juge qu'il n'eſt point dû d'amortiſſement de l'emploi fait en bâtimens & reconſtructions, tant dans l'intérieur, que dans l'extérieur du collége, des ſommes dont le Roi avoit ordonné, à cet éfet, la délivrance ſur les revenus de l'abbaïe de Fécamp, pendant ſa vacance.

Autre arrêt du conſeil, du 9 Octobre 1736, qui décharge les maire & échevins de la ville de Roüen, des droits d'amortiſſement, des maiſons ou échopes conſtruites, ou qu'ils pourront faire conſtruire ſur les quais de la ville ; attendu que ces quais lui appartiennent, en vertu du don qui lui en a été fait par ſaint Louis en 1224.

Autre arrêt du 11 Novembre 1737, qui décharge les chanoines de la cathédrale de Vannes, des droits d'amortiſſement, tant pour la conceſſion à eux faite par le Roi en 1721, d'un terrein inculte, qu'ils avoient demandé pour ſubvenir à la modicité des revenus du chapitre, & pour l'entretien du bas-chœur, & qui leur a été accordé à titre d'inféodation, que pour le défrichement & les améliorations de ce terrein.

Décifion du conſeil du 1er Mai 1748, qui juge, que pour une acquiſition que le Roi veut faire d'un terrein, du ſéminaire de Tours, pour établir une manufacture de damas, & en faire don aux entrepreneurs de la manufacture, il ne ſera point dû de droit d'amortiſſement, ni pour les bâtimens qui feront faits deſſus, dès que c'eſt le Roi qui en fournira les fonds.

Décifion du conſeil du 4 Septembre 1749, qui confirme une ordonnance de M. l'intendant de Languedoc, par laquelle, en déclarant le fermier non-recevable dans ſa demande, il a déchargé les auguſtins de Montpellier du droit d'amortiſſement, de boutiques conſtruites ſur un terrein donné par le Roi en 1724, auxdits religieux & aux autres propriétaires des maiſons ſituées le long de l'eſplanade, à la charge d'y faire conſtruire des murs d'architecture & d'embelliſſement, conformes au plan dreſſé par l'ingénieur.

Décifion du conſeil du 24 Décemb. 1755, contre les religieux carmes ſolitaires des Baſſes-loges, près Fontainebleau, qui juge le droit d'amortiſſement dû, pour un hermitage à eux donné par le Roi en 1651, pour leur uſage ; & qui en éfet a ſervi d'hermitage juſqu'en 1750, qu'ils l'ont cédé à M. de Morantel, pour en joüir pendant ſa vie & celle de ſon épouſe, moyennant une rente. Cette décifion eſt fondée ſur le changement de l'uſage de la deſtination des biens, & ſur ce qu'en les mettant dans le commerce, la cauſe de l'éxemtion a ceſſé, comme elle ceſſe à l'égard des lieux réguliers, ſervant de clôture, lorſqu'ils ſont mis dans le commerce.

§. 12. *Acquiſitions de biens dépendans du domaine du Roi.*

Pour faciliter l'aliénation des juſtices, domaines, parts & portions d'iceux, il a été permis en diférens tems, aux communautés laïques, de les acquérir à titre d'aliénation ou de revente, ſans être ſujettes au droit d'amortiſſement. Arrêt du Conſeil du 15 Octobre 1695, édit du mois d'Avril 1702, & Arrêt du 23 Septembre 1702.

Cette éxemtion, qui eſt une exception à la règle générale, ne peut avoir lieu que

pour les aliénations faites aux villes ,
bourgs & communautés d'habitans , en
vertu des édits des mois de Mars 1695 ,
& Avril 1702 ; s'ils acquiérent en vertu d'autres édits ou déclarations qui n'ont
pas prononcé l'éxemtion , ils peuvent
d'autant moins la réclamer , que le prix
n'a pas été proportionné à ce qu'il auroit
été , fi l'éxemtion du droit d'amortiſſement avoit fait partie de l'aliénation.

Décifion du confeil du 15 Octobre
1738 , qui condamne les maïeur & échevins de la ville d'Arras , à païer le droit
d'amortiſſement de l'ofice de châtelain de
ladite ville , par eux acquis du Roi ; cet
ofice avoit été créé héréditaire en 1692 ,
& après la mort de celui qui en avoit
été pourvû , & qui en avoit rendu foi &
hommage au bureau des finances de Lille,
les maïeur & échevins en demandèrent
au Roi la fupreſſion , & que le titre &
les fonctions fuſſent unis au corps de la
ville , pour en jouïr par la ville , comme
de fon ancien domaine , à la charge de tenir cet ofice en fief mouvant du Roi , &
de donner à S. M. homme vivant & mourant , gradué ; lequel , à chaque mutation , feroit la foi & hommage , & païeroit les
droits de relief & autres droits féodaux ,
& deſſerviroit l'ofice aux prérogatives y
attribuées ; & encore à la charge par lefdits
maïeur & échevins de rembourfer le prix
de cet ofice aux héritiers du dernier pourvu ; ils demandérent auſſi qu'il fut ordonné que pour cette acquifition ils ne païeroient aucuns droits d'amortiſſement , confirmation & autres. Leurs conclufions leur
furent adjugées par Arrêt du confeil du
8 Février 1729 , à l'exception du dernier article , fur lequel il ne fut nullement
ftatué. Sur la demande du droit d'amortiffement , la queftion fut renvoïée au confeil
par M. l'intendant : la ville a opofé l'Arrêt
du 23 Septembre 1702 , & qu'il ne s'a-
giſſoit que d'une fupreſſion , dont elle avoit
païé le prix , à la décharge du Roi , comme

une condition de la fupreſſion. M. Magneux,
infpecteur général du domaine de la couronne , a obfervé que le droit d'amortiffement étoit dû , attendu que l'ofice eſt
un droit immobilïer & féodal , que la ville a acquis ; que par le rembourfement
qu'elle a fait , elle a acquis un immeuble ,
qui eſt même un fief , pour lequel il eſt dû
homme vivant & mourant ; & que par
les termes de l'arrêt de 1729 , il paroit ,
que l'ofice eſt plûtôt réuni que fuprimé ,
puifqu'il éxifte toujours fur la tête de l'homme vivant & mourant , qui continuë d'en
faire les fonctions. En conféquence le confeil a jugé que le droit d'amortiſſement
étoit dû.

Les autres gens de main-morte font fujets au droit d'amortiſſement pour les biens
domaniaux qu'ils acquièrent à quelque titre
que ce foit ; ils diroient inutilement ,
qu'en acquérant du fouverain , la liberté
de poſſéder leur doit être en même
tems tranfmife ; il fuffit que l'éxemtion
du droit d'amortiſſement ne foit point entrée en confidération pour que la règle générale leur foit opofée avec fuccès , &
qu'en conféquence ils foient tenus de païer
ce droit.

Arrêt du confeil du 18 Juillet 1721 ,
contre les jéfuites de Valenciennes , pour
rentes & biens domaniaux à eux aliénés
en vertu de l'édit du mois d'Août 1708.
Décifion du 20 Octobre 1745 , contre les
mêmes , à caufe du fuplément de finance
par eux païé en vertu de l'arrêt du 16
Janvier 1719 , pour être confirmés dans
leur poſſeſſion.

Autres décifions des 15 Octobre 1738
& 14 Janvier 1739 , contre les religieux
de faint Denis pour les *droits d'échange*
dans leurs feigneuries , par eux acquis du
Roi ; nonobftant que M. Magneux , infpecteur
général du domaine de la couronne , eut
conclu en leur faveur , fous prétexte qu'aïant
acquis du Roi , il étoit naturel que S. M.
les eut rendus habiles à poſſéder. Autre

décifion du 6 Juin 1739 , contre le chapitre de fainte Oportune , pour femblable
acquifition de droits d'échange.

Décifion du 23 Décembre 1739 , contre le féminaire de faint Nicolas du Chardonnet , pour donation à eux faite par la
veuve Gignet , d'une maifon qu'elle avoit
acquife du Roi.

Autre décifion du 24 Avril 1742 ,
contre la confrairie des bouchers de Paris,
pour deux étaux de la boucherie de Beauvais , à elle cédés par la communauté des
bouchers , qui en étoit adjudicataire à titre
de revente ; cette décifion a été renduë
après avoir communiqué l'affaire à M. Freteau , infpecteur général du domaine de
la couronne , qui , entr'autres motifs , a
dit ; que » dans la règle générale, les gens
» de main-morte ne peuvent poffeder des
» immeubles , fans y être autorifés par le
» Roi , par le païement du droit d'amor-
» tiffement ; que l'on ne peut fonder une
» exception à cette règle générale , pour
» les domaines de la couronne, que fur
» deux confidérations : l'une que le Roi ,
» en aliénant, eft préfumé avoir accordé
» la permiffion de poffeder légitimement ,
» fans païer d'autre finance que le prix de la
» vente ; l'autre que la propriété de ces
» domaines n'eft point incommutable, puif-
» que le Roi peut y rentrer d'un moment
» à l'autre ; mais que ces confidérations
» ne difpenfent pas les gens de main-
» morte de païer le droit d'amortiffement
» lorfqu'ils acquièrent des domaines en-
» gagés ; parce que l'éxemption du droit ,
» ne peut avoir lieu que lorfqu'elle eft
» expreffément portée par l'édit, en ver-
» tu duquel l'aliénation eft faite ; que les
» arrêts du confeil des 15 Octobre 1695 ,
» & 23 Septembre 1701 , font une preu-
» ve convaincante que l'acquifition des
» domaines de la couronne par les gens
» de main - morte , donne ouverture
» au droit d'amortiffement, quoique ces
» domaines ne puiffent être poffédés qu'à

» titre d'engagement & fous faculté de
» rachat ; parce que le prix de l'aliéna-
» tion qui fera rembourfé lors du rachat ,
« pouvant être (avec les formalités pref-
» crites) emploïé en l'acquifition d'un
» nouveau fonds , fans païer un nouveau
» droit , c'eft pour eux le germe d'une
» propriété perpétuelle & incommutable ,
» dont l'amortiffement eft dû en entier ;
» que l'arrêt du 18 Juillet 1721 , con-
» tre les jéfuites de Valenciennes eft un
» autre préjugé décifif, & prouve que
» l'éxemtion fpéciale du droit d'amortiffe-
» ment ne peut s'étendre d'un cas à un
» autre , & qu'elle ne peut être apliquée
» qu'aux gens de main-morte, auxquels
» elle eft précifément accordée ; que le
» droit étant dû dès le moment de la
» poffeffion des rentes , quoique rembour-
» fables , & dès le moment d'une acquifi-
» tion a réméré , fauf en cas d'éxercice
» du réméré & du rembourfement des
» rentes , à emploïer les deniers en nou-
» veaux fonds , fans païer de nouveaux
» droits , on doit fuivre la même règle
» pour les domaines engagés ; que les
» décifions renduës contre les religieux
» de faint Denis , & contre le féminai-
» re de faint Nicolas du Chardonnet ,
» font précifément dans l'efpéce, & déci-
» dent la queftion ; qu'il n'y a rien de
» particulier dans l'affaire préfente : qu'ainfi
» il n'y a nul motif de s'écarter dans cette
» efpéce de la règle générale.

Par arrêt du confeil du 24 Février
1733 , les religieufes de l'abbaïe de faint
Georges de Rennes ont été déchargées
du droit d'amortiffement de deux tours
faifant partie du rempart de la ville de
Rennes, qu'elles avoient acquifes en 1730 ,
des fieurs Curé & Olivaut par fubrogation
à l'afféagement qui leur en avoit été fait
par le gouverneur de la ville ; attendu
que par arrêt du confeil du 16 Janvier
1731 , en maintenant le gouverneur de
Rennes dans la jouïffance des murailles ,

portes & tours de ladite ville , les contrats d'afféagement qui avoient été faits
par les gouverneurs , ont été convertis
en simples baux à loïer ; qu'ainsi les religieuses étant simplement locataires , leur
jouïssance ne pouvoit excéder neuf années,
si elle n'étoit renouvellée.

§. *13.* *Des dixmes eccléfiaftiques ,
& des dixmes inféodées.*

Voïez *Dixmes.*

§. *14.* *Emploi de l'indemnité dûe
aux gens de main-morte , à caufe de leurs directes ou juftices.*

Les communautés , ou autres gens de
main-morte , auxquels il eft païé des droits
d'*indemnité* pour raifon d'acquifitions faites
par d'autres gens de main-morte,dans leurs
mouvances ou juftices , font obligés d'en
faire emploi ; parce que l'indemnité eft le
prix de l'aliénation d'une partie effentielle
du fief, & que les gens de main-morte ne
peuvent faire aucune aliénation des biens
dont ils n'ont que l'adminiftration.

Mais, de cette obligation de l'emploi, il
ne s'enfuit pas que le droit d'amortiffement
foit dû , lorfque l'*indemnité* eft païée en
efpéces à la main-morte. C'eft l'emploi même qui peut donner ouverture à ce droit ,
s'il eft fait en biens , qui par leur nature
n'en aïent pas été difpenfés.

Ainfi , lorfque la main-morte emploïe
l'*indemnité* qui lui eft païée à acquérir des
immeubles , foit en terres , foit en rentes
foncières , rachetables ou non rachetables , elle en doit païer le droit d'amortiffement.

Par la 23.me décifion du confeil roïal fur
le recouvrement de 1689 , il a été jugé
que le droit d'amortiffement eft dû pour
les acquifitions faites par des communautés
& gens de main-morte , des deniers provenans d'*indemnités* , qui leur étoient dûes

à caufe de leurs fiefs , quoique valablement
amortis ; parce que (porte cette décifion)
» une acquifition n'eft pas moins nouvelle
» pour être faite du prix d'une chofe qu'on
» poffédoit depuis long-tems.

Par arrêt du confeil du 12 Janvier 1723,
les bénédictins de faint Pere-en-Vallée de
Chartres , ont été condamnés au païement
du droit d'amortiffement de la totalité
d'une acquifition , dans le prix de laquelle
étoit entrée une fomme qu'ils avoient re-
çûe des adminiftrateurs du bureau des pauvres de Chartres , pour l'*indemnité* de
biens acquis dans la cenfive defdits bénédictins.

Il a été jugé auffi par plufieurs décifions
que le droit d'amortiffement eft dû , lorfqu'au lieu de recevoir l'*indemnité* en efpéces , elle eft *convertie en rente ;* parce
qu'une telle rente eft foncière de fa nature,
& que toutes rentes foncières font fujettes
au droit d'amortiffement , quand bien même la faculté de rachat feroit exprimée
dans l'acte ; d'autant que cette faculté ne
change point la nature de la rente , qu'elle
peut fe prefcrire , & qu'elle ne produit
d'autre éfet à l'égard du droit d'amortiffement , fi ce n'eft d'autorifer la main-morte,
en cas de rembourfement , à faire un nouvel emploi , qui fera amorti fans finance
jufqu'à la même concurrence , en obfervant
les formalités prefcrites.

La converfion de l'*indemnité* en rente
au profit de la main-morte , eft la même
chofe que fi elle avoit reçu cette indemnité en argent , & qu'elle l'eût emploïé à
acquérir une rente foncière ; fa poffeffion ,
dans l'un & l'autre cas , eft également une
propriété incommutable & perpétuelle ;
d'autant que le droit d'*indemnité* eft irrévocablement acquis , fans être fujet à retour ni à reftitution , quand même les biens,
pour raifon defquels il a été païé , retourneroient dans le commerce.

Néanmoins , la queftion eft actuellement
agitée de nouveau , au fujet de ces conver-

tions d'*indemnité* en rentes ; elle vient d'être portée au conseil de la part de M. l'évêque de Saintes ; c'est pourquoi nous renvoïons cet article, à celui : *indemnité dûë aux gens de main-morte* ; là, nous raporterons les précédentes décisions, ainsi que celle qui sera intervenuë sur le mémoire de M. l'évêque de Saintes, si l'affaire est alors jugée.

§. 15. *Des biens échus à la main-morte en vertu des droits de sa seigneurie.*

Suivant l'article 25 de l'édit du mois d'Août 1749, les gens de main-morte ne peuvent plus exercer aucune action en retrait féodal ou seigneurial, à peine de nullité.

Et suivant l'article 26 du même édit, ils sont obligés de mettre les biens qui peuvent leur écheoir, en vertu des droits attachés à leur seigneurie, hors de leurs mains dans un an, à compter du jour que lesdits biens leur auront été dévolus ; sinon lesdits biens seront réunis au domaine, ou à la mouvance du seigneur immédiat, suivant ledit article.

Lorsque la main-morte avoit la faculté de conserver ces biens, elle en devoit païer le droit d'amortissement. *Voïez* l'arrêt du 24 Février 1733, contre les religieux de Cormeille, pour biens en Normandie, réunis par deshérence. Décision du 5 Mai 1745, contre l'abbaïe de Fécamp, en pareil cas ; arrêt du conseil du 19 Juin 1745, contre les dames abbesse & religieuses de saint Sauveur d'Evreux, dans la même espéce. Il y a une décision du 10 Juillet 1750, en faveur de la dame abbesse & des religieuses de saint Georges de Rennes ; il s'agissoit aussi d'une deshérence, mais il a été jugé qu'il n'en est point dû de droit d'amortissement, sur le fondement de l'article 26 de l'édit de 1749.

Comme il peut se présenter des héritiers pour réclamer, dans les tems fixés par les coûtumes, les biens qui sont d'abord adjugés à titre de deshérence, la main-morte ne peut pas valablement les aliéner avant l'expiration de ce tems. Si elle les conservoit pendant ce tems, qui est de 30 & même de 40 années dans certaines coûtumes, il y a beaucoup d'aparence qu'elle les conserveroit toujours, & que la réunion ordonnée par l'édit de 1749, n'auroit pas lieu, faute de connoître l'origine & la cause de la possession, dont le souvenir se perdra dans l'espace des tems. Il est donc juste d'en faire païer le droit de nouvel-acquêt annuellement, conformément à ce qui est réglé par l'article 8 du règlement de 1751, pour les biens dont les gens de main-morte jouïssent par forme d'engagement ; mais sans les assujettir à païer le droit d'amortissement des biens provenans desdites deshérences, puisqu'ils n'en peuvent pas devenir propriétaires. Le païement du droit de nouvel-acquêt conservera la connoissance de la cause de la possession ; & en conséquence, on sera en état de faire vuider les mains des gens de main-morte, ou de faire procéder à la réunion, après le laps de tems nécessaire pour exclure tous héritiers.

§. 16. *Des échanges entre gens de main-morte ; & entre un abbé & ses religieux.*

Voïez *Echanges.*

§. 17. *Des partages entre l'abbé & les religieux.*

Voïez *Partages.*

§. 18. *Des acquisitions par baux à rente.*

Les gens de main-morte qui acquièrent

des immeubles par baux à rente foncière, rachetable on non rachetable, en doivent le droit d'amortiffement ; parce que le bail à rente eft tranflatif de propriété.

Lors du recouvrement de 1689 , le confeil roïal réduifit le droit d'amortiffe-ment de ces acquifitions au quart du droit ordinaire pour les biens en fief, & au cinquiéme pour les biens roturiers ; c'eft-à-dire, pour n'être perçu qu'à raifon du quart ou du cinquiéme du capital de la rente , qui étoit une évaluation arbi-trairement donnée aux fonds grévés de rentes foncières non rachetables ; mais lors du rachat de la rente, on faifoit païer à la main-morte un nouveau droit d'amor-tiffement.

Par l'article 17 du règlement du 21 Jan-vier 1738 , il eft ordonné que le droit d'amortiffement de ces acquifitions fera païé fur le pié du capital de la rente ; & qu'à ce moïen, il ne fera païé aucun fuplément lorfque le rembourfement fera fait.

§. 19. *Des acquifitions à faculté de réméré.*

La vente à faculté de réméré transfèrale propriété : elle eft parfaite en foi , quoique réfoluble fous condition. Ainfi le droit d'a-mortiffement eft dû des biens acquis à ce titre par les gens de main-morte , fauf à eux , en cas que le retrait conventionnel foit éxercé, à faire emploi du rembourfe-ment, en nouveaux fonds, qui feront amortis jufqu'à la même concurrence , en fe con-formant par eux aux formalités prefcrites. Voïez *Remplacement.*

Décifion du confeil roïal fur le recouvre-ment de 1689 , article 15. Autre décifion du 16 Janvier 1725 , contre le procureur général findic des états de Bretagne ; autre du 4 Octobre 1727 , contre les Urfulines de Périgueux. Et arrêt de règlement du 21 Janvier 1738 , article 16.

§. 20. *Des biens dont les gens de main-morte jouiffent par enga-gement pour créances.*

Voïez l'article 8 de l'arrêt de règlement du 13 Avril 1751 , ci-deffus , §. 4.

§. 21. *Des rentes & autres biens donnés pour* Dotation *de reli-gieux & religieufes.*

Voïez *Dotation* ; mais ne confondez pas ce qui eft donné pour la dot d'une religieu-fe , avec ce qui eft donné pour doter per-pétuellement des religieufes ; c'eft alors une fondation , dont il fera parlé fous ce titre.

§. 22. *Des fommes & éfets mobi-liaires.*

Lorfque le droit d'amortiffement eft dû pour les dons & legs de fommes en argent ou d'éfets mobiliaires , il doit être fixé à raifon du fixiéme.

Les fommes & éfets mobiliaires , don-nés ou légués à des communautés ou à tous autres gens de main-morte , fans fonda-tion de meffes ou autres prières particu-lières fujétes à rétribution , mais feule-ment pour avoir part aux prières ordinaires de la communauté ou églife , ne font fujets à aucun droit d'amortiffement ; article 2 , du règlement du 13 Avril 1751.

Mais fi la main-morte eft obligée d'en faire emploi , ou fi , fans cette ftipulation , elle eft chargée de fondation de prières , ou de toute autre fondation quelconque , le droit d'amortiffement eft dû de la tota-lité des fommes & éfets mobiliaires , à moins que le donateur n'ait fixé les fommes qu'il veut être emploïées à l'acquit de ces fondations ; parce qu'alors le furplus eft cenfé donné gratuitement , fans aucune
charge ,

charge , article 6 du règlement du 21 Janvier 1738.

Il faut néanmoins excepter du droit, les sommes données , même pour fondations de messes , prières & autres œuvres pieuses , lorsque la main-morte en a fait emploi en rentes sur l'hôtel de ville de Paris. Art. 9 du règlement de 1751.

Il faut aussi observer que , si la main-morte est chargée d'emploïer une partie des sommes données aux bâtimens des églises & lieux réguliers , le droit d'amortissement n'est point dû pour cette partie, en justifiant de l'emploi. Et si l'objet donné pour cet usage , n'est pas fixé par le donateur , le droit d'amortissement n'est dû que sur ce qui est jugé nécessaire pour l'acquit des fondations de prières , en justifiant aussi de l'emploi du surplus auxdits bâtimens. Art. 10 du règlement de 1751 ; mais l'emploi de la totalité à cet usage n'empêcheroit pas que le droit ne fût dû à cause de la fondation , conformément audit article.

Si les gens de main-morte emploïent les sommes qui leur ont été données ou léguées pour fondation, à païer ce qu'ils peuvent devoir pour acquisition précédemment faite de fonds dûment amortis , le droit d'amortissement desdites sommes données & léguées , n'est dû que sur ce qui est nécessaire pour l'acquit des fondations. Article 11 du règlement de 1751 ; mais il faut justifier de cet emploi par une quitance des vendeurs passée par devant notaires.

A l'égard des sommes mobiliaires données ou léguées aux hôpitaux généraux ou particuliers , ou aux maisons & écoles de charité pour fondations perpétuelles de prières , elles ne sont sujettes au droit d'amortissement que jusqu'à concurrence de ce qui est jugé nécessaire pour acquiter lesdites fondations ; le surplus étant réputé donné & destiné pour la subsistance , l'entretien & le soulagement des pauvres & des malades , & pour leur instruction gratuite. Art. 6. du Règlement de

1738 , & art. 6. de celui de 1751. Voïez encore *Fondations* & *Hôpitaux.*

§. 23. *Des fondations de prières, & autres de toute espéce.*

Voïez *Fondations.*

§. 24. *Des hôpitaux & hôtels-dieu , maisons & écoles de charité.*

Voïez *Hôpitaux.*

§. 25. *Des rentes de toute nature , données ou acquises.*

Voïez *Rentes.*

§. 26. *De l'emploi des sommes données , & du remplacement de celles provenantes de remboursemens.*

Voïez *Remplacement.*

§. 27. *De la rentrée en possession des biens aliénés.*

Voïez *Rentrée.*

§. 28. *Des constructions & reconftructions de bâtimens.*

Voïez *Constructions.*

§. 29. *Des unions des revenus d'un bénéfice à un autre.*

Voïez *Union.*

§. 30. *En quel tems le droit d'amortissement est-il exigible ?*

Lorsqu'il s'agit d'*acquisitions* qui donnent ouverture au droit d'amortissement, les gens de main-morte ont l'an & jour, pour mettre les biens hors de leurs mains, ou pour satisfaire au païement du droit, s'ils n'ont pas été évincés pendant ce tems ; & ils ne peuvent y être contraints auparavant. *Voïez* l'art. 14 de l'édit du mois de Mai 1708, & la décision du conseil du 8 Avril 1752, qui ordonne la restitution du droit d'amortissement, païé le 20 Mai 1749, par les religieuses de la congrégation de N. D. de Caudebec, pour biens acquis le 3 Avril précédent, & dont elles ont été dépossédées par retrait lignager dans l'an & jour.

Mais si la main-morte païe volontairement dans l'an & jour, en conséquence d'une remise que le fermier lui aura accordée, sous la condition d'un traité à fort-fait, & de ne pouvoir répéter en cas d'éviction, elle ne peut former sa demande en restitution, & elle n'a que la voïe de faire emploi du montant du remboursement, en se conformant aux formalités prescrites. Voïez *Remplacement*.

La réserve de l'usufruit par le vendeur, ne peut suspendre le païement du droit d'amortissement, qui est dû dès que la propriété est transférée.

S'il s'agit de *biens donnés entre-vifs*, le droit d'amortissement est acquis par l'acceptation, qui donne la perfection à la donation, quand bien même l'éxécution de la donation seroit diférée, soit par une réserve d'usufruit, ou autrement.

La neuvième décision du conseil roïal, sur le recouvrement de 1689, porte que les communautés ne peuvent valablement, au préjudice des droits de Sa Majesté, résilier les donations une fois acceptées, dont elles ont dû considérer les charges.

Arrêt du conseil du 26 Avril 1723, contre les marguilliers de la paroisse de Fismes, nonobstant leur renonciation à une fondation faite entre-vifs, & acceptée.

Arrêt du conseil du 23 Décembre 1726, & décision du 24 Août 1727, contre les religieuses de saint Benoît de Périgueux ; qui, sans avoir égard à leur renonciation, les condamnent au païement du droit d'amortissement d'une somme à elles donnée entre-vifs en 1722, à charge de fondation, pour n'être délivrée qu'après la mort du donateur.

Décision du 26 Août 1728, contre le chapelain de saint Laurent de la Serre, pour fonds donnés entre-vifs, à charge de fondation ; nonobstant la révocation faite ensuite, du consentement du chapelain.

Décisions du conseil des 31 Août 1740, & 28 Avril 1741, contre la fabrique de Villeneuve saint Georges, pour une rente donnée entre-vifs, sous la réserve d'usufruit, & affectée à mettre de pauvres filles ou garçons en aprentissage : on disoit que la donation n'étoit pas valablement acceptée, & que l'on y renonçoit.

Décision du conseil du 28 Septembre 1746, qui condamne le curé de Chevagny au païement du droit d'amortissement, d'une rente à lui donnée entre-vifs, & à ses successeurs curés, à charge de fondation, par lui acceptée ; & ce, sans avoir égard à sa renonciation postérieure.

Quant aux biens & éfets *donnés & légués par testament*, & autres dispositions de dernière volonté, le droit d'amortissement est dû dès l'instant de l'acceptation, sans attendre la délivrance ; & la main-morte est tenuë de se déterminer après le décès des testateurs, par une acceptation ou une renonciation. Si elle accepte, le droit d'amortissement est dès-lors éxigible ; & si elle renonce, il faut que ce soit par acte en forme, & passé par devant notaires, pendant que les choses sont entières, & par conséquent, sans avoir fait aucun acte d'acceptation, comme demande en délivrance, ou autrement.

Les gens de main-morte sont *tenus d'accepter ou de renoncer* positivement. Arrêt du 25 Septembre 1725 , contre les religieuses de Flavigny. Décifion du 13 Janvier 1726 , contre les jacobins du fauxbourg faint Germain à Paris ; autre du 8 Février 1728 , contre les adminiftrateurs de l'hôtel-dieu de Chartres ; autre du 16 Juin 1731 , contre le chapitre collégial de Caftelnau de Magnac , légataire d'un fonds , dont l'ufufruit étoit légué aux fœurs du teftateur ; décidé que le droit eft dû dès-à-préfent , fi le chapitre accepte , & qu'il doit déclarer dans deux mois s'il accepte ou s'il renonce ; finon , qu'il fera contraint au païement. Autre décifion du 1er Octobre 1731 , contre les urfulines de Montargis ; autre du 10 Mai 1741 , contre les curé & marguilliers de faint Roch à Paris ; autres des 27 Juin & 3 Août 1743 , contre les marguilliers de faint Jacques de Meulan , qui prétendoient que le fermier devoit prouver l'acceptation ; autre du 21 Février 1748 , contre les marguilliers de la paroiffe de Branfcourt ; autre du 7 Mai 1749 , contre les religieufes annonciades de Gifors.

Le délai , pour accepter ou renoncer , a été fixé plus ou moins long , relativement aux circonftances ; mais on peut dire en général , qu'il ne doit pas excéder fix mois , à compter du jour du décès du teftateur.

Par la réponfe du Roi , fur l'art. 3 du cahier du clergé , de l'année 1740 , tendant à ce que le droit ne fût païé qu'après la délivrance des legs , il eft dit que les droits d'amortiffement des dons & legs faits aux gens de main-morte , ne font dûs , & ne doivent être éxigés qu'après l'acceptation qu'ils en ont faite ; & que comme il leur eft libre d'accepter ces dons & legs , ou d'y renoncer dans les délais fixés par les arrêts du confeil , ils ne peuvent fe difpenfer , quand ils les ont acceptés , de païer les droits.

Ces droits font donc éxigibles dès que les legs font acceptés, *fans attendre qu'il*

en *foit fait délivrance* ; & c'eft ce qui a été jugé nombre de fois , en conformité de cette réponfe. *Voïez* la décifion du 11 Octobre 1741 , contre les marguilliers de faint Gervais , nonobftant que la délivrance ne dût être faite qu'après la mort du mari de la teftatrice , attendu le don mutuel d'entr'eux. Autre décifion du 17 Février 1745 , contre les marguilliers de faint Laurent , qui opofoient qu'ils étoient en inftance au châtelet pour avoir délivrance. Autres des 27 Mars 1747 , & 17 Février 1748 , contre la confrairie de la croix de Dole , condamnée au païement du droit d'amortiffement d'un legs , quoique le teftament fut attaqué. Autre du 21 Février 1748 , contre les marguilliers de la paroiffe de Branfcourt , pour un legs qui ne doit être délivré qu'après la mort de la veuve du teftateur , attendu le don mutuel ; jugé que les droits font dûs dès à préfent , à moins qu'ils ne renoncent. Autre décifion du 7 Mai 1749 , contre les religieufes annonciades de Gifors, quoique le teftament fut attaqué.

La demande en délivrance eft une véritable acceptation ; & cette demande fuffit pour que les droits foient dès-lors éxigibles , fans autre acceptation. Décifion du 17 Février 1745 , contre les marguilliers de la paroiffe de faint Laurent. Autre du 29 Avril 1749 , contre les curé & marguilliers de la paroiffe faint Remy-l'honoré ; autre du 30 Avril 1758 , contre la fabrique de faint Méry à Paris.

Il réfulte auffi de ce que l'on vient de dire , que la *réferve d'ufufruit* n'empêche pas que le droit d'amortiffement ne foit dû dès l'inftant de l'acceptation d'une donation entre-vifs , & même d'un legs. *Voïez* l'arrêt du 23 Décembre 1726 , & les décifions des 24 Août 1727 , 16 Juin 1731 , 31 Août 1740 , 28 Avril , 11 Octobre 1741 , & 21 Février 1748 , énoncées ci-deffus.

Voïez encore les arrêts du confeil des

31 Janvier 1717 , 31 Mars , 7 Août 1718 , & les déciſions des 5 Octobre 1722 , & 18 Octobre 1723 , pag. 30 & 31 du 4ᵉ vol. du recueil des règlemens.

Voïez auſſi l'arrêt du conſeil du 11 Janvier 1724 , par lequel il eſt ordonné que les communautés ſéculières & règulières , curés , fabriques , confrairies , & autres gens de main-morte , ſeront tenus de païer les droits d'amortiſſement des biens & héritages , rentes foncières , & autres rentes qui leur ont été ou ſeront données pour fondations perpétuelles , ou pour quelqu'autre cauſe que ce ſoit , quoique les donateurs s'en ſoient *réſervé l'uſufruit* & jouïſſance , par les actes de donations , lorſque leſdites donations auront été acceptées par leſdits gens de main-morte.

Par arrêt du conſeil du 17 Octobre 1724 , le curé de Lavancourt , en Franche-Comté , a été condamné à païer dès-à-préſent le droit d'amortiſſement d'immeubles à lui donnés entre-vifs , & à ſes ſucceſſeurs curés , par Anne Pelletier , *ſous la réſerve d'uſufruit* ; attendu que cette donation étoit acceptée , ſauf à lui ou à ſes héritiers à répéter le droit ſur le bien donné , ou à en emprunter le montant à conſtitution de rente , en affectant , pour ſûreté d'icelle , les revenus des héritages , après le décès de la donatrice.

Autres arrêts des 25 Septembre 1725 , & 22 Janvier 1726 , dans le cas de *la réſerve d'uſufruit* , pag. 609 & 612 du 3ᵉ vol. du recueil des règlemens ; & un autre arrêt du 8 Décembre 1733 , qui condamne le titulaire actuel de la chapelle de Courthomer à païer , ſauf ſon recours comme il aviſera , le droit d'amortiſſement d'une ſomme donnée entre-vifs , pour fondation , par la Dˡˡᵉ Boutevilain , encore vivante , pour être délivrée après ſon décès , & en être fait emploi ; ce qui avoit été accepté par le précédent titulaire.

A l'égard du droit d'amortiſſement dû pour les *conſtructions & reconſtructions* de bâtimens , il eſt éxigible lorſque leſdits bâtimens ſont couverts ; mais il faut excepter les conſtructions & reconſtructions ſur des terreins aliénés par la main-morte , par des baux à vie , ou par des baux emphitéotiques : le droit d'amortiſſement n'en eſt éxigible que lorſque la main-morte rentre en poſſeſſion de ces biens. V oïez *conſtructions.*

§. 31. *Par qui le droit d'amortiſſement doit-il être païé ?*

L'art. 1ᵉʳ de l'arrêt de règlement du 13 Avril 1751 , porte que les droits d'amortiſſement des fondations faites en termes généraux , ſans déſignation d'égliſe ou de main-morte , à charge aux héritiers de faire dire les prières où ils jugeront à propos , ſeront païés par les héritiers des fondateurs ; il eſt permis aux fermiers de décerner leurs contraintes contre leſdits héritiers. Et lorſque l'égliſe où la fondation doit être éxecutée , ſera déſignée , la main-morte ſera contrainte , ſauf ſon recours s'il y a lieu.

Ce n'eſt que dans le ſeul cas où la main-morte n'eſt pas connuë , que le fermier peut s'adreſſer aux héritiers des donateurs ; mais lorſqu'elle eſt déſignée dans l'acte , il doit s'adreſſer à elle pour le païement du droit d'amortiſſement , qui lui eſt perſonnel , ſauf à elle à éxercer ſon recours comme elle aviſera. La juriſprudence n'admet pas ce recours lorſqu'il s'agit de donations entre-vifs , à moins que l'acquit des droits ne fût une clauſe de la donation. Mais lorſqu'il eſt queſtion de dons & legs , le recours eſt admis , ſi ce n'eſt que le teſtateur eût abſorbé tout ce dont il pouvoit diſpoſer , ſuivant les loix. Il y a un arrêt du parlement de Paris du 1ᵉʳ Septembre 1690 , & deux du parlement de Toulouſe , des 9 Avril 1717 , & 7 Septembre 1718 , qui adjugent à la main-morte le recours des droits d'amortiſſement contre les héritiers des teſtateurs ; ils ſont dans les recueils des règlemens de cette partie , tom. 2 & 3.

§. 32. *Fixation du droit d'amortif-*
fement.

La quotité du droit d'amortiſſement ,
pour les provinces du dedans du Roïaume ,
a été fixée par la déclaration du Roi , du
11 Novembre 1724 , à raiſon du cinquiéme de la valeur des biens tenus en fief ,
ſoit du Roi , ſoit des ſeigneurs particuliers ,
& du ſixiéme de ceux tenus en roture.

Si la main-morte acquiert dans ſa directe , & que la réunion de la roture au fief
ait lieu , le droit eſt dû ſur le pié du cinquiéme ; & ſi la réunion n'a pas lieu , il
n'eſt dû qu'au ſixiéme , art. 4 du règlement
du 13 Avril 1751.

Quant aux biens en franc-aleu , le droit
d'amortiſſement en eſt fixé comme pour les
autres biens ; c'eſt-à-dire , au cinquiéme ,
pour les biens en franc-aleu noble ; & au
ſixiéme pour ceux en franc-aleu roturier ,
art. 6 de l'arrêt de règlement du 13 Avril
1751.

Et à l'égard des rentes conſtituées , &
des ſommes mobiliaires , lorſqu'elles ſont
ſujétes au droit , il eſt règlé à raiſon du
ſixiéme. *Voïez* §. 22. ci-deſſus , pag. 176.

Les mêmes fixations du cinquiéme & du
ſixiéme ont lieu en *Franche-Comté* , pour
les immeubles tenus en fief , en roture , ou
en franc-aleu , art. 10 de la déclaration du
Roi du 18 Mai 1731 ; mais pour les ſommes mobiliaires , le droit n'eſt dû que ſur
le pié de trois années de revenu , conformément à l'art. 6 de la déclaration du 9
Mars 1700 , & ainſi qu'il a été décidé au
conſeil le 11 Mars 1739.

Dans la province du *Rouſſillon* , le droit
d'amortiſſement eſt dû à raiſon du quart de
la valeur des biens-fonds , ſans diſtinction ,
ſuivant les anciennes ordonnances des Rois
d'Arragon ; & de même , ſur le pié du quart
des ſommes données & léguées pour fondations. Arrêts des 23 Janvier , 17 Juillet 1691 , & 11 Août 1705.

Et dans les provinces de *Flandre* ,
Haynault & *Artois* , il n'eſt dû qu'à raiſon de trois années du revenu des biens
nobles & roturiers ; les hôpitaux & lieux
de charité de ces provinces , dans le cas
où ils y ſont ſujets , ne le doivent même
qu'à raiſon d'une année & demie de revenu. Déclaration & arrêt des 22 & 29
Novembre 1695 ; art. 7 de la déclaration
du 9 Mars 1700 , & édit du mois de Mai
1708.

Suivant l'art. 15 du règlement du 21
Janvier 1738 , les fermiers ne ſont point
tenus de s'en raporter , pour la liquidation
des droits d'amortiſſement , aux eſtimations
faites par les contrats d'acquiſition , ou par
les actes de donation ; en cas de conteſtation , il doit être procédé à l'eſtimation
des biens & des bâtimens , par experts convenus ou nommés d'office par M^{rs} les intendans.

Lorſque la liquidation ſe doit faire ſur
le capital des revenus , ce capital doit être
fixé , pour la ville de Paris , au denier
vingt-deux ; & pour les autres villes & la
campagne , au denier vingt. Art. 18 du
règlement de 1738.

Le droit eſt dû ſur la valeur , ſans déduction de l'uſufruit réſervé , comme il vient
d'être obſervé , au §. précédent. Il ne doit
non plus être fait déduction d'aucunes autres charges. *Voïez* les déciſions ſur le récouvrement de 1689 , l'arrêt du 12 Mars
1726 , contre les feuillans de Marſeille ;
celui du 18 Décembre 1731 , contre les
adminiſtrateurs de l'hôpital de ſaint Maur
de Châlons ; la déciſion du 15 Mars 1743 ,
contre les religieux de ſainte Geneviéve
de Paris ; & celle du 11 Mars 1750 , contre les religieuſes de la viſitation de Chail-
lot , qui jugent que l'on ne doit point faire
déduction des rentes viagères. *Voïez* auſſi
l'art. 17 du règlement de 1738.

A l'égard des fondations , il y a des cas
où le droit d'amortiſſement , des ſommes
données ou léguées , n'eſt dû que juſ-

qu'à concurrence de ce qui eſt néceſſaire pour l'acquit deſdites fondations, ſuivant l'art. 6 du règlement de 1738, & les art. 10 & 11 de celui de 1751. *Voïez* le §. 22 ci-deſſus, & *Fondations*.

Quant aux conſtructions & reconſtructions, il ſera établi ci-après de quelle manière le droit d'amortiſſement en doit être réglé. Voïez *Conſtructions*.

Pour ce qui concerne les biens dépendans des clôtures, & qui ſont mis dans le commerce. *Voïez* ci-deſſus §. 7.

Enfin, pour les diférens autres cas, voïez dans le détail de cet article, ceux auxquels ils ont raport.

§. 33. *Recouvrement des droits d'amortiſſement.*

Le recouvrement des droits d'amortiſſement ſe faiſoit anciennement pour le compte du Roi, & il étoit ordonné de tems à autre, comme de 20, 30 ans, *&c.*

Ces droits aïant été mis en ferme, d'abord en éxécution de la déclaration du 9 Mars 1700, & enſuite en vertu de l'édit du mois de Mai 1708, chaque fermier a droit de jouïr de ceux qui lui apartiennent, & il eſt fondé à en faire le recouvrement, dès qu'ils ſont éxigibles.

Le fermier a trois ans après ſon bail pour s'aſſurer par des demandes en bonne forme les droits ouverts pendant le cours dudit bail, & même ceux échus antérieurement, & qui ont été négligés par les précédens fermiers. Voïez *Conteſtations* entre le fermier actuel & ſes prédéceſſeurs.

Mais il ne peut remonter au de-là de vingt années du jour de ſa demande. Les droits échus antérieurement apartiennent au Roi & ſont réſervés à S. M. *Voïez* ci-deſſus, §. 5, page 164.

Le recouvrement doit être fait en vertu de contraintes décernées par le fermier, viſées de ſes cautions, & enſuite

de Mrs les intendans; & les frais de la première ſignification de la contrainte ne ſont point à la charge des redevables. Voïez *Contraintes.*

A l'égard du contrôle des pourſuites faites pour ce recouvrement, voïez *Contrôle* des exploits.

Les redevables des droits d'amortiſſement doivent les païer entre les mains des commis du fermier, avec les deux ſols pour livre du montant d'iceux. *Voïez* §. 34.

§. 34. *De la recette & des deux ſols pour livre.*

Les deux ſols pour livre qui ſe païent en ſus des droits d'amortiſſement, franc-fiefs & nouveaux acquêts ſont d'ancien établiſſement; ils avoient été d'abord attribués pour frais de régie, & vacations des commiſſaires des chambres établies pour connoitre deſdits droits. *Voïez* la déclaration du 19 Avril 1639 : l'édit du mois de Mars 1672, la déclaration du 5 Juillet 1689, & l'arrêt du conſeil du 14 Mars 1690.

Par l'article 12 de l'édit du mois de Décembre 1701, il fut ordonné qu'à l'avenir leſdits droits de franc-fiefs, amortiſſement & nouveaux acquêts ſeroient reçus ſur les quitances des receveurs généraux des domaines & bois, contrôlées par les contrôleurs généraux deſdits domaines; & les deux ſols pour livre leur furent attribués, pour être païés, outre & par-deſſus le principal deſdits droits.

Les deux ſols pour livre furent accordés à l'ordre militaire de ſaint Louis, par édit du mois d'Avril 1719, & il en a jouï juſqu'au 1er Avril 1725.

Ils furent enſuite attribués de nouveau, par l'article 6 de l'édit du mois de Juin 1725, aux receveurs & contrôleurs généraux des domaines, en conformité de l'édit de 1701.

Par l'article 12 de l'édit du mois de

Décembre 1727 , il eſt ordonné que les droits de franc-fiefs , amortiſſement , uſages & nouveaux acquêts , ainſi que les deux ſols pour livre d'iceux , feront *reçus par les fermiers des domaines* , ſur les quitances des receveurs généraux des domaines , contrôlées par les contrôleurs généraux , ou *ſur les récépiſſés deſdits fermiers* , portant promeſſe de fournir aux redevables leſdites quitances ; deſquelles quitances, à meſure qu'elles feront expédiées & contrôlées , il ſera tenu regiſtre par leſdites receveurs & contrôleurs généraux ; & feront les fermiers des domaines tenus de remettre auxdits receveurs & contrôleurs généraux les deux ſols pour livre qui leur apartiennent dans le même tems que leſdits receveurs généraux leur compteront des droits caſuels qu'il auront reçu pour eux , & de ſix mois en ſix mois pour le plus tard.

Arrêt du Conſeil du 1er Mars 1746 , par lequel , ſans s'arrêter aux demandes du ſieur de Mohy , chargé de la procuration du fermier de l'ordre militaire de ſaint Louis , ni à celles dudit ordre , il eſt ordonné que les receveurs & contrôleurs généraux des domaines jouïront des deux ſols pour livre des droits d'amortiſſement & de franc-fiefs échus depuis 1701 , qui n'ont pas été perçus ni demandés par ceux qui avoient droit de les percevoir pendant la jouïſſance accordée à l'ordre de ſaint Louis par l'édit de 1719.

§. 35. *Juges qui connoiſſent des droits d'amortiſſement.*

Lorſque nos Rois ont ordonné le recouvrement des droits d'amortiſſement, avant que de les mettre en ferme , ils ont nommé des commiſſaires , auxquels ils ont attribué toute juriſdiction pour connoitre des conteſtations qui pouvoient s'élever ſur la recherche , la liquidation & le recouvre-ment de ces droits. *Voïez* les lettres patentes des 2 Avril 1609 & 22 Octobre 1613.

Par la déclaration de Louis XIII. du 19 Avril 1639 , S. M. ſe réſerva expreſſément & à ſon conſeil la connoiſſance de ces droits , l'interdiſant à toutes cours de parlement , chambres des comptes , & autres juges & oficiers ; & l'attribuant ſouverainement aux commiſſaires qui ſeroient nommés ; & par les lettres patentes données en conſéquence le 21 Mai 1639 , il fut établi une chambre ſouveraine deſdits droits d'amortiſſement , pour tenir ſes ſéances au château du Louvre : les commiſſaires de cette chambre furent des conſeillers d'état , des intendans & contrôleurs généraux des finances , & des maitres des requêtes.

Les mêmes principes ont été ſuivis lors des divers recouvremens. *Voïez* l'édit du mois de Mars 1672 , pour les droits de franc-fiefs & nouveaux acquêts , & les arrêts du conſeil des 10 Mai 1672 , 10 Septembre 1689 & 21 Octobre 1692 , pour leſdits droits & pour ceux d'amortiſſement.

Il fut ordonné par édit du mois de Mai 1708 , que ces diférens droits ſeroient affermés , & qu'il en ſeroit aliéné un quart à des receveurs & contrôleurs créés par le même édit , & un autre quart aux oficiers des bureaux des finances, leſquels auroient la connoiſſance des conteſtations qui ſurviendroient ſur le recouvrement deſdits droits ; *ſauf l'apel de leurs jugemens au conſeil* ; le tout au moïen des finances qui devoient être païées ; mais faute de païement de ces finances , leſdites aliénations furent révoquées par autre édit du mois de Septembre 1710 , ainſi que l'attribution de la connoiſſance des conteſtations , qui étoit une ſuite de l'aliénation ordonnée en faveur des oficiers des Bureaux des finances. Et par Arrêt du Conſeil du 4 Novembre 1710 , cette connoiſſance fut

attribuée à M^rs les Intendans pour juger
les contestations sur lesdits droits, sommai-
rement & sans frais, sauf l'apel au conseil des finances; attribution qui a été confirmée toutes les fois qu'on a voulu y donner atteinte; d'autant plus que cette partie n'a jamais été soumise aux juges ordinaires, & que lorsqu'elle fut donnée aux
oficiers des bureaux des finances sous une
condition qu'ils n'ont pas remplie, l'apel
de leurs jugemens étoit expressément réservé au conseil des finances. *Voïez* les
Arrêts du Conseil des 2 Juillet 1715,
11 Mai & 30 Juillet 1718, qui font défenses de se pourvoir au grand conseil;
& l'arrêt du 30 Septembre 1721, qui défend aux oficiers de la chambre des comptes de Bretagne de connoitre desdits droits,
au sujet desquels toutes les contestations
feront portées devant M. l'intendant de
Bretagne.

ANGERS, ville capitale du duché d'Anjou, dans la généralité de Tours.

Le comté d'Anjou réuni à la couronne en 1202, fut érigé en pairie en faveur de
Charles de France, comte de Valois,
d'Anjou, du Maine & de Chartres, par lettres patentes du mois de Septembre 1297.

Lettres patentes du mois d'Octobre
1360, portant érection du comté d'Anjou en duché pairie, & donation pure &
simple de ce duché & du comté du Maine
à Louis de France & à ses enfans mâles, nés
& à naitre, ou engendrés de ses enfans
mâles en loïal mariage.

Ce duché revint à la couronne en 1480,
sous le régne de Louis XI. par la mort de
René d'Anjou, comte du Maine, sans enfans mâles. Il a été depuis donné en apanage en 1566 par Charles IX. à Henry son frère, lequel étant parvenu à la
couronne, le donna pour suplément d'apanage à François, duc d'Alençon son frère,
qui mourut sans enfans. *Voïez* le traité des
droits du Roi de M. Dupuy, pour le duché d'Anjou & le comté du Maine, pag.

285 & 416, pour Baugé, p. 429, pour
Beaufort-en-Vallée, pag. 432, & pour
Beaumont-le-Vicomte, pag. 435.

Edit du mois d'Octobre 1585, pour
vendre 120000 de rente sur le domaine
du Roi, dans le duché d'Anjou.

Edit du 7 Février 1554, portant règlement sur le droit & impôt du trépas
de Loire d'Anjou, & la forme de le lever;
il est ordonné que ce droit sera levé sur toutes sortes de personnes & marchandises indiféremment, qui passeront, monteront, baisse-
ront & traverseront la rivière de Loire, depuis le port de Candes lez-Anjou, jusqu'à
celui d'Ancenis, païs de Bretagne; à ce
faire, tous marchands, voituriers, & autres
personnes contraints, de quelque qualité
qu'ils soient, excepté ceux qui, par les
ordonnances, sont éxemts & privilégiés;
comme les maîtres des requêtes de l'hôtel, les notaires & secrétaires, & les marchandises qui seront tirées & enlevées du
bailliage & du ressort de Saumur, ci-devant aliéné à M. le duc de Guise.

Les bourgeois & habitans de la ville &
cité d'*Angers*, obtinrent en 1474, de
Louis XI, l'éxemtion du droit de *franc-
fiefs*, pour les fiefs & autres biens nobles
qu'ils posséderoient dans le roïaume, & il
paroit qu'ils en ont jouï jusqu'en 1672.
Ils furent recherchés en éxécution de l'édit
du mois de Mars de la même année, & ils
obtinrent un arrêt le 22 Mai 1673, qui
les déchargea du païement de ce droit,
en païant, suivant leurs offres, une somme
de 80000 liv. ils païèrent encore une nouvelle finance de 107273 l. en éxécution de
l'édit de 1692; & ils obtinrent, au moïen de
cet abonnement, un arrêt du conseil le 1er.
Décembre 1693, qui les déchargea desdits droits de franc-fiefs.

Par lettres patentes, en forme de déclaration, du mois de Juillet 1714, il fut
ordonné, qu'au moïen de l'abonnement fait
en éxécution de l'édit de 1691, les habitans de ladite ville & fauxbourgs d'*Angers*
feroien

feroient maintenus & confirmés, à perpétuité, dans l'éxemtion des droits de franc-fiefs, des fiefs & biens nobles qu'ils posséderoient dans tout le Roïaume, dérogeant à la déclaration du 16 Juillet 1702; & cela, en conféquence d'une fomme de 22000 liv. qu'ils païèrent fous le titre de don gratuit.

Mais ce dernier abonnement ne pouvant produire d'autre éfet qu'une décharge de l'éxécution de la déclaration de 1702, & de l'édit 1708, lefdits habitans ont été pourfuivis de nouveau; & après une longue difcuffion, eft intervenu l'arrêt dont on va parler, qui fubfifte encore aujourd'hui.

Par arrêt du confeil du 19 Septembre 1730, lefdits habitans de la ville & fauxbourgs d'*Angers*, ont été maintenus & confirmés à perpétuité, tant pour le paffé que pour l'avenir, dans l'éxemtion du droit de *franc-fiefs*, pour tous les fiefs & autres biens nobles, par eux acquis & poffédés à quelque titre que ce puiffe être, ou qu'ils acquerront & pofféderont dans la fuite, *en quelque lieu du roïaume qu'ils puiffent être fitués*. S. M. a accepté la fomme de 22000 liv. offerte par les maire & échevins à titre de don gratuit, y compris les deux fols pour livre, pour la confirmation defdits priviléges, jufqu'au dernier Décembre 1729; la diftribution en a été faite aux diférens fermiers, pour indemnité de leur non jouïffance defd. droits; & il a été ordonné en outre, qu'à l'avenir il fera impofé annuellement la fomme de *mille livres*, & les deux fols pour livre pour la confirmation defdits priviléges, & pour être ladite fomme païée d'année en année à titre de don gratuit, à qui elle fe trouvera apartenir; c'eft-à-dire, au fermier des domaines, pour le principal, & au receveur général des domaines & bois, pour les deux fols pour livre.

La dame Grandhomme, veuve du fieur Pays-Mellier, bourgeoife, habitante d'*An-*

gers, aïant été inquiétée pour droit de franc-fiefs, de deux terres qu'elle poffédoit en la généralité de Poitiers, fe pourvut en décharge devant M. l'intendant de Poitiers, fur le fondement de l'arrêt de 1730, & le fermier aïant opofé que le montant de l'abonnement ne profitant qu'au fermier de la généralité de Tours, ne pouvoit procurer l'éxemtion hors l'étenduë de cette généralité, M. l'intendant renvoïa les parties au confeil. Les maire & échevins d'Angers intervinrent dans l'inftance; & par décifion du 4 Septembre 1735, il fut ordonné que l'arrêt de 1730 fera éxécuté *pour tous les fiefs fitués dans l'étenduë du roïaume*, fans que les fous-fermiers de Poitiers ni autres, puiffent, pour raifon de ce, prétendre aucune indemnité.

Ceux qui participent à ce privilége, font les originaires de la ville d'Angers, qui y ont leur domicile établi; & ceux qui n'en étant point originaires, y font une réfidence actuelle & non feinte, & y païent les charges & impofitions depuis dix années confécutives. Voïez *Abonnement*, pag. 6.

ANGLOIS peuvent poff/éder des meubles & éfets mobiliaires en France, fans être, en tems de paix, fujets à la loi d'aubaine; mais ils font dans le droit commun par raport aux immeubles, pour lefquels ils ne peuvent être éxemts de l'aubaine.

L'art. 13 du traité de commerce, navigation & marine, conclu à Utrecht le 11 Avril 1713, porte qu'il fera entièrement libre & permis aux marchands & autres fujets du Roi très-chrétien, & de la Reine de la Grande-Bretagne, de léguer ou donner, foit par teftament ou autre difpofition, même à l'article de la mort, toutes les marchandifes, éfets, argent, dettes actives, & autres biens mobiliaires qui fe trouveront ou devront leur apartenir, au jour de leur décès, dans les territoires & tous lieux de la domination du Roi très-chrétien, & de la Reine de la Grande-Bretagne; &

foit qu'ils meurent après avoir tefté ou *ab inteftat*, leurs légitimes héritiers, éxécuteurs ou adminiftrateurs, demeurans dans l'un ou dans l'autre des deux Roïaumes, où venans d'ailleurs, quoiqu'ils ne foient pas reçus dans le nombre des citoïens, pouront recouvrer & jouïr paifiblement de tous lefdits biens & éfets quelconques, felon les loix refpectives de la France & de la Grande-Bretagne ; de manière cependant que les fujets de l'un & de l'autre des roïaumes foient tenus de faire reconnaître, felon les loix, les teftamens, ou le droit de recueillir les fucceffions *ab inteftat*, dans les lieux où chacun fera décédé, foit en France, foit dans la Grande-Bretagne ; & ce, nonobftant toutes les loix, ftatuts, édits, coûtumes & droits d'aubaine à ce contraires.

La déclaration du Roi du 19 Juillet 1739, porte qu'il fera entièrement libre & permis aux marchands, & autres fujets de la Grande-Bretagne, de léguer ou donner, foit par teftament, par donation, ou par quelqu'autre difpofition que ce foit, tant en fanté que maladie, en quelque tems que ce foit, même à l'article de la mort, toutes les marchandifes, éfets, argent, dettes actives, & autres biens mobiliaires qui fe trouveront ou devront leur apartenir, au jour de leur décès, dans les territoires & lieux de la domination du Roi de France ; & qu'en outre, foit qu'ils meurent après avoir tefté ou *ab inteftat*, leurs légitimes héritiers, éxécuteurs ou adminiftrateurs, demeurans dans les lieux de ladite domination, ou venans d'ailleurs, quoiqu'ils ne foient pas reçus dans le nombre des citoïens des états de France, pouront recouvrer & jouïr paifiblement de tous lefdits biens & éfets quelconques, felon les loix de la Grande-Bretagne ; de manière cependant que lefdits fujets de la Grande-Bretagne foient tenus de faire reconnaitre, felon les loix, les teftamens, ou le droit de recueillir les fucceffions *ab inteftat*, dans

les lieux où chacun fera décédé : veut que tous procès nés ou à naître à ce fujet, pour raifon des fucceffions mobiliaires échuës ou à écheoir des fujets de la Grande-Bretagne, foient jugés en conformité des préfentes, nonobftant toutes loix, ftatuts, édits, coûtumes ou droits d'aubaine à ce contraires, auxquels S. M. déroge en tant que befoin feroit.

Arrêt du parlement de Paris du 7 Septembre 1742, qui juge que le receveur général des domaines, fera & demeurera autorifé à vendre & difcuter les biens de la fucceffion mobiliaire & immobiliaire de madame de Skelton, Anglaife naturalifée en France, nonobftant les prétentions & opofitions des fermiers des domaines & de la portion excédente ; & attendu que les lettres de naturalité de cette dame ne privoient pas le Roi de lui fuccéder à droit d'aubaine, parce que la faveur de ces lettres eft perfonnelle à celui qui les obtient & à fes héritiers régnicoles.

Le comte de Skelton, Anglais, étant décédé à Paris en 1736, dans le bail de Barbier, fermier des domaines, & dans celui d'Yvon, fermier de l'excédent des cafuels, fa fucceffion fut ajugée au Roi, & fes éfets mobiliaires vendus à la pourfuite du receveur général. Madame de Skelton, Anglaife naturalifée, prétendit recueillir la fucceffion de fon mari, en vertu de l'édit du préteur *unde vir & uxor*, attendu que le fieur de Skelton avoit obtenu des lettres de naturalité ; mais comme elles étoient nulles, faute d'infinuation & d'enregiftrement, elle obtint au mois de Juillet 1737, des lettres patentes qui en ordonnèrent l'enregiftrement, par grace & fans tirer à conféquence ; au moïen de quoi elle recueillit la fucceffion de fon mari par bénéfice d'inventaire ; & par arrêt du confeil, il fut ordonné que les deniers de la vente des meubles & immeubles demeureroient en fequeftre pour païer les créanciers. Madame de Skelton décéda en 174 ,

& fa fucceffion fut ajugée au Roi à titre de deshérence, à la requéte du receveur général, cette dame étant, par fes lettres, décédée Française, & fes héritiers Anglais ne pouvant réclamer en leur faveur le traité d'Utrecht & la déclaration de 1739, qui ne donnent aux Anglais que la faculté de fuccéder aux Anglais & non aux Français. Les créanciers de M. & de madame de Skelton prétendirent la pourfuite à l'exclufion du receveur général. Cette conteftation aïant été jugée au parquet, la pourfuite fut ajugée au receveur général, qui, en conféquence, pourfuivit la vente des immeubles, à laquelle Barbier & Yvon s'opoférent, fous prétexte que l'enregiftrement des lettres de M. Skelton, qui les avoit privés de fa fucceffion, n'avoit été ordonné qu'en faveur de fa veuve, laquelle étant décédée, ils rentroient dans leurs droits, & devoient recueillir fa fucceffion, & le fermier actuel, celle de la veuve ouverte dans fon bail. Le receveur général prétendoit que, foit qu'ils euffent droit à la chofe ou non, la vente des immeubles, & le païement des créanciers ne devoient pas être retardés, & qu'ils feroient valoir leurs droits, s'ils en avoient, fur les deniers en provenans. L'arrêt y eft conforme, & condamne lefdits fermiers aux dépens.

La guerre étant déclarée au Roi d'Angleterre, par ordonnance du Roi du 9 Juin 1756, les fujets de la Grande-Bretagne ne peuvent plus réclamer aucuns priviléges en France ; & ils ne peuvent rentrer dans ceux qui leur ont été précédemment accordés, fi ces priviléges ne font réitérés après la paix. Voïez *Aubain*, §. 1, n. 15, Voïez auffi *Hollandais*, où font raportés les principes qui font ceffer l'éfet des traités en tems de guerre.

Au furplus, voïez *Aubaine*.

ANNOBLISSEMENT eft la qualité de nobie accordée par le Roi à celui qui étoit roturier, pour jouïr, tant par lui que par fa poftérité, de tous les droits & prérogatives accordés aux nobles.

Le Roi feul peut annoblir les roturiers : ce droit eft roïal, & tellement attaché à la couronne, qu'il n'en peut être féparé, non plus que le droit de régale.

On ne peut être annobli que par deux moïens : l'un par lettres du prince, bien & dûment enregiftrées & vérifiées, & l'autre par les ofices & dignités.

Voïez ci-après, *Nobleffe*.

ANNUEL eft un droit que doivent païer tous les ans au Roi, ceux qui font titulaires d'ofices venaux, pour la confervation defdits ofices, qui tomberoient vacans aux parties cafuelles, fi ce droit n'avoit pas été païé pour l'année de leur décès. Il fut établi en 1605 ; le rachat en fut ordonné par édit du mois de Décembre 1709, & il a enfuite été rétabli. *Voïez* la déclaration du 9 Août 1722. Il y a eu plufieurs rachats & rétabliffemens de l'annuel ; mais ce droit n'eft pas de notre objet.

Les engagiftes & poffeffeurs des *domaines* & droits domaniaux furent affujétis en 1641, à païer un droit annuel fixé au *centième denier* du montant de leur finance. Voïez *Centième denier*.

ANSÉATIQUES. Les villes anféatiques, c'eft-à-dire, les villes libres affociées par un intérêt commun pour la protection de leur commerce, font principalement *Lubeck*, *Hambourg* & *Brême*.

Par l'art. 2 du traité de commerce fait à Verfailles, entre la France & les villes anféatiques, le 28 Septembre 1716, il eft dit que ceux des fujets des villes anféatiques qui trafiqueront & demeureront en France, ne feront point affujétis au droit d'aubaine, & pourront difpofer par teftament, donation ou autrement, de leurs biens-meubles & immeubles, en faveur de telles perfonnes que bon leur femblera ; & que leurs héritiers réfidens en France ou ailleurs, pourront leur fuccéder *ab inteftat*, fans qu'ils aïent befoin d'obtenir de lettres de naturalité ; le tout, ainfi que pouroient le faire les propres & naturels fujets du Roi.

Ce traité a été ratifié par lettres patentes du 28 Avril 1718, enregiftrées au parlement de Paris le 3 Avril 1719.

Quoique les citoïens de *Dantzick*, qui eft également une ville libre & anféatique, ne foient pas nommément compris dans le traité de commerce, navigation & marine du 28 Septembre 1716, ils en ont néanmoins tous les avantages, & jouïflent en France des mêmes priviléges que ceux de Lubeck, Hambourg & Brême. Arrêt du confeil du 4 Décembre 1725, & lettres patentes du 6 Juillet 1726.

Par arrêt du confeil du 24 Mai 1760, le Roi a ordonné qu'à l'avenir les habitans de la ville de *Hambourg*, de quelque qualité & condition qu'ils foient, ceferont de jouïr dans tous les ports & villes du roïaume, & de la domination de S. M. de tous les avantages qui ont été accordés aux villes anféatiques par le traité de commerce du 28 Septembre 1716, entre S. M. & lefdites villes ; & qu'en conféquence ils feront traités, tant pour leur perfonne, que pour leurs navires, cargaifons, biens & éfets, navigation & commerce, comme les nations neutres, avec lefquelles il n'a été fait ni convention, ni traité de commerce, S. M. dérogeant à cet éfet à tous traités, conventions, déclarations, arrêts & règlemens de quelque nature qu'ils foient, lefquels demeureront, quant à ce, comme nuls & non avenus, à l'égard defdits habitans & fujets de ladite ville de Hambourg. Cet arrêt eft fondé fur les plaintes portées au Roi de la conduite que les magiftrats & habitans de *Hambourg* ont tenuë au préjudice de la France & de fes alliés depuis les commencemens de la guerre préfente, & fur ce qu'entre les preuves multipliées qu'ils ont données en toutes occafions de leur partialité outrée en faveur des ennemis, S. M. a reconnu qu'ils ne ceffent de favorifer, foit direc-

tement ou indirectement, les enrôlemens que ceux-ci font continuellement dans leur ville ; tandis qu'ils en refufent l'entrée aux foldats Français, qui s'y préfentent pour prendre les pafe-ports du fieur de Champeaux fils, chargé des affaires de S. M. & fe rendre en France ; & qu'ils ont même tout récemment refufé auffi de reftituer un bâtiment affreté pour le compte de S. M., & muni du pafe-port dudit fieur de Champeaux, & de cefer les procédures qu'ils avoient commencées contre ceux qui avoient eu part au chargement dudit bâtiment ; que S. M. voulant néanmoins, par une fuite de l'affection & de la bonne volonté, qu'à l'éxemple des Rois fes prédécefeurs, elle a toujours marquées à ladite ville de *Hambourg*, ne pas lui faire éprouver tous les éfets de fon jufte reffentiment, elle s'eft déterminée à fe contenter, pour le préfent, de révoquer, par raport à fes habitans, les avantages qu'elle avoit accordés aux villes anféatiques par le traité fait à Verfailles le 28 Septembre 1716, entre S. M. & lefdites villes, lequel ne peut plus, en éfet, fubfifter à l'égard defdits habitans, au moïen des contraventions qu'ils y ont commifes, & qui détruifent les engagemens que S. M. avoit bien voulu y prendre en leur faveur.

Les priviléges des villes anféatiques ont été accordés aux Suédois. *Voïez* ci-après *Suéde.*

ANTICHRÈSE, eft un engagement, qui donne ouverture aux droits feigneuriaux, s'il excéde neuf ans. C'eft un contrat par lequel celui qui emprunte, donne en gage ou nantiffement un immeuble à celui qui prête, aux conditions que le créancier jouïra des revenus jufqu'au rembourfement, encore qu'ils puiffent excéder les intérêts que la fomme prêtée doit naturellement produire.

Celui qui jouït par antichrèfe ne peut prefcrire la propriété : fon titre n'eft qu'un titre précaire. Cependant, par raport aux droits feigneuriaux, après dix ans, on préfume la vente pure & fimple. Cette préfomption, foûtenuë de dix années de jouïffance, qui eft le terme au-delà de l'engagement ufité, fuffit pour ouvrir les droits feigneuriaux. *Voïez* Breton. fur Henrys, tom. 2, liv. 3, queft. 31, qui raporte deux arrêts, l'un du 12 Mai 1703, en la cinquiéme des enquêtes, & l'autre d'après M. de Catelan du 5 Mai 1665, par lefquels il a été jugé que les droits feigneuriaux étoient dûs pour des antichrèfes au-deffus de neuf ans. Il eft même remarquable que l'arrêt de 1665 du parlement de Touloufe, a été rendu au fujet d'un engagement de fix ans, après lefquels il en fut fait un nouveau, également de fix ans. *Voïez* encore Breton. fur Henrys, liv. 3, queft. 75, & le traité de Guyot, du Quint, ch. 4, fect. 7, dift. 3.

On donne à la femme, par antichrèfe, jufqu'à ce qu'elle foit païée de fes reprifes & conventions matrimoniales, des biens de fon mari, dont les fruits lui tiennent lieu de l'intérêt de fes remplois. *Voïez Remploi* & *Rétention.*

Le droit de *contrôle* du contrat d'antichrèfe eft fixé, par l'art. 49 du tarif, fur le pié règlé par les art. 3 & 4.

L'antichrèfe illimitée emporte aliénation, & *le centiéme denier* en eft dû ; il eft également dû de celle qui ftipule une jouïffance au-deffus de neuf ans, & même au-deffous, lorfque cette dernière eft enfuite perpétuée.

L'édit du mois d'Octobre 1705, & l'art. 6 de la déclaration du 20 Mars 1708, mettent l'antichrèfe au nombre des actes tranflatifs de propriété qui doivent être infinués, & dont le centiéme denier doit être païé dans le tems & fous les peines portées par les règlemens ; & c'eft fur ce principe qu'il fut décidé par M. Defmarêts, le 30 Octobre 1712, que l'antichrèfe eft inconteftablement fujéte au droit de centiéme denier.

Arrêt du confeil du 14 Mai 1720, qui caffe une ordonnance de M. l'intendant de Tours, & condamne le Sr de S. Offrange au païement de 700 liv. pour le centiéme denier d'une terre dont la jouïffance lui avoit été ajugée, par fentence volontaire, jufqu'au parfait païement du capital & arrérages d'une fomme de 70000 liv. qu'il avoit donnée à conftitution à des mineurs.

Décifion du confeil du 5 Août 1756, contre la dame Defrefne, veuve Jombert, qui, après avoir renoncé à la fucceffion de fon mari, a obtenu une fentence, qui lui permet de fe mettre en poffeffion d'une maifon de cette fucceffion, pour en jouïr & percevoir les loïers, à imputer fur les intérêts échus & à écheoir des fommes à elles dûès, & fubfidiairement fur les principaux. Décidé qu'elle doit le centiéme denier de cette maifon.

Voïez encore *Engagement.*

APANAGE s'entend particulièrement des domaines que le Roi donne à fes fils ou frères puînés, fous condition de retour & de réunion au domaine de la couronne, par défaut d'hoirs mâles ; ce qui s'entend de tous les mâles defcendans en ligne directe, & de mâle en mâle du premier apanagifte.

Philippe le Bel eft le premier qui ait mis, en l'apanage du comté de Poitou, & autres terres qu'il donna à fon fils puîné, Monfieur Philippe de France, depuis Roi, furnommé le Long, la condition de retour à défaut d'*hoirs mâles* ; & depuis, elle a toujours été obfervée. *Voïez* les édits de Février 1566 & Avril 1667.

M. le préfident Hénault, dans fon abregé chron. de l'hift. de France, année 1283, dit que l'apanage, tel que nous le concevons aujourd'hui, ne commença à être dans toute fa force que fous Philippe le Bel ; que les partages ou apanages devinrent une efpéce de majorat ou de fubftitution, & furent enfin chargés de retour à la couronne, à défaut d'hoirs, fuivant l'arrêt qui fut rendu

Apanage.

alors en faveur de Philippe le Hardy, en lui adjugeant le comté de Poitiers, au préjudice de Charles d'Anjou, Roi de Sicile, qui le réclamoit comme plus proche héritier du dernier apanagé, qui étoit Alphonfe fon frère ; que la reftriction aux hoirs de l'apanagé comprenant les femelles comme les mâles, cela étoit dangereux ; parce que les portions des apanages pouvoient paffer à des étrangers par mariage ; mais que Philippe le Bel remédia à ce dernier inconvénient, en ordonnant que le comté de Poitou, par lui baillé en apanage à fon fils puiné, retourneroit à la couronne, défaillant les *hoirs mâles*, par où il excluoit les filles.

Les biens retournent à la couronne libres de toutes dettes qu'auroient pû contracter les apanagiftes, & au même état qu'ils étoient lors de la conceffion. *Voïez* l'art. 1er de l'édit de Charles IX, donné à Moulins au mois de Février 1566, portant qu'il y a retour à la couronne par le décès des apanagiftes fans *hoirs mâles*, en pareil état & condition qu'étoit le domaine lors de la conceffion de l'apanage, nonobftant toutes difpofitions, poffeffion, acte exprès ou taifible, faits ou intervenus pendant l'apanage.

Les apanagiftes ne peuvent donc aliéner les terres qui leur font données en apanage, puifqu'elles font fujétes à réverfion en cas de décès fans enfans mâles ; à cela près, ils en font vrais propriétaires, & ont tous les droits du domaine utile ; ils prennent le titre de leur feigneurie, & s'en qualifient duc ou comte, felon le titre attaché à la terre ; ils nomment aux ofices, & font rendre la juftice aux fujets au nom du Roi & au leur ; ils nomment aux bénéfices qui font dépendans de leur feigneurie, aïant droit de patronage.

Ils reçoivent les hommages de leurs vaffaux, à la charge feulement d'en envoïer les doubles en la chambre des comptes de Paris. *Voïez* l'art. 16 de l'édit de Mou-

lins de 1566, portant qu'ils enverront tous les ans en la chambre des comptes de Paris, les doubles & copies, dûment fignés, des réceptions en foi & hommage à eux faites ou à leurs oficiers.

L'apanage de M. le duc d'Orléans a été conftitué en faveur de feu Monfieur, par édit du mois de Mars 1661. Il y a un édit de fuplément d'apanage du mois d'Avril 1672 ; & par déclaration du 24 Octobre 1680, les droits d'échange furent accordés à feu Monfieur dans l'étenduë des terres de fon apanage.

Les fecrétaires du Roi, ni autres privilégiés ne jouïffent point de l'éxemtion des droits feigneuriaux en cas de ventes ou d'échanges dans l'étenduë de l'apanage de M. le duc d'Orléans. *Voïez* les lettres patentes du 10 Août 1718, fur arrêt du confeil du 30 Juillet précédent, portant que l'éxemtion des droits feigneuriaux, attribuée aux confeillers-fecrétaires de S. M. n'aura point lieu dans l'apanage de M. le duc d'Orléans, tant pour la partie dont Madame jouïffoit alors à titre de douaire ou autrement, que pour le furplus dudit apanage ; & que lefdits confeillers-fecrétaires de S. M. feront tenus de païer tous droits feigneuriaux pour les biens tenus & mouvans dudit apanage, même dans le cas d'échanges ; dérogeant à cet égard, en tant que befoin, aux édits des mois de Mars 1704, & Juin 1715.

Dès l'origine de la conceffion du privilége des fecrétaires du Roi, il fut règlé qu'ils ne pouroient l'éxercer dans les apanages ni dans les engagemens. Louis XI. leur accorda, par édit du mois de Novembre 1482, l'éxemtion des droits feigneuriaux dans fes mouvances & directes ; les princes qui étoient alors apanagés, craignant que les fecrétaires du Roi ne vouluffent étendre leurs éxemtions dans leurs poffeffions, formèrent opofition à l'enregiftrement, & les fecrétaires du Roi en corps, déclarèrent judiciairement qu'ils n'entendoient s'en fervir à l'égard des droits feigneuriaux, finon ès chofes tenuës nuëment du Roi ; l'arrêt d'enregiftrement du 5 Juillet 1483 eft relatif à cette déclaration.

Par l'édit du mois de Mars 1704, le nombre des fecrétaires du Roi, qui étoit de 300, fut augmenté de 40 ; & fuivant l'art. 21 de cet édit, tous lefdits fecrétaires du Roi devoient jouïr de l'éxemtion de tous profits de fiefs, & autres droits feigneuriaux & féodaux, tant en achetant, vendant qu'autrement, même dans le cas d'échanges, dans l'étenduë des domaines de S. M. régis par fes fermiers, aliénés *ou donnés en apanage*, encore que lefdites aliénations, engagemens ou apanages, fuffent antérieurs à la création des 340 fecrétaires du Roi, attendu qu'ils ne font qu'un feul corps & collége.

L'apanage de M. le duc d'Orléans étant conftitué dès 1661, on ne pouvoit donner à l'édit de 1704 un éfet rétroactif, pour priver l'apanagifte de droits qui lui apartenoient en vertu de fon titre originaire, antérieur à cette époque.

Contrôle & infinuation.

M. le duc d'Orléans jouït des droits *d'infinuation* & de *centième denier* dans fes terres d'apanage, & même dans celles qui lui font patrimoniales, fuivant les règlemens qui feront raportés ci-après.

S. A. S. jouït auffi des droits de *contrôle* des actes dans fes terres patrimoniales de Normandie, venant de la maifon de Monpenfier (*), & voici comment :

Il avoit été créé des ofices de contrôleurs des titres en Normandie par les édits des mois de Juin 1581, & Juin 1606. Et ceux de ces ofices qui concernoient, les juftices du comté de Mortain furent aliénés à Jacques Dorylande, chevalier, fieur de Britot.

Par acte du 12 Avril 1612, M. de Montholon, confeiller d'état, comme procureur de M. le cardinal de Joyeufe, tuteur de Mlle de Montpenfier, acquit lefdits ofices au profit de S. A. S. Mademoifelle ; & ils ont paffé à la maifon d'Orléans avec le comté de Mortain.

Le Roi aïant, par édit du mois de Mars 1693, fupprimé l'ancien contrôle des titres ; & au lieu d'icelui, établi le contrôle des actes des notaires dans toutes les provinces du roïaume, il fut créé par autre édit du mois d'Octobre 1694, des ofices de contrôleurs des actes.

S. A. R. Monfieur fit l'acquifition de ces ofices de contrôleurs des actes & des droits à eux attribués dans l'étenduë de la vicomté d'Auge, généralité de Roüen, & du comté de Mortain, généralité de Caën ; il païa en conféquence, le 22 Décembre 1696, la fomme de 48333 liv. pour la finance de ces ofices, qui feroient établis dans les lieux y défignés ; & il paroît par l'Arrêt du 21 Juillet 1699, dont il fera parlé ci-après, qu'il fut remboursé de l'ancienne finance des ofices de contrôleurs des titres.

Les ofices de contrôleurs des actes furent fupprimés par édit du mois de Janvier 1698, & il fut ordonné que les droits qui leur étoient attribués feroient perçüs

---

(*) M. Dupuy, p. 590, dit que François I. donna à Louis de Bourbon, duc de Montpenfier & prince de la Roche-fur-Yon, la comté de Mortain, & la vicomté d'Auge en Normandie.

Il paroît que par contrat du 11 Avril 1529, avant Pâques, François I. céda à Louife de Bourbon, princeffe de la Roche-fur-Yon, aïant la garde-noble de Louis & Charles de Bourbon fes enfans, le comté de Mortain & la vicomté d'Auge, en échange des terres de Leuze, & de Condé, en Flandre ; que ce contrat fut ratifié par lettres patentes du mois d'Avril 1530, enregiftrées au parlement & en la chambre des comptes de Roüen, les 21 & 23 Mai fuivans ; & qu'il a été confirmé en faveur de M. le duc de Montpenfier par lettres patentes des 6 Avril 1578, 23 Février 1582, 25 Juillet 1596, & 21 Janvier 1603. *Voïez* l'arrêt du Confeil obtenu par M. le duc d'Orléans le 30 Octobre 1759, au fujet des fergenteries de la vicomté d'Auge, contre les huiffiers à cheval au châtelet de Paris.

Apanage.

au profit du Roi , & en conféquence , que les propriétaires defdits ofices feroient rembourfés de la finance qu'ils avoient païée. S. A. R. fe trouvant privée par ces fupreffions du droit de contrôle des titres & de celui de contrôle des actes , fit fes repréfentations au Roi , & demanda qu'il plût à S. M. l'éxcepter de la réuniön ordonnée par l'édit du mois de Janvier 1698 , fur l'offre de remettre & abandonner le remboursement qui lui étoit ordonné de fa finance.

En conféquence , le Roi ordonna , par arrêt du confeil du 21 Juillet 1699 , que *le contrôle des actes* des notaires & tabellions des vicomté d'Auge , comté de Mortain & dépendances , enfemble les droits dudit contrôle demeureroient unis incommutablement & à perpétuité aux domaines defdits lieux , pour en jouïr par Monfieur , frère unique de S. M. & fes fucceffeurs , comme des autres droits & revenus defdites terres , conformément à l'édit de 1693 , & nonobftant la réunion ordonnée en 1698.

Quoique le contrôle des actes fous-fignature privée n'ait été établi que poftérieurement , par l'édit du mois d'Octobre 1705 , & que l'arrêt du 26 Janvier 1723 , qui a confirmé la jouïffance de M. le duc d'Orléans , en l'exceptant de la réunion ordonnée par la déclaration de 1722 , ne parle que du contrôle des actes des notaires; il eft néanmoins certain que S. A. S. jouït également du *contrôle des actes fous-fignature privée*; il y a même une décifion du confeil du 15 Juin 1717 , à cet égard, qui fera raportée ci-après dans l'ordre de fa date.

Par déclaration du Roi du 7 Juin 1704 , S. M. a donné , cédé & délaiffé à M. le duc d'Orléans les ofices de gréfiers des *infinuations laïques* des fiéges & juftices des villes & duchés d'Orléans & Chartres, & autres dépendantes du même apanage; comme auffi dans fes duché & apanage

de Valois , villes , terres & feigneuries de Crefpy, la Ferté-Milon, & autres lieux dépendans des refforts & jurifdictions defdites villes , feigneuries & apanage ; enfemble des fiéges & juftices de fes baronnies de Beaujolois & Montaigu ; vicomté d'Auge & comté de Mortain & Domfront , villes & lieux en dépendans , qui lui font terres patrimoniales , venuës de la maifon de Montpenfier & où la juftice s'éxerce au nom du Roi; il a été ftipulé en outre que M. le duc d'Orléans jouïra dans celles du duché de Montpenfier, Dauphiné , Auvergne , Combrailles, Argenton en Berry ; principauté de Joinville en Champagne , principauté de la Roche-fur-Yon & du Luth en Poitou , Champigny & Cravant en Touraine , du droit des infinuations & enregiftrement des mutations, qui demeureront réunis aux gréfes defdites terres , pour être lefdits ofices de gréfiers des infinuations laïques éxercés fuivant & conformément à l'édit du mois de Décembre 1703 ; le tout à condition de païer la fomme de 100000 livres pour lefdits gréfes des infinuations.

Il fut ordonné par arrêts du confeil des 13 Janvier & 28 Juillet 1705 , que M. le duc d'Orléans jouïroit defdits droits , conformément aux règlemens intervenus fur iceux , & qui interviendroient ci-après.

Par Arrêt du Confeil du 30 Octobre 1706 , la connoiffance defdits droits d'*infinuation* apartenans à M. le duc d'Orléans , fut attribuée aux juges & oficiers de fon apanage & terres patrimoniales ; & par autre arrêt du confeil du 3 Décembre 1709 , il fut ordonné que les conteftations feroient fommairement jugées & décidées par le lieutenant général feul , le prévôt ou le juge de chacun des fiéges defdites juftices , fauf & fans préjudice de l'apel.

Arrêt du confeil du 18 Juillet 1713, qui ordonne que les *infinuations* qui concerneront les habitans jufticiables & le

bien

biens fitués dans l'étenduë de la juſtice de Condé-ſur-Noireau & dépendances, feront faites au bailliâge de Tinchebray ; avec défenſes aux fermiers du Roi de troubler M. le duc d'Orléans & ſes fermiers dans la jouïſſance deſdits droits. Cet Arrêt eſt fondé ſur ce que les *cas roïaux* de la haute-juſtice de Condé ſe jugent au bailliage de Tinchebray ; qu'avant 1703, les iñſinuations de la juſtice de Condé ſe faiſoient aux aſſiſes du bailliage de Tinchebray ; & ſur ce que l'article 19 de l'édit du mois de Décembre 1703, porte qu'il ne ſera établi dans les villes où il y a juſtice roïale qu'un ſeul gréfe des inſinuations, *&c.*

Il y a une déciſion du conſeil du 15 Juin 1717, portant que M. le duc d'Orléans jouïra des droits de *contrôle* à Condé-ſur-Noireau & autres lieux circonvoiſins, où il avoit le contrôle des titres ; deſquels droits il jouïra ainſi que du *contrôle des actes ſous-ſignature privée ;* mais que ces actes ſous-ſignature privée ne pourront être contrôlés dans les bureaux de S. A. R. ſi l'une des deux parties dénommées dans l'acte, n'eſt domiciliée dans le reſſort ; & à l'égard des endroits qui ne ſont point dans l'ancien contrôle des titres de S. A. R. ils ſeront rendus au fermier du Roi.

Sur le fondement de cette déciſion qui fut renduë ſans avoir entendu les fermiers du Roi, & dont juſqu'à préſent la première diſpoſition n'a eu aucune éxécution, les fermiers du Prince ont prétendu en 1751, jouïr des droits de contrôle à Condé-ſur-Noireau ; ils ont dit que c'étoit une dépendance du comté de Mortain, & que les actes des notaires & des particuliers de la haute-juſtice de Condé étoient contrôlés avant 1693 à Tinchebray, qui dépend éfectivement du comté de Mortain ; cette prétention a été diſcutée pendant les années 1752, 1753 & 1754.

Mais les fermiers du Roi ont établi que

la châtellenie de condé n'eſt aucunement dépendante du comté de Mortain ; qu'elle releve du Roi, à cauſe de la vicomté & châtellenie de Vire ; que la connoiſſance des cas roïaux, fixée par la ſeule raiſon de proximité, n'influë aucunement ſur le lieu où doivent être contrôlés les actes ; que l'ancien contrôle des titres étoit libre & volontaire, & que par conſéquent, ſi quelques actes des juſticiables de Condé ont été contrôlés à Tinchebray, avant 1693, l'on n'en peut tirer aucune induction de dépendance ni de reſſort ; que d'ailleurs le plus grand nombre de ces actes étoit alors contrôlé à Vire ; que le prince, propriétaire des notariats & tabellionnages dans tout le comté de Mortain, ne poſſéde rien dans la juſtice de Condé ; & qu'il a été créé par le Roi en 1686 des notaires roïaux dans toutes les paroiſſes dépendantes de ladite châtellenie de Condé ; que le contrôle des actes n'eſt point fixé par bailliage ; que le ſeul titre du prince eſt ſa quitance de finance du 22 Décembre 1696, qui ne lui donne que les ofices de contrôleurs des actes qui devoient être établis à Mortain, Tinchebray, ſaint Hilaire & Tilleul ; & que l'arrêt du 21 Juillet 1699, rendu pour l'éxécution de cette acquiſition, en uniſſant le contrôle des actes aux domaines du prince, l'a exclus de le prétendre hors des limites de ces domaines.

Les fermiers du prince ſe ſont en conſéquence déſiſtés de leur prétention du droit de contrôle des actes des notaires à Condé-ſur-Noireau ; ainſi il n'en doit plus être queſtion.

Par arrêt du conſeil du 23 Août 1718, il a été ordonné que les apellations des ſentences & jugemens des juges de l'apanage & des terres patrimoniales ſur le fait des *Inſinuations* laïques, ſeront relevées, inſtruites & jugées au conſeil ; avec défenſes aux parties de ſe pourvoir ailleurs, à peine de nullité, mille livres d'amende,

caſſation des procédures & de tous dépens , dommages & intérêts.

Arrêt du conſeil du 1er Août 1719 ,
qui déboute. les fermiers de M. le duc
d'Orléans de leurs demandes & prétentions , tendantes à jouïr des droits *d'inſinuation laïque & centième denier* , aux
mutations des immeubles dans les villes &
lieux des bailliages roïaux qui ne ſont
point de l'apanage , & qui ne reſſortiſſent
aux préſidiaux de l'apanage qu'au cas de
l'édit.

Autre arrêt du conſeil du 3 Octobre
1719 , portant que M. le duc d'Orléans
jouïra de tous les droits *d'inſinuation &
centième denier* , des villes & bailliages de
Chaumont en Baſſigny & *Villars-le-
Potel* , obmis dans la déclaration du 7 Juin
1704 , au nombre des terres patrimoniales de S. A. R.

Arrêt du conſeil du 16 Février 1720 ,
portant que M. le duc d'Orléans jouïra de
tous les droits *d'inſinuations laïques* , &
des enregiſtremens des mutations dans le
duché de Montpenſier & baronnie de
Combrailles & dépendances en la généralité de Moulins ; & qui ordonne que le
fermier du Roi reſtituera à celui de M. le
duc d'Orléans tous les droits par lui perçus , pour raiſon deſdites infinuations &
enregiſtremens des mutations dans leſdits
duché & baronie & dépendances.

Par arrêt du conſeil du 21 Février
1720 , il eſt ordonné aux fermiers des
droits d'inſinuation de M. le duc d'Orléans,
d'avoir des *bureaux* pour leurs commis ,
dans les mêmes lieux où ſont établis les
bureaux du contrôle des actes.

Arrêt du conſeil du 13 Mars 1722 ,
qui liquide à 9000 liv. l'indemnité dûe aux
fermiers des inſinuations des juſtices &
baronies de Beaujolois & bailliage de
Ville-Franche , dépendant des terres patrimoniales de M. le duc d'Orléans, pour non
jouïſſance depuis le 1er Juillet 1720 , juſqu'au 1er Janvier 1722 ; attendu que leurs

droits avoient été compris mal-à-propos
dans l'abonnement & ſupreſſion en faveur
de la ville & généralité de Lyon , & qu'ils
n'en ont été diſtraits que par arrêt du 14
Novembre 1721 ; ſavoir , 6750 liv. pour
les droits d'inſinuations & centième denier,
& 2250 liv. à cauſe des droits de *petit-
ſcel*. Ordonne la perception deſdits droits.
à l'avenir au profit de M. le duc d'Orléans ,
comme avant l'abonnement de Lyon ; &
que les actes paſſés pendant cette ſupreſſion ſeront inſinués , ſans néanmoins percevoir aucuns droits.

Déciſion du conſeil du 20 Mars 1722 ,
qui régle entre les fermiers du Roi & ceux
de M. le duc d'Orléans , les droits d'inſinuation & centième denier , dans quelques paroiſſes relevantes de Chartres ,
Dreux , Château-neuf , Monfort-la'Amaury
& Epernon.

Arrêt du conſeil du 24 Avril 1722 ,
qui maintient M. le duc d'Orléans dans la
jouïſſance des droits de centième denier
des immeubles ſitués dans diférentes paroiſſes y dénommées comme dépendantes
du bailliage de Chartres , & des droits
d'inſinuation des donations & autres actes
perſonnels aux habitans deſdites paroiſſes ,
dont l'inſinuation eſt néceſſaire par raport
à leur état & qualité ; pour percevoir leſdits droits en entier & ſuivant les tarifs &
réglemens ; & déboute les fermiers de
M. le duc d'Orléans de leurs prétentions
deſdits droits dans diférentes autres paroiſſes y exprimées dépendantes des bureaux
de Nogent-le-Roy , Dreux & Saint Lubin
Desjoncherets.

Par arrêt du conſeil du 26 Janvier 1723 ,
M. le duc d'Orléans a été excepté de la
réunion ordonnée par la déclaration du 19
Septembre 1722 ; & en conſéquence , il a
été autoriſé à continuer de jouïr des droits
de contrôle des actes des notaires , inſinuations laïques & petit-ſcel qui lui appartiennent dans ſon apanage & dans ſes terres patrimoniales ; à la charge de les faire

percevoir fur le pié des tarifs arrêtés ledit jour 29 Septembre 1722, pour le contrôle des actes des notaires & fous-fignature privée, & pour les infinuations laïques; & fuivant le tarif du 20 Mars 1708, pour le petit-fcel des actes judiciaires; & de faire pareillement percevoir les *quatre fols pour livre* defdits droits, tant qu'ils auront cours; lefquels feront levés au profit du Roi & comptés de quartier en quartier au fermier de S. M.

Arrêt du confeil du 18 Novembre 1727, qui ordonne que M. le duc d'Orléans jouïra des droits d'infinuation & centiéme denier dans l'étenduë des fiéges & juftices de fon apanage & de fes terres patrimoniales ou tenuës par engagement, & nommément dans le bourg de Longny & lieux en dépendans, qui reffortiffent au bailliage de Chartres; & règle que dans d'autres paroiffes qui étoient en conteftation & qui reffortiffent au bailliage de Château-neuf, les droits apartiendront au fermier du Roi.

Décifion du confeil du 9 Août 1732, qui juge qu'en cas de difcuffions entre les fermiers du Roi & ceux de M. le duc d'Orléans, la *provifion* apartient à ceux de S. M.

Décifion du confeil du 20 Novembre 1745, qui décharge M. Boucaut des pourfuites du fermier de l'apanage; il avoit acquis une terre en la paroiffe d'Egly, mouvante de la baronie de faint Yon, & il en avoit païé le centiéme denier à Arpajon, pour le Roi. Le fermier de l'apanage prétendoit ce droit, par ce que la connoiffance des cas roïaux appartient à un bailliage de l'apanage; le fermier du Roi a opofé que la mouvance ne détermine point les droits; que la juftice d'Egly reffortit au châtelet de Paris, & que l'infinuation fuit le reffort des juftices fuivant l'édit de 1703.

Arrêt du confeil du 17 Mars 1750, qui ordonne que M. le duc d'Orléans jouïra des droits d'infinuation & de cen-

tième denier, tant dans l'étenduë de fon apanage, terres patrimoniales, & lieux en dépendans qui reffortiffent à fes juftices, foit roïales ou feigneuriales, tant en première inftance qu'en caufe d'apel, que dans ceux où fes oficiers ont la connoiffance des cas roïaux, quoique pour les autres matières les juftices defdits lieux reffortiffent aux cours; fans néanmoins qu'il puiffe jouïr defdits droits d'infinuation & de centiéme denier dans les lieux qui, étant feulement dans fa mouvance, ne reffortiffent à fes juftices dans aucun cas. Ordonne que le fermier des droits d'infinuation de la généralité de Châlons, reftituera à celui de M. le duc d'Orléans tous lefdits droits perçus dans les lieux où le bailliage de Chaumont en Baffigny a la connoiffance des cas roïaux, ainfi que dans les autres lieux qui font du reffort dudit bailliage.

Par une déclaration du Roi du 19 Janvier 1751, S. M. a accordé à M. le duc d'Orléans les droits attribués aux gréfiers des infinuations dans le *comté de Soiffons*, acquis depuis peu par S. A. S. pour jouïr defdits droits, à compter du 1er Janvier 1751; par ce qu'en échange, le prince a cédé au Roi les mêmes droits dans les principautés de la Roche-fur-Yon & du Luc, & dans les terres & feigneuries de Cravant, Champigny & Argenton. En conféquence, il eft ordonné que S. A. S. jouïra defdits droits dans le comté de Soiffons, ainfi que de ceux qui lui appartiennent dans l'étenduë de fon apanage, terres patrimoniales, & lieux étant dans l'étenduë des juftices roïales & feigneuriales de fes terres patrimoniales, foit que les oficiers en connoiffent en première inftance ou en caufe d'apel, ou qu'ils ne connoiffent que des cas roïaux; fans néanmoins qu'il puiffe jouïr des mêmes droits dans les lieux, qui, étant feulement dans fa mouvance, ne reffortiffent à fes juftices dans aucun cas.

B b ij

Arrêt du confeil du 1er Juin 1751 , qui ordonne que les conteſtations concernant les droits d'inſinuation , centième denier , contrôle & petit-fcel , apartenans à M. le duc d'Orléans dans fon apanage , domaines & terres patrimoniales., feront à l'avenir fommairement jugées dans la même forme & de la même manière que M^{rs} les intendans les décident , par les feuls lieutenans généraux des bailliages dénommés audit arrêt.

Arrêt du confeil du 6 Juin 1752 , entre M. le duc d'Orléans & le fermier du Roi , pour la généralité de Soiſſons ; par lequel S. A. S. eſt maintenuë dans la poſſeſſion & joüiſſance des droits d'*inſinuation* & de centième denier dans les paroiſ-fes & lieux de Nanteuil-fur-Marne., Crou-tes , Romefny ou Romigny , faint Pier-re-lez-Bitry , Drachy., Mont-millon , Sou-cy & Puifieux , reſſortiſſantes au bailliage de Crefpy.

Par arrêt du confeil du 14 Novembre 1752 , il a été ordonné que l'arrêt du 12 Septembre 1747 , qui fixe le lieu où les *aĉtes fous-ſignature privée* doivent être *contrôlés* , fera éxécuté par les fermiers du Roi & par ceux de M. le duc d'Orléans ; en conféquence que les aĉtes fous-ſignature privée , paſſés entre domiciliés dans les lieux & paroiſſes où les droits de contrôle des aĉtes apartiennent au Roi , ne pourront être contrôlés que dans les bureaux de fes fermiers ; que les aĉtes fous-ſignature pri-vée , paſſés entre domiciliés dans les lieux & paroiſſes où M. le duc d'Orléans joüit des droits de contrôle , ne pourront pareil-lement être contrôlés que dans les bureaux de fes fermiers , à peine de nullité dudit contrôle & de 200 liv. d'amende , &c. *Voïcz* à cet égard , *Aĉtes fous-ſignature privée* , § 10 , p. 52.

On peut réfumer tout ce qui con-cerne les droits d'infinuation & de cen-tiéme denier , par des principes certains , qui devroient écarter toutes difcuſſions

entre les fermiers du Roi & ceux du Prince.

Le Roi a cédé à M. le duc d'Orléans les ofices de gréfiers des infinuations , qui , fuivant l'édit du mois de Décembre 1703 , devoient être établis dans les villes & lieux de fon apanage & dans fes terres patrimoniales. Il s'agit donc favoir où de-voient être établis ces gréfiers : fi c'eſt dans les terres du Prince , les fermiers de S. A. S. doivent joüir de tous les droits d'infinua-tion & de centiéme denier dûs pour les infinuations que ces gréfiers doivent faire , indépendemment de la fituation & de la mouvance des biens ; parce que ces droits font le falaire de la formalité , & qu'ils apartiennent par conféquent à celui qui doit infinuer. Si , au contraire , les aĉtes doivent être infinués hors l'étenduë de l'apanage & des terres patrimoniales , les droits ne peuvent être prétendus par les fermiers du prince , parce que l'infinuation eſt faite par celui qui repréfente le Gré-fier du Roi , auquel les droits apartien-nent pour fon falaire.

Suivant l'édit du mois de Décembre 1703 , les gréfiers des infinuations ont été créés pour être établis dans toutes les villes & lieux du roïaume où il y a ſiége de jurifdiĉtion roïale & ordinaire ; il a été or-donné qu'il ne feroit établi , dans les vil-les où il y a bailliage & prévôté ou autre juſtice roïale ordinaire , qu'un feul gréfe des infinuations , auquel tous les contrats & aĉtes feront infinués ; & au cas que les parties ou les impétrans fe trouvent do-miciliés , ou que les biens fe trouvent ſi-tués dans l'étenduë des juſtices apartenan-tes à des feigneurs particuliers , l'infinua-tion fera faite aux gréfes établis dans les bailliages , fénéchauſſées & autres juſtices roïales , où reſſortiſſent lefdites juſtices ; & en cas qu'elles reſſortiſſent aux cours , l'infinuation fera faite aux gréfes des in-finuations des bailliages & autres ſiéges roïaux à qui la connoiſſance des cas roïaux apartiendra dans l'étenduë defdites juftices , art. 1 & 19 de l'édit.

Les droits de centiéme denier des mutations de propriété d'immeubles , foit par acquifition , fucceffion ou autrement , doivent être païés aux mêmes gréfes des infinuations , fuivant les art. 24 & 25 du même édit.

Or , les lieux de l'établiffement de ces gréfes étant conftatés , il ne peut refter aucune dificulté ; parce que lorfque l'acte a été valablement infinué dans un bureau , en conformité de l'édit de 1703 , les droits , qui font le falaire de cette infinuation , apartiennent inconteftablement à celui qui eft propriétaire , ou qui doit jouïr du gréfe des infinuations de ce bureau.

Ce principe eft également aplicable aux droits dûs pour l'infinuation des donations entre-vifs ; ces actes , fuivant l'ordonnance & la déclaration de 1731 , ne peuvent plus être infinués dans les bureaux établis près les fiéges roïaux ordinaires , mais feulement dans ceux établis près les fiéges roïaux reffortiffans nuëment aux cours , tant du lieu du domicile du donateur , que de la fituation des chofes données ; & fi le domicile & la fituation font dans une juftice feigneuriale , la donation doit être infinuée dans les bureaux établis près le fiége , qui a la connoiffance des cas roïaux dans l'étenduë defdites juftices.

Tous les droits dûs pour ces infinuations font le falaire de celui qui donne valablement la formalité ; en forte que fi la donation eft infinuée dans l'étenduë de l'apanage ou des terres patrimoniales de M. le duc d'Orléans , lefdits droits apartiennent aux fermiers de S. A. S. quoique le domicile du donateur , ni la fituation des biens ne foient dans ladite étenduë ; de même , fi la donation eft valablement infinuée dans un bureau du Roi , les droits apartiennent aux fermiers de S. M. quand même le domicile & les biens feroient dans l'apanage ou dans les terres patrimoniales du Prince.

Droits réfervés.

Les droits réfervés par l'édit du mois d'Août 1716 , de ceux qui étoient attribués à diférens ofices créés dans les cours & jurifdictions roïales & fuprimés par cet édit , font dûs & perçûs dans l'étenduë de l'apanage , domaines & terres patrimoniales de M. le duc d'Orléans.

Par arrêt du confeil du 26 Janvier 1723 , il a été , du confentement de M. le duc d'Orléans régent , ordonné que l'arrêt du 20 Mars 1722 , portant rétabliffement des droits réfervés par l'édit du mois d'Août 1716 , fera éxécuté dans l'étenduë de l'apanage , domaines & terres patrimoniales de M. le duc d'Orléans ; S. M. fe réfervant de pourvoir inceffamment & d'une manière convenable , au dédommagement dû à M. le duc d'Orléans pour raifon de ce rétabliffement.

Autre arrêt du 22 Décembre 1727 , portant que les règlemens concernant les droits réfervés & l'arrêt du 26 Janvier 1723 , feront éxécutés dans toutes les juftices roïales de l'apanage & terres patrimoniales de M. le duc d'Orléans ; ordonne qu'à la première requifition , tous les regiftres des gréfes du bailliage & préfidial de *Creſpy* & de Villers-cotterets feront repréfentés au fermier des domaines , pour conftater l'objet des droits dont la perception a été empêchée par les oficiers , lefquels droits feront païés audit fermier.

Par un autre arrêt du confeil du 14 Juin 1729 , il eft ordonné que les deux précédens feront éxécutés dans l'étenduë du comté de *Mortain* , apartenant patrimonialement à M. le duc d'Orléans , fans néanmoins que le fermier des domaines puiffe percevoir les *amendes* de 3 livres prononcées à l'ordinaire dans le comté de Mortain , ni les droits de fubftituts adjoints.

APEL , eft un moïen que les loix donnent aux parties , pour faire rétracter par les juges fupérieurs une fentence qu'elles croïent injufte.

Suivant l'article 40 du Tatif du 29 Septembre 1722, il eft dû 16 fols pour le droit principal de *contrôle* d'une *déclaration d'apel* de jugement de juges inférieurs.

Mais, quoique la déclaration d'apel foit faite en forme d'acte fous-fignature privée, fi elle eft fignifiée le même jour & fur un même cahier, elle n'eft confidérée que comme faifant un feul & même acte avec la fignification; & il n'eft dû que le droit de contrôle de l'exploit. Décifions du confeil des 3 Septembre, 15 Octobre 1728 & 8 Janvier 1729.

Par une décifion du confeil du 21 Mars 1739, les procureurs du païs de Provence ont été déboutés de leur demande en reftitution des droits de contrôle aux actes perçûs pour des déclarations d'apel, défiftemens, & autres actes femblables, faits fous-fignature privée, & diftinctement de l'exploit de fignification.

Les fignifications de relief d'apellations font fujétes au contrôle des exploits, encore qu'elles foient faites de procureur à procureur. Voïez *Contrôle des exploits*, §. 8.

Les fentences & jugemens qui déboutent les apellans font fujets au droit de *petit-fcel* fur le pié fixé par la feconde claffe du tarif du 20 Mars 1708. Décifion du confeil du 30 Juillet 1729.

Lorfque les apellations font portées dans les cours & dans les fiéges roïaux, & que les apellans fuccombent, ils doivent être punis par une amende; l'on va d'abord parler, de l'établiffement des amendes contre les téméraires apellans; 2°. de la confignation qui doit être faite avant que d'être reçu apellant; 3°. des amendes de fol-apel; & des cas où les amendes confignées font acquifes au Roi, ou doivent être reftituées.

§. 1. *Amendes contre les apellans.*

Nos Rois ont toujours eu pour objet de diminuer les procédures, de reftraindre le nombre, & de réprimer la licence des apellations; ils ont à cet éfet établi des amendes contre les téméraires apelians, afin de les empêcher de s'engager dans de frivoles apellations.

Philippe VI. dès 1340, avoit ordonné des amendes pour les requêtes civiles & propofitions d'erreurs.

Charles VII. par l'art. 15 de fon ordonnance du mois d'Avril 1453, prononça l'amende de foixante fols parifis, pour les apellations défertes au parlement; & quant aux apellations (porte cette ordonnance) émifes, tant de nos juges que de tous autres jufticiers de notre roïaume, qui, de leur droit, doivent être relevées devant d'autres juges qu'en notredite cour de parlement, fi elles ne font relevées dans le tems devant le fénéchal, baillif, ou autre juge moyen, l'apellant fera adjourné devant le baillif, fénéchal ou autre juge, pour voir déclarer l'amende, fuivant la coûtume du païs, pour ledit apel.

François I. par fon ordonnance donnée à Villers-Cotterets au mois d'Août 1539, ordonna que les amendes des apellations ne pouroient être modérées, finon dans les cours fouveraines : les juges inférieurs devoient donc prononcer une amende fans modération.

Suivant l'ordonnance de Henry II. donnée à Reims au mois de Mars 1551, & la note fur le dernier article, il eft dit que fi l'apel eft émané d'un juge fubalterne & non roïal, (comme baillifs, fénéchaux, & autres juges des ducs, comtes, marquis & autres feigneurs) qui reffortit immédiatement au fiége préfidial, l'amende de fol-apel n'eft que de foixante fols parifis.

Charles IX. par l'article 23 de l'ordonnance de Rouffillon de l'année 1563, défendit expreffément à toutes les cours fouveraines & autres juges de remettre ou modérer l'amende de fol-apel, à peine d'être répétée fur les contrevenans.

Et par celle du mois de Novembre de la même année 1563 , art. 5 , la confignation de dix fols tournois fut ordonnée avant que de pouvoir relever un apel des juges inférieurs , devant les baillifs , fénéchaux & autres juges roïaux ; & celle de 100 fols , fi l'apel reſſortit au parlement.

Louis XIII. par ſa déclaration du mois de Décembre 1639 , adreſſée au parlement de Paris , lui enjoignit de ne prononcer en toutes cauſes & procès d'apel , que par bien ou mal-jugé , avec adjudication de l'amende du fol - apel.

Quoique la confignation eut été ordonnée en 1563 , elle n'étoit en uſage que pour les requétes civiles ; par l'ordonnance de Louis XIV. du mois d'Avril 1667 , il ne fut même ordonné de configner que pour les requétes civiles ; mais aïant reconnu que la confignation étoit l'une des meilleures précautions , les apellans y furent également foumis en 1669.

Dans tous les cas où un apellant fuccombe , il doit être condamné en l'amende qui eſt la peine du fol-apel ; & toutes les fois qu'il peut y avoir lieu à la condamnation de cette amende au profit du Roi , l'apellant eſt tenu de configner préalablement. Ainfi la confignation doit être faite pour les apellations portées dans tous les fiéges roïaux quelconques , des jugemens rendus par les juges inférieurs , foit des jurifdiétions roïales , foit des juftices feigneuriales : c'eſt ce qui fera établi par les autorités raportées ci-après.

§. 2. *Configuration par les Apellans.*

Par l'édit du mois d'Août 1669 , il eſt ordonné qu'aucun ne poura être reçu apellant qu'il n'ait configné l'amende de 12 liv. ès cours , & de 6 liv. aux fiéges préfidiaux , ès cas où ils jugent préfidialement & en dernier reſſort ; lefquelles fommes feront reçuës par le receveur des amendes , qui s'en chargera, comme dépofitaire, fans droits ni frais (*) , pour être , après le jugement defdites apellations , renduës & délivrées , s'il y échet ; il eſt auffi ordonné par le même édit que les apellans feront tenus de donner copie de la quitance du receveur des amendes au procureur de leurs parties adverfes , avant qu'ils puiſſent être reçus à faire aucunes procédures fur les apellations , foit verbales ou par écrit , principales ou incidentes , fauf , à l'égard de celles qui feront interjettées fur le bureau en plaidant , à donner copie au gréfier , par celui qui voudra lever l'arrêt , de la quitance du receveur des amendes , avant qu'il puiſſe être délivré , dont le grefier demeurera refponfable ; fans néanmoins qu'une même partie foit tenuë de configner plus d'une amende , encore qu'elle eût interjetté plufieurs apellations ; mais fi les deux parties étoient refpeétivement apellantes , l'une & l'autre feront tenuës de configner chacune une amende , & de le faire fignifier au domicile de leurs procureurs & donner copie de la quitance du receveur des amendes , avant qu'elles puiſſent être reçuës à faire aucune procédure fur l'apel ; & que jufqu'à ce , toute audience leur foit déniée. En conféquence , défend à tous procureurs des cours & fiéges préfidiaux de faire mettre aucune apellation verbale au rôle , & d'en pourfuivre l'audience fur placet , ou de conclure en aucun procès par écrit qu'ils n'aïent donné & fait fignifier copie de la quitance du receveur des amendes au procureur de la partie adverfe , à peine de nullité des procédures , arrêts , jugemens & fentences , & de païer l'amende en leur nom , fans aucune répétition.

Arrêt du confeil du 14 Avril 1670 , qui ordonne l'éxécution de l'Edit de 1669 , en conféquence caſſe une fentence du préfidial de la Fléche ; (par laquelle il avoit été

(*) *Voïez* ci-devant *Amendes de configuration* , page 114 & ci-après *Droits réfervés* , ch. 6.

Apel.

enjoint au gréfier de figner toutes lettres de relief d'apel, comme avant l'édit, fous prétexte qu'il n'étoit défendu qu'aux procureurs d'occuper fur les apellations, qu'au préalable il ne leur fut aparu de la confignation) fait défenfes aux oficiers dudit préfidial & à tous autres juges de rendre de pareils jugemens & de contrevenir audit édit directement ou indirectement, à peine d'interdiction; & au gréfier dudit préfidial & à tous autres gréfiers de figner aucun relief d'apel, qu'il ne leur foit aparu de la quitance du receveur des amendes, à peine de 500 liv. d'amende & d'interdiction contre chacun des contrevenans.

Autre arrêt du confeil du 14 Avril 1670, qui condamne Mes Meftreau & Mariette, procureurs au parlement de Paris, à païer en leurs noms & fans aucune répétition, chacun l'amende de 12 liv. pour n'avoir pas donné copie de la quitance de confignation aux procureurs des parties adverfes avant que d'obtenir deux arrêts qui reçoivent apellans; au païement de laquelle ils feront contraints par corps à leurs frais. Leur fait défenfes & à tous autres de contrevenir à l'édit de 1669, à peine de 500 liv. d'amende & d'interdiction.

Autre arrêt dudit jour 14 Avril 1670, rendu contre quinze procureurs au parlement de Paris; contenant les mêmes difpofitions & défenfes; ordonne en outre qu'il fera lû à la communauté des procureurs de la cour ou à eux fignifié.

Arrêt du confeil du 11 Août 1670, qui condamne les procureurs du fiége préfidial de Caftel-Naudary qui ont fait mettre des apellations verbales au rôle, pourfuivi l'audience fur placet, ou conclu en aucun procès par écrit, ès cas où les oficiers dudit fiége jugent préfidialement & en dernier reffort, fans avoir donné & fait fignifier copie de la quitance du receveur des amendes, en 6 liv. d'amende pour chaque contravention, fans répétition.

Déclaration du Roi du 21 Mars 1671, contenant nouveau réglement pour les confignations d'amendes; *l'art.* 1. porte que toutes les amendes qui feront confignées pour les apellations, qui feront relevées ès cours de parlement & autres cours fupérieures, ne pourront être moindres de 12 liv. foit que les apellations foient verbales ou par écrit, & qu'elles foient interjettées de fentences des juges fubalternes & de pairies, fentences arbitrales, ordonnances de police & autres apellations, *de quelques juges & juftices que ce puiffe être* ; & de 6 liv. pour les apellations qui feront relevées aux fiéges préfidiaux ès cas èfquels ils jugent préfidialement & en dernier reffort; fans qu'une même partie foit tenuë de configner plus qu'une amende de 12 liv. ou de 6 liv. encore que par la fuite de l'affaire, elle interjetât d'autres apellations incidentes. Par *l'art.* 6, il eft défendu à tous procureurs poftulans èfdites cours & fiéges de mettre aucunes apellations aux rôles ordinaires & extraordinaires, tant en matière civile que criminelle, ni d'en pourfuivre l'audience fur placets, foit aux grandes audiences ou à huis clos, ni de conclure en aucuns procès par écrit, que les amendes n'aïent été confignées, & la quitance du receveur fignifiée & raportée; ordonne qu'il fera fait mention fur les placets & arrêts de conclufion, de la date de la quitance fous le nom & paraphe des procureurs qui en demeureront refponfables en leurs noms; *l'art.* 7. porte que fi les apellans font en demeure de configner l'amende, *l'intimé* poura, fi bon lui femble, faire ladite confignation, fauf à la répéter enfin de caufe contre l'apellant; & jufqu'à ce, toute audience déniée à l'une & à l'autre des parties; & en cas que l'intimé configne l'amende de 12 liv. pour l'apellant, & que par l'arrêt l'apellant foit condamné en l'amende de 75 liv. l'intimé emploïera les 12 liv. par lui confignées dans la déclaration des dépens qui lui feront ajugés, & le furplus fera recouvré par le

fermier

fermier contre la partie condamnée ; *l'art.* 8 défend aux gréfiers & commis des gréfes de délivrer aucuns arrêts ou jugemens où il y aura condamnation des amendes qui doivent être confignées, qu'ils n'aïent vû la quitance du fermier ou de fon commis ; & fur la minute, cotté & fait mention de ladite quitance ; & par *l'art.* 9, il eft ordonné que tout ce que deffus fera éxécuté, à peine de païer par les contrevenans, chacun en droit foi, lefdites amendes en leur propre & privé nom, & en outre de 500 liv. d'amende contre chaque gréfier des cours & fiéges, & procureurs contrevenans pour chacune contravention, pour la première fois, & d'interdiction en cas de récidive ; & au païement feront les contrevenans contraints par corps à leurs frais en vertu des préfentes.

Suivant l'art. 82 du réglement de 1673, il doit pareillement être configné 12 liv. avant que d'être reçu apellant aux requétes de l'hôtel.

Arrêt du confeil du 8 Novembre.1689, qui condamne trois procureurs au parlement de Dijon en l'amende de contravention pour défaut de confignation ; réïtère les défenfes faites par la déclaration de 1671, aux procureurs dudit parlement, & de toutes les autres cours de faire à l'avenir aucunes pourfuites, de quelque nature qu'elles foient, fur aucun apel, que l'amende de 12 liv. n'ait été préalablement confignée, à peine de 500 liv. d'amende, déclarée dès-à-préfent encourue contre ceux qui y contreviendront.

Par l'édit du mois de Février 1691, portant création d'ofices de receveurs des amendes dans toutes les cours, préfidiaux, bailliages, fénéchaufféees & autres fiéges roïaux où fe relèvent des apellations d'autres juftices roïales, il eft ordonné que les confignations feront : favoir, pour les apellations relevées ès cours de parlement & autres cours, de 12 liv. ; aux fiéges préfidiaux de 6 liv. & *aux autres fiéges* où fe relé-

Tome I.

vent des apellations d'autres juftices inférieures de 3 liv. lefquelles confignations feront faites avant que les apellans y puiffent être reçus.

L'éxécution de ces règlemens a été partieulièrement ordonnée dans les généralités de Poitiers, Limoges & Montpellier, par les ordonnances de M^{rs} les intendans defdites généralités des 5 & 24 Juillet 1717, & 10 Octobre 1718, portant que la confignation fera faite fur le pié de 3 liv. pour toutes les apellations des juftices inférieures aux préfidiaux pour les matières du fecond chef, & aux fénéchaufféees, bailliages, & autres jurifdictions roïales pour toutes matières, avant que de faire aucunes pourfuites fur lefdits apellations, & fous les peines portées par la déclaration de 1671.

Arrêt du confeil du 7 Mars 1719, qui déclare les peines portées par la déclaration de 1671, encourues par Piffabeuf, procureur en la fénéchauffée & fiége préfidial de Bordeaux, pour avoir fait juger l'apel interjetté au préfidial, de deux apointemens de la jurifdiction de Sauvetal-faint-André, fans avoir préalablement configné l'amende ; & ordonne qu'il fera contraint, même par corps, au païement de l'amende de 500 liv. & de celle qui devoit être confignée.

Arrêt du confeil du 25 Avril 1719, qui déclare lefdites peines encourues par deux procureurs au parlement de Bordeaux, pour avoir procédé & conclu fur des apels, avant que d'avoir configné l'amende.

Autre arrêt du 15 Septembre 1719, contre deux procureurs au parlement de Dijon, qui prononce les mêmes peines pour femblable contravention.

Autre arrêt du confeil du 2 Juin 1722, qui prononce les mêmes peines contre le fieur Charpentier, gréfier du bailliage & préfidial de Soiffons, & le fieur Quinquet procureur. Fait défenfes audit Charpentier & à tous autres gréfiers, d'expédier au-

Apel. §. 2.

cunes fentences rendües fur les apellations, qu'il ne leur foit aparu de la confignation d'amende , & que la quitance ne foit datée & énoncée dans le vû des piéces , & que les qualités ne leur aïent été remifes en papier timbré & fignifiées , à peine de 500 liv. d'amende pour chaque contravention, & d'interdiction ; & enjoint à Mrs les intendans des provinces & généralités du roïaume d'y tenir la main.

· Arrêt du confeil du 17 Novembre 1722, qui caffe un arrêt du parlement de Touloufe , & la procédure faite en conféquence, pour avoir été rendu fans que l'amende eût été confignée fur l'apellation ; condamne le procureur de l'apellant, celui de l'intimé , & le gréfier qui a expédié l'arrêt, en 500 livres d'amende pour la contravention.

Arrêt du confeil du 28 Novembre 1723 , rendu contradictoirement avec les procureurs du préfidial & fénéchauffée d'Auch ; par lequel il leur eft fait très-expreffes inhibitions & défenfes de mettre à l'avenir des apellations aux rôles ordinaires & extraordinaires , tant en matière civile que criminelle ; d'en pourfuivre l'audience fur placets , & de conclure en aucun procès par écrit, que les amendes n'aïent été confignées , fur le pié de 6 liv. au préfidial , *& de 3 liv. au fénéchal* , fous peine de nullité.des fentences & jugemens qui feront rendus *fur les apels* , *tant au premier qu'au fecond chef de l'édit*,fans qu'au préalable les confignations d'amendes aïent été faites , de perte des frais des procureurs qui auront occupé dans les inftances , & de 500 liv. d'amende contre chacun d'eux, pour chaque contravention , & en outre du quadruple defdites confignations. Fait pareillement défenfes , fous les mêmes peines , aux gréfiers & commis aux préfes du préfidial & fénéchal , de délivrer aucunes fentences & jugemens fur apels, qu'il ne leur foit aparu de la confignation d'amende , dont ils feront mention fur les regiftres & dans le vû des jugemens.

Arrêt du confeil du 25 Avril 1724 , par lequel , fans avoir égard à l'apel des procureurs & oficiers du bailliage d'Annonay, d'une ordonnance de M. de Bernage , intendant de Languedoc , il eft ordonné que ladite ordonnance fera éxécutée ; en conféquence, les difpofitions de l'arrêt du 28 Novembre 1723 ont été réïtérées , avec femblables injonctions auxdits procureurs , & à tous autres , pour la confignation des amendes fur les apels , *tant au premier qu'au fecond chef de l'édit* , & fous les peines y portées.

Autre arrêt du confeil du 25 Juin 1724 , contenant femblables défenfes & injonctions aux procureurs des fiéges & jurifdictions de la ville de Meaux, & à tous autres, fous peine de nullité des fentences & jugemens rendus fur les apels , *tant au premier qu'au fecond chef* de l'édit, fans qu'au préalable les amendes aïent été confignées , & des autres peines portées par l'édit du mois de Février 1691 , & par les arrêts des 28 Novembre 1723 , & 25 Avril 1724.

Arrêt du confeil du 21 Novembre 1724 , par lequel , fans avoir égard à un arrêt de la cour des aides de Paris, obtenu par deux procureurs au parlement fur un *apel d'éxécutoire* de ladite cour des aides , fans que l'amende eût été confignée, S. M. a caffé & annullé la procédure faite à l'occafion dudit apel ; & pour les contraventions commifes par ceux qui ont obtenu l'arrêt , par leur procureur & par le gréfier qui l'a expédié , ils ont été condamnés chacun en 500 liv. d'amende , & au raport de celle qui auroit dû être confignée fur ledit apel, avec les deux fols huit deniers pour livre & droits de quitance.

Par arrêt du confeil du 15 Juillet 1727 , quatre procureurs au bailliage & fiége préfidial de Mantes , ont été condamnés aux amendes encouruës , pour avoir pourfuivi l'audience , & fait juger des apels fans confignation de l'amende, & au raport defdites amendes.

Par autre arrêt du conseil du 14 Novembre 1733 , les procureurs des sénéchaussée & présidial de Toulouse, ont été déboutés de l'opposition par eux formée à ceux des 28 Novembre 1723 , 25 Avril & 25 Juin 1724 , qui ont été déclarés communs avec eux & avec ceux de Beziers , Puy - en - Velay , Carcassonne & Ville-Franche en Roüergue.

Par arrêt du conseil du 29 Avril 1738 , rendu contradictoirement avec le sindic & la communauté des procureurs au bailliage & siège présidial de Tours, qui soûtenoient que la consignation d'amende ne devoit avoir lieu que dans le cas du dernier ressort , & nullement pour les apellations au second chef de l'édit , ni pour aucunes de celles qui ne se jugent qu'à la charge de l'apel ; il a été ordonné que l'édit du mois de Février 1691 , & les règlemens concernant les consignations d'amendes , rendus avant & depuis ledit édit , seront exécutés ; en conséquence , il est fait très-expresses inhibitions & défenses auxdits procureurs de mettre des apellations aux rôles ordinaires & extraordinaires , tant en matière civile que criminelle , ni d'en poursuivre l'audience sur placets , & de conclure en aucuns procès par écrit , que les amendes n'aïent été consignées sur le pié de 6 liv. au présidial, *& de 3 liv. au bailliage* , avec les droits attribués aux receveurs des amendes , ainsi qu'ils sont réduits & réservés par l'édit du mois d'Août 1716 , sous peine de nullité des sentences & jugemens qui seront rendus sur les apels , *tant au premier qu'au second chef de l'édit* , sans qu'au préalable les consignations d'amendes aïent été faites , de pertes des frais des procureurs qui auront occupé dans lesdites instances , & de 500 liv. d'amende contre chacun d'eux , pour chaque contravention , & en outre du quadruple desdites consignations & droits. Fait pareillement S. M. défenses aux gréfiers & commis au gréfe dudit présidial & bailliage ,

de délivrer aucunes sentences & jugemens sur apels , qu'il ne leur soit aparu de la consignation d'amende , de laquelle ils feront mention , tant sur leurs regiftres , que dans le vû des sentences & jugemens.

Suivant le règlement du conseil du 28 Juin 1738 , tit. 12 , art. 3 , les apellans des ordonnances de M^{rs} les raporteurs aux conseils , doivent consigner l'amende de 12 liv. & la quitance de consignation doit être attachée à l'acte d'apel , & signifiée avec ledit acte , à peine de nullité.

Arrêt du conseil du 15 Mars 1740 , rendu contradictoirement avec les sindics des procureurs en la sénéchaussée d'Aix , & autres sièges roïaux de la Provence , qui prétendoient que la consignation ne devoit avoir lieu qu'aux cours & aux présidiaux , dans les cas où ils jugent en dernier ressort ; & que celle introduite par l'édit du mois de Février 1691 , ne pouvoit avoir lieu que pour les apellations relevées des justices roïales inférieures, & nullement des justices seigneuriales ; par lequel arrêt , faisant droit sur le renvoi au conseil , porté par l'ordonnance de M. l'intendant de Provence, lesd. procureurs ont été déboutés de leur requête , & S. M. leur a enjoint de consigner *l'amende de 3 liv.* pour toutes les apellations relevées à la sénéchaussée d'Aix, & aux autres sénéchaussées & sièges roïaux de Provence , des sentences , ordonnances & mandemens émanés *des justices seigneuriales* qui y ressortissent , sous les peines & amendes portées par les règlemens.

Arrêt du conseil du 28 Septembre 1751 , qui confirme une ordonnance de M. l'intendant de Limoges , par laquelle il étoit enjoint aux procureurs de la sénéchaussée d'Angoulême , & à ceux des autres sièges roïaux de ladite généralité , de consigner l'amende de 3 liv. pour toutes les apellations qui y seront relevées des sentences , ordonnances & mandemens émanés des autres justices , même seigneuriales.

Par arrêt du confeil du 15 Juin 1752, rendu en règlement, il eft ordonné que les procureurs des préfidiaux, bailliages & fénéchauffées des généralités de Poitiers, Limoges & la Rochelle, feront tenus de configner l'amende de 6 liv. aux préfidiaux pour toutes les apellations qui y feront relevées, *tant au premier qu'au fecond chef de l'édit*, & celle de 3 liv. aux bailliages & fénéchauffées, pour toutes les apellations qui y feront relevées des fentences, jugemens, ordonnances & mandemens des juftices roïales *& feigneuriales* qui y reffortiffent, fous les peines & amendes prononcées par les précédens règlemens.

Par autre arrêt du confeil du 15 Février 1753, rendu en commandement, il eft ordonné que celui du 15 Juin 1752, fera éxécuté felon fa forme & teneur, tant dans les généralités de Poitiers, Limoges & la Rochelle, que dans toutes les autres provinces & généralités du roïaume.

Par un autre arrêt du confeil du 12 Septembre 1758, rendu contradiƈtoirement avec le procureur général findic des états de Bretagne, il a été débouté de l'opofition par lui formée à l'arrêt du 15 Février 1753, dont l'éxécution a été ordonnée fuivant fa forme & teneur. Ainfi il a été jugé par cet arrêt, comme par les précédens, que l'amende de 6 liv. doit être confignée pour les apellations portées aux préfidiaux, au fecond chef de l'édit, comme pour celles qui y font portées au premier chef; que l'amende de 3 liv. doit l'être également pour les apellations portées aux fiéges roïaux, des jugemens rendus dans les différentes jurifdiƈtions, même dans les juftices feigneuriales.

Il eft donc inconteftable que l'amende de 12 liv. doit être confignée pour toutes apellations relevées aux cours fupérieures & requétes de l'hôtel; que celle de 6 liv. doit être confignée pour toutes les apellations aux fiéges préfidiaux, tant au premier qu'au fecond chef de l'édit; & que celle de 3 liv. doit l'être pour toutes les apellations relevées aux bailliages & autres fiéges roïaux, des jugemens rendus dans les juftices inférieures, tant roïales que feigneuriales; toutes les conteftations des procureurs à cet égard ne font que de pures chicanes. On peut même voir que dans l'arrêt du 15 Mars 1740, raporté ci-deffus, il a été vifé diférens certificats, qui juftifient que l'amende de 3 liv. eft confignée régulièrement au châtelet de Paris, & dans les bailliages de la province de Dauphiné, pour les apellations même des juftices feigneuriales.

§. 3. *Amendes de fol-apel ; amendes acquifes, ou à reftituer.*

L'amende de fol-apel eft de 75 liv. dans les cours fupérieures, qui peuvent néanmoins la modérer à 12 liv. lorfqu'elles le jugent à propos par bonnes & juftes confidérations, & en prononçant *l'apellation au néant*, ou *hors de cour & de procès fur l'apel*. Cette amende de fol-apel dans les préfidiaux, & autres fiéges roïaux, n'eft que la même qui a été confignée, comme on vient de l'établir.

Les amendes acquifes, font celles qui, aïant été confignées, ne peuvent plus être répétées par la partie; foit parce qu'elle a été déboutée de fon apel; foit parce qu'elle s'en eft défiftée; foit enfin parce que, faute d'avoir fuivi fon apel, il eft défert ou périmé.

Les amendes à reftituer font celles dont la reftitution eft ordonnée par le jugement obtenu par un apellant qui a réuffi dans fon apel.

Par l'édit du mois d'Août 1669, il eft ordonné que la déclaration du mois de Décembre 1639, fera éxécutée dans tous les parlemens & autres cours; ce faifant, qu'ils feront tenus en toutes apellations verbales ou par écrit, foit principales ou incidentes, de condamner les apellans qui fuccomberont, en l'amende de 75 liv. ou du moins en celle de 12 liv. au cas que pour de bonnes confidérations, ils jugea:ent qu'il y ait lieu de la modérer ; comme auffi, que les juges préfidiaux, ès cas èfquels ils jugent en dernier reffort, feront tenus de condamner les apellans qui fuccomberont en leurs apellations, en l'amende de 6 liv. lefquelles amendes de 12 liv. & de 6 liv. ne pouront être modérées fous quelque prétexte que ce foit.

Suivant l'art. 2 de la déclaration du Roi du 11 Mars 1671, les cours de parlement, & autres compagnies, qui jugent en dernier réffort, ne peuvent prononcer en toutes caufes & procès d'apel, que par bien ou mal jugé, avec adjudication de l'amende de 75 liv. du fol-apel ; fous ce tempéramment, toutefois, que fi pour de bonnes & juftes confidérations, il fe trouvoit à propos de prononcer *l'apellation au néant*, ou *hors de cour & de procès* fur l'apel, l'apellant qui fuccombera foit toujours condamné en une amende, qui ne poura être moindre de 12 liv. même dans le cas d'acquiefcemens, qui feroient vuidés par expédiens ou autrement ; fans que fous quelque prétexte que ce foit, ni en quelque manière que la prononciation foit conçuë, les apellans en puiffent être déchargés. Et par l'art. 3, il eft enjoint à tous les autres juges roïaux de condamner ceux qui fuccomberont en leur apel, en l'amende de 6 liv. ès cas èfquels ils jugent en dernier reffört, à peine d'en répondre en leurs noms.

Et par l'art. 83 du règlement de 1673, concernant la procédure du confeil, il eft porté que les apellans qui fuccomberont aux requêtes de l'hôtel, en quelque manière que la prononciation foit conçuë, feront condamnés en l'amende de 75 liv. ou du moins en celle de 12 liv. au cas que pour de bonnes confidérations, les maitres des requêtes jugeaffent qu'il y eût lieu de la modérer.

Suivant l'édit du mois de Février 1691, & les lettres patentes du 27 Décembre 1729, les amendes confignées font acquifes au profit du Roi par péremption d'inftance, défertion d'apel, accords, tranfactions ou défiftemens.

A l'égard des apels comme d'abus, les juges font obligés, quand il n'y a abus, de prononcer l'amende de 75 livres, fans pouvoir la modérer. Déclaration du mois d'Avril 1695, concernant la jurifdiction eccléfiaftique, art. 37.

De ces difpofitions, il réfulte que l'amende de fol-apel eft de 75 liv. dans les cours, & que toutes les fois qu'elles condamnent l'apellant en l'amende, fans la modérer, le fermier eft fondé à faire païer les 75 liv. à la déduction de ce qui a été configné. Mais lorfque l'amende eft modérée à 12 liv. le fermier ne peut rien éxiger de plus ; parce que les cours ont la liberté de faire cette modération, en prononçant *l'apellation au néant*, ou *hors de cour & de procès fur l'apel*.

Comme l'amende de fol-apel dans les cours, n'eft réduite à 12 liv. que lorfque cette réduction eft exprimée par les arrêts, il s'enfuit que toutes les fois que les cours prononcent fur l'apel contre l'apellant fans modérer l'amende, elle fubfifte pour 75 liv. telle qu'elle eft fixée par les ordonnances, édits & déclarations.

Mais fi les arrêts jugent l'inftance périe, on prononcent hors de cour & de procès fur l'apel, fans s'expliquer fur l'amende, celle qui a été confignée demeure acquife au fermier, qui ne peut rien prétendre de plus ; parce que dans cette efpéce, l'on ne ftatuë point fur l'apel. Cela eft conforme à la jurifprudence du parlement de Paris, qui a rendu le 8 Mai 1665, un arrêt en règlement, portant qu'en toutes inftances d'apel, inftruites contradictoirement, foit que l'on prononce hors de cour fur l'apel, ou l'apellation au néant, les apellans feront condamnés en autant d'amendes de

1 2 liv. qu'il y aura de règlemens dans l'inſtance , pris ſur différentes apellations principales.

Arrêts du conſeil du 3 1 Décembre 1 6 7 0 , qui caſſent cinq arrêts du parlement de Bordeaux , & quatre arrêts de la cour des aides de Guyenne , par leſquels , en prononçant contre les apellans , il n'avoit été ajugé aucune amende au Roi ; en conſéquence , les parties , qui ont ſuccombé par leſdits arrêts , ont été condamnées chacune en une amende de 1 2 livres , & il a été défendu auxdites cours de donner de ſemblables arrêts ; leur enjoignant de ſe conformer à l'édit de 1669.

Arrêt du conſeil du 2 7 Mai 1 6 7 1 , qui caſſe 5 7 arrêts du parlement de Bretàgne pour ſemblable contravention ; prononce les amendes contre les apellans qui ont ſuccombé , & enjoint audit parlement de ſe conformer à l'édit de 1 6 6 9.

Arrêt du conſeil du 5 Mars 1 7 1 8 , qui caſſe un arrêt du parlement de Bretagne , & ordonne que les nommés Bourde & autres feront tenus , pour les reſtitutions qu'ils prétendent des amendes par eux conſignées ſur leurs apellations , de fournir les extraits des arrêts qui en ont ordonné les reſtitutions ; & défend de ſe pourvoir ailleurs que par devant M. l'intendant.

Suivant l'arrêt du conſeil du 1 6 Juillet 1 7 1 8 , les amendes conſignées doivent être rendües (lorſqu'il y a lieu d'en faire la reſtitution) en eſpéces au cours du jour , ſans avoir égard aux augmentations ou diminutions ſurvenües pendant la conſignation.

Arrêt du conſeil du 1 0 Janvier 1 7 3 6 , par lequel le Roi a caſſé une ſentence du préſidial de Nantes , qui , en confirmant un jugement dont étoit apel , avoit ordonné la reſtitution de l'amende conſignée par l'intimé anticipant ; S. M. a ordonné le raport de ladite amende , & défendu aux juges d'ordonner la reſtitution des amendes hors les cas exprimés par la déclaration du 2 1

Mars 1 6 7 1 , ſous les peines portées par l'arrêt du 1 4 Juin 1 7 2 3 , (qui font d'en répondre , de ſix mois d'interdiction , & de 5 0 0 livres d'amende.)

Lorſqu'il y a lieu de reſtituer les amendes conſignées , on ne reſtituë point les 2 fols 8 deniers pour liv. qui font acquis ſans retour au fermier ; le commis doit même faire païer 1 3 ſols 4 deniers pour le droit de la quitance de reſtitution. Voïez *droits réſervés , ch.* 6. Il doit ſe faire fournir en outre l'extrait du jugement qui a ordonné la reſtitution , pour le raporter au ſoûtien de la dépenſe de ſon compte.

APELS *des jugemens ſur les affaires du domaine.*

Les tréſoriers de France aux bureaux des finances , peuvent juger en dernier reſſort & ſans apel juſqu'à 2 5 0 livres , lorſque le fond du droit n'eſt pas conteſté ; tous leurs jugemens définitifs , indiſtinctement , doivent être éxécutés par proviſion nonobſtant l'apel ; il ne peut être interjetté d'apel de leurs jugemens interlocutoires ou préparatoires ; mais ſeulement des définitifs & après leur éxécution.

L'édit du mois d'Avril 1 6 2 7 , & celui du mois de Mai 1 6 3 5 , attribuent aux bureaux des finances , le droit de juger en dernier reſſort juſqu'à 2 5 0 livres , une fois païées , & juſqu'à 1 0 livres de rente en fonds.

La déclaration du 1 0 Août 1 6 2 8 , ordonne aux préſidens & tréſoriers généraux des finances de ſpécifier dans les jugemens qu'ils rendront en dernier reſſort , ſuivant l'édit de 1 6 2 7 , les motifs d'iceux , pour empêcher les cours de parlement de recevoir aucunes apellations deſdits jugemens en dernier reſſort.

L'arrêt du conſeil du 3 0 Mai 1 6 5 9 , porte qu'on ne poura apeller des jugemens interlocutoires & préparatoires ; mais ſeulement des définitifs , leſquels feront éxécutés ſans préjudice de l'apel.

Celui du 1 8 Décembre 1 6 8 3 , caſſe un arrêt du parlement de Paris , qui avoit reçu

l'apel d'une fentence de la chambre du tréfor ; évoque ledit apel , & fans préjudice
d'icelui , ordonne l'éxécution de la fentence qui avoit réuni au domaine un droit
de 2 deniers fur chaque muid de vin ,
paffant fous les ponts de Melun.

L'édit du mois de Mars 1693 , portant
union de la chambre du tréfor au corps
des tréforiers de France de Paris , leur
attribué toute cour , jurifdiction & connaiffance , pour juger en première inftance les
affaires concernant le domaine & droits en
dépendans , fauf l'apel au parlement.

L'édit du mois de Février 1704 , portant attribution aux bureaux des finances
de la connaiffance du domaine & autres
droits , porte que les jugemens des tréforiers de France feront éxécutés par provifion , nonobftant l'apel , & qu'il ne poura
en être interjetté de leurs jugemens interlocutoires ou préparatoires concernant l'inftruction des procès , mais feulement des
jugemens définitifs , conformément à l'arrêt
du 30 Mai 1659.

Arrêt du confeil du 25 Novembre 1710,
qui caffe deux arrêts du parlement de Touloufe , & fait défenfes audit parlement de
recevoir aucun apel des jugemens définitifs des tréforiers de France de Montauban , pour fommes non excédantes 250
livres , ni de furfeoir l'éxécution de leurs
autres jugemens définitifs fujets à l'apel ,
lefquels doivent être éxécutés par provifion , à peine de nullité , caffation & de
500 livres d'amende contre les parties.

Par une déclaration du Roi du 14 Mai
1717 , les parlemens ont été autorifés à
recevoir l'apel des jugemens des tréforiers
de France établis dans leur reffort , tant préparatoires , interlocutoires , que définitifs ,
comme auparavant l'édit du mois de Février
1704 , lequel fera au furplus éxécuté ; à
la charge par lefdites cours de fe conformer à la difpofition de l'art 2 du titre 6
de l'ordonnance de 1667 ; & feront , en cas
d'apel , lefdits jugemens des tréforiers de
France éxécutés par provifion lorfqu'il s'a-
gira de la perception ou recouvrement des
droits du Roi , tant anciens que nouveaux ,
& que le fond du droit ne fera pas contefté ; & généralement dans tous les cas dans
lefquels , fuivant la difpofition des ordonnances, les jugemens defdits tréforiers de
France & autres juges qui connoiffent des
droits des fermes , font éxécutoires nonobftant l'apel

Arrêt du confeil du 20 Juin 1724 , en
faveur du receveur général des domaines
de la généralité de Roüen , qui caffe &
annulle un arrêt du parlement de Roüen ;
ordonne l'éxécution de celui du confeil ,
rendu, en forme de règlement ,le 28 Mars
1648 , portant défenfes audit parlement ,
& à tous autres juges , de prendre aucune
connaiffance des ordonnances des tréforiers
de France , renduës pour l'éxécution des
états du Roi , & autres affaires concernant
l'accélération de fes droits ; & de recevoir
aucunes apellations d'icelles,defquellesS.M.
s'eftréfervée la connaiffance , & icelle inter-
dite à toutes fes cours & juges ; & pareilles
défenfes aux parties de fe pourvoir ailleurs
qu'au confeil , à peine de 3000 l. d'amende ,
& de tous dépens, dommages & intérêts.

Arrêt du confeil du 24 Septembre 1726 ,
qui ordonne l'éxécution des édits des mois
d'Avril 1627 , & Février 1704 , & de
l'arrêt du confeil du 25 Novembre 1710 ;
en conféquence décharge le receveur général des domaines & bois de la généralité
d'Auch , des affignations à lui données au
parlement de Touloufe par la dame la Flambelle & Laurent Cournac; ordonne que les
jugemens du bureau des finances d'Auch ,
feront éxécutés , défend aux oficiers de la
chancellerie de Touloufe & à tous autres
de fceller à l'avenir des lettres d'apel des
jugemens dudit bureau des finances , qui ne
porteront pas de condamnation au-deffus de
250 livres ; & des jugemens interlocutoires , ni même des définitifs fujets à l'apel ,
qu'au préalable les apellans n'aïent fait

aparoir de l'éxécution des jugemens fujets à l'apel, & raporté la quitance du receveur, des fommes auxquelles ils auront été condamnés par lefdits jugemens ; laquelle quitance fera vifée dans les lettres d'apel, à peine de nullité, & condamne ladite la Flambelle & Cournac au coût de l'arrêt.

Autre Arrêt du confeil du 21 Janvier 1727, qui ordonne l'éxécution des édits des mois d'Avril 1627, Avril 1685, Décembre 1701 & Février 1704, & des arrêts du confeil des 13 Novembre 1703, 25 Novembre 1710, & 24 Février 1726 ; en conféquence, fans préjudice de l'apel, ordonne l'éxécution par provifion d'une fentence de la chambre du domaine de Paris, & que conformément à icelle, le fieur Chevalier, notaire au châtelet de Paris, remettra au receveur général des domaines les 2100 livres à lui dépofés, provenans du prix d'une charge de brifeur de fel, dont étoit pourvû Touffaint Beauvais, mort dans un état inconnu (c'eft-à-dire état d'origine.)

Arrêt du confeil du 25 Février 1727, qui ordonne l'éxécution de l'édit du mois de Février 1705, (portant que les receveurs généraux des domaines ne pouront être traduits en aucunes autres jurifdictions, pour les fonctions de leurs charges, que dans les bureaux des finances & chambres des domaines) & de l'arrêt du confeil du 24 Septembre 1726 ; caffe des lettres d'apel obtenuës en la chancellerie de Touloufe par le fieur Dendoufiele, & ce qui s'eft enfuivi, ordonne l'éxécution des jugemens du bureau des finances d'Auch par provifion. Fait itératives défenfes d'expédier des lettres d'apel des jugemens des bureaux des finances, s'il n'eft aparu de leur éxécution, & que la quitance du receveur ne foit vifée dans les lettres.

Arrêt du confeil du 8 Mai 1736, par lequel, fans s'arrêter à l'affignation donnée au confeil au receveur général des domaines & bois de Montauban, en vertu de lettres du grand fceau, ni à la déclaration d'apel des habitans de Pamiers au confeil d'état-privé, S. M. a caffé les lettres d'apel obtenuës en la chancellerie du parlement de Touloufe par les confuls & communauté de Pamiers ; ordonné l'éxécution provifoire du jugement du bureau des finances de Montauban ; condamné lefdits confuls au païement des dépens liquidés par l'éxécutoire dudit bureau ; condamné auffi le fieur Caumuels, fecrétaire du Roi en ladite chancellerie, en 500 liv. d'amende, pour avoir fcellé les lettres fans qu'il fût aparu de l'éxécution du jugement, & que la quitance du receveur ne fut vifée dans les lettres ; & réitéré les défenfes précédentes à cet égard.

Arrêt du confeil du 30 Juin 1739, au fujet d'une fentence d'apointé prononcée au bureau des finances de Roüen, dont M. le préfident de Mefnieres avoit relevé apel au parlement ; qui fait défenfes à toutes perfonnes d'interjetter apel des jugemens d'inftruction rendus aux bureaux des finances ; & aux oficiers de la chancellerie, près le parlement de Roüen, de fceller les reliefs d'apel defdits jugemens, qui leur feront préfentés, fous les peines portées par les réglemens.

Voïez *Bureau des finances.*

APELS *des ordonnances de Mrs les intendans*, au fujet des droits dont la connaiffance leur eft attribuée, & qui font partie de ceux dont il eft traité dans cet ouvrage, ne peuvent être portés qu'au confeil des finances ; on ne peut attaquer ces ordonnances, lorfqu'elles font contradictoires, que par la voïe d'apel ; & l'apel ne peut en fufpendre l'éxécution : elles doivent être éxécutées provifoirement, nonobftant opofitions ou apellations quelconques, fuivant les arrêts du confeil des 11 Septembre 1703 & 25 Mai 1720, & le réglement du confeil du 28 Juin 1738, art. 2, du titre 8.

Voïez *Ordonnances.*

APOINTEMENS,

APOINTEMENS, *ou gages attachés aux charges & commiffions.*

Les apointemens des diférens emploïés des fermes ne peuvent être faifis par leurs créanciers fous quelque prétexte que ce foit.

L'art. 14 du titre commun pour toutes les fermes de l'ordonnance du mois de Juillet 1681, porte que les gages de ceux qui font emploïés par les fermiers des droits du Roi & par leurs procureurs & fous-fermiers, ne pourront être faifis à la requête de leurs créanciers, fauf à eux à fe pourvoir fur les autres biens ; & fi aucunes faifies étoient faites, S. M. leur en fait main-levée, & décharge les débiteurs defdits gages, des affignations qui leur feront données pour afirmer, ainfi que des condamnations qui pourront intervenir.

L'art. 432 du bail de Domergue du 18 Mars 1687, réitère ces difpofitions, dont l'éxécution a été ordonnée en faveur d'un commis par décifion du confeil du 4 Février 1725. *Voïez* encore l'art. 582 du bail de Forceville du 16 Septembre 1738, portant que, fous aucun prétexte, les apointemens des commis, capitaines, gardes, & autres emploïés des fermes ne pourront être faifis ; & que s'il en étoit fait aucune faifie, elle demeurera comme non avenuë.

Il a été jugé par arrêt du confeil du 21 Mars 1749, en faveur de M. de Crébillon, à l'occafion de fa tragédie de *Catilina*, que les produétions de l'efprit ne font point au rang des effets faififfables ; les apointemens des emploïés doivent être à plus forte raifon privilégiés, par ce qu'ils font affeétés à leur fubfiftance, & qu'ils ne font dûs qu'à raifon de l'éxercice des fonétions de l'emploi : s'ils étoient ajugés à un créancier, l'emploïé ne pouvant plus fubfifter de fon emploi, en cefferoit les fonétions, & les apointemens cefferoient également ; le créancier n'auroit plus cet objet ; & de la ceffation de l'éxercice, il réfulteroit, dans la régie des fermes du Roi, un préjudice que S. M. a voulu prévenir.

APOINTEMENT *de procédure*, eft le réglement du juge, fur lequel une inftance s'inftruit par produétion de titres, preuves de faits, écritures, &c.

Si deux parties font apointées à faire preuve réciproquement des faits qu'elles avancent, on a prétendu que l'une & l'autre devoit retirer une expédition de l'apointement, l'une ne pouvant pas entreprendre fa preuve & affigner à cet éfet les témoins fur la copie qui lui auroit été fignifiée de la part de fa partie adverfe ; de manière que lorfque l'apointement étoit émané d'une jurifdiétion roïale, les droits de gréfe & de petit-fcel devoient être païés pour les deux expéditions. On fe fondoit même fur un arrêt du confeil rendu le 23 Mai 1719, contre les procureurs de Provence, portant qu'en toutes caufes où il y aura eu jugemens, arrêt de remife, ou apointement d'inftruétion, lefdits procureurs ne pourront être ouïs ni aucunement procéder en éxécution d'iceux, qu'au préalable ils n'aïent été levés au gréfe & fignifiés ; avec défenfes d'y fupléer par des aétes fignifiés entr'eux ou autrement.

L'affaire portée au confeil au fujet des apointemens en preuve refpeétive, il a été décidé le 22 Oétobre 1755, que relativement au fermier du domaine, il fuffit qu'il y ait une expédition levée, fcellée & fignifiée ; & que l'autre partie peut agir fur la copie qui lui a été fignifiée. Cela eft jufte : tout l'intérêt du fermier eft qu'on ne fe ferve point d'aétes fans en acquitter les droits, & à cet éfet d'empêcher que les procureurs ne cherchent à fupléer à l'expédition des jugemens, par des fignifications entr'eux, ainfi qu'il eft dit par l'arrêt de 1719. Mais lorfqu'un jugement eft levé & les droits payés, la partie à laquelle il eft fignifié, peut inconteftablement agir fur cette fignification, fans être tenuë de lever au gréfe une autre expédition du jugement.

APOSITION *de fcellés*, eft l'aplication d'un fceau par les oficiers qui en ont le droit, fur les coffres, armoires & autres lieux où font renfermés les meubles, éfets & papiers d'un défunt ou d'un abfent, foit pour la confervation des droits des héritiers ou des créanciers, foit pour l'intérêt du Roi & du public.

Par l'édit du mois de Novembre 1696, portant création d'ofices de garde-fcels, il fut ordonné que les juges qui voudroient apofer les fcellés, feroient tenus de fe fervir defdits garde-fcels ; & leur droit fut fixé par le tarif du 27 du même mois, à raifon de 30 f. par chaque vacation, pour les apofitions & reconnaiffances de fcellés.

Ces ofices furent unis & incorporés aux jurifdictions par la déclaration du Roi du 6 Mai 1698, avec les gages y attribués, fans néanmoins que les oficiers puffent prétendre les droits de fcel, qui furent réfervés pour être perçus au profit du Roi.

Ces droits furent mis en ferme, & confervés au fermier par les art. 10 & 11 de la déclaration du Roi du 10 Novembre 1699, pour lui être remis fans frais par les oficiers, juges, commiffaires, gréfiers, ou autres qui procéderoient aux apofitions de fcellés ; & la quotité en fut règlée de nouveau, à raifon de 30 f. pour chaque vacation, par le tarif du même jour, fous la fimple dénomination de *fcellés aux inventaires*.

Il fut créé au mois de Mars 1702, des ofices de commiffaires & gréfiers aux inventaires, avec le droit d'apofer les fcellés & faire les inventaires ; en conféquence, le Roi ordonna, par arrêt du confeil du 11 Juillet 1702, que les fermiers des droits de petit-fcel, ne pouroient s'immifcer à l'apofition d'aucuns fcellés, foit fur les éfets des défunts, foit dans les autres cas ordonnés par juftice ; lefquels fcellés ne pouroient être apofés ni levés que par lefdits commiffaires aux inventaires, à la charge par les gréfiers aux inventaires de percevoir les droits apartenans aux fermiers des petits-fceaux, & de leur en re-

mettre le produit fans frais, au fur & à mefure qu'ils les recevroient ; auquel éfet ils feroient tenus de communiquer auxdits fermiers les minutes des procès verbaux d'apofition & levée de fcellés toutefois & quantes.

Par arrêt du confeil du 12 Octobre 1706, il fut jugé que la fupreffion ordonnée par édit du mois d'Août précédent, des droits de fcel des actes des notaires, n'influoit aucunement fur les apofitions de fcellés ; & en conféquence, le Roi ordonna que les droits de fcel defdites apofitions feroient païés comme ils l'avoient été par le paffé, & conformément à la déclaration & au tarif de 1699.

Par la feptiéme claffe du tarif du 20 Mars 1708, (qui eft celui qui fubfifte aujourd'hui pour le petit-fcel) il eft dit que *pour les fcellés aux inventaires*, il fera païé pour chaque vacation, jufqu'à la confection de l'inventaire, 37 f. 6 d. Ce tarif fe fert des mêmes termes que celui de 1699, pour défigner l'apofition & levée de fcellés qui fe fait, tant avant l'inventaire, que pendant fa durée à chaque vacation.

Les ofices de commiffaires & de gréfiers aux fcellés & inventaires, créés en 1702, furent fuprimés par édit du mois de Septembre 1714, & leurs fonctions renduës à ceux qui avoient droit de les faire ; enforte que ceux qui, comme oficiers roïaux, font des procès verbaux d'apofition & levée de fcellés, font tenus d'en porter les minutes au bureau du fermier, pour être les droits de petit-fcel, perçus & païés fur le pié fixé par le tarif du 20 Mars 1708. C'eft même ce qui a été décidé au confeil le 11 Mars 1726, contradictoirement avec le procureur du Roi du bailliage & fiége préfidial de Metz.

Il n'y a point de délai fixé pour cet objet ; mais il y doit être fatisfait avant que l'expédition du procès verbal d'apofition de fcellés, puiffe être délivrée, à peine de

100 liv. d'amende , conformément aux règlemens concernant lefdits droits de petit-fcel , & notamment à la déclaration de 1699. C'eft même ce qui a été précifément ordonné par l'article 1er d'une ordonnance de M. Pontcarré de Viarme , intendant de Bretagne, du 9 Juin 1742. L'art. 3 de cette ordonnance porte auffi , que , lorfque les inventaires n'auront pû être faits fans une apofition de fcellés préalable , dont le procès verbal n'aura pas été fcellé lors de la préfentation de l'inventaire au bureau du contrôle & du fcel, les gréfiers feront tenus de repréfenter la minute du procès verbal d'apofition de fcellés , pour être fcellée & les droits païés, à peine de 100 l. d'amende, & de la reftitution du droit de petit-fcel.

Le droit de petit-fcel de l'apofition de fcellés doit être païé avant que de procéder à l'inventaire , quand même il ne feroit point délivré d'expédition de l'apofition ; à moins cependant qu'il n'ait été procédé de fuite à l'inventaire ; auquel cas , les droits de l'apofition , & ceux de l'inventaire , fe perçoivent en même tems. C'eft le cas de l'aplication de l'art. 3 de l'ordonnance qu'on vient de raporter.

Comme le droit de petit-fcel de l'apofition de fcellés eft dû pour les fcellés mêmes , & qu'il doit être quitancé fur la minute, il s'enfuit que les expéditions du procès verbal d'apofition & levée de fcellés , ne font point de nouveau fujétes au petit-fcel , & qu'il fuffit que celui qui délivre l'expédition y faffe mention de la quitance du droit portée fur la minute.

Les états de la province de Bretagne aïant demandé , par l'art. 14 de leur mémoire de l'année 1754 , qu'il fut fait défenfes au fermier d'éxiger les droits de petit-fcel pour les fimples procès verbaux d'apofition de fcellés , prétendant que le droit fixé par le tarif ne concernoit que les inventaires , il fut décidé au confeil , le 22 Juillet 1754 , que *cette demande de leur part n'avoit d'autre fondement qu'un*

défaut d'expreffion dans le tarif, du terme de procès verbaux d'apofition de fcellés ; mais que les règlemens , dont la déclaration du 20 Mars 1708 ordonne l'éxécution , ne laiffent aucun doute fur la perception du droit dont il s'agit ; qu'en éfet , en remontant à l'origine , on voit que l'édit de Novembre 1696 attribuë un droit aux gardes-fcels , pour les apofitions & reconnaiffances de fcellés ; & que ce droit eft fixé par le tarif arrêté le 27 du même mois.

Les apofitions de fcellés ne font fujétes au contrôle des actes , que lorfqu'elles font faites par des notaires , comme en Normandie , & en quelques autres provinces : le droit de petit-fcel eft dû en outre , comme on vient de l'expliquer ; mais fi les fcellés font apofés & levés par les commiffaires-enquêteurs, par les gréfiers des fiéges, ou autres oficiers , leur procès verbal eft réputé acte judiciaire , émané de la juftice dont ils font oficiers , & par conféquent il n'eft point fujet au contrôle , mais feulement au petit-fcel.

Lorfque le procès verbal eft fujet au contrôle , & qu'il eft pur & fimple , il n'eft dû que dix fols pour le droit ; mais fi en même tems il contenoit defcription des éfets , ce feroit un inventaire , dont le droit de contrôle feroit dû comme il eft réglé pour les inventaires. *Voïez* la décifion du confeil du 22 Janvier 1756 , qui réforme une ordonnance de M. l'intendant d'Alençon. Il s'agiffoit d'un procès verbal fait par un notaire à la requête du procureur du Roi , pour la confervation des intérêts d'héritiers abfens ; ce procès verbal contenoit apofition de fcellés , & defcription de prefque tous les éfets ; enfuite , un neveu du défunt déclaroit être faifi de quelques billets apartenans à la fucceffion. Le commis avoit perçu 100 liv. pour le droit de contrôle , faute d'évaluation ; & M. l'intendant aïant réduit le droit à 10 f. comme fimple apofition de fcellés , le confeil a jugé la perception du commis régulière ; parce qu'un procès verbal d'apofition de fcellés , fait feulement mention des endroits où le fcellé a été apofé , & n'entre dans le détail , ni dans la defcription que des meubles & éfets qui n'ont pû être renfermés , & fur lefquels le fcellé n'a pû être apofé.

A l'égard des fcellés après la mort d'emploïés , de comptables , & de ceux dont la fucceffion eft dévoluë au Roi , à titre d'aubaine , bâtardife ou autrement ; *Voïez* ci-après *Inventaires*.

APRÉCIATIONS *de grains* , font des actes qui fe font en juftice , pour conftater fur le raport des marchands , la valeur ou le prix de la vente de chaque efpéce de grains , chaque jour de marché.

Les extraits qui en font délivrés par les gréfiers des fiéges roïaux , ne font point fujets au *petit-fcel* ; ils font de la nature de ceux qui en ont été exceptés par la feptiéme claffe du tarif du 20 Mars 1708 ; & cela a même été ainfi jugé par décifion du 22 Mai 1748 , fur mémoire de la dame de Graville.

Toutes les fois qu'il s'agit , pour la fixation des droits de contrôle , centiéme denier ou autres , d'évaluer des revenus en grains , l'on doit faire une année commune des dix dernières : c'eft une règle que le confeil a prefcrite diférentes fois , & notamment par fa décifion du 14 Février 1750.

APRENTISSAGE. Voïez *Brevet*.

APROPRIÉMENT , formalité ufitée en Bretagne , pour rendre irrévocable la tranflation de propriété , & qui produit les éfets du décret volontaire. *Voïez* l'art. 269 de la coûtume de Bretagne , & ci-après *Décret volontaire*.

ARBITRES , font les perfonnes que des parties nomment par un compromis , pour terminer leurs diférends & règler leurs prétentions. Le compromis doit être contrôlé avant que de pouvoir rendre la fentence arbitrale ; & cette fentence doit

être dépofée & contrôlée. Voïez *Compromis* ; *Gréfiers* des arbitrages ; & *Sentences* arbitrales.

ARCHIVES *de france* , font à la chambre des comptes & aux bureaux des Finances ; ce font les lieux où font dépofés les anciens regiftres publics & tous les titres du Roïaume.

Les receveurs généraux des domaines , & les Fermiers des domaines doivent y avoir une libre entrée pour prendre communication des titres , fans déplacer. Lettres patentes du 12 Juillet 1687 ; art. 19 , de l'édit du mois de Décembre 1701 ; art. 541 du bail de Carlier , du 19 Août 1726. *Voïez* auffi l'art. 518 du bail de Forceville , du 16 Septembre 1738 , portant que les oficiers des chambres des comptes & bureaux des finances , feront tenus de donner communication, fans déplacer, à l'adjudicataire des fermes , fes fous-fermiers , procureurs & commis , de tous les titres , papiers & enfeignemens concernant les domaines , même de leur en délivrer des copies & extraits , en païant feulement les frais & débourfés.

ARCHIVES ; *gardes & dépofitaires des archives* , des cours , fiéges & jurifdictions roïales.

Il fut créé par édits des mois de Janvier & Juillet 1708 , & Mars 1709 , des ofices de gardes & dépofitaires des archives dans toutes les cours & dans les diférens fiéges roïaux , avec attribution de droits fixes pour l'enregiftrement des provifions & pour les réceptions des diférens oficiers defdites cours & fiéges. Il leur fut en outre attribué un fôl pour livre du montant de tous les dépens , dommages & intérêts.

Ces ofices furent fuprimés par l'art. 1 , de l'édit du mois d'Août 1716 , & les droits qui leur étoient attribués , furent réfervés pour être perçus au profit du Roi , fur le pié du tarif du 8 du même mois d'Août 1716.

Par la déclaration du Roi du 3 Août 1732, article 2, les droits des gardes des archives sur les réceptions d'oficiers seulement, furent totalement éteints & suprimés ; & par l'art. 3, il fut ordonné que les droits qui leur avoient été attribués sur les dépens, dommages & intérêts, continueroient d'être perçûs, sur le pié de la modération qui en a encore été faite par le même article. Ces droits font partie de ceux qui se perçoivent sous le titre de contrôle des dépens. Voïez *Droits réservés*, § 2.

ARONDISSEMENT *des bureaux* du contrôle des actes & de l'insinuation, *&c.* c'est l'étendue de chaque bureau, avec la fixation des paroisses, villages, hameaux & autres lieux qui en dépendent.

Les actes des notaires & des gréfiers, doivent nécessairement être contrôlés au bureau, dans l'arondissement duquel se trouve la résidence de l'oficier qui a reçu ces actes. Voïez *Notaires*, §. 4.

Il y a également des bureaux fixes pour le contrôle des actes sous-signature privée. *Voïez* ci-devant *Actes* sous-signature privée, §. 10, p. 52.

Quant au bureau où l'on doit faire contrôler les exploits. Voïez *Contrôle* des exploits, §. 2.

Les droits de centième denier dûs pour les actes translatifs de propriété, & pour les mutations à titre successif, en ligne collatérale, doivent être païés au bureau dans l'étendue duquel les biens font situés. Les commis ne doivent absolument pas recevoir ces droits pour d'autres biens ; c'est une défense qui leur a été faite une infinité de fois, & qui se trouve même réítérée par leur commission ; s'ils y contreviennent, ce ne peut être que par des motifs d'intérêt, qui doivent être punis ; non-seulement ils dérangent l'ordre de la régie, mais encore ils exposent les parties à des demandes de la part des commis des bureaux où ces droits devoient

être acquités ; ce n'est point assez de faire suporter les frais de ces pourfuites à ceux qui les ont occasionnés, en recevant ce qui devoit être païé dans un autre bureau : on doit les destituer de l'emploi.

A l'égard des donations entre-vifs, elles ne peuvent être insinuées, ni les droits dûs pour l'insinuation être perçûs que dans les bureaux désignés par la déclaration du Roi du 17 Février 1731. Voïez *Donations* entre-vifs.

Décision du conseil du 16 Février 1735, au sujet d'un inventaire fait par le lieutenant général de Bourges, dans la généralité d'Orléans, où il a été contrôlé. Décidé qu'il devoit être contrôlé à Bourges, & que le droit sera restitué au fermier de cette généralité.

Décision du 27 Novembre 1728, qui déboute le sieur le Lioux, Marchand à Malicorne, de sa demande, tendante à faire insinuer le contrat d'une acquisition qu'il avoit faite, à un autre bureau que celui de l'arondissement de la situation des biens ; son objet étoit d'en ôter la connaissance aux habitans des lieux.

Autre décision du 10 Décembre 1746, sur mémoire du sieur de saint Luc, qui demandoit à faire insinuer à Paris une acquisition de biens situés près Monfort-l'Amaury ; décidé que le contrat doit être insinué, & le droit païé à la situation des biens.

Suivant l'article 19 de l'édit du mois de Décembre 1703, les gréfes (ou bureaux) des insinuations ne pouvoient être établis qu'auprès des siéges roïaux ordinaires, pour y insinuer tous les actes concernant les personnes domiciliées, ou les biens situés dans le ressort de ces siéges. Il y fut dérogé par l'article 22 de la déclaration du 19 Juillet 1704, qui permit à Miger, chargé de la vente des ofices de gréfiers des insinuations, d'établir pour la facilité du public, un ou plusieurs bureaux dans l'étendue du ressort de chaque siége roïal.

Cela ne concerne point les donations

entre-vifs , qui depuis 1731 ont leurs règles particulières , comme on vient de le dire ; mais feulement les infinuations de tous autres actes , & les droits de centiéme denier des mutations ; il en réfulte un avantage & une plus grande commodité pour le public. Mais ces bureaux dèvroient être fixés de manière que leur arondissement ne paffât pas les limites du reffort de la jurifdiction roïale ordinaire dans l'étenduë de laquelle ils font établis. Alors on rempliroit l'efprit du légiflateur qui a voulu que dans une juftice roïale , il ne fut fait d'infinuation ni reçu de droits de centiéme denier , que pour ce qui eft dans le reffort de la même juftice. Voïez *Acquifition.*

ARPENTEURS , font des pourvûs d'ofices créés dans le roïaume par édit du mois de Mai 1701 , pour faire les arpentages & prifées des terres ; & il leur fut enjoint par cet édit de faire *contrôler* tous les actes qu'ils pafferoient , dans les tems réglés pour cet éfet , fous les peines portées par les édits & règlemens faits fur la perception des droits de contrôle des actes des notaires.

L'article 72 du tarif du 29 Septembre 1722 , fixe à 10 fols le droit de contrôle des procès verbaux de raport d'experts, ceux des arpentages , mefurages , prifages , vérifications , eftimations de réparations & dégradations , & autres de pareille nature , reçus par les notaires , gréfiers arpenteurs roïaux , gréfiers des experts ou de l'écritoire & autres qui en ont la faculté.

Les procès verbaux dont le droit eft fixé par cet article , font ceux par lefquels l'arpenteur ou l'expert parle feul , pour conftater un fait purement de fon miniftère , fans que les parties interviennent pour faire aucun règlement entr'elles ou fe foumettre à ceux faits par l'arpenteur : dans ce cas , le droit de contrôle feroit dû relativement à ces difpofitions.

Décifion du confeil du 12 Février 1746, qui confirme une ordonnance du fubdélégué de l'intendance de Soiffons , par laquelle Jacques le Quint , arpenteur à Ribemont, a été condamné en 200 livres d'amende pour n'avoir pas fait contrôler dans la quinzaine un acte d'arpentage & fubdivifion de biens.

Décifion du confeil du 21 Décembre 1748 , qui confirme une ordonnance de M. l'intendant d'Orléans , renduë contre Jean Bourgogne , arpenteur , pour n'avoir pas fait contrôler plufieurs procès verbaux d'arpentage. Ses moïens étoient qu'il n'eft pas arpenteur roïal , & que la plûpart de fes procès verbaux , font des mefurages faits à l'amiable , & fans contradicteur. Mais il n'étoit pas moins affujéti à les faire contrôler : il avoit même délivré quelques expéditions.

Autre décifion du 9 Décembre 1751 , contre le nommé Rouffel , arpenteur en la maitrife de Noyon , au fujet de deux procès verbaux d'arpentage de bois , trouvés au gréfe de la maitrife ; il a opofé à la demande des droits de contrôle ; & des amendes encouruës , qu'il n'eft pas notaire ; & qu'il ne s'agit que de plans qu'il a faits à la requifition du procureur du Roi de la maitrife. Jugé en conformité de l'art. 72 du tarif, que les droits de contrôle font dûs & les amendes encouruës.

Voïez encore *Procès verbaux.*

ARRESTS *du confeil du Roi,* font explicatifs , ou fimplement confirmatifs d'une loi précédemment faite par édit , déclaration , ou lettres patentes.

Les uns font rendus en commandement , du propre mouvement du Roi , pour fervir de règlement.

D'autres , rendus fur des conteftations particulières , font contradictoires , ou fur requête & par défaut ; les premiers fervent auffi de règlement , lorfqu'à la difpofition qui juge la conteftation , il en eft ajoûté une pour faire obferver ce jugement dans l'étendue d'un territoire, d'une province, ou de tout le roïaume.

Les arrêts en commandement font fignés par un fecrétaire d'état ; au lieu que les autres font feulement fignés par celui des gréfiers du confeil, fecrétaires des finances, qui eft de quartier ; mais, la minute eft toujours fignée de M. le chancelier & du raporteur.

Un arrêt du confeil, qui juge fimplement une queftion qui ne s'étoit point encore préfentée, & qui ne contient point de difpofition générale à cet égard, eft un préjugé que l'on doit fuivre, mais, qui n'eft confidéré comme règle, que lorfque la même queftion s'étant préfentée de nouveau, a encore été jugée de la même manière. Alors, ces arrêts conftatent l'ufage, & forment une jurifprudence qui doit être éxactement obfervée.

Comme il n'eft pas poffible de tout prévoir par un édit, ou par une déclaration, il eft indifpenfable que les queftions qui naiffent fur l'éxécution de ces loix primitives, foient décidées par ceux auxquels le Roi en a donné le pouvoir, ou par S. M. même.

Seul & fouverain légiflateur dans fon roïaume, comme ne tenant fa puiffance que de Dieu, le Roi eft le maître, en établiffant des droits, de prefcrire la forme & l'ordre de leur adminiftration & de leur perception ; &, par conféquent, d'en attribuer la connoiffance aux juges qu'il plaît à S. M. de choifir. Nos Rois ont toujours ordonné de la jurifdiction en cette matière, ainfi qu'ils ont jugé le plus convenable pour le bien des affaires du roïaume, & pour celui de leurs fujets.

Les diverfes attributions de la connoiffance des conteftations fur les droits unis à la ferme des domaines, ont été faites à la condition de juger ces conteftations, en conformité des édits, déclarations & *arrêts du confeil* rendus au fujet defdits droits ; fauf l'apel, réfervé au Roi & à fon confeil. Edits des mois de Mars 1696, & Février 1704, & déclaration du 15 Juillet 1710.

Sur l'apel de ces jugemens, le confeil prononce par décifion ou par arrêt ; la multiplicité des affaires qui y font portées, détermine fouvent à ne donner qu'une décifion, afin d'éviter aux parties qui fuccombent, les frais du coût & de l'expédition d'un arrêt, & de la commiffion du grandfceau dont il doit être revêtu, pour être mis à éxécution.

Ces décifions & ces arrêts font ce qui forme la jurifprudence de cette partie d'adminiftration ; & cette jurifprudence du tribunal du fouverain légiflateur, fait une règle, qui ne peut recevoir d'atteinte que de l'autorité même qui l'a établie.

Les arrêts des cours fouveraines qui jugent les queftions non prévuës, & qui forment également une jurifprudence, n'ont l'autorité & la forme néceffaires pour les mettre à éxécution, que parce que le Roi, dans la perfonne duquel réfide toute juftice, eft réputé préfent à ces arrêts, & qu'ils font rendus au nom de S. M. *Voïez* Domat. liv. 1, du dr. pub. tit. 2, fect. 2, n. 11.

Le Roi eft toujours cenfé préfider à fon confeil ; tous les arrêts qui y font rendus, le font au nom de S. M. & le plus fouvent, elle y préfide en éfet, & décide elle-même les queftions qui y font agitées.

Les arrêts du confeil, rendus lorfque le Roi y a préfidé, annoncent la préfence de S. M. par ces mots au commencement : *Le Roi étant en fon confeil ;* & par ceux-ci à la fin : *Fait au confeil,* &c. *S. M. y étant.*

Il eft au furplus d'obfervation que nous ne parlons ici que des arrêts du confeil des finances, qui font les feuls qui puiffent faire règle fur les diférens droits des fermes ; lorfque les parties en obtiennent au confeil des dépêches ou autres, le fermier eft fondé en tout tems à y former opofition, s'ils font contraires aux principes, & à fe pourvoir au confeil des finances, pour y faire juger la queftion. Mais les arrêts rendus par M.rs les commiffaires de la grande direction ou autres bureaux, auxquels le confeil des

finances a renvoïé le jugement des inftances, fervent de règle, comme s'ils étoient
rendus au confeil des finances.

Les juges d'attribution font affujétis,
comme on l'a obfervé, à fe conformer à la
jurifprudence établie par les arrêts du confeil ; & ces arrêts font une règle que le
fermier doit indifpenfablement fuivre dans
l'adminiftration & la perception des droits
dont la régie lui eft confiée; tous les baux
des fermes lui en impofent la loi. *Voïez* les
art. 519 & 585, de celui de Forceville du
16 Septembre 1738. *Voïez* auffi l'arrêt du
confeil du 22 Mai 1759, qui caffe un arrêt
du parlement de Bretagne, qui donnoit atteinte à l'éxécution des arrêts du confeil,
concernant les droits aliénés aux états de
la province.

ARTOIS, province dè France, qui a
fait partie du domaine le plus ancien de la
couronne. Après en avoir été défunie pendant quelques fiécles, elle a été prife par
Loüis XIII. en 1640, & réunie à la couronne par les traités des Pyrennées & de
Nimégue, de 1659 & 1678. Elle fut érigée en comté par faint Loüis, en faveur
de fon frère Robert. Les droits du Roi,
fur l'Artois, font établis par M. Dupuy,
dans fon traité des droits du Roi, édition
de Roüen, 1670, page 177 & fuivantes.

Les originaires du comté d'Artois ont
été déclarés Français naturels. Déclaration
du 21 Juin 1666.

Par déclaration du Roi du 20 Juillet
1700, M. de Bagnols, intendant à Lille,
fut commis pour procéder à la requéte du
procureur du Roi au bureau des finances
de Lille, pourfuite & diligence du fermier des domaines, à la recherche & réformation des *domaines* & confection des
papiers terriers dans la province de Hainault, châtellenie de Lille, païs de Laleu,
Tournay & Tournefis, Cambray & Cambrefis, *Artois &c.* & il fut ordonné que
les poffeffeurs des fiefs ou d'héritages en
cenfive, mouvans de S. M. fourniroient

des déclarations en langue françaife ; même les poffeffeurs de *francs-aleux*, nobles ou roturiers, des dénombremens
éxacts de ce qu'ils poffédent en franc-aleu,
ainfi qu'il a toujours été pratiqué.

Les droits d'*échange* ont été aliénés
dans le païs d'Artois, par arrêt du confeil
du 10 Août 1700. *Voïez* Amiens.

La province d'Artois a été exceptée de
l'établiffement du *contrôle* des actes par la
déclaration du 14 Juillet 1699. Elle a
pareillement été difpenfée de l'*infinuation*
établie par l'édit du mois de Décembre
1703. *Voïez* la déclaration du 15 Septembre 1704.

Par autre déclaration du Roi du 17 Janvier 1736, S. M. a déclaré n'avoir entendu comprendre la province d'*Artois*, dans
les art. 19 & fuivans, de l'Ordonnance du
mois de Février 1731, jufqu'à l'art. 32,
y dérogeant pour ce regard feulement ;
en conféquence, il a été ordonné qu'en
ce qui concerne la formalité de l'*infinuation*, il en fera ufé dans ladite province
ainfi que par le paffé, & avant l'ordonnance de 1731, laquelle fera au furplus
éxécutée felon fa forme & teneur.

Le Roi aïant par édit du mois de Mars
1714, réuni au domaine tous les droits de
contrôle des actes, S. M. fixa par arrêt du
20 du même mois à la fomme de 18000 liv.
par an, l'abonnement de ces droits dans
l'étenduë du païs d'*Artois*.

Les aliénations & abonnemens aïant été
de nouveau revoqués par la déclaration
du 29 Septembre 1722, la province d'*Artois* fût déchargée de l'éxécution de cette
déclaration, par arrêt du confeil du 24
Décembre 1726, en païant par forme d'abonnement pour lefdits droits de contrôle
des actes des notaires, gréfiers & autres
perfonnes publiques, de ceux fous-fignature privée, droits d'infinuation laïque,
centième denier, petit fcel, & droits dûs
pour les ufages, la fomme de 90000 liv.
par an, pendant le cours du bail de Carlier,
commençant

commençant au 1er Janvier 1727 , pour six années. Au furplus , par cet arrêt , il fut ordonné que les règlemens faits pour empêcher les abus & contraventions d'une province à une autre feroient éxécutés.

Cet abònnement a été renouvellé par arrêt du confeil du 13 Janvier 1733 , pour fix années , aux mêmes prix & conditions ; continué de même par arrêt du 15 Juillet 1738 , & lettres patentes du 14 Octobre fuivant ; & réïtéré par autre arrêt du 15 Octobre 1743 , pour les fix années commençantes au 1er Janvier 1745 , toujours aux mêmes prix & conditions.

Il a été pareillement renouvellé pour le bail de 1751 & pour le bail de Pierre Henriet , commencé le 1er Janvier 1757 , aux mêmes prix , claufes & conditions , par arrêts des 28 Octobre 1749 , & 4 Novembre 1755.

Il eft ordonné , par ces arrêts d'abonnement , que tous les contrats & actes paffés par les notaires d'*Artois* , entre des domiciliés dudit païs , ou autres parties , pourvû que l'une d'elles foit domiciliée en Artois , pourront être éxécutés, & produits en juftice dans toutes les autres provinces du roïaume , fans être affujétis au contrôle ni à l'infinuation , dérogeant , pour ce regard feulement , à l'art. 1er de la déclaration du 19 Mars 1696 , qui fera au furplus éxécuté felon fa forme & teneur ; & que le prix de l'abonnement fera réparti & païé ès mains du receveur général des fermes à Paris , de quartier en quartier.

Voïez les décifions du confeil des 10 Novembre 1742 , & 8 Mai 1745 , qui déchargent du droit de contrôle prétendu par le fermier , pour des actes paffés en Artois , attendu que l'une des parties réfidoit dans l'Artois , & que par conféquent les actes y avoient été valablement paffés , aux termes des arrêts d'abonnement.

Mais fi les actes étoient paffés en *Artois* entre des domiciliés d'un païs où le

Tome I.

contrôle eft établi , il y auroit contravention aux règlemens raportés ci-devant , Verb. *Actes paffés* en païs éxemts de contrôle , pag. 80 ; & les parties ne pouvant profiter d'un abonnement qui n'a pas été accordé pour elles , feroient tenuës , outre l'amende , de païer les droits au fermier des domaines du lieu de leur domicile. *Voïez* , à l'endroit qu'on vient de citer , la décifion du 31 Juillet 1745 , contre la dame veuve Darfy , au fujet de fon contrat de mariage paffé en *Artois* , quoique fon mari ni elle n'y fuffent pas domiciliés.

Décifion du confeil du 10 Novembre 1742 , qui décharge du droit de contrôle demandé par le fermier des domaines de Picardie , pour une donation de biens fitués en *Artois* , faite devant les notaires d'Artois , par un donateur domicilié en Flandre (païs abonné) en faveur d'un donataire de Picardie. L'acte étoit valablement paffé en Artois , puifque les biens y font fitués. Il pouvoit l'être en Flandre , & il n'y avoit aucun motif de le paffer en Picardie.

Autre décifion du 8 Mai 1745 , qui juge qu'un contrat de vente de biens fitués à Angers , paffé dans l'*Artois* par des vendeurs qui y font domiciliés , n'eft point fujet au contrôle , & qu'il doit être fimplement infinué à Angers. La fituation des biens n'étoit pas un motif pour demander le droit de contrôle ; le vendeur étant domicilié en Artois , le contrat y avoit été valablement paffé , & dès-lors on ne pouvoit prétendre qu'il dût être contrôlé.

Par arrêt du confeil du 21 Janvier 1749 , il eft défendu aux notaires tabellions , gréfiers , prévôts , magiftrats , baillifs , maires , échevins , gens de loi , & autres , faifant fonctions de perfonnes publiques dans les provinces de Flandre , Haynault & *Artois* , de remettre aux parties les minutes des actes tranflatifs de propriété ; il leur eft enjoint de tenir des regiftres defdites minutes , & de tenir auffi des répertoires ou protocoles defdites minutes & regiftres, en la forme prefcrite par la déclaration du 9 Mars 1698; de communiquer, tant les minutes & regiftres, que les répertoires, au fermier des domaines & à fes prépofés, & de lui en délivrer des extraits; enfin, il leur eft ordonné de faire mention dans les actes tranflatifs de propriété, de la nature des biens vendus, donnés, échangés, ou hipothéqués, s'ils font en fief ou en roture, & d'où ils relévent, foit du domaine, foit des feigneurs particuliers.

Par arrêt du confeil du 15 Mars 1723, il a été ordonné que le droit de *franc-fiefs* ne fera perçû dans la province d'*Artois* que fur le pié d'une année de revenu; & que les poffeffeurs roturiers qui auront païé ce droit, ne pouront, eux, ni leurs héritiers, être pourfuivis ni inquiétés pour raifon des biens, pour lefquels ils auront acquitté ledit droit, tant & fi longuement qu'eux & leurs héritiers en feront en poffeffion.

Ainfi, dans cette province, la mutation à titre fucceffif, n'eft pas un motif pour éxiger un droit de franc-fiefs du nouveau poffeffeur.

Par arrêt du confeil du 13 Juillet 1728, le fieur Fromentin, confeiller au confeil provincial d'Artois, a été déchargé du droit de *franc-fiefs*, fur le fondement que ce confeil eft du nombre des compagnies fupérieures, & qu'en conféquence il connoît en dernier reffort de diférentes matières. Cet arrêt a été rendu en conformité du dire de M. de Poilly, infpecteur général du domaine de la couronne.

Les droits de *nouvel-acquêt* des ufages des communautés laïques, font dûs en Artois, en conformité de l'arrêt du confeil du 21 Décembre 1723, & ils font compris dans les abonnemens raportés ci-deffus.

ARTS & *Métiers*. Voïez ci-après *Réception* des maitres, jurés, gardes & aprentifs des arts & métiers.

ASCENDANS, font les pères & mères & les aïeux dont on defcend en ligne directe; ils ne doivent aucuns droits feigneuriaux pour ce qui leur revient de la fucceffion de leurs enfans ou petits-enfans *ab inteftat*, ou en vertu de teftament; l'on doit regarder la donation, à caufe de mort, comme la fucceffion même: le père n'auroit rien dû en héritant, & il ne doit rien, lorfque ce qui lui eft légué lui feroit revenu fans le fecours du teftament. C'eft le fentiment de Guyot, pour les reliefs, dans fon traité des fiefs, tom. 2, pag. 102. *Voïez* les art. 311, 312, 313, 314 & 315 de la coûtume de Paris, fuivant lefquels les afcendans fuccédent aux meubles & acquêts de leurs enfans, même aux autres immeubles qu'ils leurs ont donnés, lorfqu'ils décédent fans enfans.

Il eft également de maxime conftante au confeil, que les afcendans ne doivent aucuns droits de centiéme denier ou d'infinuation, pour ce qui leur revient de leurs enfans à titre fucceffif ou de legs, lorfqu'en vertu de la loi, ils auroient pû recueillir les mêmes biens, fans le fecours d'une difpofition teftamentaire; quoique par l'art. 2 du tarif des infinuations, du 29 Septembre 1722, il n'y ait d'excepté du droit, que les teftamens faits en faveur des *defcendans* en ligne directe.

Ainfi les droits d'infinuation ou de centiéme denier ne font dûs par les afcendans, que lorfque le teftament de leurs enfans leur eft néceffaire pour recueillir ce qui leur a été légué.

Décifion du confeil du 28 Juin 1732, en faveur du fieur Vitaffe, qui a recueilli, par le décès de fa fille, un fief qui lui étoit propre maternel, fur le fondement que la mère étoit coufine du fieur Vitaffe, lequel fe trouvant dans la ligne, & plus proche en dégré, en a hérité par le décès de fa fille, & en vertu de la loi feulement. Jugé qu'il n'en doit point de centiéme denier.

Autre du 30 Janvier 1734 , qui décharge la veuve du fieur de Vitry du centiéme denier, d'une maifon qu'elle avoit donnée à fa fille , & qui lui eft revenuë par le décès de cette fille , conformément à l'art. 313 de la coûtume de Paris.

Autre du 1ᵉʳ Mars 1735 , qui condamne la veuve du fieur de la Garde , tréforier de France à Aix, au païement du droit d'infinuation du teftament de fa fille , par lequel elle a été inftituée héritière univerfelle.

Autre du 27 Mars 1736 , qui décharge Louis Aucomte, repréfentant Paul de Lamour, du centiéme denier des propres de fes enfans , dont il a hérité en vertu de la loi , à défaut d'autres héritiers.

Décifion du 16 Mars 1737, qui juge qu'il n'eft point dû d'infinuation pour conftitution de penfion faite par des enfans en faveur de leur mère , pour lui aider à vivre & à avoir des hardes. En éfet, c'eft plutôt l'acquit d'un devoir qu'une libéralité.

Lettre de M. de Fulvy , intendant des finances ; à M. l'intendant de Grenoble , du 29 Mars 1737, portant que les droits d'infinuation & de centiéme denier, ne font dûs par les afcendans des difpofitions teftamentaires, faites en leur faveur par leurs defcendans, que lorfque le teftament eft néceffaire à l'afcendant pour recueillir les biens.

Décifion du 29 Juin 1737, contre Jean Paul & confors , qui juge que le droit d'infinuation demandé par le commis de Mont-Didier , eft dû pour un acte de conftitution de rente viagère , en faveur de leur père , pour fa fubfiftance ; attendu que cette conftitution étoit en conféquence de la ceffion que le père leur avoit précédemment faite de tous fes biens.

Décifion du confeil du 14 Avril 1742 , contre la dame Talon , d'Aurillac en Auvergne , inftituée par le fieur Salnage , fon fils , héritière univerfelle en tous les biens à lui apartenans, du chef de fon père ; qui juge que le droit eft dû par cette dame, attendu que la coûtume n'accorde pas ce droit de fuccéder.

Autre du 1ᵉʳ Décembre 1742 , qui réforme une ordonnance de M. l'intendant de Bourges , & condamne la dame Chaferay, héritière de fa fille en vertu de teftament , à païer le centiéme denier des biens que poffédoit la fille du côté paternel ; & juge qu'il n'eft rien dû pour ceux provenans du côté maternel , que la mère lui avoit donnés en la mariant, parce qu'elle en héritoit de droit.

Autre du 11 Mai 1743 , qui réforme une ordonnance de M. l'intendant de Bourges , & juge que madame Delafond doit le centiéme denier des biens à elle légués par fon fils, qu'elle ne recueille que par la force de la difpofition teftamentaire.

Lettre écrite le 24 Juin 1743 , par M. le contrôleur général des finances , à M. l'intendant de Bourges, au fujet d'une donation à caufe de mort , faite au fieur de Sarzay par deux de fes filles avant leur profeffion en religion , de biens qui leur apartenoient de la fucceffion de leur mère. Cette lettre porte que le père doit inconteftablement le droit de centiéme denier defdits biens , ne pouvant les recueillir qu'en vertu de la donation.

Décifion du 5 Juin 1744 , contre madame la comteffe de Chavigny , légataire univerfelle de M. fon fils , qui la condamne à païer le centiéme denier des propres , & la décharge du même droit pour les acquêts , dont elle héritoit par la loi.

Autre du 20 Novembre 1745 , fur un nouveau mémoire de la dame Delafond , opofante à la décifion du 11 Mai 1743 , prétendant que les biens de fon fils lui apartiennent par la loi. Décidé que fi elle n'a pas befoin du teftament pour conferver les biens de fon fils, elle n'a qu'à renoncer à ce teftament par acte en bonne forme , & que le fermier ceſſera l'éfet de ſa demande.

Autre Déciſion du 9 Avril 1746 , contre ladite dame Delafond , portant qu'on ne peut rien changer aux précédentes déciſions , dont le motif eſt extrémement juſte.

Autre déciſion du 3 Mai 1749 , contre la dame veuve du Sr Pelet , héritière teſtamentaire de ſon fils , de biens en Languedoc ; jugé qu'elle en doit le centiéme denier , au païement duquel elle avoit été condamnée par M. l'intendant de Montpellier.

Autre du 14 Juin 1749 , contre M. le marquis de Langey , légataire de ſon fils , & qui ne pouvant , dans la coûtume de Paris , être héritier & légataire , a renoncé à la ſucceſſion pour s'en tenir au legs , par le moïen duquel il a recueilli des biens qu'il auroit eûs comme héritier. Jugé que ne tenant les biens qu'en vertu de la diſpoſition , il en doit le centiéme denier.

Déciſion du 4 Juillet 1749 , contre la dame Dombreval , légataire univerſelle de ſon fils , & qui a renoncé à la ſucceſſion pour s'en tenir au legs.

Autre dudit jour 4 Juillet 1749 , contre la marquiſe de Rovray , héritière & légataire de ſon fils ; qui juge qu'elle doit le centiéme denier de ce qu'elle recueille en vertu de la diſpoſition.

Déciſion du 16 Janvier 1751 , contre le ſieur Guillen , procureur du Roi au grenier à ſel de Château-Gontier , qui juge que le droit d'inſinuation eſt dû pour donation de l'uſufruit d'une rente conſtituée , faite par une fille qui ſe marie , & par ſon contrat de mariage , en faveur de ſa mère , pour lui procurer le moïen de vivre avec aiſance.

Autre du 20 Avril 1752 , qui décharge le ſieur Charton du centiéme denier de biens en la coûtume de Senlis , dont il a hérité par la mort de ſes enfans , auxquels ils avoient été donnés par des collatéraux ;

attendu que , ſuivant la coûtume & la juriſprudence , ces biens étoient acquéts en la perſonne des enfans , & que par conſéquent le père en héritoit de droit.

ASSIETTE ; fonds , emploi , déſignation d'une ſureté & d'une hipothéque pour les rentes.

Aſſiette de deniers dotaux. Voïez *Remploi.* Voïez auſſi *Dot.*

ASSURANCE eſt un acte , par lequel un marchand ou une compagnie répond à un particulier de marchandiſes ou éfets qu'il a ſur mer. L'aſſûreur éxige une certaine ſomme de l'aſſûré , à raiſon de tant pour cent de la valeur que l'aſſûré donne à ſes marchandiſes ; en conféquence , on lui répond que le vaiſſeau arrivera à bon port , ou de lui fournir la valeur deſdites marchandiſes , ſi elles ſont perduës.

Le droit de contrôle des aſſûrances pour les particuliers , & de celles pour le compte du Roi , priſes par les intendans & commiſſaires pour les fournitures de la marine , avoir été fixé par les articles 7 & 9 du tarif du 29 Septembre 1722.

Mais par arrêt du conſeil du 12 Août 1732 , les contrats & polices d'aſſûrance , ſoit qu'elles ſoient paſſées par devant les notaires roïaux , cenſaux , courtiers , agens de change , gréfiers des amirautés & des juriſdictions conſulaires ou autres qui ſont dans l'uſage de les recevoir , ſoit qu'elles ſoient faites ſous-ſignature privée , ont été *diſpenſées de la formalité & du païement du droit de contrôle des actes* ; dérogeant à cet éfet , à tous les règlemens à ce contraires.

ATERMOYEMENT eſt un contrat par lequel les créanciers accordent des délais à leur débiteur pour les païer , & une remiſe ſur leurs créances.

L'article 12 du tarif de 1722 , porte que le droit de *contrôle* en ſera païé à proportion de toutes les ſommes y contenuës , jointes enſemble , ſur le pié réglé par les articles 3 & 4.

C'eft-à-dire, que les diférentes créances doivent être réünies, pour ne percevoir qu'un feul droit fur le tout ; & même, ce droit n'eft dû que fur les fommes que le débiteur s'oblige de païer, déduction faite des remifes qui lui font accordées. Décifion du confeil du 20 Mars 1728, en faveur du fieur de Bonnaire, marchand à Amiens.

Autre décifion du 4 Juillet 1733, en faveur des fieurs Marlot & Vivien, fur un atermoïement, portant remife de 45 pour cent, qui font néanmoins réfervés pour être éxigés, fi le débiteur revient en fortune ; qui juge que le droit de contrôle n'eft dû que fur le reftant, déduction faite de la remife.

Autre du 17 Avril 1736, fur le mémoire des notaires de Touloufe, qui juge pareillement que le droit de contrôle des atermoïemens n'eft dû que fur le pié des fommes reftantes à païer, déduction faite des remifes.

Si les créanciers hipothéquaires, qui ne font point obligés d'entrer dans un atermoïement, & qu'on ne peut pas même y apeller, interviennent dans l'acte, & qu'ils foient païés de leurs créances, ce font autant de difpofitions particulières, dont le droit de contrôle eft dû pour chacune diftinctement, & indépendemment de celui dû pour l'atermoïement fur ce qui en fait l'objet.

Lorfque l'état ou bilan des dettes actives & paffives, a été préalablement contrôlé, & que l'atermoïement ne contient pas d'autres éfets, le droit de contrôle ne doit pas être perçû une feconde fois fur la maffe ; ainfi, il n'eft dû dans ce cas, pour l'atermoïement, que fur le pié d'acte fimple ; mais le droit d'*infinuation* eft dû en outre. Décifion du confeil du 15 Août 1723, en faveur du fieur Preville.

S'il eft fimplement accordé terme à un débiteur par un feul créancier, c'eft un acte fimple ; décifion du 31 Juillet 1723. Mais il faut diftinguer les actes foufcrits du débiteur, & qui peuvent fervir de titre obligatoire au créancier ; parce que dans ce cas le droit de contrôle feroit dû fur les fommes.

L'acte, par lequel les créanciers dérogent à la contrainte par corps qu'ils ont obtenue, ou pouroient être en droit d'obtenir contre leur débiteur, doit être contrôlé comme acte fimple ; fauf à percevoir le droit entier fur le contrat d'atermoïement qui fera fait entre le débiteur & fes créanciers. Décifion du 6 Mai 1747.

L'atermoïement eft fujet à l'*infinuation*, art. 7 de l'édit du mois de Décembre 1703 ; au gréfe du lieu du domicile du débiteur, art. 15 du même édit ; & le droit eft fixé à 10 liv. par l'article 16 du tarif du 29 Septembre 1722.

Les fauf-conduits accordés par les créanciers à leur débiteur par acte portant délai, fans remife, doivent être contrôlés comme actes fimples, & il n'eft point dû d'infinuation. Décifions des 31 Juillet 1723, & 6 Mai 1747.

Décifion du confeil du 24 Août 1748, qui condamne un huiffier en 300 liv. d'amende, pour avoir fignifié un acte portant délai de huit ans, & remife du quart de la créance, fans qu'il fût *infinué* ; attendu que cet acte ne peut être confidéré que comme un atermoïement.

ATTESTATIONS, ou certificats purs & fimples ; l'art. 5 du tarif en fixe le droit de contrôle à 10 fols.

L'atteftation & le certificat font donnés par des perfonnes qui n'ont pas d'intérêt dans le fait qu'elles atteftent. Lorfque les faits leur font perfonnels, l'acte doit être confidéré comme *déclaration*.

ATTRIBUTION *de la connoiffance des conteftations* fur les diférens droits, eft le pouvoir que le fouverain a donné à certains juges d'en connoître à l'exclufion de tous autres.

A l'égard des *droits domaniaux* ; voïez *bureaux des finances*.

Quant aux droits de *contrôle des actes*,

Attribution.

il fut ordonné par arrêt du conseil du 20 Avril 1694, que les contraventions qui surviendroient, seroient jugées par M^{rs} les intendans & commiffaires départis. Cet arrêt eft raporté & énoncé dans celui du 14 Septembre fuivant.

Par l'édit du mois de Mars 1696, le Roi attribua la connaiffance des conteftations fur lefdits droits de *contrôle des aes* à M^{rs} les intendans pendant deux ans; elle leur fut confirmée & prorogée pour deux autres années par arrêt du 13 Janvier 1699; & ce délai fut encore prorogé jufqu'au 13 Janvier 1703, par arrêt du 21 Décembre 1700.

La connaiffance des droits, de *petit-fcel* leur fut attribuée par arrêt du 2 Avril 1697. *Voïez* auffi celui du 12 Juin 1703, qui caffe un jugement du préfidial de Nifmes, & qui défend à tous juges ordinaires de prendre connaiffance des conteftations fur cette partie.

L'arrêt du 11 Septembre 1703, porte que M^{rs} les intendans jugeront fuivant les règlemens, fans aucune réduction ni modération des peines & amendes, & que leurs ordonnances feront éxécutées nonobftant opofitions ou apellations quelconques.

Par édit du mois de Février 1704, la connaiffance de tout ce qui concerne la ferme du *contrôle des aes*, *petit-fcel* & *infinuations* laïques, fut attribuée aux tréforiers de France ès bureaux des finances.

Mais par déclaration du Roi du 14 Septembre 1706, S. M. révoqua l'édit du mois de Février 1704; & en conféquence, ordonna que les conteftations fur tout ce qui concerne la ferme du *contrôle* des actes des notaires, *petits-fceaux*, & *infinuations* laïques, feroient à l'avenir portées devant M^{rs} les intendans & commiffaires départis, pour, par eux & leurs fubdélégués en connaitre, de même qu'ils faifoient avant 1704; & que les regiftres feroient par eux paraphés fans frais.

La déclaration du Roi du 15 Juillet 1710, en rendant témoignage au bon ordre qui avoit réfulté dans la régie, de l'attribution antérieure à M^{rs} les intendans, confirme de nouveau cette attribution, & porte que les conteftations fur les droits de *contrôle*, *petit-fcel* & *infinuations*, continuëront d'être portées devant M^{rs} les intendans & commiffaires départis pour en connaitre, & les juger fommairement & fans frais, par eux mêmes dans les villes de leur réfidence, & par leurs fubdélégués dans le furplus de leur département, en conformité des édits, déclarations, & arrêts du confeil, rendus à ce fujet.

Depuis cette déclaration, la connaiffance defdits droits n'a pas ceffé d'apartenir à M^{rs} les intendans, à l'exclufion de toutes cours & autres juges quelconques.

L'arrêt du confeil du 20 Mars 1714, portant bail à Mignot, en éxécution de l'édit du même mois, par lequel lefdits droits de contrôle, petit-fcel & infinuation venoient d'être réunis au domaine, confirme l'attribution à M^{rs} les intendans, & défend à toutes cours & autres juges d'en connaitre, & aux parties de s'y pourvoir, à peine de nullité, caffation des procédures, & de tous dépens, dommages & intérêts.

Voïez les arrêts des 23 Mai & 27 Octobre 1716, 20 Novembre 1717, 15 Juin 1718, 4 Août & 15 Septembre 1719; 13 Mai, 29 Juillet & 12 Août 1721; 27 Janvier & 5 Mai 1722; 6 Septembre 1723, 31 Juillet 1725, 20 Mars 1731, 10 Octobre 1752, 11 Septembre 1753, 8 Juillet 1755 & 26 Juillet 1757, qui réïtérent les défenfes de fe pourvoir ailleurs, pour raifon des droits ci-deffus énoncés, que devant M^{rs} les intendans, ou au confeil des finances, fous les peines y portées.

Par ordonnance de M. l'intendant de Montauban, du 11 Décembre 1759, renduë par défaut, contre le fieur la Faurie, notaire à Martel en ladite généralité , pour avoir refuſé à l'inſpecteur & au contrôleur des actes , la communication de ſes minutes , il lui fut enjoint de faire ouverture de ſon étude , & de donner communication aux emploïés de l'adjudicataire des fermes , à leur première requiſition , de toutes ſes minutes , liaſſes & répertoires ; & pour le refus , il fut condamné en 200 liv. d'amende , avec dépens , & au païement des droits dont ſon refus occaſionneroit la perte à l'adjudicataire des fermes ; enfin il fut interdit de ſes fonctions de notaire , jufqu'au païement de ladite amende.

Cette ordonnance aïant été ſignifiée audit la Faurie , il déclara qu'il s'en rendoit apellant au Parlement de Bordeaux , avec proteſtation de caſſation & de nullité de tout ce qui pouroit être fait contre lui ; s'étant en conféquence pourvû au Parlement de Bordeaux , il y fut rendu un arrêt le 22 Mars 1760 , ſur les concluſions du procureur général , par lequel il fut enjoint , tant audit la Faurie , notaire , qu'à tous autres , de faire aux prépoſés , inſpecteurs & receveurs des domaines du Roi & droits y joints , la repréſentation de leurs *cédes* , minutes , protocoles & répertoires , ſous les peines portées par les règlemens , à la première requiſition ; avec défenſes , tant auxdits notaires qu'aux prépoſés , ſous prétexte de viſites ou de recherches , de faire aucun déplacement deſdites minutes , protocoles & répertoires ; enjoint aux prépoſés de vaquer à leurs viſites & recherches dans l'étude même deſdits notaires & en leur préſence ; & ſans s'arrêter à l'ordonnance du ſieur commiſſaire départi en la généralité de Montauban , il étoit permis par cet arrêt , audit la Faurie de reprendre les fonctions de ſon ofice de notaire ; enfin il fut ordonné que l'arrêt ſeroit publié & afiché.

L'arrêt du parlement de Bordeaux étoit incompétemment rendu ; & il étoit ſans

objet dans la forme preſcrite de faire les viſites & vérifications , puiſque le fermier ni ſes emploïés n'ont jamais prétendu être en droit de déplacer les minutes pour en faire la vérification ; & en réformant l'ordonnance de M. l'intendant , le notaire ſe trouvoit déchargé des peines réſultantes de ſon refus , quoique le parlement eût reconnu , par la première diſpoſition de ſon arrêt , que ces peines duſſent avoir lieu.

C'eſt ſur ces diférens motifs que par *arrêt* du conſeil du 10 Juin 1760 , il a été ordonné que les déclarations des 14 Septembre 1706 , 20 Mars 1708 , 15 Juillet 1710 , & les arrêts du conſeil concernant la régie & la perception des droits de contrôle des actes , petits-ſceaux & inſinuations laïques , ſeront éxécutés ſelon leur forme & teneur ; en conféquence , ſans s'arrêter à l'apel , que ledit la Faurie , notaire , a porté au parlement de Bordeaux , de l'ordonnance du ſieur intendant de Montauban du 11 Décembre 1759 , ni à l'arrêt dudit parlement du 22 Mars 1760 , que S. M. a caſſé & annullé , ainſi que tout ce qui s'en eſt enſuivi ; il a été ordonné que ladite ordonnance ſera éxécutée ſelon ſa forme & teneur , par proviſion , ſauf audit la Faurie à ſe pourvoir , ſi bon lui ſemble , devant ledit ſieur intendant par opoſition , & par apel au conſeil ; lui fait S. M. très-expreſſes inhibitions & défenſes de ſe pourvoir ailleurs , à peine de mille livres d'amende , & de tous dépens dommages & intérêts ; & à tous autres juges d'en connaître , à peine de nullité & caſſation des procédures.

Le parlement de Bordeaux a encore rendu le 27 Août 1760 , un arrêt ſur la requête de diférens particuliers de la généralité de la Rochelle , par lequel aïant égard à ladite requête , & faiſant droit ſur les concluſions du procureur général , il étoit fait défenſes au contrôleur des actes à Saintes , & à tous autres prépoſés à la perception

des droits de contrôle & d'infinuation, d'éxiger lefdits droits pour les claufes de reprife de bagues & joïaux , habits & ornemens de la femme , inférées dans les contrats de mariage. Et à l'égard des claufes
du droit de rétention , il étoit aufii ordonné que lefdits droits ne pouroient être perçus que lorfqu'elles feroient expreffément
ftipulée, dans les contrats de mariage , &
après le décès du mari feulement , & dans
le cas où la femme voudroit fe fervir defdites claufes , à peine de concuffion , d'être
procédé extraordinairement , & de punition éxemplaire ; & il étoit enjoint auxdits commis de reftituer dans huitaine les
droits qu'ils avoient fait païer pour les
objets ci-deffus fpécifiés ; il étoit défendu
par cet arrêt de percevoir d'autres droits
que ceux nommément portés par les édits
& déclarations du Roi dûment enregiftrés
en ladite cour , & ordonné que ledit arrêt feroit éxécuté , nonobftant toutes opofitions faites ou à faire.

Mais l'adjudicataire des fermes s'étant
pourvû au confeil, il a établi l'incompétence du parlement de connaitre des matières qui ne font nullement de fon reffort ;
il a même fait voir que les droits dont le
parlement a défendu la perception , font
établis par les déclarations qu'il a enregiftrées. Voïez *Bagues* & *Rétention.*

En conféquence, il eft intervenu le 21
Avril 1761 , un arrêt du confeil , par lequel , fans s'arrêter à l'arrêt du parlement
de Bordeaux , que S. M. a caffé & annullé , ainfi que tout ce qui s'eft enfuivi, ou
pouroit s'enfuivre , il eft ordonné que les
déclarations de 1706, 1708, 1710, 1729
& 1731 , feront éxécutées felon leur forme & teneur ; en conféquence , que les
fommes qui ont été reftituées par les commis de l'adjudicataire des fermes, en vertu
dudit arrêt du parlement, feront rétablies ;
à quoi faire, feront les redevables contraints
par les voies accoûtumées pour le recouvrement des deniers de S. M. avec défen-

fes aux oficiers du parlement de Bordeaux
de prendre connaiffance des conteftations
concernant la régie & perception des droits
de contrôle des actes & d'infinuation ; &
au procureur général en ladite cour de faire
aucunes pourfuites en vertu dudit arrêt du
27 Août 1760.

Ainfi , tout l'éfet qu'aura produit l'arrêt
du parlement fe trouvera réduit à une fermentation momentanée dans la régie , & à
une furcharge de frais aux parties , tant
pour fe faire reftituer ce qu'elles avoient
juftement païé , que pour les obliger à en
faire le rétabliffement.

M rs les intendans , en jugeant les conteftations , doivent le faire en conformité
des édits , déclarations , arrêts & règlemens , fans modification : M. Defmarefts ,
contrôleur général des finances , s'expli-
quoit en ces termes , par fa lettre du 30
Octobre 1712 , à M. Dangerviliers ; il
ajoûtoit même que c'étoit le principal motif qui avoit déterminé à leur accorder la
connaiffance defdites conteftations ; c'eft
aufii ce que le confeil a jugé diférentes
fois depuis. *Voïez* l'arrêt du confeil du
11 Juin 1745 , au fujet d'ordonnances
renduës par M. l'intendant de Bourges ;
Voïez aufii la décifion du 7 Septembre
1748 , qui en réformant une ordonnance
de M. l'intendant d'Auch , porte que M rs
les intendans , en jugeant, ne doivent jamais
s'écarter des règlemens ; le titre de leur
attribution porte même expreffément qu'ils
jugeront en conformité des édits , déclarations & arrêts du confeil.

Ajoûtons qu'un motif encore plus effentiel de l'attribution de M rs les intendans
a été que les conteftations fuffent décidées promptement & fommairement ; &
par conféquent , d'accélérer le recouvrement fans frais , comme il le doit être ,
autant qu'il eft poffible , dans la régie des
droits roïaux.

Les inftances doivent être portées d'a-
bord devant M rs les intendans , & ce n'eft
qu'après

qu'après qu'ils ont jugé que l'on peut ré-gulièrement se pourvoir par apel au conseil des finances. C'est un principe sur lequel il ne paroit pas nécessaire de raporter d'autorités, parce qu'il est de règle de s'adresser toujours au juge qui doit connoitre de la contestation en première instance; on peut néanmoins citer les décisions du conseil des 7 Décembre 1737, 18 Janvier & 29 Novembre 1738, & 17 Juin 1747.

Leurs ordonnances doivent être éxécutées provisoirement, nonobstant & sans préjudice de l'apel. Voïez *Apel* & *Ordonnances.*

Par les arrêts du conseil des 14 Septembre 1694, & 10 Janvier 1696, le Roi avoit attribué toute jurisdiction suffisante à M^{rs} les intendans, pour instruire & juger souverainement & en dernier ressort, avec des gradués au nombre requis par les ordonnances, le *procès à l'extraordinaire* aux commis, notaires ou autres coupables de malversations, infidélités & prévarications de toutes espéces, relativement à la régie & administration desdits droits de contrôle ; mais ces attributions générales aïant cessé, lorsque la connaissance des contestations fut ôtée à M^{rs} les intendans en 1704; & les déclarations de 1706 & 1710, raportées ci-dessus, ne contenant pas un pouvoir spécial de juger à l'extraordinaire, il a fallu, depuis ce tems, obtenir un arrêt d'attribution pour chaque affaire particulière.

Il n'y a, depuis cette époque, d'autre éxemple d'attribution générale en matière criminelle, que l'arrêt du conseil du 22 Mai 1759, rendu au sujet de l'aliénation faite à la province de Bretagne. Il est ordonné par cet arrêt que les contestations concernant la régie, perception & recouvrement des droits dont la connaissance étoit précédemment attribuée à M. l'intendant, feront portées en première instance devant les commissaires des états de la province, & que leurs jugemens, tant sur

le fonds & la quotité des droits que sur la forme de les éxiger, feront éxécutés par provision, sauf l'apel au conseil. Et pour ce qui concerne les *procédures criminelles*, qu'il pouroit y avoir lieu de faire pour raison de divertissement de deniers, concussions, éxactions, faux & autres malversations, relativement auxdits droits, circonstances & dépendances, soit contre les commis & préposés à la régie ; soit contre les notaires, tabellions, gréfiers, huissiers & tous autres, S. M. ordonne qu'elles continuëront d'être poursuivies, en la même forme & manière portées par les précédens arrêts d'attribution, par devant M. l'intendant de ladite province, pour être les accusés, par lui jugés définitivement & en dernier ressort, avec tels oficiers ou gradués qu'il voudra choisir, au nombre requis par l'ordonnance ; S. M. lui attribuant à cet éfet de nouveau, & en tant que besoin, toute cour, jurisdiction & connaissance ; & icelles interdisant à toutes ses cours & autres juges.

Si M^{rs} les intendans des autres provinces & généralités avoient également une attribution générale pour les procédures criminelles, il ne seroit pas nécessaire de demander un arrêt d'attribution, chaque fois qu'il y a lieu d'entreprendre ces procédures ; elles seroient par conséquent moins dispendieuses ; on peut même assurer qu'il y auroit moins d'occasions de prendre cette voïe : les commis, les notaires & autres seroient plus attentifs à leurs devoirs, & moins portés à s'en écarter lorsqu'ils seroient prévenus que sans retardement leur procès pouroit leur être fait, instruit & jugé à l'extraordinaire.

À l'égard de l'attribution de la connaissance des diférens droits dépendans de la ferme des domaines, autres que ceux dont on a parlé ci-dessus ; *Voïez* le titre de cès droits, comme, *amortissement, gréfes, droits-réservés, franc-fiefs,* &c.

M^{rs} les intendans étant juges des contesta-

tions qui furviennent à l'occafion des droits
dûs dans leur généralité, il s'enfuit qu'ils ont
droit de prononcer des condamnations, foit
que les débiteurs defdits droits, contrevenans & autres, foient domiciliés dans leur
généralité, foit qu'ils réfident ailleurs; parce
qu'il s'agit d'une jurifdiction réelle, & que
le fermier d'une généralité, ne reconnoît
d'autre juge que celui qui a la compétence fur les droits de fon adminiftration.
Cela ne peut faire la matière d'un doute,
& il paroît même qu'il ne s'eft élevé à ce
fujet qu'une conteftation qui a été décidée au confeil le 14 Novembre 1749, en
confirmant une ordonnance de M. l'intendant de Roüen, rendue contre le nommé
Jacquemart, tabellion dans la généralité
de Paris, pour avoir paffé un contrat de
vente de biens fitués en Normandie ; il prétendoit n'être pas jufticiable de M. l'intendant de Roüen, & qu'il n'avoit pû être
traduit que devant celui de Paris.

AVANCEMENT *de fucceffion*, ou
d'hoirie, eft ce que l'on reçoit de fes père
& mère, aïeul ou aïeule *Quafi in ante-
ceffum, feu anticipationem futuræ fucceffionis*.

La démiffion eft un titre univerfel, une
ouverture de fucceffion par anticipation, en
faveur de fes héritiers préfomptifs. Voïez
Démiffion.

Mais l'avancement d'hoirie n'eft qu'une
fimple portion donnée à un defcendant, fur
la fucceffion qu'il a à efpérer, pour lui faciliter un établiffement ou une entreprife,
ou enfin, par d'autres motifs; *Eft quando
pater dat aliquid filio tanquàm futuro hæ-
redi, hac contemplatione quod fperatur
hæres, & in accelerationem commodi futuræ fucceffionis*. Dumoulin fur l'art. 26
de la coûtume de Paris.

Les chofes données en avancement d'hoirie, font fujétes à raport lors de l'ouverture de la fucceffion; & elles demeurent
affranchies des dettes poftérieures contrac-
tées par les donateurs.

Dans le droit général, il n'eft point dû
de droits feigneuriaux pour les immeubles
donnés à titre d'avancement de fucceffion.

L'abandonnement de meubles ou immeubles en *avancement* de droits fucceffifs,
eft compris dans l'article 44 du tarif du *contrôle* des actes du 29 Septembre 1722,
qui porte que le droit fera perçû fur le pié
des articles 3 & 4 ; c'eft-à-dire, fur la valeur de ce qui eft donné, ou le plus fort
droit, fi les chofes données en avancement
ne font ni défignées ni évaluées.

Cet abandonnement en avancement de
droits fucceffifs, eft fujet à l'*infinuation* fuivant le tarif pour les meubles,& au *centième denier* pour les immeubles, à moins
qu'il ne foit fait par contrat de mariage,
en faveur de mariage, & en ligne directe.
Art. 3 de la déclaration du Roi du 20 Mars
1708.

Décifions du confeil des 17 Mars 1725,
14 Août 1728, & 21 Janvier 1730, qui
jugent que le droit d'infinuation eft dû pour
des fommes & éfets donnés à titre d'avancement en ligne directe, & le centième denier pour les immeubles.

Autre décifion du 18 Janvier 1738,
qui juge pareillement que le centième denier eft dû pour des immeubles à Paris, donnés en avancement par la dame Rondet à
fes enfans.

Autre du 28 Novembre 1739, qui condamne Louïs Goujon à païer le droit d'infinuation de fommes à lui données en avancement par fon père ; il difoit que c'étoit
un fimple prêt, fait à la charge d'en tenir
compte à la fucceffion.

Autre du 14 Juin 1749, rendue contre
M. de Montaran, qui juge le centième denier dû pour immeubles donnés à fon époufe par fon père ; il prétendoit que le droit
n'étoit pas dû, ne s'agiffant que d'un avancement fur une fucceffion dont fon époufe
étoit feule héritière préfomptive.

Décifion du 10 Juillet 1752, qui juge
le droit d'infinuation dû pour une fomme

que Pierre Guenot avoit remife à fes deux fils , pour les mettre en état de commencer un négoce , dont il a retiré une quitance , qui s'eft trouvée comprife dans l'inventaire fait après fa mort , & qui a fervi de fondement à la demande de ce droit.

Voïez ci-après *Démiffion.*

AUBAIN ; c'eft-à-dire étranger , qui eft né hors du roïaume , & qui réfide en France ; ou qui y eft paffager. On diftingue plufieurs efpéces d'aubains , 1°. L'étranger non naturalifé ; 2°. L'étranger naturalifé ; 3°. Le français même , qui s'eft retiré du roïaume.

§. 1. *De l'étranger non naturalifé.*

1. Autrefois les étrangers étoient tenus , notamment en Vermandois , de fe faire infcrire & de païer au Roi , à la faint Remy de chacun an , douze deniers parifis pour pouvoir demeurer en France , & cette redevance étoit apellée droit de chevage. Bacq. ch. 3 , n. 4.

2. Aujourd'hui , les étrangers ne païent aucun tribut au Roi , pour faire leur réfidence dans le roïaume. Ils y peuvent acquérir & poffédér des biens , même donner & recevoir entre-vifs à leur volonté ; contracter mariage , faire les ftipulations ordinaires de doüaire , préciput , don mutuel à vie ou fans retour. Id. ch. 20 , & art 3 , des arrêtés de M. le P. Préfid. de la Moignon.

3. Mais ils ne peuvent tefter de leurs biens en France , pas même pour œuvres pies : l'étranger *liber vivit , fed fervus moritur* ; il n'a la liberté de tefter que des biens qui lui apartiennent , fitués hors de France. Il ne peut pas même donner pour caufe de mort , & tout ce qu'il donne pendant fa maladie eft réputé pour caufe de mort , en quelque forte que la donation foit conçuë. Bacq. ch. 3 , 17 & 19.

4. Ils ne peuvent recevoir de fucceffions en France , foit *ab inteftat* , foit par teftament , quoiqu'ils puiffent accepter des donations entre-vifs & en faire ; parce que les difpofitions entre-vifs font du droit des gens , qui eft commun à tous les hommes , fans diftinguer s'ils font regnicoles ou étrangers ; au lieu que le droit de recueillir une fucceffion , les teftamens & les difpofitions de dernière volonté , dépendent abfolument du droit civil , auquel les citoïens participent , & dont les étrangers font entièrement exclus.

5. Ils ne peuvent non plus tenir aucuns ofices ni bénéfices dans le roïaume , fuivant les ordonnances , ni même tenir à ferme des biens du domaine du Roi. Bacq. de l'aub. ch. 15. Ils ne font point reçus à plaider en France , qu'ils n'aïent auparavant donné caution *judicatum folvi* , c'eft-à-dire , de païer les fommes auxquelles ils pouroient être condamnés en principal & dépens. Et ils ne font point admis à faire ceffion de biens , ni aux lettres de répy. Id. ch. 16 , & art. 2 du tit. 10 de l'ordon. de 1673.

6. Quoique l'étranger ait poffédé des ofices de quelque nature qu'ils foient , qu'il ait même été domeftique de la maifon du Roi , ou qu'il ait poffédé des bénéfices , le tout avec permiffion du Roi ; ou qu'il fe foit marié en France , & y ait longuement demeuré , il n'eft pas moins fujet à la loi d'aubaine , parce que la permiffion n'eft qu'une difpenfe pour la charge ou pour le bénéfice , & qu'on n'acquiert point le droit de citoïen par quelque laps de tems que ce foit. Il faut abfolument des lettres de naturalité vérifiées en la chambre des comptes. Bacq. ch. 11 , n. 1. *Voïez* encore l'arrêt du confeil du 20 Janvier 1728, pour la fucceffion du fieur Bauban, curé de Vregny , prêtre du diocèfe de Liége , décédé aubain , qui renvoïe la connaiffance au bureau des finances de Soiffons, contre la prétention du baillif de Soiffons, lequel foutenoit que le fieur Bauban n'étoit pas décédé aubain , & que fa fucceffion apartenoit au comte de Soiffons.

Arrêt du confeil du 6 Août 1748 , qui

casse une sentence du baillif de Versailles, par laquelle, en adjugeant au Roi à titre de deshérence la succession de l'abbé de Labisewky, polonnois naturalisé, & confesseur de la Reine, décédé sans avoir testé, & sans héritiers regnicoles, il ordonnoit que le recouvrement seroit fait par le receveur particulier de Versailles & Marly; l'arrêt confirme la sentence de la chambre du domaine de Paris, qui avoit ajugé la succession au Roi à titre d'aubaine, & ordonne que le recouvrement sera fait par le receveur général.

7. L'étranger, encore qu'il soit simple passager, messager ou otage, décédant en France, est aubain; & ses biens apartiennent au Roi par droit d'aubaine. Bacq. ch. 12.

Ordonnance du bureau des finances de la Rochelle, du 3 Mai 1702, confirmée par arrêt du conseil du 23 Octobre 1703, qui ajuge au Roi, à titre d'aubaine, les biens & éfets étant dans le roïaume, délaissés par le décès de Dom Gaspard Daredondo, espagnol de nation, chevalier de l'ordre de saint Jacques, ci-devant gouverneur de Portorico en Amérique, décédé à Rochefort, étant passager; cette ordonnance a été renduë contradictoirement avec la veuve & les enfans.

Arrêt du parlement de Paris, du 4 Septembre 1752, confirmatif d'une sentence du bureau des finances de Moulins, du 27 Juillet 1750, pour les éfets d'un Savoyard, porte-balle, assassiné à Moulins.

8. Les ambassadeurs, & ceux de leur suite, n'étant point censés sortis de leur patrie, peuvent disposer de leurs biens par testament, & par toute autre disposition; & s'ils décédent en France, sans en avoir disposé, leurs héritiers légitimes y succédent, quoiqu'étrangers; ce qui s'entend seulement des meubles & éfets mobiliaires; car s'ils avoient acquis des immeubles, ou même des rentes constituées, en France, ils demeureroient sujets au droit d'aubaine. Il en est de même des résidens ou envoïés. *Voïez* Bacq. de l'aub. ch. 12, n. 2.

Arrêt du conseil du 14 Janvier 1727, au sujet de la succession du sieur Thomas Crawfort, gentilhomme écossais, résident du Roi d'Angleterre auprès du Roi de France; par lequel, sans s'arrêter à la requête du sieur Crawfort son frère, en ce qui concerne les immeubles délaissés en France par le défunt, il est ordonné que la sentence de la chambre du domaine, qui a déclaré la succession échuë au Roi par droit d'aubaine, sera éxécutée pour raison desdits immeubles.

Le frère se fondoit sur les privilégés des écossais, & sur la qualité & le caractère de résident. M. Magneux, inspecteur général du domaine, observa, par son dire, que le résident d'un Roi, quoiqu'allié de la France, ne peut posséder dans le roïaume des immeubles, sans être sujet au droit d'aubaine, à moins qu'il n'ait obtenu une permission expresse de S. M. Que le traité d'Utrecht n'a rien changé au droit commun par raport aux immeubles; qu'à la vérité, les ambassadeurs & envoïés vivent & meurent libres, parce qu'ils sont censés avoir toujours demeuré dans leur païs, ceux qui sont absens, *rei publicæ causa*, devant toujours être regardés comme présens dans leur patrie, & comme n'en étant jamais sortis; mais que par raport aux immeubles qu'ils peuvent acquérir dans le roïaume, il n'y a aucune raison pour les éxemter de la loi de l'aubaine; car si les ambassadeurs ou envoïés sont obligés d'avoir des meubles & des éfets mobiliaires en France, il n'y a ni nécessité, ni utilité qu'ils y acquièrent des immeubles, d'autant plus que, ne devant faire dans le roïaume qu'une demeure passagère, les immeubles qu'ils acquerroient, passeroient nécessairement à des étrangers; & qu'il seroit dangereux d'éxemter pour toujours les immeubles du droit d'aubaine, à cause qu'ils auròient apartenu à un ambaſſadeur , ou à un envoïé d'un prince étranger ; & comme ces ſortes de perſonnes ne doivent point , par leur état , obtenir de lettres de naturalité , puiſqu'ils reſtent toujours ſujets d'un prince étranger , il ſeroit dangereux d'éxemter leurs immeubles de la loi de l'aubaine. A l'égard des priviléges des écoſſais , réclamés par le ſieur Crawfort , *vòïez* ci-après *Ecoſſais.*

9. Les princes ſouverains étrangers ſont également aubains , mais pour les immeubles ſeulement. Il y a beaucoup d'éxemples de princes étrangers , qui ont pris des lettres de naturalité en France.

Louis XII. en donna au mois de Mars 1506 , à René II , duc de Lorraine , & à ſon fils ; portant qu'ils pourront ſuccéder *ab inteſtat* , ou par teſtament , & leurs enfans ſuccéder aux biens ſitués dans le roïaume.

François I. en accorda au mois de Juillet 1519 , à Laurent de Médicis , duc d'Urbin , pour lui & pour Catherine ſa fille , depuis Reine de France ; avec renonciation au droit d'aubaine. Elles furent vérifiées le 6 Août 1519 , à la chambre des comptes , avec la clauſe ordinaire : *Proviſo quod heredes impetrantes ſint regnicolæ.* Frédéric , duc de Mantouë , en obtint du même Roi au mois de Septembre 1539 , tant pour lui que pour ſa femme & leurs enfans , avec pouvoir de poſſéder toutes ſortes de biens dans le roïaume , & d'en diſpoſer comme s'ils étoient naturels français. Il en fut pareillement accordé en 1539 & en 1540 , à Antoine , duc de Lorraine , & à Guillaume , duc de Juliers.

Henry IV. en donna en 1596 à Vincent I. duc de Mantouë , pour lui & pour ſes enfans , François , Ferdinand & Vincent de Mantouë. Charles , duc de Mantouë & de Nevers , obtint en 1604 , des lettres en faveur des enfans que ſon fils (né en France) avoit eûs de Marie de Gonzague , princeſſe de Mantouë , étran-

gère , pour pouvoir ſuccéder aux grands biens qu'il avoit en France.

Louis XIII. & Louis XIV. en ont accordé en 1634 & 1646 au duc de Mantouë.

Par lettres patentes , données à Verſailles au mois de Juin 1702 , Louis XIV. a accordé l'éxemtion du droit d'aubaine en faveur du duc de Savoye , de la ducheſſe ſon épouſe , de la ducheſſe doüairière de Savoye , & des enfans de ce duc.

Par arrêt du parlement de Paris , du 15 Mars 1601 , rendu ſur les concluſions de M. l'avocat général Servin , la ſucceſſion du cardinal duc de Ferrare , de laquelle dépendoient le duché de Chartres & les terres de Giſors & de Montargis , fut ajugée à la ducheſſe de Nemours , héritière , à l'excluſion de Céſar d'Eſt , duc de Modene , qui , quoique né en Italie , ſe prétendoit habile à recueillir , en vertu du teſtament du cardinal , ſur le fondement des priviléges & de la dignité de prince ſouverain. M. Dupuy dit que la cauſe fut célébrement traitée au parlement de Paris , où , par arrêt prononcé en l'audience , le duc de Modene fut débouté de ſes prétentions , comme étranger.

Vòïez encore le mémoire fait contre le duc de Mantouë , qui réclamoit les duchés de Nivernois , de Mayenne & de Retel , à lui légués par ſon aïeul ; leſquels biens lui étoient conteſtés par ſes deux tantes , nées en France. Il eſt raporté par M. Dupuy , éd. Roüen 1670 , pag. 651 .& ſuiv.

Par ſentence de la chambre du tréſor , du 20 Juin 1686 , le duc de Brunſwick fut débouté de ſa demande en délivrance d'un legs fait en ſa faveur par un particulier décédé en France.

10. Les docteurs , principaux de colléges , & les écoliers des univerſités de France , ſont aubains , s'ils ſont nés hors le roïaume , principalement pour les immeubles. Jugé pour les biens de Me Jean Nyver , décédé au collége de Bourgogne ,

qui furent ajugés au Roi, par fentence de la chambre du tréfor, du dernier Août 1556; parce que les priviléges qui leur font accordés concernent leurs perfonnes & leurs biens pendant leur vie feulement. Bacq. ch. 13, n. 2.

Les *écoliers étrangers*, étudiant dans les univerfités de France, & y décédant pendant leurs études, ne font pas fujets au droit d'aubaine pour leurs livres, hardes, & autres éfets mobiliaires qu'ils poffédent; & comme dans ce tems d'étude, on ne s'avife guéres d'acquérir des immeubles, la queftion d'aubaine doit être très-rare à cet égard. Néanmoins, fi elle fe préfentoit, on ne peut douter que les immeubles ne fuffent ajugés au Roi.

11. A l'égard des *marchands étrangers*, fréquentans les foires, ou venans trafiquer dans le roïaume, ils ont obtenu diférens priviléges, fuivant lefquels leurs meubles, hardes, éfets & marchandifes, ont été éxemtés de l'aubaine, quoiqu'ils décédent en France, allans, venans ou retournans des foires, & quoique leurs héritiers ou légataires foient étrangers; mais les immeubles & les rentes conftituées qu'ils poffédent en France, font fujets à la loi d'aubaine. Ces priviléges ne concernent que les marchands forains, qui ne font aucune demeure ni réfidence en France, & qui n'y viennent que pour fréquenter les foires; fi ce n'eft à Lyon, où l'on prétend que l'éxemtion de l'aubaine a lieu pour les meubles, nonobftant la continuelle réfidence. Bacq. ch. 14, n. 4, & les loix civiles, tom. 4, liv. 1, tit. 7, fect. 3.

Voïez les lettres patentes obtenuës par les marchands fréquentans les foires de Lyon, de Charles IX, portant éxemtion du droit d'aubaine, même en faveur de leurs héritiers, quoique non regnicoles; vérifiées au parlement le 4 Février 1572, pour en joüir, par les impétrans, par forme de privilége gratuit, tant qu'il plaira

au Roi, fans y comprendre les immeubles & rentes conftituées.

Les confuls & échevins de Lyon ont obtenu au mois de Mars 1583, des lettres en faveur de tous étrangers, allans & venans, ou retournans des foires de Lyon, féjournans ou réfidans à Lyon; vérifiées, toujours fous l'exception des immeubles & des rentes conftituées.

Ils en ont encore obtenu de Louis XIV, au mois de Décembre 1643.

Il faut obferver, à cet égard, que les priviléges accordés par un Roi, ne peuvent être utiles que pendant fon règne; parce que le droit d'aubaine, eft un droit de fouveraineté, inaliénable à perpétuité, en tout ou partie; ce feroit l'aliéner, du moins en partie, que d'y renoncer pour toujours en faveur des étrangers qui viennent s'établir dans une ville. Chaque prince ne peut difpofer des fruits de l'aubaine, que pour le tems de fa propre joüiffance, & pendant qu'il occupe le trône. Il ne peut en priver fes fucceffeurs à la couronne: c'eft pourquoi une pareille éxemtion ne peut fe foûtenir, qu'autant qu'elle a été confirmée par le Roi règnant.

12. Les Rois, en établiffant de nouvelles manufactures dans le roïaume, lorfqu'il a été néceffaire d'y emploïer des étrangers, foit pour la direction & la conduite, foit pour le travail manuel, ont renoncé au droit d'aubaine en faveur de ces étrangers, qu'ils ont déclarés regnicoles.

Par édit du mois de Janvier 1607, portant établiffement de la manufacture de tapifferie de Flandre, tant à Paris, que dans d'autres villes du roïaume, les fieurs de Comans & de la Planche, étrangers, chargés de la direction & de l'entreprife de l'ouvrage, furent annoblis, ainfi que leur poftérité; & les étrangers qui viendroient y travailler, furent déclarés naturels & regnicoles, fans être tenus de prendre lettres de naturalité; ce qui fut continué par Louis XIII. le 18 Avril 1625, & confirmé par lettres de Louis XIV. données à Paris le dernier Décembre 1643.

Cette fabrique étant déchuë, Louis XIV. établit une nouvelle manufacture roïale de tapisseries de haute & basse-lisse à Beauvais, sous la conduite de Louis Hinard, par lettres patentes du mois d'Août 1664, par lesquelles il déclara regnicoles & naturels français, les ouvriers étrangers qui y auroient travaillé pendant huit années entières & consécutives, à la charge de continuer leur demeure dans le roïaume.

Par autre édit du mois d'Octobre 1665, portant établissement d'une manufacture de glaces, cristaux & verres, comme ceux de Venise, pareils priviléges furent accordés aux ouvriers Venitiens & étrangers qui y auroient servi huit ans.

Par celui du mois de Novembre 1667, portant établissement d'une manufacture roïale des meubles de la couronne, en l'hôtel des Gobelins, ceux qui y travailleroient pendant l'espace de dix ans, furent déclarés devoir être tenus pour vrais & naturels sujets.

Et par l'art. 5 de l'arrêt du conseil, du 15 Juillet 1722, concernant la manufacture de tapisseries de Beauvais, les ouvriers étrangers qui y feront emploïés, pourvû qu'ils professent la religion catholique, sont réputés regnicoles & naturels français, après dix ans de travail.

13. Par édit du mois d'Avril 1687, Louis XIV. ordonna que les pilotes, maitres, contre-maitres, canoniers, charpentiers, calfas, & autres oficiers mariniers, matelots & gens de mer, étrangers, qui se trouveroient alors dans le roïaume, & qui s'y habituëroient à l'avenir, fussent censés & réputés ses sujets & regnicoles, après avoir servi cinq années, à la charge qu'ils feroient profession de la religion catholique.

14. Le port & havre de Marseille fut déclaré, par édit du mois de Mars 1669, libre à tous marchands & négocians, sans être sujets au droit d'aubaine, & sans qu'ils pussent être traités comme étrangers en cas de décès.

15. Il y a plusieurs étrangers qui ont des priviléges accordés à la nation ; mais il est de principe, que ces priviléges ne s'étendent point aux immeubles & aux rentes constituées, qui ne peuvent passer qu'à des regnicoles, à moins d'une dérogation expresse au droit commun sur cette partie, en exprimant nommément l'éxemtion pour les immeubles. Voïez *Anglais,* *Anséatiques,* *Avignon,* *Dunkerque,* *Ecossais,* *Flandre,* *Genevois,* *Hollandais,* *Lorraine,* *Païs-bas,* *Polonnais,* *Portugais,* *Savoye,* *Suédois,* *Suisses,* &c.

Les traités qui abolissent les droits d'aubaine avec certaines nations, n'ont pas d'éfet en tems de guerre ; & les traités suivans, qui confirment les précédens, n'ont point d'éfet rétroactif à cet égard. M. Bignon, dans l'arrêt du 16 Janvier 1668. *Voïez* aussi le recueil de jurisprud. de la Combe. Aub. §. 1, n. 4 ; & ci-après *Hollandais.*

16. Les enfans des étrangers succédent à leurs père & mère, lorsqu'ils sont nés en France, & qu'ils y demeurent ; parce que par cette naissance, ils ont droit de naturalité. Bacq. ch. 3, n. 14, ch. 31, n. 6, & ch. 32, n. 3.

17. Mais l'étranger non naturalisé, qui décéde en France, ne peut avoir d'autres héritiers, que des enfans légitimes nés en France. Tous autres parens, demeurans en France ou ailleurs, sont exclus de sa succession, qui est dévoluë au Roi à titre d'aubaine. *Idem.* ch. 30, 31 & 32.

Ses enfans mêmes ne peuvent lui succéder, s'ils sont nés hors le roïaume, quoiqu'il les ait amenés avec lui, & qu'ils y résident actuellement ; parce que, comne étrangers, ils en font incapables, à moins que lefdits enfans, ou l'un deux, ne foient naturalifés du vivant du père aubain ; auquel cás ils lui fuccédent. *Idem.* ch. 3, 30, 31 & 32. *Voïez* auffi l'arrêt du 13 Juin 1741, raporté ci-après, verb. *Aubaine.*

18. Les enfans nés en France, quoique d'un étranger, font réputés, par leur naiffance, vrais français ; mais s'ils meurent fans parens en France, qui foient habiles à leur fuccéder, leur fucceffion apartient au Roi à titre d'aubaine, au préjudice du haut-jufticier ; parce que le droit d'aubaine a lieu *in infinitum* à l'égard des perfonnes defcenduës des étrangers. Bacq. traité de la desh. ch. 4, n. 6. Mais Loyfeau, c. 12, n. 15, eft d'avis contraire, & fe détermine en faveur du haut-jufticier. Bafn. fur l'art. 148 de la coûtume de Normandie, eft auffi d'avis que les immeubles de ces enfans doivent apartenir aux feigneurs féodaux, à droit de deshérence.

19. Les collatéraux de l'étranger, quoique regnicoles, ne peuvent lui fuccéder. Bacq. ch. 32, n. 1. Mais Domat, aux loix civiles, art. 31 de la fection 4, au titre des héritiers en général, dit qu'il femble que l'ufage a auffi excepté les collatéraux, s'ils font regnicoles.

20. Les conjoints étrangers non naturalifés, ne viennent point à la fucceffion du prédécédé d'entr'eux, comme font les conjoints naturels français, qui fe fuccédent réciproquement, à l'exclufion du fifc, lorfqu'il n'y a point d'autre parens, en vertu de l'édit du prêteur *undè vir & uxor.*

Mais la veuve de l'étranger naturalifé, eft préférée au Roi, fi elle eft regnicole, ainfi qu'il a été jugé par arrêt de la troifiéme des enquêtes, du 9 Août 1613, raporté par Brodeau fur Louet, lettre V. ch. 13. *Voïez* encore Louet, lettre F. fommaire 22.

Quant à l'étranger non naturalifé, fa veuve, quoique françaife, ne lui fuccéde

pas. Bacq. de l'aub. ch. 33, n. 1. *Voïez* auffi Bourjon des fucceffions, part. 4, tit. 18, n. 3.

21. Si un particulier eft né dans un état, pendant que cet état étoit fous la domination de la France, & qu'enfuite, lors de la reddition de cet état à fon ancien fouverain, ce particulier vienne en France, Bacq. ch. 6, n. 7, eftime qu'il doit obtenir fimples lettres de déclaration, vérifiées en la chambre des comptes. Mais s'il n'a fait aucune demeure dans l'état étranger depuis la reddition, & s'il n'a païé aucuns fubfides, & reconnu par-là le fouverain étranger, fe rendant en France auffi-tôt la reddition, il doit être eftimé naturel français.

Les habitans d'une province conquife, acquièrent, au moment de la conquête, le privilége des regnicoles ; on prétend de plus, qu'ils doivent jouïr de tous les avantages des regnicoles, quand bien même le lieu de leur naiffance feroit retourné fous la domination de l'ancien fouverain, pourvû qu'ils foient toujours reftés en France, & qu'ils ne foient point retournés dans le lieu de leur naiffance, après qu'il a été reconquis ou rendu à l'ancien fouverain ; & l'on fe fonde fur un arrêt du parlement de Paris, du 6 Septembre 1707, raporté par Augeard, tom. 1, ch. 88. Mais cet arrêt a été déterminé par des circonftances particulières, que l'on peut voir à cette citation.

La queftion s'eft préfentée au fujet de la fucceffion de Jean Simon, natif de Villaledy en Savoye. Il vint à Bordeaux lors de la conquête de la Savoye en 1702 ; il fe maria, &, nonobftant la reddition de la Savoye, par le traité d'Utrecht en 1713, il a continué de demeurer à Bordeaux jufqu'à fon décès, arrivé en 1731.

Le fermier du domaine aïant demandé la fucceffion à titre d'aubaine, Françoife Dupuy, veuve dudit Simon, a prétendu que fon mari, devenu regnicole par la conquête,

conquête , n'avoit pû perdre cet avantage par la reſtitution , puiſqu'il avoit continué de demeurer en France ; & elle a obtenu arrêt au parlement de Bordeaux , le 4 Juillet 1747. Le fermier s'étant pourvû au conſeil , l'affaire a été communiquée à M. Freteau , inſpecteur général du domaine de la couronne.

Il a obſervé , par ſon dire , que l'intérêt du Roi & de l'état , contre leſquels on ne peut preſcrire , & auquel les arrêts les plus formels ne peuvent abſolument déroger , éxige qu'on ne s'arrête pas à l'opinion des arrêts qui peuvent avoir été rendus , & que l'on ramène les choſes à l'obſervation des vrais principes que l'on doit ſuivre en cette matière. Or , il eſt de principe , en fait d'aubaine , que la ſeule volonté de l'étranger , qui fixe ſon domicile dans le roïaume , ne ſuffit pas pour lui acquérir les droits de regnicole ; il faut le concours de l'autoriſation du ſouverain , & que cette autoriſation ſoit renfermée , ou dans un titre particulier pour ſa perſonne , ou dans un titre général , commun à une certaine claſſe d'étrangers.

Le titre général ceſſe de produire ſon éfet à la fin du tems qui y eſt ſtipulé, ou à la rupture, ſi la guerre ſurvient , quoique les ſujets de la nation fuſſent venus en France ſur la foi du traité , & qu'ils y ſoient demeurés depuis ſon expiration , ou depuis la rupture.

En cas de conquête , lorſque le Roi éxige le ſerment de fidélité des habitans qu'il a ſoumis , & qu'il prépoſe des oficiers pour les gouverner en ſon nom , il eſt préſumé avoir intention de les ranger au nombre de ſes ſujets , du moins pour un tems ; il leur communique , par ce moïen , le droit de regnicole , dont ils jouiſſent par l'éfet de l'adoption qu'ils ont reçûë , tant que les choſes reſtent dans cet état.

Mais ſi nos Rois n'uſent de leurs con-

Tome. I.

quêtes que pour amener les puiſſances rivales à des conditions raiſonnables , & qu'ils reſtituent ces conquêtes à la paix , on ne doit conſidérer ce qui s'eſt paſſé auparavant , que comme conditionnel & proviſoire ; & , ſans s'arrêter aux révolutions des armes , il faut s'attacher aux actes définitifs , tels que les traités de paix , qui déterminent quelle a été la véritable intention du Roi.

Si S. M. reſtituë avec les clauſes ordinaires en pareil cas , c'eſt-à-dire , avec faculté à tous ceux qui ſont originaires du païs rendu , d'y retourner ; alors il eſt certain que le Roi , en révoquant , par un titre public , la conquête , retire l'autoriſation & l'adoption que cette conquête avoit communiquée ; d'où il ſuit que ces ſujets étrangers ſont remis au même état que s'il n'y avoit point eû de guerre ni de conquête , ni de ſerment de fidélité prêté en leur nom. Ils ont donc beſoin d'un nouveau titre particulier , qui les adopte de nouveau & ſpécialement , puiſque l'adoption générale dont ils voudroient ſe prévaloir , a ceſſé , & a été annullée par le prince de qui elle étoit émanée.

Leur perſévérance à demeurer dans le roïaume depuis cette révocation , ne peut pas leur être plus avantageuſe que la démarche qu'ils ont faite , ſoit pendant la guerre , ſoit auparavant , de venir s'établir dans l'intérieur du roïaume ; cette démarche , cette continuité de ſéjour , indiquent bien de leur part une volonté fixe de demeurer attachés au Roi & à l'état. Mais cela ne ſuffit pas pour acquérir l'éxemtion de l'aubaine ; il eſt indiſpenſable , outre cela , d'avoir une autoriſation ſubſiſtante de la part du ſouverain ; celle qui a paru , n'étant que momentanée , eſt révoquée par la reſtitution du païs.

Pour faire ſentir combien le Roi eſt intéreſſé eſſentiellement au maintien de ces règles & de ces principes , l'inſpecteur général dit que la convenance & l'expé-

rience fourniffent fur cela une confidération abfolument décifive : quels font les
étrangers qui ont le plus de penchant à
venir s'établir en France ? Ce font ceux
qui font nés dans les provinces étrangères
limitrophes de ce roïaume, à caufe de la
proximité & de la facilité du commerce.

Or, ces provinces limitrophes font précifément celles qui font le plus à portée
d'être occupées par les troupes du Roi,
dès qu'il y a guerre ; par conféquent, s'il
fuffifoit, pour procurer l'exemtion de l'aubaine aux originaires de ces provinces,
que leur patrie eût paffé une feule fois
fous la domination du Roi, par voïe de
conquête, depuis qu'ils ont tenté de venir
demeurer dans le roïaume, ce feroit rendre
le droit d'aubaine purement illufoire ; ce
feroit ouvrir une voïe indirecte, pour fouftraire à l'éxercice de ce droit le plus grand
nombre de ceux qui y font naturellement
fujets, & à l'égard defquels la raifon d'é-
tat paroît éxiger qu'on le mette à éxécution.

Car on fent aifément que les liaifons que
ces originaires confervent avec leurs com-
patriotes, & conféquemment avec leur ancien fouverain, font bien plus étenduës
que celles d'un particulier qui s'eft tranf-
planté d'un païs très-éloigné, pour venir
faire fon féjour en France ; il eft moins important pour l'état de connoître ce particulier ifolé, que de connoître tous les fujets des états limitrophes de la France,
qui fe rendent dans le roïaume pour y
féjourner & y commercer. L'abus que
ceux-ci pouroient faire de leur réfidence
en France, en cas de rupture avec leurs anciens maitres, éxige qu'on ne les admette
à la participation des droits de regnicole,
que par des conceffions perfonnelles à chacun d'eux, qui mettent à portée de s'inf-
truire de la nature de leur commerce, de
la fituation & de l'étenduë de leur fortune & de leurs raports avec l'étranger. Il
eft intéreffant de leur imprimer, par ces

conceffions perfonnelles, un motif de reconnaiffance particulière, qui les attache à
S. M. & qui les détourne, par les avances
qu'ils auront faites pour s'affurer un établiffement ftable & permanent, de la ten-
tation de varier dans leur choix, & de dé-
mériter de l'état, en confervant avec leur
ancienne patrie, & avec ceux qui y com-
mandent, des liaifons qui nous feroient
préjudiciables.

Si cette affaire a été décidée, le jugement n'eft pas parvenu jufqu'à nous ; mais
voici un arrêt rendu fur la même queftion,
le 30 Mai 1748. Il s'agiffoit de la fucceffion d'Anne-Claire Deinfchs, née en 1647
au village de Croff, dans l'électorat de
Tréves ; elle paffa en France, pendant que
cet électorat étoit fous la domination françaife, comme aïant été conquis fur les efpagnols ; elle fe maria à Paris en 1690,
& elle y eft décédée en 1725. Les nommés Deinfchs ont prétendu qu'il ne pouvoit y avoir lieu au droit d'aubaine, foû-
tenant qu'elle devoit jouïr des droits des
naturels français, & que la fucceffion devoit leur être ajugée comme héritiers regnicoles. Par fentences de la chambre du
domaine de 1734 & 1735, cette fucceffion fut ajugée au Roi ; fur l'apel, l'affaire
fut évoquée & renvoïée au bureau de
la direction du domaine ; & par l'arrêt de
M^rs les commiffaires généraux, du 30 Mai
1748, les fentences ont été confirmées,
avec dépens.

On raportera encore un arrêt du confeil, du 28 Septembre 1706, fur cette
queftion. François Bourgogne, natif de
Neufchâteau en Lorraine, étoit paffé en
France, lorfque cette ville étoit fous la
domination du Roi ; il fut commenfal de
la maifon de madame la Dauphine ; en
1705 il fut pourfuivi pour le païement de
fomme de 10000 liv. à laquelle il avoit
été taxé en éxécution de la déclaration
du Roi du 22 Juillet 1697, portant confirmation de la naturalifation des étrangers.

Il se pourvut en décharge, & ses moïens furent, que la ville de Neufchâteau est mouvante en fief-lige du Roi ; qu'il en étoit sorti, lors même qu'elle étoit sous la domination de S. M. ; que par une habitation de 43 ans en France, sans interruption, il avoit acquis la qualité & le caractère de français ; qu'il suffit, pour réputer regnicoles les habitans d'un païs conquis par les armes ou autrement, qu'il ait été uni à la couronne ; & que le Roi aïant possédé la Lorraine pendant plus de dix années, ledit Bourgogne avoit acquis le droit de naturel français, par la force du droit des gens, par son habitation de 43 ans, & par l'honneur d'avoir été commensal de la maison de madame la Dauphine ; enfin, il dit que les Lorrains établis dans les trois évêchés, avoient été déchargés, par arrêt du 22 Mars 1701, de l'éxécution de la déclaration de 1697 ; on lui oposa, que si, pour réputer regnicoles les habitans d'un païs conquis, il suffit qu'il ait été uni à la couronne, cela n'a lieu que pour le tems que les peuples soumis ou subjugués sont sous la domination du vainqueur ; mais qu'aussi-tôt que le païs est rentré sous la domination de son prince naturel, ces habitans deviennent étrangers à l'égard du prince qui les avoit soumis, comme ils l'étoient avant la conquête ; que l'arrêt de 1701 ne concerne que les lorrains établis dans les évêchés de Metz, Toul & Verdun, & que la déclaration du mois de Mars 1702, renduë en faveur des sujets du duc de Lorraine, ne regarde que ceux qui s'établiront dorénavant en France. Par l'arrêt du conseil du 28 Septembre 1706, la taxe dudit Bourgogne a été confirmée, en la réduisant néanmoins à 3000 liv.

22. Les habitans des provinces qui, de droit, apartiennent au Roi, encore qu'elles ne lui obéïssent pas actuellement, comme les milanois & les navarrois, n'ont besoin, pour joüir des droits & priviléges des regnicoles, que de simples lettres de déclaration, par lesquelles le Roi les reconnait pour ses sujets, quoique le païs de leur naissance soit sous la domination d'un autre prince. Bacq. ch. 10.

23. Les étrangers de certains païs, auxquels le Roi a fait remise du droit d'aubaine, sont à la vérité exemts de ce droit, ensorte que s'ils meurent en France, leur succession mobiliaire est recueillie par leurs parens. Mais cette remise ne les rend pas regnicoles & capables des éfets civils ; ainsi ils ne pouroient pas venir en France recueillir la succession d'un regnicole qui feroit leur proche parent, ou qui les auroit institués ou fait légataires ; parce qu'une telle remise ne regarde que les droits du Roi, & ne comprend aucunement ce qu'il n'a pas expressément accordé. La capacité de succéder est un des principaux éfets du droit civil, qui, étant particulier à chaque nation, ne peut affecter que les membres de cette nation ; ensorte que l'étranger n'est capable du droit civil d'une autre nation, qu'autant que par un privilége spécial, le vice de pérégrinité est effacé en lui.

24. L'étranger demeurant hors de France, & qui acquiert des biens en ce roïaume, n'en peut disposer ni les transférer à son héritier, soit que cet héritier soit né & demeure en France ou hors de France ; les biens apartiendront au Roi par droit d'aubaine, ou par droit de deshérence, faute d'héritiers capables de succéder en France aux biens de l'étranger. Bacq. aub. ch. 12.

25. L'étranger, apellé en France au service du Roi & de l'état, n'est pas naturalisé par l'éfet de cette vocation ; il lui faut des lettres de naturalité qui soient enregistrées dans les tribunaux établis pour la conservation des droits du Roi ; le chancelier de Birague, le maréchal de Berwick, & M. Law, contrôleur général des finances, en ont obtenu. A l'égard des étran-

gers qui servent dans les troupes, la déclaration du Roi du 30 Novembre 1715, éxemte ceux qui y auront servi pendant dix ans, de prendre des lettres de naturalité ; mais elle éxige de ceux qui voudront joüir du bénéfice de cette loi, qu'ils fassent leur déclaration au gréfe du présidial, dans le ressort duquel ils seront établis, qu'ils entendent demeurer pour toujours dans le roïaume. Ainsi il faut dans tous les cas, un acte rendu public par un enregistrement, pour procurer à l'étranger les droits & les avantages du naturel français.

§. 2. *De l'étranger naturalisé.*

1. Le Roi seul peut accorder des lettres de naturalité à l'étranger ; elles doivent être vérifiées en la chambre des comptes ; & cette vérification se fait toujours sous la clause que l'impétrant laisse des héritiers regnicoles. Bacq. aub. ch. 21 & 24.

2. Au moïen de ces lettres, l'étranger est réputé naturel français ; il peut tester & disposer librement de tous ses biens, nohobstant même les coûtumes qui restraignent la liberté de tester à certaine partie des biens. Arrêt du 8 Juin 1576, raporté par Bacq. aub. ch. 23, n. 7.

3. Mais il ne peut tester qu'en faveur des regnicoles, & non en faveur d'aucuns étrangers, s'ils ne font naturalisés. *Id.* ch. 26.

4. Ses parens nés & demeurans dans le roïaume, même les étrangers naturalisés, lui succédent ès biens de France, de même qu'il peut succéder à ses parens regnicoles ou naturalisés, soit *ab intestat*, ou en vertu de testament. *Id.* ch. 23.

5. Sa veuve, à défaut de parens regnicoles ou naturalisés, lui succéde à l'exclusion du Roi. Loüet, lettre F. somm. 22. *Voïez* ci-devant, §. 1, n. 20. p. 232.

6. Les parens de l'étranger naturalisé,

s'ils ne font regnicoles ou naturalisés, ne lui succédent aucunement ès biens de France, quand même ils seroient ses propres enfans ; parce que, comme étrangers, ils font incapables d'hériter en France. Bacq. aub. ch. 24, n. 6.

7. Mais ses parens regnicoles ou naturalisés lui succédent, encore qu'il eût hors de France des parens plus proches ; & ce à l'exclusion du Roi. *Id.* ch. 25.

8. Si l'étranger naturalisé décéde *intestat*, sans héritiers regnicoles, les lettres restent sans éfet, n'étant obtenuës que sous la clause qu'il y ait des héritiers regnicoles. Ces lettres étoient personnelles à l'impétrant & à ses légataires ou héritiers regnicoles ; & elles ne peuvent préjudicier au Roi, pour tourner au bénéfice du haut-justicier, qui est même exclus par la clause sous laquelle les lettres font accordées. Ainsi, l'étranger naturalisé ne laissant point d'héritiers regnicoles, le droit d'aubaine demeure en sa force & vertu. *Voïez* Bacq. aub. ch. 6, 22 & 34. Le Bret, traité de la souveraineté du Roi, liv. 2, ch. 8. Le Brun, traité des successions, liv. 1, ch. 7.

Bacq. ch. 34, n. 15 raporte un arrêt solemnel rendu au parlement de Paris le 29 Mars 1580, confirmatif de sentence du baillif de Touraine, qui avoit ajugé au fermier du domaine de Tours les biens de Jean Brissard, étranger naturalisé, contre la prétention de trois hauts-justiciers qui en furent déboutés.

La même question a été jugée au parlement de Roüen, par arrêt du 13 Février 1644, cité dans les principes de Routier, liv. 1, ch. 2, §. 1, n. 5.

Et par arrêt du 6 Août 1748, le conseil a cassé une sentence du baillif de Versailles, qui avoit ajugé au Roi, à titre de deshérence, la succession de l'abbé de Labiscwky, polonnais naturalisé, décédé sans avoir testé, & sans héritiers naturalisés ; & en conséquence, la succession a été ajugée au Roi à titre d'aubaine.

Voïez encore l'arrêt du 7 Septembre 1742 , verb. *Anglais* ; & ci-après *Aubaine.*

9. Si l'étranger , après ses lettres vérifiées , se retire du roïaume , se marie en païs étranger , & y transfère son domicile, il perd la grace des lettres , & est censé étranger ; ensorte que , décédant hors le roïaume, ses enfans nés hors de France , ni autres , ne lui peuvent succéder. Mais si cet étranger revient en France , il doit se faire réhabiliter , & par les mêmes lettres , faire naturaliser ses enfans nés hors de France.

S'il meurt en son païs ou ailleurs , étant allé négocier , ou pour affaires, dans le dessein de revenir en France , où il avoit laissé femme & enfans , & la plus grande partie de ses biens ; en ce cas , il n'y a point d'aubaine , & ses parens regnicoles lui succéderont.

Néanmoins , on estime qu'il est bon d'obtenir du Roi nouvelles lettres , portant que si tel étranger naturalisé , décéde hors le roïaume , en voïageant & négociant , il jouïra du privilége porté par ses lettres. *Voïez* l'arrêt du 13 Juin 1741 , raporté ci-après , verb. *Aubaine.*

§. 3. *Du français qui s'est retiré du roïaume.*

Le français qui s'est retiré du roïaume , pour demeurer en païs étranger , perd tout droit de cité ; il est regardé comme aïant renoncé à sa patrie , ce qui le rend incapable de succéder en France à ses parens qui sont dans le roïaume , lesquels ne peuvent non plus lui succéder ; ainsi les biens qu'il laisse en France au jour de son décès , apartiennent au Roi à titre d'aubaine ; mais il faut qu'il se soit retiré , pour demeurer perpétuellement hors du roïaume , comme s'il s'en est allé avec sa famille , s'il s'est marié en païs étranger , s'il y a acheté un ofice , ou s'il s'est fait naturaliser hors du roïaume.

Voïez Bacq. aub. ch. 37 & 40 ; Berthelot, ch. 37 ; le Dict. de Fer. verb. aub. & Chopin , liv. 1 du Dom. tit. 11 , n. 26.

Néanmoins , Bacquet, ch. 40 , n. 4 , est d'avis que les parens français de celui qui s'est retiré , doivent lui succéder , n'y aïant point de peine prononcée contre celui qui se retire volontairement du roïaume.

Mais par édit du mois d'Août 1669, & déclaration du mois de Juillet 1682 , il est défendu à tous les sujets du roïaume de s'en retirer pour s'aller établir sans permission de S. M. dans les païs étrangers , à peine de confiscation de corps & de biens , & d'être réputés étrangers.

Le français retiré du roïaume n'étant plus regnicole, ne peut hériter de ses parens en France , dont les successions passent aux autres parens habiles à leur succéder , quoique moins proches ; & à défaut de parens regnicoles , elles passent au Roi par droit d'aubaine , à l'exclusion du seigneur haut-justicier, qui ne peut les prétendre par droit de deshérence ; parce que la deshérence n'a lieu que par le défaut absolu d'héritiers, & que dans l'espéce, il y en a , mais qui sont incapables de succéder , par leur retraite du roïaume.

Henry III. aïant été élu Roi de Pologne , Charles IX. lui fit expédier des lettres patentes le 10 Décembre 1573 , qui furent vérifiées au parlement, le Roi y séant , le 17 du même mois ; par lesquelles S. M. déclara que sa volonté étoit que Henry , Roi de Pologne , par son établissement en païs étranger, ni ses enfans , pour y avoir pris naissance , ne seroient point exclus de la couronne , ni des autres droits des naturels français. *Dupuy* , p. 654.

En 1478 , le procureur général du parlement de Paris , & l'avocat du Roi, firent une protestation entre les mains du gréfier de la cour , qui porte que les terres & seigneuries autrefois tenuës par Charles , dernier duc de Bourgogne , mouvantes du roïaume , entre lesquelles étoient le duché de Bourgogne & les comtés de Mâcon & d'Auxerre, apartenoient au Roi, non-feulement par droit de confifcation, à caufe des rébellions dudit duc, mais aufii par droit d'*aubaine*, parce que Marie, fille du duc étoit étrangère, née à Bruxelles en Brabant hors le roïaume. Par cet acte, l'on voit que les oficiers du Roi tenoient que les enfans nés en païs étranger d'un père français, tel qu'étoit le duc Charles, né à Dijon, & prince du fang roïal, étoient réputés aubains & étrangers, & incapables de fuccéder à aucunes feigneuries du roïaume. *Id.* p. 653.

Plufieurs eftiment que les biens que le français a dans le roïaume, lorfqu'il décéde au païs étranger, où il a continué de demeurer depuis fon établiffement, paffent à fes parens originaires de France, & y demeurans, à l'exclufion des enfans ou autres parens plus proches du défunt, nés & demeurans au païs étranger ; & qu'ils ne paffent au Roi à titre d'aubaine, qu'au défaut de parens en France, à l'exclufion des hauts-jufticiers. *Voïez* Chopin du Dom. liv. 1, tit. 11 & 30, Journ. des Aud. tom. 2, liv. 3, ch. 6.

Si les enfans d'un français, qui font nés hors de France, viennent dans le roïaume, & font leur déclaration judiciaire d'y vouloir demeurer, ils fuccédent à leurs parens, en fe faifant habiliter. Bacq. aub. ch. 38 & 39.

Arrêt du parlement de Paris, du 28 Août 1630, qui juge qu'une françaife mariée avec un anglais qui l'a emmenée en Angleterre, eft recevable à fuccéder en France, à la charge de ne pouvoir aliéner les immeubles, ou d'en faire remploi en France. Journ. des Aud.

Par autre arrêt du parlement de Paris, du 16 Décembre 1715, la fucceffion d'Antoinette de Cherois, françaife, a été ajugée à fes deux niéces nées en Hollande, de Marie de Cherois fa fœur, qui époufa en France, en 1661, un hollandais, avec lequel elle paffa peu de tems après en Hollande ; au préjudice d'une coufine germaine, qui prétendoit devoir hériter feule, comme plus proche parente capable de fuccéder en France.

AUBAINE eft le droit de fuccéder aux biens qui fe trouvent en France apartenir aux étrangers, qui décédent fans enfans nés dans le roïaume en légitime mariage ; *Eft jus fuccedendi peregrino in univerfa bona quæ peregrinus tempore mortis habebat in regno Galliæ.* Bacq. ch. 1, n. 5.

Il confifte aufii à fuccéder aux étrangers, quoique naturalifés, quand ils n'ont pas difpofé de leurs biens, foit entre-vifs, foit par teftament, & qu'ils ne laiffent aucuns héritiers regnicoles ou naturalifés.

Enfin, ce droit confifte à fuccéder aux regnicoles qui fe font retirés du roïaume, & qui ont renoncé à leur patrie en s'établiffant en païs étranger. *Voïez* ci-devant Aubain, §. 3.

Ce droit *apartient au Roi feul*, à caufe de fa couronne, n'y aïant que S. M. qui puiffe accorder des lettres de naturalité à l'étranger. Il eft de fa nature domanial, imprefcriptible & inaliénable ; le motif de la loi qui l'a introduit, en excluant l'étranger de toutes fucceffions, a été d'empêcher que les biens qui font dans le roïaume ne paffaffent dans les païs étrangers ; en éfet, par les loix & ordonnances du roïaume répétées par l'édit de Henry II. du 11 Août 1558, il eft défendu de tranfporter l'or & l'argent du roïaume, ce qui arriveroit, fi les étrangers fuccédoient en France.

Edoüard III. Roi d'Angleterre, défendit d'admettre l'étranger à la fucceffion des immeubles en Angleterre, quoiqu'avant lui les étrangers puffent y tefter & fuccéder ; *Voïez* M. le Bret, de la fouveraineté du Roi. La France ufa de repréfailles, & ne voulut plus accorder aux anglais ce que ceux-ci lui refufoient ; la prohibition fut même étendue fur les diférentes nations, tant pour les immeubles que pour les meubles & éfets mobiliaires ; la loi de réciprocité, fit prendre le même parti aux autres souverains ; & le droit d'aubaine fut généralement établi en Europe avant la fin du 14me siécle.

Les hauts-justiciers ne peuvent prétendre le droit d'aubaine, encore que l'étranger soit décédé dans leurs terres & justices, & que les biens y soient situés. *Voïez* Bacq. des droits de justice ; ch. 22.

Les lettres patentes de Charles VI. du 5 Septembre 1386, établissent que les biens meubles & immeubles des aubains apartiennent au Roi, & enjoignent aux commissaires du domaine d'évoquer & de juger en conformité les contestations formées dans le comté de Champagne, par l'abbé & le couvent de saint Farou, & autres prétendans lesdits droits, sous ombre de haute-justice ou autrement.

Arrêt du 5 Février 1597, contre l'abbé de saint Leonard de Corbigny, au païs de Nivernois, lequel prétendoit le droit d'aubaine, comme étant de fondation roïale, & ce droit étant compris dans celui de haute-justice qui lui avoit été donné par le Roi ; lors de cet arrêt, M^{rs} les gens du Roi dirent que c'étoit chose certaine & notoire au palais, que le droit d'aubaine ne se pouvoit céder non plus que le droit de régale, & qu'il apartenoit au Roi seul. Bacq. aub. ch. 28, n. 12.

Les dispositions des coûtumes locales qui attribuent le droit d'aubaine aux seigneurs, ne peuvent préjudicier au Roi. Bacq. aub. ch. 29, & Dict. fer. droit d'aub.

Le droit d'aubaine étant domanial, souverain & honorifique ; & apartenant au Roi seul, nonobstant les dispositions des coûtumes, sur le fondement que S. M. seule peut naturaliser un étranger, il s'ensuit que *ce droit est inaliénable*, & qu'il ne peut être prescrit nonobstant toute usurpation, cession, concession, vente ou aliénation. *Voïez* l'arrêt de 1597 ci-dessus. Celui du parlement de Roüen du 29 Juillet 1706, contre M. le duc de Gesvres, engagiste de la Vi-

comté de saint Silvin ; celui du parlement de Paris du 9 Janvier 1719, au sujet de l'enregistrement du contrat d'échange passé entre les commissaires du Roi & M. le comte de Belle-Isle, par lequel arrét le droit d'aubaine a été réservé à S. M. quoiqu'il fut expressément cédé à M. de Belle-Isle ; & cela, conformément aux conclusions de M. de Lamoignon de Blanc-Mesnil, avocat général, qui dit que ce droit étoit purement roïal, qu'en pareille occurence, la cour n'avoit pû consentir qu'il restât annéxé aux terres domaniales que le Roi avoit cédées à M. le duc de Boüillon, & que par ses arrêts elle l'avoit toujours réservé au Roi. *Voïez* encore l'arrêt du parlement de Paris du 2 Septembre 1721, rendu sur l'enregistrement de l'échange fait entre le Roi & M. le duc d'Uzès, qui excepte pareillement le droit d'aubaine qui avoit été cédé à M. le duc d'Uzès.

On a agité la question de savoir si c'est au Roi à faire preuve que le défunt étoit aubain ; ou si c'est à ceux qui prétendent sa succession, soit comme héritiers, légataires, ou à titre de deshérence, à prouver qu'il étoit regnicole ? On opose au droit d'aubaine, que, dans l'incertitude, l'on doit présumer la naissance dans le roïaume, & cela a été ainsi jugé par trois arrêts des 31 Mai 1683, 19 Mars 1685, & 7 Mai 1697, contre des donataires du Roi, en jugeant que c'étoit à eux à faire preuve de l'état des défunts dont S. M. leur avoit donné le droit d'aubaine. Mais dans ces cas particuliers, tout concouroit à prouver qu'il s'agissoit de Français.

Par arrêt de M^{rs} les commissaires généraux du conseil au bureau de la direction du domaine, du 30 Mai 1748, les sentences de la chambre du domaine qui avoient ajugé au Roi à titre d'aubaine la succession d'Anne-Claire Deinschs, du village de Croff, dans l'électorat de *Tréves*, décédée à Paris en 1725, ont été confirmées avec dépens. Les nommés Deinschs, qui réclamoient cette fucceſſion à titre d'hé- ritiers regnicoles, aïant obtenu des let- tres de naturalité en 1726, ont d'abord foû- tenu que, n'étant prouvé par aucun acte que ladite Anne-Claire Deinſchs fut née étran- gère, elle devoit être réputée françaiſe, & que ſuivant la juriſprudence établie par les arrêts de 1683, 1685 & 1697, *c'étoit au fermier & au receveur du domaine à fai- re preuve de l'aubanité ;* ce premier moïen n'aïant pas réuſſi, ils ont dit que ladite Deinſchs étoit venuë en France, lorſque l'électorat de Trèves étoit ſous la domi- nation du Roi, par droit de conquête ; enfin que le droit d'aubaine n'avoit pas lieu dans cet électorat contre les français, & que réciproquement, il ne devoit pas avoir lieu en France, contre les habitans de cet électorat ; le premier moïen n'étoit pas admiſſible ; l'inſuffiſance du ſecond eſt éta- blie ci-deſſus, Verb. Aubain, §. 1, n. 21, p. 234. & à l'égard du troiſième, il étoit ſans fondement, puiſqu'il n'y a aucune acte émané des puiſſances reſpectives pour l'ex- tinction du droit d'aubaine.

Par un arrêt du conſeil du 26 Février 1737, rendu en faveur des héritiers de la D^lle le Févre de Caumartin, née à *Bruxelles*, & morte à Valenciennes en 1734, il a été jugé que les *Flamands* nés dans les provinces des Païs-Bas Autri- chiens, demeurans dans les païs de l'obéïſ- ſance du Roi, ne ſont pas réputés aubains, ni leurs fucceſſions ſujétes au droit d'aubaine.

Arrêt du Parlement de Paris du 11 Juillet 1741, contre le receveur du do- maine d'Amiens, qui ajuge à la D^lle Mera & à ſes cohéritiers, originaires de Mons, la fucceſſion de François Bréfard, né à *Mons* en Hainault, marié à Bruxelles, & décé- dé à Wailly, près Amiens, en 1736 ; ainſi cet arrêt juge, comme le précédent, que les habitans de Mons, & ceux des Païs-

Bas Autrichiens ne ſont point ſujets à la loi de l'aubaine en France. Ces arrêts ſont fondés ſur le traité de paix, conclu entre la France, l'empereur & l'empire, à Baden, le 7 Septembre 1714, par lequel il fut con- venu que le droit d'aubaine n'auroit point lieu aux Païs-Bas. Ce traité a été con- firmé dans cette partie, par celui d'Aix- la-Chapelle, du 18 Octobre 1748.

Arrêt du conſeil du 31 Août 1756, qui déboute M. le duc d'Aiguillon, de ſa prétention à titre de deshérence, ſur la fucceſſion de Martin Gathieres, mort à Villeneuve d'Agenois ; & confirme un ju- gement du bureau des finances de Bor- deaux, du 23 Juin 1752, par lequel cette fucceſſion a été ajugée au Roi à titre d'aubaine. Gathieres né en la paroiſſe de Darjou de Ligne, proche Bruxelles, avoit paſſé à la Martinique, & étoit venu dans l'Agenois, où il avoit acquis quelques im- meubles qui n'étoient pas même dans la haute-juſtice de M. le duc d'Aiguillon ; mais dans celles de deux ſeigneurs parti- culiers ; le receveur général & le fermier des domaines, ont dit que quand même Gathieres ſeroit né en Brabant ou en Flan- dre, ſa fucceſſion apartiendroit au Roi à titre d'aubaine ; que les *Flamands* ont été ſujets à l'aubaine, dont ils furent affran- chis par les traités de paix faits entre François I. & l'empereur ; qu'à la vérité, ſi Gathieres avoit laiſſé des héritiers, ou qu'il eut diſpoſé de ſon bien, ſes héritiers lui fuccéderoient, comme ceux de la D^lle de Caumartin furent admis à lui fuccéder par l'arrêt du 26 Février 1737. Mais que les priviléges ceſſent par le défaut d'hé- ritiers capables de recueillir, ainſi qu'il a été jugé par l'arrêt du 6 Août 1748 (*) ; que ſi un étranger naturaliſé meurt ſans héritiers regnicoles, le Roi rentre dans tous ſes droits par raport à l'éxercice du droit

---

(*) Voïez *Aubain*, §. 2, n. 8, p. 236.

droit d'aubaine ; que les priviléges que le Roi donne à une nation , ne font pas accordés aux seigneurs haut-justiciers ; & qu'il en est du flamand qui meurt fans héritiers , soit français , soit flamands , comme de l'étranger naturalisé qui meurt fans héritiers regnicoles : l'éfet de la grace cesse également dès que fa nation n'en peut profiter ; & le Roi, dont la grace étoit émanée, rentre dans fes droits.

Arrêt du conseil rendu contradictoirement le 13 Juin 1741 , qui juge que les *toscans* & les *florentins* font sujets au droit d'aubaine ; & confirme une sentence du bureau des finances de Provence du 21 Août 1739 , qui avoit jugé que les successions de Marc de Boccony , & de François de Boccony son fils , réclamées par Jean de Boccony autre fils , étoient acquises à S. M. à titre d'aubaine , *nonobstant les lettres de naturalité* obtenuës au mois Juin 1724, par ledit François , après la mort de son père , & les projets de traité entre la France & la république de Florence , invoqués par ledit Jean de Boccony.

Il a exposé que Marc son père , originaire de Toscane , fut chargé de faire des achats de poudres en Italie pour la France , & qu'il passa en France en 1684 , où il fut apellé par ordre du Roi pour la fabrication de poudres & salpêtres ; qu'en conséquence , il vint en Provence avec fa femme & fes deux enfans , François & Jean , l'un âgé de 4 ans , & l'autre de 2 ans ; qu'il acheta des maisons à Marseille & la terre de Leoube en Provence,& qu'il mourut à Paris en 1722 , après avoir disposé de fes biens entre-vifs , & les avoir partagés entre fes enfans ; que François obtint des lettres de naturalité au mois de Juin 1724 , contenant don des biens délaissés par fon père dans le roïaume ; qu'en 1735 , les deux frères firent un voïage en Italie , pour affaires particulières , avec l'intention de revenir en France , où ils avoient laissé tous leurs biens ; que pendant ce voïage , François Boccony

eft mort à Pontremoly , hors du roïaume en 1737 ; qu'en conféquence , le fermier du domaine obtint une ordonnance qui lui permit de fe mettre provisoirement en possesssion de la terre de Leoube & dépendances ; que comme feul héritier de François , fon frère , il a formé opofition à cette ordonnance ; mais que le receveur général des domaines , & le fermier l'aïant poursuivi au bureau des finances , ils y ont obtenu le 21 Août 1739 , un jugement qui déclare la succession de François de Boccony , acquife à S. M. & celle de Marc de Boccony , fon père , aussi acquife à S. M. dès le jour que ledit François est forti du roïaume; & qui ordonne que le receveur général, & le fermier des domaines feront mis en possession , & définitivement maintenus dans la possession & jouïssance , tant de ladite terre que de tous les autres éfets , biens meubles & immeubles qui avoient apartenu ou dû apartenir audit François de Boccony. Mais que ce jugement ne peut subsister , parce que si le père & les enfans font étrangers , ce vice a été purgé en eux par la vocation du père , pour le fervice du Roi & de l'état ; que cette vocation , qui marque la volonté du fouverain , vaut autant pour l'adoption que des lettres de naturalité , auxquelles S. M. n'a supléé qu'en tant que de befoin par celles accordées en 1724 à François de Boccony ; qu'ainsi , ni le père , ni les enfans , n'ont point été obligés d'en obtenir ; qu'ils en ont même été difpensés par le traité fait en 1494 , entre Charles VIII. & les florentins , par lequel S. M. veut que les *florentins* puissent passer en France toutes fortes d'actes , y acquérir & vendre des biens immeubles , y faire toutes difpofitions entre-vifs & à caufe de mort , & ce , pour toujours ; & qu'ils fuccédent aux biens éxiftans , fuivant les ftatuts florentins ; que ce traité n'a point été révoqué , qu'il subfifte & doit avoir fon éfet ; qu'ainfi ledit Jean de Boccony doit recueillir les biens délaissés en France par

Aubaine.

le décès de son frère & de son père ; que les lettres de naturalité obtenuës par son frère, ne prouvent point leur nécessité, mais l'ignorance de son droit, auquel de pareilles lettres n'ont pû préjudicier ; que d'ailleurs, quand on supoferoit l'ouverture du droit d'aubaine, la terre de Leoube & moins encore les augmentations qui y ont été faites, ne devroient pas y être comprises, parce que son père s'en étoit dépouillé de son vivant en faveur dudit Jean, son fils puiné ; qu'il en a jouï plus de 30 ans, & que c'est lui qui l'a mise en valeur par des augmentations considérables. Et il a conclu à ce que la sentence du bureau des finances de Provence fut cassée ; qu'il fut jugé que l'intention du feu Roi, en apellant son père dans le roïaume, pour le service de S. M. & de l'état, a été de le naturaliser, ainsi que ses enfans qui étoient venus en France avec lui ; en conféquence, que ledit Jean de Boccony, continuëroit de jouïr de tous les droits & priviléges communs aux fujets du Roi, comme s'il avoit obtenu des lettres de naturalité en entrant dans le roïaume.

Le receveur général & le fermier des domaines ont répondu que le sieur de Boccony n'a aucun titre autentique qui prouve que son père ait été apellé en France par le Roi ; que les lettres de Mrs de Seignelay, & de Pontchartrain, & du Cardinal Janfon qu'il raporte, prouvent bien qu'il a été envoïé en Italie par ordre du Roi, pour acheter des poudres & salpêtres, & que c'est par ces mêmes ordres qu'il les a fait travailler, étant de retour en France ; mais qu'aucune ne fait mention d'une invitation formelle de la part du Roi ni de ses ministres ; que la première de ces lettres est de 1690, & qu'il étoit passé en France dès 1684 ; qu'au surplus, on ne peut pas douter que les lettres de naturalité ne soient nécessaires, même à ceux que S. M. auroit apellés à son service, sur les exemples du Chancelier de Birague, du

Maréchal de Berwick, & du sieur Law, contrôleur général des finances, qui n'en ont obtenu que parce que c'étoit la seule voïe qui pût leur donner la qualité & les droits des français nature's ; que les lettres de naturalité n'ont même d'éfet, qu'autant qu'elles font enregistrées dans les tribunaux établis pour la confervation des droits du Roi ; que la déclaration du 30 Novembre 1715, qui éxemte ceux qui auront fervi dix ans dans les troupes, de prendre des lettres de naturalité, éxige de ceux qui voudront jouïr du bénéfice de cette loi, qu'ils faffent leur déclaration au gréfe du préfidial, dans le reffort duquel ils font établis, qu'ils entendent demeurer pour toujours dans le roïaume ; que quand la vocation du sieur de Boccony père, feroit prouvée, & qu'elle auroit pû produire en sa faveur le même éfet que des lettres de naturalité, dès que ces lettres deviennent inutiles par le défaut d'enregistrement, la vocation qui n'a point été renduë publique par cette voïe, deviendroit également inutile ; que les lettres de naturalité obtenuës par François ne pouvoient fervir qu'à lui ; mais que comme il est forti du roïaume fans la permiffion du Roi, contre la difpofition expreffe de ces lettres, & même qu'il est mort dans fa patrie, lesdites lettres font devenuës caduques par raport à lui, & S. M. est rentrée dans tous les droits qui lui étoient échûs par le décès du père ; qu'à l'égard du traité prétendu fait en 1494, entre Charles VIII. & les *florentins*, c'est un fimple projet, ou plutôt des propofitions qui n'ont point eû d'éfet ; que les magiftrats ne l'ont point figné, & qu'il n'a été ratifié ni par le Roi, ni de la part de la république ; que d'ailleurs, il auroit été enregiftré au parlement, & que ce défaut est une nouvelle preuve de fon inéxiftence ; qu'en le fupofant un véritable traité, ratifié & en forme, non-feulement il auroit été annullé par celui de 1502, par lequel Louis XII. mit les florentins fous fa procection ; mais que ce qui s'eſt paſſé depuis 1694 l'auroit annéanti , puiſque l'état de Florence n'étant plus un état libre , les priviléges accordés aux ſujets de la république ne ſubſiſteroient plus , elle même ne ſubſiſtant plus ; que cet état étant actuellement gouverné par un prince , ſeul en droit de faire des traités , les florentins ne peuvent jouïr aujourd'hui d'aucuns priviléges en France , qu'en vertu des traités fais entre les Rois de France , & leurs ſouverains ; qu'il y a même des éxemples que l'éxemtion du droit d'aubaine n'a jamais eu lieu en leur faveur : qu'auſſi-tôt que Catherine de Médicis fut née , le duc d'Urbin ſon père , prit pour elle des lettres de naturalité , afin de pouvoir recueillir les terres que Madelene de Boulogne ſa mère , avoit en france (*) ; ce qui prouve que ſi le traité de 1494 avoit eu ſon éxécution , on n'auroit pas voulu y donner atteinte , en prenant des lettres de naturalité pour la fille d'un des ſouverains de cet état ; que Henry IV. accorda des lettres patentes au mois de Septembre 1595 , aux marchands florentins , & à ceux de Gênes & de Toſcane , trafiquans à Lyon , avec liberté de diſpoſer de leurs biens ; que quand bien même le traité de 1494 auroit eu ſon éxécution , la ſucceſſion de François de Boccony n'apartiendroit pas moins au Roi ; qu'en éfet , François , en prenant des lettres de naturalité , s'eſt procuré l'avantage de participer à tous les priviléges des français naturels , & s'eſt mis par là hors d'état de ſuccéder à aucun étranger , de même que les étrangers ne peuvent lui ſuccéder ; qu'ainſi Jean de Boccony né étranger , qui du vivant de ſon père ni de ſon frère , n'a point demandé de lettres de naturalité , ſeroit incapable de recueillir la ſucceſſion de François ſon frère. Qu'il ne raporte aucune preuve de la prétendue donation qu'il dit que ſon père lui a faite de la terre de Leoube ;

qu'il eſt au contraire prouvé que le père en a jouï juſqu'à ſa mort ; & que les améliorations , s'il y en a , ont été faites des deniers du père. Et ils ont conclu à ce que la ſentence du bureau des finances de Provence du 21 Août 1739 , fut confirmée.

Le ſieur Jean de Boccony a fourni une replique , contenant que les meilleurs auteurs ont penſé qu'il étoit contre le droit naturel de priver des enfans amenés en France par leurs pères & mères , de leurs ſucceſſions , parce que leur réſidence dans le roïaume purge le vice de leur naiſſance ; que par les lettres de naturalité obtenuës par François ſon frère , en 1724 , S. M. a déclaré qu'elle le regardoit comme un de ſes ſujets , parce qu'il n'avoit pas encore 4 ans lorſque ſon père l'amena en France , où il avoit paſſé toute ſa vie ; qu'à plus forte raiſon , ledit Jean , qui n'avoit pas deux ans lorſqu'il y a été amené , doit-il être regardé comme ſujet de l'état ; que le traité de 1494 , a été ſigné par un ſecrétaire d'état , ſous les yeux & par les ordres de Charles VIII. qui étoit alors à Florence ; qu'il eſt encore actuellement éxécuté en Toſcane à l'égard des français ; que ſuivant un certificat de M. le comte de Lorenzy , chargé des affaires du Roi à la cour de Toſcane , les français jouïſſent & reçoivent dans l'état de Florence toutes ſortes d'héritages ou de ſucceſſions , avec les mêmes titres que les toſcans même ; que ſi les français héritent en Toſcane , les toſcans doivent hériter en France ; qu'à l'égard de la terre de Leoube , s'il ne peut raporter une preuve écrite de la donation , du moins ſa poſſeſſion conſtante eſt de notoriété dans le païs.

Sur ces dires reſpectifs , eſt intervenu l'arrêt du conſeil du 13 Juin 1741 , qui ordonne l'éxécution de la ſentence du bureau des finances de Provence du 21 Août 1739.

Ainſi , cet arrêt juge que les toſcans & les florentins ſont ſujets à la loi d'aubaine ;

(*) Ces lettres ſont citées , Verb. Aubain , §. 1. n. 9. p. 229.

H h ij

que Marc de Boccony père eſt mort au-bain , nonobſtant ſa prétenduë vocation en France pour le ſervice du Roi & de l'état , attendu qu'il n'avoit point obtenu de let-tres de naturalité , ni ſes enfans de ſon vi-vant ; que tous les biens du père , échus au Roi , faute d'avoir prouvé qu'il en eût diſ-poſé entre-vifs , ont enſuite paſſé à Fran-çois ſon fils aîné , en vertu du don que S. M. lui en a fait par les lettres de naturalité du mois de Juin 1724 ; & que , par la mort de François , ils ſont revenus au Roi à titre d'aubaine , attendu que ledit François ne pouvoit avoir que des héritiers regnicoles , & que ſon frère , né dans les états de Flo-rence , qui n'avoit point été naturaliſé avant la mort dudit François , ne pouvoit par conſéquent lui ſuccéder , nonobſtant le trai-té prétendu fait avec la république de Flo-rence en 1494.

Par ſentence de la chambre du domaine de Paris du 21 Août 1748 , la ſucceſſion de demoiſelle Hélene Fleming , née anglai-ſe , & naturaliſée , a été ajugée au Roi à titre d'aubaine ; madame la princeſſe d'Au-vergne , & la demoiſelle Trante ſa ſœur , étoient filles du baronnet Trante , qui avoit été attaché au Roi d'Angleterre , Jacques II. Elles avoient obtenu des lettres de na-turalité , au moïen deſquelles la demoiſelle Trante a hérité de la princeſſe d'Auvergne , décédée le 27 Décembre 1738. Ladite de-moiſelle Trante eſt enſuite décédée le 23 Août 1743 , & ſa ſucceſſion a paſſé , en ver-tu de ſon teſtament , à la demoiſelle Fleming ſa niéce , née anglaiſe , mais qui avoit ob-tenu des lettres de naturalité. Cette demoi-ſelle Fleming eſt décédée le 7 Août 1748. Mais comme l'éfet des lettres de naturalité eſt perſonnel à l'impétrant , & ne peut pro-fiter à ſes héritiers , qu'autant qu'ils ſont regnicoles (*) , la ſucceſſion de ladite de-moiſelle Fleming a été ajugée au Roi à titre d'aubaine , par ſentence de la chambre du

domaine du 21 Août 1748 ; & le receveur général du domaine a été autoriſé à faire le recouvrement des éfets en dépendans , par autre ſentence du 4 Décembre 1748.

De prétendus héritiers regnicoles & étrangers , ont réclamé cette ſucceſſion ; les uns n'ont pû prouver leur parenté , & les autres étoient incapables , n'étant pas naturaliſés ; en conſéquence , les uns & les autres ont été déboutés de leurs préten-tions ; un procureur au parlement , comme occupant pour un créancier , s'étoit fait au-toriſer par arrêt du parlement , à ſe char-ger comme dépoſitaire de pluſieurs titres & papiers ; & ne cherchant qu'à abſorber la ſucceſſion par ſes chicanes , il a prétendu qu'il y avoit des héritiers habiles à ſuccé-der , & que le receveur général ne devoit pas s'immiſcer dans les biens ; il l'a même fait juger ainſi au parlement ; mais après une ample inſtruction contradictoire avec M. Freteau , inſpecteur général du domaine de la couronne , qui a établi que la dame de Mézières regnicole , que l'on diſoit habile à ſuccéder , s'abſtenant d'uſer de ſon pré-tendu droit , les créanciers n'avoient pû argumenter d'une qualité qu'elle n'avoit pas , il eſt intervenu arrêt du conſeil le 8 Septembre 1750 , qui , en caſſant celui du parlement du 16 Juillet 1749 , a ordonné l'éxécution des ſentences de la chambre du domaine ; en conſéquence , a évoqué toutes les conteſtations & les a renvoïées à la cour des aides , en ordonnant au ſurplus la remiſe de tous les éfets & papiers entre les mains du receveur général.

Les ſieur & dlle Proſſer , irlandais d'o-rigine , mais nés en France , ont encore paru ; ils ont dit qu'aïant dénoncé leur opo-ſition au receveur général dès 1749 , il avoit dû les mettre en cauſe au conſeil ; & l'on s'en eſt fait un moïen pour refuſer d'éxécuter l'arrêt du conſeil du 8 Septem-bre 1750. Mais après pluſieurs procédu-

___

(*) *Voïez* Aubain , §. 2. n. 8. p. 236.

res, il eſt intervenu arrêt de la cour des aides le 27 Août 1751, qui a jugé que, pour dépoüiller le Roi d'une ſucceſſion ajugée à S. M. à titre d'aubaine, il faut prouver ſon droit & établir ſa qualité par titres autentiques ; en conſéquence, a débouté leſdits prétendus héritiers, & a ordonné l'éxécution des ſentences de la chambre du domaine & de l'arrêt du conſeil de 1750.

Les ſieur & demoiſelle Proſſer ſe ſont enſuite pourvûs au conſeil en caſſation de l'arrêt de la cour des aides ; mais ils ont été déboutés de leur demande par arrêt du conſeil du 13 Février 1759, rendu contradictoirement avec l'inſpecteur général du domaine, qui a évidemment fait voir l'inſuffiſance des certificats & autres actes raportés pour prouver la parenté.

C'eſt un principe certain que la ſucceſſion de l'étranger naturaliſé ne peut apartenir qu'au Roi, lorſque cet étranger n'a pas d'héritiers regnicoles qui prouvent évidemment leur parenté & leur droit à la ſucceſſion.

Les priviléges de l'éxemtion d'aubaine, donnent bien le droit aux ſujets de la nation à laquelle ils ont été accordés, de venir recueillir les éfets de leur parent de la même nation, mort en France ; mais ils ne peuvent pas lui ſuccéder, s'il avoit été naturaliſé comme on l'a dit ci-deſſus, verb. *Aubain*, §. 2 ; de même, ils ne peuvent nullement ſuccéder à leurs parens français ; le privilége de l'éxemtion d'aubaine eſt tout diférent de celui d'admettre l'étranger aux éfets civils en France. Voïez *Aubain*, §. 1, n. 23. p. 235.

A l'égard des exceptions aux règles générales, en faveur de quelques nations, on peut voir les articles indiqués ci-deſſus, verb. *Aubain*, §. 1, n. 15.

Il eſt au ſurplus d'obſervation que l'on doit ſcrupuleuſement ſe renfermer dans les bornes des priviléges qui peuvent avoir été accordés ; en matière de priviléges contraires au droit commun, il n'eſt pas permis de les étendre d'un cas à un autre. L'au-

baine eſt de droit commun dans l'Europe : elle doit donc être éxercée en conformité des règles générales, ſauf les exceptions faites par le ſouverain, dans les termes deſquelles il faut ſe borner attentivement.

Il y a des *éfets privilégiés*, qui ne peuvent en aucun cas être ſujets à la loi d'aubaine ; telles ſont les rentes ſur le clergé, pour cauſe d'emprunts faits à l'occaſion des dons gratuits. *Voïez* les lettres patentes, du 9 Août 1723, qui permettent au clergé d'emprunter des étrangers, & à ceux-ci de diſpoſer des rentes conſtituées par le clergé, ou qu'ils acquerront ſur lui ; ſoit entre-vifs, par teſtament, ou autrement ; & en cas qu'ils n'en aïent pas diſpoſé, leurs héritiers leur ſuccéderont eſdites rentes, encore que les donataires, légataires ou héritiers fuſſent étrangers & non regnicoles, dérogeant S. M. expreſſément au droit d'aubaine. *Voïez* encore les lettres patentes de 1755 & 1760. Verb. *clergé*.

Par l'article 4 de la déclaration du Roi, du 19 Juin 1720, il a été permis aux étrangers d'acquérir des rentes ſur l'hôtel de ville de Paris, créées par édit du même mois, avec faculté d'en diſpoſer, & de les recueillir *ab inteſtat*, & renonciation au droit d'aubaine.

Par l'édit du mois d'Août 1720, portant création de rentes ſur les recettes des finances, tailles, *&c.* il eſt pareillement permis aux étrangers de les recueillir & d'en diſpoſer.

Il y a pluſieurs autres rentes auxquelles ce privilége eſt attaché, comme les rentes à quatre pour cent ſur la ville de Paris, les rentes ſur les états de Bretagne, celles à trois pour cent ſur les cuirs, *&c.*

Par ſentence de la chambre du domaine de Paris, du 1er Mars 1758, il a été jugé que les arrérages des rentes de tontine, échus lors du décès du ſieur Simon, dont la ſucceſſion a été ajugée au Roi à titre de deshérence, doivent être païés au receveur général des domaines, nonobſtant la renonciation aux droits d'aubaine, confiscation & autres, portée par l'édit de création desdites rentes. Le païeur de cette partie prétendoit que les arrérages échus lors du décès, devoient accroitre au profit des survivances de la division ; mais la renonciation aux droits d'aubaine & autres, n'est qu'en faveur des héritiers régnicoles ou étrangers qui ont droit à la succession.

Les biens qui se trouvent dans les successions des aubains, apartiennent au Roi ; ainsi il n'en peut être dû de *centième denier*, non plus que pour ceux échus à S. M. à titre de deshérence, bâtardise ou confiscation. Il n'est pas même dû de droit de *contrôle*, pour la prise de possession desdits biens, faite par les oficiers du domaine. Décision du conseil du *19 Mai 1726*.

Enfin, toutes les questions relatives au droit d'aubaine ne peuvent être portées qu'aux chambres du domaine. Voïez *Bureaux des finances* ; & *Casuels.*

AUBUSSON. Les droits de petit-scel dans la vicomté & châtellenie d'Aubusson & dépendances, ont été aliénés à M. le duc de la Feuillade. Voïez *Moulins.*

AVEU est un dénombrement par écrit, que présente au seigneur du fief dominant, le propriétaire du fief servant ; il doit contenir une description & une énumération éxacte de tout ce qui compose le fief servant, tant en domaine qu'en arrière-fiefs & censives, cens, rentes, servitudes, droits utiles & honorifiques, prééminences & prérogatives ; le tout en détail & par le menu, avec confrontation par tenans & aboutissans.

Suivant l'art. 8 de la coûtume de Paris, l'aveu doit être fait devant notaires & fourni en parchemin.

Les droits de *contrôle* des aveux & dénombremens, sont fixés par l'art. 6 du tarif du *29 Septembre 1722* ; & ce même article porte qu'ils *ne peuvent être fournis ni reçus sous-signature privée*, qu'ils n'aïent été préalablement contrôlés,

On ne donne le titre d'aveu que lorsqu'il s'agit de fiefs & de biens nobles ; s'il s'agit de biens roturiers, c'est une déclaration au papier terrier, dont le droit de *contrôle* est seulement dû sur le pié réglé par l'art. 41 du tarif.

Par arrêt du conseil du 9 Novembre 1728, il a été ordonné que les aveux des terres roturières, qui sont en usage dans la province de Bretagne, seront *contrôlés* sur le pié réglé par l'art. 41 du tarif, lorsqu'ils ne contiendront pas les termes de foi ou hommage, ou chambellenage ; mais que, lorsque les termes de foi ou hommage, ou chambellenage y seront emploïés, ils seront contrôlés suivant la cinquiéme section de l'art. 6 dudit tarif.

Les notaires, gréfiers ou autres personnes publiques qui font les aveux, sont tenus de les faire *contrôler* dans la quinzaine de leur date ; & depuis l'édit du mois d'Octobre 1705, les aveux faits sous-signature privée, n'ont pû être fournis ni reçus, soit aux chambres des comptes, bureaux des finances, ou dans les justices des seigneurs, sans être préalablement contrôlés, sous les peines portés par cet édit.

L'arrêt du conseil du 16 Juillet 1697, rendu au sujet de l'abus où étoient plusieurs gréfiers, notamment en Normandie, ordonne que tous les aveux & dénombremens de fiefs, & les déclarations qui seront reçus par les gréfiers des justices des seigneurs ou autres aïant faculté de les recevoir, seront *contrôlés* à la diligence desdits gréfiers, dans les tems, & ainsi qu'il est porté par l'édit de 1693, & la déclaration de 1696, & sous les peines y contenuës.

L'art. 6 de la déclaration du 14 Juillet 1699, ordonne que les aveux, dénombremens & déclarations attestés par les notaires & gréfiers des justices des seigneurs, ou autres aïant la faculté de les recevoir, seront *contrôlés* à la diligence de ceux qui les auront reçûs ou attestés, comme il est porté par l'arrêt de 1697.

Par arrêt du conseil du 16 Septembre 1710, sans s'arrêter à un arrêt du parlement de Bretagne, par lequel il étoit ordonné au juge & au procureur fiscal de l'abbaïe de Monfort, de recevoir les aveux en papier timbré, & sous-signature privée seulement ; le conseil a ordonné que les déclarations, aveux & dénombremens feront passés par devant notaires, ou autres oficiers qui ont la faculté de les recevoir, & *contrôlés* dans le délai fixé par les règlemens & les droits païés ; sans que les seigneurs ou leurs oficiers puissent recevoir aucuns desdits actes, ni leurs vassaux & censitaires en fournir aucuns, s'ils ne font dans cette forme, à peine de 200 liv. d'amende, païable solidairement, tant par le seigneur, que par le vassal ou censitaire.

Arrêt du conseil du 8 Avril 1721, qui confirme une ordonnance de M. l'intendant de Caën, par laquelle le sieur Mariette, gréfier de la châtellenie de Hambie, a été condamné en 1800 liv. d'amende, pour n'avoir pas fait *contrôler* neuf aveux rendus devant lui par les vassaux de cette châtellenie. Il disoit qu'en Normandie, il n'étoit pas d'usage de faire contrôler les aveux, parce que les vassaux les rédigent eux-mêmes sous-signature privée, & qu'ils les présentent judiciairement aux juges qui les reçoivent.

Par arrêt du conseil du 10 Mai 1723, les doïen, chanoines & chapitre de l'église roïale & collégiale de saint Quentin, ont été déboutés de leur requête, tendante à l'exemtion des droits de *contrôle* des aveux, foi & hommage, inventaires & autres actes reçus par les oficiers de leur jurisdiction ; & il a été ordonné que tous les actes volontaires qui seront reçus par leurs juges, gréfiers & autres leurs oficiers, en quelque forme qu'ils soient rédigés, feront contrôlés dans les délais

prescrits par les règlemens, & sous les peines & amendes y portées.

Décision du conseil du 8 Septembre 1722, qui juge que les aveux & dénombremens présentés à la chambre des comptes & aux bureaux des finances, doivent être *contrôlés*.

Par arrêt du conseil du 13 Mars 1725, il a été accordé un délai de trois mois, pour faire *contrôler* tous les aveux & dénombremens fournis jusqu'alors sous-signature privée, aux chambres des comptes & bureaux des finances, sans avoir été préalablement contrôlés ; lequel délai a été prorogé jusqu'au dernier Juin 1726, par les arrêts des 10 Juillet 1725, & 5 Janvier 1726.

Par autre arrêt du conseil du 20 Septembre 1727, il a été permis à tous les vassaux du Roi, possédans fiefs, qui ont présenté aux chambres des comptes & bureaux des finances, des aveux & dénombremens non *contrôlés*, & aux procureurs, gréfiers & huissiers qui en ont requis la réception, les ont expédiés & signifiés depuis l'édit du mois d'Octobre 1705, sans avoir été préalablement *contrôlés*, de les faire contrôler jusqu'au 31 Décembre 1727, au moïen de quoi S. M. les a validés & relevés des peines de nullité & amendes. Il a été en outre ordonné qu'à l'avenir il ne poura être présenté aux chambres des comptes & bureaux des finances, aucuns aveux & dénombremens en quelque forme qu'ils soient rédigés, qu'ils n'aïent été auparavant *contrôlés*, & les droits païés, sous les peines de nullité & amendes prononcées par les règlemens.

Ce délai a été prorogé jusqu'au 31 Décembre 1737, par les arrêts des 9 Novembre 1728, 23 Août 1729, 14 Février 1730, 21 Avril 1733, 5 Janvier 1734, 6 Juillet 1734, 28 Juin 1735, & 21 Mai 1737, qui contiennent les mêmes dispositions que celui de 1727.

Décision du conseil du 25 Octobre 1735,

qui déboute les syndics de la noblesse de Provence, de leur demande en éxemtion de contrôle des dénombremens donnés à la chambre des comptes.

Des aveux fournis au Roi.

Les vassaux du Roi doivent donner leurs aveux & dénombremens en la chambre des comptes, qui les renvoïe devant les tréforiers de France, ou autres juges roïaux de la situation des biens, pour être vérifiés ; & sur la vérification, ils font enfuite reçûs à la chambre.

Il y a néamoins des règlemens qui autorifent les bureaux des finances à recevoir les aveux & dénombremens des biens dont ils ont reçû les hommages, pour éviter aux vaffaux des frais de voïage ; mais fous trois conditions : la première, que les vaffaux ont toujours l'option de fe pourvoir directement, s'ils veulent, à la chambre des comptes : la feconde, que les poffeffeurs des terres titrées, comme duchés, comtés, marquifats, vicomtés, baronnies & châtellenies, ne peuvent porter leurs hommages & aveux qu'aux chambres des comptes, à l'exclufion des tréforiers de France : & la troifiéme, que les tréforiers de France font obligés d'envoïer les originaux des hommages & aveux qu'ils ont reçûs aux chambres des comptes, qui en font le véritable dépôt.

Les requêtes tendantes à la réception des foi & hommage, aveux & dénombremens doivent être communiquées aux receveurs généraux des domaines. Voïez *Hommage*.

Par arrêt de la chambre des comptes de Paris, du 15 Septembre 1744, il est ordonné que les aveux & dénombremens préfentés par les vaffaux du Roi en la chambre, & qui feront adreffés par ladite chambre, foit aux bureaux des finances, pour les terres & fiefs fitués hors l'étenduë de la généralité de Paris ; & pour ceux fitués dans ladite généralité, aux baillifs & fénéchaux, & autres juges roïaux, pour y être *vérifiés* ; enfemble ceux defdits aveux pour fimples terres, fiefs & feigneuries, qui feront préfentés directement aux bureaux des finances, feront envoïés par lefdits officiers aux paroiffes dépendantes du chef-lieu, & fur lefquelles s'étendent les terres & fiefs compris dans lefdits aveux, pour être lûs & publiés par trois dimanches confécutifs, à l'iffuë des meffes paroiffiales, dont il fera délivré des certificats ; pour être enfuite lefdits aveux & dénombremens publiés par lefdits bureaux des finances & juges roïaux, par trois jours d'audience confécutifs, dont les certificats feront pareillement tranfcrits en fin defdits aveux.

Lorfque les aveux n'ont pas été dûment vérifiés, ils ne peuvent, quelques anciens qu'ils foient, préjudicier aux droits de quint, relief, cens, & autres dûs au Roi.

Par arrêt du parlement de Paris, du 4 Septembre 1742, rendu fur l'intervention, & oüi M. le procureur général, il a été jugé au profit de M. de Caderouffe, engagifte du domaine de Sezanne, que la terre de Mondemant & de la Grange, eft chargée des droits de quint & de relief, portés par la coûtume, quoique par des aveux portés à la chambre des comptes, elle ne parut chargée que d'un épervier fort à chaque mutation ; attendu que lefdits aveux n'avoient pas été vérifiés par le juge des lieux, & qu'ils n'étoient par conféquent pas reçûs définitivement en la chambre des comptes, fuivant l'arrêt rendu en icelle le 4 Février 1511, nonobftant que du nombre de ces aveux, il y en eut de 1509.

Autre arrêt du parlement de Paris, du 7 Août 1743, qui déclare la terre du Hazoy & Grurie de Bethify y jointe, fituée dans la coûtume de Valois, dans la mouvance du Roi, à caufe de la groffe tour de Compiégne, fujéte, en cas de mutation,

tion , à tous les droits portés par cette coûtume , nonobstant d'anciens aveux, qui ne l'assujétissoient qu'aux simples droits de foi & hommage ; attendu que ces aveux n'avoient point été vérifiés en conformité de l'arrêt de la chambre des comptes du 4 Février 1511.

AUGMENT & *contr'augment*. L'augment est une portion des biens du mari , accordée en païs de droit écrit à la femme par contrat de mariage ; il tient lieu de doüaire en païs coûtumier ; la femme survivante n'en a que l'usufruit. Elle peut donner aussi à son mari , par forme de contr'augment , une partie de ses biens jusqu'à concurrence du tiers de l'augment.

L'augment de dot consiste en ce que la femme prend sur les biens de son mari , non-seulement sa dot , ses donations de survie , s'il y en a , mais encore la moitié de ce qu'elle avoit constitué en dot , quoique son mari ne l'eût pas reçû , pourvû que la dot ait été constituée en deniers. Car si elle étoit constituée en droits , il n'est point dû d'augment ; & si elle est constituée en immeubles , il est dû , non pas sur le pié de la valeur du tiers , mais *arbitrio viri boni* , les dettes réelles déduïtes. Si la femme prédécéde le mari sans enfans , il n'y a pas lieu à l'augment de dot.

L'augment & le contr'augment étant moins de véritables donations , que de simples avantages & conventions matrimoniales, la peine de nullité n'a pas lieu pour le défaut d'insinuation de ces stipulations ; elles sont dispensées de cette peine par la déclaration du 25 Juin 1729 , par l'art. 21 de l'ordonnance du mois de Février 1731 , & par l'art. 6 de la déclaration du 17 Février 1731.

Mais elles doivent être *insinuées* , & les droits païés en même-tems que ceux du contrôle , conformément auxdites déclarations de 1729 & 1731.

Voïez l'arrêt du conseil du 9 Février 1706 , portant que les droits d'insinuation

feront païés , tant dans la généralité de Grenoble , que dans les autres provinces du roïaume , qui se régissent par le droit écrit , pour l'augment & contr'augment stipulés dans les contrats de mariage , sur le pié réglé par le tarif pour les donations.

Autre arrêt du conseil du 11 Mai 1706 , rendu en règlement , portant que les notaires & tabellions feront tenus & obligés de faire enregistrer & *insinuer* les contrats de mariage qui contiendront des augmens & contr'augmens , dans les bureaux dans lesquels ils les feront contrôler , dans la quinzaine du jour & date d'iceux , pour lesquels il ne sera païé qu'un seul droit d'insinuation du montant des sommes pour l'augment & contr'augment joints ensemble , sur le pié fixé pour les donations simples.

Autre du 27 Juillet 1706 , contre les notaires de Lyon , qui prétendoient que les contrats de mariage contenant augment & contr'augment , n'étoient sujets à l'insinuation qu'après le décès de l'un des conjoints , & que ce n'étoit qu'alors qu'on pouvoit fixer le droit sur la disposition qui avoit lieu.

L'art. 3 de la déclaration du 20 Mars 1708 , déclare sujétes à l'insinuation les donations par forme d'augment & contr'augment.

Voïez encore *Contrat de mariage* , §. 14.

AVIGNON , ville de France , démembrée de la provence , & tenuë par le Pape à titre d'engagement.

Cette ville fut long-tems possédée par moitié , par les comtes de Toulouse & de Provence , dont les héritieres épousèrent les deux frères de saint Louis , Alphonse & Charles, lesquels furent , en 1251 , reconnus seigneurs par moitié de la ville d'Avignon ; le comté de Toulouse fut uni à la couronne de France , faute d'enfans du mariage d'Alphonse : ensorte que nos Rois ont possédé la moitié de la ville d'Avignon depuis 1279, jufqu'en 1290, que Philippe le Bel, en mariant fon frère Charles, comte de Valois, avec Marguerite, fille de Charles II, Roi de Sicile & comté de Provence, donna audit Charles II, tout le droit qu'il avoit en la ville d'Avignon.

Par ce moïen, les comtes de Provence poffédèrent la totalité de la ville d'Avignon, jufqu'à ce que la Reine de Sicile Jeanne, petite-fille du Roi Robert, comte de Provence, vendit (étant encore mineure) du confentement de Louis de Tarente fon mari, au Pape Clément VI, le 19 Juin 1348, la ville d'Avignon avec fes fauxbourgs, territoire & confins, pour le prix de 80000 florins d'or de Florence qu'elle reçut; donnant la plus valué par titre de donation, & renonçant au bénéfice de minorité.

Les diférens moïens de nullité de cette aliénation font évidemment établis dans le traité des droits du Roi, par M. Dupuy. Ed. Roüen, 1670, p. 244.

Bacquet, traité de l'aub. ch. 7. n. 14, dit qu'il eft notoire que la ville d'Avignon eft affife au-dedans du comté de Provence, que le Roi eft feigneur de la plus grande partie du pont d'Avignon; & qu'en la ville d'Avignon, il y a notaires pourvûs par le Roi de France, qui s'intitulent notaires apoftoliques & roïaux.

Voïez les arrêts du confeil des 22 Janvier 1726, & 10 Février 1728, qui maintiennent le Roi, ainfi que les Rois prédéceffeurs de S. M. dans l'ancien droit & poffeffion immémoriale de la fouveraineté & propriété du fleuve du Rhône d'un bord à l'autre, tant dans fon ancien que nouveau lit, par tout fon cours. & des ifles, iflots, crémens & attériffemens qui s'y forment.

Les confuls, manans, & habitans de la ville d'Avignon, font déclarés naturels regnicoles, d'autant que la poffeffion de cette ville par le faint Siége, ne peut être confidérée que comme un engagement; il leur eft permis de poffé der en France tous biens, meubles & immeubles, en difpofer, tenir

ofices, bénéfices & dignités; enfin, de jouïr de tous les mêmes priviléges dont jouïffent les originaires du roïaume; lettres patentes de Louis XI du 8 Mai 1479; déclaration de François I, donnée à Blois le 4 Mars 1540; lettres patentes de Charles IX, à Amboife au mois de Décembre 1571. Celles de confirmation à perpétuité par Henry III, étant à Avignon aux mois de Novembre & Décembre 1574. Lettres patentes de Henry IV, des mois d'Octobre 1596, Mai 1599, & Septembre 1605. Celles de Louïs XIII, des mois de Janvier & Mars 1611, de Louis XIV, en 1643 & 1679, & de Louis XV, en 1716.

Par l'article 107 du bail de Forceville, du 16 Septembre 1738, il eft dit qu'il joüira des gabelles de la ville & comtat d'Avignon, comté de Veniffe, & de la ville d'Arles, ainfi que S. M. a droit d'en joüir.

AVIS de parens; *Voïez* ci-après *Délibération* de parens.

AUMONES, font des peines pécuniaires, prononcées pour facriléges & autres cas, èfquels il n'échet pas d'amendes envers le Roi.

Par l'article 5 de la déclaration du 21 Mars 1671, il eft permis aux cours & juges de condamner les accufés en quelques fommes aplicables en œuvres pies, mais feulement dans les cas où il aura été commis facrilége, & où ladite condamnation d'œuvres pies fera partie de la réparation.

Voïez ci-devant *Amendes arbitraires*, §. 2, pag. 118.

AUMONES *fieffées;* ce font les dons & legs pitoïables faits par les Rois de France, pour fondation & dotation d'églifes, monaftères, hôpitaux, ou fervices divins; dont le païement eft affigné fur le domaine du Roi, pour être fait en deniers ou en nature, fuivant les états arrêtés au confeil. *Voïez* Bacquet, des franc-fiefs, ch. 7, n. 30.

AVOCATS, ne peuvent écrire des actes fous-fignature privée pour autrui. *Voïez* les décifions du confeil des 24 Octobre 1739, & 28 Janvier 1741, & l'arrêt du confeil du 12 Mai 1750, raportés ci-devant, verb. *Actes fous-fignature privée*, §. 15, pages 62 & 63.

S'ils rendent des fentences arbitrales, elles doivent être contrôlées. Voïez *Sentences arbitrales*.

Si les juges leur renvoïent des queftions pour donner leur avis, afin d'être homologué, *voïez* la décifion du confeil du 25 Juillet 1750, contre les gréfiers du bailliage roïal de Langres, & du duché-pairie de la même ville, qui juge que ce font des actes de nature à pouvoir être paffés par les notaires, & par conféquent affujétis au contrôle dans la quinzaine; elle eft raportée ci-devant, verb. *Actes volontaires*, p. 85,

AURILLAC, ville de la Baffe-Auvergne. *Voïez* ci-après *Auvergne*.

AUTORISATION, eft l'acte par lequel le mari donne à fa femme la capacité de contracter; & aux obligations qu'elle paffe le caractère néceffaire pour leur éxécution.

Une femme mariée ne peut, par la coûtume générale de France, aliéner, vendre, contracter, efter en jugement, ni s'obliger fans l'autorité de fon mari, encore même qu'il y eût féparation de biens entr'eux.

Si la femme négocie les biens qui lui font communs avec fon mari, elle n'eft regardée que comme fa procuratrice.

En la perfonne du mari réfident toutes les actions perfonnelles, mobiliaires & poffeffoires des biens de fa femme; il en a la jouïffance, reçoit & donne quitance, fournit & reçoit les hommages.

Mais à l'égard des actions réelles & immobiliaires concernant la propriété des biens de la femme, le mari doit la faire intervenir, ou avoir d'elle une procuration pour agir en fon nom & au fien.

L'article 13 du tarif du 19 Septembre 1722, règle fuivant la qualité des perfonnes, le droit *de contrôle* de l'autorifation d'un mari à fa femme, pour paffer des actes

& contrats, ou pour efter en juftice; ainfi que des actes contenant déclaration de refus d'autorifation.

La difpofition de cet article a long-tems fait croire qu'on n'en pouvoit faire l'aplication qu'aux actes de fimple autorifation, par lefquels le mari autorife fa femme, à l'éfet d'agir *feule* pour raifon de fes biens propres. Mais le confeil a décidé plufieurs fois que le droit de contrôle fixé par l'article 13 du tarif, eft dû pour toutes les autorifations du mari à la femme, inférées même dans les actes, par lefquels l'un & l'autre vendent ou hipothéquent les biens de la femme; en un mot, dans tous les actes où, s'agiffant des propres de la femme, elle eft obligée de comparaître & de figner; & cela, indépendamment des droits dûs pour le principal éfet de cet acte; parce qu'on le confidère comme renfermant deux difpofitions diférentes, & que le mari auroit pû d'abord donner fa fimple autorifation, & la femme agir feule enfuite.

Pour l'intelligence du principe fur lequel eft fondée la jurifprudence du confeil à cet égard, il faut diftinguer les cas où l'autorifation eft néceffaire, & ceux où elle n'eft qu'acceffoire.

Elle eft néceffaire pour toutes les actions pétitoires, réelles & immobiliaires, concernant le fonds & la propriété des biens de la femme, & lorfqu'elle eft obligée en conféquence de comparaître & de figner aux actes; & même, fi la femme eft féparée, il eft néceffaire qu'elle foit autorifée pour vendre ou hipothéquer les immeubles qui lui apartenoient lors de la féparation. Coût. de Norm. art. 127.

Mais s'il n'eft queftion que des biens du mari, même de ceux de la communauté, ou des fruits de ceux de la femme, ou enfin de difpofer des immeubles acquis par la femme féparée, depuis fa féparation; l'autorifation n'eft qu'acceffoire, & n'eft fujéte à aucun droit de contrôle particulier.

I iij

On va raporter les décifions relatives à l'un & à l'autre cas.

Des cas où le droit de contrôle de l'autorifation eft dû.

Procuration donnée au mari, par la femme de lui autorifée, pour vendre un bien à elle apartenant ; décifion du confeil, du 21 Février 1736, qui déboute Pierre Paris de fa demande en reftitution de 3 livres, prétendant qu'il n'étoit dû que 12 fols.

Pareille procuration donnée par la femme autorifée du mari, à l'éfet de fe rendre caution pour lui de la réception qu'il fera d'une fomme à lui ajugée ; il eft dû un droit pour l'autorifation, parce que la femme s'oblige en fon nom, & qu'elle affecte fes biens. Ainfi décidé le 7 Juin 1738, contre Jerôme Letang ; la décifion juge que le droit de la procuration eft dû en outre.

Procuration donnée par le mari & par fa femme de lui autorifée, à un tiers au fujet des biens propres de la femme. Décidé le 10 Mai 1738, contre le fieur Fogaffe de la Bouyere, qu'il eft dû deux droits, l'un pour l'autorifation & l'autre pour la procuration.

Procuration donnée par le mari & fa femme qu'il autorife, à un tiers, pour tranfiger & recevoir le remboursement d'une rente léguée à la femme. Décidé le 4 Juin 1743, contre le fieur Belamy, que le droit a été bien perçu pour l'autorifation.

Procuration donnée par le mari & la femme autorifée, de recevoir pour eux toutes les fommes dûes à une fucceffion échue à la femme ; le droit de contrôle de l'autorifation eft dû, parce que la femme ne peut valablement accepter une fucceffion, fans être autorifée. Décifion du 2 Avril 1746, contre le fieur Precheur, notaire à Beauvais.

Décifion du confeil, du 13 Décembre 1749, rendue fur le mémoire des notaires d'Auxere, qui fe plaignoient de la percep-

tion du droit d'autorifation fur les titresnouvels & autres actes paffés par le mari & la femme conjointement, pour raifon des biens de la femme ; qui juge que le droit de contrôle de l'autorifation eft dû, fitôt que l'autorifation eft inférée dans l'acte dans lequel la femme eft obligée de comparaître & de figner, quand il s'agit de fes propres.

Arrêt du confeil, du 7 Septembre 1751, rendu fur l'opofition des notaires de Bourgogne, de Magny en Vexin, de Chartres & de Soiffons, à la décifion ci-deffus ; portant que les précédentes décifions feront exécutées ; & cependant, du confentement des fous-fermiers, ordonne par grace & fans tirer à conféquence, qu'à l'avenir il ne fera perçu qu'un feul droit de contrôle de 10 f. & les 4 f. pour liv. pour les différentes autorifations qui feront inférées dans les actes, que les artifans & gens du commun paffieront conjointement avec leurs femmes, en quelque nombre qu'elles foient, pourvû que lefdites femmes foient cohéritieres & copropriétaires des biens qui feront l'objet des inventaires, partages, contrats de vente, obligations, engagemens, reconnaiffances & titres nouvels ; le droit de contrôle defquels actes fera auffi païé, fuivant les articles du tarif auxquels ils font aplicables ; ordonne aux notaires & à tous autres oficiers qui ont droit de paffer des actes, de ne donner aux parties que leur véritable qualité, à peine de 100 liv. d'amende pour chaque contravention.

Décifion du confeil, du 18 Mai 1752, qui déboute les notaires de Pontoife, de leur opofition à l'éxécution dudit arrêt, & de leur demande à ce qu'il ne fut aplicable qu'aux actes particuliers, par lefquels les maris autorifent leurs femmes, pour paffer des actes & contrats en leur abfence.

L'arrêt de 1751 explique bien clairement que le droit de contrôle de l'autorifation eft dû, lorfqu'elle eft exprimée dans les actes qu'il défigne, faits pour raifon des biens de la femme , indépendamment du droit fixé par le tarif pour ces actes.

Mais à l'égard des procurations données par le mari à la femme , ou par elle au mari , on ne pense pas qu'il soit dû deux droits de contrôle , parce que les deux dispositions d'autorisation & de procuration sont relatives aux parties nécessaires pour l'une & l'autre ; ainsi , il ne faut percevoir que le droit de contrôle de l'autorisation , pour ces procurations , qui ont pour objet les biens de la femme ; mais si la procuration est donnée à un tiers pour les biens de la femme , tant par elle , que par son mari pour l'autoriser , il est dû deux droits.

Décision du conseil, du 22 Juillet 1754, sur l'art. 1er du mémoire des états de la province de Bretagne, qui se plaignoient de ce que lorsqu'une femme, sous l'autorité de son mari passe des actes, en cette qualité d'autorisée, l'on faisoit païer un double droit de contrôle : savoir celui que l'acte comporte suivant le tarif, & de plus, le droit fixé par l'article 13 du tarif pour l'autorisation. Ils disoient que le dernier droit ne pouvoit être perçu que pour les actes particuliers, par lesquels un mari accorde ou refuse l'autorisation à sa femme ; & que la double perception étoit contraire à la disposition de l'article 96 du tarif ; en conséquence ils demandoient à être reçus oposant à l'arrêt du 7 Septemb. 1751 , & qu'il fut ordonné que le droit de contrôle ne seroit perçu pour l'autorisation , que lorsqu'elle seroit exprimée dans un acte particulier , uniquement passé pour l'accorder , ou pour la refuser. Voici les termes de la décision :

« Si l'autorisation du mari à la femme, com-
» prise dans l'art. 13 du tarif, se donne dans
» un acte passé exprès , pour donner à la-
» dite femme la faculté de faire des actes
» & contrats valables , ou de paroitre en
» justice , le droit de contrôle en est païé ;
» & on n'en païe pas moins celui des actes
» & contrats passés ensuite , pour des ob-
» jets qui n'intéressent que la femme. Ainsi ,

» lorsque dans un même acte , on a com-
» pris l'autorisation dans le sens qui vient
» d'être expliqué , en même tems que les
» dispositions faites en conséquence , il est
» dû sans difficulté deux droits de contrôle,
» conformément à l'art. 96 du tarif , puis-
» que dans ce cas , le mari & la femme , &
» les parties avec lesquelles la femme passe
» l'acte , sont différentes parties qui ont des
» intérêts différens. Et de là , il suit que
» l'arrêt de 1751, ne contient rien de con-
» traire au tarif : il renferme même une
» disposition favorable pour les artisans &
» gens du commun, en ce qu'il y est dit
» que pour les différentes autorisations qui
» seront inférées dans les actes qu'ils pas-
» seront , conjointement avec leurs fem-
» mes , en quelque nombre qu'elles soient ,
» il ne sera perçu qu'un seul droit de con-
» trôle de 20 sols , & les 4 sols pour
» livre.

Le droit de contrôle de l'autorisation est dû , pour les aveux rendus par le mari & la femme autorisée , des biens de la femme , parce qu'ils sont affectés & hipothéqués par cet acte.

Il est également dû pour le testament fait par la femme autorisée , parce qu'elle ne peut tester sans l'autorité de son mari ; si ce n'est dans quelques coûtumes , lorsqu'elle s'en est réservé la faculté par son contrat de mariage. *Voïez* les art. 185 & 417 de la coût. de Norm.

Des cas où il n'est point dû de droit de contrôle pour l'autorisation.

L'arrêt de 1751 met les obligations au nombre des actes , pour lesquels le droit de contrôle de l'autorisation doit être perçû ; mais cela ne doit être entendu que de celles par lesquelles la femme s'oblige seule , sous l'autorité de son mari ; dès-lors que le mari est partie principale dans l'acte , le droit n'est pas dû pour l'autorisation ; *voïez* la décision du 14 Juin 1753 , au sujet

d'une obligation contractée par François
Piſſot , de l'élection de Cognac , conjointement & ſolidairement avec ſa femme , de
lui autoriſée ; cette déciſion juge qu'il n'eſt
dû que le droit de contrôle de l'obligation.

Quoique l'autoriſation ſoit ſtipulée dans
les actes que paſſent le mari & la femme ,
il n'en eſt point dû de droit de contrôle ,
lorſqu'il ne s'agit que de faire ce que le
mari auroit pû faire ſeul , ſans le concours
du conſentement de ſa femme , ou de faire
ce que la femme pouvoit faire ſeule.

Procuration donnée par le mari & ſa femme qu'il autoriſe , à un particulier , pour recevoir des arrérages de rentes ſur la ville
de Paris , apartenantes à ſa femme. Décidé
le 17 Avril 1728 , qu'il n'eſt dû que le
droit de contrôle de la procuration , parce
que le mari pouvant recevoir les arrérages ,
eſt partie principale dans la procuration.
C'eſt ce qui a encore été décidé le 4 Mars
1741 , ſur une ſemblable procuration donnée par les ſieur & dame Souchay.

La femme ſéparée peut vendre & hipothéquer ſes meubles , & les immeubles par
elle acquis depuis ſa ſéparation , ſans avoir
beſoin de l'autorité du mari. Art. 126 du
règlement du parlement de Normandie , de
1666. Ainſi , quand bien même le mari ſeroit préſent à cette aliénation , & que ſon
autoriſation ſeroit inſérée dans l'acte , le
droit de contrôle n'en ſeroit pas dû , parce
qu'elle eſt inutile & ſurabondante.

Le mari ſeul doit fournir hommage pour
raiſon des biens de ſa femme , encore bien
qu'elle eût fait la foi avant ſon mariage.
Coût. de Bret. art. 351. *Voïez* auſſi la coûtume de Normandie , art. 199 ; ainſi il ne
peut être dû de droit d'autoriſation pour
ces actes , encore que la femme autoriſée y
ſoit partie.

Il n'eſt dû que le ſimple droit de la procuration , que donne le mari à ſa femme
qu'il autoriſe , pour régir les biens de l'un
& de l'autre pendant ſon abſence , parce

qu'il pouvoit ſeul donner cette procuration
à tout autre. Déciſion du conſeil du 25 Mai
1735.

Des actes de refus d'autoriſation.

Les actes contenant déclaration de refus d'autoriſation du mari à la femme , ſont
ſujets au contrôle , dont le droit eſt fixé
par l'art. 13 du tarif ; & ils doivent être
revêtus de cette formalité , avant que la
femme ſe faſſe en conſéquence autoriſer
par la juſtice , parce que c'eſt un acte volontaire de la part du mari , qui peut le donner ſous-ſignature privée , devant notaires
ou autrement.

Mais le jugement qui déclare la femme
autoriſée de juſtice , n'eſt pas ſujet au contrôle ; c'eſt un acte véritablement judiciaire , ſeulement ſujet au droit de petit-ſcel ,
lorſqu'il eſt émané d'un juge roïal. Déciſion du conſeil du 31 Décembre 1722.

Réſultat.

Le droit de contrôle fixé par l'art. 13
du tarif de 1722 , eſt dû non-ſeulement
pour les actes qui ne contiennent que
l'autoriſation du mari à la femme , à l'éfet
par elle d'agir ſeule ou d'eſter en jugement. Ce droit eſt également dû en conſéquence de l'art. 96 du tarif , & ſuivant
la juriſprudence du conſeil , lorſqu'au lieu
de donner l'autoriſation par un acte particulier , elle eſt renfermée dans celui pour
la validité duquel elle eſt néceſſaire , indépendamment des droits réglés pour cet
acte ; parce que dans ce cas , il contient
deux diſpoſitions diférentes , qui concernent diférentes perſonnes.

Mais , pour que ces deux droits puiſſent
être perçûs diſtinctement ſur le même acte ,
il faut , ſuivant l'eſprit & la diſpoſition du
tarif , que l'autoriſation ſoit eſſentiellement
néceſſaire ; que la femme agiſſe ſeule en ſon
nom propre , & que le mari ne parle dans

l'acte que pour l'autoriser, sans y être partie principale.

Ainsi, les deux droits sont dûs, lorsque la femme auroit pû contracter seule, pour raison de ses biens, en vertu de l'autorisation que son mari lui auroit donnée par acte particulier ; & qu'au lieu de faire deux actes, l'un pour l'autorisation, & l'autre pour remplir l'objet que la femme se propose, on renferme les deux dispositions dans un seul acte.

Dans tous les cas où la femme est obligée de comparaître, & de signer pour raison de ses biens ; qu'elle contracte seule, & que le mari ne parle dans l'acte que pour donner, par son autorisation, le caractère nécessaire pour l'éxécution de l'acte que passe sa femme, les deux dispositions sont distinctes, de même que si elles étoient faites par deux actes séparés.

Mais, si le mari est partie principale dans l'acte, & qu'il le passe conjointement avec sa femme, pour raison des biens de la communauté, ou de tous autres qui n'apartiennent pas privativement à la femme, l'autorisation n'est qu'accessoire ; & l'on ne peut percevoir deux droits pour deux dispositions dans lesquelles le mari est partie nécessaire ; il faut donc alors s'abstenir de percevoir le droit de contrôle de l'autorisation.

Voilà les règles jusqu'à présent prescrites par le conseil ; il seroit peut-être à désirer, pour éviter toutes dificultés sur des droits aussi modiques, qu'il fût ordonné que le droit de contrôle fixé par l'article 13 du tarif, ne seroit perçû dorénavant que pour les actes contenant seulement l'autorisation du mari à la femme, pour, par elle, agir seule, ou refus de l'autoriser ; & que ce droit ne pouroit être perçû, toutes les fois que le mari seroit partie dans l'acte, pour concourir avec sa femme à l'objet principal. Cela éviteroit bien des contestations, qui, souvent ne proviennent que de ce que les commis ne sont pas en état de bien faire

les distinctions ci-dessus, toutes simples qu'elles paroissent.

AUVERGNE, province de France, avec titre de comté, réunie à la couronne en 1609, au moïen de la donation faite par la Reine Marguerite à Louis XIII, alors dauphin.

Lettres patentes du 16 Avril 1609, qui confirment le contrat du 10 du même mois, par lequel, Marguerite, Reine de France, & duchesse de Valois, a cédé à Louis de France, dauphin de Viennois, la propriété des comtés d'Auvergne & de Clermont, & autres terres qu'elle avoit au païs d'Auvergne.

Voïez le traité des droits du Roi par M. Dupuy ; savoir, pour l'Auvergne & Vic, p. 426 ; Clermont, p. 487 ; Mercœur, p. 575 ; Mont-Ferrand, p. 583 ; Montpensier, p. 586, & Usson, p. 647.

La province d'Auvergne a été abonnée sur le pié de 6000 liv. par an, pour les droits de *Franc-fiefs*, par arrêts des années 1703, 1708, 1711, & 1717 ; mais cet abonnement a cessé au 1er Avril 1719, & depuis ce tems, le droit de franc-fiefs est perçû & païé dans cette province, comme dans les autres.

Les consuls & habitans de la ville d'*Aurillac*, & les vassaux de l'abbaïe de saint Geraud de ladite ville, ont prétendu l'éxemtion du droit de *Franc-fiefs* sur le fondement d'anciens priviléges confirmés par les Rois prédécesseurs de S. M. régnante, & nommément par un arrêt du 6 Septembre 1701.

Mais tous ces priviléges étant révoqués, tant par la déclaration du 16 Juillet 1702, que par les édits de 1708 & 1710, il fut ordonné par arrêts du conseil des 5 Mai 1711, & 9 Janvier 1717, que lesdits habitans d'*Aurillac* contribueroient pour la somme qui seroit fixée par M. l'intendant d'Auvergne, au païement de l'abonnement fixé pour cette province.

Cet abonnement aïant cessé, comme on

vient de le dire, en 1719, il fut rendu une décision du conseil le 21 Décembre 1723, qui jugea que les habitans roturiers d'*Aurillac* devoient païer les droits de franc-fiefs des fiefs & biens nobles qu'ils possédoient lors de l'expiration de l'abonnement accordé à la province d'Auvergne ; M. de la Grandville, intendant de cette généralité, en ordonna l'éxécution le 30 du même mois, contre lesdits habitans d'Aurillac, & contre les vassaux de l'abbaïe de saint Geraud.

Ces habitans & ces vassaux ont néanmoins renouvellé leurs prétentions ; ils ont fait intervenir à leur apui M. le cardinal de Gesvres, & M. l'abbé de Baral, succeffivement abbés de saint Geraud ; mais, par arrêt du conseil rendu contradictoirement le 31 Octobre 1752, sans avoir égard aux demandes desdits habitans & vassaux, ni à celles desdits sieurs abbés, dont S. M. les a déboutés ; il a été ordonné que les décl. des 9 Mars 1700, & 16 Juillet 1702, & l'ordonnance de M. de la Grandville du 30 Décembre 1723, seront éxécutées selon leur forme & teneur ; en conséquence, que lesdits habitans d'*Aurillac*, & les vassaux de l'abbaïe de saint Geraud, seront tenus, dans un mois, de fournir leurs déclarations, conformément & sous les peines portées par la déclaration de 1700, des fiefs & biens nobles par eux possédés, ou leurs auteurs, depuis le 1er Avril 1719, jour que l'abonnement des droits de franc-fiefs a cessé dans la province d'Auvergne, ensemble de ceux qui leur sont échus par succeffion, donation, ou autrement ; & d'en païer les droits de *franc-fiefs*, avec les deux sols pour livre, aux fermiers auxquels lesdits droits se trouveront apartenir, à raison d'une année de revenu pour chaque vingt années de jouïssance, à commencer dudit jour 1er Avril 1719 ; à ce faire, seront lesdits habitans & vassaux de ladite abbaïe, contraints par les voïes ordinaires & accoûtumées.

Par arrêt du conseil du 5 Février 1671, il a été ordonné que le fermier général jouïra du *gréfe des affirmations de voïage*, & du droit de *contrôle des dépens* du bailliage d'*Aurillac* ; avec défenses au gréfier dudit siége d'expédier aucun éxécutoire de dépens, que les déclarations n'aïent été contrôlées, & les droits païés ; sauf à ce gréfier qui réclamoit les droits des actes d'affirmations de voïage, en conséquence de l'édit de 1597, à raporter ses titres, pour être procédé à la liquidation de sa finance & au remboursement, s'il y échet.

Voïez encore, *Carlades.*

B.

A C. Les droits de bac, paſſage, pontenage, &c. ſont des droits domaniaux, qui conſiſtent dans la perception de quelques deniers ſur les marchandiſes & denrées, même ſur les perſonnes qui paſſent des rivières. Ces droits ſe lèvent au profit du Roi, ou des engagiſtes de ſes domaines, ou au profit de divers particuliers qui les ont obtenus à titre d'inféodation ou d'octroi. Voïez *Péage*.

BAGUES & *joïaux* ; on entend ſous cette dénomination les bagues, colliers, & pierreries ; montre, tabatière, étui, & autres bijoux, ſtipulés par contrat de mariage, en faveur de la femme.

Quoique ces ſtipulations ſoient aſſujéties au droit d'inſinuation, comme on l'établira ci-après, il s'eſt élevé à cet égard diférentes conteſtations dans ces derniers tems ; on a ſoûtenu, ſpécialement en Bretagne, que les clauſes de repriſe de bagues & joïaux ſtipulées dans les contrats de mariage, ne peuvent, ni ne doivent, en aucun cas, être réputées donations, ni conſéquemment être ſujétes à l'inſinuation.

Les motifs ſur leſquels on s'eſt fondé, ſont que dans les païs de communauté, ces ſtipulations ne peuvent être conſidérées comme donations, ni avantages, parce que les conjoints ſont maîtres de régler les conventions de leur ſociété, & d'en fixer un partage inégal ; au lieu que dans le païs de droit écrit, & dans ceux où il n'y a point de communauté, les ſtipulations ſur les biens de l'un au profit de l'autre, ſont des donations ; que les articles 436 & 569 de la coûtume de Bretagne, donnent un trouſſeau à la veuve, ſans le ſecours de la ſtipulation par contrat de mariage, & que les ſtipulations les plus étenduës ſe réduiſent toujours à la quotité fixée par la juriſprudence pour le trouſſeau légal.

Il eſt vrai que les ſtipulations de bagues & joïaux ne ſont pas de véritables donations entre-vifs, aſſujéties par les ordonnances à être inſinuées ſous peine de nullité ; ce ſont des conventions matrimoniales, avantageuſes à l'un des conjoints, aſſujéties au *droit* d'inſinuation, & diſpenſées de la nullité, quoique non inſinuées.

Par l'article 3 de la déclaration du Roi du 20 Mars 1708, S. M. a déclaré ſujétes au païement du droit d'inſinuation, les donations par forme d'augment, dons mobils, engagemens, droit de rétention, agencement, gains de nôces & de ſurvie ; & la déclaration du 25 Juin 1729, contient les mêmes diſpoſitions, en y ajoûtant que ces ſtipulations ne pourront être déclarées nulles par le défaut d'inſinuation, parce que (ſans avoir le caractère de véritables donations) ce ne ſont que de ſimples conventions matrimoniales entre les parties contractantes, ſoit pour aider le mari à ſoûtenir les charges du mariage, ſoit pour balancer les avantages qu'il fait à ſa femme, & pour établir

Tome I.   K k

une compenfation auffi jufte que favorable.

L'article 6 de la déclaration du 17
Février 1731, relatif à l'article 21 de l'ordonnance du même mois, porte que S. M.
n'entend déroger à l'article 3 de la déclaration de 1708, en ce qu'il ordonne l'infinuation des donations par forme d'augment, ou contr'augment, dons mobils, engagemens, droits de rétention, agencemens, gains de nôces & de furvie, dans
les païs où ils font en ufage; voulant S. M.
que lefdits actes foient infinués, conformément à ladite déclaration, *& les droits
païés fuivant le tarif, en même tems que
ceux du contrôle*, dans les lieux où le contrôle eft établi; & dans ceux où le contrôle n'a pas lieu, dans les quatre mois du
jour & date defdits actes, fans néanmoins
que le défaut d'infinuation defdits actes
puiffe emporter la peine de nullité; & ce,
conformément à la déclaration du 25 Juin
1729. *Lefquels droits, lorfqu'ils auront
été païés en même tems que ceux du contrôle, apartiendront aux fermiers qui auront infinué lefdits actes, fans répétition.*

Ces règlemens n'expriment pas nommément les ftipulations de bagues & joïaux;
mais elles fe trouvent comprifes dans la dénomination de *gains de nôces & de furvie*,
ainfi que toutes les autres conventions matrimoniales, qui, procurant un avantage à
l'un des contractans, ne peuvent être confidérées que comme des dons.

Dans le païs de droit écrit, il apartient
des bagues & joïaux à la femme furvivante,
quoiqu'il n'y ait point de ftipulation par
contrat de mariage; & dans ce cas, ils fe
règlent felon la qualité des parties, & à
proportion de la dot; c'eft ce que Breton-
nier attefte dans fes queftions de droit,
verb. *Bagues & joïaux*. Il eft néanmoins
d'ufage de ftipuler, dans le païs de droit
écrit, des bagues & joïaux dans la plûpart
des contrats de mariage, non-feulement
pour en règler la quotité, mais encore pour

fixer les diférentes conditions, fous lefquelles ils feront pris par la veuve.

L'auteur du traité des gains nuptiaux,
agite, au chap. 15, la queftion de favoir fi
les contrats de mariage qui contiennent des
gains nuptiaux & de furvie, font fujets au
droit d'infinuation; après avoir raporté
les difpofitions des déclarations du Roi de
1708, 1729, & 1731, il dit que, » Quoi-
» que le *don de bagues & joïaux* ne foit
» pas nommé dans aucune des ordonnan-
» ces, édits & déclarations qui affujétif-
» fent les gains nuptiaux à l'infinuation, il
» s'y trouve néanmoins compris, tant com-
» me donation par contrat & en faveur de
» mariage, que comme *gain nuptial &
» de furvie* «. Il ajoûte qu'il faut dire la
même chofe de toutes les autres donations
faites par forme de gains nuptiaux, & de
furvie, dont le nom particulier ne fe trouve pas dans les ordonnances, édits, & déclarations rendus fur cette matière.

Cet auteur diftingue néanmoins ce qui
provient de la feule difpofition de la loi,
de ce qui vient de la ftipulation; & en conféquence, il dit que fi l'on ne ftipule que
les bagues & joïaux, & autres gains nuptiaux & de furvie, légaux & coûtumiers,
la ftipulation eft inutile, n'étant pas néceffaire à cet égard, qu'il y ait un contrat de
mariage; qu'ainfi, le contrat ne doit être
infinué, que lorfque la convention excéde ce que la loi accorde fans ftipulation.

L'aplication de ces principes, qui font
très-juftes, fe fait naturellement à tous les
païs coûtumiers, ou de droit écrit, foit
que la communauté puiffe y être introduite
entre les conjoints, foit qu'elle y foit prohibée. Dans les païs de communauté, la
ftipulation de bagues & joïaux, eft même
un avantage plus caractérifé, que dans ceux
où il ne peut y avoir de communauté entre
les conjoints; en éfet, la veuve commune
a une part dans tous les éfets: fi elle en a
de privilégiés à prendre hors part, ce ne
peut être qu'en vertu d'un don ftipulé en

sa faveur , au préjudice des règles ordinaires de la société , ou communauté ; au lieu que , s'il n'y a pas de communauté , il paroît naturel que la veuve , qui n'a rien à prendre , ait au moins les choses qui sont à son usage , en tout , ou partie. Tel est même l'esprit de la coûtume de Bretagne , qui n'attribue de trousseau , ni de bagues & joïaux , qu'à la veuve renonçante à la communauté.

L'article 436 de cette coûtume , porte que , si la femme fait refus de prendre part aux meubles & dettes , elle doit avoir son lit garni , & son coffre ; deux robes & accoûtremens fournis à son usage , tels qu'elle voudra choisir , & partie des joïaux & bagues , selon l'état & qualité de la maison de son mari.

Cette disposition légale , limitative à quelques hardes , & à une partie des joïaux , ne peut être étendue au-delà ; elle ne peut même avoir d'éfet , que dans le seul cas où la veuve renonce à la communauté qui étoit établie entr'elle & son mari.

Si la veuve accepte la communauté , elle ne peut , en vertu de la loi , avoir ni trousseau , ni habits de deüil; l'article 569 de la coûtume , étant hors d'usage. M. le président de Perchambault , dans son commentaire , en fait une maxime expresse , §. 27 , du titre 20 , pag. 552.

Or , la disposition de la coûtume de Bretagne , étant limitée à un trousseau de quelques hardes , & à une partie des joïaux , en faveur de la veuve renonçante à la communauté , il s'ensuit que toutes les stipulations plus étendües , sont des avantages de pure convention , des gains de survie assujétis au droit d'infinuation.

La stipulation , par contrat de mariage , peut être réciproque en faveur du survivant des conjoints ; elle peut avoir pour objet , les hardes , linges , bagues & joïaux en totalité , ou une somme fixe pour en tenir lieu , indépendamment même du trousseau; enfin , elle peut avoir son éfet dans le cas d'acceptation , comme dans celui de renonciation , s'il est ainsi convenu.

Toutes ces stipulations ont toujours leur éfet en Bretagne , lorsqu'elles n'excédent point la portion qu'on peut donner de ses meubles , & qu'il n'y a point de créanciers privilégiés. Elles ne sont , ni sujétes à la réduction de l'édit des secondes nôces , ni incompatibles avec le douaire , parce qu'il n'y a que les véritables donations qui soient dans ce cas , suivant le témoignage de M. le président de Perchambault , sur l'article 206 de la coûtume , & que les stipulations dont il s'agit , sont de simples dons & avantages , qui ont été exceptés des règles prescrites , pour les actes qui portent le caractère de véritables donations entre-vifs , & qui sont néanmoins sujets au droit d'infinuation , comme on l'a établi.

La prétendüe liberté de fixer un partage inégal d'une société , est une objection qui n'est , ni solide , ni concluante ; puisqu'il en résulteroit , que dans les païs où la communauté a lieu , il n'y auroit plus de donations mutuelles , ni autres dons & avantages , par contrat de mariage : tout seroit considéré comme simples conventions de société ; mais les loix y ont pourvû : les coûtumes qui admettent la communauté , ont fixé de quelle manière elle auroit lieu , & comment le partage en seroit fait; elles rendent la condition des deux conjoints égale , d'où il suit que toutes les stipulations contraires à cette égalité , & qui donnent à l'un , ou à l'autre , le droit de prélever quelques éfets hors part , sont avec raison considérées comme des dons , des avantages , ou des gains nuptiaux & de survie.

Les contrats de mariage sont des actes libres , & susceptibles de toutes les conventions qui ne sont pas positivement défendües par les loix. La coûtume de Bretagne , comme plusieurs autres , limitative à l'égard de ce qu'elle doit produire par elle-même , n'est aucunement prohibitive pour la stipulation par contrat de mariage,

K k ij

Bagues.

qui peut s'étendre fur tous les éfets de la communauté. Ainfi la ftipulation de bagues & joïaux, a fon entière éxécution, foit pour les prendre en eſſence, outre le trouſſeau, ſi la convention eſt telle, foit pour la fomme à laquelle ils font fixés par le contrat, ſi la fucceſſion eſt fuffifante.

Tous les arrêts & décifions rendus juſqu'à préfent, au fujet de la ftipulation de bagues & joïaux, tant dans les païs de communauté, que dans ceux où elle ne peut être établie, font fondés fur ce que cette ftipulation étoit plus étenduë, que ce qui eſt accordé par la fimple difpofition légale; & que par conféquent la ftipulation ne pouvoit être confidérée que comme un don & un gain de furvie, provenant de la convention des contraétans. Ce principe eſt de la plus grande éxaétitude: il eſt conforme à celui raporté dans le chapitre 15, du traité des gains nuptiaux; &, comme on l'a obfervé, il eſt aplicable à tous les païs, foit de coûtume, foit de droit écrit.

Si la ftipulation, faite par contrat de mariage, eſt en tout conforme à la coûtume ou au droit écrit, tant pour la quotité, que pour le cas du remport des bagues & joïaux, il n'en peut être éxigé de droit d'infinuation, parce qu'une telle claufe n'a pour objet que de rapeller les droits de la femme, fans lui en attribuer aucun.

Mais la ftipulation qui excéde ce qui eſt réglé par la loi, foit pour l'étenduë, foit pour les conditions fous lefquelles cette ftipulation aura lieu, eſt un don à titre de gain nuptial & de furvie, dont le droit d'infinuation eſt inconteftablement dû, dès l'inftant de la paffation du contrat; & il doit être perçû fur le pié fixé par l'art. 1er. du tarif, & fur l'entière ftipulation.

Nous avons ci-deffus parlé des difpofitions des déclarations de 1708, 1729 & 1731. Il ne refte plus qu'à faire connaître les jugemens rendus en conféquence, pour les ftipulations de bagues & joïaux.

Par décifion du 6 Mai 1730, le confeil a jugé qu'il étoit dû un droit d'infinuation, pour la claufe du contrat de mariage de M. le procureur général du parlement de Metz, par laquelle il promettoit à la future, pour bagues & joïaux, une fomme fixe, dont elle pouroit difpofer, & qui, à défaut de difpofition, pafferoit aux héritiers.

Autre décifion du 8 Mai 1732, qui juge qu'il eſt dû un droit d'infinuation, pour une claufe de gain de nôces & de furvie, & ftipulation de bagues & joïaux, dans le contrat de mariage de M. le marquis de Courois.

Autre décifion du 28 Avril 1736, renduë contre François le Bon, portant que les ftipulations de bagues & joïaux par contrat de mariage, font fujétes au droit d'infinuation.

Arrêt du confeil du 1er. Juillet 1738, qui réforme une ordonnance de M. l'intendant de Tours, & juge que le droit d'infinuation eſt dû, pour la claufe de gain de nôces & de furvie, inférée dans le contrat de mariage du fieur Bouet de la Nouë, portant qu'en cas que la femme renonce à la communauté, elle reprendra fa dot, fa chambre garnie, linges, joïaux, caroffe & tout ce qui fe trouvera à l'ufage ou pour l'ornement de fa perfonne.

Décifion du confeil du 13 Septembre 1738, fur queftion renvoïée au confeil par M. l'intendant de Champagne. Le contrat de mariage du fieur Defmariez-Dolou contenoit, en faveur de la femme, une ftipulation de bagues & joïaux de 1000 l. qui lui fortiroient nature de propre. Décidé que cette claufe ne peut être regardée que comme un gain de furvie, fujet au droit d'infinuation.

Les états de Bourgogne aïant demandé, par l'art. 8 de leur cahier de l'année 1737, la décharge du droit d'infinuation pour les bagues & joïaux ftipulés entre mari & femme par contrat de mariage, le Roi répondit, le 16 Juin

1740, que la formalité de l'*infinuation a toujours été en ufage pour les donations dont il s'agit dans cet article, & que nulle loi ne les en a éxemtées.*

Décifion du confeil du 1er Février 1749, contre le fieur Sohier, & autres particuliers, de Champagne, qui juge que le droit d'infinuation eft dû pour des contrats de mariage, contenant ftipulation de fommes fixes en faveur des femmes, pour leur tenir lieu de bagues & joïaux.

Arrét du confeil du 1er Avril 1749, qui condamne le fieur Perier de Boisdarcy, lieutenant général du bailliage de Domfront, à païer le droit d'infinuation de la claufe de fon contrat de mariage, portant que, fi le futur décéde avant la future, elle prélevera une chambre garnie, avec fes hardes, linges, bagues & joïaux.

Autre arrét du confeil du 17 Juin 1749, qui condamne diférens particuliers à repréfenter au bureau de Reims, leurs contrats de mariage précédemment paffés & contrôlés, à l'éfet de les faire infinuer, & de païer les droits d'infinuation, à caufe des ftipulations y contenues, de fommes fixes pour tenir lieu de bagues & joïaux. On foûtenoit le fermier mal fondé dans la demande de ces droits, parce que les ftipulations dépendent d'un événement incertain, & qu'elles n'auront aucune éxécution, fi les maris furvivent ; mais les droits font dûs pour les ftipulations mêmes, & non pour leur événement.

Décifion du confeil du 31 Août 1754, qui réforme une ordonnance de M. l'intendant de Poitiers, par laquelle il avoit jugé qu'il n'étoit point dû de droit d'infinuation pour le contrat de mariage de M. de Liniers, par lequel il eft ftipulé, qu'en cas de prédécès du mari, foit que la veuve accepte la communauté, ou qu'elle y renonce, elle poura reprendre & lever fes joïaux, toilette, vétemens, ornemens & un équipage, fi elle en a un, francs de toutes dettes, & qu'elle reprendra en ou-

tre une chambre garnie & fon deüil, pour lequel il lui fera païé 3000 liv. y compris la chambre garnie. M. l'intendant avoit jugé que ce n'étoit qu'une fimple ftipulation, qui n'a, ni le caractère, ni la forme des donations, & qu'il n'étoit actuellement dû aucun droit d'infinuation, fauf au fermier à fe pourvoir, s'il y échet, lors de la diffolution de la communauté. Le fermier eft convenu qu'il n'eft rien dû pour le deüil, parce que la coûtume l'accorde ; mais que le furplus dépendant de la ftipulation, le droit d'infinuation en eft dû ; & c'eft ce que le confeil a jugé.

M. de Liniers s'étant pourvû en opofition, il eft intervenu arrét du confeil le 26 Novembre 1754, par lequel, fans avoir égard à l'ordonnance de M. l'intendant de Poitiers, il a été ordonné que ledit fieur de Liniers & fon époufe païeront 50 liv. & les 4 f. pour livre, pour le droit d'infinuation de ladite ftipulation ; & ils ont en outre été condamnés au coût de l'arrét, liquidé à 75 liv. Dans fes moïens, il n'a parlé que du deüil, qu'il a foûtenu ne pouvoir être confidéré comme donation ni avantage, mais comme le prélévement d'une dépenfe néceffaire, fi la femme furvit. Le fermier a répondu qu'il ne demandoit le droit que pour la ftipulation de joïaux, ornemens, équipage & chambre garnie ; que, dans la coûtume de Poitou, les éfets de la communauté apartiennent également aux deux conjoints, à la charge de païer les dettes ; que, fi la veuve renonce, elle ne peut rien prendre de tout ce qu'elle a aporté, à moins d'une ftipulation expreffe par contrat de mariage ; qu'ainfi la ftipulation en faveur de la dame de Liniers, eft un avantage réel, dont le droit d'infinuation eft dû fuivant les déclarations de 1708, 1729 & 1731.

Décifion du confeil du 6 Mai 1756, qui confirme une ordonnance de M. l'intendant de Poitiers, au fujet du contrat de mariage du fieur Cardin, portant qu'en cas que la femme survive, soit qu'elle accepte, ou qu'elle renonce, elle prendra hors part ses habits, linges, bijoux & ornemens, une chambre garnie & ses habits de deüil ; & réciproquement, que si le mari survit, il prélévera ses linges, meubles & ornemens. Le sieur Cardin offroit le droit d'insinuation pour la chambre garnie seulement, disant que la reprise du surplus est un préciput, pour lequel il n'est rien dû. Le conseil, en confirmant l'ordonnance, a jugé que le droit d'insinuation est dû pour toutes les reprises stipulées, autres que celle du deüil seulement ; & que ce droit doit être fixé suivant la seconde section de l'art. 1er du tarif des insinuations.

Autre décision du 5 Août 1756, qui déboute le sieur Fé de Fondenis de sa demande en restitution de 50 l. perçûs pour droit d'insinuation de la stipulation de reprise de bagues & joïaux, contenuë dans son contrat de mariage : il disoit que la reprise des joïaux qu'une femme aportoit en se mariant, étoit de droit.

Par un arrêt du parlement de Bordeaux du 27 Août 1760, rendu sur la requête de Pierre Charrier, & autres particuliers de la Saintonge, généralité de la Rochelle, au nombre de 26, faisant droit sur les conclusions du procureur général, il étoit fait défenses au contrôleur des actes de Saintes, & à tous autres préposés & commis à la perception des droits de contrôle & d'insinuation, d'éxiger lesdits droits pour les clauses de reprise de bagues, joïaux, habits, & autres ornemens de la femme, insérées dans les contrats de mariage ; & de percevoir d'autres droits que ceux nommément portés par les édits & déclarations du Roi, dûment enregistrés en ladite cour. Il étoit aussi ordonné que lesdits droits ne pouroient être perçûs, pour les clauses de rétention stipulées par contrat de mariage, qu'après le décès du mari seulement, & dans le cas où la femme

voudroit se servir de ladite clause de rétention, à peine de concussion, d'être procédé extraordinairement contre les commis, & de punition éxemplaire ; & sans s'arrêter à une ordonnance du commissaire départi en la généralité de la Rochelle, (qui avoit jugé le droit d'insinuation dû pour lesdites stipulations de bagues & joïaux) & à tout ce qui s'est ensuivi, il étoit ordonné que ledit commis de Saintes, & les autres commis à la perception desdits droits de contrôle & d'insinuation, rendroient & restituëroient dans la huitaine, à ceux qu'ils avoient contraints de païer lesdits droits pour les objets ci-dessus spécifiés, les sommes éxigées d'eux, à quoi faire contraints par toutes voïes, même par corps.

L'adjudicataire des fermes s'est pourvû au conseil des finances contre cet arrêt, extraordinaire dans toutes ses dispositions. Il a d'abord établi l'incompétence du parlement sur des matières qui ne sont nullement de son ressort. *Voïez* ci-devant *Attribution*. Il a ensuite observé que le parlement, sous prétexte de borner la perception des droits à ce qui est nommément exprimé dans les édits & déclarations enregistrés, avoit lui-même condamné des perceptions fondées sur les dispositions précises de ces loix. Il a raporté les dispositions des déclarations de 1708, 1729 & 1731, qui comprennent nommément le droit de rétention, (Voïez *Rétention*) & tous les *gains de nôces & de survie* ; & qui, en les dispensant de la peine de nullité pour le défaut d'insinuation, ordonnent que les droits d'insinuation suivant le tarif, en seront païés en mêmetems que ceux de contrôle des contrats de mariage ; & comme les stipulations de remports de bagues & joïaux, sont des dons à cause de nôces, & de véritables gains de survie, ils se trouvent désignés dans ces déclarations, sous l'expression générique de gains de nôces & de survie ; parce qu'il suffit que ces loix aïent expliqué les diverſes eſpéces de donations & avantages aſſujétis aux droits d'inſinuation, ſans entrer dans le détail des objets donnés, attendu que ces objets ne changent rien à la nature de la diſpoſition ; ainſi la clauſe de remport de bagues & joïaux, eſt un avantage & un véritable gain de ſurvie, pour avoir lieu dans l'événement prévu ; & c'eſt ſur ce principe que ſont fondés les déciſions & les diférens arrêts ci-devant raportés.

Il eſt intervenu arrêt du conſeil le 21 Avril 1761, par lequel » le Roi, ſans » s'arrêter à l'arrêt du parlement de Bor- » deaux, du 27 Août 1760, que S. M. » a caſſé & annullé, caſſe & annulle, » ainſi que tout ce qui s'eſt enſuivi, ou » pouroit s'enſuivre, a ordonné & or- » donne que les déclarations des 14 Sep- » tembre 1706, 20 Mars 1708, 15 Juil- » let 1710, 25 Juin 1729, & 17 Fé- » vrier 1731, ſeront éxécutées ſelon leur » forme & teneur ; en conſéquence, or- » donne que les ſommes qui ont été reſ- » tituées par les commis de l'adjudicataire » des fermes générales, en vertu dudit » arrêt du 27 Août dernier, ſeront réta- » blies ; à quoi faire ſeront les redeva- » bles d'icelles, contraints par les voïes » accoûtumées pour le recouvrement des » deniers de S. M. ſauf aux parties à ſe » pourvoir, par apel au conſeil, contre » l'ordonnance du ſieur intendant de la » Rochelle, du 18 Février 1760. Fait » S. M. défenſes aux oficiers du parle- » ment de Bordeaux, de prendre con- » naiſſance des conteſtations concernant la » régie & perception des droits de con- » trôle des actes & d'inſinuation ; & à » ſon procureur général en ladite cour, » de faire aucunes pourſuites en vertu » dudit arrêt du 27 Août 1760.

Voïez encore *Contrats de mariage*, §. 14.

BAIL *à loïer*, à ferme, à vie, emphitéotique, à rente foncière, *&c. Voïez* ci-après *Baux*.

BANC concédé dans une égliſe, n'eſt pas une propriété ; c'eſt un uſage à vie, qui n'eſt pas tranſmiſſible s'il n'y a clauſe expreſſe. Voïez *Conceſſion*.

BAR, duché, entre la Lorraine & la Champagne.

Le comté de Bar a été tenu très-long-tems en foi & hommage-lige de la couronne de France. Le Roi Jean l'érigea en duché, en faveur du mariage de ſa fille Marie avec le fils aîné du comte de Bar, ſous la même condition de foi & hommage, & en retenant le droit de dernier reſſort à ſon parlement de Paris.

La maiſon de Lorraine a poſſédé ce duché à ces conditions juſqu'au traité des Pyrénées, par lequel il fut cédé à la France ; mais il paſſa de nouveau à la maiſon de Lorraine par le traité de Riſwick ; & en 1736, il a été donné, conjointement avec la Lorraine, à Staniſlas, Roi de Pologne, pour retourner à la France après la mort de ce prince. Voïez *Lorraine*.

Les habitans de Bar-le-Duc, & de tout le Barois, ont toujours été français naturels, & par conſéquent ils n'ont jamais été ſujets au droit d'aubaine en France.

Par l'édit du mois de Janvier 1698, le païs de Lorraine & Barois fut excepté de l'établiſſement du contrôle des actes, en rembourſant les ofices de contrôleurs des actes ; parce que les contrats & actes qui y ſeroient paſſés, ne pouroient être mis à éxécution dans les provinces où le contrôle eſt établi, ſans être préalablement contrôlés, à peine de nullité & d'amende. Voïez *Lorraine*.

Les principaux officiers de la chambre des comptes de Bar, ſont éxemts du droit de franc-fief. C'eſt ce qui a été jugé en faveur du ſieur Magot, conſeiller-maître en ladite chambre des comptes, par déciſion du conſeil du 19 Août 1750, rendue contre l'avis de M. Lorenchet, inſpecteur général du domaine de la couronne , qui obfervoit que le Roi ne leur avoit accordé aucun titre *de nobleſſe*.

BARCELONETTE. La valée de Barcelonette a été cédée à la France par le traité d'Utrecht ; elle ne fait point partie de la provence , & n'a aucune voix aux états ; elle fe régit par les ſtatuts du ſénat de Nice. La préfeſture , qui eſt une ſénéchauſſée où fe juge l'apel du juge ordinaire , eſt triennale , & les apels de la préfeſture ſont portés au parlement d'Aix.

Par déclaration du Roi , du 30 Décembre 1714 , S. M. a ordonné que la valée de Barcelonette & dépendances , fera & demeurera réunie au païs & comté de Provence , & aux reſſorts des cours de parlement , comptes , aides & finances d'Aix ; & par arrêt du conſeil , & lettres patentes des 11 Janvier & 21 Février 1716 , art. 9 , les droits d'albergue , de coutis , cavalcades & autres droits domaniaux , dont le préfet de Barcelonette & autres avoient ci-devant jouï ou prétendu jouïr , ont été réunis au domaine du Roi ; & il a été ordonné qu'ils feront perçûs par le receveur de ce domaine , dans l'état duquel il fera fait fonds annuellement de la ſomme de 200 liv. pour être païée au préfet , & lui tenir lieu de ſuplément de gages.

Par arrêt du conſeil du 5 Avril 1723 , il a été ordonné que la déclaration du Roi , du 29 Septembre 1722 , fera éxécutée dans la valée de Barcelonette ; & en conſéquence , il a été permis à Deſtabeau & à ſes commis de *contrôler* , *inſinuer* & *ſceller* les aſtes paſſés & reçûs dans l'étendue de ladite valée , depuis le 1er Novembre 1722 , quoique le délai fixé par les règlemens fut expiré.

Par autre arrêt du conſeil du 19 Septembre 1724 , il a été permis , par grace , aux notaires de la valée de Barcelonette , de faire *contrôler* , *inſinuer* & *ſceller* les aſtes par eux paſſés depuis le 1er Novembre 1722 , juſqu'au jour de la publication de l'arrêt du 5 Avril 1723 , à la charge de raporter leſdits aſtes aux bureaux , dans un mois de la publication du préſent arrêt , & d'en païer les droits ; paſſé lequel délai , leſdits aſtes feront nuls , & les amendes encourües & pourfuivies.

Autre arrêt du conſeil du 7 Novembre 1724 , qui ordonne l'éxécution de celui du 5 Avril 1723 ; & en conſéquence , que les droits de *contrôle des aſtes* des notaires , feront perçûs dans la valée de Barcelonette & dépendances , comme dans les provinces du roïaume ; & , par grace , ordonne que fur les droits *d'inſinuation* , tels qu'ils ſont réglés par le tarif du 29 Septembre 1722 , il fera fait déduſtion du montant de ceux établis au profit de M. le prince de Carignan.

Comme les droits du prince de Carignan fe perçoivent fur toutes fortes d'aſtes indiſtinſtement , & que ces droits , qui ſont de 15 ſ. pour les objets de 40 à 50 liv. & de 30 ſ. au-deſſus , ſont par conféquent quelquefois plus forts que les droits d'inſinuation dûs au Roi , il fe trouvoit des difficultés dans l'éxécution de l'arrêt du 7 Novembre 1724 ; mais elles ont été levées par une déciſion du conſeil du 18 Décembre 1724 , portant que les droits de contrôle feront perçûs en entier fur le pié règlé par le tarif , ſans aucune déduſtion des droits du prince de Carignan ; que cette déduſtion n'aura lieu que fur les droits d'inſinuation ; & que lorſque les droits du prince abforberont ceux d'inſinuation , les aſtes feront inſinués *gratis*.

BARRAGE , eſt un droit domanial établi au profit du Roi , qui fe païe aux fauxbourgs des villes , pour l'entrée des marchandiſes ; ce droit eſt fixé par les déclarations des 17 Septembre 1692 , & 3 Mars 1693 , & doublé par déclaration du 7 Juillet 1705 , & autres ſubféquentes. Il eſt joint à la ferme générale des aides ; & il a en conféquence été diſtrait de la ferme des domaines. *Voïez* l'article 105 , du bail de

Fau-

Fauconnet de 1681 ; l'article 62 , du bail de Charriere du 18 Mars 1687 ; & l'article 458 , de celui de Carlier du 19 Août 1726.

BATARDS , étoient anciennement tenus de païer par chacun an , douze deniers parisis ; & ce droit étoit apellé chevage. Ils ne pouvoient se marier qu'à leurs semblables, sans permission du Roi.

On apelle indistinctement , *bâtard* , tout enfant né hors le mariage , ou pendant un mariage illicite.

Il y a plusieurs sortes de bâtards ; 1°. Ceux qui sont nés de conjonction illicite de deux personnes libres , qui pouvoient se marier ensemble , lorsque les enfans ont été conçus , sont ceux qu'en droit, on nomme : *Nati ex soluto & soluta* , & que nous nommons simplement bâtards.

2°. Ceux qui sont procréés de personnes unies à d'autres par le lien du mariage , ou seulement d'une personne libre , & d'une personne mariée , sont *adulterins*.

3°. Ceux qui sont nés de personnes qui ne peuvent contracter mariage , à cause du lien de parenté , ou d'aliance qui les unit ; & ceux nés de personnes consacrées à Dieu par vœu de chasteté , sont *incestueux*.

Tous les bâtards sont capables du droit des gens , & du droit civil , comme les légitimes. Ils peuvent , par conséquent, disposer de leurs biens entre-vifs , même par testament. Arr. du P. de Paris du 24 Janvier 1642 ; art. 416 de la coûtume de Normandie , qui leur permet de tester des meubles ; art. 276 de la même coûtume , qui porte que le bâtard peut disposer de son héritage , comme personne libre. Bacq. du droit de bât. ch. 6 , qui dit que le bâtard peut tester de tous ses biens. Art. 477 de la coûtume de Bretagne , qui permet au bâtard de tester jusqu'à la moitié de ses meubles. Mais l'article 480 de la même coûtume , porte que l'*avoutre* (c'est-à-dire l'adulterin : l'article 264 de la très-ancienne coûtume, dit *advoultères* , pour adultères) ne

peut disposer que par donation entre-vifs ; ce qui a également lieu à l'égard des incestueux, qui ne peuvent tester en Bretagne.

Le bâtard ne peut succéder à ses ascendans , ni *ab intestat* , ni en vertu de disposition entre-vifs , ou à cause de mort , art. 275 de la coûtume de Normandie , art. 476 de la coûtume de Bretagne ; arrêt du 19 Février 1731 , au rec. de jurispr. de la Combe , verb. Bât. §. 3 , n. 2 ; autre du 14 Juillet 1661 , dans le cas d'un legs universel fait par la mère à son Bâtard , *ex soluto & soluta*. Il peut néanmoins recevoir des legs modiques , proportionnés à l'état & à la fortune de ses ascendans.

Mais le bâtard peut recevoir toutes dispositions de la part d'étrangers & collatéraux. Bacq. ch. 4 , n. 5 ; même d'un frère aussi bâtard , autant que celui-ci peut tester. Arrêt du 6 Août 1677 , au Journ. des Aud.

Le bâtard succéde à ses enfans légitimes, & à sa femme ; de même que ses enfans légitimes , lui succédent ; & , à leur défaut , la veuve ; Bacq. ch. 8. Mais ses ascendans & collatéraux ne peuvent lui succéder ; à moins qu'il ne soit légitimé ; auquel cas les parens du bâtard , *ex soluto & soluta* , lui succédent , & excluent le Roi , & le haut-justicier. Il faut cependant observer qu'il n'y a que la légitimation par mariage subséquent , qui rende capable d'hériter ; celle accordée par lettres du prince , ne sert aujourd'hui qu'à couvrir le vice de la naissance , quelque clause qui puisse être inférée dans ces lettres.

Le mari succéde à sa femme , quoique bâtarde , à l'exclusion du fisc , par le titre *undè vir & uxor* , & réciproquement la femme au mari ; le Brun des succ. liv. 1 , ch. 1 , sect. 4 , n. 1. Il y a un arrêt du parlement de Paris du 14 Juillet 1635 , qui ajuge la succession d'un bâtard en Normandie à sa veuve , au préjudice de M. le duc d'Orléans , seigneur ; Mais Basn. sur l'article 146 de la coûtume , observe qu'il a été depuis jugé au même parlement , que le titre *Undè vir & uxor*, n'a pas lieu en Normandie. Il n'a pas lieu non plus en Bretagne, l'édit n'y aïant pas été enregiftré. *Voïez* le commentaire de Poullain, tom. 3, p. 310. Mais par tout où il a lieu, le conjoint fuccéde à l'autre, fuffent-ils l'un & l'autre bâtards; arrêt du 23 Mai 1630. Au furplus, il eft à obferver que cette règle ne peut avoir lieu entre étrangers non naturalifés, & que le furvivant des conjoints ne peut exclure le Roi du droit d'aubaine. *Voïez Aubain*, §. 1, n. 20.

BATARDISE, eft le droit de fuccéder à un bâtard, décédé fans avoir tefté, & fans enfans nés d'un légitime mariage; les fucceffions *ab inteftat*, ne fe déférent que par la parenté, & comme l'on n'en reconnaît d'autre, que celle que donne la naiffance d'un légitime mariage, la fucceffion des bâtards apartient au Roi par droit de bâtardife, n'y aïant que S. M. qui puiffe légitimer le bâtard, s'il ne l'eft par mariage fubféquent.

La bâtardife eft un droit de fouveraineté; c'eft à ce feul titre qu'il apartient au Roi, & non comme feigneur haut-jufticier; il a été de ce droit, à la vérité, comme de plufieurs autres droits régaliens, qui furent ufurpés par les feigneurs, fous la 3me race de nos Rois; mais leurs fucceffeurs font enfuite rentrés dans tous les droits de leur couronne.

Par arrêt du 14 Septembre 1701, rendu en grande connaiffance de caufe, il a été jugé que le droit de bâtardife, eft un droit roïal, & que, comme tel, il n'avoit pû être compris dans la conceffion que S. M. avoit faite en 1664, à la compagnie des Indes, des droits utiles de la fouveraineté dans les païs de fa conceffion.

Il eft cependant vrai que les Rois ont bien voulu accorder le droit de bâtardife aux feigneurs hauts-jufticiers, mais fous trois conditions : que le bâtard foit né dans la terre du haut-jufticier; qu'il y ait fait fa réfidence; & qu'il y foit décédé. Ces

trois conditions concourant enfemble, le haut-jufticier recueille les meubles & les immeubles qui font dans fa haute-juftice, & les biens incorporels qui fuivent le domicile; tout ce qui eft fitué ailleurs, apartient au Roi, & les dettes fe païent à proportion de ce que chacun profite; mais fi l'une des trois conditions manque, le Roi fuccéde à l'exclufion du haut-jufticier, même des engagiftes; à moins que par le contrat d'engagement le droit de bâtardife ne foit fpécialement accordé. Bacq. du droit de bât. ch. 8, & du droit de juftice, ch. 23.

En Normandie, les immeubles des bâtards mourans fans enfans légitimes, apartiennent au feigneur feodal, art. 147 de la coûtume; mais les rentes conftituées apartiennent toujours au Roi, arrét du 27 Avril 1624. Ainfi que les meubles, arrêt du 11 Février 1609. Bafn. fur ledit art. 147.

En Bretagne, la coûtume, art. 473, donne les acquêts du bâtard qui meurt fans enfans légitimes, au feigneur, fous lequel l'acquifition eft faite, pourvû qu'il ait obéïffance & moïenne-juftice; & l'article 474 donne les meubles en quelque lieu qu'ils foient fitués, au feigneur du domicile. Hevin dans fes queftions féodales, p. 255, §. 14, dit que la fucceffion des bâtards, en Bretagne, n'eft pas un attribut du fief, ou de la fimple baffe-juftice; que de tout tems elle requiert la moïenne-juftice pour le moins; & il rapporte, p. 456, un acte de notoriété, n°. 61, portant que le feigneur féodal, auquel eft dû obéïffance, & qui a moïenne-juftice, recueille la fucceffion du bâtard mort domicilié de fon fief; favoir, les meubles en entier, en quelque part qu'ils foient, & les immeubles feulement en ce qu'il y en a fitués fous ledit fief, fans qu'il foit befoin que le bâtard ait pris naiffance fous fon fief.

Néanmoins, il a été décidé par un arrêt définitif rendu le 9 Mai 1716, au raport de M. Dreux, en la grand-chambre du parlement de Paris, contre M. Vifdelou, feigneur de faint Gilles , qui réclamoit une bâtardife comme feigneur , & au profit de M. de Cancer de Pignan , donataire du Roi , que le droit de bâtardife apartient au Roi en Bretagne ; à moins que les trois conditions raportées ci-deſſus , ne concourent en faveur du feigneur ; en conféquence , la fentence de la chambre du domaine du 30 Juin 1712 , par laquelle la fucceſſion étoit ajugée au domaine du Roi , fut confirmée , fans s'arrêter à l'intervention & demande des états de Bretagne , qui étoient intervenus en faveur du feigneur. Cet arrêt a été rendu après une ample inftruction , & fur l'intervention de M. le procureur général , pour foûtenir le droit du Roi.

Il eft vrai que les états de Bretagne étant encore intervenus depuis , dans une inftance pendante au confeil , pour foûtenir les difpofitions de la coûtume de la province , il a été rendu un arrêt du confeil le 1er Juillet 1737 , par lequel , pour faire droit fur la demande de l'infpecteur général du domaine , à ce qu'il foit décidé par forme de règlement , que dans la coûtume de Bretagne , de même que dans le refte du roïaume , les fucceſſions des bâtards décédés fans enfans , & *ab inteftat* , apartiendront au Roi , à moins que trois cas ne concourent ; favoir , que le bâtard foit né , domicilié , & décédé dans la juftice du feigneur qui réclame fa fucceſſion , il a été ordonné que les piéces & mémoires , tant de l'infpecteur général du domaine , que des députés & procureur général findic des états de Bretagne , feront remis ès mains de M. le contrôleur général des finances , pour y être pourvû par le Roi , ce qu'il apartiendra.

Il ne paroît pas que la queſtion ait encore été décidée au confeil; mais , en attendant , il faut fuivre la décifion de l'arrêt du 9 Mai 1716 , conforme au droit commun fur cette partie.

Mr Boullenois a fait une favante differ-

tation , fur cette matière dans fes queſtions mixtes , chap. 10 pour favoir fi dans les coûtumes qui n'éxigent pas les trois conditions , le Roi doit être préféré au feigneur. Il établit que la règle eft en faveur du Roi , tant par raport aux coûtumes qui n'ont point de difpofitions fur la bâtardife , que pour celles qui la défèrent au haut-jufticier fans éxiger lefdites conditions ; il fait voir que cette règle doit être fuivie , foit qu'on prenne la chofe dans les principes ; foit qu'on l'envifage du côté du défaut de droit de la part des feigneurs , qu'il montre n'en avoir jamais joüi que par ufurpation , & fur de faux prétextes ; & comme la conceſſion ne leur en a été faite que fous la condition expreſſe du concours des trois conditions , les coûtumes n'ont pû ni dû être rédigées qu'en conformité ; à cet égard Mr. Boullenois prouve que les coûtumes ne peuvent en aucune façon préjudicier aux droits du Roi , en ce que le Roi n'eft pas cenfé les aprouver & confirmer contre fes propres intérêts.

En Dauphiné , le droit de bâtardife n'a pas lieu : on y fuit la difpofition du droit romain qui admet la mère & les plus proches parens maternels à la fucceſſion des bâtards ; arr. du parl. de Grenoble du 8 Juillet 1662 , qui donne la fucceſſion du bâtard aux plus proches parens maternels du défunt , à l'exclufion de l'engagifte du domaine.

Voïez au furplus l'art. 23 du titre des fucceſſions de la coût. de Nivernois ; l'art. 43 de la coût. de la gouvernance , bailliage & prévôté de Chauny : les art. 1 & 5 du chap. 8 , de celle du duché de Bourgogne ; l'art. 30 de celle de Meaux ; & l'art. 73 de celle de Bordeaux , fénéchauſſée de Guïenne & païs de Bordelois.

La légitimation par lettres n'acquiert aucun nouveau droit au feigneur haut-jufticier. Bacq. des droits de juftice , chap. 23 , & du droit de bâtard , chap. 14. Les lettres de légitimation ne font octroïées qu'en fa-

veur des impétrans & de leurs héritiers, &
ne peuvent aucunement préjudicier au Roi.
Ainſi, lorſque le bâtard légitimé meurt ſans
enfans, ſa ſucceſſion ne peut être réclamée
que par droit de bâtardiſe, & en conformité des principes que l'on vient d'établir.

Les ſucceſſions des enfans légitimes des
bâtards ne peuvent être priſes par droit de
bâtardiſe, mais ſeulement par deshérence,
à défaut de parens légitimes capables de
ſuccéder.

On a agité la queſtion de ſavoir ſi le fermier du domaine, recueillant à titre de bâtardiſe la ſucceſſion d'un ingénieur qui étoit
capitaine ou lieutenant réformé, pouvoit
demander les apointemens qui lui étoient
dûs lors de ſa mort ; & il a été décidé que
dès le tems du feu Roi, il a été établi
pour maxime, que lors du décès, les ordonnances de relief d'apointement de ces derniers grades devenoient inutiles, pour tout
le tems que l'oficier n'avoit pas touché de
ſon vivant, attendu que ces objets lui
étoient perſonnels, & ne paſſent point à
ſes héritiers ; enſorte que perſonne ne peut
réclamer après ſa mort cette partie qui devient nulle de droit ; mais, que s'il étoit
dû des apointemens en qualité d'ingénieur
en fonction, on pouroit les demander.

Du droit de centième denier de la bâtardiſe.

Lorſque le ſurvivant des conjoints recueille, en vertu du titre *unde vir & uxor*,
la portion des conquêts qui apartenoit au
prédécédé bâtard, doit-il en païer le droit
de centième denier ? Le conſeil après avoir
jugé en 1734 & 1740 pour la négative,
a décidé le 6 Juillet 1758, que le droit eſt
dû. Voïez *communauté de biens entre mari
& femme*.

Les ſeigneurs hauts-juſticiers, ou ſeigneurs de fief, auxquels il eſt ajugé des
immeubles par droit de bâtardiſe, en doivent païer le droit de centième denier,

comme de tous ceux qui leur viennent par
droit de deshérence, ou de confiſcation.
Voïez *Deshérence*.

Mais les immeubles ajugés directement
au Roi par les mêmes droits de deshérence, bâtardiſe & confiſcation, ne ſont pas
ſujéts au droit de centième denier ; c'eſt
une franchiſe naturelle à la ſouveraineté,
d'être éxempte des charges qui ne ſont im-
poſées que pour ſon uſage ; les priſes de
poſſeſſion de ces biens ne ſont pas même
ſujétes au contrôle. Déciſion du conſeil du
19 Mai 1726.

BAUX *à loïer*, *ou à titre de ferme* ;
ce ſont des conventions par leſquelles on
transfère à quelqu'un, pour un tems limité,
& qui n'excéde pas neuf années, la jouïſſance ou l'uſage d'un héritage, d'une maiſon, ou
autre bien. L'on dit bail à ferme, lorſqu'il
s'agit de choſes qui produiſent des fruits à
recueillir par le preneur ; & bail à loïer,
pour celles qui ne produiſent point de
fruits, comme les maiſons, les meubles,
&c.

L'article 15 du tarif du 29 Septembre
1722, porte que, pour les baux à loïer
ou à titre de ferme, & tous autres juſqu'à
neuf années ſeulement, le droit de *contrôle*
ſera païé ſur le pié d'une année du loïer
en argent ou autres choſes qui ſeront évaluées, & conformément à ce qui eſt réglé
par cet article.

La déciſion du conſeil du 24 Août 1707,
juge que, ſi le bailleur ſe réſerve une partie
des biens ou la perception des fruits de
cette partie, cela ne fait point partie du
bail, & que le droit de contrôle n'eſt dû
que ſur le prix éfectif ; mais que, ſi le propriétaire afferme le bien, moïennant une
ſomme en deniers, ou une quantité de blé
ou de fruits que le fermier doit raporter au
propriétaire, le droit de contrôle doit
être païé ſur le prix en deniers, & ſur la
valeur du blé ou fruits, parce que l'un &
l'autre font le prix du bail.

La déciſion du 3 Août 1715, ſur la 13ᵉ

remontrance, porte que le droit de contrôle eſt dû ſur le prix du loïer en argent, eſpéces ou autres choſes, ſans diſtraction des charges & redevances.

Tout ce qui fait un objet onéreux pour le preneur, & un objet lucratif pour le bailleur, fait inconteſtablement partie du prix, en quelques eſpéces que le païement en ait été ſtipulé; il faut néanmoins obſerver que les charges paſſives, dont le fonds eſt tenu indépendamment de toute ſtipulation, & qui ne tournent point au profit du bailleur, ne doivent pas être jointes au prix convenu par un ſimple bail à ferme. Déciſion du conſeil du 24 Juillet 1730, en faveur des bénéficiers de Bayeux, au ſujet des baux de leurs dîmes, faits moïennant une ſomme & à la charge des portions congruës des curés. Mais s'il s'agit d'un *bail à vie*, qui eſt une eſpéce d'aliénation, toutes charges quelconques, dont le preneur eſt tenu, doivent être jointes au prix, pour fixer les droits ſur la totalité. Déciſion du 4 Mars 1741, contre le procureur général des jéſuites de la province de Toulouſe. Voïez *baux à vie*.

Quoique le bail à loïer ne ſoit fait que pour un an, le droit de contrôle eſt dû ſur le pié de l'art. 15 du tarif, ſi le bailleur avoit lui-même une plus longue jouïſſance. Déciſion du conſeil du 19 Novemb. 1729, pour des adjudications annuelles de dîmes. Autre du 8 Octobre 1751, qui confirme la perception du commis de Melun, ſur le pié de l'art. 15 du tarif, pour un bail fait pour une année par le ſieur Herment, propriétaire, au nommé Francheveux. Mais ſi le droit du bailleur lui-même, eſt borné à une ſeule dépouille, on ne doit pas regarder comme un bail la ceſſion qu'il en fait, & le droit de contrôle ne doit être perçu que ſur le pié réglé par l'art. 3 du tarif.

Si le prix du bail eſt ſtipulé païable en une certaine quantité de grains, le droit de contrôle eſt dû ſur la valeur des grains, année commune de dix. Déciſions du conſeil des 7 Avril 1724, 24 Février 1726 & 30 Novemb. 1729.

Déciſion du conſeil du 11 Août 1733, qui juge que le droit de contrôle d'un acte, portant engagement d'une rafinerie aux iſles pour cinq ans, moïennant 1000 l. la première année, & 1100 liv. chacune des autres, eſt dû ſur le pié réglé par l'art. 15 du tarif pour les baux à ferme.

Autre du 7 Novembre 1733, qui juge que tout ce que le preneur s'engage à fournir au bailleur, doit être joint au prix en argent, & que le droit de contrôle eſt dû ſur le tout.

Le 16 Mars 1737, il a été décidé au conſeil, en faveur de Nicolas Boquillon, que le droit de contrôle d'un acte, qui accorde neuf coupes conſécutives dans un bois-taillis, à raiſon de 405 liv. chaque, devoit être perçû, comme pour un bail, ſur le pié de l'art. 15 du tarif; au lieu que le commis l'avoit perçû, comme marché, ſur la totalité. Je ne penſe pas que cette déciſion ſoit juſte; parce que dans cette eſpéce, il ne s'agit aucunement d'un bail, qui accorde des dépouilles conſécutives d'un même fonds; c'eſt un véritable marché, portant vente de la coupe entière, & pour une ſeule fois, d'un bois-taillis, dont l'exploitation & le païement ſont diviſés dans des proportions convenuës. Le conſeil même a adopté cette diſtinction le 16 Juin 1724, en jugeant qu'un acte, pour la coupe des bois de la terre de S. Juſt, près Beaumont-ſur-Oiſe, pendant 12 années, n'étoit pas un bail, puiſque le preneur n'exploitoit qu'une ſeule fois le même canton, & que c'étoit une vente de la coupe partagée en 12 ans. Voïez encore ci-après *Marchés*.

Il eſt très-ordinaire de voir des baux, dont le prix n'eſt pas ſérieux : des motifs, toujours condamnables, déterminent cette pratique; & l'on y ſuplée par des contre-lettres, qui expriment le véritable prix. Voïez *Contre-lettres*.

Les même droits de contrôle fixés pour les baux, font dûs pour les *fous - baux*, *tranfports*, *ceffions*, *rétroceffions* & *fubrogations* defdits baux, art. 16 du tarif du 29 Septembre 1722. *Voïez* encore ces diférens titres.

Si, au lieu de faire un bail à longues années, les parties faifoient diférens baux au-deffous de neuf années chacun. *Voïez* ci-après *Baux emphitéotiques*, §. 3.

A l'égard des *baux à moitié* ou *par tiers*, ou de ceux faits moïennant certaines efpéces, l'art. 17 du tarif porte que le droit de contrôle en fera païé fur le pié de l'art. 15, & fuivant l'eftimation que les parties feront tenuës de faire dans lefdits baux, de la valeur, année commune, des chofes qui doivent être païées au bailleur, *laquelle eftimation fe fera fans fraude, à peine de 200 liv. d'amende, tant contre le bailleur que contre le preneur.*

Ces baux à moitié ou par tiers, font ceux par lefquels il eft dit que le bailleur & le preneur partageront, dans cette proportion, les fruits & la récolte annuelle de l'héritage affermé. Rien n'eft fi ordinaire que les fauffes eftimations dans ces actes, & il eft intéreffant d'en détruire l'abus.

Décifion du confeil du 8 Janvier 1757, contre le fieur Berges, qui avoit fait un bail à moitié fruits, de trois métairies par lui acquifes, & qui s'étoit réfervé quelques denrées particulières. Il prétendoit que le droit de contrôle n'étoit dû que fur ces denrées, & non fur la valeur des fruits que devoit lui raporter le preneur. Décidé que le droit de contrôle eft dû fur la totalité.

Autre décifion du confeil du 1er Septembre 1757, qui confirme une ordonnance de M. l'Intendant de Montauban, par laquelle Jeanne Hébrard & Pierre de Tours fon fils, ont été condamnés au païement du fuplément de droit de contrôle,

de fix baux à moitié fruits, & en fix amendes de 200 liv. chacune, à caufe des fauffes eftimations faites par ces baux; ils prétendoient, comme le fieur Berges, n'avoir pas dû faire entrer dans l'eftimation la portion de fruits revènante au bailleur, comme lui apartenante en propriété, mais feulement les volailles, & autres objets particuliers fpécifiés par les baux. Mais le tarif eft précis, & fon objet a été de faire païer, pour ces baux à moitié ou par tiers, les mêmes droits qui feroient païés pour des baux à prix d'argent; c'eft-à-dire, fur le produit en nature revenant également au bailleur.

BAUX *judiciaires* des biens faifis réellement; ne fe font que pour trois ans, & ne font pas fujets au *contrôle*, parce que ce font des actes purement judiciaires, qui ne peuvent être faits qu'en juftice.

Les extraits qui en font délivrés, par les gréfiers des jurifdictions roïales, aux commiffaires aux faifies-réelles, font fujets au *petit-fcel*. Décifion du confeil du 31 Décembre 1722.

BAUX *des revenus des mineurs*. Le tuteur peut, fans autorité des parens, même fans proclamation, amodier les biens de fon pupile. Arrêt du parlement de Bourgogne, du 19 Avril 1616, & de celui de Bretagne, du 2 Octobre 1565. Il y a néanmoins des païs où la loi éxige que les baux des revenus des mineurs foient faits en juftice; dans ce cas, ils ne font pas fujets au contrôle; mais fi le tuteur peut les faire valablement devant notaires, ils doivent être contrôlés, quoique faits en juftice, dans la quinzaine de leur date, à la diligence du gréfier.

Ces baux font de fimples actes d'adminiftration, pour raifon defquels, dans le droit commun, l'avis des parens n'eft requis ni néceffaire, à moins que le tuteur ne fût obligé de diminuer confidérablement le prix des baux. *Voïez* Dargou dans fes inftitutions du droit français, tom. 1er. Il suffit d'ailleurs que le tuteur se soit fait autoriser par les parens, & que leur avis soit homologué : il peut, en conséquence, passer le bail devant notaires ; & sans une loi expresse, il n'est point assujéti à le faire en justice.

Lorsqu'il peut valablement le faire devant notaires, & qu'il prend néanmoins le parti de le faire faire en justice, par une plus grande précaution, & pour n'être pas tenu subsidiairement envers les mineurs, de l'insolvabilité des débiteurs, ou par d'autres motifs, l'acte est sujet au contrôle, suivant les principes établis ci-devant, à l'article des actes volontaires, pag. 82.

Voïez les décisions du conseil des 3 Mai & 30 Août 1738, contre la dame marquise de la Grange, pour des adjudications de Bois de mineurs.

BAUX *de la nourriture des mineurs*, sont sujets au contrôle dans la quinzaine de leur date, à la diligence du gréfier, quoique faits en justice, & même contenus dans l'acte de tutelle ; parce que ce sont des actes volontaires & d'administration, qui n'éxigent, ni la présence, ni l'autorité du juge ; ils peuvent être faits valablement devant notaires, ou autrement, pourvû que le tuteur soit autorisé par un avis de parens homologué. *Voïez* Serrès dans ses institutions du droit français, pag. 78.

Décision du conseil du 16 Mars 1737, contre le gréfier du bailliage de Lisieux en Normandie. Autre du 29 Juin 1748, contre le gréfier de la prévôté de Rosoy en Brie, pour lequel M. le procureur général du parlement de Paris avoit pris fait & cause ; & lettre écrite en conséquence par M. de Fulvy, intendant des finances, le 3 Juillet 1748, à M. le procureur général du parlement de Paris.

Ordonnance de M. l'intendant de Bretagne, du 17 Juillet 1752, qui condamne Ollivier Martin, gréfier de la jurifdiction de Chamballan, la Miniere & le Rouvre, à païer le droit de contrôle d'un bail à pension & entretien d'une mineure, contenu dans l'acte de tutelle, & en une amende, pour n'y avoir pas satisfait dans la quinzaine ; & prononce également une amende contre le nommé Martin, sergent, pour l'avoir signifié sans qu'il fut contrôlé.

Décision du conseil du 22 Juillet 1754, sur l'art. 8 du cahier des états de bretagne, portant qu'un jugement qui homologue un avis de parens, & qui autorise un mineur à s'assurer sur ses propres biens une pension viagère, n'est pas sujet au contrôle ; mais si ce même jugement reçoit l'acte, au lieu de renvoïer les parties devant notaires, il y est sujet, *de même que les baux à nourriture des mineurs*, & toutes autres conventions volontaires.

Il se peut néanmoins que, dans certains lieux, la loi oblige de faire devant le juge les conventions sur la pension & l'entretien des mineurs, en présence & de l'avis des parens ; auquel cas ces actes ne sont pas sujets au contrôle.

Si la jouïssance des biens du mineur est cédée au tuteur, ou autre, pour le nourrir, on demande s'il en est dû un droit de centiéme denier ? Le conseil a décidé le 18 Novembre 1728, sur le mémoire du procureur fiscal de Lisieux, pour la négative ; mais la circonstance de l'âge des mineurs a déterminé cette décision ; car si la jouïssance est certaine pour plus de neuf ans, relativement à l'âge actuel du mineur, & à celui auquel il peut être émancipé, il sera dû, sans difficulté, un demi-droit de centiéme denier.

Décision du conseil du 17 Mai 1755, contre la dame de Louvigny, à laquelle, par l'acte de tutelle, les parens ont abandonné la jouïssance des biens de ses enfans, (dont l'aîné n'a que trois ans) jusqu'à leur majorité. Décidé qu'elle doit païer le demi-droit de centiéme denier.

Par autre décifion du 10 Juillet 1755, ladite dame de Louvigny a été déboutée de fon opofition à la précédente décifion.

Autre décifion du 23 Septembre 1756, qui confirme une ordonnance de M. l'intendant d'Alençon, par laquelle la dame veuve Dailly a été condamnée au païement du demi-droit de centiéme denier des biens de fes enfans, dont la jouïffance lui a été abandonnée par l'acte de tutelle, à la charge de leur entretien.

BAUX *de boucherie.* L'art. 21 du tarif du 29 Septembre 1722, porte que, pour les baux de boucherie qui feront paffés par devant notaires, par délibérations des communautés, ou reçus par les gréfiers ou fecrétaires des villes, communautés ou paroiffes, foit qu'ils contiennent des prix fixes en faveur defd. villes, communautés & paroiffes, ou qu'ils ne contiennent feulement que la fixation du prix de la vente des viandes, les droits de *contrôle* en feront païés fuivant les villes & lieux, ainfi qu'il eft réglé par ledit article.

Sous le titre de baux de boucherie, on entend la ceffion, pendant un tems, du privilége de la vente des viandes, & non pas les baux paffés aux bouchers par les infpecteurs aux boucheries, qui font des baux ordinaires, dont le droit de contrôle eft dû fur le pié du prix annuel, & fuivant l'art. 15 du tarif. C'eft même ce qui a été jugé par une ordonnance de M. de la Bourdonnaye, intendant de Roüen, du 5 Février 1749, qui condamne les bouchers de Neuf hâtel à païer le fuplément du droit de contrôle du bail à eux fait par le fous-fermier des droits d'infpecteurs aux boucheries, moïennant 3000 liv. par an, fur le pié de l'art. 15 du tarif, au lieu que le commis ne l'avoit perçû que fur le pié de l'art. 21.

Le droit de contrôle fixé par l'art. 21 eft dû pour tous les actes qui transférent le privilége de vendre la viande pendant

le carême d'une ou de plufieurs années, foit que ce privilége apartienne aux villes ou aux hôpitaux, & de quelque manière que foient rédigés ces actes, qui doivent être contrôlés dans la quinzaine, à la diligence des gréfiers, ou autres qui les ont reçûs; mais fi le privilége refte aux hôpitaux, pour l'éxercer eux-mêmes, & qu'il n'y ait qu'un jugement pour fixer le prix de la vente, cet acte eft un fait de police, purement judiciaire, qui ne peut être affujéti au contrôle.

Par arrêt du parlement de Paris, du 29 Décembre 1727, il eft ordonné que, pendant le carême, il ne fera vendu de viande qu'aux boucheries de l'hôtel-dieu. C'eft un privilége exclufif, & c'eft ce privilége qui fait l'objet defdits baux de boucherie.

L'arrêt du confeil du 15 Mars 1711, fur le mémoire des états du Languedoc, tendant à ce que les baux de boucherie, & de la garde du terroir, fuffent éxemts de contrôle, lorfqu'ils feroient ajugés par délibérations des communautés, ordonne que les droits de contrôle des baux de boucherie, & de tous autres actes concernant les biens & revenus des communautés du Languedoc, qui feront paffés par les gréfiers & fecrétaires defdites villes, par délibération ou autrement, feront païés, tant pour le paffé que pour l'avenir, à l'exception des baux de la garde du terroir, qui font éxemtés du contrôle.

Décifion du confeil du 15 Juillet 1727, fur le mémoire du lieutenant de police de Mont-de-Marzan, généralité d'Auch, qui juge que les baux de boucherie par lui ajugés, font fujets au contrôle.

Décifion du confeil du 15 Décembre 1731, fur une adjudication au rabais faite devant le baillif de Vertus, comme préfident né de la ville, pour la fixation du prix de la vente de la viande pendant le carême, en conféquence des affignations données aux bouchers à la requête du procureur fifcal, pour mettre la viande au rabais,

bais. Décidé que ces adjudications au rabais font fujétes au contrôle.

Décifion du 22 Juin 1735, contre la communauté des bouchers de Troyes, qui juge que le droit de contrôle eft dû fur le pié de l'art. 21 du tarif pour un acte, par lequel un boucher eft élu pour vendre la viande pendant le carême.

Autre du 13 Août 1735, contre le gréfier de Juvify, qui ordonne de faire contrôler les adjudications de la vente de la viande pendant le carême.

Autre du 14 Août 1736, contre les gouverneur & adminiftrateurs de l'hôtel-dieu de Sens, pour l'adjudication par eux faite à une bouchère, du privilége de vendre la viande pendant le carême. La décifion juge que le droit eft dû, & fait grace de l'amende pour cette fois.

Décifion du 11 Septembre 1736, fur le mémoire du lieutenant général du bailliage de Montaigu, qui fe plaignoit de ce qu'on éxigeoit le droit de contrôle d'une fentence du bailliage, portant adjudication de la vente de la viande pendant le carême à un boucher, à l'exclufion des autres, prétendant que cette fentence étoit purement de police. Décidé que le droit de contrôle en doit être païé.

Autre du 30 Mars 1737, fur le mémoire de M. le procureur général du parlement de Paris, qui juge que le droit de contrôle a été mal-à-propos éxigé pour un acte émané du juge de police de Montluçon, contenant fixation du prix de la vente de la viande pendant le carême, pour le compte de l'hôpital de la même ville, attendu qu'il ne s'agit que d'un fait de la police générale.

L'art. 2 de l'arrèt de règlement du 15 Octobre 1737, concernant les actes des communautés du Languedoc, porte que les droits de contrôle des baux de boucherie, feront païés fur le pié de l'art. 21 du tarif de 1722.

Il y a une décifion du confeil du 2 Avril

1740, fur le mémoire du fieur Rocharel, procureur du Roi de la police de Chartres, qui s'eft plaint de ce qu'on éxigeoit le droit de contrôle des adjudications de la permiffion de vendre de la viande pendant le carême, qui fe font devant le lieutenant général de police, à la pourfuite & diligence des adminiftrateurs du bureau des pauvres. La décifion porte qu'il a été décidé que cela étoit éxemt, & que le fermier doit donner fes ordres pour faire ceffer les prétentions de fon commis.

On ne voit pas pofitivement l'efpéce des adjudications dont il étoit queftion; quoiqu'il en foit, il eft de règle certaine que le droit de contrôle eft dû, lorfque le privilége eft cédé, foit pour un prix fixe, foit à la charge de fournir l'hôpital gratuitement, ou à un prix au-deffous de celui du public ou autrement; la ceffion du privilége eft une difpofition volontaire fujéte au contrôle, en quelque forme qu'elle puiffe être faite.

Décifion du confeil du 4 Septembre 1745, contre le gréfier de la police de Chartres, qui juge que les adjudications de la permiffion de vendre la viande pendant le carême, font fujétes au contrôle, quoiqu'on opofât que c'étoient des actes judiciaires provoqués par le procureur du Roi, & faits par le juge en jugement.

Décifion du confeil du 10 Novembre 1745, contre les bouchers de Clermont en Beauvoifis, qui les condamne à païer les droits de contrôle des actes faits devant le juge, contenant feulement l'élection du boucher qui devoit vendre la viande pendant le carême, & la fixation du prix.

Autre décifion du 26 Novembre 1746, qui condamne les bouchers de Vertus, à païer les droits de contrôle règlés par l'art. 21 du tarif, pour les actes faits devant les oficiers de police, portant élection d'un d'entr'eux pour vendre les viandes pendant le carême, & fixation du prix.

Décifion du confeil du 29 Juin 1748,

contre le fieur Jarry, gréfier de Rofoy en Brie, pour lequel M. le procureur général du parlement de Paris prenoit fait & caufe ; portant que fi *les hôpitaux éxercent leur droit par eux-mêmes, il n'y aura point d'actes ; mais que s'ils cédent ce droit à un tiers par une adjudication, le droit eft dû.* Il s'agiffoit d'actes faits à l'enchère devant le juge, à la charge de fournir l'hôpital, à la requête & par le miniftère public.

Lettre écrite le 3 Juillet 1748, en conformité de cette décifion, par M. de Fulvy, intendant des finances, à M. le procureur général du parlement de Paris.

Décifion du 29 Mars 1749, fur mémoire des adminiftrateurs de l'hôtel-dieu de Beauvais, qui juge que le même droit de contrôle eft dû pour des actes, par lefquels ils difpofent en faveur d'un boucher de leur droit exclufif de vendre la viande pendant le carême.

Autre décifion du 3 Maï 1749, contre Billoin, boucher à Longjumeau, qui juge que le droit de contrôle eft dû fans difficulté, pour une fentence du bailliage rendue fur la requête du procureur fifcal, adminiftrateur des pauvres de l'hotel-dieu, qui permet audit Billoin de vendre pendant le carême, & qui fixe le prix.

Autre du 14 Juin 1749, qui confirme une ordonnance de M. l'intendant d'Amiens, par laquelle les adminiftrateurs de l'hôpital général de Boulogne ont été condamnés à païer les droits de contrôle de pareilles adjudications faites depuis 20 ans.

Autre du 17 Octobre 1750, contre les adminiftrateurs de l'hôtel-dieu de Conches, qui juge qu'il eft dû 10 liv. pour le droit de contrôle d'un bail de la boucherie de carême, fait devant notaires.

Décifion du 3 Maï 1753, qui confirme une ordonnance de M. l'intendant de Paris, par laquelle il avoit ordonné le païement des droits de contrôle, de ceux de gréfe,

& les 3 f. pour liv. des épices, pour des fentences rendues à Melun, portant nomination de bouchers, pour vendre la viande pendant le carême ; on opofoit que ces fentences étoient provoquées par le procureur du Roi, & que le lieutenant général taxoit feulement le prix de la vente, & fixoit ce que le boucher païeroit aux hôpitaux.

Décifion du confeil du 28 Août 1753, qui condamne les bouchers de la ville de Creil, au païement des droits de contrôle de leurs adjudications ; ils difoient n'avoir vendu la viande pendant le carême, qu'en conféquence d'une permiffion du juge, comme fait de police.

Lettre écrite le 18 Février 1754, par M. Chauvelin, intendant des finances, à M. l'intendant de Bretagne, au fujet d'un mémoire préfenté par les adminiftrateurs de l'hôpital général de Rennes, tendant à la décharge des droits de contrôle des baux & adjudications de la boucherie de carême. Cette lettre contient que, fur le compte qui en a été rendu à M. le garde des fceaux, il a reconnu que le droit étoit inconteftablement dû, & que l'ufage obfervé à Rennes, de ne pas faire contrôler ces actes, ne pouvoit faire un titre contre le fermier ; qu'ainfi les droits devoient lui être païés, en les réduifant par grace aux adjudications faites, depuis fon bail commencé en 1751.

Décifion du 10 Juillet 1754, contre les adminiftrateurs de l'hôtel-dieu de Meaux.

Autre du 31 Août 1754, contre les adminiftrateurs de l'hôtel-dieu de Nogent-fur-Seine, qui les condamne au païement des droits de contrôle, pour les années 1752, 1753 & 1754. Ils ont dit être dans l'ufage de tranfmettre le droit de vendre aux bouchers, à tour de rôle, à la charge de fournir l'hôpital, mais fans bail ni adjudication ; & qu'enfuite le boucher préfente fa requête au juge, qui lui permet de vendre, à l'exclusion des autres, au prix qui est réglé, & à la condition de fournir l'hôpital.

Décision du 23 Juin 1757, sur mémoire du gréfier du bailliage présidial de Melun, contenant que les administrateurs de l'hôtel-dieu sont dans l'usage de faire procéder chaque année, devant le juge, à l'adjudication de la boucherie de carême, qui est toujours faite à des conditions charitables, telles que de fournir les pauvres à un prix inférieur ; & il prétendoit que, suivant la décision du 2 Avril 1740, ces adjudications n'étoient pas sujétes au contrôle. Décidé qu'elles doivent être contrôlées.

Autre décision du 8 Juin 1758, qui condamne le sieur Lefuel, gréfier de la haute-justice de Magny, au païement des droits de contrôle de dix-sept adjudications semblables, sauf son recours contre les bouchers. Il disoit que ce sont de simples permissions de vendre pendant le carême, portant élection du boucher & fixation du prix.

BAUX *à chetel* de bestiaux, à croît ou décroit, ou de pâturage : le droit de *contrôle* en est fixé, sur le pié du capital du prix des bestiaux, & doit être perçû, suivant l'art. 19 du tarif du 29 Septemb. 1722, qui le règle beaucoup au-dessous de celui dû pour les autres baux.

On apelle bail à chetel, la convention d'un partage entre le propriétaire & son fermier, du croit ou décroit des bestiaux.

Il y en a de deux sortes : l'un des bestiaux que le propriétaire d'un fonds donne à son fermier, à la charge de prendre soin de leur nourriture, de s'en servir pour la culture & amélioration des héritages, & à condition d'en partager le profit ou croit : & l'autre, quand on donne des bestiaux à un particulier, pour faire valoir les héritages qui lui sont propres, à condition de partager avec lui les profits. Henrys, liv. 4, quest. 159.

Le bail de croit de bétail doit être passé devant notaires. Arrêt de la cour des aides de Paris, du 17 Mai 1596 : & arrêt du conseil du 11 Mars 1690, sans qu'il puisse être prouvé par écritures, piéces privées ni par témoins. *Voïez* encore l'art. 17 de l'édit du mois d'Octobre 1713, portant qu'il sera passé des contrats ou baux devant notaires, de tous les bestiaux qui seront donnés à chetel, croit ou autre profit, lesquels contiendront le nombre, l'âge & le poil des bestiaux, seront contrôlés dans la quinzaine, publiés au prône de la paroisse, & registrés aux gréfes des élections, &c.

Comme ces règlemens concernent principalement la taille, & les créanciers des parties, ce n'est point au fermier du domaine à veiller à leur éxécution ; il ne seroit pas même fondé à éxiger que les gens de main-morte fissent par devant notaires leurs baux à chetel. Il suffit à son égard que leurs biens & revenus soient affermés séparément, par des baux en règle. Décision du conseil du 15 Février 1721.

BAUX *pour la levée des tailles* & autres impositions, tant ordinaires, qu'extraordinaires.

Ceux du Languedoc reçus par les gréfiers des communautés, avoient été éxemtés du contrôle des actes par arrêts du 12 Octobre 1697, confirmé par l'article 3 de la déclaration du 14 Juillet 1699.

Mais par l'article 22 du tarif du 29 Septembre 1722, les baux ou traités pour la levée des tailles & autres impositions, tant ordinaires, qu'extraordinaires, ont été assujétis au contrôle, & le droit fixé suivant l'article 15, sur le pié du montant de la remise accordée.

Par l'article 2 de l'arrêt de règlement du 15 Octobre 1737, concernant les actes des communautés du Languedoc, il est dit que les droits de *contrôle* des baux des tailles seront perçus conformément à l'article 22 du tarif, à l'exception de la nomination des collecteurs forcés, qui a été dispenfée du contrôle par arrêt du confeil du 17 Novembre 1733.

Voïez Collecte.

BAUX *de la garde du terroir* en Languedoc ; & de la garde des fruits & biens abandonnés, font éxemts du contrôle des actes. Arrêt du 15 Mars 1712, & article 3 de celui du 15 Octobre 1737.

BAUX *des revenus des gens de main-morte*, doivent être éxactement paffés par devant notaires, & contrôlés, à peine de 200 liv. d'amende pour chaque obmiffion, jouïffance par tacite réconduction, convention verbale, ou fous-fignature privée ; lefdites amendes païables folidairement par les bailleurs, & par les preneurs, avec les droits de contrôle des baux qui auroient dû être paffés.

Nous raporterons d'abord les anciens règlemens concernant les tailles & les gréfes des domaines des gens de main-morte, en ce qui concerne lefdits baux ; & enfuite, les déclarations & arrêts relatifs au contrôle de ces baux.

Le règlement du mois de Janvier 1634, art. 33, permet aux gens de main-morte de faire valoir une de leurs terres ou maifons.

Celui du 16 Avril 1643, article 28, leur permet l'exploitation d'une feule ferme, ou métairie, & la levée des *dixmes* à eux apartenantes, ès paroiffes qu'ils deffervent, par leurs ferviteurs & domeftiques, pourvû qu'il n'y ait bail, convention, ni prix fait entr'eux.

L'édit du mois de Mars 1667, porte qu'ils ne pouront exploiter qu'une feule ferme par leurs mains, du labour de quatre charruës, fans pouvoir jouïr de ce privilége, que dans une feule paroiffe ; & que s'ils ont des héritages ailleurs, ils feront tenus de les bailler à ferme, autrement cotifés eux-mêmes à la taille.

L'article 14 de l'édit du mois de Décembre 1691, concernant les gréfes des domaines des gens de main-morte, porte que lefdits gens de main-morte qui feront valoir par leurs mains leurs domaines, en tout ou partie, feront une déclaration de dix ans en dix ans par *devant notaires*, contenant le détail des biens qu'ils exploiteront, & leur valeur ; affirmeront ladite déclaration véritable, & la feront regiftrer auxdits gréfes.

Par édit du mois d'Octobre 1703, portant création d'ofices de contrôleurs defdits gréfiers des domaines des gens de main-morte, il fut ordonné que les déclarations prefcrites par l'édit de 1691, feroient fournies tous les ans. Mais il a été dérogé à cette difpofition par la déclaration du Roi du 6 Mai 1704, portant que ces déclarations ne feront pareillement contrôlées que de dix ans en dix ans.

Par cette déclaration de 1704, il eft en outre ordonné que les adjudications annuelles qui fe font des bois taillis, des groffes, vertes & menuës dixmes, & dépoüilles des prés, les adjudications & ventes des bancs des églifes paroiffiales, les baux & adjudications des chaifes, & les fondations & conceffions des chapelles defdites églifes, feront pareillement enregiftrés & contrôlés, & les droits païés conformément aux édits des mois de Décembre 1691, & Octobre 1703, nonobftant tous arrêts contraires.

» Et pour prévenir les fraudes qui fe
» commettent dans la paffation des baux gé-
» néraux, par les bénéficiers & autres, lef-
» quels fixent des prix modiques, & pren-
» nent des *contre-lettres*, en vertu def-
» quelles ils paffent, fous le nom defdits
» fermiers généraux, des baux particuliers,
» qui excédent très-fouvent le double du
» prix du bail général, ordonne S. M.
» qu'il fera au choix defdits gréfiers &
» contrôleurs, de prendre le droit d'en-
» regiftrement & de contrôle fur le bail
» général, ou fur les fous-baux.

Il refte à obferver que lefdits gréfiers des gens de main-morte ne peuvent enregiftrer aucuns baux, ni déclarations des revenus defdits gens de main-morte, s'ils ne font paffés devant notaires. *Voïez* l'arrêt du confeil du 21 Novembre 1741, raporté ci-après.

Règlemens concernant le contrôle.

L'arrêt du confeil du 13 Décembre 1695, ordonne qu'il fera paffé des baux par devant notaires, de tous les revenus des biens dépendans de tous les bénéfices, & des églifes, commanderies, hôpitaux, univerfités, facultés, colléges, fabriques, confrèries; des oêtrois, ou patrimoniaux des villes, & de toutes les communautés féculières & régulières, & autres gens de main-morte, fans aucuns excepter; & que ces baux feront enregiftrés au gréfe des gens de main-morte, créé par l'édit du mois de Décembre 1691. & contrôlés au contrôle des aêtes, à l'exception feulement des adjudications qui feront faites des revenus des biens defdites communautés laïques, par devant M^{rs} les commiffaires départis, à peine de nullité defdits aêtes, & de 200 liv. d'amende pour chaque contravention, fans que lefdits eccléfiaftiques & gens de main-morte puiffent faire aucunes contraintes, faire pourfuites en juftice contre les fermiers, ni avoir privilége, ni hipotéque fur leurs perfonnes ou biens, fi lefdits baux ne font paffés par devant notaires & contrôlés, avec défenfes aux juges d'y avoir égard, & à tous huifiers & fergens de faire aucuns exploits, ni autres aêtes pour raifon de ce.

L'article 4 de la déclaration du 19 Mars 1696, contient les mêmes difpofitions.

L'article 3 de la déclaration du 14 Juillet 1699, ordonne la même chofe : il porte néanmoins qu'il ne fera rien innové pour les biens & revenus communs & patrimoniaux des villes & communautés féculières & régulières, & des abbés ou autres, dont les baux ou adjudications fe font par les magiftrats, maires, échevins, & autres oficiers; & lefdites adjudications ou baux reçus par les fecrétaires ou gréfiers defdites villes & juftices, lefquels feront néanmoins contrôlés, avant qu'ils en puiffent délivrer aucune expédition, ou au plus tard dans la quinzaine de leur date, à peine de 200 liv. d'amende.

L'article 2 de la déclararation du 20 Mars 1708, ordonne que conformément aux déclarations de 1696, & 1699, il fera paffé des baux par devant notaires, ou tabellions, de tous les revenus des biens dépendans de tous les bénéfices, fans aucune exception; de ceux des églifes, commanderies, hôpitaux, univerfités, facultés, colléges, fabriques, confrèries; de ceux des villes, & de toutes les communautés féculières ou régulières, & autres gens de main-morte, fans aucuns en excepter; & que lefdits baux feront contrôlés, & les droits païés (à l'exception feulement des adjudications des biens des communautés laïques, qui feront faites par les commiffaires départis) à peine de nullité defdits baux, & de 200 liv. d'amende pour chaque contravention, païable folidairement, tant par les bailleurs, que par les preneurs; & fans que les eccléfiaftiques & gens de main-morte, puiffent éxercer aucunes contraintes, faire pourfuites en juftice, & avoir aucun privilége, ni hipotéque, fi lefdits baux ne font paffés par devant notaires, & dûment contrôlés. Défend à tous juges d'y avoir égard; aux gréfiers des gens de main-morte de les enregiftrer, & à tous huifiers & fergens de faire aucuns exploits, ni autres aêtes, pour raifon de ce; fous pareille peine de 200 liv. d'amende contre chacun d'eux.

Arrêt du confeil du 4 Avril 1719, rendu contradiêtoirement avec les gens de main-morte de Rheims, qui prétendoient que le fermier ne pouvoit les forcer à repréfenter leurs baux. Par cet arrêt, il eft ordonné que les eccléfiaftiques, bénéficiers, communautés féculières ou régulières, & tous gens de main-morte, feront tenus de

Baux des Gens de main-mor-te.

repréſenter au fermier ; ſes prépoſés ou commis, les baux par devant notaires, qu'ils ont paſſés de leurs biens & revenus, à la première requiſition qui leur en ſera faite ; & que ceux qui ne juſtifieront pas deſdits baux, ſeront pourſuivis & condamnés aux amendes qui ſeront arbitrées ſuivant les circonſtances, & ne pourront être moindre que de 200 liv. pour chaque ferme ou métairie, dont les baux ne ſeront point repréſentés.

Déciſion du conſeil du 15 Février 1721, qui juge que les gens de main-morte ne peuvent être inquiétés, lorſqu'ils exploitent par leurs mains juſqu'à concurrence du labour de quatre charruës, ſuivant qu'il leur eſt permis par le règlement des tailles.

Arrêt du conſeil du 8 Août 1721, qui condamne le prieur de Dureil, & deux particuliers ſolidairement en 200 liv. d'amende, pour avoir fait ſous-ſignature privée, un bail des revenus dudit prieuré ; le prieur & ſon procureur en 300 liv. d'amende chacun, pour avoir agi en conſéquence ; le baillif de Malicone en 300 liv. pour avoir prononcé ; & le gréfier en pareille amende pour avoir expédié le jugement ; réitère les défenſes aux gréfiers de recevoir & expédier des jugemens, ſans y faire mention expreſſe du contrôle des actes ſur leſquels ils auront été rendus.

Arrêt du conſeil du 10 Avril 1725, portant que les règlemens & arrêts qui ordonnent aux gens de main-morte de repréſenter leurs baux, ſeront éxécutés ſelon leur forme & teneur ; en conſéquence, que le clergé de Bourges ſera tenu de juſtifier de ceux qu'il a dû faire de tous ſes revenus, ſous les peines portées par les règlemens. *Nota.* Sur la demande qui leur étoit faite d'une ſuite continuë de baux de tous leurs revenus, ils diſoient que les fermiers jouïſſoient de quelques portions par tacite réconduction ; que leur principal revenu conſiſte en dixmes, ajugées chaque année au plus offrant ; qu'ils ſont

quelquefois obligés d'exploiter leurs terres, & de lever leurs *dixmes* par euxmêmes ; enfin, qu'il y a des héritages ſi modiques, que le revenu ſe trouveroit abſorbé par le coût des baux. Le fermier a répondu que les gens de main-morte n'étoient pas privés de la liberté de faire valoir leurs terres, & de faire lever leurs dixmes par leurs mains ; mais que ce moïen ne pouvoit être écouté qu'autant qu'ils auroient ſatisfait aux règlemens des tailles, qui ne leur permettent ces exploitations que pour une ſeule terre, du labour de quatre charruës, & à la charge de faire publier au prône, qu'ils entendent l'exploiter eux-mêmes ; & que ſans ces formalités, ils ſont cenſés avoir affermé tous leurs revenus, & tenus de juſtifier de baux.

Arrêt de règlement du 27 Juillet 1717, qui permet, par grace, aux communautés ſéculières & régulières, & autres gens de main-morte, de faire contrôler juſqu'au 1er Janvier 1728, tous les baux qu'ils ont pû faire ſous-ſignature privée, ou autrement que par devant notaires (a l'exception ſeulement des adjudications des revenus des biens des communautés laïques faites par Mrs les commiſſaires départis.) Ordonne qu'ils fourniront juſqu'audit jour, des déclarations des revenus des biens dont les fermiers ont jouï par tacite réconduction ou verbalement, & qu'ils en païeront les droits de contrôle ; paſſé lequel délai, ils ſeront tenus de repréſenter, à la première requiſition du fermier, ſes commis & prépoſés, tous les baux de leurs biens & revenus, depuis le 1er Janvier 1700, paſſés devant notaires, ou ſous-ſignature privée, ou les déclarations des biens dont leurs fermiers ont jouï par tacite réconduction ou verbalement, bien & dûment contrôlés, à peine de 200 liv. d'amende pour chaque ferme ou métairie dont les baux ne ſeront pas repréſentés, païables ſolidairement, tant par les preneurs que par les bailleurs. Ordonne en outre qu'à l'avenir toutes lesdites communautés & gens de main-morte seront tenus de passer tous lesdits baux par devant notaires ou tabellions, & de les faire contrôler ; ensemble les adjudications de leurs revenus, (à l'exception seulement de celles des biens des communautés laïques faites par devant M^rs les commissaires départis) à peine de nullité, & de pareille amende de 100 liv. païable solidairement par les bailleurs & par les preneurs.

Arrêt de règlement du 16 Décembre 1727, sur les mémoires respectifs des agens généraux du clergé & des sous-fermiers, qui, en interprétant, en tant que de besoin, celui du 27 Juillet 1727, ordonne, I. que, conformément aux déclarations de 1669, 1699, 1708, & arrêts rendus en conséquence, il sera passé par devant notaires des baux de tous les revenus des biens dépendans de tous les bénéfices, de ceux des églises, commanderies, hôpitaux, universités, facultés, colléges, fabriques, confrèries, ainsi que de ceux des villes, & de toutes les communautés séculières & règulières, & autres gens de main-morte ; sans aucuns excepter, aux peines portées par la déclaration de 1708, qui ne pouront être réduites ni modérées. L'art. II. décharge néanmoins, par grace, les gens de main-morte & les preneurs des amendes encourues pour le passé ; à la charge de passer par devant notaires, dans trois mois, si fait n'a été, les baux des biens & revenus dont ils ont donné la jouïssance par écrit sous-signature privée, tacite réconduction ou convention verbale. III. Ordonne que dans le même délai, tous lesdits gens de main-morte, (à l'exception seulement des communautés religieuses de filles, des fabriques & des curés à portion congrue) feront tenus de représenter, outre le bail qu'ils passeront, les deux précédens de tous leurs revenus, passés par devant no-

taires, ou de païer les droits de contrôle de deux baux, pour ceux passés précédemment sous-signature privée, par tacite réconduction ou convention verbale, à l'éfet de quoi ils seront tenus de déclarer la manière dont lesdits biens ont été exploités. IV. Ordonne que ceux dont les baux passés devant notaires, subsistent actuellement, ne représenteront que le bail précédent, dont ils païeront seulement les droits, s'il n'est pas contrôlé. V. A l'égard des bénéficiers qui ne font titulaires que depuis 1725, ordonne qu'ils se conformeront, pour l'avenir, à l'art. 2, & qu'ils païeront en outre un seul droit de contrôle. VI. Veut S. M. que lorsque les gens de main-morte auront passé par devant notaires des baux particuliers de tous leurs revenus, ils puissent passer, sous-signature privée, un bail général ; & que, lorsqu'ils auront passé le bail général par devant notaires, il soit permis au preneur de passer les baux particuliers sous-signature privée, sans néanmoins que les bailleurs ni les preneurs puissent se servir desdits baux sous-signature privée, ni faire aucuns actes ou exploits en conséquence, qu'ils n'aïent été préalablement contrôlés, conformément aux règlemens, & sous les peines y portées.

Arrêt du conseil du 31 Mai 1729, par lequel, sans s'arrêter à une ordonnance de M. l'intendant de Champagne, les religieux de notre-dame des Trois-Fontaines, ont été condamnés, solidairement avec Jean Carré, leur fermier, au païement de 100 liv. d'amende, pour avoir accordé, au pié d'un bail fait devant notaires, la continuation d'icelui sous-signature privée.

Les communautés religieuses de filles, les fabriques & les curés à portion congrue, aïant prétendu être dispensés, par l'art. 3 du règlement du 16 Décembre 1727, de passer des baux par devant notaires, il a été décidé au conseil le 1er

Baux des
Gens de
main-mor-
te.

Mai 1734 , qu'ils étoient aſſujétis à paſſer des baux , & que ce règlement ne les avoit diſpenſés que de la repréſentation de ceux antérieurs à 1727.

Les baux faits ſous-ſignature privée des revenus des gens de main-morte , ſont abſolument nuls , ſans pouvoir être contrôlés ni validés. Déciſions des 12 Janvier 1726, & 6 Août 1736.

Déciſion du conſeil du 10 Août 1737 , qui ordonne l'éxécution d'une ſoumiſſion faite par les religieuſes emmurées de Rouen , de 150 liv. pour tenir lieu d'amende , à cauſe d'une tacite réconduction ; & qui leur enjoint de paſſer un bail par devant notaires , ſous les peines portées par l'arrêt du 16 Décembre 1727.

Déciſion du conſeil du 22 Octobre 1740, contre les tréſoriers de la paroiſſe de S. Sauveur d'Andely , qui prétendoient avoir pû laiſſer jouïr un fermier par tacite réconduction , ſur un bail paſſé devant notaires.

Arrêt du conſeil du 21 Novembre 1741 , qui condamne le S^r curé de S. Remy de Collegieu , & le preneur du revenu de ſes terres & dixmes novales , ſolidairement en 200 liv. d'amende pour chaque contravention , à cauſe de deux continuations accordées ſous-ſignature privé en 1730 & 1738 , au pié d'un bail paſſé devant notaires en 1721 ; le tout enregiſtré au gréfe des domaines des gens de main-morte ; fait très-expreſſes inhibitions & défenſes à tous gréfiers des domaines des gens de main-morte , & à tous autres d'enregiſtrer ou inſinuer , ſous quelque prétexte que ce ſoit , aucun bail des revenus des biens des gens de main-morte , qu'il n'ait été paſſé par devant notaires , & ce , conformément & ſous les peines portées par les règlemens.

Déciſions du conſeil des 19 Juin 1745 , & 9 Juillet 1746 , qui condamnent des religieux & religieuſes à païer les droits de contrôle des baux qu'ils auroient dû paſſer , avec des amendes.

Autre du 6 Août 1746 , qui confirme une ordonnance de M. l'intendant de Bourgogne , par laquelle Dom Brigaut des Broſſes , prieur titulaire du prieuré de Perrecy , a été condamné en 200 liv. d'amende , & les preneurs en pareille amende , ainſi qu'au païement des droits du bail qui auroit dû être paſſé devant notaires. Le prieur opoſoit que le prieuré avoit vaqué , par réſignation , depuis 1733 juſqu'en 1743 qu'il y a été maintenu ; que le bail eſt expiré en 1745 , lorſqu'il étoit à la ſuite du conſeil ; que ſes gens d'affaires n'aïant pû obliger le fermier à vuider les lieux , il avoit été obligé de le laiſſer jouïr par tacite réconduction , contre laquelle le même fermier s'eſt opoſé , & pour raiſon de quoi il y a inſtance au grand conſeil. La condamnation eſt fondée ſur ce que le prieur eſt en poſſeſſion depuis 1743 , & qu'il a dû par conſéquent paſſer des baux.

Déciſion du conſeil du 25 Novembre 1747 , contre les marguilliers de Gaſerand , qui modère à 280 liv. les amendes encourues pour défaut de baux de quatorze revenus diférens , qu'ils ont paſſés devant notaires immédiatement après la ſignification qui leur a été faite du procès verbal.

Arrêt du conſeil du 6 Août 1748 , par lequel , ſans avoir égard à diférentes ordonnances de M. l'intendant d'Amiens , en ce que par icelles il a modéré à 2, 5 & 6 liv. chacune des amendes de 200 liv. encourues par les marguilliers de pluſieurs paroiſſes , & par les adminiſtrateurs de l'hôpital de Calais , pour n'avoir pas paſſé de baux devant notaires depuis 1727 , leſdits adminiſtrateurs & marguilliers ont été condamnés en 200 liv. d'amende pour chaque contravention.

Arrêt du conſeil du 4 Février 1749 , qui déclare nul un bail fait ſous-ſignature privée en 1748 , par le ſieur Pavée , abbé commendataire de l'abbaïe de ſainte-croix d'Angle , d'Angle , généralité de Bourges , au fieur Moreau de la Vigerie , des revenus de ladite abbaïe , & condamne le bailleur en l'amende de 200 liv. par lui encouruë , & au coût de l'arrêt. *Nota.* Le bail avoit été préfenté au contrôle à Paris par le preneur , qui s'étoit enfuite accommodé avec le fermier de Bourges , en lui païant le droit & l'amende qui lui étoit perfonnelle.

Lettre de M. de Fulvy , intendant des finances , du 31 Mars 1749 , adreffée à M^{rs} les agens généraux du clergé , portant que les gens de main-morte ne peuvent fe difpenfer de juftifier qu'ils ont paffé des baux de tous leurs revenus , finon que le fermier eft fondé à les pourfuivre.

Autre lettre de M. de Fulvy , du 1er Décembre 1749 , à M^{rs} les agens généraux du clergé , portant que le fermier peut traiter des amendes encouruës ; que le confeil ne peut les modérer d'autorité , & qu'il n'eft pas poffible de difpenfer de paffer des baux pour biens de 15 liv. de revenu , & même au-deffous.

Décifion du confeil du 23 Janvier 1751 , qui confirme une ordonnance de M. l'intendant d'Alençon , par laquelle les tréforiers de la paroiffe de notre-dame de Guibray , ont été condamnés en 400 liv. d'amende ; pour n'avoir pas fait de baux devant notaires , de 21 loges , fituées dans le cimetière de cette églife , & au païement des droits de contrôle. Ils opofoient que ces loges ne font pas des revenus fixes , n'étant que de bois , & pouvant être détruites à tout inftant ; qu'elles ne fervent qu'aux marchands venans à la foire de Guibray , que par conféquent leur prix varie fuivant le nombre des marchands , & qu'il n'eft pas poffible d'en paffer de baux.

Autre décifion du 13 Février 1751 , qui déclare nul un bail fous-fignature privée , fait par le receveur du chapitre de Saint Louis du Louvre , à deux particuliers , du chœur & de la nef & facriftie de l'an-

cienne églife , ainfi que d'un apartement ; & condamne le bailleur & les preneurs en 200 liv. d'amende folidairement.

Arrêt du confeil du 4 Mai 1751 , qui déclare nul le *bail à vie* des revenus du prieuré de fainte Foy de Longueville , fait fous-fignature privée en 1739 , par le prieur commandataire aux religieux ; & qui les condamne folidairement au païement des droits de contrôle & de demi-centième denier , réfultans dudit bail ; enfemble au triple du demi-centième denier , & en 200 liv. d'amende , ainfi qu'au coût de l'arrêt. La raifon eft que les gens de main-morte font affujétis à paffer par devant notaires tous les baux de leurs revenus , & que cette règle a lieu pour les baux à vie , comme pour ceux de 6 ou 9 ans. Voïez *Baux à vie.*

Décifion du confeil du 29 Mai 1751 , qui condamne les marguilliers de l'œuvre & fabrique de l'églife de faint Hypolite de Paris , & Jacques Cauffin , au païement des droits de contrôle d'un tranfport de bail fait par lefdits marguilliers audit Cauffin , d'une maifon apartenante à la fabrique , aux mêmes conditions que l'avoit un précédent locataire décédé ; lequel tranfport étoit inféré fur le regiftre des délibérations , & accepté par Cauffin ; les condamne en outre à repréfenter le bail tranfporté , & en l'amende.

Autre décifion du 22 Juillet 1751 , qui déclare nul un bail fait fous-fignature privée par le prieur de faint Etienne de Senon en Bourgogne , au nommé Dardaine , des revenus de fon prieuré pour neuf ans ; & qui les condamne folidairement au païement des droits & de l'amende de 200 liv.

Arrêt du confeil du 11 Avril 1752 , qui confirme une ordonnance de M. l'intendant de Limoges , par laquelle les fieur abbé & religieux de Grammont , ont été condamnés à païer les droits de contrôle de chacun des baux par eux paffés fous-

B A U

fignature privée , tacite réconduction ou convention verbale depuis 1731 , fuivant la déclaration fincère qu'ils feront tenus de faire , fous les peines portées par les règlemens , du nombre , de la durée & du prix d'iceux , & en 200 liv. d'amende , faute de les avoir paſſés par devant notaires. Cet arrêt ordonne en outre que , conformément aux règlemens , les curés , bénéficiers & autres gens de main-morte de la généralité de Limóges , feront tenus de paſſer des baux par devant notaires , des biens & revenus de tous les bénéfices , fans aucune exception , même des *dixmes* dépendantes defdits bénéfices , à quelque condition qu'ils veulent en faire faire la levée à leur profit par des particuliers , à peine de 200 liv. d'amende , païable folidairement , tant par les bailleurs que par les preneurs ; permet cependant auxdits curés , bénéficiers & gens de main-morte , de faire , par eux-mêmes , leurs domeftiques ou gens de journée , la levée defdites *dixmes ;* à la charge de faire publier au prône de la paroiſſe qu'ils entendent faire ladite exploitation ; defquelles *publications* ils feront tenus de remettre dans la huitaine au commis du fermier , dans l'arondiffement du bureau duquel lefdites dixmes feront fituées ; des copies certifiées d'eux , & d'en prendre de lui une reconnaiſſance ; & au cas qu'au préjudice defdites publications , ils donnent la jouïſſance defdites dixmes par écrit fous - fignature privée , tacite réconduction , ou convention verbale , ils feront condamnés , folidairement avec les preneurs , aux peines & amendes portées par les règlemens. Décharge , par grace & du confentement du fermier , lefdits curés , bénéficiers & gens de main-morte , des amendes par eux encouruës , pour n'avoir pas paſſé jufqu'à préfent des baux defdites *dixmes* par devant notaires , à la charge par eux de repréfenter , dans le délai de trois mois , à compter du 1er Mai prochain , les deux précédens baux paſſés par devant notaires , ou d'en païer les droits de contrôle ; faute de quoi ils feront contraints au païement , tant des droits que des amendes qui fe trouveront dûs pour raifon defdits baux qui n'auront pas été paſſés par devant notaires.

Cet arrêt a été rendu contradictoirement avec Mrs les agens généraux du clergé , qui avoient pris le fait & caufe des gens de main-morte de la généralité de Limoges ; & en conféquence , il a été regardé par le clergé même , & par le fermier des domaines , comme un règlement général , devant avoir fon éxécution dans tout le roïaume.

Décifion du confeil du 20 Novembre 1755 , qui réforme une ordonnance de M. l'intendant de Languedoc , par laquelle il étoit ordonné au fermier des domaines de juftifier que les marguilliers de l'églife de Lunel n'avoient pas jouï des revenus de cette églife , & qu'ils les avoient affermés ; en conféquence , prononce les amendes encouruës pour n'avoir pas fait de baux devant notaires , & les droits defdits baux.

Autre décifion du 4 Décembre 1755 , qui réforme une ordonnance de M. l'intendant de Languedoc , & condamne le fieur Fajots , facriftain du chapitre d'Agde , au païement du droit de contrôle du bail qu'il auroit dû paſſer des *dixmes* de fon bénéfice , & en une amende. Il difoit avoir exploité lui-même ces dixmes ; mais il ne juftifioit d'aucunes formalités à cet égard.

Décifion du confeil du 13 Avril 1758 , qui réforme une ordonnance de M. l'intendant de Roüen , & prononce les amendes encouruës par le curé de Chaignes & les nommés Huë. *Nota* le clergé du diocèfe d'Evreux avoit fait affigner ces particuliers , pour raporter au gréfe des infinuations eccléfiaftiques , l'acte en vertu duquel ils avoient jouï du revenu temporel de la cure de Chaignes ; cette affignation avoit donné lieu au fermier des domaines , de demander les droits du bail qui auroit dû être passé devant notaires , & l'amende encouruë ; & fur cette demande , le curé foûtenoit qu'il avoit jouï de fes *dixmes* , fans les affermer , & qu'il les vendoit après la faint Jean: & fur ces moïens , M. l'intendant l'avoit déchargé de la demande du fermier , attendu qu'en Normandie les fruits font réputés meubles après la faint Jean , & qu'il eft libre aux gens de main-morte de difpofer de leurs meubles. Mais l'ordonnance a été réformée, parce qu'en admettant une telle exploitation , il faut que la vente foit conftatée par un acte contrôlé ; la main-morte peut *lever fes dixmes* , mais il faut fe conformer aux formalités préfcrites par les règlemens.

Décifion du confeil du 9 Septembre 1758 , qui réforme une ordonnance de M. l'intendant de Roüen , par laquelle le curé de notre-dame de Franqueville , avoit été déchargé du droit de contrôle aux actes des adjudications qu'il faifoit faire annuellement de fes *dixmes* par un fergent, fous prétexte qu'elles étoient faites après la faint Jean , & qu'alors les fruits font réputés meubles ; qu'ainfi , il ne s'agiffoit que d'une vente d'éfets mobiliaires ; en conféquence , le confeil a jugé que ces adjudications qui tiennent lieu de baux , font fujétes au contrôle des actes.

Il faut cependant obferver que , fi ces adjudications font précédées d'une publication de la part du bénéficier , par laquelle il déclare vouloir faire par lui-même la levée de fes dixmes , il poura après la faint Jean , en difpofer comme il jugera à propos ; enforte que s'il en fait faire l'adjudication par un fergent , il ne fera dû que le droit de contrôle aux exploits. *Voïez* l'art. 9 de l'arrêt du 2 Septembre 1760.

Par arrêt du confeil du 15 Mai 1759 , rendu contradictoirement avec le findic du clergé de la province de Bretagne , & celui du diocèfe de Vienne , il a été ordonné que l'arrêt du 11 Avril 1752 , fera éxécuté , tant dans la généralité de Limoges , que dans les autres provinces & généralités du roïaume ; & en l'expliquant, en tant que de befoin , S. M. ordonne que la *publication* y portée , dans le cas de la levée des *dixmes* par les curés , bénéficiers & gens de main-morte , fera faite chaque année à l'iffuë de la meffe paroiffiale ; & que *les deux droits de contrôle* qui doivent être païés par lefd. curés , bénéficiers & gens de main morte , faute de repréfentation des deux derniers baux de leurs *dixmes* paffés devant notaires, feront fixés fur une évaluation à l'amiable du produit des récoltes des deux dernières années ; & en cas de difficulté , fur l'affirmation par écrit & fignée defdits curés , bénéficiers & gens de main-morte ; ordonne que la décharge des amendes accordée par ledit arrêt aux curés , bénéficiers & autres gens de main-morte de la généralité de Limoges , aura lieu à l'égard de ceux des autres provinces & généralités , dans les mêmes cas & à la charge y portée ; & pourvu que pour raifon defdites amendes , il n'ait été fait aucun païement , ou qu'il n'y ait pas eu d'ordonnance de condamnation renduë.

Décifion du confeil du 7 Juillet 1759 , qui confirme une ordonnance de M. l'intendant de Montauban , du 12 Septemb. 1758 , par laquelle le prieur de notre-dame des Planques & de faint Etienne de Brés , a été condamné folidairement avec le nommé Arnal, au païement des droits de contrôle des baux des revenus defdits prieurés , & en 200 liv. d'amende ; le prieur difoit avoir vendu à Arnal 53 facs de blé , provenant de fa *dixme* de la récolte de 1755 , à raifon de 10 liv. 5 f. le fac , & que ce particulier lui avoit fait un billet le 29 Mars 1756 , du montant du prix de ces grains, lequel billet a été contrôlé fans difficulté ; mais , par l'affignation donnée en conféquence audit Arnal , il avoit conclu au païement de tout ce qui devoit lui apartenir des revenus defdits prieurés, qui ont été perçus dans les années 1756 & 1757 par Arnal , comme

BAU

il feroit prouvé en cas de déni, & à ce qu'il fut tenu d'éxécuter tout ce à quoi il peut- être juftement tenu envers ledit fieur prieur; ce qui prouvoit inconteftablement que ce particulier avoit jouï, comme fermier des revenus defdits prieurés.

Le clergé, lors de fon affemblée générale, aïant fait de nouvelles repréfentations, fur l'éxécution des arrêts des 11 Avril 1752, & 15 Mai 1759, il en a été rendu un autre le 2 Septembre 1760, en forme de règlement, fur la feule requéte des dépu- tés compofans l'affemblée générale du cler- gé de France, & fans que l'adjudicataire des fermes ait été entendu ; nous raporte- rons cet arrêt en entier, comme faifant actuellement la règle qui doit être fuivie.

Sur la requête préfentée au Roi en fon confeil, par les archevêques, évêques, & autres députés compofans l'affemblée gé- rale du clergé de France : contenant, qu'il s'éleve journellement des conteftations en- tre les bénéficiers & les fermiers des droits de contrôle, fur les interprétations diffé- rentes que l'on donne aux arrêts du con- feil des 11 Avril 1752 & 15 Mai 1759, con- cernant la perception des droits de contrôle des baux des biens & revenus des bénéfi- ciers & autres gens de main-morte. Les intentions du clergé général étant égale- ment de mettre lefdits bénéficiers à l'abri des pourfuites qui font mal-à-propos faites contre eux par les commis des fermiers, & de faire payer auxdits fermiers les droits qui leur font légitimement dûs. A ces cau- fes, requeroient les Supplians qu'il plût à Sa Majefté vouloir bien, en interprétant les arrêts du confeil des 11 Avril 1752 & 15 Mai 1759, faire connoître fes intentions, de façon qu'il ne puiffe plus y avoir de diffi- cultés entre les fermiers des droits de con- trôle & les redevables d'iceux. Vû les ar- rêts des 11 Avril 1752 & 15 Mai 1759 ; la requéte fignée Bronod, avocat du clergé. Ouï le rapport du fieur Bertin, confeiller ordinaire au confeil roïal, contrôleur géné-

ral des finances : le Roi en fon confeil, aïant égard à ladite requéte, a ordonné & or- donné :

I. Les bénéficiers, communautés, & au- tres gens de main-morte, ne pouront af- fermer les biens & revenus dépendans de leurs bénéfices, *même les dixmes*, que par bail paffé devant notaires, ou autres per- fonnes publiques ayant qualité & poffeffion d'en recevoir ; à la charge d'en payer les droits de contrôle. Leur défendons de faire aucuns baux fous-fignature privée, tacite réconduction, ou convention verbale, fous les peines portées par la déclaration du 10 Mars 1708.

II. Pouront les bénéficiers, & autres gens de main-morte, faire valoir & exploi- ter par eux-mêmes, leurs domeftiques ou gens de journée, en tout ou en partie, *leur dixmes, & autres biens* dépendans de leurs bénéfices, fans diftinction de ceux de l'ancienne ou nouvelle dotation, même les biens acquis au profit de leurs bénéfi- ces, par contrats de vente, échanges & autres actes, à la charge, par rapport aux *dixmes*, d'en faire faire la *publication*, au plus tard, un mois avant la récolte de *cha- que année*, à l'iffuë de la Meffe paroiffiale, & d'en rapporter copie certifiée d'eux, dans le mois, au commis du bureau du con- trôle, dans l'arondiffement duquel font fituées lefdites dixmes, & d'en tirer re- connoiffance de lui, le tout fans frais & fur papier non timbré ; & par rapport *aux au- tres biens* dépendans des bénéfices, ils fe- ront tenus d'en faire faire tous les neuf ans, à l'iffuë de la Meffe paroiffiale, la *publication*, & ce, dans les premiers mois de l'année de leur exploitation, & d'en rapporter copie certifiée d'eux, dans lefdits trois mois, au commis du bureau du con- trôle dans l'arondiffement duquel font fitués lefdits biens, & d'en tirer recon- noiffance de lui, le tout fans frais & fur papier non timbré, à peine de païer le double des droits de contrôle, pour autant d'années qu'ils auroient manqué à faire les publications, & en se conformant au surplus aux règlemens concernant les tailles, faits pour l'exploitation des biens des privilégiés.

III. Ne seront tenus lesdits bénéficiers, communautés, & autres gens de main-morte, de comprendre dans la publication prescrite par l'article précédent, les *rentes ou redevances* en argent, en grains, ou en autres espèces, dépendantes de leurs bénéfices, autrement qu'en déclarant qu'ils entendent en jouïr, & désignant le bailliage ou Sénéchaussée où ils les perçoivent, & ce, dans la publication qui en sera faite dans le chef-lieu du bénéfice seulement, & sans aucune mention des rentes constituées ; & à l'égard des *dixmes & champarts*, ensemble de tous biens-fonds dépendans des bénéfices, ou appartenans auxdits gens de main-morte, ils seront désignés par leur nom, s'ils en ont un, celui des paroisses, ou autrement, *de manière à distinguer ce qu'ils voudront faire valoir, de ce qu'ils affermeront*, sans qu'il soit nécessaire d'en détailler la mesure ni la consistance.

IV. Dispense néanmoins Sa Majesté, lesdits bénéficers, communautés, & autres gens de main-morte, de faire aucune publication des *jardins, clos ou vergers*, attenans ou dépendans de leur habitation.

V. Les *nouveaux titulaires* des bénéfices, qui auront succédé par résignation ou par permutation, étans tenus des faits de leurs prédécesseurs, ne pourront être astraints à remplir aucune nouvelle formalité au sujet des baux de leurs prédécesseurs, à moins qu'ils n'y fassent quelque changement ; mais lorsque les bénéfices auront vaqué par mort, ou par démission pure & simple, les nouveaux titulaires qui voudront laisser subsister les baux de leurs prédécesseurs, le feront publier à l'issue de la messe paroissiale, dans l'espace de six mois, à compter du jour de leur prise de possession ; autrement ils seront tenus de passer un nouveau bail par devant notaires, dans le

délai d'une année, à compter du jour de leur prise de possession : si mieux n'aiment lesdits nouveaux titulaires faire valoir par eux-mêmes, leurs domestiques ou gens de journée, auquel cas ils seront seulement tenus de se conformer aux publications prescrites par les articles 2 & 3 du présent arrêt.

VI. Les bénéficiers, ou autres gens de main-morte, qui auront des biens dans les lieux où le contrôle est établi, *ne pourront en passer des baux par devant des notaires domiciliés hors du roïaume, ou dans les lieux où le contrôle n'est pas établi*, qu'à la charge de païer les droits de contrôle qui en seront dûs, au bureau dans l'arondissement duquel lesdits biens sont situés, & ce, dans les trois mois du jour & date desdits actes, à peine de restitution desdits droits, & de 200 l. d'amende pour chaque contravention, païable solidairement, tant par le bailleur que par le preneur.

VII. Lorsque les bénéficiers, & autres gens de main-morte, auront affermé par bail général passé devant notaires, tous les revenus dépendans de leurs bénéfices, les preneurs pourront faire des baux particuliers sous-signature privée ; & lorsqu'ils auront passé devant notaires, des baux particuliers de tous leursdits revenus, ils pourront passer sous-signature privée un bail général ; sans néanmoins que les bailleurs ni les preneurs puissent faire aucune demande, signification, exploit ni acte en conséquence, ni produire en justice lesdits baux, soit généraux, soit particuliers, faits sous-signature privée, pour quelque cause que ce soit ; qu'ils n'aient été préalablement contrôlés, à peine, pour chaque contravention, de l'amende portée par les règlemens.

VIII. Les bénéficiers ou autres *gens de main-morte dès païs étrangers*, qui auront, en ladite qualité, des biens dans notre roïaume, & qui voudront les affermer, en passeront des baux devant les notaires qui y sont domiciliés, pour été controlés, & les droits païés dans la quinzai-

ne de leur date; & au cas qu'ils les paſſent
en païs étrangers, ils feront tenus de les
faire contrôler au bureau, dans l'arondiſſement duquel leſdits biens font ſitués, & ce,
dans le délai de trois mois, à peine de deux
cent livres d'amende, païable folidairement,
tant par le bailleur, que par le preneur.

IX. Les grains, foins, pommes, raiſins
& autres *fruits pendans par les racines*,
étant cenſés meubles en différentes provinces, à diférentes époques de l'année,
n'empêche S. M. que les bénéficiers, &
autres gens de main-morte deſdites provinces, qui auront fatisfait à ce qui a été prefcrit par les articles 2 & 3 du préſentarrêt,
n'en puiſſent faire, après leſdites époques,
telles ventes particulières qu'ils jugeront à
propos, pour raiſon deſquelles les fermiers
du domaine, ne pourront éxiger aucuns
droits de contrôle, portés par l'arrêt du
11 Avril 1752, que dans le cas où ils auroient affermé leurs dixmes, & autres revenus dépendans de leurs bénéfices, par
baux fous-fignature privée, tacite réconduction, ou convention verbale; & qu'à
l'égard de ceux qui auroient fait valoir par
eux, leurs domeſtiques ou gens de journée, leurs dixmes ou autres biens dépendans de leurs bénéfices, il ne puiſſe leur
être demandé aucuns droits de contrôle,
ni repréſentation de baux paſſés par devant
notaires, des biens qu'ils ont exploités;
& décharge, par grace, leſdits bénéficiers
& autres gens de main-morte, des amendes par eux encouruës, juſqu'à préſent,
pour n'avoir pas paſſé des baux devant notaires, des dixmes & autres biens & revenus de leurs bénéfices qu'ils ne faifoient pas
valoir eux-mêmes, à l'exception cependant des amendes qui peuvent avoir été
païées ou prononcées juſqu'à ce jour. FAIT
au confeil d'état du Roi, tenu à Verſailles
le 2 Septemb. 1760. *Signé*, DE VOUGNY.

Mrs les agens généraux du clergé ont
adreſſé des éxemplaires de cet arrêt aux
bénéficiers & gens de main-morte des di-

férentes provinces, avec une lettre circu-
laire du 27 Septembre 1760. Ceux-ci étant
inſtruits ont dû fe mettre en règle; & s'ils
ne l'ont pas fait, ils n'auront aucun prétexte
à opofer.

Il ne reſte plus qu'à obſerver, que les
commis doivent tenir un fommier, diſtribué
par ordre de paroiſſes, pour y porter tous
les biens & revenus, poſſédés par les gens
de main-morte de leur arondiſſement; ce
relevé doit être fait à mi-marge, & chaque
objet y doit être diſtingué. A mefure que
les baux font paſſés devant notaires, &
contrôlés, il faut faire mention en marge
de chaque article, de la date, du prix &
de la durée de ces baux, ainſi que du nom
du preneur. Lorſqu'il n'y a pas de baux,
il doit avoir été fourni aux commis, des
copies de publication & de déclaration
d'exploitation, par les mains des bénéficiers, conformément à l'article 2 de l'arrêt
du 2 Septembre 1760, dont mention doit
pareillement être faite fur le fommier; enforte qu'à ce moïen, chaque commis eſt
toujours en état de connoître, fi les gens
de main-morte ont affermé tous leurs revenus, par des baux paſſés par devant notaires, ou s'ils jouïſſent par leurs mains, de
tout ou de partie de leurs biens, après
avoir obſervé les formalités ordonnées.
Ainſi, lorſque le fommier préſente des objets, pour leſquels les baux font expirés,
& dont les gens de main-morte n'ont pas
juſtifié qu'ils jouïſſent par eux-mêmes, les
commis doivent raporter leurs procès verbaux, & les faire fignifier aux bailleurs, &
même aux preneurs, s'ils leur font connus,
afin de les faire condamner au païement des
droits, ainſi qu'aux amendes prononcées
par les règlemens.

BAUX *des revenus des communautés
laïques*, des biens & revenus communs,
patrimoniaux & d'octrois des villes, communautés & paroiſſes.

L'article 20 du tarif, du 29 Septembre
1722, porte que les droits de contrôle

des baux , ou adjudications des biens &
revenus communs, patrimoniaux & d'octrois des villes, communautés & paroisses ,
feront païés , à raison d'une année du
revenu , fur le pié de l'article 15 du même
tarif.

Les adjudications des revenus des communautés laïques , paffées devant M[rs] les
intendans & commiffaires départis , font
difpenfées de la formalité & des droits de
contrôle; & toutes les autres y font expreffément affujéties. *Voïez* l'arrêt du 13 Décembre 1695 ; la déclaration du 19 Mars
1696 , article 4; celle du 14 Juillet 1699,
article 3 ; celle du 20 Mars 1708 , article
2 ; & l'arrêt du 27 Juillet 1727 , raportés
à l'article précédent.

Par l'article 3 de l'arrêt du 29 Avril
1721 , il eft ordonné que les baux à ferme ,
ou adjudications des biens & octrois des
villes & communautés de la province de
Bearn , faits & reçus par les findics, jurats ,
notaires, magiftrats & gréfiers de ladite
province , feront contrôlés, fous les peines
& amendes portées par les règlemens.

L'arrêt du confeil du 17 Octobre 1721,
confirme une ordonnance de M. l'intendant
de Bourges, par laquelle le maire & le gréfier de l'hôtel de ville de Bourges, ont été
condamnés en une amende , pour défaut de
contrôle des baux des revenus de la ville,
qui ont été déclarés nuls. Ils opofoient que
par droit de jurifdiction , ils avoient celui
de paffer les baux defdits revenus , & prétendoient que ces actes reçus par leur
gréfier , étoient judiciaires & non fujéts
au contrôle.

Arrêt du confeil du 14 Juillet 1722 ,
par lequel , fans avoir égard à une ordonnance de M. l'intendant d'Amiens , deux baux
faits par les prévôt & échevins de Corbie ,
ont été déclarés nuls, faute d'avoir été
contrôlés ; & les habitans , corps & communauté , & le gréfier condamnés aux
amendes encourues

Arrêt du confeil du 15 Mai 1725 , qui

déboute les confuls de Carmant, tendante à
lité d'Auch , de leur requête , tendante à
être déchargés des amendes qu'ils avoient
encourues , pour n'avoir pas paffé devant
notaires des baux de leurs boucheries , &
les condamne au coût de l'arrêt.

Les arrêts du 24 Février 1726, contre les
communautés de la Baffe-Navarre & de la
ville de Bayonne , les condamnent au païement des droits de contrôle des adjudications de leurs revenus , reçûés par les gréfiers de l'hôtel de ville , & en outre en
une amende.

L'art. 3 de l'arrêt du 15 Octobre 1737,
concernant les actes des communautés du
Languedoc , porte que les baux des octrois , patrimoniaux & revenus des communautés , feront contrôlés , & les droits
païés conformément aux art. 15 & 20 du
tarif de 1722.

Par ordonnance de M. l'intendant
d'Auch , du 30 Décembre 1759 , les confuls & gréfier de faint Beat ont été condamnés en diférentes amendes , & au païement des droits de contrôle des baux &
adjudications des revenus patrimoniaux ,
avec injonction à eux & à ceux des autres communautés , de fe conformer aux
règlemens.

Les procès verbaux de publications &
affiches , pour parvenir aux baux & adjudications des revenus communs & patrimoniaux , doivent être contrôlés. Arrêt
du confeil du 15 Octobre 1737, & décifion du 12 Septembre 1739 , contre
les confuls de la ville de Draguignan en
Provence.

Voïez auffi Adjudications , pag. 93.

BAUX *à vie* , font des aliénations , ou
efpéces de ventes d'ufufruit d'un héritage , pendant la vie du preneur , ou pendant
celle du bailleur , moïennant une fomme
par chaque année.

Suivant l'art. 18 du tarif du 29 Septembre 1722 , le droit de *contrôle* en doit
être perçû fur le pié du double de ce qui

eſt règlé par l'art. 15, à proportion du prix annuel deſdits baux à vie.

Ces baux ne font points ſujets aux droits ſeigneuriaux, à moins que les coûtumes ne les y aſſujétiſſent par une diſpoſition textuelle, parce que la propriété de l'héritage n'eſt point transférée, & que la durée de la jouïſſance eſt incertaine. *Voïez* le traité des fiefs de Guyot, vol. 3 du Quint. ch. 7, pag. 415, *&c.*

Ils font ſujets au droit de *centième denier* fur le pié du capital, au denier dix de la redevance annuelle, à quoi il faut joindre la ſomme païée pour deniers d'entrée; & même, ſi le preneur eſt obligé de faire des conſtructions & améliorations juſqu'à certaine ſomme, le droit de centième denier en eſt pareillement dû, parce que cette obligation eſt une augmentation de prix, puiſque les bâtimens doivent retourner au bailleur. Il faut, dans ce cas, joindre au prix annuel la dixième partie des deniers d'entrée, & du montant des améliorations, pour percevoir le droit de contrôle fur le tout.

Si l'uſufruit eſt cédé moïennant un prix fixe une fois païé, c'eſt une vente à vie, dont les droits de contrôle & de centième denier font dûs fur le pié de la ſomme entière. *Voïez Vente à vie*, & l'art. 6 de la déclaration du 20 Mars 1708, qui déclare ſujets au centième denier les contrats de vente à vie.

Déciſion du conſeil du 20 Mars 1720, qui juge qu'il eſt dû 80 liv. de centième denier, pour la ceſſion à vie d'un fonds, moïennant 8000 liv. La partie prétendoit ne devoir que 40 liv.

Autre du 4 Février 1721, qui juge que le centième denier eſt dû fur le pié du capital, au denier dix du prix annuel d'un bail à vie.

Autre du 24 Décembre 1722, qui juge que le droit de centième denier eſt dû fur le pié du denier dix, pour un bail à vie, fait d'une partie de l'intérieur de la maiſon des incurables à Paris, au ſieur Sagault, avec clauſe réciproque de réſoudre, en avertiſſant 6 mois avant.

Déciſion du 6 Février 1723, qui condamne à païer les droits de contrôle & de centième denier, comme d'un bail à vie, pour un acte capitulaire de 1706, par lequel le chapitre d'Autun abandonne au ſieur Benoiſt, chanoine, la jouïſſance d'une terre, pour lui tenir lieu d'une portion de ſa prébende canoniale, & qui juge que l'acte devoit être paſſé par devant notaires.

Arrêt du conſeil du 18 Juillet 1724, qui confirme une ordonnance du lieutenant particulier de Chaumont-en-Baſſigny, par laquelle les religieux de l'abbaïe de la Crette, ceſſionnaires, par bail à vie, de la portion des fruits & revenus apartenans à leur abbé, moïennant 4000 liv. par an, & des charges évaluées 2000 liv. ont été condamnés à faire leur déclaration de la valeur annuelle des biens, & à en païer le centième denier fur le pié du capital au denier dix, avec le triple droit encouru.

Déciſion du conſeil du 25 Août 1726, qui condamne les religieux de Franſilve à païer les droits de centième denier du bail à vie à eux fait par leur abbé, fur le pié du denier dix du prix annuel, en y joignant les charges.

Autre du 30 Janvier 1728, qui condamne René Bertrand à païer le centième denier d'un bail vie, tant fur le capital au denier dix des 2000 liv. de prix annuel, que fur les 14000 liv. qu'il s'étoit obligé d'emploïer en bâtimens.

Arrêt du conſeil du 24 Mars 1729, contre les prieur & religieux de l'abbaïe de Painpont, ceſſionnaires, par bail à vie, de la portion des fruits & revenus de leur abbé, moïennant 5500 liv. par an, & les charges évaluées 600 livres; qui les condamne à faire inſinuer ce bail à vie, & à païer le droit de centième denier fur le pié du denier dix de la valeur des revenus.

Déciſion

Décifion du confeil du 4 Décembre
1729, qui condamne les religieux de notre-
dame de Valhoire, à païer le demi-droit
de centième denier de la valeur entière
des revenus de l'abbaïe à eux cédés par
M. de Broglie leur abbé.

Autres des 30 Septembre & 9 Décembre 1730 en pareil cas, contre les bénédictins de la Seaune & les religieux de
faint Vigor de Cerify.

Autre décifion du 23 Août 1732, contre madame la comteffe de Mailly, qui
avoit acquis à vie des religieufes de Poiffy,
un arpent & demi de terre en friche, à la
charge d'y faire bâtir une maifon ; jugé que
le droit de centième denier eft dû fur le
prix fixé, & fur la valeur de cette maifon.

Autre du 14 Mars 1733, contre les
bénédictins d'Argenteuil, preneurs à vie
des revenus de leur prieur commandataire, qui les condamne à en païer le droit
de centième denier, fans diftraction des
charges & réparations.

Autre du 6 Février 1734, contre Laurent le Long & fa femme, preneurs à vie
d'un emplacement, à la charge d'y bâtir ;
portant que cette obligation eft une augmentation de prix, dont le droit de centième denier eft dû.

Autre décifion du 31 Mai 1735, contre les religieux bénédictins de faint Seine,
qui les condamne au païement du droit de
centième denier du bail à vie à eux fait
par leur abbé, tant fur le prix annuel,
que fur les charges.

Autre du 6 Septembre 1736, qui condamne les religieux de l'abbaïe de Chalis
à païer le droit de centième denier du bail à
vie à eux fait par M. le comte de Clermont, leur abbé, moïennant 45000 liv.
par an, fur le pié du capital au denier dix.

Autre décifion du 22 Janvier 1737,
qui juge que le droit de centième denier
eft dû en entier fur la totalité du prix d'une
ceffion à vie, faite moïennant une fomme
fixe.

Tome. I.

Décifion du 20 Juillet 1737, contre le
fieur la Fautrife, curé d'Argenton, diocèfe d'Angers, auquel le pénitencier de
l'églife d'Angers, qui étoit auparavant chargé de lui païer fa portion congruë, en
jouïffant de certains biens, a abandonné lefd.
biens, pour en jouïr par ledit curé, & fes
fucceffeurs curés, à la charge d'une redevance annuelle. La décifion porte que l'acte
ne peut être confidéré que comme un bail
à vie, & que le droit de centième denier
en eft dû.

Autre du 4 Mars 1741, qui juge que
le fieur Cauffé doit le centième denier
d'un bail à vie qui lui a été fait des revenus d'un prieuré, par le procureur général des jéfuites de Touloufe, tant fur le
prix annuel, que fur les charges, qui confiftent en quatre penfions.

Autre du 20 Mai 1741, qui condamne
les religieux bernardins de la Boffiere, au
païement du demi-centième denier du bail
à vie à eux fait par leur abbé. *Nota.* Le
demi-centième denier de la valeur, fait le
centième denier du capital au denier dix
du revenu.

Autre du 2 Avril 1746, qui condamne
au païement des droits de centième denier
d'un bail à vie fait en 1742, prouvé par
l'extrait du contrôle requis par le bailleur ; & par une copie raportée. L'acte
étoit contefté par M. de Parabere, héritier de M. de Saillan, preneur, qui difoit n'en avoir aucune connaiffance, &
qu'en tout cas, la jouïffance avoit été de
peu de durée.

Autre du 21 Janvier 1747, au fujet d'un
bail à vie d'une terre meublée, qui juge
que le droit de centième denier eft dû fur
le prix, à moins que les meubles ne forment un objet confidérable. *Voïez* ci-après
Ventilation.

Autre du 29 Juillet 1747, contre la
dame veuve du fieur Mazois, à laquelle
fon fils avoit cédé la jouïffance d'une portion de maifon, pour lui tenir lieu des ar-

rérages d'une fomme de 20000 liv. dont il s'étoit trouvé débiteur envers elle , par l'acte de compte de la fucceffion du père. La décifion porte qu'on ne peut confidérer l'acte que comme un bail à vie , dont le centième denier eft dû.

Décifion du 24 Décembre 1754 , qui juge que le droit de centième denier eft dû pour le bail à vie d'une commanderie , fait en 1724 , par M. le grand-prieur de France , à feu M. Bernard , maitre des requêtes , nonobftant l'allégation des créanciers , que ce bail n'avoit eu aucune exécution.

Les baux à vie des biens & revenus des gens de main-morte , ne peuvent être faits que par devant notaires , de même que les fimples baux à loïer ou à titre de ferme defdits revenus , & fous les mêmes peines. *Voïez* la décifion du 6 Février 1723 , raportée ci-deffus , page 288 , l'arrêt du confeil du 4 Mai 1751 , qui déclare nul le bail à vie fait fous-fignature privée par le prieur commandataire de fainte Foy de Lnogueville , à fes religieux , & qui les condamne au païement des droits & en l'amende. Autre arrêt du confeil du 6 Mai 1760 , qui confirme une ordonnance de M. l'intendant de Roüen , du 29 Septembre 1759 , par laquelle un bail à vie fait fous-fignature privée le 15 Octobre 1750 , par le fieur Fumée , abbé du Valaffe , au fieur Coufté , des revenus de l'abbaïe , a été déclaré nul , & les parties condamnées à en païer les droits , *&c.*

Les mêmes droits dûs pour les baux à vie , font dûs pour les ceffions & rétroceffions de ces baux. Décifion du 18 Juin 1735 ; autre du 28 Juin 1749 , contre les religieufes carmelites de la ruë Chapon à Paris , pour la rétroceffion d'un bail à vie , qu'elles avoient fait pour avoir lieu pendant la vie de madame la ducheffe de Grammont , & de madame de Beaumanoir fa fille ; laquelle rétroceffion a été faite auxdites religieufes par madame de Beaumanoir , après le décès de madame de Grammont.

BAUX *emphytéotiques* , font des baux à longues années d'un héritage ou d'un fonds , à la charge d'une redevance annuelle , réfervée par le bailleur , pour marque de fon domaine direct : ordinairement le preneur eft obligé de faire des bâtimens ou autres améliorations ; & fouvent il païe même une fomme fixe pour deniers d'entrée , en paffant le contrat.

L'emphytéofe à tems limité , fe peut faire jufqu'à 99 ans , fans pouvoir excéder ce terme ; on peut auffi faire un bail emphytéotique , tant pour la vie du preneur , que pour celle de fes enfans , & des enfans de fes enfans ; & encore 50 ans au-delà.

Par ces actes , il y a aliénation de la propriété utile en la perfonne du preneur , pendant tout le tems de la conceffion , avec rétention de la propriété directe de la part du bailleur : la redevance annuelle n'eft que la reconnaiffance de la feigneurie directe ; le furplus eft le véritable prix de la perception des fruits.

§. 1. *Des droits dûs pour le bail emphytéotique.*

En général , il n'eft point dû de *lods & ventes* pour le bail emphytéotique , quoique fait à la charge de bâtir , & d'une redevance annuelle. *Voïez* Livonnieres dans fon traité des fiefs , liv. 3 , ch. 6 , fect. 7 , §. 1 , où il cite l'avis de Dumoulin & quelques arrêts du parlement de Paris. Il dit néanmoins , que s'il y a de l'argent promis ou donné par le preneur , il en eft dû ventes. *Voïez* auffi Henrys , tom. 1er , liv. 3 , ch. 3 , queft. 21 ; & Guyot , vol. 3 , p. 419.

Il y a néanmoins des coûtumes où les *lods & ventes* font dûs. *Voïez* les art. 55 & 313 de celle de Bretagne , qui affujétiffent tout engagement , ferme ou loüage excédant 9 années aux lods & ventes , & au retrait.

Le droit de *contrôle* du bail emphytéotique, eſt réglé par l'art. 18 du tarif de
1722, ſur le pié du double de ce qui eſt
fixé pour les baux à loïer par l'art. 15.

Les baux emphytéotiques ſont aſſujétis au droit de *centième denier* par l'édit
du mois d'Octobre 1705, & par l'art. 6
de la déclaration du 20 Mars 1708.

Ce droit ſe règle ſelon la durée du
bail : ſçavoir, pour celui au-deſſus de 9 ans
juſqu'à 30, il n'eſt dû que le demi-droit
de centième denier ; & pour celui de 30
ans & au-deſſus, le droit de centième denier eſt dû en entier. Déciſion générale du
13 Mars 1728, avant laquelle on perce-
voit le centième denier en entier pour
tous les baux emphytéotiques, quelle
qu'en fût la durée.

Si le bail contient obligation de faire
des conſtructions ou améliorations, il faut
en joindre la valeur, ainſi que les deniers
d'entrée, au capital du prix annuel, pour
percevoir le droit de centième denier ſur
la totalité ; parce que cette obligation eſt,
comme on l'a obſervé ; le prix de la perception des fruits, & que les biens amé-
liorés doivent revenir au bailleur ou à ſes
héritiers.

Il faut ſeulement obſerver de former le
capital de la redevance annuelle ſur le pié
du denier dix, pour les baux au-deſſous
de 30 ans, & au denier 20 pour ceux de
30 ans & au-deſſus ; au moïen de quoi le
droit de centième denier ſera perçu en entier, tant pour les uns que pour les autres, ſur la maſſe totale de ce capital, &
des améliorations & deniers d'entrée.

A l'égard du droit de contrôle, il doit
être perçu ſur le pié du dixième de la
maſſe pour les baux au-deſſous de 30 ans,
& ſur le pié du vingtième de cette maſſe,
pour les baux de 30 ans & au-deſſus ; ou
bien (ce qui revient au même point) il
faut joindre au prix annuel le dixième des
améliorations & des deniers d'entrée, ſi
le bail eſt au-deſſous de 30 ans, & le

vingtième, s'il eſt de 30 ans & au-deſſus.

Par éxemple, ſi le bail eſt pour 20 ans,
à la charge de 100 liv. de redevance annuelle, de faire pour 5000 liv. d'améliorations, & de païer 1000 liv. de deniers
d'entrée, le droit de centième denier ſera
dû ſur le pié de 7000 liv. & celui de contrôle ſera de 16 liv. conformément au tarif, ſur le pié de 700 liv. qui forme la proportion du revenu.

Si le bail fait aux mêmes conditions,
eſt pour 30 années ou plus, le droit de
centième denier ſera dû ſur le pié de
8000 liv. ſçavoir, 6000 liv. pour les
améliorations & les deniers d'entrée, dont
l'objet eſt fixe, & 2000 liv. pour le capital au denier 20 de la redevance annuelle, & le droit de contrôle ſera de
10 liv. à raiſon de 400 liv. de revenu.

Mais, dira-t'on, il n'eſt pas juſte que
de deux baux emphytéotiques, faits entièrement aux mêmes conditions, celui
dont la durée eſt plus longue, païe un
droit de contrôle moins fort que l'autre.
L'objection paroit d'abord ſpécieuſe ; mais
il faut conſidérer que, la redevance annuelle n'aïant pour objet que la reconnaiſſance de la directe, ce ſont les améliorations & les deniers d'entrée qui font
le prix de la perception des fruits. Il eſt
ſenſible que l'héritage dont on n'accorde
que 20 années de jouïſſance pour 6000 l.
eſt d'une plus forte valeur que celui dont
la jouïſſance eſt accordée pendant 40 années pour la même ſomme ; d'ailleurs, la
règle établie eſt dans l'éxacte proportion
de ce qui a été réglé pour le droit de centième denier.

Arrêt du conſeil du 13 Mars 1721,
qui caſſe un jugement du lieutenant particulier de Chaumont en Baſſigny, & condamne la veuve Boutin au païement du
droit de centième denier d'un bail de
douze années, au triple dudit droit, pour
ne l'avoir pas acquitté en même-tems que
le contrôle, & le notaire en l'amende,

pour n'avoir pas fait mention qu'il étoit sujet à l'infinuation. La veuve Boutin opofoit que ce bail étoit compofé de trois années qui reftoient à expirer d'un précédent bail, dont elle avoit eu la ceffion fous-fignature privée, ce qui réduifoit le bail à 9 ans; mais l'acte étoit pur & fimple, & il n'y étoit fait aucune mention de ces faits.

Autre arrêt du 29 Septembre 1722, qui déboute ladite veuve Boutin de l'opofition par elle formée au précédent.

Décifion du confeil du 13 Mai 1725, contre Parent, père & fils, qui juge que le droit de centième denier eft dû pour un bail de 12 ans de la recette d'une terre & droits de ferme.

Décifion du 11 Mars 1726, qui condame Jean Aubry à païer le centième denier, pour le bail d'une ferme à lui paffé pour douze ans, par le chapitre de Meaux.

Autre dudit jour 11 Mars 1726, portant que les baux au-deffus de neuf ans, doivent le centième denier.

Autre du 8 Juin 1727, contre Pierre Chevillard, qui le condamne au païement du droit de centième denier, pour le bail indéfini d'une maifon, avec ftipulation, que fi le bailleur eft inquietté pour raifon de la propriété, l'acte demeurera nul.

Décifion du confeil du 8 Juin 1727, contre M. Bofchet, maître des requêtes, pour le centième denier d'un bail de dixhuit ans.

Autre du 10 Août 1727, pour des baux faits en 1719, pour 9 ou 18 ans, au choix du preneur, réfolus en 1726; auquel tems il a été fait bail à un autre aux mêmes conditions. Jugé que chacun des preneurs doit le centième denier.

Décifion générale du 13 Mars 1728, portant que les baux au-deffus de 9 ans jufqu'à 30, doivent un demi-droit de centième denier, & que ceux de 30 ans & au-deffus, doivent le droit entier. Cette décifion eft intervenue à l'occafion d'un bail des biens & revenus de l'hôpital de Langres, fait en 1715 au Sr Richemont.

Décifion du 17 Avril 1728, qui condamne Martin Bertrand à païer le demicentième denier d'une terre à lui affermée par un bail de 12 ans.

Autre du 17 Juillet 1728, contre les habitans d'Iffy, qui prétendoient que les baux à loïer au-deffus de 9 ans, n'étoient pas fujets au centième denier.

Autre du 24 Juillet 1728, contre Jean Racine, au fujet de la ceffion de 13 années reftantes d'un bail de 18 ans, pour raifon duquel le droit de centième denier avoit été païé. Décidé qu'il eft dû un nouveau droit pour la ceffion.

Autre décifion du 22 Janvier 1729, qui condamne le fieur Meilhan à païer le demi-centième denier d'un bail de quinze années.

Autre du 9 Avril 1729, contre Pierre-Jean Bernard, fermier d'une terre par deux baux de 12 ans. Jugé qu'il eft dû un demi-droit de centième denier pour chacun des baux.

Autre décifion du 15 Avril 1730, qui condamne le fieur Baril à païer le demicentième denier, à caufé d'un bail de neuf ans, continué pour neuf autres années par le même acte.

Autre du 4 Mai 1730, qui juge que le demi-centième denier eft dû pour un bail d'onze ans, fait à Robert Bedelle.

Décifion du confeil du 24 Juin 1730, contre Nicolas Valet, pour un bail de 50 années, moïennant une redevance annuelle, & à la charge de bâtir. Jugé que le droit de centième denier eft dû fur le capital de la rente & fur la valeur du bâtiment, fuivant le marché & les quitances des ouvriers; fi mieux n'aiment les parties, fuivant l'eftimation à l'amiable.

Autre du 23 Août 1732, qui juge que le demi-centième denier eft dû pour un bail de dix ans, fait par M. le préfident de Migieu en 1715, expiré en 1725.

Décifion du 8 Novembre 1734, qui condame le fieur Morelle à païer le demi-centième denier d'une terre à lui affermée par un bail de 12 ans.

Autre du 3 Septembre 1743, contre Louïs Forêt, preneur de maifons à Orléans, moïennant 60 liv. annuellement, & à condition de faire, dans les 21 ans, du jour du contrat, pour 3000 liv. de réparations. Jugé que le centième denier eft dû fur le tout.

Autre décifion du 31 Juillet 1745, qui condamne une communauté d'habitans à païer le centième denier des biens qui leur avoient été donnés par un ancien bail emphytéotique, expiré en 1712, & dont ils ont continué la jouïffance; faute par eux de juftifier de leur titre actuel.

Autre décifion du confeil du 3 Mai 1755, qui juge que le demi-droit de centième denier eft dû pour un bail de dix-fept ans, fait par le fieur abbé Palerne à fes religieux, des fruits & revenus de fon abbaïe de la Caze-Dieu, moïennant 3420 liv. par an, à la charge de laiffer jouïr les fermiers actuels jufqu'à l'expiration de leurs baux. On opofoit que les baux faits à ces fermiers devoient encore durer huit ans; qu'ainfi le bail fait aux religieux n'étoit que de neuf années. Mais l'abbé avoit affermé tous fes revenus aux religieux pour 17 ans; & ceux-ci s'étoient chargés de toute indemnité & cas fortuits pendant ce tems; ainfi l'abbé n'avoit plus d'action que contre les religieux.

§. 2. *Des ceffions & rétroceffions des baux emphytéotiques.*

Les ceffions & rétroceffions des baux emphytéotiques, & autres au-deffus de 9 années, font fujétes aux mêmes droits de contrôle, & de 100me d. pourvû que lors defdites ceffions & rétroceffions, il refte encore plus de 9 années à expirer du pre-

mier bail, l'art. 313 de la coûtume de Bretagne, admet même le retrait des baux au-deffus de 9 ans, pourvû qu'il refte fix années de jouïffance lors de l'éxercice du retrait.

Décifion du confeil du 10 Août 1727, qui juge qu'il n'eft pas dû de 100me den. par l'hôpital général de Roüen, pour fa rentrée en poffeffion de biens donnés à bail emphytéotique, attendu que cette rentrée n'a précédé que d'une année l'expiration du bail.

Autre du 24 Juillet 1728, qui juge que le demi-droit de 100me den. eft dû pour la ceffion de 13 années reftantes d'un bail de 18 ans.

Autre du 16 Octobre 1728, pour la réfolution d'un bail de 29 ans, faite huit mois après l'avoir paffé. Jugé qu'il eft dû les mêmes droits que pour le bail.

Autre du 28 Avril 1731, contre Jeanne Morin, pour la ceffion du refte de deux baux de 9 ans chaque, faite avant l'expiration du premier.

Autre du 24 Janvier 1736, qui juge qu'il n'eft pas dû de 100me den. pour la réfolution d'un bail de 27 ans, attendu que lors de la réfolution, il ne reftoit plus que 8 années de jouïffance.

Autre du 27 Juin 1752, contre Jean Labé, ceffionnaire de 12 années de jouïffance, reftant de deux baux faits au cédant en 1741, & 1750, pour 9 ans chaque, & par deux diférens receveurs d'une terre.

§. 3. *De la jouïffance au-deffus de 9 ans accordée par deux baux.*

Si, au lieu de faire un bail de 15 ou 18 ans, ou plus, l'on accorde cette jouïffance au preneur par diférens baux qui n'excédent pas neuf années chacun, le droit de 100me d. fera pareillement dû fans difficulté, pourvû que le dernier bail foit fait affez de tems avant l'expiration du premier, pour faire connaître l'intention des parties.

Si, dans la première ou dans la seconde année de jouïssance, en vertu d'un bail de 9
ans, on en fait un autre pour prolonger
cette jouïssance, le demi-droit de 100me d.
est dû; il est constant que la convention des
parties a été d'affermer pour plus de 9 ans,
& qu'elles n'ont diféré à en passer les actes
nécessaires, que pour se souftraire au paiement du droit de 100me denier.

Mais, si le second bail n'est fait qu'après
5 à 6 années de jouïssance, & qu'il soit pur
& simple, il n'est pas juste d'éxiger le
100me den. étant naturel que les parties
prennent leurs précautions pour continuer
de simples baux à ferme, ou à loïer. Cela
est même très-souvent nécessaire pour les
biens de la campagne.

Il faut néanmoins observer que, si le dernier bail opéroit, dès-à-préfent, quelque
changement dans les conventions du premier, soit à l'égard du prix, ou des autres
charges, soit quant aux biens dont le preneur doit jouïr, le premier bail doit être
regardé comme résolu dès cet inftant; & le
preneur tenant à ce moïen tout le refte de
sa jouïssance, en vertu du dernier, il doit
le demi-100me denier, si le tout excéde 9
années.

Par éxemple, Pierre afferme à Jacques
en 1750 un apartement, pour 9 ans; il lui
passe en 1755, un autre bail de 9 années,
qui finiront en 1768, à la charge d'augmenter le loïer dès-à-préfent, ou de faire
des embellissemens, soit parce que le bailleur lui accorde une piéce de plus, soit fans
autre motif que la prolongation de jouïssance. Dans ce cas, le bail de 1750 ne subfifte
plus; c'est celui de 1755, qui produit dès
l'inftant, tous les éfets, & qui les produira
jusqu'en 1768; c'est-à-dire, pendant 13
ans; ainfi, il est sujet au demi-droit de
100me denier.

Les baux anticipés font tellement confidérés comme des aliénations, que ceux qui
font passés par des tuteurs, des mineurs
émancipés, des bénéficiers & gens de main-

morte, font nuls, lorfqu'ils font faits, à l'é-
gard des maifons, plus de fix mois avant
l'expiration des précédens; & pour les biens
de campagne, plus d'un an & demi, ou
deux ans au plus, avant cette expiration.
Voïez le Rec. de *jurifpr.* de la Combe, verb.
Bail à loïer, sect. 5, le Dict. de droit.
Verb. *Bail par anticipation;* & la collection de jurifprud. art. *Bail à ferme.*

Décifion du conseil du 27 Mars 1728,
qui juge que la veuve le Brun doit le demi-
100me den. à caufe d'un bail de 9 ans à elle
fait le 30 Juillet 1717, prolongé le 6 Août
de la même année pour 9 ans.

Autre du 28 Avril 1731, qui juge que
le demi-100me den. est dû, à caufe de deux
baux de 9 ans, faits les 1er & 4 Avril
1726, par M. de Pomponne à Jeanne Morin, veuve Ovil, ainfi que pour la ceffion
qu'elle a faite du refte de fa jouïssance, au
nommé fournier, le 29 Novembre 1729.

Décifion du 9 Juin 1731, qui juge qu'il
est dû un demi-droit de 100me den. à caufe
d'un bail de 9 ans fait en 1731, qui, trois
jours après, a été prolongé pour 7 ans; &
trois autres jours enfuite, pour huit ans;
ce qui faifoit une jouïssance de 24 ans,
accordée par trois actes passés dans fix
jours.

Décifion du conseil du 17 Septembre
1740, contre le fieur Chafal, au fujet d'un
bail que les parties ont promis, le même
jour, par acte fous-fignature privée, de continuer pour 9 ans; il y a eu enfuite procès,
& tranfaction, par laquelle la promesse a été
annullée. La décifion juge que le 100me d.
doit être païé, parce qu'il étoit dû dès l'inftant de la promesse qui affuroit une jouïffance de 18 ans.

Autre du 6 Mai 1741, qui confirme une
ordonnance de M. l'intendant d'Amiens,
portant condamnation au paiement du demi-
droit de 100me den. & un droit en fus pour
deux baux fous-fignature privée, l'un pour
9 ans, & l'autre pour 7 ans, faits les 13 &
14 Septembre 1726.

Décision du 1er Juillet 1741, au sujet de deux baux de 9 ans chaque, des 27 Janvier & 29 Février 1722. Cette décision porte que toute jouïssance qui excède 9 ans, est sujéte au 100me den. ; qu'ainsi, y aïant eu deux baux en 1722, qui ont assuré la jouïssance au preneur pendant 18 ans, le demi-droit de 100me den. est dû.

Décision du 4 Juin 1743, au sujet de deux baux faits chacun pour 6 ans, les 2 & 16 Juillet 1737, au sieur Marchais, lequel a fait en conséquence un sous-bail à Flavigny le Roi, pour 9 ans trois mois restans. Décidé que le droit est dû par le sieur Marchais.

Autre dudit jour 4 Juin 1743, contre Rahaut, sellier à Paris, pour deux baux de 9 ans chacun, faits aux mois de Mars 1737, & d'Octobre 1738.

Décision du conseil du 17 Juillet 1745, qui juge que le demi-droit de 100me denier est dû pour deux baux de 9 ans chaque, faits d'une maison au sieur Caulet d'Auteville, aux mois de Février & Mai 1740.

Autre du 3 Septembre 1746, qui juge la même chose contre le sieur Fromageau, pour deux baux qui lui avoient été faits pour 9 ans chacun, d'un emplacement, les 4 & 24 Juillet 1738, avec stipulation que si le bailleur vouloit vendre ou faire bâtir, les baux feroient résolus, en avertissant préalablement le preneur ; le bailleur avoit vendu, & la jouïssance n'avoit duré que 7 ans.

Par autre décision du 10 Décembre 1746, le sieur Fromageau a été débouté de son oposition à la précédente.

Décision du 19 Avril 1749, contre le sieur Renard, orfévre à Paris, preneur par deux baux de 9 ans des mois de Juillet 1738, & Août 1740, dans le dernier desquels il y a un magasin de plus que dans le premier, & 80 l. d'augmentation de loïer, mais pour commencer seulement à l'expiration du premier. Décidé que le demi-droit de 100me den. est dû.

Autre décision du 19 Avril 1749, qui juge la même chose contre le sieur Laux, auquel, par un acte de 1734, un locataire avoit fait cession des huit années restantes de son bail ; & par le même acte, le propriétaire, en agréant cette cession, lui avoit fait un nouveau bail de 9 ans par continuation du précédent, en sorte que par cet acte, il avoit 17 années de jouïssance.

Décision du 27 Décembre 1749, contre Jean Bobet, qui juge pareillement qu'il est dû un demi-droit de 100me den. pour deux baux de 9 ans chacun ; l'un du 27 Mai 1743, pour commencer en Mars 1745 ; & l'autre du 12 Juillet 1749, commençant en Mars 1754.

Autre du 27 Juin 1752, contre Jean Labbé cessionnaire de 12 années de jouïssance, restantes de deux baux. Par ces baux qui avoient été faits en 1741, & en 1750, pour neuf années chacun, le nommé Balch avoit pris à ferme de deux diférens receveurs d'une terre principale, une ferme qui en dépend ; sa jouïssance commencée en 1745, devoit finir en 1763. Il est mort en 1751, & le tuteur de ses enfans a cédé à Jean Labbé les 12 années restantes. Décidé que le demi-droit de 100me den. est dû pour cette cession.

Décision du 26 Août 1752, sur mémoire de M. l'évêque de Metz ; il avoit pris à loïer le 23 Avril 1727, une maison à Paris, des jacobins, à condition de faire des écuries ; le 14 Mai suivant, il fut convenu qu'au lieu d'écuries, il feroit un bâtiment, dont il jouïroit 12 ans ; & le 24 Juin 1729, en considération des dépenses qu'il avoit faites, il fut arrêté qu'il jouïroit encore 12 ans. Décidé que le demi-droit de 100me d. est dû.

Décision du 12 Mars 1755, qui, sans s'arrêter, à une ordonnance du lieutenant général de Crespy, en Valois, juge qu'il *n'est dû* aucun droit de 100me den. pour un bail de 9 ans, fait d'une terre en 1741, par les religieuses de Long-Pré, prolongé pour neuf autres années en 1747.

Décifion du 24 Avril 1755, contre Martin Regnard ; il a pris une maifon à loïer pour 9 ans en 1748, par bail fait devant notaires; & le lendemain, ce bail a été continué fous-fignature privée pour trois ans. Sur la demande du 100ᵐᵉ den. lorfqu'il a préfenté cet acte au bureau pour le faire contrôler, il a déclaré qu'il ne vouloit point s'en fervir. Décidé que le demi-droit de 100ᵐᵉ den. eft dû. Et cette décifion a été confirmée par une autre du 22 Octobre 1755.

Autre du 15 Mai 1755, qui réforme une ordonnance de M. l'intendant de Poitiers, & condamne le fieur Barré à païer le demi-droit de 100ᵐᵉ den. du bail à lui fait par le marquis d'Ars, d'une terre pour 13 ans, en 1732. Il eft dit dans l'acte qu'au moïen d'une fomme par lui prêtée, il jouïra fix années, à compter de 1733, tems de l'expiration d'un autre bail ; & par le même acte, il lui eft fait nouveau bail de 7 ans, pour finir en 1746. Et cet acte a été réfolu en 1741.

Décifion du 27 Novembre 1755, fur queftion renvoïée par le lieutenant général de Crefpy ; les religieux de Bourg-Fontaille ont fait au mois d'Avril 1744, un bail de neuf ans d'une terre au nommé Gibert & à fa femme, pour commencer à la faint Martin 1746 ; & au mois de Décembre 1751, ils ont fait un autre bail de neuf ans à la veuve dudit Gibert, pour commencer à l'expiration du précédent. Décidé qu'il *n'eft point dû* de demi-centième.

Autre du 8 Février 1756, qui condamne François Drouy au païement du demi-droit de centième denier, d'une terre qu'il a prife à bail de neuf ans, de madame de Chatelus le 16 Octobre 1746, pour commencer en 1750, lequel bail a été prolongé pour neuf autres années le 31 Octobre 1751, enforte que ce dernier bail a affuré à Drouy 17 années de jouïffance. Cette décifion a été confirmée par une autre du 20 Mai 1756, qui déboute madame de Chatelus de l'opofition qu'elle y avoit formée.

Décifion du 21 Février 1757, adreffée par M. Chauvelin, intendant des finances, à M. l'intendant de Lyon, portant que le demi-droit de centième denier eft dû fans difficulté, pour raifon du bail fait d'une maifon pendant fept ans, prolongé le lendemain pour fix années.

§. 4. *Baux au-deffus de neuf ans de la coupe d'un bois.*

Ces baux ne contiennent d'aliénation que d'une fuperficie, & quoiqu'ils foient faits pour plus de neuf années, le fermier n'exploite néanmoins qu'une feule fois le même canton : le nombre des années ne lui eft accordé que pour divifer la coupe entière. Ainfi, ces baux ne font fujéts au centième denier, que dans les païs, où les bois vendus pour être coupés, y font affujétis. Voïez ci-après *Bois* de haute-fûtaïe. Mais, dans les autres provinces, le droit n'eft pas dû.

Décifion du confeil du 26 Juin 1724, qui juge qu'il n'eft point dû de centième denier, pour un bail de la coupe d'un bois, fait pour douze ans, parce que le fermier n'exploitant qu'une feule fois le même canton, ce n'eft qu'une vente d'une coupe, partagée en douze ans.

Il s'enfuit que le droit de contrôle d'un pareil acte, ne doit pas être perçû fur le pié des articles 15 & 18 du tarif, à proportion de ce qui eft païable chaque année ; le droit eft dû, fur le pié de la totalité du prix de la vente, & fuivant l'article 3 du tarif.

Autre décifion du confeil du 16 Avril 1729, qui juge qu'il n'eft pas dû de centième denier, de la vente de coupe de bois taillis, à faire en quatorze années.

Il réfulte de ces décifions, que s'il y a des bois fur les biens affermés à longues années, & qu'ils foient en coupe ordinaire & réglée, il en faut faire la diftraction, fi le prix en eft ftipulé féparément, & ne

faire

faire païer le droit de centième denier, que des fonds. Ainſi décidé le 24 Novembre 1731, en faveur des fermiers d'une terre, pour vingt-quatre ans, par trois baux ; en obſervant néanmoins que cette diſtraction ne peut avoir lieu, lorſque les bois ſont eux-mêmes ſujets au centième denier.

BAUX *à domaine congéable*, ſont des actes uſités en Bretagne, dont le droit de *contrôle* eſt fixé, par l'article 18 du tarif de 1722.

Le domaine congéable eſt ainſi apellé, parce que le colon peut être congédié, ou expulſé après un tems. C'eſt une eſpèce de tenuë ſingulière, qui a lieu en Bretagne, dans les uſemens de Rohan, Cornouaille, Leon, Broüerec & Treguier.

L'origine en eſt expliquée, par l'article 3 de l'uſement de Treguier, en ces termes : » Lorſque le propriétaire d'une maiſon & » terres de la campagne, a beſoin d'argent, » qu'il veut aſſûrer les rentes d'une terre » éloignée, & n'avoir pas l'embarras des » réparations, il donne ſa terre, maiſon & » ſuperfices, à convenant ou domaine con- » géable, à la charge de païer une rente, » & de faire les corvées ordinaires, pour » en joüir, le preneur, à perpétuité, ſauf le » droit du ſeigneur propriétaire, de le » congédier toutesfois & quantes, en le » rembourſant de ſes droits convenanciers, » au dire de priſeurs ».

Le ſuplément de l'uſement de Broüerec, définit le convenant en domaine congéable, » une eſpèce de contrat emphitéotique, » par lequel les ſeigneurs ont excité les la- » boureurs, à entreprendre les défriche- » mens & cultures, en leur laiſſant la joüiſſan- » ce du fonds, à charge de certaine preſta- » tion annuelle, avec faculté d'y faire des » améliorations, dont ils ne pourront être » expulſés, qu'en leur rembourſant le prix » de ce qu'elles ſe trouveront valoir, lors » du congément ».

L'uſance générale, ſur la juriſdiction, *Tome I.*

dit que » le convenant ou domaine congéa- » ble tient quelque choſe de la cenſive ou » afféagement roturier, de ſorte que les » ſeigneurs qui ont juſtice, l'éxercent ſur » leurs hommes de fief » ; & l'article 10 de l'uſement de Treguier, porte que » les co- » lons doivent déclaration à chaque mu- » tation de ſeigneur, par tenans & abou- » tiſſans, d'autant que cette forme de tenuë » reſſemble de près au contrat de cens, » quant à la preſcription des rentes ». Cet- te diſpoſition eſt conforme à l'article 17 de l'uſement de Cornouaille, & à l'article 6 de celui de Rohan, qui aſſujétis même le co- lon à fournir aveu, & à comparoir de dix ans en dix ans, à la réformation des rôles de ſon ſeigneur.

Il n'y a point de tems fixé pour la durée de ces baux : ils peuvent être de dix-neuf ans, & même de plus, ſuivant l'article 4 de l'uſement de Cornouaille ; celui de Broüerec, article 2, prouve qu'ils peuvent être illimités. Mais quand ils ſeroient faits pour un certain tems, il ne s'enſuit pas qu'à l'expiration, ils ceſſent d'avoir leur éxécution, parce que le ſeigneur foncier a ſeul la liberté de retirer ſon fonds, & d'y réunir la ſuperficie, par la voie du congé- ment, qui doit être précédé d'une eſtima- tion par experts à ſes frais. Le colon ne peut contraindre le ſeigneur à le rembour- ſer, ſuivant l'article 19 de l'uſement de Cornouailles.

Par le bail à domaine congéable, le ſei- gneur foncier donne donc la joüiſſance de ſon fonds ; & il aliéne la propriété des édi- fices, ſous la ſimple faculté de les racheter, ſur le pié de l'eſtimation qui en ſera faite ; il ſe réſerve un droit annuel *in recognitio- nem dominii* ; ce bail eſt plus avantageux au colon que l'emphitéoſe, en ce qu'il ne perd pas les améliorations, comme l'emphi- téote. La condition du bail à domaine con- géable, eſt une eſpéce de clauſe, comme ſi l'on diſoit : *je vous accorde le fonds à précaire, & la ſuperficie en propriété.*

Voïez le commentaire de Poullain , titre
15 , article 271 , chapitre 2 , page 163.

C'eft fur ces principes que le bail à domaine congéable , a été affujéti au droit de
centième denier , par l'article 6 de la déclaration du 20 Mars 1708 , de même que
les ceffions de fonds avec fruits, baux emphitéotiques , ventes à faculté de réméré
ou de rachat , anticrèfes , contrats pignoratifs & engagemens , encore que les biens
ne fuffent fujets ni à lods & ventes , ni à
autres droits feigneuriaux.

Voïez l'arrêt du confeil du 16 Juin 1719,
qui ordonne que le droit de *centième de-*
nier d'un bail à domaine congéable , dans
lequel il n'y avoit aucun tems limité , fera
païé fur le pié du capital, au denier 20 de
la redevance.

Néanmoins , par arrêt du confeil du 2
Septembre 1732 , il a été ordonné qu'à
l'avenir , les droits de *centième denier* des
baux à domaine congéable , lorfqu'ils n'excéderont pas le terme de neuf années ,
feront feulement perçûs pour raifon des
édifices & fuperficies , dont la propriété
paffe d'un fermier ou colon à un autre ;
fans qu'à l'avenir , lefdits droits puiffent
être perçûs pour le fonds , dont le fermier
n'a que la jouïffance fans propriété ; ainfi ,
le droit de *centième denier* , n'eft dû pour
raifon du fonds , que lorfque le bail eft fait
pour plus de neuf ans , ou lorfqu'il ne contient point de tems limité.

Mais le *centième denier* eft dû pour la
fuperficie , quelle que foit la durée du bail,
parce qu'il en transfére la propriété au colon , qui en peut difpofer à fa volonté ,
fuivant l'art. 2 de l'ufement de Treguier ,
& l'art. 2 de celui de Cornouaille.

Cette fuperficie eft un immeuble réel ,
que les colons peuvent vendre , en païant
les ventes au feigneur , art. 28 de l'ufement de Rohan ; ils peuvent en faire le
partage entr'eux fans le confentement du
feigneur. Cette fuperficie eft fufceptible
du doüaire des femmes , d'hypotéque , &

même de retrait lignager ; les colons en
doivent fournir aveu & déclaration ; ils
font fujets à la jurifdiction & au moulin du
feigneur foncier.

D'où il réfulte que les édifices font fujets au *centième denier* , à toutes mutations , foit de colon à colon , foit par l'a-
liénation qu'en fait le feigneur foncier , tant
par un premier démembrement , que par
un fecond , après avoir réuni le tout par
un congément , ou par deshérence.

Il n'y a point , en éfet , de diftinction à
faire de la première conceffion d'un bien
à titre de domaine congéable , ou d'une
feconde. Le feigneur foncier qui a réuni
le tout dans fa main par deshérence , ou
par congément , peut affermer fa terre par
un fimple bail à ferme ordinaire , ou en
faire de nouveau un bail à domaine congéable ; dans le dernier cas , il aliéne la
propriété des édifices ; le nouveau colon
acquiert un immeuble , dont il doit par conféquent le centième denier.

Mais fi le feigneur foncier ne fait que
continuer , par un renouvellement de bail ,
la jouïffance du colon détenteur , il n'eft
point dû de centième denier , pourvu que
le nouveau bail n'excéde pas neuf années ,
parce qu'il n'y a pas de mutation à l'égard
de la fuperficie dont le colon étoit déja
propriétaire au lieu que fi le bail excédoit
neuf années , ou qu'il ne fût pas limité , il y
auroit aliénation du fonds , & le centième
denier en feroit par conféquent dû.

Si le feigneur foncier céde à un tiers
le droit de congédier le colon , & que le
congément foit éxercé en conféquence ,
le centième denier eft inconteftablement
dû ; parce qu'à ce moïen , il y a mutation
de colon , de même que fi le détenteur
avoit vendu à un autre : c'eft la même
hypotèfe que le retrait féodal éxercé par
le ceffionnaire du droit du feigneur.

Enfin , fi le feigneur foncier éxerce lui-
même le congément , il n'eft pas d'ufage de
percevoir le droit de centième denier de la

superficie qu'il réunit au fonds ; parce que les usemens de Brouerec & de Treguier, disposent que cette superficie doit être considérée comme meuble à l'égard du seigneur seulement ; & en conséquence, il a été jugé, par une ordonnance de M. de Viarme, intendant de Bretagne, du 14 Juin 1737, que le droit de centième denier n'est pas dû pour les remboursemens que les seigneurs fonciers font aux colons, du prix des édifices des tenuës à domaine congéable.

Mais le seigneur faisant ensuite bail à domaine congéable à un autre, le droit de centième denier est dû de la superficie, comme on l'a observé ; parce qu'il transfére un immeuble, dans la possession duquel il y a mutation par ce moïen, de même que s'il avoit été vendu par un colon à un autre.

De toutes ces observations, il résulte, 1°. que dans le domaine congéable, on doit distinguer le fonds de la superficie.

2°. Que le fonds est sujet aux mêmes droits que tous les autres immeubles, & qu'encore bien que le seigneur en conserve toujours la propriété directe, par la faculté qu'il a d'y rentrer, le centième denier en est néanmoins dû, lorsque le bail qui en accorde la jouïssance précaire au colon, est illimité, ou qu'il excéde neuf années.

3°. Que la superficie est un immeuble réel, dont le colon acquiert la propriété, encore bien que son bail soit au-dessous de neuf ans, & dont il peut disposer ainsi que de tout autre immeuble ; que le centième denier est par conséquent dû de cette superficie à toutes mutations, à l'exception seulement de son retour dans la main du seigneur foncier.

BAUX *d'héritages à rente foncière*, sont des actes translatifs de propriété d'un fonds, moïennant une rente annuelle en argent ou en grains ; cette rente est foncière de sa nature, & même non racheta-table, à moins qu'il ne soit autrement stipulé. Les rentes sur les maisons des villes du roïaume, ont été déclarées rachetables par les ordonnances ; ainsi l'on distingue 1°. les baux à rente foncière non rachetable ; 2°. les baux à rente foncière amortissable par la convention ; 3°. les baux à rente rachetable par la loi. Il faut établir ces distinctions, & les droits seigneuriaux auxquels ces actes peuvent être sujets, avant que de passer aux droits de contrôle & de centième denier qui en sont dûs.

§. 1. *Des baux à rente foncière non rachetable.*

Si la faculté de rachat n'est point stipulée, la rente est non rachetable à toujours ; & le contrat ne donne point ouverture aux *lods & ventes*, parce que la rétention d'une rente foncière, emporte rétention de propriété directe. Cette rente foncière représente le fonds, ce qui suffit pour les droits du seigneur ; mais par raport à la propriété naturelle, il y a aliénation parfaite ; le fonds passe en plein au preneur, & le bailleur n'y a plus qu'un droit incorporel.

Voïez Livoniere, liv. 3, ch. 3, qui dit que, suivant le droit commun du roïaume, il n'est point dû de *lods & ventes* pour ces actes : il cite les coûtumes d'Anjou & du Maine, & les commentateurs sur l'art. 87 de celle de Paris.

Si le bail à rente non rachetable est fait à la charge de faire des augmentations & améliorations, il n'est pas non plus sujet aux *lods & ventes*. *Voïez* le même auteur, qui cite Dumoulin & Dupineau sur les art. 78 & 127 des coûtumes de Paris & d'Anjou, & l'arrêt du parlement de Paris, du 18 Janvier 1737, ci-après, §. 3.

Mais si le preneur donne ou promet une somme d'argent au bailleur, outre la

Baux à rente.

rente ſtipulée , les *lods & ventes* ſont dûs , à raiſon de ce prix en argent ſeulement.

Le bail à rente foncière ne donnant point ouverture aux *lods & ventes* , ſur le fondement que la rente non rachetable eſt repréſentative du fonds à l'égard du ſeigneur , il s'enſuit que , ſi cette rente eſt venduë ou rachetée , les lods & ventes en ſont dûs. *Voïez* l'art. 87 de la coûtume de Paris , & ci-après verb. *Rentes*.

En Bretagne , les baux à rente excédans 10 f. de rente , ſont ſujets aux *lods & ventes* ſur le pié de l'eſtimation de la valeur des biens ; mais les baux à rentes , ſtipulées païables en grains , & faits ſans fraude , n'y ſont pas ſujets , art. 60 de la coûtume ; d'où il réſulte que dans cette province , les contrats contenant vente & bail à rente en argent , ſont ſujets aux lods & ventes pour la totalité.

En Normandie , les baux à rente foncière non rachetable , ne ſont point ouverture aux droits ſeigneuriaux ; & il avoit même été réglé , par l'art. 27 du règlement du 6 Avril 1666 , que les droits n'auroient pas lieu pour le rachat de la rente fait après l'an & jour du bail à rente ; enſorte qu'il étoit fort aiſé de frauder les *lods & ventes* ; mais par déclaration du Roi du 14 Janvier 1698 , il a été ordonné que les droits ſeigneuriaux , établis pour les ventes par ladite coûtume de Normandie , ſeront païés en ladite province pour les baux à rente , lorſque le rachat ſera fait avant 30 années , du jour & date des contrats. *Voïez* encore les déclarations des 10 Janvier & 26 Mai 1725 , pour l'éxécution de celle de 1698.

§. 2. *Des baux à rente foncière , ſtipulée rachetable.*

Les baux à rente rachetable ſont ſujets aux *lods & ventes* , qui ſont dûs & éxigibles dès l'inſtant de la paſſation du contrat , ſans attendre le rachat ; parce que dans ce cas , l'acte eſt conſidéré comme une vente , dont l'acquéreur a la faculté de convertir le prix en argent , & de ſe libérer. *Voïez* les art. 23 & 78 de la coûtume de Paris ; & Livon. traité des fiefs , liv. 3 , ch. 3 ; ſans diſtinction ſi le preneur eſt obligé de racheter la rente , ou s'il en a ſimplement la faculté.

S'il eſt dit que la faculté de rachat de la rente n'aura lieu qu'après un certain tems , comme de ſix ou de dix ans , elle eſt néanmoins réputée rachetable de ſa nature ; le rachat n'en eſt différé qu'en faveur du bailleur , & la condition du preneur n'en doit pas devenir meilleure , ni celle du ſeigneur pire ; ainſi le païement des lods & ventes ne peut être ſuſpendu. *Voïez* Ferriere ſur l'art. 23 de la coûtume de Paris , gl. 2 , n. 8 ; ſon traité des fiefs , ch. 2 , ſect. 3 , art. 1 , n. 14 ; & Livon. traité des fiefs , liv. 3 , ch. 3.

§. 3. *Des baux à rente foncière , rachetable par la loi.*

Les rentes ſur les places , & maiſons ſituées dans des villes murées , ont été déclarées rachetables à toujours par l'art. 23 de l'ordonnance de 1441 , pour la ville de Paris ; & par les ordonnances de 1539 & 1553 , pour les autres villes du roïaume.

L'arrêt du parlement de Roüen , du 1er Mai 1541 , portant enregiſtrement de l'ordonnance de 1539 , excepte du rachat perpétuel , les rentes dûes au Roi , à cauſe de ſon domaine ſur les maiſons des villes de Normandie ; les rentes ſeigneuriales ; les rentes conſtituées pour fieffe de fonds ; les rentes anciennes , apellées rentes foncières , qui ſont de ſecondes rentes , ou tierces , après & ſous la rente ſeigneuriale ou féodale ; & les rentes d'aumône dûment amorties.

L'art. 121 de la coûtume de Paris , porte que les rentes de bail d'héritages ſur les maiſons de Paris , ſont à toujours rachetables , fi elles ne font les premières après le cens & fonds de terre. Cette exception eft puifée dans les anciennes ordonnances , & principalement dans celle de 1441.

Il s'agit de favoir fi les baux à rente des places & maifons fituées dans des villes , font fujets aux *lods & ventes* , fur le fondement que la rente eft rachetable en vertu de la loi , indépendamment de la convention , lorfqu'elle n'eft pas la première après le cens.

La même règle doit avoir lieu , foit que la rente foit rachetable par la convention ou par la loi , parce que dans l'un & l'autre cas , le débiteur peut former un prix.

La coûtume de Paris n'excepte du rachat que la première rente après le cens : & cette exception regarde la rente dûë au feigneur ou à un autre particulier ; enforte que faifant un bail à rente foncière non rachetable d'une maifon de ville , qui n'eft chargée que du cens , il ne fera point dû de droits feigneuriaux : mais fi la maifon eft chargée , outre le cens , d'un furcens , ou autre rente dûë au feigneur ou à autre , les droits feront dûs pour le bail à rente ; parce qu'alors la rente qui en fait le prix n'étant pas la première après le cens , eft rachetable à toujours en vertu des ordonnances.

Toute rente qui n'eft pas première après le cens , eft amortiffable ; & l'on entend par premières après le cens , toutes celles qui font créées , foit par forme de furcens au profit du feigneur direct ou cenfier , foit au profit d'un particulier par bail à rente , il fuffit qu'elle foit première après le cens pour être inamortiffable ; mais s'il y a déja eû une première rente après le cens , & qui ait été amortie , la nouvelle fera rachetable , de même que fi cette première fûbfiftoit. *Voïez* Guyot , traité des fiefs , tom. 3 ; le nouveau commentateur de la coûtume d'Orléans , art.

270 , & celui fur la Rochelle , art. 3.

Néanmoins , Poquet de Livoniere , dans fon traité des fiefs , liv. 3 , ch. 3 , à l'égard des droits feigneuriaux du bail à rente , diftingue les rentes rachetables de convention , de celles qui le font par la loi ; il dit que dans la coûtume du Mans , il faut fuivre la convention ; que les rentes font confidérées , à l'égard du feigneur , comme foncières & perpétuelles , lorfqu'elles font ainfi ftipulées , nonobftant la difpofition des ordonnances , qui ne concerne que le preneur ; & en conféquence , la vente & le rachat de ces rentes font ouverture aux droits feigneuriaux , fuivant l'art. 405 de cette coûtume. C'eft même ce qui a été jugé dans ladite coûtume du Mans , par arrêt rendu en grand'chambre le 29 Août 1747.

Mais , à l'égard des autres villes , la règle eft certaine. *Voïez* un arrêt du 23 Juillet 1639 , cité par Dupleffis , p. 330 , qui a jugé qu'une rente dûë fur une maifon en la ville de Poiffy , étoit rachetable , nonobftant la convention.

Arrêt du confeil de 1690 , qui juge la même chofe pour la ville de S. Martin de Ré , cité par le nouveau commentateur fur la coûtume de la Rochelle , art. 3 , n. 32.

Autre arrêt du 21 Août 1718 , rendu en la première des enquêtes du parlement de Paris , qui reçoit le preneur à rembourfer au denier vingt , une rente foncière , créée par un bail à rente à lui fait en 1707 par la dame Matiffart , d'une maifon à Poitiers , qui étoit chargée de trois autres petites rentes.

Arrêt du parlement de Paris , du 18 Janvier 1737 , qui infirme une fentence de la chambre du domaine , & décharge la veuve Raifin des *lods & ventes* à elle demandés pour une maifon à Paris , acquife par bail à rente de 1711 , moïennant 1500 liv. de rente foncière non rachetable , & à la charge par les preneurs de faire des conftructions de leurs deniers.

La chambre du domaine avoit mal jugé , parce que la stipulation d'améliorer ne changeoit pas la disposition du bail à rente , n'y aïant pas de deniers païés au bailleur ni à son acquit ; la rente étoit la première après le cens., & par conséquent exceptée du rachat légal par l'art. 121 de la coûtume de Paris. *Voïez* le traité des fiefs de Guyot, tom. 3 , ch. 4 , §. 6.

Autre arrêt du parlement de Paris , du 22 Juin 1745 , qui juge que les *lods & ventes* sont dûs , pour le bail à rente d'une maison dans la ville de Sens , fait moïennant une rente foncière stipulée non rachetable, attendu qu'elle étoit précédemment chargée de deux autres petites rentes , & que par conséquent celle imposée par le bail à rente, n'étoit pas la première après le cens. Cet arrêt est rendu en faveur du chapitre de Sens , contre Pierre le Court.

§. 4. *Des droits de contrôle , & de centième denier des baux à rente.*

L'article 14 du tarif du 29 Septembre 1722 , porte que les droits de *contrôle* des baux d'héritages à cens , ou à rente foncière rachetable ou non rachetable , feront païés sur le pié de l'article 3 dudit tarif, à raison du capital au denier vingt de la redevance , à quoi feront jointes les sommes données pour droits d'entrée , pots-de-vin , & autres choses , faisant augmentation du prix , s'il y en a.

Ces actes étant translatifs de propriété , ont été assujétis au droit de centième denier , par l'édit du mois d'Octobre 1705 , & par l'article 6 de la déclaration du 20 Mars 1708 , qui comprennent dans leurs dispositions , les baux à rente foncière , rachetable ou non rachetable ; *voïez* encore les arrêts du conseil des 23 Février 1706 , 5 Mai 1716, & 16 Mai 1719 , portant que les baux à rente foncière , feront insinués , & les droits de centième den. païés.

Sur la question de sçavoir , si le centième denier est dû , pour la rentrée en possession des biens baillés à rente , faute de païement de la rente ; *voïez* ci-après *Résolution* de bail à rente.

Les baux à rente des biens des religionnaires fugitifs , passés par le régisseur , ne font pas sujets au centième denier , parce qu'ils ne transfèrent aucune propriété. *Voïez Religionnaires.*

BAUX *des fermes du Roi*, & sous-baux par les fermiers des domaines ; *voïez* ci-après *Fermes du Roi.*

BAYONNE , ville de France , avec titre de vicomté , capitale du païs de Labour, unie à la couronne , pour être du domaine de France , par Charles VII. au mois de Septembre 1451.

Par arrêt du conseil du 1er Mars 1735 , faisant droit sur un renvoi porté par ordonnance de M. de Pommereu , intendant en Navarre , Bearn , & généralité d'Auch , la dame de la Mothe , veuve de Me Bertrand de Puilh , avocat , a été condamnée au païement du droit de *franc-fiefs* , d'un domaine apartenant à ses enfans. Elle se fondoit sur ce que son mari & elle avoient toujours résidé à Bayonne ; & elle prétendoit que les habitans de cette ville étoient éxemts du droit, attendu que par arrêt du 20 Avril 1694 , ces habitans furent déchargés de tous droits de franc-fiefs , & maintenus dans leurs priviléges au moïen d'une somme de 5000 liv. & les 2 sols pour livre ; mais ce n'étoit qu'un abonnement.

Les maire , échevins , & jurats de Bayonne , ont ensuite pris fait & cause des bourgeois & habitans de ladite ville , inquiétés pour droits de *franc-fiefs* ; ils ont dit que les habitans jouïssoient de l'éxemtion de ce droit, lorsque la ville étoit sous la domination des anglais ; que cette ville étant ensuite passée sous la domination de la France , Charles VII. confirma les bourgeois dans tous leurs priviléges , & nommément dans l'éxemtion des droits de *franc-fiefs* ; que ces priviléges ont été confirmés de régne en régne, même par lettres patentes du Roi régnant, du mois de Mai 1717; qu'ils ont pour motif l'avantage de la France, d'autant qu'au moïen des raports que cette ville se trouve avoir avec l'Espagne, elle est la seule propre à former & entretenir avec cette puissance, un commerce infiniment fructueux pour l'état.

Le fermier a oposé la révocation des priviléges de toutes les villes, pour le droit de franc-fiefs; que les habitans de Bayonne n'avoient été déchargés de ce droit en 1694, qu'au moïen d'un abonnement; & que les lettres patentes de 1717, ne font aucune mention du droit de franc-fiefs; enfin, que ce droit est fondé sur les loix de l'état les plus positives. Il y a eu diférentes réponses & répliques de part & d'autre.

Par arrêt du conseil du 11 Novembre 1749, sans s'arrêter à l'oposition desdits maire & échevins de Bayonne, à l'arrêt du conseil du 1er Mars 1735, ni à leurs demandes dont ils ont été déboutés, S. M. a ordonné que ledit arrêt sera éxécuté; & en conséquence, que les habitans roturiers de ladite ville de Bayonne, seront tenus de païer les droits de *franc-fiefs* des fiefs & biens nobles qu'ils possédent, aux diférens sous-fermiers, auxquels ils se trouveront dûs pour le tems de leurs possessions, ou nouveaux affranchissemens; à quoi faire, ils seront contraints par les voïes ordinaires & accoûtumées.

BEARN, province de France, qui a titre de principauté au pié des Monts-Pyrennées, réunie à la France, sous Louis XIII. La ville de Pau en est la capitale; c'est un païs d'états.

Le *Bearn* a été démembré de l'ancien duché de Gascogne; l'empereur Louis le Débonnaire en investit vers 819, l'un des fils du duc de Gascogne, avec le titre de vicomte. *Voïez* liv. 4, ch. 3, de l'histoire de Bearn.

La vicomté de *Bearn* passa en 1286, dans la maison de Foix, par le mariage de Marguerite de Bearn, fille & héritière de Gaston de Bearn, avec Roger Bernard, comte de Foix, *Id.* l. 7, p. 650; & M. Dupuy; p. 430. La même Marguerite de Bearn hérita du comté de *Bigorre*, du chef de sa mère, fille de Petronille, comtesse de Bigorre; mais, malgré le droit de Marguerite de Bearn, il y eut plusieurs prétendans à la succession de ce comté; ensorte qu'il fut séquestré entre les mains du Roi de France, par arrêt du parlement de la Toussaints 1292. Les comtes de Foix, vicomtes de Bearn, ne cessèrent de réclamer auprès des Rois de France, le comté de *Bigorre*; il ne fut rendu qu'en 1423, par Charles VII, à Jean, comte de Foix & de Bigorre, & vicomte de Bearn, sous la condition que s'il décédoit sans enfans, ledit comté & le château de Lourde retourneroient au domaine roïal. Il fit la foi & hommage au Roi dudit comté de Bigorre en 1485; ainsi la vicomté de *Bearn* & le comté de *Bigorre*, furent réunis en sa personne, & furent ensuite possédés par un seul & même prince de sa postérité; mais sans confusion de ces deux souverainetés, qui ont eu leurs états particuliers.

Gaston IV. fils de Jean, fut comte de Foix & de Bigorre, & vicomte de Bearn, après son père; il rendit hommage au Roi de France, des comtés de Foix, & de Bigorre, le 2 Avril 1442. Il épousa Eléonore de Navarre, fille du second lit de Jean II, Roi d'Arragon, & de Blanche, Reine de Navarre; Eléonore hérita du roïaume de Navarre, après la mort de sa mère.

Catherine de Foix leur petite-fille, succéda en 1482, après la mort de François-Phæbus son frère, à tous ses états; elle fut, après lui, Reine de Navarre, comtesse de Foix & de Bigorre, & vicomtesse de Bearn. *Voïez* Galland, hist. de Bearn, où il dit qu'elle fut reconnuë par les états des comtés de Foix & de Bigorre, & du païs de Bearn, pour leur dame naturelle; elle mourut en 1517, après avoir épousé en 1484, Jean, Sire d'Albret.

Henry d'Albret leur fils, Roi de Navarre, prince de Bearn, comte de Foix & de Bigorre, mourut en 1555, laissant pour héritière Jeanne d'Albret, Reine de Navarre, princesse de Bearn, & comtesse de Foix & de Bigorre, qui avoit épousé Antoine de Bourbon, duc de Vendôme, père de Henry IV, Roi de France & de Navarre, qui vint à la couronne en 1589, & qui y réunit son domaine ancien & particulier, par édit du mois d'Octobre 1607. La couronne & païs de Navarre, le païs & souveraineté de Bearn, Andorre & Donnezan, furent unis & incorporés à la couronne de France, par édit de Louis XIII, donné à Pau, au mois d'Octobre 1620, confirmé par autre édit du mois de Juin 1624.

Cette digression a paru nécessaire pour parler plus positivement de deux droits domaniaux établis anciennement; l'un en Bigorre, sous le titre de *gabelle*; & l'autre en Bearn, sous le titre de *foraine*.

Le droit de *gabelle*, fut établi au mois de Novembre 1502, par Jean d'Albret, pour avoir lieu sur les marchandises qui passeroient par le comté de Bigorre, dont il étoit souverain, comme aïant épousé Catherine de Foix.

Ce droit est purement domanial, & a toujours fait partie de la ferme des domaines; il a été perçu de tems immémorial sur le pié de 1 liv. 8 f. 8 den. non compris les 4 f. pour livre, par quintal de marchandises; laquelle somme fait le quart de celle qui fut fixée par le tarif de 1664, pour les droits de la ferme générale sur les cadis, serges, sempiternes, & autres petites étoffes & draperies sortant du roïaume. Le droit des fermes générales a d'abord souffert une diminution de moitié, par arrêt du conseil du 14 Novembre 1716; ensuite, il a été réduit à 10 sols, par autre arrêt du 23 Octobre 1728; & enfin, il a été suprimé par arrêt du conseil d 13 Octobre 1743,

qui, en éxemtant ces marchandises de tous droits, *excepte nommément de cette supreffion, les droits compris dans les sousbaux des aides & des domaines;* exception conforme à celle faite pour les diférens autres droits des fermes des aides & des domaines, toutes les fois qu'il a été question de réduire, ou de suprimer les droits dûs à la ferme générale sur les bestiaux, marchandises & denrées, notamment par les lettres patentes de 1717, & par les arrêts du conseil des 11 Janvier 1719, 26 Avril 1720, & 30 Juin 1733.

Ainsi le droit de *gabelle*, qui dépend de la ferme des domaines, n'a souffert aucune altération, réduction, ni supreffion; & il doit continuer d'être perçû, tel qu'il l'étoit avant 1716; avec les 4 sols pour livre en sus, tant qu'ils auront lieu.

Le droit de *foraine* est également domanial, & a toujours fait partie de la ferme des domaines; il a été établi par Henry d'Albret, en qualité de vicomte de Bearn, par lettres patentes du 28 Juillet 1552, sur les marchandises & denrées, qui entrent ou qui sortent du Bearn: il fut fixé par un tarif du 22 Novembre 1553, à raison de la valeur que les marchandises avoient alors; ces marchandises y sont évaluées, & le droit en est fixé, à raison de deux pour cent. La Reine Jeanne le modéra, par ordonnance du 19 Janvier 1563. Mais sur les représentations de la chambre des comptes de Navarre, Louis XIII. ordonna par lettres patentes du 11 Février 1630, que ce droit seroit perçû, en conformité du tarif du 22 Novembre 1553.

Par arrêt du conseil du 24 Avril 1688, il fut ordonné que lesdits droits de foraine, feront païés & levés, sur le pié du tarif inféré dans les lettres patentes, en forme d'édit de Henry, Roi de Navarre, du 22 Novembre 1553, & qu'il en sera dressé une pancarte, pour être affichée.

Par l'article 2 de cet arrêt, le Roi déclara

clara éxemts defdits droits de foraine, tous les beftiaux, marchandifes & denrées, qui paffent par les bureaux de foraine, pour entrer dans la province de Bearn, à l'éfet d'y être venduës & confommées, foit qu'elles foient aportées ou introduites par des habitans de la province, ou par des étrangers ; & pour obvier aux fraudes qui pourroient fe commettre à cet égard, il fut ordonné par l'article 5, que toutes marchandifes qui feront aportées, pour être venduës dans le Bearn, feront déclarées au premier bureau de foraine, fans qu'elles puiffent être dépliées, déballées ni marquées, les voituriers en étant crus fur leur fimple déclaration ; & qu'à cet effet, il leur fera délivré *billette* ou paffavant par les commis des bureaux, auxquels il fera païé deux liards pour tous frais, à peine contre les voituriers & autres, au cas de contravention, de 10 livres d'amende pour la première fois, 20 livres pour la feconde, & 50 livres avec la confifcation des marchandifes, pour la troifième.

Ce droit, comme domanial de fa nature, n'a fouffert aucune altération ni changement de ce qui a été ordonné pour les autres droits des fermes. Les lettres patentes de 1717, en éxemtant les marchandifes y dénommées des droits d'entrée & de fortie, tant des provinces des cinq groffes fermes, que de celles réputées étrangères, comme auffi de tous droits locaux, en paffant d'une province à une autre, & généralement de tous droits, exceptent formellement par l'article 3, les *droits unis & dépendans des fermes des aides & des domaines.* La même exception a été faite par les arrêts du confeil, des 11 Janvier 1719, & 26 Avril 1720, & par celui du 30 Juin 1733, qui, en rapellant les lettres patentes de 1717, & l'arrêt de 1719, ajoûte que S. M. n'a jamais entendu accorder la décharge des droits dépendans de la fous-ferme des domaines, lefquels par leur nature, leur deftination &

leur modicité, doivent être perpétuellement perçûs. *Voïez* encore l'arrêt du 13 Octobre 1743, qui confirme cette exception.

Les droits de *gabelle* & de *foraine*, font entièrement diftincts, & doivent par conféquent être perçûs l'un & l'autre, fur les mêmes marchandifes, lorfqu'elles paffent par le Bigorre & par le Bearn ; ces deux provinces ont formé deux fouverainetés, qui, dans les tems mêmes qu'elles ont été fous le même fouverain, ont été poffédées fans nulle confufion : le droit de gabelle a été établi en 1502, pour être perçu dans le Bigorre feulement ; & celui de foraine n'a été établi qu'en 1552, pour être perçû dans la feule province du Bearn : il falloit une loi particulière pour chaque fouveraineté ; & fi Henry d'Albret n'avoit eû pour objet en 1552, que d'étendre au Bearn, le droit de gabelle, déja établi en Bigorre, il n'auroit pas créé un autre droit, fous une dénomination diférente ; ce font deux droits très-diftincts, & indépendans l'un de l'autre : ils font attachés à chaque territoire ; & ils diférent en outre dans la dénomination, dans le tems de leur origine, & dans leur quotité ; enforte qu'il eft inconteftable qu'ils doivent être perçûs l'un & l'autre, pour les marchandifes qui paffent par les deux provinces, fans refter dans l'une ou dans l'autre, pour y être confommées.

Par arrêt du confeil du 15 Juillet 1749, les findics des états du Bearn, ont été déboutés de leurs demandes, en éxemtion de droits *d'amortiffement & de nouvel-acquêt;* & il a été ordonné que les jurats & communautés laïques, qui poffédent des ufages à quelque titre, & fous quelque dénomination que ce puiffe être, feront tenus, à peine de 300 livres d'amende, de fournir des déclarations éxactes des biens fonds qu'ils ont acquis, depuis le 1er Septembre 1715, & de ceux dont ils ont l'ufufruit, quelqu'ancienne qu'en foit la poffeffion, &

Bearn. ſur leſquels ſont aſſis leſdits uſages , & de leurs revenus & fruits , pour être leſdits droits de nouvel-acquêt liquidés.

Les droits de *nouvel-acquêt* des uſages , dont jouïſſent les communautés de la province de Bearn , ont été abonnés , par arrêt du 29 Mai 1753 , à 1000 livres par an , à compter depuis 1715 , & à l'avenir. *Voïez Nouvel-acquêt.*

Les jurats de la province de Bearn , ſont des magiſtrats du païs ; ils reçoivent des actes qu'ils ſont tenus , à peine de nullité , de raporter aux notaires , ſans pouvoir prétendre aucuns droits. Sur ce fondement , ils ont prétendu que leurs actes n'étoient ſujets au *contrôle* , qu'à la diligence des notaires ; mais , par arrêt du conſeil du 29 Avril 1721 , il a été ordonné que les actes reçus par leſdits jurats , ſeront *contrôlés* dans la quinzaine de leur date , à la diligence deſdits jurats , ſous les peines portées par les règlemens ; & que les dépôts de ces actes chez les notaires , ne ſeront pas ſujets au contrôle , lorſqu'ils ne contiendront aucunes diſpoſitions différentes de celles des actes. Cet arrêt contient en outre un règlement , pour le *contrôle* des protêts , ſommations & autres actes reçus par leſdits jurats; baux des biens , & octrois des villes & communautés de la province ; ainſi que ſur l'inſinuation faite par les jurats , qui eſt un enregiſtrement judiciaire de certains actes , & qui n'empêche nullement l'éfet de l'inſinuation laïque , qui a lieu dans le Bearn , comme dans les autres provinces.

Les jugemens d'inſinuation deſdits jurats , doivent être *ſcellés* ſur les expéditions avant que de les délivrer ; & le droit de ſcel en doit être perçu ſur le pié de la ſeconde claſſe du tarif de 1708. *Voïez* les art. 4 & 8 dudit arrêt du 29 Avril 1721.

Arrêt du 27 Septembre 1723 , pour le contrôle des adjudications des uſages du païs de Bearn , raporté ci-devant , verb. *Adjudications* , pag. 94.

Voïez l'arrêt du conſeil du 24 Février 1726 , qui accorde un délai pour faire contrôler les actes concernant les affaires municipales de la Baſſe-Navarre , nominations de jurats , & adjudications des biens patrimoniaux , en païant les droits & une amende.

Par arrêt du conſeil du 18 Octobre 1672 , rendu entre les députés des états de Bearn & le fermier du *contrôle des exploits* , il a été ordonné que les habitans de Bearn ſe conformeront aux règlemens , & qu'ils feront contrôler le premier exploit fait à leur requête , en toutes ſortes d'inſtances , de quelque nature & qualité qu'elles puiſſent être ; & que tous les exploits ſujets au contrôle , ſeront contrôlés & les droits païés , encore que la partie s'en déſiſtât.

Par autre arrêt du conſeil du 28 Juin 1746 , l'inſtance pendante au parlement de Navarre , au ſujet de la directe du lieu d'*Arrudy* en Bearn , entre le ſindic de la communauté dudit lieu , les ſieurs Barthe , Claverie & autres , a été évoquée au conſeil ; & en conſéquence , il a été ordonné que les *lods & ventes* pour les acquiſitions faites ou à faire dans l'étenduë dudit territoire , ſeront païés par proviſion au receveur général , & que les nouveaux poſſeſſeurs feront enſaiſiner leurs titres.

Dans le Bearn , l'on nomme *ventes amoureuſes* , les ventes volontaires faites de gré à gré ; & *ventes rigoureuſes* , celles qui ſont forcées , telles que les ventes par décret.

Par lettres patentes de Henry d'Albret , Roi de Navarre , du 5 Février 1534 , pour remédier aux uſurpations qui avoient été faites ſur ſon domaine de Bearn pendant les guerres précédentes , il nomma des commiſſaires pour procéder à la réformation du domaine ; & il enjoignit expreſſément à ces commiſſaires d'aſſujétir à l'avenir toutes les villes , bourgs & villages de cette province , à païer les lods de toutes les ventes amoureuses & rigoureuses , s'ils ne raportoient des titres d'éxemtion en bonne & dûë forme.

Après l'union du Bearn à la couronne de France , il fut fait des remontrances au Roi par les oficiers de la chambre des comptes de Pau , éxerçant alors la jurif- diction du domaine , contenant que les principaux bourgs & villages s'étoient in- fenfiblement éxemtés du droit de lods & ventes , fans avoir pourtant aucun titre de décharge ou éxemtion particulière de S. M. ni de fes prédéceffeurs ; & ils de- mandèrent que S. M. ordonnât que ledit droit fût dorénavant établi & éxigé en toutes les villes , bourgs & villages du- dit païs , qui font du fief de S. M. fans exception aucune. Le Roi répondit à cet article , (comme fur le précédent , qui re- gardoit le païs de Bigorre , Armagnac , Nebouzan , Magnoac & Marfan ,) que *tou- tes les terres feront cenfées relever de S. M. & païeront lods & ventes , & au- tres droits feigneriaux , quand le cas y échéra , s'il n'y a titre d'éxemtion au con- traire.*

Cette réponfe fut envoïée avec des let- tres patentes du 11 Février 1630 , enre- giftrées le 4 Avril fuivant , pour l'obfer- vation inviolable de ce qui avoit été dé- cidé fur chaque article.

En 1672 , il fut nommé des commiffai- res réformateurs du domaine de Bearn ; cette commiffion , qui ne fut révoquée que par arrêt du confeil du 14 Décembre 1686 , a reçu plufieurs déclarations des commu- nautés , contraires aux droits du Roi.

La communauté de Gan , qui , fur le fondement d'une poffeffion depuis 1448 , avoit fait juger par lefdits commiffaires , le 3 Mai 1675 , qu'elle étoit exemte du droit de *capfos* , c'eft-à-dire , du droit de lods des ventes amoureufes , fut condamnée en 1684 , à païer ce droit pour toutes fortes de ventes faites depuis 29 années ;

elle fe réunit à plufieurs autres commu- nautés ; elle fit même agir le corps des états de la province ; & après une ample inftruction à l'intendance & au confeil , il intervint un arrêt du confeil le 29 Juin 1686 , qui ordonna que les habitans de ladite communauté de Gan , & ceux des autres communautés de la province de Bearn , païeroient les lods de toutes ven- tes volontaires ou forcées , faites depuis 29 années , s'il n'y avoit titre d'éxemtion.

Cet arrêt règloit non-feulement ce qui concernoit les habitans de Gan , mais en- core ce qui devoit s'obferver à cet égard dans le furplus de la province de Bearn , attendu que les députés des états du païs étoient intervenus dans la caufe & avoient été entendus. Ainfi cet arrêt a confirmé la maxime , fuivant laquelle il faut , en Bearn , être fondé en titres pour jouïr de l'éxemtion des lods pour les ventes volontaires.

Néanmoins , fur la demande faite au nommé Pierre Campagne , habitant de la communauté de Ponfon-Deffus , de droits de lods pour une vente volontaire , lui & fa communauté s'y font opofés ; ils ont al- légué la poffeffion où eft cette commu- nauté de jouïr de l'éxemtion defdits droits ; que les commiffaires de la réformation avoient admis en 1677 & 1681 , fes dé- clarations avec la claufe d'éxemtion ; & que le parlement de Pau avoit admis une femblable déclaration par arrêt du 4 Fé- vrier 1732.

Le receveur général des domaines a opofé les lettres patentes de 1534 & 1630 , & l'arrêt du confeil du 29 Juin 1686 , dont on vient de parler. Il a for- mé opofition à l'arrêt du 4 Février 1732 , & a demandé que , faute de juftifier d'un titre d'éxemtion , lefdits habitans fuffent condamnés , en conformité de l'arrêt de 1686 , au païement des lods de toutes ventes volontaires ou forcées. Mais par autre arrêt du parlement de Pau , du 18 Septembre 1752 , il a été déclaré non recevable , & fubfidiairement mal fondé dans fon opofition ; en conféquence , lefdits habitans de la communauté de Ponfon-Deffus, ont été maintenus dans l'éxemtion des lods des ventes amoureufes & volontaires.

L'affaire aïant été portée au confeil , elle a été communiquée à M. Freteau , infpecteur général du domaine de la couronne, qui , après avoir analyfé dans fon dire les difpofitions de la coûtume ou for de Bearn , & les règlemens énoncés cideffus , a dit que la coûtume fupofe que les lods & ventes font dûs de droit commun dans cette province ; qu'il n'y a aucune difpofition qui établiffe une diftinction entre les ventes forcées & les ventes volontaires , & qui déclare celles-ci non fujétes aux droits des mutations par préférence & exclufivement aux autres ; d'où il paroît réfulter que , par tout où le feigneur eft fondé à percevoir des lods & ventes fur les biens fitués dans fa mouvance & directe , foit nobles ou roturiers , il doit joüir de la faculté d'en éxiger pour les ventes volontaires , comme pour les ventes forcées , à moins qu'il ne paroiffe d'un titre fpécial , qui ait déchargé les habitans de ces droits pour les ventes volontaires ; car dans un point où la coûtume générale ne diftingue pas , il ne peut y avoir de diftinction à faire qu'en vertu de titres particuliers ; d'où il réfulte que la fimple poffeffion , le fimple ufage de ne point païer , n'eft pas fuffifant pour autorifer une éxemtion , fur tout par raport aux biens fitués dans la directe immédiate de S. M. dont les droits font imprefcriptibles ; enfin , que la preuve alléguée n'eft que poffeffoire , qui laiffe fubfifter le défaut de titre conftitutif d'éxemtion.

Il a été ordonné , par arrêt du 13 Avril 1756 , que la requête du receveur général , & le dire de l'infpecteur général du domaine , feroient communiqués à Pierre Campagne & aux habitans de la communauté de Ponfon-Deffus pour y répondre.

Sur cette communication , les findics des habitans & communauté de Ponfon-Deffus , fénéchauffée de Morlas , ont fourni leur réponfe , tendante à la confirmation des jugemens & arrêts de 1677 , 1682 , 1732 , & 1752.

Et par arrêt du confeil , rendu contradictoirement le 23 Août 1757 , le Roi en fon confeil , fans s'arrêter aux jugemens des commiffaires réformateurs du domaine en Bearn , des 7 Septembre 1677 , & 13 Juin 1682 , ni aux arrêts du parlement de Pau , des 4 Février 1732 , & 18 Septembre 1752 , que S. M. a caffés & annullés , il eft ordonné que , conformément aux lettres patentes du 5 Février 1534 , aux arrêtés du Roi du 11 Février 1630 , & aux arrêts du confeil des 29 Juin & 14 Décembre 1686 , qui feront éxécutés fuivant leur forme & teneur , Pierre Campagne , & les autres habitans de la communauté de Ponfon-Deffus , feront tenus de païer au receveur général des domaines & bois de Bearn , *les lods & ventes* des héritages par eux acquis depuis 29 années , & de ceux qu'ils acquerront à l'avenir dans le territoire & paroiffe de Ponfon-Deffus , *foit par contrat volontaire , foit par décret forcé ou autrement* , à moins que les habitans ne raportent le titre conftitutif , fi aucun ils ont , en vertu duquel ils prétendent joüir de l'éxemtion des lods pour les ventes volontaires des biens ruraux feulement.

BEAUJOLOIS , anciennement nommé Beaujeu , païs de France , dont VilleFranche eft la capitale , dans la généralité de Lyon ; c'eft une ancienne baronnie , qui fut réunie à la couronne après la mort du connétable de Bourbon , par l'arrêt du parlement du 26 Juillet 1527 , qui y réunit tous les biens féodaux dudit connétable , tenus médiatement ou immédiatement de la couronne , & qui confifqua fes autres biens.

Par tranfaction de 1560, entre Charles IX. & Louis, duc de Bourbon, homologuée au parlement le 25 Juin 1561, il fut ftipulé que le duc jouïroit du Beaujolois en tous droits de juftice, excepté les amendes, & les confifcations procédantes de crime de lèze-majefté, & que la juftice feroit adminiftrée au nom du Roi par les oficiers pourvûs par S. M. à la nomination du duc. *Voïez* le traité des droits du Roi par M. Dupuy, pag. 433.

La baronnie de Beaujolois apartient patrimonialement à la maifon d'Orléans, comme lui étant venuë de la fucceffion de mademoifelle de Montpenfier ; & S. A. S. M. le duc d'Orléans jouït dans cette baronnie des droits d'infinuation & de centième denier. Voïez *Apanage*.

Le fieur de Brun, maître particulier des eaux & forêts du Beaujolois, & Claude Pefant, bourgeois de Ville - Franche en Beaujolois, ont prétendu l'éxemtion du droit de *franc-fiefs* en qualité d'*habitans du Beaujolois* ; & cette queftion aïant été renvoïée au confeil par M. l'intendant de Lyon, ils ont dit, que par lettres patentes de Louis XI, accordées au duc de Bourbon & d'Auvergne, baron du Beaujolois, au mois de Novembre 1465, il fut ordonné que dorénavant il ne feroit envoïé au païs du duc aucuns commiffaires pour les francs-fiefs & nouveaux acquêts ; que ce privilége a été confirmé par Charles VIII. au mois d'Août 1490 ; que par arrêt du confeil du 17 Novembre 1693, le Roi accepta l'offre des habitans de la généralité de Lyon, d'une fomme de 300000 liv. pour être maintenus dans leurs priviléges, & S. M. maintint les habitans du Beaujolois dans l'entière éxemtion du droit de franc-fiefs ; & que par décifion du confeil du 29 Décemb. 1723, confirmée par une autre de l'année 1724, ils ont encore été déclarés éxemts de ce droit ; en conféquence, ils ont conclu à la décharge des droits qui leur étoient demandés, avec défenfes de les inquiéter à ce fujet.

Le fermier a répondu que depuis très-long-tems, l'éxemtion & les motifs qui avoient déterminé Louis XI. & Charles VIII. à l'accorder, ne fubfiftent plus ; qu'elle avoit été accordée en faveur des ducs de Bourbon, & qu'elle s'eft trouvée révoquée de plein droit au décès du dernier fans hoirs mâles ; que les priviléges de l'éxemtion du droit de franc-fiefs, accordés à diférentes villes & provinces du roïaume, ont été révoqués, parce que les éxemtions perpétuelles emportoient aliénation d'un droit qui, de fa nature, eft inaliénable ; que l'éxemtion des habitans du Beaujolois fe trouve néceffairement comprife dans la révocation générale portée par les déclarations des 29 Décembre 1652, 20 Juin 1656, & 9 Mars 1700, & par les édits des mois d'Août 1692, & Mai 1708 ; que Bacquet, dans fon traité du droit de franc-fiefs, première partie, établit que lefdits habitans font fujets au droit, & qu'il raporte même un jugement rendu contr'eux, fans s'arrêter à l'intervention du duc de Montpenfier, baron du Beaujolois, le 20 Avril 1581, par les commiffaires nommés pour la recherche & le recouvrement des droits de franc-fiefs ; que l'arrêt du 17 Novembre 1693, qui a accepté l'offre des habitans de la ville de Lyon, & des provinces de Lyonnois, Forèz & Beaujolois, de la fomme de 300000 liv. & les 2 f. pour livre, pour être déchargés de la recherche du franc-aleu, & pour avoir la liberté de pofféder des fiefs fans païer aucun droit de franc-fiefs, porte, à la vérité, que la province de Beaujolois demeure confirmée dans l'éxemtion entière du droit de franc-fiefs ; mais que ce ne peut être qu'une fuite du païement que cette province avoit fait de 15245 liv. en conféquence de la déclaration du 20 Juin 1656, pour être confirmée à perpétuité dans l'éxemtion du droit de franc-fiefs , puifque les habitans de la province du Forèz , auxquels Louis XI. & Charles VIII. avoient accordé la même éxemtion qu'aux habitans du Beaujolois , n'auroient pas contribué au païement de la fomme portée par l'arrêt de 1693 ; que par un autre arrêt du 29 Janvier 1704 , le Roi a accepté les nouvelles offres des habitans de la ville de Lyon , & des provinces de Lyonnois , Forèz & Beaujolois , de la fomme de 54010 liv. 8 f. 4 d. & les 2 f. pour livre , pour demeurer déchargés du droit de franc-fiefs jufqu'au 1er Janvier 1702 , & que tous les habitans roturiers defdites provinces y ont contribué ; enfin que la décifion du 29 Décembre 1723 , a été rendue fur un mémoire non communiqué.

Par l'arrêt du confeil , rendu le 10 Octobre 1758 , fur cette conteftation , il eft ordonné que les fieurs de Brun & Pefant feront tenus de païer les droits de *francfiefs* qui leur font demandés , fauf à fe pourvoir en modération devant M. l'intendant de Lyon , s'ils prétendent que la taxe excéde une année du revenu des biens nobles qu'ils poffédent : & ils ont été condamnés au coût de l'arrêt , liquidé à 75 liv.

BÉNÉDICTION *d'abbés ou d'abbeffes.* Les procès verbaux de bénédiction d'abbés ou d'abbeffes , font des actes par lefquels l'évêque , en vertu de bulles du pape , confére la bénédiction abbatiale à un abbé régulier , ou à une abbeffe , après la preftation du ferment requis. Ces actes font compris dans la première fection de l'art. 1er du tarif du 29 Septembre 1722 , & dans l'art. 4 de l'arrêt du confeil du 30 Août 1740 , qui en fixent le droit de contrôle à 5 liv. Voïez *Actes eccléfiaftiques.* pag. 24.

BÉNÉFICE *d'âge* s'accorde par lettres d'émancipation , par lefquelles un mineur obtient l'adminiftration de fes biens , & eft réputé majeur en ce qui ne concerne pas l'aliénation de fes immeubles.

Il eft défendu d'admettre aucun particulier au bénéfice d'âge , fans lettres de la grande chancellerie , ou de celles établies près les parlemens. Art. 12 de l'édit du mois de Mars 1704 ; édit du mois de Janvier 1706.

Les lettres de bénéfice d'âge font affujéties à l'*infinuation* , & elles doivent être infinuées au bureau établi près le domicile des impétrans ; art. 6 & 16 de l'édit du mois de Décembre 1703 , & art. 7 de la déclaration du 19 Juillet 1704 , & décifion du 19 Septembre 1733.

Le droit d'infinuation eft fixé par l'art. 14 du tarif de 1722 , fuivant la qualité du père des impétrans ; & il eft dû autant de droits qu'il y a d'impétrans. *Voïez* la déclaration du Roi du 3 Avril 1708 ; l'art. 14 du tarif ; la décifion du 28 Février 1733 , contre le fieur Bechaut ; celle du 3 Août 1737 ; & celle du 26 Août 1741 , contre un frère & une fœur qui prétendoient ne devoir les droits que fur leur qualité perfonnelle , & non fur celle du père.

L'édit du mois d'Octobre 1705 , ordonne que les lettres de bénéfice d'âge , feront infinuées , & les droits païés avant que de pouvoir être enregiftrées , à peine de nullité des enregiftremens & enterrriemens , ainfi que des procédures faites pour y parvenir , & de 300 liv. d'amende.

Par arrêt du confeil du 25 Janvier 1707 , il eft fait défenfes aux juges de recevoir au bénéfice d'âge , & d'émanciper autres perfonnes que celles nommées & comprifes dans les lettres qui leur feront préfentées , à peine de nullité , & de 300 l. d'amende pour chaque contravention.

L'arrêt du confeil du 18 Août 1716 , prononce l'amende de 300 liv. contre deux particuliers , pour avoir demandé l'enterrinement de lettres de bénéfice d'âge , avant l'infinuation d'icelles ; & les condamne au païement des droits d'infinuation , tant des lettres que du jugement , portant émancipation du mineur , & nomination de curateur.

Arrêt du 13 Mai 1721, qui déclare nulles des lettres de bénéfice d'âge, non infinuées, ainfi que l'ordonnance du lieutenant général de Tours, portant enterrinement d'icelles ; condamne la partie, le procureur & le gréfier en 300 livres d'amende chacun, & la partie au païement du droit d'infinuation.

Celui du 5 Avril 1723, caffe une ordonnance du lieutenant général de Beaugency, en ce qu'elle n'a point prononcé d'amende ; & en conféquence, condamne Jean Metais, curateur nommé à Antoine Metais, en 300 liv. d'amende, pour n'avoir pas fait infinuer les lettres de bénéfice d'âge avant l'enterrinement.

Autre du 22 Juillet 1727, qui déclare nulles des lettres de bénéfice d'âge, obtenuës en 1708, non infinuées, enterrinées par fentence de la même année, confirmée au parlement de Bordeaux par arrêt de 1725, dont les motifs ont été envoïés au confeil par M. le procureur général ; caffe la fentence & l'arrêt du parlement, ainfi que tout ce qui s'eft enfuivi ; condamne les gréfiers & les procureurs en 300 livres d'amende chacun, & la partie en pareille amende, ainfi qu'au païement du droit. Fait itératives défenfes à toutes cours & juges, d'enterriner aucunes lettres fujétes à l'infinuation, qu'elles n'aïent été préalablement infinuées, fous les peines portées par les règlemens.

Autre arrêt du confeil du 7 Mai 1746, qui caffe deux fentences du juge de Tinchebray ; condamne les d^{lles} Hardouin & le fieur Pitot, gréfier, en 300 liv. d'amende chacun, & lefdites Hardouin au païement des droits d'infinuation des lettres de bénéfice d'âge par elles obtenuës, ainfi que de la fentence d'enterrinement, portant nomination de curateur. Défend audit juge & à tous autres, d'enterriner aucunes lettres fujétes à l'infinuation, qu'elles n'aïent été préalablement infinuées.

La fentence qui enterrine les lettres de bénéfice d'âge, & qui nomme des curateurs aux mineurs, eft également fujéte à l'infinuation, dont le droit eft réglé par l'article 15, du tarif du 29 Septembre 1722. *Voïez* les arrêts des 18 Août 1716, & 7 Mai 1746, raportés ci-deffus, & la décifion du 28 Février 1733, renduë contre le fieur Bechant, qui prétendoit que ces fentences n'étoient pas fujétes à l'infinuation, fous prétexte du droit païé pour les lettres.

Il n'eft dû pareillement pour la fentence, qu'un droit d'infinuation, par *chaque* impétrant, fans avoir égard au nombre des fucceffions qui font échuës ; parce que l'émancipation eft perfonnelle à l'émancipé, qu'elle rend capable de jouïr de tous fes biens échus & à écheoir. Voïez *curateur.*

BÉNÉFICE *d'inventaire,* eft un privilége qui empêche la confufion des droits actifs & paffifs d'une fucceffion, avec les droits particuliers de l'héritier ; en faifant par lui inventaire des biens du défunt, dans le tems fixé par la loi ; au moïen de quoi, il n'eft tenu des dettes que jufqu'à concurrence du contenu en l'inventaire.

Le bénéfice d'inventaire a été introduit par l'empereur Juftinien dans la loi *Scimus,* au code *de jur. deliberandi ;* c'eft pourquoi l'on croit que dans le païs de droit écrit, il n'eft pas néceffaire d'obtenir des lettres pour accepter une fucceffion par bénéfice d'inventaire ; & qu'il fuffit de faire loïal inventaire, & de déclarer qu'on prend la fucceffion par bénéfice d'inventaire.

Néanmoins, par édit du mois de Décembre 1697, il eft fait défenfes à tous juges, même à ceux des païs de droit écrit, d'admettre au bénéfice d'âge ou d'inventaire, fans qu'au préalable, les parties aïent obtenu des lettres de chancellerie, nonobftant toutes coûtumes, arrêts & ufages contraires, à peine de 500 liv. d'amende contre le juge qui aura rendu la fentence, & de nullité d'icelle. *Voïez* encore l'art. 12 de l'édit du mois de Mars 1704, l'édit du mois de Janvier 1706; & l'arrêt du conseil du 12 Septembre 1735, rendu contre les juges & le gréfier de Reims.

Quoi qu'il en foit, la queftion n'intéreffe que les chancelleries & les fecrétaires du Roi; les droits d'*infinuation* font dûs au fermier fur l'inventaire, ou fur le jugement qui permet de fe porter héritier fous bénéfice d'inventaire, lorfqu'il n'y a pas eu de lettres. Art. 2 de la déclaration du 19 Juillet 1704. Art. 9 de celle du 20 Mars 1708; & art. 14 du tarif du 29 Septembre 1722. Ainfi le fermier n'a aucun intérêt de difcuter, s'il faut obtenir des lettres de chancellerie dans le païs de droit écrit.

Suivant l'article 16 de l'édit du mois de Décembre 1703, les lettres de bénéfice d'inventaire, doivent être infinuées à la fituation des biens; & fuivant l'art. 7 de la déclaration du 19 Juillet 1704, c'eft au domicile des impétrans; il eft certain qu'elles ne font fujétes qu'à une infinuation, qui doit régulièrement être faite au bureau établi près la juftice où le bénéfice d'inventaire doit être fuivi.

L'art. 2 de la déclaration du 19 Juillet 1704, porte que, dans les païs où le bénéfice d'inventaire a lieu, fans obtenir de lettres, les héritiers feront tenus de faire infinuer l'acte d'acceptation ou jugement, qui leur permettra de fe dire & porter héritiers bénéficiaires, & qu'il fera païé le même droit que pour les lettres. Et l'art. 3 porte que les héritiers bénéficiaires ne pouront fe mettre en poffeffion, faire des baux, & difpofer des biens & revenus, avant l'infinuation, à peine de 300 liv. d'amende, & de la perte & aplication au profit du Roi de tous les fruits perçus.

L'édit du mois d'Octobre 1705, ordonne que les lettres de bénéfice d'inventaire, feront infinuées, & les droits païés avant l'enregiftrement, à peine de nullité d'icelui, & des procédures faites pour y parvenir; & de 300 liv. d'amende.

L'arrêt du confeil du 25 Janvier 1707,

condamne un tuteur, qui avoit obtenu des lettres en fon nom pour fes mineurs, fans les nommer, à païer autant de droits d'infinuation, qu'il y a de mineurs fous fa tutelle, qui doivent jouïr du bénéfice defdites lettres. Fait défenfes à tous juges, de recevoir au bénéfice d'inventaire, autres perfonnes, que celles nommées & comprifes dans les lettres qui leur feront préfentées, à peine de nullité des procédures, & de 300 liv. d'amende pour chaque contravention.

L'art. 9 de la déclaration du 20 Mars 1708, en interprétant l'art. 2 de la déclaration de 1704, ordonne que dans les païs où le bénéfice d'inventaire a lieu, fans qu'il foit befoin d'impétrer des lettres de chancellerie, les inventaires feront infinués par extrait, & le droit païé comme pour les lettres.

La déclaration du 3 Avril 1708, porte que tous impétrans de lettres de bénéfice d'inventaire, païeront *chacun* les droits d'infinuation defdites lettres.

L'arrêt du confeil du 30 Août 1712, ordonne que les notaires de Touloufe feront tenus, aux peines portées par les édits & déclarations, de faire infinuer tous les inventaires qu'ils recevront, à l'exception de ceux qui feront faits des biens & éfets des perfonnes vivantes, à la requête de leurs créanciers, & de ceux faits à la requête des curateurs aux fucceffions vacantes feulement; & de païer les droits d'infinuation defdits inventaires dans le tems qu'ils les feront contrôler; au moïen de quoi, il ne fera perçu aucun droit d'infinuation pour les lettres de bénéfice d'inventaire, qui feront obtenuës en conféquence defdits inventaires; lefquelles lettres feront infinuées *gratis*, & fans droits, lorfque l'inventaire aura été infinué. Ordonne néanmoins que, dans le cas où les fucceffions fe trouveront avoir été acceptées purement & fimplement, ou que les héritiers y auront renoncé, le fermier ou fes commis, feront tenus de reftituer aux notaires les droits d'infinuations,

qu'ils

qu'ils auront païés pour l'inventaire ; à la charge auxdits notaires de justifier, par acte en bonne forme, de ladite renonciation, ou de l'acceptation pure & simple des successions, dans six mois du jour de la clôture des inventaires ; passé lequel délai de six mois, sans avoir justifié par le notaire de la renonciation, ou de l'acceptation pure & simple, les droits d'insinuation qui auront été païés, seront & demeureront définitivement acquis au fermier.

Par arrêt du 30 Septembre 1721, le conseil a déclaré nulle une procédure faite au châtelet de Paris, pour parvenir à l'enterrinement de lettres de bénéfice d'inventaire, obtenuës par le sieur Moreau, ainsi que la sentence qui en a prononcé l'enterrinement avant l'insinuation, & ce qui s'est ensuivi ; & la partie, le procureur, & le gréfier qui a expédié la sentence, ont été condamnés en 300 liv. d'amende chacun, & au païement des droits d'insinuation desdites lettres.

L'article 14 du tarif du 29 Septembre 1722, porte que, pour toutes lettres de bénéfice d'inventaire, ou pour l'inventaire dans les païs où le bénéfice d'inventaire a lieu, sans qu'il soit besoin d'obtenir des lettres, il sera païé pour *chaque* impétrant, le droit d'*insinuation* réglé par ledit article, suivant la qualité de la personne de la succession de laquelle il s'agit.

Il n'est pas douteux qu'il est dû autant de droits, qu'il y a d'impétrans : c'est la disposition formelle du tarif, conforme à cet égard, à l'arrêt du 25 Janvier 1707, & à la déclaration du 3 Avril 1708. C'est ce qui a encore été décidé le 24 Décembre 1736, contre Louis Degand, & autres impétrans de lettres, pour la succession de leur tante, qui demandoient à ne païer que trois droits : le conseil a jugé qu'il en est dû un pour chaque impétrant, en quelque nombre qu'ils soient.

Autre décision du 13 Février 1751, qui juge la même chose pour des lettres obte-

nuës par des enfans, à l'éfet d'accepter, sous bénéfice d'inventaire, la succession de leur mère.

La question est de savoir, s'il est également dû autant de droits qu'il y a de successions exprimées dans les lettres de bénéfice d'inventaire ; cela ne devroit pas faire de doute, parce que, non-seulement, les lettres sont personnelles aux impétrans qui les obtiennent ; mais encore, parce qu'elles ont précisément pour objet les successions qui y sont exprimées, dont l'une peut être acceptée purement & simplement, & l'autre sous bénéfice d'inventaire. Néanmoins sur la demande de Marie-Anne Bilhault, qui avoit obtenu des lettres pour se porter héritière, par bénéfice d'inventaire, de ses père & mère ; le conseil a décidé le 23 Novembre 1752, qu'il ne seroit perçu qu'un droit d'insinuation.

Le privilége du bénéfice d'inventaire, ne peut avoir lieu contre le Roi, si ce n'est en faveur de mineurs, suivant l'art. 16 de l'ordonnance de Roussillon, donnée par Charles IX, au mois de Janvier 1563. En conséquence, il a été jugé par arrêt de la cour des aides de Paris, du 16 Mars 1735, que la d^{lle} Renault ne pouvoit profiter des lettres de bénéfice d'inventaire, par elle obtenuës pour la succession de son frère, receveur des fermes au Pont de Joigny ; & que, si dans quinzaine, elle ne renonçoit à la succession, elle seroit contrainte au païement du débet du compte de son frère, comme héritière pure & simple.

L'héritier par bénéfice d'inventaire, est véritablement héritier incommutable, & ne difère en rien de l'héritier pur & simple, sinon qu'il n'est pas tenu au-delà des biens qui composent la succession, & qu'il ne fait point de confusion des droits & actions qu'il peut avoir contre la succession du défunt ; ces deux cas exceptés, il est considéré comme l'héritier pur & simple.

Ainsi, l'héritier bénéficiaire en ligne collatérale, est tenu de païer le *centième de-*

nier des immeubles de la succession dans le
délai fixé, & sous les peines prescrites à
l'égard des héritiers purs & simples. *Voïez*
l'art. 10 de la déclaration du 20 Mars
1708. La décision de M. Desmarets du 30
Octobre 1712. L'arrêt du 2 Octobre 1714,
contre M. l'évêque de Metz, héritier bénéficiaire de M. le duc de Coaslin son frère,
lequel oposoit qu'il ne restoit rien après les
dettes acquitées; qu'il étoit sur le point de
vendre les biens, & que le droit ne pouvoit être éxigé que des acquéreurs. *Voïez*
encore la décision du 5 Avril 1732, contre
le sieur Bailly de Maroles, qui disoit n'avoir
profité de rien, & que la succession bénéficiaire étoit absorbée; & celle du 27 Septembre 1736, qui condamne une veuve à
païer, comme usufruitière, le centième
denier des biens de la succession bénéficiaire de son mari, sauf son recours contre
l'abbé de Sugny, héritier par bénéfice d'inventaire.

En païs coûtumier, l'héritier simple exclut en ligne collatérale l'héritier par bénéfice d'inventaire, même en dégré plus éloigné, sauf à l'héritier bénéficiaire à se porter
héritier simple; mais il n'en est pas ainsi dans
le païs de droit écrit. Il faut au surplus que
celui, qui, comme héritier simple, veut exclure le bénéficiaire, se présente dans l'an
de l'obtention ou présentation des lettres.

Si l'héritier bénéficiaire se fait ajuger les
biens en païement de ses créances, ils ne
sont point acquêts en sa personne, ils con-
servent leur nature de propres; arrêt de
la troisième des enquêtes du 4 Septembre
1708. Ainsi, il n'en peut être dû de lods;
mais la jurisprudence est contraire en Bretagne, où il est de maxime que les lods
& ventes sont dûs par l'héritier bénéficiaire, quand il demeure adjudicataire des
héritages de la succession, ou quand il éxerce le retrait de préférence dans la quinzaine.
Voïez Poullain sur l'art. 52 de la coûtume,
§. 23, aux notes.

Si l'on saisit sur l'héritier bénéficiaire en

ligne collatérale, & qu'il soit adjudicataire,
il n'est pas dû de lods & ventes; arrêt de
la seconde des enquêtes du P. de Paris du
2 Août 1730, qui juge que les biens étoient
propres; que l'héritier adjudicataire n'avoit
pas été exproprié, & que le décret a confirmé & continué sa propriété. Guyot, traité
des fiefs, ch. 4, §. 2, n. 15, &c.

BIGORRE, comté en Gascogne, au
pié des Monts-Pyrennées, dont Tarbe est
la capitale. Il s'y perçoit un droit de Gabelle, qui est domanial; voïez *Bearn*, p. 304.

BILLETS *obligatoires*; on distingue les
billets purs & simples; les billets à ordre,
ou au porteur; & les billets de marchands
à marchands. Avant que d'établir ces distinctions, il faut observer que la déclaration du Roi du 26 Février 1692, explique
les cas dans lesquels les receveurs, trésoriers, fermiers & sous-fermiers des droits
du Roi, traitans généraux & particuliers,
intéressés, & gens chargés du recouvrement des deniers de S. M. & tous autres
comptables, peuvent être contraints par
corps (ainsi que les négocians) au païement de leurs billets, pour valeur reçuë.

La déclaration du Roi du 22 Septembre
1733, déclare nuls tous billets (autres,
néanmoins, que ceux des négocians, banquiers, marchands, manufacturiers, artisans, fermiers, laboureurs, vignerons,
manouvriers, & autres personnes de pareille qualité) si le corps du billet n'est écrit
de la main de celui qui l'a signé, ou si la
somme n'est reconnuë par aprobation de sa
main en toutes lettres; sauf néanmoins l'affirmation du débiteur, qu'il n'en a point reçu
la valeur, & celle de ses héritiers, qu'ils
n'ont aucune connaissance que le billet
soit dû.

§. I. *Des billets simples.*

Les billets simples, c'est-à-dire, ceux
qui ne sont ni à ordre, ni au porteur, ni
causés pour fourniture de marchandises,

doivent être contrôlés, avant que de s'en servir ; mais le droit de contrôle n'est dû, que sur la somme restante à païer, lorsqu'on les présente, déduction faite de ce qui a été païé, suivant les endossemens, pour lesquels il n'est rien dû. *Voïez* ci-devant *Actes sous-signature privée*, §. 12. p. 56.

Les billets portant promesse de fournir lettres de change, ou reconnaissance de lettres de change & d'autres éfets commerçables, sont sujets au contrôle. Voïez *Lettres de change*, & la décision du 31 Octobre 1758, ci-après.

Pour les billets qui contiennent mandement, sur le débiteur de celui qui a fait ces billets, il est dû deux droits de contrôle, si le mandement est accepté. Décisions des 23 Juillet & 19 Décembre 1743, & 20 Mars 1745. Voïez *Délégations*.

Décision du conseil du 17 Juillet 1742, qui juge que les billets d'un banquier, à un receveur général des fermes, purs & simples, mais que l'on dit avoir été faits pour être convertis en lettres de change, sont sujets au contrôle.

Autre décision du 29 Mai 1751, qui juge sujet au contrôle un billet de change, fait par un receveur des fermes.

Décision du 10 Août 1752, qui réforme une ordonnance de M. l'intendant de Bourges, & juge que le droit de contrôle est dû, pour des billets faits par la femme du sieur Hubert, marchand, à un directeur des aides, portant promesse de païer à sa volonté & ordre, pour valeur reçuë comptant, sans préjudice d'autre somme ; le tout aïant servi à une exploitation de bois, qu'elle a entreprise, & à païer ses autres créanciers. Le billet étant à ordre, *voïez* ce qui est dit ci-après, §. 2.

Décision du conseil du 31 Octobre 1758, contre les créanciers du sieur M. ci-devant receveur général des finances, qui ont fait assigner au consulat le sieur Duclos, ancien changeur & négociant, en conséquence de billets, portant promesse de remettre audit sieur M. plusieurs éfets & billets au porteur qu'il lui avoit confiés, ou la valeur en espèces. Décidé que les billets dudit sieur Duclos, ont dû être préalablement contrôlés.

§. 2. *Billets à ordre ou au porteur.*

L'article 97 du tarif du 29 Septembre 1722, excepte du contrôle les billets à ordre, ou au porteur, *entre gens d'affaires*, marchands & négocians.

Le mot *entre*, qui ne se trouve inféré dans aucun règlement précédent, & qui a été substitué dans le tarif, à celui de *des* que l'on trouve dans l'article 183 du tarif de 1708, dans l'arrêt du 7 Février 1719, & même dans celui du 29 Juillet 1732, a donné lieu à des difficultés sans nombre, en exigeant mal-à-propos que le billet à ordre fut fait par un homme d'affaires, ou par un marchand, au profit d'un autre du même état ; mais cela est sans principes. Le motif de l'éxemtion du contrôle des billets à ordre ou au porteur, a été de favoriser le commerce, d'où il résulte que les billets étant faits par les gens d'affaires, ou par ceux, qui en qualité de banquiers, marchands, négocians & artisans, font valoir le commerce, chacun suivant son état, ne peuvent être assujétis au contrôle, quels que soient l'état & la qualité de celui, au profit duquel le billet est fait ; d'autant plus que l'argent prêté à un homme d'affaires, ou à un négociant par un gentilhomme, un ecclésiastique, un bourgeois ou autre, ne facilite pas moins le commerce, & l'éxécution des traités de l'emprunteur, que si cet argent lui étoit prêté par un homme de son état. Il ne faut donc considérer que la qualité de celui qui a fait le billet à ordre.

L'on raportera néanmoins les jugemens rendus sur ces billets, avec quelques réfléxions, pour établir de plus en plus le principe.

Par arrêts des 29 Juillet, & 10 Octobre 1721, les peines portées par les règlemens, ont été prononcées, pour avoir obtenu fentence dans la jurifdiction confulaire d'Amiens, en vertu d'un billet à ordre d'un marchand cabaretier, à un ouvrier en laine, fans qu'il fut contrôlé. Ces arrêts ne doivent pas faire loi aujourd'hui, car il s'agiffoit de billets à ordre, pour argent prêté à un marchand braffeur cabaretier.

Arrêt du confeil du 7 Septembre 1722, qui prononce les peines encouruës, pour avoir obtenu fentence du prévôt des marchands de Paris, fur un billet à ordre d'un ébénifte à un voiturier par eau, pour une piéce de vin, fans que le billet fut contrôlé ; l'arrêt eft jufte, ne s'agiffant pas ici du commerce.

Arrêt du confeil du 29 Juillet 1732, portant qu'il ne fera perçû aucuns droits de contrôle, pour les *endoffemens* des billets à ordre, foit que lefdits billets foient faits par gens d'affaires, marchands, négocians, ou par tous autres particuliers.

Par décifion du confeil du 27 Mars 1736, les religieufes de notre-dame de Pont-le-Roy, & l'huiffier qui avoit exploité pour elles, ont été condamnés en l'amende, pour avoir agi en vertu d'un billet à ordre, fait auxdites religieufes, par un marchand de bois, pour marchandifes en bois ; mais l'huiffier s'étant pourvû en opofition, fur le fondement que le billet étoit à ordre, & fait par un marchand pour fon commerce, il a été déchargé de l'amende, par autre décifion du 8 Mai 1736; & cela eft jufte, parce que le billet ayant pour objet le commerce du marchand, étoit éxemt de contrôle, comme fait à ordre, quand bien même il n'auroit été caufé que pour argent prêté ; à plus forte raifon en devoit-il être éxemt, puifqu'il étoit caufé pour marchandifes de fon commerce ; à ce moïen, il n'étoit pas même néceffaire qu'il fut à ordre pour être difpenfé du contrôle.

Le 27 Avril 1748, il a été décidé qu'un billet à ordre, fait pour folde de compte entre marchands, étoit fujet au contrôle; fur le fondement qu'il n'étoit pas pour fourniture, & qu'il valoit quitance au débiteur; mais le débiteur ne peut fe donner quitance à lui-même, & le billet à ordre pour folde, ne mérite pas moins de faveur que les autres ; auffi, par une autre décifion du 23 Novembre 1752, renduë fur le mémoire du fieur Ardant, findic & marchand de la ville de Limoges, il a été déchargé des droits de contrôle prétendus pour des lettres, billets à ordre, & endoffemens, pour folde de compte; attendu que les termes de folde de compte, ne conftituent pas un compte, quand même ils le fupoferoient.

§. 3. *Billets de marchands à marchands.*

Les billets de marchands à marchands, caufés pour fourniture de marchandifes de leur commerce réciproque, font éxemtés du contrôle, par l'article 97 du tarif du 29 Septembre 1722.

Ces termes de *commerce réciproque* ont été inférés dans le tarif, en conformité de l'arrêt du 7 Février 1719, qui avoit pour fondement, l'article 4 du titre 12 de l'ordonnance du mois de Mars 1673, portant que » les juges-confuls connaîtront des » diférends, pour ventes faites par des » marchands, artifans & gens de métier, » afin de revendre ou de travailler de leur » profeffion ; comme à tailleurs d'habits, » pour étoffes, paremens & autres fourni-» tures ; boulangers & patiffiers, pour blé » & farine ; maçons, pour pierre, moëlons » & plâtre, & autres femblables ».

Le mot *réciproque* a quelquefois été pris dans un fens trop rigoureux, en éxigeant que le créancier & le débiteur fuffent marchands l'un & l'autre, faifant le même commerce, & que le billet fut caufé pour fourniture de marchandifes de ce commerce.

Mais le véritable motif de l'éxemtion a été de favorifer le commerce ; & en conféquence de ne pas faire païer le droit de contrôle des billets que les marchands & artifans font , lorfqu'ils font caufés pour marchandifes de leur commerce ou profeffion. Ainfi , il fuffit que la caufe du billet foit relative au commerce de celui qui l'a figné , indépendamment de l'état & de la qualité de celui au profit duquel il eft fait ; tel eft le billet d'un boulanger à un eccléfiaftique , à un gentilhomme ou à un bourgeois , pourvû qu'il foit caufé pour fourniture de blé ; celui d'un marchand de vin à un particulier pour du vin ; & autres cas femblables où il s'agit de billets faits pour raifon du commerce du débiteur.

Il n'eft donc queftion que de favoir fi celui qui a fait le billet eft marchand , & fi la caufe du billet eft pour fourniture de marchandifes de fon commerce , auquel cas il eft éxemt de contrôle ; mais , fi la caufe eft pour l'ufage particulier du débiteur , ou étrangére à fon commerce ; il ne s'eft alors obligé que comme particulier , & fon billet eft fujet au contrôle.

L'éxemtion n'a lieu que pour les billets des marchands , caufés pour fourniture de marchandifes de leur commerce ; & non pas pour les marchés , qui , quoique faits entre marchands , font fujets au contrôle avant que de s'en fervir , pour quelque caufe qu'ils puiffent être faits. Voïez *Marchés.*

A l'égard des extraits des livres des marchands. Voïez *Extraits.*

BOIS & *forêts du Roi* ; les bois ont toujours été regardés comme le plus précieux domaine de l'état , & comme une reffource affûrée dans des cas extraordinaires. Lorfque le Roi a été obligé d'aliéner quelque partie de fes forêts , ce n'a été que fous la faculté de rachat perpétuel, & avec défenfes d'abattre les bois de haute-fûtaïe & les balivaux qui font partie du fonds.

Les bois de haute-fûtaïe & taillis qui font dans l'étenduë des Domaines du Roi ne font point partie des baux des fermes ;

ils ont été réfervés par le bail de Fauconnet du 26 Juillet 1681 ; par l'art. 104 de celui de Charriere, du 18 Mars 1687,& par l'art. 511 de celui de Forceville,du 16 Septembre 1738 ,portant que les preneurs ne pourront prétendre aucune chofe en tous les bois de haute-fûtaïe , & bois taillis qui font dans l'étenduë des domaines dont S. M. jouït , même de ceux qui feront réunis fur les engagiftes , à la diligence defdits fermiers , pendant le cours de leurs baux.

L'édit du mois de Mars 1695 , en ordonnant l'aliénation des terres & feigneuries du domaine , excepte nommément les bois de haute-fûtaïe , & ceux mis en réferve.

Par arrêt du confeil du 12 Novembre 1719 , tous les bois aliénés ou engagés en éxécution des édits de 1601,1645,1652 , & autres , ont été réunis au domaine.

Les adjudicataires des bois du Roi font éxempts de péage & autres droits des fermes , *voïez* ci-après *Péages* ; & les adjudications ne font point fujétes au contrôle. Voïez *Adjudications.*

BOIS *des feigneurs & des particuliers.* Les adjudications qui en font faites , font fujétes au contrôle des actes. Voïez *Adjudications* , p. 88.

Les bois de haute-fûtaïe , & même les bois taillis font partie du fonds , & font immeubles tandis qu'ils font fur pié : *fuperficies folo cedit* ; l'ordonnance de 1669 , titre de la police & confervation des forêts, art. 2 , porte que tous arbres de réferve & balivaux fur taillis , font réputés faire partie du fonds , & que les ufufruitiers n'y peuvent rien prétendre.

1. Dans le droit commun , les bois font de haute-fûtaïe à 27 ans ; mais en Normandie, ils ne le font qu'à 40; dans quelques coûtumes, ces bois de fûtaïe font fujets à retrait & à *lods & ventes* , quoique le fonds ne foit pas vendu , mais feulement les bois , à la charge de les couper.

En Guyenne , les *lods & ventes* font

dûs de la vente des bois de haute-fûtaïe : arrêt du 20 Juin 1656. Ils font même dûs, lorfque le propriétaire coupe fa fûtaïe pour la vendre enfuite, ou partie d'icelle ; c'eft-à-dire que les lods & ventes font dûs de la partie qu'il vend, n'y aïant d'excepté que ce qu'il emploïe pour fon ufage. Arrêt du 16 Mai 1657. Traité des fiefs de Guyot, vol. 3, du Quint, ch. 6. Enfin, les lods & ventes font dûs en Guyenne, pour la vente des arbres de haute-fûtaïe, quoiqu'épars fur les haïes & foffés. Arrêt du 28 Juillet 1742, contre Pierre Donné.

En Normandie, le bois de haute-fûtaïe eft fujet à retrait, quoique vendu à la charge d'être coupé, art. 463 de la coûtume ; & il eft fujet au *treizième*, en cas de vente : arrêt du 5 Mars 1622, Bafn. art. 173, ce qui s'entend de tous les arbres au-deffus de 40 ans, encore qu'ils foient épars, ou en haïe fur les foffés : arrêt du 13 Mai 1667, Bafn. fur l'art. 173 ; à l'exception néanmoins des arbres fruitiers, Bafn. art. 463 ; mais le bois abatu par le propriétaire, qui le fait manœuvrer pour le vendre, n'eft pas fujet au treizième ; arrêt du 18 Juin 1676, Bafn. 463. Il n'en eft pas dû, non plus, pour la revente faite par le premier acheteur : arrêt du 5 Février 1661, Bafn. art. 173. Autre arrêt du 7 Juillet 1612, raporté par Merville, art. 463, qui juge que les parens lignagers du premier acheteur ne peuvent pas éxercer le retrait de la revente.

L'art. 53 de la coûtume de Bretagne, porte que, fi le propriétaire vend le fonds à l'un & les bois à l'autre, en fraude des droits du feigneur, les lods & ventes feront dûs de la totalité. Ainfi, dans cette province, la fimple vente du bois ne fait ouverture à aucuns droits feigneuriaux, mais quand le fonds eft auffi vendu dans un intervalle peu confidérable au même acquéreur, foit fous fon nom, foit fous un autre interpofé ; les deux contrats ne font confidérés que comme une feule vente.

Cette régle eft de droit commun : elle a lieu dans la coûtume de Paris, où la vente des bois de haute-fûtaïe n'eft éxemte de lods & ventes, que lorfque l'exploitation fe fait aux termes du contrat. Si le fonds eft vendu à la même perfonne, peu après, direêtement ou indireêtement, les lods & ventes font dûs de la totalité ; pourvu que le bois foit encore debout lors de l'aliénation du fonds. On fixe ordinairement ce délai à 5 années : *Voïez* M. le Camus, fur l'art. 76, n. 9 & 10, & les autres citations du nouveau commentateur de la coûtume de la Rochelle, fur l'art. 3.

2. L'on fuit les mêmes règles pour le droit de centième denier des bois de haute-fûtaïe : c'eft-à-dire, que ce droit eft dû toutes les fois que pour la vente des bois, il y a ouverture aux lods & ventes. Ainfi le centième denier eft dû en Guyenne, en Normandie & autres coûtumes femblables, pour la fimple vente des bois à la charge de les couper.

Il ne peut être dû de droit de centième denier, pour la revente des bois, faite par celui qui les avoit achetés, à la charge de les abatre, quoiqu'ils foient encore fur pié lors de cette revente ; parce que le bois n'eft immeuble que dans la main du propriétaire du fonds ; dès qu'il eft vendu, ce n'eft plus qu'une fuperficie, confidérée dès-lors comme féparée du fonds, & par conféquent mobiliaire.

A l'égard des autres provinces, dans lefquelles les bois de haute-fûtaïe ne font fujets ni au retrait, ni aux lods & ventes, on n'en peut éxiger le droit de centième denier, que lorfqu'ils paffent avec le fonds dans la main d'un nouveau propriétaire, par une feule mutation, éfeêtuée, foit par un même aête, foit par deux contrats féparés, pourvu que le fonds foit vendu avant l'exploitation des bois.

Décifion du confeil du 22 Juillet 1723, qui juge que lorfqu'une haute-fûtaïe eft venduë après être coupée, le centième denier n'eſt pas dû , parce qu'alors elle eſt meuble ; mais que , lorſqu'elle eſt vendue ſur pié , elle eſt immeuble, faiſant partie du fonds, & que le centième denier en eſt dû.

Déciſions des 18 Juillet 1724, 30 Septembre, & 8 Novembre 1725 , qui jugent que le centième denier eſt dû pour ventes de coupes de bois de haute-futaïe en *Guyenne*.

Arrêt du conſeil du 10 Août 1734, portant que le doit de 100ᵉ den. ſera païé ſur les bois de haute-fûtaïe, vendus pour être coupés dans la province de *Normandie* , ſans néanmoins aucun éfet rétroactif dans les généralités de Roüen & d'Alençon.

Déciſion du 19 Janvier 1736 , qui, ſans avoir égard à une ordonnance de M. l'intendant de *Tours* , décharge les adjudicataires d'un bois de haute - fûtaïe de M. le marquis de Mailly d'Haucourt, du droit de centième denier qui leur étoit demandé.

Autre du 13 Mars 1736 , qui décharge pareillement Louis Laurent , marchand à Geneſt , païs du *Maine* , du droit de centième denier de bois dont il étoit adjudicataire , à la charge de les enlever dans huit ans.

Autre du 9 Juin 1736 , en faveur de Jean - Auguſtin Gravier , adjudicataire de bois de haute-fûtaïe en *Auvergne*.

Déciſion du 19 Février 1737 , qui condamne Catherine Cabana à païer le centième denier de bois de haute-fûtaïe en *Guyenne* , vendus à ſon père.

Arrêt du conſeil du 26 Mars 1737 , par lequel , ſans avoir égard à une ordonnance de M. l'intendant d'Alençon , les ſieurs Poitevin & Bras ont été condamnés au païement du droit de centième denier de la vente à eux faite d'arbres en fûtaïe , ſoit qu'ils compoſent un corps de bois raſſemblé , ou qu'ils ſoient épars dans les haïes , ou plantés ſur diférens terreins , en quelque nombre qu'ils ſoient.

Déciſion du 7 Mars 1739 , ſur le mémoire de Mʳˢ les prince de Dombes & comte d'Eu , qui demandoient la décharge du centième denier des bois de haute-fûtaïe en *Normandie* , dont ils font faire annuellement la vente par leurs oficiers. Décidé que le droit de centième denier eſt toujours à la charge de l'acquéreur , par raport au Roi ; qu'ainſi l'on ne peut, ſous aucun prétexte , décharger de ce droit les acquéreurs des bois.

Déciſion du 26 Septembre 1739 , ſur la demande du droit de centième denier des bois de la terre de la Freſloniere , en la généralité de *Tours* , vendus au ſieur Gaudin , dix-neuf jours avant que la terre ait été vendue à M. Coupard. Le fermier a prétendu que Gaudin n'avoit fait que prêter ſon nom à M. Coupard, qui avoit ainſi diviſé les objets , pour diminuer les droits ſeigneuriaux & ceux de centième denier ; & que la preuve en réſultoit de ce que Gaudin n'avoit fait aucune exploitation des bois ; en conſéquence , il intervint deux déciſions les 18 Octobre & 6 Décembre 1738 , portant que le droit de centième denier ſeroit païé des bois ; mais Gaudin aïant fait conſtater , par un procès verbal , qu'il avoit exploité la plus grande partie des bois , & qu'il étoit encore dans le délai à lui accordé pour l'exploitation du ſurplus , il a obtenu la déciſion du 26 Septembre 1739 , qui le décharge du droit de centième denier , attendu que par ſon exploitation , il eſt juſtifié que la vente qui lui a été faite des bois eſt ſérieuſe.

On voit par le détail de cette affaire , que la juriſprudence du conſeil eſt conforme à ce qui a été obſervé ci-deſſus pour les lods & ventes ; & que le droit de centième denier eſt dû pour les bois vendus dans toutes coûtumes indiſtinctement , lorſque le fonds eſt auſſi vendu dans un bref intervalle à la même perſonne directement ou indirectement. *Voïez* encore à cet égard les déciſions des 20

Bois.

Décembre 1749, & 26 Avril 1758 ci-après.

Décifion du confeil du 18 Juillet 1742, qui condamne l'acquéreur des bois du marquis de la Chapelle, en *Guyenne*, à en païer le droit de centième denier.

Par l'art. 3 de l'arrêt du confeil du 19 Mars 1743, fervant de règlement pour les adjudications des bois du comté d'Eu en Normandie, il eft ordonné que les adjudications & ventes de bois de fûtaïe, feront infinuées, & les droits de centième denier païés en conformité de l'arrêt du 10 Août 1734.

Décifion du confeil du 20 Décembre 1749, qui confirme une ordonnance de M. l'intendant de Bourgogne, par laquelle le fieur Bizon, fourniffeur des bois de la marine, a été condamné au païement du droit de centième denier de bois qu'il avoit achetés dans la généralité de Dijon, avec ftipulation qu'ils étoient pour le fervice de la marine ; attendu qu'il avoit auffi acquis le fonds un mois après, & néanmoins depuis l'exploitation d'une partie des bois.

Arrêt du confeil du 12 Septembre 1752, qui confirme une ordonnance de M. l'intendant de Limoges, par laquelle le fieur Angerand a été condamné au païement du droit de centième denier de bois de haute-fûtaïe dans le Limoufin, fous le reffort du parlement de Bordeaux, qui lui avoient été vendus pour en faire l'exploitation.

Ordonnance de M. l'intendant de la Rochelle, du 18 Septembre 1754, portant 1°. que ceux qui, depuis vingt ans, ont coupé fur leurs fonds (fitués dans la partie de ladite généralité qui eft dans le reffort du parlement de Bordeaux) des bois de haute-fûtaïe, ou réputés tels, foit en bouquet fur haïes & foffés, foit autrement, feront tenus d'en faire leurs déclarations affirmatives, au foûtien defquelles ils repréfenteront les permiffions qu'ils ont obte-

nuës, & qu'ils en païeront le droit de centième denier, à l'exception de ce qu'ils affirmeront avoir emploïé en réparations, ou autres ufages perfonnels. 2°. Que ceux qui ont acquis depuis ledit tems, des bois de pareille nature, en feront pareillement leurs déclarations, & repréfenteront les marchés, dont ils païeront les droits de contrôle & de centième denier. 3°. Qu'à l'avenir, ceux qui feront couper des bois de haute-fûtaïe, foit fur leurs fonds, foit pour les avoir acquis, feront tenus d'en faire leur déclaration, & d'en païer les droits de centième denier, même ceux de contrôle, par ceux qui auront acquis, fous peine d'y être contraints, même au triple droit de centième denier ; enfin, qu'en cas de fauffes déclarations, les parties feront condamnées aux peines prononcées par l'arrêt de règlement du 15 Septembre 1722, à la reftitution des droits récélés, & au triple de ceux de centième denier.

Décifion du confeil du 6 Mars 1755, fur un renvoi de M. l'intendant de Pau, qui juge que le droit de centième denier eft dû, pour une vente faite au fieur Labat, de bois de haute-fûtaïe dans la généralité de Pau, mais fous le reffort d uparlement de Bordeaux.

Autre décifion du 20 Octobre 1757, qui confirme une ordonnance de M. l'intendant de Caën, par laquelle les chanoines réguliers de Mont-Morel, ont été condamnés au païement des droits de contrôle, & de centième denier d'une vente de bois en Normandie, à eux faite par M. le duc de Chaulnes. Les religieux difoient n'avoir acheté que quelques piés d'arbres, pour leur chauffage ; qu'ils étoient coupés, & qu'il n'y avoit eû ni traité, ni quitance par écrit.

Décifion du confeil du 26 Avril 1758, qui, en réformant une ordonnance de M. l'intendant de Bretagne, condamne le fieur Torrens & fes affociés, au païement du droit de centième denier, du bois de la

forêt

forêt de Beffou en Bretagne , par eux acquis des créanciers de M. le comte de Goëfbriand, le 30 Décembre 1755 ; attendu qu'ils avoient auffi acquis la terre de Beffou , & le fol de la forêt, par un contrat féparé.

Ordonnance de M. l'intendant d'Alençon, du 20 Juin 1759 , qui condamne Charles Gallopin en 500 livres d'amende, pour avoir fauffement déclaré , qu'un marché de bois de haute-fûtaïe , étoit verbal, & que le prix n'étoit que de 6000 livres ; au lieu que le marché avoit été fait par acte fous-fignatures privées , & moïennant 8000 livres ; il eft en outre condamné au païement du droit de contrôle de l'acte, du fuplément de centième denier, & au triple dudit droit de centième denier.

3. Les bois, foit en fûtaïe, foit en taillis, qui font fur les fonds échus à titre fucceffif, en *ligne collatérale*, doivent être compris dans les déclarations des héritiers, pour païer le centième denier de leur valeur, ainfi que du fonds ; parce que ces bois, qui leur païent avec le fonds, font véritablement immeubles dans toutes les coûtumes.

Décifion du confeil du 17 Mai 1738 , contre la dame marquife de la Tafte, héritière du fieur Daubigné, qui prétendoit ne devoir le centième denier d'une terre fituée dans l'Anjou, que fur le revenu fixe , & qu'on ne pouvoit l'éxiger de la valeur d'une forêt dépendante de cette terre. Décidé qu'elle fera une déclaration affirmative, & que les bois faifant partie de ce qui lui eft échû par fucceffion , elle ne peut fe difpenfer d'en païer le droit de centième denier.

Autre décifion du 10 Juin 1747 , qui réforme une ordonnance de M. l'intendant de Roüen, rendue en faveur de la veuve du fieur Suhard de Loucelles ; & juge que le droit de centième denier eft dû des bois de fûtaïe , lors des mutations en ligne collatérale.

Autre décifion du 9 Septembre 1747 ,
Tome I.

qui , fans avoir égard à une ordonnance de M. l'intendant de Roüen , condamne le fieur Danviray , chanoine du chapitre de Vernon, au païement du droit de centième denier de bois de fûtaïe qu'il n'avoit pas compris dans une déclaration de biens échus en ligne collatérale.

Décifion du confeil du 24 Janvier 1751, qui condamne la dame de la Fond , à faire une déclaration de la valeur des bois de fûtaïe , étant fur des fonds en Normandie, dépendans de la fucceffion collatérale de fon fils , & à en païer le droit de centième denier , comme tutrice des autres enfans.

4. Il refte à obferver que le droit de centième denier n'eft dû dans aucune province , pour la vente des *bois dépendans des bénéfices* , & des communautés eccléfiaftiques & laïques.

Par décifion du confeil du 23 Janvier 1748 , rendue fur le mémoire de M. Gaillon, abbé commandataire du Breuil-Benoit, & fur l'intervention de M[rs] les agens généraux du clergé ; » Il a été jugé que les bois » de haute-fûtaïe, dépendans des bénéfi- » ces, ne pouvant, en Normandie , comme » ailleurs, être vendus qu'avec l'agrément » du Roi, & pour être emploïés au profit » des bénéfices , & non des bénéficiers, » ils ne doivent être réputés tranfmettre » de propriété à l'acquéreur , ni de béné- » fice au vendeur ; que d'ailleurs , ils ne » font pas fujets au droit de treizième (lods » & ventes) ; qu'ainfi, les ventes de ces » bois ne doivent point être affujéties à » l'infinuation, ni au centième denier.

Quoique dans cette décifion, il ne foit fait mention que des bois dépendans des bénéfices, il eft néanmoins certain qu'elle doit également avoir lieu pour les bois des communautés eccléfiaftiques & laïques , dont la vente ne peut être faite qu'avec les mêmes formalités , que celles des bois des bénéfices , & dont les adjudicataires font pareillement tenus de païer les 14 deniers pour livre , du prix de leur adjudication

aux receveurs généraux des domaines &
bois.

BORDEAUX , ville capitale de la
Guyenne , & chef-lieu de généralité.

Louis XI. donna des lettres patentes en
1474 , par lesquelles il accorda l'éxemtion du droit d'aubaine , en faveur des
étrangers qui viendroient s'établir à Bordeaux ; mais l'éfet de ces lettres non-renou-
vellées , ne peut pas être réclamé. *Voïez*
Aubain , §. I , n. II.

Par édit du mois de Septembre 1616 , il
fut ordonné qu'il seroit procédé à la réunion , & à la revente à faculté de rachat des
gréfes , préfentations , affirmations , infinuations & clercs des gréfes du reffort du parlement de Bordeaux.

Par autre édit du mois de Mars 1639 ,
il fut ordonné une vente & revente des
domaines de Languedoc, Quercy, Guyenne , domaine de Navarre , & de la feuë
Reine Marguerite, dans le reffort des parlemens de Toulouse & de Bordeaux.

Les domaines de la ville de Bordeaux ,
& les droits feigneuriaux du duché de
Guyenne , ci-devant aliénés , ont été réunis au domaine , en conféquence de l'édit
du mois d'Avril 1667 , par arrêts du confeil des 28 Juillet & 31 Décembre 1668.

Arrêt du confeil du 25 Juin 1669 , qui
ordonne que les acquéreurs & engagiftes
des contrôles des gréfes & des confignations , créés dans le reffort du parlement
de Bordeaux , par édit du mois de Septembre 1637 , raporteront leurs titres pour
être rembourfés ; finon que le fermier général entrera en jouïffance.

Arrêt du confeil du 5 Août 1669, portant que les engagiftes des gréfes , contrôles , confignations , places de clercs ,
préfentations , parifis , & petits-fceaux ,
des cours des parlemens de Toulouse &
de Bordeaux , & des jurifdictions du reffort , raporteront leurs titres pour être
rembourfés ; faute de quoi le fermier général entrera en jouïffance defdits droits.

Arrêt du confeil du 27 Janvier 1670 ,
au fujet du contrôle des gréfes du parlement de Bordeaux , ordonné être levé par
édit de 1627 , & dont la perception avoit
ceffé au moïen du païement prétendu fait
de 6000 liv. par les officiers ; par cet arrêt ,
attendu que ledit contrôle des gréfes pour
tout le roïaume , fait partie du bail de Vialet , fermier général , il eft ordonné que ce
qui a été éfectivement païé par les oficiers
du parlement de Bordeaux , fera rembourfé , & cependant que le fermier général
entrera , dès-à-préfent , en jouïffance dudit
droit.

Arrêt du confeil du 10 Décembre 1670 ,
qui ordonne la réunion des domaines , contrôle des exploits , amendes , affirmations ,
& autres droits compris au bail de Vialet ,
dans l'étenduë du parlement de Pau , & de
la généralité de Bordeaux , & qu'il fera
procédé à la recherche defdits domaines &
droits domaniaux, parts & portions d'iceux,
ufurpés ou négligés , & même à la confection d'un papier terrier.

Les lods & ventes des biens nobles ,
font dûs dans la fénéchauffée de Guyenne ,
à raifon du huitième denier , fuivant la coûtume ; il en doit être ainfi pour toutes les
terres & feigneuries mouvantes du duché
de Guyenne. Les lods & ventes des biens
nobles pour les Sénéchauffées de Périgueux
& Sarlat , païs de droit écrit , doivent être
païés fur le pié du fixième ; & à l'égard des
biens roturiers , fur le pié du douzième. Acte
de notoriété du parquet des tréforiers de
France , de la généralité de Guyenne , du
4 Juin 1683.

Arrêt du confeil du 24 Octobre 1747 ,
qui déclare que la haute , moïenne & baffe-
juftice dans la ville , fauxbourgs & banlieuë
de Bordeaux , apartient à S. M. privativement aux maire , fous-maire & jurats , qui
n'ont que le fimple éxercice des portions de
ladite juftice que S. M. veut bien leur confier ; ordonne que toutes les amendes qui
feront par eux prononcées, foit dans l'éxer-

'cice de la jurifdiction criminelle, foit dans celle de la police, à quelque fomme qu'elles puiffent monter, apartiendront à S. M. & que le recouvrement en fera fait par le fermier du domaine.

Le franc-aleu n'a point lieu dans la Guyenne, fans titre; *voïez* l'arrêt du 4 Juin 1737, qui condamne le fieur Lefpare à païer les lods d'une maifon à Bordeaux, raporté, verb. franc-aleu. *Voïez* auffi l'arrêt du 12 Septembre 1746, pour l'Agenois.

Par l'arrêt du confeil du 9 Mai 1724, la ville de Bordeaux a été déboutée de fa demande, tendante à l'abonnement des droits de contrôle des actes & autres y joints. Voïez *Abonnement*, p. 5, col. 1.

Les habitans de la ville de Bordeaux, ont prétendu l'éxemtion des droits de *franc-fiefs*, en vertu d'un traité fait en 1451, entre Charles VII. & les députés de ladite ville, confirmé en 1550. Ces priviléges fe trouvèrent révoqués par l'édit du mois d'Août 1692, & lefdits habitans ne furent déchargés du droit en 1703, qu'au moïen des finances qu'ils païèrent, & qui tinrent lieu d'abonnement.

Par arrêt du confeil du 20 Février 1714, fans avoir égard à une ordonnance de M. l'intendant de Bordeaux, qui avoit déchargé lefdits habitans du païement de ce droit, fous prétexte d'un arrêt du confeil du 15 Février 1707, confirmatif de leurs priviléges, il a été ordonné que les habitans roturiers de lad. ville de Bordeaux, qui depuis le 1er Janvier 1702, ont acquis à quelque titre que ce puiffe être, des fiefs & autres biens nobles, feront tenus de païer, pour le droit de *franc-fiefs*, une année du revenu defdits biens, moïennant quoi ils demeureront affranchis dudit droit pendant leur vie.

Les maire & jurats de Bordeaux, aïant obtenu au mois de Mai 1716, des lettres patentes portant confirmation de leurs priviléges, fe font pourvûs en opofition contre l'arrêt de 1714; mais ils en ont été dé-

boutés par autre arrêt du 19 Août 1718, qui ordonne l'éxécution de celui du 20 Février 1714, felon fa forme & teneur.

Par autre arrêt du confeil du 14 Novembre 1721, fans s'arrêter à une ordonnance de M. l'intendant de Bordeaux, le fieur Jean Condol, bourgeois de la ville de Bordeaux, a été condamné au païement du droit de *franc-fiefs* d'un bien en franc-aleu noble; M. l'intendant avoit fait une diftinction, entre le franc-aleu de conceffion & de privilége, & le franc-aleu naturel & de droit commun; & il prétendoit que le premier feulement étoit noble, & que l'autre, indépendant de toute conceffion & de toute mouvance, étoit poffédé allodialement, avec toutes fortes de franchifes & de libertés.

BORDEREAUX *de caiffe*, en cas de variation de la valeur des efpéces; lors des diminutions de la valeur des monnoïes, le Roi tient compte à fes fermiers de cette diminution, fur les efpéces qui fe trouvent alors dans les recettes, en les faifant conftater par des bordereaux vérifiés par les commiffaires du confeil, ou par les intendans, leurs fubdélégués, ou autres oficiers. Article 140 du bail de Charriere, du 18 Mars 1687, & article 592 de celui de Forceville, du 16 Septembre 1738.

Par arrêt du confeil du 24 Septembre 1720, il eft ordonné de dreffer des procès verbaux, des efpéces & éfets qui fe trouveront en caiffe provenans des droits des fermes, lorfqu'il arrivera des diminutions d'efpéces: enjoint aux fubdélégués, dans les lieux où il y en a, & aux juges dans les lieux où il n'y a point de fubdélégués, de vérifier les regiftres des commis, & de vifer les bordereaux qu'ils auront dreffés, pour conftater les efpéces & éfets que lefdits prépofés auront en caiffe; ce que lefdits fubdélégués & juges feront tenus de faire fans frais, à la première requifition qui leur en fera faite par lefdits emploïés, à peine de défobéïffance.

S s ij

Un particulier aïant été chargé par un contrôleur ambulant de la ferme du contrôle des actes, de remettre pour lui 3000 livres à la caiſſe de Paris, il y arriva après la diminution ordonnée par l'édit d'Août 1723, & voulut faire recevoir 8000 livres, au lieu des 3000 liv. à lui remis ; arrêt du conſeil du 18 Octobre 1723, qui le condamne en 500 livres d'amende.

La déclaration du 7 Décembre 1723, article 11, porte que les receveurs particuliers, ſous-receveurs, buraliſtes, & contrôleurs des exploits ou des actes, & autres qui font leur réſidence, hors le lieu où eſt établi le receveur général, dans les mains deſquels il ſe trouvera des eſpéces provenantes de leur recette, au jour que les diminutions auront lieu, feront la repréſentation deſdites eſpéces & de leurs regiſtres de recette au ſubdélégué, s'il y en a un, ſinon au juge roïal du lieu ; & au défaut de juge roïal, à celui de la juſtice ſeigneuriale, notaire, tabellion ou autre perſonne publique, qui paraphera les regiſtres au-deſſous du dernier enregiſtrement, & donnera acte de la repréſentation des eſpéces & du paraphe, ſans frais ; dont il ſera délivré deux expéditions, l'une au comptable, pour la remettre dans le mois à ſon receveur principal, qui lui en fournira ſa reconnaiſſance, portant promeſſe de lui en tenir compte, après que, par la vérification qui aura été faite des regiſtres, ledit acte ſe ſera trouvé conforme auxdits regiſtres ; & l'autre expédition ſera envoïée ſur le champ, par l'oficier qui aura dreſſé ledit acte, à l'intendance, pour être adreſſée à M. le contrôleur général des finances.

Si, dans l'intervalle, on avoit chargé des eſpéces aux voitures, le récépiſſé & le bordereau en feront repréſentés à l'oficier, dont mention ſera faite dans le procès verbal.

L'article 12 de la même déclaration, porte que ceux qui auront fait comprendre dans leſdits actes, ou procès verbaux des eſpéces, autres que celles de leur recette, feront ſujets à la peine du quadruple, dépoſſédés de leur emplois, & déclarés incapables d'en pouvoir poſſéder à l'avenir, outre la confiſcation des deniers étrangers.

A l'égard des remiſes que les receveurs particuliers font en eſpéces, aux receveurs généraux par les voitures publiques, il faut également faire des bordereaux. Voïez *Meſſageries.*

BOULOGNE *ſur mer*, ville capitale du comté boulonois, en Picardie, acquis à titre d'échange par Louis XI. en 1477, qui céda, en contr'échange à Bertrand de la Tour, la jugerie de Lauraguais en Languedoc, qu'il érigea en titre de comté, avec quelques revenus à Carcaſſonne, Beziers, & en la ſénéchauſſée de Touloufe. L'union du boulonois fut faite au domaine de la couronne ; enſuite la ville de Boulogne fut priſe par les anglais en 1544, & reſtituée à Henry II, qui y fit ſon entrée en 1551 ; depuis lequel tems, ce comté a toujours été uni au domaine de la couronne. *Voïez* le traité des droits du Roi, par M. Dupuy, pag. 445 ; & ci-devant *Amiens.*

Les habitans de la ville de Boulogne, païs & comté boulonois, ont prétendu l'éxemtion des droits de *franc-fiefs* ; & s'ils n'ont pas entièrement réuſſi, ils ont du moins obtenu une modification dans la perception & le païement de ce droit. Ils ont dit que dans l'origine, le comté boulonois étoit mouvant de celui d'Artois, fief immédiat de la couronne ; qu'en 1551, Henry II. leur donna des lettres patentes, portant éxemtion de toutes tailles, gabelles & ſubſides quelconques ; qu'elles ont été confirmées par Henry IV. & par Louis XIII ; que par arrêt du conſeil du 29 Juillet 1610, ils furent déchargés des droits de franc-fiefs pour cette fois, & ſans tirer à conſéquence pour l'avenir, au cas qu'ils ne ſe trouvaſſent pas avoir été éxemts de ce droit ; qu'ils en furent ab-

folument déchargés par arrêt des commis-
faires du 30 Décembre 1634; que par lettres patentes du mois d'Avril 1651, ils furent déchargés du ban & arrière-ban, S. M.
déclarant fe contenter du fervice militaire
& des devoirs qu'ils avoient fait & feroient;
que par lettres patentes du mois de Juin
1716, ils furent confirmés généralement
dans tous leurs privilèges & éxemtions, ainfi
qu'ils en avoient joüi & qu'ils en joüiffoient;
qu'à la vérité, par une décifion du confeil du
17 Mai 1718, & par arrêt contradiĉtoire
du 5 Septembre 1721, en interprétant,
en tant que de befoin, les lettres patentes
de 1716, lefdits habitans ont été condamnés
au païement des droits de franc - fiefs,
chacun en particulier, pour les biens nobles qu'ils poffédoient, conformément aux
édits de 1708, 1710 & 1715; mais
qu'ils avoient été reçûs opofans à l'arrêt
de 1721, par un nouvel arrêt du 15
Mai 1722, portant que les parties remettroient refpeĉtivement leurs piéces,
titres & mémoires, pour être ftatué ce
qu'il apartiendroit; & qu'il feroit furfis à
toutes pourfuites, jufqu'à ce qu'autrement
il en eût été ordonné. Lefdits habitans
ont répété leurs premiers moïens, auxquels
ils ont ajoûté que, fuivant la coûtume d'Artois, le droit de franc-fiefs eft purement domanial, que les comtes de Boulogne ne l'ont jamais éxercé dans l'étendüe
de ce comté, & qu'il n'a pû y être
introduit par les Rois avant 1477, puifqu'alors ils n'en avoient que la fouveraineté, & qu'il s'agiffoit d'un droit feigneurial & domanial; que l'immunité de ce
droit 'a même pour motif l'obligation où
eft dans ce païs, frontière d'une domination étrangère, tout propriétaire & fermier de fonds, de fe tenir continuellement armé & équipé, en paix comme en
guerre, pour marcher au premier commandement; enfin, ils ont dit qu'ils fe
font fignalés en diférentes occafions; &
ils ont conclu à la décharge du droit de
franc-fiefs, ou du moins, qu'il fut ordonné
que la perception en feroit faite dans le
boulonois, conformément à ce qui fe pratique dans le comté d'Artois.

Le fermier a répondu que le boulonois,
depuis l'établiffement de la monarchie, a
toujours été un fief mouvant de la couronne; que les feigneurs particuliers n'avoient
aucune fouveraineté; que l'éfet de l'échange de 1477 a été de réunir au domaine
de la couronne, le fief & domaine particulier du boulonois, dans lequel les Rois
de France ont toujours eu le pouvoir de
percevoir le droit de *franc-fiefs*, comme
un droit règalien; que les lettres patentes de 1551 ne contiennent point l'éxemption de ce droit; qu'il n'en eft point fait
mention non plus dans celles de 1716,
quoique lefdits habitans l'euffent alors nommément demandée; que les habitans de
toutes les villes privilégiées ont été affujétis au païement dudit droit de franc-fiefs;
enfin, que le boulonois n'eft point régi
par la coûtume d'Artois, & que pour pouvoir prétendre joüir du privilége d'un païs
d'états, il faut en faire partie.

Par arrêt du confeil du 18 Mars 1752,
rendu fur l'avis de M. l'intendant d'Amiens,
& fur le dire de M. Freteau, infpeĉteur général du domaine de la couronne, fans s'arrêter à l'opofition des habitans de la ville de
Boulógne, païs & comté boulonois, à l'arrêt
du confeil du 5 Septembre 1721, ils ont
été déclarés fujets aux droits de *franc-
fiefs*; & néanmoins S. M. les a déchargés
& décharge, par grace, de tous lefdits
droits échus du paffé, jufqu'au 1er Janvier
1751. Veut & entend S. M. que les habitans roturiers de ladite ville de Boulogne, païs & comté boulonois, qui depuis
ledit jour 1er Janvier 1751, font entrés
en poffeffion des fiefs & tenemens nobles, ou qui y entreront dans la fuite, à
quelque titre que ce puiffe être, foit par
acquifition, fucceffion, donation ou autrement, foient tenus, dans l'année de

leurs poſſeſſions, de fournir aux fermiers de ces droits, des déclarations, qu'ils affirmeront véritables, de la conſiſtance & du revenu deſdits fiefs & tenemens nobles, & d'en païer les droits de *franc-fiefs*, ſur le pié d'une année du revenu ; *& moïennant ledit païement, ils en feront & demeureront affranchis pendant leur vie ;* dérogeant, S. M. pour ce regard ſeulement, à tous édits & règlemens contraires.

BOURBONNOIS, province de France, érigée en duché-pairie par Philippe de Valois en 1329, en faveur de Louis, fils de Robert, le plus jeune des fils de Saint Louis. Il eut deux fils, Pierre & Jacques ; & c'eſt de ce dernier que deſcend la maiſon règnante. La ville de *Moulins* eſt la capitale du Bourbonnois, & le chef-lieu de la généralité.

Par édit du mois de Février 1594, il fut ordonné qu'il ſeroit procédé à la vente à faculté de rachat perpétuel, des domaines, gréfes, clercs d'iceux, ſceaux & tabellionnages des généralités de Paris, Picardie, Champagne & *Moulins.*

Autre édit du mois de Mars 1655, qui ordonne la vente du droit de haute, moïenne & baſſe-juſtice, bois & forêts dans l'étenduë des provinces de Bourbonnois, haute & Baſſe-Marche, avec création de fiefs.

Le duché de Bourbonnois a été cédé par le Roi, le 7 Mars 1661, à M. le prince de Condé, en contr'échange du duché d'Albret.

Les droits de *petit-ſcel* de la vicomté d'Aubuſſon, & dépendances en la généralité de Moulins, ſont aliénés. Voïez *Moulins.*

Le droit de *franc-fiefs* a été abonné dans la province du Bourbonnois par diférens arrêts ; mais depuis l'expiration de ces abonnemens, les habitans roturiers de cette province païent, chacun pour ce qui le concerne, les droits de franc-fiefs de leurs biens nobles. Voïez *Moulins.*

BOURGES, ville de France, capitale du duché de Berry, & chef-lieu de généralité ; c'eſt un ancien domaine du Roi, acquis par Philippe I. en 1061. Il fut uni à la couronne juſqu'en 1360, qu'il fut érigé en duché-pairie, en faveur de Jean, troiſième fils du Roi Jean ; & revint à la couronne en 1416, par la mort du duc, ſans hoirs mâles ; ce duché a enſuite été donné en apanage à pluſieurs enfans de France. *Voïez* le traité des droits du Roi, par M. Dupuy, p. 438.

Il y a un édit du mois d'Octobre 1590, portant règlement pour la vente du domaine du Roi dans les généralité de *Bourges,* Orléans, Tours, Poitiers & Limoges ; l'éxécution en fut ordonnée par déclaration du Roi du 16 Avril 1591.

Le 4 Avril 1675, le domaine du Berry & dépendances, a été aliéné à la maiſon de Condé.

Le droit de *ſceau* des actes judiciaires, & de ceux des notaires roïaux, dans la généralité de Bourges, eſt pareillement aliéné à la maiſon de Condé, ſur le pié du tarif de 1699 : lors de la ſupreſſion du petit-ſcel des actes des notaires dans tout le roïaume, les droits furent réſervés au prœit de M. le prince de Condé ; & les notaires les ont païés à ſes Fermiers, conformément à un arrêt du 26 Avril 1707, par lequel il fut ordonné, qu'attendu que leſdits notaires étoient chargés de ce droit, dont les autres notaires du roïaume étoient déchargés, leſdits notaires de la généralité de Bourges ne païeroient le droit de contrôle de leurs actes que ſur le pié du tarif de 1699, & non ſur celui de 1706 ; au moïen de quoi leſdits notaires étoient chargés du droit de petit-ſcel, conjointement avec ceux du contrôle.

Le tarif arrêté le 20 Mars 1708, fit naitre de nouvelles conteſtations, ſur leſquelles il intervint arrêt du conſeil le 2 Octobre 1708, portant que les notaires & tabellions roïaux de la généralité de Bour-

ges, païeroient les droits de contrôle de
leurs actes sur le pié fixé par le tarif du
20 Mars 1708, à la charge par le fermier
du Roi de païer, à celui de M. le prince de
Condé, le droit de sceau sur le pié du tarif
du 10 Novembre 1699.

Il s'éleva encore des contestations
après le tarif du contrôle du 29 Septembre
1722, attendu que le droit de contrôle
de plusieurs actes se trouvoit fixé au-dessous du droit de scel dû au Prince, & que
par conséquent le fermier du Roi auroit été
obligé de débourser du sien pour acquiter
ce droit de scel. Il y fut pourvu, d'abord
par une décision du 22 Décembre 1722,
en conséquence de laquelle, il fut rendu un
arrêt du conseil le 23 Février 1723, par
lequel le Roi ordonna que la déclaration
du 29 Septembre 1722, & le tarif arrêté
en conséquence pour les droits de contrôle des actes des notaires feront éxécutés dans l'étendue de la généralité de
Bourges; S. M. ordonna néanmoins que
pour les actes qui feront passés par les
notaires de ladite généralité, & dont les
droits de contrôle feront au-dessous de
quinze sols, les droits de scel desdits actes
des notaires feront perçus séparément du
droit de contrôle, sur le pié du tarif du 10
Novembre 1699, pour être lesdits droits
païés par le fermier du Roi, à celui de la
succession de M. le prince de Condé, suivant & conformément à l'arrêt du 2 Octobre 1708.

La maison de Condé jouït aussi du droit
de sceau des rôles des tailles; décision du
18 Juillet 1739.

L'ancien *contrôle* des actes des notaires, à *Issoudun*, en Berry, a été compris
dans l'engagement fait à M. le prince de
Condé, en 1675. Ce qui n'empêche pas
que le droit de contrôle des actes, établi
par l'édit du mois de Mars 1693, ne soit
perçu sur le pié fixé par le tarif du 29 Septembre 1722. *Voïez* l'arrêt du conseil du
28 Octobre 1727, qui maintient les prin-

ces & princesses, engagistes du domaine de
Berry, dans le droit de contrôle des actes
des notaires de la ville d'Issoudun, tel qu'il
leur apartient, & qu'il est compris dans
le contrat d'engagement du 4 Avril 1675,
pour en jouïr ainsi que ce droit avoit lieu,
& qu'il étoit établi au tems de l'engagement; cet arrêt maintient aussi les fermiers
du Roi dans la perception & jouïssance du
droit de *contrôle des actes* des notaires,
tel qu'il a été établi par l'édit de 1693,
& qu'il se perçoit actuellement, conformément, tant audit édit, qu'aux autres édits,
déclarations & tarifs intervenus depuis.

Le droit de *contrôle des exploits* dans
la généralité de Bourges, est aussi compris
dans le contrat d'engagement de 1675,
sur le pié de cinq sols, tel qu'il étoit dû
alors.

Par arrêt du conseil du 12 Mai 1722,
le Roi a accepté les offres faites par M. le
duc, & les princes & princesses, ses frères
& sœurs, d'abandonner à S. M. le droit de
nomination, présentation, annuel & casuel
des ofices de maréchaussée dans la généralité de Moulins; ensemble le droit de 45 f.
par pipe de vin sur la quantité de 300 pi-
pes, sortant de la châtellenie de Chanto-
ceaux, & conduits dans la province de
Bretagne; & en conséquence, S. M. a ordonné que, pour leur tenir lieu desdites
choses, par eux cédées & abandonnées, ils
jouïront du droit de *trois sols par saisie
mobiliaire*, & de celui de trois sols par
contrôle d'exploit, dans la généralité de
Bourges, conjointement avec le droit de
six sols par contrôle d'exploit, dont ils
jouïssent actuellement; S. M. se réservant
la jouïssance des quatre sols pour livre, tant
qu'ils auront cours.

Par autre arrêt du conseil du 2 Mars
1723, il a été ordonné que M. le duc, &
les princes & princesses, ses frères & sœurs,
jouïront, à compter du 1er Janvier 1722,
pour leur tenir lieu de l'indemnité portée
par l'arrêt du 12 Mai 1722, du droit de

trois fols par faifie mobiliaire, & de deux fols fix deniers par *contrôle d'exploit* ; & que les quatre fols pour livre defdits droits, apartiendront au Roi, tant qu'ils auront cours, pour en être compté aux fermiers de S. M. à la remife de deux fols pour livre, pour tous droits & frais.

Le Roi a acquis de M. le comte de Clermont, le 26 Décembre 1736, le duché de *Château-Roux*, les forges, terres & feigneuries de Clavières & de Lille, circonftances & dépendances ; & ces domaines ont été compris dans le bail fait à Forceville le 16 Septembre 1738, art. 494.

Arrêt du confeil du 15 Mai 1745, portant règlement pour la régie du domaine de Château-Roux, donné par le Roi le 21 Octobre 1743, à dame Marie-Anne de Mailly, veuve de M. le marquis de la Tournelle, & revenu à S. M. par le décès de ladite dame, fans hoirs mâles, arrivé le 9 Décembre 1744.

Par autre arrêt du confeil du 1er Mars 1746, il a été ordonné qu'il feroit fait bail des gréfes du bailliage de *Château-Roux*, la Chartre, le Châtelet, Saint-Gautier, & droits dépendans du domaine de Château-Roux, & de tous les droits de gréfe, & de petit-fcel.

La ville, château, terre & châtellenie d'*Aubigny* fur Nerre, & dépendances, avoient été donnés en 1422, par Charles VII, à Jean Stuard connétable d'Ecoffe, & à fes defcendans mâles. *Voïez* le traité des droits du Roi par M. Dupuy, p. 424. Ces biens font revenus au domaine par droit de réverfion, par le décès de Mre Ludovic Stuard ; & en conféquence, il a été ordonné par arrêt du confeil du 16 Août 1666, que Euldes, fermier général en jouïroit.

La principauté d'*Enrichemont*, eft dans la généralité de Bourges, & le contrôle des actes n'a pas lieu dans l'étendüe de cette principauté, ainfi qu'il paroit par un arrêt du confeil du 7 Novembre 1724 ; mais les habitans des païs où le contrôle eft établi, ne peuvent aller paffer leurs actes dans ladite principauté ; *voïez* ledit arrêt, & les principes raportés ci-devant, p. 80.

Les maires & échevins, bourgeois & habitans des villes de Bourges & d'Iffoudun, ont prétendu devoir jouïr de l'éxemtion des droits de *franc-fiefs*, en vertu de lettres patentes de 1594, 1611, 1643, & 1651, contenant diférens priviléges, confirmés par nouvelles lettres patentes de 1718, & 1719, avec cette reftriction : pourvû que lefdits priviléges, n'aïent été révoqués par aucuns édits, ni déclarations.

Mais ces priviléges, quant au droit de franc-fiefs, avoient ceflé lors du recouvrement ordonné en 1672, ils fe trouvoient même révoqués par l'édit du mois d'Août 1692, en conféquence duquel, la province du Berry fut abonnée à 90000 liv. il y a eu enfuite d'autres abonnemens particuliers.

Par arrêt du confeil du 1er Décembre 1722, en interprétant en tant que befoin eft ou feroit, la claufe inférée dans les lettres patentes de 1718, & 1719, il a été ordonné qu'il en feroit ufé à l'égard defdits habitans des villes de *Bourges* & d'*Iffoudun*, comme dans les précédens recouvremens ; & en conféquence, que les propriétaires des fiefs qui ont contribué aux abonnemens ordonnés en 1693, jouïront de l'éxemtion des franc-fiefs, à caufe des fiefs qu'ils poffédoient, lorfqu'ils ont contribué auxdits abonnemens ; & ce, pendant vingt années, à commencer du jour qu'ils font entrés en jouïffance defdits fiefs ; & que tous ceux qui ont acquis des fiefs & biens nobles, ou auxquels il en eft échu par fucceffion ou autrement, depuis lefdits abonnemens ; enfemble, ceux qui ont païé lors defdits abonnemens pour des fiefs, dont les vingt années font expirées, feront fujets aux droits de *franc-fiefs* ; les communautés laïques de ladite généralité de Bourges, ont en outre été condamnées par le

même

même arrêt, au païement des droits de nouvel-acquêt de leurs ufages.

Les maire & échevins, bourgeois & habitans de la ville d'*Iffoudun*, aïant formé opofition à l'arrêt du 1er Décembre 1722, ils en ont été déboutés par autre arrêt du 5 Février 1723, qui ordonne que le précédent fera éxécuté felon fa forme & teneur.

Par un autre arrêt du confeil du 31 Mai 1723, la veuve du fieur Collet, affeffeur en l'hôtel de ville de *Bourges*, a été condamnée au païement du droit de *franc-fiefs* du lieu noble de Brouillet, attendu la révocation, par l'édit du mois d'Août 1715, des priviléges attribués à ces ofices.

Les habitans de la province du Berry, ont enfuite foûtenu que les biens par eux poffédés, font en *franc - aleu* roturier ; & que tous les héritages de cette province font francs & allodiaux, s'il ne paroît du contraire; & ils ont prétendu que c'étoit au fermier à prouver que les biens fuffent nobles.

Mais par arrêt du confeil du 13 Septembre 1723, il a été ordonné que ceux des 1er Décembre 1722, & 5 Février 1723, feront éxécutés felon leur forme & teneur ; en conféquence, que les habitans roturiers de ladite province du Berry, feront tenus de païer les droits de *franc-fiefs*, pour les fiefs & biens nobles qu'ils poffédent ; & au cas qu'ils prétendent que les héritages foient en roture, ils feront tenus de le juftifier par des déclarations en bonne forme, fournies aux feigneurs dont ils relevent, contenant les cens & devoirs dont ils font chargés; finon, lefdits héritages feront cenfés & réputés être en fief.

BOURGOGNE, comté; voïez *Franche-Comté.*

BOURGOGNE, duché; province confidérable de France, avec titre de duché. La ville de Dijon eft la capitale & le chef-lieu de la généralité; c'eft un païs d'états.

Le duché de Bourgogne a été uni au

Tome I.

domaine de la couronne, par lettres patentes du mois de Novembre 1361. *Voïez* le traité des droits du Roi, par M. Dupuy, pag. 287 & fuiv. où il établit les droits du Roi fur la Bourgogne.

La Breffe, le Bugey, le païs de Gex & de Valromey, qui font aujourd'hui partie de la généralité de Dijon, ont été cédés à la France, par le duc de Savoye, en échange du marquifat de Saluces, par le traité de Lyon, du 17 Juin 1601. *Voïez* M. Dupuy, pag. 464.

Par édit du mois de Novembre 1658, il a été ordonné qu'il feroit procédé à *l'aliénation* à perpétuité, par inféodation & devoir d'entrée, du fonds, très-fonds & fuperficie de tous les bois, forêts & dépendances de Bourgogne; & des terres vaines & vagues, étant aux reins & rives defdites forêts; avec création de la quantité néceffaire de fiefs, dans l'étenduë defdits bois & forêts.

Arrêt du confeil du 14 Février 1682, qui confirme deux ordonnances de M. l'intendant de Bourgogne & Breffe, par lefquelles la terre & feigneurie de *Montbard*, a été déclarée être du domaine du Roi, & le fieur Aubry condamné à reftituer les fruits, depuis la faifie faite, à la requête du fermier des domaines, en 1673.

Autre arrêt du confeil du 1er Octobre 1686, qui réunit au domaine les terres de *Saulnières*, *Verdun* & *Bragny* en Bourgogne, engagées en 1597.

Lettres patentes du 4 Novembre 1701, par lefquelles le Roi éteint & abolit à perpétuité, la redevance apellée des matroces dûë au domaine, par les propriétaires des héritages fis au terroir & finage de *Rouvre*; & pour tenir lieu d'icelle, & fervir à l'acquitement de partie des charges affignées fur icelle, ordonne, du confentement defdits propriétaires, qu'ils donneront dans ledit finage de Rouvre, au curé & chapelain du château de Rouvre, au prieur de Bonvaux, à l'abbeffe de Tard, & aux re-

T t

ligieux d'Epoiffes , la quantité d'héritages , néceffaire pour produire un revenu de pareille quantité de grains , qu'ils avoient droit de prendre fur ladite redevance ; lefquels héritages feront à toujours francs & quites de tous droits d'amortiffement , & de nouveaux acquêts. Et pour l'acquitement des autres rentes en grains , ordonne qu'il fera levé une double dixme , fur les héritages qui étoient fujets à ladite redevance , laquelle double dixme , à raifon de la treizième gerbe , apartiendra au domaine ; moïennant quoi ledit domaine & l'engagifte feront tenus de païer les rentes en grains. Ordonne en outre que lefdits propriétaires païeront , tous les ans à la faint Martin d'hiver , un denier de cens par journal fujet à la double dixme , emportant lods & ventes , à raifon du vingtième denier , & tous droits de retenuë.

Arrêt du confeil du 6 Mars 1742 , tendant à faire déclarer du domaine de la couronne , les terres de *Chauffein* & de *la Perriere* , fituées au duché de Bourgogne , ainfi que celle de Montbard l'a été en la même province. Cet arrêt ne contient qu'un avant faire droit ; les diférentes autorités y font raportées.

Arrêt du confeil du 5 Mai 1722 , qui caffe un arrêt de la chambre des comptes de Dijon , du 27 Avril 1722 ; en conféquence ordonne que l'édit du mois d'Août 1716 , & l'arrêt du 20 Mars 1722 , qui a ordonné le rétabliffement de la perception des *droits réfervés* , feront éxécutés.

L'arrêt du confeil du 15 Septembre 1722 , qui défend à tous juges de prendre pour raifon des dépens , aucuns des *droits réfervés* de ceux attribués aux tiers référendaires , contrôleurs des dépens , findics des procureurs , & gardes des archives , a été enregiftré au parlement de Dijon , le 24 Octobre 1722.

Par arrêt du confeil du 4 Mai 1745 , il a été ordonné qu'en païant , par les états généraux du duché de Bourgogne , la fomme de 11400 livres , par forme d'abonnement , pour tenir lieu des droits de *contrôle* & *d'infinuation* des actes reçus par les gréfiers , fecrétaires des communautés laïques , & autres oficiers particuliers de ladite province , lefdits actes fujets à cette formalité , feront contrôlés & infinués , dans le délai de fix mois , fans païer aucun droit ; & faute de les y foûmettre , ils feront nuls.

Par un autre arrêt du confeil du 21 Avril 1750 , il a été ordonné que les abonnemens & conventions faits entre le fermier du domaine , les états généraux du duché de Bourgogne , les findics des états du Charollois , & ceux du Mâconnois , Bugey & païs de Gex , feront éxécutés ; ce faifant , qu'en païant au fermier la fomme de 48000 livres , par les états du duché de Bourgogne ; celle de 4363 livres 12 fols 9 deniers , par ceux du Mâconnois ; celle de 2953 livres 16 fols 10 deniers , par ceux de Bugey & Gex ; & celle de 1777 livres 15 fols 6 deniers , par ceux du Charollois , dans le mois de Juillet 1750 , les gréfiers des cours fupérieures , bailliages & autres juftices roïales & feigneuriales , même des maitrifes des eaux & forêts defdits états , feront bien & valablement déchargés des droits ci-après déclarés , jufqu'au dernier Décembre 1749. Sçavoir , I. des droits de *contrôle* des fentences & arrêts , contenant *homologation d'expédient* ; des *ventes de meubles* faites devant lefdits gréfiers ; des *quitances* & déclarations faites par les créanciers colloqués par fentences & arrêts d'ordre & diftributions du prix des biens vendus fur leurs débiteurs , à la marge defdites fentences & arrêts ; des *traités* & *accords tutelaires* faits & homologués en juftice , lors des dations de tutele & curatele à des mineurs ; enfemble des droits *d'infinuation* fuivant le tarif , même du *centième denier* qui peut réfulter defdits traités tutelaires ; des droits de *contrôle* & de *centième de-*

rier des actes d'*élection d'ami*, faits après les vingt-quatre heures de l'adjudication, dans ledit duché de Bourgogne, & quarante jours dans les païs de Bugey & Gex ; du contrôle des *procès verbaux* d'experts & arpenteurs ; des actes de *dépôt* d'iceux ; *acceptations* de successions, *renonciations* à icelles ; *nominations* volontaires & d'office, *de curateurs* ; provisions & *nominations des juges*, faites *par les seigneurs* devant lesdits gréfiers ; *autorisations* ; *baux judiciaires*, & tous autres actes de cette nature ; ensemble des droits d'*insinuation*, suivant le tarif desdites renonciations à successions, nominations de curateurs, émancipations, donations, lettres de bénéfice d'inventaire, & autres *jugemens que lesdits gréfiers ont négligé de faire contrôler & insinuer*, jusqu'audit jour dernier Décembre 1749, à la charge par lesdits gréfiers, de faire contrôler & insinuer & païer les droits, auxquels les actes qu'ils passeront à l'avenir, de la nature de ceux ci-dessus exprimés, sont assujétis par les édits, déclarations, arrêts & règlemens, sous les peines y portées.

II. S. M. a pareillement déchargé & décharge lesdits gréfiers des droits de *petit-scel*, *droits de gréfe, contrôle, droits-réservés*, quatre & trois fois pour livre (des épices), pour raison des *scellés aux inventaires*, *nominations & élections de sindics*, gardes & jurés des marchands, arts & métiers, jurandes & *réceptions desdits marchands*, maîtres & aprentis, jusqu'audit jour dernier Décembre 1749.

III. Elle a aussi déchargé, du consentement du fermier, lesdits gréfiers & les redevables desdits droits, *des amendes & autres peines* par eux encourues par le défaut de contrôle & insinuation desdits actes.

IV. S'il a été païé des droits d'aucuns actes passés par lesdits gréfiers, soit volontairement ou en vertu de jugemens intervenus, il n'en poura être demandé ni répétition, ni compensation avec les sommes qui doivent être païées audit fermier.

V. Permet S. M. auxdits gréfiers, sans tirer à conséquence pour l'avenir, de représenter dans le reste de l'année 1750, pour tout délai & sans espoir d'autre, aux commis des bureaux du contrôle des actes, dans l'arondissement desquels ils font, lesdits actes, jugemens & arrêts assujétis aux droits de contrôle & insinuation, pour être revêtus de la formalité, sans païer aucun droit ni frais ; passé lequel tems, lesdits gréfiers n'y feront plus reçûs, lesdits actes, arrêts & jugemens seront nuls & de nul effet, sans que pour raison de ce, les droits desdits actes puissent être répétés contre le fermier, sous prétexte qu'ils ont été compris & font partie dudit abonnement.

VI. Permet aussi S. M. aux gréfiers de laisser écrire, suivant l'usage de ladite Province, les quitances par les créanciers colloqués par les procès verbaux, sentences & arrêts d'ordre, & de distribution des deniers du prix des biens vendus sur les débiteurs, à côté des articles de leur collocation ; nonobstant ce qui est prescrit par les arrêts des 9 Novembre 1706 & 6 Août 1715, auxquels S. M. a dérogé & déroge à cet égard seulement, & sans tirer à conséquence pour tous les autres actes, ni pour d'autres provinces du roïaume.

VII. Poura ledit fermier poursuivre le recouvrement des droits d'amortissement & franc-fiefs, & de ceux du centième & demi-centième denier, qui peuvent résulter des susdits actes & jugemens, autres néanmoins que ceux des traités tutélaires, & élections d'ami, compris dans lesdits abonnemens.

BRETAGNE, l'une des plus grandes provinces de France, aïant titre de duché, & réünie à la couronne en 1532. C'est celle où il y a le plus de domaines apartenans au Roi ; & c'est celle où S. M. eu posséde le moins ; on peut même dire qu'il n'y en a plus aucun dans la main du Roi actuellement. Plusieurs sont possédés par M. le duc de Penthiévre, à titre d'engagement : 1°. ceux de Jugon & Lannion, aliénés en 1698. 2°. Ceux d'Auray, Carhaix, Dinan, Hennebond, Lesneven, Quimper & Vannes, aliénés en 1716. 3°. Ceux d'Antrain, Bafouges, Fougères & Quimperlé, aliénés, pour commencer à en jouïr le 1er Janvier 1757. Beaucoup d'autres sont aliénés à diférens seigneurs & particuliers ; & ceux qui restoient dans la main du Roi, ont été aliénés aux états de la province en 1759. *Voïez* ci-après, §. 2. de cet article.

La Province de Bretagne a eû successivement des Rois, des comtes & des ducs particuliers ; le pere Lobineau supose que les premiers bretons ont été souverains & indépendans des Rois de France ; son opinion a été suivie par plusieurs auteurs bretons, qui disent même que cette province n'a jamais pû être regardée comme un fief de la couronne, & que, si quelques ducs en ont rendu hommage aux Rois de France, ce n'étoit point un hommage militaire ni féodal, mais un simple hommage de paix, d'alliance & de protection ; ils ajoûtent que cette province fut fondée en roïaume & gouvernée par un Roi, qui fut reconnu par les derniers empereurs romains ; que ce roïaume fut divisé & démembré sous le règne de Clotaire, fils de Clovis, & que ses souverains furent ensuite apellés comtes & ducs. *Voïez* l'histoire du pere Lobineau ; Morery ; & les deux mémoires qui sont à la suite de la 37me consultation de Me Hevin.

M. l'abbé de Vertot soûtient le contraire, & raporte beaucoup d'autorités pour prouver que les bretons ont toujours été soûmis aux Rois français, depuis Clovis ; Jules Céfar se rendit maître de cette province qui fut sujéte aux romains, jusqu'à ce que Maxime s'étant fait proclamer

empereur en Angleterre l'an 382, permit à un de ses lieutenans, nommé Conan, dit Meriadec, de s'établir un roïaume dans la Gaule armorique, ancien nom breton de cette province, par raport à sa situation près de la mer. *Voïez* Morery.

Cette souveraineté dura jusqu'au tems de Clovis & de Chilperic, qui obligèrent les Rois de Bretagne à se contenter du titre de comtes ; ils se révoltèrent ensuite, jusqu'au règne de Dagobert, qui les rendit tributaires ; & Judicaël, prince des bretons, reconnut Dagobert pour son seigneur. *Voïez* Morery, & l'hist. de Fr. de M. le préfident Henault, année 636.

Ils demeurèrent en cet état jusqu'à ce qu'aïant voulu secouër le joug, ils furent de nouveau soûmis par Charlemagne en 787. Leur penchant, pour la liberté, les fit encore soulever contre Loüis le Débonnaire, qui les soûmit en 818. Il y établit Noménoé pour gouverneur, qui, profitant, après la mort de Loüis, des troubles de la France, se souleva contre Charles le Chauve, & prit le titre de Roi en 848. M. le préfident Henault raporte que » son fils Herispoé, lui succéda dans ce » roïaume, malgré les efforts de Charles » le Chauve, qui ne pût conserver fur » cette province qu'un simple hommage. » Salomon, coufin & succeffeur d'Herif- » poé, qu'il avoit affaffiné, continua de » païer le tribut au Roi Charles, pour la » Bretagne, *suivant l'ancienne coûtume*, » difent les annales de faint Bertin. On a » prétendu que Noménoé n'avoit fait que » rétablir les chofes en leur premier état : » que la Bretagne n'étoit pas un fief dé- » taché originairement de la couronne, » ni ufurpé fur nos Rois, comme le furent » nos provinces de France que les gou- » verneurs convertirent en feigneuries, » & dont par la fuite, ils fe rendirent » fouverains : qu'ainfi, lorfque la Bretagne » devint *mouvante de la France*, fes prin- » ces n'en poffédèrent pas moins la fouve-

» raineté, qui, indépendante dans fa four-
» ce, ne pouvoit être fujéte aux réunions,
» comme l'étoient des fiefs ufurpés par
» les fujets. Quoi qu'il en foit de cette
» queftion, qui eft fort indiférente au-
» jourd'hui, il fuffit, ce me femble, d'un
» paffage de Grégoire de Tours, le père
» de notre hiftoire, pour la décider : *les*
» *bretons ont toujours été fous la puif-*
» *fance des français, après la mort de*
» *Clovis, & leurs chefs ont été apellés*
» *comtes & non Rois.*

Les bretons révoltés entr'eux, tuèrent Salomon, leur dernier fouverain, qui ait eû le titre de Roi ; depuis ce tems, le païs fut gouverné par diférens princes, fous le titre de comtes, jufqu'en 1213, qu'Alix, héritière de la Bretagne, époufa Pierre de Dreux, dit Mauclerc, arrière petit-fils de Louïs le Gros, Roi de France : il eût le titre de duc, & fes fucceffeurs n'en ont pas eu d'autre. *Voïez* Morery.

Dans le 13.me fiécle, il fut rendu trois hommages de la Bretagne à Philippe Augufte, & à faint Louïs : le premier en 1202, par Artus I ; le fecond en 1231, par Pierre de Dreux ; & le troifiéme, par Jean I, fon fils. Ce dernier étoit un *hom-mage-lige*, & Me Hevin en convient, page 223 de fes queftions féodales, imprimées en 1736, deux ans après fes confultations, où il avoit parlé différemment.

Philippe-le-Bel accorda en 1297, aux ducs de Bretagne, la qualité de pairs de France ; cette province n'a donc pû être regardée depuis ce tems, que comme un fief en pairie mouvant de la couronne ; il fut en conféquence ordonné par lettres patentes du 23 Janvier 1369, que l'apel des jugemens rendus dans la province, feroit dévolu au Roi ; & cette dévolution de reffort par apel a toujours été reconnuë : *queft. feod.* d'Hevin, p. 221.

En 1381, il fut rendu hommage par le duc de Bretagne à Charles VI, qui venoit de monter fur le trône. » Il y avoit

» eû une grande difficulté à la fin du règne
» de Charles V, fur la forme de cet hom-
» mage. Jean, comte de Montfort, de-
» venu duc de Bretagne, prétendoit que
» le Roi fe contentât d'un hommage *fim-*
» *ple*, qui n'engageât que fon duché &
» non fa perfonne ; & il étoit de la règle
» que ce fut un *hommage-lige*, puifque le
» duc de Bretagne étoit regardé comme
» les autres grands vaffaux de la couron-
» ne, qui pouvoient encourir la peine de
» félonie : mais, dans la crainte qu'il ne
» portât fon hommage au Roi d'Angleter-
» re, & qu'il ne lui ouvrît fes ports pour
» entrer dans le roïaume, on eût recours
» à l'expédient de recevoir fon hommage,
» *tel qu'il devoit être felon le droit &*
» *l'ancien ufage* «. Abr. chron. de M. le P. Hen. an. 1381.

Le dernier duc de Bretagne, François II, étant mort le 9 Septembre 1488, la princeffe Anne, fa fille unique, lui fuccéda.

Charles VIII, Roi de France, avoit des droits légitimes fur le duché de Bretagne : ils font établis dans le traité de Dupuy, édition de Roüen, 1670, p. 275. Pour terminer tous diférends, il époufa la ducheffe Anne le 6 Décembre 1491 ; leur contrat de mariage contient une folemnelle tranfaction de droits litigieux, & porte en termes exprès, que fur les diférends qui étoient entre le Roi & Madame Anne, ducheffe de Bretagne, pour ledit duché, que les parties prétendoient leur aparte-nir, ladite Dame, en fortifiant le droit du Roi, lui donne, céde & quitte, & à fes fucceffeurs, Rois de France, fes droits au duché, au cas qu'elle prédécéde fans enfans ; comme pareillement ledit feigneur Roi céde & tranfporte à ladite Dame, en cas qu'il prédécéde fans hoirs, tous les droits qu'il avoit audit duché, à la charge que ladite Dame ne convolera en fecondes nôces, fors avec le Roi futur, s'il fe peut, ou avec le plus prochain héritier de la couronne ; lefquels conjoints ne pouront aliéner ledit duché qu'au Roi de France.

Le Roi Charles étant mort fans enfans, le duc d'Orléans parvint à la couronne en 1498, fous le nom de Loüis XII, & il époufa la Reine Anne le 8 Janvier 1499. De ce mariage, il y eut deux filles : Claude & Renée ; l'aînée, Madame Claude, fut mariée en 1514, à François de Valois, comte d'Angoulême, qui vint à la couronne l'année fuivante, fous le nom de François I.

Par ce moïen, le duché de Bretagne a été uni à la couronne ; François I. donna un édit au mois d'Août 1532, par lequel il ordonna que le païs & duché de Bretagne demeureroient unis à la couronne de France, fans pouvoir en être jamais féparés ni diftraits ; & qu'il feroit procédé à la réunion des domaines dudit duché, qui avoient été aliénés pour autre caufe que celle de guerre ; en 1537, il donna de nouvelles lettres pour la réunion defdites terres, comme étant du domaine du duché de Bretagne.

Pour divifer ce qui refte à dire au fujet de la province de Bretagne, on parlera, 1°. des aliénations, réunions & reventes ordonnées particulièrement, des gréfes & des domaines de cette province ; 2°. des aliénations faites aux états de ladite province ; 3°. de la régie & du recouvrement des droits domaniaux cafuels ; 4°. des ifles & iflots de la province.

§. 1. *Aliénation & réunion des gréfes & domaines.*

Par édit donné à Offemont au mois d'Août 1553, Henri II. ordonna qu'il feroit procédé à l'aliénation des domaines de Bretagne jufqu'à concurrence de 1200000 liv. par autre édit du mois de Mai 1554, il fit un règlement pour le domaine du duché de Bretagne ; & par une déclaration du 12 Août 1554, donnée au camp de Crevecœur, il ordonna la vente & ceffion de

10000 liv. de rente fur les domaines, impôts & billots.

Lettres patentes du mois de Décembre 1577, portant qu'il fera fait bail à féage perpétuel de toutes les terres apartenantes au Roi, dans la prefqu'ifle de Quiberon.

Autres lettres patentes du mois de Juin 1578, portant qu'il fera vendu & aliéné à titre d'engagement & rachat perpétuel, du domaine du Roi au duché de Bretagne, jufqu'à 20000 écus.

Edit du mois de Juillet 1584, pour la vente à faculté de rachat perpétuel de 12000 écus de rente au denier 12, fur les fermes des prévôté de Nantes, ports, Havres, Brieux, traite de bêtes vives, impôts & billots de Bretagne.

Autre édit du mois de Décembre 1585, qui ordonne une vente & aliénation du domaine du Roi, à faculté de rachat perpétuel, jufqu'à la fomme de 2000 écus de rente, fur les deniers des fouages de Bretagne.

Lettres patentes du mois de Mars 1586, portant qu'il fera vendu & aliéné à faculté de rachat perpétuel, du domaine du Roi dans les baronnies, terres & feigneuries de Fougeres, Bafouges, Antrain, Ruière, Maralle, faint Aubin du Cormier, & Liffré.

Lettres patentes du 22 Septembre 1604, concernant les terres vaines & vagues, & domaines congéables, apartenans au Roi, en Bretagne.

Edit du mois d'Avril 1619, portant que les gréfes, places de clercs & commis de la cour de parlement & autres jurifdictions de Bretagne, qui ont été rachetés & unis au domaine du Roi, feront vendus & aliénés à faculté de rachat perpétuel, comme ils l'étoient ci-devant.

Autre édit du mois de Juillet 1626, pour la vente & aliénation à faculté de rachat, des gréfes, tant civils que criminels, des préfentations, affirmations, fceaux, places des commis & clercs des gréfes, avec le droit de parilis, que S. M. veut être établi en Bretagne.

Edit du mois de Juillet 1638, pour la vente & aliénation, sous condition de rachat perpétuel des impôts & billots de Bretagne, & des poids-roïaux, apellés poids-le-duc.

Autre édit du mois de Novembre 1655, pour la vente des domaines en Bretagne, gréfes, impôts & billots, du consentement des états de la province, sans que les propriétaires & engagistes puissent être dépossédés pour quelque cause que ce soit; Confirme les afféagemens faits en ladite province par les commissaires du Roi, depuis 20 ans, en païant un suplément; ordonne l'aliénation des rentes au-dessous de 3 livres; & concéde au parlement les voutes du palais à Rennes & places en dépendantes.

Lettres patentes du 6 Avril 1658, concernant la revente des domaines & gréfes, conformément au contrat des états de Bretagne du 1er Décembre 1657.

Lettres patentes en forme d'édit du mois de Décembre 1664, qui révoquent l'édit du mois de Juillet 1638, portant aliénation des impôts & billots de Bretagne, & des poids roïaux, apellés poids-le-duc; & qui les réunissent au domaine du Roi.

Arrêt du conseil du 2 Juillet 1668, pour l'éxécution de l'édit du mois d'Avril 1667; par lequel arrêt, il est ordonné que les détenteurs & possesseurs des domaines de Bretagne, aliénés depuis l'union du duché à la couronne, représenteront leurs titres; faute de quoi lesdits domaines feront réunis, & le fermier général sera mis en possession.

Arrêt du conseil du 26 Octobre 1669, portant union dès-à-présent à la ferme générale des domaines & gréfes de Bretagne, engagés depuis l'union du duché à la couronne; & ce, en conséquence de l'arrêt du 2 Juillet 1668.

Edit du mois de Juin 1710, qui ordonne qu'il sera procédé à la vente & aliénation à perpétuité, à titre de propriété incommutable, des droits d'impôts & billots qui se perçoivent sur les boissons, dans la province de Bretagne; ensemble de ceux de la traite domaniale, étaux & cuiraterie de la ville de Rennes, & poids-au-duc de ladite province, qui étoient alors affermés par Ferreau, adjudicataire des fermes, à Charles Morel; à la charge de la perception du dixième ou deux sols pour liv. en sus de tous lesdits droits, ordonnés être levés & perçûs au profit du Roi, par les déclarations des 3 Mars 1705 & 11 Janvier 1709, pour en être compté à S. M.

Les droits d'*échanges*; c'est-à-dire les droits dûs aux mutations par échanges, ont été aliénés à la province, pour être unis aux fiefs & seigneuries des seigneurs particuliers. Voïez *Échanges*, §. 3.

A l'égard des remparts, murs & places des fortifications de la ville de Rennes & des autres de la province. Voïez *Murs*.

Indépendamment des règlemens raportés ci-dessus, & qui font particuliers pour la Bretagne, il y a eû d'autres aliénations, réunions & reventes dans cette province, en vertu des édits & déclarations, concernant les domaines & les gréfes de tout le roïaume.

Il a été fait aussi des aliénations aux états de Bretagne, dont on va parler.

§. 2. *Aliénations faites aux états de la province.*

Par arrêt du conseil du 9 Mai 1716, le Roi confirma la subrogation, qui avoit été faite aux états de Bretagne, à compter du 1er Janvier de la même année, du bail précédemment fait, sous le nom de Guillaume Normant, des droits de *franc-fiefs*, *amortissement* & nouvel-acquêt, dans l'étendue de ladite province; pour en jouïr de la même manière qu'en avoient jouï, ou dû joüir les précédens fermiers, moïennant 50000 livres par an.

Les états, qui, au lieu de joüir comme les précédens fermiers, avoient converti le droit de franc-fiefs, en une impofition fixe & annuelle, fur les roturiers poffédans des biens nobles, firent des repréfentations fur les difpofitions de l'arrêt du 9 Mai 1716 ; & par un autre arrêt du confeil du 5 Septembre 1716, il fut encore ordonné qu'ils joüiroient, comme avoient joüi ou dû joüir les précédens fermiers ; que les rôles feroient arrêtés par les commiffaires des bureaux diocèfains ; & que les conteftations feroient jugées, par un bureau établi à Rennes, compofé du commandant de la province, du commiffaire départi, & de fix dé putés des trois ordres, de l'églife, de la nobleffe, & du tiers-état.

Les conditions prefcrites par ces deux arrêts, pour la fubrogation, n'aïant point été remplies ; & les états aïant toujours voulu dénaturer le droit de franc-fiefs, pour le commüer en rentes annuelles, la fubrogation fut révoquée, par arrêt du confeil du 7 Mars 1719, qui ordonna que le recouvrement feroit fait, comme avant 1716, par le fermier defdits droits.

Depuis ce tems, les états ont formé & réïtéré plufieurs demandes, tendantes, les unes à la fubrogation de tout ou de partie des droits compris dans les baux de la ferme des domaines de cette province ; & les autres, à obtenir l'aliénation même de ces droits. Toutes ces demandes ont été rejettées, jufqu'en 1759, que les befoins preffans de l'état, occafionnés par une guerre longue & difpendieufe, ont déterminé le Roi, à accéder aux propofitions d'une aliénation.

Il fut en conféquence, ordonné, par arrêt du confeil du 9 Février 1759, que, par M. le duc d'Aiguillon, commandant en chef dans la province, premier commiffaire de S. M. aux états (alors affemblés à Saint-Brieux) & par les autres commiffaires de S. M. auxdits états, il feroit paffé pour elle & en fon nom, contrat de ceffion auxdits états, des domaines & droits y joints, compris dans le bail expiré en 1756, de la fous-ferme des domaines de ladite province ; & des impôts & billots & formule, pour en joüir, à compter du 1er Janvier 1759.

Le contrat a été paffé en vertu de cet arrêt, le 18 du même mois de Février ; & il a été ratifié, par lettres patentes du mois de Mars 1759.

L'aliénation eft faite à diférens titres : 1°. Les droits de contrôle des actes ; ceux d'infinuation laïque & de centième denier ; ceux de petit-fcel, & ceux de contrôle des exploits ; les droits réfervés ; les impôts & billots de la province ; les droits de timbre fur les papiers & parchemins, & les deux & quatre fols pour livre defdits droits, même des péages & autres droits femblables, font *aliénés à perpétuité*. 2°. Les domaines & droits domaniaux de la province, cafuels & fixes ; les confifcations ; les amendes ; les droits & émolumens des gréfes ; ceux de préfentations, défauts, & congés ; & les droits de contrôle defdits gréfes, préfentations, &c. font cédés à *titre d'engagement, à faculté de rachat perpétuel*. 3°. La finance & les produits utiles des droits d'amortiffemens, franc-fiefs, nouveaux-acquéts & ufages ; & les meubles & immeubles des étrangers non naturalifés qui décéderont en Bretagne, fous la loi de l'aubaine, ont été cédés à titre de *fubrogation, toutefois rachetable à perpétuité & à toujours*. Enfin, tous les droits, reftans à récouvrer, même ceux fur lefquels il y avoit des demandes formées, ont été cédés aux états. Néanmoins ces droits n'apartenoient point au Roi ; auffi l'aliénation n'en a été faite au nom de S. M. que fous la condition qu'elle en indemniferoit les fermiers, auxquels ils apartenoient.

Le

Le prix de ces aliénations a été fixé à quarante millions de livres, que les états ont été autorisés à emprunter ; il a été stipulé que les receveurs généraux des domaines & bois, & leurs contrôleurs continuëront d'exercer leurs fonctions, & de jouïr de la portion attribuée à leurs ofices, dans les droits & revenus domaniaux, ce qui est confirmé, par l'article 9 des lettres patentes. Il est en outre stipulé que S. M. continuëra de faire acquiter les fiefs & aumônes, gages d'oficiers, charges locales, frais de justice, & autres dépenses d'usage, si ce n'est que les états, comme engagistes, feront assujétis aux réparations, de toute nature, des bâtimens des domaines ; & cela est également ordonné, par l'article 10 des lettres patentes. L'article 8 des conditions du contrat, porte qu'ils régiront les domaines & droits domaniaux, ainsi & de la même manière que les engagistes font autorisés, à ce titre, à en faire la régie & l'administration. Par l'article 10, il est dit qu'en considération de ce qu'au nombre des droits cédés aux états, ils acquièrent *au denier vingt* (*) ceux des quatre fols pour livre, dont la prolongation n'est ordonnée que pour douze ans, il est stipulé & arrêté que lesdits états seront en conséquence affranchis, à perpétuité, de tous suplémens de finance, tant pour nouvelles prorogations, si aucunes font ordonnées desdits quatre fols pour livre, que pour création

ou augmentation de droits, de quelque espéce que ce foit, fur toutes les parties à eux venduës, cédées, aliénées & engagées par le préfent contrat. Enfin, l'article 11 règle l'attribution de jurifdiction, pour connaîtrë des diférentes parties.

Le parlement de Bretagne aïant fait, par fon arrêt du 9 Avril 1759, des reftrictions & des changemens, au fujet de l'attribution de la connaiffance des droits de contrôle, & autres y joints, cet arrêt a été caffé, par arrêt du confeil du 22 Mai 1759 ; & par un autre arrêt du confeil du même jour, l'attribution a été règlée. Les difpofitions de cet arrêt, font raportées ci-devant. Voïez *Attribution*, page 225.

§. 3. *Régie & recouvrement des droits domaniaux cafuels.*

1. Les acquéreurs qui préfentent leurs contrats, tant en jugement, qu'au receveur des domaines, dans trois mois de la date des contrats, jouïffent d'*un quart de remife* fur les droits & devoirs feigneuriaux dûs au Roi. Lettres patentes en forme de déclaration de Henry II. du 26 Août 1552, enregiftrées à la chambre des comptes de Bretagne le 18 Novembre fuivant.

* Cette remife n'a lieu que pour les acquifitions faites par contrats volontaires, & non pour les biens acquis judiciairement. Arrêt du confeil du 14 Février 1747, par

(*) Les états ont-ils réellement acquis au denier vingt ? Les domaines & droits y joints qui leur ont été aliénés étoient affermés dans le bail précédent 1145000 liv. le prix du bail des impôts & billots, & de la formule étoit de 1060000 liv. ainfi qu'il eft reconnu par l'art. 4 du contrat. Ces deux parties formoient donc un objet réel pour le Roi de 2205000 liv. par an, fufceptible même d'augmentation par la progreffion des fortunes & de la valeur des biens. Ces droits excédent même le prix des baux, puifqu'ils doivent produire, en outre, les bénéfices defdits baux, & les frais de régie de Paris. Il eft vrai que dans le cours du bail de 1751, il a été aliéné à M. le duc de Penthievre fept gréfes, & quatre domaines qui peuvent être confidérés fur le pié de 50000 liv. de revenu. Mais, en s'arrêtant même à la régie des états, l'on voit que dans l'année 1759, ils ont retiré 2248509 liv. diftraction faite de tous frais de régie, quoiqu'il n'ait point été fait de recouvrement des droits domaniaux cafuels pendant cette année, par raport aux conteftations d'entr'eux & le receveur général. Ils n'ont rien débourfé : ils ont feulement prêté leur crédit au Roi, dans une circonftance où on l'a cru néceffaire ; & en contractant l'obligation de païer l'intérêt à 5 pour cent des quarante millions, ils ont eû un nantiffement bien plus confidérable. D'ailleurs les promeffes de paffer contrat qu'ils ont fournies en païement de ce capital, aïant été mifes fur la place par les particuliers auxquels le miniftère les avoit données en païement, ont perdu plus d'un tiers. Si les états les ont retirées alors (comme ils l'ont pû) ils fe trouvent n'avoir pas même acquis au denier douze.

Bretagne. lequel, fans s'arrêter à une fentence du fénéchal de Guerrande, que S. M. a déclarée nulle, ni à l'intervention du findic des états de la province de Bretagne, dont il a été débouté; le fieur Bellanger a pareillement été débouté de fa demande, en reftitution d'un quart des lods & ventes par lui païés, pour raifon d'une adjudication à lui faite par décret au parlement de Rennes, le 9 Avril 1740; & la dame de Combles, autre partie, a été condamnée à païer en entier au fermier des domaines de Bretagne, les lods & ventes dûs au Roi, pour raifon des biens ajugés au feu fieur de Combles fon mari, par décret, en la jurifdiction de Guerrande. Cette affaire fut communiquée à M. Freteau, infpecteur général du domaine de la couronne, & elle a été jugée en conformité de fon dire.

2. Les *oficiers du parlement, & de la chambre des comptes* de Bretagne, ne jouïffent point de l'éxemtion des droits feigneuriaux dûs aux Roi. Ils furent affujétis à païer ces droits par arrêt du confeil du 13 Janvier 1667. Il eft vrai que par déclarations du Roi des 29 Mars 1707, & 8 Mai 1708, l'éxemtion leur fut accordée de tous droits de lods & ventes, quints & requints, reliefs, treizièmes, rachats, fous-rachats, & autres droits feigneuriaux & féodaux, à caufe des terres & fiefs nobles, ou terres roturières tenuës en mouvance du domaine du Roi, tant en achetant, vendant, qu'autrement, même dans le cas des échanges; au moïen de la finance réglée par ces déclarations, tant pour cet objet, que pour les difpenfes de dégré de fervice, & pour une augmentation de gages.

Les oficiers defdites cours ont même jouï de cette éxemtion, puifque par arrêt du confeil du 28 Octobre 1710, il fut ordonné qu'ils païeroient feulement aux receveurs généraux des domaines & bois, les trois fols pour livre des droits feigneuriaux, cafuels de leurs acquifitions; attendu que ces trois fols pour livre étoient attribués auxdits receveurs, avant l'éxemtion accordée en 1707, & 1708; & que par conféquent, cette éxemtion ne pouvoit s'étendre à ce qui étoit précédemment aliéné.

Mais, par arrêt du confeil du 1er Avril 1713, S. M. voulant faire ceffer les conteftations réfultantes de ces éxemtions, & remettre en valeur fes domaines de la province de Bretagne, qui fouffroient une diminution confidérable par lefdites éxemtions, réfolut de rétablir les chofes, comme avant 1707, en rembourfant les finances païées en vertu des déclarations de 1707 & 1708. En conféquence, S. M. ordonna par ledit arrêt du confeil du 1er Avril 1713, que les oficiers du parlement & de la chambre des comptes de Bretagne, raporteroient les quitances & autres piéces juftificatives des finances par eux païées, en éxécution des déclarations des 29 Mars 1707, & 8 Mai 1708, pour être procédé à la liquidation defdites finances, & pourvû au rembourfement d'icelles, avec les intérêts, à compter du 1er Janvier 1713; moïennant quoi les augmentations de gages attribuées auxdits oficiers, pour lefdites finances, demeureroient éteintes & fuprimées; il fut encore ordonné que, du jour de la fignification dudit arrêt, les éxemtions des droits, portées par lefdites déclarations, demeureroient éteintes & révoquées; ce faifant que lefdits oficiers du parlement, & de la chambre des comptes de Bretagne, feroient tenus de païer les droits de lods & ventes, quints, requints, reliefs, treizièmes, rachats, fous-rachats, & autres droits feigneuriaux & féodaux, fuivant & ainfi qu'ils font dûs par la coûtume; & comme ils faifoient avant lefdites déclarations; pour jouïr defdits droits, par le fermier des domaines, comme faifant partie de fon bail.

Cet arrêt a été fignifié à M. le procureur général, & au gréfier de la chambre des comptes, le 13 Avril 1713.

3. *Les receveurs & contrôleurs géné-*

raux des domaines, ont été établis dans les diférentes provinces du roïaume, pour donner leurs soins à la conservation du domaine du Roi, & pour faire la recette de tous les droits domaniaux casuels, sans exception; c'est pour remplir ces objets, qu'il leur a été accordé des attributions considérables sur lesdits droits domaniaux: voïez *receveurs* & *contrôleurs*. En Bretagne, ces oficiers ont prétendu pouvoir se dispenser d'éxercer leurs fonctions, & qu'on devoit néanmoins leur compter de leurs attributions, sans aucune retenuë; ils ont dit qu'ils ne sont pas tenus de faire le recouvrement des droits casuels dûs pour les biens roturiers, & ils se sont fondés sur une déclaration du Roi du 25 Septembre 1703, enregistrée au parlement le 24 Octobre de la même année, & à la chambre des comptes le 9 Novembre. Par cette déclaration, il est dit qu'il a été représenté au Roi, que les lods & ventes, & autres droits casuels des rotures, sont si modiques, & en si grand nombre dans la province de Bretagne, que la dépense que les receveurs généraux des domaines, seroient obligés de faire pour l'entretien d'un commis, qu'ils seroient contraints d'établir en chacune des justices roïales de ladite province, pour le recouvrement desdits droits, consommeroit tout le revenu de leurs charges; & que S. M. se trouveroit engagée à augmenter considérablement les fonds accoûtumés pour la façon & épices de leurs comptes; ce qu'elle peut épargner, en laissant au fermier des domaines de ladite province, la recette desdits droits, ainsi qu'il l'a faite jusqu'à présent. En conséquence, il est ordonné par ladite déclaration, en interprétant l'édit du mois de Décembre 1701, que la recette des droits de lods & ventes, & autres casuels des biens en roture, apartenans à S. M. en ladite province de Bretagne, continuëra d'être faite par les fermiers des domaines, comme par le passé; les receveurs généraux des domaines, ont été déchargés du recouvrement desdits droits; & il a été ordonné que lesdits fermiers remettront, trois mois après la fin de chaque année, au receveur général des domaines en éxercice, un état par eux certifié de tous les casuels roturiers, qu'ils auront reçus pendant ladite année; lequel contiendra les sommes reçuës, la qualité & la situation des héritages vendus ou échangés, la date, & le prix des contrats, le nom du notaire, & celui de l'acquéreur; pour être, ledit état, raporté en la chambre des comptes de Bretagne, par le receveur général, & annéxé au compte qu'il rendra pour ladite année, dans lequel compte, il déclarera ne faire recette de la somme à laquelle se trouvera monter le produit desdits droits, attendu que le recouvrement en a été fait par le fermier des domaines, auquel lesdits droits apartiennent en conféquence de son bail.

Les domaines & droits domaniaux dûs au Roi en Bretagne, aïant été aliénés aux états de la province, le 18 Février 1759, les commissaires des états ont demandé que le receveur général fût tenu de faire la recette de tous les droits casuels, tant nobles que roturiers; & à cet éfet, d'établir des receveurs dans le chef-lieu de chaque domaine, & de leur compter desdits droits, sans autre retenuë, que des attributions des oficiers du domaine; le receveur général a oposé la déclaration de 1703, & sur cette contestation, il est intervenu arrêt du conseil le 20 Mai 1760, par lequel les états de Bretagne, ont été déboutés de leur demande; il a été ordonné que la déclaration du 25 Septembre 1703, sera éxécutée; & qu'en conséquence, les états seront tenus de faire faire par leurs commis & préposés, la recette des casuels domaniaux des biens en roture; que le recouvrement & la recette des droits féodaux & casuels domaniaux, seront faits par le receveur général, ou par son fondé de procuration, établi à cet éfet, dans la ville de Rennes, chef-lieu de la province, à la charge par les états, & par le receveur général, de se faire raison, & de se compter réciproquement des portions desdits droits, revenantes à chacun d'eux, aux déductions de droit.

La déclaration de 1703, ni l'arrêt de 1760, ne s'expliquent pas positivement sur les frais du recouvrement; il est certain que lorsqu'il a été accordé six sols pour livre, des droits domaniaux casuels, aux receveurs généraux, & aux autres oficiers des domaines, ç'a été à la charge de faire le recouvrement; ils doivent donc compter des quatorze sols pour livre au fermier, ou à ceux auxquels ils apartiennent, sans aucune déduction de frais de régie; l'art. 4 de l'édit du mois de Décembre 1727, porte qu'ils compteront desdits quatorze sols pour livre, sans autre déduction, que des frais qui ne pouront être répétés contre les redevables, & que ces frais seront prélevés sur la totalité des droits; & par arrêt du 11 Septembre 1731, il a été jugé que lesdits receveurs généraux doivent remettre aux fermiers, les sommes qui leur apartiennent dans les droits seigneuriaux casuels, féodaux & roturiers, sans aucune déduction, sous prétexte de remise, frais de régie ou autrement.

Or, si les attributions des oficiers du domaine, leur tiennent lieu des frais de régie & de recouvrement, il s'enfuit que lorsqu'ils ne font point ce recouvrement, on est fondé à leur déduire les frais de régie sur le montant de leurs attributions. Le receveur général des domaines de Bretagne, l'a tellement reconnu, que par l'arrangement que l'on assure qu'il a fait avec les états, à la fin de l'année 1760, il s'est désisté de toutes ses fonctions pour la régie, le recouvrement & la recette des droits domaniaux casuels, nobles & roturiers, & qu'il s'est départi d'un sixième de ses attributions, & de celles des autres oficiers du domaine, lequel sixième leur sera retenu par les états, pour frais de régie,

A l'égard des droits de rachat & sousrachat en Bretagne, il en sera parlé ci-après. *Verb. Rachat.*

4. Quant aux *juges qui connaissent du domaine* & droits domaniaux en Bretagne, on observera que les juges des justices roïales, ressortissantes nuëment au parlement, avoient eu cette attribution comme les autres juges du roïaume, par l'édit de Cremieu, du mois de Juin 1536; il est vrai que cet édit fut révoqué par celui du mois d'Avril 1627, qui attribua cette connaissance aux bureaux des finances; mais comme il n'y en avoit point d'établi en Bretagne, les juges roïaux continuèrent de connaitre & de juger les affaires du domaine.

Par lettres patentes du 23 Février 1660, il fut établi une chambre souveraine en Bretagne, pour le fait du domaine & pour la confection du papier terrier; mais cet établissement fut révoqué par arrêt du conseil du 13 Mai 1660.

Par édit du mois de Novembre 1672, il fut ordonné qu'il seroit établi une chambre roïale du domaine du Roi en Bretagne. *Voïez* encore l'arrêt du conseil & les lettres patentes du 27 Juillet 1683, concernant la réformation du domaine & la confection du papier terrier en la province de Bretagne.

Il fut passé à Dinan, le 10 Décembre 1675, un contrat entre les commissaires du Roi & les députés des états de la province; par l'art. 10 duquel il est stipulé que M^{rs} les commissaires accordent que les procédures à faire pour le domaine du Roi, seront faites *à l'ordinaire* par devant les sénéchaux des jurisdictions roïales; & en cas d'absence, par devant les autres juges, selon l'ordre du tableau; & que les jugemens à ce regard seront éxécutés, nonobstant opositions ou apellations quelconques, & sans y préjudicier; & qu'en cas d'apel, la connaissance en apartiendra à la grand'chambre du parlement. Comme cette conceſſion eſt momentanée , & qu'elle ne peut avoir d'éfet que d'une féance des états à l'autre , elle ſe renouvelle à chaque tenuë d'états dans les mêmes termes.

Par l'art. 16 de l'édit du mois d'Avril 1694 , il fut créé , érigé & établi un bureau & chambre des domaines & finances pour toute l'étenduë de la province de Bretagne , lequel auroit féance en la ville de Rennes , pour veiller à la conſervation des domaines du Roi, avoir l'adminiſtration & direction d'icelui , & de toutes les autres finances ordinaires & extraordinaires , des ponts & chauſſées , & autres ouvrages publics , &c. lequel bureau ſeroit compoſé de deux préſidens , huit tréſoriers de France & généraux des finances , grands-voïers , un avocat & un procureur du Roi, un gréfier , &c. Et comme il y avoit deux tréſoriers de France & généraux des finances anciennement établis en ladite province , leurs charges furent converties en celles des deux préſidens.

Par une déclaration du 22 Juin 1694 , ce bureau des finances fut transféré à Vannes ; & par une autre déclaration du 23 Avril 1695 , le Roi régla les matières de ſa compétence; enfin , ce bureau des finances a été ſuprimé par édit du mois de Septembre 1700 , qui a rétabli & confirmé les juges des juſtices roïales dans le droit qu'ils avoient avant 1694 , de connoître des affaires concernant le domaine , & de les juger.

Il en réſulte que les conteſtations ne peuvent être portées que dans les ſiéges roïaux , *reſſortiſſans nuëment* au parlement , conformément à l'édit de Crémieu , qui le premier a établi la loi à cet égard. Le contrat de 1675 porte que les procédures feront faites *à l'ordinaire* par devant les fénéchaux , &c. c'eſt-à-dire , comme il étoit d'uſage auparavant. L'édit de 1700 dit poſitivement qu'il en ſera uſé comme avant celui de 1694. Or , la règle ſe trouvant établie par l'édit de 1536 , il faut la ſuivre éxactement , avec d'autant plus de raiſon , que ſi l'on reconnaiſſoit indiſtinctement tous les juges roïaux de la province , le fermier & le receveur général , ou autres qui régiſſent le domaine , ſeroient obligés de plaider dans une infinité de tribunaux , où il ſe trouveroit rarement des juges inſtruits de ces matières , ſur tout dans les juſtices roïales ſubalternes , dont le territoire limité ne fourniroit pas de fréquentes occaſions , d'en connaître ; ce qui cauſeroit un préjudice conſidérable au domaine du Roi.

Il réſulte également de ces règlemens , que les inſtances doivent être portées devant le principal juge du ſiége roïal , reſſortiſſant nuëment au parlement , & non pas devant le corps entier des oficiers du ſiége. Le contrat de 1675 le décide poſitivement , en diſant que les procédures feront faites devant les ſénéchaux , & en cas d'abſence , devant les autres juges , ſelon l'ordre du tableau. C'eſt même ce qui a été ordonné par deux arrêts du conſeil , des 4 Juillet 1741 , & 21 Septembre 1745 , portant que les demandes du fermier des domaines de Bretagne , & toutes autres demandes & conteſtations concernant le domaine du Roi , circonſtances & dépendances , nées & à naître dans l'étenduë de la fénéchauſſée de Rennes , ſeront portées par devant le ſénéchal de Rennes ſeul , & en ſon abſence , par devant ſon lieutenant , pour y être leſdites inſtances & procès , jugés en la manière ordinaire , ſauf l'apel au parlement , ſans que les jugemens par eux rendus puiſſent être attaqués par voïe d'incompétence , ſous prétexte que leſdits jugemens auroient dûs être rendus par tous les oficiers du ſiége.

Il eſt d'autant plus intéreſſant de s'y conformer dans tous les ſiéges , que la juſtice ſera renduë plus ſommairement , & à beaucoup moins de frais.

Enfin , l'art. 9 du contrat d'aliénation faite à la province le 18 Février 1759 , porte que le parlement & les juges roïaux continuëront d'avoir , par raport aux domaines , droits domaniaux , & autres parties de droits dont ils font en poffeffion de connaitre , la même jurifdiction & connaiffance qu'ils en ont euë jufqu'à préfent.

§. 4. *Ifles & iflots de Bretagne.*

Par arrêt du confeil du 26 Août 1673 , il fut ordonné que les poffeffeurs & détenteurs des ifles , iflots , accrûës , attériffemens , droits de pêche , péage , bacs , paffages , tant par rivières que par mer , bateaux , ponts , moulins & édifices étans fur les rivières navigables , & autres y affluantes de la province de Bretagne , repréfenteroient les titres de leur poffeffion ; que ceux qui juftifieroient avoir acquis la propriété , en vertu d'édits vérifiés , depuis le mois d'Avril 1568 , feroient maintenus, pour en jouir incommutablement, fans pouvoir être troublés à l'avenir, en païant, par forme de fuplément de deniers d'entrée, le fixième de la valeur defdites ifles & droits , tant par rivière que par mer , avec les 2 f. pour livre, & en outre 2 liv. pour arpent defdites ifles & iflots, & le vingtième du revenu des moulins , bacs , pêches , paffages & édifices ; le tout par chacun an , par forme de fur-cens & reconnaiffance , outre & par deffus les cenfives & droits feigneuriaux ; qu'il feroit pourvû à ceux qui poffédent en vertu de femblables titres antérieurs à 1568 , fur la repréfentation d'iceux ; & à l'égard defdits droits qui étoient ufurpés ou poffédés fans titres , ou en conféquence de titres vicieux , ils feroient réunis au domaine, & procédé à la vente & aliénation d'iceux à perpétuité.

Autre arrêt du 6 Novembre 1673 , portant que dans les rivières de Bretagne , font comprifes celles y affluantes du côté de l'Anjou.

Déclaration du Roi du mois d'Août 1689 , par laquelle S. M. fur la repréfentation des états , que la plus grande partie des ifles dans ladite province , n'ont été formées & arentées que dans le commencement du fiécle , qu'ainfi les détenteurs ne peuvent raporter de titres antérieurs à 1566 , conformément à l'édit d'Avril 1683 , confirme tous les poffeffeurs & détenteurs , à quelque titre que ce foit , des ifles fur la rivière de Loire , & autres navigables en Bretagne , en la poffeffion & jouïffance d'icelles , enfemble des crémens qui s'y font formés , & de ceux qui pourront s'y former à l'avenir , foit par alluvion , ou par induftrie ou autrement , à la charge de païer une finance pour droit de confirmation , dans trois mois de la fignification du rôle defdites finances ; faute de quoi déchus , & fera le fermier mis en poffeffion ; & à la charge en outre de païer à l'avenir , par forme de rente & de champart , une redevance annuelle , règlée à la quinzième portion des fruits recueillis annuellement auxdites ifles & crémens ; permet aux propriétaires de tenir lefdites ifles noblement ou roturièrement , à leur choix , à la charge de la foi & hommage pour celles tenuës noblement , & de déclaration au papier terrier pour celles en roture , & de païer les lods & ventes & autres droits & devoirs feigneuriaux aux mutations.

Déclaration du Roi du 7 Août 1694 , pour la décharge des cinq fols de fur-cens fur les ifles & iflots , en païant les fommes comprifes dans les rôles , à l'exception de la province de Bretagne , où il a été impofé un champart en conféquence de la déclaration de 1689 , & où les détenteurs demeureront chargés d'un denier par arpent de redevance annuelle, & des droits feigneuriaux aux mutations, ainfi qu'il a été ordonné pour le Languedoc , par dé-

claration du mois de Mai 1694 ; décharge
lefdits poffeffeurs de la redevance impofée
en conféquence de l'édit d'Avril 1668 , &
des déclarations de 1683 , 1686 & 1689 ,
en païant le principal defdits champarts &
redevances au denier 18 , fans préjudice
des autres droits & redevances dont ils
étoient chargés avant 1668.

Au furplus , voïez *Ifles & Iflots* , où
font raportés les règlemens généraux fur
cette partie.

BREVET *d'aprentiffage* , eft l'acte par
lequel un particulier , pour aprendre un
métier , art ou négoce , s'oblige à demeurer chez un maître pendant quelque tems ,
aux conditions convenuës entr'eux.

· Le droit de *contrôle* du brevet d'aprentiffage eft fixé , par l'art. 23 du tarif du
29 Septembre 1722 , à 20 f. pour les villes où il y a cour fupérieure , & à 10 f.
pour les autres villes & lieux.

Par la décifion du confeil , du 3 Août
1715 , art. 8 , il fut jugé que lorfque le
brevet contient obligation de païer une
fomme , le droit de contrôle devoit être
perçu fur le pié de l'obligation , s'il eft
plus fort que celui dû pour le brevet.

Et par celle du 3 Mars 1716 , renduë
fur le mémoire des notaires de Roüen ,
art. 1 , il a été jugé que lorfque le brevet eft pour le tems feulement porté par
les ftatuts , fans claufe étrangère , le droit
de contrôle n'eft dû que comme brevet ,
quelque fomme qui foit ftipulée ; mais que
s'il excéde le tems fixé par les ftatuts ,
& qu'il fe trouve contenir d'autres difpofitions , le droit fera perçu fur la plus
forte difpofition.

Décifion du confeil , du 15 Mars 1723 ,
qui juge qu'il a été bien perçu deux droits
de contrôle pour un brevet d'aprentiffage ,
par lequel la communauté du métier avoit
donné quitance de fes droits.

Autre décifion du 3 Mai 1723 , renduë
fur un mémoire du fieur Dupuys , notaire
à Paris , qui juge qu'indépendamment du
droit de contrôle fixé par l'art. 23 du tarif pour le brevet d'aprentiffage , il eft
dû un fecond droit , fi les jurés du métier
reçoivent une fomme dont ils donnent
quitance par le même acte.

Les brevets d'aprentiffage , judiciaires ,
font des réceptions d'aprentis qui fe font
devant le juge de police. Voïez *Réceptions.*

BUREAUX *du contrôle des actes &
des droits y joints* , font les lieux où les
actes doivent être aportés pour y être revêtus des formalités du contrôle , de l'infinuation , du petit-fcel & autres ; c'eft où
doivent être païés les droits de centième
denier par les nouveaux poffeffeurs d'immeubles , & les autres diférens droits dépendans de la ferme des domaines , & que
les commis du fermier font autorifés à
recevoir.

Ces bureaux doivent , pour cet éfet ,
être établis de la manière la plus convenable pour la facilité de la régie , & pour
la commodité du public , autant que ces
deux objets peuvent concourir ; mais fans
trop multiplier le nombre des bureaux ,
pour ne pas augmenter les privilèges dont
jouïffent les commis qui les éxercent.

L'on divifera cet article en deux parties : dans la première , il fera queftion du
lieu de l'établiffement des bureaux ; &
dans la feconde , du privilége du fermier
pour les maifons qui fervent de bureaux.

§. 1. *Villes & lieux de l'établiffement des bureaux.*

L'édit du mois de Mars 1693 , intro-
ductif du contrôle des actes , porte que
les bureaux feront établis dans tous les
lieux où il y a des fiéges roïaux , même
dans les duchés-pairies , & autres juftices
reffortiffantes aux cours , & ailleurs où
befoin fera.

L'art. 1er de la déclaration du 19 Mars
1696 , ordonne que les bureaux établis
pour le contrôle des actes , demeureront

fixes & ne pouront être changés ni établis en d'autres lieux , qu'en conféquence des ordres de S. M.

La déclaration du 21 Mars 1671 , pour le contrôle des exploits , ordonne que les bureaux feront établis en chacune , des villes & bourgs où il y a juftice , foire ou marché ordinaires, & dans les autres lieux, de diftance en diftance convenable , ainfi qu'il fera règlé par M^{rs} les intendans.

A l'égard des droits d'infinuation & de centième dernier , il a été établi des bureaux en conféquence de l'art. 22 de la déclaration du 19 Juillet 1704 , dans tous les fiéges roïaux ou feigneuriaux , & généralement dans tous les lieux où le contrôle des actes étoit établi ; mais les donations entre-vifs ne peuvent être infinuées que dans les bureaux établis près les fiéges roïaux reffortiffans nuëment aux cours , conformément à la déclaration du 17 Février 1731. Voïez *donations*.

La déclaration du 9 Mars 1709 , permet aux receveurs des épices & des amendes d'établir un bureau dans chaque ville & lieux de leur établiffement , foit en leurs maifons ou autres endroits plus commodes pour la jurifdiction , pour y faire la recette des épices & amendes , auxquels bureaux les parties ou leurs procureurs feront tenus de les venir païer avec les droits defdits receveurs.

Par arrêt du 30 Juillet 1720 , rendu contre les juges & confuls de Poitiers , qui refufoient une place dans le gréfe au commis des préfentations , il fut ordonné que ce commis en auroit une dans le gréfe ordinaire de la jurifdiction confulaire.

Et par arrêt du confeil du 9 Mars 1734, il a été permis au fous-fermier des domaines de Tours , de faire faire au bureau du contrôle de la ville du Mans l'éxercice du gréfe des préfentations , & la perception des droits réfervés fur toutes les procédures ; & il a été difpenfé d'avoir un commis au palais. Et en conféquence , l'ordonnance rendue par les oficiers du préfidial , a été caffée.

Décifion du confeil du 8 Janvier 1728, contre les notaires , huiffiers & fergens de l'élection de Cognac , qui demandoient le rétabliffement d'un bureau fuprimé.

Autre décifion du 17 Janvier 1728 , contre Regnoult , huiffier, de la paroiffe de faint George de Vièvre , qui demandoit qu'il fut établi un bureau pour le contrôle des exploits en ladite paroiffe.

Autre du 13 Juillet 1735 , qui déboute les confuls de la communauté de Vallavois de leur demande , tendante à l'établiffement d'un bureau de contrôle des actes audit lieu , qui n'eft diftant que d'une lieuë d'Antibes.

Décifion du confeil, du 26 Mars 1740 , fur mémoire du fieur Pougin, procureur-fifcal de faint Benoît-fur-Loire , qui demandoit le rétabliffement d'un bureau que le fermier avoit fuprimé , faute de trouver un fujet pour l'éxercer. Décidé qu'on ne peut obliger le fermier à rétablir ce bureau.

Autre du 9 Mars 1748 , qui déboute M. de Tremenec de fa demande , tendante à la fupreffion d'un bureau établi à Ploeur-d'Ordel , paroiffe de Plougonver , en Bretagne , fous prétexte que le commis eft notaire & gréfier ; qu'il y a des bureaux voifins , & qu'il n'en devoit être établi que dans les lieux où il y a foire ou marché.

Décifion du confeil du 30 Mai 1748 , contre la dame marquife de Pompone , qui demandoit le rétabliffement du bureau de Paloifeau , transféré à Longjumeau. Décidé que cela ne fe peut , & que les fermiers font les maitres d'établir leurs bureaux où bon leur femble.

Néanmoins , comme le lieu de l'établiffement des bureaux doit être relatif à l'utilité de la régie & à la commodité du public , il en réfulte que le fermier ne peut pas indiftinctement fuprimer un bureau établi , pour le transférer ailleurs ; c'eft

même

même ce qui a été décidé au conseil le 18 Juin 1735, en ordonnant le rétabliffement d'un bureau de contrôle à Villeneuve fur Belot, fur la demande des habitans & fur ce que M. l'intendant a obfervé qu'il étoit néceffaire de laiffer fubfifter ce bureau pour le bien public, & même pour celui de la ferme.

D'ailleurs, on ne doit pas craindre que le fermier fuprime des bureaux fans motifs fuffifans ; il a intérêt qu'il y en ait un nombre fuffifant, afin que l'étenduë d'un bureau étant plus refferrée, l'attention d'un commis fe porte à tous les objets qu'il doit remplir, & que, par ce moïen, la régie fe perfectionne par plus de régularité & d'éxactitude.

Décifion du conseil du 26 Août 1752, qui autorife le fermier des domaines de Bretagne, à établir trois directeurs dans la province, à Rennes, à Nantes & à Morlaix ; en divifant la direction qui étoit à Rennes, chef-lieu de la province.

Autre du 30 Octobre 1755, qui déboute le fieur le Maître, notaire à Boucey, de fes demandes, tendantes au rétabliffement d'un bureau, qui avoit été anciennement établi à Boucey, & qui avoit été fuprimé en 1718 ; ou à ce qu'il lui fut permis de faire contrôler fes actes à Carouge, plus à fa proximité qu'Argentan, où on l'obligeoit de les faire contrôler.

Autres des 3 Mai 1755 & 1er Septembre 1757, qui déboutent le fieur Hebert, propriétaire de la fergenterie noble de Folleville, & le nommé Harel, commis à l'éxercice de cette fergenterie, de leur demande, pour faire rétablir à Lieuray un bureau du contrôle des exploits, fuprimé en 1730 & transféré à l'hôtellerie.

Au furplus, voïez ci-devant : *Arondiffement*, page 213.

Tome I.

§. 2. *Privilége du fermier, pour les maifons fervant de bureaux.*

Par l'art. 557, du bail de Forceville du 16 Septembre 1738, relatif à l'art. 565, de celui de Carlier du 19 Août 1726, ainfi qu'aux précédens, & confirmé par les fubféquens ; il eft permis au fermier de prendre, tant en la ville de Paris que dans les autres villes, bourgs & lieux du roïaume, telles maifons qu'il jugera néceffaires pour faire des bureaux de recette, à l'exception néanmoins des maifons occupées par les propriétaires, en païant le loïer de ces maifons fur le pié des baux, aux mêmes claufes & conditions d'iceux ; en affirmant par les propriétaires que le bail & autres claufes & conditions font férieufes & véritables ; & s'il n'y a point de bail, à dire d'experts, dont les parties conviendront, fans pour ce, que ledit fermier & les propriétaires foient tenus d'aucuns dédommagemens envers les locataires.

Arrêt du conseil du 27 Mai 1721, qui ordonne que les arrêts & règlemens des 24 Octobre 1705 & 11 Juillet 1716, feront éxécutés felon leur forme & teneur ; ce faifant, fubroge Me Charles Cordier (chargé de la règie des fermes) au bail paffé par la dame Grillau, du pavillon de la maifon à elle apartenante, fituée au Bouvet, pour en jouïr par ledit Cordier, fon directeur & emploïés, ainfi qu'il a été fait par le paffé, à la charge de païer, par ledit Cordier, à ladite dame Grillau, le prix du nouveau bail par elle fait de ladite maifon, & de fatisfaire aux autres claufes & conditions dudit bail, en affirmant par elle devant M. l'intendant de Bretagne, ou fon fubdélégué à Nantes, que ledit bail, ainfi que le prix, & les autres claufes & conditions d'icelui font férieux & véritables.

Arrêt du conseil du 17 Novembre 1722,

X x

qui caffe une fentence du prévôt roïal de faint Quentin du 29 Octobre 1722 , en ce qu'elle ordonne que dans quinzaine , le fieur Marreau , commis aux aides , fortira de la maifon qu'il occupe , fervant de bureau pour la ferme , finon que fes meubles feront mis fur le carreau , fous prétexte d'une augmentation de loïer qu'il n'avoit pas voulu accorder à Nicolas Godefroy , propriétaire ; ce faifant , ordonne que le fermier des aides en jouïra , en païant le loïer fur le pié du prix porté au dernier bail ; fauf à fe pourvoir au confeil.

Par arrêt du confeil , du 15 Décembre 1722 , fur ce que les propriétaires des maifons où font les bureaux des fermes , veulent fe prévaloir de la néceffité où l'on eft de fe fervir de ces maifons , & demandent à en augmenter les loïers , le Roi a évoqué à fon confeil tous procès mûs & à mouvoir, tant contre Cordier , chargé de la règie des fermes , que contre fes commis , pour raifon des maifons fervant actuellement de bureaux pour la règie & perception des droits des fermes , fe réfervant la connaiffance de toutes les conteftations à ce fujet.

Arrêt du confeil , du 1er Février 1724 , qui en conféquence du précédent , évoque les procès & diférends mûs entre les fieurs Decacq & Alvic , au fujet de la portion de maifon , dans laquelle ledit Decacq fait fa demeure , & fon bureau du contrôle des actes & des exploits ; & renvoïe les parties devant M. l'intendant de Languedoc , pour juger définitivement leurs conteftations.

Arrêt du confeil , du 14 Août 1724 , qui ordonne que le nommé Hugot , propriétaire de la maifon où eft le bureau de recette des entrées de la barrière faint Victor à Paris , déclarera dans trois jours s'il entend fe contenter de 950 liv. par an , que Cordier chargé de la régie des fermes , lui a offertes pour le loïer dudit bureau ; finon , ordonne qu'il fera fait eftimation dudit loïer par experts , devant le préfident de l'élection de Paris , ou ceux qu'il commettra.

Autre arrêt du confeil , du 16 Janvier 1731 , qui ordonne l'éxécution de l'article 565 du bail de Carlier ; & en conféquence , fubroge Jean - Baptifte Defmarets , fous-fermier des domaines de Flandre , Hainault & Artois , dans l'acquifition faite par le nommé Vautroyen , gréfier de Lambarek , d'une maifon dans la ville de Caffel , occupée par le fieur d'Heule , chanoine de ladite ville ; à la charge de rembourfer audit Vautroyen , le prix de ladite acquifition , en affirmant par lui & par le vendeur , que les prix , claufes & conditions de la vente , font fincères & véritables ; & parce que ledit fous-fermier remettra la maifon au fermier qui lui fuccédera , en lui faifant pareil remboursement.

Par arrêt du confeil , du 5 Septembre 1741 , il a été ordonné que le fieur Racine , receveur du grenier à fel de la ville de Lifieux , continuëra de jouïr de la maifon qu'il occupe , en païant le loïer fur le pié du dernier bail qui lui en a été paffé , & en fatisfaifant aux claufes & conditions d'icelui ; nonobftant le bail paffé de ladite maifon par le nouveau propriétaire , lequel bail a été déclaré nul ; fauf audit propriétaire , ou à celui qui lui fuccédera dans la propriété , à fe pourvoir au confeil , pour leur être pourvû , ainfi qu'il apartiendra.

Arrêt du confeil , du 2 Septembre 1745 , qui maintient le fieur François - Antoine Foüet , commis au contrôle des actes dans la ville de Bellay , dans la jouïffance de la maifon qu'il occupe en fadite qualité , jufqu'à ce qu'il en ait trouvé une autre qui lui convienne ; & ce , nonobftant le congé à lui donné de la part du propriétaire de cette maifon , qui l'avoit louée à une autre perfonne.

Arrêt du confeil , du 21 Mai 1746 , qui maintient Thibault-la-Ruë , adjudicataire des fermes générales, ou son receveur à Antibes, dans la jouïssance de la maison du nommé Guide, servant de bureau des fermes ; en païant le loïer, à raison de 250 liv. par an, conformément à la convention verbale entre lui & son prédécesseur, du consentement du propriétaire ; nonobstant le bail passé à un autre, sauf audit propriétaire à se pourvoir au conseil, pour lui être pourvû.

Arrêt du conseil, du 10 Décembre 1748, qui ordonne l'éxécution de celui du 15 Décembre 1722 ; en conséquence, casse & annulle une sentence du bailliage de Sedan du 20 Novembre 1748, en ce qu'elle avoit autorisé le congé donné par le sieur Faydy, lieutenant au régiment de Conty, cavalerie, au sieur de la Motte, receveur général des fermes en ladite ville, quoique son bail eût encore un an à courir ; & ce, sous prétexte de la disposition d'un acte particulier passé postérieurement au bail de l'apartement loüé par ledit sieur de la Motte, dans la maison dudit sieur Faydy ; par lequel acte, lesdits sieurs Faydy & de la Motte, étoient convenus que ce dernier entreroit en jouïssance de l'apartement, un an avant le terme fixé par le bail ; ordonne que les frais & dépens qui pouroient avoir été païés par le fermier, en vertu de ladite sentence, lui seront rendus & restitués ; avec défenses audit sieur Faydy de se pourvoir sur ladite contestation ailleurs qu'au conseil, & auxdits juges du bailliage de Sedan d'en connaitre, à peine de nullité, cassation de procédures & jugemens, & de tous dépens, dommages & intérêts.

BUREAUX *des finances*, sont les jurisdictions qui connaissent en première instance, de toutes les affaires concernant le domaine du Roi, & les droits en dépendans, sauf l'apel au parlement.

Cette connaissance apartenoit anciennement à la chambre du trésor, établie depuis plusieurs siécles dans l'enclos du palais du parlement de paris ; on apelloit le domaine, dans les premiers tems, le trésor ; & les trésoriers de France en avoient la connaissance & l'administration.

Originairement, il n'y avoit qu'un trésorier de France ; & cette charge étoit une des principales du roïaume. Celui qui en étoit pourvû, ne pouvant seul veiller à la conservation des domaines, & en même tems, s'occuper à la justice contentieuse, qui étoient les fonctions naturelles & inséparables de cette charge, elle fut divisée & multipliée. Le nombre fut d'abord fixé à deux, ensuite à quatre & à cinq.

Charles VII. par deux déclarations de 1386, & 1390, ordonna que des cinq trésoriers de France, deux seroient préposés pour la direction des finances, & les trois autres pour décider les causes & procès concernant le domaine. Les deux premiers furent qualifiés trésoriers de France, & le lieu de leur éxercice fut nommé bureau des finances ; les trois autres prirent le nom de la chambre du trésor, par raport à leur tribunal qui conserve le même nom.

Charles VIII. par une déclaration du 13 Août 1496, établit la chambre du trésor à Paris, qui fut d'abord composée de cinq conseillers ; on y ajoûta ensuite un lieutenant général, un lieutenant particulier, trois autres conseillers, un procureur & un avocat du Roi, avec pouvoir de juger conjointement avec les trésoriers de France, tous les procès & diférends concernant le domaine dans l'étenduë de la prévôté & vicomté de Paris, & des bailliages de Senlis, Melun, Brie-Comte-Robert, Etampes, Dourdan, Mantes, Meulan, Beaumont-sur-Oise, & Crespy en Valois.

A l'égard de tous les autres bailliages du roïaume, la jurisdiction contentieuse du domaine, fut attribuée par édit de François I. donné à Cremieu, au mois de Juin 1536, aux baillifs & sénéchaux, & autres juges ressortissans ès cours de parlemens.

B U R

fans moïen, chacun dans l'étenduë de leur

Bureaux des finances.

reſſort.

Par une déclaration de François I. du mois de Février 1543, la connaiſſance & la juriſdiction contentieuſe du domaine, furent de nouveau attribuées à la chambre du tréſor à Paris, dans ſon reſſort, privativement à tous autres juges.

En 1551, les quatre généraux des finances, qui avoient été établis, pour avoir l'intendance & direction des impoſitions des aides, gabelles, tailles, & autres ſubſides extraordinaires, furent unis & incorporés aux tréſoriers de France, pour n'être plus qu'une ſeule & même charge, ſous le titre de tréſoriers de France - généraux des finances, dont le nombre fut augmenté juſqu'à dix-ſept, qui furent diſtribués dans dix-ſept généralités établies alors.

Depuis ce tems, le corps des tréſoriers de France s'étant accrû conſidérablement par diférentes créations, Loüis XIII. ôta la connaiſſance du domaine aux baillifs & fénéchaux, & la rendit aux tréſoriers de France, par édit du mois d'Avril 1627, portant révocation de celui de Cremien de 1536.

Il fut ordonné par l'édit de 1627, que les préſidens & tréſoriers généraux de France, établis dans chaque généralité, à l'exception de la Bretagne, jugeroient, connaîtroient, & décideroient en première inſtance, & privativement aux baillifs, fénéchaux, prévôts, leurs lieutenans & autres juges des procès & diférends, concernant le domaine, & droits domaniaux, comme de toutes matières d'aubaine, épaves, bâtardiſe, deshérence, ou autres droits de biens vacans; avec injonction aux baillifs, fénéchaux, prévôts, leurs lieutenans, chacun dans leur reſſort, de procéder par prévention, ou faire procéder pour la conſervation des droits du Roi, par voie de ſaiſie, ſcellés, main-miſe, ou autres voies ſur les biens des étrangers, bâtards, & autres biens vacans, apartenans au Roi,

ou ajugés à S. M. par confiſcation ou autrement, & d'envoïer dans trois jours au gréfe du bureau des finances de la généralité, les exploits de ſaiſies, actes de ſcellés, & mains-miſes, pour en faire par les tréſoriers de France, les pourſuites & diligences, ainſi qu'ils verront être à faire; & il fut défendu auxdits baillifs, fénéchaux, prévôts, &c. en procédant à ces ſaiſies & mains-miſes, de faire aucun inventaire, ni deſcription des biens échus à S. M. ces opérations étant réſervées aux tréſoriers de France, ou à leurs ſubdélégués, à l'excluſion de tous autres juges, de quelque reſſort & pouvoir qu'ils ſoient. Enfin, par cet édit, leſdits préſidens & tréſoriers généraux de France, furent autoriſés à juger définitivement & en dernier reſſort, juſques à 250 liv. & au-deſſous, pour une fois païer, & juſques à 10 liv. de rente en fonds, & le double deſdites ſommes par proviſion.

L'édit de 1627, a eu depuis ſon éxécution, à l'exception de la généralité de Paris, où les juges ordinaires ſe ſont maintenus juſqu'en 1693, dans la connaiſſance des affaires du domaine, dans les bailliages qui n'étoient pas du reſſort de la chambre du tréſor.

Par édit du mois de Mars 1693, les ofices de lieutenant général & particulier, & ceux de conſeillers de la chambre du tréſor, ont été ſuprimés; & toute la juriſdiction de cette chambre a été unie & incorporée au corps des tréſoriers de France de la généralité de Paris, auxquels il a été attribué toute cour, juriſdiction & connaiſſance, pour juger en première inſtance toutes les affaires concernant le domaine, & les droits en dépendans, ſauf l'apel au parlement de Paris; avec défenſes à tous oficiers des bailliages, préſidiaux, & autres juges, d'en connaître à l'avenir, à peine de nullité, tous dépens, dommages & intérêts des parties, & 300 liv. d'amende contre les procureurs qui y auront occupé. Il eſt ordonné qu'il fera établi deux chambres, dans l'une defquels fe jugeront les affaires concernant les finances, voiries, &c. & dans l'autre, toutes les affaires concernant les domaines de la généralité de Paris, l'enregiftrement & éxécution des brevets & lettres de don accordés par S. M. enfemble, les lettres de naturalité & de légitimation, & les autres affaires qui étoient de la compétence de la chambre du tréfor.. Enjoint au procureur du Roi de la chambre du domaine, de procéder à fa requéte par voie de faifie, fur les biens & éfets qui échèront à S. M. par droits d'aubaine, bâtardife, deshérence, confifcation & autres cas femblables.

Edit du mois d'Avril 1694, par l'article 9 duquel il eft ordonné, que l'enregiftrement de tous brevets de don des droits feigneuriaux féodaux, & de tous cafuels, fera fait dans le bureau & chambre du domaine & finances de la généralité, où les biens feront fitués; les articles 12, 14 & 15 rétabliffent & créent de nouveau des oficiers, dans les bureaux des finances de Roüen., Caën, Alençon & Metz : & par l'article 16, il fut créé un bureau des finances en Bretagne, mais il a été fuprimé par autre édit du mois de Septembre 1700. Voïez *Bretagne.*

Par édit du mois de Février 1704, le Roi attribua aux bureaux des finances, la connaiffance de diférens droits; mais cette attribution a été révoquée enfuite. Il fut en outre ordonné que l'édit du mois de Mars 1693, rendu pour Paris, feroit éxécuté dans les autres bureaux des finances; qu'il y feroit établi deux chambres, dans l'une defquelles, fe jugeront les affaires, concernant les finances, voieries & autres qui fe portent en la chambre des finances defdits tréforiers à Paris; & dans l'autre, toutes les affaires concernant les domaines.. S. M. déclare qu'elle n'entend rien innover, fur le fait de la jurifdiction des domaines, dans la province de Languedoc; mais

que les oficiers des bureaux des finances de Touloufe & de Montpellier, connaitront, à l'exclufion de tous autres, des droits dont la connaiffance eft attribuée aux bureaux des finances, par le préfent édit.

L'arrêt du confeil, du 11 Août 1705, ordonne l'éxécution des édits de 1627 & 1663, de la déclaration du 2 Octobre 1703, & des arrêts des 20 Mars, 5 Juin & 13 Novembre 1703; ce faifant que les tréforiers de France de Dijon, connaitront de toutes les conteftations qui pourront être formées, au fujet des biens des nommés Humbert & Jacob, confifqués au profit du Roi; & à l'égard de l'inventaire de leurs meubles, & de tous autres qui échéront à S. M. par droit d'aubaine, confifcation ou autrement, il fera fait par les oficiers du bailliage de Dijon, comme aïant réuni à leur corps, les ofices de commiffaires aux inventaires; & ce, en vertu des ordonnances des tréforiers de France, renduës à la requête du procureur du Roi, & en préfence du tréforier de France, qui aura été commis, lequel en cas de conteftation, ordonnera ce qu'il apartiendra. Ordonne qu'il fera enfuite pourvû, par lefdits tréforiers de France, fur la diftribution des deniers, lefquels feront; à cet éfet, remis au receveur général des domaines; & fait défenfes aux oficiers dudit bailliage, de connaitre à l'avenir d'aucunes demandes & actions, concernant les biens acquis à S. M. par confifcation, aubaine, bâtardife ou deshérence, fous prétexte de créance, frais ou autrement, à peine de nullité, & de tous dépens, dommages & intérêts des parties.

L'arrêt du 19 Octobre 1706, règle ce qui doit être obfervé, pour l'apofition des fcellés, fur les éfets des oficiers comptables.

Celui du 9 Septembre 1710, ordonne que les éfets, dont étoient faifis deux voleurs condamnés à mort par le grand pré-

vôt, feront vendus, à la requéte du procureur du Roi, au bureau des finances de
Caën, & à la diligence du receveur général, pour être les deniers par lui païés &
diftribués à qui il apartiendra; nonobftant
la compétence prétenduë par le grand prévôt, & un arrêt du parlement de Roüen,
qui avoit ordonné que la vente feroit faite,
à la requéte du receveur des amendes.

Il eft vrai que les juges qui prononcent
la condamnation, peuvent ordonner la reftitution des éfets volés, comme une fuite
de l'inftruction & du même jugement, fans
pour cela entreprendre de connaître des
affaires domaniales; parce qu'il n'y a de
confifqué, que ce qui refte après la reftitution; c'eft cet objet confifqué, qui doit
être difcuté par les juges du domaine, &
remis au receveur général. *Voïez* l'arrêt
du 13 Juillet 1723, & le dire de M.
Magneux, infpecteur général du domaine,
qui y eft inféré.

Arrêt du confeil du 20 Janvier 1728,
qui renvoïe au bureau des finances de Soiffons, la connaiffance de ce qui concerne la
fucceffion du fieur Bauban, curé de Vregny,
prêtre du diocèfe de Liége, décédé aubain;
& fait défenfes aux oficiers du bailliage
d'en connaître.

Par l'arrêt du confeil du 25 Avril 1730,
fans s'arrêter à un arrêt du parlement de
Roüen, obtenu par le procureur du Roi,
de la vicomté de Caën, il eft ordonné que
les oficiers du bureau des finances de ladite
ville, continuëront de connaître des conteftations, entre le fermier du domaine,
la veuve & les créanciers de Nicolas Defperies, pour raifon de la fucceffion dudit
Defperies, ajugée au Roi, à titre de bâtardife; ordonné pareillement, qu'il fera procédé par lefdits oficiers du bureau des
finances, à la levée des fcellés apofés, fur
les éfets de la nommée Huë & du nommé
Vermont, & à l'inventaire d'iceux, quoique
ces deux fucceffions fuffent prétenduës par

le feigneur, à titre de deshérence, & qu'il
y eût même de prétendus héritiers; à la
charge par lefdits oficiers, au cas que lefdites fucceffions ne foient pas déclarées
apartenir à S. M. de renvoïer les conteftations, en la vicomté de Caën.

L'arrêt de règlement du 13 Octobre
1739, fur les jurifdictions, où doivent être
portées les conteftations, au fujet des droits
d'échange, porte que, lorfque ces droits
font dûs pour biens mouvans & dépendans en fief, ou en roture des domaines
de S. M. lefdites conteftations feront portées aux bureaux des finances, & par apel
aux parlemens, ou par devant tels autres
juges auxquels la connaiffance des matières domaniales apartient, chacun dans leur
reffort, de même que pour les droits feigneuriaux dûs en cas de vente, foit que
lefdits domaines foient entre les mains de
S. M. ou qu'ils foient engagés.

Arrêt du confeil, du 5 Octobre 1745,
par lequel, fans s'arrêter à un arrêt du
grand confeil, qui avoit ordonné que la difcuffion de la confifcation des biens d'Etienne Cabanne, feroit pourfuivie en la prévôté de l'hôtel, il eft ordonné que les conteftations, au fujet de ladite confifcation,
feront portées au bureau des finances &
chambre des domaines de Paris, pour y
être jugées en première inftance, fauf l'apel
au parlement, pourfuite & diligence du receveur général; à l'éfet de quoi, les titres, papiers, fcellés, inventaires & ventes, feront remis au gréfe; & les dépofitaires contraints à remettre les deniers audit receveur.

Autre du 21 Février 1747, portant
que les conteftations, au fujet de la fucceffion du fieur abbé de Montgault, décédé
dans un état inconnu, feront jugées en la
chambre du domaine, fauf l'apel au parlement.

Arrêt du confeil du 15 Janvier 1754,
qui caffe un arrêt du parlement de Bor-

deaux, dont les motifs ont été fournis par M. le procureur général ; par lequel, fur un conflit de jurifdiction, entre le bureau des finances, & les oficiers de la fénéchauffée, au fujet des fcellés apofés par les uns & les autres, fur les éfets du feu fieur Beyer, étranger, mort à Bordeaux, le parlement avoit jugé en faveur des oficiers de la fénéchauffée ; en conféquence, S. M. a ordonné que, conformément à l'édit de 1627, les oficiers des bureaux des finances, ès chambres du domaine, continuëront d'apofer les fcellés, de faire les inventaires des éfets des étrangers qui décéderont dans le roïaume, & de connaitre de tout ce qui poura concerner lefdites fucceffions, jufqu'à ce qu'il fe foit préfenté un héritier légitime, & jugé capable de les recueillir ; avec défenfes au lieutenant général, & à tous autres oficiers de la fénéchauffée de Guyenne, d'y troubler à l'avenir les oficiers du bureau des finances de Bordeaux, fous les peines de droit.

Arrêt du confeil, du 21 Juillet 1758, du mouvement du Roi, qui caffe une ordonnance du lieutenant particulier de la fénéchauffée de Beaufort en Anjou, par laquelle, en s'attribuant la jurifdiction contentieufe du domaine de Beaufort, réuni au domaine après la mort du fieur Duchauffour qui en étoit engagifte à vie, & compris dans le bail fait en 1756, à François Haquin, pour quinze années commencées le 1er Janvier 1757, il avoit ordonné que le bail feroit enregiftré dans fon gréfe, & que les conteftations fur les droits, feroient portées devant lui ; en conféquence, il eft fait défenfes audit Haquin, de fe pourvoir pour raifon des droits dudit domaine, ailleurs que par devant les tréforiers de France du bureau des finances de Tours ; S. M. a ordonné que le bail fera enregiftré audit bureau, fans que les oficiers de la fénéchauffée de Beaufort, puiffent en requérir l'enregiftrement, ni prendre aucune

connaiffance de la règie & perception des droits, s'ils ne font à ce commis par lefdits tréforiers de France, à peine de nullité des ordonnances & jugemens qu'ils pourroient rendre, & de tous dépens, dommages & intérêts.

Par autre arrêt du confeil, du 31 Août 1758, fans avoir égard à l'opofition des oficiers du fiége de Beaufort au précédent, laquelle demeurera nulle, & comme non avenuë, il eft ordonné que l'arrêt de règlement du 21 Juillet précédent, fera exécuté felon fa forme & teneur, avec défenfes aux huiffiers & fergens, de fignifier à l'avenir de pareils actes d'opofition, à peine d'interdiction, 500 livres d'amende, & de plus grande peine, s'il y échet.

On ne peut décliner la jurifdiction des bureaux des finances, pour les matières concernant le domaine, fous prétexte de *committimus* : les caufes & procès où il s'agit des intérêts du Roi, & ceux où les procureurs du Roi & procureurs généraux font feuls parties, ne peuvent être évoqués des fiéges ordinaires, en vertu de *committimus*, parce que le Roi n'accorde point de priviléges contre lui-même. Arrêt du confeil du 7 Novembre 1724, au fujet d'une inftance que les religieux de l'abbaïe de Liques, avoient portée au grand confeil, en vertu de leur privilége de *committimus*. Voïez *Committimus* & *Evocation*.

Il n'y a aucune péremption d'inftance ès caufes du domaine du Roi, en quelque tribunal qu'elles foient pendantes ; & l'on peut toujours les reprendre, foit fous le nom du fermier qui les a intentées, foit fous celui de fon fucceffeur.

Les jugemens des tréforiers de France, lorfqu'ils font définitifs, doivent être exécutés par provifion, nonobftant l'apel, lequel ne peut être interjetté qu'après l'éxécution defdits jugemens définitifs ; à l'égard de leurs jugemens interlocutoires ou prépa-

ratoires , il n'en peut être interjetté d'apel.
Enfin , ils peuvent juger en dernier reſſort
& ſans apel , juſqu'à concurrence de 250.
liv. Voïez *Apel* , page 206.

Il ne peut être prononcé de dépens contre le fermier du domaine , ni contre le receveur général , après leur déſiſtement.
Voïez *Dépens*.

A l'égard des priviléges des oficiers des bureaux des finances. *Voïez* ci-après *Tréſoriers de France*.

Dans les provinces où il n'y a point de bureaux des finances , les conteſtations ſur les matières domaniales , doivent être portées devant les juges qui en doivent connaître. *Voïez* ce qui a été dit à l'article *Bretagne* , §. 3. n°. 4. page 340. *Voïez* auſſi *Languedoc* & *Rouſſillon*.

CABALE

C.

ABALE *ou association*, pour s'opofer à l'éxécution des règlemens & en éluder l'éfet, eft une voïe illicite, contraire aux loix du roïaume, & défenduë, fous peine de punition corporelle.

Par arrêt du parlement de Paris, du 15 Octobre 1715, rendu au fujet d'un mémoire imprimé, qui paroiffoit adreffé par les notaires de Lyon à ceux de Beaumont, & répandu dans plufieurs villes, afin d'engager les notaires du roïaume à fe joindre à eux, pour obtenir la fupreffion des droits de contrôle & d'infinuation, il a été ordonné qu'il feroit informé par devant le lieutenant criminel de la fénéchauffée de Lyon, contre ceux qui ont compofé, imprimé ou diftribué ledit libelle, pour l'information faite & raportée au gréfe de la cour, être ordonné ce que de raifon.

Par arrêt de la cour des comptes, aides & finances de Roüen, du 27 Mai 1716, cette cour députa trois confeillers pour informer contre l'auteur d'un libelle tendant à fédition, & contre le colporteur ; fit défenfes à toutes perfonnes de l'imprimer, publier, vendre ni débiter ; de méfaire ni médire à tous les commis & emploïés des fermes & fous-fermes du Roi, à peine de 50 liv. d'amende, même de punition corporelle, s'il y échet.

Cet arrêt eft cité dans la déclaration du Roi du 27 Juin 1716, où S. M. témoigne avoir été très-fatisfaite de la conduite tenuë à cet égard par fa cour des comptes, aides & finances de Roüen.

Par cette déclaration de 1716, le Roi ordonne que fes tréforiers, receveurs, fermiers, fous-fermiers, leurs commis, prépofés, & autres chargés du maniment des deniers de S. M. font & demeureront fous fa protection & fauve-garde, & fous celle des juges, maires, échevins, capitouls, findics & principaux habitans des villes & lieux où les bureaux font établis ; faifant très-expreffes inhibitions & défenfes à toutes perfonnes, de quelque qualité & condition qu'elles foient, de leur méfaire ni médire ; de les troubler directement ni indirectement dans les éxercices & fonctions de leurs charges & emplois, ni de faire imprimer, vendre & diftribuer contr'eux aucuns libelles ; le tout à peine de 500 liv. d'amende, & de punition corporelle ; enjoignant aux gouverneurs, lieutenans généraux, & autres qu'il apartiendra, d'y tenir la main.

Les notaires de Bordeaux aïant écarté quelques-uns d'entr'eux de leurs affemblées, afin d'être maîtres des fuffrages ; & aïant nommé de nouveaux findics, pour s'opofer aux ordonnances qui leur enjoignoient de communiquer leurs répertoires & minutes, toutes ces délibérations furent caffées par arrêt du confeil du 9 Juin 1716, portant qu'il feroit fait une nouvelle élection de findics en préfence du fubdélégué de M. l'intendant.

Y y

Les notaires de Chartres aïant pareillement concerté entr'eux de refufer aux emploïés toute communication de liaffes & minutes, le fieur Marie, l'un d'eux, a été condamné, par arrêt du confeil du 19 Avril 1720, en 500 liv. d'amende; & interdit de toutes fonctions pendant trois mois pour fa rebellion; & les autres notaires en 200 liv. d'amende chacun, & au coût de l'arrêt liquidé à 300 liv.

CAEN, ville de Normandie, & chef-lieu d'une des trois généralités de cette province.

Le Roi a plufieurs domaines dans la généralité de Caën. *Voïez* le traité des droits du Roi, par M. Dupuy, pages 425, 469, 589 & 617 pour ceux d'Avranches, Carentan, Cotentin, Valognes, Saint Sauveur, Pontorfon & Mortain. Ceux de Caën, Vire, Bayeux, Saint Lo & Saint Silvin, apartiennent auffi à S. M.

Par arrêt du confeil du 28 Juillet 1668, il fut, en conformité de l'édit du mois d'Avril 1667, ordonné que les engagiftes des domaines aliénés dans la généralité de Caën, repréfenteroient leurs titres, pour être procédé à la liquidation de leur finance, & au remboursement; à la réferve néanmoins du domaine de Carentan, dont jouïffoit madame doüairière, & de celui de Mortain, qui apartenoit à mademoifelle de Montpenfier, & des terres vaines & vagues venduës en ladite généralité par le fieur de la Poterie.

La réunion a été faite en conféquence, par autre arrêt du confeil du 31 Décembre 1668.

Les domaines des vicomtés de Caën, Bayeux, Valognes, Coutances, Saint Sauveur-Landelin, & Saint Sauveur-le-Vicomte, ont été nommément réunis par autre arrêt du 25 Janvier 1669.

M. le duc d'Orléans, qui poffède le Comté de *Mortain*, de la fucceffion de mademoifelle de Montpenfier, jouït, dans l'étenduë de ce comté, des droits de con-

trôle des *actes*, & de ceux d'*infinuation* & de *centième denier*. *Voïez Apanage.* *Voïez* encore *Normandie.*

CALAIS, ville de la Baffe-Picardie, dont nos Rois ont toujours jouï depuis 1210, jufqu'à la journée de Crecy, en 1346. Cette ville fut prife par famine par Edouard III, Roi d'Angleterre, le 3 Août 1347, après un fiége de près d'un an; elle fut reprife par le duc de Guife, fous Henry II, par capitulation, le 7 Janvier 1557; & depuis ce tems elle eft reftée dans le domaine du Roi. *Voïez* ci-devant *Amiens.*

Les habitans de Calais ont diférentes fois prétendu l'éxemtion des droits de *franc-fiefs.* Par arrêt du confeil du 2 Février 1751, les propriétaires d'une maifon à Calais, donnée en 1557 par le Roi à M. le duc de Guife, apellée la maifon des marchands, ont été condamnés à en païer les droits de franc-fiefs. Ils difoient que s'agiffant d'un don d'un bien du domaine, ils ne pouvoient être confidérés que comme engagiftes; mais le bien n'étoit pas domanial, le Roi l'aïant donné immédiatement après la reprife de Calais.

Les maïeur & échevins de Calais fe font pourvûs en opofition contre cet arrêt; ils ont dit qu'en 1559, le Roi permit aux habitans de la ville & gouvernement de Calais, de pofféder des fiefs & biens nobles; que cette permiffion leur fut renouvellée par autres lettres patentes du mois de Janvier 1594, dûment enregiftrées, fans être tenus de fe deffaifir defdits fiefs & feigneuries, S. M. les aïant, quant à ce, habilités & difpenfés; que par arrêt du confeil du 5 Juin 1610, ils furent déchargés du droit de franc-fiefs, avec défenfes de les inquiéter; qu'ils furent déclarés éxemts & affranchis de ces droits par jugement de la chambre du tréfor, du 20 Août 1634; que par lettres patentes du Roi, du mois de Juillet 1722, ils ont été confirmés dans tous leurs pri-

viléges, franchifes, libertés, droits, fla-
tuts & éxemtions qui leur ont été accordés par les Rois précédens, pourvû qu'il
n'y ait point été dérogé par aucun édit,
déclaration & arrêts ; que l'arrêt de 1751
a été rendu contre des particuliers peu
inftruits, qui n'ont pas opofé leurs priviléges ; & que d'ailleurs, les maifons qui
compofent l'hôtel de Guife, ne font point
de nature féodale ; que par les lettres patentes de 1557, le Roi a déchargé ces
biens de tous droits, ne s'étant réfervé
que la foi & hommage ; qu'ainfi, avant
la conceffion, ils étoient fujets aux charges ordinaires, d'où l'on doit conclure
qu'ils n'étoient point fiefs de leur nature ;
que depuis ce tems il n'a été païé au domaine aucun droit en cas de vente, parce
que ces biens font parfaitement libres.

Le fermier a répondu que le duc de
Guife aïant vendu la maifon que le Roi
lui avoit donnée fous la feule réferve de
la foi & hommage, reffort & fouveraineté, les acquéreurs ont fait conftruire
fur fon emplacement plufieurs maifons; que
la foi & hommage eft la marque caracté-
riftique du fief, quoique l'immeuble ne
foit fujet à aucun droit en cas de vente.
A l'égard de l'éxemtion prétenduë, il a
dit que le droit de franc-fiefs eft un droit
roïal & imprefcriptible, dont le fouverain ne peut difpofer à perpétuité, mais
feulement pendant fon règne ; que les lettres patentes de 1722 ne parlent point de
ce droit, & que la claufe qui y eft inférée décide contre les habitans de Calais,
puifqu'il a été dérogé à l'éxemtion qu'ils
réclament par les édits de 1672, 1692,
& 1708, & par les déclarations des 29
Décembre 1652, & 9 Mars 1700, ainfi
que par le règlement du 21 Janvier 1738 ;
& qu'en conféquence, les habitans de diférentes villes du roïaume ont été affujétis au païement de ces droits, quoiqu'ils
en euffent été éxemtés fous les précédens
règnes.

Par arrêt du confeil, du 1er Mai 1753,
fans s'arrêter à l'opofition des maïeur &
échevins de la ville de Calais à l'arrêt
du confeil du 2 Février 1751, ni aux
demandes portées par leur requête, dont
S. M. les a déboutés, il a été ordonné
que ledit arrêt fera éxécuté felon fa forme
& teneur.

CAMBRAY, capitale du Cambrefis,
prife par la France fur les efpagnols, le
5 Avril 1677, & demeurée à la France
par le traité de Nimégue, figné le 17
Septembre 1678.

Par l'arrêt du confeil, du 9 Mai 1724, fans
avoir égard aux mémoires des villes de
Cambray & autres, tendans à l'éxemtion des
droits de *contrôle* & d'*infinuation*, il fut
ordonné que la déclaration du Roi, du
29 Septembre 1722, feroit éxécutée.

Néanmoins, ces droits n'ont point lieu
à Cambray, qui fe trouve compris dans
l'abonnement qui en a été fait pour tout
le reffort de l'intendance de Flandre. Voïez
Flandre.

CAPITATION, impofition annuelle &
perfonnelle, connuë de tous les français ;
elle a été établie, pour la première fois,
par déclaration du 18 Janvier 1695.

Tous exploits & procédures pour l'impofition & le recouvrement de la capitation, fe font en papier non timbré, &
font éxemts de contrôle.

L'arrêt du confeil, du 26 Mars 1695,
en avoit fixé le droit de contrôle au quart
du droit ordinaire.

Par autre arrêt du confeil, du 31 Mai
1695, ces exploits furent déchargés de
tous droits de contrôle. *Voïez* le dict.
de Brillon, art. capitation, n. 8.

L'art. 22 de la déclaration du Roi, du
12 Mars 1701, porte que les états de répartition, quitances, exploits, affignations, & toutes autres expéditions & procédures qui fe feront pour l'impofition &
le recouvrement de la capitation, pouront être faits en papier ordinaire & *non*

timbré. Décharge tous lefdits actes du droit de contrôle, fans que, pour ce, les fermiers des domaines puiffent prétendre aucune indemnité, dérogeant à cet éfet à tous édits, déclarations & arrêts à ce contraires.

Par édit du mois de Septembre 1703, le Roi créa 500000 liv. de rentes, portant affranchiffement de la capitation en faveur de ceux qui les acquerroient; & par arrêt du 29 Janvier 1704, tous les contrats d'emprunt faits par les particuliers, corps & communautés pour l'acquifition defdites rentes, furent déchargés de tous droits de *contrôle* & *infinuation.*

Il fut ordonné, par arrêt du confeil du 18 Décembre 1747, qu'il feroit impofé & levé pendant dix années, outre la capitation, les 4 f. pour livre d'icelle. Cette impofition a été prorogée jufques & compris le dernier Décembre 1767, par autre arrêt du 27 Septembre 1757; & en conféquence, il a été rendu deux autres arrêts les 11 Juillet 1758, & 17 Juillet 1759, pour l'impofition & levée de ces 4 f. pour livre pendant les années 1759 & 1760.

Par l'art. 1er de l'édit du mois de Février 1760, il a été ordonné un doublement de capitation, même un triplement, à l'égard de certaines perfonnes y dénommées, à titre de fecours extraordinaire pendant les années 1760 & 1761 feulement.

Suivant une lettre écrite, le 16 Janvier 1722 par M. le contrôleur général des finances, à Mrs les intendans des provinces & généralités du roïaume, il eft conftaté que S. A. R. fixa la *capitation des commis des fermes* du Roi, à fix deniers pour livre du montant de leurs apointemens; avec cette exception, néanmoins, en faveur des emploïés qui font obligés d'entretenir un cheval, qu'il leur fera diftrait 300 liv. pour fa nourriture & entretien, & que les fix deniers pour livre feront pris fur le reftant; & qu'à l'égard des

brigadiers & gardes, dont les apointemens ne font que de 400 liv. & au-deffous, leur capitation ne fera réglée qu'à raifon de trois deniers pour livre.

CAPITOULS, oficiers municipaux, qui font les premiers magiftrats de police de la ville de Touloufe; ils ont la même fonction que les confuls ou échevins dans les autres villes; ce nom leur a été donné, parce qu'ils ont la garde de la maifon de ville, qui s'apelloit anciennement le capitole. Leurs fonctions font bornées au feul objet de la police, dont l'éxercice fe fait par un ancien capitoul gradué, apellé chef du confiftoire.

Il y a un traité de la nobleffe & des priviléges des capitouls de Touloufe, par la Faille, qui étoit lui-même ancien capitoul & findic; il a été imprimé à Touloufe en 1673, fans aprobation ni permiffion; on y éxalte beaucoup ces priviléges; mais il y a quelque éxagération.

Les capitouls de Touloufe jouïffent du privilége de nobleffe, pourvû que leur nomination foit régulière & conforme aux ftatuts, ou que le Roi ait, par une grace fpéciale, & fans tirer à conféquence, dérogé expreffément, en faveur de celui qui eft nommé, aux règles qui s'opofoient à fon admiffion.

Par édit du mois de Mars 1667, le Roi révoqua, pour l'avenir, la nobleffe accordée aux maire & échevins des villes du roïaume, & S. M. la conferva aux defcendans de ceux qui avoient éxercé ces charges depuis 1600, à la condition de païer une finance.

Par autre édit du mois de Juin 1691, le Roi ordonna que les maires, échevins & oficiers des villes de Lyon, *Touloufe,* Bordeaux & autres, jouïffant ci-devant des priviléges de nobleffe, révoqués par l'édit de 1667, qui ont éxercé lefdites charges depuis 1600, & leurs defcendans, qui ont financé en conféquence de l'édit de 1667, & qui ont éxercé jufqu'au dernier Décembre 1687, feroient confirmés dans les priviléges de la noblesse; & que ceux qui, fans avoir financé, ont continué de jouïr de ces priviléges, y feront maintenus, en païant par eux une finance, à moins qu'ils ne renoncent au titre de noblesse.

L'éxécution de cet édit fut ordonnée par arrêt du confeil du 15 Décembre 1691, & le rôle des finances à païer, fut arrêté au confeil le 26 Janvier 1692.

Par édit du mois de Septembre 1692, les *capitouls* de Touloufe (nommément compris dans l'édit de 1691) furent exceptés de fon éxécution, ainfi que leurs veuves & enfans, voulant S. M. qu'ils jouïffent des avantages des nobles d'extraction.

Par autre édit du mois de Novembre 1706, Loüis XIV. ordonna que ceux qui avoient éxercé les fonctions de *capitouls* pendant les années 1705 & 1706, feroient tenus de païer chacun la fomme de 4000 liv. au moïen de quoi ils feroient confirmés dans leur privilége de noblesse.

Et par un autre édit du mois de Janvier 1707, S. M. après avoir éxaminé les édits & déclarations, en vertu defquels les capitouls ont été en poffeffion de tems immémorial, de prendre la qualité d'écuïers & de nobles, » veut que » l'édit du mois de Novembre 1706, » demeure fans éxécution, pour ce qui » concerne les capitouls des années 1705 » & 1706; révoque expreffément ledit » édit, & ordonne que lefdits *capitouls*, » leurs veuves & defcendans nés en lé- » gitime mariage, foient nobles, & jouïf- » fent, comme ceux des années précé- » dentes, des mêmes priviléges, éxem- » tions, franchifes & immunités, dont » jouïffent les nobles d'extraction & de » race, fans qu'ils y puiffent, ni leurs » fucceffeurs, être troublés en quelque » forte & manière que ce foit, ni tenus » de païer, pour raifon de ce, aucune

» finance, tant pour le paffé, que pour » l'avenir, dont ils font déchargés.

Edit du mois de Janvier 1714, fur ce que ceux qui ont obtenu la confirmation dans les priviléges de la noblesse, l'ont eüe pour des fommes fi modiques, qu'elle ne doit pas être confidérée en comparaifon de l'honneur & de l'avantage que la noblesse tranfmet; que même plufieurs de ceux qui ont obtenu l'anobliffement, par l'élévation à l'échevinage dans plufieurs villes, & au *capitoulat* dans celle de *Touloufe*, *y ont été admis contre les conftitutions defdites villes ; parce que dans la règle générale qu'elles prefcrivent, il n'y doit être admis que des fujets natifs defdites villes, au lieu qu'il y a été reçu plufieurs étrangers ;* le Roi confirme à perpétuité tous les particuliers qui ont été maires, échevins & magiftrats, confuls, *capitouls*, ou autres oficiers dans les villes de Lyon, *Touloufe*, Bordeaux & autres, qui donnent le privilége de noblesse auxdits oficiers, leurs defcendans mâles, nés ou à naître en légitimes mariages, à compter de 1600 jufqu'au 1er Janvier 1714, dans tous leurs droits & priviléges de noblesse, pour eux & leurs defcendans mâles, nés ou à naître en légitime mariage, tant & fi long-tems qu'ils ne feront pas acte de dérogeance ; le tout, en païant, par chacun d'eux, les fommes qui feront règlées par les rôles qui feront arrêtés au confeil; & que ceux qui fe trouveront avoir été élevés à ces dignités, quoiqu'étrangers dans lefdites villes, ou contre les conftitutions d'icelles, païeront, & chacun de leurs defcendans mâles, le double des autres particuliers élevés dans l'efprit defdites conftitutions, à quoi faire, feront les uns & les autres contraints, fi dans le mois de la publication de l'édit, ils ne renoncent au titre de noblesse.

L'éxécution de cet édit fut ordonnée, nommément contre les *capitouls de Tou-*

Capitouls.

louſe y dénommés, par arrêt du conſeil du 21 Mai 1715.

La ville de Touloufe préſenta en 1717, un cahier au Roi règnant, par l'art. 2 duquel elle demanda la confirmation de tous ſes priviléges, & de la nobleſſe des capitouls ; ajoûtant qu'ils ne la tiennent d'aucune conceſſion de nos Rois, mais qu'elle leur eſt propre, aïant été attachée de tout tems au chaperon. La ville obſerva que ce privilége ne pouvoit être à charge à l'état, parce que l'on ne peut nommer & élire à ces places, que les habitans de Touloufe, ou ceux qui y ont acquis le droit d'habitation ; & que le Languedoc eſt un païs cadaſtré, où la taille réelle s'impoſe ſur le noble comme ſur le roturier. Le prépoſé à la recherche des taxes, répondit que les conſtitutions de la ville n'admettent aux places de capitouls, que les natifs de ladite ville ; qu'elle a même contrevenu au droit romain, en admettant au capitoulat ceux qui habitoient depuis cinq ans à Touloufe, au lieu que le droit romain éxige dix ans pour la fixation du domicile ; mais, comme ce dernier ſtatut de la ville de Touloufe eſt de pluſieurs ſiécles, il intervint un arrêt du conſeil, le 17 Juillet 1717, par lequel les capitouls furent reçûs opoſans à celui du 21 Mai 1715 ; en conféquence, ils furent déchargés des taxes ſur eux faites en vertu de l'édit de 1714, & confirmés, leurs veuves & enfans, dans les priviléges de nobleſſe, pour en jouïr à l'avenir comme par le paſſé, enſemble dans toutes les prérogatives, prééminences, & autres avantages dont jouïſſent les nobles d'extraction & de parenté.

Par autre arrêt du conſeil, du 25 Mars 1727, les capitouls ont été déchargés du droit de confirmation, auquel étoient aſſujétis les maires & échevins des autres villes, qui tiennent leur nobleſſe de conceſſion récente de nos Rois. Voïez *Maires.*

Après avoir raporté les règlemens concernant la nobleſſe des capitouls, il reſte à faire connaître ceux qui, aïant l'aptitude néceſſaire, peuvent être valablement nommés & admis au capitoulat, & ceux qui, quoique nommés & admis, ne doivent pas jouïr des priviléges.

Le capitoul étant un oficier municipal, il eſt ſenſible qu'il doit être de la ville même, pour être admis à cette place ; parce que l'adminiſtration des affaires d'une ville ne peut être confiée qu'à des citoïens, & nullement à des étrangers ; l'objet naturel de l'inſtitution des oficiers municipaux des villes, étant de veiller à la police, & à la conſervation des droits & priviléges de la ville, il s'enſuit que ces ofices ne peuvent être conférés qu'aux ſeuls habitans ; c'eſt même ce qui eſt ſuffiſamment expliqué par l'édit du mois de Janvier 1714, raporté ci-deſſus. Les anciennes conſtitutions de la ville de Touloufe y étoient conformes, & n'admettoient à la place de capitoul, que des perſonnes nées & domiciliées dans la ville ; mais il a été fait enſuite des ſtatuts, ſuivant leſquels on peut nommer & élire à ces places les habitans de Touloufe, & ceux qui y ont acquis le droit d'habitation, par une réſidence actuelle, & non feinte, de cinq années conſécutives au moins. Il s'enſuit donc que les priviléges attachés au capitoulat, ſont perſonnels aux ſeuls habitans de Touloufe, puiſqu'on eſt obligé de prouver la réſidence, ainſi que la cotiſation à la capitation, & que l'on a acquis le droit de citoïen par une réſidence réelle & ſuivie, pendant cinq ans au moins.

Anciennement la nomination des capitouls ſe faiſoit par le corps de ville aſſemblé ; mais par arrêt du conſeil, du 10 Novembre 1687, le Roi ordonna que la ville propoſeroit vingt-quatre ſujets, dont trois ſeroient pris dans chacun des huit quartiers ou capitoulats de la ville, aïant les qualités requifes pour être reçûs capitouls, conformément aux ftatuts, pour en être fait choix de huit par S. M. Le nombre a enfuite été réduit à fix, par arrêt du 6 Mai 1738.

Il eft en conféquence expédié un brevet du Roi à ceux qui ont été choifis par S. M. & fur ce brevet, ils font reçûs & admis à l'éxercice du capitoulat, qui dure une année, pendant laquelle ils doivent continuer leur réfidence à Touloufe.

Par l'art. 16 du cahier préfenté au Roi en 1717 par la ville de Touloufe, elle demanda la confirmation de fes ftatuts & priviléges, concernant la forme de l'élection des capitouls ; fuplia S. M. de révoquer l'arrêt du 10 Novembre 1687, & en conféquence, de rétablir l'ancienne forme de l'élection capitoulaire, telle qu'elle fe faifoit avant ledit arrêt ; ajoûtant que cet arrêt avoit donné lieu aux étrangers, non habitans de Touloufe, de s'introduire dans le capitoulat ; ce qui eft tout-à-fait contraire aux intérêts de la ville, & même au fervice du Roi. La réponfe de S. M. du 17 Juillet 1717, porte que *le Roi entend que les ftatuts & règlemens, concernant la forme de l'élection des capitouls, & affemblées de ville, foient obfervés, en ce qu'ils ne feront point contraires à l'arrêt du confeil du 10 Novembre 1687, qui fera éxécuté felon fa forme & teneur.*

La nomination du Roi ne fe fait que fur la preuve de réfidence éxigée par les ftatuts ; mais il y a bien de l'abus à cet égard : on fimule aifément un domicile, par des baux & par une impofition à la capitation, quoique, dans le fait, l'afpirant n'ait point fait de réfidence réelle à Touloufe ; mais alors la nomination, contraire aux ftatuts & à l'intention du Roi, eft obreptice & fubreptice ; & celui qui l'a obtenuë, ne doit & ne peut joüir des priviléges du capitoulat, quoiqu'il y ait été reçû & admis ; c'eft même ce qui vient

d'être jugé par un arrêt contradictoire de la cour des aides de Clermont, du 4 Mars 1760, rendu entre le corps commun & habitans de la Colette de Freffanges, & ceux de la ville & paroiffe foraine de Chaudes-Aigues, apellans de deux fentences de l'élection de faint Flour, & le fieur Luillier, receveur de la chambre à fel de Chaudes-Aigues, & fon fils, entrepofeur du tabac au même lieu. Cet arrêt réforme la fentence, par laquelle la radiation de la cotte defdits Luillier au rôle des tailles avoit été ordonnée, fur le fondement que le père avoit été nommé capitoul de Touloufe en 1757 ; mais il a été prouvé qu'il avoit toujours été habitant de l'Auvergne, & qu'il avoit fimulé une réfidence à Touloufe. Voici le difpofitif de l'arrêt de la cour des aides de Clermont, rendu au raport de M. Teillard de Beauvezeix.

» La cour faifant droit fur les apels in-
» terjettés, tant par le fieur Rifpal, en fa
» qualité de findic du corps commun &
» habitans de la Colette de Freffanges, de
» la fentence renduë en l'élection de faint
» Flour, le 4 Avril 1757, que par le fieur
» Podevigne, premier conful de la ville &
» paroiffe foraine de Chaudes-Aigues, an-
» née 1757, tant pour lui que pour fes
» collégues, corps commun & habitans de
» ladite ville & paroiffe, d'autre fentence
» de la même élection, du 30 Décembre
» même année, a mis & met les apellations
» & fentences dont eft apel au néant ;
» émendant, a déclaré & déclare les inti-
» més non recevables, chacun en ce qui le
» concerne, en leur demande en radiation
» de la cotte perfonnelle, fur eux faite
» dans les rôles de ladite ville & paroiffe
» foraine de Chaudes-Aigues, & de celle
» d'exploitation faite fur ledit Gabriel Luil-
» lier, dans ceux de la Colette de Fref-
» fanges ; lefquelles feront refpectivement
» continuées, tant dans les rôles de ladite
» ville & paroiffe foraine de Chaudes-Ai-

» gues , que dans ceux de ladite Colette
» de Freſſanges ; *a fait & fait défenſes*
» *auxdits intimés , de prendre à l'avenir*
» *le titre & qualité d'écuïer , aux peines*
» *de droit.* A fait & fait main-levée des
» amendes , leſquelles feront renduës , par
» celui qui les a reçuës... Et ſur les de-
» mandes formées par les intimés , tant
» celles en aſſiſtance de cauſe , contre les
» conſuls de ladite ville & paroiſſe foraine
» de Chaudes-Aigues , deſdites années
» 1758 , 1759 & 1760 , que celles por-
» tées par leur requéte du 11 Juin der-
» nier , tant contre leſdits conſuls de ladite
» ville & paroiſſe de Chaudes-Aigues ,
» des années 1757 , 1758 & 1759 , que
» contre ledit Riſpal , a mis & met les
» parties hors de cour ; a condamné &
» condamne les intimés aux dépens , tant
» des cauſes principales , que d'apel &
» demandes. Fait à Clermont-Ferrand, le
» 4 Mars 1760. Collationné , ſigné Mo-
» ranges ».

Il y a des nominations de capitouls , en
faveur d'étrangers , qui ſont valables ; ce
ſont celles accordées , à titre de récompenſe , à ceux qui n'ont point diſſimulé qu'ils
n'étoient pas citoïens & habitans de Toulouſe , dont il eſt fait mention dans le brevet , par lequel le Roi , par grace ſpéciale
& ſans tirer à conſéquence , les diſpenſe de
la règle , en dérogeant aux ſtatuts. Il y en
a des éxemples , mais infiniment plus rares
que les nominations obreptices & ſubrep-
tices , dont on vient de parler.

L'auteur du *tableau du ſiécle* , édition
de Genève 1759 , s'éleve avec raiſon ,
contre la manie des marchands & commer-
çans de Touloufe , de vouloir parvenir au
capitoulat , & ſur le préjudice national &
particulier qui en réſulte ; on peut voir ſes
réflexions , à cet égard , pages 66 & ſuivantes. Mais il paroît qu'il ignoroit que le
Roi , par une ordonnance de 1743 , a exclu
du capitoulat , tous les marchands , par
raport au tort que cela faiſoit au commerce ;

elle eſt citée dans le dictionnaire de droit ,
au mot *Capitoul.*

CARLADES , bailliage & prévôté
roïale à Vic en Auvergne ; c'eſt un comté,
dont la terre , les juſtices & les ofices ont
été cédés en échange , à M. le prince de
Monaco. Sous ce prétexte , les oficiers ,
gréfiers & notaires refuſoient de faire ſceller & inſinuer leurs actes. Mais , par arrêt
du conſeil du 20 Avril 1706 , il a été ordonné qu'ils feront tenus de faire ſceller &
regiſtrer , par les commis du fermier , tous
les jugemens , ſentences , règlemens , contrats & autres ſujets , au petit-ſcel & à l'inſinuation laïque , & de païer les droits ,
pour ce dûs.

CASSATION d'arrêts ; la dernière
reſſource des plaideurs eſt de ſe pourvoir
au conſeil du Roi , en caſſation des arrêts
& jugemens rendus en dernier reſſort , contradictoirement , ou par défaut , lorſqu'ils
ſont contraires aux diſpoſitions expreſſes
des coûtumes , ou des ordonnances , édits
& déclarations du Roi ; le ſimple mal-jugé
n'eſt pas un moïen ſuffiſant pour ſe pourvoir
en caſſation , à moins qu'il n'y ait une injuſ-
tice évidente & manifeſte.

Les formalités à obſerver pour ſe pourvoir en caſſation des arrêts des cours ſouveraines , & des jugemens rendus en dernier reſſort , ſont preſcrites par le titre 4
de la première partie du règlement du conſeil du 28 Juin 1738.

Le demandeur doit préalablement conſigner une amende de 150 liv. lorſqu'il s'a-
git d'un arrêt ou jugement contradictoire ;
& de 75 liv. s'il ne s'agit que d'un jugement
par défaut , ou par forcluſion ; laquelle amende lui ſera renduë , s'il réuſſit dans ſa demande ; mais ſi la requéte n'eſt pas admiſe ,
cette amende eſt acquiſe au Roi ; le demandeur qui ſuccombe après un arrêt de ſoit
communiqué , doit même être condamné en
300 l. d'amende envers le Roi , & en
150 liv. envers la partie , ſi l'arrêt ou le
jugement dont la caſſation eſt demandée , a

été

été rendu contradictoirement ; & en la moitié seulement desdites amendes, si l'arrêt ou le jugement a été rendu par défaut, ou par forclusion ; dans lesquelles sommes, sera comprise celle qui aura été consignée.

§. 1. *De la consignation d'amende.*

1. Par l'art. 62 du règlement de la procédure du conseil du 3 Janvier 1673, il fut ordonné que l'art. 16 du titre des requêtes civiles de l'ordonnance de 1667, seroit éxécuté, & que ceux qui se pourvoiroient au conseil en cassation d'arrêts & jugemens rendus en dernier ressort, seroient tenus, en présentant leur requête, de consigner 300 liv. pour l'amende envers le Roi, & 150 liv. pour celle envers la partie, si lesdits arrêts & jugemens sont contradictoires, & la moitié, s'ils sont rendus par défaut ou congé.

Par arrêt du conseil, du 22 Avril 1673, il fut fait défenses aux avocats du conseil de signer aucune requête tendante à cassation d'arrêts & jugemens, évocations, ou récusations, que les amendes n'eussent été consignées, dont ils seroient tenus d'attacher les quitances aux requêtes, à peine de 100 liv. d'amende ; & cette amende fut prononcée par arrêt du 12 Août de la même année, contre le sieur Dumazy, avocat au conseil, pour avoir signé & fait signifier une requête en cassation, sans que l'amende fut consignée.

Par l'art. 8 du règlement du 27 Octobre 1674, le Roi dispensa de la consignation, pour se pourvoir en évocation, récusation & cassation ; mais il fut enjoint aux raporteurs des requêtes, d'emploïer dans le dispositif des arrêts, les condamnations desdites amendes contre ceux qui succomberoient. *Voïez* §. 2 ci-après.

Les requêtes en cassation devenant trop fréquentes par l'opiniâtreté des plaideurs, & par la facilité des avocats qu'ils consultoient, il fut fait un nouveau règlement à cet égard le 3 Février 1714, par l'art. 6,

Tome I.

duquel, la consignation de l'amende fut rétablie, pour être faite en présentant la requête afin de cassation, sur le pié de 150 liv. lorsqu'il s'agissoit d'arrêts & jugemens contradictoires, & de 75 liv. lorsque lesdits arrêts & jugemens avoient été rendus par défaut ou congé ; avec injonction au demandeur, de joindre la quitance de consignation à sa requête.

Il fut en outre ordonné par l'article 7 du même règlement de 1714, que si la requête en cassation étoit admise, le demandeur seroit tenu, avant que de faire assigner la partie, de consigner pareille somme de 150 liv. faisant avec la première, par lui consignée en présentant la requête, la somme de 300 liv. pour l'amende envers le Roi ; & de plus 150 liv. pour celle envers la partie ; le tout, en cas que les arrêts & jugemens dont la cassation seroit demandée, fussent contradictoires ; & moitié seulement desdites sommes, si lesdits arrêts & jugemens avoient été rendus par défaut ou congé.

Le règlement du 28 Juin 1738, pour la procédure du conseil, prescrit ce qui doit être observé pour se pourvoir en cassation.

L'art. 5 du titre 4 de la première partie, porte que le demandeur en cassation sera tenu de consigner la somme de 150 liv. pour l'amende envers le Roi, lorsqu'il s'agira d'un arrêt ou jugement contradictoire ; & celle de 75 liv. s'il ne s'agit que d'un arrêt ou jugement par défaut, ou par forclusion ; & que la quitance de consignation sera jointe à la requête en cassation ; sinon, que ladite requête ne poura être reçuë.

Par l'art. 38 du même titre, il est ordonné que lorsque le demandeur aura obtenu la cassation par lui demandée, l'amende consignée lui sera renduë sans aucun délai, en quelques termes que l'arrêt qui aura égard à ladite demande, soit conçu ; & quand même il auroit été omis d'ordonner que ladite amende seroit renduë.

Suivant l'art. 1er du titre 5 de la première

Z z

partie du même règlement, les requêtes en caſſation des jugemens de compétence des prévôts des maréchaux de France, ou des ſiéges préſidiaux, ſeront préſentées ſans conſignation d'amende, à laquelle le demandeur ne ſera point condamné, quand même ſa requête ſeroit rejettée.

Par l'art. 2 du titre 6, les demandeurs en contrariété d'arrêts ou jugemens, ſont également diſpenſés de la conſignation d'amende; mais, ſi leſdits demandeurs ſuccombent en leur demande, ils pourront être condamnés en telle amende qu'il plaira au conſeil d'arbitrer. Art. 6.

Les demandeurs en réviſion d'arrêts, ſont diſpenſés de la conſignation, & de la condamnation d'amende, à moins qu'ils n'euſſent conclu à la caſſation; auquel cas, toutes les règles établies au ſujet des demandes en caſſation, ſeront obſervées. Art. 2 du tit. 7 dudit règlement de 1738.

Au ſurplus, voïez ce qui a été obſervé ci-devant, verb. *Amendes*, pag. 114, pour toutes les amendes de conſignations, au ſujet des deux ſols huit deniers pour livre, & droits de quitance.

2. Il y a des demandes en caſſation d'arrêts & jugemens, qui ont été éxemtées de toute conſignation d'amende.

Par arrêt du conſeil, du 23 Décembre 1673, le *fermier général* des gabelles, aides, entrées & autres fermes-unies, & ſes ſous-fermiers, ont été déchargés de conſigner l'amende portée par l'art. 62 du règlement de 1673; & il a été ordonné qu'ils ſeront reçus à ſe pourvoir contre les arrêts *concernant les droits des fermes,* comme ils faiſoient auparavant, & ſans tirer à conſéquence.

L'art. 16 du titre 4 de la première partie du règlement de la procédure du conſeil du 28 Juin 1738, porte que les requêtes en caſſation, préſentées en *matière domaniale*, ſoit par les procureurs généraux de S. M. ſoit par les inſpecteurs généraux du domaine, ou auxquelles ils ſe ſeront joints, ſont exceptées des articles précédens; & que leſdites requêtes pourront être admiſes ſans être ſignées de deux anciens avocats, ſans conſignation d'amende, & même au-delà du délai fixé pour les autres requêtes en caſſation.

L'article 17 porte que la diſpoſition de l'article précédent, aura pareillement lieu pour les requêtes en caſſation, préſentées par leſdits procureurs généraux, contre les arrêts dans leſquels ils auroient été parties, ou auroient formé des requiſitoires, pour l'*intérêt public.*

Dans les autres matières, où il ne s'agira que de ſoûtenir la juriſdiction ou les prérogatives de leurs compagnies, ou celles de leurs charges, leſdites requêtes pourront être préſentées, ſans être ſignées d'anciens avocats, & ſans conſignation d'amende; mais ne pourront être admiſes, ſi elles ne ſont données dans le délai d'un an, du jour de la ſignification deſdits arrêts; art. 18 du même titre.

Les requêtes en caſſation des arrêts, par leſquels l'apel des jugemens rendus par les juges & conſuls, ou autres juges, auroit été reçu, dans les cas où leſdits jugemens ne ſont pas ſujets à l'apel, pourront être préſentées ſans conſultation d'avocat, & ſans conſignation d'amende. Art. 19 du même titre 4 du règlement de 1738.

L'article 34 porte que les demandes en caſſation des procédures ou arrêts attentatoires à l'autorité du conſeil, ſeront formées & inſtruites, ſans être ſujétes à aucunes des règles preſcrites par le titre 4, pour les autres demandes en caſſation.

§. 2. *Amendes acquiſes; & amendes de condamnation.*

Par l'article 68 du règlement de la procédure du conſeil du 3 Janvier 1673, il fut ordonné que ſi les moïens de caſſation n'étoient pas jugés ſuffiſans, & que l'arrêt contre lequel on s'étoit pourvû, ſubſiſtât, en quelque manière que la prononciation fût conçuë , le demandeur feroit condamné en 300 liv. d'amende envers le Roi , & en 150 liv. envers la partie , fi l'arrêt attaqué avoit été rendu contradictoirement , & en la moitié , s'il avoit été rendu par congé , ou défaut.

Ces amendes étoient les mêmes que celles fixées pour être confignées , en préfentant la requête ; les parties furent enfuite difpenfées de configner par l'art. 8 du règlement du 27 Octobre 1674 ; & il fut enjoint aux maîtres des requêtes , raporteurs des requêtes & inftances , d'emploïer dans les difpofitifs des arrêts , les condamnations defdites amendes contre ceux qui fuccomberoient ; & aux avocats des confeils , d'emploïer dans les requêtes & inftances qu'ils inftruiroient , les noms , furnoms , qualités & demeures de leurs parties , à peine d'interdiction , & du double defdites amendes de confignation , fans que lefdites peines puiffent être remifes , ni modérées , pour quelque caufe & fous quelque prétexte que ce puiffe être.

L'article 44 du règlement du confeil, du 17 Juin 1687 , porte que le demandeur en caffation d'arrêt qui fuccombera , fera condamné aux amendes , lefquelles font fixées comme par le règlement de 1673.

L'arrêt du confeil, du 3 Septembre 1698, porte que, lorfque les demandeurs en évocation , caffation d'arrêts , infcription de faux , opofition & apellation au confeil , n'obtiendront pas leurs fins & conclufions , ils feront tenus de païer les amendes portées par les ordonnances & règlemens , quoique non prononcées ; à quoi faire , ils feront contraints par les voies accoûtumées , à la réferve toutefois des arrêts qui interviendront au confeil , portant la claufe (néanmoins fans amende ;) ce qui fera exécuté , nonobftant opofitions ou empêchemens quelconques.

Le règlement du confeil de 1714 (dont les difpofitions pour le rétabliffement de

la confignation , font raportées ci-deffus , §. 1) porte que les amendes ne pouront être remifes que par délibération prife en plein confeil.

Celui du 28 Juin 1738 , concernant la procédure du confeil , contient diférentes difpofitions au fujet des demandes en caffation.

L'article 22 du titre 4 de la première partie , porte que toute requête en caffation qui n'aura pas été communiquée aux commiffaires nommés par l'article précédent, pour l'éxamen des demandes en caffation , dans trois mois du jour que le raporteur aura été commis , fera regardée comme non avenuë , & la fomme confignée pour *l'amende , fera acquife* à S. M. en vertu du préfent règlement , & fans qu'il foit befoin de rendre aucun arrêt.

Par l'article 25 du même titre , il eft ordonné qu'en cas que fur le raport de la requête en caffation , le demandeur fe trouve non-recevable , ou mal-fondé dans fa demande ; il fera rendu arrêt , par lequel il fera débouté de fa demande , ou déclaré non-recevable , s'il y échet ; & dans l'un & l'autre cas , il fera condamné par le même arrêt , en l'amende de 150 liv. ou de 75 liv. fuivant la difpofition de l'art. 5 (raporté ci-deffus , §. 1). *Voïez* encore l'article 37 ci-après.

Le demandeur en caffation qui fuccombera en fa demande , après un arrêt de foit communiqué , fera condamné en 300 liv. d'amende envers le Roi , & en 150 liv. envers la partie , fi l'arrêt ou jugement dont la condamnation étoit demandée , a été rendu contradictoirement ; & en la moitié feulement defdites fommes , fi l'arrêt ou le jugement a été rendu par défaut ou par forclufion , dans lefquelles fommes fera comprife celle qui , fuivant l'art. 5 , aura été confignée par le demandeur en caffation. Article 35 du même titre 4.

L'amende portée par l'article précédent, ne poura être remife ni modérée, fous quelque prétexte que ce foit, mais elle poura être augmentée, s'il eft ainfi ordonné, en ftatuant fur ladite demande en caffation. Art. 36.

Il eft ordonné par l'art. 37, que l'amende fera acquife de plein droit, quand même il auroit été obmis d'y prononcer, & en quelques termes que l'arrêt qui rejettera la demande en caffation foit conçû; ce qui aura lieu pareillement dans le cas porté par l'art. 25 ci-deffus.

Décifion du confeil, du 29 Juillet 1742, contre le fieur Marchais, qui, par arrêt du confeil, a été débouté de fa demande en caffation d'une fentence confulaire, renduë en dernier reffort. Il prétendoit que le règlement de 1738 ne prononçoit point d'amende pour les demandes en caffation de jugemens confulaires; mais la règle eft générale pour tous les arrêts des cours fouveraines, & pour tous jugemens rendus en dernier reffort, fans autres exceptions que celles raportées ci-deffus, §. 1, n. 2, & la décifion juge qu'il ne peut être déchargé de l'amende.

Par autre décifion du confeil, du 5 Septembre 1742, le fieur Dubois d'Havelay a été débouté de fa demande en reftitution de l'amende qu'il avoit confignée, pour fe pourvoir en caffation d'un arrêt du parlement de Flandre; il difoit que, lors de la confignation, la demande en caffation n'étoit engagée par aucun acte, & que fa requête n'avoit pas été raportée. Mais l'amende étoit acquife en conformité de l'art. 22 du titre 4 du règlement de 1738.

Décifion du confeil, du 26 Novembre 1746, fur la demande de la veuve Lavoifier, tendante à obtenir grace de l'amende prononcée par arrêt du confeil, fur fa requête en caffation d'un arrêt de la cour des aïdes de Dole. Décidé que cela ne fe peut, & que c'eft au fermier à faire grace, s'il le juge à propos.

Par autre décifion du confeil, du 12 Février 1756, la dame comteffe de la Goublaye a été déboutée de fa demande en reftitution d'une amende de 150 liv. confignée par fon père en 1753, pour être admis à fe pourvoir en caffation d'un arrêt du parlement de Bretagne; elle difoit que fon père eft mort avant que fa requête eût été communiquée, & qu'elle renonçoit à fuivre la demande en caffation. Le confeil a jugé que l'amende étoit acquife, conformément à l'art. 22 du tit. 4 du règlement de 1738.

§. 3. *Recouvrement defd. amendes.*

Les avocats du confeil font tenus d'inférer dans les requêtes & inftances, les noms, furnoms, qualités & demeures de leurs parties, art. 8 du règlement de 1674 ci-deffus, §. 2.

Il doit être tenu deux regiftres, l'un au gréfe du confeil des finances, l'autre en celui du confeil-privé, fur lefquels les avocats au confeil font tenus de cotter & figner les noms, qualités & domiciles de leurs parties, tant des demandeurs, que des défendeurs, ès inftances où il s'agit de caffation d'arrêts, évocations, récufations, infcriptions de faux; & les fecrétaires & gréfiers font tenus de les fpécifier dans les extraits qu'ils feront obligés de délivrer au fermier du domaine pour faire le recouvrement des amendes. Arrêts du confeil des 12 Mars 1683, & 7 Août 1684.

Voïez, au furplus, ce qui a été dit, en général, pour le recouvrement des amendes, verb. *Amendes*, §. 4, pag. 123.

CASUELS *domaniaux*, font les droits feigneuriaux cafuels, féodaux & roturiers, dûs aux mutations des biens mouvans du domaine du Roi, tels que les lods & ventes, quints, requints, tréizièmes, reliefs, rachats, fous-rachats, & autres femblables; les droits d'épave, & les biens échus com-

me vacans, par confifcation, aubaine, bâtardife , deshérence ou autrement , font également des droits domaniaux cafuels. L'on
a parlé de chacun de ces droits en particulier , fous le titre qui lui convient ; il ne
s'agit ici que des règles générales pour
tous les droits cafuels.

Par édit du mois de Janvier 1561 , il
avoit été ordonné que les deniers provenans des cafuels , feroient convertis &
emploïés aux réparations & entretiens
des châteaux , maifons , auditoires , géoles , prifons , & autres bâtimens & édifices
apartenans au Roi ; mais il a été trouvé plus
convenable & plus avantageux de pourvoir
auxdites réparations, & de comprendre les
droits domaniaux cafuels dans les baux des
domaines ; & c'eft ce qui a été fait depuis
1669 , en réfervant néanmoins quelques
portions de ces droits , pour en difpofer
par le Roi , comme il plairoit à S. M.

§. 1. *Fixation de la portion du
fermier dans les cafuels.*

L'édit du mois d'Août 1669 , porte
que dans les adjudications des baux des
domaines , les cafuels des biens *nobles* ,
& les aubaines , deshérences , bâtardifes
& confifcations , ne feront compris que
jufqu'à concurrence de 2000 liv. & que
pour ceux au-deffus , les fermiers auront
feulement le tiers , les deux autres tiers
étant réfervés au Roi , pour en difpofer
ainfi qu'il plaîra à S. M. & que les cafuels
des héritages *roturiers* apartiendront en
entier aux fermiers.

L'arrêt du confeil , du 10 Février 1674 ,
explique pofitivement que le fermier doit
être païé de fes 2000 liv. fur les premiers deniers ; qu'il doit avoir en outre
le tiers de l'excédent ; & que la réferve
n'a pour objet que les deux tiers de cet
excédent.

Par le bail de Fauconnet , du 26 Juillet 1681 , & arrêt du même jour , il eft

dit qu'il jouïra des droits de lods & ventes des biens *en roture* , à quelque fomme qu'ils puiffent monter ; & de tous les
droits feigneuriaux & cafuels , en cas qu'ils
ne montent qu'à 2000 l. & depuis 2000 l.
jufqu'à 6000 liv. qu'il jouïra de 2000 liv.
feulement ; & du tiers de tous lefd. droits
qui excéderont 6000 liv. le Roi fe réfervant le furplus.

L'art. 83 du bail de Charriere , du 18
Mars 1687 , lui accorde la jouïffance des
droits de lods & ventes dûs au Roi fur les
biens en *roture* , à quelque fomme qu'ils
puiffent monter ; & l'art. 85 porte qu'il jouïra
en entier des droits de quint & requint ,
reliefs , treizièmes , rachats , fous-rachats ,
épaves , aubaines , bâtardifes , deshérences ,
confifcations , & tous autres droits feigneuriaux & cafuels, en cas que lefd. droits ne montent qu'à 2000 l. & depuis 2000 l. jufqu'à
6000 l. qu'il jouïra de 2000 l. feulement ,
& du tiers de tous lefd. droits qui excéderont lefd. 6000 l. S. M. fe réfervant le furplus.

Par l'art. 7 de l'édit du mois de Décembre 1701 , il a été ordonné , pour
indemnifer les fermiers des domaines de
la nouvelle attribution faite aux receveurs
& contrôleurs généraux des domaines ,
que tous les droits feigneuriaux & autres cafuels apartiendront en entier , à
l'avenir , auxdits fermiers , jufqu'à la fomme de 3000 liv. au lieu de 2000 liv. fixées
par l'édit de 1669 ; que de 3000 liv. jufqu'à 6000 liv. il leur apartiendra toujours
3000 liv. & au-deffus de 6000 liv. la moitié du total , au lieu du tiers réglé par
l'édit de 1669 , S. M. fe réfervant feulement de difpofer du furplus.

Par édit du mois d'Avril 1719 , le Roi
accorda à l'ordre roïal & militaire de S.
Loüis , tous les cafuels & droits feigneuriaux , autres néanmoins que les parties
comprifes dans les baux des fermes , fans
que les receveurs généraux , & autres officiers du domaine , puffent prétendre aucun droit ni remife fur cette attribution ;

parce que néanmoins les droits de rachats & fous-rachats, ne pouroient apartenir à l'ordre, que jufqu'à concurrence de 10000 l. feulement, & qu'il en feroit ufé de même à l'égard des droits de confifcation, S. M. fe réfervant le furplus ; la jouïffance de la première année du revenu des domaines & droits aliénés à vie, à compter du jour du décès des engagiftes, fut en outre attribuée à l'ordre de Saint Loüis.

Le bail de Carlier, du 19 Août 1726, art. 523, porte qu'il jouïra de tous les droits de lods & ventes dûs au Roi fur les biens en *roture*, à quelque fomme qu'ils puiffent monter ; & l'article 525, qu'il jouïra des droits de quint, requint, treizièmes, reliefs, rachats, fous - rachats, épaves, aubaines, bâtardifes, deshérences, confifcations, & tous autres droits feigneuriaux & cafuels, de quelque nature que ce foit, apartenans au Roi, ou ajugés à S. M. à caufe de fes domaines, même dans les juftices & feigneuries aliénées par démembrement des chefs-lieux, réfervés par S. M. conformément à l'édit du mois de Mai 1715. De tous lefquels droits, ledit Carlier jouïra en entier, en cas qu'ils ne montent qu'à 3000 liv. & depuis 3000 liv. jufqu'à 6000 liv. il jouïra de 3000 liv. feulement, & de la moitié de tous lefdits droits qui excéderont lefdits 6000 liv. conformément à l'édit du mois de Décembre 1701.

Par l'art. 1er de l'édit du mois de Mai 1730, le Roi a révoqué tous édits, déclarations & arrêts, portant don, à perpétuité ou autrement, en faveur de quelques perfonnes ou ordres que ce puiffe être, tant des portions non comprifes dans les baux, des cafuels des domaines, confiftans aux droits de lods & ventes, treizièmes, quint, requint, rachats, fous-rachats, aubaines, bâtardifes, deshérences, confifcations, épaves, & autres droits feigneuriaux & cafuels de pareille nature ; que des jouïffances des diférens do-

maines & droits aliénés à vie, dans lefquels le Roi doit rentrer après le décès des engagiftes ; & lefdits droits ont été réunis au domaine, comme ils l'étoient avant lefdits dons, qui demeureront nuls.

Par l'art. 2, il eft dit que les receveurs généraux des domaines, feront la recette des portions réunies, en même-tems qu'ils recevront celles comprifes dans les baux, fans pouvoir prétendre aucunes remifes fur les portions réunies, comme ils n'en jouïf-foient pas précédemment.

Par les lettres patentes du 2 Octobre 1731, il eft ordonné que Remy Barbier, auquel l'ordre de Saint Loüis avoit affermé pour 6 ans, en 1727, les portions qui lui étoient attribuées par l'édit de 1719, continuëra de jouïr pendant les années 1731 & 1732, defdites portions de cafuels des domaines, & qu'il aura pareillement la jouïffance des domaines engagés à vie, la première année du décès des engagiftes ; à l'éfet de quoi lefdits droits réunis, feront remis fans aucune retenuë par les receveurs généraux audit Barbier, lequel païera le prix de fon bail au fermier général, pour en compter.

Charles Yvon a enfuite été fermier de la portion excédante & réfervée, pour fix ans, commencés en 1733, & finis en 1738.

Par le bail de Forceville, du 16 Sep-1738, il eft dit (art. 498) qu'il jouïra des droits de lods & ventes dûs au Roi fur les biens en *roture*, à quelques fommes qu'ils puiffent monter, à la déduction des droits attribués aux procureurs du Roi des bureaux des finances, & aux receveurs & contrôleurs généraux des domaines & bois ; & l'art. 500 porte qu'il jouïra, tant de la portion comprife dans les précédens baux des domaines, fur tous les droits feigneuriaux & cafuels apartenans ou ajugés au Roi à caufe de fes domaines, même dans les juftices & feigneuries aliénées par démembrement des chefs-lieux, réfervés à S. M. conformément à l'édit de 1715 , que de la portion ou excédent de tous lefdits droits cafuels , non comprife dans les précédens baux des domaines , & réunie par édit du mois de Mai 1730 ; dont ledit Forceville joüira , en conformité des lettres patentes du 2 Octobre 1731 , fans néanmoins qu'il puiffe lui apartenir fur les droits de rachat & fous-rachats compris dans cette dernière portion , que jufqu'à concurrence de dix mille livres, pour raifon de tous les fiefs qui tomberont en rachat par une même mutation , & pareille fomme à l'égard des droits de confifcation , S. M. s'étant réfervé feulement l'entière difpofition de la moitié qui excédera lefd. 10000 liv. fur lefdits droits de rachat & confifcation.

Il eft ajoûté par ledit art. 500 , que tous ces droits cafuels feront reçûs par les receveurs généraux des domaines , qui retiendront fur la première portion feulement , qui a toujours fait partie des précédens baux des domaines , les 6 f. pour livre attribués aux avocats & procureurs du Roi des bureaux des finances , & auxdits receveurs , ainfi qu'à leurs contrôleurs ; & fans qu'ils puiffent , fous prétexte qu'ils font la recette de la totalité defdits droits , prétendre , non plus que leurs contrôleurs & autres oficiers , aucuns droits ni remifes , fur la portion ou excédent defdits cafuels , réunie par l'édit du mois de Mai 1730.

Les mêmes droits ont été compris dans le bail de Thibault la Ruë, fait au mois d'Octobre 1743 , pour commencer au premier Janvier 1745 , qui eft entièrement conforme à l'art. 500 de celui de Forceville , tant pour ce qui concerne la joüiffance de l'adjudicataire , que pour les attributions des receveurs & autres oficiers du domaine.

Par l'art. 1er de l'édit du mois de Décembre 1743 , il eft ordonné que les taxa-

tions attribuées aux receveurs généraux des domaines , à leurs contrôleurs , aux procureurs du Roi des bureaux des finances , ou autres oficiers qui font à leurs droits, feront perçûes à l'avenir , & à commencer du 1er Juillet 1745 , par lefd. oficiers fur les droits feigneuriaux & cafuels dûs au Roi en entier , même fur la portion defdits droits ci-devant réfervée , qui avoit été attribuée à l'ordre de Saint Loüis , & qui eft actuellement comprife dans les baux des fermes , comme auffi fur l'excédent qui eft encore réfervé à S. M.

L'époque du premier Juillet 1745 , n'a été inférée que par erreur dans cet édit , puifque , par le bail précédemment fait au fermier pour fix années , finiffantes au dernier Décembre 1750 , la portion réunie par l'édit de 1730 , lui avoit été affermée , aux conditions y exprimées , fans que lefdits receveurs généraux , & autres oficiers , puffent prétendre aucuns droits ni remifes fur cette portion ; d'où il fuit que ce n'eft qu'après l'expiration de ce bail , & à commencer du 1er Janvier 1751 , que les receveurs & contrôleurs généraux des domaines ont pû prétendre leur nouvelle attribution fur cette portion réunie.

C'eft même ce qui a été jugé par arrêt du confeil du 11 Octobre 1746 , en faveur d'André Mercier, fous-fermier des domaines des généralités de Poitiers, Limoges & la Rochelle , contre le fieur Pinot, receveur général des domaines & bois de la généralité de Limoges , qui a été condamné à remettre audit Mercier les 6 f. pour livre par lui retenus fur la feconde moitié ou excédent des droits de lods & ventes, païés par le fieur Garat, pour l'acquifition par lui faite le 25 Juin 1746 , de la terre & marquifat de la Villeneuve ; & en outre , au coût de l'arrêt , liquidé à 150 liv.

Enfin , le bail de Girardin , du mois d'Octobre 1749 , eft conforme aux deux

Cafuels.

précédens, pour la joüïffance de l'adjudicataire, des diférens droits cafuels, & pour
la reftriction à 10000 liv. dans la moitié
ci-devant réfervée d'un droit de rachat,
& d'une confifcation ; mais il eft ftipulé
que tous lefdits droits cafuels feront reçûs par les receveurs généraux des domaines , qui retiendront, tant fur la première portion , qui a toujours fait partie
des précédens baux des domaines , que
fur la partie defdits droits , réunie par
l'édit du mois de Mai 1730, les fix fols
pour livre attribués , tant aux procureurs
du Roi des bureaux des finances , qu'auxdits receveurs des domaines & leurs contrôleurs , par les édits de 1685, 1689,
1694, 1701, 1727 & 1743.

Il réfulte de ce que deffus, que le fermier joüït & a toujours joüï de la totalité
des lods & ventes des biens en *roture*, à
quelque fomme qu'ils puiffent monter , à la
déduction des droits attribués aux oficiers
du domaine.

Que jufqu'au 1er Janvier 1739 , il a joüï
de tous les autres cafuels ; fçavoir, de
3000 livres, dans ceux produifant jufqu'à
6000 liv. & de la moitié de tout l'excédent,
à la déduction pareillement des droits attribués aux oficiers du domaine ; & que l'autre moitié de l'excédent, apartenoit à l'ordre de faint Loüis , & au bail d'Yvon,
jufqu'à concurrence de 10000 livres , fur
les droits de rachat , fous-rachat & confifcation , le furplus étant réfervé au Roi.

Que depuis le 1er Janvier 1739 , jufqu'au 1er Janvier 1751, le fermier a joüï
en outre , de cette dernière moitié de l'excédent des cafuels, attribuée ci-devant à
l'ordre de faint Loüis , & affermée enfuite
à Yvon , jufqu'à la même concurrence de
10000 livres , & fous la même réferve,
fans aucune attribution aux oficiers du domaine , à cet égard.

Et que depuis le 1er Janvier 1751 , il
continuë de joüïr de la totalité des lods &
ventes des biens en *roture* ; & de la totalité

des autres cafuels , à l'exception feulement
des droits de rachat , fous-rachat & de
confifcation, dont il n'a qu'une moitié entière , & 10000 livres fur l'autre moitié ; & à la déduction des attributions des
oficiers du domaine , fur la totalité des
cafuels, depuis ledit jour 1er Janvier 1751,
en vertu de l'édit du mois de Décembre
1743.

C'eft en conformité de ces diftinctions,
que les droits doivent être règlés , relativement à l'époque de leur ouverture : en
conféquence , l'ordre de faint Loüis doit
joüïr de ce qui lui étoit attribué par l'édit
de 1719 , fur les cafuels ouverts , depuis
cet édit, jufqu'au 1er Janvier 1730 , fans
être affujéti à la formalité des demandes ,
pour fe conferver lefdits droits , ainfi qu'il
a été jugé par arrêt du confeil, du 12 Août
1749 , contre M. le marquis de Laffey.
Il en eft de même , à l'égard des cautions
du bail de Charles Yvon, qui a été fermier,
jufqu'au 1er Janvier 1739 , de la portion
ci-devant attribuée à l'ordre de faint Loüis.
Ainfi ce n'eft que fur les droits dûs, depuis
le 1er Janvier 1739 , que le fermier peut
prétendre l'excédent ci-devant réfervé.

§. 2. *Recette des cafuels.*

Par édit du mois d'Avril 1685 , il fut
créé des ofices de receveurs généraux des
domaines & bois , & l'article 2 porte que
ces oficiers recevront les deniers provenans
des droits de quint, requint, reliefs, rachats,
aubaine, deshérence, confifcation, bâtardife & tous les autres droits féodaux &
cafuels , apartenans au Roi, & réfervés par
les baux des fermes, foit qu'ils foient remis
ou donnés.

Les lettres patentes du 12 Juillet 1687,
portent que les droits de lods & ventes
des biens en *roture*, feront perçus en la
manière accoûtumée par le fermier , &
que les droits féodaux & autres cafuels ,
feront reçûs par les receveurs généraux

des

des domaines, qui s'en chargeront en recette dans leurs comptes, retiendront leurs attributions ; délivreront aux fermiers, la portion qui leur en apartiendra, suivant leurs baux, & porteront le surplus au trésor roïal.

Par l'article 4 de l'édit du mois de Décembre 1701, il est ordonné que les receveurs généraux des domaines, recevront en entier *tous* les droits de quint & requint, reliefs, rachats, sous-rachats, treizièmes, lods & ventes, échanges, aubaine, deshérence, épaves, confiscation, bâtardise, & généralement tous autres droits casuels, *tant des fiefs que des rotures ;* à cause des domaines qui sont aux mains du Roi, soit que lesdits droits soient donnés par le Roi, remis ou affermés, ensemble tous les fruits qui seront ajugés à S. M. en pure perte, en conséquence de saisies féodales, *&c.* desquels droits ils délivreront aux fermiers des domaines, la part qui leur apartiendra.

Par une déclaration du Roi du 25 Septembre 1703, il fut ordonné que dans la province de Bretagne, le fermier continueroit de faire la recette des droits de lods & ventes, & autres casuels des biens en *roture.* Voïez *Bretagne,* §. 3. page 339.

Arrêt du conseil, du 15 Septembre 1705, qui casse une sentence du sénéchal de Quimperlé, par laquelle il étoit donné acte au sieur Porteneuve, adjudicataire du bail à rachat des terres du marquisat de Pont-Callec, de ses offres de païer seulement 3000 livres, aïant païé l'excédent au donataire du Roi ; en conséquence, il a été ordonné que ledit sieur de Porteneuve païeroit ès mains du receveur général, les 4060 liv. à quoi monte le rachat ; pour être, ensuite, cette somme païée & distribuée à qui il apartiendroit, suivant l'édit de 1701.

L'article 4 de l'édit du mois de Décembre 1727, porte que les receveurs généraux recevront, chacun dans l'année de leur éxercice, sur leurs quitances contrôlées

par les contrôleurs généraux, *tous* les droits de quint, requint, reliefs, rachat, sous-rachats, treizièmes, lods & ventes, échanges, aubaines, deshérence, épaves, confiscation, bâtardise, & généralement tous autres droits casuels apartenans au Roi, pour raison des domaines de S. M. terres & seigneuries qui en relevent, situées dans les provinces & généralités où ils sont établis, & ce, tant pour la portion qui leur en est attribuée, & aux autres oficiers, que pour celles revenantes aux fermiers des domaines, auxquels ils seront tenus de les remettre, à la déduction des frais qui auront été faits contre les redevables, & dont la répétition ne poura être faite contr'eux, lesquels frais seront, audit cas, prélevés sur le total desdits droits.

Par arrêt du conseil, du 11 Septembre 1731, rendu sur la requête des sous-fermiers des domaines des diférentes provinces & généralités du roïaume, sur ce que quelques receveurs généraux vouloient leur retenir des frais de règie, sous prétexte que pour la facilité du recouvrement, ils étoient obligés d'avoir des commis dans diférentes villes des généralités de leur établissement, il est » ordonné que les » édits des mois de Décembre 1701, & » Décembre 1727, seront éxécutés selon » leur forme & teneur ; & en conséquence, » que les receveurs généraux des domai- » nes, seront tenus de remettre aux fer- » miers des domaines, les sommes qui leur » apartiennent dans les droits seigneuriaux, » casuels, féodaux & roturiers, en la ma- » nière portée par lesdits édits, sans au- » cune déduction, sous prétexte de remise, » frais de règie, ou autrement ; à la réserve » néanmoins des frais qui se trouveront » bien & légitimement faits contre les rede- » vables, dont la répétition ne poura être » faite contr'eux ; auquel cas, ils seront pré- » levés sur le total des droits ; & sera le pré- » sent arrêt éxécuté, nonobstant toutes opo- » sitions, pour lesquelles il ne sera différé ».

L'article 4 de l'édit du mois de Décembre 1743 , porte que les receveurs généraux des domaines & bois , continuëront à faire feuls , & à l'exclufion de tous autres , le recouvrement des biens qui feront ajugés au Roi , à titre d'aubaine , bâtardife , deshérence & confifcation ; & en cas que lefdits biens foient enfuite réclamés , par ceux qui y auroient droit , ou confommés par les créances ou charges auxquelles ils fe trouveront affectés , lefdits receveurs généraux pourront retenir par leurs mains , fur le prix defdits biens & éfets , dont ils auront fait le recouvrement , les frais par eux légitimement faits , même leurs faux-frais , pour raifon defquels faux-frais , S. M. leur attribué fix deniers pour livre , fur la recette effective par eux faite du prix des biens & éfets réclamés , ou dont le prix aura été diftribué aux Créanciers.

Voïez encore les arrêts du confeil des 11 Août 1705 , 9. Septembre 1710 , 13 Juillet 1723 , & 5 Octobre 1745 , raportés ci-devant. Verb. *Bureau des finances* , & celui du 27 Juin 1724 , ci-après. Verb. *Confifcation*.

Celui du 21 Janvier 1727 , qui , fans préjudice de l'apel d'une fentence de la chambre du domaine , ordonne qu'elle fera provifoirement éxécutée , & que le fieur Chevalier , notaire à Paris , dépofitaire des deniers de la fucceffion de Touffaint Beauvais , mort dans un état inconnu , les remettra au receveur général.

Autre du 21 Février 1747 , portant que le recouvrement des éfets de la fucceffion du fieur abbé de Mongault , pourvû de bénéfices de nomination roïale , mort dans un état inconnu , fera fait par provifion , par le receveur général , nonobftant la prétention du fieur Marchal , œconome général , lequel prétendoit agir & recevoir à titre de fequeftre , pour fûreté des réparations.

Autre du 6 Août 1748 , portant que le recouvrement des éfets de la fucceffion du fieur abbé Labifewky , polonois naturalifé ,

confeffeur de la Reine , ajugée au Roi , à titre d'aubaine , fera fait par le receveur général , & que le fieur Marchal , œconome général & autres dépofitaires defdits éfets , feront tenus de les remettre audit receveur , fauf à l'œconome à fe pourvoir contre lui , pour les réparations.

Voïez encore *Receveurs généraux des domaines* ; & la dénomination particulière de chacun des droits cafuels.

§. 3. *Attributions des oficiers du domaine dans les cafuels.*

Les ofices de receveurs généraux des domaines & bois , ont été créés par édit du mois d'Avril 1685 , & par l'article 8 de cet édit , il leur fut attribué 1 f. pour liv. de tous les droits cafuels affermés , donnés , remis ou réfervés , ... 1 f.

L'édit du mois de Décembre 1689 , portant création des ofices de contrôleurs généraux des domaines & bois , leur accorde 1 f. pour liv. defdits droits , . . 1 f.

Par l'article 8 de l'édit du mois d'Avril 1694 , il eft attribué aux procureurs du Roi des bureaux des finances , 1 f. pour liv. de tous lefd. droits cafuels , pour les rendre plus diligens à en faire la recherche & les pourfuites , chacun dans fa généralité , 1 f.

L'édit du mois de Décembre 1701 , article 6 , pour engager les receveurs & contrôleurs généraux , à veiller à la confervation des mouvances & directes , leur attribué 5 f. pour liv. du produit de tous lefdits droits en entier , y compris les 2 f. dont ils ont joui jufqu'alors ; defquels 5 f. il apartiendra 2 f. au receveur en éxercice ; 1 f. au receveur hors d'éxercice ; & 2 f. aux contrôleurs , ... 3 f.

Ainfi le total des attributions , eft de 6 f. pour liv. . . . . 6 f.

Les oficiers du domaine furent privés , par l'édit du mois d'Avril 1719 , de tous droits & remifes fur la portion des cafuels , accordée par cet édit , à l'ordre de faint Louis.

Par l'art. 1ᵉʳ de l'édit du mois de Juin 1725, l'attribution d'un fol pour liv. des cafuels, faite en 1694, aux procureurs du Roi des bureaux des finances, a été révoquée, fauf à eux à faire liquider leur finance; & par l'art. 12 de cet édit, il a été attribué aux avocats & procureurs du Roi des bureaux des finances, chacun fix deniers pour liv. dans le fol ci-devant accordé aux procureurs du Roi; avec pareille attribution aux avocats & procureurs généraux des chambres des comptes des provinces, où il n'y a point de bureaux des finances établis, & qui connaiffent des domaines, à la charge par lefdits officiers de païer une finance.

L'édit du mois de Décembre 1727, maintient dans la jouïffance du fol pour livre defdits cafuels, les procureurs du Roi des bureaux des finances, ou chambres des domaines, qui en ont fait l'acquifition, fans être tenus de païer aucun fuplément de finance, ni de partager ledit fol pour livre.

Il y a des provinces où les procureurs généraux des chambres des comptes jouïffent d'un fol pour livre, fur les droits cafuels dûs pour raifon des biens en fief; & les procureurs du Roi des bureaux des finances, d'un fol pour livre fur les droits dûs pour les biens roturiers.

L'article premier de l'édit du mois de Décembre 1743, porte que les taxations attribuées aux receveurs généraux des domaines & bois, à leurs contrôleurs, aux procureurs du Roi des bureaux des finances, & autres officiers qui font à leurs droits, par les édits de 1685, 1689, 1694, & 1701, feront perçuës à l'avenir, & à commencer du 1ᵉʳ Juillet 1745, par lefdits officiers auxquels elles font attribuées, fur les droits feigneuriaux & cafuels dûs au Roi en entier, même fur la portion ci-devant réfervée à S. M. qui avoit été attribuée à l'ordre de faint Loüis, & actuellement comprife dans les baux des fermes; comme auffi fur l'excédent qui eft encore actuellement réfervé à S. M.

Il a été obfervé ci-deffus, §. 1, que les nouvelles taxations attribuées fur l'excédent des cafuels aux officiers du domaine, par l'édit de 1743, n'ont commencé à avoir lieu, qu'à compter du 1ᵉʳ Janvier 1751; parce que cet édit eft attributif d'un droit qui leur avoit été ôté par l'édit du mois d'Avril 1719, & que l'excédent étoit compris avec ce droit dans le bail du fermier, qui n'eft fini que le dernier Décembre 1750.

Les attributions des officiers du domaine ont lieu, nonobftant l'exemtion de droits feigneuriaux, accordée depuis ces attributions; même dans les mouvances engagées poftérieurement; mais feulement dans la proportion de ces attributions, au tems de la conceffion des priviléges, ou des engagemens; parce que l'exemtion des droits feigneuriaux, ni les engagemens, ne peuvent avoir pour objet que les droits qui apartenoient au Roi, lors des engagemens ou de la conceffion des priviléges, & ne peuvent, par conféquent, s'étendre fur ce qui avoit été précédemment aliéné.

Voïez les édits de 1685, 1689, & 1694, portant que lefdits officiers jouïront de leurs attributions, foit que les cafuels foient affermés, donnés, ou remis.

Arrêt du confeil, du 18 Septembre 1696, portant que les receveurs généraux des domaines & bois, jouïront du fol pour livre à eux attribué, fur tous les droits feigneuriaux des acquifitions qui feront faites dans l'étenduë des directes de Sᵉ M. nonobftant tous priviléges & éxemtions, accordés depuis l'édit du mois d'Avril 1685.

Autre arrêt du confeil, du 28 Octobre 1710, qui ordonne que les receveurs généraux des domaines de Bretagne, jouïront de trois fols pour livre, de tous les droits feigneuriaux & cafuels des acquifitions qui ont été & feront faites par les officiers du parlement & de la chambre des comptes dans les directes du Roi, nonobftant les éxemtions à eux accordées par déclarations des 29 Mars 1707, & 8 Mai 1708, pof-

Cafuels\ térieures aux attributions defdits receveurs généraux. *Nota.* L'éxemtion des oficiers de ces deux cours fouveraines de Bretagne, ne fublifte plus. Voïez *Bretagne.*

Autre arrêt femblable du 5 Avril 1712, cité dans celui ci-après.

Arrêt du confeil, du 7 Août 1714, qui ordonne que le receveur général des domaines & bois de Flandre, continuëra de jouïr des fix fols pour livre des droits feigneuriaux & féodaux, & autres cafuels dépendans des domaines engagés ou aliénés depuis l'édit de création de fon ofice ; cet arrêt eft rendu contre le fieur Fruleux, fecrétaire du Roi, en la chancellerie d'Artois, de la création du mois d'Avril 1707.

Arrêt du confeil, du 19 Avril 1720, qui condamne le fieur Valhebert de Secqueville, à païer au fieur Blanchard, ci-devant receveur des domaines & bois à Caën, les fix fols pour livre des droits feigneuriaux qu'il avoit reçus du fieur Huet, pour héritages vendus audit fieur Huet, par un confeiller en la cour des comptes en 1711, dans une mouvance du Roi, confufe avec celle du fieur de Sequeville, lequel avoit acquis les mouvances du Roi en la même paroiffe en 1704 ; & cela fondé, fur ce que l'aliénation de ces mouvances n'avoit pû lui donner que le droit de recevoir les quatorze fols pour livre, apartenans au Roi ; puifque les fix fols étoient antérieurement aliénés aux receveurs & autres oficiers du domaine.

Autre arrêt du 24 Septembre 1726, confirmatif d'un jugement du bureau des finances d'Auch, par lequel Laurent Cournac a été condamné à païer au receveur général des domaines, les fix fols pour livre de lods & ventes d'une acquifition dans le domaine de Sarran, engagé poftérieurement aux attributions.

Autre arrêt du confeil, du 5 Novembre 1726, fur un renvoi du parlement de Grenoble, qui confirme un jugement du bureau des finances de la même ville, par lequel

M. du Sauffay, confeiller au parlement, a été condamné à païer les fix fols pour livre des lods & ventes, d'une acquifition faite dans la mouvance du Roi par fon père, auffi confeiller au parlement, nonobftant le privilége fpécial accordé auxdits oficiers, par arrêt du 23 Avril 1715 ; attendu que ce privilége, pour l'éxemtion des droits feigneuriaux, eft poftérieur aux attributions des oficiers du domaine.

Autre arrêt du confeil, du 30 Novembre 1728, confirmatif du précédent.

Autre arrêt du confeil, du 17 Février 1739, qui ordonne l'éxécution de l'édit du mois de Décembre 1689, & de la déclaration du 15 Mai 1691 ; en conféquence, condamne Mrs Brayer, confeillers au parlement de Paris, à païer au fieur Duval, contrôleur général des domaines de la généralité de Roüen, le fol pour livre des droits de treizième de l'acquifition par eux faite en 1734, de la terre de Rieux, mouvante du Roi ; attendu que la conceffion du privilége des oficiers du parlement de Paris, n'eft que du mois de Novembre 1690, poftérieurement à l'attribution des contrôleurs généraux par l'édit de 1689.

Autre arrêt du confeil, du 6 Février 1740, qui condamne M. Tauxier, confeiller en la cour des aides de Paris, à païer au receveur général des domaines, les deux fols pour livre des lods d'une maifon à Paris, acquife en 1735 ; attendu que le privilége des oficiers de la cour des aides de Paris, n'eft que de 1691, poftérieur à l'attribution defdits deux fols.

L'article 2 de l'édit du mois de Décembre 1743, porte que les receveurs & contrôleurs généraux des domaines, procureurs du Roi des bureaux des finances, & autres oficiers qui font à leurs droits, percevront les taxations à eux attribuées pour les ventes & acquifitions faites par les privilégiés, auxquels S. M. a fait don & remife defdits droits, lorfque les attributions defdites taxations, feront antérieures à la concef-

fion des priviléges , en tout ou partie ; enforte néanmoins , qu'ils ne puiffent prétendre que les taxations à eux attribuées antérieurement auxdites conceffions de priviléges ; fans pouvoir prétendre les taxations
& augmentations de taxations attribuées
depuis lefdites conceffions.

L'article 3 du même édit , ordonne pareillement que lefdits oficiers percevront
les taxations à eux attribuées fur les droits
dûs , à caufe des domaines engagés poftérieurement à l'attribution defdites taxations , ou qui pouroient l'être à l'avenir ,
fans qu'ils puiffent prétendre les taxations
qui leur ont été attribuées poftérieurement
aux engagemens.

Arrêt du confeil , du 16 Février 1745 ,
par lequel , aïant aucunement égard à l'opofition des oficiers du domaine de la généralité de la Rochelle , à deux arrêts des 30
Mars 1700 , & 17 Mars 1703 , il eft ordonné , en conféquence de l'édit de 1743 ,
que lefdits oficiers jouïront des trois fols
pour livre attribués à leurs ofices , par les
édits de 1685 , 1689 , & 1694 , fur
les droits feigneuriaux échus & à écheoir
dans ladite généralité , à compter du 1er
Janvier 1744 ; & qu'à cet efet , il en fera
fait réferve par les engagiftes defdits droits
dans les quitances qu'ils donneront des 17
fols à eux apartenans ; & que les redevables feront tenus de païer les 3 fols pour
livre auxdits oficiers, ou à leurs commis
& prépofés. *Nota.* L'engagement eft de
1700 ; tems auquel il apartenoit 3 fols aux
oficiers du domaine ; mais les arrêts de
1700 , & 1703 , avoient été rendus contr'eux , à l'ocafion de ce même engagement , fauf à être pourvû à leur indemnité ;
c'eft pourquoi l'arrêt de 1745 , ne leur donne leurs attributions , qu'à compter du 1er
Janvier 1744 , en vertu de l'édit de 1743
feulement.

Arrêt du confeil , du 5 Juin 1745 , qui
décharge M. Durey de Suroy , comman-
deur , tréforier général de l'ordre de faint

Loüis , des lods & ventes d'une acquifition
faite en 1742 , en vertu des priviléges
accordés à l'ordre , par l'édit du mois d'A-
vril 1719. Ordonne néanmoins qu'il païera
aux oficiers du domaine , les 6 fols pour
livre de la portion qui reviendroit aux fermiers dans lefdits droits de lods & ventes.

Autre arrêt du confeil , du 6 Août 1748 ,
portant que les oficiers des domaines de la
province de Bretagne , percevront les 6 fols
pour livre des droits cafuels , dans l'étenduë du domaine de Rhuis , comme avant
le contrat d'engagement de ce domaine ,
du 10 Février 1711 ; & que M. le duc de
la Valliere fera tenu de leur compter de
ceux defdits droits que madame la princeffe
de Conty & lui , auront reçu depuis vingt-
neuf ans.

Les engagiftes peuvent faire le recouvrement des droits , qui leur apartiennent ,
& laiffer aux receveurs généraux , le foin
de fe faire païer de leurs attributions par
les redevables ; c'eft ce qui réfulte de l'arrêt
du 16 Février 1745 , raporté ci-deffus ,
qui s'explique même fuffifamment à cet
égard.

§. 4. *Droits cafuels dans les juf-*
tices & feigneuries aliénées par
démembrement des chefs-lieux.

Par édit du mois de Mai 1715 , il eft
ordonné que les droits feigneuriaux dûs
dans les juftices & feigneuries aliénées par
le Roi , feront perçus au profit de S. M.
nonobftant l'aliénation qui en a été faite en
vertu des édits des mois de Mars 1695 ,
Avril 1702 , Août 1708 , & déclarations
renduës en conféquence , (attendu que par
lefd. édits , il n'a point été permis d'aliéner
les mouvances des fiefs tenus de S. M. & de
les diftraire des domaines auxquels elles
font attachées , & des chefs-lieux qui font
expreffément réfervés) ; en conféquence ,
il eft défendu aux acquéreurs de percevoir
lefdits droits , pour raifon des fiefs mou-

Cafuels.

vans du Roi directement , quoique fitués dans l'étenduë des paroiffes , dont ils ont acquis la feigneurie ; jouïront feulement , lefdits acquéreurs , des fruits des fonds du domaine aliéné , & des cens & rentes dûs fur les héritages fitués dans les paroiffes & lieux , dont ils ont acquis la feigneurie ; & des lods & ventes des héritages cen-fuels & roturiers , qui font de la directe du Roi , dans l'étenduë defdites paroiffes.

Ces droits font , en conféquence de cette réferve , compris dans les baux des fermes des domaines. *Voïez* les baux de 1726 , 1738 , & 1743 , raportés ci-deffus , §. 1.

Arrêt du parlement de Paris , du 26 Fé-vrier 1738 , qui réforme une fentence du bureau des finances de la Rochelle ; en con-féquence , condamne Thimothée Daniaud , à raporter & éxhiber au fermier du domai-ne , le contrat d'acquifition par lui faite de la terre noble du Treüil , & à en païer les lods & ventes dûs au Roi ; parce que les engagiftes des droits de lods & ventes de la feigneurie de Rochefort , aliénés par les commiffaires du Roi , en 1698 , indemnife-ront Daniaud defdits droits , par eux reçus.

Arrêt du confeil , du 28 Avril 1744 , qui ordonne l'éxécution de l'édit du mois de Mai 1715 ; en conféquence , fait défenfes à la dame veuve Coquerel , de percevoir au-cuns droits feigneuriaux dûs pour les fiefs relevans du domaine de Longueville , en-core que lefdites mouvances aïent été ex-preffément cédées par les contrats d'aliéna-tion de 1705 & 1713 du fief & prévôté de Bellencombre ; ordonne que les droits dûs par la dame ducheffe de la Force , à caufe de l'acquifition par elle faite , le 6 Juillet 1735 , du fief de Montreüil , feront païés au receveur général.

§. 5. *Des privilégiés , éxemts de païer les droits domaniaux ca-fuels aux mutations des biens mouvans du Roi.*

1. Ces privilégiés font les *fecrétaires* du Roi du grand collége , auxquels l'éxem-tion en a été accordée dès 1482. Ils en jouïffent dans tout le roïaume , ainfi que les *oficiers de la grande chancellerie* ; les fecrétaires du Roi , & les autres ofi-ciers des chancelleries établies près les cours , jouïffent auffi de l'éxemtion , mais feulement dans l'étenduë du reffort defdi-tes cours. Voïez *Chancellerie* de France , & *Secrétaires* du Roi.

Les chevaliers & oficiers de *l'ordre du Saint-Efprit* , jouïffent de l'éxemtion dans tout le roïaume , depuis l'inftitution de l'or-dre en 1578 ; les principaux oficiers de l'ordre roïal & militaire de Saint Loüis , font auffi éxemts. Voïez *Ordres.*

Les *maîtres des requêtes* font éxemts defdits droits , pour les acquifitions qu'ils font : Cette éxemtion leur fut attribuée en 1642. Voïez *Maîtres des requêtes.*

Les oficiers du *parlement de Paris* , jouïffent de cette éxemtion , en vertu d'é-dit du mois de Novembre 1690 , qui leur a rendu le privilége dont ils avoient jouï précédemment , en vertu d'un édit du mois de Juillet 1644. Les fubftituts de M. le procureur général du même parle-ment en jouïffent auffi en conféquence d'une déclaration du 29 Juin 1704 ; les oficiers de la plûpart des autres parle-mens en jouïffent pareillement. Voïez *Parlemens.*

Les *ducs & pairs* , quoiqu'ils foient à ce titre , confeillers au parlement , ne peu-vent prétendre l'éxemtion , qui n'eft ac-cordée qu'à raifon des ofices , & en con-fidération de l'éxercice des fonctions. Ar-rêt du parlement de Bretagne , du 21 Janvier 1655 , qui confirme une fentence du préfidial de Rennes , par laquelle M. le duc de Briffac fut condamné à païer le rachat ouvert par le décès de M. le duc fon père , arrivé en 1653. Cet arrêt a été rendu fur les conclufions de M. l'avo-cat général , toutes les chambres affem-blées , fans avoir égard à l'intervention de

M. le duc de Retz, pour foûtenir que les ducs & pairs devoient jouïr de la même éxemtion dont jouïſſoient alors les oficiers du parlement. Hevin, qui raporte cet arrêt dans ſes annotations ſur Frain, obſerve qu'il étoit avocat pour le domaine, que la plaidoirie commença le 11 Janvier, & que cette cauſe, comme très-célébre, fut celle que le parlement avoit choiſie pour être jugée la première dans le palais qui venoit d'être conſtruit. Brillon parle de cet arrêt, verb. Droits, n. 115 ; & au mot Duchés, n. 2, il donne la maxime comme un principe général.

Les *princes du ſang* ne jouïſſent pas même de l'éxemtion de ces droits, s'ils ne ſont décorés de l'ordre du Saint-Eſprit. *Voïez* Exemtion des princes. Il y a beaucoup de preuves du païement de ces droits par les princes, pour des mutations arrivées avant qu'ils fuſſent reçûs chevaliers des ordres du Roi. M. le prince de Condé, ſous la tutelle de M. le comte de Charolois, a païé, le 8 Août 1742, le rachat des terres de Châteaubriant, & de Derval, pour la mutation arrivée par le décès de M. le duc de Bourbon ſon père, en 1740 ; & M. le duc de Penthiévre avoit pareillement païé, le 31 Décembre 1738, le rachat de ſon duché de Penthiévre, pour la mutation par la mort de M. le comte de Touloufe, arrivée le premier Décembre 1737.

Les oficiers de la chambre des comptes de Paris jouïſſent de l'éxemtion deſdits droits ; ceux de la plûpart des autres chambres des comptes en jouïſſent auſſi, dans leur reſſort. *Voïez Chambres des comptes.*

Les oficiers de la cour des aides de Paris, ſont pareillemeut éxemts, en vertu d'édit du mois de Mars 1691. *Voïez Cour des aides.*

Les préſidens, conſeillers, avocats & procureurs généraux du grand conſeil, jouïſſent de l'exemtion dans tout le roïau-me, en vertu d'édit du mois d'Août 1717. *Voïez Grand conſeil.*

Les tréſoriers de France des bureaux des finances, jouïſſent auſſi de l'éxemtion des droits caſuels. *Voïez Tréſoriers de France.*

Les veuves des privilégiés jouïſſent des mêmes priviléges que leurs maris, tant qu'elles reſtent en viduité ; traité des fiefs de Guyot, tom. 3, du quint, ch. 15, n. 4, &c. *Voïez* auſſi les articles auxquels on a renvoïé pour chaque privilégié.

Il ne paroit pas néceſſaire d'obſerver que dans le détail ci-deſſus, l'on a ſeulement ſuivi la chronologie ; il eſt ſenſible que ſans cela, les ſecrétaires du Roi ne précéderoient pas ce qu'il y a de plus illuſtre dans le roïaume.

L'on voit qu'il y a beaucoup de privilégiés qui jouïſſent de l'éxemtion des droits ſeigneuriaux caſuels dûs au Roi ; il eſt juſte que ceux qui méritent de l'état, en reçoivent des récompenſes ; mais auſſi ne pouroit-on pas les leur donner, ſans aliéner une partie auſſi conſidérable du domaine du Roi ?

La conceſſion de ces priviléges eſt une aliénation prohibée, qui, dans les vrais principes, ne peut avoir lieu que pendant le règne du Souverain qui l'a accordée. Chaque prince ne peut diſpoſer des fruits du domaine de la couronne, que pour le tems de ſa propre jouïſſance, & pendant qu'il occupe le trône ; il ne peut en priver ſes ſucceſſeurs ; c'eſt pourquoi ces éxemtions ne peuvent ſe ſoûtenir, qu'autant qu'elles ont été confirmées par le Roi règnant.

D'ailleurs, cette conceſſion eſt d'autant plus préjudiciable, qu'elle occaſionne la perte pour l'état, d'une infinité de droits caſuels, autres même que ceux dont S. M. a entendu accorder l'éxemtion.

En éfet, il n'eſt païé aucun droit caſuel, un peu conſidérable, pour une mutation qui a pû être prévuë ; il eſt fa-

cile de s'y fouſtraire par une finance modique : nous avons vû pluſieurs maiſons
illuſtres acquérir des charges auxquelles
le privilége étoit annéxé , afin de pouvoir joüir de l'éxemtion des droits dûs
au Roi , en vendant ou en acquérant.

Un particulier non privilégié , qui eſt
dans le deſſein d'acquérir, s'adreſſe aux
oficiers du domaine & au fermier ; il leur
propoſe une ſomme modique pour des
droits conſidérables ; ſi ſon offre n'eſt pas
acceptée , il ſe fait pourvoir d'un ofice ,
& il joüit de l'éxemtion des droits , ſans
que le plus ſouvent il lui en coûte autre
choſe que les frais d'une réception dans
l'ofice , qui ſervira bien-tôt au même uſage
en faveur d'un autre.

Il faut donc , ou que le fermier & les
oficiers du domaine perdent la totalité du
droit , en refuſant l'offre , ou qu'ils réduiſent les droits les plus conſidérables, à
une modique ſomme , inférieure à ce qu'il
en pourroit coûter pour ſe pourvoir d'un
privilége. Ces abus , & pluſieurs autres ,
réſultent néceſſairement de la multiplicité
des priviléges ; ils anéantiſſent le produit ,
& par conſéquent , tournent à l'aggrava-
tion du Roi & de l'état, puiſque le prix
des baux eſt proportionné au produit.

Loüis XIV. révoqua , par arrêt du premier Avril 1713 , l'éxemtion accordée
aux oficiers , tant du parlement, que de
la chambre des comptes de Bretagne ; &
dans cet arrêt , il eſt dit » que S. M. a
» cru que le moïen de remettre en va-
» leur ſes domaines de ladite province ,
» qui ſouffrent une diminution conſidéra-
» ble par leſdites éxemtions , étoit de
» rembourſer les finances païées par leſ-
» dites deux cours , & de rétablir la
» perception des droits ſur le pié qu'ils
» étoient avant les déclarations qui leur
» avoient attribué l'éxemtion ».

Dans l'état où ſont les choſes , il faut
toujours ſe rapeller qu'en matière de priviléges contraires au droit commun , il

n'eſt pas permis de leur donner la moindre extenſion , & que l'on doit ſe renfermer ſcrupuleuſement dans les bornes de
leur conceſſion. Les caſuels domaniaux ſont
de droit commun ; le privilége de l'éxemtion eſt éxorbitant : on ne doit donc pas
ajoûter , aux abus qui réſultent déja de ces
priviléges , ceux de les étendre.

2. Les perſonnes éxemtes des droits,
en vendant ou en achetant des biens
dans la mouvance du Roi , joüiſſent-elles
de l'éxemtion dans toutes les coûtumes ,
ſoit qu'elles chargent l'acquéreur de païer
les droits , ſoit qu'elles en chargent le
vendeur ? Il y a un arrêt du parlement
de Paris , du 20 Avril 1736 , qui confirme une ſentence de la chambre du domaine , en faveur de M. le Peletier , préſident à mortier au parlement de Paris ,
lequel avoit vendu une terre dans la coûtume de Paris , où les droits ſont à la
charge de l'acquéreur. *Voïez* le traité des
fiefs de Guyot, vol. 3 , pag. 526.

L'édit du mois de Novembre 1690 ,
qui accorde l'éxemtion aux oficiers du parlement de Paris , porte qu'ils ſeront *éxemts* ,
tant en aliénant , acquérant , même en
échangeant , qu'à toutes mutations , ſoit en
ligne directe ou collatérale , de tous droits
ſeigneuriaux & féodaux qui pouroient être
dûs au Roi , à cauſe des ventes & acquiſitions qu'ils pourront faire de biens mouvans du domaine. *Nota.* Cet édit ſera raporté plus amplement, verb. *Parlement.*

L'éxemtion des droits à cauſe des ventes & acquiſitions , n'eſt qu'une immunité , & une diſpenſe de païer les droits ,
dans les cas où ils ſont à la charge du
privilégié , ſuivant la diſpoſition des coûtumes , & indépendamment de la convention ; l'éxemtion eſt ſeulement *jus non
ſolvendi* , & non pas *jus exigendi* ; cette
éxemtion des droits ſeigneuriaux & féodaux , eſt un privilége purement perſonnel , à cauſe de l'ofice qui en eſt le principe ; c'eſt une diſpenſe de païer ce que
l'on

l'on devroit fuivant les règles ordinaires, & non pas un droit d'éxaction, qui ne peut provenir que d'une conceffion expreffe, ou de l'aliénation du fief à caufe duquel les droits font dûs ; ainfi, il femble que celui qui eft déclaré éxemt en vendant & en achetant, ne doit jouïr de l'éxemtion, en vendant, que lorfque les biens font dans une coûtume qui charge le vendeur des droits ; & en achetant, que lorfqu'il acquiert dans une coûtume où les droits font à la charge de l'acquéreur ; c'eft afin que l'éxemtion ait lieu dans tous les cas où, fuivant la difpofition de la coûtume, les droits font à la charge du privilégié, qu'il a été exprimé qu'il feroit *éxemt* en vendant ou en achetant ; & en donnant une autre fignification à ces expreffions, c'eft étendre l'éxemtion, & attribuer au privilégié le droit d'apliquer à fon profit des droits dûs au Roi par celui qui n'eft pas éxemt, & que S. M. n'a nullement entendu aliéner, en accordant une éxemtion perfonnelle.

Les parlemens font les juges naturels du domaine ; cette jurifdiction leur apartient, tant au moïen de l'univerfalité de leur compétence fur tout ce qui n'eft pas diftrait de leur reffort, qu'en vertu des maximes féodales, qui veulent que les diférends qui regardent le domaine du feigneur & celui de fes vaffaux, foient jugés dans fa cour : les parlemens font donc fondés à juger les conteftations qui y font portées par apel fur le fonds des droits domaniaux ; mais lorfqu'il s'agit de connaître des priviléges accordés par le Roi aux oficiers des parlemens, de juger de leur étenduë, & de les expliquer, il femble que c'eft à S. M. feule, & à fon confeil, de prononcer fur les conteftations qui s'élévent à cet égard.

Quoiqu'il en foit, l'arrêt du 20 Avril 1736, eft un jugement auquel le fermier & le receveur général des domaines ont acquiefcé ; & pendant tout le tems qu'il

n'y fera point dérogé par une loi pofitivement contraire, il doit fervir de règle, mais en faveur des oficiers du parlement de Paris feulement.

Les oficiers de la grande chancellerie, & les fecrétaires du Roi du grand collége, jouïffent de l'éxemtion des droits, tant en vendant qu'en acquérant, en toutes coûtumes indiftinctement ; mais c'eft au moïen d'une nouvelle finauce, qui eft le prix d'une nouvelle conceffion accordée à titre de don, ceffion & remife, par les édits du mois de Décembre 1743, raportés verb. *chancellerie* de France, & *fecrétaires* du Roi ; ainfi cela leur eft particulier, fans qu'aucuns autres privilégiés quelconques puiffent s'en prévaloir.

3. Le privilégié qui acquiert dans un domaine engagé, ne jouït pas de l'éxemtion, fi l'engagement eft antérieur à la conceffion de fon privilége, encore que depuis cette conceffion, il y ait eû une revente. Déclaration du Roi, du 19 Juillet 1695.

4. Mais, fi le domaine eft rentré dans la main du Roi, qu'il y foit refté, & qu'il ait enfuite été aliéné ou engagé, celui dont le privilége eft antérieur au dernier engagement, jouïra de l'éxemtion des droits. Arrêt du confeil, du 22 Mai 1745, qui juge qu'attendu que le domaine de Crecy, ci-devant engagé, eft rentré dans la main du Roi, en 1721, & qu'il a été engagé de nouveau en 1723, ce domaine a été réuni dans la main de S. M. En conféquence, décharge M. Moriceau, confeiller au parlement, de la demande à lui faite par l'engagifte, à caufe de l'acquifition faite par M. Moriceau, en 1736, d'une terre mouvante de ce domaine.

5. Si la conceffion du privilége, eft poftérieure aux attributions des receveurs & autres oficiers du domaine, le privilégié fera tenu de païer lefdites attributions antérieures, & ne fera éxemt que du furplus. *Voïez* ci-deffus, §. 3. page 371.

6. Le privilégié ne peut jouïr de l'éxem-

tion des droits , dans les directes & mouvances qui ont été cédées en échange par le Roi , parce que l'échangifte poffède patrimonialement.

Déclaration du 17 Septembre 1709 , portant que ceux , avec lefquels S. M. fera des échanges de fes domaines , jouïront de tous les droits, fans exception , dûs aux mutations , dans l'étenduë des domaines à eux cédés en échange ; fans que ceux auxquels l'éxemtion des droits a été accordée , dans les domaines du Roi , puiffent éxercer ce privilége dans les directes & mouvances cédées en échange par le Roi ; mais feulement dans ceux que S. M. prendra en contr'échange.

Arrêt du confeil & lettres patentes des 21 Avril & 16 Mai 1719 , par lefquels , fans avoir égard à un arrêt du parlement de Roüen , rendu fur l'échange fait entre le Roi & M. de Belle-ifle , il eft ordonné que l'échangifte joüïra de tous les domaines & droits qui lui ont été cédés, fans exception , & notamment des droits de treizième, fur les terres & biens qui feront acquis par les privilégiés dans lefdits domaines.

7. Le privilége a lieu , pour l'acquifition de terres mouvantes & tenuës des évêchés & archevêchés , lorfqu'ils font vacans en régale ; ainfi jugé en faveur des fecrétaires du Roi , par un arrêt du grand confeil, du 7 Juin 1666 , raporté au journal des audiences , tom. 2 , livre 8 , chap. 6. *Voïez* le traité des fiefs de Guyot , vol. 3 du quint , chap. 15 , pag. 531. Ce privilége doit avoir également lieu dans les arrières fiefs , en cas de faifie féodale , de relief ou de rachat des fiefs fervans ; parce que le domaine utile fe trouve réüni au domaine direct , & que le Roi joüïffant des fruits du fief réüni, le privilégié qui acquiert pendant cette joüïffance , ne doit pas païer à S. M. un droit , dont elle lui a accordé l'éxemtion.

8. Si le privilégié éxerce le *retrait* lignager d'une acquifition faite par un non privilégié, Guyot en fon traité des fiefs , tom. 3 du quint , chap. 15 , pag. 533 , dit qu'il entre dans tous les droits de l'acquéreur , & qu'il fubit toutes les charges auxquelles il étoit fujet , en forte qu'il doit rembourfer à l'acquéreur , les droits par lui païés ; & qu'au cas que lefdits droits n'aïent pas été païés , le retraïant les doit au fermier du domaine , parce que ce n'eft pas le retrait qui y a donné lieu ; c'eft l'acquifition faite par un non privilégié.

Cet avis ne paroit nullément foûtenable , parce qu'au moïen du retrait , le retraïant eft fubrogé à l'acquéreur , en telle forte que fi celui-ci n'avoit pas païé les droits , il n'y auroit d'action que contre le retraïant , qui eft réputé avoir acquis d'abord ; le retrait lignager fait paffer les biens , de la perfonne du vendeur , en celle du retraïant , comme fi ce dernier avoit acquis immédiatement du vendeur ; l'acquéreur intermédiaire eft confidéré , comme s'il n'avoit pas acquis ; auffi n'eft-il fujet à aucune garantie. Difons donc que fi l'acquifition refte au privilégié retraïant , l'éxemtion des droits a lieu en fa faveur ; & que fi les droits ont été païés par l'acquéreur évincé , ils doivent lui être rendus , ou au retraïant , s'il les lui a rembourfés. Mais le domaine ne doit rendre que ce qu'il a reçû : la remife qui auroit pû être accordée , n'intéreffe point le retraïant ; tout fon objet eft de ne pas fuporter des droits dont il eft éxemt.

9. Si , au contraire , l'acquéreur eft privilégié , & qu'il foit évincé par un retraïant qui ne l'eft pas , il eft certain que les droits font dûs par ce retraïant ; mais feront-ils païés au privilégié , ou au fermier du domaine ? En ne confultant que la raifon , qui eft toujours notre guide le plus fûr , il faut fe déterminer contre le privilégié , parce que l'éxemtion qui lui a été accordée , n'eft pas une aliénation , pour percevoir à fon profit les droits apartenans au Roi.

Il eft certain que l'acquéreur privilégié , qui eft évincé par un retrait lignager , n'a eſt qu'une poſſeſſion momentannée ; elle eſt totalement effacée par l'éfet du retrait, qui rend le retraïant ſeul véritable acquéreur. Ainſi le privilégié ne peut ſe prévaloir d'une poſſeſſion intermédiaire, qui eſt anéantie dans tous ſes éfets, pour éxiger autre choſe que le rembourſement de ce qu'il a été obligé de païer. L'idée de l'éxemtion dont il auroit jouï, ſi ſon acquiſition avoit ſubſiſté, ne ſe réaliſe pas au point de produire un privilége actif.

On vient d'obſerver, n° 8, que le privilégié qui éxerce le retrait lignager, ſur un acquéreur qui a païé les droits, & auquel il eſt tenu de les rembourſer, en obtient la reſtitution, parce qu'il devient le véritable acquéreur, & que celui qu'il a évincé, n'eſt plus aucunement conſidéré dans l'acquiſition.

Il en réſulte cette conſéquence néceſſaire, que, ſi l'acquéreur privilégié eſt dépoſſédé par un retraïant non privilégié, celui-ci doit étre regardé comme véritable acquéreur, & comme s'il avoit contracté avec le vendeur immédiatement; le premier acquéreur eſt entièrement éclipſé : il ne doit rien perdre, mais ne devant point auſſi profiter, il ne peut rien prétendre.

Il eſt vrai que par un édit de François I. donné à Chenonceaux en 1545, en faveur des ſecrétaires du Roi de la grande chancellerie, il fut ordonné qu'ils ſeroient francs & quites des droits, pour raiſon des biens par eux retirés, par retrait lignager, ſur un premier acquéreur; & pareillement que tous les droits leur ſeroient entièrement acquis, ſi-tôt qu'ils auroient fait les foi & hommage, pour raiſon des fiefs par eux acquis, ou qu'ils ſeroient en ſaiſinés des choſes roturières, encore qu'après il y eut un retraïant lignager; afin que leſdits priviléges & *dons* ſortent leur éfet, ſoit que leſdits ſecrétaires ſoient vendeurs, acheteurs, retraïans, convenus par retrait lignager ou autrement, pourvû qu'il n'y

ait dol ni fraude, dont les parties ſeront tenuës de ſe purger par ſerment.

Mais cet édit, qui excéde les bornes d'un privilége, en accordant une conceſſion & un don, étoit un titre, uniquement en faveur des ſecrétaires du Roi du grand collége ; titre qui n'a jamais pû étre invoqué par aucun autre privilégié; & dont ils n'ont pû eux-mêmes, avec juſtice, ſe prévaloir ſous les ſucceſſeurs de François I. Ce ſont cependant les diſpoſitions de cet édit, qui ont donné lieu à diférens privilégiés, de former la prétention exhorbitante de s'aproprier les droits dûs au Roi, lorſqu'ils étoient évincés de leurs acquiſitions par un retrait lignager.

Par arrêt du parlement de Paris, du 21 Août 1649, rendu en la chambre de l'édit, le ſieur René Parain, ſecrétaire du Roi, adjudicataire de la terre de Courtabeuf, mouvante du Roi, à cauſe du château de Montlery, dont il avoit été évincé par Joſias de Roüen, ceſſionnaire du retrait féodal, fut débouté de ſa prétention d'éxiger les droits féodaux comme un profit de ſa charge; & le collége des ſecrétaires du Roi, qui étoit intervenu, fut pareillement débouté de ſon intervention. Journal des audiences, tom. 1, liv. 5, chap. 47.

Il y a un autre arrêt du parlement de Paris, du 18 Décembre 1668, obtenu par le marquis d'O, & les princeſſes de Carignan, qui juge que les ſecrétaires du Roi, acquéreurs de biens dans le domaine du Roi, ne peuvent prétendre les droits contre le retraïant lignager, lorſqu'ils ſont dûs au Roi ou aux engagiſtes. Il a été rendu contre le ſieur Truchot, ſecrétaire du Roi, qui avoit acquis les terres de Francouville & de Roſſay, dans la mouvance du Roi, à cauſe de ſon comté de Clermont, dont il fut évincé par retrait lignager éxercé par le marquis d'O; il prétendoit les droits ſeigneuriaux, comme lui étant acquis par le privilége de ſa charge, & il en fut débouté avec dépens. Journal des audiences , tom. 3 , liv. 2 , chap. 27.

Cafuels.

Diférens auteurs qui ont agité cette queftion , ne font aucun doute pour la réfoudre , en conformité des arrêts de 1649 & 1668. L'auteur des notes fur Dupleffis , chap. 2 , fect. 2 , s'éleve contre l'opinion contraire , & foûtient que les lods & ventes , en ce cas , doivent être païés au Roi , l'acquéreur ne devant pas profiter de ce que fon contrat ne fubfifte pas. Il cite du Moulin fur Paris , art. 22 , n° 5 , où il dit : *non debet indè negotiari extrà fines privilegii.*

Ferriere , fur la coût. de Paris , art. 78 , gl. 1 , n. 13 , eft de même avis : il raporte les arrêts de 1649 , & 1668 , & il dit que c'eft une maxime dont on ne doute plus au palais , n'étant pas jufte que le privilégié ufe de fon privilége contre le Roi , d'autant que la vente ceffant de produire éfet à fon égard , il doit être dans le même état qu'il étoit avant qu'elle fût contractée.

Guyot , traité des fiefs , ch. 15 , p. 534 , foûtient fortement la même opinion : il dit que lorfque l'acquéreur privilégié eft évincé par retrait , l'éviction éface en lui toute qualité de vendeur ou d'acquéreur ; qu'ainfi , il n'a aucune qualité pour éxiger les droits ; & qu'en ouvrant la porte à de pareilles demandes , c'eft autorifer un commerce indécent , *&c.*

On peut encore voir Poquet de Livoniere , dans fon traité des fiefs , liv. 3 , ch. 6 , p. 248 ; Boucheul , fur la coûtume de Poitou , art. 354 , n. 27 : Soëfve , dans fes queft. not. tom. 2 ; & Bourjon , du retrait , fol. 890 , n. 8 & 9.

Il y a néanmoins un arrêt du parlement de Paris , du 14 Mai 1714 , confirmatif d'une fentence du bureau des finances de Poitiers , du 8 Mars 1713 ; par laquelle le Fermier des domaines avoit été débouté d'une demande de lods & ventes , formée contre le fieur Hallou de la Galinière , qui avoit éxercé le retrait lignager de biens mouvans du Roi , acquis par le fieur Bretonniere

Maifon-Neuve , préfident-tréforier de France , au même bureau des finances de Poitiers ; le retraïant avoit païé ces droits à l'acquéreur , & celui-ci a foûtenu qu'ils lui apartenoient.

Il n'eft pas bien étonnant que le bureau des finances ait jugé en faveur d'un de fes membres ; mais l'arrêt confirmatif de ce jugement , furprend d'autant plus qu'il eft contraire aux principes , & aux termes mêmes de la conceffion des priviléges des tréforiers de France , qui font bornés à la feule immunité & éxemtion des droits , & qui ne peuvent être étendus au droit d'éxaction.

Cet arrêt , dans lequel on ne voit aucun des moïens du domaine , n'a été rendu , que faute d'avoir bien défendu fa caufe ; auffi les auteurs qui en ont parlé , ne fe font aucune difficulté d'adopter la maxime contraire ; *voïez* le traité des fiefs de Guyot , & les principes de la jurifp. franc. tom. 1er.

Si la jurifprudence des cours a varié fur cette queftion , c'eft parce que tous les privilégiés , portés à étendre leurs prétentions , ont voulu s'apliquer les difpofitions de l'édit de François I. & que les défenfeurs du domaine n'ont pas remonté à la fource , pour leur opofer que cet édit , qui n'avoit été accordé uniquement qu'en faveur des fecrétaires du Roi du grand collége , ne pouvoit être invoqué par aucuns autres privilégiés , & qu'il ne pouvoit plus même produire aucun éfet pour lefdits fecrétaires du Roi.

Mais les jugemens qui peuvent avoir été rendus , quelques formels qu'ils foient , ne peuvent abfolument porter le moindre préjudice aux intérêts du Roi & de l'état ; ainfi , il faut ramener les chofes aux vrais principes ; & dire en conféquence , que l'immunité & l'éxemtion des droits feigneuriaux , dans quelques termes qu'elles foient exprimées , ne peuvent produire , en faveur du privilégié , une action pour éxiger ces droits , lorfqu'il eft évincé de fon acquifition par un retrait lignager ; parce que le privilége n'a d'autre objet que d'éxemter de païer ce que l'on devroit ; au lieu que, pour ufer du droit d'éxaction à fon profit, il faut néceffairement un don, & une conceffion en termes exprès.

Les oficiers & les fecrétaires du Roi de la grande chancellerie, l'ont tellement reconnu, que lorfqu'il leur fut demandé un fuplément de finance en 1743, ils follicitèrent la conceffion de ce droit d'éxaction : ils ont, en conféquence, obtenu deux édits au mois de Décembre de la même année 1743, par les art. 4 & 5 defquels, le Roi ordonne qu'ils jouïront de l'éxemtion de tous-droits feigneuriaux, defquels S. M. leur fait *don*, *ceffion* & remife, pour jouïr dudit *don* & remife, foit qu'ils foient *retraïans*, ou *convenus en retrait*, vendeurs ou acquéreurs.

Voilà une loi précife, mais elle n'a point d'éfet rétroactif ; elle ne peut non plus être invoquée par aucuns autres privilégiés quelconques. Ainfi, les oficiers & les fecrétaires du Roi de la grande-chancellerie, font les feuls, qui en vertu du *don* & de la *ceffion* par eux obtenus moïennant finance, puiffent, depuis 1744, éxiger les droits feigneuriaux, lorfqu'ils font évincés de leurs acquifitions par un retrait lignager.

Les oficiers & les fecrétaires du Roi des chancelleries près les cours, demandèrent la même chofe en 1743 ; mais on n'y eut point d'égard, & ils font bornés par l'article 4 de leur édit du mois de Décembre de la même année, à l'éxemtion des droits feigneuriaux, pour les acquifitions par eux faites, & pour celles qu'ils pouront faire dans le reffort des cours, près defquelles font établies les chancelleries, dont ils font oficiers.

On a voulu faire des difficultés aux fecrétaires du Roi du grand-collége, fur le terme, *convenus en retrait* ; mais ce font de très-mauvaifes difficultés : cette expreffion répétée d'après l'édit de Chenonceaux, eft là par opofition à *retraïant ; convenir*, eft un ancien mot, qui, dans la jurifprudence, fignifie affigner en juftice, former une demande contre quelqu'un ; *voïez* le Dict. de Droit ; ainfi *convenu en retrait*, n'exprime autre chofe qu'un acquéreur affigné en retrait, & fur lequel on éxerce le retrait.

10. Les privilégiés, auxquels l'éxemtion eft accordée, même en cas d'*échange*, ne jouïffent de cette éxemtion que pour les biens qui font dans la mouvance immédiate du Roi ; & ils font tenus, fans aucune exception, de païer les droits dûs à S. M. pour les *échanges* de biens fitués dans les directes & mouvances des feigneurs particuliers, auxquels lefdits droits n'ont pas été aliénés ; arrêt, du 21 Mars 1682, contre les fecrétaires du Roi ; autre, du 7 Avril 1699, contre les chevaliers de l'ordre du Saint-Efprit ; & autre arrêt du confeil, du 23 Décembre 1738, rendu fur l'intervention des princes, cardinaux, prélats, commandeurs & oficiers de l'ordre du Saint-Efprit, qui ordonne que tous les privilégiés & notamment les commandeurs & oficiers de l'ordre, feront tenus de païer au profit de S. M. les droits d'échanges, de terres & biens qu'ils ont acquis, ou qu'ils acquerront à l'avenir à titre d'échange, dans les directes & mouvances des feigneurs particuliers, auxquels lefdits droits n'auront pas été aliénés. Voïez *Échanges*.

§. 6. *Du recouvrement des droits cafuels.*

Le recouvrement de ces droits, fe fait au nom du receveur général des domaines & du fermier ; le receveur général eft fondé à faire la recette, ainfi qu'on l'a dit ci-deffus, §. 2.

Chaque fermier jouït de la portion qui lui revient dans les droits, dont la demande a été formée pendant le cours de fon bail, ou dans l'année fuivante : arrêts des 17 Mai 1720, & 10 Janvier 1736.

Il ne s'agit en cela, que de l'intérêt refpectif de chaque fermier ; parce qu'à l'égard des redevables, les droits font éxigibles dans le tems fixé par les coûtumes; les règles de fermier à fermier, ne tendent qu'à établir ce qui doit être obfervé entr'eux, & à prévenir la multiplicité des demandes fur un même objet, & non à faciliter aux débiteurs le moïen de fe fouftraire au recouvrement, par une voie de prefcription plus courte que celle qui a lieu dans les actions ordinaires, en toute autre matière. On ne peut même opofer de prefcription pour les droits feigneuriaux cafuels, dûs au Roi, qu'à compter du jour de l'enfaifinement de la mutation, qui a donné ouverture à ces droits. Voïez *Enfaifinement* & *Prefcription*.

Les conteftations doivent être portées aux chambres du domaine. *Voïez* ci-deffus, §. 2; *voïez* auffi *Bureaux* des finances; & la dénomination des diférens droits domaniaux cafuels.

CAUTIONNEMENT, eft l'acte par lequel un particulier s'oblige pour un autre, qui demeure néanmoins toujours obligé principal.

Si le cautionnement eft contenu dans l'acte pour raifon duquel il eft fait, il n'en eft dû aucun droit de *contrôle* particulier. Déclaration du 20 Avril 1694; art. 1er de celle du 14 Juillet 1699; arrêt du 16 Novembre 1706, & art. 24 du tarif du 29 Septembre 1722.

Mais, lorfque le cautionnement eft par acte particulier, le droit de contrôle en doit être païé comme pour le contrat, obligation, ou autre acte pour raifon duquel il eft fait, art. 24 du tarif de 1722.

La feconde fection de cet article, fixe à 2 liv. le droit de contrôle d'un *cautionnement pur & fimple*, qui n'a aucun raport à autres actes ou contrats, pour quelque caufe que ce foit, excepté les deux cas fuivans.

Cautionnement pur & fimple par acte particulier, *pour des oficiers en titre*, tréforiers, ou receveurs des chapitres & com-

C A U

munautés, ou *pour des commis* qui ont maniment de deniers; il eft dû 5 liv. de contrôle, art. 24, fection 3.

Cautionnement *pour un domeftique*, il n'eft dû que 5 f. *Id.* fect. 4.

§. 1. *Cautionnemens par actes particuliers.*

Les cautionnemens qui ne font pas renfermés dans les actes pour raifon defquels ils font faits, font inconteftablement fujets au droit de contrôle fur l'objet entier du cautionnement: c'eft la difpofition précife de la première fection de l'article 24 du tarif.

Décifion du confeil, du 26 Août 1741, au fujet d'un cautionnement fait devant notaires pour l'adjudication faite, à l'intendance de Bordeaux, à Bertrand Mignet, des ouvrages à faire pour faciliter la navigation de rivières. M. l'intendant avoit ordonné que le cautionnement feroit contrôlé *gratis*, comme fourni pour l'éxécution d'une adjudication faite devant lui, & non fujéte au contrôle. Le confeil a décidé que le droit eft dû pour ce cautionnement fait devant notaires, & qu'aucun de ces actes n'en a jamais été éxemt.

Autre décifion du confeil, du 23 Août 1749, renduë contre la veuve de Nicolas Bechet, au fujet du cautionnement par elle fourni aux héritiers de fon mari, du montant des éfets compris dans l'inventaire, par acte féparé du même jour, & paffé devant le même notaire. Elle demandoit la décharge du droit de contrôle de ce cautionnement, ou du moins, qu'il fût réduit à 10 f. fur le pié d'acte fimple, fous prétexte qu'elle avoit pû le faire comprendre dans l'inventaire même, & qu'il étoit du même jour. Décidé que le droit de contrôle eft dû pour chaque acte, lorfqu'ils font féparés.

Il a été néanmoins fait une exception pour les cautionnemens fournis enfuite des adjudications, qui font faites à la charge de fournir caution dans un tems fixe & bref.

La décision du 29 Avril 1727, rendüe sur le mémoire de M. le duc d'Aumont, porte que les cautionnemens pour adjudications de bois, & les certifications, seront contrôlés comme actes simples, pourvû qu'ils soient faits dans la huitaine des adjudications, & contrôlés en même tems que les adjudications.

Et par autre décision, du 11 Janvier 1749, rendüe sur le mémoire de Loüis le Maire, marchand de foin, adjudicataire des prés de la communauté de Nogent, à la charge expresse de fournir caution dans huitaine, ce qu'il a fait deux jours après, il a été décidé que « la dé- » livrance de l'adjudication n'aïant été faite » qu'à charge de donner caution, le cau- » tionnement étant ensuite de l'adjudica- » tion, ne doit être considéré que com- » me un même acte, & n'est point sujet » à un nouveau contrôle.

§. 2. *Cautionnemens judiciaires.*

Les cautionnemens judiciaires sont ceux qui sont nécessairement fournis en justice, en conséquence d'un jugement qui l'ordonne ; tels sont les cautionnemens fournis par les adjudicataires des baux judiciaires ; ceux pour l'éxécution des sentences provisoires, nonobstant l'apel, en donnant caution ; ceux pour toucher une somme ajugée par provision, à la charge de donner caution en justice ; ceux fournis pour les tutelles, qui ne peuvent être reçûs que sur les conclusions des procureurs du Roi & des procureurs fiscaux, suivant l'art. 12 de l'édit du mois de Décembre 1732, adressé au parlement de Bretagne ; & les autres cautionnemens de cette espèce, qui ont été ordonnés en justice, & qui sont faits devant les juges. *Voïez* les principes établis ci-devant, verb. *Actes judiciaires*, & les autorités suivantes.

Le 8 Mai 1728, il fut décidé, contre les juges & consuls d'Amiens, que les soumissions de caution faites au gréfe en éxécution de leurs sentences, étoient sujétes au contrôle des actes.

Par arrêt du conseil, du 6 Juillet 1728, rendu sur le mémoire desdits juges & consuls d'Amiens, le Roi déclare n'avoir entendu comprendre dans les tarifs & règlemens, les actes de soumission de caution reçûs par les gréfiers des jurisdictions consulaires, en éxécution des sentences & jugemens des juges consuls.

Cet arrêt, qui fait une exception en faveur des jurisdictions consulaires seulement, & qui paroit, par conséquent, confirmer la perception à l'égard des autres jurisdictions, a néanmoins eû depuis son éxécution dans toutes les jurisdictions. En éfet, le cautionnement fourni en justice, & reçû par le gréfier, en vertu d'un jugement qui l'ordonne, n'est nullement volontaire ; la caution s'oblige en justice, & elle est contraignable par corps.

Décision du conseil, du 15 Décembre 1731, qui juge que les cautionnemens fournis pour l'éxécution des sentences prononcées éxécutoires, nonobstant l'apel, en donnant bonne & suffisante caution, ne sont point sujets au contrôle.

Décision du conseil, du 5 Septembre 1733, portant que les soumissions de caution faites au gréfe pour les adjudicataires des baux judiciaires, sont éxemtes de contrôle.

Autre décision du 17 Octobre 1748, sur mémoire du sieur Tanquerel, procureur fiscal du duché de Mayenne, qui juge que les sentences de réception de caution présentée à l'audience, pour l'éxécution d'une sentence prononcée éxécutoire nonobstant l'apel, ne sont point sujétes au contrôle ; mais que les soumissions faites au gréfe, en éxécution de sentences qui ordonnent qu'il sera fourni caution, y sont sujétes.

Voïez le §. suivant.

§. 3. *Cautionnemens faits au gréfe volontairement.*

Il faut distinguer s'il a été ordonné qu'il

feroit fourni caution en juftice ; dans ce cas , le cautionnement n'eft point fujet au contrôle , comme on vient de le dire ; mais , s'il eft fimplement ordonné qu'il fera fourni caution , on peut faire le cautionnement devant notaires , ou par foumiffion au gréfe , fans que la préfence du juge foit néceffaire ; ainfi ces cautionnemens font fujets au contrôle dans la quinzaine ; tels font ceux fournis par les adjudicataires des bois des feigneurs , & par tous autres adjudicataires , par des actes volontaires. Voïez *Adjudications de bois.*

L'arrêt du confeil , du 14 Septembre 1728 , réforme une ordonnance de M. l'intendant de Caën , & ordonne le païement du droit de contrôle d'un cautionnement fait au gréfe de l'hôtel de ville , pour raifon de l'adjudication des octrois, qui avoit été faite devant M. l'intendant.

Par la déclaration du Roi du 16 Mars 1720 , il eft ordonné que , conformément à celle du 9 Juin 1705 , les fentences renduës au profit du fermier des aides , feront éxécutées en ce qui concerne l'amende , nonobftant l'apel , & fans y préjudicier , en donnant par les fermiers , pour cautions , leurs directeurs ou receveurs réfidens fur les lieux , lefquels en feront leur foumiffion au gréfe , en leur propre & privé nom , fans préjudice de la caution du bail.

Par décifion du 25 Juin 1724 , il a été jugé que ces cautionnemens font fujets au contrôle , lorfque la fentence n'a pas ordonné qu'il feroit fourni caution. *Voïez* auffi la décifion du confeil , du 17 Octobre 1748 , raportée ci-deffus , §. 2.

§. 4. *Cautionnemens des comptables.*

La troifième fection de l'art. 24 du tarif du 29 Septembre 1722 , fixe à 5 liv. le droit de contrôle d'un cautionnement pur & fimple par acte particulier , pour des

oficiers en titre , tréforiers ou receveurs des chapitres & communautés.

Les cautionnemens fournis dans les maitrifes des eaux & forêts pour les receveurs des amendes defdites maitrifes , font fujets au contrôle comme les autres. Décifion du confeil, du 11 Juin 1746 , qui déboute le procureur du Roi de la maitrife de Vaaffy , de fa demande en reftitution du droit de contrôle païé pour un femblable cautionnement , & de 30 f. perçûs pour le droit de fceau de l'expédition.

Par décifion du 29 Juin 1748 , le confeil a confirmé une ordonnance de M. l'intendant de Tours , par laquelle il a été ordonné qu'il ne feroit perçû que 10 f. pour le droit de contrôle des cautionnemens fournis aux receveurs des tailles pour les collecteurs porte-rôles ; attendu que ces collecteurs ne tirent aucune utilité de cette charge , & que le cautionnement n'eft pas même néceffaire.

§. 5. *Cautionnemens des commis.*

Par l'art. 24 du tarif , fection 3 , le droit de contrôle des cautionnemens pour des commis qui ont maniment de deniers , eft fixé à 5 liv.

Ce droit eft dû , foit que les commis foient comptables ou non ; & fi le cautionnement eft fait par la même perfonne pour plufieurs commis , il eft dû autant de droits , parce que cet acte produit autant d'actions d'indemnité & de recours. Décifion du confeil , du 3 Mars 1716.

Les fermiers ont intérêt d'éxiger de leurs emploïés qui ont maniment de deniers , des cautionnemens de toute fûreté & de facile difcuffion ; c'eft pourquoi ils ne reçoivent pas pour cautions , les perfonnes d'un rang éminent ; ni celles qui font engagées dans les ordres facrés , qui ne font pas contraignables par corps ; ni les femmes , veuves & filles , dont les cautionnemens font nuls ; dans les lieux où

ell.

elles ne peuvent hipotéquer ou aliéner leur dot, ni s'obliger.

Les mineurs ne peuvent se faire restituer contre les cautionnemens qu'ils ont fourni pour sûreté des deniers roïaux. Il y a un arrêt du conseil, du 18 Février 1696, qui casse un arrêt de la cour des aides de Rouen, en ce qu'il avoit déchargé un adjudicataire des bois du Roi, de la contrainte par corps, & qui fait défenses à ladite cour de décharger à l'avenir aucuns adjudicataires des bois du Roi, leurs cautions & certificateurs de la contrainte par corps, *sous prétexte de minorité*, ni pour telles autres causes que ce puisse être.

Il a pareillement été rendu un arrêt à la cour des aides de Paris, le 14 Décembre 1742, qui, sans avoir égard à des lettres de rescilion prises par le sieur baron de Bornes, contre le cautionnement qu'il avoit fourni pour un receveur des aides, sous prétexte que ledit sieur de Bornes étoit alors *mineur*, le déboute de son oposition à la contrainte du fermier, & ordonne le païement des éfets sur lui saisis par privilége & préférence.

Il est néanmoins prudent au fermier, de ne recevoir pour cautions, que ceux qui ont l'âge auquel les commis peuvent être pourvûs de commission : c'est le moïen de prévenir toutes difficultés ; parce qu'alors il est indubitable que la caution se soumet par corps, comme le principal obligé.

Arrêt contradictoire du conseil, du 17 Avril 1759, qui casse une sentence du bailliage du Quesnoy ; en conséquence, ordonne l'éxécution d'un acte de cautionnement, passé le premier Mai 1757, par Antoine Géry, dit l'Epine, l'une des cautions du sieur Dawance, receveur des domaines au Quesnoy ; le condamne, solidairement avec le sieur Devès, autre caution, au païement des sommes dûës au fermier par ce receveur, jusqu'à la con

currence de son cautionnement. *Nota.* Dans le bail commencé en 1751, le sieur Devès & sa femme avoient été seuls cautions du sieur Dawance, jusqu'à concurrence de 25000 liv. Au renouvellement du bail en 1757, le sieur Devès ne voulant plus être caution que jusqu'à 12500 l. seulement ; le receveur présenta Géry l'Epine pour caution du surplus ; & par l'acte du premier Mai 1757, lesdits sieurs Devès & Géry se rendirent, conjointement & solidairement, cautions des recettes & administrations faites jusqu'alors par le sieur Dawance, & qu'il feroit par la suite, dans son emploi, jusqu'à concurrence de vingt-cinq mille livres. Il a été constaté, un mois après, que ce receveur étoit reliquataire de 14089 florins, 18 patards, sur les recettes par lui faites depuis le premier Janvier 1757, jusqu'au premier Juin suivant. Géry prétendoit que le débet du receveur sur le bail actuel, ne provenoit que de ce que ses recettes avoient été emploïées à acquiter ce qu'il devoit au précédent bail ; qu'ainsi il n'étoit point tenu d'en répondre, & qu'on ne pouvoit même agir contre lui qu'après l'entière discussion des biens du Sr Devès, première caution. Le bailliage du Quesnoy l'avoit ainsi ordonné ; mais le conseil a jugé le cautionnement solidaire, aux termes de l'acte.

Décision du conseil, du 15 Août 1739, qui ordonne l'éxécution de la contrainte décernée contre Michel Blanc, l'un des cautions de Jean Blanc, contrôleur des actes à Toulouse, dont il demandoit la décharge, ou du moins, que le directeur en fut déclaré responsable envers lui, pour avoir négligé de faire apofer les scellés sur les éfets dudit Jean Blanc, au tems de son évasion, & faute d'avoir retiré les deniers de sa recette tous les huit jours, & de l'avoir fait éxactement compter à la fin du quartier.

Il y a même un arrêt de la cour des comptes, aides & finances de Montpel lier, du 20 Février 1743, qui déboute ledit Michel Blanc, & les héritiers Fiberolles, de leur demande en décharge du cautionnement fourni pour ledit Jean Blanc, & les condamne folidairement au païement du montant du cautionnement, avec les intérêts ; à quoi faire, Michel Blanc contraint par corps, & les autres, par les voïes ordinaires.

Décifion du confeil, du 20 Mars 1753, qui confirme une ordonnance de M. l'intendant de Limoges, par laquelle le fieur de la Bouchaniere, caution du fieur Doré, ci-devant contrôleur des actes à Saintes, a été condamné à païer partie d'un éxécutoire qui étoit quitancé en entier des parties prenantes, & qui, en cónféquence, avoit été paffé dans la dépenfe du compte dudit Doré ; il a néanmoins été établi que le païement n'étoit pas réel, & la caution a été condamnée à y fatisfaire.

Par deux arrêts de la cour des aides de Paris, des 2 Juillet & 6 Août 1745, cette cour a confirmé deux fentences de l'élection de Paris, par lefquelles les nommés Hugault & Rovillain ont été condamnés, folidairement & par corps, au païement d'un débet du fieur Leger Defprez, directeur & receveur des aides à faint Germain-en-Laïe, dont ils étoient cautions ; & M. de Villemur, fermier général, en qualité de *certificateur* du cautionnement, a été déchargé de la demande des cautions dudit Defprez, tendante à ce qu'il fût tenu d'acquiter le débet ; ainfi ces arrêts jugent qu'un fermier général, en qualité de certificateur de caution, ne peut être réputé caution lui-même ; & que l'adjudicataire des fermes ne peut agir contre lui qu'après la difcuffion des cautions. *Tab. des Fermes.* Il eft conftant que le certificateur ne peut être pourfuivi qu'après la difcuffion de la caution, & que celle-ci n'a, ni action, ni recours contre le certificateur. *Voïez* deux arrêts de 1564 & 1603, cités par Bril-

lon, *verb.* cautionnement, nº 23 & 25.

Aujourd'hui, la plûpart des employés font obligés de fournir leur *cautionnement en efpèces* ; cet expédient fût imaginé & introduit par la compagnie des indes, lorfqu'elle régiffoit toutes les fermes ; elle ordonna, par une délibération du 13 Novembre 1720, que tous les directeurs, receveurs, & autres commis comptables des fermes-unies, dépoferoient, par forme de cautionnement, entre les mains du receveur général des fermes à Paris, une fomme proportionnée à leur maniment, dont l'intérêt leur feroit païé à raifon de quatre pour cent.

Les difficultés d'y fatisfaire de la part du plus grand nombre des employés, fit bien-tôt abandonner un projet, qui n'avoit eû d'autre motif que celui de pourvoir à la fûreté des recettes ; il ne fut pas même adopté par les régiffeurs qui fuccédèrent à la compagnie des indes, dès le premier Janvier 1721.

Par arrêt du confeil, du 30 Avril 1758, il a été ordonné que tous les commis & receveurs des fermes, même les prépofés aux entrepôts du tabac, remettront à la caiffe des fermes, les fommes auxquelles ils feront taxés, pour tenir lieu de leur cautionnement ; que l'intérêt leur en fera païé au denier vingt, fans aucune retenuë ; & que lefdites fommes ainfi reçûës pour la première fois, fur les états arrêtés au confeil, feront portées au tréfor roïal.

Cet arrêt paroit avoir pour objet, de prévenir les difficultés qui furviennent dans la difcuffion des cautions, & de procurer à S. M. un fecours dans les circonftances de là guerre.

Un employé, connu pour avoir de la prudence & une bonne conduite, trouve facilement une perfonne folvable qui le cautionne ; mais, avec ces qualités, & même avec de la fortune, il n'eft pas fi facile de trouver de l'argent comptant : auffi quelques employés, faute d'y fatisfaire, ont perdu leurs emplois, qui ont paffé à ceux qui fe trouvoient en état de configner le montant du cautionnement, Il y auroit eû trop de changemens dans la régie des fermes, fi l'arrêt de 1758 avoit eû une entière éxécution : on en a donc excepté plufieurs emploïés, qui y avoient été foumis d'abord.

Quoique la ferme des domaines fut unie dès 1757 aux autres fermes, tous ceux qui y font emploïés, fans exception, ont été difpenfés du cautionnement par confignation en efpèces. Les fujets convenables pour régir cette partie effentielle des droits du Roi, ne fe trouvent pas avec la même facilité qué pour les autres parties. Il étoit donc indifpenfable de ne pas leur donner des entraves, qui miffent à prix d'argent des emplois, qui ne doivent, & qui ne peuvent être éxercés que par des gens inftruits & expérimentés. Les emploïés de la ferme des aides ont auffi été difpenfés de ce cautionnement en argent.

Décifion du confeil, du 8 Juin 1758, fur le mémoire du fieur Baudry, entrepofeur du tabac à Sens, qui juge que le droit de contrôle de l'emprunt par lui fait pour fatisfaire à l'arrêt du 30 Avril 1758, eft dû fur la fomme entière, comme pour tous autres emprunts ; il prétendoit que le droit ne devoit être perçû que conformément à l'art. 24 du tarif, attendu que cet acte n'avoit d'autre objet que de fournir fon cautionnement.

§. 6. *Cautionnement pur & fimple.*

Par la feconde fection de l'art. 24 du tarif de 1722, le droit de contrôle d'un cautionnement pur & fimple, fait par acte particulier, qui n'a raport à aucuns actes ou contrats, pour quelque caufe que ce foit, eft fixé à 2 liv.

Quoique le cautionnement ne foit pas fait pour l'éxécution d'un acte ou d'un contrat, il ne s'enfuit pas que le droit doive toujours être de 2 liv. il fuffit que le cautionnement puiffe produire une action contre la caution, jufqu'à concurrence d'une fomme, pour que le droit de contrôle foit dû fur le pié de cette fomme, fi ce n'eft feulement dans les cas exceptés par les deux dernières fections de l'art. 24 du tarif.

Un éxemple fuffit : lorfqu'une perfonne de la R. P. R. veut fortir de France pour fes affaires, elle eft tenuë, pour en obtenir la permiffion, de fournir caution de fon retour, jufqu'à concurrence d'une fomme. Ce cautionnement n'a raport à aucun acte ; mais il n'eft pas pur & fimple, puifqu'il forme un titre & une action contre la caution, jufqu'à concurrence de la fomme ftipulée ; ainfi le droit de contrôle eft dû fur le pié de cette fomme : il en eft de même des autres cas.

CENS, eft une redevance annuelle & feigneuriale, foncière & perpétuelle, dont un héritage cenfier eft chargé envers le fief dont il eft mouvant ; c'eft le premier devoir impofé & retenu par le feigneur lors de la conceffion qu'il a faite de cet héritage, avec rétention de foi.

Tout acquéreur d'héritage cenfier, eft cenfé acquérir à la charge du cens, s'il n'y a ftipulation contraire ; parce que le cens eft de plein droit à la charge du détenteur.

Le cens eft feigneurial, & emporte lods & ventes à chaque mutation ; il eft imprefcriptible ; mais fa quotité & le païement des arrérages fe peuvent prefcrire. *Voïez* Guyot vol. 2. des prefcript. ch. 5, n. 1, p. 34.

C'eft le cens propre & véritable qu'on apelle chef-cens, & nullement les autres redevances dûès au feigneur, tels que font le fur-cens, le champart, ou autre devoir en fruits, & généralement les autres rentes, quoique feigneuriales.

Le fur-cens eft le fecond devoir réfervé par le feigneur dans la conceffion du fonds;

mais pour que cette redevance foit fur-
cens, il faut qu'elle apartienne au feigneur, auquel eft dû le cens, & qu'elle
ait été réfervée lors de la conceffion ; fi
elle avoit été créée enfuite, ce ne feroit
qu'une rente purement foncière ; le fur-
cens véritable fortant de la main du feigneur, n'eft plus également qu'une rente
foncière.

L'édit du mois de Novembre 1563,
porte que les deniers dûs pour cenfives,
rentes foncières, & autres redevances de
bail d'héritage perpétuel, feront éxécu-
tables par faifie des héritages. Berth. p. 299 ;
c'eft-à-dire, par faifie des fruits qui font
fur les héritages chargés du cens, laquelle
fe fait par le miniftère d'un fergent, en
vertu d'ordonnance de juftice ; mais le feigneur ne peut ufer de faifie fur les autres biens, meubles & immeubles du te-
nancier, tels qu'ils foient, fi ce n'eft en
vertu d'un jugement portant condamnation
de païer le cens ; l'art. 86 de la coûtume
de Paris, permet néanmoins au feigneur cenfier de procéder par fimple gagerie, c'eft-
à-dire, par faifie fur les meubles étant
dans les maifons, fans les déplacer, pour le
païement des arrérages du cens.

Le cens eft la véritable marque de la
directe feigneurie fur les biens roturiers,
comme la foi & hommage eft le caractère
de la directe fur les fiefs : cela eft de droit
commun.

En Bretagne, le cens eft une rente annuelle en argent, & fimplement foncière,
retenuë & impofée fur le fonds par le
contrat d'aliénation. Il eft de maxime dans
cette province, que le cens ne fait nullement preuve de roture ; acte de notoriété du 14 Janvier 1738, au journal du
parlement, tom. 2, p. 638, qui attefte
que cette maxime eft inviolablement fuivie, & qu'en toutes aliénations, ceffions
ou tranfports, l'héritage cédé & tranfporté, retient & conferve toujours dans la
main du ceffionnaire la qualité noble ou
roturière qu'il avoit dans la main du cédant, quoique chargé de cens ; fi ce n'eft
en féage, où l'on peut ftipuler, conformément aux art. 358 & 359 de la coûtume, que l'héritage fera tenu roturièrement ; mais s'il n'y a point de ftipulation
à cet égard, encore qu'il y ait un cens,
l'héritage conferve fa qualité noble. *Voïez*
le nouveau commentateur fur les art. 52,
271 & 280 de la coûtume ; & l'arrêt du
confeil du 4 Maï 1751, qui condamne à
païer le droit de franc-fiefs de biens fitués
à Breft, chargés de cens.

Comme on ne préfume jamais qu'une
terre foit libre & allodiale fans titre, le
feigneur qui n'a ni titre, ni reconnaiffance
du cens, peut le demander fur les maifons
ou héritages enclavés dans le territoire
fujet à fa cenfive, par raport à la maxime
générale, *nulle terre fans feigneur*, &
parce que le cens eft la marque de la reconnaiffance de la feigneurie. Auzanet
fur l'art. 125 de la coûtume de Paris,
*Habens territorium limitatum in certo
jure fibi competente in illo territorio,
eft fundatus in jure communi in eodem
jure in qualibet parte fui territorii.* Mol.
§. 68, n. C. gl. 1, n. 6.

L'ordonnance de 1629, art. 373, porte
que tous héritages relevans du Roi en
païs coûtumier, ou de droit écrit, font
fujets aux lods & ventes, & autres droits
feigneuriaux ; & que tous héritages ne
relevans d'autres feigneurs, font cenfés relever du Roi, fi les poffeffeurs ne font
aparoir de bons titres qui les en déchargent.

Si le propriétaire ne juftifie du franc-
aleu par titres, on doit impofer le *cens*
fur fon héritage, pour les terres du domaine du Roi, fur le pié de celui des
terres prochaines qui païent cenfive. Berth.
ch. 23, p. 89, & ch. 51. *Voïez* l'arrêt
du confeil, du 12 Septembre 1746, qui ordonne cette impofition de cens dans l'é-
tenduë des territoires d'Agen, Condom,

Marmande, &c. qui font dans la directe du Roi.

Lorſque le Roi a permis l'affranchiſſe-ment des cens & rentes dûs au domaine, il a toujours été ordonné qu'à l'égard des cens & rentes, emportant lods & ventes, il ſe-roit réſervé ſix deniers de redevance pour la conſervation deſdits lods & ventes. Arrêt du conſeil, du 8 Mai 1696, décla-ration du 13 Août 1697, édit du mois d'Août 1708, & déclaration du 22 Dé-cembre de la même année.

Quoique de droit commun, le cens em-porte lods & ventes, il ne s'enſuit pas que les engagiſtes des cens & rentes dûs au domaine du Roi, ſoient fondés à per-cevoir les lods & ventes aux mutations des biens pour raiſon deſquels ces redevances ſont dûës. Il faut que leſdits droits de lods ſoient nommément compris dans l'a-liénation, pour que l'engagiſte puiſſe les prétendre, ou que le fief du Roi, avec ſes dépendances, ſoit engagé. La finance a été proportionnée aux objets exprimés dans l'aliénation, & c'eſt ce titre même qui détermine l'étenduë des droits de l'en-gagiſte. *Voïez* l'arrêt du conſeil, du 8 Juin 1756, qui juge que les ſieurs Bonniot, auxquels les cens & rentes dûs au do-maine de Cognac, ont été engagés en 1716, ne ſont pas fondés à prétendre les droits ſeigneuriaux dûs aux mutations des biens pour leſquels leſdites redevan-ces ſont dûës ; & en conſéquence, les condamne à reſtituer au fermier du do-maine, tous leſdits droits ſeigneuriaux par eux reçûs dans les trente années anté-rieures à la demande qui leur en a été formée.

CENTIÉME *denier des domaines &* *droits domaniaux.* Par édit & déclaration du mois de Février 1641, il fut ordonné que les propriétaires, poſſeſſeurs & en-gagiſtes des domaines & droits doma-niaux, païeroient annuellement, dans les mois d'Avril, Mai & Juin, par forme de

reconnaiſſance, un droit de centième de-nier du prix des ventes, aliénations & engagemens qui leur en avoient été faits, pour être maintenus en leur jouïſſance ; que lorſqu'ils auroient ſatisfait au païement de ce droit de centième denier, ils ne pouroient être dépoſſédés deſdits biens par revente, tiercement, enchère ou au-trement ; mais que, faute de le païer dans ledit tems, ils pouroient être dépoſſédés par toutes ſortes de perſonnes, en leur rembourſant leur finance ; & en outre, qu'il ſeroit à l'avenir païé la juſte valeur d'une année de revenu par tous les nou-veaux poſſeſſeurs deſdits biens & droits domaniaux, ſoit par vente, échange, droit ſucceſſif ou autrement, pour droit de mu-tation & inveſtiture, à la réſerve néan-moins de ceux deſdits biens pour leſquels le droit de centième denier auroit été païé chaque année ſans interruption.

Voïez *Domaine*, §. 4.

CENTIÉME *denier des immeubles* ; droit dû à toutes mutations de propriété ou d'uſufruit d'immeubles, rentes fonciè-res, & de tous autres droits réels & im-mobiliaires, à l'exception néanmoins des ſucceſſions directes *ab inteſtat* ou par teſ-tament, & des donations faites en ligne directe, par contrat de mariage, en faveur des enfans qui ſe marient ſeulement.

Ce droit, qui eſt le ſalaire de l'inſinuation des mutations de biens immeubles, a été établi par l'édit du mois de Décembre 1703, afin de procurer par cette inſinua-tion, la connaiſſance éxacte de toutes les mutations qui doivent produire des droits ſeigneuriaux ; & en conſéquence, il eſt ordonné, par l'article 24 de cet édit, que tous *contrats de vente, échanges, décrets* *& autres titres tranſlatifs de propriété de* *biens immeubles*, tenus en fief ou en cen-ſive, ſoit du Roi, ſoit des ſeigneurs parti-culiers, ſeront inſinués & enregiſtrés aux gréfes des inſinuations des bailliages, ou autres ſiéges roïaux, dans le reſſort deſ-

Centiéme
denier.

quels les biens feront fitués ; pour lequel enregiftrement, il fera païé auxdits gréfiers, le centième denier du prix defdits biens, ou de la valeur d'iceux, en cas que le prix ne foit pas exprimé, fuivant l'eftimation qui en fera faite à l'amiable, ou par perfonnes convenuës ou nommées d'ofice.

Cet article fixe un délai de fix mois, pour l'infinuation defdits actes ; mais, *voïez* l'édit du mois d'Octobre 1705, ci-après.

Le même article 24 de l'édit de 1703, ordonne qu'il ne poura être perçû plus de cent livres, pour les biens dont le prix ou la valeur excéderont dix mille livres : mais, *voïez* l'édit du mois d'Août 1706, qui ordonne que le centième denier fera païé de la valeur entière.

Par l'article 25 du même édit de Décembre 1703, il eft pareillement ordonné que *les nouveaux poffeffeurs defdits biens immeubles, à titre fucceffif en ligne collatérale*, feront tenus de faire leurs déclarations auxdits gréfes des infinuations, des biens immeubles qui leur feront avenus par fucceffion ; & ce, dans fix mois du jour de l'ouverture defdites fucceffions. *Voïez* ci-après *Succeffions collatérales*.

L'article 26 de cet édit, porte que le tems fixé par les coûtumes, pour le retrait féodal ou lignager, ne poura courir, même après l'exhibition des contrats, & autres titres de propriété à l'égard du retrait féodal, ou après l'enfaifinement à l'égard du retrait lignager, que du jour de l'infinuation ou enregiftrement ; *voïez* ci-après. Verb. *Retrait*.

Et par ledit article 26, il eft ordonné que ceux defdits nouveaux poffeffeurs, qui n'auront point fait enregiftrer leurs titres, dans le délai qui leur eft fixé, feront tenus de païer le triple dudit droit d'enregiftrement ; à quoi faire, ils pouront être contraints à la diligence defdits gréfiers, par faifie des revenus defdits biens. Voïez *Triple droit*.

Par l'article 16 de la déclaration du 19 Juillet 1704, attendu qu'il n'eft pas moins intéreffant de connaître quels font les biens & héritages prétendus en franc-aleu, que ceux qui n'y font pas, il eft ordonné que *les contrats de vente, échanges, décrets & autres actes tranflatifs de propriété de biens en franc-aleu, franc-bourgage, ou franche-bourgeoifie, ou qui par les coûtumes & ufages des païs, ne font fujets à aucun droit aux mutations*, feront infinués & enregiftrés ; pour lequel enregiftrement fera païé à toutes mutations, même par les nouveaux poffeffeurs à titre fucceffif en ligne collatérale, le centième denier porté par l'édit de 1703.

L'édit du mois d'Octobre 1705, porte que *les notaires & tabellions*, tant roïaux que fubalternes ; les gréfiers des cours, & jurifdictions roïales & feigneuriales, & tous autres particuliers qui ont droit de paffer des actes, feront *tenus* & obligés *de faire* enregiftrer & *infinuer* dans les bureaux, dans lefquels ils les feront contrôler, tous les contrats de vente, d'échanges, baux à rentes foncières, rachetables ou non rachetables ; baux emphitéotiques, ventes à faculté de réméré, anticrèfes, & autres actes tranflatifs de propriété, arrêts, jugemens, fentences & autres actes fujets à infinuation, *dans la quinzaine* du jour & date defdits actes, & en même tems qu'ils les feront contrôler & fceller ; leur faifant très-expreffes inhibitions & défenfes de les délivrer aux parties, qu'après qu'ils auront été infinués, & les droits païés ; à peine de trois cens livres d'amende, pour chacune contravention ; à la réferve néanmoins des *fubftitutions & donations entre-vifs, qui feront infinuées à la diligence des parties* ; & à l'égard des contrats de vente, d'échange & autres actes tranflatifs de propriété d'immeubles, fitués hors l'étenduë des bureaux de la demeure des notaires, tabellions & gréfiers, attendu la diftance des lieux, ils feront infinués à la diligence des parties, dans les bureaux où les biens fe trouveront fitués, *dans les trois mois*, à compter du jour & date d'iceux, au lieu de six mois portés par l'édit de 1703, & par la déclaration de 1704, sous les peines y portées. Et à cet éfet, seront tenus les notaires, gréfiers & autres qui passeront & expédieront lesdits actes, arrêts & jugemens, d'y faire mention qu'ils sont sujets à l'insinuation, pour que les parties n'en prétendent cause d'ignorance.

Par arrêt du conseil, du 9 Février 1706, & lettres patentes du 6 Mars suivant, il est ordonné que, pour les droits d'insinuation de tous actes translatifs de propriété de biens immeubles, soit par vente, échanges, successions, donations ou autrement, dont le prix & valeur seront de cinquante livres & au-dessous, il sera païé dix sols; & de ceux depuis cinquante liv. jusqu'à cent liv. vingt sols, au lieu du droit de centième denier, réglé par l'édit de 1703.

Par édit du mois d'Août 1706, il est ordonné qu'à l'avenir, *les droits de centième denier*, seront païés à toutes mutations de biens immeubles qui arriveront, soit par vente, échange, donation, adjudication par décret, ou autres titres translatifs de propriété, soit par succession en ligne collatérale, *sur le pié entier du prix*, porté par lesdits contrats ou autres titres, ou de la valeur desdits immeubles, suivant l'estimation qui sera faite de gré à gré, entre le fermier desdits droits, & les propriétaires des biens, si faire se peut; sinon, sur l'estimation qui en sera faite par experts, qui seront convenus, ou nommés d'ofice par les juges auxquels la connaissance desdits droits sera attribuée. Voulant que lesdits droits de centième denier, soient païés en entier, sous les peines portées par les précédens règlemens.

L'article 6 de la déclaration du 20 Mars 1708, porte que tous *contrats de ventes*, *échanges*, *licitations* entre héritiers, copropriétaires & coassociés; *baux à rentes foncières*, *rachetables & non rachetables*; *baux emphytéotiques*; *baux à domaine*

congéable; *ventes à faculté de réméré* ou de rachat, *anticrèses*, *contrats pignoratifs*; *engagemens*; *démissions*; *abandonnemens*; *contrats de vente à vie*; *cession de fonds avec fruits*; *transports*; *subrogations*; *résolutions volontaires de ventes*; *arrêts*, *jugemens*, *sentences*, & *généralement tous actes translatifs & rétrocessifs de propriété de biens immeubles*, tenus en fief ou en censive, soit du Roi ou des seigneurs particuliers; ensemble ceux tenus en *franc-aleu*, *franc-bourgage* & *franche bourgeoisie*; *rentes foncières*; les *contrats de vente de droits de justice*, & *de tous autres droits seigneuriaux* & *honorifiques*, conjointement ou séparément du corps des domaines ou fonds de terre, seront insinués, & les droits de centième denier païés dans les tems, & sous les peines portées par l'édit de 1703, & par la déclaration de 1704, *encore qu'aucuns desdits biens ne fussent pas sujets à lods & ventes*, & *autres droits seigneuriaux*.

Par l'arrêt de règlement, du 18 Juillet 1713, rendu du mouvement du Roi, il est ordonné que le centième denier sera païé sur le prix entier porté par les contrats d'acquisition; sans pouvoir prétendre aucune déduction, ni diminution, sous prétexte des meubles, bestiaux, & autres éfets mobiliaires étant dans les biens, si ce n'est, qu'il en ait été fait une description ou état, & qu'il en ait été stipulé un prix particulier par les contrats; auquel cas, le centième denier ne sera païé que sur le pié du prix convenu pour l'immeuble, ou suivant l'estimation qui en sera faite, supposé qu'il parut y avoir de la fraude dans la stipulation du prix desdits immeubles. V. *Ventilation*.

Pour connaître ce qui forme le prix des contrats, *voïez* ci-après: *Prix*.

Le droit de centième denier devant être païé au bureau de la situation des biens, ne peut l'être, par conséquent, dans une autre généralité: décision du conseil, du 25 Février 1730, qui confirme une ordonnance de M. l'intendant de *Bourges*, par laquelle le fieur Bellot a été condamné à païer le centième denier, & le triple droit, des biens par lui acquis dans le *Berry*, dont il difoit avoir païé le droit dans la généralité de *Moulins*.

Voïez les dénominations particulières des diférens actes fujets au centième denier; & *fucceffions*.

CENTIÈME *denier des immeubles fictifs, & des éfets mobiliaires*. Par déclaration du Roi, du 27 Mars 1748, il fut ordonné que les actes tranflatifs de propriété des immeubles fictifs, comme ofices & rentes conftituées, feroient infinués dans les mêmes cas où les actes tranflatifs de propriété d'immeubles réels, y font affujétis; que pour le droit d'infinuation, il feroit païé le centième denier de la valeur defdits biens; & que le droit de centième denier feroit auffi païé pour les dons & legs de meubles & éfets mobiliaires.

Ce nouvel établiffement a eu lieu jufqu'au 1er Janvier 1751, il a été entièrement fuprimé par déclaration du Roi, du 26 Décembre 1750.

CERTIFICAT, eft un acte, par lequel on rend témoignage d'un fait, qui n'intéreffe pas perfonnellement celui qui certifie; car, s'il eft intéreffé dans le fait, c'eft une déclaration, & non un certificat qu'il donne. *Voïez* Déclaration.

Le droit de contrôle du certificat pur & fimple, eft fixé à 10 fols, par l'art. 5 du tarif, du 29 Septembre 1722.

Les certificats de vie, donnés par les juges aux propriétaires des rentes viagères, ne font point fujets au contrôle : décifion du confeil, du 10 Juin 1725; mais ils font fujets au droit de petit-fcel, fuivant une décifion du 4 Juillet 1725.

Les certificats des curés, d'avoir fait les publications de tranflation de domicile, ne font pas fujets au contrôle. Décifion du confeil, du 26 Mai 1724. *Voïez* Curés à la fin. *Voïez* auffi *Publications*.

CESSION *de biens* par un débiteur infolvable, eft la déclaration qu'il fait à la face de la juftice, qu'il abandonne tous fes biens à fes créanciers.

Cet abandonnement fe fait en vertu d'ordonnance du juge, qui admet au bénéfice de ceffion, nonobftant l'opofition des créanciers; il a lieu, lorfqu'un débiteur, fans fraude, fe trouve dans l'impuiffance de fatisfaire fes créanciers, & qu'il demande à être admis au bénéfice de ceffion.

Le jugement qui admet à la ceffion, eft affujéti à l'infinuation par l'art. 5 de la déclaration du 19 Juillet 1704; mais, comme cette déclaration a été tronquée dans le recuëil imprimé à *Paris*, en 1724, & que l'article dont nous parlons, ne s'y trouve point, il faut voir la déclaration telle qu'elle a été enregiftrée dans les parlemens; j'ai vû celle qui a été enregiftrée à *Roüen*, & à *Rennes* : voici les termes de l'art. 5.

» Tous jugemens, fentences & arrêts, » qui recevront au bénéfice de ceffion, » feront infinués; pour lefquels fera païé » mêmes droits, que pour les ceffions & » abandonnemens de biens portés en l'arti- » cle 7 de l'édit de 1703 ».

Il doit donc être perçu 10 liv. pour le droit d'infinuation de la ceffion, fur le pié fixé par l'art. 16 du tarif, du 29 Septembre 1722, pour les abandonnemens de biens.

Décifion du confeil, du 1 Janvier 1743, au fujet de lettres de ceffion de biens, obtenuës à la chancellerie du palais à *Paris*, par Claude Etquoi & fa femme; qui juge que le droit d'infinuation eft dû pour la ceffion, comme pour l'abandonnement de biens, fait par le débiteur à fes créanciers.

CESSION, *ou tranfport de chofes mobiliaires ou immobiliaires*; l'art. 25 du tarif, du 29 Septembre 1722, porte que le droit de contrôle en fera païé fur le pié réglé par les art. 3 & 4.

Si les chofes cédées ne font point défignées, & que le prix ne foit pas certain, comme lorfqu'on céde des droits litigieux moïennant

moïennant une fomme , & à la charge de foûtenir des procès , ou de païer des dettes , c'eft le cas de percevoir 200 liv. pour tenir lieu du plus fort droit de contrôle , en conformité de l'art. 4 du tarif, à moins que les parties ne faffent dans l'acte , une eftimation de tout ce qui peut être l'objet de la ceffion , conformément à l'art. 22 de la déclaration du 20 Avril 1694 ; auquel cas , le droit de contrôle fera perçu fur cette eftimation.

S'il s'agit de ceffion d'immeubles , droits réels & immobiliaires , le droit de centième denier en eft dû.

Lorfque les objets cédés font défignés , la perception du plus fort droit de contrôle, ne peut avoir lieu : ces objets doivent alors être évalués par les parties, pour régler les droits en conformité. Voïez *Défignation*.

S'il ne s'agit dans la ceffion , que de biens immeubles , & droits immobiliaires non défignés , & que cette ceffion foit faite moïennant un prix , & à la charge de païer les dettes , &c. Il faut néceffairement , pour régler le droit de centième denier , qu'il foit fait une déclaration affirmative de la valeur de ce qui eft cédé ; la même déclaration doit alors fervir à fixer le droit de contrôle , en fe départant de la rigueur de la loi qui le fixe dans ce cas , à 200 liv.

Mais , fi la ceffion comprend auffi des éfets mobiliaires non défignés , la déclaration qui fera faite pour régler le centième denier , ne peut fervir pour le droit de contrôle , qui doit être perçu fur le pié de l'article 4 du tarif, faute d'avoir fait dans l'acte même , une eftimation fuffifante. Les commis ne peuvent s'en départir, qu'autant qu'ils y font autorifés par leurs fupérieurs dans des cas où les objets font peu confidérables.

Par arrêt du confeil, du 4 Novembre 1755 , la dame de Louvat, femme du fieur Dagoult , & le fieur Gerard , notaire à Grenoble , ont été condamnés folidairement au païement de 84 liv. pour fuplément

du droit de contrôle d'un acte , portant ceffion de droits fucceffifs , faite moïennant 21000 liv. pour en jouïr par ladite dame ceffionnaire , comme elle avifera , néanmoins *à fes rifques , périls & fortunes ;* cette claufe , qui impofe l'obligation d'acquiter les dettes de l'hérédité , donnoit lieu à percevoir le droit de contrôle , fur le pié de l'art. 4 du tarif ; le commis fe contenta de le percevoir fur la fomme ftipulée , mais en même tems , il prit la foumiffion du notaire , de païer le fuplément fur le pié de l'inventaire des éfets , & de la déclaration des immeubles , avec le centième denier defdits immeubles.

Lorfqu'il a été queftion de faire éxécuter cette foumiffion , la partie & le notaire ont foûtenu que les droits n'étoient dûs que fur la fomme convenuë ; M. l'intendant de Grenoble l'a ainfi jugé ; mais fon ordonnance a été réformée par l'arrêt contradictoire , du 4 Novembre 1755 , qui condamne à païer le fuplément du droit de contrôle , fur la valeur entière de tout ce qui eft cédé , & le centième denier des immeubles , ainfi qu'au coût de l'arrêt.

Cette conteftation avoit d'abord été jugée par deux décifions des 18 Novembre 1754 & 18 Avril 1755 , auxquelles il a été formé opofition ; on a dit qu'en confidérant l'obligation que contracte un ceffionnaire de droits fucceffifs , comme un rifque qu'il y ait des dettes , ce rifque ne peut former un prix éfectif, capable de donner ouverture à d'autres droits que ceux qui réfultent du prix ftipulé ; que tout acquéreur court des rifques , & qu'il n'a jamais été ordonné que les droits feront païés pour les rifques , ou à proportion des rifques ; que la claufe *aux rifques , périls & fortunes* de la ceffionnaire , n'eft point équivalente à celle qui l'auroit chargée expreffément d'acquiter les dettes ; & que la diférence eft entière dans le droit & dans le fait , puifque , fi elle étoit chargée expreffément de païer les dettes , le ven-

deur pouroit l'y contraindre, à quelques
sommes qu'elles montassent, au lieu que
n'aïant acquis qu'à ses périls, risques &
fortunes, elle est la maîtresse de s'en éxemter, en abandonnant ses droits acquis, & en
consentant à perdre le prix; que d'ailleurs,
on doit conclure de ce que le vendeur ne
l'a pas chargée, par le contrat, de païer les
dettes de la succession, qu'il n'a pas cru
qu'il y en eût : comme, en éfet, il ne s'en
est trouvé que pour mille livres.

Mais ces moïens ne sont pas même spé-
cieux : la condition de païer les dettes, est
la suite de la cession des droits successifs;
& cette condition exprimée en termes exprès, ou en termes équivalans, produit le
même éfet. La dame Louvat, cessionnaire
à ses périls, risques & fortunes, est tenuë
d'acquiter indéfiniment toutes les dettes ;
c'est une augmentation du prix de la cession;
& les droits sont dûs sur le tout, conformément à la déclaration de 1694, & aux
autres règlemens; ainsi, en ne demandant
à ladite dame les droits que sur la valeur
constatée de ce qui lui avoit été cédé, le
fermier étoit dans les règles de la plus
éxacte justice.

A l'égard des *cessions*, *transports &*
subrogations de rentes. *Voïez* ci-après :
Rentes.

CHALONS-*sur-Marne*, ville de Champagne, & chef-lieu de généralité.

Par arrêt du conseil, du 9 Juillet 1668,
il fut, en conséquence de l'édit du mois
d'Avril 1667, ordonné qu'il seroit procédé à la recherche & à la réunion des domaines & droits domaniaux négligés, ré-
celés ou usurpés en la généralité de Châlons, & à la confection des papiers terriers.

Voïez *Champagne.*

CHAMBELLAGE, *ou chambellenage*;
droit dont l'usage a été établi, pour reconnaître la courtoisie des chambellans, qui
introduisoient les vassaux dans la chambre
du Roi, pour être reçus en foi. Ils leur

faisoient présent de quelques sommes de
deniers ; & ce qui étoit libre, est devenu
obligation. Aussi, par arrêt de l'an 1272,
il fut jugé que les chambellans avoient
droit de prendre, de tous les vassaux qui
relevoient nuëment du Roi en foi & hommage, 20 sols pour un fief de 50 liv. de
rente & au dessous ; 50 sols pour un fief
de 100 liv. & 5 liv. pour 500 liv. & au dessous ; le tout parisis. L'hommage étant
reçû à la chambre des comptes, le premier huissier éxerce ce droit, sur les vassaux qu'il introduit pour faire l'hommage.
Recherches de Pasquier, *livre 4*, *cha-*
pitre 30.

Il y a des droits de chambellage, qui
se païent dans certaines coûtumes, aux
seigneurs féodaux, lors des mutations des
fiefs, à titre successif en ligne directe. *Voïez*
Berth. chap. 13 & 16.

CHAMBRE-*des comptes*; cour souveraine pour faire rendre les comptes des
deniers publics, & veiller à la conservation du domaine roïal & des droits qui en
dépendent. C'est où se portent les foi &
hommage fournis au Roi, & les sermens de
fidélité ; la chambre des comptes a même
le dépôt général de tous les actes de féodalité des vassaux du Roi, soit qu'ils aïent
été fournis au Roi, entre les mains de M.
le chancellier, soit qu'ils aïent été faits à la
chambre des comptes, ou dans les bureaux des finances. Elle reçoit pareillement les aveux & dénombremens fournis à
S. M.

Les lettres de concession d'apanage,
d'aliénation & d'engagement des domaines;
celles de naturalité & de déclaration de
naturalité ; celles d'amortissement ; de légitimation ; d'anoblissement ; de concessions
de priviléges, foires & marchés ; celles
d'érection de terres en duchés, marquisats
& autres titres de dignité ; ensemble les
lettres & brevets de dons faits par le Roi,
doivent être enregistrés à la chambre des
comptes, ainsi que tous autres titres, let-

tres & difpenfes, concernant la fouveraineté, les domaines & les droits du Roi.

La chambre des comptes de *Paris*, eft
très-ancienne, & a été long-tems la feule
dans le roïaume ; elle fut renduë fédentai-
re en 1319, par Philippe le Long. Il en
fut établi une à Montpellier, par Charles
VII. en 1437. Celles qui avoient été établies à Blois, Dijon, Grenoble, Aix,
Bretagne, & Pau, par les anciens ducs
ou comtes de ces provinces, furent confirmées ; mais, par l'ordonnance de Moulins, du mois de Février 1566, celles qui
fubfiftoient alors dans les provinces, furent
fuprimées. Il en fut rétabli huit, par édit
du mois de Mars 1583, à *Roüen*, *Dijon*,
Nantes, *Montpellier*, *Grenoble*, *Aix*,
Pau & *Blois*.

L'établiffement de celle de *Dole*, par
les anciens fouverains, fut confirmé par édit
du mois d'Août 1692. Celle de *Metz* a
été unie au parlement & à la cour des
aides, dès l'inftitution même du parlement.

Il en a été auffi établi une à *Lille*, dans
le reffort du parlement de Douay, pour les
Païs-bas conquis.

De ces douze chambres des comptes,
il y en a plufieurs qui font unies au parlement, ou à la cour des aides des provinces
de leur établiffement.

La *nobleffe*, au premier dégré, qui avoit
été accordée aux oficiers des chambres des
comptes, au mois de Janvier 1645, fut
révoquée en 1669. Mais, par édit du mois
d'Avril 1704, il fut créé par augmentation, diférens ofices en la chambre des
comptes de Paris ; & la nobleffe au premier dégré, fut accordée aux préfidens,
confeillers, maitres, correcteurs, auditeurs, avocats & procureurs généraux,
au gréfier en chef, & au premier huiffier
de cette cour, pourvû qu'ils aïent fervi
vingt ans, ou qu'ils décédent revétus de
leurs ofices.

Cette nobleffe fut pareillement accordée aux oficiers des autres chambres des
comptes, mais elle a été révoquée, & réduite à la nobleffe graduelle, par édit du
mois d'Août 1715, qui fait une exception
en faveur des oficiers du parlement, de la
chambre des comptes, & de la cour des
aides de Paris ; enforte que dans les chambres des comptes, il n'y a que les oficiers
de celle de Paris, qui jouïffent de la nobleffe au premier dégré.

L'éxemtion des *droits feigneuriaux*,
dans les domaines du Roi, fut accordée
au mois de Septembre 1570, aux préfidens
& confeillers-maîtres de la chambre des
comptes de Paris ; elle fut confirmée par
édit du mois de Janvier 1645, & étenduë
aux correcteurs, & auditeurs ; aux avocat
& procureur généraux, ainfi qu'au gréfier,
& à leurs veuves. Mais toutes ces éxemtions furent révoquées, par édit du mois
d'Août 1669.

Par l'édit du mois d'Avril 1704,
portant augmentation d'oficiers, en la
chambre des comptes de Paris, Loüis
XIV. pour indemnifer les anciens, par
l'attribution de nouveaux droits & priviléges à leur compagnie, ordonna que les
avocats & procureurs généraux jouïroient,
comme tous les autres oficiers de la chambre, de tous les priviléges à eux attribués,
& nommément de l'éxemtion de tous droits
feigneuriaux des biens mouvans, ou tenus
de S. M. en cenfive, à caufe de fes domaines, dont leurs veuves jouïroient, ainfi
que celles des préfidens & maitres de
ladite chambre.

Les correcteurs & auditeurs en la chambre des comptes de Paris, n'aïant pas été
nommément exprimés dans cet édit, ont
obtenu des lettres patentes, le 16 Novembre 1723, par lefquelles le Roi a déclaré
avoir entendu les comprendre, ainfi que
leurs veuves, dans l'édit du mois d'Avril
1704 ; & en conféque: ce, a ordonné qu'ils
feront éxemts de tous droits feigneuriaux,
pour les héritages qu'ils ont acquis, ou

pouront acquérir dans la mouvance de
S. M.

L'éxemtion defdits droits-feigneuriaux,
a auffi été accordée, en 1704 & 1708,
aux préfidens, maitres, correcteurs, auditeurs, avocats & procureurs généraux des
chambres des comptes de Roüen, Nantes,
Pau, Grenoblé, Aix, Dole & Blois, ainfi
qu'il eft dit dans les lettres patentes de
1723, dont on vient de parler; mais, pour
juger de l'étendue des priviléges des oficiers de chacune de ces cours, il faut voir
le titre qui les accorde; & ne pas perdre
de vûe, ce qui a été dit à l'article des
cafuels. Il faut même obferver qu'il y a des
conceffions, actuellement révoquées; &
nommément celle des oficiers de la chambre des comptes de Nantes. Voïez *Bretagne*, §. 3.

Les païeurs des gages & autres oficiers
fubalternes des cours fouveraines, quoique
créés pour être du corps defdites cours,
ne jouiffent ni de la nobleffe, ni de l'éxemtion des droits feigneuriaux. Voïez *Païeurs*
des gages.

Les receveurs généraux des domaines
& le fermier doivent avoir la *communication*, fans déplacer des titres qui font aux
chambres des comptes; voïez *Archives*.
Voïez auffi la lettre, écrite, le 3 Avril
1753, par M. de Courteille, intendant
des finances, à M. le procureur général
de la chambre des comptes de Roüen, pour
faciliter au fermier des domaines, la communication des titres qui font à la chambre,
& lui procurer des expéditions de ceux,
dont il poura avoir befoin, en païant feulement les frais & débourfés, conformément à fon bail.

CHAMBRE *du domaine*, eft celle
dont l'établiffement diftinct, a été ordonné
en 1693, au bureau des finances de Paris, & en 1704, dans les autres bureaux
des finances; pour y porter en première
inftance, tous les affaires concernant le domaine du Roi & les droits en dépendans,

& pour y faire l'enregiftrement de diférentes lettres & brevets accordés par le Roi.
Voïez *Bureau des finances*.

CHAMPAGNE, province de France,
avec titre de comté; chalons eft le chef-
lieu de la généralité. Voïez *Châlons*.

Le comté de Champagne paffa à la France
en 1284, par le mariage de Philippe-le-
Bel avec Jeanne, héritière & Reine de
Navarre; il fut réuni au domaine de la
couronne, ainfi que le comté de Touloufe, par lettres patentes du Roi Jean, du
mois de Novembre 1361. *Voïez* M. Dupuy, pag. 472.

Par édit du mois de Septembre 1555,
il fut ordonné qu'il feroit aliéné du domaine
du Roi en champagne, jufqu'à concurrence
de 15000 liv. de rente.

Edit du mois de Février 1594, pour
la vente, à faculté de rachat perpétuel,
des domaines, gréfes, clercs d'iceux,
fceaux & tabellionages des généralités de
Paris, Picardie, Moulins & Champagne.

Arrêt du confeil, du 9 Octobre 1669,
qui ordonne le rembourfement des engagiftes des domaines de Vermandois, Mou-
zon, Chaumont, Saint Dizier, Vaffy, Bar-
fur-Aube, & autres domaines de Champagne, aliénés en conféquence de l'édit du
mois de Déc. 1643, & qui avoient été réfervés pour le païement des charges locales.

Par arrêt du confeil, du 9 Décembre
1669, le domaine de Montereau-Faut-
Yonne, qui avoit été ajugé le 1er Août
1660, au fieur le Tillier, a été réuni au
domaine; & il a été ordonné que fes créanciers raporteroient leurs titres. Les coches
par eau de Montereau, furent compris dans
le bail des domaines, fait à Charriere le
18 Mars 1687, art. 63.

Arrêt du confeil, du 7 Août 1725,
qui ordonne que le droit de jurifdiction,
nommé *jurée*, dû au domaine par les habitans de la ville de Bar-fur-Aube, à raifon de 12 deniers par ménage, & de
6 deniers par demi-ménage, païables au

jour de faint André , fera à l'avenir levé fans frais , à la fin de chaque bail des domaines , par les collecteurs des tailles de la ville , en comprenant les éxemts , privilégiés , & les particuliers taxés d'ofice ; & ce , en vertu des ordonnances de M.. l'intendant de Champagne ; lefquels collecteurs en remettront le montant aux fermiers & régiffeurs , à la réferve de 10 deniers pour livre , qu'ils retiendront pour tous frais & falaires.

Les droits d'*échanges* dans l'étenduë des directes des feigneurs particuliers , ont été éteints & fuprimés dans la province de Champagne en 1697. Voïez *Echanges.*

Voïez encore *Charleville.*

CHANCELLERIE *de France.* C'eft la grande chancellerie , où s'expédient les lettres émanées de S. M. & fcellées du grand fceau.

Les principaux oficiers de la grande chancellerie , jouïffent de la nobleffe au premier dégré ; & de l'éxemtion des droits feigneuriaux dûs pour biens mouvans du Roi. Voïez *Secrétaires du Roi* du grand collège.

Par édit du mois de Décembre 1743 , il eft dit que les grands-audienciers , contrôleurs généraux , gardes des rôles , confervateurs des hipotéques , & tréforier général du fceau de la grande chancellerie , jouïffant des mêmes priviléges attribués aux fecrétaires du Roi de la même chancellerie , S. M. a cru devoir augmenter la finance de leurs ofices , & leur attribuer des gages à proportion.

L'article 4 de cet édit eft conçu en ces termes : » Maintenons & confirmons nofdits » oficiers , leurs fucceffeurs , les vétérans & » les veuves , dans tous les honneurs , rangs , » fonctions , droits , émolumens , avantages , » immunités , priviléges , éxemtions & pré- » rogatives à eux accordés par tous les pré- » cédens édits , arrêts & règlemens , & dont » ils jouïront , en conformité d'iceux , com-

me s'ils étoient ici de nouveau énoncés ; & » en les expliquant , en tant que de befoin , » voulons qu'ils jouïffent de l'éxemtion de » tous profits de fiefs , quints , requints , » droits de lods & ventes , reliefs , treiziè- » mes , rachats , échanges , & autres droits » feigneuriaux & féodaux , de quelque na- » ture qu'ils foient , & à nous dûs , tant à » caufe de notre couronne , qu'à caufe de » nos domaines particuliers ; defquels droits » nous avons fait don , ceffion & remife à » nofdits oficiers , à l'éfet par eux de jouïr » dudit don & remife , foit qu'ils foient re- » traïans ou convenus en retrait , foit qu'ils » foient vendeurs ou acquéreurs ; & ce , » dans l'étenduë de toutes coûtumes indifé- » remment , foit qu'elles chargent le ven- » deur , l'acquéreur , ou tous les deux en- » femble , du païement defdits droits , pour- » vû toutefois qu'il n'y ait dol ni fraude ; » & pour y obvier , nous voulons , qu'en » cas que lefdits privilégiés viennent à re- » vendre à des non privilégiés , les biens » qu'ils avoient acquis d'autres non privilé- » giés , dans les 5 ans du jour de la première » acquifition , les receveurs & les fermiers de » notre domaine puiffent fe faire païer les » droits dûs pour raifon d'une des deux ac- » quitions , à leur choix ; de tous lefquels » droits , éxemtions & priviléges , ils ne » pourront jouïr qu'après avoir païé ladite » nouvelle augmentation de finance ».

Par un autre édit du mois d'Août 1758 , il a été accordé une augmentation de gages , moïennant finance à diférens oficiers , au nombre defquels ont été compris ceux de la grande chancellerie. L'art. 7 ordonne que , faute par lefdits oficiers de païer lefdites finances , ils demeureront déchus de tous les priviléges & immunités attachés à leurs charges & ofices.

Par une déclaration , du 13 Mai 1704 , Loüis XIV. avoit accordé aux pourvûs des quatre ofices de chauffe-cire en la grande chancellerie , les priviléges attribués aux fecrétaires du Roi , par l'édit du mois de Mars précédent ; mais l'on ne connait aucune loi du règne de Loüis XV , dont les pourvûs deſdits ofices de chauffe-cire puiſſent ſe prévaloir , pour réclamer la nobleſſe , ni pour prétendre l'éxemtion des droits ſeigneuriaux : ils ne ſont point dénommés dans l'édit de 1743 , & dès-lors ils ne peuvent en invoquer les diſpoſitions.

Il ſera parlé ci-après plus amplement des priviléges des oficiers de la grande chancellerie. Voïez *Secrétaires du Roi.*

CHANCELLERIES , *près les cours ſupérieures* , ſont celles établies près les parlemens , les chambres des comptes , les cours des aides , les cours des monnoïes , & les conſeils ſupérieurs & provinciaux.

1. Les gardes des ſceaux , les ſecrétaires du Roi , audienciers , contrôleurs , & les païeurs des gages des oficiers deſdites chancelleries , jouïſſent de la nobleſſe au premier dégré , & de l'éxemtion des droits ſeigneuriaux dûs au Roi , *pour les acquiſitions qu'ils ſont dans le reſſort des cours* & conſeils ſupérieurs & provinciaux , près deſquels ſont établies les chancelleries dont ils ſont oficiers.

Les beſoins de l'état , occaſionnés par les guerres que Loüis XIV. eut à ſoûtenir , multiplièrent conſidérablement les oficiers des petites chancelleries ; & par conſéqnent , les privilégiés ; l'on doit à leur égard , ſe fixer à ce qui a été réglé , à compter de 1727 , juſqu'à préſent.

L'éxemtion des droits ſeigneuriaux dûs au Roi , leur fut accordée par édit du mois d'Avril 1672 , pour les acquiſitions ; mais ſous la condition , que , ſi après avoir acquis pendant qu'ils étoient pourvûs de l'ofice , ils venoient à vendre cet ofice , ſans l'avoir poſſédé au moins dix ans , ils ſeroient tenus de païer leſdits droits ; ce qui a été confirmé par l'édit du mois de Juin 1715 , raporté ci-après.

Par édit du mois de Juillet 1690 , & la déclaration du 22 Décembre 1691 , il fut attribué aux oficiers des chancelleries près les cours & aux ſecrétaires ſervant près leſdites cours , des augmentations de gages , moïennant finance ; en conſéquence , ils furent confirmés dans les priviléges à eux accordés , par l'édit du mois d'Avril 1672 , & la déclaration du 7 Janvier 1673 , par leſquels les oficiers deſdites chancelleries , avoient été maintenus dans la nobleſſe , & dans tous leurs droits & priviléges , pour en jouïr comme les ſecrétaires & oficiers de la grande chancellerie.

Ces augmentations de gages , furent ſuprimées par déclaration du 4 Octobre 1698 , qui révoqua les priviléges exprimés par l'édit du mois de Juillet 1690.

Par autre édit du mois d'Octobre 1701 , il fut de nouveau attribué des augmentations de gages aux oficiers des chancelleries près les cours ; le Roi ordonna qu'ils jouïroient du privilége de la nobleſſe , ainſi que les ſecrétaires du Roi de la grande chancellerie , ſans aucune diſtinction , ni diférence ; enſemble , de l'éxemtion de tous droits ſeigneuriaux , pour les biens qu'ils acquerront , tenus ou mouvans du Roi , à cauſe de ſes domaines *dans l'étenduë du reſſort des cours , près deſquelles ils ſont établis ;* & généralement de tous les priviléges portés par l'édit de 1672. Déclaration de 1673. Edit de 1690 , & déclaration du 22 Décembre 1691.

Par édit du mois de Janvier 1703 , le nombre des ofices des ſecrétaires du Roi , dans les chancelleries près les cours , fut augmenté.

Et par autre édit du mois de Février 1703 , le nombre deſdits ſecrétaires fut fixé ; S. M. ordonna que , ceux qui ſeroient pourvûs des ofices d'audienciers , contrôleurs & ſecrétaires près les cours , & qui les aïant éxercés vingt ans , (*) ou en ſe-

---

(*) Il faut des lettres de vétérance pour continuer de jouïr des Privilèges.

roient morts revêtus , jouïroient, eux & leurs enfans nés & à naitre , ainsi que leurs veuves , pendant leur viduité , de la noblesse & des honneurs, franchises, immunités , priviléges & éxemtions, dont jouïssent les secrétaires du Roi, maison, couronne de France , & de ses finances ; lesquels, en tant que besoin est ou seroit, leur sont attribués par le présent édit.

Le titre & les fonctions de garde-scel, qui étoient unis aux ofices de conseillers des cours , furent désunis, par édit du mois d'Octobre 1704 , & il fut créé des ofices de gardes des sceaux desdites chancelleries , auxquels S. M. attribua la noblesse & les autres priviléges , portés par l'édit du mois de Février 1703.

Par édit du mois de Septembre 1705 , il fut créé deux ofices de secrétaires du Roi, en chaque cour supérieure ; & ordonné que les gréfiers en chef , qui auroient levé lesdits ofices, feroient réputés nobles, & éxemts de tous droits seigneuriaux , en vendant, ou en achetant, même par échange, dans les mouvances du Roi, du ressort desdites cours.

Edit du mois de Janvier 1706 , portant que les audienciers, contrôleurs & secrétaires des chancelleries, près les cours, créés par les édits des mois d'Octobre 1701, & Janvier 1703 , & dont le nombre a été fixé par celui du mois de Février 1703 , ne feront & composeront qu'un seul & même corps, avec ceux précédemment créés ; qu'ils jouïront de la noblesse, & des autres priviléges & éxemtions, comme les secrétaires de la grande chancellerie ; qu'ils jouïront de l'éxemtion de tous profits de fiefs, droits & devoirs seigneuriaux & féodaux , tant en achetant qu'en vendant , même dans le cas d'échanges , dans l'étenduë des domaines du Roi, soit qu'ils soient régis par les fermiers, aliénés, échangés, ou donnés en apanage antérieurement à la création desdits ofices, le tout dans le ressort de la chancellerie de leur établissement seulement.

Par édit du mois de Juin 1715 , le Roi fit une réforme dans ces diférens ofices : il suprima les gardes des sceaux, gardes-scels, secrétaires-audienciers, secrétaires-contrôleurs , & secrétaires-maison-couronne de France, dans les chancelleries établies près les cours , & dans les chancelleries présidiales ; par les articles 2 & 3 , S. M. fit une nouvelle création , & fixa le nombre des oficiers desdites chancelleries. Et par l'art. 16 , elle ordonna que ceux qui feront pourvûs des ofices de garde des sceaux, audienciers, contrôleurs & secrétaires des chancelleries près les cours , conseils supérieurs & provinciaux , feroient maintenus & confirmés dans le privilége de noblesse au premier dégré , encore qu'elle n'eût pas été attribuée à tous lesdits oficiers , par leurs édits de création ; pourvû qu'ils servent vingt ans , ou qu'ils décédent revêtus desdits ofices : ils furent aussi déclarés éxemts de tous droits seigneuriaux , pour les acquisitions de terres, par eux faites ou à faire , dans l'étenduë des domaines du Roi, situés dans le ressort des cours & conseils , près lesquels sont établies les chancelleries dont ils sont oficiers. Enfin , par l'art. 21 , il fut ordonné que les oficiers suprimés , qui ne païeroient pas le suplément de finance , pour être pourvûs des nouveaux ofices , feroient déchus du privilége de la noblesse , s'ils n'avoient pas éxercé pendant vingt ans accomplis ; & qu'ils païeroient les droits seigneuriaux , pour les acquisitions par eux faites dans le domaine du Roi, s'ils n'avoient pas possédé leurs charges pendant dix ans , suivant l'édit du mois d'Avril 1672.

Ces oficiers furent maintenus dans la noblesse au premier dégré , par l'article 2 de l'édit du mois d'Août 1715 ; mais par l'article 9 , de celui du mois de Décembre de la même année , il fut ordonné que l'extinction de la noblesse & des autres priviléges , auroit lieu à l'égard des oficiers desdites chancelleries, qui n'auroient pas fait, avant le 1er Février 1716 , leur soumission de

païer le suplément de finance, ordonné par
l'édit du mois de Juin. Par l'art. 11, le Roi
confirma ceux qui païeroient cette finance,
dans tous les droits & priviléges, portés
par l'édit du mois de Juin 1715, & par
ceux de 1672, 1701, 1703, 1706 &
autres. Enfin, il fut ordonné par l'art. 12,
que ceux defdits oficiers qui ne réfideront
pas dans le reffort de la cour, ou confeil;
près lequel la chancellerie, dont ils font
oficiers, eft établie, jouïront dans le lieu
de leur demeure, de toutes éxemtions &
priviléges perfonnels, attachés à la nobleffe
& à leurs ofices, fans qu'ils puiffent jouïr
de l'éxemtion des droits feigneuriaux, pour
les acquifitions qu'ils feront hors de l'étenduë de la chancellerie dont ils font oficiers.

Par la déclaration du Roi, du 20 Mars
1717, art. 1, S. M. a ordonné que les
veuves, enfans & defcendans des pourvûs
des ofices de fecrétaires du Roi, créés tant
dans les cours, que dans les chancelleries
près d'icelles, & près des fiéges préfidiaux,
depuis 1689, dont la première finance eft
au-deffous de 10000 liv. encore que les
titulaires foient décédés revêtus defdits
ofices, ou qu'après les avoir poffédés vingt
ans, ils aïent obtenu des lettres de vétérans, demeureront déchus du privilége de
nobleffe à eux attribués, que S. M. a révoqués; dans laquelle révocation, font pareillement compris les titulaires defdits ofices
créés depuis 1689, dont la première finance
eft au deffous de 10000 liv. qui pouroient
avoir obtenu des lettres de vétérans. L'article 2 excepte ceux qui acquerront les
ofices créés par l'édit du mois de Juin 1715;
& l'art. 5 confirme les pourvûs des ofices
créés, en 1715, dans tous les priviléges
& éxemtions attribués à leurfdits ofices.

Par édit du mois de Juillet 1724, article 12, le Roi révoqua la nobleffe au premier dégré, accordée à tous lefdits oficiers
des chancelleries près les cours & confeils
fupérieurs & provinciaux, & aux gardes-
fcels des chancelleries préfidiales, ainfi que

l'éxemtion des droits de lods & ventes,
& autres droits feigneuriaux, par quelques
édits que ces priviléges & éxemtions leur
euffent été accordés; il fut néanmoins ordonné par l'art. 13, que lorfque lefdits ofices auroient été éxercés & remplis de père
en fils, fucceffivement & fans interruption
pendant foixante années, le titulaire, dans
la perfonne duquel les 60 années de fervice
de père en fils, fe trouveroient accomplies
& révoluës, feroit cenfé & réputé noble,
& qu'il tranfmettroit la nobleffe à fa poftérité. Mais ces oficiers qui fe voïoient dé-
gradés, firent des offres d'une augmentation de 1680000 liv. fans nouveaux gages,
& ces offres furent acceptées.

Édit du mois de Décembre 1727, qui,
en conféquence defdites offres, rétablit les
confeillers-gardes des fceaux, fecrétaires-
audienciers, fecrétaires-contrôleurs, & les
fecrétaires créés par l'édit du mois de Juin
1715, dans les chancelleries établies près
les cours, confeils fupérieurs & provinciaux
du roïaume, enfemble les païeurs des gages
des oficiers defdites chancelleries, créés par
édit du mois de Novembre 1707, dans le
privilége de la *nobleffe au premier dégré*, &
dans l'*éxemtion* des droits de lods & ventes, & autres *droits feigneuriaux pour les
acquifitions* des terres & héritages, par
eux faites, ou qu'ils feront dans l'étenduë
des domaines du Roi, fitués *dans le reffort
des cours & confeils, près lefquels font
établies les chancelleries dont ils font
oficiers*; ordonne que les vingt années néceffaires à chacun defdits oficiers, pour
obtenir des lettres d'honneur & de vétérance, leur foient comptées du jour de leur
réception; & qu'ils jouïront, eux, leurs
veuves & enfans nés & à naître en légitime
mariage, de tous les priviléges, avantages,
droits & prérogatives à eux attribués, notamment par l'édit du mois de Juin 1715,
ainfi & de la même manière qu'ils en jouïffoient, & avoient droit d'en jouïr, avant
l'édit de 1724, les y maintenant & confirmant

mant, fans que cette confirmation puifſe paſſer pour nouvelle conceſſion ; ordonne auſſi que les veuves, enfans, & deſcendans de ceux deſdits oficiers qui font décédés, depuis l'édit du mois de Juillet 1724, jouïront des mêmes priviléges de nobleſſe, & de tous les autres priviléges & avantages dont ils avoient droit de jouïr, avant ledit édit, fans que l'interruption cauſée par la révocation portée par icelui, leur puiſſe nuire ni préjudicier.

Lors de la demande qui leur fut faite en 1743, d'une augmentation de finance, ils réclamèrent les mêmes priviléges & conceſſions que les ſecrétaires du Roi de la grande chancellerie; mais on n'y eût point d'égard; il fut donné, au mois de Décembre 1743, deux édits pour la grande chancellerie ; & dans le même tems, un troifième pour les chancelleries établies près les cours, qui difère abſolument des deux autres.

L'édit du mois de Décembre 1743, concernant les petites chancelleries, comprend les gardes des ſceaux, les audienciers, les contrôleurs, les ſecrétaires & les païeurs des gages des chancelleries établies près les cours, conſeils ſupérieurs & provinciaux du roïaume ; l'article 4 confirme tous leſdits oficiers, dans le privilége de la nobleſſe au premier dégré, & dans l'*éxemtion des droits ſeigneuriaux pour les acquiſitions* par eux faites, & celles qu'ils pouront faire *dans le reſſort des cours*, & conſeils ſupérieurs & provinciaux, près deſquels font établies les chancelleries, dont ils font oficiers.

Tous ces oficiers ne jouïſſent donc de l'éxemtion des droits ſeigneuriaux, que pour leurs acquiſitions ſeulement, en conformité des édits de 1727 & 1743. Ils ne peuvent invoquer aucuns titres antérieurs, parce qu'ils font révoqués.

La finance des ofices des chancelleries près les cours, a été fixée par édit du mois d'Octobre 1755, qui confirme les titulaires dans leurs priviléges, à la char-

Tome I.

ge toutefois de païer le ſuplément de finance, dont ils ſe trouveront redevables, en conſéquence de cet édit.

La même choſe a été ordonnée à l'égard des ſecrétaires, audienciers & contrôleurs en la *chancellerie près le parlement de Paris*, par déclaration du 18 Mai 1756. Ils font confirmés par l'article 5 dans la diſtinction de former un corps diſtinct & ſéparé des autres chancelleries, & dans tous leurs priviléges, nommément de l'éxemtion de tous profits de fief, quints & requints, droits de lods & ventes, & autres droits ſeigneuriaux & féodaux, de quelque nature qu'ils ſoient, & dûs au Roi, tant à cauſe de ſa couronne, qu'à cauſe de ſes domaines particuliers, & ce, dans l'étenduë de toutes coûtumes indiféremment, terres, ſeigneuries & domaines apartenans à S. M. pourvû toutefois qu'il n'y ait dol ni fraude.

Par édit du mois d'Août 1758, il a été attribué une augmentation de gages aux oficiers des grandes & petites chancelleries, avec clauſe que, faute de ſatisfaire au païement de la finance, ils demeureroient déchus de tous priviléges & immunités.

Quoique les oficiers des chancelleries, près les cours, dénommés dans les édits de 1727 & 1743, jouïſſent de l'éxemtion des droits ſeigneuriaux, dans les cas qui y font exprimés, ils peuvent néanmoins devoir, en tout ou partie, les attributions des oficiers du domaine dans leſdits droits; cela dépend du tems de la création du corps entier de la chancellerie. Si cette création eſt antérieure à 1685, il ne ſera rien dû ; mais ſi elle eſt poſtérieure à cette époque, leſdites attributions doivent être païées dans la proportion expliquée, verb. *Caſuels*, §. 3. page 371.

2. Comme il n'y a que les oficiers dénommés dans les édits & déclarations du Roi règnant, qui, au moïen des finances par eux païées, puiſſent prétendre les éxemtions & les priviléges qui y font ex-

E ee

primés , il s'enfuit que les *référendaires* , les *receveurs* des émolumens du fceau , les *chauffe-cire* , les *fcelleurs* & autres oficiers defdites chancelleries non dénommés dans les édits de 1727 & 1743 , & dans la déclaration de 18 Mai 1756 , ne peuvent prétendre , ni la nobleffe , ni l'éxemtion des droits feigneuriaux , fur le fondement de précédens titres.

C'eft même ce qui eft établi , par la déclaration du Roi du 20 Mars 1717 , l'article 4 maintient les référendaires , clercs , commis & receveurs des émolumens du fceau , chauffe-cire , fcelleurs & huiffiers des chancelleries , établies depuis 1689 , dans tous les droits , priviléges & éxemtions dont jouïffent & ont droit de jouïr les pourvûs de pareils ofices , dans les autres chancelleries créées avant 1689 , attendu que ces priviléges ne font point dans le cas de la révocation ordonnée , par l'édit du mois d'Août 1715 ; il en réfulte donc que lefdits priviléges n'ont aucun trait à la nobleffe ; d'autant plus que la nobleffe étoit le principal objet de l'édit de 1715 , & que la déclaration de 1717 ne l'a même confervée qu'aux gardes des fceaux , aux audienciers , aux contrôleurs & aux fecrétaires defdites chancelleries , dont la première finance étoit au moins de 10000 liv. & qu'enfin les édits & déclarations rendus poftérieurement , n'accordent ces priviléges , qu'à ces mêmes oficiers qui y font dénommés , & en conféquence des finances par eux païées , fans faire nulle mention defdits référendaires , receveurs , chauffe-cire , & fcelleurs ; qui , par conféquent , ne peuvent nullement s'en prévaloir.

Par arrêt du confeil du 30 Août 1723 , le fieur Prevoft de la Grandière , *référendaire* en la chancellerie , près le parlement de Roüen , a été condamné au païement du droit de franc-fiefs.

Décifion du confeil du 15 Juillet 1727 , qui condamne pareillement la dame de Gavonne , veuve d'un *référendaire* en la

chancellerie près le parlement de Bordeaux, au païement du droit de franc-fiefs.

Arrêt femblable du 3 Juillet 1731 , contre le fieur Duclos de la Monnerie , *référendaire* en la chancellerie , près le parlement de Bretagne ; & décifion du confeil du 7 Septembre 1739 , qui déboute les autres *référendaires* en la même chancellerie , de leur opofition audit arrêt.

Décifion du confeil du 25 Avril 1754 , qui confirme une ordonnance de M. l'intendant de Limoges , par laquelle le fieur Arnaud de la Gorée , *receveur des émolumens du fceau* de la chancellerie établie près le parlement de Bordeaux , a été condamné au païement du droit de franc-fiefs.

De ces jugemens , rendus contre les référendaires & receveurs , l'on doit conclure , à plus forte raifon , contre les chauffe-cire , fcelleurs & autres oficiers fubalternes.

3. Il a été jugé que ceux des oficiers defdites chancelleries qui ont le privilége de la nobleffe , jouïffent , comme les fecrétaires du Roi du grand collége , de *l'éxemtion du droit de franc-fiefs , avec éfet rétroactif ;* c'eft-à-dire , que , dès qu'ils font reçûs , ils font éxemts de ce droit , non - feulement pour l'avenir , comme nobles , mais encore pour ce qu'ils pouvoient devoir avant leur réception. Ils fe font fondés fur l'art. 20 de l'édit du mois de Mars 1704 , qui ne concerne uniquement que les fecrétaires du Roi de la grande chancellerie ; & , quoique les oficiers des chancelleries établies près les cours n'aïent aucun titre fubfiftant , pour prétendre les mêmes priviléges que ceux de la chancellerie de France , ils fe font prévalus de la claufe générale inférée dans leurs édits de 1701 & 1703 , & ils ont réuffi à obtenir des décifions & arrêts , qui feroient refufés à tous autres annoblis quelconques.

Décifion du confeil du 8 Septembre 1726 , en faveur du fieur de Manneville , pourvû en 1725, d'un ofice de fecrétaire du Roi en la chancellerie, près la cour des aides de Clermont-Ferrand.

Décifion du 19 Septembre 1728, obtenuë par le fieur Chaillon-Duclos, fecrétaire du Roi en la chancellerie, près le parlement de Bretagne.

Autres décifions du 1er Juillet 1731, en faveur du fieur Benoît Mauguel, fecrétaire du Roi en la chancellerie, près le confeil fupérieur d'Alface, & du fieur Legrand de Martigny, pourvû en 1730, auquel on demandoit le droit de franc-fiefs d'une terre par lui acquife en 1717.

Arrêt du confeil, du 17 Juillet 1731, en faveur du fieur Guittau, fecrétaire du Roi en la chancellerie, près la cour des monnoïes de Lyon.

4. Par arrêt du confeil du 18 Juin 1718, les enfans du Sr de Regnouval, mort revêtu d'un ofice de notaire-fecrétaire près le grand confeil, créé avant 1689, ont été déchargés du droit de franc-fiefs. *Nota.* Il fera parlé ci-après des notaires-fecrétaires près les cours. Voïez *Notaires & Parlemens.*

Par autre arrêt du confeil du 5 Septembre 1730, le fieur Teffier a été déchargé du droit de franc-fiefs, attendu que fon père avoit été pourvû en 1703, d'un ofice de fecrétaire du Roi en la chancellerie, près la cour des aides de Montauban, créé en 1701, dont la finance étoit de 10000 liv. & duquel il eft décédé revêtu, avant la révocation de la nobleffe au premier dégré.

Autre arrêt du confeil du 26 Février 1737, en faveur du fieur Viéville de Prefles, dont le père avoit été pourvû en 1716, d'un ofice de fecrétaire du Roi en la chancellerie, près le parlement de Metz; il en eft décédé revêtu en 1720; & le fils a été déchargé du droit de franc-fiefs, attendu que la nobleffe lui étoit acquife par la mort du père, arrivée antérieurement à l'édit de 1724.

Autre arrêt du confeil du 24 Janvier 1748, en faveur de la dame Desfarges & de fes enfans. L'aïeul avoit été pourvû en 1718, d'un ofice de fecrétaire du Roi, près le parlement de Navarre, dont la finance étoit de 20000 liv. & il en eft décédé revêtu en 1721.

5. Enfin, à l'égard des autres droits, dont les oficiers des chancelleries établies près les cours, pouroient prétendre l'éxemtion. Voïez *Secrétaires du Roi.*

CHANCELLERIES *préfidiales*, font celles qui font établies près les fiéges préfidiaux.

Les oficiers de ces chancelleries furent compris dans la difpofition de l'édit du mois de Juillet 1690, pour la nobleffe & les autres priviléges, comme les oficiers des chancelleries établies près les cours. Ces priviléges aïant été révoqués en 1698, la nobleffe au premier dégré & l'éxemtion des droits feigneuriaux dûs au Roi, furent attribués de nouveau auxdits oficiers, par édit du mois d'Octobre 1701.

Le nombre des oficiers des chancelleries préfidiales, fut augmenté par édits des mois de Novembre 1704, & Novembre 1707, pour les chancelleries préfidiales des villes où il n'y a point de parlement; & ce dernier édit leur accorda les mêmes priviléges de nobleffe, éxemtions de droits cafuels, & autres prérogatives dont jouïffoient les fecrétaires des chancelleries établies près les cours.

Par l'édit du mois de Juin 1715, les ofices defdites chancelleries furent fuprimées; il en fut créé de nouveaux; le privilége de nobleffe au premier dégré, fut attribué aux gardes-fcels defdites chancelleries, en confidération de l'honneur qu'ils reçoivent, d'être dépofitaires du fceau; mais la nobleffe fut révoquée, fans retour, aux autres oficiers de ces chancelleries; l'éxemtion des droits feigneuriaux fut auffi révoquée, tant à l'égard des gardes-fcels, que des autres oficiers.

E e e ij

La déclaration du 20 Mars 1717, raportée à l'article des chancelleries près les cours, fit la diſtinction des ofices créés depuis 1689, dont la première finance étoit au-deſſous de 10000 liv.

Par l'édit du mois de Juillet 1724, le Roi révoqua la nobleſſe au premier dégré, accordée aux gardes-ſcels des chancelleries préſidiales, & réduiſit ces oficiers à la nobleſſe graduelle.

Enfin, par l'édit du mois de Décembre 1727, tous les ofices de garde-ſcel, audienciers, contrôleurs & ſecrétaires, créés par l'édit du mois de Juin 1715, dans chaque chancellerie préſidiale, furent ſuprimés; S. M. ordonna qu'il ſeroit pourvû à leur rembourſement, & qu'à ce moïen, les fonctions du ſceau dans leſdites chancelleries préſidiales, ſeroient faites; ſçavoir, la garde du ſceau, par le doïen des conſeillers, ou autre qui ſeroit commis par M. le garde des ſceaux de France; & à l'égard des fonctions d'audienciers, de contrôleurs & de ſecrétaires, par les gréfiers des apeaux des préſidiaux, en l'abſence des ſecrétaires des chancelleries près les cours.

Les deſcendans des gardes-ſcels, audienciers, contrôleurs & ſecrétaires des chancelleries préſidiales, dont les ofices ont été créés avant 1689, ou même poſtérieurement, pourvû qu'à l'égard de ces derniers, la finance première fût au moins de dix mille livres, ſont nobles, ſi le titulaire eſt décédé revêtu, ou s'il a obtenu des lettres de vétérance avant la révocation de la nobleſſe.

Arrêt du conſeil du 14 Mai 1737, en faveur du ſieur de Frechencourt, conſeiller-garde-ſcel en la chancellerie préſidiale d'Amiens, créée avant 1689; il avoit été pourvû en 1694, & avoit obtenu des lettres de vétérance, le 1er Octobre 1715.

CHAPITRES, communautés d'eccléſiaſtiques, qui deſſervent une égliſe cathédrale ou collégiale.

Il a été traité ci-devant des actes capitulaires, concernant le ſpirituel & la police intérieure, & de ceux qui concernent l'adminiſtration extérieure & temporelle. Voïez *Actes capitulaires*, pag. 18.

Il a été parlé auſſi des actes eccléſiaſtiques, de toute eſpèce. Voïez *Actes eccléſiaſtiques*, p. 22.

Il reſte à parler ſous ce titre, des diférens droits qui peuvent être dûs, à cauſe des maiſons canoniales; c'eſt-à-dire, de celles qui apartiennent à un chapitre, & qui ſont deſtinées au logement des chanoines, comme faiſant l'objet ou partie de leur prébende.

§. 1. *Du droit d'amortiſſement des maiſons canoniales.*

Par la ſeptième déciſion du conſeil roïal, ſur le recouvrement de 1689, il fut jugé qu'il n'eſt dû, ni amortiſſement, ni droit de nouvel-acquêt pour les bâtimens & autres augmentations faites par les chanoines dans les maiſons qu'ils occupent *actuellement*, à titre d'uſufruit, & qui apartiennent en propriété au chapitre.

Ainſi, les reconſtructions & augmentations faites à une maiſon canoniale, actuellement occupée par un chanoine, ne donnent ouverture à aucun droit d'amortiſſement, parce que la maiſon n'étant pas loüée, & ſervant à ſa deſtination naturelle, les augmentations ne produiſent point de revenu au chapitre.

Mais, ſi la maiſon eſt loüée à un particulier, le droit d'amortiſſement eſt dû pour raiſon des reconſtructions de bâtimens & augmentations, conformément aux principes établis, Verb. *Amortiſſement*, §. 7. page 166; & ci-après, Verb. *Conſtructions*.

Les maiſons canoniales forment la manſe d'un chapitre; & indépendamment du partage de ces maiſons entre les membres du chapitre, qui en ſont les uſufruitiers, la manfe refte entière & bénéficie des augmentations de revenu que procurent les nouvelles conftructions.

Décifion du confeil du 12 Novembre 1749, par laquelle, faifant droit fur un renvoi porté par ordonnance de M. l'intendant de Roüen, les doïen, chanoines & chapitre de l'églife métropolitaine de Roüen, ont été condamnés à païer le droit d'amortiffement d'une maifon canoniale, reconftruite en 1735. Elle avoit été loüée 260 liv. en 1726, par un chanoine; celui auquel elle échût enfuite, la fit reconftruire en 1735. Après quoi, elle fut loüée 450 liv. par fon fucceffeur en 1742.

Autre décifion du confeil du 28 Décembre 1751, contre les doïen, chanoines & chapitre roïal de faint Martin d'Angers. Le fermier leur aïant demandé le droit d'amortiffement de conftructions faites à deux maifons canoniales, ils ont dit qu'il n'avoit été fait que des réparations; M. l'intendant de Tours a renvoïé la queftion au confeil, qui a ordonné une vifite d'experts. Il s'eft trouvé que l'une des maifons, apartenante au doïen pour fon habitation, & par lui loüée lorfqu'il eft devenu fupérieur d'un féminaire où il habite, a été reconftruite; & que l'autre, fervant au logement du bourfier ou receveur du chapitre, a été feulement réparée. Le chapitre a opofé qu'une location momentannée par l'ufufruitier, auquel apartiennent les revenus, ne changeoit pas la deftination d'une maifon canoniale, & ne pouvoit donner lieu au droit d'amortiffement. La décifion juge que le droit eft dû pour la première maifon, eû égard à l'augmentation de loïer que la nouvelle reconftruction doit produire; & qu'il n'eft rien dû pour l'autre, attendu que les réparations qui y ont été faites, ne peuvent en augmenter le revenu fuivant le raport des experts.

Par arrêt du confeil du 1er Mai 1753,

il a pareillement été jugé que le droit d'amortiffement eft dû pour les conftructions & reconftructions de bâtimens, apartenans à l'ordre de Malthe, dont les chevaliers de l'ordre, ufufruitiers, tirent une augmentation de revenu. Voïez *Ordre de Malthe.*

§. 2. *Du droit de* centième denier *des maifons canoniales.*

Par arrêt du confeil du 24 Février 1711, le fieur Rabette, doïen du chapitre de l'églife collégiale de faint Sauveur de Metz, fut condamné à faire infinuer & à païer le droit de centième denier de l'adjudication à lui faite par le chapitre, d'une maifon canoniale, pour en joüir pendant fa vie, moïennant 3000 liv. dont la moitié du prix apartiendroit après fa mort à fes héritiers, & l'autre moitié au chapitre; & cela, parce qu'il ne s'agiffoit pas d'une fimple deftination de la maifon pour fon logement, mais d'une acquifition à vie, faite à prix d'argent.

Sur l'opofition à cet arrêt, formée par les chanoines des chapitres de Metz, Toul & Verdun, il a été rendu un autre arrêt, le 2 Mai 1713, par lequel les adjudications.(*) qui ont été ou feront faites des maifons canoniales dans l'intérieur defdits chapitres de Metz, Toul & Verdun, ont été déchargées de tous droits d'infinuation & centième denier; & en conféquence, il a été ordonné que les fommes païées, en vertu de l'arrêt de 1711, feront reftituées.

Il eft néanmoins ordonné par ledit arrêt, du 2 Mai 1713, que tous contrats de vente, démiffions & abandonnemens, qui ont été ou feront faits à l'avenir, des maifons canoniales dépendantes des chapitres de Metz, Toul & Verdun, foit entre chanoines, ou entre laïques; ou entre chanoines & laïques, feront infinués, & les droits de centième denier païés, comme pour les con-

---

(*) C'eft-à-dire, les adjudications faites par le chapitre en corps, à l'un des chanoines.

trats de vente à vie , conformément à la déclaration du 20 Mars 1708.

Décifion du confeil du 6 Février 1723 , qui juge que les droits de contrôle & de centième denier font dûs , comme d'un bail à vie , pour un acte capitulaire , par lequel le chapitre d'Autun abandonne à un chanoine , la jouïffance d'une terre , pour lui tenir lieu d'une portion de fa prébende canoniale.

Par décifion du confeil du 20 Mars 1723, il a été jugé que les échanges des maifons canoniales entre chanoines , font éxemts du droit de centième denier.

Décifion du 11 Mars 1726 , qui juge que le demi-droit de centième denier eft dû d'une maifon canoniale , léguée par un chanoine au chapitre de Meaux , attendu que fuivant un règlement de M. l'évêque , les chanoines peuvent vendre & céder leur maifon canoniale , pour la première fois , à un chanoine.

Par autre décifion du 19 Août 1728 , il a été jugé que l'adjudication faite par le chapitre , d'une maifon canoniale à un chanoine de Bray-fur-Seine, pour en jouïr tant qu'il fera chanoine , n'eft pas fujéte au droit de centième denier.

Il eft certain que la défignation pure & fimple , faite par le chapitre à un chanoine , d'une maifon canoniale , pour en jouïr tant qu'il fera chanoine , ne peut être fujéte à aucun droit de 100me d. en quelque forme qu'elle foit faite , par acte capitulaire , par adjudication ou autrement ; parce qu'il n'y a en cela , aucune aliénation , la véritable deftination de ces maifons étant de fervir au logement des chanoines ; mais , fi le chanoine qui a droit de jouïr de la maifon , en difpofe en faveur d'une autre perfonne , même d'un chanoine , autrement que par un fimple bail à loïer ; c'eft-à-dire , en cédant la jouïffance qui lui apartient , par un bail à vie , ou par une vente à vie , le demi-droit de centième denier en fera inconteftablement dû , conformément à l'arrêt du 2 Mai 1713.

CHARGES *& ofices ;* quoiqu'on donne communément & indiftinctement, le nom de charges à toutes fortes d'ofices , parce qu'en éfet , tout ofice eft une charge ; il ne faut pas confondre le fens de ces mots : car , comme remarque M. Domat , liv. 2 , du Dr. Pub. tit. 1 , fect. 1 , n. 1 , le mot de charge , eft un nom général , qui , outre les offices , comprend diférens autres emplois , diftingués des offices , en ce qu'on éxerce ces autres emplois ou charges fans provifions , & feulement pour un tems ; au lieu que pour les ofices , il faut des lettres du prince , qui en affurent le titre aux oficiers pendant leur vie , à moins qu'ils ne s'en rendent indignes , ou qu'ils ne s'en dépoüillent volontairement ; ainfi les charges des parlemens & des autres compagnies fupérieures & celles des préfidiaux , bailliages & fénéchauffées , font des ofices ; ainfi les charges d'échevins & confuls , les autres charges municipales qui ne font pas érigées en titre d'ofice , & celles des juges & confuls des marchands , ne font pas des ofices ; ceux qui y font apellés ne les éxercent que pour un tems fans autre titre que leur élection. De forte qu'il faut diftinguer les charges qui font en titre d'ofice , & qui donnent à ceux qui les éxercent , la qualité d'oficiers , & celles qui , fans cette qualité , donnent le droit d'éxercer quelque fonction publique , de juftice ou autre.

Il fera parlé des priviléges attachés aux charges municipales , à l'article *Maire & Echevins.*

Quant à ce qui concerne les ofices , relativement à l'objet que nous traitons. Voïez *Ofices ; Procurations ad refignandum , & Traités d'ofices.*

CHARGES *foncières & autres* de toute nature , dûes fur les biens d'une fucceffion , ou fur une chofe mobiliaire ou immobiliaire , telles que les rentes de toute efpèce & les dettes dont une hérédité eft chargée.

Comment doit-on èn ufer pour règler les droits dûs aux mutations des biens fur lefquels ces charges font dûës ? L'on peut voir les dénominations particulières de ces mutations, & autres titres, tels que *baux de toute efpèce, licitations, partages,* &c.

Nous établirons fèulement ici, quelle eft la jurifprudence du confeil, à l'égard des acquifitions, donations & fucceffions.

§. 1. *Des acquifitions.*

Les lods & ventes des acquifitions d'immeubles, ne font dûs que fur le prix & fur le montant des charges réduétibles en argent, impofées à l'acquéreur. Voïez *Lods* & *Prix.*

Mais, les droits de contrôle & de centième denier de ces acquifitions, font dûs, tant fur le prix ftipulé païable au vendeur, ou en fon acquit, que fur toutes les charges de quelque nature qu'elles foient, dont les biens font grévés ; à la feule éxception de celles, tellement inhérentes au fonds vendu, qu'elles foient indépèndantes de toute ftipulation ; en forte que, pour la liquidation de ces droits, il faut joindre au prix convenu, le capital de toutes les charges impofées à l'acquéreur, à l'éxception fèulement du cens, qui eft toujours à la charge du détenteur, quand bien même il n'en auroit pas été chargé par fon titre ; telle eft la jurifprudence du confeil.

Décifion du confeil du 3 Août 1715, art. 8, qui juge qu'on ne doit pas joindre le montant du cens au prix, pour percevoir le droit de centième denier.

Autre du 10 Septembre 1721, qui condamne le fieur Defmayets à païer le centième denier d'une acquifition, tant fur le prix que fur le capital des rentes foncières dûës fur les biens.

Autre du 29 Décembre 1724, contre M. le comte de Moncau, qui juge que le droit de centième denier eft dû, tant du prix de l'acquifition, que des rentes, même non rachetables, dûes fur les fonds. Cette décifion porte que tout ce que l'acquéreur doit païer à la décharge du vendeur, fait partie du prix, & que le centième denier eft dû fur le total.

Décifion du 11 Juillet 1725, qui juge qu'en acquifitions, les charges réelles & foncières doivent être jointes au prix.

Autre du 17 Juin 1728, qui juge que pour l'acquifition d'une loge à la foire faint Germain à Paris, chargée d'une rente foncière à l'abbaïe, le droit de centième denier eft dû fur le tout.

Autre décifion du 3 Juillet 1728, qui juge la même chofe pour l'acquifition de fonds chargés d'une rente amortie dûë à une chapelle.

Il eft vrai que le 11 Décembre 1728, il a été décidé en faveur de M. de Trudaine, & le 20 Avril 1735, en faveur des auguftins déchauffés de la forêt de faint Germain, que pour des acquifitions par eux faites moïennant un prix, & à la charge de païer des rentes foncières dûës à des gens de main-morte pour fondation, le droit de centième denier ne feroit perçû que fur le prix ; mais ces deux décifions, que l'on a diférentes fois opofées au fermier, n'ont pas empêché que depuis ce tems, le confeil n'ait conftamment jugé en conformité de fa jurifprudence, précédemment établie.

Décifion du 20 Septembre 1732, qui condamne la dame Tarade à païer le droit de centième denier du prix entier d'une adjudication à elle faite, quoiqu'elle en dût retenir partie, comme cérancière colloquée, & privilégiée en qualité de baillereffe des fonds.

Autre du premier Février 1735, qui condamne le nommé Verfognes à païer le centième denier de la valeur entière, des portions à lui cédées par fes copropriétaires, dans des biens qu'ils tenoient conjointement à titre de bail à rente foncière, à la charge par ledit Verfognes d'acquit-ter feul la rente, fans autre ftipulation.

Décifion du confeil du 31 Mai 1735, au fujet d'un bail à vie, fait par un abbé, à fes religieux, qui juge le droit dû fur toutes les charges.

Décifion du confeil du 13 Avril 1737, qui juge que pour une acquifition de biens chargés de rentes foncières, les droits font dûs fur le tout.

Autre du 29 Novembre 1738, contre Barthelemy Bize, acquéreur de biens, char-gés d'une rente foncière non-rachetable, dûë à la maifon de faint Lazare. Décidé que dans les acquifitions, les rentes fon-cières doivent être jointes au prix, & les droits perçus fur le tout.

Autre du 26 Septembre 1739, contre le fieur Terrier de la Coudre, acquéreur de quelques arpens de terre, moïennant 12 liv. & à la charge de païer une rente en grains, dûë au feigneur fur lefdits fonds. Décidé que les droits font dûs fur le tout.

Autre du 7 Août 1745, contre la dame de la Motte, ceffionnaire de biens en païe-ment de 16000 liv. & à la charge d'acqui-ter une rente foncière de 400 liv. dûë fur les biens. Décidé que les droits font dûs fur 24000 liv.

Décifion du 23 Décembre 1747, ren-dûë contradiétoirement avec les états de la province de Bretagne, qui juge que les rentes foncières, non-rachetables, dûës fur les biens vendus, contribuent comme les autres charges, à former le prix fur lequel les droits font dûs.

Autre du 7 Oétobre 1751, contre le fieur le Drean, acquéreur moïennant un prix, & à la charge d'acquiter une rente foncière dûë fur les biens. Décidé que les droits font dûs, tant fur le prix, que fur le capital de la rente.

Décifion du confeil du 31 Décembre 1751 fur mémoire de M. le Maréchal duc de Richelieu, qui avoit acquis la terre de Champigny, moïennant un prix, & à la char-ge d'acquiter des rentes foncières dûës à l'églife & autres charges. Décidé que les droits font dûs, tant fur le prix, que fur les charges dont l'acquéreur eft tenu.

Décifion du confeil du 22 Juillet 1754, fur l'art. 2 du mémoire des états de la pro-vince de Bretagne, qui demandoient qu'il fût ordonné, ou que, dans le cas de vente des héritages chargés de rentes foncières, les droits de contrôle & de centième de-nier, ne feroient perçus que fur le pié du prix porté aux contrats, fans y ajoûter le capital des rentes foncières; ou que, dans le cas de la vente defdites rentes, il n'y au-roit point ouverture au droit de centième denier. La décifion porte que *l'efpèce propofée par les états, a été décidée avec eux, en 1747, fur leur mémoire. La ju-rifprudence conftante du confeil, à cet égard, eft qu'un bien vendu 4000 liv. & en outre à la charge de païer une rente fon-cière de 200 liv. doit le centième denier fur le pié de 8000 liv. parce que c'eft fa véritable valeur. La vente des rentes eft auffi fujéte au centième denier, parce qu'elles font exprimées dans l'art. 6 de la déclaration du 20 Mars 1708, & que d'ailleurs, étant comprifes fous le mot gé-nérique d'immeubles, les mutations qui s'en font par vente, donnent ouverture au droit.*

Voïez encore *Prix.*

§. 2. *Des donations.*

L'on doit fuivre, pour la perception des droits de contrôle & de centième denier des donations, démiffions, & au-tres aétes tranflatifs de propriété d'im-meubles à titre gratuit, la même règle établie dans la divifion fuivante à l'égard des fucceffions; c'eft-à-dire, que les droits de ces aétes font dûs fur la valeur entière des biens, fans autre déduétion que des rentes foncières non rachetables dûës fur lefdits biens.

Décifion

Décifion du confeil du 30 Avril 1725, fur le mémoire de M. le marquis de Durfort, donataire, qui juge qu'il doit païer le centième denier des biens donnés fur le pié de leur valeur, juftifiée par les baux, à la déduction des rentes foncières.

Autre du 25 Novembre 1728, qui condamne le Sr Pierre Davolée, donataire, à païer le centième denier fur la valeur des biens, fans déduction des charges impofées, & de la penfion retenuë par le donateur.

Autre du 30 Avril 1729, portant que pour les donations & les fucceffions, le droit eft dû fur la valeur juftifiée par les baux, à la feule déduction des charges & rentes foncières.

Décifion du 11 Août 1731, contre M. le comte de Pouts, donataire en ligne directe, qui juge qu'il doit païer le droit de centième denier, fans diftraction des rentes viagères, ni des jouïffances retenuës.

Autre du 25 Juin 1734, contre Nicolas & Jean Boucot, donataires; portant que les rentes conftituées, & les dettes hipotéquées fur les immeubles, ne doivent pas être diftraites, mais feulement les rentes foncières, en juftifiant de leur qualité.

Autre du 29 Décembre 1734, qui juge la même chofe, fans diftraction de dettes & rentes viagères.

Autre décifion du 15 Janvier 1756, au fujet d'une donation faite par les dames de Lure, au fieur Marcé, du droit d'emphytéofe, pour 63 ans, d'une maifon, à la charge de païer 1100 liv. de rente aux religieufes du Temple; 700 liv. de rente viagère aux donatrices, & de païer, en leur acquit, une fomme de 7266 liv. Le fermier demandoit le droit fur le pié de 36266 liv. & le donataire foûtenoit qu'il n'étoit dû que fur 25266 liv. prétendant que la redevance emphytéotique de 1100 liv. devoit être feulement

évaluée à raifon du denier dix. Décidé que le droit eft dû fur le pié du denier vingt de cette rente, & en outre fur les autres charges.

Voïez encore *Donations.*

§. 3. *Des fucceffions.*

Les droits de centième denier, dûs pour les mutations à titre fucceffif, en ligne collatérale, *ab inteftat*, ou en vertu de teftament, doivent être païés fur la valeur des biens, fans aucune déduction d'ufufruit, dettes, ni autres charges quelconques, fi ce n'eft feulement des rentes foncières non rachetables, en juftifiant, par l'héritier, de l'éxiftence & de la nature de ces rentes par titres.

Arrêt du confeil du 11 Février 1710, contre le fieur Delaheufe & la demoifelle Voifin, qui demandoient une diftraction de la *légitime* de ladite demoifelle, fur des biens fitués en Normandie, provenans de la fucceffion du fieur Voifin; portant qu'ils païeront le droit de centième denier de la valeur defdits biens.

Autre arrêt du confeil du 2 Octobre 1714, contre M. l'évêque de Metz, héritier bénéficiaire de M. le duc de Coaflin. Il difoit que les biens étoient chargés de *dettes*, & qu'après les avoir acquitées, il ne lui refteroit rien.

Arrêt du confeil en règlement, du 15 Septembre 1722, portant que le droit de centième denier dû par les héritiers en ligne collatérale, fera païé fur la jufte valeur des biens.

Décifions du confeil des 31 Janvier & & 31 Octobre 1724, qui condamnent des héritiers à païer les droits de centième denier fur la valeur de tous les biens, fans diftraction des dettes & charges de l'hérédité, des droits de la veuve, ni des legs particuliers.

Autres des 15 & 25 Juillet, 12 Août & 13 Octobre 1725, qui jugent que l'on ne peut admettre aucune diftraction fur les biens échus à titre fucceffif, foit pour penfion réfervée par une religieufe, dettes, droits de la veuve, & autres charges, fi ce n'eft feulement des rentes foncières.

Décifions des 10 Août 1727, 21 Février, 20 Mars & 31 Juillet 1728, qui jugent également qu'on ne peut diftraire des rentes dont les biens étoient chargés envers d'anciens vendeurs, ni autres charges, mais feulement les rentes foncières.

Autres décifions des 30 Avril 1729, 7, 14 Janvier, 16 Février, & 6 Mai 1730, fans diftraction de dettes privilégiées & hipotéques, fi ce n'eft des rentes foncières.

Autres des 7 Juin, 22 Octobre 1732, & 22 Mai 1734, portant qu'on ne peut faire diftraction que des charges réelles & foncières, & nullement des rentes viagères, ni de celles créées pour refte du prix de l'acquifition des biens.

Autres des 31 Juillet & 8 Novembre 1734, qui jugent que des fœurs qui ont hérité de leur frère en Normandie, doivent le centième denier de la valeur entière des biens, fans diftraction de leur *légitime* fur lefdits biens : cela eft conforme à l'arrêt du 11 Février 1710, ci-deffus.

La diftraction des légitimes, en païs de droit écrit, n'eft pas admife non plus, pour fixer le droit de centième denier dû par les héritiers inftitués, & autres. Décifion du 19 Avril 1738, contre la dame Berger; autre du 25 Novembre 1747, contre la dame Villeneuve de faint Laurent; autre du 17 Décembre 1748, contre la dame du Puget, veuve du fieur Dupré; autres des 3 Mars 1753, & 23 Mars 1754, contre M⁽ʳˢ⁾ de Lignerac. Voïez *Légitime.*

Décifions du confeil des 24 & 29 Novembre 1735, qui jugent que le droit de centième denier eft dû par les héritiers en ligne collatérale fur la valeur des biens, fans diftraction, foit pour réparations, foit pour dixième denier.

Décifion du 9 Mai 1739, qui condamne le fieur de la Sigogne, héritier de fon frère, à païer le centième denier de la valeur entière des biens, faute par lui de juftifier que les rentes, dont il demande la diftraction, font foncières.

Décifion du confeil du 3 Mars 1742, en faveur de M. le Marquis de Lambert, qui ordonne que, fur la valeur des biens à lui échus, il fera fait diftraction d'une rente léguée à l'hôtel-dieu, & affectée fur une terre, par privilége à toujours, fans pouvoir être rachetée, attendu que c'eft une charge perpétuelle & inhérente au fonds.

Autre du 19 Avril 1749, qui confirme une ordonnance de M. l'intendant d'Alençon, par laquelle le fieur de la Benardiere a été condamné au païement du droit de centième denier des biens échus à fa femme, par la profeffion en religion de fa fœur, fans diftraction de la dot de la mère, affectée fur ces biens, ni de celle de la religieufe.

Autre du 29 Mars 1753, qui réforme une ordonnance de M. l'intendant de Languedoc, par laquelle il avoit jugé, que pour une remife d'hérédité faite au fieur de Mercoran par fa mère, le droit de centième denier ne feroit païé qu'après avoir déduit les charges inhérentes, & les tailles, les cenfives & droits feigneuriaux qui affectent le fonds ; enfemble les légitimes & conftitutions dotales, telles que de droit ; en conféquence, il a été décidé que le droit de centième denier fera païé fur le pié du denier vingt du revenu, juftifié par les baux, à la déduction feulement des rentes foncières.

Autre décifion du 30 Août 1753, qui déboute le fieur de Mercoran de fon opofition à la précédente, dont l'éxécution eft ordonnée.

Arrêt du conseil du 2 Avril 1754, qui déboute le sieur Bessiere - Bastide de son apel de deux ordonnances de M. l'intendant de Montauban ; en conséquence, le condamne à païer le droit de centième denier de biens à lui échus en ligne collatérale , sur le capital du revenu justifié par les baux , à la déduction seulement des cens & rentes seigneuriales , & des rentes foncières , dont il sera tenu de justifier par titres suffisans.

Autre arrêt du conseil du 7 Octobre 1755 , qui déboute le sieur de Mercoran de son oposition aux décisions des 29 Mars & 30 Août 1753 ; ordonne qu'il sera tenu de païer les droits de contrôle & de centième denier dûs pour l'acte de remise d'hérédité à lui faite , suivant la valeur des biens à lui remis par cet acte, sur le pié des baux au denier vingt , déduction faite des rentes foncières ; & le condamne au coût de l'arrêt.

Décision du conseil du 2 Mars 1758 , qui juge que les héritiers de madame la présidente de Crevecœur, doivent le droit de centième denier des biens de sa succession , sur la valeur entière desdits biens , sans déduction des rentes viagères dont ils sont chargés.

Voïez encore *Successions* & *Usufruit*.

CHARGES *locales* , sont les fiefs & aumônes , les gages d'oficiers , les rentes, redevances , & autres charges assignées sur les domaines.

Il en est arrêté tous les ans un état au conseil , sur lequel le receveur général des domaines païe les parties prenantes , après s'être fait remettre les fonds par le fermier des domaines , auquel il en fournit sa quitance comptable.

Le fermier des domaines est tenu , par son bail , d'acquitter , en déduction du prix d'icelui , les charges dont le fonds est fait dans les états du Roi, & à cet éfet, de fournir en deniers ou quitances valables, de six mois en six mois , & au plus tard,

six semaines après l'échéance de chaque six mois , entre les mains du receveur général des domaines en éxercice , le fonds des charges locales , fiefs , aumônes , rentes , & gages d'oficiers assignés sur les domaines , suivant qu'ils seront emploïés dans les états arrêtés au conseil , dont les extraits lui seront délivrés par le fermier général , qui lui en tiendra compte sur le prix de son bail , en raportant les quitances valables à la décharge du fermier général ; & après ce tems, les assignés ne peuvent s'adresser qu'aux receveurs généraux des domaines. *Voïez* l'édit du mois d'Août 1669 , les lettres patentes du 12 Juillet 1687 , & l'art. 1er de l'édit du mois de Décembre 1701. *Voïez* aussi l'art. 514 du bail de Forceville , du 16 Septembre 1738 , portant la même chose , sans qu'il soit loisible à l'adjudicataire de païer aucunes rentes ou redevances, telles qu'elles puissent être , dont l'emploi n'aura pas été fait dans les états du Roi.

Les receveurs généraux des domaines peuvent décerner leurs contraintes pour la remise des fonds destinés au païement des charges emploïées dans les états du Roi, & les faire mettre à éxécution, après qu'elles auront été visées par les trésoriers de France, ou par Mrs les intendans , dans les lieux où il n'y a point de bureaux des finances. Lettres patentes du 12 Juillet 1687 , & édit du mois de Décembre 1701 , art. 2. Mais ces contraintes ne peuvent être décernées qu'en vertu des états préalablement arrêtés au conseil ; d'autant plus que le fermier ne doit remettre aucunes sommes que celles qui sont emploïées dans ces états, suivant les mêmes règlemens ; l'art. 591 du bail de Forceville , en lui enjoignant de remettre aux trésoriers , païeurs & autres , le fonds des charges emploïées dans les états du Roi , défend à toutes cours , & autres juges qui connaissent des fermes , de décerner des contraintes contre l'adjudicataire & ſes commis , qu'après que les états de diſtribution deſdits fonds auront été arrêtés au conſeil , & délivrés à l'adjudicataire ; défend pareillement à tous huiſſiers, ſergens & archers , de mettre les arrêts & ſentences à éxécution , à peine d'interdiction , 3000 liv. d'amende , dépens , dommages & intérêts. Et en cas de contravention , veut S. M. que par le premier de ſes juges , ou huiſſiers du conſeil ſur ce requis , ils ſoient mis en liberté , & leur écrou déchargé ; à ce faire , les géoliers contraints par corps.

Le fermier ne doit & ne peut valablement païer aucunes de ces charges, ſi elles ne ſont emploïées dans les états du Roi ; par conſéquent les receveurs généraux ne peuvent décerner des contraintes contre lui qu'en vertu de ces états ; de même qu'il ne peut être uſé de cette voie contre leſdits receveurs généraux de la part des parties prenantes, qu'après que leſdits états ont été arrêtés & qu'ils ont reçu ou dû recevoir du fermier les fonds néceſſaires pour acquiter les charges qui y ſont emploïées.

Arrêt du conſeil du 2 Juillet 1668 , qui défend à toutes les cours & juriſdictions du roïaume de décerner aucunes contraintes contre le fermier des domaines pour des ſommes non emploïées dans les états du Roi , ſous quelque prétexte que ce ſoit.

Par autre arrêt du conſeil du 3 Février 1672 , il eſt défendu à toutes les cours & juriſdictions de décerner aucunes contraintes , conformément à l'arrêt du 2 Juillet 1668 , & à tous huiſſiers & ſergens de les mettre à éxécution , à peine d'interdiction & de 500 liv. d'amende ; & ce , dans les lieux où S. M. n'a aucuns domaines ou juſtices, & où ſes domaines ſont encore engagés ; & à l'égard des lieux où S. M. joüit des domaines & juſtices, ils ne pourront en décerner au-deſſus des ſommes emploïées dans les états du Roi.

Autre arrêt du 7 Septembre 1677 , qui

décharge le fermier du domaine , d'une condamnation contre lui prononcée par arrêt de la cour des monnoïes, pour le pain des priſonniers; défend à Gillard, boulanger , de faire aucunes pourſuites pour raiſon de ce, à peine de tous dépens , dommages & intérêts, & de 500 liv. d'amende ; & à ladite cour, de prendre à l'avenir , aucune connaiſſance des affaires concernant les domaines, à peine de nullité , caſſation & de tous dépens, dommages & intérêts.

Arrêt du conſeil du 11 Janvier 1716 , qui caſſe la contrainte décernée par le parlement de Touloufe , contre le ſieur Bermont , faiſant la recette générale des gabelles à Touloufe, en l'abſence du ſieur Agede , & tout ce qui s'eſt fait en conſéquence ; ordonne que l'écrou & l'empriſonnement de la perſonne dudit ſieur Bermont, ſera raïé & biffé ; & que la ſomme de 55000 liv. par lui païée au ſieur Güerard, païeur des gages dudit parlement , lui ſera reſtituée en mêmes eſpèces , & au prix qu'elles avoient cours lors du païement ; à quoi faire , ledit Guerard ſera contraint par les voies ordinaires & accoûtumées , même par corps ; fait défenſes audit parlement de Touloufe, & à tous autres d'uſer à l'avenir de pareilles voies , à peine de déſobéïſſance ; ordonne en outre au ſieur de Ciron, préſident dudit parlement , de ſe rendre inceſſamment à la ſuite du conſeil, pour y rendre compte de ſa conduite.

Arrêt du conſeil du 3 Mars 1716 , qui caſſe une ordonnance du bureau des finances de Roüen , par laquelle le receveur général des domaines, étoit condamné à païer à l'abbé de ſaint Wandrille , les arrérages d'une rente, quoique les fonds ne lui euſſent pas été remis ; décharge ledit receveur de cette condamnation , & fait défenſes aux oficiers dudit bureau des finances , & à tous autres de rendre à l'avenir de pareilles ordonnances, lorſque le receveur général n'aura pas reçu les fonds deſtinés au païement des charges.

Autre arrêt du conseil du 25 Août 1722, qui casse un arrêt du parlement de Bretagne, obtenu par le sieur Gerbier, receveur & païeur des bougies du parlement, pour contraindre le receveur du domaine, à lui païer dans le jour une somme de 2434 liv. pour le fonds des bougies qu'il avoit fournies ; condamne ledit Gerbier par corps, à rétablir cette somme entre les mains du receveur du domaine ; fait défenses audit sieur Gerbier & à tous autres, d'user de pareilles voïes à l'avenir, & à tous huissiers d'éxercer aucunes contraintes, contre les receveurs particuliers des fermes, même contre les receveurs généraux des domaines, qu'après que les fonds, pour l'acquit des charges du domaine, leur auront été remis, & interdit l'huissier pour trois mois.

Arrêt du conseil du 5 Août 1738, qui casse & annulle une saisie faite à la requête du sieur de Moncassin, entre les mains du sieur Roudier, directeur des domaines à Toulouse ; défend audit de Moncassin, & à tous autres, de faire aucunes saisies entre les mains du fermier des domaines, pour raison de créances qu'ils prétendront avoir à éxercer contre le Roi, sauf à se pourvoir par devers S. M.

Les charges qui s'emploïent dans les états du Roi, ont souffert diverses réductions. Par édit du mois de Janvier 1716, le Roi réduisit au denier 25 toutes les augmentations de gages, & autres charges emploïées dans les états du Roi, & tous gages y mentionnés ; & par arrêt du conseil du 19 Novembre 1726, plusieurs parties ont été réduites à moitié, & d'autres, qui ne produisoient qu'une jouïssance de 20 liv. & au-dessous, ont été entièrement retranchées de ces états.

Les engagistes des domaines sont tenus d'acquiter annuellement les charges locales qui étoient assignées lors de leurs engagemens, sur les portions de domaines qui leur ont été engagés, quand bien même ils n'en auroient pas été nommément chargés par leurs titres. Déclarations des 12 Octobre 1601, & 22 Décembre 1659. *Voïez* aussi l'édit du mois d'Août 1669, qui leur enjoint d'en remettre les fonds aux trésoriers-païeurs ; les lettres patentes du 12 Juillet 1687, portant qu'ils les païeront sur les lieux, & qu'ils en remettront les acquits bons & valables aux receveurs généraux, avec les revenans bons desdites charges, s'il y en a ; l'édit du mois de Décembre 1701, qui ordonne que lesdits engagistes remettront aux receveurs généraux le fonds des charges en deniers ou acquits valables ; l'arrêt du conseil du 23 Février 1706, qui, en déchargeant les engagistes de racheter les charges en nature, leur enjoint de les acquiter en la manière accoûtumée ; celui du 6 Septembre 1707, qui décharge le receveur général des domaines de la généralité de Bourges, des demandes d'une rente en grains, sauf à la partie à se pourvoir contre le fermier de l'engagiste ; & celui du 28 Mars 1719, portant que ceux qui se rendront adjudicataires, soit à vie, soit autrement, des domaines & droits sur lesquels il est dû des rentes en grains, seront tenus de les acquiter en mêmes espèces ; de laquelle condition il sera fait mention expresse dans les adjudications.

Si quelques engagistes ont racheté le fonds des charges locales, & qu'ils justifient d'un titre suffisant, ces charges sont portées sur le compte du Roi, dans les états arrêtés au conseil, pour être païées annuellement aux parties prenantes. Voïez *Engagistes.*

A l'égard des frais de justice, & des menues nécessités des palais & autres siéges, ils doivent être acquités sur le champ, en vertu des éxécutoires qui sont décernés. Voïez *Exécutoires ; & Frais de Justice.*

CHARLEVILLE, en Champagne, dans le Rethélois sur la Meuse.

Par arrêt du 15 Janvier 1709, Anne, Palatine de Bavière, veuve de M. le prince de Condé, fut maintenuë dans la propriété & poffeffion de Charleville, comme créancière privilégiée, & héritière bénéficiaire de feu Ferdinand-Charles de Gonzague, duc de Mantoüe.

Et par arrêt du confeil & lettres patentes des 15 Avril & 24 Mai 1710, il fut ordonné que madame la princeffe jouïroit de tous les droits utiles à Charleville & dépendances, comme en jouïffoit le duc de Mantoüe, à l'exception du reffort & de la fouveraineté ; les habitans furent confirmés dans tous les priviléges à eux accordés ; & il fut ordonné que les appellations des juges de Charleville, concernant les droits domaniaux, reffortiroient au Parlement de Paris.

Il y a été établi une feule juftice avec titre de bailliage, par lettres patentes du mois de Janvier 1718, obtenuës par madame la princeffe, par madame la ducheffe de Brunfwick, & par M. le prince de Salm.

Par une décifion du confeil du 10 Mai 1723, fur le mémoire de M. de Brunfwick, & de M. le prince de Salm, il fut arrêté que le *contrôle des actes* n'auroit pas lieu à Charleville en champagne, même dans les lieux de la principauté, poffédés par indivis avec le Roi ; mais que les notaires ne pouroient recevoir d'actes où les fujets du Roi féroient parties, fans les faire contrôler au prochain bureau. *Voïez* les principes qui doivent être fuivis, verb. *Actes paffés en païs éxemt de contrôle.*

M. le duc de Bourbon a acheté de la maifon de Brunfwick, la principauté de Charleville, & la moitié de celle de S. Mange ; M. le prince de Condé fon fils jouït dans la principauté de Charleville des droits régaliens, à la charge d'hommage au Roi ; & l'apel des juges de Charleville reffortit au parlement de Paris, conformément aux lettres patentes de 1710.

Dans Saint Mange, la fouveraineté apartient au Roi & au prince, par moitié ; les juges de Sedan, pour le Roi, & ceux de Charleville, pour le prince, fe réüniffent à Saint Mange, & y rendent conjointement la juftice fans apel. Les droits de contrôle, le papier timbré, & autres droits de cette nature, n'ont point lieu à Saint Mange.

CHARTRES, ville capitale du païs chartrain & de la Beauce, avec titre de duché, qui fait partie de l'apanage de M. le duc d'Orléans ; voïez *Apanage*.

Le comté de Chartres fut érigé en duché, par lettres patentes de François I. du mois de Juin 1528, en faveur de madame Renée de France, qui avoit époufé le duc de Ferrare, & à laquelle ce duché fut engagé avec Montargis & Gifors, moïennant 250 mille écus d'or. Henry de Savoye, duc de Nemours, fon petit-fils, en fit la remife au Roi en 1623 ; & Loüis XIII. donna le duché de Chartres en apanage à Gafton de France, duc d'Orléans, en 1626. *Voïez* Dupuy, traité des dr. du Roi, pag. 476.

Par lettres patentes du mois de Novembre 1653, les bourgeois de la ville de Chartres furent confirmés dans l'éxemtion du droit de *franc-fiefs*, qui leur avoit été précédemment accordée. Mais comme ces éxemtions fe trouvoient révoquées par l'édit du mois d'Août 1692, les habitans de Chartres furent admis à des abonnemens en 1693 & 1703.

Par arrêt du confeil du 15 Juillet 1713, il fut ordonné, conformément aux priviléges, franchifes, éxemtions & libertés, accordés aux habitans de la ville, fauxbourgs, & banlieüe de Chartres, par les Rois précédens, & confirmés par S. M., qu'ils demeureroient maintenus & confirmés dans l'éxemtion & affranchiffement du droit de *franc-fiefs*, pour les fiefs & autres biens nobles qu'ils poffédoient, à la charge de païer 6333 liv. 6 f. 8 den. & les deux fols pour livre fur les récépiffés de le Liévre, chargé de l'éxécution de l'édit du mois de

Mai 1708 , & 13500 liv. fur la fimple quitance de Sadet , fermier defdits droits pour
neuf ans , commencés le 1er Mai 1708 ; ce
qui étoit à raifon de 1500 liv. pour chaque
année.

Par un autre arrêt du confeil du 14
Août 1714 , les maire , échevins , bourgeois & habitans de Chartres , ont été reçus opofans à l'éxécution du précédent ; &
aïant égard à leurs offres , il a été ordonné
qu'ils feront tenus de païer les 6333 liv.
6 f. 8 den. & les deux fols pour liv. à le
Liévre dans un mois ; & que dans le même
délai , ils païeront à Sadet 9000 liv. pour
ce qui eft échu de la fomme de 13500 liv.
au 1er Mai 1714 , à raifon de 1500 livres
par chacun an ; & le furplus , par égales
portions , en trois années qui expireront
au 1er Mai 1717 , & à la fin de chacune
d'icelles ; au moïen de quoi , ils demeureront maintenus & confirmés dans leurs priviléges & éxemtions du droit de franc-fiefs.

Cet abonnement n'a eu lieu que jufqu'au
30 Avril 1717 ; & en conféquence , il a
été ordonné par arrêt du confeil du 4
Avril 1719, rendu contradictoirement avec
lefdits maire & échevins , bourgeois & habitans , qu'ils feront tenus de païer le droit
de *franc-fiefs* , chacun en particulier pour
les fiefs & biens nobles qu'ils poffédent ,
à compter du dernier Avril 1717 , que
leur abonnement eft expiré , pour jouïr defdits biens pendant vingt années ; avec défenfes aux fermiers & fous-fermiers defdits
droits, de faire à l'avenir pour raifon d'iceux,
aucuns traités ou abonnemens.

Néanmoins , les habitans de Chartres , à
l'apui de la protection de M. le duc d'Orléans , ont obtenu l'abonnement , à raifon
de 1500 liv. par an, depuis 1726 , & fucceffivement jufqu'à préfent , pour les droits
de *franc-fiefs* des fiefs & biens nobles qu'ils
poffédent dans *l'étenduë de la généralité
d'Orléans*. C'eft fur ce principe , que par
décifion du confeil du 15 Janvier 1751 ,
les enfans du fieur Girouard , habitans de

Chartres , ont été déchargés de contribuer
à l'abonnement des fiefs bourfaux du Perche , pour raifon d'un fief à eux apartenant ,
fitué dans une partie du Perche , qui eft
de l'élection de Chartres , & de la généralité d'Orléans.

Cette décifion a été renduë en conformité
des obfervations de M. l'intendant d'Orléans , qui a dit que les habitans roturiers
de Chartres jouïffent de l'éxemtion du droit
de franc-fiefs , pour les biens nobles qu'ils
poffédent dans l'étenduë de la généralité
d'Orléans , au moïen d'une fomme de 1500
liv. qu'ils païent tous les ans au fermier de
ces droits , par abonnement aprouvé du
confeil ; & que dans la quitance donnée
aux maire & échevins de Chartres , le 31
Décembre 1749 , il eft ftipulé que l'abonnement eft fait pour les biens nobles , fitués
dans l'étenduë de la généralité d'Orléans.

Les maire & échevins de Chartres aïant
demandé que cet abonnement fût continué
pour les fix années du bail commencé le
1er Janvier 1751. Il eft intervenu une décifion le 24 Mars 1751, portant ; » Suivre
» les décifions des 12 Février 1726 , 27
» Janvier 1727, 29 Mai 1735 , 21 Jan-
» vier 1739 , & 20 Août 1744 ; en con-
» féquence, les fermiers du bail commencé
» le 1er Janvier 1751 fe contenteront de
» la fomme de 1500 liv. par an , & don-
» neront des ordres précis à leur directeur,
» de ne pas faire de pourfuites contre les
» habitans de Chartres , pour raifon des
» droits de franc-fiefs ; & fera ladite fom-
» me de 1500 liv. avec les deux fols pour
» liv. impofée annuellement, à commencer
» de la préfente année fur les habitans ro-
» turiers fujets auxdits droits ».

Ils en ont demandé le renouvellement
pour les fix années du bail commencé le
1er Janvier 1757, & , en même tems, que,
fuivant l'ancien ufage , le montant de l'abonnement fut pris fur le produit des deniers
patrimoniaux & d'octroi de la ville ; par
décifion du 8 Septembre 1756 , il eft dit ;

>> par grace, & fans tirer à conféquence, >> pour les baux fuivans, continuer l'abon- >> nement fur le de pié de 1500 liv. qui fe- >> ront réellement impofées fur les contri- >> buables >>.

Les conditions néceffaires pour joüir de cet abandonnement, font expliquées ci-devant, verb. *Abonnement* de droits de franc-fiefs, pag. 6.

C H A S S E, droit feigneurial & hono-rifique.

Par ordonnance de François I. de l'année 1515, & plufieurs autres poftérieures, il eft défendu à toutes perfonnes de quelques qualité & condition qu'elles foient, de chaffer dans les forêts, buiffons & garennes du Roi, fans permiffion de S. M.

Il a été jugé par arrêt du parlement de Paris, du 14 Février 1698, & par un autre de la Tournelle criminelle, du 14 Février 1718, qu'un fermier judiciaire ne peut pas chaffer ni faire chaffer fur les terres men-tionnées dans fon bail.

Arrêt du confeil du 3 Octobre 1722, qui diftrait le droit de chaffe du bail que Cordier chargé de la régie des fermes, avoit fait de la terre de Levy à Jacques Giroult; ordonne l'éxécution des règlemens rendus fur le fait de la chaffe; eu conféquence, fait très-expreffes inhibitions & défenfes audit Cordier, & à tous autres chargés de la régie des domaines de S. M. de chaffer ou d'affermer la chaffe, conjointement ou féparément fur lefdits domaines; & à tous fermiers & autres, de s'en aider & fervir, & de chaffer fous prétexte des baux qui leur auroient été faits, ou de tirer fur l'étendüe defdits domaines; & à tous roturiers de quelque état & condition qu'ils foient, d'y porter les armes, à peine, contre chacun des contrevenans, de 500 liv. d'amende, & de plus grande peine, s'il y échet. Fait pareillement S. M. défenfes, fous les mêmes peines, à tous les feigneurs laïques & ecclé-fiaftiques de fon roïaume, d'affermer la chaffe fur leurs terres & domaines, &

à toutes perfonnes de la prendre à ferme.

CHATEAUROUX, duché en Berry, acquis par le Roi en 1736, & uni au do-maine; c'étoit un marquifat, qui fut érigé en duché-pairie, par lettres patentes données à Blois au mois de Mai 1616, en faveur de Henry de Bourbon, prince de Condé, premier prince du fang. Voïez *Bourges*.

CHEVALIERS *des ordres du Roi*. Il y a des chevaliers de l'ordre de Saint Mi-chel, établi en 1469; des chevaliers de l'ordre & milice du Saint Efprit, établi en 1578; & des chevaliers de l'ordre roïal & militaire de Saint Loüis, inftitué en 1693. *Voïez* Ordres.

Parmi ces chevaliers, il y en a qui n'ont que l'ordre de Saint Michel, & d'autres que celui de Saint Loüis; on les défigne toujours par le nom de leur ordre. Il y en a d'autres qui font honorés des trois or-dres; & ce font ceux que l'on apelle par excellence, chevaliers des ordres du Roi.

Les chevaliers de l'ordre du Saint Efprit joüiffent de l'éxemtion des droits feigneu-riaux & féodaux dûs au Roi, pour les biens mouvans de S. M. Voïez *Cafuels*, §. 5. & *Ordres*.

CLAMEUR, terme d'un fréquent ufage en Nomandie; il fignifie la même chofe que retrait dans les autres provinces; la coûtu-me contient un titre des retraits, autrement dit, *clameur* de bourfe; & dans les arti-cles 451 & fuivans, elle emploïe le terme de *clamer* & *clameur*, pour ceux de reti-rer & de retrait. *Voïez* Retrait.

On dit auffi en Normandie, *clameur* de Haro; voïez *Haro*.

CLERCS *d'eau*; ofices créés en 1572, 1648, & 1652, & fuprimés par édit du mois de Mai 1738, qui réunit au domaine les droits qui leur étoient attribués, pour être perçus en conformité de la réduction faite par une déclaration du 9 Août 1660. Voïez *Eau*.

CLERCS *des gréfes*. Par édit du mois de Décembre 1577, les clercs des gréfes, civils,

civils, criminels, & des préfentations des cours & jurifdictions roïales, furent créés, & érigés en chef & titre d'ofice, aux émolumens fixés par le règlement arrêté le 19 du même mois, par l'art. 29 duquel, il leur fut accordé 2 fol. 6 den. pour chacun *défaut & congé* baillé à juger.

Par arrêt du confeil du 20 Mars 1578, il fut ordonné que les clercs des gréfes des jurifdictions roïales fubalternes, prendroient pour leurs falaires, la moitié de ce que les grétiers en chef avoient accoûtumé de prendre, fuivant les ordonnances.

L'art. 14 de la déclaration du Roi, du 5 Novembre 1661, porte que, pour la délivrance des *défauts* levés fur les regiftres des préfentations, avec commiffion fur iceux, pour réajourner, il fera païé au gréfier 9 f. 4 d. favoir, pour l'ancien droit 5 f.; pour le *clerc* du gréfier, 2 f. 6 den. & pour le parifis 1 f. 10 den.

Il y a eu diverfes aliénations, réunions & reventes des gréfes & des places de clercs; la réunion générale en fut ordonnée dans le reffort des parlemens de Touloufe & de Bordeaux, par arrêt du 5 Août 1669, & le fermier général en fut mis en poffeffion, par autre arrêt du 10 Mars 1670, dans le reffort de la cour des comptes & finances de Montpellier, & des cours des aides de Montauban & Bordeaux; la réunion fut auffi ordonnée dans le reffort des parlemens de Paris & de Roüen, par arrêt du 7 Janvier 1673; cette réunion a été éfectuée dans diférentes provinces du roïaume; & le fermier du domaine doit joüir des droits qui étoient attribués aux ofices de clercs des gréfes, dans tous les lieux où les engagiftes ne juftifient pas par des titres fuffifans qu'ils ont droit d'en joüir.

Par arrêt rendu au confeil, le 28 Septembre 1728, contradictoirement avec diférens engagiftes des gréfes, il a été ordonné que ceux qui ont acquis les ofices de *clercs* des gréfes des préfentations créés par l'édit de 1577, joüiront dans l'année de

leur éxercice de 2 f. 6 den. feulement, fur chacun *défaut & congé*, faute de fe préfenter, & de dix deniers pour le quart en fus dudit droit, attribué par l'édit du mois de Décembre 1639, comme un dédommagement de la création faite par cet édit, d'ofices alternatifs & triennaux.

Voïez *Défaut.*

CLERGÉ, corps confidérable & diftingué, compofé d'eccléfiaftiques, même de perfonnes féculières, & en partie de régulières, qui joüit en France de grands priviléges.

Il eft parlé d'objets relatifs au clergé fous diférens titres de ce dictionnaire. Voïez *Actes capitulaires*, *Actes eccléfiaftiques*, *Amortiffement*, *Baux* des revenus de gens de main-morte, *Indemnité*, &c.

Il ne fera queftion ici que des actes concernant le clergé général, ou les diocèfes particuliers, pour raifon des emprunts faits à caufe du don gratuit, & autres cas généraux de cette efpèce.

Par le contrat paffé entre le Roi & le clergé, le 31 Octobre 1717, les rentes conftituées fur le clergé général, & fur les diocèfes particuliers, même celles qui feroient conftituées à un denier plus avantageux, pour rembourfer les rentes créées à un denier plus fort, ont été déchargées de tous droits d'amortiffement, nouveaux acquêts, contrôle, & autres droits.

L'arrêt du confeil du 19 Avril 1720, porte que les quitances de rembourfement de rentes du clergé, dont la liquidation & le rembourfement ont été ordonnés par l'arrêt du 26 Octobre 1719, feront & demeureront déchargés de tous droits de contrôle.

Par arrêt du 9 Juin 1720, il a été permis au clergé général, & aux diocèfes particuliers, de rembourfer au fieur du Breuil les fommes par lui avancées, & d'emprunter à cet éfet à deux pour cent. Et en conféquence, l'arrêt du 27 du même mois de Juin 1720 , ordonne que les contrats de conſtitution , & les autres actes qui feront paſſés en éxécution de celui du 9 dudit mois , ainſi que les quitances des rembourſemens , qui feront faits au ſieur du Breuil par le clergé général & les diocèſes particuliers , des ſommes par lui avancées en éxécution de l'arrêt du 26 Octobre 1719 , demeureront déchargés de tous droits de contrôle.

L'arrêt du conſeil du 6 Juillet 1723 , ordonne que les quitances de rembourſement des rentes du clergé général , & des diocèſes particuliers , dont la liquidation & le rembourſement ont été ordonnés par celui du 26 Octobre 1719 ; enſemble , celles qui feront faites à l'occaſion des emprunts des 24, 8 & 12 millions accordés par les aſſemblées tenuës en 1710, 1711 & 1715 , feront contrôlées dans le délai de quinzaine de leur date , ſous les peines portées par les règlemens , ſans que pour le contrôle deſdites quitances de rembourſement , il puiſſe être pris aucun droit , ſans tirer à conſéquence ; & ordonne qu'il ſera tenu compte deſdits droits à Deſtabeau : mais cette dernière diſpoſition étoit perſonnelle audit Deſtabeau.

Lettres patentes du 9 Août 1723 , en conſéquence du don gratuit de huit millions , accordé le 10 Juin 1723 , qui permettent d'emprunter 5500000 liv. & ordonnent que tous les contrats , & autres actes qui feront paſſés par le clergé général & par les diocèſes , concernant ledit emprunt , & celui de 1500000 liv. qui ſera fait par les diocèſes , pour l'acquiſition de l'ofice de receveur dioceſain , feront éxemts de tous droits de contrôle , inſinuation & autres de cette nature ; & que tous exploits faits de la part du clergé , pour raiſon dudit emprunt , pourront être faits en papier non timbré , & feront éxemts de contrôle ; permettent d'emprunter des étrangers non naturaliſés , & de ceux demeu-

rans hors le roïaume , & auxdits étrangers de diſpoſer entre-vifs ou par teſtament ; & au cas qu'ils n'en aïent pas diſpoſé , leurs héritiers leur ſuccéderont , encore que leſdits donataires , légataires ou héritiers , fuſſent étrangers & non regnicoles , &c.

Décifion du conſeil du 28 Août 1734 , qui juge que la quitance de rembourſement d'un ofice de receveur des décimes , vendu à un diocèſe , eſt ſujéte au contrôle & au païement du droit.

Décifion du conſeil ſur l'art. 10 du mémoire du clergé , de l'année 1735 , qui juge que l'éxemtion du contrôle a lieu pour les emprunts faits pour le don gratuit ; mais , que , dès que les deniers ſont entrés dans la caiſſe des receveurs , les procédures faites pour l'éxamen des comptes , & les difcuſſions auxquelles ils peuvent donner lieu , ſont ſujétes au contrôle.

Décifion du conſeil du 9 Mars 1737 , au ſujet de quitances de rembourſement de rentes ; le droit de contrôle en avoit été perçû , & l'on en demandoit la reſtitution , ſur le fondement de l'arrêt du 6 Juillet 1723. Le fermier a dit qu'il ne paroiſſoit pas que ce fût pour les emprunts ſpécifiés en 1723 ; & le conſeil a jugé que c'étoit au clergé à juſtifier que ce fût pour raiſon deſdits emprunts.

Autre décifion du 4 Mai 1737 , ſur le mémoire de Mrs les agens généraux du clergé , qui ordonne la reſtitution des droits de contrôle perçûs pour des rembourſemens d'emprunts faits pour les dons gratuits , pendant les années antérieures à 1723.

La décifion du 9 Juillet 1746 , aprouve la reſtitution faite par le fermier , d'un droit de contrôle perçû pour une quitance de rembourſement fait par le diocèſe de ſaint Papoul , au chapitre de ladite ville , de deux rentes , quoiqu'il ne fût pas juſtifié que le principal provenoit de l'emprunt déligné par l'arrêt du 6 Juillet 1723.

Arrêt & lettres patentes du 10 Avril 1745, qui autorifent les délibérations de l'affemblée générale du clergé, au fujet de la fomme de 15 millions de don gratuit, accordé au Roi, & qui contiennent les mêmes difpofitions que les lettres patentes de 1748, raportées ci-après.

Arrêt du confeil & lettres patentes du 7 Mars 1747, au fujet de l'emprunt à conftitution au denier 20, de 11 millions, pour acquiter le don gratuit accordé par délibération du 13 Février précédent; qui déclarent les rentes conftituées par le clergé, en vertu de cette délibération, au profit des diocèfes, bénéfices, communautés, & autres gens de main-morte, non fujétes aux droits d'amortiffement, nouveaux acquêts & autres, non plus que les rentes qu'ils pouront acquérir de celles conftituées par le clergé; ordonnent que tous les contrats, & autres actes qui feront paffés par le clergé général, & par les diocèfes concernant ledit emprunt de 11 millions, feront éxemts de tous droits de contrôle, infinuation & autres de cette nature; & que toutes diligences, pour raifon du recouvrement des impofitions ordonnées par ladite délibération, & de toutes les autres impofitions faites jufqu'à ce jour fur le clergé, continuëront d'être faires en papier timbré, fans être fujétes au païement des droits de contrôle.

Arrêt du confeil & lettres patentes, du 25 Juin 1748, qui confirment les délibérations de l'affemblée générale extraordinaire du clergé, des 6 & 21 Juin 1748, au fujet des 16 millions de don gratuit accordé au Roi; qui déclarent les rentes qui feront conftituées par le clergé en vertu defdites délibérations, au profit des diocèfes, bénéficiers, communautés eccléfiaftiques, féculières & régulières, & autres gens de main-morte, n'être fujetes aux droits d'amortiffement, nouveaux acquêts & autres, non plus que les rentes qu'ils pouront acquérir de celles qui font

conftituées par le clergé, dont, en tant que befoin, S. M. les a déchargés & décharge; ordonnent que tous les contrats & actes qui feront paffés par le clergé général, & par les diocèfes particuliers, concernant ledit emprunt, feront éxemts de tous droits de contrôle, infinuation & autres de cette nature; & que tous les avertiffemens, commandemens, affignations, faifies-arrêts, éxécutions, quitances, procédures, délibérations, & autres exploits & diligences qu'il conviendra faire pour raifon du recouvrement des impofitions ordonnées par ladite délibération, & de toutes les autres impofitions faites jufqu'à ce jour fur le clergé, continuëront d'être faites en papier ou parchemin non timbré, fans être fujétes au païement des droits de contrôle; permettent d'emprunter ladite fomme, ou partie d'içelle, des étrangers non naturalifés, & de ceux demeurans hors du roïaume; & auxdits étrangers de difpofer des rentes qui leur auront été conftituées par le clergé, ou qu'ils acquerront fur lui, foit entre-vifs ou autrement, en quelque manière que ce foit; & que leurs héritiers, donataires ou légataires leur fuccédent auxdites rentes, quoique non regnicoles, dérogeant expreffément au droit d'aubaine.

Arrêt du confeil & lettres patentes, du 28 Juin 1755, enregiftrés au parlement de Paris le 5 Juillet, qui confirment la délibération de l'affemblée générale du clergé, prife le 25 Juin 1755, au fujet du don gratuit de feize millions, accordé par une autre délibération du 6 du même mois; permettent d'emprunter au nom du clergé, au denier vingt-cinq; déclarent les rentes qui feront conftituées par le clergé, en vertu de ladite délibération, au profit des diocèfes, bénéficiers, & autres gens de main-morte, n'être fujétes aux droits *d'amortiffement*, nouveaux-acquêts & autres, non plus que les rentes qu'ils pouront acquérir de celles qui feront conftituées par le clergé, *même dans les cas où les rentes conftituées fur le clergé, feroient données ou léguées pour caufe de fondations ou œuvres pies, dérogeant à cet éfet à l'article 9 de l'arrêt du confèil, du 13 Avril 1751;* ordonnent que tous les contrats & actes qui feront paffés par le clergé général & par les diocèfes, concernant ledit emprunt, feront éxemts de tous droits de contrôle, infinuation & autres de cette nature, & que tous les avertiffemens, commandemens, affignations, faifies & arrêts, éxécutions, quitances, regiftres, procurations, délibérations & autres expéditions, & toutes les diligences qu'il conviendra faire, pour raifon du recouvrement des impofitions ordonnées par ladite délibération, & de toutes les autres impofitions faites jufqu'à ce jour, fur le clergé, continuëront d'être faites en papier ou parchemin non timbré, fans être fujétes au paîement des droits de contrôle. Permettent d'emprunter ladite fomme, ou partie d'icelle des étrangers non naturalifés, & de ceux demeurans hors du roïaume; & auxdits étrangers de difpofer des rentes qui leur auront été conftituées par le clergé, ou qu'ils acquerront fur lui, foit entrevifs, par teftament, ou autrement en quelque manière que ce foit. Veut & entend S. M. qu'au cas qu'ils n'en aïent pas difpofé, leurs héritiers leur fuccéderont, encore que leurs donataires, légataires ou héritiers fuffent étrangers & non regnicoles; à l'éfet de quoi, S. M. a expreffément renoncé au droit d'*aubaine*, même à celui de confifcation, au cas qu'ils fuffent fujets des princes & états, contre lefquels S. M. pouroit être ci-après en guerre, *&c.*.

Les lettres patentes du 24 Mai 1760, enregiftrées au parlement de Paris, le 28 Juin fuivant, contiennent toutes les mêmes difpofitions, que celles de 1755, au fujet de l'emprunt de la fomme de feize millions de livres, accordée au Roi, par forme de

don gratuit, par la délibération du clergé, du 13 Mars précédent.

Enfin, le bail du fermier porte qu'il ne poura prétendre aucuns droits de fceau ni de contrôle, fur les rôles qui feront faits, pour raifon des nouvelles impofitions, ni fur les actes & contrats d'emprunt, faits en conféquence des abonnemens faits avec le clergé & les païs d'états, lorfque S. M. jugera à propos de les en difpenfer, par des arrêts particuliers. *Voïez* l'article 534 du bail de Forceville.

Le clergé aïant prétendu que les furféances à lui accordées pour les foi & hommages, aveux & dénombremens, & pour fournir les états en détail, demandés par les déclarations du Roi, des 29 Décembre 1674, & 20 Novembre 1725, & par l'arrêt du 9 Août 1740, devoient pareillement avoir lieu, pour fournir l'homme vivant & mourant pour les droits de *rachat*, & autres droits utiles dûs au Roi, le confèil a jugé cette prétention mal fondée; & en conféquence, M. de Trudaine, confèiller d'état & intendant des finances, marqua le 13 Mars 1743, au procureur du Roi du bureau des finances de Tours, de continuer, conjointement avec le fermier des domaines, les pourfuites pour lefdits droits utiles.

CLERMONT *en Argonne*, comté dans le Verdunois, apartenant à la maifon de Condé. *Voïez* le traité de M. Dupuy, pag. 390 & fuiv. où il établit que les habitans du comté de Clermont, ne peuvent reconnoître d'autre fouverain & protecteur que le Roi; il en a été fait don à Loüis de Bourbon, prince de Condé, premier prince du fang, par lettres patentes du mois de Décembre 1648.

Par une déclaration du Roi, du 6 Janvier 1734, il eft ordonné que celle du 17 Février 1731, concernant *l'infinuation* des donations, fera éxécutée felon fa forme & teneur, dans toute l'étenduë du comté de Clermont en Argonne, fous les peines y contenuës ; fans néanmoins que le défaut d'infinuation, dans la juftice des cas roïaux, puiffe être opofé , par raport aux infinuations, dont le feul défaut feroit de n'avoir pas été faites audit fiége des cas roïaux , avant la publication de la déclaration de 1731.

Les droits *de contrôle des actes* , n'ont point lieu dans le comté de Clermont.

Par arrêt du confeil du 24 Octobre 1741 , il eft défendu aux domiciliés de Chalons & autres lieux limitrophes du Clermontois, & à tous autres, d'y envoïer leurs procurations, pour paffer des actes entr'eux, pour caufe de chofes mobiliaires , ou de biens réels fitués dans les provinces du roïaume, où le contrôle eft établi, à peine de nullité, & de 300 liv. d'amende ; fi ce n'eft que l'une des parties y fut domiciliée & actuellement demeurante ; ordonné qu'ils raporteront aux bureaux du fermier de leur domicile, dans trois mois, les originaux des actes paffés, & que les droits en feront païés ; moïennant quoi lefdits actes feront valables.

Voïez *Actes paffés en païs étranger* , pag. 80.

CODICILE, eft une difpofition à caufe de mort, moins folemnelle que le teftament ; & comme le codicile n'eft pas fufceptible de l'inftitution d'héritier, on apelle codicile en païs de droit écrit, la difpofition de dernière volonté , qui ne contient que des legs ou fideicommis fans inftitution; & en païs coûtumier l'on apelle codicile, toute difpofition qui eft la fuite, l'interprétation , l'augmentation ou la diminution du teftament.

L'article 89 du tarif du 19 Septembre 1722, comprend dans fa difpofition, les teftamens, codiciles & donations à caufe de mort, dont le droit de contrôle eft règlé , fuivant la qualité des teftateurs ou donateurs.

Le codicile , qui n'eft pas précédé d'un teftament contrôlé, eft fujet au droit de contrôle , fixé par ledit article 89 du tarif.

Si le codicile eft précédé d'un teftament contrôlé fur le pié règlé par cet article , il ne fera dû que 10 fols pour le droit de contrôle de chaque codicile.

Arrêt du confeil du 6 Février 1723 , portant que , par l'article 89 du tarif de 1722 , le Roi n'a eû d'autre vuë que certains lieux , où les termes de teftament & de codicile font pris les uns pour les autres , en qualifiant fouvent de codiciles , toutes les difpofitions des teftamens, même lorfqu'elles font uniques » ; en conféquen- » ce, ordonne que les codiciles , foit qu'ils » foient olographes ou paffés par devant » notaires , feront contrôlés , fous les » peines portées par les édits , déclara- » tions, arrêts & règlemens ; & que, lorf- » que lefdits codiciles auront été précédés » d'un teftament dont le droit de contrôle » aura été païé, fuivant la qualité du tef- » tateur , conformément à l'article 89 » du tarif de 1722 , il ne poura être » perçû , pour le contrôle de chaque codi- » cile, que 10 fols, & les 4 fols pour » livres ».

Les droits d'infinuation font dûs, fur les difpofitions des codiciles , de même que fi elles étoient contenuës dans un teftament ; mais il faut obferver que , fi le codicile augmente feulement un legs fait par teftament qui aura été infinué, le droit d'infinuation ne peut être perçû , pour le codicile , qu'à proportion de l'augmentation. Décifion du confeil du 4 Mai 1735.

Décifion du confeil du 3 Septembre 1746, qui condamne le fieur Grofelier , avocat à Dijon, en qualité d'héritier , à païer les droits d'un codicile , qui rapelle un teftament olographe , qu'il difoit n'avoir point trouvé ; & , par cette raifon, il foûtenoit que le codicile, impofant des fubftitutions , ne pouvoit fubfifter feul, étant néceffaire qu'il eut fon fondement dans l'inftitution d'héritier , dont le codicile n'eft pas fufceptible.

Voïez *Teftament.*

Le parlement de Touloufe , confulté avant la rédaction de l'ordonnance des teftamens , obferva , fur la huitième queftion propofée par M. le chancelier , que les codiciles , fans teftament , étoient rares dans fon reffort; qu'il eft vrai que régulièrement, on ne peut ni inftituer un héritier, ni déroger à l'inftitution par codicile ; mais qu'en ce cas , les héritiers *ab inteftat*, nantis de l'hérédité , font cenfés chargés de la rendre dans le même inftant à l'héritier nommé par le codicile , qui, fuivant le droit romain , doit être fait en préfence de cinq témoins ; au lieu que le codicile olographe *inter liberos* eft valable , s'il eft écrit ou figné par le teftateur , ou fait en préfence de deux témoins.

L'ordonnance du mois d'Août 1735 , n'a rien innové : l'article 14 porte que la forme qui a eû lieu, jufqu'à préfent à l'égard des codiciles , continuëra d'être obfervée , &c.

COLLATION *en matière bénéficiale*, eft l'acte par lequel un collateur ufe de fon droit, en conférant un bénéfice qui eft à fa nomination; c'eft-à-dire , en donnant titre & provifions à quelqu'un , pour poféder le bénéfice.

Les collations ou provifions de bénéfices , données par les évêques , font difpenfées du contrôle des actes , comme émanées de leur jurifdiction gracieufe & volontaire. Mais toutes les autres collations y font affujéties : l'article 5 de l'édit du mois de Décembre 1691 , ordonne même que tous collateurs , autres que les évêques , donneront leurs provifions , devant deux notaires roïaux apoftoliques , ou devant un notaire & deux témoins.

Par l'article 1er du tarif du 29 Septembre 1722 , & par l'article 4 de l'arrêt du confeil, du 30 Août 1740 , le droit de contrôle des collations accordées par ceux qui ont droit d'indult , ou données par les chanceliers des églifes & univerfités , à ceux qui font nommés par le Roi , eft fixé à 5 liv.

Décifion du confeil du 5 Octobre 1735, contre Daniel Barelly , qui fe plaignoit de ce qu'il avoit été perçû 12 liv. pour deux droits de contrôle d'un acte de collation & de nomination de fa perfonne , à une prébende du chapitre collégial de Lille-Jourdain , fait dans le chapitre , fans miniftère de notaires , il prétendoit même que cet acte n'étoit pas fujet au contrôle. La décifion porte qu'il eft dû deux droits.

Autre décifion du 5 Janvier 1736 , qui confirme la précédente , fur l'opofition dudit Barelly , tendante à la reftitution de l'un des droits.

Autre du 21 Novembre 1739 , en faveur du fieur Caudemanche , prêtre du diocèfe d'Angers , qui ordonne la reftitution du droit de contrôle perçû , pour les provifions à lui données par l'évêque , fans miniftère de notaires.

Autre décifion du confeil du 16 Mars 1758 , qui juge régulière la perception de 12 liv. pour deux droits de contrôle , fur une procuration donnée , par le fieur abbé Mallet, afin de prendre poffeffion d'une chapelle , fur la nomination de M. le cardinal de Luynes , archevêque de Sens , & abbé de Corbie ; attendu que la collation n'a pas été accordée comme évêque , mais en qualité d'abbé , & que par conféquent elle devoit être contrôlée avant la procuration.

Voïez *Actes eccléfiaftiques*, pag. 22.

COLLATIONS, *ou extraits de pièces;* il eft dû 5 fols de droit de contrôle , avec les 4 fols pour livre , pour la collation ou extrait d'un feul acte; & s'il y a plufieurs pièces , il eft dû la moitié de ce droit , pour chacune des autres. Article 29 du tarif de 1722.

Cet article porte que les actes paffés par devant notaires , & ceux fous-fignature

privée, ne peuvent être extraits ou collationnés, qu'ils n'aïent été préalablement
contrôlés.

Les collations de pièces, font expreffément affujéties au contrôle, par l'article
14 de la déclaration du 20 Avril 1694, &
par l'arrêt du 28 Octobre 1698.

Elles doivent être datées en même tems
qu'elles font fignées par les notaires &
autres oficiers qui les font, & contrôlées
dans la quinzaine de leur date. Arrêt du
confeil du 15 Septembre 1719, qui condamne un notaire de faint Etienne-en-Forèz,
au païement des droits, & en l'amende;
ordonne à tous notaires, gréfiers ou autres,
qui font des collations de pièces, ou
extraits d'actes & contrats, de les dater,
& de les faire contrôler.

Les pièces extraites ou collationnées,
doivent être préalablement contrôlées, à
peine de 300 liv. d'amende: arrêt du confeil du 6 Août 1715, article 1er; autre
du 28 Novembre 1716, & article 29 du
tarif de 1722.

L'arrêt du confeil du 30 Septembre
1721; déclare nulle une collation faite par
le fieur Defclos, fecrétaire du Roi, en la
chancellerie, près le parlement de Bretagne, d'une lettre miffive non contrôlée;
défend à tous fecrétaires du Roi, notaires,
gréfiers ou autres, aïant droit de collationner les actes, d'en collationner aucuns fous-
fignature privée, s'ils n'ont été contrôlés
préalablement, à peine de nullité, & de
300 livres d'amende, tant contr'eux que
contre les parties.

Décifion du confeil du 19 Septembre
1733, qui déclare nulle la collation faite
par un fecrétaire du Roi, d'un acte fait
fous-fignature privée en 1684, non contrôlé; & qui réïtère les défenfes faites par
l'arrêt du 30 Septembre 1721.

Par arrêt du confeil du 17 Avril 1724,
il eft fait défenfes à tous huiffiers ou fergens, de s'immifcer, à l'avenir, de figner
aucuns actes de collation de pièces & ac-

tes, reçûs par les notaires & autres, ou
faits fous-fignature privée, à peine d'interdiction de leurs fonctions pendant fix mois,
& de 100 livres d'amende. Et un fergent
a été condamné en pareille amende, pour
avoir collationné un compte de geftion d'un
tréfor de paroiffe.

Les fecrétaires du Roi, ne doivent collationner que les actes émanés du confeil
& des cours près defquelles ils font établis; dans ce cas, leurs collations ne font
pas fujétes au contrôle. Mais, s'ils excédent,
ils font fonction de notaires, & leurs collations doivent être contrôlées dans la quinzaine: décifion du confeil du 19 Novembre 1742, fur mémoire du findic général
du Languedoc.

Les collations ou extraits d'actes, par
les notaires qui ont fait lefdits actes, &
qui font dépofitaires des minutes, ne font
point fujets au contrôle, parce que ce font
moins des collations que des expéditions,
du contenu defquelles ils font refponfables;
mais-ils doivent faire contrôler tous autres
extraits & collations.

COLLECTE & *collecteurs des tailles.*

Les *nominations* de collecteurs, faites
devant notaires, doivent être contrôlées
comme tous les autres actes des notaires, &
le droit de contrôle perçû fur le pié règlé
par l'art. 71 du tarif du 29 Septembre
1722. Décifion du confeil du 5 Avril
1732; autre du 1er Décembre 1736, contre le fieur Bedey, notaire à Mont-Lery,
qui n'avoit pas fait contrôler des actes de
nomination de collecteurs par lui reçûs.

Par décifion du confeil du 26 Mai
1724, rendue fur les repréfentations de
M. l'intendant d'Alençon, il a été jugé
que les actes de *nomination* de collecteurs, confentement d'enrôler & de dé-
rôler, reçûs par les curés, ne font pas
fujets au contrôle.

Les *nominations* de collecteurs forcés,
par délibérations des communautés du Languedoc, ont pareillement été déchargés

du contrôle. Décifion du confeil du 24 Décembre 1729 ; arrêt du 17 Novembre 1733., & art. 2 de celui du 15 Octobre 1737. Il a auffi été jugé, par décifion du 4 Mai 1737, que des nominations de collecteurs par délibérations de la communauté de faint Jean d'Angely, ne font pas fujétes au contrôle.

Les *traités* faits avec les collecteurs pour la levée des tailles, au moïen d'une remife fixe, & d'une autre fur les particuliers, qui font en retard de païer leur tau, ne font fujets au droit de contrôle que fur le pié de la remife fixe. Décifion du 12 Mai 1724. Voïez *Baux pour la levée des tailles.*

Les *dénonciations* que les findics font eux-mêmes, ou par le miniftère d'huiffiers ou fergens, aux collecteurs, de leur nomination à la collecte, ne font fujétes au contrôle que lorfqu'elles contiennent affignation. Décifion du 16 Décembre 1727.

Les *quitances* données par les receveurs des tailles aux collecteurs, doivent être en *papier timbré,* jufqu'à douze feulement par chacun an. Lettre de M. le garde des fceaux du 25 Avril 1724. *Voïez* les art. 12 & 15 de l'ordonnance des aides, du mois de Juin 1680, portant que les récépiffés, quitances & autres actes délivrés par les tréforiers, receveurs généraux des finances, & receveurs des tailles, feront en papier timbré, & que les collecteurs des tailles feront feulement tenus de païer les droits pour fix quitances, du nombre de celles qui leur feront délivrées par an par les receveurs des tailles, le furplus demeurant à la charge des receveurs.

Arrêt du confeil du 11 Septembre 1731, qui ordonne que les receveurs des tailles feront tenus de délivrer aux collecteurs d'icelles, douze quitances en papier timbré par an, pour chacune des paroiffes de leur élection, dont fix à la

charge des collecteurs, & fix à celle des receveurs ; les décharge du droit de timbre des autres quitances qu'ils pouroient donner au-delà de ce nombre ; leur enjoint de prendre au bureau du fermier des formules, en une feule fois, dans le quartier d'Octobre de chaque année, la quantité de papier timbré, néceffaire pour lefdites quitances, dont ils prendront un certificat du directeur ou des commis, & leur en laifferont une ampliation, fignée d'eux, à l'éfet de juftifier qu'ils auront pris le nombre defdites quitances ; permet aux fermiers des formules d'ajoûter au timbre d'icelles, une légende qui en déterminera l'ufage, avec défenfes de les emploïer à aucun autre, à peine de 200 l. d'amende pour chaque contravention.

L'arrêt du 19 Février 1732, rendu en interprétation du précédent, ordonne que le nombre de douze quitances en papier timbré, fera entendu par exercice, & non par année ; & que chaque receveur des tailles ne poura être tenu d'en prendre une plus grande quantité pour chaque éxercice ; lefquelles quitances feront fournies, fans tirer à conféquence, fur des demi-feuilles, au prix de huit deniers chacune, compris le prix marchand ; (c'eft-à-dire, au même prix que valoit alors le quart.)

Arrêt du confeil du 16 Décembre 1732, qui condamne plufieurs receveurs des tailles de la généralité de Paris, à fe conformer aux arrêts ci-deffus ; & pour leur refus & contravention, les condamne en 300 liv. d'amende chacun, avec défenfes de récidiver.

Autre arrêt du confeil du 19 Mars 1743, contre le fieur Bronod, receveur des tailles de l'élection de Lyon, qui le condamne en 300 liv. d'amende, aux dépens & au coût de l'arrêt, pour n'avoir pas levé au bureau de la formule, les papiers timbrés néceffaires pour les douze quitances de chacun de fes éxercices :

le

le condamne en outre au païement des droits defdits papiers timbrés.

A l'égard des pourfuites des receveurs des tailles contre les collecteurs, & de celles des collecteurs contre les redeva-bles, pour le recouvrement de la taille, *voïez* ci-après *Contrôle des exploits*, §. 11.

COLLOCATION. On apelle colloca-tion, en païs de droit écrit, & particu-lièrement en Provence, le jugement qui met le créancier en poffeffion des biens de fon débiteur ; il produit le même éfet que le décret.

On nomme auffi collocation, dans le païs de droit écrit, l'acte ou le juge-ment par lequel on donne à la femme des biens du mari, par forme d'antichréfe, jufqu'à ce qu'elle foit païée de fes repri-fes & conventions matrimoniales ; def-quels biens les fruits lui tiennent lieu de l'intérêt de fes remplois: lorfque cette col-location eft illimitée, & que le mari eft mort, elle emporte aliénation.

Le droit de centième denier eft dû des biens ainfi colloqués, foit aux créanciers, foit à la femme.

Arrêt du confeil du 13 Décembre 1712, qui caffe deux ordonnances du fubdélégué de l'intendance à Marfeille, & condamne Jofeph & Efprit-Ignace Beauf-fier au païement du droit de centième denier, du prix total de deux maifons, fur lefquelles ils ont été colloqués, & dont ils ont fait option dans les biens de leur frère, pour les remplir d'une fomme à eux léguée par le teftament de leur père, pour leur légitime paternelle ; par lequel teftament le frère aîné étoit inftitué héritier univerfel de tous les biens du père, dont il avoit jouï, & dont lefdites maifons provenoient.

Par décifion du confeil du 15 Juillet 1724, il a été jugé que les femmes fépa-rées, en païs de droit écrit, doivent le centième denier des immeubles de leurs maris, fur lefquels elles font colloquées, en

Tome I.

affurance de leurs droits dotaux, & au-tres avantages màtrimoniaux. *Voïez* ci-après *Remploi.*

Les créanciers poftérieurs qui n'ont pû être païés, font en droit, en rembour-fant les antérieurs, de fe mettre en pof-feffion des biens fur lefquels ils fe font col-loqués, en leur rembourfant tous les frais.

Décifion du confeil du 6 Septembre 1736, qui juge que le droit de centième denier eft dû dans l'inftant, par le créan-cier, de la valeur des biens pour lefquels il fe colloque fur fon débiteur ; & qu'en cas d'éviction, il eft dû de nouveau par le créancier qui l'évince.

Décifion du 16 Mars 1743, qui juge qu'une fille donataire d'une fomme à pren-dre fur les biens de fa mère après fa mort, qui renonce à la fucceffion, & fe fait colloquer ou envoïer en poffeffion des biens-fonds, en doit le centième denier, parce qu'aïant renoncé, elle n'a agi que comme créancière.

Autre du 26 Novembre 1746, contre la dame marquife de Saint Auban, au fu-jet d'une collocation faite en 1708, par procès verbal d'huiffier, contrôlé aux ex-ploits, & qu'elle difoit avoir été annul-lée (fous prétexte que les biens étoient chargés de fubftitution) par une tranfac-tion de 1717, portant compenfation des fruits avec les créances ; mais comme la fubftitution ne paroiffoit pas réelle, il a été jugé que les droits de contrôle & de centième denier font dûs, tant de la collo-cation, que de la rétroceffion faite par la tranfaction.

Voïez Dation, Dot, Remploi, Légi-time & *Legs.*

COMMAND, terme par lequel on en-tend un particulier qui a chargé un autre d'acquérir pour lui des immeubles, foit par contrat volontaire, foit par adjudica-tion par décret. Celui qui acquiert, ou qui fe rend adjudicataire pour le command, doit en même-tems déclarer qu'il agit pour la perfonne qu'il fe réferve de nommer ; & cette nomination doit être faite avant que d'éxercer aucun acte de propriété en fon nom perfonnel. Voïez *Déclaration.*

COMMANDEMENT , eft , en général , un exploit que fignifie un huiffier , en vertu d'un titre paré , avec fommation de fatisfaire aux condamnations ou engagemens portés par ce titre.

Le recouvrement de la plûpart des droits dûs à la ferme des domaines, fe pourfuit par commandemens, qui font faits en vertu des contraintes décernées par les commis ou autres emploïés. *Voïez Contraintes.*

Le délai entre le commandement & les autres pourfuites , n'eft fixé par aucune loi , à l'égard de la plûpart des droits dépendans de la ferme des domaines ; néanmoins , il eft d'ufage , & l'on recommande toujours aux emploïés , non-feulement de prévenir les redevables , par de fimples avertiffemens , avant que de faire faire le commandement, mais encore de diférer , au moins une quinzaine , à faire faire les autres pourfuites après le commandement ; afin que les parties aïent un tems fuffifant pour propofer des moïens de décharge ou de modération , fi elles en ont.

Lorfqu'il s'agit même de droits d'amortiffemens ou de franc-fiefs , il faut attendre un mois après le commandement , pour en pouvoir faire un itératif, ou d'autres pourfuites.

A l'égard des droits domaniaux cafuels , ils fe pourfuivent par action , avec affignation au bureau des finances en la chambre du domaine , ou devant tels autres juges qui en doivent connaître , lorfqu'il n'y a pas de bureau des finances.

Quant au délai dans lequel doivent être contrôlés les commandemens , & aux droits de contrôle qui en font dûs. *Voïez* ci-après *Contrôle des exploits,* §. 13.

COMMENSAUX , font des oficiers de la maifon du Roi , de la Reine , des enfans & petits - enfans de France , &

autres princes , dont la maifon eft couchée fur l'état du Roi , enregiftré à la cour des aides.

On diftingue trois ordres de commenfaux ; dans le premier , font compris les oficiers de la couronne , les chefs d'ofices , ceux qui forment le confeil du Roi , & tous ceux qui , à caufe de la dignité de leur ofice , ont le titre & l'état de chevalier , & font nobles d'une nobleffe parfaite , & tranfmiffible à leur poftérité.

Le fecond ordre comprend les maitres d'hôtel , les gentils-hommes fervans , ceux de la vénerie & de la Fauconnerie ; les écuïers d'écurie , les maréchaux de logis , les fouriers , les porte-manteau , & autres femblables oficiers , vulgairement apellés du fecond ordre.

Et dans le troifième ordre , font compris les bas ofices , qui de tout tems ont été éxercés par des roturiers.

Comme il ne s'agit ici de parler des commenfaux que relativement à l'éxemtion du droit de *franc-fiefs* , dont jouïffent quelques-uns d'entr'eux , en vertu des priviléges qui leur font attribués , nous n'entrerons dans aucun détail , à l'égard du premier ordre , parce qu'il eft toujours rempli par des perfonnes d'une naiffance illuftre , & des premières maifons du roïaume.

Les oficiers du fecond ordre , jouïffent de diférens priviléges , accordés par les édits de création de leurs charges , notamment par les édits & déclarations de 1548 , 1549 , 1562 , 1588 & 1611 , qui déclarent les oficiers domeftiques & commenfaux de la maifon du Roi , éxemts de contribution aux emprunts faits & à faire , tant par le Roi que par les villes , pour la fourniture des vivres & munitions de guerre ; de toutes tailles , aides , impofitions de 12 d. pour livre ; des droits de quatrième, huitième , dixième & apétiffemens du vin ; de guet , garde des portes & murailles , des ports , ponts , paffages , travers & détroits, fournitures & contribution d'éta-pes, de logis & garnifon de gendarmes, tant de pié que de cheval ; auffi de la folde de 50000 hommes de pié, des char-rois & chevaux d'artillerie & pionniers, de contributions de ban & arrière-ban ; de traites-foraines, péages & paffages de toutes chofes de leur crû ; & de tous au-tres fubfides, levées, charges, contribu-tions, & fubventions généralement quel-conques.

Dans l'encyclopédie, on a compris le droit de *franc-fiefs* dans le détail de ces priviléges ; mais celui qui a rédigé cet article, s'eft laiffé furprendre par des mé-moires peu éxacts : auffi n'a-t-il fait au-cune citation. Il eft très-certain que le droit de franc-fiefs n'eft compris dans au-cun des édits & déclarations portant con-ceffion des priviléges des commenfaux.

Par arrêt de la cour des aides du 10 Mai 1607, l'éxemtion des commenfaux fut reftrainte aux impofitions qui éxiftoient lors de la conceffion ; & ils furent décla-rés fujets aux réparations des chemins, fortifications des villes, ponts, chauffées, & autres ouvrages publics ; au droit d'a-pétiffement de pinte, traites & impofi-tions foraines, pour marchandifes qui ne font pas de leur crû, & à toutes levées de deniers, auxquelles leurs prédéceffeurs ont contribué.

La plûpart des commenfaux ont le droit de fe qualifier du titre d'écuïer, parce que ces ofices n'étoient ancienne-ment éxercés que par des gentilshom-mes ; il peut encore fe trouver des no-bles d'extraction dans le nombre ; mais il ne s'agit ici que de ceux qui font roturiers.

Sur le fondement de ces divers privi-léges, ils prétendent être éxemts des droits de *franc-fiefs*, pour les fiefs & biens nobles qu'ils poffédent.

Mais il faut d'abord obferver que le ti-tre d'*écuïer* attaché à un ofice, eft fim-plement honorifique, & ne donne aucun des éfets de la nobleffe ; on ne peut même prendre ce titre d'*écuïer* qu'en y ajoûtant la qualité de l'ofice auquel il eft joint ; il en eft, à cet égard, comme d'une infinité de charges auxquelles le titre de confeil-ler du Roi eft joint : les uns ne font pas plus confeillers de S. M. que les au-tres ne font véritablement nobles.

Ce fut afin d'éviter que le titre d'*écuïer* ne fervît infenfiblement de moïen pour ufurper la nobleffe, que par l'art. 33 de l'arrêt de règlement du 15 Mai 1703, concernant la procédure à faire contre les ufurpateurs de la nobleffe, il fut ordonné que les oficiers qui ont le droit & la fa-culté de prendre la qualité d'*écuïer* par le titre de leurs charges, pouroient con-tinuer de prendre cette qualité, fans être réputés ufurpateurs, à condition d'y ajoû-ter la qualité defdites charges & ofices ; pourvû néanmoins, à l'égard des oficiers des maifons roïales, qu'ils foient emploïés dans les états envoïés à la cour des ai-des, ou que leurs brevets & provifions y foient enregiftrés.

Par arrêt du confeil du 20 Juillet 1723, rendu contradictoirement avec le fieur Bernard de Cez, écuïer, vice-fené-chal honoraire en la maréchauffée des Lan-nes, il a été jugé que le titre d'*écuïer*, attaché à un ofice, ne donne aucune éxemtion du droit de franc-fiefs ; & en conféquence, ledit fieur Bernard de Cez a été condamné à païer ce droit, pour des terres par lui poffédées dans la géné-ralité de Pau.

Le titre d'*écuïer* attaché à un ofice ou à une charge, n'eft donc d'aucune confi-dération contre la demande du droit de franc-fiefs.

C'eft cependant fur le fondement de ce titre d'écuïer, que quelques commenfaux ont obtenu des arrêts du confeil, qui les ont déchargés des droits de franc-fiefs ; mais ces arrêts n'étant pas dans les vrais principes, le fermier peut toujours y for-

H h h ij

mer opofition. On verra même dans le détail ci-après, que l'éxemtion du droit de franc-fiefs a été refufée à plufieurs commenfaux, quoique, par raport à leurs charges, ils euffent le droit de prendre le titre d'écuïer.

Les priviléges généraux accordés aux *commenfaux*, ne font pas non plus fuffifans pour leur procurer l'éxemtion du droit de franc-fiefs. Bacq, ch. 8 de la première partie des droits de franc-fiefs, n. 2, obferve que ce droit eft domanial, & non d'impofition ; qu'il n'y a que la feule nobleffe, ou un privilége fpécial du prince, qui en puiffe affranchir & éxemter le roturier ; qu'ainfi les oficiers domeftiques des maifons roïales, quoique couchés en l'état, & faifant fervice actuel, ne peuvent être éxemts de ce droit, s'ils ne font nobles de race, ou annoblis par le Roi. A ce, dit-il, font conformes les art. 8 & 11 de l'édit, contenant ample règlement fur le fait des tailles, vérifié en la cour des aides le 27 Juillet 1583.

Les édits de création des charges des *commenfaux*, ne leur accordent point l'éxemtion du droit de *franc-fiefs* ; & dès-lors le fermier des domaines eft fondé à foûtenir qu'ils n'en doivent point jouïr, quelqu'étendus que puiffent être les autres priviléges qui leur font attribués.

En éfet, les priviléges & éxemtions font de droit étroit, & ne peuvent en aucune manière fe fous-entendre par des termes généraux ; le droit de franc-fiefs n'eft point de la nature des fubfides & impofitions, dont l'éxemtion eft cenfée comprife dans une difpofition générale : il faut une claufe expreffe, & une dénomination particulière du droit de franc-fiefs pour en procurer l'éxemtion.

L'arrêt du confeil rendu le 11 Juillet 1721, contradictoirement avec un lieutenant de maire de Guife, porte en termes exprès, que le Roi n'a point entendu comprendre dans la dénomination générale du rétablif-

fement des priviléges & éxemtions attribués à ces ofices, *celle du drcit de franc-fiefs*, qui *ne peut jamais avoir lieu que dans les cas où elle eft nommément exprimée*.

Il eft vrai néanmoins que quelques *commenfaux* ont obtenu des arrêts, qui leur ont accordé la décharge du droit de franc-fiefs ; mais dans les vrais principes, ces arrêts ne doivent être confidérés que comme des graces particulières & perfonnelles à ceux qui les ont obtenuës, fans qu'aucuns autres pourvûs de femblables charges puiffent s'en prévaloir.

Il eft encore vrai que quelquefois l'éxemtion a été accordée indéfiniment à tous ceux qui font ou qui feront pourvûs de certaines charges. Le fermier eft toujours recevable à former opofition à ces arrêts ; mais pendant qu'ils fubfifteront, l'on doit être attentif à en reftraindre l'éfet à ceux en faveur defquels ils ont été rendus, fans l'étendre à aucuns autres *commenfaux* ; parce qu'il eft très-certain que le titre de commenfal ne fuffit pas pour attribuer l'éxemtion du droit de franc-fiefs.

Par une décifion du confeil du 9 Juillet 1702, il eft dit que les gentilshommes ordinaires de M. le prince de Condé, devoient jouïr des mêmes priviléges, que les commenfaux de la maifon du Roi, par raport à la taille & autres charges publiques ; *mais non pas par raport à l'éxemtion des droits de franc-fiefs, dont même tous les commenfaux de la maifon du Roi ne jouïffent pas*.

Quant à ceux du troifième ordre, ils ont quelques priviléges, mais ils n'ont pas même le droit de prendre le titre d'écuïer.

Il y a plufieurs perfonnes qui, par raport à leurs charges ou emploïs, ont ou prétendent avoir les mêmes & femblables priviléges dont jouïffent les *commenfaux* ; mais ce qu'on vient d'établir à l'égard des uns, fuffit pour exclure les autres de l'éxemtion du droit de franc-fiefs, lorfqu'elle ne leur a pas été nommément accordée. D'ailleurs, quand bien même les commenfaux jouïroient, à ce feul titre, de l'éxemtion de ce droit; il ne s'enfuivroit aucunement que ceux qui ne font pas commenfaux, duffent en jouïr, fur le fondement d'une claufe générale, qui leur accorderoit les mêmes éxemtions & priviléges, fans fpécifier nommément l'immunité du droit de franc-fiefs. C'eft un principe confirmé diférentes fois, & notamment par une décifion du confeil du 7 Avril 1745, rendue contre un intendant des turcies & levées, dont la charge avoit été créée avec attribution des mêmes priviléges, dont jouïffent les tréforiers de France. Cette décifion eft citée dans l'arrêt du confeil, rendu le 9 Octobre 1759, contradictoirement & en conformité du dire de M. Freteau infpecteur général du domaine de la couronne; qui juge la même chofe contre les païeurs des gages des cours fouveraines, quoiqu'ils euffent été confirmés dans le droit d'être & de fe dire du corps des cours, & de jouïr de tous les mêmes priviléges, immunités, franchifes, éxemtions & droits dont jouïffent, ou doivent jouïr les oficiers defdites cours; & cela, parce que, comme on l'a déja obfervé, la nobleffe & l'éxemtion du droit de franc-fiefs, ne peuvent être fupléées, ni fous-entendues par des termes généraux.

Avant que d'entrer dans le détail des *commenfaux*, auxquels l'éxemtion du droit de franc-fiefs a été accordée ou refufée, il eft néceffaire de parler des conditions, fous lefquelles ils peuvent jouïr des priviléges qui leur font accordés.

I. Il faut d'abord prouver un *fervice actuel* : l'article 5 de l'édit du mois d'Août 1705, confirme les oficiers domeftiques & commenfaux, dans les priviléges & éxemtions à eux accordés par les édits & déclarations, *à la charge qu'ils ne feront aucun acte dérogeant ; qu'ils feront compris dans les états* envoïés tous les ans, à la cour des aides; qu'ils recevront *au moins 60 liv. de gages par an,* & qu'ils feront *fervice actuel.*

L'article 6 du même édit, les affujétit à déclarer tous les ans, par acte autentique, un jour de dimanche ou de fête, à l'iffue de la grand'meffe, au corps des habitans de la paroiffe, l'année, le quartier ou le femeftre, pendant lequel ils devront fervir, & le jour de leur départ; &, fix femaines après le fervice, à raporter & dénoncer, comme deffus, un certificat valable du fervice qu'ils auront rendu, une ampliation fignée du tréforier ou autre païeur de la quitance qu'ils lui auront donnée des 60 liv. de gages & au-deffus, avec un extrait de l'état envoïé à la cour des aides, figné du gréfier, afin de prouver qu'ils y font emploïés.

II. Il y a une efpèce d'*incompatibilité*, entre les charges des commenfaux, & les ofices de judicature, police & finance; enforte que le commenfal ne peut jouïr d'aucun des priviléges, attachés à fa charge, tandis qu'il eft pourvû d'un ofice de judicature, de police ou de finance.

La déclaration du Roi du 23 Octobre 1680, ordonne que tous les oficiers des maifons roïales, poffédans des charges de judicature, ou autres, aïant fonction publique & ferment à juftice, feront impofés aux rôles des tailles, tant qu'ils feront pourvûs conjointement des deux ofices, nonobftant les priviléges des commenfaux, dont ils font déclarés déchus, jufqu'à ce qu'ils aïent fait option, & fe foient démis des ofices, aïant fonctions publiques, & qu'un autre foit pourvû & éxerce à leur place; nonobftant toutes lettres de compatibilité obtenuës ou à obtenir, & encore qu'elles fuffent régiftrées dans les cours.

L'article 8 de l'édit du mois d'Août 1705, porte que tous oficiers de judicature, de police ou de finance, qui feront

Commen-
faux.

auſſi pourvûs de charges & d'ofices de la maiſon du Roi, & des maiſons roïales, ne jouïront point des priviléges & des éxemtions, juſqu'à ce qu'ils ſe ſoient démis de leurs ofices de judicature, de police ou de finance, & juſqu'à ce qu'un autre en ſoit pourvû en leur place ; nonobſtant toutes lettres de compatibilité, qui ſont révoquées, conformément à la déclaration de 1680.

Par l'article 25 de l'édit du mois de Septembre 1706, il fut ordonné que ceux qui n'avoient pas ſatisfait à la diſpoſition de l'article 8 de l'édit de 1705, ſeroient, à la prochaine aſſiette, impoſés d'ofice à la taille, par les intendans & commiſſaires départis, dans les lieux où elle eſt perſonnelle.

Déciſion du conſeil du 20 Mars 1737, qui juge que le ſieur Poulard, pourvû en 1730, de l'ofice de receveur des tailles à Mortagne, & en 1736, de la charge de gentilhomme de la grande vénerie, eſt ſujet au droit de franc-fiefs, attendu l'incompatibilité de ſon ofice, avec ſa charge de la vénerie.

Arrêt du conſeil du 2 Mai 1752, rendu contradictoirement avec le ſieur François-Touſſaint Boulet, fourier des logis, dès 1728 ; & pourvû en 1737, d'un ofice de receveur des tailles de l'élection de Mondidier, qui le condamne à païer le droit de franc-fiefs des biens nobles par lui poſſédés, à compter du jour de ſa réception dans l'ofice de receveur des tailles.

III. Les *lettres de vétérance*, obtenuës par les oficiers domeſtiques & commenſaux de la maiſon du Roi, ou autres oficiers réputés domeſtiques & commenſaux de S. M. ne produiront aucun privilége, ni aucune éxemtion, ſi elles ne ſont obtenuës, après vingt-cinq années de ſervice actuel. Article 7 de l'édit du mois d'Août 1705.

Par arrêt du 23 Décembre 1721, les gardes de la porte de M. le duc d'Orléans,

régent, furent déchargés du droit de franc-fiefs, pendant le tems ſeulement qu'ils poſſéderoient leurs charges, & en feroient les fonctions ; ce qui les exclud de prétendre l'éxemtion, après la diſcontinuation du ſervice, nonobſtant la vétérance.

Dans le détail ſuivant, l'on trouvera ce qui a été jugé au ſujet des droits de *franc-fiefs* demandés, tant aux commenſaux, qu'aux diférentes perſonnes qui prétendent devoir jouïr des mêmes priviléges, que leſdits commenſaux.

1. *Bailliage de l'arſenal :* déciſion du conſeil du 10 Juin 1750, qui confirme une ordonnance de M. l'intendant de Roüen, par laquelle le ſieur Deu a été condamné au païement du droit de franc-fiefs, dont il ſe prétendoit éxemt, comme *lieutenant général* du bailliage de l'arſenal, & devant jouïr en cette qualité, des priviléges des commenſaux de la maiſon du Roi.

2. *Bailliage & capitainerie de la varenne du louvre.* Voïez *ci-après* le n°. 36.

3. *Cavalcadours.* Déciſions du conſeil des 16 Juillet 1717, & 23 Février 1744, contre des *écuïers cavalcadours* de S. A. R. madame la ducheſſe d'Orléans.

4. *Chevaux-légers de la garde ;* Voïez ci-après au n°. 16, les titres qui ſont communs aux gardes du corps, gendarmes & chevaux-légers, & qui leur accordent les priviléges des commenſaux, pendant leur ſervice ſeulement.

Le 29 Octobre 1720, il fut rendu un arrêt du conſeil, ſur requête non communiquée, de M. le duc de Chaulnes, capitaine-lieutenant, & des chefs & oficiers de la compagnie des chevaux-légers, expoſitive qu'ils jouïſſoient des priviléges des commenſaux, qu'ils avoient été maintenus au droit de prendre la qualité d'écuïer, qui leur donnoit les priviléges de la nobleſſe ; & néanmoins que le ſieur Fermiger, l'un d'eux , étoit pourſuivi pour droit de franc-fiefs. Par cet arrêt , il fut ordonné que les réglemens , concernant les priviléges des deux cent chevaux-légers de la garde , feront éxécutés ; en conſéquence , il fut fait pleine & entière main-levée , tant audit ſieur Fermiger , qu'autres de ladite compagnie , des ſaiſies , ſur eux faites pour droits de franc-fiefs , dont ils furent déchargés: il fut même expédié des lettres patentes en conformité , au mois d'Avril 1721 , qui ont été enregiſtrées en la cour des aides de Paris , le 23 Mai ſuivant.

Mais , Charles Cordier , chargé de la régie des fermes , ſe pourvût en opoſition ; il repréſenta que l'arrêt de 1720 , n'avoit point été rendu en finance , qu'il avoit été obtenu ſur requête non communiquée , que les priviléges des commenſaux , ni le titre d'écuïer , ne procuroient point l'éxemtion du droit de franc-fiefs , qui ne pouvoit avoir lieu , lorſqu'elle n'étoit pas exprimée.

Par arrêt du conſeil des finances , du 14 Novembre 1721 , ledit Cordier fût reçu opoſant à l'éxécution de l'arrêt du 29 Octobre 1720 , rendu ſur requête non communiquée ; & pour faire droit au principal , S. M. ordonna que leſdits oficiers & chevaux-légers remettroient leurs titres à M. le contrôleur général des finances , pour , ſur ſon raport , être ſtatué par S. M. ainſi qu'il apartiendra.

Les chevaux-légers n'aïant point raporté leurs titres , il n'a point encore été ſtatué ſur l'opoſition.

Déciſion du conſeil du 7 Mars 1728 , qui déboute le ſieur Guillin Piton , l'un des chevaux-légers de la garde , de ſon apel d'une ordonnance de M. l'intendant de la Rochelle , par laquelle il avoit été condamné au païement du droit de franc-fiefs , pour la jouïſſance de la terre de Chandoleron , depuis le décès de ſa mère , juſqu'au jour qu'il a été reçû chevau-léger.

Déciſion du conſeil du 19 Août 1731 , qui réforme une ordonnance de M. l'intendant de Bourges , obtenuë par la veuve du ſieur Jacques-Richard Louvet de Brullemailie , chevau-léger ; & en conſéquence , ordonne qu'elle païera le droit de franc-fiefs d'une terre à elle apartenante , à compter du jour du décès de ſon mari , *quand même l'éxemtion ſeroit bien établie en faveur des chevaux-légers , leurs veuves ne devant pas jouïr de cette éxemtion.*

5. *Commiſſaires des guerres. Voïez* ci-après l'article: *Commiſſaires.*

6. *Connétablie.* Voïez les déciſions du conſeil des 31 Juillet 1737 , 20 Mars 1743 , & 28 Juillet 1745 , raportées ci-après , à l'article des *maréchauſſées* , n°. 25.

7. *Conſeillers aux conſeils des Princes.* Déciſion du conſeil du 4 Février 1722 , qui déboute le ſieur de Baillehache , de ſa demande en décharge du droit de franc-fiefs , en qualité de conſeiller au conſeil de feu S. A. R. Monſieur , faute de juſtifier d'un arrêt qui éxemte leſdits oficiers , de la taxe des franc-fiefs.

Autre déciſion du 7 Mai 1724 , contre le ſieur Loüis Bonfils , conſeiller au conſeil de feu S. A. R. M. le duc d'Orléans , & directeur des haras du roïaume ; décidé qu'il n'eſt point éxemt du droit de franc-fiefs.

8. *Contrôleurs ordinaires de la bouche.* Déciſion du conſeil du 8 Février 1728 , contre le ſieur Chatelain , contrôleur ordinaire de la bouche du Roi , qui demandoit l'éxemtion des droits de franc-fiefs , ſur le fondement de celle accordée aux valets de chambre , & aux portes-manteau ; la déciſion porte que le Roi n'entend point à ces ſortes d'éxemtions.

9. *Contrôleurs* provinciaux & ordinaires des guerres , & ceux à la ſuite de la maiſon du Roi. Voïez *Contrôleurs.*

10. *Ecuries.* Par déciſion du conſeil

du 18 Mars 1723, M. Dupleix de Bac-
quencourt, fermier général & *écuïer de la
grande écurie*, a été condamné au païement du droit de franc-fiefs.

Autre décifion du 27 Décembre 1728,
contre les fieurs Brudes, de Campagnoles,
& le Clerc de Bagueux, *écuïers de la grande écurie.*

Arrêt du confeil du 15 Mars 1729,
contre le fieur le Clerc, hérault d'armes
de France, & *écuïer de la grande écurie.*

Autre arrêt du confeil du 24 Février
1723, par lequel, faifant droit fur un
renvoi de M. l'intendant de Limoges,
le fieur Pafquet, *contrôleur des écuries* de
M. le prince de Condé, a été condamné au
païement du droit de franc-fiefs. Cet arrêt
eft fondé, tant fur ce que les contrôleurs
des écuries du Roi, ne jouïffent pas de
l'éxemtion, que fur l'arrêt du 13 Octobre
1722, qui a condamné la veuve d'un
gentilhomme ordinaire de feu M. le prince
de Condé, au païement du droit de franç-
fiefs.

Décifion du confeil du 17 Décembre
1730, qui déboute Florent Gouillard,
joueur de deffus de trompette marine, de
la grande écurie, de fa demande en éxemtion du droit de franc-fiefs.

11. *Ecuïer de main de Roi.* Le fieur
Guillaume Colin des Angles, écuïer ordinaire de main du Roi, & capitaine de
dragons au régiment de Nicolaï, aïant demandé que, faifant droit fur un renvoi au
confeil, porté par ordonnance de M. l'intendant de Caën, il fut déchargé du droit
de franc-fiefs, fur le fondement de l'éxemtion accordée aux gentilshommes de la vénerie, aux portes-manteau, & aux gardes de la porte, il a été fimplement ordonné, par décifion du confeil du 20 Janvier 1745, qu'il feroit furfis aux pourfuites.

Décifion du confeil du 18 Juin 1724,
qui condamne le fieur Martin, écuïer de

feuë Madame, au païement du droit de
franc-fiefs. Elle eft citée dans l'arrêt du
26 Janvier 1734, raporté ci-après, à l'article de la *fauconnerie.*

12. *Fauconnerie.* Décifion du confeil
du 1er Octobre 1712, portant que les *gentilshommes* de la grande fauconnerie, peuvent prendre la qualité d'écuïer, conjointement avec le titre de leurs charges; mais
qu'ils n'ont nul titre d'éxemtion du droit
de franc-fiefs; elle eft citée dans l'arrêt du
26 Janvier 1734, raporté ci-après.

Arrêt du confeil du 30 Juin 1722, qui
condamne le fieur Goufray de Pierreville,
gentilhomme de la fauconnerie, au païement du droit de franc-fiefs. Il y avoit eû
d'abord une décifion du 24 Avril 1720,
qui ordonnoit l'éxécution de la contrainte,
faute par lui d'avoir raporté un arrêt, en
faveur des oficiers de la fauconnerie.

Arrêt du confeil du 15 Février 1724,
qui condamne le fieur Emengard, *piqueur
au vol pour la pie*, au païement du droit
de franc-fiefs.

Autre du 27 Mars 1725, contre le fieur
Damouville, *piqueur au vol pour corneille*,
de la grande fauconnerie.

Décifion du confeil du 12 Mai 1726,
contre la dame de Gargan, qui, comme
veuve d'un oficier de la fauconnerie, demandoit la décharge du droit de franc-fiefs
de la terre des Fontaines en Champagne;
jugé que les *oficiers* de la fauconnerie, ne
font point éxemts du droit de franc-
fiefs.

Par un arrêt du 5 Avril 1727, rendu
fur la requête du fieur de Fourcy, l'arrêt
du confeil rendu le 13 Décembre 1695,
en faveur des gentilshommes de la vénerie,
fut déclaré commun avec les *gentilshommes* de la grande fauconnerie; & en conféquence, ledit fieur de Fourcy fut déchargé du droit de franc-fiefs. Mais, cet arrêt,
obtenu fur requéte non communiquée, n'a
pas même été rendu au confeil des finannes,
& ne fubfifte plus.

Arrêt

Arrêt du confeil du 26 Janvier 1734, rendu contradictoirement, & fur un renvoi de M. l'intendant de Soiffons, qui condamne le fieur Dumont, *lieutenant* de la grande fauconnerie, au païement du droit de franc-fiefs, nonobftant l'arrêt du 5 Avril 1727, non rendu en finance.

Autre arrêt du confeil du 24 Août 1734, par lequel, faifant droit fur un renvoi de M. l'intendant de Poitiers, le fieur Berthe de Bournizeaux, *gentilhomme* de la grande fauconnérie, a été condamné au païement du droit de franc-fiefs, fans avoir égard à fes moïens fondés fur l'arrêt de 1727.

Par édit du mois de Mai 1748, le Roi, en ordonnant la fupreffion des charges de gentilshommes de la grande fauconnerie, a maintenu ceux qui en étoient pourvûs, & leurs veuves, dans les priviléges dont ils jouïffoient avant la fupreffion, pour en jouïr pendant leur vie.

Décifion du confeil du 20 Août 1752, qui confirme une ordonnance de M. l'intendant de la Rochelle, par laquelle le fieur Templereau de Beauchefne, gentilhomme de la grande fauconnerie fuprimé, a été condamné au païement du droit de franc-fiefs.

13. *Fouriers des logis du Roi.* Arrêt du confeil du 9 Février 1694, qui les décharge du droit de franc-fiefs, fur le fondement du titre d'écuïer, attaché à leurs charges. Il eft cité dans ceux des 22 Juin 1694, & 14 Janvier 1702, concernant les gardes de la porte, & les huiffiers de la chambre, n. 19 & 24.

Arrêt du confeil du 3 Octobre 1702, rendu fur requéte, qui décharge du droit de franc-fiefs, les fouriers de madame la ducheffe de Bourgogne.

Par arrêt du confeil du 2 Mai 1752, le fieur Boulet, fourier des logis du Roi, n'a été condamné au païement du droit de franc-fiefs, que parce qu'il s'eft fait enfuite pourvoir d'un ofice de receveur des tailles; & il a été ordonné qu'il ne païeroit ledit

droit, qu'à compter du jour de fa réception dans cet ofice. Ainfi, il a été jugé qu'il étoit éxemt, pendant qu'il étoit fimplement fourier des logis, conformément à l'arrêt de 1694, quoique rendu fur un principe qui ne feroit nullement foûtenable aujourd'hui.

14. *Fruiterie du Roi.* Décifion du confeil du 17 Novembre 1745, qui condamne le Sr Pierre-Claude François, *chef de fruiterie* de S. M. au païement du droit de franc-fiefs de deux terres en la généralité d'Alençon; il opofoit qu'il étoit commenfal, qu'il fervoit par quartier, & qu'il étoit emploïé fur l'état regiftré en la cour des aides, pour 300 liv. de gages.

15. *Garçons de la chambre du Roi.* Arrêt du confeil du 18 Mai 1699, qui les décharge du droit de franc-fiefs.

Décifion du confeil du 14 Août 1737, qui décharge du droit de franc-fiefs la veuve d'Eléazard Audibert, garçon de la chambre de feuë madame la Dauphine, fur le fondement d'une déclaration du 20 Juillet 1680, qui accordoit aux oficiers de madame la Dauphine, les priviléges dont jouïffent ceux du Roi; d'une autre déclaration du 4 Avril 1712, qui conferve ces priviléges auxdits oficiers pendant leur vie, & à leurs veuves pendant leur viduité; & de l'arrêt de 1699.

16. *Gardes du corps.* L'article 11 de l'édit du mois de Janvier 1634, concernant les tailles, porte que les oficiers des quatre compagnies des gardes du corps du Roi, françaifes & écoffaifes, jouïront de l'éxemtion de la taille, pourvu qu'ils ne faffent trafic de marchandife, & ne tiennent ferme d'autrui, en fervant actuellement & non autrement; & l'art. 16 porte que ceux des compagnies des gendarmes & chevaux-légers, ne jouïront d'aucune éxemtion, excepté les deux compagnies de gendarmes & chevaux-légers de S. M. compofées de 200 hommes chacune.

L'article 4 de la déclaration du 29 Octo-

Commen-
faux.

bre 1689, porte que les gardes du corps du Roi, gendarmes & chevaux-légers; & les gardes du corps de M. le duc d'Orléans, frère de S. M. ne jouïront d'aucuns priviléges, s'ils ne fervent actuellement & ne fatisfont aux conditions portées par les règlemens des tailles.

Par autre déclaration du 2 Août 1698, il eft ordonné que les feuls oficiers, gardes, gendarmes & chevaux-légers emploïés dans les rôles defdites compagnies, & qui ferviront actuellement, jouïront des priviléges & éxemtions dont jouïffent les oficiers commenfaux du Roi; & afin qu'il ne puiffe être ufé de furprife, veut S. M. qu'aucun ne jouïffe des priviléges, qu'il ne foit actuellement emploïé dans les rôles defdites compagnies, qui feront envoïés chaque année à la cour des aides, & qu'il ne raporte un extrait figné du gréfier de ladite cour, de l'état de l'année courante.

Ces priviléges d'éxemtion de taille & autres charges publiques, limités même au tems du fervice actuel, n'influent aucunement fur l'immunité du droit de franc-fiefs, comme il a été ci-deffus obfervé à l'égard des commenfaux. Auffi les gardes du corps n'ont-ils obtenu aucune décharge de ce droit, mais feulement des furféances; ce qui fuffiroit pour prouver qu'ils y font fujets.

En 1715, le fermier des droits de franc-fiefs demanda au confeil qu'il lui fût accordé un arrêt, ou du moins qu'il fût écrit circulairement à Mrs les intendans au fujet des gardes du corps, des gendarmes, & des chevaux-légers qui fe prétendoient éxemts de ces droits; il fut décidé le 15 Juin 1715, qu'il feroit écrit à Mrs les intendans: & c'eft fur le fondement de cette décifion que les gardes du corps de feu Monfieur & du Régent, furent condamnés en 1716 & 1717, au païement defdits droits; les décifions font raportées à la fin de cette divifion.

Décifion du confeil du 15 Septembre 1726, en faveur du fieur Launay Brindejone, garde du Roi, portant feulement, qu'il fera furfis aux pourfuites pour un droit de franc-fiefs qui lui étoit demandé en Bretagne.

Décifion du 1er Août 1730, en faveur du fieur Prevoft de la Grandière, garde du Roi, portant également une furféance.

Autre du 22 Février 1732, en faveur du fieur Deformeaux, garde du corps du Roi, qui ordonne pareillement une furféance aux pourfuites.

Décifion du confeil du 8 Février 1741, qui condamne le fieur Dervillé au païement du droit de franc-fiefs, dont il fe prétendoit éxemt, comme aïant été dix ans garde du corps, & aïant enfuite été admis au nombre des oficiers des invalides.

Autre du 11 Novembre 1744, qui confirme une ordonnance de M. l'intendant de Roüen, par laquelle les fieurs Droüet ont été condamnés au païement du droit de franc-fiefs, dont ils fe prétendoient éxemts; ils foûtenoient même être nobles d'extraction, comme defcendans d'aïeul, bis-aïeul, tris-aïeul & quatr-aïeul, qui ont tous été gardes du Roi; ils fe fondoient fur un arrêt du confeil du 26 Mai 1667, qui avoit déclaré noble le fieur Barbuat, comme defcendant d'un père & d'un aïeul gardes du corps; & fur un autre du 5 Décembre de la même année 1667, qui avoit jugé la même chofe en faveur des fieurs Routier. Mais ces arrêts ne peuvent être confidérés que comme de graces particulières; parce qu'il n'y a aucune loi qui ait accordé la nobleffe aux gardes du corps.

Décifion du 13 Janvier 1745, qui condamne le fieur Amyot de Pezé au païement du droit de franc-fiefs, dont il demandoit l'éxemtion comme ancien garde du corps, & aïant en cette qualité obtenu les invalides par brevet, qui le maintient dans tous fes priviléges.

Autre Décifion du 4 Décembre 1752, contre le fieur Liebaud de la Broffe, qui demandoit la décharge du droit de franc-fiefs, attendu qu'après avoir fervi 14 ans, en qualité de garde du corps du Roi, il avoit obtenu des lettres d'ancien garde, & les invalides; au moïen de quoi, il fe difoit véterant; mais on a déja obfervé que les priviléges des gardes du corps, qui ne s'étendent pas même au droit de franc-fiefs, ne peuvent avoir lieu que pendant leur fervice actuel & réel.

Le 27 Janvier 1758, il a été rendu un arrêt au confeil des dépêches fur requête non communiquée des capitaines des quatre compagnies des gardes du corps du Roi, qui maintient, tant ceux defdits gardes emploïés dans les états enregiftrés à la cour des aides, que les pourvûs de lettres de vétérans dans tous leurs priviléges & éxemtions ; & il a été fait main-levée au fieur de la Hoche d'Ofcourt, & aux autres gardes fufdéfignés des faifies faites ou à faire pour les droits de franc-fiefs, dont ils ont été déchargés; il a été en conféquence, expédié des lettres patentes au mois de Février 1758, qui ont été enregiftrées à la cour des aides le 16 Mars fuivant.

Mais, Pierre Henriet adjudicataire des fermes unies, s'étant pourvu en opofition au confeil des finances, il a dit qu'aucun édit, déclaration ni règlement, n'avoient accordé l'éxemtion du droit de franc-fiefs aux gardes du corps, gendarmes, chevaux-légers & moufquetaires ; que leurs édits & déclarations n'ont trait qu'à la taille, & ne peuvent influer fur le droit de franc-fiefs ; que les priviléges des commenfaux ne donnent point l'éxemtion du droit de franc-fiefs ; enfin, il a cité trois décifions des 16 Août 1728, 22 Janvier 1730, & 29 Août 1731, les deux premières, rendues contre des veuves de gendarmes de la garde ; & la troifième, contre la veuve d'un chevau-léger ; & il a même ajoûté qu'en fupofant que lefdits gardes & autres fuffent éxemts, ce ne pouroit être que pendant le tems de leur fervice feulement.

En conféquence, il eft intervenu un arrêt du confeil des finances le 18 Juillet 1758, par lequel ledit Pierre Henriet a été reçu opofant à l'éxécution de celui du 27 Janvier précédent, rendu fur requête non communiquée ; & pour faire droit au principal, S. M. a ordonné que lefdits oficiers & gardes, & le fieur de la Hoche d'Ofcourt, remettront leurs titres à M. le contrôleur général des finances, pour, fur fon raport, être ftatué par S. M. ainfi qu'il apartiendra.

Par décifion du confeil du 14 Novembre 1716, les *gardes du corps de S. A. R.* M. le duc d'Orléans régent, aïant droit, en cette qualité, de joüir des mêmes priviléges que ceux du Roi, ont été condamnés au païement du droit de franc-fiefs. Autre décifion du 17 Décembre 1717, contre un ancien garde du corps de feu S. A. R. Monfieur. Autre décifion du 16 Décembre 1725, contre le fieur Enard Daffeline éxemt des gardes de S. A. R. M. le duc d'Orléans ; autre décifion du 14 Février 1726, contre le fieur Beffon, garde du corps de S. A. R. M. le duc d'Orléans. Autres décifions des 5 Mai 1726, & 9 Février 1727, contre Stephany Natal & le fieur du Frefne, gardes du corps de feu S. A. R. M. le duc d'Orléans ; autres des 5 Mars & 27 Octobre 1730, qui accordent une furféance de pourfuites aux fieurs Blancfanc Devillers & Olivier de la Magranière, gardes du corps de feu S. A. R. Autre décifion du 6 Septembre 1733, qui confirme deux ordonnances de M. l'intendant de Champagne, par lefquelles la veuve du fieur Paté de Rochefort, mort revêtu d'une charge de garde du corps de feu M. le duc d'Orléans, a été condamnée au païement du droit de franc-fiefs.

17. *Gardes des livres, états & papiers de la Reine.* Arrêt du confeil du 19 Décembre 1730, qui permet au fieur Jean-Nicolas Bernage, fieur de Saint Iliers-le-Bois, de continuer à prendre la qualité

d'écuïer , conjointement avec celle de con-
feiller-garde des livres & papiers de la Reine; & par grace fpéciale , & fans tirer à
conféquence, le décharge du païement des
droits de franc-fiefs.

18. *Gardes de la manche.* Décifion du
confeil du 19 Août 1731 , fur le mémoire
du fieur Dillion , garde de la manche , qui
demandoit , en cette qualité , la décharge
des droits de franc-fiefs des biens nobles par
lui poffédés en Languedoc. Cette décifion
porte feulement qu'il féra furfis aux pourfuites contre lui ; ce qui prouve fuffifamment que les gardes de la manche ne font
pas éxemts.

19. *Gardes de la porte du Roi.* Arrêt
du confeil du 22 Juin 1694 , qui décharge
lès gardes de là porte du Roi, du droit
de franc-fiefs , fur léur expofé que la qualité d'écuïer attachée à leur charge , leur
donnoit le droit de jouïr des priviléges
de la nobleffe.

Autre arrêt du confeil , également fur
requête , du 21 Avril 1719 , qui décharge
le fieur Bihoreau , garde de la porte du
Roi , du droit de franc-fiefs , fur le fondement de celui de 1694.

Arrêt du confeil du 23 Décembre
1721 , qui décharge les gardes de la
porte de M. le duc d'Orléans , régent ,
du droit de franc-fiefs , pendant le tems
feulement qu'ils pofféderont leurs charges ,
& en feront les fonctions.

Décifion du confeil du 25 Janvier 1728 ,
en faveur du fieur Néricault Deftouches ,
qui juge qu'il ne doit le droit de franc-
fiefs que jufqu'en 1727 , qu'il a été pourvû
d'une charge de garde de la porte du Roi.

Autre du 27 Juin 1743 , qui juge la
même chofe en faveur du fieur Cognard ,
garde de la porte du Roi.

Arrêt du confeil du 10 Mai 1757 , en
faveur de la dame de Boubert, veuve du S^r
Roland, décédé pourvû d'une charge de
garde de la porte du Roi ; qui la décharge
du droit de franc-fiefs.

20. *Gendarmes de la garde. Voïez* ci-
deffus au n° 16 , les titres qui font communs aux gardes du corps , gendarmes
de la garde & chevaux-légers , & qui
leur accordent les priviléges des commenfaux , pendant leur fervice feulement.

Par décifion du 17 Mai 1718 , les officiers de la gendarmerie furent condamnés
au païement du droit de franc-fiefs.

Par autre décifion du 18 Décembre
de la même année , le fieur Charoult ,
gendarme de la garde du Roi , fut condamné au païement du droit de franc-
fiefs.

Décifion du confeil du 28 Avril 1728 ,
qui accorde feulement une furféance de
pourfuites au fieur Pechant de Malleret ,
gendarme de la garde , pour droits de
franc-fiefs qui lui étoient demandés dans
la généralité de Moulins.

Autre décifion du 26 Août 1728 , fur
le mémoire de la veuve du fieur Daucel ,
décédé gendarme de la garde en 1724 ,
après avoir fait une acquifition en communauté avec fa femme , noble d'extraction. Jugé que le droit de franc-fiefs eft
dû feulement de la moitié échuë aux enfans par la mort du père.

Décifion du confeil du 22 Janvier 1730 ,
qui déboute la veuve du fieur Georges
Berthier , gendarme de la garde , de fa
demande en décharge du droit de franc-
fiefs , dû par fon fils mineur , pour un fief
à lui échu de la fucceffion de fon père , &
dont elle jouïffoit comme fa tutrice.

Arrêt du confeil du 9 Octobre 1736 ,
en faveur du fieur Gaultier de Gouillon ,
l'un des 200 gendarmes de la garde ordinaire du Roi , qui le décharge du droit
de franc-fiefs pour une terre en Bretagne ,
& ordonne la reftitution de ce que le fermier des domaines pouvoit avoir reçû.
Le fieur de Gouillon n'a prouvé que fon
fervice actuel pour établir fon privilége ;
le fermier n'a point contefté ce privilége :
il avoit dirigé fes pourfuites contre la

mère , qui , comme tutrice de fes enfans , avoit fait le retrait de la terre , & il prétendoit qu'elle devoit le droit ; mais le fieur de Gouillon aïant juftifié qu'il étoit propriétaire , le fermier s'eft retranché à dire , qu'en fupofant qu'il fût éxemt du droit comme gendarme , il devoit un prorata jufqu'au jour de fa réception ; ainfi la queftion de l'éxemtion n'a point été aprofondie , ni même difcutée.

21. *Gentilshommes fervants près du Roi.* Par arrêts fur requête des 10 Août 1694 , & 30 Septembre 1721 , ils ont été déchargés du droit de franc-fiefs , fur ce qu'ils ont foûtenu que la qualité d'écuïer qu'ils ont droit de prendre , leur donnoit tous les priviléges de la nobleffe.

Décifion du confeil du 9 Juillet 1702 , portant que les gentilshommes ordinaires de M. le prince de Condé , doivent jouïr des mêmes priviléges que les commenfaux de la maifon du Roi , par raport à la taille & autres charges publiques ; mais non , par raport à l'éxemtion du droit de franc-fiefs , dont même tous les commenfaux de la maifon du Roi ne jouïffent pas.

Arrêt du confeil du 13 Octobre 1722 , qui condamne la veuve du fieur Chanoffieu , gentilhomme ordinaire de feu M. le prince de Condé , au païement du droit de franc-fiefs.

22. *Gouverneur des pages.* Décifion du confeil du 5 Décembre 1728 , qui condamne le fieur Sorel , ancien gouverneur des pages de la chambre du Roi , à païer le droit de franc-fiefs de la terre de Bonneville , en la généralité de Roüen.

Autre décifion du 10 Février 1740 , contre le fieur Quenoble , fous-gouverneur & premier valet des pages de la chambre de feu M. le duc d'Orléans.

23. *Hérault d'armes de France.* Décifion du confeil du 24 Janvier 1717 , contre la veuve du fieur Demarés , décédé pourvû d'un ofice de hérault d'armes de France.

Arrêt du confeil du 15 Mars 1729 , contre le fieur le Clerc , hérault d'armes , & écuïer de la grande écurie.

24. *Huiffiers de la chambre du Roi.* Arrêt du confeil du 21 Février 1702 , en faveur des huiffiers de la chambre & du cabinet du Roi.

Arrêt du confeil du 14 Janvier 1702 , en faveur des huiffiers de la chambre & du cabinet de madame la ducheffe de Bourgogne.

Autre du 7 Novembre 1719 , en faveur du S.ʳ Dambreville , huiffier de l'anti-chambre de madame la ducheffe de Berry. Il eft cité dans celui du 26 Septembre 1730 ci-deffous.

Autre arrêt du 19 Novembre 1721 , qui décharge du droit de franc-fiefs , le fieur Jean Toutun , huiffier de l'anti-chambre de madame la ducheffe d'Orléans. Il eft pareillement cité dans l'arrêt de 1730.

Décifion du confeil du 31 Août 1727 , qui n'accorde qu'une furféance au fieur le Clerc , huiffier de la chambre de feu S. A. R. pour le droit de franc-fiefs du fief de Vernus , en la généralité de Moulins.

Autre décifion du 16 Juin 1728 , qui , du confentement du fermier , décharge du droit de franc-fiefs , le fieur Philippe Corfet , huiffier de l'anti-chambre de feu Monfieur.

Autre décifion du 5 Février 1730 , qui décharge du droit de franc-fiefs , le fieur Nicolas le Pinte de Livry , l'un des huiffiers de la chambre de feu S. A. R. M. le duc d'Orléans.

Arrêt du confeil du 26 Septembre 1730 , qui , en conformité de ceux de 1719 & 1721 , décharge le fieur Benjamin de la Doüefpe , fieur de la Pariere , huiffier de l'anti-chambre de S. A. S. M. le duc d'Orléans , du droit de franc-fiefs.

25. *Maîtres d'hôtel.* Arrêt du confeil du 29 Avril 1704 , qui décharge du droit de franc-fiefs , le fieur Gaillard de la Menaudiere , maître d'hôtel de S. A. R. M. le duc d'Orléans.

Commen-
faux.

26. *Maîtres de poftes. Voïez* leurs priviléges dans le mémorial des tailles, verb. Maitres , n. 5.

Décifion du confeil du 17 Décembre 1730 , qui , fans avoir égard à une ordonnance de M. l'intendant de la Rochelle, condamne le fieur le Begue de la Pivotte , maitre de poftes à S. Cibardeaux, au païement du droit de franc-fiefs.

Autre décifion du confeil du 6 Février 1758 , contre le fieur Jouent , maitre des poftes de Claye , qui , en cette qualité , réclamoit les priviléges des commenfaux , & l'éxemtion du droit de franc-fiefs.

27. *Maréchauffées.* Les oficiers des maréchauffées ont diférentes fois , mais toujours en vain , prétendu l'éxemtion des droits de franc-fiefs.

Ils ont dit que par édit du mois d'Octobre 1704 , portant création des oficiers raporteurs du point d'honneur, il fut ordonné qu'ils jouïroient de l'éxemtion de taille , tutelle , curatelle , franc-fiefs , & généralement de tous les priviléges dont ont joui ou dû jouïr les commenfaux & les prévôts des maréchaux de France ; que par édit du mois de Mars 1720 , les maréchauffées de France furent créées de nouveau, dans la forme qu'elles ont aujourd'hui , à l'inftar & faifant corps avec la gendarmerie ; que les charges de ce corps ne font accordées qu'à des oficiers qui aïent fervi au moins pendant 4 ans dans les troupes du Roi , & qu'ils ont le droit de prendre la qualité d'écuïer.

Mais , les priviléges accordés par l'édit de 1704 , font révoqués par la difpofition générale de l'édit du mois d'Août 1715 , & encore plus particulièrement par l'édit du mois de Mars 1720 , qui fuprime les charges de prévôts généraux & provinciaux, vice-baillifs, vice-fenéchaux, & généralement tous autres oficiers des maréchauffées ; & qui , en établiffant de nouvelles compagnies, avec de nouvelles règles , a créé des prévôts généraux &

lieutenans , auxquels la qualité d'écuïer a été attribuée ; & il a été ordonné par cet édit, qu'ils jouïront , eux , les affeffeurs , les procureurs , les gréfiers , éxemts , brigadiers , fous-brigadiers & archers , de l'éxemtion de la collecte, du logement de gens de guerre , tutelle , curatelle , & autres charges publiques.

Il a été établi au commencement de cet article, que le titre d'écuïer attaché à une charge ou à un ofice, ni les éxemtions générales des charges publiques , ne pouvoient procurer l'immunité des droits de franc-fiefs ; ainfi les prévôts , lieutenans , & autres oficiers des maréchauffées , ne peuvent la prétendre.

Arrêt du confeil du 20 Juillet 1723 , qui condamne le fieur Bernard de Cez , *vice-fenéchal* honoraire en la maréchauffée des Lannes , au païement du droit de franc-fiefs, nonobftant le titre d'écuïer , que cette charge lui donnoit droit de prendre.

Décifion du confeil du 16 Septembre 1725 , qui condamne le fieur Devaux de Bonraftol , *procureur du Roi* de la maréchauffée générale d'Auvergne , au païement du droit de franc-fiefs.

Autre décifion du 14 Février 1726 , fur queftion propofée par M. de la Briffe , intendant à Dijon , qui juge que les *prévôts* des maréchauffées de Bourgogne , Breffe & Bugey, font fujets au droit de franc-fiefs, nonobftant qu'ils aïent le droit de prendre la qualité d'écuïer.

Décifion du 10 Octobre 1727 , contre le fieur du Quillio, *lieutenant général* de la maréchauffée de Bretagne , au département de Vannes.

Autre décifion du 16 Juin 1728 , qui condamne Jeanne Duval , veuve du fieur Galois , *affeffeur* en la maréchauffée de Château-Gontier , au païement du droit de franc-fiefs.

Décifion du confeil du 2 Mai 1730 , qui déboute le fieur de la Crépinière , *lieutenant* de M^rs les maréchaux de France , de fa demande en décharge d'un droit de franc-fiefs , qui lui étoit demandé dans la généralité de Tours. Il fe fondoit fur fa qualité d'écuïer , & fur les priviléges attachés à fa charge.

Autre décifion du 8 Avril 1734, contre le fieur Gaflot , *prévôt* de la maréchauffée de Montbar , qui demandoit la décharge du droit de franc-fiefs , fur le fondement qu'il avoit le droit de prendre le titre d'écuïer , & prétendant en conféquence , devoir jouïr de tous les droits & priviléges de la nobleffe.

Décifion du confeil du 31 Juillet 1737 , contre le fieur Laurent Halotel , *prévôt* de la connétablie & maréchauffée de France , qui le condame au païement du droit de franc-fiefs , dont il fe prétendoit éxemt , fur le fondement de la qualité d'écuïer , & des autres priviléges attach s à fon ofice. *Voïez* encore la décifion du 20 Mars 1743 ci-après.

Autre décifion du confeil du 11 Juin 1738 , qui déboute le fieur Triftan Bernard , *lieutenant* de la maréchauffée de Sens , de fa demande en décharge du droit de franc-fiefs , auquel il avoit été condamné par ordonnance de M. l'intendant de Paris , du 29 Août 1735. Il fe fondoit fur un jugement de M^rs les commiffaires du confeil , du 19 Mai 1643 , par lequel le prévôt du Perche avoit été déchargé du ban & arrière-ban.

Arrèt du confeil du 3 Octobre 1741 , qui condamne le fieur Simon Fort , *éxemt* de la maréchauffée de la ville de Metz , au païement du droit de franc-fiefs. Il eft vrai qu'il ne s'en prétendoit éxemt , que comme habitant de la ville de Metz.

Décifion du confeil du 20 Mars 1743 , qui confirme celle du 31 Juillet 1737 , & déboute le fieur Halotel , *prévôt* de la connétablie & maréchauffée de France , de l'opofition qu'il y avoit formée ; M. Lorenchet , infpecteur général du domaine

de la couronne , auquel l'inftance avoit été communiquée , a obfervé par fon dire , qu'il étoit inutile d'éxaminer , fi la qualité de prévôt de la connétablie & maréchauffée de France , pouvoit éxemter du païement du droit de franc-fiefs , la prétention du fieur Halotel , à cet égard , aïant été condamnée en connaiffance de caufe , par la décifion du confeil du 31 Juillet 1737. Enfuite il eft entré dans le fond de la queftion , fur la nature des biens.

Autre décifion du 24 Février 1744 , qui confirme une ordonnance de M. l'intendant de Limoges , rendue contre le fieur Pabot de Chavagnac , *lieutenant* de prévôt de la maréchauffée de Limoges.

Autre décifion du confeil du 28 Juillet 1745 , qui condamne le fieur Bouloir , *éxemt* de la connétablie , au païement du droit de franc-fiefs.

Autre décifion du confeil du 3 Juillet 1754 , qui confirme deux ordonnances de M. l'intendant de Tours , par lefquelles le fieur Dupont , raporteur du point d'honneur au bailliage de Beaufort , a été condamné au païement du droit de franc-fiefs. Il fe fondoit fur l'édit du mois d'Octobre 1704 , & fur les provifions de fon père en 1732 , ainfi que fur les fiennes en 1747 , qui font mention de l'éxemtion du droit de franc-fiefs. Mais , cette éxemtion étoit révoquée par l'édit de 1715.

Autre décifion du confeil du 21 Novembre 1756 , qui confirme une ordonnance de M. l'intendant de Champagne , par laquelle le fieur Pierre-Loüis-Timothée Brocq de Facquieres , *prévôt* général de la maréchauffée de Champagne , a été condamné au païement du droit de franc-fiefs.

28. *Maréchaux des logis du Roi.* Par arrêt du confeil du 15 Septembre 1693 , ils ont été déchargés du droit de franc-fiefs.

29. *Moufquetaires.* On ne leur connoît aucans priviléges.

Déciſion du conſeil du 18 Janvier 1728, contre le ſieur Antoine-Achille de Buort de la Cour, commiſſaire des mouſquetaires gris, qui le condamne au païement du droit de franc-fiefs, à moins qu'il ne juſtifie d'une nobleſſe d'extraction.

Déciſion du 2 Mai 1730, qui ordonne qu'il ſera ſurſis aux pourſuites, contre le ſieur de la Borde, mouſquetaire du Roi, pour un droit de franc-fiefs, qui lui étoit demandé en Auvergne.

Déciſion du conſeil du 16 Décembre 1731, ſur le mémoire des ſieurs Tromelain & Dallé frères, qui demandoient la réformation d'une ordonnance de M. l'intendant de Bretagne, & en conſéquence d'être déchargés des droits de franc-fiefs, en qualité de mouſquetaires du Roi, prétendant devoir joüir de l'éxemtion de ce droit, comme les gendarmes & les chevaux-légers de la garde; le fermier a obſervé que le ſieur Tromelain avoit quitté la compagnie, mais que l'un & l'autre étoient ſujets au droit. La déciſion ordonne de ſurſeoir contre le ſieur Dallé, qui eſt mouſquetaire, & de pourſuivre le ſieur Tromelain qui ne l'eſt pas.

30. *Oficiers des princes.* Par déclaration du Roi du 19 Janvier 1723, il fut ordonné que les oficiers de feuë Madame, joüiroient des priviléges des commenſaux de la maiſon du Roi.

Et par autres déclarations des 4 & 6 Janvier 1724, pareille choſe fut ordonnée en faveur des oficiers de M. le duc d'Orléans.

31. *Porte-épée de parement du Roi.* Déciſion du conſeil du 29 Septembre 1752, qui, faiſant droit ſur un renvoi de M. l'intendant de Bretagne, condamne le ſieur Laurent Battas, ſieur Ducheſne, écuïer porte-épée de parement du Roi, au païement du droit de franc-fiefs; il invoquoit les priviléges des commenſaux, & diſoit être emploïé dans l'état de la cour des aides, ſur le pié de 500 liv. de gages.

32. *Portes-manteau ordinaires du Roi.* Arrêt du conſeil du 19 Mars 1694, qui les décharge du droit de franc-fiefs.

Déciſion du conſeil du 23 Août 1730, qui confirme une ordonnance de M. l'intendant de Moulins, par laquelle le ſieur Moreau de Charny, porte-manteau du Roi, en qualité de tuteur naturel de ſes enfans mineurs, a été condamné au païement du droit de franc-fiefs, d'une terre échuë à ſeſdits enfans, par la mort de leur mère. Il fondoit ſa demande en décharge, ſur ce qu'il joüiſſoit de la terre, & qu'il étoit éxemt du droit; mais ſes enfans étoient propriétaires, ce qui ſuffiſoit *alors*, pour ordonner le païement du droit en leur acquit.

33. *Prévôté de l'hôtel, & grande prévôté de France.* Par arrêt du conſeil du 19 Septembre 1701, rendu ſur requête non communiquée, le ſieur de la Coſte, lieutenant des gardes du Roi en la prévôté de l'hôtel & grande prévôté de France, & prévôt général des camps & armées de Flandre, a été déchargé du droit de franc-fiefs, en conſidération de ſes longs ſervices.

Déciſion du conſeil du 27 Février 1714, qui déboute les oficiers de la prévôté de l'hôtel de leur prétenduë éxemtion des droits de franc-fiefs; elle eſt citée dans l'arrêt du 20 Juillet 1723, raporté au n°. 27 ci-deſſus.

Par arrêt du conſeil du 5 Février 1718, rendu auſſi ſur requête non communiquée, le ſieur Huguet, capitaine, grand & ancien éxemt des gardes du Roi, en la prévôté de l'hôtel & grande prévôté de France, a pareillement été déchargé du droit de franc-fiefs, ſur le fondement de la qualité d'écuïer attachée à ſa charge.

Mais, par arrêt du conſeil du 15 Février 1719, ſur un renvoi de M. Bignon, intendant de Paris, le ſieur Bernard, capitaine-éxemt des gardes de S. M. en la prévôté de l'hôtel & grande prévôté de France, a été condamné au païement du droit
de

de franc-fiefs ; il difoit que par arrêts de 1665 & 1698, les lieutenans-éxemts de la prévôté de l'hôtel, avoient été déchargés des affignations à eux données à la requête du traitant de la recherche de la nobleffe, pour avoir pris la qualité d'écuïer; mais, comme on l'a obfervé ci-deffus, le titre d'écuïer attaché à une charge, ne donne ni la nobleffe, ni l'éxemtion du droit de franc-fiefs.

Décifion du confeil du 19 Mars 1745, qui confirme trois ordonnances de M. l'intendant de Rouen, par lefquelles le fieur Alexandre Racine, capitaine-éxemt des gardes du Roi de l'hôtel & grande prévôté de France, a été condamné au païement du droit de franc-fiefs ; il réclamoit les priviléges des commenfaux, & fe fondoit fur l'arrêt du 5 Février 1718.

34. *Sellier-caroffier du Roi.* Décifion du confeil du 5 Février 1730, qui déboute Jean-Baptifte Marchais, felliercaroffier du Roi de fa demande, en éxemtion du droit de franc-fiefs, comme commenfal.

35. *Valets de chambre du Roi.* Arrêt du confeil du 13 Novembre 1696, qui décharge les valets de chambre du Roi du droit de franc-fiefs.

Arrêt du confeil du 14 Janvier 1702, qui décharge du droit de franc-fiefs, les valets de chambre de madame la ducheffe de Bourgogne.

Arrêt du confeil du 17 Avril 1717, en faveur du fieur de la Hogue, valet de chambre de S. A. R. M. le duc d'Orléans.

Décifion du confeil du 12 Janvier 1727, qui, fans avoir égard à une ordonnance de M. l'intendant de la Rochelle, décharge la Dame Papin, veuve du fieur Brunet, valet de chambre ordinaire de madame la ducheffe de Berry, du droit de franc-fiefs qui lui étoit demandé.

Décifion du confeil du 6 Octobre 1736, qui, du confentement du fermier, décharge le fieur Hugary de la Marche, valet de

Tome I.

chambre de M. le duc d'Orléans, du droit de franc-fiefs.

36. *Valets de garde-robe du Roi.* Arrêt du confeil du 18 Février 1697, qui les décharge des droits de franc-fiefs, fur le fondement du titre & qualité d'écuïer à eux accordé par lettres patentes de 1594, confirmées en 1611 & 1653.

Décifion du confeil du 20 Janvier 1732, en faveur de Jean Lempereur, premier valet de garde-robe de S. A. R. madame la ducheffe de Berry, fur le fondement d'une déclaration du 2 Septembre 1719, qui accordoit aux oficiers domeftiques de madame de Berry, les mêmes priviléges qu'à ceux du Roi.

37. *Valets des pages.* Décifion du confeil du 10 Février 1740, qui condamne au païement du droit de franc-fiefs le fieur Quenoble, fous-gouverneur & premier valet des pages de feu M. le duc d'Orléans.

38. *Varenne du louvre,* capitainerie des chaffes, en laquelle font comprifes toutes les plaines qui font à fix lieuës à la ronde autour de Paris. Les oficiers de cette capitainerie font un baillif & un capitaine, un lieutenant général, un procureur du Roi, un gréfier, huit gardes à cheval, & douze à pied.

Décifion du confeil du 9 Juillet 1730, contre le fieur l'Herault de Saint Germain, *lieutenant général* des bailliage & capitainerie de la varenne du louvre, qui demandoit la décharge d'un droit de franc-fiefs, pour lequel il étoit pourfuivi en la généralité de Dijon. Il fe difoit noble d'extraction, & fe fondoit en outre fur les priviléges de fa charge. Décidé qu'il juftifiera dans un mois de fa nobleffe, finon que la contrainte fera éxécutée.

Autre décifion du 4 Septembre 1737, qui condamne ledit fieur l'Herault de Saint Germain au païement d'un droit de franc-fiefs qui lui étoit demandé dans la généralité de Paris, & dont il fe prétendoit encore éxemt comme noble d'extraction, &

en vertu des priviléges de fa charge de *lieutenant général* des bailliage & capitainerie de la varenne. du louvre. Le fermier luî a opofé la décifion du 9 Juillet. 1 7 3 0.

Décifion du confeil du. 3 0 Mai 1 7 4 7, qui confirme une ordonnance de M. l'intendant de Bordeaux, par laquelle. le fieur du Breuil', *lieutenant de robe-courte* au bailliage & capitainerie de la varenne du louvre, a été condamné au païement du droit de franc-fiefs. Il prétendoit l'éxemtion comme. commenfal de la maifon du Roi & du corps de la vénerie; & il juftifioit être compris dans l'état envoïé à la cour des aides, à raifon de 8 o o liv. de gages.

Cette décifion a été confirmée par deux autres, des 7 Mai 1 7 4 9, & 7 Juillet 1 7 5 8.

Arrêt du confeil du 4 Septembre 1 7 5 9., contre le. même fieur du Breuil, *lieutenant de robe-courte* de la capitainerie de la varenne du louvre, qui démandoit encore en cette qualité là décharge du droit de franc-fiefs; il difoit avoir toujours joui des priviléges de nobleffe perfonnelle attachée à fa charge; qu'elle a été créée en 1 6 1 1 du nombre des oficiers commenfaux, dont les charges font nobles; qu'il a toujours rempli les conditions auxquelles il eft obligé, qu'il eft emploïé dans l'état de la cour des aides, & qu'il doit jouïr des priviléges, & notamment de ceux accordés aux fous-lieutenans de la vénerie, dont les charges font du même corps que la fienne, mais inférieures. L'arrêt le déboute de fa requête, & le condamne au païement du droit de franc-fiefs de la terre d'Authmire qu'il pofféde dans la généralité de Bordeaux.

39. *Vénerie.* Par édit du mois de Décembre 1 7 3 7, enregiftré à la cour des aides le 8 Janvier 1 7 3 8, des 4 4. charges de gentilshommes de la vénerie emploïés fur l'état d'icelle, le Roi en a éteint & fuprimé 3 8. S. M. a pareillement éteint toutes les charges de fouriers, valets de chiens ordinaires à cheval, & ceux fervant par quartier, valets de liniers, autres va-

lets de chiens fervant par quartier, petits-valets de chiens, maréchaux-ferrans, chirurgien, Boulanger & châtreur de chiens de la vénerie, emploïés fur l'état d'icelle. L'art. 3 maintient tous les oficiers actuellement revêtus des charges fuprimées, & qui feront emploïés dans l'état qui fera envoïé à la cour des aides, dans tous leurs priviléges, prérogatives & éxemtions attribués à leurs charges, dont ils continueront de jouïr leur vie durant, enfemble leurs veuves pendant leur viduité. Les art. 4, 5 & 6 maintiennent & confervent dans leurs charges le lieutenant ordinaire & les quatre lieutenans fervant par quartier; les quatre fous-lieutenans fervant par quartier, & l'argentier de la vénerie. Par l'art. 8, il eft dit que les oficiers confervés dans leurs charges, ne pourront être troublés dans leurs priviléges, fous prétexte qu'ils ne ferviront pas près du Roi, S. M. les en aïant difpenfés; & par l'art. 9, il eft ordonné que, lorfque quelques-unes defdites charges de fous-lieutenans, gentilshommes & argentier de la vénerie, viendront à vaquer par mort, démiffion, forfaiture ou autrement, le grand veneur y pourvoira, l'intention de S. M. étant néanmoins que lefdites charges ne puiffent être remplies que par des perfonnes d'un état convenable à leur titre, & qui ne foient pas fufceptibles d'être impofés à la taille.

Arrêt du confeil du 1 3 Décembre 1 6 9 5, rendu fur la requête des fieurs Miniac, *gentilshommes de la vénerie,* qui déclare commun avec eux celui du 9 Février 1 6 9 4, rendu en faveur des fouriers de la maifon du Roi. Ils expoférent qu'ils étoient du nombre des commenfaux, & qu'ils avoient le droit de fe qualifier écuïer, & de jouïr des priviléges de la nobleffe perfonnelle.

Arrêt du confeil du 9 Août 1 7 2 3, qui décharge le fieur Defmeaux, *fous-lieutenant* de la vénerie du droit de franc-fiefs.

Décifion du confeil du 1 5 Décembre 1 7 2 3, qui décharge le fieur Thomas le-

Monnier, *gentilhomme* de la grande vénerie, du droit de franc-fiefs de fa terre de Letuy.

Décifion du 23 Mars 1727, & arrêt du 8 Juin 1727, en faveur du fieur Vincent, qui jugent qu'il ne doit le droit de franc fiefs d'un fief fitué en Bretagne, que jufqu'au jour qu'il a été pourvû d'une charge de *gentilhomme* de la vénerie.

Autre décifion du 31 Octobre 1730, en faveur du fieur Teffier, *gentilhomme* de la vénerie.

Décifion du confeil du 24 Juin 1744, en faveur du fieur Huguet, l'un des 38 *gentilshommes* de la vénerie, fuprimés par l'édit du mois de Décembre 1737; attendu que cet édit conferve aux oficiers fuprimés, les priviléges dont ils jouïffoient. La décifion porte qu'il doit jouïr de l'éxemtion du droit de franc-fiefs pendant fa vie.

Décifion du confeil du 4 Mars 1744, fur un renvoi de M. l'intendant d'Amiens, qui condamne au païement du droit de franc-fiefs le fieur Dumaniel d'Aplincourt, *gentilhomme des chaffes, tentes & pavillons du Roi.* Il réclamoit l'éxemtion accordée aux gentilshommes de la vénerie.

Décifion du confeil du 28 Janvier 1741, qui condamne le fieur Defantons au païement du droit de franc-fiefs, dont il fe prétendoit éxemt en qualité de *garde à cheval* de la grande vénerie.

Décifion du confeil du 13 Février 1740, qui condamne le fieur de la Touche, *valet de limier* de la grande vénerie.

Autre du 9 Avril 1740, contre le fieur L'hôtelier de Lenaudiere, *valet de chiens* de la grande vénerie.

Autre du 13 Septembre 1748, contre la dame Babault, veuve du fieur Deu, *valet de chiens* de la grande vénerie.

Voïez auffi *Varenne du louvre,* ci-deffus, n. 38.

COMMIS *de la ferme des domaines,* contrôle des actes & droits y joints. On apelle fimplement *commis* ou contrôleurs des actes, ceux qui font pourvûs de commiffion du directeur, & qui font chargés de la régie d'un bureau, pour donner aux actes la formalité à laquelle ils font fujets, & qui dépend de leur miniftère, faire païer les droits qui font dûs, en fournir quitance, & s'en charger en recette pour en compter.

Il y a en outre d'autres emploïés, tels que des *vérificateurs,* pour vérifier la régie des commis, & s'occuper de la recherche des droits par eux négligés.

Et des *contrôleurs-ambulans,* qui doivent faire des tournées dans leur département, pour faire compter les commis de leurs recettes, & compter enfuite euxmêmes au directeur; forcer les commis en recette des droits qu'ils devoient percevoir, & ordonner la reftitution de ceux qu'ils ont mal-à-propos perçûs; ils doivent auffi faire des contre-tournées, pour veiller fur l'éxercice des commis & des vérificateurs, & s'occuper de ce qui peut tendre à l'utilité & à la perfection de la régie. Les contrôleurs-ambulans font pourvûs de procuration du fermier, paffée devant notaires.

Le fermier établit fouvent d'autres emploïés, fous le titre d'*infpecteurs* ou de *contrôleurs généraux,* également fondés de procurations devant notaires; ils font chargés de maintenir l'ordre; &, furveillans de tous les autres emploïés, ils en éxercent toutes les fonctions, à l'exception de la recette, dans laquelle ils ne peuvent s'immifcer fans ordre exprès, à moins qu'il n'y ait néceffité.

Enfin, il y a dans le chef-lieu de chaque généralité un *directeur,* pour diriger tous les autres emploïés, faire compter les contrôleurs-ambulans, & compter lui-même au fermier. Le directeur repréfente le fermier même: il en a tous les pouvoirs les plus étendus, & c'eft lui qui eft chargé de la difcuffion de toutes les conteftations qui naiffent dans l'étendue de la généralité où il eft établi.

Commis.

Nous n'entreprendrons pas ici de faire l'analyſe de tous les devoirs des commis & des autres emploïés ; on les trouvera dans les diférens articles de ce Dictionnaire , qui y ſont relatifs. Nous obſerverons que ceux qui ſe déterminent à l'emploi , ne réfléchiſſent pas toujours aſſez aux obligations qu'ils vont contraĉter ; la plûpart de ceux qui prennent ce parti , ne s'attachent pas ſuffiſamment à en connaitre toutes les fonĉtions & les devoirs , pour les remplir avec l'éxaĉtitude & la régularité néceſſaires , afin que le public ni le fermier ne puiſſent avoir aucun juſte motif de ſe plaindre de leur régie.

Dans les diviſions ſuivantes , il y a pluſieurs choſes communes à tous les emploïés ; celles dont l'obſervation eſt le plus de rigueur , ſont particulières aux commis , qui ſont ſeuls chargés des fonĉtions publiques , relatives à la validité des aĉtes & à l'ordre judiciaire ; les autres emploïés doivent tenir la main à ce qu'elles ſoient éxactement obſervées.

§. 1. *De l'âge auquel les emploïés peuvent être pourvûs.*

L'édit du mois d'Oĉtobre 1694 , portant création d'ofices de contrôleurs des aĉtes en titres , éxige qu'ils aïent au moins 20 ans accomplis. Ce qui fut alors ordonné pour ces oficiers , a été déclaré commun pour les commis du fermier , après la ſupreſſion du titre ; ainſi il ſuffit que les emploïés aïent 20 ans.

Cela eſt même conforme à ce qui a été réglé par l'art. 8 du titre 14 de l'ordonnance des cinq groſſes fermes , du mois de Février 1687 , & par lettres patentes du mois de Juin 1696.

§. 2. *De la preſtation de ſerment des emploïés.*

Il y a une règle particulière pour les commis chargés de l'inſinuation des donations entre-vifs : il en ſera parlé §. 3. ci-après.

Mais , pour toutes les autres parties de la ferme , il ſuffit que les diférens emploïés prêtent ſerment devant Mrs les intendans , ou leurs ſubdélégués , ſans frais ; & ſans information de vie & mœurs , le fermier étant civilement reſponſable de leur conduite & adminiſtration. Il faut néanmoins que les commis des fermes ne profeſſent aucune autre religion que la catholique dominante ; déciſion du 26 Juillet 1735 , portant ordre de révoquer le commis de Royan , qui profeſſoit la R. P. R. *Voïez* à cet égard l'arrêt du 10 Oĉtobre 1724 ci-deſſous.

Les direĉteurs , outre la preſtation de ſerment devant M. l'intendant , doivent faire enregiſtrer leur procuration au bureau des finances , par raport à la ſuite des affaires purement domaniales dont ils ſont chargés.

Par les édits des mois de Mars 1693 , Oĉtobre 1694 , & Mars 1696 , concernant le contrôle des aĉtes , il avoit été ordonné que les contrôleurs prêteroient ſerment devant les juges des lieux de leur établiſſement. Par l'arrêt du conſeil du 28 Juin 1704 , il avoit été auſſi ordonné que les gréfiers des inſinuations prêteroient ſerment devant les juges des lieux , ſans aucune information de vie & mœurs.

Mais , l'art. 6 de la déclaration du Roi , du 20 Mars 1708 , pour le contrôle des aĉtes , & l'art. 13 de celle du même jour pour l'inſinuation , ordonnent que les commis du fermier ſe feront recevoir , & qu'ils prêteront ſerment devant Mrs les intendans , ou leurs ſubdélégués , ſans frais.

L'arrêt du conſeil du 20 Mars 1714 , porte que les commis à la régie des droits de contrôle des aĉtes , petit-ſcel & inſinuations - laïques , ſe feront recevoir & prêteront ſerment entre les mains de Mrs les intendans , ou de leurs ſubdélégués ; ou des juges des lieux , en païant ſeulement 3 liv. pour droits de gréfe , papier & parchemin.

Ce droit n'eſt éxigible que lorſque les commis prêtent ſerment devant le juge du lieu , faute de l'avoir prêté devant M. l'intendant , ou ſon ſubdélégué.

L'arrêt du conſeil du 23 Mai 1716 , caſſe une ſentence du lieutenant général de Laon , portant qu'un contrôleur - ambulant ſeroit aſſigné devant lui pour prêter ſerment ; & ordonne que les commis de la ferme ſeront reçûs & prêteront ſerment devant M^{rs} les intendans , ou entre les mains de leurs ſubdélégués , ou juges des lieux.

Arrêt du conſeil du 10 Octobre 1724 , qui caſſe une ſentence de l'élection de Château-Chinon , qui (ſur la requiſition du procureur du Roi , tendante à ce qu'un procès verbal des commis de la ferme des aides fut rejetté , attendu qu'il lui étoit revenu que l'un des commis ne faiſoit point de communion paſcale , ni autres fonctions de catholique) avoit ordonné que le commis viendroit faire ſa déclaration ſur ces faits ; en conſéquence, il a été fait défenſes auxdits oficiers , & à tous autres , de rendre de pareils jugemens , à peine de nullité & d'interdiction ; ordonné que les commis des fermes ne ſeront tenus à autres formalités qu'à celles preſcrites par l'ordonnance de 1680 , & par les arrêts rendus en conſéquence , qui ordonnent , entr'autres choſes , que leſdits commis ſeront reçûs au ſerment, ſur la ſimple requête du fermier , contenant qu'ils font profeſſion de la religion catholique , apoſtolique & romaine.

Déciſion du conſeil du 5 Juillet 1735 , qui juge que les commis de la ferme du contrôle des actes & droits y joints, ne font tenus de prêter ſerment que devant M^{rs} les intendans ſeulement.

§. 3. *De la preſtation de ferment pour l'inſinuation des donations.*

L'article 2. de la déclaration du Roi , du 17 Février 1731 , porte que les commis des bureaux d'inſinuation établis près les bailliages ou ſénéchauſſées roïales , ou autre ſiége roïal reſſortiſſant nûëment aux cours , ſeront tenus de prêter ſerment par devant le lieutenant général deſdits ſiéges.

Cette preſtation de ſerment eſt de rigueur pour les commis établis près les ſiéges roïaux reſſortiſſans ; & doit être faite devant le lieutenant général , ou le premier ou plus ancien oficier du ſiége en ſon abſence , à peine de nullité de l'inſinuation des donations qui pouroient être inſinuées par ceux qui n'auroient pas ſatisfait à cette formalité.

La déclaration de 1731 ne fixe point ce qui doit être païé pour cette preſtation de ſerment ; mais il ne peut être éxigé plus de 3 liv. y compris les droits du gréfe , ſuivant l'arrêt du conſeil du 28 Juin 1704 , portant règlement pour la réception des commis des inſinuations.

§. 4. *Les ſeuls commis du fermier peuvent recevoir les droits , & donner quitances.*

Arrêt du conſeil du 25 Juin 1718 , qui fait défenſes à tous notaires , gréfiers , & autres , de faire contrôler & inſinuer leurs actes , jugemens & ſentences , que par les prépoſés & pourvûs de commiſſion à cet effet ; & à toutes perſonnes de s'immiſcer de contrôler , ſceller & inſinuer aucuns actes ſans pouvoir , procuration & commiſſion , & avoir prêté ſerment , à peine de faux , de nullité des actes , de mille livres d'amende & des dépens , dommages & intérêts du fermier , tant contre ceux qui ſe feront immiſcés de contrôler , ſceller & inſinuer , que contre les notaires , & autres qui auront fait contrôler les actes.

Arrêt du conſeil du 6 Mai 1719 , qui déclare nulle l'inſinuation référée ſur un

Commis. contrat d'acquifition , par le fieur Nugues, l'une des cautions du bail expiré ; ordonne que l'acquéreur fera infinuer ledit contrat au bureau le plus prochain de la fituation des biens , & qu'il païera le centième denier au fermier actuel , enfemble le triple droit , fauf fon recours contre ledit Nugues. Fait défenfes aux fermiers & fous-fermiers d'infinuer eux-mêmes les actes , & ordonne qu'ils ne pourront l'être que par les commis prépofés aïant ferment à cet éfet ; fait pareillement défenfes aux commis de faire les infinuations ailleurs que dans les regiftres à ce deftinés , & de faire mention de l'infinuation fur les actes , qu'ils n'aïent été enregiftrés; le tout à peine de nullité & de 300 liv. d'amende.

Arrêt du confeil du 4 Juillet 1722 , (au recueil du contrôle des actes ,) portant qu'aucuns autres que les commis ne peuvent contrôler des exploits , fans pouvoir , procuration & commiffion du fermier , & avoir prêté ferment , à peine de faux , nullité des exploits , 500 liv. d'amende , & des dommages & intérêts , &c.

Décifion du confeil du 31 Octobre 1748 , qui réforme une ordonnance de M. l'intendant de Bourges , par laquelle il avoit déchargé un particulier du païement d'un droit dont il raportoit une quitance du directeur de la ferme , de l'année 1726.

§. 5. *Les commis doivent enregif-trer éxactement tous les droits qu'ils reçoivent.*

L'article 7 de l'édit du mois de Juin 1716 , ordonne qu'en cas d'obmiffion de recette , les comptables feront condamnés à la reftitution du quadruple des fommes obmifes , & même pourfuivis extraordinairement , fi le cas y échet.

Voïez les arrêts du confeil des 14 Septembre 1694 , 23 Mai 1719 , 24 Mai,

2 Juillet 1720 , 21 Février , 4 Avril ; 13 Mai , 20 Juin , 5 Septembre , 17 Octobre 1721 , 16 Juin , 4 Août , 29 Septembre , 22 Décembre 1722, 13 Juillet , 9 , 30 Août , 6 Septembre 1723 , 9 , 23 , 30 Mai , 17 Octobre 1724 , 20 Février, 3 Juillet , 2 Octobre , 13 Novembre 1725 , 15 Janvier , 14 Avril , 21 Mai 1726 , & 19 Septembre 1744 , pour faire le procès à l'extraordinaire à des commis , même à des contrôleurs-ambulans infidèles.

Les articles 9 de la déclaration du 19 Mars 1696 , & 13 de celle du 14 Juillet 1699 , portent que ceux qui ne tranfcriront pas fur leurs regiftres les fommes qu'ils recevront , ou qui les mettront moindres que celles qu'ils auront reçûës , feront , pour la première fois , condamnés en 200 liv. d'amende ; & qu'en cas de récidive , le procès leur fera fait comme fauffaires & concuffionnaires.

Arrêt du confeil du 30 Janvier 1725 , rendu en règlement , du mouvement du Roi , portant que les commis qui feront convaincus d'avoir obmis de porter fur leurs regiftres les droits de contrôle , petit-fcel , & infinuation par eux reçûs , feront dès la première fois , outre la reftitution des droits , condamnés en autant d'amendes de 200 liv. que d'articles de droits qu'ils auront obmis d'enregiftrer ; même , en cas que l'obmiffion paroiffe volontaire , qu'ils feront en outre pourfuivis extraordinairement , & punis comme pour vol & prévarication dans leurs emplois.

Arrêt du confeil du 20 Janvier 1728 , rendu contradictoirement avec Jean Maillet , commis à Montereau , qui le condamne en 15400 liv. d'amende , pour avoir obmis de porter fur fes regiftres 77 droits par lui reçûs en fadite qualité , tant pour contrôle que pour infinuation , enfemble à la reftitution defdits droits , &c.

Jugement fouverain rendu le 1er Avril

1746, par M. l'intendant de Pau & Auch, avec les oficiers du préfidial d'Auch, qui condamne à mort le nommé B. , ci-devant contrôleur-ambulant au département d'Armagnac, pour prévarications dans fon emploi ; & à la reftitution de 80,7 liv. par lui recélés, ainfi qu'au quadruple de cette fomme ; en 200 liv. d'amende pour chacun des recélemens, au nombre de 77 articles ; aux dépens de la procédure ; & déclare le furplus de fes biens acquis & confifqués au profit du Roi.

Voïez encore l'arrêt du confeil du 25 Mai 1756, contre le fieur Darrigue, ci-devant contrôleur des actes à Dax, qui le condamne en quatre amendes de 200 liv. chaque, pour défaut d'enregiftrement de quatre droits, & à la reftitution de ces droits ; en conféquence, caffe une ordonnance de M. l'intendant de Pau, par laquelle ce commis avoit été déchargé des amendes.

§. *6. Les commis ne peuvent laiffer de blanc dans leurs regiftres.*

Voïez ci-après *Regiftres.*

§. *7. Ils font tenus d'arrêter leurs regiftres tous les jours.*

Voïez ci-après *Regiftres.*

§. *8. Ils ne peuvent antidater leurs rélations.*

Le commis convaincu d'avoir antidaté le contrôle ou l'infinuation, doit être puni comme fauffaire.

Voïez l'arrêt du confeil du 16 Janvier 1717, qui commet M. l'intendant de Tours pour faire le procès à un commis, pour avoir antidaté une infinuation.

Voïez encore *Regiftres,* où il fera parlé de la manière de les arrêter journellement, pour empêcher ces antidates.

§. *9. Les commis doivent parapher les renvois qui font dans les actes.*

Voïez ci-après *Renvois.*

§. *10. Ils ne peuvent retenir les minutes.*

Les commis ne peuvent retenir les minutes fous prétexte de défaut de païement des droits ; mais ils font fondés à refufer de contrôler & infinuer les actes qui leur font aportés, lorfqu'on n'en païe pas comptant les droits. Arrêt du confeil du 29 Décembre 1716, & décifion du 16 Mars 1737. Voïez *Notaires,* §. 13.

Néanmoins, comme il n'eft pas d'ufage de faire païer les droits avant l'enregiftrement, il arrive fouvent qu'un notaire, ou autre oficier, laiffe fon acte au bureau du contrôle, & qu'il ne s'empreffe pas de païer les droits, étant affuré que fon acte eft enregiftré & revêtu de la formalité. C'eft alors l'affaire du commis, qui eft perfonnellement refponfable des droits envers le fermier ; mais il a fon action à éxercer contre le débiteur des droits, & il doit lui remettre fa minute lors du païement.

Dans tout autre cas, les commis ne doivent point s'emparer des minutes ni les garder ; à moins cependant qu'il n'y ait du faux ou des contraventions, qui ne puiffent être conftatées que par la repréfentation de ces minutes. Ils doivent être très-circonfpects à cet égard ; & lorfqu'il eft indifpenfable qu'ils retiennent une minute, il en faut raporter procès verbal fur le champ, l'affirmer auffi-tôt, & le faire fignifier le plutôt qu'il eft poffible.

Il eft même convenable, lorfque des emploïés trouvent des irrégularités dans une minute, qu'ils raportent, comme on vient de dire, leur procès verbal, & qu'ils le faffent foufcrire par le notaire, ou autre oficier dépofitaire de la minute, avec foumiffion de la repréfenter à toutes requifitions dans l'état où elle eft, dont mention circonftanciée fera faite dans le procès verbal, auquel il faut même joindre copie certifiée de l'acte. Si l'oficier refufe de foufcrire le procès verbal, & de certifier la copie, & qu'il y ait lieu de le foupçonner de fouftraire la minute, ou d'en changer l'état, on peut alors la lui retirer ; mais dans ce cas, il eft prudent de la dépofer fans retardement au gréfe de la jurifdiction du lieu, & de faire fignifier auffi-tôt le procès verbal & l'acte de dépôt au contrevenant.

Décifion du confeil du 31 Janvier 1739, fur le mémoire du fieur André Caulier, notaire, qui fe plaignoit de ce qu'un contrôleur - ambulant avoit enlevé deux minutes de fon étude ; jugé qu'elles feront remifes, en fourniffant par le notaire copie de lui fignée des actes, avec foumiffion de les repréfenter toutesfois & quantes.

§. 11. *Les commis ne peuvent contrôler aucuns actes après le délai fixé par les règlemens.*

Non-feulement les commis ne peuvent contrôler les actes après le délai fixé par les règlemens, mais, ce contrôle ne pouroit même valider lefdits actes. Les arrêts du confeil des 21 Mars 1719, & 27 Juin 1721, défendent expreffément aux commis de contrôler aucuns actes après le délai, à peine de 300 liv. d'amende pour chaque contravention. Voïez *Notaires*, §. 1.

§. 12. *Des commis reliquataires, & de ceux qui ont diverti ou détourné les deniers de leurs recettes.*

1. Le commis reliquataire peut être contraint par corps, ainfi que fa caution,

au païement du débet, & il eft dans le cas de fubir la révocation de fa commiffion, dès l'inftant que le débet eft connu.

L'article 139 du bail de Charriere du 18 Mars 1687, porte que les procureurs & commis de l'adjudicataire, & de fes fous-fermiers qui feront en demeure de compter de leur maniment, ou de païer les deniers qu'ils auront reçûs, y feront contraints par corps, en vertu des contraintes dudit adjudicataire, fes procureurs ou fous-fermiers, fans que les juges puiffent les recevoir au bénéfice de ceffion.

L'article 578 du bail de Forceville, du 16 Septembre 1738, porte que l'adjudicataire poura décerner fes contraintes contre fes fous-fermiers, procureurs & commis, qui feront en demeure de compter ou de païer, en vertu defquelles ils pouront être conftitués prifonniers, & ne feront reçûs au bénéfice de ceffion.

Et l'art. 579 défend à tous juges de recevoir & arrêter les comptes des commis de l'adjudicataire, fur les affignations qu'ils en feroient donner aux fermiers ou fous-fermiers, defquelles S. M. les décharge de plein droit ; ordonne que lefdits comptes feront préfentés aux fermiers ou fous-fermiers, & arrêtés par eux ou leurs procureurs ; fauf aux commis à fe pourvoir par devant les juges qui en doivent connaitre, pour raifon des griefs qu'ils articuleront, & qu'ils ne pouront propofer qu'après avoir païé, par provifion, entre les mains des fermiers & fous-fermiers, à leur caution, les débets clairs portés par les arrêtés de leurs comptes : cela eft conforme à la déclaration du 5 Mai 1690.

L'âge de minorité, ni celui de feptuagénaire, ne peuvent fervir de motif pour fe fouftraire à la contrainte par corps. Dès que le commis a l'âge fuffifant pour éxercer l'emploi, il eft fujet à la contrainte par corps ; & le commis feptuagénaire n'en eft pas plus à couvert. Voïez *Age* & *Cautionnement*.

Les

Les héritiers des receveurs & commis ne peuvent accepter leurs fucceffions, fous bénéfice d'inventaire; ils doivent renoncer, ou païer les débets. Arrêt de la cour des aides de Paris du 16 Mars 1735. Voïez *Bénéfice d'inventaire.*

2. Si le commis a emporté les deniers de fa recette, ou qu'il les ait divertis ou détournés à des ufages particuliers, le fermier peut lui faire faire fon procès à l'extraordinaire, pourvû cependant que la fomme foit au moins de 3000 liv.

La déclaration du Roi du 5 Mai 1690, porte que tous commis aux recettes générales & particulières, caiffiers & autres, aïant maniment de deniers des fermes du Roi, qui feront convaincus de les avoir emportés, feront punis de mort, lorfque le divertiffement fera de 3000 liv. & audeffus; & de telles autres peines afflictives, que les juges arbitreront, lorfqu'il fera audeffous de 3000 liv. Défend à toutes perfonnes de favorifer leurs divertiffemens & retraite, à peine d'être refponfables folidairement des deniers emportés, & des dommages & intérêts du fermier.

Lorfqu'un receveur fe fera abfenté, le fcellé fera mis fur fes éfets & papiers, & levé dans la huitaine, au plus tard, par le juge auquel la connaiffance en apartiendra, & à fon défaut, par le plus prochain juge des lieux; l'inventaire fait, les comptes dreffés fur les acquits & regiftres qui fe trouveront fous le fcellé; les états finaux pofés, & les débets formés, fur lefquels interviendra le jugement defdits comptes; le tout, en la préfence & fur les conclufions du procureur du Roi, ou de fon fubftitut. *Même déclaration,* qui contient, en outre, les difpofitions réïtérées par l'article 579 du bail de Forceville, raporté ci-deffus.

Déclaration du Roi du 14 Juillet 1699, portant que les peines prononcées par celle du 5 Mai 1690, feront pareillement encourues par les receveurs en titre,

(créés par édits des mois de Décembre 1694, & Mai 1696) qui tomberont dans le cas de ladite déclaration.

Autre déclaration du Roi du 3 Juin 1701, par laquelle, pour empêcher à l'avenir, les divertiffemens qui pouroient être faits par les receveurs, tréforiers & autres prépofés pour le maniment des deniers roïaux, il eft ordonné que ceux qui auront emploïé à leur ufage particulier, ou détourné les deniers de leur caiffe, feront punis de mort, fans que cette peine puiffe être modérée par les juges qui en devront connaître, à peine d'interdiction, & de répondre, en leur propre & privé nom, des dommages & intérêts du fermier.

Sentence des élûs de Paris du 6 Octobre 1724, renduë par contumace, qui déclare Etienne D. ci-devant diftributeur de la formule, à la place Dauphine à Paris, atteint & convaincu d'avoir emporté & diverti 18300 liv. provenant de fes recettes; le condamne à être pendu en ladite place; ce qui fera éxécuté par effigie.

Arrêt du confeil du 28 Août 1725, qui commet M. l'intendant de Caën, pour faire le procès au nommé P. contrôleur des actes à Bayeux, pour divertiffement des deniers de fa caiffe.

Autre du même jour, qui commet M. l'intendant de Provence, pour faire le procès au nommé B. contrôleur des actes à Marfeille, pour pareil divertiffement.

Autre arrêt du 18 Décembre 1731, qui commet M. l'intendant de Bourges, pour faire le procès au fieur G. receveur des gabelles à Saint-Amand en Berry, pour divertiffement des deniers de fa recette.

Jugement fouverain de M. l'intendant de Poitiers, du 8 Octobre 1736, qui déclare Jean-François M. receveur des aides de l'élection de Fontenay-le-Comte, atteint & convaincu d'avoir fouftrait volontairement de fa recette, une fomme de 3684 liv. 17 f. 4 deniers; pour répara-

Commis.

tion de quoi, il eſt condamné aux galères à perpétuité, en l'amende envers le Roi, à la reſtitution de ladite ſomme, au quadruple d'icelle, & aux dépens.

Arrêt du conſeil du 13 Décembre 1740, qui commet M. l'intendant de Bretagne, pour inſtruire & juger, en dernier reſſort, le procès du ſieur L. contrôleur des actes à Corlay, pour divertiſſement de 2995 liv. de ſes recettes.

Jugement ſouverain rendu en conſéquence le 20.e Juillet 1741, par contumace, qui déclare ledit L. convaincu d'avoir diverti & enlevé 2995 liv. reſtant du produit de ſes recettes, & d'avoir obmis de porter en recette, deux droits par lui reçus; le tout montant à 3060 liv. 19 ſ. pour réparation de quoi, il a été condamné à être pendu; & attendu la contumace, il eſt ordonné que le jugement ſera éxécuté par effigie; le condamne en outre au paîement de ladite ſomme, & en deux amendes de 200 liv. chaque, pour les obmiſſions d'enregiſtrement.

Jugement ſouverain rendu le 14 Février 1743, par le ſubdélégué général de l'intendance de Flandre, & autres commiſſaires, qui condamne Simon-Pierre B. receveur des huiles & ſavons à Lille, à ſervir en qualité de forçat ſur les galères, pendant quinze ans, pour avoir diverti 36700 liv. de ſa recette.

§. 13. *Conteſtations entre le fermier & les commis.*

Nous diviſerons ce paragraphe, en deux parties : dans la première, il ſera parlé des conteſtations ſur le titre même de l'emploi; & dans la ſeconde, de celles acceſſoires à l'emploi, ou qui en ſont la ſuite.

1. Il eſt défendu à tous commis & emploïés des fermes, de faire, ou faire faire aucuns traités, ni négociations verbales, ou par écrit, pour l'obtention ou la conſervation de leurs emplois, à peine d'être

procédé extraordinairement contr'eux, & contre ceux au profit deſquels auroient été faits leſdits traités. Arrêt du conſeil du 9 Juillet 1692.

Les fermiers ſont les maîtres de leurs emplois : la régie ſe fait pour leur compte, & ils ſont civilement reſponſables des emploïés; il eſt donc juſte qu'ils aïent le droit de diſpoſer des emplois. Ce droit dont les fermiers du domaine ont toujours joui, a même été confirmé pour tous les emplois des fermes, par une lettre de M. le contrôleur général, du 1er Décembre 1758. Mais il ne s'enſuit pas qu'ils aïent celui de deſtituer un emploïé, ſans motif légitime, & de diſpoſer de ſon emploi en faveur de quelqu'un qu'ils affectionnent davantage, ou qui paroît mieux leur convenir; cet inconvénient n'eſt pas même à craindre de leur part : ils ont intérêt d'exciter l'émulation, &, pour cet éfet, d'obſerver les règles de l'équité, en préférant toujours les ſujets dont les talens, la prudence & la bonne conduite ont été éprouvés.

Déciſion du conſeil du 5 Décembre 1733, qui autoriſe la révocation d'un commis, contrôleur des actes, négligent & qui ne remplit pas bien ſes fonctions.

Déciſion du 14 Janvier 1739, ſur le mémoire d'un directeur particulier de la partie purement domaniale à Metz, qui demandoit ſa continuation dans cet emploi. Le fermier a opoſé qu'il n'avoit pas beſoin de directeur de cette partie, tous les domaines de Metz étant engagés. La déciſion porte que le fermier fera ce qu'il voudra.

Déciſion du conſeil du 3 Juin 1741, qui déboute le ſieur la Roſe, ci-devant contrôleur des actes, à Marigny en Normandie, de ſa demande, tendante à ce qu'on lui déclarât les motifs pour leſquels on lui avoit retiré cet emploi; la déciſion lui enjoint en outre de rendre les regiſtres, ſous peine d'y être contraint.

Autre décifion du 10 Mars 1744, fur le mémoire du fieur de Caifne, vérificateur, qui demandoit à paffer à un emploi fupérieur, tel qu'une ambulance ou une infpection. Cette décifion porte : *rien à faire.*

Décifions des 17 Décembre 1746, & 20 Février 1747, qui ont jugé trop rigide la révocation du fieur Caillou, contrôleur des actes, depuis 1734, à Houdan, qui n'avoit d'autre fondement que quelques forcemens de recette.

Décifion du 8 Février 1748, contre le fieur du Barry, ci-devant infpecteur à Metz, qui fe plaignoit de fa révocation ; le fermier a répondu que la révocation étoit fondée fur fon infuffifance & fur fon incapacité, & fur ce qu'il ne pouvoit même monter à cheval. Cette décifion porte que les fermiers font les maîtres de difpofer de leurs emplois.

Décifion du 16 Janvier 1751, contre le fieur Dubois, infpecteur à Touloufe, qui fe plaignoit de ce qu'on l'avoit fait paffer de l'ambulance à l'infpection, à la fin d'un bail, & qui réclamoit l'ambulance.

Autre du 22 Décembre 1751, portant *néant*, fur mémoire de la dame Briault, qui demandoit que fon mari, qui étoit ambulant à Angoulême, dans la généralité de Limoges, & qu'on avoit fait paffer ambulant à Chatillon en Poitou, fut rétabli à Angoulême.

Autre décifion du 12 Avril 1753, portant *néant*, fur mémoire du fieur Tifon, ci-devant contrôleur des actes à Rochefort, qui demandoit raifon des motifs de fa deftitution ; le fermier a feulement répondu qu'aïant eû le droit de le mettre en place, il avoit celui de le deftituer.

Autre décifion du 23 Février 1754, portant auffi *néant*, fur mémoire du fieur Cotheret, ci-devant contrôleur-ambulant, qui demandoit fon rétabliffement, le fermier a dit qu'il l'avoit révoqué, pour juftes fujets de plaintes.

2. Toutes les conteftations qui peuvent s'élever fur la fuite de l'éxercice des fonctions des emploïés, foit pendant qu'ils font encore dans l'emploi, foit après leur retraite ou leur révocation, ne peuvent être portées qu'au confeil des finances ; arrêt du confeil du 31 Juillet 1725, qui évoque l'inftance pendante en la cour des aides de Paris, entre Cordier chargé de la régie des fermes, & le fieur Caftra, ci-devant directeur du contrôle à Montauban ; & défend de procéder ailleurs qu'au confeil des finances, fous les peines y portées. C'eft même une claufe expreffe de la foumiffion des emploïés, de ne pouvoir porter qu'au confeil des finances, toutes les conteftations qui pouront furvenir entr'eux & le fermier, à l'occafion de l'emploi.

Les commis, qui ne perçoivent pas tous les droits qui font dûs pour les actes qui leur font préfentés, foit par défaut d'attention, foit par impéritie ou tout autre motif, font dans le cas d'être forcés en recette, de la part du fermier, qui eft en droit de les faire compter du montant de ce qu'ils ont infuffifamment perçû, jufqu'à concurrence de la jufte quotité des droits. Voïez *Forcement de recette.*

Ils peuvent également être *forcés en recette* des droits, dont ils négligent de fuivre le recouvrement contre les redevables, lorfqu'il y a une négligence marquée, & un défaut d'éxécution des ordres de leurs fupérieurs ; fauf auxdits commis à faire enfuite le recouvrement, qui doit être enregiftré à l'ordinaire, en obfervant par le commis qu'il a précédemment compté du droit, afin qu'on ne l'en faffe pas compter une feconde fois.

Quelque rigoureufe que paroiffe la voie du *forcement de recette*, elle eft néceffaire & indifpenfable, pour le maintien d'une bonne régie ; fans cela, il y auroit des commis qui fe rendroient les arbitres de la quotité des droits, & de la fuite du recouvrement, au gré de leurs préventions & de leurs affections particulières.

Commis.

Lorſqu'un commis ſe retire , ou qu'il eſt révoqué , il doit *remettre à ſon ſucceſſeur, tous regiſtres , ſommiers , contraintes & autres choſes qui concernent la régie ;* & cette remiſe doit être faite par inventaire triple , afin que l'emploïé qui quitte , en ait un pour ſa décharge , que le ſecond reſte à celui qui le remplace , & que le troiſième ſoit remis au directeur. Faute de ſatisfaire à la remiſe de ces regiſtres &c. le fermier eſt fondé à uſer de la contrainte par corps , mais il eſt régulier de demander , à cet éfet, une ordonnance de M. l'intendant , ou de ſon ſubdélégué ſur les lieux.

Les emploïés retirés , par quelque motif que ce puiſſe être , ne peuvent prétendre aucune *remiſe , ſur les droits qui n'étoient pas païés , avant qu'ils aïent ceſſé d'éxercer l'emploi ,* quand bien même ces droits, païés enſuite , proviendroient de leurs découvertes ; parce que ces remiſes ſont attachées à deux conditions qui doivent concourir : la découverte , & le recouvrement.

Ils ne peuvent demander au fermier , le rembourſement d'aucuns *frais de pourſuites ,* n'aïant droit de les répéter que des redevables , à meſure qu'ils païent les droits qui ſont l'objet de ces pourſuites ; mais , un commis qui ſe retire , étant obligé de remettre à celui qui lui ſuccéde , toutes les demandes & contraintes , & n'aïant plus de droit ni de qualité pour ſuivre le recouvrement des droits & des frais , doit s'arranger avec ce ſucceſſeur , en faiſant entr'eux , un état double des pourſuites , dont les frais ſont éxigibles des redevables, au pié duquel le nouveau commis s'obligera de compter à l'autre , du montant de ſes frais , à meſure du recouvrement; & pour prévenir toutes difficultés , il convient de faire taxer ces frais , par le ſubdélégué du lieu. S'il y a des frais qui tombent en pure perte , le commis qui les a faits , n'en peut former aucune demande au fermier , parce

que l'un des motifs pour leſquels il eſt accordé aux commis des remiſes extraordinaires , ſur les droits de recouvrement, eſt afin que ces remiſes leur tiennent lieu de dédommagement des faux frais. Mais , ſi un fermier a donné ordre de faire des demandes conſervatoires, pour s'aſſurer les droits qui en ſont l'objet , il s'agit alors de frais extraordinaires , dont le fermier eſt naturellement tenu de dédommager le commis qui en a fait les avances.

Les emploïés comptables ne peuvent , ſous quelque prétexte que ce ſoit , diférer de païer au fermier , les ſommes dont ils ſont réliquataires ; ils peuvent y être contraints par proviſion , ſauf à eux à propoſer enſuite leurs griefs ou leurs demandes. *Voïez* l'article 579 du bail de Forceville , raporté ci-deſſus , §. 12.

Enfin , les clauſes des *ſoumiſſions* des emploïés , au pié du double de leur procuration ou de leur commiſſion, ſont entr'eux & le fermier, une règle qui doit être éxécutée.

Déciſion du conſeil du 10 Novembre 1731 , qui déboute le ſieur Oudinot, ci-devant inſpecteur , de ſa demande d'une *portion des amendes* de contravention , païées depuis ſa révocation ſur des procès verbaux qu'il avoit raportés , étant inſpecteur.

Déciſion du 20 Juin 1733 , ſur le mémoire du ſieur Gobert, commis-contrôleur des actes à Meaux, qui demandoit que le fermier , dont le bail étoit expiré le 31 Décembre 1732 , lui tint compte de *frais ,* & de ſes *remiſes* ſur des droits qui avoient dû être païés à Meaux , & que ce fermier avoit fait païer à Paris. La déciſion lui accorde ces remiſes , & ſeulement les frais des demandes conſervatoires que le fermier avoit éxigées , pour ſe conſerver les droits , après l'expiration de ſon bail.

Déciſion du 29 Août 1733 , contre le contrôleur des actes de la Fléche , qui , après ſa révocation , refuſoit de *remettre* à ſon ſucceſſeur les *regiſtres* , contraintes &c. Décidé qu'il y ſera contraint.

Par arrêt du conseil du 8 Novembre 1729, Louis Bourgeois, fermier général, a été déchargé des *apointemens* demandés par le sieur Vanetel de Charny, ci-devant vérificateur des aides de l'élection de Melun, lequel prétendoit être en droit de les éxiger, parce que n'aïant pas été remercié à la fin du bail précédent, les fonctions de son emploi, étoient censées continuer dans le bail suivant.

Décision du 25 Mai 1735, contre un contrôleur-ambulant, qui s'étoit retiré au commencement de Novembre, après avoir fait, à l'ordinaire, dans le mois d'Octobre, la tournée de recouvrement des produits du quartier de Juillet. Il demandoit, sous ce prétexte, ses *apointemens* pour tout le quartier d'Octobre ; décidé qu'ils ne lui sont dûs, que jusqu'au 15 Novembre.

Autre décision du conseil du 13 Décembre 1735, contre le sieur Préville, ci-devant contrôleur-ambulant, qui juge qu'il ne peut prétendre de *remises* & *portions d'amendes* de contravention, que sur ce qui a été réellement païé avant sa révocation ; & que le débet d'un commis, qu'il a porté en recette sur son journal, lui est devenu dès ce moment un objet personnel, dont il doit compter au fermier.

Décision du 3 Juin 1741, contre le sieur la Rose, ci-devant commis à Marigny en Normandie, portant qu'il rendra les regiſtres, sinon qu'il y fera contraint.

Décision du 22 Janvier 1743, contre le sieur Berard, contrôleur des actes à Chinon, qui avoit prêté 250 liv. à l'inspecteur, dont il demandoit que le fermier lui tint compte. Cette décision réforme une ordonnance de M. l'intendant de Tours, renduë en faveur dudit Berard, & juge que les commis ne pouvant rien païer aux inspecteurs sans ordre exprès, la somme demandée par le sieur Berard, est une créance personnelle sur l'inspecteur.

Décision du 11 Juin 1746, contre le sieur Prax, ci-devant commis à Alet, gé-

néralité de Toulouse, reliquataire de 2361. qu'il disoit avoir retenus pour le remboursement de frais faits pour la ferme.

Autre du 7 Septembre 1748, contre le sieur Guerin, ci-devant contrôleur-ambulant dans la généralité de Roüen, qui, après sa retraite volontaire, demandoit qu'il lui fût passé des *remises* sur les droits provenans de ses découvertes, rentrés pendant qu'il éxerçoit l'emploi, attendu que la fixation des produits, à laquelle il avoit été obligé de souscrire, n'étoit pas remplie, & ne procuroit rien aux emploïés supérieurs ; cette décision le déclare non recevable, attendu sa soumission de participer à l'excédant de la fixation, pour tenir lieu de toutes remises.

Autre décision du conseil du 18 Janvier 1749, qui déboute le sieur Gautier, ci-devant contrôleur des actes au Neubourg en Normandie, de ses prétentions; il demandoit des *remises* sur les droits de ses découvertes, non païés pendant sa régie, & le remboursement des frais de poursuites, tant d'articles tombés en non valeur, que de ceux païés & à païer ; il demandoit en outre un délai pour le païement de son débet.

Autre décision du conseil du 22 Octobre 1755, qui réforme une ordonnance du lieutenant général de la vicomté d'Auge à Pontlevêque ; & juge que les héritiers de Henry le Fort, contrôleur des actes à Cambremer jusqu'en 1738, sont tenus de rétablir tous les regiſtres du tems de sa régie, ou de raporter les décharges qui leur en ont été données ; ils oposoient qu'on avoit dû les retirer, & que le fermier n'étoit plus recevable, suivant la déclaration du 20 Janvier 1699. *Voïez* encore *Regiſtres.*

§. 14. *Compatibilité des emplois avec des charges & ofices.*

Suivant les édits des mois d'Octobre 1694, & Mars 1696, & diférens arrêts rendus en conséquence, les emplois de contrôleurs des actes peuvent être éxercés fans aucune incompatibilité d'autres ofices ou négoce, ni dégré de parenté; même par les nobles, fans déroger à nobleffe. *Voïez* ci-après *compatibilité*.

§. *15. Priviléges des commis & autres emploïés.*

Les commis & les, diférens emploïés des fermes font fous la protection & fauvegarde du Roi, & fous celle des juges, maires, échevins, capitouls, findics & principaux habitans des villes & lieux où ils font établis. Il ne peut être prononcé aucun décret contr'eux, pour quelque caufe que ce puiffe être, que par les juges roïaux; & s'il s'agit de faits relatifs à l'emploi, & de cas arrivés dans le cours, & à l'occafion de l'éxercice de leurs fonctions, il eft défendu à tous juges ordinaires de prononcer contr'eux aucun décret; il n'y a que les juges qui ont droit de connaître des conteftations fur les matières que régiffent lefdits emploïés, qui puiffent alors prendre connaiffance des plaintes portées contr'eux; ils jouïffent auffi de diférens priviléges & éxemtions, tant par raport à la taille & à la contribution des impofitions des villes, que pour le logement des troupes & autres immunités. *Voïez* ci-après *Priviléges*.

COMMISSAIRES *des fermes*; le Roi a, par arrêt du confeil & lettres patentes du 17 Avril 1759, attaqué les baux actuels de fes fermes, commencés les premier Octobre 1756, & premier Janvier 1757, fur ce qu'ils n'avoient pas été ajugés aux enchères, dans la forme & après les publications prefcrites par les ordonnances; néanmoins, comme ils avoient été faits de la même manière que plufieurs de ceux qui avoient précédé, & que ce défaut de formalité ne pouvoit être imputé aux preneurs, qui avoient contracté dans la forme qui leur avoit été prefcrite, S. M. a validé lefdits baux, pour cette fois, &

fans tirer à conféquence; mais, en fe réfervant la moitié des bénéfices & émolumens defdites fermes, pour lui en être compté en fus du prix des baux.

Par autres arrêt & lettres patentes du même jour 17 Avril 1759, le Roi créa foixante-douze mille actions intéreffées fur les fermes générales, à raifon de mille livres chacune, & S. M. abandonna aux actionnaires, en fus de l'intérêt de leur mife à cinq pour cent, la moitié qu'elle venoit de fe réferver dans les bénéfices des fermes.

En conféquence, il fut ordonné, par autre arrêt du confeil du 17 Avril 1759, qu'il affifteroit quatre commiffaires, nommés par S. M. aux divers comités de la ferme générale, & aux comptes de balance.

Ces commiffaires furent nommés par un autre arrêt du 24 Mai 1759 : favoir, M. Trudaine de Montigny, confeiller d'état, intendant des finances en furvivance; M. de Fleffelles, maître des requêtes; M. Pottier, confeiller en la cour des aides, & intendant du commerce; & M. Aftruc, maître des requêtes; leurs fonctions dans cette partie furent réglées par le même arrêt.

Pareil établiffement eut lieu pour le bail d'Aimard Lambert, fur lequel il avoit été créé des actions jufqu'à cent millions; & par arrêt du 3 Septembre 1718, M. Fagon, confeiller d'état, Mrs Dormeffon & de Gaumont, maîtres des requêtes, & M. Dodun préfident au parlement, furent nommés, pour avoir l'infpection fur l'exploitation des fermes.

La ferme générale a été remife en jouïffance de la totalité des bénéfices & émolumens, par arrêt du confeil du 16 Juin 1761, aux conditions y portées. *Voïez Fermes.*

COMMISSAIRES *des guerres*, commiffaires provinciaux, & commiffaires aux revûes.

Les anciens ofices de commiffaires & de contrôleurs des guerres aïant été fuprimés par édit du mois de Mars 1667, il fut créé par autre édit du mois de Décembre 1691, cent quatre-vingt ofices de commiffaires, & pareil nombre de contrôleurs des guerres ; le titre d'écuïer leur fut accordé , avec éxemtion de tailles & fubfides & le droit de committimus, à l'inftar des commenfaux de la maifon du Roi.

Par édit du mois de Septembre 1694 , il fut fuprimé quarante commiffaires & pareil nombre de contrôleurs ; & au moïen d'un fuplément de finance de 7000 livres , l'éxemtion du droit de *franc-fiefs* fut accordée aux oficiers confervés.

L'édit du mois de Mars 1704, portant création de trente commiffaires provinciaux , leur attribua la nobleffe ; & par édit des mois de Mars & Octobre 1709 , la nobleffe fut pareillement accordée aux commiffaires ordinaires , au moïen d'un fuplément de finance.

Mais , cette nobleffe & les priviléges y attachés, furent révoqués par l'édit du mois d'Août 1715.

Par arrêt du confeil du 16 Mai 1719 , le Roi déclare que les priviléges d'éxemtion du droit de franc-fiefs , & ceux de la nobleffe attribués aux ofices de *commiffaires ordinaires* des guerres, & de commiffaires provinciaux par les édits de 1694, 1704 & 1709 , font compris dans la révocation générale ordonnée par l'édit du mois d'Août 1715 ; en conféquence , le fieur Gouffaut, commiffaire ordinaire des guerres à Metz , & le fieur Gros de Pincé, commiffaire provincial en Bretagne , ont été condamnés au païement du droit de franc-fiefs.

Par autre arrêt du 22 Septembre 1722, lefdits fieurs Gouffaut & Gros de Pincé, & le fieur Sconin , autre *commiffaire provincial* des guerres en la généralité de Paris , ont été déboutés de leur opofition au précédent , nonobftant leur allégation que la première finance de leurs charges excédoit 10000 liv. mais la finance païée particulièrement en conféquence de l'édit de 1694 , pour jouïr nommément defdits priviléges , n'étoit réellement que de 7000 liv.

Arrêt du confeil du 11 Octobre 1723 , qui juge que la révocation de l'éxemtion du droit de franc-fiefs accordée aux *commiffaires aux revûës* , par la déclaration du 6 Septembre 1712 , eft comprife dans l'édit du mois d'Août 1715 ; en conféquence , condamne le fieur Gilbert de Laubriere , ci-devant pourvu d'un ofice de commiffaire aux revûës , au païement du droit de franc-fiefs.

Arrêt du confeil du 24 Avril 1725 , qui réforme une ordonnance de M. l'intendant de Poitiers , & condamne la veuve du fieur de la Terrade , *commiffaire aux revûës* , au païement du droit de franc-fiefs.

Décifion du confeil du 18 Janvier 1728 , qui condamne le fieur Debuort de la Cour , *commiffaire des moufquetaires gris* , au païement du droit de franc-fiefs.

Autre décifion du confeil du 14 Avril 1742 , contre la dame veuve du fieur Lenoir , *commiffaire provincial* des guerres , au département de Provence.

A l'égard des contrôleurs des guerres , *Voïez* ci-après : *Contrôleurs.*

COMMISSAIRES , *confervateurs généraux des décrets volontaires* ; ofices créés en 1708 , & fuprimés en 1716. Voïez *Décrets volontaires.*

COMMISSION *d'archidiacre , pour deffervir une cure , pendant la vaccance ;* c'eft un acte eccléfiaftique , dont le droit de *contrôle* eft fixé à 2 liv. par la feconde fection de l'article 1er du tarif du 29 Septembre 1722, & par l'article 5 de l'arrêt du confeil du 30 Août 1740.

Si la commiffion contient ceffion de l'annate , ou droit de déport, en faveur de celui qui eft nommé , pour deffervir la cure, V. *Déport.*

COMMISSIONS *des commis & emploïés des fermes* , Voïez ci-devant *Commis* , pour ce qui concerne les emploïés de la ferme des domaines ; & à l'égard des commis des cinq groffes fermes & des aides. Voïez *Preftation de ferment.*

COMMITTIMUS , mot latin, qui exprime un privilége accordé par le Roi, à certains officiers & à quelques communautés, pour plaider en première inftance, & pour faire renvoïer ou évoquer leurs caufes en matières perfonnelles, poffeffoires ou mixtes, aux requêtes du palais ou de l'hôtel, ou même dans d'autres tribunaux; pourvû néanmoins, à l'égard des procès commencés devant d'autres juges, que ce foit avant que la caufe ait été conteftée de leur part. *Voïez* l'Ordonnance de 1669, titre 4.

Ce privilége n'a pas lieu pour les affaires qui concernent le domaine du Roi, ni dans toutes celles où il s'agit des intérêts de S. M. non plus que pour les procès où les procureurs généraux & procureurs du Roi font feuls parties; ni enfin, pour les affaires pendantes aux chambres des comptes, cours des aides, cours des monnoies, élections, greniers à fel & autres juges extraordinaires, dont la connaiffance leur apartient, ou par le titre de leur établiffement, ou par attribution, art. 25 & 26 du tit. 4, de l'ordonnance de 1669.

On ne peut abfolument décliner la jurifdiction des tréforiers de France, en la chambre du domaine, pour les matières qui la concernent; pas même les prévôts des maréchaux, les adminiftrateurs de l'hôtel-dieu ou de l'hôpital général de Paris, ni les fecrétaires du Roi, ni aucuns autres, quelque privilége qu'ils aïent de plaider, foit aux requétes du palais ou de l'hôtel, foit à la prévôté de l'hôtel, ou au grand confeil; parce que le Roi n'accorde point de privilége contre lui-même, ce qui arriveroit, fi, en vertu du *committimus*, on pouvoit diftraire les caufes où le Roi a intérêt, de la jurifdiction de la chambre du domaine. *Diçt. de dr.* verb. chamb. du tréfor. Cela eft même conforme à l'ordonnance de 1669, citée ci-deffus.

Arrêt du confeil du 7 Novembre 1724, qui évoque une inftance pendante au grand confeil entre le fieur Dauvergne & les religieux de l'abbaïe de Liques, pour raifon d'une dixme, enfemble la demande faite par ledit fieur Dauvergne à Charles Baffet chargé de la régie des domaines du Roi; défend de procéder ailleurs qu'au confeil d'état, à peine de nullité & de 1000 liv. d'amende, nonobftant le privilége de *committimus* au grand confeil dont jouïffent lefdits religieux.

COMMUNAUTÉ *de biens entre mari & femme*, eft une fociété établie entr'eux par la loi ou par le contrat de mariage; cette fociété s'étend fur leurs meubles & fur les immeubles qu'ils acquièrent pendant le mariage.

Il y a des coûtumes qui admettent la communauté de plein droit entre conjoints; d'autres, où cette communauté n'a lieu, fi elle n'eft ftipulée par le contrat de mariage; & d'autres, qui font prohibitives de communauté, nonobftant toute ftipulation: telle eft celle de Normandie, art. 330 & 389; dans les païs régis par le droit écrit, la communauté n'a pas lieu fi elle n'eft ftipulée.

Quant aux ftipulations des contrats de mariage fur la communauté, foit pour l'établir, la reftraindre ou la modifier; voïez *Contrat de mariage*, §. 17, s'il eft au contraire ftipulé qu'il n'y aura point de communauté, voïez *Exclufion*.

Il eft quelquefois ftipulé, par contrat de mariage, des communautés ou fociétés univerfelles de tous biens, meubles & immeubles, préfens & à venir; & que la totalité paffera au furvivant, foit en propriété, foit en ufufruit. Ces difpofitions, opérant le même éfet que la donation mutuelle, font fujétes aux mêmes droits, tant lors de la paffation du contrat de mariage, que lors de la diffolution de la communauté par le décès de l'un des conjoints. Voïez *Contrat de mariage*, §. 16; & *Donation mutuelle*.

Lorfque l'héritier de l'un des conjoints renonce purement & fimplement à la communauté, & qu'à ce moïen le furvivant devient propriétaire de la totalité des conquéts, c'eft un accroiffement *non decref-*
cendo,

cendo, d'autant que celui qui renonce n'a jamais poffédé ; ainfi, n'y aïant point de mutation , il n'eft point dû de droits feigneuriaux. Voïez *Accroiffement* , pag. 15. Il n'eft point dû non plus de droit de centième denier ; décifions du confeil des 5 Février 1729, & 6 Mars 1736, en faveur du fieur Mequet, & de Jean-Baptifte Frefneau. Autre du 11 Août 1752, qui juge la même chofe , du confentement du fermier.

S'il y a un don mutuel entre les conjoints , le furvivant doit le droit de centième de-denier des biens qu'il recueille en conféquence ; voïez *Don mutuel*. La renonciation fimple que les héritiers du prédécédé pouroient faire , ne feroit d'aucune confidération dans ce cas ; la demande en délivrance de la part du furvivant, n'eft qu'une forme dont on peut fe paffer; on ne peut alors regarder la renonciation que comme fimulée , & le don mutuel, que comme la caufe efficiente & productive; ainfi, dans les coûtumes de relief, ce droit eft dû par le furvivant qui recueille ce qui apartenoit au prédécédé; voïez le Tr. des fiefs de Guyot, tom. 1, p. 124; le droit de centième eft également dû. Voïez *Don mutuel*.

Le furvivant, qui hérite de la portion du prédécédé dans la communauté, en vertu du titre *undè vir & uxor* , doit-il le droit de 100me d. ? Il y a deux décifions du confeil pour la négative, l'une du 24 Juillet 1734, en faveur du fieur Copin; & la feconde, du 1er Octobre 1740, en faveur de la veuve de Pierre-François Metayer ; mais la queftion s'étant préfentée de nouveau, il a été décidé le 6 Juillet 1758, que le droit eft dû : le nommé Claude Defchamps étant mort en 1744 fans héritiers, Marie-Madeleine Gerardière fa veuve refta propriétaire en vertu de la loi *undè vir & uxor* , de la totalité des conquêts , confiftans en une maifon à Melun; cette veuve eft morte enfuite, après avoir légué la maifon à la demoifelle Demeuve , & à la dame

Danfon ; le commis de Melun aïant demandé à ces légataires (indépendamment du droit de centième denier qu'elles devoient de la totalité de la maifon, à caufe du legs) un autre droit de centième denier de la moitié que la veuve avoit recueillie après la mort de fon mari, elles fe font pourvuës en décharge de ce droit ; elles ont dit que la veuve n'avoit point agi comme créancière, qu'elle n'avoit eu befoin d'aucun acte, ni d'adjudication ; & qu'elle étoit reftée en poffeffion de la totalité de la maifon , aïant confondu dans fa perfonne les droits de fon mari , par la force de la loi *undè vir & uxor* ; qu'ainfi , elle ne devoit aucun droit de centième denier, pour raifon de cette prétenduë mutation. L'adjudicataire des fermes a foûtenu que tous nouveaux poffeffeurs d'immeubles (à la feule exception des héritiers en ligne directe) font fujets au droit de centième denier ; que la fucceffion dévoluë par la loi, n'eft pas moins collatérale que celle qui eft recueillie en vertu du droit du fang & de la coûtume. Il a cité les décifions de 1734 & 1740; mais il a dit que par quelques motifs qu'elles aïent été renduës, elles ne peuvent être tirées à conféquence, contre les difpofitions d'édits & déclarations dûment enregiftrés. C'eft fur cette conteftation qu'eft intervenuë la décifion du confeil du 6 Juillet 1758 , portant que le droit de centième denier eft dû pour la portion des biens qui apartenoit au mari , & dont la femme a hérité.

S'il a été ftipulé par le contrat de mariage que le mari aura la faculté d'exclure de la communauté les héritiers de la femme , il a été jugé par décifion du confeil du 29 Novembre 1732 , en faveur du fieur Milien , qu'il ne devoit point de droit de centième denier pour la moitié des conquêts qu'il retenoit en vertu de cette faculté.

Lorfque le furvivant des conjoints obtient les conquêts de la communauté en remplacement de fes propres aliénés , ou en païement de toutes autres créances fur

Tome I.   M m m

cette communauté, en doit-il le droit de 100me d. ? Il faut diſtinguer ſi, pour obtenir ce remplacement, il a renoncé à la communauté ; dans ce cas, il eſt étranger aux conquêts, & il ne les obtient qu'en païement de ſes créances ; ainſi, il en doit inconteſtablement le droit de centième denier ; mais, s'il n'a pas renoncé à la communauté, il ne doit aucun droit. Voïez *Remploi.*

Un mari aïant acquis par licitation, du chef de ſa femme, une maiſon, dont il païa le prix des deniers de la communauté, la femme ſe fit adjuger cette maiſon après la mort du mari, à la charge de rembourſer à ſes héritiers ce qu'ils avoient à prétendre dans le prix païé. Décidé le 28 Novembre 1733, qu'elle ne doit point de centième denier pour cette adjudication ; cela eſt juſte, parce que, par la licitation, le bien étoit devenu propre à la femme qui avoit droit de le conſerver, en rembourſant aux héritiers du mari ce qui leur revenoit dans le prix païé des deniers de la communauté.

Si le ſurvivant des conjoints, pour ſe libérer du reliqua de compte de tutelle dû aux enfans, leur céde des immeubles, même des conquêts après partage, les *lods & ventes* en ſont dûs ; *Voïez* l'arrêt du parlement de Paris du 5 Mai 1744. Verb. *Compte,* à la fin de l'article.

Il a été obſervé ci-deſſus que la communauté ne peut avoir lieu entre conjoints, dans le païs régi par la coûtume de Normandie ; mais, cette coûtume apelle la femme pour ſuccéder à titre d'héritière, à une partie des acquêts faits par ſon mari. De-là naît la queſtion de ſavoir ſi elle doit un droit de centième denier pour cette portion d'acquêts qu'elle prend ſeulement en qualité d'héritière, & nullement à titre de commune.

Dans cette province, le mari eſt le maître de tous les éfets ; il peut faire des acquiſitions, & il a la liberté d'en diſpoſer à ſon gré ; la femme ne pouvant être commu-

ne, n'y peut rien prétendre qu'après le décès de ſon mari ; art. 329 & 389 de la coûtume. Il eſt vrai que l'art. 331, porte que le mari doit joüir par uſufruit, ſa vie durante de la part que ſa femme *a euë en propriété aux conquêts* par lui faits, conſtant leur mariage, encore qu'il ſe remarie ; mais ces expreſſions du texte ne ſont pas juſtes, ainſi que l'obſerve Baſnage : en éfet, elles ſont contraires à la liberté accordée au mari, de diſpoſer des acquêts par lui faits conſtant le mariage ; & elles contrediſent formellement les art. 329 & 389, qui diſent en termes exprès, que la femme n'a rien aux acquêts qu'après la mort du mari.

Ainſi, la femme ne prenant point de part aux acquêts faits par ſon mari pendant le mariage, en qualité de commune, & n'y pouvant rien prétendre qu'après la mort du mari ; il faut néceſſairement en conclure qu'elle n'y participe que comme héritière. Les qualités de commune & d'héritière ſont incompatibles, & la loi aïant rejetté la première, établit formellement la ſeconde.

La ſeule qualité d'héritière attribuë à la femme une part dans les acquêts faits par ſon mari ; ſon droit ne provient d'aucune ſtipulation ; il dépend eſſentiellement de la qualité qu'elle prend. C'eſt tellement celle d'héritière du mari, qui lui donne une portion des acquêts par lui faits, que la coûtume établit formellement qu'elle n'y peut rien prétendre qu'après la mort du mari, & que l'article 329 qui fixe ſa portion, fait partie du titre des ſucceſſions collatérales aux meubles, acquêts & conquêts. Ainſi, la femme ne pouvant prendre part aux acquêts de ſon mari que comme ſon héritière, il s'enſuit qu'elle en doit le droit de centième denier, auquel les règlemens ont aſſujéti tous héritiers apellés, tant par la loi, que par le droit du ſang, à la ſeule exception des héritiers en ligne directe.

Mais on peut dire que cette qualité d'héritière n'eſt qu'une fiction de la loi ; il eſt

certain que l'éfet des difpofitions de la coûtume de Normandie, eft le même que celui
de la communauté dans les coûtumes qui
l'admettent. Si la femme ne participoit uni-
quèment aux conquêts , qu'à titre d'héritière de fon mari, fes héritiers n'y auroient
rien à réclamer ; au lieu qu'il eft conftant
que la femme , lors même qu'elle prédécéde fon mari, leur tranfmet fa portion dans
la propriété des conquêts, art. 331 & 332,
ce qui caractérife une communauté, qui
ceffe du jour du décès de la femme. Ces
raifons jointes à ce que la perception du
droit de centième denier n'eft point en
ufage dans ce cas , donnent lieu de douter
que le confeil autorife cette perception.

La queftion s'eft préfentée à Roüen , au
fujet d'une demande formée à la dame Wi-
debien, veuve du fieur Nicolas Aufoult,
& après une ample inftruction , M. l'intendant de Roüen a renvoïé les parties au confeil par ordonnance du 12 Juillet 1756 ;
l'affaire eft encore indécife.

COMMUNAUTÉ *légale & tacite*, a
lieu entre les perfonnes qui demeurent enfemble, & qui vivent en fociété, dans la
plus part des coûtumes ; à moins que l'on
ne prenne les précautions néceffaires ,
pour empêcher cette communauté de fe
former.

Si, avant le tems fixé par la coûtume ,
pour établir la communauté, l'on fait un
acte pour l'empêcher de fe former, il femble qu'on ne devroit le confidérer que
comme acte fimple , non fujet à l'infinuation ; fi les coûtumes éxigent la publicité
de cet acte, & qu'en conféquence, on pré-
tende qu'il doive être infinué, il paroitroit
jufte de fixer le droit, fur le pié réglé par
l'article 7 du tarif, pour l'éxclufion de
communauté , puifque c'eft le feul acte ,
auquel il ait raport.

Le 23 Juillet 1729, il avoit été décidé que ces actes, que l'on nomme en
Normandie, actes d'*incommunité*, n'é-
toient pas fujets à l'infinuation.

Mais , par décifion du 13 Septembre
1738 , le fieur de Baillon de Forges a
été débouté de fa demande, en reftitution
du droit d'infinuation , perçû fur le pié de
l'article 13 du tarif, pour un acte fait entre
lui & fes fœurs, par lequel ils ont déclaré que la communauté établie par la coûtume de Chartres, entre parens demeurans
enfemble , n'auroit pas lieu entr'eux.

Par autre décifion du 7 Juin 1749 , au
fujet d'un pareil acte fait dans la coûtume
de Normandie, il eft dit qu'on doit le confidérer comme fimple renonciation , & que
le droit d'infinuation en eft dû , fur le pié
de l'article 13 du tarif.

Voïez encore une décifion du 20 Décembre 1753 , au fujet d'un contrat de mariage , contenant ftipulation de non communauté, entre les futurs & le père de la
future, qui s'oblige de les loger & de les
nourir. Verb. *Contrat de mariage* , §. 6.

Le motif qui paroit avoir fait juger que
ces actes font fujets à l'infinuation , c'eft
qu'il eft néceffaire que le public foit informé que ceux qui vivent enfemble, ne
font point communs en biens ; & que l'infinuation eft établie, pour rendre notoires
les difpofitions de certains actes. Cela eft
vrai ; mais, il ne faut pas en conclure que
tous les actes, dont le public a intérêt
d'avoir connaiffance, doivent, par cette
raifon , être infinués , lorfqu'ils n'y font pas
affujétis par les règlemens ; l'enregiftrement au gréfe de la jurifdiction, rendra
l'acte auffi public, que s'il étoit infinué.
D'ailleurs, fi les coûtumes éxigent cette
publicité, elles en prefcrivent les moïens.

Mais , en fupofant que l'acte , fait pour
empêcher la communauté légale de s'établir
entre des perfonnes qui veulent demeurer
enfemble , foit fujet à l'infinuation, il faut
convenir que cet acte n'étant point nommément compris dans le tarif, le droit d'infinuation en doit être perçû, fur le pié
réglé , pour ceux dénommés dans le tarif,
auxquels il a plus de raport. Il eft fenfible

qu'un a&te , qui a pour objet d'empêcher
la communauté de s'établir , n'a pas de
raport à une renonciation ; parce que ,
pour renoncer à quelque chofe , il faut
que cette chofe éxifte ; or , la communauté
n'éxifte pas, lorfqu'on fait cet a&te , puifque fon objet eft même d'empêcher qu'elle
fe forme ; on ne peut donc l'affimiler à la
renonciation , & il n'eft relatif qu'à la
ftipulation d'exclufion de communauté , entre mari & femme, dont le droit d'infinuation
eft fixé par l'article 7 du tarif.

Si la communauté légale ou tacite étoit
contra&tée , & que l'un des affociés , voulant
fe retirer , renonçât à cette communauté ,
ce feroit alors le cas de percevoir le droit
d'infinuation , fur le pié de l'article 13 du
tarif.

Cependant , il faut fe conformer aux décifions des 13 Septembre 1738 , & 7 Juin
1749 , pendant que la jurifprudence qu'elles ont établie fubfiftera.

Lorfque tous les affociés dans la communauté , font un a&te , pour la faire ceffer
à l'avenir , c'eft diffolution d'une fociété
établie. Voïez *Diffolution.*

COMMUNAUTÉS *eccléfiaftiques* , font
ou féculières , comme les chapitres des
églifes cathédrales ou collégiales ; ou régulières , comme les couvens , les monaftères *&c.*

Voïez *A&tes capitulaires ; A&tes eccléfiaftiques ; Amortiffement ;* & les autres titres qui peuvent être relatifs à ces
communautés.

COMMUNAUTÉS *laïques* , font cel-
les des villes , bourgs , villages , paroiffes
&c.

Voïez *Amortiffement* , §. 10 & 11.
*Baux ; Délibérations ; Gréfiers-fecré-
taires* des villes & communautés. *Hôtel*
de ville ; *Nomination ,* & *Nouvel-Acquêt ;* voïez auffi *Communes.*

Par arrêt du confeil du 22 Avril 1673 ,
il fut permis aux villes , paroiffes , communautés & gens de main-morte , d'acquérir

de petits domaines , en conféquence de l'a-
liénation ordonnée par la déclaration du 8
Avril 1672 , pour les pofféder au même
titre que les autres acquéreurs.

L'édit du mois d'Avril 1702 , qui ordonne l'aliénation des juftices & feigneuries
des paroiffes , par démembrement des
chefs-lieux , permet aux communautés
laïques de les acquérir , fans être fujétes
aux droits d'amortiffement , d'indemnité
& de nouvel-acquêt.

Arrêt du confeil du 24 Août 1706 , qui
ordonne l'éxécution de ceux des 4 Juin
1666 , 17 Février & 2 Juillet 1668 , &
des diférens baux des domaines , qui comprennent tous les domaines engagés aux
communautés, dans le reffort du parlement
de Touloufe , & ceux que lefdites communautés pouroient avoir retirés ; en conféquence , caffe un arrêt de la cour des
comptes , aides & finances de Montpellier ;
& maintient le fermier des domaines du
Languedoc, dans la jouïffance des domaines & droits dépendans de la baronnie de
Montredon , fauf à la communauté & habitans d'icelle , à fe pourvoir pardevers
S. M. pour leur rembourfement. *Nota* ,
ce domaine avoit été aliéné en 1586 , au
fieur de Bertiffire , moïennant 25650 liv.
en 1606 , les communautés qui compofent
la baronnie , furent reçuës à remboufer
en pure perte , & le revenu fut réuni au
domaine. En 1649 , il fut aliéné de nouveau au marquis de Caftres , moïennant
3455 liv. & à la charge de rembourfer les
habitans , lefquels furent encore admis le
11 Mai de la même année , à rembourfer
M. de Caftres.

La déclaration du Roi du 5 Janvier
1712 , concernant les aliénations du domaine , porte que plufieurs villes & communautés aïant fait des offres en pure
perte , à condition que les juftices defdites
villes & communautés , ne feroient point
aliénées , en éxécution de l'édit du mois
d'Avril 1702 , & n'aïant point encore

païé le montant de leurs offres , S. M.
permet aux commiſſaires nommés pour l'a-
liénation , de vendre & aliéner leſdites juſtices , nonobſtant les arrêts qui ont reçu
leſdites offres ; ordonne qu'à l'avenir, après
que les juſtices & domaines auront été
vendus ou adjugés aux particuliers , les
communautés ne pourront être reçuës à
faire des offres en pure perte.

Par arrêt du conſeil du 2 Juin 1722 ,
une ſentence du bureau des finances de
Caën , a été caſſée , en ce qu'elle avoit déclaré nulle la ſaiſie faite à la requête du
fermier des domaines, ſur le nommé Houl-
lebec, collecteur de la paroiſſe d'Amayé ,
pour le païement de deux années d'arrérages d'une rente de 13 ſ. 6 den. dûë au
domaine, par la communauté des habitans
de cette paroiſſe, & condamné le fermier
aux dépens ; en conſéquence , ledit collecteur a été condamné au païement des
deux années de la rente , ſauf ſon recours
contre les habitans, ainſi qu'aux dépens &
au coût de l'arrêt.

Arrêt du conſeil du 14 Décembre 1728 ,
qui ordonne qu'aucunes communautés d'habitans , ne pourront enchérir les juſtices &
domaines qui ſont mis en revente , en
éxécution de l'arrêt de règlement du 13
Mai 1724 , qu'elles n'aïent fait connaître
à M^rs les intendans , les motifs qui les dé-
termineront , pour acquérir leſdites juſtices
& domaines , l'utilité qu'elles en peuvent
retirer , & de quels fonds elles entendent
faire les rembourſemens dûs aux anciens
engagiſtes , & païer le courant des rentes,
dont elles ſe trouveront chargées ; pour
être leurs délibérations aprouvées ou rejettées par leſdits ſieurs intendans.

COMMUNES , ſont les héritages ,
bois, prés , marais, landes , pâtis , pâturages & autres biens apartenans aux communautés d'habitans pour leur uſage en
commun.

Par édit du mois d'Avril 1667 , qui permit aux communautés de rentrer dans leurs
uſages, le Roi les conſirma dans la poſſeſſion des uſages & communes qui leur avoient
été concédés par les Rois , & leur remit
même le droit de tiers qui pouroit apartenir à S. M. dans leſdites communes. Il fut
ordonné que tous les ſeigneurs prétendans
droit de tiers dans les uſages , communes
& communautés , ou qui avoient fait le
triage à leur profit depuis 1630 , ſeroient
tenus d'en abandonner & délaiſſer la libre
& entière poſſeſſion au profit deſdites communautés ; & qu'à l'égard des ſeigneurs
qui ſe trouveroient en poſſeſſion deſdits uſages avant 1630 , ſous prétexte dudit tiers ,
ils repréſenteroient leurs titres , pour y
être pourvû ; ordonné que dans un mois ,
les habitans & communautés du roïaume
rentreroient ſans aucune formalité de juſtice
dans les fonds , prés , pâturages, bois, terres, uſages, communes, communaux, droits
& autres biens communs , vendus ou baillés à baux à cens , ou emphytéotiques ,
depuis 1620 , en rembourſant les acquéreurs dans dix ans ; avec défenſes à toutes
perſonnes , de quelque qualité & condition
qu'elles ſoient , & à leurs fermiers , d'envoïer leurs beſtiaux pacager dans les communes , & de prétendre aucune part dans
leſdits uſages , qu'ils n'aïent païé les ſommes auxquelles ils ſeront compris pour le
rembourſement des acquéreurs deſdits uſages ; & aux habitans des communautés ,
d'aliéner dorénavant les uſages & communes , ſous quelque prétexte que ce ſoit.
Voïez *Nouvel-Acquêt*.

COMMUNICATION qui doit être
faite aux emploïés de la ferme des domaines , des minutes , liaſſes & répertoires
des notaires , gréfiers , & autres oficiers
publics. Voïez *Gréfiers* & *Notaires*.

Communication des regiſtres de ſépulture par les curés , gréfiers & autres dé-
poſitaires. Voïez *Regiſtres* de ſépulture.

Communication par les commis , des regiſtres du contrôle & de l'inſinuation. Voïez
Regiſtres.

COMPAGNIE *des Indes*, établie pour faire tout le commerce dans les Indes, avec plufieurs conceffions, pouvoirs, facultés, droits, éxemtions & priviléges.

Par édit du mois de Mai 1664, il fut établi une compagnie des Indes occidentales, pour faire tout le commerce dans les Ifles & terres fermes de l'Amérique, & autres païs y défignés ; & par autre édit du mois d'Août de la même année, il fut établi une pareille compagnie pour le commerce des Indes orientales. On peut voir ces deux édits dans le fecond volume des conférences de Bornier.

La compagnie des Indes occidentales & de la côte d'Afrique, fut fuprimée par édit du mois de Décembre 1674 ; Loüis XV, par édit du mois d'Août 1717, a ordonné l'établiffement d'une compagnie de commerce fous le nom de compagnie d'occident.

Par édit du mois de Mai 1719, les compagnies des Indes orientales & de la Chine, ont été réunies à la compagnie d'occident ; enforte qu'il n'y a plus qu'une compagnie, connuë fous le nom de compagnie des Indes.

Cette compagnie eft adminiftrée & gouvèrnée par des commiffaires du Roi, des findics, & des directeurs.

Par arrêt du 14 Septembre 1701, il a été jugé que le droit de bâtardife, comme droit roïal, n'avoit pû être compris dans la conceffion faite en 1664, à la compagnie, des droits utiles de la fouveraineté dans les païs de fa conceffion, quoique S. M. n'eût réfervé fimplement que la foi & hommage-lige, avec une couronne & un fceptre d'or, à chaque mutation.

Les priviléges & éxemtions dont joüiffent les fecrétaires du Roi, furent accordés à la compagnie des Indes, par déclaration du Roi du 1ᵉʳ Juillet 1665 ; en conféquence, la compagnie a obtenu le 16 Octobre 1696, un arrêt du confeil qui ordonne l'éxécution de l'édit du mois d'Août 1664, & de la déclaration de 1665 ; & en con-

féquence, caffe une fentence de l'Amirauté de Breft, par laquelle les directeurs de la compagnie avoient été condamnés au païement des lods & ventes de l'acquifition d'un navire, pour le fervice de la compagnie.

Par arrêt du confeil & lettres patentes du 17 Mars 1720, il fut ordonné une aliénation à titre d'inféodation, des parts & portions de domaine utile, qui dépendent de l'ifle, terre & marquifat de Belle-Ifle, au profit de la compagnie des Indes, à la charge de païer annuellement 50000 liv. au domaine du Roi. Le contrat d'inféodation fut fait en conféquence le 22 Avril 1720, & confirmé par lettres patentes du 3 Mai fuivant. Néanmoins, cette aliénation n'a pas fubfifté, & le Roi eft rentré peu après dans la poffeffion de Belle-Ifle & de toutes fes dépendances ; puifque par arrêts du confeil des 6 & 9 Mars 1722, il en fut fait bail pour fix années au nom de S. M. à François de la Garde.

Le bail général de toutes les fermes, qui avoit été fait le 6 Septembre 1718, à Aymard Lambert pour fix années, fut réfolu par arrêt du confeil du 27 Août 1719, qui réunit lefdites fermes générales à la compagnie des Indes, fous le nom d'Armand Pillavoine, pour neuf années ; & il fut ordonné par autre arrêt du confeil du 23 Septembre 1719, que les droits d'aides, contrôle des actes, domaines, franc-fiefs, gréfes & amortiffemens, ne feroient point fous-fermés ; mais qu'ils feroient régis pour le compte de la compagnie. Cette régie & plufieurs autres priviléges, furent alors accordés à la compagnie, en confidération d'un prêt de 1500 millions qu'elle s'obligea de faire au Roi. *Voïez* les arrêts des 27 Août & 12 Octobre 1719.

La régie des fermes, par la compagnie des Indes, fous le nom de Pillavoine, n'a duré que pendant l'année 1720 ; & Charles Cordier fut enfuite chargé de la régie des fermes-unies de France, pour le compte du Roi, à commencer le 1ᵉʳ Janv. 1721,

COMPATIBILITÉ *des emplois de la ferme des domaines, avec tous autres emplois ou ofices.*

Les édits des mois d'Octobre 1694, & Mars 1696, portent que les ofices de contrôleurs des actes, peuvent être possédés & éxercés, sans aucune incompatibilité d'autres ofices ou négoce, ni dégré de parenté & sans déroger à noblesse.

La plûpart des contrôleurs des actes, qui se sont trouvés posséder en même tems des charges ou ofices, aïant excité la jaloufie des autres pourvûs de semblables ofices, ont éprouvé de leur part une infinité de chicanes, sous prétexte d'incompatibilité; mais, on n'a eu aucun égard aux divers moïens qu'ils ont allégués; il est essentiel pour l'exploitation de cette partie des fermes du Roi, de maintenir le principe de la compatibilité, & de rejetter toutes observations tendantes à l'attaquer; sans quoi, tous les contrôleurs des actes, qui possédent des charges & ofices, seroient continuellement exposés aux chicanes des autres oficiers; il feroit même très-difficile de trouver des sujets pour remplir ces emplois dans la plûpart des villes & lieux du roïaume. Il est d'ailleurs certain que le fermier ne confie, & a intérêt de ne confier l'emploi à des oficiers, qu'à défaut d'autres sujets capables.

Arrêt du conseil du 12 Août 1721, qui casse deux Sentences du juge du Hainault en Bretagne, par lesquelles il étoit ordonné à un contrôleur des actes d'opter de ses fonctions de notaire & procureur; fait défenses à tous juges de connaître des affaires concernant la régie desdits droits, à peine de nullité de leurs jugemens.

Autre arrêt du conseil du 7 Mars 1722, qui décharge le commis au contrôle des actes à Provins, & élu audit lieu, d'une assignation qui lui avoit été donnée sous prétexte d'incompatibilité; fait défenses à toutes personnes de troubler les commis sous pareil prétexte, à peine de 1000 liv. d'amende,

& de tous dépens, dommages & intérêts.

Arrêt du conseil du 14 Février 1723, qui casse un jugement du lieutenant général de Bayeux, portant ordre au nommé Philippes, procureur audit bailliage, & chargé de la perception des droits réservés, d'opter de sa charge ou de son emploi; maintient ledit Philippes dans les fonctions de son emploi, conjointement avec son ofice; & défend à tous juges de rendre de pareils jugemens, à peine de 3000 liv. d'amende &c.

Arrêt du parlement de Bretagne du 26 Juin 1726, rendu en faveur du sieur Gueguen, notaire, procureur & contrôleur des actes à Locornan; qui fait défenses à toutes personnes de le troubler, ainsi que les autres oficiers de judicature, sous prétexte d'incompatibilité de l'emploi avec leurs ofices.

Par arrêt du conseil du 4 Mai 1728, le Roi a évoqué les contestations pendantes au bailliage de Senlis, au sujet d'une convention faite entre trois notaires de Pont-Saint-Maxence, portant que celui des trois qui accepteroit l'emploi de contrôleur des actes, païeroit 500 liv. à chacun des deux autres par chaque année de son éxercice; & S. M. a ordonné que, par provision, le nommé Prescheur, l'un d'eux, qui avoit accepté l'emploi, continuëroit d'en éxercer les fonctions.

Décision du conseil du 7 Juin 1732, qui déboute les notaires de Cazeres de leur demande, tendante à ce que le commis au contrôle des actes, qui étoit aussi notaire, fût destitué de son emploi.

Autre décision du 23 Août 1732, qui déboute les procureurs de Brignoles d'une pareille demande.

Décision du conseil du 28 Mars 1733, contre les sindics généraux des états de Bearn, qui demandoient qu'il fût défendu aux notaires de se charger de l'emploi du contrôle des actes.

Autre décision du conseil du 19 Août 1735, contre les nommés Roussel, qui demandoient que sieur Villan, contrôleur des actes à Plouay en Bretagne, fût destitué de son emploi, attendu qu'il étoit en même tems notaire, procureur & priseur.

Décision du 21 Juin 1738, en faveur du contrôleur des actes à Moret, qui étoit en même tems procureur & notaire; le lieutenant criminel, pour empêcher que des parties, pour lesquelles ce contrôleur occupoit, en sa qualité de procureur, n'eussent connaissance d'une procédure, avoit commis le gréfier du siége, pour sceller & contrôler les actes de cette procédure. La décision porte qu'il n'y a point d'incompatibilité, & que le lieutenant criminel n'a pas été fondé à faire ce qu'il a fait, à moins qu'il n'y eût preuve de malverfation de la part du commis.

Autre décision du conseil du 24 Janvier 1739, contre les notaires de la province d'Auvergne, qui se plaignoient de ce que quelques notaires étoient contrôleurs des actes, qu'ils attiroient les parties pour contracter dans leurs études, & qu'ils retenoient les actes des autres notaires. Cette décision porte que la qualité de notaire n'est point une exclusion pour éxercer le contrôle, lorsqu'on ne prévarique point.

Décision des 16 & 30 Avril 1740, contre les notaires de Cottignac en Provence, & de la ville de la Réole en Guyenne, qui se plaignoient de ce que leurs confrères éxerçoient la régie du contrôle des actes.

Décision du conseil du 9 Mars 1748, qui déboute le sieur de Tremenec de sa demande, tendante à la supreffion du bureau de Plongonver en Bretagne, sous prétexte que le contrôleur des actes étoit en même tems notaire.

Arrêt du conseil du 10 Octobre 1752, qui caffe un arrêt du parlement de Paris; & en conséquence, ordonne que le sieur Delaitre, contrôleur des actes à Magny, fera reçu à éxercer l'ofice de procureur au bailliage & autres jurifdictions de la même ville, sans que les autres procureurs puissent être admis à s'opofer à sa réception,

sous prétexte d'incompatibilité, à peine de 1000 liv. d'amende, & de tous dépens, dommages & intérêts; enjoint aux juges du bailliage & autres jurifdictions de Magny, ou autres oficiers éxerçans lesdits siéges, de recevoir ledit Delaitre aux fonctions de l'ofice de procureur; avec défenfes à toutes cours & juges de connaître des affaires concernant la régie, adminiftration, perception & recette defdits droits, à peine de nullité des arrêts & jugemens; ordonne qu'elles ne pourront être portées que par devant les sieurs intendans & commiffaires départis, fauf l'apel au conseil.

Les sieurs Pigeard & le Marié, procureurs à Magny, aïant formé opofition à l'arrêt ci-deffus, en ont été déboutés par autre arrêt du conseil du 17 Septembre 1754, qui ordonne l'éxécution de celui du 10 Octobre 1752, & qui les condamne au coût de l'arrêt.

Autre arrêt du conseil du 15 Mai 1753, qui déboute le sieur Grimonville, procureur au bailliage d'Argentan, de sa demande, tendante à ce que le sieur le Sage, contrôleur des actes, & notaire à Argentan, fût tenu d'opter entre son ofice & son emploi. Fait défenfes audit Grimouville & à tous autres de troubler à l'avenir ledit sieur le Sage, dans l'éxercice des fonctions de son emploi, sous prétexte d'incompatibilité, à peine de 1000 liv. d'amende, & de tous dépens, dommages & intérêts.

Décifion du conseil du 11 Décembre 1760, fur le mémoire du Baron de Navaillé, findic général des états de Bearn, qui demandoit que les emplois de contrôleurs des actes ne puffent être éxercés par aucun notaire; la décifion porte qu'il n'y a point d'incompatibilité.

COMPÉTENCE, pour la connaiffance des conteftations qui naiffent fur l'adminiftration, régie & perception des droits de la ferme des domaines. Voïez *Attribution*, & les Articles qui y font indiqués.

Aucuns juges, autres que les roïaux, ne

peuvent

peuvent prononcer de décret contre les emploïés des fermes, pour délits ou crimes, de quelque nature qu'ils puiſſent être, commis dans le département où ils font emploïés, à peine de nullité, caſſation de procédures, dépens, dommages & intérêts, mille livres d'amende contre les parties, & d'interdiction contre les juges. Et les juges roïaux ne peuvent même, ſous pareilles peines, décréter contre les commis, pour le fait de leurs commiſſions & emplois, & pour les cas arrivés dans le cours & à l'occaſion de leurs éxercices ; les ſeuls juges compétens d'en connaître, ſont ceux auxquels la connaiſſance des droits régis par leſdits commis, eſt attribuée, art. 572 & 573 du bail de Forceville. *Voïez* auſſi *Priviléges* des emploïés.

COMPROMIS *en matière laïque*, eſt l'acte par lequel les parties conviennent d'arbitres, pour décider leurs diférends, leur donnant tout pouvoir à cet éfet, & promettant réciproquement de ſe tenir à leur déciſion, ſous quelque peine pécuniaire contre le contrevenant.

Le droit de contrôle en eſt fixé à 2 liv. par l'article 30 du tarif du 29 Septembre 1722.

Les arbitres, étant des juges choiſis par les parties, pour terminer leurs diférends, n'ont d'autre pouvoir que celui qui leur eſt accordé par le compromis ; c'eſt cet acte qui eſt la baſe de leur jugement ; ainſi il y doit être référé, & préalablement contrôlé. *Voïez* les arrêts du conſeil des 6 Août 1715, & 4 Juillet 1722 ; & ci-après *Sentences arbitrales*.

COMPROMIS *en matière bénéficiale* ; le droit de contrôle des compromis & expéditions des ſentences arbitrales, entre ſeuls eccléſiaſtiques, pour raiſon des droits apartenans à leur égliſe, eſt fixé à 2 liv. par la ſeconde ſection de l'article 1er du tarif de 1722, & par l'article 5 de l'arrêt du 30 Août 1740.

Tome I.

COMPTABLES, les oficiers comptables ſont ceux qui manient les deniers roïaux, comme receveurs des tailles, receveurs généraux des finances, receveurs généraux des domaines & bois, & autres ſemblables.

Ils ſont obligés de rendre leurs comptes en la chambre des comptes. *Voïez* la déclaration du 19 Mars 1712, contenant règlement à cet égard. Et celles des 12 Juillet 1712, & 1er Mars 1725, & l'arrêt de la chambre des comptes de Paris, du 9 Juin 1736, concernant les comptes des receveurs généraux des domaines & bois.

Les amendes prononcées contre les oficiers comptables, qui ſont en retard de fournir leurs comptes, & celles prononcées au jugement deſdits comptes, apartiennent au Roi, & ſont partie du bail du fermier des domaines. Voïez *Amendes*, pag. 118.

Les oficiers comptables, & autres perſonnes chargées de la perception, recette, maniment & diſtribution des finances du Roi, & des deniers publics, ſont obligés de tenir des journaux de recette & dépenſe. Voïez *Journaux*.

COMPTE, eſt un état de la recette & de la dépenſe que l'on a faite pour autrui ; ainſi les comptes ſe rendent par ceux qui ont eû l'adminiſtration, la régie, ou le maniment d'affaires & de biens apartenans à d'autres perſonnes, ou qui leur étoient communs avec d'autres.

Celui qui rend le compte, eſt nommé *comptable*, & eſt toujours réputé comptable, encore que le compte ſoit clos & arrêté, juſqu'à ce qu'il ait païé le reliqua, s'il y en a, & remis toutes les pièces juſtificatives; ordonnance de 1667, tit. 19, article 1er ; & l'on nomme *oïant*, celui auquel le compte eſt rendu.

L'article 31 du tarif du 29 Septembre 1722, porte que le droit de contrôle des comptes, précomptes, ſociétés, traités

N n n

Compte.

& fous-traités, dans lefquels les fommes feront certaines, fera païé fuivant l'article 3 du même tarif ; & que, lorfque les fommes ne feront pas certaines, le droit de contrôle fera païé : fçavoir, entre gens d'affaires, 12 livres ; entre marchands, 8 livres ; & entre particuliers, pour quelque caufe que ce foit, 4 liv. 10 f.

Les fommes font certaines dans un compte, lorfqu'il eft arrêté par l'oïant ; & dans ce cas, le droit de contrôle eft dû fur le reliqua, foit actif, foit paffif ; c'eft-à-dire, fur ce qui refte définitivement dû, par le comptable à l'oïant ; ou fur les fommes dont le comptable eft en avance, & dont l'oïant devient fon débiteur, par le finito du compte arrêté.

Les fommes ne font pas certaines, lorfqu'elles ne font pas établies par le réfultat ; mais, l'on ne doit point qualifier de compte, les mémoires qui tendent à l'établir, & qui ne font point arrêtés réciproquement.

Lorfque le comptable eft affigné en juftice, pour rendre compte, celui qu'il fournit, & qu'il fait fignifier de procureur à procureur, n'eft pas fujet au contrôle ; c'eft un acte de procédure : une réponfe à la demande ; décifion du confeil du 19 Juin 1745.

Si le comptable n'eft pas affigné, & que de fon propre mouvement il rende un compte, il eft tenu de le faire contrôler, avant que de le faire fignifier ; & comme il n'eft ni débatu, ni arrêté, c'eft un mémoire, un acte fimple, pour lequel il n'eft dû que 10 f. Décifion du 4 Décembre 1728.

Il faut néanmoins obferver dans ce cas, que, fi le comptable fe reconnaît débiteur, par ce mémoire ou compte figné de lui, le droit de contrôle eft dû fur la fomme ; parce que ce reliqua forme une dette certaine de fa part, dont l'oïant peut dès-lors obtenir exécutoire ; & il eft de principe que le droit de contrôle des comptes, eft dû fur l'objet qui engendre une action. Décifion du 28 Février 1724.

A l'égard des *comptes de tutelle*, ou autres qui font arrêtés par des actes devant notaires, ou fous-fignature privée, ou même par des fentences arbitrales, le tarif établit la règle qu'il faut fuivre.

C'eft le reliqua feulement, qui fixe la fomme certaine, fur laquelle on doit percevoir le droit : décifions des 1er Mars 1723, 28 Février 1724, 2 Juin 1726, 5 Mars, 20 Septembre 1729, 25 Mai 1735, & 21 Juin 1749. Cette dernière décifion rendue au fujet d'un compte, fourni par un exécuteur teftamentaire, juge que le droit eft dû fur le pié de ce qui refte au légataire univerfel, toutes charges déduites.

La décifion du confeil du 3 Août 1715, fur la feizième remontrance, a réglé que les droits de contrôle des comptes, entre un maître & un fermier, un créancier & fon débiteur, devoient être perçus fur le pié réglé par le tarif, pour les comptes entre particuliers. Ces actes doivent donc être apliqués à l'article 31 du tarif de 1722 ; & lorfque le maître compte avec fon fermier, qu'il décharge de tous les prix de ferme ou loïers, au moïen du raport des quitances qu'il a de lui, ou de fes créanciers, le droit de contrôle doit être perçû fur la totalité, à la déduction de ce qui peut avoir été païé par des quitances contrôlées. C'eft une quitance finale.

La décifion du 20 Juillet 1724, juge que le droit de contrôle n'eft dû, que comme pour un compte entre gens d'affaires, pour celui du receveur du grenier à fel de Lyon, par lequel il étoit en débet de 14052 liv. mais il ne paroît pas qu'il eût figné ni contefté l'arrêté ; au furplus, la décifion n'eft pas jufte : car fi le comptable avoit figné, le droit étoit dû fur fon débet, & s'il n'avoit pas figné, ce n'étoit pas un compte qu'on pût apliquer à la feconde fection de l'article 31 du tarif, mais un acte fimple.

Il a été décidé le 28 Août 1734, que

le droit de contrôle d'un compte rendu, par un huiſſier à des héritiers, du prix d'une vente par lui faite, devoit être perçû ſur le pié de la dernière claſſe de la ſeconde ſection de l'article 31. Cela eſt juſte, s'il s'agit d'un compte arrêté, dont les ſommes ne ſoient pas certaines.

Par déciſion du 2 Mai 1739, il a été jugé qu'un compte fourni au bureau des finances de Metz, ſur l'aſſignation du procureur du Roi, par celui qui avoit régi les biens d'une aubaine, eſt ſujet au contrôle, s'il eſt ſigné; & cependant vû que celui dont il étoit queſtion, n'étoit pas ſigné, le conſeil a, du conſentement du fermier, permis au gréfier d'expédier la ſentence. *Nota.* Obſerver que le compte, étant rendu en juſtice ſur l'aſſignation du procureur du Roi, doit être regardé comme acte judiciaire ou pièce de procédure; le reliqua n'en peut être établi que par une ſentence; ainſi il ne peut aucunement être aſſujéti au contrôle.

Les comptes d'adminiſtration des biens & revenus des égliſes & hôpitaux, rendus devant M^{rs} les évêques, archidiacres, & oficiaux, ne ſont point ſujets au contrôle dans un tems fixe; ils ſont conſidérés comme des actes ſous-ſignature privée, & en conſéquence, ils ne ſont aſſujétis au contrôle, que lorſqu'on veut s'en ſervir en juſtice, ou pour faire des pourſuites en vertu d'iceux. Déciſion du conſeil du 13 Septembre 1732, qui juge que les comptes rendus par des adminiſtrateurs d'hôpitaux, devant M^{rs} les évêques & oficiaux, ſont éxemts de contrôle, à moins qu'on n'agiſſe en conſéquence, pour le païement du débet. Autre déciſion du 20 Mai 1756, qui réforme une ordonnance de M. l'intendant de Paris, & juge qu'un compte rendu par un ancien marguillier de l'égliſe de Senant, arrêté par l'archidiacre de Sens, a dû être contrôlé avant que d'aſſigner le comptable, pour obtenir condamnation du débet.

Les *actes ſous-ſignature privée, produits en juſtice au ſoûtien de la recette & dépenſe des comptes*, ſont diſpenſés d'être contrôlés pour raiſon de cette production, pourvû qu'ils ne contiennent d'autres diſpoſitions que celles qui auront raport auxdits comptes, & qu'en conſéquence il ne ſoit fait aucun acte, exploit, ſignification, demande en juſtice, ou autres actes en conſéquence; auquel cas ils ſeroient ſujets à être contrôlés, ſous les peines portées par les règlemens. Voïez *Actes ſous-ſignature privée*, §. 7, n°. 3, page 48.

Le tuteur doit avoir repriſe ſur ſon mineur, de tous les voïages & frais qu'il a faits pour ſa geſtion & adminiſtration, ainſi que de tous ceux légitimement faits, pour la reddition du compte. Les premiers ſont de même nature que le ſurplus de la dépenſe, & ne peuvent par conſéquent être ſujets au *contrôle des dépens*, ou ſol pour livre. Mais, les frais & dépens ajugés au tuteur, pour la reddition de ſon compte, dans une juriſdiction roïale, y ſont ſujets comme tous autres frais & miſes; c'eſt même ce qui a été jugé par une ordonnance de M. l'intendant de Roüen, du 20 Janvier 1747, contre Anne-Thereſe Pruvôt.

Les trois ſols pour livre, ſont dûs des *épices des comptes rendus à la chambre des comptes*, lorſque le Roi ne fait pas le fonds des épices, dans ſes états de diſtribution; arrêt du conſeil, & lettres patentes des 16 & 23 Décembre 1692, portant que le receveur des épices de la chambre des comptes de Paris, joüira des droits à lui attribués, ſur les épices des comptes des tréſoriers de l'extraordinaire des guerres, tant deça que delà les monts, marine, galères, bâtimens, munitionnaires des vivres, & autres qui ſe trouveront en pareil cas, dont S. M. ne fait pas de fonds dans ſes états de diſtribution; & que, pour le païement deſdits droits, leſdits comptables ſeront contraints par les mêmes

voies , que pour le païement du principal
des épices. Voïez *Droits réfervés*.

Si le père ou la mère , pour fe libérer
du reliqua de compte dû aux enfans , leur
cédent des immeubles , le centième denier
en eſt inconteſtablement dû : décifion du
28 Juillet 1722. Mais les lods & ventes
en font-ils dûs ? Guyot , en fon traité des
fiefs , tom. 3 , pag. 383 , eſt pour la négative , fi les coûtumes ne difpofent pas
textuellement. Mais , *voïez* l'arrèt du parlement de Paris du 5 Mai 1744 , qui condamne les enfans du fieur Durville , à païer
les *lods & ventes* de la partie des conquêts
échus à leur père , par le partage d'entr'eux , & cédés enfuite par le père aux
enfans , en païement du reliqua du compte
de tutelle.

COMTÉ , titre de dignité d'une terre ;
il diffère de ce qu'il étoit anciennement.
Mezeray , dans la vie de Charles VI. dit
que dès le tems de la race Carlienne le
titre de comte étoit plus éminent que celui
de duc , qu'il fembloit même que les grands
en fiſſent plus d'état , puifqu'on trouve
qu'aïant des duchés , ils ne fe faifoient
apeller que comtes.

Aujourd'hui , c'eſt un titre d'honneur ,
qui eſt immédiatement au-deſſus de celui de
vicomte , & au-deſſous de celui de marquis.

Charles IX , en 1564 , ordonna la réverfion des comtés à la couronne , à défaut
d'enfans mâles.

Par l'édit du mois de Juillet 1566 , il
eſt dit qu'il ne fera fait aucune érection de
terres & feigneuries en duchés , marquifats
ou comtés , qu'à la charge que les propriétaires venans à décéder fans enfans mâles ,
lefdites terres feront unies au domaine.

Le titre eſt entièrement éteint , par le
défaut de mâles defcendans en ligne directe , de celui qui avoit obtenu l'érection de
fa terre en comté ; mais les biens paſſent à
ceux auxquels ils doivent aller felon les
loix. Et ces biens , aïant été , lors de l'é-

rection , diſtraits de la mouvance des feigneurs particuliers , pour relever immédiatement de la couronne , reſtent toujours
mouvans de S. M. nonobſtant l'extinction
du titre & de la dignité dont la terre avoit
été décorée. Voïez *Duchés*.

CONCESSION , s'entend ordinairement de ce qui eſt accordé par grace ,
comme font particulièrement les privilèges
accordés par le fouverain.

Conceſſion de juſtices , foires & marchés. Voïez *Lettres* de Conceſſion.

Conceſſion de banc dans une églife ,
ne transfére point de propriété ; c'eſt un
ufage à vie , qui n'eſt pas tranfmiſſible ,
s'il n'y a claufe expreſſe. *Voïez* Loyfeau
des Seigneuries , c. 11.

Par arrêt du parlement de Paris , raporté par M. Loüet , let. E. n. 9. Il a
été jugé que ces bancs ne peuvent être
concédés à perpétuité. Bafnage fur l'article
148 de la coûtume de Normandie , dit
qu'ils font facrés , & qu'ils ne peuvent
être aliénés comme chofe profane.

Les art. 31 , 32 & 33 des arrétés de
M. le P. P. de Lamoignon , portent que
les conceſſions de bancs font perfonnelles , & que néanmoins , après le décès de
ceux qui les ont obtenuës , elles paſſent
à leurs veuves , tant qu'elles demeurent
en viduité ; que s'il y a des enfans , ils en
pourront , dans trois mois , requérir le renouvellement à leur profit , en donnant à
la fabrique une rétribution modique ; &
que , par le changement de domicile dans
une autre paroiſſe , la conceſſion eſt anéantie , nonobſtant toutes conventions contraires.

C'eſt fur ces principes que , par décifion du confeil du 6 Juillet 1737 , il a
été jugé qu'il n'étoit point dû de droit de
centième denier pour la conceſſion d'un
banc dans une églife , moyennant une rente
ou redevance annuelle.

CONCORDAT , eſt , *en matière ecclé-
fiaſtique* , une efpèce de tranfaction pour

prévenir ou terminer des procès au sujet des bénéfices.

Le droit de contrôle des concordats, au sujet d'archevêchés, évêchés, abbaïes, dignités ou autres bénéfices, sur procès mûs & à mouvoir, pour raison du possessoire desdits bénéfices, est fixé à 5 liv. par l'art. 1ᵉʳ du tarif du 29 Septembre 1722, & par l'art. 4 de l'arrêt du conseil du 30 Août 1740.

L'on ne doit regarder comme concordat, que les actes faits pour régler les prétentions réciproques sur la collation des bénéfices, & ceux dont l'objet est de déterminer entre deux compétiteurs du même bénéfice, lequel en demeurera possesseur. Ce sont des conventions à l'amiable, permises en matière bénéficiale, pourvû qu'elles soient gratuites ; & comme telles, elles sont comprises dans le tarif & dans l'arrêt de 1740, au nombre des actes ecclésiastiques, qui regardent directement ou indirectement le titre ou l'administration du bénéfice, quant au spirituel.

Néanmoins, les ecclésiastiques ont souvent prétendu réduire à la dénomination de concordats, tous les actes passés entre bénéficiers, pour raison de la jouïssance & de l'administration du temporel des bénéfices : & ils ont réussi quelquefois.

Décisions du conseil des 13 Septembre 1732, & 28 Mars 1733, qui jugent qu'il est dû un demi-droit de centième denier, pour un acte par lequel un abbé s'oblige de païer une rente à ses religieux, au moïen de ce qu'il conserve des fonds qu'ils avoient droit de prétendre.

Décision du conseil du 20 Février 1734, qui juge qu'il n'est dû que 5 liv. de contrôle, pour un acte par lequel l'abbaïe de notre-dame de l'Abfit, ordre de saint Benoit, abandonne sa manse & les ofices claustraux au chapitre de la Rochelle, aux conditions exprimées.

Autre décision du 25 Novembre 1735, qui juge qu'un acte fait entre l'abbé de

sainte Marie, au bailliage de Pontarlier, & ses religieux, doit être contrôlé comme concordat, & qu'il n'est point sujet au centième denier. Il avoit été fait un partage entr'eux en 1719, par lequel l'abbé leur abandonnoit la jouïssance de son lot pendant sa vie ; & par acte capitulaire fait en 1735, qui a donné lieu à la décision, il est fait des changemens au partage, & convenu que l'abbé rentrera dans la jouïssance de son lot.

Décision du conseil du 20 Juillet 1737, contre le curé d'Argenton, diocèse d'Angers ; le pénitencier, précédemment chargé de lui païer sa portion congruë, au moïen de ce qu'il jouïssoit de certains biens, abandonne ces biens audit curé, pour en jouïr, lui & ses successeurs à la cure, à la charge d'une redevance annuelle. La décision juge que les droits sont dûs comme pour un bail à vie. *Nota.* Si l'acte avoit été revêtu des formalités nécessaires pour le rendre perpétuel, les droits auroient été dûs comme pour une aliénation ; mais, à défaut de ces formalités, le conseil ne l'a considéré que comme un arrangement pour la vie des bénéficiers, & en conséquence, les droits ont été réglés comme pour un bail à vie.

Autre décision du 30 Octobre 1747, qui juge que le droit de contrôle est dû comme concordat pour deux actes passés entre les prieur & religieux de Cunault, & le député de la chambre ecclésiastique du diocèse d'Angers ; par lesquels les religieux cèdent leur manse pour l'unir à un séminaire, sous la réserve d'une pension ; & le prieur consent l'extinction de son prieuré, aussi moïennant une pension.

Décision du conseil du 3 Février 1748, qui fixe à 5 liv. le droit de contrôle d'une transaction passée entre l'abbé de Cleral & le curé d'une paroisse de son prieuré, laquelle a pour objet de constater à l'amiable la portion de chacun dans les dixmes, & par laquelle ils les partagent par moitié ; au moïen de quoi l'abbé demeure déchargé de la portion congruë.

Les décisions de *1734*, *1735*, *1747* & *1748*, ne peuvent être regardées que comme renduës par faveur dans des cas particuliers, ou faute par le fermier d'avoir établi les vrais principes ; l'on n'en peut tirer aucune conféquence, même dans les cas entièrement femblables, parce que les actes, à l'occafion defquels ces décifions ont été renduës, n'ont aucun raport au concordat, dont le droit eft réglé par l'art. 1er du tarif.

Décifion du confeil du 5 Juillet *1748*, au fujet d'un acte fait après le décret d'union au féminaire de Tarbes, de la manfe monachale de l'abbaïe de la Réale ; lequel acte contient la fixation des penfions des religieux, & l'obligation du féminaire de les païer dans les tems convenus. Jugé que le droit de contrôle eft dû fur le capital des penfions.

Décifion du confeil du 18 Avril *1750*, renduë contre madame l'abbeffe d'Eftival, pour laquelle Mrs les agens généraux du clergé avoient pris fait & caufe. Il s'agiffoit d'une tranfaction fur procès, paffée entre madame l'abbeffe & les prieur & curé de Neuvillalais, au fujet des dixmes de cette paroiffe, fur lefquelles les prétentions des uns & des autres étoient réciproquement conteftées pour la quotité. Par la tranfaction ils fe font réglés, & madame l'abbeffe a même abandonné au curé toutes les dixmes d'un canton, au moïen d'une quantité fixe de grains, païable à perpétuité par le curé & fes fucceffeurs. Madame l'abbeffe & Mrs les agens généraux du clergé, foûtenoient que cet acte n'étoit qu'un concordat, & demandoient la réduction du droit de contrôle, & la reftitution de celui de centième denier. La décifion porte que le droit eft dû fur le pié de l'acte, qui ne peut être contrôlé comme fimple concordat.

Décifion du 8 Octobre *1751*, qui juge qu'il eft dû un droit de centième denier pour un acte, par lequel le curé de faint Germer a cédé & abandonné fes dixmes novales aux religieux de l'abbaïe dudit lieu, moïennant une quantité fixe de grains par an.

Autre décifion du 2 Novembre *1753*, qui confirme une ordonnance de M. l'intendant de Soiffons, par laquelle les bénédictins de faint Vincent de Laon, ont été condamnés au païement du droit de centième denier de fonds à eux abandonnés par leur abbé, pour les indemnifer des réparations dont ils fe chargent ; & pour fuplément d'un partage précédemment fait en forme autentique. *Nota.* Si le partage n'avoit pas été autentique, le nouvel acte n'auroit pû être confidéré que comme partage, dont il n'auroit été dû que le droit de contrôle fur la valeur des biens ; mais, au moïen du précédent partage, le nouvel acte eft une ceffion, dont les droits de contrôle & de centième denier font dûs fur tout ce qui en eft l'objet.

Décifion du confeil du 8 Avril *1756*, qui juge que le droit de contrôle eft dû fur la valeur des biens, comme partage, pour un acte fait entre l'abbé commandataire de Belleville en Lyonnois, & les chanoines de la même ville, contenant partage de biens communs. On foûtenoit que le droit n'étoit dû que fur le pié fixé pour les concordats.

CONFIRMATION, droit roïal, dû au joïeux avènement de chaque Roi à la couronne. Ce droit eft domanial, & apartenant à la fouveraineté ; ainfi, il s'éxerce fur tous les fujets du Roi, tant dans les domaines aliénés ou engagés, que dans ceux donnés en apanage, ou à titre de douaire, ou pour quelque autre caufe que ce foit, art. 10 de l'arrêt du 29 Septembre *1723*.

Les Rois, à leur nouvel avènement, en recevant les hommages & les offres de leurs fujets, les confirmoient dans les privileges, prérogatives, droits & franchifes dont ils jouïffoient alors, fans fraude. La fubftitution perpétuelle de la couronne de mâle en mâle, étant une loi fondamentale du roïaume, les Rois qui ne font qu'ufufruitiers, ne peuvent donner, concéder, créer ou confirmer que pendant le tems de leur règne ; ainfi la confirmation du Roi fucceffeur devient néceffaire.

Ces confirmations, d'abord gratuites, furent affujéties au païement d'un droit à l'avènement de François I.

Suivant l'ordonnance de Charles IX, donnée à Orléans au mois de Décembre 1560, tous les oficiers roïaux, de quelqu'état, qualité & condition qu'ils foient, font tenus, au nouvel avènement des Rois à la couronne, de prendre des lettres de confirmation, tant de leurs états & ofices, que de leurs priviléges, droits & franchifes ; de même que les fujets privilégiés, pour la confirmation de leurs priviléges, franchifes, droits & libertés ; mais, les oficiers de judicature éxercent leurs ofices & adminiftrent la juftice, quoiqu'ils n'aïent pas obtenu de lettres de confirmation.

Par déclaration de Loüis XV, du 27 Septembre 1723, S. M. a ordonné que tous les oficiers de judicature, police & finance, & autres de quelque nature qu'ils fuffent ; toutes les communautés des villes, fauxbourgs, bourgs & bourgades ; les communautés & les particuliers qui jouïffent des droits de commune, de chauffage, de pacage, de foires & marchés, & autres droits & priviléges ; les communautés de marchands, les hôteliers & cabaretiers, demeureroient confirmés dans leurs fonctions, priviléges & immunités &c. à eux accordés depuis le commencement du règne de Loüis XIV en 1643, à la charge d'une finance. Les oficiers des parlemens, grand confeil, chambres des comptes, cours des aides, & cours des monnoïes en furent exceptés. (*)

Le recouvrement du droit fut ordonné par arrêt du confeil du 29 Septembre 1723, explicatif de la déclaration précédente.

Ce recouvrement aïant été fufpendu par arrêt du 7 Décembre 1723, il fut de nouveau ordonné, par autre arrêt du 25 Juin 1725, qui fut fuivi d'un autre arrêt du 1er Juillet 1725, lequel détermina la manière d'y procéder ; & en même-tems parut l'inftruction fuivante, qui fixoit la quotité du droit de confirmation.

1. Les ofices des finances, & ceux qui donnent la nobleffe, fur le pié du denier 30 de leur valeur, prife fur les finances païées dans les coffres du Roi ; avec les deux fols pour livre & les frais de quitance.

2. Les ofices de juftice & de police, fur le pié du denier 60 pour le principal.

3. Les vétérans des ofices qui donnent la nobleffe, moitié des titulaires des moindres ofices jouïffans des mêmes priviléges ; & les veuves, le quart ; les vétérans des autres ofices, le quart ; & les veuves, le huitième. L'exception faite par la déclaration de 1723, en faveur des oficiers des cours, s'y trouve renouvellée.

4. La *nobleffe acquife par lettres* de conceffion ou de réhabilitation, depuis 1643, par prévôtés de marchands, mairie & échevinage, jurats, confulats, capitouls & autres ofices, que ceux de fecrétaires du Roi de la grande chancellerie & près des cours, fur le pié de 2000 liv. par tête des jouïffances, tant par eux que

---

(*) Par Arrêt du Confeil du 21 Mai 1726, il a été jugé que les oficiers du confeil provincial d'Artois font du nombre des compagnies fupérieures, & en conféquence, ils ont été déchargés du droit de confirmation, comme aïant été compris par erreur dans les rôles arrêtés pour raifon de ce droit.

par leurs ancètres. Cet article eſt relatif à l'art. 5 de l'arrêt du 29 Septembre 1723, portant que, faute par eux de païer cette taxe dans trois mois, ils ne pouroient prendre dans aucuns actes, la qualité d'écuïers, ni jouïr des priviléges de nobleſſe, à peine d'être pourſuivis comme faux nobles.

5. Les octrois & deniers patrimoniaux, ou ſubventions des villes, ſur le pié d'un quart du revenu.

6. Les foires & marchés, ſur le pié d'une demi-année de revenu.

7. Les uſages & communes, ſur le pié d'une année du revenu.

8. Les priviléges, ſtatuts & jurandes des diférentes communautés de marchands & artiſans, & de cabaretiers & hôteliers, par raport à leurs facultés.

9. Le franc-ſalé, par toutes perſonnes, y compris les communautés eccléſiaſtiques, à l'exception ſeulement des hôpitaux, ſur le pié de la valeur d'une année dudit franc-ſalé.

10. Ceux qui ont obtenu des lettres de légitimation & de *naturalité*, chacun mille livres.

11. Les *domaines engagés & aliénés* avant 1643, le quart du revenu; & ceux engagés depuis, la moitié du revenu.

12. Les dons, conceſſions, priviléges, aubaines & confiſcations, une année du revenu.

13. Les droits de moulins, forges, verreries, péages, bacs, paſſages, pêches & des écluſes, une demi-année du revenu.

Le tout avec les deux ſols pour livre, & 3 liv. pour frais de la quitance de finance.

Par arrêt du conſeil du 2 Mai 1730, il a été ordonné que tous ceux qui jouïſſent de *la nobleſſe*, en conſéquence de lettres obtenuës, ſoit qu'elles ſoient d'annobliſſement, maintenuë, confirmation, rétabliſſement ou réhabilitation, ou par mairies, prévôtés des marchands, éche-

vinages ou capitoulats depuis 1643, juſqu'au 1.er Septembre 1715, ſeront tenus de païer dans trois mois de la date dudit arrêt, la ſomme de 2000 liv. & les deux ſols pour livre, pour le droit de confirmation dû à S. M. à cauſe de ſon avènement à la couronne; faute duquel païement, ils ſeront déchus de la nobleſſe & des priviléges y attachés, & compris dans les rôles des impoſitions, comme roturiers; & ſeront tenus de païer les droits de *franc-fiefs* pour les biens nobles qu'ils poſſédent, enſemble les droits d'aides où ils ont cours, dont les gentilshommes ſont éxemts; *ſans qu'ils puiſſent être déchargés de la taille, droits de franc-fiefs & droits d'aides, que ſur la repréſentation qu'ils ſeront tenus de faire de la quitance du païement par eux fait du droit de confirmation ou joïeux avènement. Nota.* L'on ne tient point la main à l'éxécution de cet arrêt; je ne connais néanmoins aucune autorité qui y ait dérogé.

Par autre arrêt du conſeil du 29 Juillet 1732, il a été ordonné que ceux qui jouïſſent, dans la *généralité de Poitiers*, de *la nobleſſe* par lettres, ou par mairies ou échevinages depuis 1643, ſeront tenus de païer la ſomme de 2000 liv. & les deux ſols pour livre pour le droit de confirmation; & que faute par eux d'y ſatisfaire dans le 1.er Octobre 1732, ils ſeront impoſés aux tailles, & aſſujétis au païement des droits de *franc-fiefs*, pour les biens nobles qu'ils poſſédent, ſans qu'ils puiſſent être déchargés de la taille & des droits de franc-fiefs, que ſur la repréſentation qu'ils ſeront tenus de faire de la quitance du droit de confirmation.

Les quitances du droit de confirmation, ou les lettres de confirmation expédiées en conſéquence, ne ſuffiſent pas pour prouver un privilége ou une conceſſion; le Roi, en confirmant, ne donne que ce que l'on avoit auparavant. *Nihil de novo dat, ſed datum tantum confirmat.* Voïez le diction.

de

de Brillon. Verb. *Confirmation* , n. 1.

Il fut ordonné, par le réfultat du con-feil du 1er Juillet 1725 , & par arrêt du confeil du 19 Décembre fuivant, qu'il ne feroit perçû que 4 f. y compris le fol par exploit, tenant lieu des quatre fols pour livre , pour le *contrôle* des commandemens, faifies & exécutions qui feroient faits pour le recouvrement du droit de confirmation.

CONFISCATION , eft une punition qui s'étend jufques fur les héritiers d'un criminel, à l'éfet de les priver de fa fuc-ceffion. C'eft l'adjudication qui fe fait , foit au profit du Roi , foit aux feigneurs de fief , ou aux feigneurs hauts-jufticiers , des biens d'un homme condamné à mort naturelle ; même à la mort civile , par les galères perpétuelles , ou par un banniffe-ment du roïaume à perpétuité.

La confifcation a lieu , quand même elle ne feroit pas prononcée , parce que , qui confifque le corps , confifque les biens , coûtume de Paris , art. 183. Il faut néan-moins excepter quelques provinces , où la confifcation n'a pas lieu , aïant été remife par un privilége fpécial de nos Rois , com-me en Lyonnois, Forêts, Maconnois & Beaujolois. *Breton*. fur *Henrys* , tom. 2 , p. 902 & 904. Angoumois, arrêt du 31 Mars 1645 , *Soëf*. tom. 1 , cent. 1 , ch. 79. Berry, Anjou & le Maine, Soëfve , *eod.* en Bretagne , la confifcation n'a lieu en général que pour les meubles ; les articles 658 , 659 & 660 de la coûtume , por-tent que confifcation d'héritage n'a lieu en quelque crime que ce foit, fi ce n'eft que le délinquant , fugitif , fût banni hors de la jurifdiction ; auquel cas il perd fes meubles , & les fruits de fes immeu-bles pendant fa vie ; & » fi depuis le ban , » il étoit larron ou meurtrier, ou autre-» ment délinquoit, à raifon de quoi il fût » pris & condamné à mort , fes biens-» meubles & immeubles font confifqués » à la juftice.

Dans les lieux où la confifcation n'eft

Tome I.

point admife , & même lorfqu'elle a lieu en faveur des hauts-jufticiers , il doit être ajugé une amende au Roi , à prendre fur les biens du condamné , pour réparation de l'injure faite au public par le crime.

Pour que la confifcation ait lieu , il faut non-feulement que la condamnation du cri-minel foit prononcée , mais encore que ce foit par un jugement contre lequel il ne puiffe revenir , parce qu'il peut toujours efpérer fa grace jufqu'à l'éxécution.

Pour les cas roïaux , comme crime de lèze-majefté humaine au premier & fecond chef, d'héréfie , fauffe-monnoie , péculat , concuffion , facrilége , apoftafie , émotion populaire, meurtre commis de guet-à-pends, rapt , incendie , & autres , la confifcation des biens des condamnés à mort, doit tou-jours avoir lieu , & elle eft acquife du jour du délit commis ; enforte que les aliéna-tions faites poftérieurement par le délin-quant , font révoquées.

La confifcation pour crime de lèze-majefté , & pour fauffe - monnoie , apar-tient toujours au Roi , à l'exclufion des feigneurs.

La totalité des biens de ceux qui font condamnés pour duel , doit être ajugée aux hôpitaux , même dans les provinces où la confifcation n'a pas lieu ; à l'excep-tion des biens dépendans du domaine du Roi , lefquels y font réunis de plein droit. Déclaration du 28 Octobre 1711.

Les jugemens fur le fait des monnoies , portant amendes & confifcation , feront re-mis aux directeurs des monnoies , qui font tenus de s'en charger, pour en compter au profit du Roi , art. 20 de l'édit du mois de Février 1726.

En Normandie , les immeubles réels confifqués , apartiennent au feigneur féo-dal , à la charge des rentes foncières & conftituées , même des dettes mobiliaires , difcuffion préalablement faite des meubles. *Voïez* l'art. 143 de la coûtume. Les meu-bles & les rentes conftituées apartiennent toujours au Roi, ainſi que les fruits des immeubles de celui qui eſt condamné par juſtice roïale ; ſur le tout, pris les frais de la partie civile, qui aura fait les frais de l'inſtruction du procès ; ſur les fruits, ſeulement les rentes dûes ſur les fonds pour l'année ; & ſur les meubles, les dettes ; coûtume, article 145, & règlement de 1666, art. 25.

Le Roi ne doit foi & hommage à perſonne pour les biens ajugés à S. M. à quelque titre que ce ſoit. Voïez *Acquiſitions,* pag. 17. Mais S. M. doit vuider ſes mains dans l'an, ſuivant l'ordonnance de Philippe le Bel, art. 4, ou donner une indemnité aux ſeigneurs dont ils relevoient. Voïez *Indemnité* dûe par le Roi.

Mais comme les confiſcations font partie des baux des domaines, & que les biens confiſqués au profit du Roi apartiennent aux fermiers de S. M. comme un caſuel compris dans leur bail, ils ont ſoin d'en diſpoſer ; au moïen de quoi ces biens ne ſont point réunis au domaine, & ils reſtent dans la mouvance des ſeigneurs.

Si la condamnation eſt par contumace, & que les cinq ans ne ſoient pas expirés, il doit être fait des baux des biens par les oficiers du domaine. Sentence de la chambre du domaine à Paris, du 20 Février 1743, qui ordonne qu'il ſera procédé, à la requête du procureur du Roi, pourſuite & diligence du receveur général, au bail à loïer d'une maiſon confiſquée ſur le nommé Vilain, orfévre à Paris, condamné à mort, par contumace, par arrêt de la cour des monnoies.

Les tréſoriers de France des bureaux des finances, & les autres juges qui connaiſſent des domaines dans les généralités où il n'y a point de bureaux des finances, ſont ſeuls compétens de connaitre des diſcuſſions & du recouvrement des confiſcations ajugées au Roi. Voïez *Bureau des finances.*

Arrêt du conſeil du 30 Juillet 1743,

qui caſſe & annulle pluſieurs arrêts de la cour des monnoies de Paris, comme rendus par juges incompétens ; par leſquels cette cour avoit ordonné l'enregiſtrement d'une ſaiſie-réelle, faite à la requête des gardes de l'orfévrerie (d'une maiſon à Paris, ajugée au Roi à titre de confiſcation, par arrêt de contumace rendu en ladite cour, contre le nommé Vilain, orfévre) pour raiſon des dommages, intérêts & dépens ajugés auxdits orfévres par cet arrêt de contumace. En conſéquence, il a été ordonné que la ſaiſie-réelle demeurera convertie en opoſition entre les mains du receveur général des domaines, pour être leſdits gardes païés, ſi faire ſe doit, ſur le prix de ladite maiſon ; laquelle, en cas d'inſuffiſance des meubles & éfets mobiliers, ſera venduë, après trois publications, à la requéte du procureur du Roi au bureau des finances, pourſuite & diligence dudit receveur général.

Le recouvrement des confiſcations ajugées au Roi, doit toujours être fait par le receveur général des domaines. Voïez *Caſuels*, §. 2. Les lettres patentes du 12 Juillet 1687, portant que les arrêts & jugemens en dernier reſſort ſeront remis aux receveurs des domaines, pour, en vertu d'iceux, pourſuivre le recouvrement deſd. confiſcations ; deſquelles ſommes ainſi recouvrées, ils feront recette dans leurs comptes, en même-tems qu'ils y emploïeront en dépenſe les frais de juſtice contenus aux éxécutoires qu'ils auront acquités ; & l'arrêt du conſeil du 27 Juin 1724, portant que, conformément aux édits des mois d'Avril 1685, & Décembre 1701, & à l'arrêt du conſeil du 13 Novembre 1703, les receveurs généraux des domaines continuëront de faire le recouvrement des confiſcations, & autres droits caſuels, nonobſtant la prétention du receveur des conſignations de Paris, qu'il fondoit ſur ce qu'il y avoit

plufieurs créanciers , & que les confifcations étoient remifes aux parens.

Les éfets faifis fur des voleurs , ne font
confifqués qu'autant que les perfonnes auxquelles ils ont été volés , ne font pas connuës pour leur en faire la reftitution. Tous
jugés , indiftinctement , qui prononcent la
confifcation , peuvent ordonner cette reftitution , comme une fuite de la même inftruction & du même jugement ; mais , les
éfets doivent être remis au receveur général des domaines , pour que ceux qui reftent après la reftitution , foient vendus à la
requête du procureur du Roi , au bureau
des finances , & à la diligence dudit receveur général ; & pour être enfuite , les deniers en provenans , par lui païés & diftribués à qui il apartiendra. *Voïez* l'Arrêt du
confeil du 9 Septembre 1710 , & le dire
de M. Magneux infpecteur général du domaine de la couronne , inféré dans l'arrêt
du confeil du 13 Juillet 1723.

Les meubles confifqués au profit du Roi,
apartiennent au fermier du lieu où ils font
trouvés ; parce que la confifcation n'opère
point un droit fucceffif univerfel , & qu'on
ne peut pas dire en ce cas , que les meubles
fuivent la perfonne.

Décifion du confeil du 1er Décembre
1742 , fur une conteftation entre le fermier
de Verfailles & celui de Paris , au fujet de
la confifcation du nommé Tanton , Chan-
delier à Paris , condamné à mort , lequel
avoit laiffé des éfets à Verfailles , tant mobiliers qu'immobiliers , & des actions mobiliaires. Le fermier de Verfailles prétendoit , non-feulement les immeubles de Verfailles & les meubles meublans , mais encore
les loïers échus avant la condamnation ,
fuivant la maxime : *mobilia habent fitum.*
Le receveur de Paris prétendoit au contraire que *mobilia fequuntur perfonam ;*
que Tanton étant domicilié à Paris , y aïant
été condamné & éxécuté , les actions mobiliaires qu'il avoit à éxercer à Verfailles ,
étoient adhérentes à fa perfonne , & n'a-

voient point de fituation ni affiéte ; qu'à
l'égard des meubles qui avoient fituation
& affiéte , & qui étoient fitués à Verfailles ,
ils apartenoient , fuivant l'ufage reçu dans
le partage des confifcations , au fermier de
Verfailles. La décifion porte que les meubles corporels trouvés à Verfailles , doivent apartenir au fermier de Verfailles ;
les actions mobiliaires & immobiliaires doivent apartenir au fermier de Paris , comme
n'aïant d'autre lieu où l'on puiffe déterminer leur fituation que celui du domicile du
propriétaire.

Du droit de centième denier des biens confifqués.

Les feigneurs doivent le droit de centième denier des biens immeubles qu'ils
prennent par droit de confifcation , foit à
titre de feigneur haut-jufticier , comme dans
prefque tout le roïaume ; foit à titre de feigneur féodal , comme en Normandie &c.

Si ces biens leur font ajugés , comme
feigneurs haut-jufticiers , c'eft un acquêt ,
qui ne leur vient par aucun droit de retour ;
mais par droit de jurifdiction , comme une
efpèce de dédommagement des frais de la
pourfuite des crimes. Si c'eft en qualité de
feigneurs féodaux , c'eft une réunion fujéte
au droit de centième denier , comme les autres réunions au fief , qui y font toutes
affujéties , à la feule exception du retrait
féodal , attendu que le feigneur qui éxerce
ce retrait païe le droit par le rembourfement qu'il eft tenu d'en faire à l'acquéreur
fur lequel il retire.

Mais , on ne peut éxiger le droit de centième denier du feigneur , qu'après les cinq
ans de la contumace , quoique pendant ce
tems , il perçoive les fruits ; décifion du
confeil du 24 Octobre 1733.

Si les biens confifqués font ajugés au Roi ,
il n'eft dû aucun droit de centième denier ;
c'eft même ce qui a été décidé au confeil le
19 Mai 1726.

Lorfque le Roi donne la confifcation aux enfans du condamné, c'eft un propre en leur perfonne ; le *Brun* des fuc. liv. 2 , ch. 1 , fect. 1, n. 87, *Renuff.* des prop. ch. 1, fect. 9 , n. 7. Ainfi , ils n'en doivent aucun droit de centième denier ; parce qu'ils font cenfés avoir hérité de leur père , & que le don eft confidéré comme une fimple renonciation à la confifcation.

Mais , fi le don eft en faveur des collatéraux du condamné , il s'enfuit de ce qu'on vient de dire , qu'ils doivent le droit de centième denier ; les biens font même réputés acquêts en leur perfonne; arrêt du 15 Mai 1640. Soëfve, tom. 1 , Cent. 1 , ch. 11. Le droit de relief eft dû : traité des fiefs de Guyot, vol. 2 , pag. 92; & il a été décidé au confeil le 9 Octobre 1733 , contre les fieurs Hallouin , que le droit de centième denier eft pareillement dû.

CONGÉ, en fait de procédure, eft contre le demandeur ou l'apellant, ce qu'eft le défaut contre le défendeur ou l'intimé. Si le demandeur ne fe préfente point, ou s'il ne comparoit point, le défendeur obtient congé , & eft déchargé de l'action. *Voïez* le Titre 5 de l'ordonnance de 1667 ; & ci-après *Défaut.*

CONGÉ d'*adjuger*, eft un jugement qui porte que le bien faifi réellement , fera vendu & ajugé par décret au quarantième jour , & qu'à cet éfet , les affiches feront apofées.

On agite fouvent la queftion de fçavoir fi le propriétaire mourant avant, ou depuis le congé d'adjuger , mais avant l'adjudication, il eft dû un droit de centième denier pour raifon de fa fucceffion. Voïez *Décret* & *Succeffions vacantes.*

CONGÉABLE; voïez *Baux à domaine congéable.*

CONNÉTABLIE , eft une jurifdiction, dont Mrs les maréchaux de France font les baillifs ; ils la font éxercer par un lieutenant général & autres oficiers ; & elle fe tient au palais à Paris , à la table de marbre. Les apellations reffortiffent au parlement.

Le confeil a décidé le 27 Mai 1724 ; que les fentences de la connétablie & maréchauffée de France , à la table de marbre du palais à Paris , ne font point fujétes au *petit-fcel.*

Voïez auffi *Commenfaux*, n. 6 , p. 431.

CONNOISSEMENT , eft la reconnaiffance que le maitre d'un vaiffeau donne à un marchand ou autre , de la quantité & qualité des marchandifes chargées dans fon vaiffeau , pour les tranfporter à leur deftination.

Cet acte n'eft point nommément compris dans le tarif du 29 Septembre 1722 ; mais l'art. 94 porte que , pour tous les actes qui ne s'y trouveront point expreffément compris , les droits de contrôle en feront païés fur le pié de ceux auxquels ils auront raport.

Le connoiffement a un raport immédiat à la lettre de voiture : en éfet , les lettres de voiture qui font d'ufage fur mer , comme fur terre , repréfentent dans la navigation au cabotage de port en port , les connoiffemens dont on ufe dans la navigation au long cours ou au grand cabotage.

Ainfi , le droit de contrôle du connoiffement doit être perçu fur le pié fixé par l'article 60 du tarif pour les lettres de voiture.

CONQUETS, font les biens acquis par des perfonnes qui font en communauté ou fociété; & l'on nomme *acquêts* les immeubles acquis par une feule perfonne. En païs coûtumier, par le terme de conquêts, l'on entend particulièrement les biens acquis par un mari & par fa femme, pendant leur communauté.

Voïez, *Communauté* entre mari & femme ; & *Remploi.*

CONSEIL *du Roi*, fe tient chez S. M. pour régler & décider les affaires les plus importantes ; les arrêts qui y font rendus émanent immédiatement de la puiffance roïale. Voïez *Arrêts.*

Suivant l'auteur de l'hiftoire du confeil, imprimée à Paris en 1718, l'on doit reconnaitre les anciens parlemens de la nation, tenus fous la première & la feconde race de nos Rois, dans le confeil, tel qu'il eft aujourd'hui, lequel eft compofé des princes, des miniftres, des grands oficiers de la couronne, de prélats, ducs, confeillers d'état, maitres des requêtes & autres grands perfonnages choifis par le Roi. Il connait & juge fouverainement de toutes les parties dont connaiffoient les anciens parlemens, fous l'autorité du Roi, qui y affifte perfonnellement lorfque les matières font d'une conféquence à mériter fa préfence, &c.

On divife le confeil en quatre parties principales ; fçavoir, le confeil d'*état*, celui des *dépêches*, celui des *finances*, & celui de *commerce*. Ces confeils font eux-mêmes fubdivifés en divers départemens aux fecrétaires d'état, confeillers d'état, & intendans des finances.

Les affaires des finances, des domaines, & des autres droits de la couronne, font traitées & jugées au confeil des finances.

CONSEILS *fupérieurs & provinciaux*, font des cours, qui jugent par arrét en dernier reffort, dans leur étendue, foit en première inftance, foit par apel des juftices inférieures, de toutes les matières civiles & criminelles qui font de la compétence des parlemens & des cours des aides ; tels font les confeils fupérieurs établis actuellement à *Colmar*, pour l'Alface, & à *Perpignan* pour le Rouffillon. Le confeil provincial d'Artois, établi à *Arras*, juge par arrét en dernier reffort les matières criminelles, & celles concernant les aides, fubfides & impofitions, ainfi que toutes matières de nobleffe ; mais, dans toutes autres matières civiles, il n'a que le pouvoir des juges préfidiaux, & l'apel de fes jugemens fe porte au parlement de Paris.

Ces confeils font au nombre des cours fupérieures ; *Voïez* ci-devant la note fur l'article *Confirmation*. En conféquence, le fieur Fromentin, confeiller au confeil provincial d'Artois, a été déchargé du droit de *franc-fiefs*, par arrêt du confeil du 13 Juillet 1728, rendu contradictoirement, fur le dire, & en conformité des conclufions de M. de Poilly, infpecteur général du domaine de la couronne.

CONSEILLERS d'*état*, font ceux que le Roi choifit pour fervir dans fon confeil, & y donner leur avis fur les affaires qui s'y traitent. Ce n'eft point un ofice, mais un titre de dignité, donné par des lettres patentes adreffées à celui que le Roi a choifi, ou accordé par un brevet à celui que S. M. a voulu décorer du titre.

Il y a une diférence effentielle entre les confeillers d'état par lettres, & les confeillers d'état par brevet ; les premiers jouïffent à ce feul titre de la nobleffe, quand bien même ils ne feroient pas nobles d'extraction, & des autres prérogatives dont ce haut rang eft décoré ; les lettres donnent féance & voix délibérative au confeil du Roi ; elles éxigent pour remplir les fonctions de la place, une preftation de ferment entre les mains de M. le chancelier qui le reçoit au confeil ; & au fervice font attachés des apointemens dont jouït le confeiller d'état ; ces lettres donnent droit de committimus au grand-fceau ; & ceux qui les ont obtenuës, font obligés de réfigner les ofices fubalternes de judicature dont ils font pourvûs, attendu l'incompatibilité d'une place fupérieure avec une inférieure.

Le *brevet* n'eft qu'une décoration & un titre d'honneur, qui attribue à celui auquel il eft accordé des priviléges perfonnels & nullement tranfmiffibles. Il n'a aucune entrée au confeil, ni ferment à prêter, parce qu'il n'a point de fonctions à remplir ; il ne jouït d'aucuns apointemens, ni du droit de committimus ; & fon brevet ne l'exclut aucunement de pofféder des ofices fubalternes de judicature.

Par l'ordonnance du mois de Janvier

1629, art. 61, Loüis XIII. révoqua tous les *brevets* de confeillers en fes confeils, obtenus par quelques perfonnes que ce fût, fors de ceux qui y fervoient alors, auxquels S. M. feroit, pour cet éfet, expédier fes *lettres* en commandement & fous fon grand-fceau ; le même article ajoûte qu'ils ne pourront ci-après avoir entrée aux confeils, ni en prendre ou recevoir les apointemens, finon en aïant obtenu lettres en ladite forme, & étant emploïés dans les états du Roi.

Dans la minorité de Loüis XIV. il fut accordé plufieurs brevets de confeillers d'état. Par le règlement du mois de Janvier 1673, ils furent tacitement révoqués ; puifqu'après avoir fixé le nombre des confeillers d'état à trente, & réglé leur fervice, il fut défendu par l'article 5 à tous autres de quelque qualité & condition qu'ils fuffent, de prendre le titre de confeillers d'état, & de confeillers du Roi en fes confeils, à peine d'être déclarés ufurpateurs de ces titres, & condamnés en 3.000 liv. d'amende.

Par un jugement contradiétoire de M. Tubeuf, intendant & commiffaire départi pour la recherche des ufurpateurs du titre de nobleffe, dans les généralités de Moulins & de Bourges, rendu le 15 Mars 1669, fur les conclufions du procureur général de la commiffion, le fieur Pierre Rapine de Foucherennes, a été déclaré ufurpateur du titre de nobleffe, pour avoir indûment pris la qualité de noble & d'écuïer, fur le fondement d'un brevet de confeiller d'état accordé en 1652.

La dame veuve de Henry Rapine de Foucherennes, & les fieurs Henry-François Rapine de Foucherennes & de Saxy, fon fils, defcendans en ligne direéte dudit fieur Pierre Rapine, aïant été impofés au rôle des tailles de la ville de Nevers de l'année 1746, il s'eft élevé des conteftations entr'eux & les maire & échevins de Nevers ; & ces conteftations aïant été por-

tées, d'abord à la cour des aides de Paris ; elles ont été évoquées au confeil ; la dame Rapine & fon fils ont prétendu devoir jouïr de la nobleffe : ils ont dit que par un jugement rendu le 28 Mai 1659, par la chambre fouveraine établie fur le fait des franc-fiefs, le fieur Pierre Rapine, aïeul dudit Henry-François, avoit été déchargé des droits de franc-fiefs qui lui étoient demandés ; & que par arrêt du confeil du 14 Mars 1730, la veuve d'Anne-Achille Rapine, & la dame veuve de Henry Rapine, ont pareillement été déchargées des droits de franc-fiefs qui leur étoient demandés par le fous-fermier de la généralité de Moulins ; (mais les décharges de droits de franc-fiefs ne font que de fimples préjugés, qui ne font même d'aucune confidération, lorfqu'il eft reconnu que le titre fur lequel elles font fondées, n'étoit attributif, ni de la nobleffe, ni d'un privilége d'éxemtion). Les maire & échevins de Nevers ont opofé le jugement de la réformation de 1669, & deux ordonnances de M. l'intendant de Moulins, qui ont ordonné l'éxécution des rôles des tailles.

Par arrêt du confeil du 19 Juin 1747, rendu contradiétoirement fur cette conteftation, la dame Rapine & fon fils ont été déboutés de leur opofition, & il a été ordonné que les ordonnances de M. l'intendant de Moulins, enfemble les rôles des tailles de la ville de Nevers de l'année 1746, feront éxécutés felon leur forme & teneur ; en conféquence, ladite dame & fon fils ont été condamnés à païer, fi fait n'a été, les fommes pour lefquelles ils ont été compris auxdits rôles, & celles pour lefquelles ils y feront emploïés à l'avenir, & au coût de l'arrêt liquidé à 200 liv. Cet arrêt eft enregiftré à l'hôtel de ville de Nevers.

Arrêt du confeil du 17 Avril 1753, qui décharge le fieur Delefpés des Hureaux du droit de franc-fiefs, attendu que fon tris-aïeul avoit été pourvû en 1654, par lettres du grand-fceau, d'une place de confeiller d'état, qu'il avoit prêté le ferment en plein confeil, qu'il y avoit fait le fervice, & qu'il avoit réfigné l'ofice de lieutenant général au fiége de Bayonne dont il étoit pourvû lors de fa nomination. On lui opofoit qu'il ne s'agiffoit que d'un fimple brevet, qu'il n'y avoit point de preuve de fervice, ni d'aucun emploi dans les états du Roi ; mais il s'agiffoit réellement de lettres du grand-fceau, qui donnoient féance & voix délibérative après la preftation de ferment ; le fieur Delefpés prouvoit que le ferment avoit été prêté en forme ; que le committimus au grand-fceau avoit été expédié à fon tris-aïeul ; & il difoit que le fervice avoit été fait, & que la preuve en réfultoit de la réfignation de l'ofice de lieutenant général, & du domicile établi enfuite à Paris.

CONSERVATEURS *des domaines aliénés*, furent créés en 1582, pour la confervation du domaine ; ces ofices, fuprimés en 1639, furent rétablis en 1645, & enfuite fuprimés de nouveau. Ils furent encore créés en titre d'ofice, en chaque province & généralité, par édit du mois d'Octobre 1706, pour tenir regiftre de tous les domaines aliénés & des mutations qui y arriveroient, à la réferve de ceux poffédés à titre d'échange; & il leur fut attribué des droits pour ces enregiftremens.

La déclaration du Roi du 27 Septembre 1707, renduë en interprétation de cet édit, porte qu'il ne concerne que les domaines aliénés à prix d'argent, foit à faculté de rachat, foit à titre de propriété incommutable, & ceux baillés à rente ; enfemble les ifles, iflots & les places de fortifications ufurpées ou alienées; & que S. M. n'entend y affujétir les domaines baillés à fimple cens emportant lods.

Par édit du mois de Juillet 1708, les ofices de confervateurs créés en 1706, furent fuprimés ; & au lieu d'iceux, il fut créé des *infpecteurs-confervateurs des domaines*, en chaque province & généralité fous le titre d'ancien, alternatif & triennal, pour dreffer annuellement des états en détail de la confiftance des domaines & droits domaniaux aliénés ou non aliénés ; & de tous les fiefs & domaines mouvans du Roi ; cet édit porte qu'ils tiendront des regiftres de tous les domaines aliénés, & de toutes les mutations qui y arriveront, avec attribution des droits pour cet enregiftrement ; & leur permet de poff* der des biens nobles, fans être fujets au droit de franc-fiefs.

La déclaration du Roi du 13 Août 1709, porte que les *infpecteurs-confervateurs généraux des domaines* créés par l'édit de Juillet 1708, ne vifiteront que les bâtimens & édifices fujets à réparations, aliénés ; pour lefquelles vifites il leur eft attribué des droits ; ordonne l'enregiftrement des titres des engagiftes des domaines, ifles, iflots & places de fortifications ; & fixe les droits de ces enregiftremens.

Par arrêt du confeil des 15 Juillet & 14 Octobre 1710, lefdits ofices d'infpecteurs ont été fuprimés dans les généralités de Poitiers & de Roüen, moïennant une finance païée par les habitans.

Ils ont auffi été fuprimés dans les diférentes provinces du roïaume; & ne fubfiftent plus : les receveurs généraux des domaines & bois, font tenus de raporter fur leur compte, tous les cinq ans, des états en détail & par le menu des domaines, fur ceux qui leur font fournis par les fermiers, fous-fermiers, engagiftes & receveurs. *Voïez* les articles 8 des édits des mois de Juin 1715, & Décembre 1727.

Il y a actuellement des *infpecteurs généraux du domaine de la couronne*, pour pourfuivre & défendre les affaires concernant le domaine, qui font portées aux confeils du Roi. Voïez *Infpecteurs* généraux du domaine.

CONSERVATEURS *des décrets*

volontaires. Voïez ci-après *Décrets vo-*
lontaires.

CONSIGNATION *d'amendes*. Voïez
Amendes, pag. 114, & les renvois qui
y font indiqués.

CONSIGNATION *ou dépôt d'efpèces;*
l'article 37 du tarif de 1722, porte que
pour le dépôt ou confignation, le droit de
contrôle fera païé à proportion des fommes
dépofées ou confignées, fur le pié réglé
par les articles 3 & 4 du tarif.

Les confignations ou dépôts qui, n'étant
pas ordonnés par juftice, font faits ès mains
des notaires, gréfiers ou autres, font inconteftablement fujets au contrôle; *voïez*
l'arrêt du 30 Décembre 1721, au fujet
d'un acte de dépôt d'une fomme fait à un
notaire.

Décifion du confeil du 5 Août 1741,
qui confirme une ordonnance de M. l'intendant de Tours, par laquelle un gréfier
a été condamné au païement du droit de
contrôle de plufieurs actes, & notamment
d'un dépôt de 23000 liv. fait par un ré-
traïant, fur le refus de l'acquéreur de recevoir, & fans que ce dépôt eut été ordonné par juftice.

A l'égard de celles faites entre les mains
des receveurs des confignations, il faut
diftinguer fi ces confignations font ordonnées ou non par juftice; dans le premier
cas, le certificat du receveur eft un acte
judiciaire; & dans le fecond, il eft fujet
au contrôle, avant que de pouvoir s'en
fervir. Décifion du confeil du 2 Février
1724.

Lorfque fur le refus du créancier, le
débiteur a dépofé la fomme, qui eft enfuite
reçuë par le créancier, lequel en donne
quitance, ce font deux actes féparés, dont
les droits font dûs pour chacun, fur le pié
de la fomme; *voïez* la décifion du confeil
du 3 Août 1715, fur la feconde remontrance.

Décifion du confeil du 10 Avril 1745,
qui réforme une ordonnance de M. l'inten-

dant de Tours, par laquelle il avoit fixé à
10 f. le droit de contrôle du dépôt fait par
les fieur & dame de l'Eclufe, d'une fomme
de 18000 liv. entre les mains du gréfier
de la fénéchauffée du Mans, & à pareil
droit pour la décharge donnée enfuite au
gréfier, par cette dame, en retirant fon dépôt. Le fermier a demandé que les droits
de l'un & de l'autre, fuffent fixés fur le pié
de la fomme; & la décifion porte que les
droits feront païés conformément à l'article
37 du tarif de 1722.

Les confignations faites au gréfe, quoiqu'en vertu de jugement, font fujétes au
contrôle, de même que fi elles étoient
faites chez un notaire; il n'y a d'exceptées
que celles qui, étant ordonnées en juftice,
font faites entre les mains des receveurs
des confignations.

A l'égard des décharges, il paroît jufte
de diftinguer fi les fommes dépofées font
reçuës par le créancier, ou retirées par le
dépofant même; dans le premier cas, c'eft
une quitance dont le droit eft dû fur la
fomme, fuivant la décifion de 1715, ci-
deffus raporté, & celle du 16 Septembre 1721.

Mais, fi la fomme dépofée eft retirée par
celui qui en avoit fait le dépôt, c'eft une
fimple décharge; la décifion du 16 Septembre 1721, juge que les décharges données
aux receveurs des confignations, doivent
être contrôlées comme actes fimples, lorfque la confignation eft nulle, mais, que fi
la décharge eft donnée par le créancier au
profit duquel la confignation étoit faite,
le droit eft dû comme quitance; & la décifion de 1745, ne s'explique pas affez pofitivement fur le fecond droit, pour établir
une règle contraire.

Il faut encore obferver que les quitances
données aux receveurs des confignations,
par les créanciers qui ont été colloqués ou
autorifés par jugement, à recevoir les deniers confignés, ne peuvent être fujétes
au contrôle des actes: parce que, dans ce
cas,

cas, ce font des actes judiciaires, de même que les confignations faites entre les mains defdits receveurs, en vertu de jugement; mais, fi le créancier reçoit fans jugement, & feulement en vertu de la deftination faite lors de la confignation, c'eft le cas de l'aplication des décifions ci-deffus.

CONSTITUTION *de rentes en argent ou efpèces ;* l'article 26 du tarif de 1722, porte que le droit de contrôle en fera perçû fur le pié du capital, fuivant l'article 3 du même tarif.

La conftitution eft un établiffement & une création de rente, païable jufqu'au rembourfement que le débiteur poura faire toutesfois & quantes de la fomme qu'on lui prête à ce titre, ou dont il fe reconnaît débiteur.

Le droit de contrôle eft toujours dû fur la fomme, pour raifon de laquelle la rente eft créée.

Les conftitutions de rentes fur la ville de Paris, furent éxemtées du païement du droit de contrôle, fans être difpenfées de la formalité, par arrêt du confeil du 22 Mars 1723, portant que les actes de ceffion, tranfport, fubrogation & autres paffés entre particuliers, au fujet defdites rentes, feront contrôlés, & les droits païés. Mais au moïen de ce que ces actes font paffés devant les notaires de Paris, qui ont été difpenfés de faire contrôler leurs actes, il ne s'agit plus de faire contrôler lefdites conftitutions.

La promeffe de paffer contrat de conftitution, produit intérêt, & eft un immeuble fictif comme la conftitution même, parce que le fonds eft aliéné, enforte que le créancier ne peut en éxiger le rembourfement. M. Aufannet, fur l'article 94 de la coûtume de Paris, cite un arrêt rendu en grand'chambre le 14 Avril 1603, qui l'a ainfi jugé ; & un du 27 Mai 1638, qui a jugé qu'une femblable promeffe étoit immeuble fictif.

Voïez encore le journal des audiences, Tome I.

tom. 2, liv. 4, chap. 55, où il eft raporté un arrêt du 24 Mars 1662, qui a jugé que femblable promeffe devoit apartenir à l'héritier des immeubles. Ces promeffes font même comprifes dans l'article 2 de l'édit du mois de Juin 1724, au nombre des conftitutions.

Le droit de contrôle de ces promeffes, eft dû fur le pié du capital, de même qu'il eft règlé pour les conftitutions, par l'article 26 du tarif; mais, fi l'on paffe en conféquence le contrat, fans novation d'hypotéque, & fans changement de parties, ce contrat doit être contrôlé fur le pié d'acte fimple ; voïez *Reconnaiffance.*

Si le billet étoit pur & fimple, & qu'après l'avoir fait contrôler, on fit en conféquence un contrat de conftitution, le droit de contrôle de ce contrat, feroit dû fur la fomme entière, parce que non-feulement il y auroit novation, mais aliénation du capital.

Les capitaux des conftitutions étant des immeubles fictifs, ainfi que ceux des promeffes de paffer contrat de conftitution, on ne doit pas les joindre aux éfets inventoriés, pour percevoir le droit de contrôle fur le tout ; mais, lorfque dans les inventaires, il eft compris des conftitutions ou des promeffes de paffer contrat de conftitution, le fermier a l'option de percevoir le droit, foit comme inventaire de papiers, fuivant l'article 57 du tarif, foit fur la valeur des éfets compris dans l'inventaire, autres que lefdits capitaux.

CONSTITUTIONS *de penfions, ou rentes viagères, pour dotation de religieux ou religieufes.* L'art. 27 du tarif de 1722, porte que le droit de contrôle en fera païé fur le pié du capital de la rente au denier dix, fuivant l'art. 3 du même tarif; & que, lorfque dans les conftitutions de penfions pour dotation de religieufes, il y aura des fommes païées en argent, le capital de la penfion au denier dix y fera joint, & le droit païé pour le total.

Voïez ci-après *Dotations.*

CONSTITUTION *de penſions , ou rentes viagères à prix d'argent*, pour quelque cauſe que ce ſoit ; l'art. 28 du tarif de 1722, porte que le droit de contrôle en ſera païé ſur le pié du capital de la rente au denier dix, ſuivant l'art. 3 du même tarif.

S'il ne s'agit que d'une ſimple conſtitution de rente viagère à prix d'argent, il n'y a rien de gratuit, & il n'eſt dû que le droit de contrôle, tel qu'il eſt fixé par cet article.

Il faut néanmoins obſerver que, quoiqu'il ſoit dit que le droit de contrôle ſera fixé ſur le pié du capital au denier dix de la rente, c'eſt le prix, lorſqu'il eſt déſigné, qui doit déterminer le droit, lequel eſt toujours dû ſur les ſommes portées par les actes. Déciſion du conſeil du 16 Juillet 1740, qui réforme une ordonnance de M. l'intendant de Montpellier, par laquelle il avoit réduit ſur le pié de 1500 liv. le droit de contrôle d'une conſtitution de 150 liv. de rente viagère, faite moïennant 3000 liv. & en conſéquence, juge que le droit de contrôle eſt dû ſur le capital déſigné de 3000 liv.

Il faut encore obſerver que, s'il paroiſſoit un principe de donation dans un acte fait en forme de conſtitution, comme ſi la penſion viagère n'étoit pas plus forte que la rente perpétuelle qu'on pourroit éxiger pour le même capital, le droit d'inſinuation ſeroit dû de la totalité. Déciſion du conſeil du 2 Février 1723, ſur le mémoire du ſieur Durand, notaire à Paris, qui juge que le droit d'inſinuation eſt dû pour une conſtitution de 200 liv. de rente viagère, au profit d'un mari & d'une femme, moïennant 4000 liv. En éfet, c'eſt alors donation d'une ſomme, ſous la réſerve d'une penſion.

Mais, hors le cas d'un avantage bien marqué, les conſtitutions de rentes viagères à prix d'argent, ne ſont pas ſujétes à l'inſinuation.

Déciſion du conſeil du 15 Avril 1723, qui juge qu'il n'eſt dû que le droit de contrôle d'une conſtitution faite par les ſieur & dame Duval, de 1200 l. de rente viagère au profit de M. de Saint Amand, & de 400 liv. de pareille rente, au profit de madame de Saint Amand, ſi elle ſurvit ; le tout au moïen de 12000 liv. à eux païées par M. de Saint Amand.

Décidé le 24 Janvier 1723, qu'il n'eſt dû que le droit de contrôle pour une conſtitution de rente viagère, par un homme, au profit de ſon fils naturel, & en faveur de la mère. Il y avoit eu une promeſſe de mariage, & la conſtitution a été regardée comme la liquidation des intérêts.

Autre déciſion du 7 Novembre 1733, qui ordonne la reſtitution du droit d'inſinuation perçu pour une conſtitution de penſion & nouriture, moïennant le prix d'une charge & un contrat ſur les aides & gabelles.

La conſtitution de rente viagère, pour récompenſe de ſervices, eſt ſujéte à l'inſinuation, comme donation rémunératoire. Déciſion du conſeil du 17 Octobre 1726, ſur le mémoire de M. le comte de Chavigny.

Déciſion du conſeil du 29 Juin 1737, contre Jean Paul & conſors, qui juge que le droit d'inſinuation demandé par le commis de Mondidier, eſt dû pour un acte, par lequel leſdits Paul ont conſtitué une rente viagère à leur père, pour ſa ſubſiſtance, attendu qu'il leur avoit donné tous ſes biens en les mariant. C'eſt, ſans doute, cette circonſtance particulière qui a déterminé la déciſion ; car le devoir naturel que rempliſſent des enfans, en aſſurant la ſubſiſtance aux auteurs de leurs jours, ne peut nullement être conſidéré comme donation, ni comme un bienfait gratuit. Il avoit même été décidé le 16 Mars 1737, qu'il n'étoit point dû de droit d'inſinuation pour une conſtitution de penſion faite par des enfans en faveur de leur mère, pour lui aider à vivre & à avoir des hardes.

CONSTRUCTIONS & *reconstructions des maisons & édifices apartenans aux gens de main-morte.*

Les constructions à neuf produisant une augmentation de revenu, sont sujétes au droit d'*amortissement*, à proportion de cette augmentation. Déclarations du Roi des 5 Juillet 1689, & 16 Juillet 1702; les reconstructions y sont pareillement sujétes, lorsqu'elles produisent une augmentation de revenu.

1. Par l'arrêt du conseil du 1er Décemb. 1719, contenant règlement pour les constructions & reconstructions, celles des fermes & autres édifices, qui ne produisent pas par eux-mêmes un revenu, ni un loïer particulier, & qui servent seulement à la commodité de l'exploitation desdites fermes, furent éxemtées du droit d'amortissement ; & S. M. ordonna que les gens de main-morte ne pouroient à l'avenir faire aucune augmentation ni construction à neuf, sans en avoir *communiqué les plans*, dans les provinces, à Mrs les intendans, & à Paris, à M. le Lieutenant général de police, lesquels enverront leur avis au conseil, à peine, contre lesdits gens de main-morte, de païer le double de ce qu'ils auroient dû païer pour lesdits droits.

Le règlement du 21 Janvier 1738, art. 11, a pareillement assujéti les gens de main-morte, les hôpitaux généraux & particuliers, & les maisons & écoles de charité, à *communiquer les plans & devis* avant que de faire, soit dans leurs clôtures, soit en dehors, aucunes constructions à neuf, ni reconstructions de bâtimens, à peine de païer le double de la somme à laquelle pouroient monter les droits, si les bâtimens étoient sujets à l'amortissement, sans pouvoir en espérer aucune remise ni modération. (*)

Cette précaution est essentielle, nonseulement pour empêcher l'agrandissement des possessions des gens de main-morte, sans nécessité, mais encore, pour prévenir les abus que l'on pouroit pratiquer pour se soustraire au païement des droits d'amortissement, soit en passant quelque tems avant la reconstruction, un bail simulé, dont le prix seroit à peu près le même que celui qu'on espéreroit retirer après cette reconstruction, ou autrement ; au lieu que par la *communication* préalable *des plans & devis*, tant de l'état actuel des lieux, que de ce que l'on se propose d'y faire, on peut juger de leur utilité & de l'augmentation du revenu.

Voïez la décision du conseil du 28 Avril 1751, contre les religieuses de notre-dame de Pau, qui, pour le défaut de *communication des plans & devis*, les a condamnées en une amende, dans un cas où il n'étoit pas même dû de droit d'amortissement : elle est raportée verb. *Amortissement*, n. 7, p. 167.

Arrêt du conseil du 31 Janvier 1758, contre les abbé & religieux de S. Bertin à S. Omer ; ils avoient reconstruit à neuf une maison servant de cabaret, *sans avoir communiqué les plans & devis.* Sur la demande du droit d'amortissement, & de l'amende encourue, ils ont dit que la reconstruction étoit indispensable ; qu'avant de la faire, la maison avec des terres & jardins, avoient été loüés conjointement 600 l. en 1749, & que depuis cette reconstruction, le tout n'avoit été loüé que la même somme en 1755. En conséquence, M. l'intendant de Flandre les avoit déchargés de la demande ; le fermier s'étant pourvû par apel, le conseil, sans avoir égard aux baux, a ordonné, avant faire droit, un raport d'experts, *aux frais des religieux*, pour constater ce que l'ancienne maison pouvoit produire, & l'objet de l'augmenta-

---

(*) Il est raporté Verb. Amortissement, n. 4. page 158.

—tion du loïer, afin de fixer le nouveau droit d'amortiffement, s'il en eft dû, & l'amende encourue. L'augmentation aïant été eftimée, le confeil a rendu en conféquence l'arrêt du 31 Janvier 1758, par lequel l'abbé & les religieux ont été condamnés au païement de 40 liv. pour le droit d'amortiffement de la reconftruction de la maifon, fur le pié des deux tiers de l'augmentation du revenu, conftaté par le procès verbal des experts, l'autre tiers déduit pour le fol amorti avec finance; & lefdits abbé & religieux ont, en outre, été condamnés au païement de 80 liv. pour l'amende du double droit, faute par eux de s'être conformés à l'art. 12 du règlement du 21 Janvier 1738.

2. Le règlement de 1738, dont on vient de parler, contient plufieurs difpofitions au fujet des conftructions & reconftructions; l'art. 8 (en conformité de l'arrêt du 1er Décembre 1719) décharge du droit d'amortiffement les conftructions à neuf & reconftructions *des fermes*, & autres édifices qui ne produifent pas par eux-mêmes un revenu, ni un loïer particulier, mais qui fervent feulement à la commodité de l'exploitation defdites fermes; foit qu'elles foient faites fur les mêmes ou fur de nouveaux fondemens.

Par décifion du 20 Avril 1741, le confeil a confirmé la décharge du droit, prononcée en faveur du prévôt de la cathédrale de Glandere, pour la conftruction faite en 1725, d'un bâtiment dans un domaine dépendant de fa prévôté; il a dit que ce bâtiment ne fervoit qu'à donner, pendant le tems de la vendange, une retraite à ceux qui vont faire la récolte.

L'éxemtion n'étant prononcée que pour les conftructions & reconftructions fur le terrein des *fermes*, pour en faciliter l'exploitation, ne peut être étendue aux acquifitions de bâtimens, quoique deftinés au même ufage, fans produire de revenu particulier.

Décifion du 8 Février 1741, contre les chanoines de l'abbaïe d'Epernay, qui les condamne à païer le droit d'amortiffement de bâtimens qui leur ont été cédés, & qui ne font deftinés qu'à faciliter l'exploitation des terres dépendantes de leur manfe.

Autre décifion du 23 Décembre 1744, contre les prêtres de la communauté de notre-dame d'Aurillac, pour le droit d'amortiffement de l'acquifition d'un terrein, pour y conftruire un bâtiment, deftiné à ferrer les dixmes & à loger leur fermier.

3. Par l'artcle 9 dudit arrêt de règlement, du 21 Janvier 1738, il eft dit que les *conftructions à neuf* de bâtimens *fur un terrein non amorti*, & dont les gens de main-morte retireront, ou pouront retirer des loïers, feront fujétes au droit d'amortiffement fur le pié de la valeur, tant du fol que des bâtimens.

La difpofition de cet article eft claire & précife: fi le terrein fur lequel la main-morte fait conftruire un bâtiment, n'a pas été amorti, il eft certain que le droit d'amortiffement doit être païé de la totalité. Si ce terrein a été amorti fans finance, comme aïant dépendu de la clôture, ou autrement, le droit d'amortiffement fera pareillement dû de la totalité, puifque ce terrein eft mis dans le commerce, par le moïen de la conftruction d'un bâtiment deftiné à produire des revenus.

Arrêt du confeil du 19 Juillet 1760, contre M. le prévôt des marchands & échevins de la ville de Paris, raporté au n. 4. ci-après.

A l'égard des conftructions & reconftructions dans l'intérieur de la clôture des maifons religieufes, voïez *Amortiffement*, §. 7, pag. 166. Voici encore deux arrêts qui auroient dû y être raportés.

Par arrêt du confeil, rendu contradictoirement le 16 Septembre 1760, les filles de l'union chrétienne, dites du petit faint Chaumont, établies à Paris, ruë de la

Lune, ont été condamnées à païer à Barbier, fous-fermier du bail de 1733, le
droit d'amortiffement du montant entier
du revenu des conftructions, reconftructions & augmentations de bâtimens, faites
dans leur maifon en 1733, fur le pié de
l'eftimation qui a été faite dudit revenu
par experts ; elles convenoient avoir fait
conftruire à neuf une aîle de bâtiment dans
leur maifon, donnant dans la ruë fainte
Barbe, apliquée fur l'ancien bâtiment,
dont l'entrée eft par la ruë de la Lune ;
mais, elles fe prétendoient éxemtes du droit
d'amortiffement, difant que leur maifon
étoit deftinée, par leur inftitut, à retirer
des filles perfécutées par leurs parens pour
la foi catholique, & de pauvres filles ; &
que c'eft un établiffement de charité ; que
le tout ne fervoit qu'à l'ufage de la communauté, & n'étoit occupé que par des
fœurs & par des penfionnaires, qui, pour
de modiques penfions, font logées & nou-
ries, & que l'apréciation du loïer faite par
experts, n'établiffoit point la location,
mais la poffibilité de loüer. Le fermier a
dit qu'il étoit de notoriété qu'elles avoient
mis les bâtimens dans le commerce, &
qu'elles en retiroient un revenu ; que l'on
ne pouvoit regarder leur maifon comme
un hofpice de charité ; que leurs apartemens ne font occupés que par des dames
& des demoifelles du monde, dont la plûpart font de condition ; que les loïers en
font affurés communément par des baux
de fix ans, & païés diftinctement de la
penfion.

Par autre arrêt du confeil du 16 Septembre 1760, fans s'arrêter aux demandes des recteur, doïens, procureurs &
fupôts de l'univerfité de Paris., ni à leur
prife de fait & caufe, il a été ordonné
que les colléges des Cholets & de Juftice, feront tenus de païer à Barbier,
fous-fermier du bail de 1733, les droits
d'amortiffement des locations, conftructions, reconftructions ou augmentations de
bâtimens, dans l'enceinte defdits colléges, & occupés par d'autres perfonnes
que par les oficiers, bourfiers, écoliers,
étudians & penfionnaires, pendant les années 1700 & 1701, & depuis le premier Mai 1708, jufqu'à la fin du bail dudit
Barbier ; & ce, fur le pié de l'eftimation
du revenu, qui en fera faite par experts.
Nota. Le collége des Cholets loüoit plufieurs falles & chambres au rès-de-chauffée
du jardin, à des imprimeurs, pour fervir
de magafin, & des apartemens à diférens
particuliers ; & le collége de Juftice avoit
conftruit plufieurs petits apartemens dans
le collége en 1717, qui étoient loüés à
diférentes perfonnes.

L'univerfité, qui avoit pris fait & caufe
de ces colléges, difoit que par décifion
du 10 Mars 1751, le collége de Bourgogne avoit été déchargé du droit d'a-
mortiffement de la conftruction d'un bâtiment dans l'intérieur d'icelui ; que les colléges ont été éxemtés de l'enregiftrement
des baux de l'intérieur, par arrêt du 2
Septembre 1711 ; que par l'art. 71 de l'ordonnance de Blois, il leur eft défendu
de loger & recevoir dans les colléges,
autres perfonnes que des étudians & écoliers, leurs maitres & pédagogues ; qu'ainfi
l'intérieur des colléges ne peut être mis
dans le commerce ; que s'il en eft quelquefois loüé une partie, ces locations font
toujours gènées, incomplettes & fans affurance ; qu'elles peuvent ceffer dès que
le miniftère public en eft inftruit, & que
par conféquent, le revenu qu'elles procurent ne peut être cenfé durable & perpétuel ; enfin, que les conftructions faites
par le collége de Juftice, font deftinées
à fervir de chapelle, ce qui feroit déja
éxécuté s'il avoit eû les fonds fuffifans.

Barbier a répondu que les colléges font
fujets au droit d'amortiffement, comme
tous autres gens de main-morte ; qu'il n'y
a que les bâtimens dépendans des colléges, occupés par les oficiers, bourfiers,

écoliers , étudians & penhonnaires dans lefdits colléges , qui foient éxemts ae ce droit ; mais , que cette deftination cetiant , l'éfet de l'amortiffement fans finance cetie ; que le collége de Bourgogne n'a été déchargé du droit d'amortitiement , par la décifion du 10 Mars 1751 , que fur fon affirmation que les apartemens conftruits ne devoient être occupés que par des étudians , & ne produifoient aucun revenu ; que la faculté de loüer eft indiférente , d'autant que dans le fait , les locations dont il s'agit fubfiftent depuis plus de 40 ans ; que les bâtimens conftruits par le collége de Juftice , font également loüés depuis 43 ans , & qu'il n'y a aucune preuve qu'ils foient deftinés à fervir de chapelle.

4. L'art. 10 du même règlement , du 21 Janvier 1738,(p. 158) porte que les *conftructions à neuf* de bâtimens , *fur un terrein amorti* , dont les gens de main-morte retireront ou pouront retirer des loïers , feront fujets au droit d'amortiffement , fur le pié de la valeur , tant du fol que des bâtimens , à la déduction néanmoins *du tiers* pour le fonds amorti , en juftifiant qu'il l'a été avec finance.

Lorfque le fol a été amorti avec finance, il eft jufte d'en déduire la valeur , pour régler le droit d'amortiffement des bâtimens qui y font conftruits ; cette valeur , fixée au quart en 1689 , a été portée au tiers par la déclaration du 16 Janvier 1702 , & par le règlement de 1738.

Quant aux bâtimens & édifices , que les villes & communautés ont fait faire , ou qu'elles ont acquis pour l'utilité publique , ou pour la décoration des villes , & qui , ceffant de fervir à ces ufages , produifent par la fuite un revenu , le droit d'amortiffement en eft dû fur le pié du capital des loïers , à la déduction feulement de la fomme qui a été précédemment païée pour le droit d'amortiffement , au lieu du tiers ; art. 7 du règlement de 1751 , pag. 161.

A l'égard de toutes autres conftructions de bâtimens fur un fonds amorti avec finance , il faut fuivre la règle prefcrite par l'art. 10 du règlement de 1738 , à moins que d'avoir la preuve certaine de la valeur du bâtiment , ou que le fol n'ait été acquis depuis peu de tems ; dans le premier cas , le droit d'amortiffement doit être fixé fur la valeur entière du bâtiment ; & dans le fecond , il doit l'être , tant fur la valeur du bâtiment , que fur celle du fol , à la déduction feulement de ce qui a été païé pour l'acquifition du fol.

Décifion du confeil du 2 Mai 1728 , contre les chanoines de faint Victor à Paris ; ils avoient cédé à vie un terrein amorti , à la charge d'y conftruire une maifon de valeur de 14000 liv. & le confeil a jugé que le droit d'amortiffement étoit dû fur cette fomme entière , fi mieux n'aiment , fur le pié de l'eftimation des bâtimens feulement , fans déduction du tiers pour le fonds amorti , puifqu'on ne fait païer que pour les bâtimens. *Rec. des Amort.* tom. 4 , p. 63.

Par arrêt du confeil du 29 Juillet 1760 , fans avoir égard à l'opofition des fieurs prévôt des marchands & échevins de la ville de Paris , à une décifion du 31 Août 1757 , ni à leurs demandes , dont ils ont été déboutés , il a été ordonné qu'ils païeront le droit d'amortiffement des acquifitions que la ville a faites d'immeubles , & des conftructions , reconftructions & augmentations de bâtimens dans les maifons & fonds qui lui apartiennent , & dont elle retire un revenu. M. le prévôt des marchands & les échevins prétendoient que la ville de Paris devoit joüir de l'éxemtion des droits d'amortiffement ; ils difoient qu'elles n'acquiert point pour fe former des biens immobiliers , & qu'elle emploïe tous fes revenus , fans faire aucune épargne , à l'embelliffement de la ville & à la commodité publique.

5. Par l'art. 11 du règlement de 1738, il est ordonné que *les reconstructions* de bâtimens, soit sur des anciens, soit sur de nouveaux fondemens, dont les gens de main-morte retireront ou pouront retirer un loïer, quand même elles seroient faites sur des fonds amortis auparavant, & faisant partie des monastères, & quoiqu'il n'y ait ni plus grande élévation de bâtimens, ni augmentation de corps de logis, & que lesdits gens de main-morte aïent païé depuis dix années les droits d'amortissement des maisons, au lieu & place desquelles ils auront fait construire les nouveaux édifices, *feront fujétes* aux droits d'amortissement, sur le pié de ce dont le loïer sera augmenté depuis la nouvelle construction, *à la déduction du tiers* sur cette augmentation de loïer, dont S. M. veut bien leur faire remise, en justifiant, par les gens de main-morte, qu'ils ont païé l'amortissement, tant du fol que des anciens bâtimens; mais s'ils ne peuvent justifier que le fol & les anciens bâtimens aïent été *amortis avec finance*, les droits feront païés sur le pié, tant des anciens loïers, que de ce dont ils feront augmentés; & s'ils ne justifient que de l'amortissement du fol avec finance, il fera seulement fait déduction du tiers sur le produit, tant des anciens que des nouveaux loïers.

Ainsi, le droit d'amortissement d'une reconstruction est dû sur le pié de l'augmentation de loïer, sans avoir égard au plus ou moins d'étendue ou d'élévation du bâtiment reconstruit, ni au tems du païement du droit pour l'ancien édifice.

Pour constater les anciens & les nouveaux loïers, les gens de main-morte font tenus de raporter les baux qui doivent nécessairement être passés par devant notaires; & les plans & devis ont dû être préalablement communiqués, comme il a été dit ci-dessus, n. 1.

Il faut aussi justifier que le fol & les anciens bâtimens ont été amortis avec finance; il suffit aux gens de main-morte faisant partie du clergé de France, pour remplir cet objet, à l'égard des biens qu'ils possédoient avant 1700, de raporter les quitances de leurs contributions aux dons gratuits; quant aux biens possédés depuis 1700, il faut raporter des quitances d'amortissement. Les autres gens de main-morte, pour leurs possessions antérieures aux abonnemens de leurs provinces, doivent prouver qu'ils ont contribué auxdits abonnemens; & pour les possessions postérieures, ils font pareillement tenus de raporter des quitances d'amortissement.

Faute de raporter les baux anciens, le droit est dû sur la totalité du loïer actuel, sauf à faire une déduction en conformité de l'art. 10 du règlement de 1738, pour ce que l'on justifie avoir été amorti avec finance; & si les nouveaux bâtimens ne font pas encore loués, il doit être procédé à leur estimation par experts.

Arrêt du conseil du 14 Janvier 1727, qui condamne les prêtres de la congrégation de la mission de faint Lazare, à païer le droit d'amortissement sur le pié du capital des loïers qui pouront être retirés de leurs nouveaux bâtimens, & ordonne qu'à cet éfet il fera procédé à l'estimation par experts.

Autre du 1er Juin 1728, contre les hospitalières de Lille, qui juge qu'en cas qu'une partie des maisons qu'elles ont fait reconstruire ne foit pas loüée, il en fera fait estimation par experts.

Arrêts du conseil des 23 Décembre 1732, & 10 Mars 1733, contre les jésuites & les clémentins de Roüen, qui leur enjoignent de raporter les baux des anciennes maisons, & des nouvelles reconstruites; sinon, les condamne à païer le droit sur le loïer actuel.

Décision du conseil roïal du 25 Août 1749, qui confirme des ordonnances de M. l'intendant de Tours, par lesquelles les maire & échevins d'Angers ont été

Conftruc- condamnés à païer la fomme portée par
tions. la contrainte du fermier, faute d'avoir raporté les anciens & les nouveaux baux, pour
conftater l'augmentation du loïer de boutiques & baraques attenantes à la halle,
qui étoient auparavant en bois, & qu'ils
ont fait refaire en plâtre lorfqu'ils ont ré-
paré la halle. Ils foûtenoient que ce n'é-
toit qu'une fimple réparation, & non une
reconftruction.

Décifion du confeil du 30 Août 1752,
qui condamne le titulaire de la chapelle
de faint Maurice de Pouancé, à païer le
droit d'amortiffement fur le pié du loïer
actuel, faute d'avoir raporté les baux antérieurs à la reconftruction d'une maifon
dépendante de cette chapelle ; il difoit
qu'elle avoit été occupée par les titulaires,
fans être loüée.

S'il ne s'agit fimplement que de réparations & embelliffemens à une maifon ou
autre édifice, il n'eft point dû de droit
d'amortiffement, nonobftant qu'il y ait une
augmentation de revenu. Il y a des augmentations progreffives, uniquement oc-
cafionnées par la viciffitude des tems ; il
en eft de fubites, qui peuvent avoir
des caufes particulières ; mais, ni les unes,
ni les autres ne peuvent donner ouverture au droit d'amortiffement, qui ne peut
être éxigé dans l'efpèce dont il s'agit ici,
fi la caufe productive de l'augmentation de
revenu n'eft une reconftruction effective ;
c'eft la difpofition des règlemens.

Il s'eft éleyé fouvent des conteftations
fur la nature des embelliffemens, pour favoir s'ils étoient reconftructions ou fimples
réparations. Le confeil, fans s'arrêter à
la preuve de l'augmentation du loïer, a
toujours ordonné, avant que de faire droit,
que les maifons & édifices feroient vifités
par experts, qui en feroient leur raport,
fur lequel il feroit ftatué ; & le droit d'a-
mortiffement n'a été jugé dû que lorfqu'il
y avoit effectivement des reconftructions,
& dans la proportion de leur objet.

Décifion du confeil du 15 Février 1754,
au fujet d'une maifon apartenante aux religieufes de Bon-fecours, rüe de Charonne
à Paris, loüée à un fculpteur, avec augmentation de prix de l'ancien loïer, par
raport à des embelliffemens, & à un apentis ou hangard apliqué au mur de la cour,
pour la commodité du locataire, qui a la
liberté de l'emporter à la fin de fon bail ;
l'expert qui a vifité les lieux, a raporté
que l'intérieur de la maifon a été décoré
de menuiferie & de glaces ; & que tout
le premier étage a été nouvellement pla-
fonné ; enfin, qu'il a été fait un hangard
fermé, avec rez-de-chauffée, premier
étage & grenier fous-comble, couvert de
tuiles. Le confeil a jugé le droit d'amortiffement dù par raport au hangard feulement.

Autre décifion du 8 Septembre 1754,
en faveur des jacobins de Dijon, qui avoient
fait des réparations & embelliffemens à une
maifon, comme, carrelage, cheminées de
pierre polie, & autres de cette nature.
La décifion porte que l'art. 11 du règlement de 1738, ne doit s'apliquer qu'aux
nouvelles conftructions, qui forment un
fonds nouveau en faveur de la main-morte ;
mais que les décorations intérieures, quoique contribuant fouvent à l'augmentation
du loïer, ne doivent point opérer de droit
d'amortiffement.

Voïez encore la décifion du 25 Août
1749, contre les maire & échevins d'Angers, raportée ci-deffus, pour des boutiques & baraques qu'ils difoient n'avoir
fait que réparer, mais qui, en éfet, étoient
reconftruites à neuf, en plâtre, au lieu
que les précédentes n'étoient qu'en bois.

6. Par le même règlement du 11 Janvier
1738, art. 13 (pag. 158) il eft ordonné
que les droits d'amortiffement qui pouront
être dûs pour les conftructions & reconftructions de bâtimens, apartiendront au
fermier pendant le bail duquel les bâtimens
auront été commencés, pourvû qu'il y ait
des

dès devis & des dépris paffés par devant notaires pendant la durée du bail.

Le droit d'amortiffement des conftruc-tions & reconftructions, n'eft éxigible de droit, que du jour que les bâtimens font couverts ; l'article que l'on vient de citer ne déroge point à cette règle : il établit feulement une police entre les diférens fermiers ; il autorife les gens de main-morte à déprier, c'eft-à-dire, à traiter du droit d'amortiffement avant que de commencer les conftructions & reconftructions ; & en conféquence, il attribuë le droit d'amortiffement au fermier avec lequel on a traité, fous trois conditions : que le bâtiment ait été commencé pendant le cours de fon bail ; qu'il ait été fait des devis ; & enfuite un dépri ou traité par devant notaires, avant l'expiration du même bail.

Sans le concours de ces trois conditions, le droit apartient inconteftablement au fermier dans le cours du bail duquel le bâtiment eft fini ; & l'on entend qu'il eft fini, dès l'inftant qu'il eft couvert.

L'expreffion, *par devant notaires*, in-férée dans l'art. 13 du règlement de 1738, n'a d'aplication qu'aux dépris & nullement aux devis. Ceux-ci doivent être faits dans la forme ordinaire, & il fuffit qu'ils foient mentionnés dans le dépri, & annéxés à la minute.

Par l'art. 12 de l'arrêt du règlement du 13 Avril 1751, il eft ordonné que les droits d'amortiffement des bâtimens conftruits fur des terreins donnés par les gens de main-morte à baux emphytéotiques ou à vie, à la charge par les preneurs d'y bâtir, ne feront dûs qu'à l'expiration des termes convenus par lefdits baux ; mais qu'à l'égard des bâtimens qui pouroient être conftruits fur des fonds donnés par les gens de main-morte, pendant le cours d'un bail ordinaire, les droits d'amortiffement en feront dûs *auffi-tôt que lefdits bâtimens feront couverts.*

Par décifion du confeil du 18 Avril 1723,

fur le mémoire des théatins de Paris, il fut jugé que le droit d'amortiffement d'un bâti-ment commencé, ne feroit dû qu'au fer-mier qui feroit en place lorfque ce bâtiment feroit achevé. *Recuëil des amort.* tom. 4, pag. 29.

C'eft en conformité du règlement de 1751, que par l'arrêt du confeil du 1er Mai 1753, rendu contre l'ordre de Malthe, il a été jugé que le droit d'amortiffement de conftructions & reconftructions faites fur des fonds donnés à baux emphytéoti-ques, n'eft dû qu'à l'expiration defdits baux.

La difpofition de l'art. 13 du règlement 1738, ne peut avoir lieu pour les conf-tructions fur biens donnés par les gens de main-morte à baux à vie ; parce qu'un fer-mier ne peut traiter d'un droit qui n'eft pas acquis, & qui ne fera peut-être pas éxi-gible dans le cours de fon bail ; il ne peut non plus traiter du droit d'amortiffement des conftructions fur fonds donnés à baux emphytéotiques, qu'autant que l'emphy-téofe expireroit avant la fin de fon bail.

CONSULS *des marchands*, qu'on apelle juge & confuls ; & qui éxercent la jurifdiction confulaire.

Les *matières de la compétence* des ju-ges confuls, font expliquées par l'art. 4 du titre 12 de l'ordonnance du mois de Mars 1673, portant que les juges confuls connaîtront des diférends pour ventes fai-tes par des marchands, artifans & gens de métier, afin de revendre ou de travailler de leur profeffion : comme à tailleurs d'ha-bits, pour étoffes, paremens & autres four-nitures ; boulangers & pâtiffiers, pour blé & farine ; maçons, pour pierre, moëllon & plâtre ; charpentiers, menuifiers, charons, tonnelliers & tourneurs, pour bois ; ferru-riers, maréchaux, taillandiers & armuriers, pour fer ; plombiers & fontainiers, pour plomb & autres chofes femblables.

Par arrêt du parlement de Paris, rendu en forme de règlement le 23 Février 1695, il eſt ordonné , ſans s'arrêter aux interventions des juges conſuls des villes de Troyes, Poitiers , Nantes , Reims , Angers , Orléans & Bourges , que les édits , déclarations , arrêts & règlemens pour les juriſdictions conſulaires , feront éxécutés ; ce faiſant, que les juges conſuls de Chartres ne pourront à l'avenir connaître que des cauſes de marchand à marchand pour fait de marchandiſes ſeulement, & entre marchands , artiſans & gens de métier pour vente de marchandiſes , afin d'en revendre ou emploïer dans le travail , ou aux ouvrages de leur art & profeſſion. Leur défend de prendre connaiſſance des conteſtations qui feront formées contre marchands qui ont acheté pour leur uſage , *&c.* que conformément au titre 12 de l'ordonnance de 1673.

Les juges conſuls connaiſſent des diférends entre marchands & artiſans pour fait du négoce & du trafic dont ils ſe mêlent. Ils connaiſſent des lettres de change faites, endoſſées , ou acceptées par toutes perſonnes ; & de billets à ordre faits par marchands ou artiſans , relativement à leur commerce ou entrepriſes ſeulement ; mais , ſi celui qui a fait un billet n'eſt pas marchand ou artiſan , ou même , ſi étant marchand , le billet à ordre eſt pour une cauſe étrangère à ſon négoce , ou à ſes entrepriſes , le juge ordinaire eſt ſeul compétent pour connaître des conteſtations qui ſurviennent. Voïez *Billet.*

Le parlement de Paris a rendu le 10 Mai 1756 , un arrêt qui a renvoïé au châtelet une inſtance introduite en la juriſdiction conſulaire de Paris , contre un particulier , qui étoit dans l'uſage de faire des billets à ordre , ſans être négociant ; il avoit même reconnu pluſieurs fois la juriſdiction des conſuls pour ces ſortes de billets ; & on lui opoſoit 14 ſentences renduës contre lui en pareilles circonſtances. Mais , il répondoit que , par ſes reconnaiſſances & ſa ſoumiſſion , il n'avoit pas pû donner un caractère & une autorité publique aux conſuls pour le juger , quand le Roi ne leur avoit pas confié cette autorité. *Coll. juriſpr. verb. Conſuls.*

Du contrôle des actes.

Les actes ſous-ſignature privée doivent être contrôlés avant que de s'en ſervir dans les juriſdictions conſulaires , de même que dans les autres juriſdictions ; à l'éxception des lettres de change, billets à ordre faits par gens d'affaires , marchands & négocians , & des billets faits par des marchands , cauſés pour fourniture de marchandiſes de leur commerce. Voïez *Actes ſous-ſignature privée* , §. 3 , pag. 34 , *Billets* ; *Lettres de change & Marchés.*

Les gréfiers des juriſdictions conſulaires ſont tenus comme ceux des autres juriſdictions , de donner aux emploïés de la ferme des domaines , communication de leurs regiſtres , minutes & liaſſes. *Voïez* ci-après *Gréfiers.*

Gréfes.

Par l'article 18 de l'édit du mois de Novembre 1563 , portant création d'une juriſdiction conſulaire dans la ville de Paris , & lettres de déclaration ſur icelui , du 28 Avril 1564 , il fut permis aux juges & conſuls de choiſir & nommer pour leur ſcribe & gréfier , telle perſonne d'expérience , marchand ou autres , qu'ils aviſeroient , pour faire toutes expéditions en bon papier , ſans uſer de parchemin ; & il fut défendu de prendre pour ſes ſalaires & vacations , autre choſe qu'un ſol tournois par feüillet.

Par ordonnance donnée à Moulins le 16 Février 1565 , & déclaration du 28 Avril de la même année , tout ce qui avoit été ordonné pour la juriſdiction conſulaire de Paris par l'édit de 1563 , fut déclaré commun pour toutes les juriſdictions conſulaires du roïaume.

Les *ofices de gréfiers* des juriſdictions

confulaires furent enfuite *érigés* en titre , par lettres patentes en forme d'édit du mois de Septembre 1571 , enregiftrées au parlement de Paris le 4 Février 1572.

Par édit du mois de Décembre 1577 , les *ofices de commis , clercs des gréfes* , furent érigés en titre , même dans les juf‑tices confulaires ; & leurs attributions fu‑rent fixées par le règlement du confeil du 18 Mars 1578 , à la moitié de femblable fomme que les gréfiers avoient accoûtumé de prendre , fuivant les ordonnances de Sa Majefté.

Tous les ofices de gréfiers & clercs ci‑devant créés dans les cours & fiéges , & dans les jurifdiétions confulaires , furent *réunis* au domaine par édit du mois de Mars 1580 , qui en ordonna la revente.

Par édit de 1595 vérifié le 26 Juin , la *réunion* des gréfes des jurifdiétions con‑fulaires fut encore ordonnée ; l'aliénation s'en fit enfuite , avec attribution de pareils droits & fàlaires qu'avoient & prenoient les gréfiers des bailliages , prévôtés & au‑tres jurifdiétions ordinaires du roïaume ; le *parifis* de leurs droits & émolumens , leur fut attribué par autre édit du mois de Juil‑let 1595.

Depuis ce tems , les gréfes des jurifdic‑tions confulaires ont eu le fort des gréfes des autres fiéges. Voïez *Gréfes.* Il y a été établi des contrôleurs en 1627 ; des gréfiers alternatifs & triennaux en 1639 , avec attribution du quart en fus ; l'édit de 1699 , qui a ordonné la réunion de tous les droits de gréfe au domaine , & créé de nouveaux ofices de gréfiers , avoit pour objet les jurifdiétions confulaires , comme les autres jurifdiétions roïales.

Par arrêt du confeil du 24 Janvier 1696 , il a été ordonné que les gréfiers des préfen‑tations des jurifdiétions des hôtels de ville , & des juges & confuls des marchands , ne percevront que cinq fols tournois pour cha‑que préfentation & cédule , & pareil droit pour chaque extrait , s'il en eft délivré ,

dérogeant pour ce regard feulement à la déclaration du 12 Juillet 1695 ; cette mo‑dération a été accordée , attendu que dans lefdites jurifdiétions , il s'expédie un grand nombre de caufes de peu de conféquence ; & qu'il a femblé raifonnablé de réduire les droits pour le foulagement des parties.

Arrêt du confeil du 12 Oétobre 1700 , por‑tant que le fermier des gréfes jouïra de tous les droits & émolumens des gréfes réunis en 1699 , & entr'autres de ceux des *pré‑fentations des demandeurs* , fur le pié de cinq fols dans les jurifdiétions confulaires ; comme auffi de l'excédant , tant des *préfen‑tations des défendeurs* , que des *congés* & défauts , conformément à la déclaration du 12 Juillet 1695. *Nota.* Cet arrêt a été rendu fur la requête du fermier , contenant que les juges confuls prétendoient que la préfentation des demandeurs étoit abro‑gée ; & qu'en plufieurs endroits , ils s'opo‑foient à ce qu'il fût expédié des défauts & congés , quoiqu'il en ait toujours été ex‑pédié pendant que leurs gréfiers ont jouï de la préfentation des demandeurs.

Par édit du mois de Mars 1710 , les ofices de gréfier , de garde‑fcel & de gré‑fier des préfentations & affirmations des jurifdiétions confulaires , de leurs commis , clercs & contrôleurs , & gréfiers des pré‑fentations & affirmations de toutes lefdites jurifdiétions , furent fuprimés , foit qu'ils y euffent été établis en conféquence des édits des mois de Juin 1568 & 1571 , Mai & Décembre 1639 , Juin 1640 , Avril 1695 & autres , foit que lefdits ofices euffent été joints & unis à d'autres ofices établis , & réunis au domaine , ou qu'ils apartinfent aux corps des jurifdiétions confulaires ou à d'autres particuliers ; & par le même édit , il fut créé , en chacune defdites jurif‑diétions , un gréfier en chef , garde‑fcel , commis , clerc & contrôleur dudit gréfe & gréfier des préfentations & affirmations , pour ne faire qu'un feul & même corps d'office ; avec attribution des mêmes &

femblables. droits & émolumens pour l'expédition des fentences, jugemens, procès
verbaux, préfentations, affirmations & autres actes, que percevoient & dont jouïffoient alors les gréfiers defdites jurifdictions, leurs commis, clercs & contrôleurs,
les oficiers garde-fcels, & gréfier des préfentations & affirmations.

Par cet édit, il fut en outre créé vingt
nouvelles jurifdictions confulaires dans les
villes d'Agde, Alby, Alençon, Angoulé-
me, Arles, Bayeux, Caën, Chaumont,
(transférée depuis à Langres par l'édit de
Mars 1711) Grenoble, le Mans, Montauban, Narbonne, Nevers, Nifmes,
Rennes, Vannes, Vienne, Vire, Saint
Quentin & Xaintes ; dans chacune defquelles jurifdictions, il fut également
créé un ofice de gréfier des préfentations
& affirmations, & les autres oficiers néceffaires ; auxquels il fut attribué les mêmes fonctions, droits, vacations, revenus, profits & émolumens dont jouïffoient
les pourvûs de pareils ofices fuprimés par
ledit édit, & dont jouïroient ceux créés
dans les anciennes jurifdictions.

Edit du mois de Janvier 1711, qui unit
au corps des juges & confuls de la ville de
Paris, les ofices & droits de gréfiers en
chef, garde-fcel, commis, clerc, contrôleur & gréfier des préfentations & affirmations, défauts & congés de ladite jurifdiction, créés par l'édit du mois de Mars
1710. Nota. *Voïez* l'édit du mois de Janvier 1716 ci-après.

Édit du mois de Mars 1711, portant
rétabliffement des propriétaires des gréfes
confulaires & des ofices établis dans lefdites
jurifdictions, fuprimés par l'édit du mois
de Mars 1710 ; création dans les jurifdictions confulaires établies par ledit édit d'un
ofice de contrôleur des dépens, d'un ofice
de garde des archives, d'un de contrôleur
du gréfe & des préfentations & affirmations, & règlement pour les droits attribués
à ces ofices ; enfin, création & établiffe-

ment d'une jurifdiction confulaire à Sedan.

Arrêt du confeil du 24 Mai 1712, par
lequel il a été ordonné que Claude Lhéri-
tier, fermier général des gréfes réunis,
rentrera en poffeffion & jouïffance, tant
des trois quarts des droits & émolumens
des gréfes en chef des anciennes jurifdictions confulaires, que des droits en entier
de contrôle des actes d'affirmations, préfentations, congés & défauts defdites jurifdictions, pour en jouïr comme il faifoit
avant l'édit du mois de Mars 1710 ; & que
Jacques Clément, traitant des ofices de
gréfier en chef & autres créés dans les
nouvelles jurifdictions confulaires, fera tenu
de lui rendre compte des droits qu'il a perçus depuis le 1er Mars 1710 ; avec défenfes
audit Clément, aux particuliers ou acquéreurs des ofices créés par les édits des mois
de Mars 1710 & 1711, de s'immifcer à
l'avenir en la perception defdits droits dans
les anciennes jurifdictions confulaires ; feront
au furplus les édits de 1710 & 1711, éxécutés au profit dudit Clément, en ce qui n'y
eft point dérogé par le préfent arrêt. *Nota.*
L'éxécution de cet arrêt a été ordonnée par
l'édit du mois de Janvier 1716 ; même dans
les nouvelles jurifdictions confulaires.

Déclaration du Roi du 18 Juin 1715,
portant qu'en attendant que le tarif des
droits de gréfe des jurifdictions confulaires
foit arrêté au confeil, les droits que l'on
avoit accoûtumé de recevoir pour les expéditions dans les anciennes jurifdictions
confulaires, continuëront d'y être païés
fur le même pié, conformément aux règlemens qui ont été faits fur ce fujet, & fuivant qu'il en a été bien & légitimement ufé
par le paffé ; & à l'égard des nouvelles jurifdictions confulaires établies par les édits
de 1710 & 1711, que le tarif des droits
qui fe perçoivent au gréfe des juges & confuls de Paris fera commun pour lefdites
nouvelles jurifdictions.

Par édit du mois de Janvier 1716,
pour faire ceffer les difficultés formées par

les juges & confuls des marchands de la ville de Paris , fur l'éxécution de l'édit du mois de Février 1715 (qui avoit réuni au domaine les émolumens de tous les gréfes des jurifdictions roïales du roïaume , aliénés en conféquence des édits des mois de Septembre & Octobre 1704 , & Janvier 1707); parce qu'il n'avoit pas été expreſſément dérogé par cet édit à celui du mois de Janvier 1711 (raporté ci-deſſus) le Roi a dérogé audit édit de 1711 , en ce qui concerne feulement l'union à ladite jurifdiction confulaire des droits attribués aux ofices de garde-ſcel , droits *de préſentations , contrôle des gréfes ,* & ceux *des préſentations , affirmations , défauts & congés.* En conféquence , il a été ordonné que leſdits droits ci-deſſus exprimés , & qui font établis dans les jurifdictions confulaires , demeureront compris dans la ferme des gréfes , ainſi qu'ils le font dans toutes les autres jurifdictions roïales du roïaume ; & que leſdits droits feront perçus à l'avenir par les gréfiers des jurifdictions confulaires, fuivant & conformément à l'édit de 1715 qui fera éxécuté ; ordonné pareillement que l'arrêt du confeil du 24 Mai 1711 , fera éxécuté felon ſa forme & teneur dans les anciennes jurifdictions confulaires , même dans les nouvelles créés par les édits des mois de Mars 1710 & 1711 ; & en conféquence , que *le fermier des gréfes joüira dans leſdites nouvelles jurifdictions , de même & ainſi que dans les anciennes , de tous les droits des affirmations de voïage , de préſentations ; de contrôle des gréfes & des affirmations , préſentations , défauts & congés ,* comme avant l'édit de 1710.

. Arrêt du confeil du 11 Juillet 1716 , qui ordonne que les juges & confuls de la ville de Paris , feront tenus de compter au fermier des gréfes , du produit des droits de petit-ſcel des fentences , jugemens & actes de leur jurifdiction , enſemble des droits *de préſentations des demandeurs ,*

augmentation de celle des défendeurs , défauts & congés ; contrôle , tant deſdites préſentations des demandeurs, que de celles des défendeurs , congés & défauts , réunis au domaine par l'édit de 1715 ; depuis le 5 Avril de la même année , jufqu'au jour de l'établiſſement des commis du fermier. Ordonne au furplus que leſdits juges & confuls repréſenteront leurs titres , pour être procédé à la liquidation des finances , par eux païées pour leſdits droits , & pourvû au rembourfement.

Autre arrêt du confeil du 1er Décembre 1716 , rendu fur l'opofition des juges & confuls de Paris , qui ordonne que les édits de 1715 & 1716 , & l'arrêt du 11 Juillet 1716 , feront éxécutés felon leur forme & teneur.

Arrêt du confeil du 9 Avril 1718 , contradictoire avec les juges & confuls d'Angers , par lequel il eſt ordonné que le fermier des gréfes joüira dans ladite jurifdiction confulaire d'*Angers* , des droits de *préſentations des demandeurs* en entier , *de l'augmentation de celle des défendeurs ,* à raifon de 3 f. pour chacune , & des *défauts & congés ,* enſemble des *droits d'affirmations* de voïages ; & des *contrôles deſdites préſentations des demandeurs & défendeurs , défauts , congés & affirmations ,* dont il lui fera rendu compte depuis le 1er Avril 1715 , fauf auxdits juges & confuls à faire liquider les finances par eux païées , pour raifon deſdits droits réunis au domaine. *Nota.* Les juges & confuls difoient qu'on ne pouvoit leur opofer l'arrêt du 24 Mai 1711 , parce que le fermier ne joüiſſoit d'aucuns droits dans leur jurifdiction avant 1710 ; que l'édit de 1715 , n'aïant pas révoqué les aliénations antérieures à 1704 , ne pouvoit pas non plus leur être opofé , parce qu'ils avoient acquis précédemment. Enfin , que les défauts & congés , contrôle d'iceux & contrôle des gréfes , n'ont point eû lieu dans leur jurifdiction. Le fermier aïant établi que leſdits juges & confuls étoient dans le cas du rembourfement des finances païées , en éxécution de la déclaration de 1689 & de l'édit de 1695 , a dit qu'à ce moïen , ils ne devoient plus jouïr que de leur gréfe en chef, pour lequel ils ont financé en éxécution de l'édit de 1711 ; & des préfentations des défendeurs , fur le pié de deux fols feulement , parce que , fuivant leurs offres portées par leur acquifition des préfentations en 1620 , ils ne peuvent lever les trois fols d'augmentation, portés par l'édit du mois de Février 1620 ; qu'ainfi ces trois fols ne fe trouvant établis que par l'édit de 1695 , apartiennent au Roi ; que les défauts & congés doivent être établis dans cette jurifdiction , comme ils le font dans toutes les autres ; & que les deux fols pour livre établis en 1705 , & attribués en 1707, aux contrôleurs des gréfes, ont dû indifpenfablement être levés.

Arrêt du confeil du 30 Juillet 1720 , qui ordonne l'éxécution des articles 1 & 7 de la déclaration du 5 Novembre 1661 , en conféquence que *le commis* du fermier des gréfes , *aura une place dans le gréfe ordinaire* de la jurifdiction confulaire de *Poitiers* , pour y recèvoir les droits de préfentations & affirmations de voïage ; que le gréfier fera tenu de lui communiquer fes regiftres & liaffes, pour faire la vérification des caufes plaidées , & qui le feront à l'avenir fans préfentation.

Arrêt du confeil du 23 Décembre 1721, rendu fur un renvoi de M. l'intendant de Châlons , par lequel il eft ordonné que Cordier , chargé de la régie des fermes , jouïra des droits des *défauts & congés* dans les jurifdictions confulaires , à raifon de quinze fols pour chacun , & du contrôle à raifon de deux fols ; avec défenfes aux gréfiers des jurifdictions confulaires de *Chalons* , *Reims* , & *Troyes* , de délivrer aucunes fentences, ni aucuns jugemens , que lefdits droits n'aïent été païés au fermier , ou à fes commis, à peine d'en

répondre en leur propre & privé nom , & de 300 livres d'amende pour chaque contravention ; il eft en outre ordonné que lefdits gréfiers rendront au fermier ce qu'ils ont reçu defdits droits: *Nota.* Les juges & confuls s'étoient opofés à la perception de ces droits, fous prétexte que les affaires de leur jurifdiction étant fommaires , & les parties plaidant elles-mèmes , les défauts & congés n'y devoient point être établis. Le fermier a opofé la déclaration du 12 Juillet 1695 , qui en a ordonné l'établiffement dans tous les fiéges roïaux , & les arrêts des 12 Octobre 1700 , & 13 Septembre 1701 , rendus contre les engagiftes des gréfes des confuls de la Rochelle, Poitiers & Niort , & ceux des 24 Mai 1712 , & 9 Avril 1718 , ainfi que l'édit du mois de Janvier 1716.

Arrêt du confeil du 14 Juillet 1722 , qui condamne le fieur Bigot, gréfier de la jurifdiction confulaire *du Mans* , à tenir compte au fermier des gréfes , des droits de *défauts & congés* , avec défenfes audit gréfier , de s'immifcer à l'avenir , dans la perception defdits droits , lefquels feront levés à raifon de dix-fept fols chacun , y compris le contrôle , conformément à la déclaration du 12 Juillet 1695 , & à l'édit du mois de Décembre 1707.

Arrêt du confeil du 2 Mai 1724 , qui liquide à 7000 liv. la finance des ofices de gréfiers des préfentations des demandeurs & défendeurs , congés , défauts & affirmations de voïage de la jurifdiction confulaire d'*Angoulême* , créée par édit du mois de Mars 1710 ; & des ofices de contrôleurs des dépens , préfentations , affirmations & autres , créés par édit du mois de Mars 1711 , & réunis au bailliage de ladite ville d'Angoulême , par arrêt du 19 Décembre 1713 , & apartenant à la fucceffion de M. de la Rochefoucauld , feigneur de Bayers.

Arrêt du confeil du 29 Mai 1725 , qui interdit pour trois mois, le nommé Poiffalotte , poftulant en la jurifdiction confulaire de *Paris*, pour avoir troublé les commis qui percevoient les droits de gréfe apartenans au Roi dans ladite jurifdiction.

Arrêt du confeil du 24 Juillet 1725, portant que Baffet, chargé de la régie des gréfes, jouïra dans les jurifdictions confulaires de *Riom*, *Clermont*, *Bittoin*, *Thiers*, *Montferrand & Brioude*, des droits de *défauts & congés*, fixés à 15 f. par la déclaration de 1695, & du contrôle defdits actes, à raifon de 2 f. fuivant l'édit du mois de Décembre 1707; avec défenfes aux gréfiers defdites jurifdictions de troubler ledit Baffet & fes commis, dans la perception defdits droits, & de délivrer aucuns jugemens qu'ils n'aïent été païés, à peine d'en répondre en leur propre & privé nom, & de 300 liv. d'amende pour chaque contravention.

Autre arrêt du confeil dudit jour 24 Juillet 1725, qui ordonne que ledit Baffet jouïra dans la jurifdiction confulaire de *Montauban*, des droits de *préfentations* des demandeurs & défendeurs, *congés*, *défauts & affirmations* de voïage; *contrôle* de tous lefdits actes; & des 2 f. pour liv. du gréfe en chef de ladite jurifdiction; avec défenfes au findic de la bourfe, au fieur Libarois & à tous autres, de troubler ledit Baffet, fes procureurs & commis dans l'établiffement & perception defdits droits, à peine d'en répondre en leur propre & privé nom.

Autre arrêt du même jour 24 Juillet 1725, portant que le fieur Gallois, faifant l'éxercice de gréfier en chef de la jurifdiction confulaire d'*Alençon*, comptera à Baffet, chargé de la régie des gréfes, des émolumens dudit gréfe par lui reçus depuis le 19 Octobre 1715.

Arrêt du confeil du 11 Décembre 1725, qui ordonne que les édits, déclarations, règlemens & arrêts concernans les *préfentations*, *défauts & congés*, & *le contrôle* de ces actes, feront éxécutés felon leur forme & teneur, dans les bourfes ou confulats des villes de *Touloufe* & de *Montpellier*; & en conféquence, que l'établiffement defdits droits y fera fait en vertu du préfent arrêt, à la diligence de Baffet, chargé de la régie des fermes; fait S. M. très-expreffes inhibitions & défenfes aux juges & findics defdites bourfes, & à tous autres de troubler ledit baffet, fes procureurs & commis, dans la perception defdits droits. *Nota*. Cet arrêt a été rendu contradictoirement avec les findics defdites bourfes, qui ont foûtenu que l'introduction des préfentations & défauts, eft inutile dans les jurifdictions confulaires, dont l'objet eft d'accélérer l'expédition des affaires du commerce, que le défaut emportant profit fe donne à l'audience, & que par deux arrêts des 5 Janvier 1701, & 12 Décembre 1702, il avoit été jugé que lefdits droits n'auroient point lieu dans lefdites bourfes de Touloufe & de Montpellier.

Arrêt du confeil du 15 Avril 1738, qui juge que le gréfier du bailliage & de la jurifdiction confulaire d'*Auxone* en Bourgogne, doit jouïr de 6 f. 8 den. pour l'ancien droit de préfentation des défendeurs au bailliage & chancellerie d'Auxone, & de 5 f. par chaque *préfentation des défendeurs*, en la jurifdiction confulaire de la même ville; & de femblables droits pour les *défauts*, faute de comparoir; attendu qu'il a acquis ces anciens droits, ou rembourfé les engagiftes auxquels ils étoient aliénés.

Arrêt du confeil du 22 Mars 1740, rendu contradictoirement entre le fermier des domaines, & les juges & confuls de la ville de *Paris*, qui ordonne que, dans les droits de *préfentation*, qui continuëront à être perçûs fur le pié de 5 f. pour chacune, non compris le droit de contrôle, il apartiendra 2 f. pour chaque *préfentation des défendeurs* aux juges confuls, (comme aïant acquis le gréfe ancien & des préfentations, doublement & p'ace de clercs du grefe de ladite jurifdiction) & le furplus au Roi; fans qu'il puiffe être perçû aucun nouveau droit pour les réaffignés; & que pour chaque *défaut* qui fe lévera au gréfe, qui ordonnera le réaffigné, il fera perçu 15 f. conformément à la déclaration du 12 Juillet 1695, & les 2 f. de contrôle en fus; fur lequel droit de 15 f. par défaut, il en apartiendra 3 f. 4 d. auxdits juges confuls, comme engagiftes des places de clercs.

Voïez encore *Défauts & Préfentations.*

Droits de petit-fcel.

Les droits de petit-fcel ne font dûs dans les jurifdictions confulaires, que pour les fentences portant quelque condamnation en principal ou dépens, foit qu'elles foient provifionnelles ou définitives, contradictoires ou par défaut, & pour les éxécutoires de dépens; les autres procédures en font difpenfées.

L'arrêt du confeil du 23 Avril 1697, rendu contre les juges confuls de Paris, ordonne que toutes fentences & éxécutoires de dépens, rendus par défaut ou contradictoires, provifoires ou définitifs, feront fcellés, & les droits païés avant que de s'en fervir, à peine de nullité & de cent livres d'amende.

Celui du 30 Avril 1697, rendu fur le mémoire de diférens juges confuls, ordonne que le précédent fera éxécuté dans toutes les jurifdictions confulaires, ou bourfes du roïaume.

La déclaration du Roi du 3 Septembre 1697, ordonne que les ofices de garde-fcel créés par l'édit de Novembre 1696, feront établis dans les jurifdictions confulaires, aux droits fixés pour chaque fentence provifoire, définitive, contradictoire ou par défaut, & pour les éxécutoires de dépens; & cette déclaration éxemte du petit-fcel les actes qui ne porteront aucune condamnation de principal ni dépens.

Arrêt du confeil du 4 Février 1698, fur le mémoire des juges confuls de Paris, qui demandoient l'éxemtion du droit de petit-fcel pour les fentences renduës fur les conteftations furvenuës au fujet de l'éxécution de précédentes fentences fcellées, lorfque les dernières ne prononçoient aucune autre condamnation que celle des dépens. Ils demandoient en outre que le gréfier fût déchargé de l'obligation de faire fceller avant que de délivrer l'expédition aux parties. Cet arrêt les déboute de leurs demandes, & ordonne l'éxécution de la déclaration du 3 Septembre 1697, pour toutes condamnations en principaux & dépens, contradictoires, par défaut, provifoires ou définitives; & défend au gréfier de délivrer l'expédition defdits jugemens; à tous huiffiers de les fignifier, & aux parties & procureurs de s'en fervir, qu'elles ne foient fcellées, & les droits païés, à peine de 100 liv. d'amende, d'interdiction, & de tous dépens, dommages & intérêts.

Le tarif du 20 Mars 1708, comprend les fentences éxécutoires, provifionnelles ou définitives, contradictoires ou par défaut, & les éxécutoires de dépens; & difpenfe du fceau les autres procédures des jurifdictions confulaires, fuivant la déclaration de 1697.

Arrêt du confeil du 22 Janvier 1709, par lequel, fans s'arrêter à une fentence des oficiers de la bourfe de Bayonne, il eft ordonné que les droits de petit-fcel des fentences provifionnelles ou définitives, contradictoires ou par défaut, & les éxécutoires de dépens de ladite jurifdiction, feront païés conformément au tarif de 1708.

Les gréfiers créés par l'édit du mois de Mars 1710, fous le titre de gréfier en chef garde-fcel &c, aïant prétendu qu'à ce moïen, ils devoient jouïr de la totalité des droits de petit-fcel, en ont été déboutés par diférents arrêts, attendu que les garde-fcel ci-devant établis n'en jouïffoient

foient pas ; qu'il n'a été attribué aux nou-veaux que les mêmes droits & émolumens dont jouïffoient les anciens , & que par la déclaration du 6 Mai 1698 , les droits de petit-fcel ont été défunis du corps des ofi-ces de garde-fcel , pour être perçûs au profit du Roi.

Arrêt du confeil du 11 Novembre 1710, portant que les droits de petit-fcel des fen-tences , jugemens , procès verbaux & au-tres actes émanés des jurifdictions confulai-res du roïaume , tant d'ancienne que de nouvelle création, continuëront d'être per-çûs au profit du Roi, par fes fermiers des droits de contrôle , petit-fcel & infinua-tions , de même qu'ils les percevoient avant l'édit du mois de Mars 1710 : condamne Jacques Clement , traitant des ofices créés par ledit édit , à reftituer les droits de petit-fcel par lui perçûs , & lui défend de les percevoir , à peine de concuffion & de 500 liv. d'amende.

L'ofice & les droits de garde-fcel , unis en 1711 à la jurifdiction confulaire de Pa-ris , en furent défunis par l'édit du mois de Janvier 1716 , raporté ci-deffus , page 493. Et par arrêt du confeil du 11 Juillet 1716 , il fut ordonné que les juges & con-fuls de la ville de Paris , feroient tenus de compter au fermier des droits de petit-fcel des fentences , jugemens & autres actes de leur jurifdiction.

Arrêt du confeil du 22 Août 1716 , contre le gréfier de la jurifdiction confulaire du Mans , qui prétendoit devoir jouïr des droits de fcel , fur le fondement de l'édit de 1710. Il eft ordonné que les droits de petit-fcel des fentences, jugemens , procès verbaux & autres actes de ladite jurifdic-tion confulaire , feront païés fur le pié règlé par le tarif de 1708. Le gréfier a été condamné à reftituer ce qu'il avoit reçu , & il lui a été fait défenfes de s'immifcer à l'avenir , dans la perception defdits droits.

Autre arrêt femblable du 17 Avril 1717,

Tome I.

contre le fieur Verdin , gréfier de la jurif-diction confulaire de Langres.

Arrêt du confeil du 16 Septembre 1718, qui condamne le gréfier de la jurifdiction confulaire du Mans , en 600 liv. d'amende, pour avoir délivré les expéditions de fix fentences fans les faire fceller ; & qui pro-nonce également les amendes encouruës par les parties qui s'en font fervi , & par les huiffiers qui les ont fignifiées.

Arrêt du confeil du 25 Juillet 1719 , rendu contre les juges confuls de Limoges, qui demandoient une diminution des droits de petit-fcel ; portant que lefdits droits fe-ront perçûs conformément au tarif de 1708, dans les diférentes jurifdictions confulaires du roïaume.

Arrêts du confeil des 29 Juillet & 10 Octobre 1721 , au fujet d'une fentence des juges confuls d'Amiens , par laquelle il étoit ordonné qu'une précédente feroit mife à éxécution , fans être fcellée ; atten-du que le commis en avoit retenu l'expé-dition , pour contravention aux règlemens concernant le contrôle des actes. Ces ar-rêts prononcent les amendes encouruës , & font raportés ci-devant. Voïez *Actes fous-fignature privée* , §. 3 , p. 35.

Décifion du confeil du 31 Décembre 1722 , portant que les fentences des jurif-dictions confulaires , renduës par défaut , & celles qui déboutent des opofitions for-mées à leur éxécution , font fujétes au fceau , la première ne pouvant être éxécu-tée qu'en vertu de la feconde.

Autre décifion du 26 Janvier 1723 , portant que les fentences des juges confuls, quoique renduës en dernier reffort , font fujétes au fceau.

Arrêt du confeil du 13 Septembre 1723, qui déclare nulles deux fignifications de fentences des juges confuls de Paris , ren-duës entre les nommés Ropfy & Laurent ; condamne Riel , huiffier à verge au châte-let , en 200 liv. d'amende , pour avoir fait ces fignifications , avant que les expéditions defdites fentences fuffent fcellées, & l'interdit de fes fonctions pendant fix mois.

CONSULS des villes, bourgs & communautés, font des oficiers municipaux, chargés du foin des affaires publiques de la communauté qui les a élus. Voïez *Nomination* d'oficiers municipaux. *Voïez* auffi *Maires.*

CONTESTATIONS *fur la perception & le recouvrement des droits*, ne peuvent être portées que devant les juges auxquels la connaiffance en eft attribuée. Voïez *Attribution.*

Les conteftations *fur la quotité des droits*, ne peuvent en diférer le païement, qui doit être fait provifoirement fur la quitance du commis, fauf à fe pourvoir enfuite en reftitution, fi le cas y échet. *Voïez* les arrêts des 20 Novembre 1717, 23 Décembre 1718, & autres raportés ci-après, verb. *Notaires*, §. 13.

CONTESTATIONS *entre fermiers ;* foit entre fermiers de diverfes généralités, pour les droits qui doivent leur apartenir réciproquement ; foit entre le fermier du bail actuel, & fon prédéceffeur, fur leurs prétentions refpectives. Voïez *Fermiers.*

CONTESTATIONS entre le fermier & les emploïés. Voïez *Commis ;* §. 13.

CONTRAINTES *pour le recouvrement des droits dûs à la ferme des domaines*, peuvent être décernées par le fermier, & dans certains cas, par les emploïés, qui ont prêté le ferment néceffaire. C'eft un acte par lequel, après avoir expliqué la nature du droit, le montant d'icelui, & à quelle occafion il eft dû, le fermier donne pouvoir au premier huiffier ou fergent requis, de contraindre le redevable au païement de ce droit, par les voies ordinaires & accoûtumées pour le recouvrement des deniers roïaux.

Ces contraintes font éxécutoires, enforte qu'après les avoir fait fignifier aux redevables avec commandement de païer la fomme y contenuë dans un tems fixe, l'on

peut faire enfuite procéder à faifie-arrêt, faifie-éxécution ou autres pourfuites.

Le fermier peut auffi décerner des contraintes contre fes fous-fermiers, procureurs & commis, qui font en demeure de compter ou de païer, en vertu defquelles ils pourront être conftitués prifonniers, art. 578 du bail de Forceville du 16 Septembre 1738.

Dans le détail qui fuit, l'on établira les cas où le recouvrement peut être fait en vertu de contraintes ; & ce qui peut y être relatif.

Droits de contrôle, infinuation, & autres y joints.

L'article 16 de l'édit du mois de Décembre 1703, porte que les nouveaux poffeffeurs d'immeubles qui n'auront pas fait enregiftrer leurs titres dans le délai fixé, feront tenus de païer le triple droit ; à quoi faire, ils feront contraints par faifie des revenus.

L'arrêt du confeil du 16 Juin 1705, ajoûte qu'ils y feront contraints fur les fimples contraintes du fermier, fes procureurs & commis en vertu dudit arrêt.

Celui du 13 Juillet 1706, rendu du mouvement du Roi, porte que les nouveaux poffeffeurs d'immeubles feront contraints au païement du centième denier ; enfemble de la peine du triple droit, par faifie & vente de leurs biens, & par toutes autres voies dûës & raifonnables, fur les contraintes du fermier, fes procureurs & commis ; lefquelles feront éxécutées, en vertu dudit arrêt, nonobftant opofitions, apellations ou autres empéchemens quelconques.

La déclaration du Roi du 15 Juillet 1710, permet au fermier de décerner fes contraintes pour les droits de contrôle, infinuation, & petit-fcel, & pour les amendes, contre les redevables, notaires, gréfiers & autres.

L'arrêt du confeil du 21 Août 1714, qui réïtère les défenfes de fe fervir d'actes fous-fignature privée non contrôlés, porte que les *amendes* demeureront encouruës fur la fimple preuve de la contravention, fans qu'il foit befoin de jugement ni de condamnation ; & qu'au païement d'icelles les contrevenans feront contraints, en vertu des contraintes du fermier, fes procureurs & commis.

Celui du 24 Février 1719, contient les mêmes difpofitions.

L'arrêt de règlement du 28 Mars 1719, qui déclare les droits d'infinuation & de centième denier imprefcriptibles, ordonne que les redevables feront pourfuivis fur les contraintes des fermiers & fous-fermiers au païement defdits droits, & aux amendes & peines par eux encouruës, nonobftant toutes opofitions réfultantes du laps de tems.

L'arrêt de règlement du 25 Mai 1720, rendu du mouvement du Roi, ordonne que les redevables des droits d'infinuation & de centième denier recélés ou négligés, & les débiteurs des droits qui échéent journellement, feront pourfuivis au païement d'iceux fur les fimples contraintes de Pillavoine, fes commis & prépofés, fans qu'ils foient obligés de les faire *vifer* par les fieurs intendans & commiffaires départis, ni par leurs fubdélégués.

Lettre de M. le contrôleur général des finances du 25 Juillet 1729, adreffée à M. Orry, intendant à Perpignan, portant que les contraintes décernées pour droits de contrôle, ne font point fujétes à être *vifées* par M^{rs} les intendans ; & qu'elles font éxécutoires, fauf aux parties à fe pourvoir devant eux, & à y propofer leurs exceptions.

Décifion du confeil du 3 Juin 1744, renduë fur le mémoire de M. le lieutenant général de police à Paris, qui prétendoit, comme faifant les fonctions d'intendant, avoir le droit de *vifer* les contraintes décernées pour le recouvrement des droits de contrôle *&c.* avant qu'elles fuffent mifes à

éxécution ; cette décifion porte qu'il n'y a rien à faire, & même qu'à Paris, ce font M^{rs} les intendans des finances qui font les juges des droits.

Décifion du 19 Mai 1752, qui déboute le fieur de la Boureys, préfident à Jarnage de fa demande, tendante à ce que les contraintes fuffent *vifées* par M. l'intendant avant que de pouvoir être fignifiées.

Décifion du 25 Janvier 1755, contre le fieur le Mefnaiger, fermier du gréfe de Nantes, qui fe plaignoit d'une faifie faite de fes meubles en vertu du bail qui lui avoit été paffé, & de la contrainte du contrôleur ambulant ; prétendant que cette contrainte avoit dû être préalablement vifée par les juges. La décifion, en jugeant que la faifie eft régulière en la forme, le déboute de fes exceptions, & le condamne à païer.

Les contraintes fignifiées font confervatoires des droits, & non fujétes à péremtion & prefcription ; décifion du 10 Avril 1729.

Quoique la contrainte foit décernée pour une fomme inférieure à celle qui eft dûë, le redevable n'eft pas moins tenu de païer le droit dans toute fon étenduë. Décifion du confeil du 5 Juin 1728, contre M. de Lantrac au fujet du centième denier des biens d'une fucceffion collatérale : il prétendoit ne devoir que la fomme portée par la contrainte, quoique le droit fût plus confidérable.

Il a auffi été décidé les 5 Septembre 1733, 21 Avril 1736, & 4 Août 1742, qu'une contrainte fignifiée pour le centième denier d'une partie des biens échus à titre fucceffif en ligne collatérale, confervoit au fermier pour lequel cette contrainte avoit été fignifiée, le droit entier dû pour la même fucceffion dans l'étenduë de fa ferme. Voïez *Fermiers*.

Si la contrainte eft fignifiée avec commandement de païer dans huitaine, la faifie, faite dix jours après, eft régulière, parce que la contrainte eft éxécutoire après le délai fixé par le commandement ; décifion du 29 Mai 1745, contre le fieur Ricoul du Rouvray qui foûtenoit que la faifie étoit nulle.

Il eft néanmoins convenable, lorfqu'il s'agit de droits de recouvrement, dûs par les particuliers, de leur accorder un délai, au moins de quinzaine après la fignification de la contrainte, fans faire aucune autre pourfuite pendant ce délai, afin de leur donner le tems de païer ou de propofer leurs moïens de modération ou de décharge.

Mais, fi la contrainte eft décernée contre un receveur qui foit réliquataire à la ferme, il n'eft dans le cas d'aucun ménagement, & la contrainte peut être éxécutée, même par corps, dès le lendemain de la fignification, s'il a été fait commandement d'y fatisfaire dans le jour.

Il en eft de même de celles décernées contre les notaires, gréfiers ou autres oficiers pour les droits de leurs actes, parce qu'ils ne font pas feulement tenus de les foumettre à la formalité dans le délai fixé par les règlemens : ils doivent en païer les droits en même tems, fans pouvoir diférer fous aucun prétexte, fauf à fe pourvoir enfuite, s'ils prétendent que ces droits foient exceffifs ; ainfi ils peuvent y être contraints par corps & fans délai.

Le recouvrement des *amendes* arbitraires prononcées dans les cours, fiéges & jurifdictions, fe fait également en vertu des contraintes du fermier, ou de fes commis. Voïez *Amendes*, §. 4, n. 2, pag. 124 ; & à l'égard des amendes de contravention aux règlemens concernant les droits de contrôle & autres y joints. Voïez Amendes, n. 3, p. 130.

Droits d'amortiſſement & de francfiefs.

Les contraintes pour ces droits, doivent être décernées par le fermier même, & vifées par Mrs les intendans, avant que d'être mifes à éxécution dans leur généralité ;

arrêts des 5 Janvier 1712, & 19 Août 1721.

L'arrêt du confeil du 25 Mars 1736, fait défenfes aux fermiers actuels & à ceux des baux à venir, de faire aucunes pourfuites pour le païement defdits droits, s'ils n'ont été préalablement compris dans des contraintes vifées par Mrs les intendans & commiffaires départis ; ordonne que, dans le cas où les droits feroient païés volontairement, ils feront de même emploïés dans les états qui feront fubféquemment dreffés & vifés en la manière ci-deffus, pour affurer le tems du païement ; le tout à peine de reftitution des fommes païées, & de 1000 liv. d'amende au profit des fermiers dont les baux éxifteront pour lors.

La première fignification de la contrainte pour droits d'amortiffemens & de francfiefs, eft une charge du recouvrement que l'on ne peut faire fuporter aux redevables ; ils ont un mois, à compter du jour de cette fignification, pour fe pourvoir en opofition ; & faute par eux de propofer leurs moïens dans ledit délai, les pourfuites doivent être continuées à leurs frais. Arrêts du confeil des 11 Mars 1709, & 6 Octobre 1722.

Domaines & droits domaniaux.

Il ne peut être décerné de contraintes pour droits domaniaux cafuels ; les redevables doivent être affignés devant les tréforiers de France, ou autres juges, auxquels la connaiffance des droits apartient, pour être condamnés au païement d'iceux.

A l'égard des droits dûs pour échanges de biens mouvans, foit du Roi, foit des feigneurs qui n'ont pas acquis lefdits droits. Voïez Echanges.

Quant aux rentes dûes au domaine, l'arrêt du confeil du 16 Janvier 1725, ordonne que le fermier fera des états, tant des rentes, albergues & redevances non rachetées ni aliénées, que des portions de celles rachetées ou aliénées, & réunies par les arrêts des 14 Mai, & 23 Juin 1721, lesquels états feront visés par M^rs les intendans & commissaires départis ; sur lesquels états le fermier décernera ses contraintes, pour le païement des arrérages échus ; & en cas d'oposition ou contestation, les parties se pourvoiront devant M^rs les intendans.

Le païement des droits d'*enfaisinement* peut être pourfuivi par voïe de contrainte ; l'art. 6 de l'édit du mois de Décembre 1727, porte que, faute par les nouveaux propriétaires de faire enfaisiner, enregistrer & contrôler leurs titres & leurs déclarations, dans les délais, les receveurs généraux des domaines & bois pourront décerner leurs contraintes contre les redevables, lesquelles, après qu'elles auront été visées par les oficiers des bureaux des finances, ou chambres qui connaiffent des domaines, feront exécutées par provision, nonobstant & fans préjudice des opofitions. Les arrêts du confeil des 7 Décembre 1728, 6 Juin 1730, & 1er Novembre 1735, réitèrent cette difpofition.

A l'égard des contraintes pour l'acquit des charges locales, *voïez* ci-devant *Charges locales*.

De la contrainte par corps.

Le fermier a le droit de décerner ses contraintes contre ses sous-fermiers, procureurs & commis en demeure de compter ou de païer, & de les faire conftituer prifonniers en vertu de ces contraintes, art. 578 du bail de Forceville, du 16 Septembre 1738.

Il peut ufer de la contrainte par corps pour le recouvrement des amendes arbitraires prononcées par les diférens juges. *Voïez* Amendes, §. 4, n. 3, p. 124.

A l'égard des amendes de contravention aux règlemens concernant les droits de la ferme des domaines, *voïez* Amendés, n. 4, pag. 130.

Le recouvrement de tous les droits peut être fait par voie de contrainte par corps, en exceptant néanmoins ceux d'amortiffement & de franc-fiefs ; mais, c'eft une voïe trop rigoureufe, à laquelle il ne faut avoir recours qu'à défaut de tous autres moïens de faire païer les droits.

Voïez, au furplus, ce qui a été obfervé à l'égard des feptuagénaires, verb. *Age*, pag. 105.

CONTRAT, eft une convention écrite entre deux ou plufieurs perfonnes, par laquelle l'une des parties contractantes, ou chacune d'elles s'oblige de donner ou de faire quelque chofe ; le confentement libre, mutuel & réciproque des parties eft néceffaire pour faire un contrat.

On apelle en général contrats, toutes les conventions qui fe font entre les hommes, de quelque nature qu'elles foient. Dans le droit romain, il n'y avoit que neuf principales efpèces qui fuffent qualifiées de contrats nommés : le prêt, le dépôt, la donation, l'échange, la vente, le loüage, le cautionnement, l'affurance & les fociétés ; toutes les autres conventions n'avoient point de nom particulier, & elles étoient qualifiées de contrats innommés.

Comme en France l'on admet des noms aux diférentes conventions, leur multiplicité ne permet pas d'en faire mention dans cet article, on peut les trouver fous leur dénomination particulière, comme *vente*, *échange*, *conftitution*, *dotation*, &c. il ne fera parlé ici que des contrats de mariage.

CONTRAT *de mariage*, eft l'acte ou contrat paffé avant la bénédiction nuptiale, entre deux perfonnes qui fe propofent de s'époufer, & leurs parens ; lequel acte contient les claufes & conventions faites par raport au mariage.

Les contrats de mariage font les actes les plus importans de tous ceux qui fe paffent ; ils font les nœuds de la fociété,

Contrats de mariage

le fondement & la bafe de l'état & de la fortune des citoïens. Ils font inviolables après la célébration du mariage, & il n'eft pas au pouvoir des conjoints, même de leur mutuel confentement, d'en changer la moindre claufe. Ces raifons jointes à ce que les contrats de mariage font fufceptibles de toutes les conventions, qui ne font, ni contre les mœurs, ni pofitivement défendues par les loix & coûtumes, fourniffent bien des chofes à dire fur cette matière.

On obfervera d'abord que le droit de *contrôle* des contrats de mariage eft fixé par les articles 33, 34 & 35 du tarif du 29 Septembre 1722, qui font particuliérement l'objet des §. 2, 3 & 4 fuivans.

§. 1. *Les contrats de mariage doivent être paffés devant notaires.*

§. 2. *Du droit de contrôle, lorfque les biens des deux conjoints font défignés ou évalués.*

§. 3. *Lorfque les biens ne font évalués que d'un côté feulement.*

§. 4. *S'il n'y a aucune défignation ni évaluation.*

§. 5. *Lorfque la dot eft garantie par un tiers.*

§. 6. *Si les futurs font affociés avec leurs père & mère.*

§. 7. *S'il leur eft fait des donations en ligne directe.*

§. 8. *Si les biens donnés excédent la dot, & que les futurs foient tenus de raporter le furplus.*

§. 9. *S'il y a des donations en faveur d'autres enfans que ceux qui fe marient.*

§. 10. *Des réfervés que les père & mère ftipulent en faveur du furvivant, en dotant leurs enfans.*

§. 11. *Des donations faites aux futurs par des collatéraux ou étrangers.*

§. 12. *Des donations aux enfans à naître.*

§. 13. *Des renonciations à fucceffions futures.*

§. 14. *Des ftipulations d'augment, don mobil, agencement, gains de nôces & de furvie.*

§. 15. *Des donations par l'un des futurs conjoints en faveur de l'autre.*

§. 16. *Des donations mutuelles & réciproques entre les conjoints.*

§. 17. *De la ftipulation de communauté, & des claufes qui y dérogent, ou qui y aportent quelque reftriction ou modification.*

§. 18. *De l'ameubliffement.*

§. 19. *Des immeubles conftitués en dot à la femme, avec évaluation.*

§. 20. *Contrats de mariage, contenant double alliance.*

§. 21. *Des fauffes déclarations dans les contrats de mariage.*

§. 22. *Contrats de mariage, paffés dans les lieux de la réfidence de la cour.*

§. 1. *Les contrats de mariage doivent être paffés par devant notaires.*

Ces actes font des titres qui font loi dans les familles; & c'eft par la raifon de leur importance, que, fi d'un côté les loix permettent d'y ftipuler toutes fortes de claufes, & que fi elles favorifent ces ftipulations, en les difpenfant des formalités prefcrites pour les autres actes, à peine de nullité (*), elles éxigent d'ailleurs des précautions & une autenticité fuffifante pour mettre les contrats de mariage à l'abri de toute critique & de toute fupofition.

Par arrêt du confeil du 13 Décembre 1695, il fut ordonné que les contrats de mariage, & autres actes faits en conféquence, feroient paffés par devant notaires, à peine de *nullité*, privation des priviléges & hipotéques.

(*) *Voïez* les articles 10, 13, 18 & 19 de l'Ordonnance du mois de Février 1731.

L'art. 8 de la déclaration du 19 Mars 1696, & l'arrêt du conseil du 16 Décembre 1698, ordonnent la même chose, à peine de privation des priviléges & hipotéques.

Ces dispositions ont été réïtérées par la déclaration du Roi du 11 Décembre 1703 , concernant les fonctions des notaires de Normandie , enregistrée au parlement de Roüen le 15 Janvier 1704 ; par laquelle il est expressément ordonné que les contrats de mariage, quitances de dot, & autres actes faits en conséquence , seront passés par devant notaires , conformément auxdits arrêts & déclaration des 13 Décembre 1695 , 19 Mars 1696, & 16 Décembre 1698 , & sous les peines y portées.

Néanmoins , il est d'usage en quelques provinces de faire beaucoup de contrats de mariage sous-signatures privées , & il paroit d'autant plus intéressant de remédier à cet abus, qu'il en peut résulter des inconvéniens très-préjudiciables , soit par la supression facile à faire d'un pareil contrat de mariage , soit par la suposition que le mari peut faire d'un autre qui lui soit plus avantageux , en abusant de son autorité sur sa femme, ou d'un amour mal entendu & nuisible à des enfans ou à des collatéraux , pour la déterminer à signer cet acte suposé ; & réciproquement de la part de la femme , pour faire reconnaître en sa faveur une dot qu'éfectivement elle n'a point aportée à son mari , & autres avantages.

Par-là on élude non-seulement les loix qui défendent toutes contre-lettres contre les clauses du contrat de mariage , mais , encore les dispositions des coûtumes , telle que l'art. 410 de celle de Normandie , qui proscrit absolument tous actes faits entre gens mariés , qui pouroient produire quelqu'utilité à l'un d'eux.

Si , jusqu'à ce que le légistateur ait de nouveau expliqué ses intentions , sur la peine de nullité des contrats de mariage

sous-signatures privées , qui ne contiennent que les simples conventions dotales , les parlemens ne prononçent que la privation des priviléges & hipotéques , en se fixant aux termes de la déclaration de 1696. Il sera néanmoins vrai de dire que lorsque ces actes contiennent des *donations*, soit entre les conjoints, soit en leur faveur par leurs ascendans, par des collatéraux , ou par des étrangers , ils sont radicalement nuls , s'ils ne sont passés par devant notaires , & s'il n'en reste minute.

Basnage , qui a écrit long-tems avant l'arrêt de 1695 ci-dessus raporté , a observé , sur l'art. 410 de la coûtume de Normandie , que le contrat de mariage , sous-signature privée , étoit valable ; mais , il est convenu que s'il contient donation par la femme au mari , il doit être reconnu devant notaires avant la célébration ; & il raporte un arrêt célébre du parlement de Roüen , du 9 Septembre 1629 , confirmé au parlement de Paris , qui casse une donation faite par la dame du Tronc à son mari , par un contrat de mariage sous-signature privée.

La disposition de l'article 1er de l'ordonnance du mois de Février 1731 , fait même à cet égard , une loi qui ne peut être susceptible d'aucune difficulté : il est expressément ordonné par cet article , que tous actes portant donation entre-vifs , seront passés par devant notaires , & qu'il en restera minute , à peine de nullité. Il en résulte que non-seulement les donations faites par contrats de mariage , soit en ligne directe , soit par des collatéraux , ou par des étrangers , assujétissent à passer l'acte par devant notaires , mais , encore les autres donations entre les conjoints , telles que les dons mobils, augmens, contr'augmens, engagemens, droits de retention , agencemens, gains de nôces & de survie ; parce que ces donations n'ont été exceptées par l'article 21 de l'ordonnance, que de la peine de nullité pour le défaut d'insinuation.

& que par conféquent elles reſtent foumiſes à la forme preſcrite, par l'art. 1er de cette ordonnance.

Une déciſion du conſeil du 15 Juin 1748, renduë contre la veuve Herambourg, pour les droits de ſon contrat de mariage fait ſous-ſignatures privées, porte ces termes : *le contrat de mariage ſous-ſignatures privées, ne mérite aucun ménagement ; & il ſeroit bien eſſentiel de détruire cet abus qui peut jetter les familles dans les plus grands embarras.*

§. 2. *Du droit de contrôle des contrats de mariage, lorſque les biens de l'un & de l'autre des conjoints, ſont déſignés ou évalués.*

L'article 33 du tarif du 29 Septembre 1722, porte que pour les » contrats de » mariage, dans leſquels les ſommes ou » valeur des biens & éfets provenans » de l'un & de l'autre des conjoints, ſe- » ront évalués, en y joignant les meubles » & autres éfets conſtitués ou donnés, » les droits (de contrôle) en ſeront païés » ſur le pié règlé par l'article 3 ».

Cet article décide formellement que quoique le contrat de mariage contienne des donations aux futurs, par de tierces perſonnes, il ne ſera dû qu'un droit de contrôle, tant ſur l'objet de la donation, que ſur les autres biens que les conjoints ſe ſont conſtitués. Cela eſt conforme à l'arrêt du conſeil du 16 Décembre 1698, & c'eſt ce qui a été jugé par déciſions du conſeil des 17 Octobre, & 26 Décembre 1733.

Si ces donations ont pour objet, des biens non déſignés ni évalués, & qu'elles ſoient indéfinies, l'on diſtingue ſi elles ſont faites en ligne directe, ou bien par des collatéraux ou étrangers ; dans le premier cas, le droit n'eſt perçû que ſur ce qui eſt déſigné, ou ſuivant la qualité des contractans, ſur le pié de l'article 35 du tarif ; mais, ſi la donation indéfinie eſt faite aux conjoints, par des collatéraux ou étrangers, l'on perçoit le plus fort droit de contrôle. *Voïez* les §. 7 & 11, ci-après.

Les contrats de mariage ne ſont donc ſujets, en aucun cas, qu'à un ſeul droit de contrôle, quels que ſoient le nombre & la nature des diſpoſitions diférentes, en faveur des futurs conjoints ; mais, ſi les diſpoſitions ſont en faveur d'autres perſonnes, ſoit de leurs frères & ſœurs ou autres, ſoit des enfans qui naîtront du mariage, il eſt dû des droits diférens. *Voïez* les §. 8 & 12, ci-après.

Il eſt à obſerver que lorſque les conjoints n'affirment pas par l'acte, que les biens qui y ſont déclarés, ſont la totalité de leurs biens, le fermier a l'option de percevoir le droit de contrôle, ou ſuivant l'article 33, raporté ci-deſſus, ou ſur le pié règlé par l'article 35 du tarif, ſuivant la qualité, s'il eſt plus fort que celui qui ſeroit dû ſur les éfets déſignés. L'arrêt du conſeil du 13 Mai 1725, donne cette option ; & prononce en cas de fauſſe affirmation, une amende de 200 liv. conformément à l'article 12 de la déclaration du 14 Juillet 1699.

Déciſion du conſeil du 10 Janvier 1736, contre le ſieur Viratelle, notaire à Auſerville, qui ſe plaignoit de ce qu'il avoit été perçû 12 livres pour le droit de contrôle du contrat de mariage d'un laboureur, dans lequel il étoit ſpécifié un aport de 200 liv.

Autre déciſion du 26 Juillet 1749, renduë contre Charles Daulet, tiſſerant, qui s'étoit marié avec ſes droits, conſiſtans en la moitié de l'inventaire fait après le décès de ſa première femme, montant à 120 liv. & ſa future lui avoit aporté en dot, pluſieurs meubles, & une ſomme de 142 liv. Il ſe plaignoit de ce que le commis avoit perçû 10 liv. de contrôle, ſuivant

la

la qualité, & il demandoit reſtitution de
8 liv. attendu que tous les éfets ne valoient
que 340 livres; il a été débouté de ſa demande, parce que, par le défaut d'affirmation de n'avoir pas d'autres biens, le
fermier avoit l'option de prendre le droit,
ſuivant la qualité, conformément à l'arrêt
de 1725.

Autre déciſion du conſeil du 17 Octobre
1750, ſur mémoire du ſieur Ruſte, notaire à Chaumont, au ſujet d'un contrat de
mariage d'un tailleur d'habits, pour lequel
il prétendoit qu'il n'étoit dû que 5 liv.
10 ſ. attendu que les biens étoient évalués
1000 liv. Jugé qu'il a été bien perçu 10 l.
ſuivant la qualité.

Il ne faut pas néanmoins toujours prendre droit du défaut d'affirmation expreſſe
de n'avoir autres biens que ceux déſignés,
ſur tout lorſque la conſtitution de dot juſtifie ſuffiſamment que celui auquel elle eſt
conſtituée, n'a pas d'autres biens; dans ce
cas le fermier doit s'en tenir à cette conſtitution pour percevoir les droits ſuivant
les art. 33 ou 34, ſans pouvoir opter de les
percevoir ſuivant la qualité; déciſion du
conſeil du 11 Septembre 1736. Par éxemple, en Normandie les filles, qui ont des
frères, n'ont rien à prétendre que ce qui
leur a été promis lors du mariage; or, ſi
les père & mère, en mariant leur fille, lui
conſtituent 500 liv. en dot, il eſt certain
que c'eſt là tout ſon bien actuel, & que par
conſéquent, il ne faut point d'affirmation
pour faire percevoir les droits ſur cette
dot, en y joignant les biens du mari, s'ils
ſont déſignés ou évalués, ſinon en doublant, en conformité de l'art. 34 du tarif,
le droit qui ſe trouvera dû ſur le pié de la
conſtitution de dot.

On a prétendu que le défaut d'évaluation
des biens des conjoints, n'étoit pas un
moïen ſuffiſant pour que le droit de contrôle fût réduit à ce qui eſt fixé par l'article 35 ſuivant la qualité, attendu que cet
article ne fixe le droit relativement à la

qualité du mari, que lorſque les biens ne
ſont *déſignés* ni eſtimés, d'où l'on a conclu que lorſque les biens étoient déſignés,
ils devoient être évalués, & le droit de
contrôle perçu ſur le pié de leur valeur.

Ce principe eſt vrai, mais on ne peut
dire que les biens ſont *déſignés* dans un
contrat de mariage, que lorſqu'ils y ſont
mentionnés, comme faiſant partie de la
conſtitution de dot de l'un ou de l'autre des
conjoints; alors, il n'y a aucun doute que
ces biens ne doivent être évalués pour fixer
le droit de contrôle; déciſions des 10 Mai
1738, & 13 Décembre 1749.

Si, au contraire, il n'eſt fait mention des
biens non conſtitués en dot, que par des
qualités priſes, telles que celles de préſident, de ſecrétaire du Roi, ou de ſeigneur
de tel endroit, ces qualités annoncent à la
vérité, que le futur peut poſſéder des charges ou des terres, mais ce n'eſt pas une
déſignation ſuffiſante pour en éxiger l'évaluation, dès que ces biens ne ſont point
partie de la conſtitution dotale; l'art. 35
du tarif porte que pour les contrats de mariage, dans leſquels les biens des conjoints ne ſeront *déſignés* ni eſtimés, les
droits ſeront perçus; ſçavoir, pour ceux
des perſonnes conſtituées en dignité, gentilshommes qualifiés, ou *ceux qui poſſédent
des terres* aïant haute, moïenne ou baſſe
juſtice, préſidens, conſeillers... oficiers de
finance, ſecrétaires du Roi *&c.*

Ce ſeroit admettre une contradiction évidente dans le texte de cet article, & même le détruire entièrement que de prétendre que les qualités priſes fuſſent une déſignation ſuffiſante, pour faire eſtimer les
charges, ofices, ou terres faiſant l'objet
de ces qualifications.

Puiſque le tarif, à défaut de déſignation
des biens, fixe le droit ſur les qualités priſ-
ſes, ſoit d'oficier ou de ſeigneur de terre,
il eſt conſtant qu'il décide très-poſitive-
ment que ces qualités ne ſont point une
déſignation telle qu'il l'éxige pour que les

Contrats de mariage

droits foient perçûs fur la valeur des biens; ainfi, il faut convenir que les charges, ofices & terres ne font cenfés dans le cas de cette défignation, que lorfqu'ils font exprimés dans le contrat, comme faifant partie de la conftitution de dot.

Cette conteftation, agitée diférentes fois, a été renouvellée à l'occafion du contrat de mariage de M. Bigot, préfident au parlement de Roüen ; le fermier étoit apellant d'une ordonnance de M. l'intendant de Roüen, qui avoit fixé le droit de contrôle à 7 5.4 liv. 8, fuivant l'article 3.4 du tarif, en doublant le droit fur les biens de l'époufe, défignés & évalués; il prétendoit qu'il étoit dû 1 3 5 8 liv. & les quatre fois pour livre, parce qu'à la conftitution de la femme, il joignoit la valeur de la charge de préfident, & celle de plufieurs terres, fur le feul fondement des qualités que M. Bigot avoit prifes de préfident & de feigneur de telles terres.

Le fermier a voulu fe prévaloir de quelques décifions, qui autorifoient fa prétention ; & il en a cité fous les dates des 1 5. Décembre 1 7 3 1, 2 6 Novembre 1 7 4 6, 3 Août 1 7 4 8, 1ᵉʳ Juillet 1 7 5 2, & 3 1 Août 1 7 5 4.

Mais, par décifion du confeil du 1 8 Mai 1 7 5 8, l'ordonnance de M. l'intendant de Roüen a été confirmée; cette décifion a même été fuivie d'un arrêt du confeil, rendu en conformité.

Il y a encore une autre prétendue *défignation*, qui ne paroît pas plus folide que celle des qualités prifes : c'eft lorfque le mari promet à la femme un doüaire préfix en rente. Plufieurs commis prétendent alors que cette fixation du doüaire eft une défignation fuffifante des biens du mari pour déterminer la perception du droit de contrôle en conformité ; par éxemple, fi le doüaire promis eft de 1 0 0 0 liv. par an, dans un païs où le doüaire coûtumier eft fixé au tiers des biens du mari, ils concluent de là que cette promeffe eft une défigna-

tion que le mari a au moins 3 0 0 0 liv. de revenu. Mais, il n'y a rien de moins certain; d'ailleurs, la défignation dont parle le tarif, n'eft nullement cèlle des biens que peut avoir le mari ; c'eft uniquement celle des biens conftitués en dot, ou donnés aux conjoints. Ainfi, nulle conféquence à tirer de la fixation d'un doüaire par contrat de mariage. *Voïez* encore ce qui eft dit à cet égard, verb. *Doüaire*, §. 1.

Lorfque fur les biens conftitués en dot, il eft dû des rentes perpétuelles, il eft jufte d'en faire la diftraction pour liquider les droits de contrôle, parce que la fortune des conjoints ne confifte éfectivement que dans ce qui refte après cette diftraction ; mais il n'en eft pas de même des rentes viagères : quoique les conjoins ne jouïffent pas actuellement de tout leur revenu, ils ne font pas moins propriétaires, & c'eft cette propriété qui détermine le droit ; décifion du confeil du 1 4 Mars 1 7 5 2, au fujet du contrat de mariage du fieur Delagoile de Courtagnon, par lequel fa tante lui avoit donné la nuë propriété d'une terre valant en total 8 0 0 0 0 liv. dont elle s'étoit réfervé l'ufufruit ; le fubdélégué de M. l'intendant de champagne avoit réduit le droit de contrôle, en ne faifant entrer cette terre que pour 4 0 0 0 0 liv. dans l'objet entier du contrat. Mais le confeil a jugé que le droit étoit dû relativement à la valeur entière.

§. 3. *Contrats de mariage, dans lefquels il n'y a que les biens de l'un des conjoints, qui foient défignés ou évalués.*

L'article 3 4 du tarif du 2 9 Septembre 1 7 2 2, porte que pour les » contrats de » mariage, dans lefquels le bien de l'un » des conjoints ne fera évalué, défigné, » ni eftimé ; ou dans lefquels l'une des » parties fera prife avec fes droits, le droit » de contrôle dû fur le pié du bien de » l'autre, fera doublé. ».

Cet article explique clairement que c'eſt le droit qui ſeroit dû ſur le pié du bien de l'un des conjoints que l'on doit doubler ; ce qui eſt bien diférent que de doubler la valeur du bien , pour percevoir un droit ſur le tout.

Ce doublement de droit a lieu, ſoit que l'un des futurs conjoints ſoit purement & ſimplement pris avec ſes droits, ſoit qu'il n'y ait qu'une partie de ſes biens qui ſoit déſignée , ou évaluée.

Mais, ſi tous les biens ſont déſignés, quoi-que non évalués, ils ſont ſuſceptibles d'eſtimation à l'amiable ou autrement, pour en joindre la valeur à celle des biens de l'autre conjoint, afin de percevoir le droit de con-trôle ſur le tout conformément à l'art. 33 du tarif.

Il faut néanmoins obſerver que ſi celui des conjoints dont les biens ne ſont ni déſignés , ni évalués , ou ne le ſont qu'en partie, affirme poſitivement par l'acte qu'il n'en a aucuns autres, il n'eſt dû qu'un ſeul droit de contrôle ſur la totalité des biens ; ſauf, en cas de fauſſe déclaration, à faire condamner ſolidairement les conjoints au païement du ſuplément des droits , & en une amende de 200 liv. conformément à l'art. 12 de la déclaration du 14 Juillet 1699, & aux arrêts du conſeil des 28 Octobre 1698 , & 12 Juin 1703.

Lorſque *tous* les biens de l'un des con-joints ſont évalués, & que ceux de l'autre ne le ſont pas entièrement, ou qu'il eſt pris avec ſes droits, il faut ſe conformer à l'ar-ticle 34 , ſans pouvoir faire option de l'ar-ticle 35 , qui ne doit être ſuivi qu'à défaut de déſignation ou d'eſtimation des biens des conjoints ou de l'un d'eux.

§. 4. *Contrats de mariage , dans leſquels il n'y a ni déſignation, ni eſtimation des biens de l'un, ni de l'autre des conjoints.*

Voïez l'article 35 du tarif, portant que pour les » contrats de mariage , dans leſ-» quels les biens des conjoints ne ſeront » déſignés ni eſtimés , ou qui ſe prendront » réciproquement avec leurs droits » , le droit de contrôle ſera païé ſuivant la qua-lité , conformément aux diférentes claſſes de cet article , au nombre de ſix.

Les droits ne ſont donc dûs ſuivant la qualité , que lorſque tous les biens de l'un ou de l'autre des conjoints, ne ſont déſignés ni évalués.

Si tous les biens de l'un & de l'autre , ſont déſignés ou évalués, le droit de con-trôle eſt dû, ſuivant l'article 33 qui renvoïe à l'art. 3.

S'il n'y a que les biens de l'un des con-joints, qui ſoient entièrement déſignés ou évalués , les droits ſont dûs ſur le pié de l'art. 34.

Mais , lorſqu'il n'y a qu'une partie des biens , déſignée ou eſtimée par le contrat de mariage , le fermier a l'option de per-cevoir le droit de contrôle ſur leur valeur, ou ſur la qualité du futur.

Voïez l'arrêt du conſeil, rendu en 'rè-glement le 13 Mai 1725 , ſur ce que les parties & les notaires éludent l'éfet des ar-ticles 33 & 35 , en ne déclarant dans les contrats de mariage, qu'une partie des biens , qui n'eſt ſouvent que la portion de meubles ou d'immeubles ameublis, qui doit entrer en communauté, ſans faire men-tion des autres biens des futurs conjoints, quoiqu'il ſoit notoire qu'ils en poſſédent da-vantage ; que par ce moïen, ils ſoûtiennent que le droit de contrôle ne peut être perçû ſur le pié de l'article 35 , ſuivant les quali-tés , mais, ſur celui de l'article 33 qui ren-voïe à l'article 3 , & ſeulement ſur le mon-tant des ſommes qu'ils ont jugé à propos de déclarer ; enſorte que la juſte propor-tion que S. M. a jugé à propos d'établir dans la perception du droit de contrôle , par raport aux facultés des parties, ne ſe trouveroit plus gardée , ſon intention aïant été que celui des contrats de mariage ſoit

Contrats de mariage

païé fur le montant des biens des parties contractantes, lorfqu'ils fe trouvent déclarés, ou fuivant leurs qualités, au défaut de déclaration ; & celles qui ne contiennent qu'une portion de biens, ne pouvant être regardées que comme faites en fraude defdits articles 3 3 & 3 5 du tarif, avec d'autant plus de fécurité de la part des redevables, qu'en cas de diffolution de communauté, ils font toujours en état de prouver, par titres antérieurs au contrat de mariage, la propriété des biens qu'ils ont affecté de ne point déclarer, à quoi voulant pourvoir, le Roi » en interprétant, en tant que be- » foin, les articles 3 3 & 3 5 du tarif du » 29 Septembre 1722, a ordonné que » lorfque les parties contractantes déclare- » ront dans les contrats de mariage, que » les fommes & éfets par elles conftitués, » font la totalité de leurs biens, le droit » de contrôle fera perçu, fuivant l'article » 3 du tarif, fur le montant defdites fom- » mes & éfets conftitués ; & que lorfqu'el- » les ne jugeront pas à propos de faire cet- » te déclaration, le droit de contrôle fera » perçû fur le pié de l'article 3 5, fuivant » les qualités des parties contractantes, » ou fur le montant des fommes & éfets » déclarés, conformément audit article 3, » au choix des prépofés. Et qu'en cas de » fauffes déclarations, les conjoints feront » folidairement condamnés en 200 livres » d'amende, conformément à l'article 1 2 de » la déclaration du 1 4 Juillet 1699, & au » fuplément des droits de contrôle ».

Voïez au furplus ce qui a été obfervé ci-deffus, §. 2.

§. 5. *Contrats de mariage dans lefquels la dot eft garantie par un tiers.*

Il a été obfervé, §. 1 ci-deffus, que le contrat de mariage n'eft fujet qu'à un feul droit de contrôle, pour toutes les difpofitions qui font en faveur des futurs conjoints.

Il eft vrai que par arrêt du confeil du 1 7 Octobre 1721, rendu contre le fieur de Chamaliere, il a été jugé que, dans l'efpèce dont il s'agit ici, il étoit dû un fecond droit de contrôle, pour la garantie de la dot ; mais, outre que l'article 3 3 du tarif du 2 9 Septembre 1722, rédigé poftérieurement, condamne cette perception, en jugeant qu'il n'eft dû qu'un droit de contrôle, encore bien qu'il foit fait des donations aux conjoints, c'eft qu'on ne peut regarder cette garantie que comme un cautionnement, qui n'eft fujet à aucun droit, lorfqu'il eft renfermé dans l'acte, pour raifon duquel il eft fait. Il ne faut donc percevoir aucun droit particulier pour cette garantie. *Voïez* la décifion du confeil du 1 7 Octobre 1733, qui juge qu'il n'eft dû qu'un droit de contrôle, pour un contrat de mariage, quoique les frères euffent garanti la dot conftituée par la mère.

Mais, lorfqu'il ne s'agit pas d'une fimple garantie, & que le frère s'oblige de païer la dot de fon frère ou de fa fœur, au moïen de ce qu'il eft fubrogé dans les droits qu'ils ont à éxercer dans les fucceffions qui leur font communes, c'eft alors une ceffion en faveur du frère ; & pour cette difpofition particulière, il eft inconteftablement dû un droit de contrôle, diftinct de celui du contrat de mariage, & même le centième denier de ce qui eft cédé en immeubles.

Décifion du confeil du 3 1 Août 1737, au fujet d'un contrat de mariage, par lequel un frère s'oblige de païer la dot de fa fœur, au moïen de quoi, elle le fubroge en tous fes droits ; l'on conteftoit le droit de centième denier, & il a été jugé qu'il étoit dû dès-à-préfent, fans attendre le païement éfectif de la dot.

Autre décifion du confeil du 2 0 Décembre 1753, contre le fieur le Roi de l'Homandie, au fujet de fon contrat de mariage, par lequel son frère lui conftituoit une fomme, pour fes portions dans les fucceffions de leur père & de leur fœur ; jugé qu'il eft dû un droit de contrôle, & un de centième denier pour cette difpofition.

§. 6. *Contrats de mariage, par lefquels les futurs font affociés avec leurs père & mère.*

Cette affociation, foit entre laboureurs, foit entre marchands ou autres, ne peut donner lieu à aucuns droits particuliers, quoique ce foit un avantage fait aux futurs conjoints, un accroiffement de fortune qui n'eft pas défigné, & qui n'eft pas fufceptible d'évaluation ; il en réfulte feulement que le fermier a l'option de prendre le droit de contrôle, fuivant la qualité, fur le pié de l'article 35 du tarif, ou fuivant les autres difpofitions du contrat de mariage. *Voïez* la décifion du confeil du 8 Janvier 1728, rendüe fur le mémoire des notaires de Monluçon.

Par décifion du 20 Décembre 1753, il a été jugé qu'il eft dû un droit d'infinuation, pour un contrat de mariage, par lequel il eft ftipulé que les futurs époux feront nouris chez le père de la future, fans néanmoins qu'il s'établiffe entr'eux aucune fociété ni communauté. Voïez *Communauté légale.*

§. 7. *Contrats de mariage contenant donation, en ligne directe, en faveur des futurs conjoints.*

Il eft naturel que les père & mère dotent leurs enfans en les mariant ; & toutes les loix ont traité favorablement les donations faites, par contrat de mariage, en ligne directe.

Le contrat de mariage, qui contient de pareilles donations, en faveur des futurs conjoints, par leurs afcendans, n'eft fujet qu'à un feul droit de contrôle, foit fur la totalité de ce qui eft défigné ou évalué, foit fuivant la qualité ; arrêt du confeil du 16 Décembre 1698, & art. 33 du tarif de 1722.

Quoique la donation foit univerfelle & indéfinie, comme l'inftitution contractuelle, & que par conféquent les biens qui en font l'objet, ne puiffent être défignés ni évalués, l'on ne peut diftinguer cette difpofition en ligne directe, pour percevoir le plus fort droit de contrôle : elle eft de l'effence du contrat de mariage, & forme la conftitution de dot ; ainfi, le droit de contrôle du contrat de mariage, ne peut être perçû que fur ce qui eft défigné, ou fuivant la qualité, à l'option du fermier ; arrêt du confeil du 28 Février 1730, & décifion du 17 Octobre 1733.

Si ces donations font faites aux futurs, par des collatéraux, ou par des étrangers, *voïez* le §. 11, ci-après.

L'inftitution contractuelle, & toutes autres donations en ligne directe, par contrat de mariage, & en faveur des futurs conjoints, ne font fujétes ni à la formalité, ni au païement des droits d'infinuation ou de centiéme denier ; article 2 de l'édit du mois de Décembre 1703 ; article 13 de l'édit du mois de Juillet 1707 ; article 2 de la déclaration du 20 Mars 1708 ; article 1er du tarif du 29 Septembre 1722 ; article 19 de l'ordonnance du mois de Février 1731, & article 1er de la déclaration du 17 du même mois. *Voïez* ci-après *Donations*, §. 10.

Mais, l'éxemtion n'a lieu que pour ce qui eft donné en dot ; enforte que ce qui eft donné ou cédé à autre titre, & les donations, quoiqu'en ligne directe, qui font faites par le contrat de mariage de l'un des enfans, en faveur des autres enfans, ne jouïffent pas de cette éxemtion. *Voïez* les §. 8 & 9, ci-après.

Il fe fait, dans certaines provinces, des efpèces d'inftitutions, en affûrant fa fucceffion à quelqu'un, & en s'interdifant par conféquent la faculté d'aliéner fes biens. Voïez *Promeffe de garder fucceffion.*

§. 8. *Si les biens donnés excédent la dot, & que les futurs conjoints foient tenus de raporter ou de païer le furplus.*

Lorfque les père & mère, en mariant leurs enfans, leur donnent des immeubles, purement & fimplement à titre de conftitution de leur dot, quoique ce foit fous la réferve de penfions, pour lefdits père & mère, ou à condition d'acquiter les charges foncières, fpécialement affectées fur lefdits biens, il n'eft dû aucun droit d'infinuation ni de centième denier, comme on l'a obfervé au §. précédent.

Mais, fi, indépendamment defdites penfions, ou defdites charges foncières & inhérentes, les biens excédent la dot, & qu'en conféquence, les enfans qui fe marient, foient tenus, foit de païer le furplus à leurs père & mère, ou à leur acquit, pour les libérer de quelques dettes, foit de le raporter à leur fucceffion future, ce n'eft plus à titre de conftitution dotale que cet excédant leur eft tranfmis ; c'eft une acquifition qu'ils font, dont le droit de centième denier eft dû dès l'inftant du contrat, fur le montant des charges impofées auxdits enfans, & dont ils peuvent fe libérer en argent.

Arrêt du confeil du 6 Mai 1719, qui condamne les fieur & dame de Thalange au païement du droit de centième denier, fur le pié de 18000 liv. par eux païés aux père & mère de ladite dame, pour l'excédant de la valeur des biens à elle abandonnés, pour fa dot, par fon contrat de mariage.

Décifion du confeil du 23 Novembre 1743, au fujet du contrat de mariage du fieur des Herbiers de Leftenduere, par

lequel le père de la future, qui lui devoit 30500 liv. pour reliqua de compte, lui abandonne, pour en demeurer quite, une terre eftimée 40500 liv. & lui donne les 10000 liv. d'excédant pour fa dot. Décidé que le droit de centième denier eft dû fur le pié de 30500 liv. parce qu'il y a acquifition jufqu'à concurrence de cette fomme, & que l'éxemtion n'a lieu que fur ce qui eft donné en dot.

Il arrive fréquemment qu'un père, en mariant fon enfant, lui céde des immeubles, tant pour fa conftitution dotale fur fa fucceffion future, que pour demeurer quite de ce qu'il doit à l'enfant pour fes prétentions dans la fucceffion échuë de la mère ; dans ce cas, l'éxemtion du droit de centième denier n'a lieu que pour la partie donnée en dot ; & comme le furplus eft cédé en païement d'une créance, le droit de centième denier en eft inconteftablement dû.

Décifion du confeil du 4 Septembre 1745, fur mémoire du fieur Petit de Lavaur ; par fon contrat de mariage, il avoit été cédé à fa femme plufieurs immeubles par fon père, à la charge d'une penfion par lui réfervée, de lui païer en outre 24000 liv. & d'acquiter des rentes duës fur les biens. Jugé que le droit de centième denier n'eft dû que fur le pié des 24000 l.

Par autre décifion du confeil du 6 Août 1746, le fieur Poitevin de Guny a été condamné au païement du droit de centième denier, fur le pié de 6700 liv. qu'il s'étoit obligé, par fon contrat de mariage, de raporter à la fucceffion future de fon père, pour l'excédant de la valeur des immeubles à lui abandonnés par le même acte.

Décifion du confeil du 12 Juillet 1759, qui confirme une ordonnance de M. l'intendant de la Rochelle, par laquelle le fieur Dufay de la Taillée a été condamné au païement de 316 liv. & les 4 f. pour livre pour droit de centième denier, à caufe de l'abandon que fon père lui a fait par fon contrat de mariage, paffé devant les notaires de S. Jean d'Angely, en 1748, de la terre de Vaudré, pour fa conftitution dotale, à la charge de raport à fa fucceffion future, & en outre, à condition d'acquiter une rente conftituée par le père en 1723, au capital de 31600 liv. il difoit qu'au moïen de l'obligation de raporter à la fucceffion du père, il n'avoit qu'une fimple jouïffance, & que la charge qui lui étoit impofée d'acquiter la rente, étoit une fuite néceffaire de cette jouïffance; mais, le raport à la fucceffion eft une condition de droit, dans toutes les donations faites à titre d'avancement de droits fucceffifs à l'un des enfans; cette condition n'empêche pas que le père ne foit entièrement deffaifi de la propriété & de la jouïffance qui paffent pleinement au donataire, fauf à raporter, ou à moins prendre d'autant lors de l'ouverture de la fucceffion; à l'égard de la rente, comme elle étoit conftituée fur tous les biens du père, avec faculté de s'en libérer toutefois & quantes, l'obligation contractée par le fils d'en païer les arrérages, ou d'en rembourfer le capital, étoit une charge, qui formoit le prix de fon acquifition, de la partie de la terre de Vaudré, à lui abandonnée autrement qu'à titre de conftitution dotale.

§. 9. Contrats de mariage, contenant donation en ligne directe, en faveur d'autres enfans que ceux qui fe marient.

Cette claufe, étrangère au contrat de mariage, eft fujéte à un droit de contrôle particulier; & comme l'exception pour l'infinuation n'a lieu que pour les donations faites en ligne directe en faveur de mariage, & par le contrat de mariage même, il s'enfuit qu'il n'y a que les enfans qui fe marient qui en puiffent profiter, & par conféquent, que le droit d'infinuation eft dû dans l'efpèce dont il s'agit ici.

Décifion du confeil du 20 Mars 1728, contre le fieur Rodde, auquel fon père avoit cédé des biens pour fa légitime, & pour tous droits fucceffifs dans fa future fucceffion, par le contrat de mariage de fon frère aîné.

Décifion du 13 Février 1734, contre le fieur Loüis Deletre, auquel fes père & mère avoient donné un fuplément de dot par le contrat de mariage de fa fœur. Jugé que les droits de contrôle & d'infinuation font dûs.

Ordonnance de M. l'intendant de Lyon, du 23 Juin 1731, qui ordonne le païement des droits de contrôle & d'infinuation des difpofitions faites par les père & mère, par le contrat de mariage d'un de leurs enfans, qu'ils ont inftitué héritier, en faveur de leurs autres enfans.

Lettre de M. le contrôleur général du mois de Mars 1736, & décifion du confeil du 8 Avril fuivant, portant que les *réferves* de légitime faites par les père & mère, en mariant l'un de leurs enfans, en faveur des autres, ne peuvent être regardées comme donations, & ne font fujétes à aucuns droits, à moins que les enfans ne foient préfens & acceptans, & que la légitime ne leur foit donnée d'avance en propriété.

Décifion du confeil du 11 Juillet 1739, qui confirme une ordonnance de M. l'intendant de Lyon, par laquelle le fieur Defferé, lieutenant au bailliage de Roanne, avoit été débouté de fa demande en reftitution des droits de contrôle & d'infinuation perçus pour les difpofitions particulières de fon contrat de mariage, contenant des donations en faveur de fes frères & fœurs, qu'il étoit chargé d'acquiter; fauf néanmoins fon recours defdits droits contr'eux.

Décifion du confeil du 6 Août 1746,

contre le fieur Hurtrel, avocat du Roi à Montreuil, qui demandoit reſtitution des droits d'inſinuation perçûs pour les donations faites par lui & par ſa femme à leurs enfans par le contrat de mariage de l'un d'eux. *Décidé* que l'éxemtion n'a lieu qu'en faveur des enfans qui ſe marient.

Autre déciſion du 3 Août 1748, contre le fieur Lambert, procureur du Roi au bailliage de Dole, qui juge que les droits de contrôle & d'inſinuation ſont dûs, à cauſe de la charge à lui impoſée par ſon contrat de mariage, de païer 3000 liv. à chacune de ſes ſœurs non acceptantes.

Déciſion générale du 31 Décembre 1751, au ſujet des inſtitutions faites en ligne directe par contrat de mariage, en faveur des aînés qui ſe marient, à la charge d'éxécuter les donations faites aux cadets, lorſqu'ils ſe marieront, ou qu'ils auront vingt-cinq ans; & ſur ce que, dans quelques provinces, M^{rs} les intendans ordonnent le païement des droits de contrôle & d'inſinuation de ces diſpoſitions, en faveur des cadets, lors de la paſſation de l'acte, & que dans d'autres provinces, on prétend le ſuſpendre, juſqu'à ce que ces donations particulières aïent leur éfet. *Décidé* que les droits de contrôle & d'inſinuation, ſont dûs lors de la paſſation des contrats de mariage de l'aîné, portant donation par les père & mère aux puinés.

Déciſion du conſeil du 2 Août 1753, ſur le mémoire du fieur Rua, donataire par contrat de mariage, de tous les biens que ſon oncle aura lors de ſon décès, à la charge de païer diférentes penſions viagères, pour chacune deſquelles il a été perçu à Paris, un droit d'inſinuation; le fieur Rua en a demandé la reſtitution, parce que ce ſont des conditions qui peuvent ne pas ſubſiſter, & dont ſon oncle peut le décharger. Le fermier a dit que ces conditions ſont une ſuite de la donation qu'il a acceptée, & que par conſéquent les droits ſont dûs. *Décidé* que les droits ont été bien perçûs, ſauf au fieur Rua, à les répéter ſur les donataires particuliers.

Déciſion générale du 12 Décembre 1754, ſur l'eſpèce propoſée d'un contrat de mariage, contenant donation de tous les biens des père & mère à leur fils aîné, par contrat de mariage, ſous *la réſerve* d'une ſomme pour la légitime du puîné, païable après le décès des père & mère, parce que juſqu'alors l'aîné en païera l'intérêt au puîné, qui n'a pas accepté poſitivement, mais, qui a ſigné le contrat, comme les autres parens préſens. *Décidé* que » le droit n'eſt pas dû dans ce cas; » ces ſortes de diſpoſitions en faveur des » cadets, dans le contrat de mariage de » l'aîné, ne doivent aſſujétir aux droits » de contrôle & d'inſinuation, que lorſ- » qu'elles ſont acceptées par l'acte, dans » lequel elles ſont contenuës; mais, ſi » elles ne le ſont pas, elles ſeront doréna- » vant éxemtes de l'un & de l'autre droit, » juſqu'à ce que le fermier ait la preuve » de l'acceptation ou de l'éxécution de ces » clauſes, pendant la vie du père; & dans » ce cas, il percevra ſeulement le droit » d'inſinuation, & non celui de contrôle, » qui ne peut être païé deux fois, pour » le même acte & la même ſomme ».

Déciſion du conſeil du 23 Mars 1756, qui déboute le fieur de Beauchamps, de ſa demande en reſtitution des droits de contrôle & d'inſinuation, perçus en 1754, pour ſon contrat de mariage, à cauſe de la charge à lui impoſée, de païer des légitimes à ſes frères & ſœurs, au nombre de dix; cette déciſion eſt fondée ſur ce que celle du 12 Décembre 1754, ne doit pas avoir d'éfet rétroactif, & que la perception étoit autoriſée par les précédentes.

Déciſion du conſeil du 28 Juin 1757, qui juge les droits de contrôle & d'inſinuation, bien perçus, pour deux donations qu'un particulier a faites, par le contrat de
mariage

mariage de fa petite-fille , l'une en faveur de fa fille , mère de la future époufe , & l'autre au futur époux.

En réfumant ce qui concerne les inftitutions ou donations faites en faveur des aînés , par leur contrat de mariage , à la charge de païer la légitime des puînés, l'on croit pouvoir dire que la décifion de 1754 , ne paroit pas jufte dans l'efpèce propofée , puifque le puîné , qui étoit préfent au contrat , devoit jouïr des intérêts de fa légitime , dès l'inftant de l'éfet de la donation en faveur de l'aîné.

Si l'aîné eft fimplement chargé de païer la légitime des puînés , après la mort des père & mère , il eft certain que cette difpofition ne doit produire aucuns droits de contrôle ni d'infinuation ; c'eft une condition de droit , puifque la légitime eft une charge néceffaire des biens affûrés à l'aîné , par l'inftitution faite en fa faveur ; ainfi , les puînés ne recevant point d'avantage de cette difpofition , l'on ne peut leur en demander aucuns droits , qu'autant qu'il feroit prouvé que l'éfet de la claufe a été anticipé en leur faveur , en les faifant jouïr de la légitime du vivant des père & mère ; c'eft le feul cas où le fermier foit obligé de raporter cette preuve , pour pouvoir demander les droits d'infinuation aux puînés.

Mais , lorfque la ftipulation eft conçuë de manière à pouvoir produire fon éfet , pendant la vie des père & mère , il paroit inconteftable que les droits en font dûs dès l'inftant du contrat , puifqu'il y a un avantage affûré par anticipation aux puînés , qui , fans le fecours de la ftipulation , ne pouroient rien prétendre , qu'après l'ouverture naturelle des fucceffions de leurs père & mère. Dans ce cas , l'acceptation formelle des puînés , n'eft point néceffaire : ils ont un titre fuffifant pour contraindre l'aîné à remplir les conditions qui lui font impofées , & auxquelles ils s'eft foûmis ; il ne s'agit pas en cela d'une véritable donation

Tome I.

entre-vifs , faite aux puînés ; mais , d'un fimple avancement de droits fucceffifs , pour lequel les droits font dûs , dès qu'il eft ftipulé ; & ces droits doivent être païés par l'aîné , fauf fa reprife fur les puînés , en leur délivrant ce qu'il eft chargé de leur remettre.

§. 10. *Des réferves ou avantages en faveur du furvivant des père & mère , ftipulés par le contrat de mariage de leurs enfans.*

Les avantages ftipulés au profit du furvivant des père & mère, par le contrat de mariage de leurs enfans, ou au profit de l'un d'eux feulement , ne font fujets à aucun droit d'infinuation, pourvû qu'il ne foit queftion que des éfets de la communauté, comme des meubles & conquêts, parce que ces avantages ne font confidérés que comme un fimple dédommagement des chofes , dont ils fe font deffaifis pour doter leurs enfans. *Voïez* l'article 281 de la coûtume de Paris , portant que » père & mère , » mariant leurs enfans , peuvent con- » venir que leurfdits enfans laifferont jouïr » le furvivant de leurfdits père & mère , » des meubles & conquêts du prédécédé , » la vie durant du furvivant ; pourvû qu'il » ne fe remarie ; & n'eft réputé tel accord » avantage entre les conjoints ».

Ce n'eft pas feulement dans la coûtume de Paris , que le confeil a jugé qu'il ne feroit perçu aucuns droits pour ces ftipulations : il en a fait une règle générale , pour les diférentes provinces où elles peuvent avoir lieu. Mais , lorfqu'elles ont pour objet , la jouïffance des propres du prédécédé des père & mère , ou même des acquêts non communs entr'eux , il eft dû un droit d'infinuation lors du contrat ; & le furvivant doit païer le demi-droit de centième denier des biens du prédécédé (autres que les conquêts) , dont il entre en jouïffance.

T t t

Décision du conseil du 17 Avril 1728, au sujet d'un contrat de mariage, portant qu'en cas que le futur survive, sans enfans, il paiera une pension de 500 liv. au père de la future. Jugé qu'il n'est dû aucuns droits pour cette pension, parce que c'est une réserve sur la dot donnée par le père à sa fille.

Autres décisions du conseil des 8 & 22 Mars 1732, en faveur de M. le marquis de Couros, qui jugent qu'il n'est point dû de droits pour la réserve d'usufruit, stipulée dans son contrat de mariage, passé en Auvergne, en faveur du survivant des père & mère.

Autre décision du 8 Novembre 1734, en faveur du sieur Micheau, portant que le 10 Octobre précédent, le conseil a écrit à M. l'intendant de la Rochelle, d'avertir le directeur de défendre aux emploiés, d'éxiger aucuns droits d'insinuation de ces stipulations, attendu qu'elles ne sont que des conditions, sous lesquelles les père & mère dotent leurs enfans.

Décision du conseil du 1er Septembre 1735, qui ordonne la restitution du droit d'insinuation perçu à Rochefort, sur le contrat de mariage du sieur Demassias, portant que le survivant des père & mère, aura l'usufruit de la part du prédécédé dans la communauté, si mieux n'aime le fils raporter ce qui lui a été constitué en dot.

Décision du 5 Février 1737, au sujet du contrat de mariage du sieur Androdias, par lequel, sa mère, en l'instituant son héritier, s'étoit réservé, pour elle & pour son mari, l'usufruit d'une terre, qui lui étoit propre. Décidé qu'il est dû un droit d'insinuation, parce qu'il y a donation d'usufruit, par la femme au mari.

Autre décision du 26 Avril 1738, qui juge que la dame marquise de Pompone doit un demi-droit de centième denier des biens dont elle jouït, en vertu de la réserve de la jouïssance des biens du prédécédé, tant propres que conquêts, stipulée entr'elle & son mari, par le contrat de mariage d'un de leurs enfans ; elle avoit même renoncé à la communauté, après la mort de son mari, sans quoi elle n'auroit dû le demi-centième denier, que pour raison des propres seulement.

Arrêt du conseil du 20 Décembre 1740, en faveur de la dame de Crozat, à laquelle on demandoit le demi-centième denier des biens, dont l'usufruit lui étoit acquis par le prédécès de son mari, en vertu de la stipulation insérée dans les contrats de maria e de leurs enfans, portant que le survivant jouïroit de la part de la communauté du prédécédé ; l'arrêt décharge ladite dame du droit, déboute les fermiers actuels du roïaume, de leur intervention, & leur fait défenses d'éxiger, à l'avenir, le demi-droit de centième denier, dans les cas où les père & mère, en dotant leurs enfans en avancement d'hoirie, se réserveront au survivant, par leurs contrats de mariage, l'usufruit de la portion des biens de la communauté, apartenante à la succession du prédécédé.

Décision du conseil du 14 Juin 1749, qui juge que la dame Mauroy, veuve Flobert, doit le demi-droit de centième denier des propres de son mari seulement, dont elle jouït en vertu de semblable stipulation.

Autre décision du 1er Mars 1752, qui déboute le fermier de son apel, d'une ordonnance de M. l'intendant de Paris, par laquelle le sieur Guichard a été déchargé du droit d'insinuation qui lui étoit demandé pour son contrat de mariage, passé à Sens, portant que, si la mère de la future meurt avant son mari, les futurs ne pourront inquiéter le père dans la jouïssance de la maison où il demeure, ni dans celle des autres conquêts & des meubles, dont il jouïra pendant sa vie, sans être tenu de donner caution. Le fermier prétendoit que le droit étoit dû dans la coûtume de Sens, & dans les autres qui ne contiennent point de diſpoſition ſemblable à celle de Paris.

Déciſion du conſeil du 10 Mai 1753, ſur le mémoire de madame la princeſſe de Talmont, laquelle, en conſéquence de la réſerve au ſurvivant des père & mère, faite par le contrat de mariage de M. le duc de Châtelleraut ſon fils, jouïſſoit de diférens biens de conquêts, dans les généralités de Poitiers & de la Rochelle, & du comté de Taillebourg, qui étoit un propre du père. Décidé que le demi - droit de centième denier n'eſt dû que pour Taillebourg ſeulement ; cette déciſion a été confirmée par une autre du 18 Août 1753, ſur l'opoſition de la princeſſe de Talmont, qui diſoit n'avoir la jouïſſance du comté de Taillebourg, que juſqu'au partage de la communauté.

Déciſion du conſeil du 19 Mars 1757, contre le ſieur Girault : par le contrat de mariage de ſa fille avec M. le Boulanger d'Hacqueville, il étoit ſtipulé que ledit ſieur Girault, au moïen de la dot par lui donnée, auroit la jouïſſance de ce qui reviendroit à ſa fille de la ſucceſſion de ſa mère ; il a été fait enſuite un partage de cette ſucceſſion, par lequel les enfans ont abandonné audit ſieur Girault ce qui reſtoit de la communauté en éfets mobiliers, & la jouïſſance de pluſieurs biens propres, pour le remplir de ſa part des conquêts & des créances qu'il pouvoit avoir. Décidé qu'il doit le demi-droit de centième denier deſdits biens.

Autre déciſion du 30 Juin 1757, contre la dame veuve du ſieur Bontems ; il étoit ſtipulé par le contrat de mariage de l'un de ſes trois enfans, que le ſurvivant des père & mère jouïroit en uſufruit des biens du prédécédé. Les enfans, après la mort du père, ont conſenti que la mère jouïſſe en uſufruit de tous les biens de la communauté, & de ceux du père ſitués à Paris. Décidé que le demi-droit de centième denier eſt dû des deux tiers de la moitié des conquêts, & de la totalité des propres.

Nota. Ladite dame a été condamnée à païer le droit pour la partie des conquêts qui revenoit aux enfans non mariés, & dont ils lui ont volontairement abandonné la jouïſſance ; & elle a été diſpenſée de le païer, ſeulement pour la portion revenante à celui qui avoit été marié ſous la condition de cette jouïſſance. En éfet, l'éxemtion du droit n'a lieu, comme on l'a obſervé ci-deſſus, que parce que l'on conſidére la ſtipulation de jouïſſance, comme un dédommagement de ce qui eſt donné en dot ; ainſi, cette faveur ne peut s'étendre que ſur ce qui revient aux enfans dotés, dans la portion de la communauté qui apartenoit au prédécédé de leurs père ou mère : c'eſt ce qui a encore été jugé par la déciſion ſuivante.

Déciſion du conſeil du 19 Novembre 1757, contre la veuve de Laurent le Pot ; en mariant trois de leurs filles, ils avoient ſtipulé qu'au moïen de chaque dot par eux donnée, le ſurvivant jouïroit pendant ſa vie de tous les biens du prédécédé ; la mère aïant ſurvécu, tous les enfans lui ont abandonné la jouïſſance des conquêts & des propres ; ſur la demande du demi-droit de centième denier, elle a ſoûtenu qu'elle ne le devoit ni pour les conquêts, ni pour les propres. Décidé que le droit eſt dû, tant pour les propres, que pour l'abandon des portions dans les conquêts de ceux qui n'ont pas été mariés, & qui n'étoient pas dans le cas de la réſerve ſtipulée entre les père & mère.

L'éxemtion des droits d'inſinuation n'a lieu, comme on l'a déja dit, que pour les biens de la communauté ; celle du demi-droit de centième denier, pour la jouïſſance du ſurvivant des père & mère, n'a lieu que pour la portion revenante aux enfans mariés, ſous la condition de cette jouïſſance. Si la ſtipulation faite par le contrat de mariage s'étend ſur tous autres biens que ceux de la communauté, ſoit propres, ſoit acquêts antérieurs au mariage des père & mère , il eft dû pour cette ftipulation un droit d'infinuation fur le pié réglé par l'article 4 du tarif; & le furvivant defdits père & mère eft tenu de païer le demi-droit de centième denier de tous lefdits biens du prédécédé, dont il jouït en vertu de femblable ftipulation.

§. 11. *Contrats de mariàge , contenant donation en faveur des futurs , par des collatéraux ou des étrangers.*

Les donations faites par contrat de mariage aux futurs ou à leurs enfans à naître, foit par les conjoints même , foit par les afcendans, par des collatéraux ou étrangers; & les inftitutions contractuelles , faites auffi par contrat de mariage par les afcendans , par des collatéraux , ou par des étrangers, ne peuvent être attaquées fous prétexte de défaut d'*acceptation* ; art. 10 & 13 de l'ordonnance du mois de Février 1731.

Ces donations faites aux futurs conjoints , peuvent comprendre les *biens à venir* , comme les biens préfens , aux conditions exprimées par les articles 17 & 18 de ladite ordonnance.

Quoiqu'il foit fait des donations aux futurs conjoints , même par des collatéraux ou étrangers , il n'eft dû qu'un feul droit de *contrôle* pour le contrat de mariage ; parce que les biens ou éfets donnés font partie de la dôt. Mais , le fermier eft autorifé à percevoir ce droit , foit fur le pié réglé pour les contrats de mariage par l'art. 33 du tarif, fur la totalité des biens conftitués ou donnés; foit fur le pié fixé par l'art. 44 , pour les donations entre-vifs faites par toutes fortes d'actes, de quelque nature qu'ils foient ; enforte que fi la donation eft indéfinie , comme aïant pour objet des biens à venir , ou même des biens préfens non défignés ni évalués , le fermier percevra 200 liv. pour tenir lieu du plus fort droit.

Cette option a fouvent été contredite, en opofant au fermier que le contrat de mariage eft l'acte principal qui doit être contrôlé , & dont le droit ne peut être perçu que fur le pié réglé par le tarif pour ces actes; que la donation n'eft qu'une difpofition acceffoire, qui peut d'autant moins déterminer la perception , que par la difpofition précife de l'art. 33 du tarif, la donation fe trouve confonduë avec le contrat de mariage , & que le droit eft fixé pour cet acte principal fur l'objet entier des biens conftitués , & de ceux qui font donnés ; qu'ainfi , le tarif a abfolument exclus la perception d'un droit de contrôle fur la donation qui eft regardée comme acceffoire au contrat de mariage ; enfin , que le fermier , qui fe conforme à cette règle, lorfque les biens donnés font défignés ou évalués , ne peut pas s'en écarter , fous prétexte d'un défaut d'évaluation, qui ne change rien à la nature effentielle de l'acte.

Il a été obfervé au §. 7 ci-deffus , que fi la donation par contrat de mariage eft faite en ligne directe , on ne peut pas la divifer du contrat , parce qu'elle eft de fon effence , les enfans devant être dotés par leurs père & mère qui font parties néceffaires au contrat de mariage; mais, à l'égard des donations faites par des collatéraux ou par des étrangers , le fermier dit qu'elles font gratuites , & que la faveur que mérite l'une , ne doit pas fervir de règle pour les autres ; que les règlemens ont fait une exception pour la ligne directe , mais qu'ils ont confervé l'option accordée par l'article 96 du tarif, portant que pour les actes qui renferment diférentes difpofitions concernant les mêmes parties , il ne fera perçu qu'un droit de contrôle , fur le pié de l'article le plus fort de tous ceux du tarif, auquel lefdits actes pouront avoir raport; qu'ainfi , il eft fondé à percevoir le droit de contrôle d'un contrat de mariage , contenant donation aux futurs par des collatéraux ou par des étrangers , fur le total des constitutions & des biens donnés , conformément à l'art. 33 du tarif ; ou sur la donation seulement , & sur le pié règlé par l'art. 44, qui renvoïe aux art. 3 & 4.

On a toujours distingué les donations faites en ligne directe de celles faites par des collatéraux ou étrangers. *Voïez* l'arrêt du conseil du 16 Décembre 1698 , contenant règlement pour les droits de contrôle des contrats de mariage.

Arrêt du conseil du 13 Octobre 1722, qui réforme une ordonnance de M. l'intendant d'Amiens , & juge que, pour le contrat de mariage de Nicolas Very , par lequel la femme a été instituée héritière par sa tante , les droits de contrôle & d'insinuation doivent être païés sur le pié de ce qui est règlé par les tarifs , pour les donations de biens non désignés ni évalués.

Décision du conseil du 30 Avril 1729 , qui juge que le droit de contrôle du contrat de mariage de Simon Sevin , portant donation indéfinie en sa faveur par son frère , doit être païé sur le pié règlé par l'art. 4 du tarif.

Par arrêt du conseil du 28 Février 1730 , il a été jugé que le droit de contrôle ne devoit être perçu que sur le pié de l'article 35 du tarif , pour le contrat de mariage du sieur Cassiere , procureur du Roi de l'élection de Clermont en Auvergne , par lequel ses père & mère l'avoient institué héritier universel.

Décision du conseil du 27 Octobre 1732, qui juge qu'il est dû les plus forts droits de contrôle & d'insinuation , pour le contrat de mariage du sieur Lhardiesse , par lequel son oncle l'avoit institué héritier. Pareille chose a été décidée le 6 Novem. 1732, contre le sieur Galliot , contrôleur aux saisies-réelles d'Angoulême , institué par son oncle.

Ces autorités ont confirmé la distinction des donations faites en ligne directe de celles faites par des collatéraux. Il est vrai que par une décision du 26 Décembre 1733 , renduë en faveur de M. de Mont-

faucon , institué héritier par madame de Clermont , sa cousine ; par une autre décision du 30 Janvier 1734 , obtenuë par le sieur Barret , avocat au présidial de Gueret, institué héritier par son frère ; & par autre décision du 15 Mai 1734 , renduë en faveur du sieur Maignard , donataire de son frère , par contrat de mariage , de la cinquième partie des biens qui lui apartiendroient lors de son décès , il a été jugé que conformément à l'arrêt du 28 Février 1730 , le fermier pouvoit seulement percevoir les droits sur le pié des art. 33 , 34 & 35 du tarif , sans pouvoir prétendre le plus fort droit de contrôle , pour ces donations faites par contrat de mariage , mais , seulement celui d'insinuation.

Mais , depuis ce tems , il a toujours été jugé que l'arrêt de 1730 , rendu à l'occasion d'une donation faite en ligne directe , n'étoit pas aplicable aux institutions contractuelles & autres donations indéfinies faites par des collatéraux ou par des étrangers ; & qu'à cet égard , l'on devoit suivre la jurisprudence précédemment établie.

Décision du conseil du 20 Juillet 1737 , contre le sieur Banier , donataire de son frère , par son contrat de mariage , de meubles & immeubles non évalués. Décidé qu'il est dû le plus fort droit de contrôle , à cause de cette donation indéfinie.

Autre décision du conseil du 10 Avril 1745 , qui réforme une ordonnance de M. l'intendant de Moulins , & juge qu'il est dû le plus fort droit de contrôle pour le contrat de mariage de Gilbert Saunier , à cause de l'institution faite en faveur de sa femme , par le curé d'Aucourt son oncle , & par une tante.

Par autre décision du 9 Mars 1748 , il a été jugé que, pour le contrat de mariage du sieur Catherinot de Barmont , par lequel deux oncles l'avoient rapellé à leur succession , il étoit dû 200 liv. de contrôle , & 100 liv. pour les droits d'insinuation des deux rapels.

Il faut au surplus obferver que ces inftitutions & donations font fujétes à l'infinuation & au païement des droits, ainfi qu'il fera expliqué ci-après. Voïez *Donations entre-vifs*, §. VIII, n. 17, & *Inftitutions contractuelles*.

§. 12. *Des donations faites par contrat de mariage, en faveur des enfans à naître.*

Les donations faites par contrat de mariage, en faveur des enfans qui naîtront du mariage, font valables fans acceptation ; art. 10 de l'ordonnance du mois de Février 1731.

Les droits de contrôle & d'infinuation font-ils dûs de ces donations, indépendamment de ceux qui doivent être perçûs pour le contrat de mariage fur les ftipulations y contenuës ? Pour établir le droit de *contrôle*, lorfque ces donations font faites par autres que par les futurs conjoints, l'on dit que ce font des difpofitions particulières, qui ne font pas perfonnelles auxdits conjoints, qu'elles n'entrent point dans l'objet de leurs conftitutions, & que par conféquent elles ne font pas dans le cas des règlemens qui ordonnent que pour les contrats de mariage, il ne fera perçû qu'un droit de contrôle fur tout ce qui eft donné & conftitué aux futurs

A l'égard du droit d'*infinuation*, l'on foûtient qu'il eft dû pour toutes donations, à l'exception de celles faites en ligne directe, foit par contrat de mariage aux enfans qui fe marient, & en faveur de leur mariage, foit par teftament ; & que celles dont il s'agit, ne font point dans le cas de cette exception, quand bien même elles feroient faites par les futurs conjoints à leurs enfans à naître.

Il eft inconteftablement dû un droit de *contrôle* particulier, lorfque la donation eft faite par des collatéraux, en faveur des enfans à naître ; mais, il n'en eft point dû lorfqu'elle eft faite par les futurs, parce qu'il n'y a point de tierce partie.

Quant au droit d'*infinuation*, il eft également dû pour la donation faite par des collatéraux ; mais, fi elle eft faite par les futurs, nous ne pouvons dire autre chofe, fi ce n'eft de fe conformer aux règles prefcrites par le confeil.

Décifion du confeil du 17 Septembre 1729, qui juge qu'il n'eft point dû de droit d'infinuation pour la difpofition d'un contrat de mariage, par lequel les deux époux ont fait une donation en faveur de l'aîné qui naîtra de leur mariage.

Autre décifion du 29 Octobre 1729, qui juge la même chofe, pour une donation faite par deux futurs conjoints, du tiers de leurs biens, en faveur des enfans qui naîtront de leur mariage.

Autre décifion du 19 Mai 1730, au fujet du contrat de mariage du fieur Gafton, capitaine de dragons, par lequel les futurs époux fe font des donations ; & en outre, ils donnent à l'un des enfans qui naîtra de leur mariage, la moitié de tous leurs biens. Cette décifion n'ajuge qu'un droit de contrôle & un d'infinuation pour la donation réciproque d'entre les futurs.

Par décifion du 18 Mai 1748, le confeil a réformé une ordonnance de M. l'intendant d'Amiens, renduë en faveur du fieur Joly, avocat ; & en conféquence, il a été jugé qu'indépendamment des droits du contrat de mariage dudit fieur Joly, par raport aux difpofitions relatives aux futurs conjoints, il étoit dû en outre le plus fort droit de contrôle & celui d'infinuation, pour un rapel à fucceffion en ligne collatérale, ou inftitution faite par ledit contrat de mariage, par un oncle, en faveur des enfans qui naîtront du mariage, pour par eux lui fuccéder, au cas qu'il furvive audit fieur Joly.

Le fieur Joly a formé opofition à cette décifion, fur le fondement que la claufe étoit fans éfet, atteudu la mort de l'onele, qui faifoit pafſer fa fucceſſion dans l'ordre naturel prefcrit par la loi. Mais, il a été débouté de cette opoſition par autre dé-ciſion du 1er Février 1749, parce que les droits de contrôle & d'inſinuation fui-vant le tarif, font dûs fur les difpoſitions des actes, & ne dépendent pas de leur évènement.

Déciſion du conſeil du 3 Mai 1755, qui ordonne la reſtitution d'un droit de centiè-me denier perçû par le commis de Caſtel-Naudary, pour la nomination que M. de Lordat a faite de fon fils ainé, pour re-cueillir l'éfet de la donation que lui & fon époufe avoient faite par leur contrat de mariage en 1721, de la moitié de tous leurs biens, en faveur de celui de leurs en-fans mâles qui feroit choiſi par l'un & l'autre, ou par le furvivant.

Autre déciſion du conſeil du 7 Mai 1755, qui confirme une ordonnance de M. l'intendant de Pau, par laquelle il a été jugé que M. de Narbonne doit un demi-droit de centième denier, pour la jouïſſance que fon père lui a cédée de la moitié de tous fes biens, dont il avoit donné la propriété par fon contrat de ma-riage, en faveur du premier enfant qui naitroit du mariage, fous la réferve de l'ufufruit.

Ainſi, cette déciſion juge, comme la précédente, qu'il n'eſt point dû de cen-tième denier lorfque les enfans entrent, du vivant des père & mère, en poſſeſſion des biens dont lefdits père & mère leur ont fait donation par leur contrat de ma-riage; & le conſeil n'a prononcé un demi-droit de centième denier contre M. de Narbonne, qu'à caufe de la remife anti-cipée que fon père lui a faite de l'ufufruit qu'il s'étoit réfervé.

Néanmoins, il paroîtroit jufte que le droit de centième denier fût païé par les enfans, lorfqu'ils entrent en jouïſſance des biens de leurs père & mère encore vivans.

Il femble même qu'il eſt contradictoire de percevoir un droit d'inſinuation lors du contrat, qui ne contient qu'une efpèce de donation incertaine, & de ne pouvoir éxi-ger le droit de centième denier, lorfque cette donation eſt effectuée avant l'ouver-ture de la fucceſſion des père & mère.

Déciſion du conſeil du 11 Décembre 1756, qui juge qu'il eſt dû un droit d'inſi-nuation pour la claufe du contrat de ma-riage de M. Dupuget, conſeiller au par-lement de Touloufe, par laquelle les fu-turs conjoints font donation, chacun du tiers de leurs biens, en faveur du premier enfant qui naitra de leur mariage. M. Du-puget invoquoit les règlemens qui difpen-fent de l'inſinuation les donations faites en ligne directe par contrat de mariage, & il ajoûtoit que, fuivant la jurifprudence du parlement de Touloufe, ces donations font valables, quoique non acceptées ni inſinuées.

§. 13. *Des renonciations à fuc-ceſſions futures, faites par con-trat de mariage.*

Les renonciations à des fucceſſions *à écheoir*, ne font valables que lorfqu'elles font faites par contrat de mariage.

Les règlemens & le tarif de 1722 aſſujé-tiſſent à l'inſinuation & au païement du droit toutes renonciations à fucceſſions. Il s'eſt néanmoins élevé des difficultés au fu-jet des renonciations à des fucceſſions fu-tures; l'on a dit que les règlemens n'ont pour objet que les renonciations pures & fimples, qui font des répudiations abfo-luës des fucceſſions auxquelles on étoit apellé; au lieu que celles-ci ont un prix, qui eſt la conſtitution de dot, faite par le contrat de mariage, qu'ainſi elles doivent moins être conſidérées comme des renon-ciations, que comme des déclarations d'a-voir été fuffifamment doté. Mais, ces re-

Contrats
de mariage

nonciations, pour lefquelles *les loix* éxigent encore plus de précautions que pour les autres , paroiffent également fujétes à l'infinuation.

Par arrêt du confeil du 17 Octobre 1721 , le fieur de Chamalière a été condamné à païer 15 liv. pour cinq droits d'infinuation des renonciations que fon époufe a faites par leur contrat de mariage , à des fucceffions échuës & à écheoir.

Décifion du confeil du 8 Mai 1732 , fur le mémoire de M. le marquis de Couros , qui juge qu'il n'eft point dû de droits pour la renonciation que fon époufe a faite par contrat de mariage aux fucceffions futures de fes père & mère.

Autres décifions des 30 Janvier 1734 , & 5 Février 1737 , en faveur du fieur Barret & du fieur Androdias , qui jugent la même chofe.

Par autre décifion du confeil du 20 Décembre 1753 , contre le fieur le Roi de Lhomandie , il a été jugé que pour la renonciation qu'il a faite par fon contrat de mariage à la fucceffion à écheoir de fa mère , au moïen de la dot qu'elle lui a conftituée , il eft dû un droit d'infinuation.

Autre décifion du confeil du 5 Août 1756 , qui déboute le fieur Fé de Fondenis de fa demande en reftitution de deux droits d'infinuation perçûs pour fon contrat de mariage , portant ftipulation de bagues & joïaux , & renonciation par la future aux fucceffions de fes père & mère.

§. 14. *Des ftipulations d'augment, don mobil, agencement, gain de nôces & de furvie, droit de rétention, &c.*

Ces diférentes ftipulations font définies fous leurs titres particuliers ; il ne s'agit ici que d'établir les règles générales qui leur font communes.

L'art. 3 de la déclaration du 20 Mars 1708 , porte que les donations par forme d'augment ou contr'augment , dons mobils , engagement , droits de rétention , agencement , gains de nôces & de furvie dans les païs où ils font en ufage , feront infinuées & enregiftrées dans le tems & fous les peines portées par l'article 2 de l'édit du mois de Décembre 1703.

Par la déclaration du 25 Juin 1729 , en confidérant ces avantages , moins comme de véritables donations , que comme de fimples conventions matrimoniales , ftipulées , foit pour aider le mari à foûtenir les charges du mariage , foit pour balancer les avantages qu'il fait à fa femme , il eft ordonné que l'édit du mois de Décembre 1703 , & la déclaration du 20 Mars 1708 , feront éxécutés , fans néanmoins que ces ftipulations foient cenfées avoir été comprifes dans la difpofition defdits édit & déclaration , qui porte la peine de nullité , encore qu'elles n'aïent pas été infinuées dans les formes & délais prefcrits par lefdits édit & déclaration ; déclarant S. M. qu'audit cas , ceux qui auront négligé de fatisfaire à cette formalité , n'ont dû & ne doivent être regardés que comme fujets aux autres peines prononcées par lefdits édit & déclaration.

L'article 21 de l'ordonnance du mois de Février 1731 , porte pareillement que la peine de nullité réfultante du défaut d'infinuation , n'aura pas lieu à l'égard de ces ftipulations ou conventions , pour lefquelles , à quelques fommes ou valeur qu'elles puiffent monter , la déclaration du 25 Juin 1729 fera éxécutée.

Et par l'art. 6 de la déclaration du 17 Février 1731 , il eft ordonné que lefdits actes feront infinués , conformément à la déclaration de 1708 , & les droits païés fuivant le tarif , en même-tems que ceux du contrôle dans les lieux où le contrôle eft établi , & dans ceux où le contrôle n'a pas lieu , dans les quatre mois du jour & date defdits actes ; l'éxécution de la

déclaration

déclaration de 1729 eſt au ſurplus ordonnée.

L'arrêt du conſeil du 17 Octobre 1721,
juge qu'il eſt dû un droit d'inſinuation pour
la clauſe du contrat de mariage du ſieur
Chamaliere, portant que le ſurvivant ga-
gneroit 1200 liv. ſur les biens du premier
mourant.

Déciſion du 6 Mai 1730, contre M. le
procureur général du parlement de Metz,
qui avoit promis à ſa future, pour bagues
& joïaux, 20000 liv. qui lui ſont réſervés pour en diſpoſer, ſinon qu'ils éché-
roient aux héritiers. Décidé que cette
clauſe eſt ſujéte au droit d'inſinuation.

Autre du 8 Mai 1732, qui juge qu'il
eſt dû un droit d'inſinuation pour la clauſe
de gain de nôces & de ſurvie, & pour
une ſtipulation de bagues & joïaux contenuë dans le contrat de mariage de M. le
marquis de Courois.

Autre du 28 Avril 1736, ſur le mémoire de François le Bon, portant que
la ſtipulation pour habitation, ou pour préciput & deüil, n'eſt pas ſujéte au droit
d'inſinuation, mais, que celle pour bagues
& joïaux y eſt ſujéte. Il faut obſerver,
à l'égard de l'habitation, que, ſi la ſtipulation excéde ce que la loi ou l'uſage accordent, le droit d'inſinuation eſt dû ; &
à l'égard du préciput, voïez *Préciput*.

Par autre déciſion du 5 Février 1737,
il a été jugé qu'il étoit dû 50 liv. d'inſinuation pour un gain réciproque de ſurvie, ſtipulé par le contrat de mariage du
ſieur Androdias.

Arrêt du conſeil du 1er Juillet 1738,
qui réforme une ordonnance de M. l'intendant de Tours, & déclare ſujéte au
droit d'inſinuation, la clauſe de gain de
nôces & de ſurvie, inſérée dans le contrat de mariage du Sr Bouet de la Nouë,
portant qu'en cas que la femme renonce
à la communauté, elle reprendra ſa dot,
& en outre, ſa chambre garnie, ou la
ſomme de 4000 liv. à ſon choix, avec

Tome I.

ſes vêtemens, linges, joïaux, toilette,
caroſſe, chevaux, & tout ce qui ſe trouvera à l'uſage ou pour l'ornement de ſa
perſonne.

Déciſion du 31 Octobre 1748, contre
le ſieur des Bouliez, avocat à Baugé,
qui juge que le droit d'inſinuation eſt dû
de la ſtipulation d'une chambre garnie en
faveur de la femme, ou d'une ſomme en
argent, ſi elle renonce à la communauté,
quoique le terme de donation ne fût pas
emploïé dans l'acte.

Arrêt du conſeil du 1er Avril 1749,
qui condamne le Sr Perier de Boisdarcy,
lieutenant général du bailliage de Domfront, à païer 30 liv. pour le droit d'inſinuation de la clauſe de ſon contrat de
mariage, portant que ſi le futur décéde
avant la future, elle prélévera une chambre garnie de valeur de 3000 liv. avec
ſes hardes & linges, bagues & joïaux.

Déciſion du conſeil du 31 Août 1754,
& arrêt du 26 Novembre ſuivant, contre
M. Deliniers, pour faculté à la femme,
en cas de ſurvie, de reprendre ſes joïaux,
avec une chambre garnie. Voïez *Bagues.*

Déciſion du conſeil du 12 Août 1755,
qui réforme une ordonnance du lieutenant
général de Chaumont en Baſſigny, renduë
en faveur du ſieur Favier, conſeiller au
préſidial de Chaumont ; par laquelle il
avoit jugé qu'un don fait par contrat de
mariage à la femme, d'une ſomme fixe,
au cas qu'elle ſurvécût ſans enfans, étoit
une donation dont l'inſinuation étoit volontaire, & qu'il dépendoit de la partie
de la requérir ; en conſéquence, ordonne
que le droit d'inſinuation ſera païé.

Déciſion du conſeil du 6 Mai 1756,
contre le ſieur Cardin, pour ſtipulation
que la femme, en cas de ſurvie, ſoit
qu'elle accepte ou qu'elle renonce, prendra, hors part, ſes habits, linges, bijoux
& ornemens, une chambre garnie & habits de deüil ; & réciproquement, que ſi
le mari ſurvit, il prélévera ſes meubles,

éfets & linges , ornemens , & fept actions
de la compagnie des Indes. Décidé que le
droit d'infinuation eſt dû pour toutes ces
reprifes , autres que le deüil.

Décifion du confeil du 12 Juillet 1759 ,
qui confirme une ordonnance de M. l'intendant de la Rochelle , par laquelle le
fieur *Dufay de la Taillée* , feigneur de
Vaudré , a été condamné au païement de
50 liv. & les 4 f. pour livre , pour droit
d'infinuation d'une ſtipulation de fon contrat de mariage , paffé devant notaires en
1748 , par laquelle il eſt dit , que ſi la
femme furvit , elle poura renoncer à la
communauté , & , dans ce cas , reprendre
fes habits , bagues , joïaux & ornemens
de fa perfonne , avec ce qu'elle aura mis
dans la communauté , en éxemtion de toutes dettes. Il prétendoit qu'il n'étoit rien
dû pour cette claufe , & d'ailleurs , il opofoit que fon contrat de mariage avoit été
infinué en même-tems qu'il avoit été contrôlé ; mais cette infinuation étoit uniquement à caufe d'une donation entre-vifs ,
faite par le contrat de mariage aux futurs
en ligne collatérale.

Le droit d'infinuation des ſtipulations
dont il s'agit dans ce §, doit inconteſtablement être perçû fur le pié de l'article
1er du tarif ; enforte que s'il s'agit d'un
avantage indéfini , le fermier peut éxiger
50 liv. pour le droit ; mais ce droit étant
le plus fouvent exceffif par raport à l'état
& à la fortune des contractans , le fermier eſt dans l'ufage de fe départir de cette
rigueur , en réduifant le droit d'infinuation
des ſtipulations de bagues & joïaux , de
chambre garnie , & aütres gains de furvie femblables , dont l'objet n'eſt point limité , relativement à la qualité des parties , & fur le même pié règlé par les diférentes claffes de l'art. 35 du tarif du contrôle. Cette proportion paroit affez jufte ;
& il feroit à défirer qu'elle fût ordonnée
par le confeil , pour la faire obferver dans
toutes les provinces.

Quant au droit de contrôle des contrats de mariage qui contiennent ces ſtipulations , il ne doit être perçû que relativement aux autres difpofitions qui y font
contenuës ; les fimples gains de furvie , qui
n'ont pour objet que des bagues & joïaux ,
un équipage , une chambre garnie , & autres femblables éfets de la communauté ,
ne peuvent être confidérés comme des donations indéfinies , ni par conféquent donner lieu à augmenter le droit de contrôle
dû fur les autres difpofitions du contrat de
mariage.

Mais , le don mobil & le droit de rétention , lorfqu'ils font indéfinis , donnent
lieu à la perception des droits de contrôle & d'infinuation , fuivant la règle établie par le §. 15 ci-après.

Voïez encore *Agencement* ; *Augment* ;
Bagues ; *Don mobil* ; *Engagement* ;
Gains de nôces ; *Préciput* ; & *Rétention.*

§. *15.* Contrats de mariage , contenant donation par l'un *des futurs conjoints* à l'autre.

Lorfque par un contrat de mariage ,
l'un des futurs conjoints fait à l'autre une
donation de biens à venir , ou de biens
préfens non défignés ni évalués , le fermier a l'option , en conformité de l'art. 96
du tarif , de percevoir le droit de *contrôle* ,
foit comme contrat de mariage , foit comme donation.

L'article 44 du tarif règle les droits de
contrôle des *donations* entre-vifs , faites
*par toutes fortes d'actes , de quelque na-
ture qu'ils foient* , fur le pié des art. 3
& 4 ; d'où il fuit que dans l'efpèce propofée , il eſt dû 200 liv.

Mais , comme ce droit eſt bien confidérable à l'égard de la plûpart des contractans , il s'agit de favoir ſi le fermier eſt
autorifé à le percevoir pour tous les contrats de mariage contenant donation indé-

finie par l'un des conjoints en faveur de l'autre , ou fi ce droit doit être réduit fuivant la modération accordée par l'arrêt de règlement du 2 Mars 1723, en faveur feulement des perfonnes dénommées dans les quatre dernières claffes de l'article 35 du tarif , lorfque leurs biens défignés dans l'acte n'excédent pas 20000 liv.

Pour foûtenir la perception du droit fans réduction , l'on allégue que l'arrêt du 2 Mars 1723 , n'a d'aplication qu'aux donations *réciproques* faites en faveur du furvivant des conjoints, qu'ainfi il eft dû le plus fort droit de contrôle & celui d'infinuation pour toutes les donations indéfinies , faites par l'un des conjoints en faveur de l'autre ; l'on cite un arrêt du confeil du 19 Avril 1720 , par lequel il a été jugé que les plus forts droits de contrôle & d'infinuation étoient dûs pour un contrat de mariage , contenant qu'en cas de prédécès du mari , fans enfans , la femme auroit tous les meubles & éfets , & l'on fe fonde fur quatre décifions du confeil des 27 Août 1729 , 16 Janvier 1740 , 3 Juin & 18 Novembre 1741 , qui ont jugé que l'arrêt de 1723 , n'avoit pour objet que les donations réciproques, & que celles faites de la part d'un des conjoints feulement , étoient foumifes aux plus forts droits.

Il eft vrai que dans le vû de l'arrêt du 2 Mars 1723 , l'on a énoncé le mémoire de l'adjudicataire des fermes , dans lequel il étoit parlé des donations au furvivant , de tous les biens apartenans au premier mourant au jour de fon décès ; mais , cette expreffion , par laquelle le fermier vouloit donner un éxemple des ftipulations les plus ordinaires , n'eft pas ce qui fert de règle : l'on voit que le motif de l'arrêt a été de diminuer des droits trop confidérables pour un grand nombre de perfonnes ; en conféquence , il eft ordonné qu'à l'avenir » il ne fera perçû pour le

» droit de *contrôle* des contrats de mariage , qui contiendront *donation de biens à venir* , fans évaluation , entre » les perfonnes dénommées dans les quatre dernières claffes de l'art. 35 du tarif du 29 Septembre 1722 , que le double des droits fixés pour le contrôle » des contrats de mariage des perfonnes » comprifes dans lefdites quatre claffes , » & pareil droit pour l'*infinuation* ; fi » mieux n'aime l'adjudicataire des fermes » percevoir les droits fur le pié des fommes défignées dans lefdits contrats de mariage , conformément aux art. 33 & » 34 du tarif du contrôle , & à l'art. 1er » de celui des infinuations ; fans qu'il » puiffe prétendre le plus fort droit de » 200 liv. pour le contrôle , & 50 liv. » d'infinuation, pour raifon defdites donations , que lorfque les biens défignés » dans les contrats de mariage , excéderont la fomme de 20000 liv. Veut S. M. » que lefdits tarifs foient au furplus éxécutés felon leur forme & teneur.

Il eft certain que l'arrêt de 1723 concerne moins les donations réciproques ftipulées par contrat de mariage entre les conjoints , que celles qui font faites par l'un à l'autre ; en éfet , il eft reconnu , par cet arrêt , que pour les donations dont il s'agiffoit de réduire les droits , il étoit dû le plus fort droit d'infinuation , fuivant l'art. 1er du tarif ; or , les donations réciproques n'étoient point dans ce cas, puifque l'art. 4 a fixé le droit d'infinuation des dons mutuels , & des donations mutuelles & réciproques entre mari & femme , ou autres particuliers ; il en réfulte donc que l'arrêt a eu pour objet les donations indéfinies faites par l'un à l'autre , pour lefquelles il étoit réellement dû le plus fort droit d'infinuation , fuivant l'article 1er du tarif. On expliquera même au §. 16, que l'aplication de l'arrêt de 1723 , aux donations réciproques , auroit augmenté les droits d'infinuation de ces donations , au lieu de les réduire comme l'arrêt l'annonce.

Ainsi , il faut tenir pour principe que l'arrêt du 2 Mars 1723 doit servir de règle , autant qu'il modifie les droits fixés par les tarifs , pour les donations stipulées entre mari & femme par contrat de mariage ; & qu'on doit l'écarter dans tous les cas où son aplication augmenteroit ce qui est règlé par lesdits tarifs. Lorsqu'il plait au Roi d'augmenter quelques droits, ce n'est pas ordinairement par un arrêt que S. M. explique ses intentions.

Par décision du conseil du 3 Mars 1716, sur l'art. 7 du mémoire des notaires de Roüen, au sujet d'une donation faite en faveur de la future de tous les meubles qui se trouveroient lors du décès du mari , il fut décidé que toute donation indéfinie étoit sujéte au plus fort droit ; l'arrêt du 19 Avril 1720 , dont on a parlé ci-dessus , a été rendu sur le même principe.

Cette règle , qui se trouvoit confirmée par les tarifs de 1722 , aïant été modifiée par l'arrêt de 1723 , comme on vient de l'établir , il ne reste plus qu'à raporter les jugemens rendus depuis, au sujet des diverses espèces de donations faites par l'un des conjoints à l'autre par contrat de mariage.

Décision du conseil du 24 Juillet 1731 , qui fixe le droit d'insinuation d'une donation de part d'enfant , contenuë dans le contrat de mariage d'un gagne-denier à Paris , faite par l'un des conjoints à l'autre , sur le pié du double de ce qui est règlé par l'art. 35 du tarif du contrôle , conformément à l'arrêt de 1723 , & déboute le fermier de sa prétention du plus fort droit d'insinuation.

Autre du 27 Octobre 1732 , qui juge la même chose sur le contrat de mariage d'un tablettier à Paris , contenant donation de part d'enfant , en faveur du mari.

Autre du 28 Mars 1733 , qui juge la même chose sur le contrat de mariage de Nicolas Nafot , Boulanger à Paris , por-

tant donation en sa faveur de l'usufruit des biens de sa femme.

Autre décision du 11 Avril 1733 , renduë sur le mémoire du sieur Gendron , qui juge que les droits de son contrat de mariage , contenant donation en sa faveur par sa future épouse , de tout ce que la coûtume d'Angoulême , permet de donner de biens présens & à venir , ne feront perçûs qu'en conformité de l'arrêt du 2 Mars 1723.

Autre du 4 Juillet 1733 , qui juge que le plus fort droit est dû pour le contrat de mariage du sieur Ducernay , fils du lieutenant général de Falaise , par lequel la future lui a fait un don mobil indéfini ; parce qu'étant compris dans la seconde classe de l'article 35 du tarif, il n'étoit pas dans le cas de joüir de la modération accordée par l'arrêt de 1723.

Autre décision du conseil du 27 Février , 1734 , au sujet du contrat de mariage d'un tailleur aux invalides , par lequel la femme , qui lui fait donation d'une part d'enfant , aporte 4000 liv. de biens défignés. Décidé que le fermier a l'option de percevoir le droit d'insinuation , suivant l'arrêt de 1723 , ou sur les 4000 liv.

Autre décision du 9 Mars 1736 , en faveur de Jean-Loüis Garnier , marchand en détail à Jarnac ; le fermier prétendoit éxiger les plus forts droits de contrôle & d'insinuation , pour son contrat de mariage , contenant donation indéfinie en sa faveur , de la part de sa femme , soûtenant que la modération accordée par l'arrêt de 1723 , ne devoit avoir lieu que pour les donations réciproques en faveur du survivant. Décidé que le règlement de 1723 , ne parle que des donations de biens à venir , & non des réciproques ; que le fermier peut percevoir les droits , en conformité de cet arrêt , sur les sommes défignées , ou sur la qualité ; & qu'il n'est pas fondé à éxiger le plus fort droit.

Décision du conseil du 1er Mars 1738 , qui juge que pour un contrat de mariage ,

contenant donation indéfinie , par le futur
à la future , les droits ne doivent être
perçus que relativement à l'arrêt de 1723,
sur le doublement de la qualité , ou suivant
les sommes.

Décision du conseil du 5 Décembre
1739 , au sujet du contrat de mariage du
sieur Tahureau , gentilhomme , & fils d'un
conseiller au présidial du Maine , portant
qu'en cas que la future décéde sans enfans ,
le futur aura la jouïssance du tiers de ses
biens propres , parce que néanmoins , si la
mère de la future , survit à sa fille , l'éfet
de la donation sera suspendu , jusqu'après
son décès ; M. l'intendant de Tours , avoit
jugé que le fermier ne pouvoit éxiger les
plus forts droits de contrôle & d'insinuation ; mais , sur l'apel du fermier , l'ordonnance a été réformée , & il a été décidé
que la modération accordée par l'arrêt du
2 Mars 1723 , ne peut avoir lieu dans cette espèce , tant par raport à la qualité ,
que parce que les biens désignés excédent
20000 liv. que le droit est dû conformément au tarif , & que le fermier est fondé à éxiger le plus fort droit , la donation
étant indéfinie , & n'étant point détruite
par la réserve qui a été faite.

Autre décision du conseil du 1er Mai
1745 , qui juge que le droit d'insinuation
du contrat de mariage du nommé Quesnaye,
vitrier à Paris , contenant donation d'une
part d'enfant en sa faveur par sa femme ,
ne doit être perçû que sur le double de ce
qui est règlé sur la qualité , par l'article 35
du tarif du contrôle , conformément à l'arrêt de 1723 , & déboute le fermier de
sa prétention du plus fort droit d'insinuation , sous prétexte que la donation n'étoit
pas mutuelle & réciproque.

Autre décision du 14 Mai 1746 , qui
juge la même chose , pour l'insinuation du
contrat de mariage du nommé Sarrasin ,
bourelier à Paris , portant donation au mari
par la femme , de tout ce qui lui apartiendra, lors de son décès.

Décision du conseil du 28 Mai 1746 , au
sujet du contrat de mariage de M. de Billy ,
chevalier d'Autilly , par lequel il donne à sa femme , tout le mobilier & les
acquêts de la communauté , au cas qu'elle
lui survive & à son frère , sans enfans.
Décidé que le fermier n'est pas obligé
d'attendre l'éxécution de cette donation ,
& qu'il suffit que l'acte soit passé ; en conféquence , juge qu'il est dû 200 liv. de
contrôle , & 50 liv. pour le droit d'insinuation.

Autre décision du 21 Janvier 1747 ,
qui confirme une ordonnance de M. l'intendant d'Alençon , par laquelle il avoit
fixé à 40 liv. le droit de contrôle , & à
pareille somme , celui d'insinuation du contrat de mariage de Pierre Lefévre , boulanger à Bernay , contenant donation par le
mari à la femme , de l'usufruit de tous ses
immeubles présens & à venir , en cas
qu'elle survive sans enfans.

Décision du conseil du 23 Novembre
1748 , au sujet du contrat de mariage du
nommé Rousset , menuisier à Gagny , lequel aporte 4000 liv. & sa femme lui fait
donation d'une part d'enfant. Il avoit été
perçu 40 liv. pour le droit d'insinuation ,
& il semble que cette perception devoit
être réduite au double de ce qui est fixé
par l'article 35 du tarif du contrôle ; néanmoins , la décision porte qu'au moïen de
l'option accordée au fermier , par l'arrêt
de 1723 , il peut faire païer le droit sur les
sommes.

Autre décision du 29 Mars 1749 , qui
juge que les droits ont été bien perçûs , sur
le doublement de ce qui est fixé suivant la
qualité , pour le contrat de mariage d'un
tonnelier , à Tonnere , contenant donation indéfinie , en sa faveur par sa femme. Il
prétendoit que les droits devoient être réduits , sur les biens dotaux désignés.

Décision du conseil du 7 Juin 1749 , qui
réforme une ordonnance de M. l'intendant
de Champagne , par laquelle les droits dé-

contrôle & d'infinuation du contrat de mariage du fieur de la Reyne qualifié écuïer,
& receveur des aides de l'élection d'Epernay, avoient été réduits fur le pié des
fommes défignées, fous prétexte que la
qualité d'écuïer pouvoit être hafardée ; en
conféquence, il a été décidé qu'il étoit dû
200 liv. pour le droit de contrôle, & 50 l.
pour celui d'infinuation, à caufe de la donation indéfinie faite par le futur à la future.

Autre décifion du 24 Mai 1753, au fujet du droit d'infinuation du contrat de mariage de Jean le Teurtre, menuifier à Paris ; les biens défignés du mari montent à
6200 liv. il donne à la future une part d'enfant ; & au cas qu'il furvive, elle lui donne
l'ufufruit de tous fes biens. Il demandoit
que le droit fût fixé, eu égard à fa qualité ;
& le fermier a foûtenu que pour la donation de part d'enfant, il étoit dû un droit
d'infinuation de 50 liv. prétendant qu'il doit
être perçu fur la totalité des biens défignés
du mari. Le confeil a jugé en conformité
de cette prétention.

Décifion du 5 Septembre 1754, qui
réforme une ordonnance de M. l'intendant
d'Amiens, par laquelle il avoit réduit à
20 liv. le droit de contrôle du contrat de
mariage du fieur Dubois, notaire à Corbie,
contenant donation par le mari à la femme,
d'une part d'enfant, qui ne poura excéder
6000 liv. en conféquence, la perception
de 61 liv. fuivant l'art. 34 du tarif, en doublant le droit fur les 6000 liv. a été jugée
régulière.

Autre décifion du 26 Juin 1755, qui déboute le Sᵣ Chaffarel de fa demande en réduction de 200 l. perçus pour droit de contrôle & de 50 l. pour droit d'infinuation, fur
fon contrat de mariage, contenant donation d'ufufruit par le futur à la future, de
tous les biens dont il fera faifi au tems de
fon décès. *Nota.* Le mari, par fa qualité,
ne pouvoit jouïr de la modération accordée
par l'arrêt de 1723.

Décifion du confeil du 20 Octobre
1757, qui juge qu'en conformité de l'arrêt
de 1723, il eft dû 40 livres pour le
droit d'infinuation du contrat de mariage
de Jofeph Duclou, maître potier de terre
à Paris, contenant donation à la femme,
d'une part d'enfant.

Indépendamment des droits de contrôle
& d'infinuation qui font dûs pour les contrats de mariage, contenant ces diférentes
donations, le droit de *centième denier* eft
dû des immeubles donnés. Si la donation
eft de biens préfens, & que fon éfet ne
foit pas fufpendu par quelque condition qui
dépende de l'évènement, ce droit doit être
païé dès que la propriété eft affurée au donataire, encore qu'il n'ait pas l'ufufruit dès
lors ; mais, fi l'éfet de la donation de propriété, ou d'ufufruit, dépend d'un évènement de furvie ou autre, le droit de centième denier ne fera éxigible, que lorfque
cet évènement aura réalifé le droit du donataire.

§. *16. Contrats de mariage, contenant des donations réciproques
entre les futurs conjoints.*

Les donations mutuelles & les donations
réciproques entre futurs conjoints, peuvent être limitées aux éfets de la communauté, & à l'ufufruit ou à la propriété des
conquêts qui en dépendent ; elles peuvent
auffi, mais relativement aux difpofitions
des coûtumes, s'étendre aux propres, en
tout ou partie, foit en propriété, foit en
ufufruit.

Il eft quelquefois ftipulé par le contrat
de mariage qu'il y aura communauté ou fociété univerfelle entre les conjoints de tous
biens meubles & immeubles, préfens & avenir, & qu'au décès de l'un d'eux, le tout
paffera au furvivant, en propriété ou en ufufruit. Ces ftipulations produifant le même
éfet que la donation mutuelle & réfipro-
que, font foumifes aux mêmes règles, &
les mêmes droits en font dûs.

Il a été obfervé, au §. 15 ci-deffus, que, lorfque le contrat de mariage contient donation par l'un des futurs à l'autre, le fermier a l'option de percevoir le droit de *contrôle*, comme contrat de mariage, ou comme donation ; il en eft de même pour les contrats de mariage, contenant des donations réciproques entre les conjoints, fi ces donations font dans le cas de donner lieu, fuivant le tarif, à la perception du plus fort droit de contrôle ; mais, dans ce cas, il doit être réduit en faveur des perfonnes dénommées dans les quatre dernières claffes de l'art. 35 du tarif, lorfque leurs biens défignés dans l'acte, n'excédent pas 20000 l. eú fe conformant à ce qui eft ordonné par l'arrêt de règlement du 2 Mars 1723, raporté au même §. 15, p. 523.

Mais, toutes les donations réciproques ne font pas de nature à donner lieu, fuivant le tarif, à percevoir le plus fort droit de contrôle, quoiqu'elles puiffent avoir des biens à venir pour objet ; il faut confidérer fi les parties auroient pû, fuivant les coûtumes, faire depuis leur mariage par un don mutuel, ce qu'elles ont ftipulé par leur contrat de mariage : fi les donations ftipulées par contrat de mariage, font limitées aux éfets de la communauté & aux conquêts, elles font d'autant plus favorables, qu'en contractant une communauté, il eft naturel d'exprimer de quelle manière les éfets qui la compofent, feront divifés lors de fa diffolution : le tarif même n'a affujéti le don mutuel par l'art. 46, qu'à des droits beaucoup moindres que ceux fixés pour les contrats de mariage.

Comme l'arrêt de 1723, ne doit jamais être invoqué que lorfqu'il peut fervir à diminuer les plus forts droits règlés par les tarifs, il faut commencer par éxaminer fi, pour raifon de la donation mutuelle ou réciproque contenuë dans un contrat de mariage, il y a lieu de percevoir le plus fort droit de contrôle, en fe conformant au tarif.

Si cette donation n'eft pas plus étenduë, & ne produit que les mêmes éfets que produiroit le don mutuel fait entre mari & femme depuis le mariage, il ne paroit pas que le tarif autorife la perception du plus fort droit de contrôle. L'art. 94 renvoie pour les actes qui ne font pas nommément compris dans le tarif, à ceux auxquels ils ont plus de raport ; or, la donation mutuelle des éfets de la communauté & des conquêts, a un raport immédiat au don mutuel, compris dans l'art. 46 du tarif ; ainfi, il femble que pour le contrat de mariage qui contient une pareille donation mutuelle, le fermier, en vertu de l'art. 96, n'a que l'option de percevoir le droit de contrôle, ou comme contrat de mariage, fuivant les art. 33, 34 & 35 ; ou comme don mutuel, fuivant l'art. 46 du tarif.

Il eft vrai que la donation mutuelle par contrat de mariage, eft diférente à certains égards du don mutuel fait depuis le mariage entre mari & femme ; le don mutuel eft le plus communément limité aux éfets mobiliaires de la communauté, & à l'ufufruit des conquêts, il eft confidéré comme un don à titre onéreux, révocable toutesfois & quantes, du confentement commun & unanime des contractans ; & il eft nommément excepté par l'art. 46 de l'ordonnance du mois de Février 1731, de toutes les formalités néceffaires pour la validité des donations entre-vifs. Voïez *Don mutuel*.

Les donations mutuelles par contrat de mariage, font au contraire des difpofitions irrévocables ; leur objet, quoique fubordonné aux difpofitions des coûtumes, n'eft pas fi limité que celui du don mutuel ; elles peuvent comprendre les meubles & les conquêts, même en propriété ; & s'étendre en outre jufques fur une partie des propres. Enfin, elles font affujéties à des règles particulières, dont il fera parlé plus amplement ci-après, verb. *Donation mutuelle*.

Indépendamment de ces diférences pof-
fibles, il paroit que, pour la perception des
droits, il faut s'en tenir aux éfets réels ;
& que par conféquent, lorfque la donation mutuelle par contrat de mariage, ne
doit produire en faveur du furvivant des
conjoints, que le même éfet que lui procu-
reroit un don mutuel fait depuis le mariage, le droit de contrôle ne doit être perçu
que fur le pié des art. 33, 34 ou 35 du tarif ; ou fuivant l'art. 46.

Supofons qu'un fimple gentilhomme paffe
un contrat de mariage pur & fimple, par
lequel les conjoints fe prendront réciproquement avec leurs droits, & que quelque
tems après la bénédiction nuptiale, il foit
fait entre lui & fa femme un don mutuel,
dans toute l'étenduë permife par la coûtume ; il eft certain qu'il ne païera que 40 l.
pour les droits de contrôle de ces deux
actes diftincts : favoir, 30 liv. pour le
contrat de mariage, & 10 liv. pour le don
mutuel. Si, au contraire, il a tout ftipulé
par un même acte, fera-t-il jufte de quin-
tupler ces droits, & de lui faire païer
200 livres ?

A l'égard des autres donations mutuelles
ou réciproques entre les conjoints, qui s'é-
tendent fur les propres, ou qui contiennent d'autres avantages plus confidérables
que ceux du don mutuel, on convient
qu'elles ne paroiffent aplicables qu'à l'article 44 du tarif, qui fixe le droit de contrôle des donations faites par toutes fortes
d'actes, de quelque nature qu'ils foient,
fur le pié règlé par les art. 3 & 4. Ainfi,
lorfque ces donations font indéfinies, comme aïant pour objet des biens à venir, ou
des biens non défignés ni évalués, il eft dû,
fuivant le tarif, le plus fort droit de contrôle, qui n'eft fufceptible de modération
qu'en conformité de l'arrêt du 2 Mars
1723, & en faveur des perfonnes qui y
font défignées feulement.

Quant aux droits d'*infinuation* de toutes les donations mutuelles ou récipro-

ques faites entre futurs conjoints par le
contrat de mariage, ils font fixés par
l'article 4 du tarif de l'infinuation, qui
comprend, non-feulement les dons mutuels, mais, encore les donations mutuelles
& réciproques entre maris & femmes,
ou autres particuliers ; on ne doit pas augmenter ces droits fous prétexte de l'arrêt
du 2 Mars 1723, qui, comme on l'a déja
obfervé, eft un titre de modification &
nullement d'extenfion ; le confeil l'a jugé
plufieurs fois. *Voïez* les décifions des 29
Mai 1728, 19 Mai 1730, 10 & 29 Novembre 1736, & 10 Décembre 1740,
raportées ci-après.

Au furplus, toutes les donations, indiftinctement, dont il s'agit dans ce paragraphe, doivent être *infinuées*. Nous entrerons plus au long dans le détail de ce qui
concerne le lieu & la forme de cette infinuation. Voïez *Donation mutuelle.*

Le droit de centième denier des immeubles eft dû, lorfque la donation mutuelle a fon éfet par la mort de l'un des conjoints ; & qu'en conféquence, le furvivant
a la propriété ou l'ufufruit des biens. *Voïez*
encore *Donation mutuelle.*

Lorfque dans les contrats de mariage
contenant donation mutuelle, il y a des
biens défignés, le fermier a l'option de
percevoir les droits fur les fommes, ou
fuivant la qualité ; il femble qu'en prenant le premier parti, le droit ne devroit être fixé que fur les biens de l'un
des conjoints, & non pas fur ceux de
l'un & de l'autre. Néanmoins le confeil
l'a jugé ainfi. *Voïez* les décifions des 19
Janvier 1732, 26 Août & 16 Septembre 1747, 30 Mars 1748, & 4 Septembre 1750, raportées ci-après ; elles ont,
fans doute, été renduës fur le fondement
des arrêts des 9 Février & 11 Mai 1706,
qui ont jugé que le droit d'infinuation des
ftipulations d'augment, feroit perçu fur le
pié de l'augment & du contr'augment joints
enfemble.

Après

Après ces principes, l'on va raporter les diférens arrêts & décifions intervenus fur les conteftations qui fe font élevées au fujet des contrats de mariage, contenant des dona-tions mutuelles & réciproques; il s'y trouve quelque diverfité, furtout par raport aux droits d'infinuation, mais il y a lieu d'efpérer que la jurifprudence fur des objets auffi intéreffans, fera bien-tôt invariablement fixée.

Arrêt du confeil du 12 Janvier 1723, qui caffe une ordonnance du lieutenant général d'Orléans ; & qui juge qu'il eft dû 50 liv. pour le droit d'*infinuation* du contrat de mariage de Martin Dupin, emploïé dans les fermes, contenant donation entre-vifs en faveur du furvivant, de toutes les fommes mobiliaires aportées en communauté ; favoir, de la part de la femme 1800 l. & de celle du mari 800, & en outre, de tous les autres biens meubles & immeubles qui pourront leur avenir pendant la communauté.

Décifion du confeil du 1er Août 1723, qui juge qu'il eft dû 200 liv. pour droit de *contrôle*, du contrat de mariage d'un bourgeois de Verfailles, contenant donation réciproque en ufufruit de tous les biens du prédécédé.

Par autre décifion du 9 Décembre 1725, il a été jugé qu'il étoit dû 200 livres pour droit de *contrôle*, & 50 liv. pour celui d'*infinuation* d'un contrat de mariage, contenant donation réciproque de la propriété des biens préfens & à venir ; le mari foûtenoit que tous les biens actuels ne valoient pas 3000 liv. mais il étoit compris dans la deuxième claffe de l'art. 35 du tarif, & la donation étoit indéfinie.

Décifion du confeil du 10 Février 1726, qui juge que le droit de *contrôle* d'un contrat de mariage, contenant donation mutuelle en faveur du furvivant, de l'ufufruit des biens du prédécédé, eft dû en conformité de l'arrêt du 2 Mars 1723 ; la partie foûtenoit qu'il n'étoit dû que fur le pié de l'article 46 du tarif.

Décifion du confeil du 19 Mai 1728, qui juge que pour l'*infinuation* d'un contrat de mariage, contenant donation au furvivant de l'ufufruit de tous les biens de l'autre, il n'eft dû que 20 liv. fuivant la feconde claffe de l'*art. 4 du tarif* de l'infinuation.

Autre décifion du 19 Mai 1730, fur le mémoire du fieur Gafton, capitaine de grenadiers, qui juge qu'il eft dû 200 liv. pour le droit de *contrôle* de fon contrat de mariage, par lequel les conjoints fe donnent l'ufufruit de leur augment ; & en outre, le mari donne à la femme l'ufufruit de fes biens ; mais, cette décifion porte qu'il n'eft dû que 20 liv. pour le droit d'*infinuation* de la donation mutuelle, *fuivant l'art. 4 du tarif*.

Décifion du confeil du 19 Janvier 1732, au fujet d'une donation mutuelle & réciproque de 1000 l. en faveur du furvivant. Décidé que le droit d'infinuation eft dû fur le pié de 2000 l.

Décifion du confeil du 11 Décembre 1734, portant que le fermier a l'option de percevoir le droit d'*infinuation* du contrat de mariage du fieur Touring, relieur à Paris, contenant donation mutuelle, foit fur les fommes défignées, foit fur le doublement de la qualité, fuivant l'arrêt de 1723.

Autre du 5 Janvier 1736, qui déboute Georges Barbier, marchand à la Ferté-au-Col, de fa demande en reftitution de partie des droit perçûs, pour fon contrat de mariage, contenant donation mutuelle de meubles & conquêts, & donation réciproque des propres naiffans & fictifs. Le commis avoit perçû fuivant la qualité, & relativement à l'arrêt de 1723. Mais, les biens défignés excédant 20000 liv. il avoit été forcé en recette, jufqu'à concurrence de 240 liv. pour le contrôle, & de 24 liv. pour l'infinuation ; le confeil a déchargé du forcement, par fin de non recevoir, & débouté la partie de fa demande, tendante à réduire les droits fur les biens défignés.

Tome I.   X x x

CON

Contrats de mariage §. 16.

Autre décifion du 10 Novembre 1736, au fujet du contrat de mariage du fieur de Beauplé, contenant donation mutuelle indéfinie, pour les droits de contrôle, & d'infinuation duquel le commis avoit perçû 300 liv. Cette décifion juge que le droit de contrôle a été bien perçû, mais, que celui d'*infinuation* n'a dû l'être que *fuivant l'article 4*, qui concerne les dons mutuels.

Autre décifion du 29 Novembre 1736, au fujet du droit d'*infinuation* du contrat de mariage de Hubert Bretonneau, maître fondeur à Paris, contenant donation mutuelle. Décidé qu'il ne peut être perçû que conformément à l'art. 4 du tarif.

Décifion du 3 Mai 1738, qui déboute le fieur Quarré de Rougemont de fa demande, tendante à ce que le droit d'infinuation de fon contrat de mariage, contenant donation mutuelle & réciproque, fut réglé fuivant l'art. 4 du tarif.

Décifions du confeil des 18 Octobre 1738, & 28 Février 1739, qui confirment une ordonnance de M. l'intendant de Bourges, par laquelle les droits du contrat de mariage du fieur de Boiffivard de la Romagere, de la première claffe, contenant donation en faveur du furvivant, de l'ufufruit des biens du premier mourant, en cas qu'il n'y eût point d'enfans, ont été fixés à 200 liv. pour le contrôle, & 50 l. pour l'infinuation.

Autre décifion du 29 Novembre 1738, qui confirme une femblable ordonnance de M. l'intendant de Bretagne, au fujet du contrat de mariage du fieur Dorineau, écuïer, contenant donation mutuelle de biens préfens & à venir. Cette décifion porte que, la donation étant indéfinie, le fermier a eû l'option de percevoir, comme contrat de mariage, ou comme donation.

Autre décifion du 17 Janvier 1739, qui réforme une ordonnance de M. l'intendant de Tours, par laquelle il avoit fixé à 48 liv. de contrôle, & à 6 liv. d'infinuation, les droits du contrat de mariage de

Jofeph Bruzeau, fergetier à Tours, contenant donation mutuelle en propriété de tous les meubles & éfets mobiliaires, acquêts & conquêts, & du tiers des propres à vie; en conféquence, le confeil a jugé qu'il étoit dû 200 liv. pour droit de contrôle, & 50 liv. pour celui d'infinuation.

Décifion du 24 Janvier 1739, contre le fieur Defages, maréchal des logis des moufquetaires, qui le déboute de fa demande, tendante à la décharge du fuplément des droits de contrôle de fon contrat de mariage, contenant donation indéfinie. Cette décifion porte que le fieur Defages étant de la feconde claffe, & la donation étant indéfinie, elle eft fujéte au plus fort droit de contrôle.

Autre du 14 Mars 1739, au fujet du contrat de mariage du fieur Coudert, notaire à Gueret, par lequel les futurs fe font réciproquement inftitués héritiers de tous les biens meubles & immeubles qui fe trouveront apartenir à celui des conjoints qui décédera le premier. Décidé en faveur du fermier qui demandoit 200 liv, de contrôle, & 50 livres d'infinuation.

Autre décifion du 14 Novembre 1739, au fujet du droit d'*infinuation* du contrat de mariage du fieur Laguiau, gantier à Paris, contenant donation réciproque & indéfinie, au profit du furvivant, de tous les biens meubles & immeubles, préfens & à venir, qui apartiendront au prédécédé. Le fermier a prétendu 48 liv. fuivant l'arrêt de 1723, & la partie a foûtenu ne devoir que 24 liv. fuivant l'art. 4 du tarif; *décidé* qu'aux termes de l'arrêt de 1723, le droit doit être doublé.

Décifion du 21 Novembre 1739, qui juge la même chofe contre le fieur Dupont, limonadier à Paris, dont le contrat de mariage contient donation réciproque; favoir de la part du mari, de tous fes meubles & immeubles, propres & acquêts; & de celle de la femme, de tous fes meubles & acquêts. Il prétendoit également que le droit d'infinuation devoit être règlé fur le pié de l'article 4.

Décifion du 26 Novembre 1740 , qui juge que les plus forts droits de contrôle & d'infinuation , font dûs pour le contrat de mariage du fieur Duval , écuïer , contenant donation réciproque & indéfinie.

Décifion du confeil du 10 Décembre 1740 , qui déboute le fermier de fon apel d'une ordonnance de M. l'intendant de Tours , par laquelle les droits du contrat de mariage du nommé Roufleau , boulanger à Tours , contenant donation réciproque au furvivant , de la propriété des éfets mobiliaires , & de la jouïffance des conquêts & du tiers des propres , avoient été règlés ; favoir , celui de contrôle fur les conftitutions , & celui d'*infinuation fur le pié de l'art. 4 du tarif*.

Autre décifion du 21 Janvier 1741 , qui réforme une femblable ordonnance de M. l'intendant de Tours , renduë en pareil cas , en faveur du nommé Lamotte , perruquier à Tours. Cette décifion porte que les droits font dûs fur la troifième claffe de l'art. 35 en doublant.

Décifion du 15 Avril 1741 , qui juge qu'il eft dû le plus fort droit de contrôle , pour le contrat de mariage du fieur Faultier , de la première claffe de l'article 35 , contenant donation indéfinie entre les futurs ; en conféquence , réforme une ordonnance de M. l'intendant d'Orléans.

Autre du 2 Septembre 1741 , qui confirme une ordonnance de M. l'intendant de Champagne , par laquelle il avoit fixé à 200 liv. le droit de contrôle du contrat de mariage du fieur Salomon Bohain , gentilhomme , contenant donation mutuelle indéfinie de meubles & immeubles , au cas qu'il n'y eut point d'enfans ; on opofoit qu'il y avoit actuellement des enfans , & que les biens étoient évalués 2000 liv.

Autre décifion du confeil du 14 Mai 1742 , qui juge que les droits du contrat de mariage du fieur Pechon , directeur de la pofte , à la Ferre en Picardie , contenant donation indéfinie réciproque , en faveur du furvivant , font dûs fur le pié règlé par l'arrêt de 1723.

Décifion du 8 Décembre 1742 , portant qu'il n'y a pas moïen d'éxemter du plus fort droit de contrôle , la donation mutuelle ftipulée en propriété , en faveur du furvivant , par le contrat de mariage du fieur de Champinart. M. l'intendant de Bourges avoit jugé que le droit de contrôle ne devoit être perçû que fur le pié des art. 35 ou 46 du tarif.

Décifion du confeil du 13 Février 1745 , qui déboute Loüis Denis , compagnon maçon , de fa demande en réduction de 50 l. perçûs pour le droit d'infinuation de fon contrat de mariage , contenant donation au furvivant , de tous les biens du prédécédé ; & juge que le fermier a été fondé à liquider ce droit , fur le montant de la dot de la femme qui étoit défignée.

Autre du 20 Novembre 1745 , qui réforme une ordonnance de M. l'intendant de Tours , & en conféquence , juge qu'il eft dû les plus forts droits de contrôle & d'infinuation , pour le contrat de mariage du fieur de la Vigoniere , chevalier de faint Loüis , commandant le régiment de Rohan , contenant donation mutuelle des meubles , & de l'ufufruit des acquêts de la communauté. M. l'intendant avoit fixé le contrôle à 50 liv. & l'infinuation à pareille fomme.

Arrêt du confeil du 21 Décembre 1745 , qui réforme deux ordonnances de M. l'intendant de Bourges ; & condamne Jean Brault , cabaretier , & Ignace Coudreau , tailleur , à païer par forme de fuplément , l'excédent des droits d'*infinuation* de leurs contrats de mariage , fur le pié de 40 liv. pour chacun , & au coût de l'arrêt. Par ces contrats , il eft dit que la femme , en cas de furvie , aura une part d'enfant , dans la fucceffion du mari , & qu'en cas de prédécès de la femme , le mari ne fera tenu de

— rendre à fes héritiers, que ce qu'il aura reçu d'elle, ou à caufe d'elle. M. l'intendant avoit bien fixé le droit de contrôle de chacun de ces contrats de mariage à 40 liv. fur le pié du double de la qualité; mais il avoit réduit le droit d'infinuation à 20 liv. feulement, fuivant l'art. 4 du tarif de l'infinuation.

Autre arrêt du confeil du 21 Décembre 1745, qui caffe une ordonnance du fubdélégué de l'intendance de Bretagne; en conféquence, condamne le fieur Jofeph-Bernard Allain, écuïer, à païer 240 liv. faifant, avec 60 liv. par lui acquitées, 300 liv. dûes pour les droits de contrôle & d'infinuation, y compris les quatre fols pour livre, de fon contrat de mariage, contenant donation mutuelle au furvivant de la propriété des meubles & éfets mobiliaires, qui fe trouvéront apartenir au premier décédé, & de l'ufufruit de fa portion dans les conquêts de la communauté. Le fubdélégué avoit réglé le droit de contrôle à 36 l. fuivant la feconde claffe de l'art. 35, & le droit d'infinuation à 24 liv. fuivant l'article 4 du tarif de l'infinuation.

Décifion du confeil du 26 Mars 1746, portant qu'il n'eft dû que 6 liv. pour les droits de contrôle & d'infinuation du contrat de mariage d'un charon, à la campagne, contenant donation mutuelle; cette liquidation a été faite en conformité de l'arrêt de 1723; elle auroit été plus favorable au fermier, fi elle avoit été faite fur le pié des art. 46 du tarif du contrôle, & 4 de celui de l'infinuation; mais on a fuivi la jurifprudence qui avoit cours.

Décifion du confeil du 26 Août 1747, fur le mémoire de Jean le Roy, qui juge régulière la perception de 40 liv. pour droit d'infinuation du contrat de mariage d'un domeftique, par lequel les conjoints fe conftituent chacun 2000 liv. & fe font donation mutuelle & réciproque de tous leurs biens.

Autre décifion du 16 Septembre 1747,

contre Marc Trudelle, domeftique à Paris, au fujet du droit d'infinuation de fon contrat de Mariage; fes aports & ceux de fa femme, réunis, montent à 3000 liv. & ils fe font fait donation mutuelle de tous leurs biens. *Décidé* que le droit d'infinuation eft dû fur les deux fommes.

Décifion du confeil du 9 Mars 1748, qui déboute le findic des états de la province de Bretagne de fon opofition à l'arrêt du confeil du 21 Décembre 1745 raporté ci-deffus, rendu contre le fieur Allain.

Autre décifion du 9 Mars 1748, au fujet du contrat de mariage du fieur de Langotiere, écuïer, garde du corps du Roi, paffé au Mans, contenant donation mutuelle & indéfinie du tiers de leurs biens. Décidé qu'il eft dû les plus forts droits de contrôle & d'infinuation.

Décifion du confeil du 30 Mars 1748, qui juge régulière la perception de 50 liv. pour droit d'infinuation du contrat de mariage du nommé Maclart, menuifier à Paris, contenant donation au furvivant de tous les meubles & immeubles; attendu que les aports réunis des deux conjoints, montent à 5000 liv.

Autre décifion du 29 Mars 1749, qui réforme une ordonnance de M. l'intendant de Caën, par laquelle il avoit jugé qu'il étoit dû deux droits de contrôle pour le contrat de mariage du fieur Bouteiller du Bordage, contenant donation réciproque au furvivant des meubles du prédécédé; l'un fur le pié de l'art. 34 du tarif, & l'autre fuivant l'art. 46, comme don mutuel; & en conféquence, le confeil a confirmé la perception qui avoit été faite de 100 liv. pour le contrôle, attendu que ledit fieur du Bordage eft de la feconde claffe.

Autre décifion du 13 Décembre 1749, qui juge régulière la perception de 300 liv. pour les droits de contrôle & d'infinuation, y compris les quatre fols pour liv. du contrat de mariage du fieur Beffard, confeiller au préfidial de Nantes, contenant donation mutuelle de meubles en faveur du furvivant. Le fieur Beſſard opoſoit que cette donation ne produiſant que le même éfet qu'auroit produit le don mutuel, permis par la coûtume entre mari & femme, les droits de contrôle n'en devoient être éxigés que ſur le pié de l'art. 46 du tarif.

Décifion du conſeil du 25 Juillet 1750, qui confirme la perception faite à Mondidier de 300 liv. y compris les quatre ſols pour livre, pour les droits de contrôle & d'inſinuation du contrat de mariage du fieur Boquillon, écuïer, contenant donation mutuelle de l'uſufruit de tous biens préſens & à venir.

Décifion du 4 Septembre 1750, qui juge régulière la perception de 50 liv. pour droit d'inſinuation du contrat de mariage de Claude Clerget, valet de chambre, contenant donation réciproque de l'uſufruit de tous les biens du premier mourant; & cela, parce que les conſtitutions montent à 8500 liv. ſavoir, 6000 liv. de la part du mari, & 2500 liv. de celle de la femme.

Autre décifion du 22 Juillet 1751, au ſujet du coutrat de mariage du fieur le Maintier des Granges, écuïer, contenant donation mutuelle de tous les biens meubles, & de l'uſufruit des conquêts qui ſeront faits pendant la communauté; pour en jouïr par le furvivant, aux charges de la coûtume de Bretagne; pour lequel contrat, il a été perçu 200 l. de contrôle, & 50 l. d'inſinuation. Le fieur le Maintier s'étant pourvu contre cette perception, a foûtenu qu'il ne s'agiſſoit que d'un ſimple don mutuel. *Décidé* que les droits ſeront païés ſuivant l'arrêt du 2 Mars 1723.

Autre décifion du 30 Décembre 1751, contre le fieur Dupuis de Marzial, gentilhomme de la manche, qui ſe plaignoit de ce qu'il avoit été perçu par le commis du Bourgdaut, généralité d'Amiens, 200 liv. pour droit de contrôle de ſon contrat de mariage, contenant donation au furvivant de tous les meubles, acquêts & conquêts

en propriété, & de l'uſufruit des propres; il a été débouté de ſa demande en modération, attendu qu'il s'agit d'une donation indéfinie, & que les biens déſignés excédent 20000 liv.

Décifion du conſeil du 7 Septembre 1752, ſur le mémoire de Laurent Picard, au ſujet des droits du contrat de mariage de ſa fille avec le fieur Bontems, maître de penſion à Beauvais, contenant donation mutuelle de tous biens, meubles, acquêts, conquêts & propres. *Décidé*, en conformité de l'arrêt de 1723, qu'il eſt dû 40 liv. pour le droit de contrôle, en doublant ce qui eſt fixé par la troiſième claſſe de l'art. 35 du tarif; & qu'il eſt dû pareille ſomme pour le droit d'inſinuation.

Autre décifion du 20 Décembre 1753, qui réforme une ordonnance de M. l'intendant de Tours, par laquelle le droit de contrôle du contrat de mariage du fieur Chevalier d'Aligre, contenant donation réciproque, générale & indéfinie, avoit été fixé ſur le pié réglé pour les dons mutuels; ſur l'apel, la partie demandoit que le droit de contrôle fût réglé ſur les aports, montans à 8000 liv. *Décidé* qu'il eſt dû 200 liv. pour ledit droit de contrôle.

§. 17. *De la ſtipulation de communauté; & des clauſes qui y dérogent, ou qui y aportent quelque reſtriction ou modification.*

Il eſt ordinaire de ſtipuler par contrat de mariage, une communauté entre les conjoints, dans les païs où la loi n'eſt pas prohibitive de communauté. Cette ſtipulation ne donne lieu à la perception d'aucun droit particulier, quand bien même elle fixeroit l'époque de la communauté avant ou après le tems déterminé par la loi. *Voïez* cidevant *Communauté.*

Si le contrat de mariage contient *excluſion* de communauté, ou ſéparation de biens entre les conjoints, cette claufe eſt ſujéte à l'*infinuation* ; & le droit eſt dû conformément à l'art. 7 du tarif, qui renvoïe à l'art. 4.

Quant aux clauſes qui reſtraignent ou qui modifient la communauté, elles ſont de diverſes eſpèces.

1°. Il eſt loiſible de ſtipuler par le contrat de mariage que la femme ſeule, & en cas qu'elle ſurvive, ſera admiſe au partage de la communauté; & qu'au cas qu'elle décéde la première ſans enfans, ſes héritiers feront exclus de ce partage, & que toute la maſſe de la communauté reſtera au mari. A ce moïen, tout ce qui eſt tombé du chef de la femme dans la communauté, reſte au mari, & les collatéraux de la femme ne reprennent que ce qu'elle a aporté en dot, & les propres qui lui ſont échus depuis.

C'eſt donc un avantage réel fait au mari par la femme, qui tend à lui aſſurer le fruit de ſon travail, & de la mutuelle collaboration des conjoints ; il le tient d'une convention libre, qui produit en ſa faveur le même éſet que la donation mutuelle.

2°. L'on peut modifier cette clauſe à l'égard des collatéraux de la femme, en ſtipulant qu'ils ne ſeront exclus qu'en leur donnant, par le mari, une ſomme fixe, ou qu'il ſera loiſible au mari, pour ſe décharger de cette ſomme, de les admettre au partage de la communauté.

Cette clauſe eſt également avantageuſe au mari, puiſqu'elle lui attribuë le droit d'exclure les héritiers, & que ceux-ci ne peuvent lui demander aucun partage de la communauté, mais ſeulement la ſomme ſtipulée; au moïen de quoi le mari conſerve tous les profits de la communauté.

3°. On peut encore ſtipuler que la femme, en cas de ſurvie, poura renoncer à la communauté, & faire ſes repriſes de ſon aport de mariage, & de ce qui lui ſera échu depuis, franc & quite de toutes dettes.

Si la faculté de reprendre n'a pour objet que les propres & ce qui eſt conſtitué en dot

à la femme, elle eſt de droit commun; mais, s'il eſt ſtipulé que la femme, en renonçant à la communauté, poura reprendre ce qu'elle y avoit mis, & être éxemte des dettes de cette communauté, c'eſt un avantage indéfini qui lui eſt fait par le mari, lequel en ſe deſſaiſiſſant de ſon droit ſur toute la communauté, charge ſes biens ſeuls des dettes communes.

4°. L'on ſtipule auſſi quelquefois que les collatéraux de la femme, pouront renoncer ou accepter la communauté ; & qu'en cas de renonciation, ils ne prendront que les propres avec le remploi des aliénations.

Cette clauſe ne peut opérer aucuns droits, parce qu'elle n'aoûte ni ne diminuë rien à la liberté qu'ont de droit les héritiers, d'accepter ou de renoncer à la communauté ; & que, de quelque façon qu'ils uſent de cette liberté, le contrat de mariage n'attribuë rien au mari, au-delà de ce qu'il auroit de droit, dans l'un comme dans l'autre cas.

Il s'agit de ſavoir ſi les trois premières eſpèces de ſtipulations influent ſur la perception du droit de contrôle des contrats de mariage ; & ſi le fermier peut en éxiger le droit d'infinuation, & ſur quel pié.

Quoique ces ſtipulations ſoient des avantages indéfinis en faveur de l'un des conjoints, on eſtime qu'elles ne doivent nullement changer la perception du droit de *contrôle*, qui eſt dû ſur les autres diſpoſitions du contrat de mariage ; on doit en uſer à cet égard, comme il a été dit, §. 14, pour les ſimples gains de ſurvie.

Quant au droit d'*infinuation*, la prétention en a été rejettée par quelques déciſions, ſur le fondement, que ſi ces clauſes ſont des donations, le défaut d'infinuation en emporte la nullité ; qu'ainſi, c'eſt aux parties à ſe juger elles-mêmes, & à requérir l'infinuation, ſi elles le jugent à propos. L'on va raporter ces déciſions ; & l'on raportera enſuite les raiſons & les autorités qui y ſont contraires.

Voïez la Décision du 22 Décembre 1731, sur le mémoire des notaires de Mantes, dans la première espèce proposée ; c’est-à-dire, lors qu’en cas de prédécès de la femme sans enfans , ses collatéraux sont exclus de la communauté. Cette décision ne juge rien : elle porte seulement que quant à ces stipulations d’exclusion du partage de la communauté à l’égard des héritiers de la femme , les notaires ou les parties se pourvoiront dans les cas particuliers.

Autre décision du 20 Juin 1733 , en faveur du sieur Delaunay , épicier à Mantes, qui demandoit la décharge du droit d’insinuation de son contrat de mariage , portant qu’en cas de prédécès de la future sans enfans, ses collatéraux n’auront aucune part dans les biens & acquêts, & qu’ils reprendront seulement la dot & les propres, il soûtenoit que ce n’étoit pas une donation.

Autre du 17 Novembre 1742 , sur le mémoire des notaires de Meaux , Mantes & Etampes , au sujet de la claufe , qu’arrivant le décès du futur , il sera libre à la future & à ses enfans & héritiers de reprendre , franc & quite , son aport de mariage , même ce qu’elle aura mis en communauté , & ce qui lui sera échu depuis. *Décidé* que c’est aux juges ordinaires à prononcer sur la qualité de cette clause ; & que si c’est un avantage , ou donation sujéte à l’insinuation , la partie est intéressée à faire insinuer pour éviter la nullité.

Autre décision du 16 Février 1743 , au sujet du contrat de mariage de Jean le Jaud, portant que , si le mari survit sans enfans, tous les profits de la communauté lui apartiendront ; il avoit été perçu pour cette stipulation un droit d’insinuation , dont M. l’intendant de Moulins a ordonné la restitution. Sur l’apel , *décidé* que le fermier ne doit point éxiger le droit d’insinuation , & que c’est aux parties à se juger elles-mêmes; parce que , si la clause est sujéte à l’insinuation , elle sera nulle au détriment de celui qui aura voulu courir les risques. Ainsi , le droit perçu sera restitué, & l’insinuation raïée sur le contrat.

Par ces décisions , le conseil convient qu’il y a libéralité dans lesdites stipulations , qui ne dépendent que de la convention des contractans ; & comme elles procurent éfectivement un avantage à l’un des conjoints , il résulte que le droit d’insinuation est dû. On ne conteste pas positivement qu’il y ait avantage , ni par conséquent , qu’il soit dû un droit d’insinuation ; mais l’on veut que ces clauses soient considérées, comme étant sujétes aux formalités prescrites pour les donations entre-vifs ; d’où il s’ensuivroit que le défaut d’insinuation les rendroit nulles , & que , par conséquent , cette insinuation est volontaire de la part de la partie , qui peut la requérir , ou refuser de satisfaire à cette formalité.

La question se réduit donc à savoir si ces stipulations doivent être regardées comme donations entre-vifs , sujétes à être insinuées à peine de nullité ; ou si ce sont simplement des avantages sujets au droit d’insinuation , dont le défaut de la formalité n’emporte pas la nullité.

Il est certain que ces clauses ne sont point de véritables donations entre-vifs : ce sont de simples conventions matrimoniales , que l’on doit ranger dans la même classe , que les stipulations dont il a été fait mention ci-dessus , §. 14 , qui étant moins de véritables donations entre-vifs , que de simples avantages , sont sujets à l’insinuation & au païement du droit , sans que la peine de nullité s’ensuive du défaut d’insinuation.

Il a été jugé que les stipulations dont il s’agit , quoiqu’elles emportent avantage en faveur de l’un ou de l’autre des conjoints , sont valables , quoique non insinuées. Arrêt du parlement de Paris du 18 Mai 1602 , raporté par M. Loüet, Lettre D. som. 64 ; & par Ferriere sur l’art. 220 de la coûtume de Paris , n. 22. *Voïez* encore , sur la nature de ces stipulations, Duplessis, traité de la communauté , liv. 2, ch. 1 , sect. 1, pag. 425 ; le Brun de la communauté , pag. 20, n. 8 ; & le Droit commun de la France par M. Bourjon, tom. 1 , tit. 10, ch. 2, sect. 3 ; n. 29 & suivans.

Ces stipulations font tellement considérées , comme des avantages faits à l'un des conjoints, que ceux entre lesquels elles ont été exprimées , ne peuvent plus faire valablement de don mutuel. Tr. de la com. Derenuf. ch. 4 ; n. 11 , & comme ces avantages ne font pas nuls par le défaut d'insinuation , il s'ensuit que le fermier est fondé à demander le droit , & même à le percevoir en contrôlant les contrats de mariage ; il ne reste donc qu'à établir quelle doit être la quotité de ce droit.

Il est cité dans le commentaire de l'article 7 du tarif de l'insinuation , une décision du 19 Mai 1730, au sujet de la clause, par laquelle il est stipulé qu'en cas de décès de la future fans enfans , ses héritiers ne pourront demander que fa dot , & que le surplus de ce qui se trouvera dans la communauté , apartiendra au futur; & l'on dit qu'il a été jugé que cette clause équipole à l'exclusion de communauté , & que le droit d'insinuation est dû fur le pié réglé par ledit article 7.

Mais, cette clause ne peut être assimilée à l'exclusion de communauté entre mari & femme, dont l'éfet est d'empêcher que leurs biens & revenus ne deviennent communs , & qu'il ne se fasse aucune confusion de ceux de l'un & de l'autre ; cet éfet est le même pour chacun des conjoints, fans procurer plus d'avantage à l'un qu'à l'autre.

Les stipulations dont il s'agit, établissent au contraire une communauté entre le mari & la femme : elles font la suite & la conséquence de cette communauté. Si l'on peut les qualifier d'exclusion, c'est seulement à l'égard des collatéraux de la femme, qui font privés de prendre part à la communauté; & cette exclusion est la même que celle du don mutuel, qui exclud également les héri-

tiers du prédécédé, de participer à la communauté : elle opére le même éfet , en faveur du mari, en lui attribuant tous les profits , meubles & conquêts de la communauté; aussi les conjoints ne peuvent faire de don mutuel après de semblables stipulations, comme on l'a observé ci-dessus.

Le terme d'exclusion dans ce fens est impropre ; c'est un véritable don que fait la femme à fon mari au préjudice de ses collatéraux seulement; le mari n'en profite qu'en vertu de la stipulation expresse, puisque fans cela , les héritiers de la femme seroient fondés de droit à répéter la moitié de la communauté.

Il s'enfuivroit donc que les droits de contrôle & d'insinuation des contrats de mariage qui contiennent de semblables dispositions, devroient être perçûs, comme pour ceux qui renferment les donations dont il est parlé ci-dessus , §. 15 & 16 , puifqu'il y a un avantage indéfini en faveur de celui des conjoints, au profit duquel la stipulation est faite ; c'est même ce que le conseil a jugé lorsqu'il a statué fur la quotité des droits. Néanmoins , comme ces stipulations méritent plus de faveur que les donations absolues & indéfinies, on estime qu'il est juste d'en user pour les droits de contrôle , & pour ceux d'insinuation, comme il a été observé au §. 14 pour les gains de survie.

Par arrêt du conseil du 19 Avril 1720, le Sr Leclopé, notaire à Bourges, a été condamné au païement des plus forts droits de contrôle & d'insinuation pour le contrat de mariage de Charles Daulny , contenant que, si la femme survit fans enfans , elle aura tous les meubles & éfets mobiliaires qui se trouveront lors du décès du mari.

Décision du conseil du 22 Mai 1736 , qui juge qu'il est dû 50 liv. pour le droit d'insinuation de la clause du contrat de mariage du fieur Bernot de Mouchy, tréforier de France à Bourges, contenant que si la future meurt la première , fans enfans , le mari ne fera tenu de rendre à fes héritiers que ce qu'il aura reçu d'elle ou à caufe d'elle.

Décifion du 5 Février 1737, qui condamne le fieur Androdias à païer 50 liv. pour droit d'infinuation d'une ftipulation de fon contrat de mariage, portant que, s'il furvit à fa femme, il aura tous les profits de la communauté, & qu'il fera quite en rendant aux héritiers ce qu'il aura reçu d'elle.

Décifion du confeil du 10 Mai 1738, qui juge que les droits de contrôle & d'infinuation du contrat de mariage d'Euftache Maroles ont été régulièrement perçus fur le pié réglé par l'arrêt du 2 Mars 1723. Il étoit ftipulé par ce contrat, que, fi le futur ou la future décédoient dans les trois premières années du mariage, les héritiers du prédécédé ne pouroient prétendre aucune part dans la communauté, laquelle apartiendroit, pour le tout, au furvivant, en rendant aux héritiers du prédécédé ce qu'il auroit aporté.

Décifion du 29 Novembre 1738, au fujet du contrat de mariage de Nicolas Michel, blanchiffeur de toiles, contenant qu'arrivant la diffolution de la communauté, il fera loifible à la future, fi elle furvit, d'accepter ou de renoncer, & qu'en cas de renonciation, elle reprendra franchement la fomme par elle mife en communauté, & fes propres; & que fi le mari furvit fans enfans, les collatéraux de la femme, en renonçant, reprendront feulement les propres. Cette décifion juge qu'il y a avantage réciproque, & que les droits ont été bien perçus fur le pié réglé par l'arrêt de 1723.

Arrêt du confeil du 21 Décembre 1745, qui réforme deux ordonnances de M. l'intendant de Bourges, & condamne deux particuliers à païer l'excédent des droits de contrôle & d'infinuation, jufqu'à concurrence de ceux réglés par l'arrêt du 2 Mars 1723, pour leurs contrats de maria

ge, par lefquels il étoit ftipulé que la femme auroit, en cas de furvie, une part d'enfant; & pour balancer cet avantage, il étoit dit qu'en cas de prédécès de la femme, le mari ne feroit tenu de rendre à fes héritiers, que ce qu'il auroit reçu d'elle ou à caufe d'elle.

Décifion du confeil du 28 Mai 1746, qui juge que le plus fort droit de contrôle eft dû pour le contrat de mariage du fieur de Billy Dantilly, parce qu'il y eft ftipulé que fi la femme furvit, fans enfans, & que les frère & fœur du futur meurent fans enfans, tout le mobilier & les acquifitions de la communauté apartiendront à la femme, au cas que le mari n'en ait pas difpofé.

Décifion du 9 Mars 1748, qui juge que les plus forts droits de contrôle & d'infinuation font dûs pour le contrat de mariage du fieur Catherinot de Barmond, contenant ftipulation d'un gain de furvie de 600 liv. & de ce qui peut revenir à l'un & à l'autre: favoir, à la future, de la faculté de renoncer à la communauté, & de faire fes reprifes quites de toutes dettes; & au mari, de ce qu'en cas de furvie, fans enfans, il ne rendra aux héritiers de la femme que ce qu'il aura reçu d'elle ou à caufe d'elle; au moïen dequoi, tous les profits de la communauté feront pour lui.

Décifion du confeil du 16 Janvier 1751, au fujet du contrat de mariage du fieur Paillac, par lequel il eft ftipulé que, fi la femme furvit, fans enfans, elle remportera, en éxemtion de toutes dettes, une fomme pour les meubles à elle promis, ou tous les meubles qui fe trouveront en effence. Sur la demande du droit d'infinuation, il a opofé que cette claufe n'eft pas une donation, mais une fimple ftipulation, dont l'éfet eft d'empêcher les meubles de la femme d'entrer en communauté. *Décidé* que le mari étant le maitre de la communauté, la faculté de remporter eft un avantage qu'il fait à fa femme, & que le droit d'infinuation. en eft dû.

Arrêt du confeil du 12 Septembre 1752, qui réforme une ordonnance de M. l'intendant d'Amiens, & condamne François Bailly, dévalleur de vin à Amiens, au païement des droits de contrôle & d'infinuation de fon contrat de mariage, en conformité de l'arrêt du 2 Mars 1723, à caufe d'une ftipulation, portant que, fi la femme meurt la première, fans enfans, fes collatéraux ne pouront prétendre qu'une fomme de 100 liv. pour toute part dans la communauté.

§. 18. De l'ameubliffement.

Ameublir un immeuble, c'eft lui donner la qualité de meuble, à l'éfet de le faire entrer dans la communauté des futurs conjoints; celui qui n'a pas fuffifamment d'éfets mobiliaires, pour fournir ce que l'on eft convenu que chacun mettroit dans la communauté, peut ftipuler l'ameubliffement d'une partie de fes immeubles, pour les faire tomber dans la communauté; mais cette ftipulation ne peut avoir lieu que par contrat de mariage, & c'eft communément de la part de la femme qu'elle a lieu.

L'ameubliffement fe fait de différentes manières, qui font expliquées par Boucheul fur l'art. 229 de la coûtume du Poitou, n. 23 & fuivans; 1°. L'on peut ftipuler qu'un immeuble de la femme fera ameubli jufqu'à concurrence d'une certaine fomme qui entrera dans la communauté, ce n'eft pas l'immeuble même qui entre dans la communauté, c'eft feulement la fomme convenuë, & l'immeuble conferve fa qualité de propre; le mari peut feulement l'affecter & l'hypotéquer jufqu'à concurrence de cette fomme.

2°. S'il eft convenu qu'un immeuble fera vendu, pour les deniers en provenans être mis dans la communauté, le mari peut alors aliéner cet immeuble, fans le confentement de fa femme; mais, jufqu'à cette aliénation, elle en demeure propriétaire, tellement que fi la communauté eft diffoluë avant que l'immeuble ait été vendu, il conferve fa qualité de propre, & apartient à la femme ou à fes héritiers de la ligne, à la charge de tenir compte à la communauté de la fomme convenuë.

3°. S'il eft ftipulé que l'immeuble eft ameubli, pour entrer dans la communauté, ou fimplement, que cet immeuble entrera dans la communauté, fans parler d'ameubliffement, il eft dès ce moment, réputé un conquêt de la communauté, comme faifant partie d'icelle; & il y entre de telle forte, que fi la femme ou fes héritiers renoncent à la communauté, l'immeuble apartiendra au mari ou à fes héritiers, comme un conquêt, à moins que la reprife n'en ait été ftipulée par le contrat de mariage.

Les immeubles ameublis font diftraits du patrimoine de celui auquel ils apartenoient, pour entrer dans la communauté. Le pouvoir du mari fur le propre ameubli de fa femme, eft le même que fur un conquêt ordinaire; parce qu'à l'égard de la communauté, & par raport au droit du mari, l'ameubliffement d'un immeuble opère le même éfet, que s'il eût été acquis pendant la communauté; ainfi, le mari peut, fans difficulté, l'aliéner & en difpofer entre-vifs, foit à titre gratuit, foit à titre onéreux, comme du refte de la communauté. Le *Brun*, com. liv. 2, ch. 2, fect. 1, n. 3 & fuiv. *Derenuf.* des prop. ch. 6, fect. 8, n. 26 & 39; & com. part. 1, ch. 6, n. 23 & 24; les notes fur *Dupleffis*, com. liv. 1, ch. 2, fol. 360; & *Valin*, fur la Rochelle, art. 22, §. 2, n. 27.

L'ameubliffement n'eft fait qu'en faveur du mari, pour lui tenir lieu du mobilier, que fa femme n'eft pas en état de lui conférer en nature, foit pour faire un aport égal dans la communauté, foit pour remplir les conditions du mariage. Or, fi l'ameubliffement ne fait à l'égard du mari, que tenir lieu des meubles qui devoient entrer dans la communauté, il eſt tout naturel qu'il ait ſur l'héritage ameubli, le même droit & le même pouvoir qu'il auroit eu ſur les meubles que ce bien repréſente.

Ces ameubliſſemens ſont ſujets au retranchement ordonné par l'édit des ſecondes nôces; & ils ſont tellement conſidérés comme des aliénations & des moïens d'avantager l'un des conjoints, que les mineurs, en ſe mariant, ne peuvent ameublir leurs immeubles ſans avis de parens, homologué.

Ferriere, dans ſon dictionnaire de droit, obſerve que l'ameubliſſement n'eſt ſujet à inſinuation, que quand il excéde ce qui ſe met ordinairement dans la communauté par la future épouſe, qui eſt le tiers de ſes biens; mais cela n'a d'aplication qu'à l'inſinuation légale, preſcrite à peine de nullité.

On demande ſi le droit de centième denier peut être dû de l'immeuble ameubli par la femme ? Il ne paroît pas que l'on puiſſe former de prétention à cet égard, dans le cas des deux premières eſpèces d'ameubliſſement, raportées ci-deſſus; à l'égard de la troiſième eſpèce, il ſemble que le droit de centième denier eſt dû dès l'inſtant du contrat de mariage, du moins pour la moitié de l'immeuble mis dans la communauté, lorſque la femme, en faiſant d'ameubliſſement, ne s'eſt pas réſervé la repriſe de cet immeuble; mais, ſi elle a ſtipulé cette faculté, il faut attendre l'évènement de la diſſolution de la communauté; & dans l'un & l'autre cas, ſi le mari reſte propriétaire de la totalité de l'immeuble ameubli, il en devra le droit de centième denier en entier, ſauf à lui déduire ce qui aura été perçu lors du contrat.

Déciſion du conſeil du 23 Janvier 1734, contre le ſieur Perrier d'Artainville, chirurgien à Bray-ſur-Seine, qui demandoit la décharge du droit de centième denier des portions d'immeubles, à lui échuës par le décès de ſa femme, en vertu de la clauſe de ſon contrat de mariage, portant ameubliſſement deſdits immeubles.

§. 19. *Des immeubles conſtitués en dot à la femme, avec évaluation.*

Il s'agit de ſavoir ſi, dans les païs régis par le droit écrit, le mari doit le droit de centième denier des biens qui ſont eſtimés par ſon contrat de mariage, en les conſtituant en dot à ſa femme; ou qui ſont cédés par le contrat de mariage, enſuite de la fixation de la dot.

Dans leſdits païs de droit écrit, l'aliénation du fonds dotal, même avec le conſentement de la femme, eſt défendue; mais l'on excepte le cas où le fonds a été donné au mari avec eſtimation à une ſomme fixe, parce que l'éfet de cette eſtimation eſt de tranſporter au mari la propriété du fonds, & de le rendre ſeulement débiteur du prix; *maritus* (dit la loi *Quoties*, *cod. de jure dotium*) *dominium conſecutus ſummiæ velut pretii debitor efficitur.* Voïez les Inſtitutions du droit français, par Boutaric, & par Serres, liv. 2, tit. 8.

Il a été rendu ſur cette queſtion, une déciſion le 8 Mars 1749, ſur le mémoire des règiſſeurs du droit de centième denier établi ſur les immeubles fictifs; nous allons raporter l'eſſentiel du mémoire, & enſuite les termes de la déciſion.

Par l'édit de 1703, & la déclaration de 1708, tous titres tranſlatifs de propriété de biens immeubles, ont été aſſujétis au droit de centième denier, à l'exception des donations en ligne directe par contrat de mariage, & des teſtamens, auſſi en ligne directe.

On demande s'il y a lieu au païement de ce droit, dans le cas où un père donne à ſa fille par contrat de mariage, une certaine ſomme pour lui tenir lieu de dot, & qu'en païement de cette ſomme, il céde un immeuble au futur époux, par le même acte.

Pour déterminer ſi le droit eſt dû ou non, il faut, ce ſemble, éxaminer l'éfet que l'acte opère ; ſi l'immeuble eſt dotal, le droit n'eſt pas dû, parce que la donation eſt faite en ligne directe par contrat de mariage ; mais, ſi l'immeuble n'eſt pas dotal, & que le mari en ſoit propriétaire, en païant le prix ſtipulé, il n'y a pas lieu de douter que le droit ne ſoit dû, puiſque c'eſt une acquiſition que le mari fait de ſon beaupère.

Or, il eſt de principe que lorſqu'un père donne en dot à ſa fille un fonds eſtimé, ce fonds n'eſt pas dotal; il n'y a que le prix ſtipulé qui le ſoit, parce que l'éfet de l'eſtimation eſt de tranſporter au mari la propriété du fonds, & de le rendre débiteur du prix ; la femme ni ſes héritiers n'ont pas la liberté de reprendre le fonds, & les héritiers du mari ne peuvent contraindre la femme à le reprendre ; le mari en devient propriétaire incommutable, juſques-là même, que non-ſeulement les héritiers du mari, mais encore ſes créanciers, ont droit de retenir l'immeuble, même au préjudice de la femme, en païant le prix ſtipulé.

S'il eſt vrai que l'éfet de l'eſtimation ſoit de tranſporter au mari la propriété du fonds, à plus forte raiſon, ce fonds hui apartient-il, lorſque le père conſtituë une dot fixe à ſa fille, & qu'en païement il céde un immeuble ; parce que l'immeuble donné en païement, apartient inconteſtablement au mari & à ſes héritiers ; d'où il réſulte que le droit de centième denier en eſt dû, puiſqu'il y a mutation de propriété ; & le fermier l'a toujours perçu dans l'eſpèce propoſée.

Par la déclaration du 20 Mars 1748, les ofices, les rentes conſtituées, & les autres immeubles fictifs, ont été aſſujétis au droit de centième denier dans les cas où les autres immeubles y ſont ſujets.

Supoſons donc qu'un père donne à ſa fille, par contrat de mariage, une certaine ſomme pour lui tenir lieu de dot, & qu'en

païement de cette ſomme, il céde un ofice à ſon gendre, qui, en conſéquence, s'en fait pourvoir, y aura-t-il lieu dans ce cas au droit de centième denier ? Il eſt dû dans cette eſpèce pour les immeubles réels ; il ſemble qu'il doit être également dû, lorſqu'il s'agit d'ofices ou autres immeubles fictifs qui ſont ſoumis à la même loi que les immeubles réels. Il y a même une raiſon de plus dans le cas d'un ofice ; & cette raiſon eſt priſe de ce qu'on ne reconnait pour propriétaire de l'ofice, que celui qui en eſt pourvû, que le mari auquel il eſt cédé, & qui s'en eſt fait pourvoir, eſt oficier du Roi, & ne peut être dépouillé malgré lui de cet ofice, ni par ſa femme, ni par ſes héritiers; il n'eſt tenu que de rendre le prix ſtipulé. Derenuſſon, dans ſon traité des propres, ch. 5, ſect. 4, cite un arrêt du parlement de Paris, du 4 Avril 1603, qui l'a ainſi jugé pour un ofice de conſeiller au châtelet de Paris.

Dans ces circonſtances, les régiſſeurs demandent une déciſion.

La déciſion du conſeil renduë le 8 Mars 1749, ſur ce mémoire, eſt en ces termes : *l'immeuble donné en païement de la ſomme convenuë, n'étant pas ſujet à raport, puiſque le mari en devient propriétaire, ſi-tôt que le mariage eſt accompli, le droit de centième denier de cet immeuble eſt dû. Il en eſt de même des immeubles fictifs.*

L'on croit pouvoir dire que l'immeuble conſtitué à la femme comme *fonds dotal*, ne peut être aſſujéti au droit de centième denier, quand bien même il ſeroit évalué, pourvû qu'il ſoit bien exprimé que c'eſt l'immeuble qui eſt conſtitué en dot : les eſtimations ſont aujourd'hui néceſſaires dans les actes, pour ſervir à la liquidation des droits ; ainſi, lorſque les contractans ſtipulent que l'immeuble eſt dotal, & qu'ils l'évaluent en affirmant ſa vraie valeur, & en déclarant que c'eſt ſans préjudicier à la nature de l'immeuble qui demeure toujours dotal, il n'eſt point dû de droit de centième de-

nier. Mais, fi , lors du décès de la femme,
le mari conferve l'immeuble , en païant aux
héritiers de fa femme, le montant de l'eftimation , il en doit inconteftablement le
droit de centième denier.

Si, au contraire, la dot eft conftituée
en une fomme fixe , & qu'en païement , il
foit cédé un immeuble au mari , il en devient dès-lors propriétaire ; & par conféquent , il en doit païer le droit de centième
denier , parce que c'eft une véritable acquifition qu'il fait.

§. 20. *Contrats de mariage conte- nant* double aliance.

Lorfqu'il fe fait une double aliance ;
c'eft-à-dire , que deux frères époufent deux
fœurs , ou que le frère & la fœur époufent
la fœur & le frère , on peut , par un feul
acte , ftipuler les conventions des deux
mariages.

Il eft inconteftablement dû deux droits
de contrôle pour ces contrats de mariage ,
de même que s'ils étoient faits par deux
actes féparés.

Il s'y rencontre fouvent des fubrogations réciproques des droits des uns &
des autres ; on a mis en queftion s'il étoit
dû des droits de centième denier pour ces
fubrogations ; mais le confeil a décidé
pour la négative , parce qu'il s'agit plûtôt
d'une tradition de perfonnes , que d'une
aliénation , puifque l'objet de ces actes eft
de conferver les biens dans les familles.

Les païfans de Saintonge font dans l'u-
fage de faire deux mariages par un même
contrat : par éxemple , le fils de Jacques
époufe la fille de Pierre , & le fils de Pierre
époufe la fille de Jacques ; au lieu de doter les deux filles , & de leur fournir leur
portion héréditaire , elles font fubrogées
réciproquement aux droits & prétentions
l'une de l'autre. Décidé au confeil le 7
Juin 1732 , que cette difpofition ne donne
lieu à aucun droit de centième denier.

Deux frères époufant deux fœurs , le
père des filles donne à l'une d'elles une
terre , à la charge de païer la moitié de
la valeur de cette terre à fa fœur ; elle
retient le tout , parce qu'on en fait compenfation fur ce qui doit revenir à fon
mari, auquel fon frère , également avan-
tagé , devoit faire un femblable raport. Décidé pareillement le 15 Juillet 1732 , qu'il
n'eft point dû de droit de centième denier.

§. 21. *Des fauffes déclarations , fur la valeur des biens dans les con- trats de mariage , ou fur les qua- lités du futur époux.*

L'article 12 de la déclaration du 20
Avril 1694 , prononce la peine du quadruple des droits contre les parties qui
auront fauffement affirmé dans leurs contrats de mariage n'avoir aucuns biens en
fonds.

L'amende de 200 liv. eft prononcée
contre les conjoints folidairement , en cas
de fauffes eftimations ou de fauffes déclarations dans leurs contrats de mariage ,
outre le païement des droits. Art. 8 de
la déclaration du 19 Mars 1696 ; art. 12
de celle du 14 Juillet 1699 ; arrêts du
confeil des 28 Octobre, & 16 Décembre
1698 , 12 Juin 1703 , & 13 Mai 1725.

L'article 8 de la déclaration de 1696 ,
avoit règlé modérément les droits de contrôle des contrats de mariage des artifans ,
laboureurs & autres , qui déclareroient
dans leurfdits contrats n'avoir aucuns biens
en fonds , ni autres éfets au-deffus de la
valeur de 100 liv. parce qu'au cas de
fauffe déclaration , ceux qui les auroient
faites feroient condamnés en 200 livres
d'amende.

L'arrêt du confeil du 28 Octobre 1698 ,
rendu en règlement , ordonne que le doublement du droit de contrôle n'aura pas
lieu pour les contrats de mariage où il ne

le trouve que le bien de l'un des conjoints évalué, lorfque l'autre aura déclaré par le contrat qu'il n'en a aucuns ; mais, qu'en cas de fauffe déclaration, les conjoints feront contraints folidairement au païement de 200 liv. d'amende, & du droit de contrôle.

L'arrêt de règlement du 16 Décembre 1698, répéte les difpofitions de l'art. 8 de la déclaration du 19 Mars 1696, ci-deffus raportées.

L'article 12 de la déclaration du 14 Juillet 1699, porte qu'en cas de fauffe déclaration ou eftimation dans les contrats de mariage, ceux qui les auront faites feront condamnés en 200 liv. d'amende.

L'arrêt du confeil du 12 Juin 1703, ordonne l'éxécution, & répéte les difpofitions de l'arrêt du 28 Octobre 1698.

Par l'arrêt de règlement du 13 Mai 1725, il eft ordonné que lorfque les parties déclareront dans les contrats de mariage que les fommes & éfets par elles conftitués, font la totalité de leurs biens, le droit de contrôle fera perçu fuivant l'art. 3 ; que lorfqu'elles ne jugeront pas à propos de faire cette déclaration, le droit de contrôle fera perçu fur le pié de l'art. 35, fuivant les qualités, ou fur le montant des fommes & éfets déclarés, au choix des prépofés à la régie ; & qu'en cas de fauffes déclarations, les conjoints feront folidairement condamnés en 200 liv. d'amende, conformément à la déclaration de 1699, & au fuplément des droits de contrôle.

Voïez encore *Eftimations.*

Quoiqu'il foit plus ordinaire de prendre dans des contrats de mariage, des qualités au-deffus de celles qu'on peut légitimement s'attribuer, que d'en prendre d'inférieures à celles que l'on a véritablement, ce dernier cas arrive néanmoins quelquefois, dans la vûe de diminuer les droits de contrôle & d'infinuation des contrats

de mariage ; c'eft également alors une fauffe déclaration, pour raifon de laquelle les mêmes peines font encourues. Voïez *Qualités.*

§. 22. *Contrats de mariage paffés dans les lieux de la réfidence de la cour.*

Tous les contrats de mariage qui font paffés dans les lieux où réfide la cour, peuvent être valablement contrôlés dans un mois de leur date.

Voïez l'arrêt du confeil du 28 Juin 1723, qui ordonne que les contrats de mariage paffés dans la ville de Paris, & dans les lieux de la réfidence de la cour, pourront être contrôlés dans le délai d'un mois du jour de leur date, au lieu du délai de quinzaine, porté par les édits & déclarations concernant le contrôle des actes, auxquels S. M. a dérogé & déroge à cet égard.

Les notaires de Paris étant actuellement difpenfés de faire contrôler leurs actes, il ne s'agit plus à cet égard des contrats de mariage qu'ils reçoivent.

CONTRATS *d'union ou de direction de créanciers,* font fujets à l'infinuation, & le droit eft fixé par l'art. 16 du tarif. Voïez *Direction* & *Union* de créanciers.

CONTRE-LETTRES. L'art. 32 du tarif du 29 Septembre 1722, porte que pour les contre-lettres d'un contrat d'acquifition, conftitution, obligation ou autre acte, le droit de *contrôle* fera païé, comme pour le contrat ou acte pour raifon duquel elles feront faites, fur le pié réglé par le tarif.

La contre-lettre eft un acte fecret, fait pour déroger à un autre acte, en tout ou partie, foit en expliquant, étendant ou reftraignant les claufes & conventions qui y font ftipulées, foit en convenant qu'elles ne font nullement férieufes. Les contre-lettres font ordinairement regardées défavorablement : c'eſt (dit Ferriere , dict. de droit) un détour concerté entre les parties , pour retenir d'une main ce qu'on abandonne de l'autre , ou pour mettre à couvert ce qu'on apréhende de rendre connu au public ; en un mot , c'eſt une fine précaution , qui peut quelquefois rendre ſuſpecte la foi de ceux qui en uſent.

Les contre-lettres ſont néanmoins valables à l'égard de toutes ſortes d'actes , à l'exception des contrats de mariage , qui ſont des loix de famille , auxquelles on ne peut déroger que du conſentement des parens des deux conjoints. Art. 258 de la coûtume de Paris.

Il faut diſtinguer la contre-lettre de la déclaration : la première eſt dérogatoire à l'acte en tout ou en partie ; & la déclaration le laiſſe ſubſiſter ; elle ne fait qu'en transférer l'éfet au profit d'un tiers. *Voïez* ci-après *Déclaration.*

Les contre-lettres avoient été exceptées de la formalité du contrôle , par l'édit du mois de Mars 1693 , & par le tarif du 17 du même mois.

Mais elles ont été nommément compriſes dans le tarif du 20 Mars 1708 ; article 52 ; & par-là, elles ont été *aſſujéties au contrôle* ; la déclaration du Roi du même jour , porte que toutes les diſpoſitions contenuës dans le tarif , feront éxécutées , comme ſi elles étoient inférées dans ladite déclaration , nonobſtant tous édits , déclarations , arrêts , règlemens , coûtumes & uſages contraires.

La déciſion du conſeil du 3 Août 1715 , art. 17 , juge que le fermier eſt fondé à faire percevoir le droit de contrôle des contre-lettres.

Il peut y avoir d'autant moins de difficulté à cet égard , que le tarif de 1722 comprend les contre-lettres , & qu'il en fixe le droit de contrôle.

Par arrêt du conſeil du 19 Janv. 1723 , il a été ordonné que les *contre-lettres* & déclarations , qui feront datées du même jour des contrats & actes auxquels elles auront raport , *continuëront d'être contrôlées* , & les droits païés conformément à la déclaration & au tarif du 29 Septembre 1722. Et cet arrêt preſcrit en outre une forme particulière pour les contrôler dans la ville de Paris ; mais cette forme n'eſt plus obſervée , au moïen de la ſupreſſion du contrôle des actes des notaires de cette ville.

Ordonnance contradictoire de M. l'intendant de Roüen , du 14 Décembre 1743 , renduë contre le ſieur le Cocq , notaire à Roüen , qui prétendoit que les contre-lettres n'étoient pas ſujétes au contrôle.

La contre-lettre du même jour qu'une vente , portant qu'elle n'eſt pas ſérieuſe , anéantit la vente ; & il n'en eſt point dû de droit de centième denier , pourvû que la contre-lettre ſoit faite devant notaires , & le même jour ; il n'eſt dû ſimplement que les droits de contrôle de la vente & de la contre-lettre ou réſolution. Déciſion du conſeil du 11 Janvier 1705 en faveur de Léon Lempereur.

Autre déciſion du conſeil du 18 Juin 1726 , qui juge que le droit de contrôle eſt dû en entier , comme pour l'acte même , pour une contre-lettre , portant qu'encore qu'il ſoit dit dans une ceſſion mobiliaire , que le prix ſoit de 1300 liv. il n'eſt cependant que de 700 liv.

Déciſion du conſeil du 20 Mars 1755 , qui confirme une ordonnance de M. l'intendant de Poitiers , renduë contre le ſieur Pellard de Montigny ; il avoit fait une vente pure & ſimple au nommé Mourin , pour aſſurer l'intérêt d'un emprunt ; & le même jour , par une contre-lettre ſous-ſignature privée , il avoit été ſtipulé une faculté de réméré de deux ans , laquelle faculté a été éxercée dans le tems convenu. Décidé que l'acte de prétendu retrait conventionnel ne peut être conſidéré que comme une rétroceſſion , ſujéte au droit de centième denier , la faculté de réméré n'aïant pas été exprimée dans la vente, ou, du moins, dans un acte passé devant notaires le même jour que la vente.

· *Contre-lettre d'un bail à ferme*, c'est l'acte par lequel on stipule le véritable prix, en déclarant que celui stipulé par le bail n'est pas sérieux. De tous les actes qui dérogent à un bail, il n'y a que celui qui touche au prix du bail qui puisse être qualifié de contre-lettre. *Voïez* Ferriere dans le dict. de droit, & dans la science des notaires, tom. 1er, liv. 6, ch. 7, pag. 623.

· En éfet, s'il s'agissoit de dire que le bail n'est aucunement sérieux, ce seroit un résiliment, aplicable à l'art. 81 du tarif; si le bail avoit eû quelqu'éxécution avant que de passer l'acte pour l'annuller, ce seroit une rétrocession, dont le droit de contrôle est fixé par l'art. 16 du tarif; & si l'on déclaroit que le preneur n'a fait que prêter son nom à un tiers, ce seroit une déclaration ou une subrogation, dont les droits sont fixés par les art. 16 & 39, sur le même pié que ceux dûs pour le bail.

· L'acte qui change le prix du bail, est une véritable contre-lettre, dont le droit de contrôle doit être perçu en conféquence de l'art. 32, sur le pié règlé par l'art. 15; & sur le prix entier, sans aucune déduction des droits païés pour le bail. Le tarif est précis à cet égard; & la question s'étant élevée à Roüen; a été décidée contradictoirement le 29 Juillet 1749, par M. de la Bourdonnaye, intendant, contre le sieur le Gingois, notaire à Roüen; il s'agissoit d'un acte, par lequel il étoit reconnu que le prix annuel de 1000 liv. stipulé dans un bail, passé quelques jours auparavant, n'étoit pas sérieux, & que le véritable prix étoit de 1500 liv. que le preneur s'obligeoit de païer. *Décidé* que le droit de contrôle de la contre-lettre sera païé sur le pié règlé par le tarif, & relativement au prix entier de la location.

CONTROLE *des actes des notaires, gréfiers & autres oficiers publics.*

L'origine de l'insinuation nous vient de Constantin le Grand; celle de la formule, de Justinien, qui en prescrivit l'usage pour les actes des notaires de Constantinople. Ces deux précautions ont, sans doute, fait naître l'idée de celle du contrôle des actes, la plus essentielle pour tous les actes en général.

C'est une formalité, dont l'établissement a eû pour motif de conserver l'intérêt des familles & d'assurer la priorité d'hipotéque, en mettant les actes & contrats à l'abri des doutes & des supositions d'antidates. C'est dans cette vûë que par édit de Henri III. donné à Blois au mois de Juin 1581, il fut créé un office de contrôleur des titres en chaque siége roïal du Roïaume, avec attribution de droits, pour enregistrer les contrats excédans cinq écus en principal, ou trente sols en rente foncière, les testamens, les décrets, & expéditions d'actes entre-vifs, & de dernière volonté.

Par autre édit du mois de Juin 1606, particulier pour la province de Normandie, & rendu en conformité du précédent, il fut ordonné qu'il ne pourroit être acquis, par quelqu'acte que ce soit, aucune Seigneurie, propriété ni droit d'hipotéque & réalité, si lesdits actes n'étoient enregistrés dans un mois du jour de leur date ès regîtres des bailliages & jurisdictions roïales, pourvu que le contrat excédât cinq écus en principal, ou trente sols de rente foncière; & l'obligation mobiliaire dix liv. &c.

Louis XIII. par édit du mois de Juin 1627, créa des ofices de contrôleurs de tous les actes qui seroient reçus & expédiés par les notaires.

Par autre édit du mois de Décembre 1635, il fut pourvu au contrôle des actes des notaires de Paris, par la création de vingt-sept nouveaux ofices de notaires au châtelet, chargés de contrôler, tant leurs
actes

actes que ceux des autres notaires. *Voïez* Paris.

Enfin, par édit du mois de Mars 1693, il a été ordonné que tous les actes qui feront reçus par les notaires du châtelet de Paris & de la ville de Lyon, & par les autres notaires & tabellions roïaux, notaires apoftoliques, ceux des Seigneurs, tant réguliers que féculiers, & gréfiers des arbitrages, dans toute l'étenduë du roïaume, feront enregiftrés dans le bureau le plus prochain du lieu où l'acte fera paffé, à la diligence des notaires, tabellions & gréfiers qui les auront reçus, *quinze jours* au plûtard après la date d'iceux; lefquels enregiftremens feront faits par extrait, contenant feulement le nom des Parties contractantes, la qualité de l'acte, fa date, le nom & la demeure du notaire qui l'aura reçu, & le nombre des feuillets de l'acte; defquels enregiftremens, lefdits notaires feront mention fur les groffes & expéditions. Il a été défendu, par le même édit, auxdits notaires, tabellions & autres ci-deffus nommés, de recevoir ou paffer aucuns actes de quelque nature, titre & qualité qu'ils puiffent être, fans les faire enregiftrer & contrôler dans ledit tems de quinzaine, à peine de 200 liv. d'amende pour chaque contravention, contre le notaire, & de pareille amende contre la partie qui s'en fervira; & à toutes cours & juges, tant roïaux que des feigneurs, d'y avoir égard, ainfi qu'à tous huiffiers & fergents de les mettre à éxécution, fous pareilles peines. Enfin, il eft ordonné que les particuliers ne pourront, en vertu d'actes non contrôlés, acquérir aucun privilége, hipotéque, propriété, décharge, ni aucun autre droit, action, exception, ni éxemption; dérogeant à cet éfet à toutes coûtumes, ordonnances, édits, déclarations, arrêts, réglemens & ufages à ce contraires.

Les actes paffés par les notaires réfidens hors l'étenduë du roïaume, & dans les pais de l'obéïffance du Roi, où le contrôle n'eft pas établi, doivent être pareillement contrôlés, avant que de produire aucun éfet dans les païs où cette formalité a lieu. V. *Actes paffés en païs étranger*, p. 73.

Par édit du mois d'Octobre 1694, il fut créé en titre d'ofice, des confeillers du Roi, contrôleurs des actes des notaires, tabellions & autres, aïant droit de recevoir lefdits actes; auxquels contrôleurs, il fut attribué quatre fols pour livre du montant des droits de contrôle, en païant par eux une finance.

Ces ofices furent fuprimés par autre édit du mois de Mars 1695, portant nouvelle création, pour chaque bureau, de trois ofices de confeillers du Roi, ancien, alternatif & triennal, contrôleurs des actes, pour être lefdits ofices réunis en un feul, avec faculté néanmoins aux pourvûs de les démembrer, & attribution de la totalité des droits de contrôle, même des amendes.

Par édit du mois de Janvier 1698, tous ces ofices furent fuprimés, & le Roi ordonna qu'à compter du mois de Mars fuivant, les droits de contrôle feroient perçus au profit de S. M.

Par un autre édit du mois de Février 1707, il fut créé des ofices de gardes & dépofitaires des regiftres du contrôle des actes des notaires, petits-fceaux, & infinuations laïques, dont le titre fut commué par édit du mois d'Octobre de la même année, en celui de contrôleurs defdits actes, avec attribution du dixiéme en fus, ou deux fols pour livre du produit defdits droits.

Il fut enfuite ordonné par édit du mois de Mars 1710, que par les Commiffaires du confeil, il feroit procédé à la vente & adjudication des droits de contrôle des actes, petit-feel, & infinuations laïques, dans l'étenduë du roïaume. Voïez *Aliénation*, p. 110.

Les ofices de contrôleurs créés en 1707, furent fuprimés par édit du mois de Décembre 1713.

Tome I.   Z z z

Par édit du mois de Mars 1714, le Roi ordonna qu'à compter du 1er Avril suivant, les droits de contrôle des actes des notaires, des actes sous-signatures privées, petits-sceaux des actes judiciaires & insinuations laïques, ensemble les deux sols pour livre desdits droits qui avoient été attribués aux ofices de contrôleurs desdits actes en 1707, feroient & demeureroient *réunis au domaine*, pour être à l'avenir perçus au profit de S. M. dans tout le roïaume, à la diligence de celui auquel il en feroit fait bail, par des commis & préposés à la régie, recette & perception, lesquels joüiroient des éxemptions, franchifes & privilèges portés par des édits précédens. En conféquence, les diférentes aliénations qui avoient été faites de ces droits, furent révoquées.

Au moïen de cette réunion au domaine, les fonctions des contrôleurs font éxercées, & les droits régis & perçus par les emploïés du fermier, en vertu des pouvoirs & commiffions qui leur font donnés à cet éfet. Voïez *Commis*.

Nous n'entreprenons pas de détailler ici tout ce qui concerne le contrôle des actes. *Voïez* la dénomination particulière de chaque acte. Voïez auffi *Gréfiers* & *Notaires*.

Les droits de contrôle des actes doivent être perçus fur le pié règlé par le tarif du 29 Septembre 1722, actuellement fubfiftant; il eft de principe qu'un tarif fait loi dès l'inftant de fa publicité, & que les droits ne peuvent être perçus que conformément à fes difpofitions, quoique les actes foient de date antérieure; *voïez* ci-après *Tarif*.

Le droit de contrôle des actes eft indivifible; c'eft le falaire d'une formalité qui ne peut tomber fur une difpofition de l'acte, fans tomber en même tems fur toutes les autres: il n'y a d'exception que pour les fimples billets, dont le droit n'eft dû que fur la fomme reftante à païer, ainfi qu'il a été

expliqué. Verb. *Actes fous-fignature privée*, §. 11 & 12.

Voïez les Décifions du confeil des 27 Février & 7 Octobre 1724; & celle du 10 Juin 1747, raportée ci-après.

Lettre de M. le contrôleur général des finances du 28 Mars 1744, à M. l'intendant de Roüen, au fujet de partages fous-fignatures privées, contenant de modiques retours de lot, dont on prétendoit ne païer le droit de contrôle, que fur les retours, fauf à le païer en entier, lorfqu'on voudroit fe fervir de ces partages. *Décidé* que le droit ne peut être divifé.

Décifion du confeil du 14 Décembre 1744, au fujet d'un teftament fait à Rome, que l'on vouloit faire contrôler du vivant du teftateur, comme procuration, fauf à païer le furplus des droits après le décès. Jugé qu'il ne peut être contrôlé qu'en païant les droits fixés par l'article 89 du tarif.

Lettre de M. de Fulvy, intendant des finances, du 1er Mars 1746, à M. l'intendant de Roüen, femblable à celle du 28 Mars 1744, raportée ci-deffus.

Décifion du confeil du 10 Juin 1747, renduë contre madame la comteffe de Kuniel, qui prétendoit qu'une tranfaction paffée devant les notaires de Malines, entre des domiciliés à Malines, ne devoit être contrôlée & le droit perçu, que par raport aux biens fitués en France. Jugé que les actes ne peuvent être divifés, & que le droit de contrôle eft dû fur la fomme entière portée par la tranfaction.

Autre décifion du 30 Mars 1748, qui réforme une ordonnance de M. l'intendant de Bretagne, & juge qu'il eft dû le plus fort droit de contrôle pour une tranfaction faite fous-fignatures privées fur des objets non défignés ni évalués. M. l'intendant avoit fixé le droit à 3 liv. fur la déclaration de la partie, de ne pouvoir répéter que 592 liv. en conféquence de la tranfaction.

Autre décifion du 14 Juin 1749, qui

réforme une ordonnance de M. l'intendant de Champagne, par laquelle il avoit ordonné la reſtitution de partie des droits perçus pour un acte, contenant vente de biens, ſous prétexte qu'il y avoit une partie de ces biens dans le Clermontois où le contrôle n'a pas lieu.

Déciſion du conſeil du 16 Août 1750, au ſujet d'un compte, duquel on demandoit à faire contrôler un ſeul article, dont on vouloit ſe ſervir. Décidé qu'il ne peut être contrôlé qu'en entier, & le droit perçu ſur la totalité du reliqua, ſi l'on éxige, en quelque point que ce ſoit, la formalité du contrôle.

Autre déciſion du 3 Octobre 1750, rendué ſur le même principe, contre les ſieur & dame Coquille, au ſujet des droits d'inſinuation des teſtament & codiciles de M. Berzetti, paſſés devant les notaires de Paris, où le teſtateur étoit domicilié, contenant donation indéfinie, & ſubſtitution de biens ſitués en Piémont & ailleurs, hors le roïaume. On prétendoit qu'il n'avoit dû être perçu aucun droit pour les biens qui ne ſont pas en France; mais, comme ces diſpoſitions devoient être inſinuées au domicile du teſtateur, on ne pouvoit percevoir les droits, qu'en conformité du tarif. La déciſion porte que les droits ont été bien perçus, & qu'on ne peut ſincoper les actes.

CONTROLE *des actes ſous-ſignatures privées*, formalité introduite pour obvier aux fraudes qui ſe commettoient à la ferme des droits de contrôle des actes, en paſſant ſous-ſignatures privées, la plûpart des actes, pour éviter d'en païer le droit de contrôle.

Il fut ordonné par la déclaration du 19 Mars 1696, art. 5, que les reconnaiſſances volontaires d'actes ſous-ſignatures privées, ſeroient faites par devant notaires; & à l'égard des reconnaiſſances forcées pourſuivies en juſtice, il fut défendu aux juges d'ordonner le dépôt deſdits actes en leur gréfe, leur enjoignant de les renvoïer par devant notaires; cet article défend auſſi d'admettre ni d'ordonner aucuns priviléges, hipotéques, nantiſſemens, enſaiſinemens, ni priſe de poſſeſſion en conſéquence de jugemens, s'ils ne ſont fondés ſur des actes paſſés devant notaires, ou ſur des actes privés, reconnus par devant leſdits notaires.

L'article 5 de la déclaration du 14 Juillet 1699, fixoit le droit de contrôle des reconnaiſſances ou ratifications d'actes ſous-ſeing privé, ſuivant la qualité de l'acte, comme s'il étoit originairement paſſé devant notaires; &, à l'égard des reconnaiſſances judiciaires, il étoit ordonné qu'après l'acte reconnu, le porteur dudit acte ſeroit tenu de le porter dans trois jours, avec la ſentence, chez le notaire le plus proche, pour être délivré expédition du tout, après l'avoir fait contrôler dans la quinzaine de l'aport, à peine de nullité & d'amende; tant contre le notaire, que contre ceux qui ſe ſerviroient dudit acte ſous-ſeing privé, lequel n'auroit aucun hipotéque, s'il n'étoit contrôlé; avec défenſes à tous juges d'y avoir égard, ſoit dans les collocations d'ordre & préférence d'hipotéque, ou autrement, à peine d'interdiction & d'amende.

Ces règlemens ne rempliſſant qu'une partie de l'objet propoſé, il a été ordonné par édit du mois d'Octobre 1705, que les actes ſous-ſignatures privées, ſeront contrôlés avant que de pouvoir, en vertu d'iceux, faire aucune demande en juſtice, exploits ni actes en conſéquence. Voïez *Actes ſous-ſignatures privées*.

CONTROLE *des affirmations de voïage, préſentations, défauts & congés*. Voïez ci-après: *Contrôle des gréfes*.

CONTROLE *des déclarations de dépens*. Le droit de contrôle ſur les dépens, dommages, intérêts & frais, fut établi par édit du mois de Décembre 1635, dans le reſſort du parlement de Paris; &, par un autre édit du mois de Mars 1639, il fut

créé des ofices de contrôleurs des tiers-référendaires, dans tous les parlemens, cours
& jurifdictions du roïaume.

Ces ofices furent fuprimés par édit du
mois d'Avril 1667 ; les droits qui leur
étoient attribués, furent réfervés & réunis
au domaine ; en conféquence, il fut ordonné par arrêt du confeil du 15 Décembre
de la même année, que lefdits droits feroient reçus au profit du Roi, par le fermier
des domaines de Sa Majefté.

Par édit du mois de Mars 1694, il fut
de nouveau créé des ofices de *contrôleurs*
des déclarations de dépens, pour affifter
au calcul des taxes, tant dans les confeils,
que dans toutes les cours & jurifdictions
du roïaume ; & nommément dans les parlemens, cours des aides, & cours des
monnoies, aux requêtes de l'hôtel & du
palais, amirautés, eaux & forêts, & table de marbre, connétablie, chambre du
domaine & tréforiers de France, bailliages,
préfidiaux, prévôtés, vicomtés, châtellenies, élections, vigueries, & autres juftices roïales ; avec attribution de droits fur
tous les dépens & falaires, frais, mifes,
dommages, intérêts &c. lefquels droits, y
compris ceux attribués aux gardes & dépofitaires des *archives* en 1708 & 1709,
furent portés jufqu'à 2 fols 6 deniers pour
livre dans les confeils, & à 2 fols dans les
cours & jurifdictions, par édits des mois
de Mars & Novembre 1704, déclaration
du 24 Janvier 1705, édits des mois de
Septembre 1707, Janvier & Juillet 1708,
& Mars 1709.

Ces diférens ofices ont été fuprimés par
édit du mois d'Août 1716, & les droits
qui leur étoient attribués, ont été réfervés,
pour être perçus au profit du Roi, fur le
pié de la réduction qui en a été ordonnée.
Voïez *Droits réfervés*, §. 2.

CONTROLE *des exploits*, a été établi pour remédier aux antidates, d'abord
par édit du mois de Janvier 1654, & déclaration du 18 Août 1655 ; enfuite, ce

contrôle fut attribué aux huiffiers & fergens des juftices roïales, fubalternes, &
feigneuriales du roïaume, par la déclaration du 19 Août 1656 ; mais cet édit &
ces déclarations ne furent pas entièrement
éxécutés.

Il fut ordonné par l'ordonnance de 1667,
titre des ajournemens, art. 2, que les huiffiers & fergens feroient tenus, en tous exploits d'ajournement, de fe faire affifter
de deux témoins ou recors, qui figneroient
avec eux l'original & la copie des exploits.

Par édit du mois d'Août 1669, ils furent
difpenfés de fe faire ainfi affifter ; le contrôle des exploits fut rétabli, en ordonnant
que les exploits feront contrôlés dans les
trois jours après leur date, à peine de nul-
té d'iceux, & de 100 liv. d'amende.

La modicité du droit de contrôle de
chaque exploit, fait que la plûpart des
commis regardent cette partie comme peu
intéreffante, & qu'ils n'y donnent prefque
aucune attention. C'eft cependant par les
exploits introductifs d'inftance que l'on peut
découvrir, non-feulement beaucoup de mutations de propriété d'immeubles, foit par
teftament, foit par fucceffion, donation,
acquifition ou autrement, dont les droits
n'ont pas été acquités ; mais encore, diférens actes fous-fignatures privées, paffés
entre les parties, qui fervent de fondement
à ces demandes, & qui auroient dû être
préalablement contrôlés, fuivant les principes raportés ci-devant, verb. *Actes*
fous-fignatures privées.

Par l'éxamen des jugemens & des fignifications qui en font faites, les commis
peuvent également fe rendre certains, fi,
dans le cours de la procédure, on s'eft
fervi d'actes qui ne fuffent pas en forme,
& fi tous les droits, auxquels cette procédure a donné lieu, ont été acquités ; tels
que ceux de préfentations, défauts, congés, affirmation de voïage, confignation
d'amende, petits-fcels, gréfes, droits réfervés &c.

Ils doivent donc faire attention à tous les exploits qui leur sont présentés à contrôler. Passons actuellement à ce qui concerne particulièrement le contrôle des exploits.

Cette matière étant très-abondante, l'on peut voir le recueil *in-12* imprimé en 1732, & les divisions suivantes.

§. I. *Du délai pour le contrôle des exploits, & des peines en cas de contravention.*

§. II. *Bureaux où ils doivent être contrôlés.*

§. III. *Dans quelle forme.*

§. IV. *Quotité des droits.*

§. V. *De la pluralité des droits en général.*

Exception à cette règle.

§. VI. *Exploits dispensés de la formalité & du païement des droits.*

§. VII. *Exploits qui doivent être contrôlés sans païer les droits.*

§. VIII. *Des exploits signifiés de procureur à procureur.*

§. IX. *Exploits faits à la requête des procureurs du Roi, fiscaux & promoteurs.*

§. X. *Exploits pour le recouvrement d'impositions.*

§. XI. *Exp. Pour les tailles.*

§. XII. *Exp. Pour la ferme générale.*

§. XIII. *Exp. Pour les domaines, contrôle, & droits y joints.*

§. XIV. *Exp. Pour la ferme des aides.*

§. XV. *Actes des notaires & gréfiers sujets à ce contrôle.*

§. XVI. *Des droits de saisies mobiliaires.*

§. XVII. *Des juges compétens pour connaître des contestations.*

§. I. *Du délai, dans lequel les exploits doivent être contrôlés, & des peines résultantes du défaut de contrôle.*

Par l'édit du mois d'Août 1669, les déclarations des 21 Mars 1671, & 23

Février 1677, & les arrêts du conseil des 19 Mai 1670, 21 Mars, & 12 Décembre 1676, il est ordonné que tous exploits, faits par huissiers, sergens, archers & autres aïant pouvoir d'exploiter, seront contrôlés à la diligence desdits huissiers, sergens & autres qui les auront faits, & avant que de les rendre aux parties, dans l'un des *trois jours* qui suivront immédiatement celui de leur date, encore que durant lesdits jours il fut dimanche ou autre fête, à peine d'interdiction, nullité desdits exploits, procédures & jugemens qui feront faits en conséquence, & de 100 liv. d'amende pour chaque contravention, tant contre lesdits huissiers & autres, que contre ceux qui se serviront desdits exploits non contrôlés.

Il est défendu, sous les mêmes peines, aux procureurs d'occuper & de faire aucunes poursuites ni procédures sur des exploits non contrôlés. *Voïez* les mêmes règlemens & les arrêts des 30 Mars 1670, 26 Septembre 1671, 27 Juin 1672, 28 Novembre 1721, 2 Juin 1722, 28 Mars, & 2 Mars 1724 *&c.*

Les gréfiers ne peuvent apeller de causes, ni expédier de jugemens, sur des exploits qui ne font pas contrôlés; & ils doivent inférer dans le vû ou dans les qualités des arrêts & jugemens, enquêtes, informations, & autres actes, la date des exploits, & celle du contrôle, ainsi que le lieu où ils ont été contrôlés, & le nom du contrôleur, le tout sous les mêmes peines. *Idem.*

A l'égard du délai dans lequel doivent être contrôlés les exploits faits pour le recouvrement de la taille, & des droits des fermes & sous-fermes du Roi, il faut distinguer s'ils ont été faits dans les villes, bourgs & lieux où il y a des bureaux de contrôle établis, auquel cas ils doivent être contrôlés au plus tard le troisième jour après leur date; &, s'ils font faits dans les paroisses & campagnes écartées

des lieux où les bureaux de contrôle font
établis, ils peuvent être valablement contrôlés dans la huitaine de leur date ; c'eſt-
à-dire, dans l'un des ſept jours qui ſui-
vent celui de la date. *Voïez* néanmoins les
§. XI. & XII. ci-deſſous.

Déciſion du conſeil du 24 Janvier
1739, qui confirme une ordonnance renduë par M. l'intendant de Paris, contre
Nicolas Aubertin, huiſſier au châtelet de
Paris, portant condamnation des amendes
encouruës, pour n'avoir pas fait contrôler
trois originaux d'exploits. Cet huiſſier a
opoſé que le fermier ne raportoit que des
copies, qui ne pouvoient ſervir à prouver
le défaut de contrôle des originaux ; &
il ſoûtenoit qu'il les avoit remis en forme
aux parties &c.

Déciſion du conſeil du 1er Maï 1745,
qui déboute Janot, huiſſier à Paris, de ſa
demande,tendante à la décharge du procès-
verbal raporté contre Deſchamps, auſſi
huiſſier, qui avoit ſignifié pour lui deux
exploits le 18 Janvier, qu'il dit avoir portés le 21 au bureau du contrôle à Paris ;
mais, que, comme c'étoit un dimanche, il
ne trouva pas le commis ; que le lendemain 22, qui étoit un jour de réjouïſſan-
ces publiques, il ne l'avoit pas encore
trouvé ; ce qui l'avoit déterminé à aller
à un autre bureau, où les exploits avoient
été retenus par l'inſpecteur, après avoir
été enregiſtrés par le commis.

Déciſion du conſeil du 31 Octobre
1748, qui prononce les peines encouruës par Crevet, huiſſier à cheval, pour
avoir fait un itératif commandement &
ſaiſie le 6 Septembre, avant que le premier
commandement de la veille fût contrôlé.

Autre déciſion du 23 Août 1749, qui
condamne Froment, huiſſier au châtelet, en
200 liv. d'amende, pour n'avoir pas fait
contrôler deux exploits, dont le fermier
a raporté les originaux, leſquels ont été
déclarés nuls, & l'huiſſier condamné en
outre au païement des droits.

Autre déciſion du 14 Mars 1750, qui
condamne Fouquet & Aulmont, huiſſiers
à Paris, en l'amende & aux droits de contrôle de deux exploits du 19 Décembre
1748, préſentés au contrôle le 23 dudit
mois.

Autre déciſion du 13 Février 1751,
qui déclare nul un exploit du 16 Juillet
1750, qui n'a été préſenté que le 20 dudit mois au bureau à Paris ; condamne
Santerre, huiſſier, au païement du droit
& en l'amende de 100 liv.

Autre déciſion du 12 Avril 1751, qui
confirme une ordonnance de M. l'intendant de Roüen, par laquelle Bimont, huiſſier à Neufchâtel, a été condamné aux
amendes encouruës, pour n'avoir préſenté
au bureau du contrôle que le 2 Janvier
1751, deux exploits datés des 23 & 24
Décembre 1750, qu'il a dit n'avoir réellement été ſignifiés que les 30 & 31 Décembre, ſuivant les certificats de curés
par lui raportés, & les avoir datés, par
erreur, des 23 & 24.

Autre déciſion du 15 Novembre 1751,
qui condamne Bordos, huiſſier à Noyon,
en 100 liv. d'amende, pour n'avoir pas
fait contrôler un exploit de l'année 1734,
qu'il diſoit n'être qu'un projet qui n'avoit
pas ſervi, & ſur lequel ſa ſignature étoit
bâtonnée. M. l'intendant de Soiſſons avoit
renvoïé au conſeil.

Arrêt du conſeil du 24 Août 1756,
contre Defeu, huiſſier-priſeur au bailliage
de Sens, pour n'avoir pas fait contrôler
deux procès verbaux de vente de meubles
par lui faits, auxquels il diſoit n'avoir
aſſiſté qu'à titre d'ami, ſans qu'il ait été
rédigé de procès verbaux.

§. II. *Bureaux où les exploits doi-*
vent être contrôlés.

Les huiſſiers, ſergens, & autres qui ont
fait les exploits, ſont tenus de les faire
contrôler, ſoit au bureau le plus proche

de leur domicile , foit au plus prochain du lieu où l'exploit a été fait , foit enfin , au bureau du chef-lieu de l'élection , dans le reſſort de laquelle l'exploit aura été fait. Art. 1er du règlement du 21 Mars 1676.

Les exploits faits dans Paris ne peuvent être contrôlés que dans cette ville, à peine de 100 liv. d'amende pour chaque contravention. Arrêt du 29 Décembre 1696 , & lettres patentes du 10 Février 1697.

L'arrêt du conſeil du 14 Mars 1724 , condamne Richon , commis au contrôle à Villepreux , élection de Paris , en différentes amendes , pour avoir contrôlé pluſieurs exploits faits dans l'élection de Monfort , par un huiſſier qui y réſide , lequel a été condamné en pareilles amendes , pour les avoir fait contrôler hors l'élection de ſa réſidence & du lieu où ils avoient été faits.

Arrêt du conſeil du 22 Avril 1727 , qui caſſe un jugement du bureau des finances de Caën , par lequel Philippes Belamy , huiſſier-audiencier de la juriſdiction conſulaire de la même ville , avoit été déchargé des amendes encouruës , pour avoir fait contrôler deux exploits faits dans la même généralité , au bureau de Dives , généralité de Roüen.

Ordonnance de M. l'intendant de Paris , du 8 Août 1739 , portant que les huiſſiers & ſergens feront contrôler leurs exploits au bureau le plus proche du lieu où leſdits exploits auront été ſignifiés , ou de leur réſidence (s'ils réſident dans la même élection) ſinon au bureau chef-lieu de l'élection où la ſignification a été faite.

Déciſion du conſeil du 3 Mai 1755 , contre Harel , ſergent , réſident en la généralité d'Alençon , qui avoit fait contrôler dans la généralité de Roüen , un exploit fait dans ladite généralité d'Alençon. Le bureau des finances d'Alençon avoit prononcé contre lui , l'amende encouruë ; & , après en avoir relevé apel au parlement , il demandoit que l'affaire fût évoquée au

conſeil. Il a d'abord été débouté de cette demande ; & , ſur l'opoſition qu'il a formée , ainſi que le ſieur Hebert , propriétaire de la ſergenterie noble éxercée par ledit Harel , ils ont été déboutés par autre déciſion du 1er Septembre 1757 , qui a ordonné l'éxécution du jugement du bureau des finances.

§. III. *De la forme du contrôle des exploits.*

Les commis doivent tenir des regiſtres qui ſoient cottés & paraphés , comme il ſera dit ci-après , verb. *Regiſtres* , ſur leſquels ils ſont tenus d'enregiſtrer de ſuite , & ſans laiſſer aucun blanc , tous les exploits à l'inſtant qu'ils leur ſont préſentés.

L'enregiſtrement doit contenir le nom des parties pour & contre ; la date de l'exploit & ſa qualité ; le nom de l'oficier qui l'a fait , la juriſdiction où il a été reçu ou immatriculé , & ſa réſidence. Arrêts des 10 Février 1670 , & 21 Mars 1676.

Le regiſtre doit être arrêté tous les ſoirs , quand bien même il n'auroit été contrôlé aucun exploit dans la journée. Article 6 du règlement du 21 Mars 1676 , arrêt du grand conſeil du 28 Mars 1720 , & arrêts du conſeil des finances des 29 Septembre 1722 , & 6 Mars 1725.

La rélation ne doit être portée ſur l'exploit qu'après l'enregiſtrement ; & elle doit contenir la date du contrôle , le nom du bureau , & le droit païé en toutes lettres. Arrêt du 21 Mars 1676.

Les exploits ſujets à pluſieurs droits de contrôle , doivent être enregiſtrés en autant d'articles qu'il eſt dû de droits. Arrêts des 21 Mars & 12 Décembre 1676 , déclaration du 23 Février 1677 , & arrêt du 25 Juin 1709.

Au ſurplus , les commis doivent avoir préalablement prêté ſerment. *Voïez* ci-devant *Commis*.

§. IV. *Quotité du droit de contrôle des exploits.*

En général , le droit de contrôle de chaque exploit eft de huit fols fix deniers , & en outre , le fol par exploit, qui tient lieu des quatre fols pour livre fur cette partie , conformément aux lettres patentes du 18 Mars 1718. Il eft en outre dû trois deniers par exploit, tenant lieu du nouveau fol pour livre établi par la déclaration du trois Février 1760 , & qui fe perçoit pour le compte du Roi.

Ce droit de huit fols fix deniers eft établi : favoir ,

Par l'édit d'Août 1669, il fut fixé à . . . . 5 f.

Par celui de Mars 1691, augmenté d'un fol , réuni par déclaration du 28 Février 1698. 1 f.

Par édit du mois de Septembre 1704 , augmenté d'un fol, réuni par celui d'Octobre 1713. 1 f.

Par celui de Février 1705 , d'un fol , réuni par édits de Novembre 1705 , & Octobre 1713 . . . . 1 f.

Et par édit d'Avril 1710 , de . 6 d.

Total . . . . . 8 f. 6 d.

Il y a des exploits dont le droit de contrôle eft moins confidérable , ainfi qu'il fera expliqué ci-après.

Il ne doit être perçu que 6 f. de principal pour le droit de contrôle de chaque exploit fait contre les redevables des droits de contrôle , infinuation & centième denier , comme il fera expliqué ci-après , §. XIII.

Il n'eft dû pareillement que 6 f. pour ceux faits pour le recouvrement des droits d'amortiffement, franc-fiefs & nouveaux-acquêts. Arrêts des 14 Avril 1711, 30 Septembre 1721 , & 6 Février 1722, & décifion du 15 Mai 1734.

Il n'eft dû que 5 f. de principal pour le droit de contrôle des exploits faits pour la règie & perception des droits fur les huiles & les favons. Arrêt du confeil du 16 Août 1729 , & art. 369 du bail de Forceville , du 16 Septembre 1738.

Le droit de contrôle de ceux faits pour le recouvrement du droit de confirmation , eft fixé à 3 f. de principal. Réfultat du confeil du 1er Juillet 1725 , & arrêt du 29 Décembre fuivant.

De même , 3 f. de principal, pour les exploits concernant le recouvrement des gages intermédiaires. Arrêts des 28 Avril 1722 , & 22 Avril 1727.

Pareillement 3 f. en principal, pour le recouvrement des amendes arbitraires & de condamnation, ainfi que pour les droits réfervés & rétablis par les arrêts des 20 & 22 Mars 1722. *Voïez* ceux des 28 Avril 1722 , 24 Décembre 1726 , & 16 Août 1729.

Dans une inftruction fur les droits de contrôle des exploits, qui a paru en 1751, l'on obferve que la modération à 3 f. pour les droits rétablis & réfervés, ne concerne que les droits que les fermiers généraux fe font réfervés , & dont ils jouïffent ; & l'on prétend que le droit doit être perçu fur le pié de 8 f. 6 d. pour les exploits qui fe font à la requête des fous-fermiers, pour les droits réfervés fur les jugemens & actes émanés des jurifdictions roïales.

Cette diftinction n'eft pas jufte : l'arrêt du 28 Avril 1722 , fut rendu en faveur de Martin Girard , lequel étoit chargé de la régie de tous les droits réfervés par l'édit du mois d'Août 1716 , interrompus enfuite , & rétabli par les arrêts des 20 & 22 Mars 1722 , & il fut ordonné par cet arrêt qu'il ne feroit païé que trois fols pour les exploits qui feroient faits pour le recouvrement de tous ces droits.

Or, les droits réfervés fur les jugemens & actes émanés des jurifdictions roïales , faifant partie defdits droits réfervés & rétablis,

tablis , il s'enfuit qu'il n'eſt dû que trois ſols
pour les exploits qui ſont faits pour le recouvrement de ces droits ; l'arrêt du 24
Décembre 1726 , ordonne l'éxécution de
celui du 28 Avril 1722 , en faveur de Carlier , adjudicataire des fermes générales ,
& de ſes ſous-fermiers , tout ainſi & de la
même manière que s'il avoit été rendu en
leur nom.

S'il eſt dit dans l'arrêt du 16 Août 1729 ,
que la réduction du contrôle des exploits
à trois ſols , n'aura lieu que pour chacun
de ceux qui feront faits à la requête de
l'adjudicataire des fermes générales , au
ſujet de la perception des droits réſervés
& rétablis *ſeulement* , ce n'a été que pour
interpréter l'arrêt du 14 Septembre 1728 ,
par lequel il étoit ordonné qu'il ne feroit
païé que trois ſols pour chacun contrôle
des exploits faits à la requête de l'adjudicataire des fermes générales.

Cet adjudicataire prétendoit en conſéquence ne devoir que trois ſols pour tous
les exploits faits à ſa requête , indiſtinctement , & il a été jugé par l'arrêt du 16
Août 1729 , que cette modération n'auroit lieu à ſon égard que pour les droits
rétablis & réſervés ſeulement. Ce terme
de *ſeulement* eſt limitatif pour le fermier
général , relativement à la nature du recouvrement , & ne change rien à ce qui
avoit été précédemment ordonné par les
arrêts des 18 Avril 1722 , & 24 Décembre 1726 , pour le recouvrement des droits
réſervés & rétablis , ſoit qu'il fut fait par
le régiſſeur , par le fermier général , ou
par le ſous-fermier , d'autant plus même
que cet objet n'a pas été mis en queſtion.

Ainſi , il faut conclure avec certitude que
la modération à trois ſols n'a lieu en faveur
du fermier général , que pour le recouvrement des droits réſervés & rétablis dont
il joüit ; mais , qu'elle a également lieu pour
le recouvrement des droits réſervés , qui
font partie des ſous-fermes.

Par arrêt du conſeil du 14 Juillet 1760 ,

Tome I.

rendu pour la priſe de poſſeſſion de Jean
Valade , chargé de la règie , pour le compte
du Roi , du ſol pour livre d'augmentation
établi par la déclaration du 3 Février 1760 ,
ſur diférens droits ; des droits rétablis ; de
ceux établis ſur les cuirs & de celui de
marque & contrôle ſur les ouvrages d'or
& d'argent , il eſt ordonné qu'il ne ſera
perçu que trois ſols pour le contrôle des
exploits , ſignifications & autres actes qui
feront faits à la requête dudit Valade pour
cette règie , & que les commandemens
faits aux redevables deſdits droits , pouront être contrôlés le neuvième jour de
leur date ; & le 16 Octobre ſuivant , il a
été décidé que ce droit de trois ſols eſt
en principal , qu'ainſi il eſt dû en outre ,
le ſol tenant lieu des quatre ſols pour livre ,
& trois deniers pour le nouveau ſol pour
livre.

§. V. *Exploits ſujets à pluſieurs droits de contrôle.*

La pluralité des droits de contrôle d'un
exploit ne dépend pas des diférentes diſpoſitions ni du nombre des chefs de demandes qu'il renferme.

Elle a lieu par le nombre des demandeurs qui ont des intérêts diférens , & il
eſt dû autant de droits qu'il y a de particuliers à la requête deſquels l'exploit eſt fait ,
quoique contre une ſeule perſonne & par
un même exploit.

Elle a pareillement lieu , eû égard au
nombre des défendeurs , à moins qu'il ne
s'agiſſe d'héritiers ou d'aſſociés , pour fait
de la ſucceſſion qui leur eſt commune ou
de leur ſociété.

Il faut néanmoins excepter les *aſſignations à des experts* ; celles données à des
témoins ; ainſi que celles données *aux parens des mineurs* pour donner leur avis
dans les affaires deſdits mineurs ; pourvû
que ces aſſignations ſoient données par un
même exploit & dans un ſeul jour ; ſinon ,

il eſt dû autant de droits qu'il y a d'exploits ou de journées.

La pluralité des droits a encore lieu par le nombre des journées emploïées aux procès verbaux de vente & autres ; ainſi que par le nombre des paroiſſes où il eſt fait des publications.

Il eſt ordonné par l'arrêt du conſeil du 29 Décembre 1696, revêtu de lettres patentes du 10 Février 1697, & par les arrêts des 25 Septembre 1708, 25 Juin 1709, & 28 Mars 1719, qu'il ſera perçû *autant de droits qu'il y aura de demandeurs*, aïant des intérêts diférens, contre une ſeule perſonne, quoique par un même exploit, lequel ſera enregiſtré en autant d'articles qu'il y aura de demandeurs.

L'art. 1er de la déclaration du Roi du 23 Février 1677, & les arrêts du conſeil des 2 Janvier 1675, 21 Mars & 12 Décembre 1676, & 3 Août 1700, ordonnent qu'il ſera perçû *autant de droits qu'il y aura de perſonnes auxquelles* chacune en particulier *les exploits auront été faits*, quoique par un même huiſſier, ſergent ou autre, en un même jour & par une même rélation ou procès verbal ; & que leſdits exploits ſeront enregiſtrés en autant d'articles ſéparés qu'il y aura de perſonnes auxquelles ils auront été faits.

Ainſi, il eſt dû deux droits pour une *ſaiſie ou éxécution de meubles*, l'un pour la ſaiſie & l'autre pour la ſignification faite au gardien ; &, s'il y avoit pluſieurs gardiens, il ſeroit dû un droit pour chacun d'eux, indépendamment de celui dû à cauſe de la partie principale. Déclaration du 23 Février 1677, & arrêt du 4 Février 1690.

Les ſaiſies-éxécutions *pour le recouvrement des tailles, & pour les droits des fermes du Roi*, ne ſont ſujétes qu'à un ſeul droit. Déclaration du 17 Février 1688, & arrêts des 17 Mars & 29 Mai 1685, & 4 Février 1690.

Il n'eſt dû qu'un droit pour un procès verbal de *ſaiſie-réelle & établiſſement de commiſſaire*, encore qu'il contienne itératif commandement au débiteur, s'il lui a été préalablement fait un commandement par exploit contrôlé. Déclaration du 23 Février 1677, art. 7, & arrêts du conſeil des 19 Juin & 12 Décembre 1676.

Les exploits de *ſaiſie-arrêts* ſont ſujets à autant de droits qu'il y a de particuliers, entre les mains deſquels ils ſont faits, & il eſt dû un autre droit pour la ſignification ou dénonciation qui en eſt faite au débiteur principal. Déclaration du 23 Février 1677, art. 11. & arrêts des 19 Juin & 12 Décembre 1676.

Il faut néanmoins obſerver que, ſi la ſaiſie eſt faite au préjudice d'un propriétaire, entre les mains du principal locataire & des ſous-locataires, qui tiennent du locataire principal, il n'eſt dû qu'un droit en quelque nombre qu'ils ſoient, outre celui de la dénonciation faite au débiteur principal ; parce qu'il n'y a véritablement qu'un fermier, ou locataire ; mais, ſi tous les locataires tiennent immédiatement du propriétaire, principal débiteur, il eſt dû autant de droits ; art. 7 de la déclaration du 23 Février 1677.

Il eſt dû pour les certificats ou procès verbaux de *publication* qui précédent les adjudications de bois des ſeigneurs, un droit par chaque paroiſſe où les publications ont été faites, ſuivant les arrêts des 30 Mars 1670, & 10 Avril 1725. *Voïez* l'art. 2 de celui du 29 Mars 1743.

Les *aſſignations données aux vaſſaux* d'un même fief & ſeigneurie pour comparoître aux plaids, aſſiſes & autres lieux, afin de reconnoître les droits par eux dûs au fief & à la ſeigneurie, ne ſont ſujétes qu'à un ſeul droit de contrôle ; mais, ſi les aſſignations tendent à obtenir des condamnations contre les vaſſaux, pour des rentes, lods, ou autres droits par eux dûs diſtinctement, il eſt dû autant de droits de contrôle qu'il y a de ſignifications de l'ex-

ploit ; c'eſt-à-dire , autant qu'il y a de vaſſaux auxquels il eſt ſignifié. Arrêts du conſeil des 5 Juillet 1672 , & 12 Décembre
1676. Déclaration du 23 Février 1677 ,
art. 6. Déciſions du conſeil des 20 Septembre 1724 , 9 Octobre 1728 , & 15
Mai 1734.

Pour une *ſaiſie féodale* , il eſt dû trois
droits ; l'un pour la ſaiſie faite ſur l'héritage ; le ſecond pour l'établiſſement du commiſſaire aux fruits ; & l'autre pour la dénonciation à la partie ſaiſie. Lettre de M.
le contrôleur général du 7 Mars 1744 ,
adreſſée à M. l'intendant de Moulins. Les
deux derniers droits ne peuvent pas ſouffrir
de dificulté ; mais , on ne voit pas le motif
du premier.

Les procès verbaux de *vente de meubles* , ſont ſujets à autant de droits qu'il y
a de journées emploïées auxdites ventes.
Article 10 de la déclaration du 23 Février
1677 , & arrêts des 19 Juin & 12 Décembre 1676.

Il eſt dû autant de droits , qu'il y a de
*particuliers aſſignés , pour repréſenter les
titres , en vertu deſquels ils ont fait faire
des ſaiſies* , ou formé opoſition à des ſcellés & ventes. Déclaration du 23 Février
1677 , article 12. Arrêts des 19 Juin &
12 Décembre 1676 , & 3 Août 1700.

Le *protêt de lettres de change* , notifié
à pluſieurs particuliers non aſſociés , eſt
ſujet à autant de droits qu'il y a de notifications. Arrêt du 20 Octobre 1716.

Les *ſignifications de lettres d'état &
de répi* , ſont également ſujétes à autant
de droits , qu'il y a de perſonnes auxquelles les lettres ſont ſignifiées. Arrêt du 19
Juin 1676.

Les *exploits pour le recouvrement des
tailles* , pour les *gabelles* , *entrées* , *cinq
groſſes fermes* , & autres deniers & revenus du Roi , ſont ſujets à autant de droits ,
qu'il y a de perſonnes auxquelles ils ſont
faits. Déclaration du 23 Février 1677 , article 1er ; & arrêt du 12 Décembre 1676.

Décidé en conformité , le 10 Septembre 1729 , pour les exploits faits à la requête du fermier des aides , contre un cabaretier , ſon entrepoſeur , ceux qui vendent à muchepot , & les buveurs ; mais ,
il faut obſerver qu'il n'eſt dû qu'un droit à
l'égard des buveurs , à moins qu'il n'y ait
des concluſions particulières priſes contre
chacun d'eux.

Les procès verbaux & *raports des gardes* , pour fait de chaſſe , & pour délits
commis dans les bois des ſeigneurs , ſont
ſujets à autant de droits qu'il y a de délinquans y dénommés , à raiſon d'un droit pour
chacun , tant pour le raport que pour l'aſſignation , ſi elle eſt renfermée dans le même
procès verbal , & avant qu'il ſoit clos. Et
ſi elle eſt donnée par acte ſubſéquent , les
droits du raport & de l'aſſignation , ſeront
païés diſtinctement. Article 11 de l'arrêt
du conſeil du 19 Mars 1743.

En *matière criminelle* , tout étant perſonnel , il s'enſuit qu'il eſt dû autant de
droits , qu'il y a de perſonnes auxquelles
les ſignifications ſont faites , conformément
au principe établi par les règlemens généraux. C'eſt même ce qui a été décidé le
25 Juillet 1739 , pour la ſignification d'un
décret d'ajournement perſonnel ; & encore
le 22 Juillet 1754 , ſur l'article 13 du mémoire des états de la province de Bretagne ,
qui ſe plaignoient de ce qu'il avoit été
perçu vingt droits pour la ſignification d'un
décret , faite à la requête de deux mineurs ,
parties plaignantes , ſous l'autorité de leur
père , à dix accuſés. Les états diſoient que
l'objet de la plainte , étoit une réparation
& une condamnation ſolidaire de dépens ,
& non la réparation publique & pénale , perſonnelle à chaque accuſé , qui ne ſe prononce que ſur le requiſitoire & les concluſions
du miniſtère public ; & ils ſoûtenoient qu'il
n'étoit dû qu'un droit. La déciſion porte
que » il eſt conſtant que les deux mineurs
» ſont les parties plaignantes contre dix
» accuſés ; que le père , comme tuteur ,

» n'a pas d'intérêt dans l'affaire ; que les » deux mineurs font deux demandeurs, » aïant chacun leur intérêt, qui est difé- » rent fuivant les diférens dégrés d'inful- » tes, fur lefquels fe doivent règler la ré- » paration & la condamnation des dépens; » ainfi, le décret aïant été fignifié, à leur » requête, aux dix accufés, il eft dû vingt » droits, parce que tout eft perfonnel en » fait de crime ».

Il eft dû, comme on l'a obfervé, autant de droits qu'il y a de demandeurs, aïant des intérêts diférens contre une feule per- fonne, & l'exploit doit être enregiftré en autant d'articles qu'il y a de demandeurs. Il eft également dû autant de droits qu'il y a de défendeurs, contre lefquels un feul particulier agit, & l'exploit doit être en- regiftré en autant d'articles féparés, qu'il y a de perfonnes auxquelles il eft fait.

Il en réfulte que s'il y a plufieurs deman- deurs & diférens défendeurs, il doit être fait autant d'enregiftremens, & perçû au- tant de droits qu'il y a de demandeurs, & relativement au nombre des défendeurs, contre lefquels chacun agit.

S'il y a quatre demandeurs & quatre dé- fendeurs, & que chaque demandeur n'a- giffe diftinctement que contre un défendeur, il ne fera dû que quatre droits, parce qu'il n'y aura que quatre exploits réunis en un.

Mais, fi chacun des demandeurs a in- térêt contre les quatre défendeurs, il fera dû feize droits, à raifon de quatre pour chaque demandeur, qui agit contre quatre particuliers.

Voïez la décifion du confeil du 7 Sep- tembre 1752, qui confirme une ordonnan- ce de M. l'intendant de Châlons, par la- quelle il avoit jugé qu'il étoit dû deux cens feize droits, pour un exploit fignifié à la requête de dix-huit communautés, à douze autres communautés, à raifon de douze droits, pour chacune des dix-huit, qui agiffent contre douze.

Nota. Ces trente communautés étoient

en procès, depuis plufieurs années, avec M. le duc d'Aumont, au fujet des ufages dans la forêt d'Ifle ; douze d'entr'elles fe font féparées des autres, afin de tranfiger à l'amiable. Les dix-huit fe font affemblées & ont délibéré de s'opofer à toutes tranfac- tions faites ou à faire, de la part de quel- ques ufagers ; & c'eft pour la fignification de cette délibération, qu'il a été décidé qu'il étoit dû deux cens feize droits, par- ce que l'intérêt n'eft commun qu'entre les membres de chaque communauté ; & qu'il eft diftinct & perfonnel de communauté à communauté.

Voïez encore la décifion du 22 Juillet 1754, raportée ci-deffus.

Exception à la règle de la pluralité des droits.

Il n'eft dû qu'un droit de contrôle, pour l'affignation donnée à la requête d'un cré- ancier, aux héritiers de fon débiteur, pour être condamnés à païer quelques fom- mes duës par le défunt, pourvû que ce foit par un feul exploit, du même jour, & par le même huiffier. Déclaration du 23 Fé- vrier 1677, article 3, & arrêts des 19 Juin & 12 Décembre 1676.

Il en eft de même pour les affignations données à plufieurs experts, pour faire des vifites ou eftimations. Déclaration du 23 Février 1677, art. 4, & arrêt du 12 Décembre 1676.

Pareillement, pour celles données à des témoins, afin de dépofer dans une enquête ou une information, être recollés & con- frontés. Déclaration du 23 Février 1677, articles 4 & 6 ; & arrêts des 19 Juin, 12 Décembre 1676, & 20 Juillet 1700.

Il n'eft également dû qu'un droit, pour les affignations données à des parens, pour élire des tuteurs & curateurs, & donner leur avis pour les affaires des mineurs ; pourvû que ce foit par un feul exploit, & du même jour. Déclaration du 23 Fé- vrier 1677, art. 6.

Les affignations données à plufieurs affociés , pour le fait d'une même fociété ,
par un feul exploit du même jour , ne font
pareillement fujétes qu'à un droit. Déclaration du 23 Février 1677 , art. 6.

§. VI. *Exploits difpenfés de la formalité, & du païement des droits de contrôle.*

Les exploits , fignifications & autres
actes , concernant la procédure & inftruction des procès & inftances , faits de procureur à procureur , ou d'avocat à avocat ,
dans les fiéges où les avocats font la fonction de procureurs , ont été difpenfés du
contrôle. Edit du mois d'Août 1669 ; arrêts
du 27 Janvier 1670 , & 30 Mars 1670 ;
déclarations des 21 Mars 1671 , & 23 Février 1677. *Voïez* le §. VIII , ci-après.

Les exploits faits par les huiffiers des
confeils du Roi. Arrêt de 1687 , cité dans
le précis imprimé en tête du recueil du contrôle des exploits.

Les exploits faits à la requête des procureurs généraux , & de leurs fubftituts ,
promoteurs eccléfiaftiques , & procureurs
fifcaux des haut-jufticiers & des communautés , concernant la police générale ,
pour parvenir aux condamnations contre
les contrevenans aux ordonnances d'icelle , avoient été affujétis à la formalité , &
feulement difpenfés du droit , par les arrêts
des 27 Janvier , & 30 Mars 1670 , & par
la déclaration du 21 Mars 1671. Mais ,
ils ont été difpenfés , tant de la formalité
que du droit , par l'arrêt du 12 Décembre
1676 , & par la déclaration du 23 Février
1677.

Ceux faits pour l'inftruction & jugement des affaires , tant civiles , que criminelles , éfquelles lefdits procureurs généraux , ou leurs fubftituts , promoteurs
eccléfiaftiques & procureurs fifcaux , feront
feuls parties , & où il n'y aura ni accufa-

teur , ni dénonciateur. *Mêmes règlemens.*

Premiers commandemens qui ne portent
point d'affignation , faits à la requête des
collecteurs des tailles en la province de
Languedoc pour le païement de leurs taux.
Arrêts des 11 Janvier 1689 , & 21 Mars
1722. *Voïez* §. XI.

Les exploits faits à la requête des
collecteurs de la taille & de l'impôt du
fel dans les provinces & généralités d'élection , contre les redevables dénommés
dans les rôles , pour le païement de leurs
taux feulement , lorfque lefdits exploits
ne contiendront point d'affignation ni
de faifie entre les mains de perfonnes
tierces. Déclarations des 21 Mars 1671 ,
& 23 Février 1677 , & arrêt du 21
Mars 1722. *Voïez* encore §. XI.

Tous exploits pour le recouvrement de
la capitation. Arrêt du 31 Mai 1695 , &
déclaration du 12 Mars 1701 , article 22.
Voïez *Capitation.*

Tous ceux pour le recouvrement du
vingtième denier. Arrêts du confeil des 2
Janvier 1734 , & 29 Juin 1751. Voïez
Dixième.

Procès verbaux des emploïés des fermes
& des fous-fermes du Roi , lorfqu'ils ne
contiennent point d'affignation. Arrêts du
confeil du 30 Octobre 1708 , & arrêt de
la cour des aides de Roüen du 27 Novembre 1709.

Sommations & premiers commandemens
à la requête du fermier général aux habitans des paroiffes des greniers de vente
volontaire , de prendre du fel en conféquence des rôles defdites paroiffes apellés
Sextez. Et ceux à la requête du fermier des
aides , pour le païement des droits d'aides
& entrées aux particuliers , habitans des
villes & bourgs fujets auxdits droits d'aides & entrées ; à moins que fur lefdits exploits , on ne veüille obtenir des fentences
& jugemens , ou faire des pourfuites &
contraintes en conféquence ; auquel cas , ils
feront contrôlés dans les fept jours qui

suivront celui de leur date. Arrêts des 17 Janvier & 30 Mars 1670, déclaration du 21 Mars 1671, arrêt du 12 Décembre 1676, & déclaration du 23 Février 1677, art. 2. *Voïez* aussi §. XII.

Les premiers commandemens faits aux redevables pour restitution de droits de gabelles, encore bien qu'ils soient suivis d'éxécution & autres pourfuites. Déclaration du 18 Août 1711. *Voïez* encore §. XII.

Procès verbaux, raports & exploits faits par les sergens & gardes des bois du Roi, pour délits, abus & malverfations dans lesdits bois de S. M. en fatisfaifant par eux aux formalités prefcrites par l'ordonnance du mois d'Août 1669. Arrêts des 26 Février 1689, & 16 Mai 1730, & lettres patentes dudit jour 16 Mai 1730.

Procès verbaux de raports des gardes des bois & rivières des communautés & des feigneurs, pour chablis abatus par les vents, cerfs trouvés morts, & pour délits commis par gens inconnus. Arrêts du 19 Mars 1743, art. 12. *Voïez* le §. IX, & ci-après, verb. *Raports*.

§. VII. *Exploits qui doivent être contrôlés, fans païer les droits.*

Les exploits & autres actes faits à la requête des procureurs du Roi aux bureaux des finances, pour obliger les fermiers & fous-fermiers à remettre aux gréfes defdits bureaux des finances, les baux, états en détail, ventes & aliénations des domaines en éxécution de l'arrêt du 19 Septembre 1684, doivent être contrôlés, fans païer aucun droit. Arrêt du 10 Février 1685.

Les exploits faits à la requête des procureurs du Roi, pourfuite & diligence des receveurs généraux des domaines & bois, concernant les domaines du Roi, doivent être contrôlés gratuitement; mais, les droits font dûs de ceux pour raifon des deniers & acquits qui leur doivent être

remis, fauf à s'en faire rembourfer par ceux contre lefquels les exploits auront été faits. Déclaration du 12 Juillet 1687.

Ceux faits à la requéte des receveurs généraux des domaines & bois pour le recouvrement des frais de juftice indûment avancés fur le domaine, font éxemts de tous droits de contrôle, que lefdits receveurs généraux peuvent néanmoins répéter des parties qui fuccombent, comme s'ils les avoient avancés, pour les indemnifer d'une partie de leurs frais. Art. 6 & 7 de l'arrêt de règlement du 24 Novembre 1733.

Les faifies féodales & autres pourfuites faites à la requête des procureurs généraux des chambres des comptes, & des procureurs du Roi des chambres des domaines, faute de foi & hommage, aveux & dénombremens non fournis au Roi, doivent être contrôlées fans percevoir aucun droit, fauf aux commis à faire note, tant fur les exploits, qu'à la marge des regiftres, que les droits font dûs, pour en être les états remis aux gréfiers defdites chambres, auxquels il eft enjoint de s'en charger, & de faire païer les droits de contrôle defdits exploits, par les parties faifies, lors de la réception de leur foi & hommage, ou des aveux & dénombremens; avec défenfes de délivrer aucunes expéditions des actes de réception de foi & hommage, aveux & dénombremens, que les droits de contrôle des exploits des faifies féodales qui les auront précédés, ne leur aïent été remis, à peine d'en répondre en leur propre & privé nom, & de 100 l. d'amende pour chaque contravention. Il eft, en outre, ordonné auxdits gréfiers de remettre ce qu'ils auront reçu ou dû recevoir des droits de contrôle defdits exploits, fans aucune déduction de frais ni remifes, aux procureurs & commis de la régie des fermes à leur première requifition, & fur leurs fimples quitances, à peine d'y être contraints, comme pour les deniers & affaires de S. M.

Arrêt de règlement du 2 Août 1724.

Les exploit faits pour raifon des élections de tuteurs aux mineurs, à la requête des procureurs du Roi feuls parties, doivent être contrôlés dans les délais, & fous les peines portées par les règlemens, fans que lefdits procureurs du Roi, ni les huiffiers foient tenus d'en avancer les droits ; fauf aux commis, à faire mention, tant fur lefdits exploits, qu'à la marge du regiftre du contrôle, & à côté de chacun article, que les droits en font dûs ; & en conféquence, il eft ordonné que les tuteurs nommés ne pourront, fous peine de 100 liv. d'amende en leur propre & privé nom, faire aucuns actes en ladite qualité de tuteurs, ni faire procéder aux inventaires, que les droits de contrôle des exploits n'aïent été païés, dont les frais feront répétés par préférence fur les biens des mineurs. Arrêt de règlement du 2 Août 1724.

Toutes les fignifications qui feront faites en conféquence des raports des fergens & gardes des bois du Roi, commandemens, faifies, éxécutions, contraintes, emprifonnemens & autres généralement quelconques, faits à la requête des procureurs du Roi aux fiéges des eaux & forêts, feront contrôlés fans droits, même lorfque les pourfuites fe feront à la diligence des receveurs & collecteurs des amendes ; fauf néanmoins, en cas que, par l'évènement des jugemens & condamnations intervenus fur les pourfuites & diligences des procureurs du Roi, il y eût des reftitutions, dommages & intérêts, ajugés au profit des communautés eccléfiaftiques ou laïques, ou autres gens de main-morte, ou particuliers, à fe pourvoir par le fermier, ainfi que de raifon, afin de recouvrement defdits droits de contrôle, fcel des fentences & autres, contre ceux au profit defquels lefdites reftitutions, dommages & intérêts, auront été prononcés ; auquel cas, les procédures leur feront communiquées, pour connaître les droits qui au-

roient dû être païés. Arrêt du confeil & lettres patentes du 16 Mai 1730.

Voïez encore le §. IX. ci-après.

§. VIII. *Exploits fignifiés de procureur à procureur.*

Quoique par la difpofition générale de l'édit de 1669, & des autres règlemens, tous exploits indiftinctement aïent été affujétis au contrôle, & que la loi n'ait excepté que ceux qui concernent la procédure & l'inftruction des procès, qui font fignifiés de procureur à procureur, néanmoins, les procureurs ont dans tous les tems fait les derniers efforts pour étendre cette exception à tous les exploits qu'ils jugent à propos de faire fignifier de procureur à procureur ; & voici les principaux motifs fur lefquels ils apuïent cette prétention.

Le contrôle des exploits n'a été établi que pour fupléer à la formalité des deux recors, que l'art. 2 du titre fecond de l'ordonnance de 1667, éxigeoit à peine de nullité, & qui fut abrogée par l'édit de 1669. Les exploits fignifiés de procureur à procureur, n'étoient point fujets à la formalité de l'affiftance des recors, ils ne furent donc point affujétis au contrôle par cet édit. La déclaration du 21 Mars 1671, en comprenant dans fa difpofition les ajournemens & affignations à perfonne, ou domicile des parties, ou autres domiciles élus ou indiqués, n'a fait aucun changement : les domiciles élus ou indiqués, dont elle parle, font évidemment ceux ftipulés par une convention, ou ceux que la loi oblige les parties d'élire dans un lieu, quoiqu'elles n'y demeurent pas ; ainfi les ajournemens & affignations compris dans la déclaration de 1671, ne font véritablement que les exploits, dont l'ordonnance, au titre des ajournemens, avoit prefcrit les formalités.

Réponfe : L'établiffement du contrôle des exploits a eu principalement pour ob-

jet, de remédier aux antidates; & en conféquence, tous les exploits ont été affujétis à cette formalité. Les faifies de meubles, faifies-réelles, criées & autres actes
de cette efpèce, doivent néceffairement
être contrôlés, quoiqu'ils foient encore
foumis à la formalité de l'affiftance des
recors.

Si le légiflateur avoit eu intention de
n'affujétir au contrôle que les exploits que
l'ordonnance avoit foumis à l'affiftance des
recors, & qui en furent enfuite difpenfés,
il l'auroit expliqué par une claufe expreffe;
de même que s'il en avoit voulu éxemter
tous ceux fignifiés de procureur à procureur, il l'auroit exprimé dans l'exception.

Mais, cette exception, faite d'abord par
l'édit de 1669, eft limitée aux feuls exploits
qui concernent la procédure & l'inftruction
des procès; ce qui prouve clairement que
la caufe de l'exception eft l'objet de l'exploit & non pas fa forme ni le lieu où il eft
fait, non plus que la perfonne à laquelle il
eft fignifié. Les autres règlemens comprennent dans l'exception les exploits qui concernent la procédure & inftruction des procès, qui font fignifiés de procureur à procureur, ou d'avocat à avocat, dans les
fiéges où les avocats font la fonction de
procureurs; d'où il réfulte évidemment,
que, pour qu'un exploit foit difpenfé du contrôle, il faut non-feulement qu'il foit du
nombre de ceux pour lefquels le procureur eft inftitué de droit; mais encore,
qu'il concerne la procédure & l'inftruction
des procès, & qu'il foit fignifié de procureur à procureur.

D'ailleurs, la déclaration du 21 Mars 1671,
ne peut laiffer aucun doute fur la queftion;
elle affujétit au contrôle tous exploits indiftinctement, *fans aucuns excepter, fors
feulement les exploits ou actes & fignifications concernant la procédure & inftruction des procès, faits d'avocat à avocat, où il n'y a point de procureurs, &
où les avocats font la fonction de procu-*

reurs; *& de procureur à procureur;* &
elle déclare nommément fujets à la formalité & au païement des droits, tous ajournemens & affignations, pour quelque caufe
que ce foit, à perfonne ou domicile élu
des parties, ou autres domiciles élus ou
indiqués; elle exprime même les interventions, anticipations, défertions, ajournemens pour ouïr & confronter témoins,
compulfoires, nommer experts, produire
& jurer témoins, & autres actes de cette
nature, (dont la fignification fe fait aux procureurs des parties); ainfi, il eft évident que
l'intention du légiflateur a été d'affujétir
au contrôle tous exploits qui font effentiellement dirigés vers les parties, qui éxigent de leur part un mouvement perfonnel, & qui font fignifiés à perfonne ou
aux procureurs pour leurs parties, comme
domicile élu ou indiqué; & que l'exception n'a uniquement lieu que pour les
exploits concernant la procédure & l'inftruction des procès, & qui, fans le concours des parties, dépendent feulement
du miniftère defdits procureurs.

Cette diftinction eft bien établie par la
jurifprudence conftante du confeil, que l'on
va raporter.

Arrêt du confeil du 29 Décembre 1696,
& lettres patentes du 10 Février 1697,
portant que les actes d'apel des fentences,
les fignifications de lettres d'état & de répi, & les affignations ou fommations pour
parvenir à partages, feront contrôlés dans
le tems fixé par les règlemens, foit que la
fignification foit faite aux procureurs ou à
la partie, & pendant le cours des inftances
ou autrement.

Arrêt du confeil du 26 Juillet 1701,
qui ordonne que les interventions, opofitions & autres actes femblables, qui ne
font point de l'inftruction des procès, &
lefquels feront fignifiés de la part des parties au domicile d'un procureur, feront
contrôlés, & les droits païés.

Autre arrêt du confeil du 28 Mars 1724,
portant

portant que les affignations pour affifter à la preftation de ferment des témoins , qui feront données au domicile des procureurs, feront contrôlées dans le délai prefcrit par les règlemens concernant le contrôle des exploits, aux peines y portées ; lefquelles ont été prononcées, par le même arrêt , contre un huiffier , & contre un avocat & procureur au préfidial d'Angers , à l'oc-cafion d'un exploit, contenant intimation au procureur de la partie pour être préfent à la preftation de ferment de témoins.

Arrêt du parlement de Rennes , du 30 Septembre 1724 , portant que les experts feront affignés pour faire le ferment, & les parties pour y être préfentes ; & les droits de contrôle de ces deux affignations païés, encore bien que l'affignation , pour la partie , foit donnée au procureur ; que les exploits fignifiés aux procureurs pour être préfens, au lieu des parties, à la ju-rée des témoins, feront contrôlés, & les droits païés ; le tout fous les peines d'a-mende & de nullité prononcées par les règlemens. Et il eft ordonné que cet ar-rêt fera lû & publié dans toutes les jurif-dictions roïales & feigneuriales de la pro-vince.

Arrêt du confeil du 8 Avril 1727 , qui condamne Pierre Lajoie , huiffier en l'élec-tion de Coutances, en 100 liv. d'amende , pour n'avoir pas fait contrôler deux figni-fications d'apel, par lui faites de procureur à procureur.

Autre arrêt du confeil du 22 Novem-bre 1729 , par lequel il eft fait défenfes à tous huiffiers de faire aucunes affigna-tions , pour voir prêter ferment aux té-moins, fans les faire contrôler ; & aux pro-cureurs de s'en fervir, fi elles ne font con-trôlées, à peine de nullité & de 100 liv. d'amende pour chaque contravention ; lef-quelles peines & amendes font prononcées par l'arrêt contre un huiffier & contre un procureur de Mayenne ; au fujet d'un ex-ploit fait à la requête dudit procureur pour

Tome I.

fes parties, contenant intimation au pro-cureur des parties adverfes, pour fe trou-ver préfent à la preftation de ferment des témoins.

Décifion du confeil du 10 Décembre 1729 , fur le mémoire des procureurs du parlement de Bordeaux , qui juge que les fignifications de relief d'apel incident , les interventions , les fommations pour voir taxer dépens, celles pour voir produire & jurer les témoins, voir prêter ferment aux experts ; & celles pour affifter à un paraphe, & voir faire des *vidimus* & col-lationnés de piéces, font fujétes au con-trôle, quoique fignifiées de procureur à procureur ; mais, que les fignifications de révocation ou de conftitution de procu-reur n'y font pas fujétes.

Nota. Cette décifion a été adreffée le même jour 10 Décembre 1729 , par M. le contrôleur général des finances, à M. le premier préfident du parlement de Bor-deaux.

Arrêt du confeil du 10 Janvier 1730 , qui caffe une ordonnance du bureau des finances de Tours, rendue au fujet d'une requête d'intervention , fignifiée au domi-cile du procureur ; ordonne l'éxécution des règlemens, &, en conféquence, qu'à l'avenir toutes fignifications de tierces opo-fitions & interventions feront contrôlées dans le tems de trois jours, à peine de nullité des jugemens qui pouroient inter-venir fur icelles, & de 100 liv. d'amen-de, païables par chacun des contrevenans.

Décifion du confeil du 25 Août 1731 , fur le mémoire de Me Coffard , procureur au parlement de Bordeaux , qui juge que les fignifications qui fe font de procureur à procureur, de lettres de relief d'apel incident, ou d'anticipation, font fujétes au contrôle, quoique la fignification des let-tres fur l'apel principal ait été contrôlée.

Arrêt du confeil du 2 Octobre 1736 , contre les procureurs des jurifdictions de Lyon, qui ont réuni à leurs ofices ceux

B b b b

des huissiers-audienciers ; & qui en conséquence, se communiquoient tous les actes qui, dans les autres jurisdictions, sont
signifiés de procureur à procureur ; ils prétendoient pouvoir faire ces communica-
tions, & s'abstenir conséquemment de faire
contrôler les interventions, opositions, dénonciations, offres, désistemens d'apels
&c. L'arrêt, sans avoir égard à une ordonnance du bureau des finances par eux
obtenuë, leur défend de se communiquer
les uns aux autres, & sans ministère d'huissiers, les exploits de demandes, interventions, apels, anticipations, désertions,
désistemens, offres-réelles, faisies & main-
levées, opositions aux scellés & inventaires, assignations à des experts pour prêter
serment, assignations aux parties pour voir
prêter serment aux témoins, assister aux
ventes & partages, & reconnaître des
écritures privées ; & généralement tous
autres actes assujétis au contrôle des exploits par les arrêts & règlémens, qui ne
sont pas procédures d'instruction des procès ; au surplus, les maintient dans le droit
de se communiquer de procureur à procureur les procédures d'instruction des procès.

Arrêt du parlement de Rennes, du 7
Juillet 1739, qui confirme une sentence
du présidial de Nantes, par laquelle plusieurs procureurs du duché de Retz à
Machecoul, ont été condamnés en l'a-
meude de 100 liv. pour n'avoir pas fait
contrôler des exploits signifiés de procureur à procureur, pour voir jurer témoins
& prêter serment à des experts ; &, sans
s'arrêter à l'oposition du substitut du procureur général-syndic des états à l'arrêt du
parlement du 30 Septembre 1724, ordonne que ledit arrêt sera exécuté.

Arrêt du conseil du 15 Mai 1742, qui
prononce les peines & amendes encouruës
par le sieur Guesno, procureur à Carhaix,
pour n'avoir pas fait contrôler un exploit
d'intervention, signifié de procureur à procureur.

Arrêt du parlement de Rennes du 20
Mai 1745, qui confirme une sentence de
la jurisdiction roïale de saint Brieux, par
laquelle Laurent le Breton, huissier, a été
condamné en l'amende de 100 liv. pour
n'avoir pas fait contrôler la signification
faite de procureur à procureur, d'une requête tendante à faire rejetter une saisie de
meubles.

Décision du conseil du 4 Septembre
1745, contre les oficiers du présidial de
Chartres, au sujet de demandes incidentes,
interventions, sommations pour convenir
d'experts, actes d'apel &c. *Décidé* que
les actes signifiés de procureur à procureur,
autres que ceux concernant l'instruction
des procès, sont sujets au contrôle.

Décision du conseil du 26 Mars 1746,
sur le mémoire des procureurs de la châtellenie de Melun, portant que les significations de procureur à procureur, éxemtes
du contrôle, ne sont que celles qui n'ont
que la formalité de la procédure pour objet ; mais que toute demande introductive,
& toute signification sur laquelle les conclusions des parties peuvent être fondées
par la suite, ne sont pas dans le cas. Les
procureurs se plaignoient de ce qu'on prétendoit les assujétir à faire contrôler les
exploits d'intervention.

Autre décision du 15 Juin 1746, qui
confirme une ordonnance de M. l'intendant
d'Orléans, par laquelle la communauté des
procureurs de Chartres a été déboutée de
son intervention, & le sieur la Biche, l'un
d'eux, & le gréfier, condamnés chacun en
100 liv. d'amende, pour défaut de contrôle d'une signification de réception de ferment d'experts, faite de procureur à procureur, avec indication au lendemain, pour
la reconnoissance & estimation des marchandises.

Arrêt du conseil du 24 Juin 1749, rendu en conséquence de cette dernière décision, qui déboute le sieur de la Biche,
procureur à Chartres, de son apel d'une

ordonnance de M. l'intendant d'Orléans, qui prononçoit la contrainte par corps contre lui; déboute pareillement la communauté des procureurs de son intervention, & les condamne solidairement au coût de l'arrêt.

Arrêt du conseil du 1er Juin 1751, qui confirme une ordonnance de M. l'intendant de Limoges, portant condamnation d'amendes contre diférens huissiers & procureurs d'Angoulême, pour n'avoir pas fait contrôler des significations faites de procureur à procureur, de requêtes d'intervention, oposition & autres incidens; & avoir occupé en conséquence.

Autre arrêt du conseil du 28 Septembre 1751, rendu du mouvement du Roi, qui casse une délibération des oficiers du présidial d'Angoulême, du 3 du même mois, par laquelle, prétextant qu'on leur demandoit des droits de nouvel établissement, ils ont arrêté que pour la perception des droits du Roi, il en seroit usé comme par le passé; en conséquence ordonne l'éxécution de l'arrêt du 1er Juin 1751, ci-dessus, & des règlemens concernant la consignation des amendes &c.

Décision du conseil du 3 Février 1752, qui juge régulière la perception de deux droits de contrôle faite au bureau de Magny, sur une intervention signifiée de procureur à procureur; François Doulay avoit chargé des ouvriers de couper son bois taillis; le sieur Cercilly s'y est oposé & a assigné les ouvriers en justice. Doulay aïant pris fait & cause, sa requête a été répondue, de viennent les parties à l'audience, & signifiée au procureur du sieur Cercilly, & à celui des ouvriers.

Arrêt du conseil du 15 Juin 1752, rendu en règlement, & qui paroît occasionné par une oposition des procureurs de Poitiers, Fontenay-le-Comte, Angoulême & Saintes; par lequel, sans s'arrêter à un arrêt particulier de l'année 1694, par eux oposé, que S. M. a révoqué & révoque

en ce qui se trouvera contraire au présent, & en interprétant, en tant que de besoin, les édits & déclarations & les arrêts du conseil intervenus en conséquence, il est ordonné que les significations d'interventions; de tierces opositions; de reliefs d'apellations incidentes; les assignations pour voir produire & jurer les témoins; les assignations pour voir prêter serment, pour assister à un paraphe ou voir faire un vidimus; toutes demandes incidentes; les assignations ou sommations pour convenir d'experts, & celles pour les voir prêter serment; les assignations ou sommations pour voir rendre & affirmer les raports des visites & estimations; les significations d'actes de réception de serment, avec indication au lendemain pour la reconnoissance, visite & estimation; celles d'actes d'apels des sentences & jugemens; les significations de lettres d'état & de répi; les assignations ou sommations pour parvenir à partage; pour voir reconnoître & lever des scellés, procéder aux inventaires & ventes des meubles; ensemble les opositions qui y seront faites; les opositions aux saisies-réelles afin de charge ou pour distraire; les opositions aux sentences & jugemens par défaut faute de comparoir seulement; les significations de dires contenant oposition ou empêchement; & les assignations en reprise d'instance, seront contrôlées & les droits païés, dans les trois jours de leur date, soit qu'elles soient faites au domicile des parties, à domicile élu ou indiqué, ou seulement de procureur à procureur; & à l'égard des significations de déclarations de dépens, avec sommation pour les voir taxer, ordonné qu'elles seront pareillement contrôlées & les droits païés, lorsqu'elles seront faites aux domiciles des parties, ou à domicile élu ou indiqué.

Par autre arrêt du 30 Janvier 1753, rendu en règlement général, il est ordonné que celui du 15 Juin 1752, sera éxécuté selon sa forme & teneur, tant dans les

généralités de Poitiers, Limoges & la Rochelle, que dans celle de Bretagne & autres provinces & généralités du roïaume.

Ces derniers arrêts aïant occafionné
beaucoup de fermentation de la part des
procureurs, fur tout dans le reffort des
parlemens de Rennes & de Toulouse, &
du préfidial de Poitiers ; le parlement de
Rennes aïant même rendu deux arrêts les
28 Décembre 1752, & 25 Mai 1753,
contraires à la perception de plufieurs defdits droits, il eft intervenu le 8 Juillet
1753, un arrêt du confeil des finances,
qui caffe lefdits arrêts du parlement de
Bretagne, & tout ce qui s'eft enfuivi ; &
cependant attendu les diférens ufages pra-
tiqués au fujet de quelques-uns des droits
énoncés dans les arrêts du confeil des 15
Juin 1752, & 30 Janvier 1753, & la
néceffité de rétablir à cet égard l'uniformi-
té dans la perception defdits droits de
contrôle, conformément aux édits, déclarations, lettres patentes, arrêts & réglemens intervenus fur cette matière, S. M.
ordonne que les droits de contrôle des
exploits & fignifications continuëront d'être
perçûs, comme ils l'étoient avant lefdits
arrêts du confeil des 15 Juin 1752, &
30 Janvier 1753, jufqu'à ce qu'il en ait
été autrement ordonné.

Cet arrêt du 8 Juillet 1753, eft feulement préparatoire à un nouveau règlement
général ; &, loin de donner atteinte à ce qui
s'obfervoit avant 1752, il ordonne pofitivement que les droits continuëront d'être
perçûs comme ils l'étoient alors, en attendant le règlement qui doit intervenir fur
cette partie.

§. IX. *Exploits faits à la requête des procureurs du Roi, procureurs fifcaux & promoteurs.*

Les procureurs généraux, les procureurs du Roi, les promoteurs eccléfiaftiques, & les procureurs fifcaux, ne font
tenus d'avancer aucuns droits pour les
pourfuites qui font faites à leur requête,
pourvu qu'il s'agiffe de la police générale
ou de la vindicte publique, & qu'il n'y ait
point de partie civile.

Quoiqu'il y ait un dénonciateur, les
droits ne peuvent être éxigés defdits procureurs, parce que la dénonciation n'empêche pas qu'ils n'agiffent d'office ; elle leur
en impofe même une nouvelle obligation,
fuivant les art. 5 & 8 du tit. 3 de l'ordonnance
de 1670. Mais, les commis doivent être
attentifs à répéter les droits fur l'accufé s'il
fuccombe ; &, s'il eft renvoïé abfous, les
commis doivent faire païer les droits par le
dénonciateur, qui eft toujours condamné
aux dommages & intérêts de celui qui a été
mal-à-propos accufé ; c'eft même ce que le
confeil a décidé le 4 Octobre 1748, fur le
mémoire de M. le procureur général du
parlement de Rouen.

Les exploits qui concernent la police générale ; & ceux pour l'inftruction des affaires
civiles & criminelles, où lefdits procureurs
& promoteurs font feuls parties, ne font
pas même fujets au contrôle. *Voïez* le
§. VI. ci-deffus.

Exploits à la requête des procureurs
généraux des chambres des comptes & des
procureurs du Roi aux bureaux des finances. *Voïez* le §. VII. ci-devant.

Ceux pour élire des tuteurs aux mineurs, *voïez* le même §. VII.

Pourfuites à la requête des procureurs
du Roi aux fiéges des eaux & forêts. *Voïez*
le §. VII. & *Maîtrifes.*

Exploits faits à la requête du procureur
du Roi aux marguiliers en place d'une paroiffe, pour les obliger à faire compter
ceux qui font fortis, de leur geftion, ne
font pas fujets au droit. Décifion du confeil du 30 Novembre 1727.

Par l'art. 16 de la déclaration du Roi
du 21 Septembre 1729, concernant la
police du poiffon de mer fur les côtes de
Flandre, Boulonnois, Picardie & Norman-

die , il eſt ordonné que les raports des gardes-jurés , ou ſindics des pêcheurs , & tous exploits & actes à la requête des procureurs généraux ou leurs ſubſtituts , pour raiſon de la police du poiſſon de mer , feront éxemts de contrôle des exploits , conformément à la déclaration du 23 Février 1677.

Pourſuites à la requête du procureur du Roi , pour informer des vie & mœurs d'un homme deſtiné à être geolier ; il n'eſt pas dû de droits. Déciſion du 5 Février 1729.

Mais , les droits ſont dûs pour toutes autres réceptions ; voïez ci-après *Information de vie & mœurs ; & Réception.*

Déciſion du 11 Juin 1746 , contre le procureur du Roi de la maîtriſe des eaux & forêts de Vaaſſy , qui demandoit la reſtitution des droits de contrôle & de ſceau perçus ſur les actes faits pour la réception d'un receveur des amendes.

Autre déciſion du 17 Décembre 1746 , ſur le mémoire du procureur du Roi de la maîtriſe des eaux & forêts de Roüen , qui juge que le droit de contrôle de l'aſſignation tendante à informer des vies & mœurs des oficiers de ladite maîtriſe eſt dû , s'il y a eu un exploit , & que l'ordonnance portant permiſſion d'informer , doit être ſcellée. Il prétendoit que les ordonnances rendues ſur ſes concluſions , portant permiſſion d'informer des vies & mœurs de ceux qui demandent à être reçus oficiers ou gardes des eaux & forêts , n'étoient pas ſujétes au petit-ſcel , conformément à l'arrêt du 21 Juin 1704 (raporté ci-après : verb. *Maîtriſes*). Mais , l'éxemtion accordée par cet arrêt , n'a pour objet que les ſeules procédures du procureur du Roi , ſans jonction ni intérêt d'aucune partie civile ; & dans l'eſpèce , on ne fait l'information que pour l'intérêt du récipiendaire.

Exploits faits pour le recouvrement d'amendes prononcées contre des témoins défaillans. Si l'amende tourne au profit d'un ſeigneur ou d'un engagiſte , le droit eſt dû.

Déciſion du 23 Septembre 1741 , contre le procureur fiſcal de la haute-juſtice de Thorigny.

Mais , ſi l'amende apartient au Roi , le droit ne doit pas être perçu ſur les pourſuites que fait le procureur du Roi , pour contraindre les défaillans condamnés ; ſauf au commis à ſuivre la vente après la ſaiſie , pour ſe faire païer de l'amende & des droits de contrôle. Déciſion du 4 Octobre 1748 , ſur le mémoire de M. le procureur général du parlement de Roüen.

Pourſuites faites à la requête des procureurs du Roi , pour révendiquer des cauſes portées dans un autre ſiége ; les droits ſont dûs , parce qu'il ne s'agit pas de la police générale , mais de l'intérêt particulier des oficiers du ſiége ; & par conféquent , les frais n'en peuvent être à la charge du Roi. Déciſion du 7 Octobre 1751 , ſur le mémoire de M. le procureur général de la cour des aides de Paris , au ſujet de la révendication faite par le procureur du Roi , de l'élection de Pontoiſe , d'une inſtance portée au bailliage , entre des collecteurs pour raiſon de la taille.

Pourſuites à la requête des procureurs du Roi de police , contre des marchands ou artiſans , pour repréſenter leurs lettres de maîtriſes , & retirer leurs actes de réception. Les droits ſont dûs , parce qu'il ne s'agit pas de police générale , & que le procureur du Roi en a la répétition. Déciſion du 22 Septembre 1736 , ſur le mémoire des oficiers de police de la ville de Châtillon-ſur-Indre.

Exploits à la requête deſdits procureurs du Roi de police , contre les marchands qui font charger leurs charettes , & qui les font partir le dimanche , & contre les particuliers qui gardent ou font garder leurs beſtiaux dans les prairies communes de la ville , avant qu'elles ſoient fauchées , & autres cas ſemblables qui dépendent de la police générale , ſont éxemts des droits : même déciſion ; autre du 14 Décembre

1752, en faveur du procureur du Roi, de la police de Crécy, au sujet d'un exploit donné à un laboureur qui faisoit voiturer ses blés le jour de la fête de l'assomption.

Les pourfuites faites par les procureurs du Roi, & procureurs fiscaux pour l'intérêt des engagistes ou des seigneurs, font fujets aux droits, à moins qu'ils ne s'agisse de la police générale, ou de la vindicte publique.

Voïez la décifion du confeil du 13 Janvier 1752, qui juge que les droits de contrôle font dûs pour des exploits donnés, à la feule requête du procureur du Roi du bailliage de Crecy, aux cenfitaires du domaine engagé, à l'éfet de fournir déclaration au papier terrier, & de païer les cens, rentes & autres redevances.

Celle du 17 Avril 1752, qui confirme la précédente fur le fondement que les lettres patentes, pour la confection du terrier, portent qu'il fera fait à la requête de l'engagifte.

Et celle du 14 Décembre 1752, qui la confirme encore, pour tous les exploits donnés, & à donner par ledit procureur du Roi, aux cenfitaires du domaine engagé, foit qu'il y faffe mention ou non, des lettres de terrier, obtenuës par l'engagifte.

Voïez auffi la décifion du 14 Décembre 1752, renduë fur le mémoire du fieur Opoix, en qualité de procureur fiscal de la feigneurie de Dammartin, au fujet d'exploits donnés à fa requête, pour dégats commis dans les terres du feigneur. Cette décifion porte » que conformément aux » arrêts des 13 Juin, & 30 Août 1672, » 10 Avril 1691, & autres fubféquens, » & notamment à l'arrêt du 16 Mai 1752, » les exploits donnés à la requête des » procureurs fiscaux des feigneurs, pour » délits commis dans leurs terres & bois; » & ceux, pour parvenir aux condamna- » tions d'amendes, pour païement des » redevances & autres cas, qui ne con-

» cernent pas la police générale, ou la » pourfuite des affaires criminelles, doi- » vent être contrôlés, & les droits » païés ».

Par l'article 11 de l'arrêt de règlement, rendu le 19 Mars 1743, avec les oficiers de la maîtrife des eaux & forêts du comté d'Eu, il eft ordonné que les raports des gardes dudit comté, pour fait de chaffe, ou pour délits commis dans les bois, & fur les rivières dudit comté, feront contrôlés aux exploits, & qu'il ne fera païé qu'un droit pour chaque délinquant, tant pour contrôle du raport, que de l'affignation donnée en conféquence, pourvû qu'elle foit renfermée dans le même procès verbal, & avant qu'il foit clos; finon, qu'il fera païé deux droits.

Et par l'article 12 du même arrêt, il eft dit que les procès verbaux defdits gardes, pour chablis abatus par les vents, cerfs trouvés morts, & pour délits commis par gens inconnus, feront éxemts d'enregif- trement & des droits de contrôle; mais, que fi les auteurs des délits, font enfuite connus, les affignations feront contrôlées, & les droits païés.

Ces difpofitions font fi précifes qu'il ne devoit y avoir aucune dificulté, fur les droits de contrôle des procès verbaux de raports de délits & dégats commis dans les héritages de la campagne, & dans les bois des feigneurs, avec d'autant plus de raifon que l'arrêt de 1743, eft relatif à ceux des 13 Juin, & 30 Août 1672, 10 Avril 1691, & 26 Juillet 1701, qui ont ordon- né, en conformité de la déclaration du 23 Février 1677, que tous les exploits faits à la requête des procureurs fiscaux, pour délits commis dans les bois des feigneurs, feront contrôlés, à l'exception de ceux qui concernent la police générale : néan- moins, il eft furvenu plufieurs conteftations, fondées, fur ce que l'arrêt de 1743, ne parle que des bois du comté d'Eu; ce qui fervoit de prétexte à foûtenir qu'il ne pouvoit fervir de règle que dans l'étendue de ce comté.

Mais, ces conteftations ont toujours été décidées en faveur du droit, fur le principe que la reftitution & les amendes qui réfultent des délits, apartiennent aux feigneurs, & que les exploits faits à la requête de leurs procureurs fifcaux, ne fe trouvent pas, par conféquent, dans le cas de l'exception, qui n'eft accordée que pour ceux qui concernent la police générale & l'intérêt public.

C'eft fur ce fondement que l'arrêt de 1743 a été déclaré commun par décifion du confeil du 29 Juillet 1747, avec les oficiers de la grurie de Joinville, apartenante à M. le duc d'Orléans; que par autre décifion du 14 Juin 1749, rendue fur le mémoire du fieur Philippin, procureur du Roi du bailliage de Langres, il a été jugé que les pourfuites faites à la requête des procureurs du Roi & fifcaux, pour délits commis dans les héritages de la campagne, doivent être contrôlés & les droits païés; que par autre décifion du 1er Août 1750, il a été ordonné que les procès verbaux des délits commis dans les bois & forêts du domaine d'Argentan, engagé à M. le comte d'Eu, feroient contrôlés aux exploits, dans tous les cas où la reftitution & les amendes apartiennent à l'engagifte; & que le 23 Novembre 1751, le confeil a également décidé que le procureur fifcal de la maîtrife particulière des eaux & forêts du comté d'Evreux, apartenant à M. le duc de Bouillon, à titre d'échange fait avec le Roi, devoit faire contrôler les exploits faits à fa requête, pour la pourfuite des délits commis dans les bois de cette maîtrife.

C'eft encore fur les mêmes motifs que, par arrêt du confeil rendu contradictoirement le 9 Mai 1752, celui du 19 Mars 1743, a été déclaré commun avec les oficiers de la maîtrife particulière des eaux & forêts de la baronnie de Briquebec,

pour lefquels M. le Marquis de Matignon avoit pris fait & caufe, prétendant que les procès verbaux des gardes de fes forêts ne devoient pas être contrôlés, fuivant un arrêt particulier du 9 Février 1675, obtenu par fes prédéceffeurs.

M. l'abbé & les religieux de Clairvaux aïant prétendu que l'arrêt de 1743, ne devoit avoir aucune éxécution à leur égard, (fur le fondement que leurs bois font foumis aux mêmes règles, pour l'exploitation, que ceux du Roi, & que les procès verbaux, raports & exploits des huiffiers & gardes des maîtrifes des eaux & forêts dans les bois de S. M. & dans ceux des gens de main-morte, & les autres pourfuites qui fe font à la requête des procureurs du Roi auxdits fiéges des eaux & forêts, ont été difpenfés du droit de contrôle par l'arrêt du 19 Juillet 1729, fauf néanmoins la répétition de ce droit, en cas que par l'évènement il y ait des reftitutions, dommages & intérêts ajugés auxdits gens de main-morte,) il a été rendu le 16 Mai 1752, un arrêt du confeil, qui rapelle les difpofitions des art. 11 & 12 du règlement du 19 Mars 1743, à l'égard des procès verbaux & raports des gardes des bois & forêts defdits Srs abbé & religieux de Clairvaux, & qui ordonne en outre que tous les exploits donnés à la requête du procureur fifcal defdits fieurs abbé & religieux, pour délits & dégats commis dans leurs terres & bois, afin de parvenir à des condamnations d'amendes, de païement de redevances, & autres cas qui ne concernent point la police générale, ou la pourfuite des affaires criminelles, feront contrôlés, & les droits païés dans le délai fixé par les règlemens, & fous les peines y portées.

Voïez encore la décifion du confeil du 14 Décembre 1752, rendue contre le Sr Opoix, en qualité de procureur fifcal de la feigneurie de Dammartin, raportée ci-deffus.

Décifion du confeil du 28 Juin 1751, fur le mémoire du baillif & des autres officiers de la grurie de Signy-l'Abbaïe, qui ordonne l'éxécution de l'arrêt du 19 Mars 1743, pour les raports & procès verbaux des gardes-chaffe & bois de l'abbaïe. Mais, cette abbaïe fe trouvant en œconomat, il a été décidé le 2 Octobre 1751, du confentement du fermier, que les procès verbaux & exploits feront contrôlés; &, que pendant l'œconomat, les droits ne feront païés qu'en cas qu'il intervienne des condamnations fur lefdits procès verbaux.

Décifion du confeil du 5 Août 1756, qui déboute le procureur fifcal de Conflans-Sainte-Honorine de fa demande en reftitution des droits de contrôle, perçûs pour des affignations qu'il a données pour délits & dégats fur des héritages, à quatre particuliers, contre lefquels il a obtenu des condamnations.

Autre décifion du 27 Juillet 1758, qui déboute le procureur fifcal de la paroiffe de Connelle de fa demande en reftitution des droits de contrôle d'affignations données à des particuliers, pour avoir été cueillir de l'herbe dans les blés; fauf néanmoins la reftitution, s'il n'eft prononcé aucuns dommages & intérêts.

Il réfulte bien évidemment de tous ces règlemens, qu'il n'y a que les raports des délits commis dans les bois du Roi, qui foient éxemts de contrôle, ainfi qu'il a été dit ci-deffus, §. VI, pag. 558; que ceux faits dans les bois des communautés eccléfiaftiques & laïques, & autres gens de main-morte, ne jouïffent de l'éxemtion que lorfqu'ils font faits par les gardes des eaux & forêts de S. M. & lorfque les affignations font données à la requéte des procureurs du Roi, feuls parties; fans préjudice néanmoins du païement des droits, fi, par l'évènement, il eft prononcé des amendes & reftitutions de droits au profit defdits gens de main-morte; & qu'à l'égard des procès verbaux & raports des délits

faits par les gardes des bois des princes du fang même, des apanagiftes ou engagiftes des domaines, des gens de main-morte, & autres feigneurs particuliers, il n'y a d'exception que lorfque les délinquans font inconnus, & qu'il n'y a point de faifie de beftiaux, dont la valeur réponde des frais. Tous autres raports de leurs gardes y font affujétis, à raifon d'un droit contre chaque délinquant, tant pour le raport que pour l'affignation, pourvû qu'elle foit renfermée dans le même procès verbal & avant fa clôture; &, à raifon de deux droits, fi l'affignation eft donnée par acte féparé & fubféquent; favoir, un pour le raport, & un autre pour l'affignation.

§. X. *Exploits pour le recouvrement d'impofitions.*

Par la déclaration du Roi du 21 Mars 1671, les exploits pour le recouvrement des tailles, impôt du fel, dons gratuits & autres impofitions, fermes du Roi, & tous autres deniers roïaux, fans exception, ont été affujétis au contrôle; mais, *voïez* les §. fuivans pour les tailles & pour les droits des fermes.

Les exploits pour le recouvrement de la capitation & du vingtième denier, ne font fujets, ni à la formalité, ni au païement des droits de contrôle. *Voïez* ci-deffus le §. VI.

Ceux pour le droit de confirmation y font fujets; mais, il n'eft dû pour chacun que 3 f. de principal. Réfultat du confeil du 1er Juillet 1725, & arrêt du 29 Décembre fuivant.

Décidé au confeil le 18 Juillet 1732, que pour le recouvrement d'une impofition volontaire fur les habitans de faint Germain-en-Laye, pour le rétabliffement de fontaines publiques, il ne fera perçû d'autres droits que ceux que l'on perçoit pour le recouvrement de la taille.

Décifion du confeil du 2 Mai 1739, qui déboute l'adjudicataire des octrois de Clamecy de fa demande, tendante à pouvoir

voir faire contrôler les premiers commandemens faits à fa requête, dans la huitaine de leur date.

§. XI. *Exploits pour le recouvre-*
ment des tailles.

Par déclaration du Roi du 13 Avril
1761, enregiftrée en la cour des aides de
Paris, le 8 Mai fuivant, S. M. a fait un
règlement nouveau pour l'impofition, levée & recouvrement de la taille & des
autres impofitions acceffoires, & pour les
contraintes & frais qui feront faits contre
les contribuables & contre les collecteurs.
Avant que d'en raporter les difpofitions,
nous ferons connaître les règles précédemment établies, & qui doivent être obfervées en tout ce qui n'a pas été ordonné
de contraire par le nouveau règlement.

Tous les exploits faits à la requête des
collecteurs des tailles, contre les particuliers impofés dans leurs rôles, pour le païement de leurs taux feulement, avoient été
déclarés éxemts de contrôle, par les arrêts du confeil des 27 Janvier & 19 Mai
1670 ; déclarations des 21 Mars 1671,
& 23 Février 1677, art. 2, & par l'arrêt
du 29 Mai 1685. Mais, il a enfuite été
établi une diftinction relative aux lieux où
les tailles font perfonnelles, & à ceux où
celles font réelles.

Dans la province de Languedoc, où les
tailles font réelles, tous exploits de faifie
& affignations & autres, faits à la requête
des collecteurs contre les redevables impofés dans leurs rôles, pour le païement
de leurs taux, ont été déclarés fujets au
contrôle & au païement des droits ; à
l'exception feulement des premiers commandemens, qui ne portent point d'affignation. Arrêts du confeil des 11 Janvier
1689, & 21 Mars 1722. Cela fubfifte.

A l'égard des provinces & généralités
d'élection, où les tailles font perfonnelles,
la même règle y avoit été établie par ar-

Tome I.

rêts des 4 Juillet 1716, 26 Avril 1720,
& 5 Septembre 1721 ; mais, par celui
rendu en forme de réglement le 21 Mars
1722, il fut ordonné que les exploits faits
à la requête des collecteurs de la taille,
& de l'impôt du fel dans lefdites provinces & généralités d'élections, contre les
redevables dénommés dans les rôles, pour
le païement de leurs taux feulement, qui
ne contiendront point d'affignation ni de
faifie entre les mains de perfonnes tierces,
feront & demeureront éxempts de contrôle ; & que ceux qui contiendront affignation ou faifie entre les mains de perfonnes tierces, feront contrôlés dans le
tems, & fous les peines portées par les
règlemens, nonobftant la décharge qui pouroit être inférée dans les commiffions des
tailles, qui, à l'avenir, feront mention de
l'exception portée par ce règlement. Il n'a
été dérogé à ces difpofitions par le règlement de 1761, que pour les faifies-arrêts
& les faifies-éxécutions provifoires faites
par les chefs de garnifon dans des cas urgens & preffés.

Quant aux exploits faits pour le recouvrement des tailles, à la requête des receveurs des tailles, ou des commis au recouvrement, pour le païement des cottes
d'ofice, ou contre les collecteurs, de quelque nature que ce foit, ils avoient été indiftinctement affujétis au contrôle & au
païement des droits. Arrêt du confeil du
30 Mars 1670, déclaration du 21 Mars
1671, & art. 1er de celle du 23 Février
1677 ; arrêts des 13 Novembre 1677,
29 Mai 1685, & 21 Mars 1722. Mais,
voïez ci-après l'art. 2 de la déclaration du
13 Avril 1761, & l'art. 6 du règlement
du même jour.

Il n'eft dû qu'un feul droit de contrôle
pour les faifies-éxécutions de meubles, faites pour le recouvrement des tailles, à la
requête des collecteurs, contre les redevables, quoique fignifiées par le même procès verbal à la partie faifie & au gardien.

Cccc

Arrêts du conseil des 17 Mars & 29 Mai 1685, & 4 Février 1690.

Enfin, les faisies-éxécutions, opositions & main-levées faites à la requête des collecteurs des tailles fur les redevables, ont été difpenfées du droit de faifie-mobiliaire; édits des mois de Mars & Septembre 1704.

La déclaration du Roï du 13 Avril 1761, & le règlement du même jour, qui y eft annéxé, contiennent plufieurs difpofitions nouvelles.

Il eft ordonné, par les art. 1 & 2 de la déclaration, que dans les païs où la taille eft perfonnelle, la répartition de la capitation fe fera fur les mêmes rôles que la taille, conjointement avec les autres impofitions accelfoires; & qu'*à commencer au département qui fe fera pour l'année 1763*, dans lefdits païs de taille perfonnelle, lefdits *rôles*, enfemble les *premières contraintes* qui feront *décernées par les receveurs des tailles*, à chaque terme de païement, tant contre les collecteurs, que contre tous autres contribuables, feront *éxemts du droit de contrôle, papier marqué & petit-fcel;* fans néanmoins que le furplus des pourfüites des receveurs des tailles, & celles qui feront faites par les collecteurs contre les contribuables, ni les demandes & conteftations, en fur-taux ou en comparaifon de cottes, & toutes autres demandes, conteftations & procès, tant au civil qu'au criminel, entre les collecteurs & les contribuables, où les contribuables entre eux, puiffent jouïr de ladite éxemtion.

L'article 6 du règlement annéxé à ladite déclaration, porte que les *contraintes* qui feront *décernées par les receveurs des tailes*, & toutes les pourfüites faites à leur requête, tant contre les collecteurs que contre tous autres contribuables, feront, ainfi que les rôles des tailles, éxemtes du contrôle, papier marqué & petit-fcel.

Par l'article 15 du même règlement, il eft dit que, fi le collecteur, détenu prifonnier, ne remplace point la fomme diffipée,

les éfets faifis feront vendus à la requête du receveur, qui poura enfuite pourfuivre les autres collecteurs conforts, même la paroiffe en folidité par les voies ordinaires; mais, que la vente & les autres pourfuites ne pourront être faites que par un huiffier ou fergent, aïant pouvoir d'exploiter, & cependant ne feront point fujétes lefdites procédures au papier marqué, contrôle & autres droits.

Et l'article 33 porte que les collecteurs des tailles, pourront fe fervir de tous huiffiers & fergens, contre les redevables arriérés; même fe fervir des chefs de garnifon, pour faire des faifies-arrêts & des faifies-éxécutions provifoires, dans des cas urgens & preffés, pour affurer le recouvrement des deniers du Roi; lefquelles faifies-arrêts & faifies-éxécutions ne feront fujétes au papier marqué, ni au contrôle; mais, à l'égard des affignations fur lefdites faifies, & des autres procédures, elles ne pourront être faites que par un huiffier ou fergent, aux termes des anciens règlemens.

§. XII. *Exploits pour la ferme générale.*

Tous les exploits pour les fermes des gabelles, aides, entrées, cinq groffes fermes, & tous autres deniers & revenus du Roi, font expreffément affujétis au contrôle, par les déclarations des 21 Mars 1671, & 23 Février 1677.

Les premiers commandemens faits aux redevables, pour reftitution de droits de gabelles, en ont été difpenfés, quand même ils feroient fuivis d'éxécutions & autres procédures. Déclaration du Roi du 13 Août 1711.

Les fommations & premiers commandemens faits à la requête du fermier général, aux habitans des paroiffes des greniers de vente volontaire, de prendre du fel en conféquence des rôles defdites paroiffes, apellées Sextés; & ceux faits pour droits d'aides & entrées , aux habitans des villes & bourgs , ne font fujets au contrôle , que comme il a été expliqué ci-deſſus §. VI.

Il n'eſt dû que cinq fols en principal , pour droit de contrôle des exploits faits pour la régie & perception des droits fur les huiles & favons ; & trois fols , auſſi en principal , pour le recouvrement des gages intermédiaires , & pour les droits rétablis & réſervés , dont jouïſſent les fermiers gé-néraux.

Il eſt ordonné par l'arrêt du conſeil du 16 Août 1729 , rendu en interprétation de celui du 14 Septembre 1728 , que la réduction du droit de contrôle des exploits à trois fols , n'aura lieu que pour ceux qui feront faits pour les droits rétablis & réſer-vés feulement ; que les droits de tous au-tres exploits , concernant les fermes géné-rales , feront païés en entier , fur le pié ordinaire & accoûtumé ; à l'exception des exploits faits pour la régie & perception des droits fur les huiles & favons , pour chacun defquels il ne fera païé que cinq fols , conformément aux arrêts des 11 Mars , & 21 Octobre 1710 , & 24 Avril 1722 ; & que le fol par exploit , tenant lieu des 4 f. pour liv. fera perçû outre & par deſſus leſdits droits de trois & de cinq fols.

Tous exploits faits pour l'impôt du fel , aides , entrées & cinq groſſes fermes , do-maines & autres deniers de S. M. dans les villes , bourgs & lieux où il y a des bu-reaux établis pour le contrôle , doivent être contrôlés au plus tard , le quatrième jour de leur date ; & ceux faits dans les paroiſſes & lieux de la campagne , écartés des lieux où les bureaux de contrôle font établis , feront valablement contrôlés dans la huitaine de leur date , c'eſt-à-dire , dans les fept jours qui fuivent immédiatement celui de la date. Déclarations des 21 Mars 1671 , & 23 Février 1677 , article pre-mier ; & arrêts du conſeil des 19 Mai 1670 , 21 Mars 1676 , art. 2 ; & 12 Dé-cembre 1676.

Il faut cependant obſerver que par le règlement du 17 Février 1688 , annéxé à la déclaration du même jour , concernant les procédures qui doivent être obſervées par les oficiers des élections , greniers à fel , & autres juges qui connaiſſent des droits des fermes du Roi , il eſt ordonné qu'il ne fera fait qu'un feul commandement pour leſdits droits , & que le fermier aura *huitaine, non compris le jour de l'exploit,* pour le faire contrôler ; que fi le redeva-ble acquite les droits , avant le dernier jour de la huitaine , il ne païera rien pour le commandement, contrôle ni papier ; & que s'il ne les acquite que dans le dernier jour de la huitaine , ou après , il païera les frais du commandement.

Par arrêt du conſeil du 24 Août 1734 , rendu fur les mémoires reſpectifs des fer-miers des domaines des généralités de Roüen , Caën & Alençon , & des fermiers des aides de ces deux dernières générali-tés , & fur la prétention des premiers , que les commandemens faits aux redevables , à la requête des fermiers des aides , devoient être contrôlés dans le huitième jour de leur date , encore que le rembourſement des frais de ces commandemens , ne pût être éxigé des redevables qui païoient dans la huitaine , le Roi voulant faire finir cette conteſtation , & que les redevables des droits de fes fermes , ne puiſſent être con-traints de païer les frais du commande-ment qui leur eſt fait , lorfqu'ils acquitent les droits qui leur font demandés , dans le huitième jour de la date dudit commande-ment , S. M. a déclaré que les *commande-mens faits aux redevables des droits de fes fermes , à la requête de fes fermiers & fous-fermiers ,* continuëront d'être con-*trôlés* par les commis au contrôle des exploits , pourvû qu'ils leur foient préfen-tés *dans le neuvième jour de leur date ;* faifant très-expreſſes défenfes auxdits commis d'en refufer le contrôle dans ledit tems ; à peine de demeurer refponfables

des dommages & intérêts defdits fermiers
& fous-fermiers, & d'interdiction; & S. M.
a en outre ordonné que conformément au
tarif annéxé à la déclaration du 17 Février
1688 , lefdits redevables ne pourront être
contraints à païer les frais defdits commandemens, pas même pour le timbre, lorfqu'ils acquiteront lefdits droits , dans le
huitième jour de la date defdits commandemens.

Quoique cet arrêt ne foit rendu que fur
une conteftation élevée entre le fous-fermier des domaines , & celui des aides, il
eft inconteftablement aplicable aux diférens
droits des fermes du Roi ; les termes dans
lefquels il eft conçû , & les difpofitions du
règlement de 1688 , fur lefquels il eft
fondé , ne laiffent aucun doute à cet
égard.

Il n'eft dû qu'un droit de contrôle, pour
les procès verbaux de faifie & éxécution ,
faits pour le recouvrement des droits des
fermes du Roi , quoique fignifiés par même
procès verbal, à la partie faifie , & au
gardien. Règlement du 17 Février 1688.
Arrêt du confeil du 4 Février 1690. Et
décifion du 23 Mars 1727 , rendüe au fujet d'une faifie de tabac , contenant dépôt
d'icelui.

A l'égard des droits de faifie-mobiliaire,
les arrêts du confeil des 13 Mai & 24 Juin
1704 , en avoient difpenfé les faifies faites
à la requête du fermier des gabelles , contre les redevables de l'impôt du fel, ou
contre les particuliers fujets au fel de vente volontaire ; ainfi que celles des fermiers
des cinq groffes fermes , pour marchandifes
de contrebande , & pour celles entrées
en fraude des droits ; enfin les faifies faites
à la requête des fermiers généraux des
aides & domaines , & leurs fous-fermiers
& arrière-fermiers, pour le recouvrement
des droits defdites fermes.

Mais, l'édit du mois de Septembre 1704,
ne fait d'exception qu'en faveur des collecteurs des tailles, & affujétit auxdits droits,

toutes les autres faifies qui font fujétes au
contrôle , & qui avoient été difpenfées
dudit droit de faifie - mobiliaire , par des
arrêts du confeil.

Néanmoins , par arrêt du 27 Février
1717 , rendu en faveur de François Manis,
fermier général , le confeil a ordonné l'éxécution de celui du 24 Juin 1704 , & de
ceux des 30 Décembre 1710 , & 8 Novembre 1712 ; en conféquence , a déclaré
n'avoir entendu affujétir à l'enregiftrement
des faifies-mobiliaires , ordonné par édit
du mois de Mars 1704 , celles qui feront
faites à la requête de l'adjudicataire des
fermes & fous-fermes du Roi, pour le recouvrement des droits defdites fermes ; il
y a encore une décifion du 2 Février 1724,
pour les gabelles , domaines, aides & cinq
groffes fermes. Et un arrêt du confeil du
14 Septembre 1728 , en faveur de Carlier,
adjudicataire général des fermes, qui ordonne l'éxécution de l'arrêt de 1717.

§. XIII. *Exploits pour la ferme des domaines, contrôle, & droits y joints.*

Les exploits faits pour le recouvrement
des droits domaniaux cafuels , foit à la
requête du fermier , foit à celle du receveur général des domaines , font fujets au
droit de contrôle , fur le pié ordinaire.

Il n'eft dû que fix fols de principal, pour
chacun des exploits faits pour le recouvrement des droits d'amortiffemens , franc-
fiefs & nouveaux-acquêts; arrêts des 14
Avril 1711 , 30 Septembre 1721 , & 6
Février 1722 , & décifion du 15 Mai
1734.

Il n'eft pareillement dû que fix fols de
principal, pour chacun des exploits faits
contre les redevables de droits de contrôle , infinuation , centième denier , &
petit-fcel. Par arrêt du confeil du 29 Décembre 1703 , ce droit, pour le recouvre-

ment des droits d'infinuation , avoit été fixé à trois fols ; mais , par autre arrêt du 31 Mars 1708 , le droit de contrôle des exploits , fignifications ou autres actes qui feroient faits à la requête d'Etienne Rey, fermier général des droits de contrôle des actes , petit-fcel & infinuations laïques , fut fixé à 5 fols 6 deniers. Il eft vrai que par arrêt du 6 Février 1712 , il fut ordonné que Boifbunon , fermier particulier de l'aliénataire defdits droits en Bretagne , païeroit les droits de contrôle d'exploits en entier ; mais , le motif de cet arrêt , eft que la modération n'a été accordée qu'aux fermiers du Roi , & non pas aux aliénataires. En conféquence , il a été ordonné par arrêt du 14 Août 1714 , rendu en faveur de Mignot , fermier général des droits de contrôle des actes , petit-fcel & infinuations , qu'il ne feroit païé que 6 f. pour chaque droit de contrôle des exploits qui feroient faits à fa requête ; cet arrêt eft relatif à celui de 1708 , n'aïant augmenté le droit de fix deniers , que par raport à cette augmentation , en principal , fur le droit de tous les exploits , attribuée par l'édit du mois d'Avril 1710.

Ce dernier arrêt de 1714 , fubfifte : il n'y a été dérogé par aucun autre ; & l'on ne peut fe faire un titre de la décifion du 22 Août 1739 , raportée à la page 17 de l'inftruction de 1751 , pour faire païer 8 f. 6 den. pour ces exploits ; parce qu'une décifion ne peut détruire des arrêts autentiques , & que la queftion n'a pas même été difcutée.

Il n'eft dû que trois fols de droit principal , pour chacun des exploits faits pour le recouvrement des droits réfervés & rétablis , & des amendes de confignation & de condamnation. *Voïez* le §. IV. ci-deffus , à la fin.

Il n'eft dû qu'un droit de contrôle , pour les procès verbaux de faifie & éxécution ; & ces procès verbaux ne font point fujets aux droits de faifies-mobiliaires , ainfi qu'il

a été expliqué pour la ferme générale , au §. XII. ci-deffus.

Le délai pour le contrôle de tous ces exploits , eft le même que celui fixé pour les autres fermes. *Voïez* le même §. XII.

§. XIV. *Exploits pour la ferme des aides.*

L'article 5 du titre 8 des contraintes pour le gros , de l'ordonnance des aides du mois de Juin 1680 , porte qu'il ne fera païé aucuns frais , pour le premier commandement fait en vertu des contraintes , en cas que les redevables acquitent les droits , avant le commandement itératif ; mais , que les droits du papier timbré , feront acquités feulement.

La déclaration de 1688 , a même difpenfé les redevables du rembourfement du papier timbré , en païant les droits dans la huitaine.

Voïez ce qui a été dit pour la ferme générale , §. XII. tant au fujet des droits d'aides & entrées , que pour les procès verbaux de faifie & éxécution , les droits de faifie-mobiliaire , & le délai pour faire contrôler les exploits ; tout cela eft commun à cet article.

Les procès verbaux des commis de la ferme des aides , font difpenfés de contrôle , lorfqu'ils ne contiennent point d'affignation. Arrêt du confeil du 30 Octobre 1708.

Voïez encore ci-devant Verb. *Aides.*

§. XV. *Actes des notaires & gréfiers fujets au contrôle des exploits.*

Les protêts de lettres ou billets de change ; déclarations , fommations , renonciations , ventes de meubles , & autres actes paffés par les notaires & tabellions , & par les gréfiers , qu'ils notifient aux parties , encore qu'ils n'en laiffent pas de copies , doivent être contrôlés aux exploits, indépendamment qu'ils le foient aux actes, dans le tems fixé, & fous les peines portées par les déclarations des 21 Mars 1671, & 23 Février 1677, *Voïez* ci-après *Notaires*; *Gréfiers*; & *Ventes de meubles*.

§. XVI. *Des droits de faifie-mobiliaire*.

Par édit du mois de Mars 1704, il fut créé des ofices de commiffaires aux faifies-mobiliaires, pour enregiftrer toutes les faifies de deniers, ou autres éfets mobiliaires, dans le même délai fixé pour le contrôle des exploits; tant pour les faifies faites par huiffiers ou fergens roïaux & fubalternes, que par des commis & gardes des fermes, en vertu de quelque titre que ce foit; ainfi que les opofitions auxdites faifies, & les main-levées qui en feront confenties ou ordonnées en juftice, avec attribution de diférens droits, fuivant la nature de la faifie.

Il fut ordonné par arrêt du confeil du 15 Avril 1704, que les opofitions aux faifies & ventes mobiliaires, feroient pareillement enregiftrées, ainfi que toutes faifies & arrêts, faites de deniers & éfets mobiliaires; les faifies de fruits, & les opofitions aux fcellés, faites à la requête des créanciers, foit par les huiffiers, fergens, ou autres officiers qui ont droit de les faire. Cet arrêt ordonne en outre qu'il ne fera païé qu'un feul droit pour des faifies-arrêts faites entre les mains de plufieurs débiteurs, à la requête d'un même créancier, & par un feul exploit du même jour.

L'arrêt du 8 Juillet 1704, ordonne que toutes faifies-éxécutions de meubles ou de fruits, opofitions auxdites faifies-éxécutions, & main-levées d'icelles, feront enregiftrées.

Celui du 5 Août 1704, déclare éxemtes d'enregiftrement les faifies faites à la requête des procureurs généraux, & de leurs fubftituts dans le miniftère de leurs charges, de même qu'elles font éxemtes de contrôle.

Par édit du mois de Septembre 1704, les ofices de commiffaires aux faifies-mobiliaires furent fuprimés; les droits qui leur avoient été attribués, furent réduits à trois fols pour chacune faifie de deniers & autres éfets mobiliaires, opofitions à la délivrance defdits deniers & éfets mobiliaires, & main-levées d'iceux, confenties ou ordonnées en juftice; & ces droits furent accordés aux contrôleurs des exploits créés en titre par le même édit; au furplus, il eft expliqué par cet édit qu'il n'y a que les faifies, opofitions & main-levées fujétes au contrôle, qui foient affujéties à ce droit de trois fols.

Arrêt du confeil du 12 Mai 1705, qui ordonne qu'il ne fera perçu pour chaque exploit de faifie, opofition ou main-levée, qu'une feule fois trois fols, encore qu'il fût dû pour raifon dudit exploit plufieurs droits de contrôle.

Les ofices de contrôleurs des exploits ont été fuprimés par édit du mois d'Octobre 1713, qui ordonne qu'à compter du 1er Janvier 1714, ledit droit de trois fols fera perçu au profit du Roi; & depuis ce tems, il eft dans la main de S. M.

La perception des quatre fols pour livre aïant été continuée fur tous les droits des fermes, il a été ordonné par arrêt du confeil & lettres patentes du 18 Mars 1718, que, pour tenir lieu de cette augmentation, il feroit perçu fix deniers feulement par chacune faifie-mobiliaire: au furplus, voïez *quatre fols pour livre*.

Ce droit de faifie-mobiliaire n'eft pas dû pour les faifies, opofitions & main-levées, faites à la requête des collecteurs des tailles contre les redevables; ni lorfqu'il s'agit du recouvrement des droits des fermes & fous-fermes du Roi. *Voïez* les §. XI. & XII. ci-deffus.

§. XVII. *Des juges-compétens pour connaître des contestations au sujet du contrôle des exploits.*

Il ne paroît pas douteux que ces contestations doivent être portées devant M^{rs} les intendans , & par eux jugées, sauf l'apel au conseil, de même que celles sur les autres matières dont il est parlé ci-devant, verb. *Attribution ;* mais dans le fait, il y a bien de la diversité à cet égard.

Dans plusieurs provinces , M^{rs} les intendans jugent toutes les contestations sur le contrôle des exploits , comme ils ont fait depuis l'établissement; dans quelques-unes , les officiers des bureaux des finances prétendent en avoir le droit; & dans celles où il n'y a point de bureaux des finances, comme en Bretagne , ce sont les juges roïaux ordinaires, & le parlement par apel.

La perception des droits de contrôle des exploits, qui sont droits d'établissement, doit être uniforme dans tout le roïaume ; elle doit être faite en conformité des édits, déclarations, arrêts & règlemens du conseil ; il seroit préjudiciable aux intérêts du Roi d'en attribuer la connaissance aux juges ordinaires , & de soumettre par-là le droit le plus modique à des discussions, longues & onéreuses, dans les siéges même où les contraventions ont été commises ; ce seroit mettre le fermier dans la nécessité de reconnaître pour juges ceux qui auroient déja prononcé sur des exploits non contrôlés , & qui seroient par conséquent intéressés à ne pas détruire leur propre ouvrage ; la difficulté de trouver des procureurs pour occuper contre leurs confrères; les frais considérables qu'occasionneroient tous les détours de la chicane qu'on lui feroit éprouver, & l'incertitude d'en pouvoir éxercer la reprise, par l'insolvabilité des contrevenans , le détermineroient souvent à abandonner la plûpart des affaires,

dont l'objet , quoique toujours modique , devient considérable par sa multiplicité. L'impunité augmenteroit l'abus , & détruiroit la ferme du contrôle des exploits.

Il est vrai que par l'édit du mois d'Août 1669 , portant établissement du contrôle des exploits, il est ordonné que les contrôleurs seront tenus de prêter serment par devant les juges des lieux , & que les regiftres seront paraphés par eux ; mais, de cette prestation de serment des contrôleurs en titre, ni du paraphe des regiftres , il ne s'ensuit aucune attribution de la connaissance du droit , ainsi qu'il a été jugé plusieurs fois, & qu'il résulte particulièrement des édits des mois de Février & Septembre 1704 , lesquels en attribuant spécialement cette connaissance aux tréforiers de France dans l'étendue de leur généralité, ordonnent néanmoins que les regiftres seront paraphés, dans les mêmes généralités, par les juges des lieux ; ce qui prouve que ce paraphe leur étoit accordé par la seule raison de proximité.

La déclaration du Roi du 21 Mars 1671, contenant règlement général, pour expliquer les diférens exploits sujets au contrôle, & le nombre des droits auxquels ils étoient assujétis, porte précisément que les bureaux de contrôle des exploits seront établis dans les lieux qui seront réglés par M^{rs} les commissaires départis ; ce qui fait voir évidemment que l'intention de S. M. étoit qu'ils fussent juges de ces droits.

Les premières contestations qui survirent dans les provinces & généralités, furent en conséquence décidées par M^{rs} les intendans , ainsi qu'il est prouvé par les ordonnances de ceux de Bordeaux , de Soissons & de Montauban, des 16 Mai, 20 Juillet, 31 Décembre 1671 , 16 , 18 Février 1676 , & autres qui se trouvent dans le recueil de cette partie.

Par l'arrêt de règlement du 21 Mars 1676 , il fut positivement enjoint à M^{rs} les intendans de tenir la main à son éxécution,

Contrô-
le des ex-
ploits.
§. XVII.

cette injonction eft une attribution précife, puifqu'il ne feroit pas poffible de tenir la main à l'éxécution d'un règlement, fi l'on n'avoit pas le droit d'y aftraindre ceux qui s'en écartent.

En conféquence, M^{rs} les intendans continuèrent à connaître des conteftations, & la preuve en réfulte des ordonnances rendües par ceux de Soiffons, de Lyon, & de Moulins, les 20 Avril, 13 Juillet 1676, 6 Avril 1677, & autres.

Les ofices de contrôleurs en titre créés par édit du mois de Mars 1691, aïant été fuprimés par déclaration du 18 Février 1698, portant réunion des droits de contrôle des exploits au domaine du Roi; & ces mêmes droits aïant été compris dans les baux des domaines, les tréforiers de France aux bureaux des finances, & les autres juges qui avoient la connaiffance des droits domaniaux, s'immifcèrent à connaître également des droits de contrôle des exploits, qu'ils regardèrent comme domaniaux, fous prétexte de cette union; quoique ce droit ne foit nullement domanial de fa nature, mais, purement de finance.

Par édit du mois de Février 1704, la connaiffance de tout ce qui concerne le contrôle des exploits & des autres droits compris dans la ferme des domaines, fut particulièrement attribuée aux tréforiers de France des bureaux des finances, ainfi que celle du contrôle des actes des notaires.

Et par une déclaration du 14 Septembre 1706, le Roi révoqua l'attribution accordée en 1704 aux tréforiers de France, pour tout ce qui concerne la connaiffance du contrôle des actes des notaires, petits-fceaux & infinuations laïques; & ordonna que les conteftations fur ces droits feroient à l'avenir portées par devant M^{rs} les intendans & commiffaires départis dans les provinces & généralités; & que les regiftres feroient paraphés par leurs fubdélégués.

Les droits de contrôle des exploits ne furent point exprimés dans cette déclara-

tion, parce qu'ils étoient feuls annéxés à la ferme des domaines, & règis alors, par des contrôleurs créés en titre d'ofice, par édit du mois de Septembre 1704, & foumis par cet édit aux tréforiers de France.

Ces ofices de contrôleurs ne furent même fuprimés que par édit du mois d'Octobre 1713, portant réunion des droits de contrôle des exploits à la ferme des domaines, laquelle a été long-tems règie féparément de celle du contrôle des actes.

De-là, il eft arrivé que dans plufieurs provinces & généralités, les tréforiers de France & les juges roïaux qui avoient le droit de connaître des domaines & droits domaniaux cafuels, ont continué à connaître des droits de contrôle des exploits; dans d'autres provinces, M^{rs} les intendans ont toujours connu de tout ce qui concerne le contrôle des exploits, depuis la fupreffion des ofices de contrôleurs en titre; & particulièrement, depuis que ces droits font partie de la ferme du contrôle des actes. Il y a même des généralités où les conteftations fur le contrôle des exploits, font indiféremment portées devant M^{rs} les intendans, & devant les tréforiers de France ou autres juges des domaines.

Cette diverfité en fait néceffairement naître dans la perception des droits, quoiqu'ils foient établis pour être règis uniformément dans l'étenduë du roïaume.

Les tréforiers de France, & les juges roïaux dans les lieux où il n'y a point de bureaux des finances, n'ont droit de connaître que du fonds & propriété du domaine, des entreprifes & ufurpations fur icelui, & des droits cafuels qui en réfultent, comme droits véritablement domaniaux, réels & dépendans des difpofitions des coûtumes.

Mais, les droits de contrôle des exploits font purement de finance; la règie & la perception n'en peuvent être faites qu'en conformité des règlemens du Roi & de fon confeil. Ils font de même nature que ceux

de

de contrôle des actes, de petit-scel, &
d'infinuation ; ils font même beaucoup plus
modiques, &, par conféquent, les conteftations qu'ils occafionnent, doivent être
également jugées fommairement & fans
frais.

Les motifs qui empêchèrent, comme
on l'a expliqué, d'exprimer le contrôle
des exploits dans les déclarations des 14
Septembre 1706, & 15 Juillet 1710,
lorfque la connaiffance des droits de contrôle des actes, petit-scel & autres, fut
attribuée à Mrs les intendans ; ces motifs,
dis-je, aïant ceffé depuis, par la fupreffion
des ofices de contrôleurs en titre, & par
l'union de la ferme du contrôle des exploits
à celle du contrôle des actes, il s'enfuit
que la prétention des tréforiers de France,
d'en connaitre, a dû pareillement ceffer ;
&, à plus forte raifon, que les juges ordinaires font fans prétexte, pour prétendre
en connaitre ; il eft néceffaire que le légiflateur explique difertement fes intentions
à cet égard, pour faire ceffer une variété
préjudiciable, & des conteftations conti-
nuelles.

CONTROLE *des gréfes* ; on en diftingue de trois efpèces : l'un établi en 1627,
connu fous le nom de *contrôle ancien des
gréfes*, ou de *contrôle-tiers des gréfes* ;
le fecond, eft le *contrôle des actes d'affirmations de voïage, préfentations, défauts
& congés*, établi en 1704 & 1707 ; &
le troifième, eft le *contrôle des gréfes*,
établi en 1707, avec attribution du dixième ou deux fols pour livre de tous les
émolumens des gréfes en chef, façons &
expéditions.

Ces diférens droits de contrôle font compris dans les baux des fermes ; l'art. 525
de celui de Forceville, du 16 Septembre
1738, porte que l'adjudicataire jouïra des
droits de contrôle de tous les gréfes en
chef, créés par l'édit du mois de Juin
1627, apartenans à S. M. & du contrôle
des préfentations, défauts & congés, &

affirmations de voïage, établi par édits
des mois de Janvier & Décembre 1707 ;
&, par l'art. 526, il eft dit qu'il jouïra des
deux fols pour livre, rétablis par l'arrêt
& lettres patentes fur icelui, du 18 Mars
1718, & dont la perception a été prorogée, fur tous les émolumens des gréfes
en chef, façons & expéditions, des cours
& jurifdictions roïales, ordinaires & extraordinaires du roïaume, foit que les
droits defdits gréfes foient dans la main
du Roi, foit qu'ils aïent été aliénés ou engagés en tout ou partie ; à l'exception des
préfentations, défauts, congés & affirmations de voïage, fur lefquels ils ne doivent avoir lieu, au moïen de la commu-
tation qui en a été faite en celui de contrôle, mentionné dans l'article 525, par
l'édit du mois de Décembre 1707.

§. 1. *Du contrôle ancien, ou contrôle-tiers des gréfes.*

Par édit du mois de Juin 1627, Loüis
XIII, pour remédier aux abus & malverfations des gréfiers, maitres clercs, notaires & tabellions, ordonna qu'en toutes
cours & jurifdictions du roïaume, tant
fouveraines que fubalternes, fiéges préfidiaux, baillifs, fénéchaux, prévôts, vicomtes, viguiers, lieutenans des eaux &
forêts du Roi, prévôts des maréchaux,
élus, maires, échevins, capitouls, confuls
& juges des marchands, & en tous autres
fiéges & jurifdictions roïales & feigneuriales de l'obéïffance de S. M. & dont les
gréfes lui apartiennent, toutes expéditions, tant en papier que parchemin, foit
arrêts, fentences, apointemens, adjudications par décret, enquêtes & procès verbaux faits fur l'éxécution defdits arrêts &
fentences ; interrogatoires fur faits perti-
nens, informations, récollemens & confrontation de témoins, groffes de contrats,
obligations, fommations, & tous autres
actes généralement quelconques qui s'ex-

pédient par lefdits gréfiers, maîtres clercs, notaires & tabellions, feront écrits & y aura, favoir, en chacune page de papier, 25 lignes, & en la ligne 15 fyllabes; & en la page d'un feuillet ou rôle de parchemin, 30 lignes, & en la ligne 20 fyllabes; & en la peau écrite fur le blanc, 60 lignes, & en la ligne 40 fyllabes, ou autrement, ainfi qu'il eft porté par les arrêts & règlemens fur ce faits; en conféquence, créa & érigea en toutes & chacunes des fufdites cours & jurifdictions du roïaume, tant fouveraines que fubalternes, en titre d'ofice, formé héréditaire & domanial, des *contrôleurs* defdits actes & expéditions, ès mains defquels chacun à fon égard, tous lefdits arrêts, fentences, groffes de contrats, obligations & autres actes de juftices & publics, feront mis par lefdits gréfiers & notaires, avant que de les délivrer aux parties, pour les contrôler & voir s'ils font expédiés en la forme ci-deffus fpécifiée, afin d'être par lui taxés conformément aux ordonnances, & voir fi les falaires de ceux qui les auront expédiés feront écrits au pié d'icelles, conformément aux ordonnances & règlemens faits fur les taxes defdits gréfiers, maîtres clercs, notaires & tabellions, fous peine, à ceux qui y contreviendront, de 300 l. parifis d'amende, aplicable, moitié audit contrôleur, & l'autre moitié au dénonciateur; comme auffi ne pourront les parties s'aider en jugement de toutes les fufdites piéces ou actes, fi elles ne font contrôlées par ledit contrôleur, fous peine de nullité & de pareille amende; défend aux gréfiers, fous les mêmes peines, de recevoir les productions des parties, fi les piéces y contenuës ne font contrôlées, & à tous juges d'y avoir égard. *S. M. attribua* à chacun defdits contrôleurs *le tiers* de tous les droits & émolumens ordonnés & attribués auxdits gréfiers, maîtres clercs, notaires & tabellions, par les ordonnances, arrêts & règlemens fur ce faits. Permit auxdits

contrôleurs de commettre à l'éxercice de leurs ofices, & ordonna qu'il leur feroit baillé lieu & place par les juges, foit au gréfe, ou autre lieu commode, pour éxercer & faire les fonctions de leur contrôle au foulagement de ceux qui auroient affaire à eux; & permit aux gréfiers & notaires de réunir lefdites fonctions à leurs ofices.

Il fut ordonné, par arrêt du confeil du 10 Septembre 1627, que les gréfiers & clercs feroient taxés pour la réunion defdits ofices de contrôleurs.

Et par autre arrêt du 4 Mars 1628, le confeil ordonna que, dans tous les fiéges où le droit de contrôle n'avoit pas été établi, les gréfiers & clercs en feroient la perception, pour en compter.

Par arrêt du confeil du 26 Février 1629, il fut ordonné que tous acquéreurs defdits ofices de contrôleurs jouïroient de leurs droits fur tous ceux de gréfe; que, pour la fûreté defdits droits, il ne fe délivreroit aucune expédition, fans qu'elle fut paraphée de l'acquéreur ou de fon commis, auquel le droit de contrôle feroit païé en faifant ledit paraphe, & fans lequel lefdits actes demeureroient nuls; enfin, il fut ordonné que ce règlement feroit éxécuté en toutes les cours, fiéges & jurifdictions du roïaume.

Par édit du mois de Mars 1631, il fut créé quatre ofices de confeillers du Roi, contrôleurs des gréfes des confeils d'état & des finances, & des gréfes des commiffions extraordinaires.

Arrêt du confeil du 12 Mars 1631, en faveur de M. de Bullion, acquéreur defdits ofices pour la fénéchauffée, fiége préfidial & autres jurifdictions de la ville d'Angers, qui ordonne que les fentences feront écrites en la même forme pratiquée depuis 30 ans, & que ledit fieur de Bullion jouïra du tiers de tous les revenus & émolumens, taxes, diftributions, falaires, & autres profits généralement quelconques, fans aucuns excepter, dont jouïffent les gréfiers, leurs clercs & commis, & fur les fentences, jugemens, procès verbaux de montrée, interrogatoires, récollemens, confrontations & autres actes ; & que lefdits droits feront emploïés ès diftributions & taxes de dépens, tout ainfi & en la même forme que ceux defdits gréfiers.

Edit du mois de Juillet 1636, par lequel, attendu que celui de 1627 n'avoit point encore été éxécuté en Normandie, il fut créé & érigé en titre d'ofice, formé héréditaire, en toutes cours fouveraines & fubalternes, fiéges préfidiaux, bailliages, vicomtés, prévôtés, châtellenies, tables de marbre, maréchauffées, élections, greniers à fel, vigueries, maitrifes des ports, juges confuls, & autres jurifdictions roïales du reffort du parlement, chambres des comptes, & cour des aides de *Normandie*, un ofice de *contrôleur* héréditaire de tous les actes & expéditions qui fe feront ès gréfes defdites jurifdictions, & par les notaires & tabellions de ladite province, pour contrôler tous lefdits actes, expéditions & contrats, auparavant que d'être délivrés aux parties; avec défenfes de les délivrer qu'ils n'euffent été contrôlés par lefdits contrôleurs, à peine de 500 liv. d'amende, dépens, dommages & intérêts defdits contrôleurs ; & aux parties de s'en fervir, à peine de faux & de nullité defdits actes ; fans que lefdits actes & contrats puffent faire aucune foi, ni avoir force en juftice, ni qu'ils puffent être mis à éxécution, qu'ils n'euffent été contrôlés, à peine auffi contre les huiffiers & fergens qui auroient exploité, de crime de faux, & d'interdiction de leurs charges. Veut & entend que lefdits contrôleurs prennent le *tiers* de tous les émolumens, taxes, vacations, falaires & autres profits quelconques qu'ont accoûtumé de prendre lefdits gréfiers, maitres clercs, notaires & tabellions, non-feulement pour les actes qu'ils délivrent, mais auffi pour toute forte

d'actes qui ne fe tirent point des gréfes par expéditions ou extraits ; comme informations, auditions de témoins en cas civil ou criminel, récollemens ou confrontations d'iceux, foit qu'il en foit délivré groffe ou non, & de tous les autres généralement quelconques qui fe reçoivent ou expédient auxdits gréfes & tabellionnages, fans aucuns en réferver. Et en cas que lefdits gréfiers, notaires & tabellions, pour fruftrer lefdits contrôleurs de leurs droits, fiffent mention au bas des actes qu'ils délivrent, de beaucoup moindres fommes que celles qu'ils peuvent ou doivent prendre pour l'expédition d'icelles, & s'accommodaffent fecrétement avec les parties, permet aux contrôleurs de fe taxer le tiers de ce qui eft attribué auxdits gréfiers, leurs clercs & tabellions, par les édits & ordonnances. Enjoint aux gréfiers & tabellions de donner une place & bureau aux contrôleurs, dans l'enclos de leurs gréfes & tabellionnages, & de leur faire repréfenter & mettre ès mains tous les regiftres des gréfes & tabellionnages dont ils auront befoin, pour vérifier fur iceux & fur les extraits qu'ils en pouront tirer, toutes les expéditions qui auront été délivrées fans avoir été contrôlées ; & où il s'en trouveroit, leur fera permis de faire apeller les parties, enfemble les gréfiers & tabellions, pour fe voir condamner en l'amende ; au paiement de laquelle, & du droit de contrôle, enfemble aux frais de pourfuites, les contrevenans feront contraints par les voies ordinaires pour les propres affaires de S. M. fans qu'ils en puiffent être déchargés par aucuns juges, pour quelque caufe & à quelque occafion que ce foit, à peine d'en répondre en leur privé nom. Au furplus, l'éxécution de l'édit du mois de Juin 1627 fut ordonnée.

Cet édit de 1636 a été enregiftré en la cour des aides de Normandie, le 19 Décembre 1643, en vertu de lettres de

D d d d ij

furannation du 6 Octobre précédent, pour être éxécuté, » à la réferve des contrô- » les des tabellionnages, des gréfes des » prieur & confuls, des mandemens de » prolongation qui fe lévent pour les col- » lecteurs des tailles ; pour le recouvre- » ment & accélération des deniers roïaux, » & des éxécutions d'aport de procès ; & » pour le furplus, il eft ordonné que lef- » dits contrôleurs prendront le tiers des » droits que les gréfiers, leurs clercs ou » commis, tant de ladite cour que des » jurifdictions en dépendantes, ont droit » de percevoir ; & pour ce qui eft des » informations, enquêtes & autres actes » qui fe font devant commiffaires, les » contrôleurs ne pourront prendre que le » tiers de ce qui fera pris par les gré- » fiers, leurs clercs ou commis, pour les » groffes qui en feront délivrées aux par- » ties feulement ».

Le même établiffement de contrôleurs des gréfes, fut ordonné pour le parlement de Provence & pour les fiéges de fon ref- fort, par édit du mois de Juillet 1639, portant auffi création d'ofices de gré- fiers des préfentations dans lefd. cour & fiéges.

Edit du mois de Décembre 1639, por- tant qu'en toutes cours & jurifdictions où les gréfes, *contrôle*, places de clercs & parifis, ont été vendus & engagés à fa- culté de rachat perpétuel, lefdits gréfes civils & criminels, des préfentations, des affirmations, places de clercs, commis & parifis, *contrôleurs* d'iceux, anciens, créés & établis par les édits de 1580, 1594, 1595, 1604, 1616, & 1627, feront faits, créés & établis alternatifs & trien- naux héréditaires domaniaux, pour être éxercés triennallement, à commencer par l'année 1640, & qu'ils jouïront chacun, l'année de leur éxercice, des mêmes droits & émolumens dont ont dû jouïr les gré- fiers, places de clercs parifis & *contrô- leurs*, & du quart en fus à eux attribué

par forme d'augmentation, qui eft, par éxemple, 4 f. au lieu de 3 f. & attribué aux contrôleurs le tiers, tant de la groffe que de la minute ou copie &c.

Les contrôleurs des actes & expédi- tions des notaires & tabellions créés par les édits ci-deffus raportés, ont été unis aux ofices de notaires & tabellions par autre édit du mois de Décembre 1642, lequel fut révoqué par déclaration du Roi du 1er Mai 1645, portant qu'il feroit pro- cédé à la vente & revente des ofices hé- réditaires & domaniaux de notaires, ta- bellions, garde-notes & contrôleurs, qui à cet éfet y font unis & incorporés.

Par arrêt du confeil du 25 Juin 1669, il a été ordonné que les engagiftes des *contrôles des gréfes* & des confignations, créés dans le reffort du parlement de *Bor- deaux*, par édit de Septembre 1637, *con- trôleurs des gréfes*, & autres oficiers y dénommés, raporteront leurs titres pour être remboursés, finon que le fermier gé- néral entrera en jouïffance.

Autre arrêt du confeil du 5 Août 1669, portant que les engagiftes des gréfes, *contrôle*, places de clercs, préfentations, parifis & petits-fceaux des cours des par- lemens de *Touloufe* & *Bordeaux*, & des jurifdictions du reffort, raporteront leurs titres pour être remboursés ; faute de quoi le fermier entrera en jouïffance.

Arrêt du confeil du 27 Janvier 1670, au fujet du *contrôle* des gréfes du parle- ment de *Bordeaux*, ordonné être levé par édit de 1627, & dont la perception avoit ceffé au moïen du païement pré- tendu fait de 6000 liv. par les oficiers ; & comme le contrôle des gréfes de tout le roïaume étoit compris dans le bail de Vialet, il fut ordonné que ce qui avoit été actuellement païé par les oficiers du par- lement de Bordeaux feroit remboursé ; & cependant que le fermier général jouïroit dudit droit.

Autre arrêt du 10 Mars 1670, portaht que Vialet , fermier général , ſes procureurs & commis , entreront en poſ-ſeſſion & jouïſſance des gréfes , places de clercs , garde-ſacs , parilis , préſentations & *contrôle* des cours des aides de *Montau-ban* & *Bordeaux* , & cour des comptes & finances de *Montpellier* ; avec défenſes aux engagiſtes d'iceux , & leurs commis , de les troubler , à peine de 3000 livres d'amende.

Arrêt du conſeil du 7 Janvier 1673 , pour faire procéder à la liquidation & au rembourſement de la finance des gréfes des cours des parlemens de *Paris* & de *Roüen* , & autres cours & juſtices enclavées & reſſortiſſantes ; ordonne que les engagiſtes deſdits gréfes , *contrôle* , parilis , places de clercs , préſentations & autres droits en dépendans , raporteront leurs titres , pour être pourvû à leur rembourſement ; que le fermier ſurſeoira néanmoins leur dépoſ-ſeſſion pendant trois mois , après le commandement fait de repréſenter les titres ; & , ledit tems paſſé , Mᵉ René Droüet , ſes commis & prépoſés , entreront en la fonction , éxercice & perception.

Ordonnance de M. l'intendant de Lyon, du 29 Septembre 1724 , portant que les commis à la régie des gréfes , feront la recette du droit de contrôle , établi en 1627, pour en compter.

Arrêt du conſeil du 24 Juillet 1725 , portant que Baſſet chargé de la régie des fermes , jouïra dans toutes les juriſdictions roïales de la ville de Domfront , des droits de contrôle des gréfes , créés par édit du mois de Juin 1627.

Par ordonnance de M. l'intendant de Dauphiné , du 18 Avril 1735 , il fut ordonné que le fermier des domaines , jouï-roit dans ladite province , du contrôle-tiers des gréfes , en conformité de l'édit de 1627. Mais , comme cet édit n'a pas été enregiſtré au parlement de Grenoble , je ne croi pas que l'ordonnance ait eû d'éxé-cution.

Par arrêt du conſeil du 27 Juin 1741 , Marie-Jeanne-Eliſabeth Roſe de la Cheva-lerie , le ſieur Triby , & Loüis Dupin , procureur au parlement de Paris , ont été maintenus dans la poſſeſſion & jouïſſance du contrôle des gréfes de Normandie , conformément à l'adjudication qui en a été faite par les commiſſaires du conſeil , au ſieur Claude de Langlée , le 29 Mai 1645 , & à la vente par lui faite , d'une partie à Jean Roſe ſieur de Cartabalan ; le 8 Janvier 1650. Et en conſéquence , il a été accordé main-levée d'une ſaiſie faite à la requête de Riquier , ſous-fermier des domaines , entre les mains d'Antoine Vau-chelle , chargé de la perception deſdits droits, au bailliage & vicomté de Beaumont-le-Roger & du Neufbourg.

La demoiſelle de la Chevalerie , aïant enſuite demandé à être maintenuë dans la jouïſſance des droits de contrôle des gré-fes , & notamment des droits de contrôle des préſentations , tant des demandeurs que des défendeurs , défauts & congés , dans toutes les juriſdictions-roïales de Nor-mandie , autres que ceux deſdits droits , qui ne ſe trouveront pas valablement alié-nés , avant le 8 Janvier 1650 , par le ſieur de Langlée , & à être réintégrée dans la poſſeſſion deſdits droits , dans diférens ſiè-ges de la province , même dans le droit de contrôle des préſentations de la cour des aides de Roüen , & de pluſieurs bailliages & vicomtés , le fermier a opoſé que les droits de contrôle des préſentations , dé-fauts , congés & affirmations de voïage , créés par édits des mois de Septembre 1704 , & Décembre 1707 , & réünis au domaine , par l'édit du mois de Février 1715 , doivent continuër d'être perçûs au profit du Roi.

Et par arrêt du conſeil du 2 Mars 1745 , il a été ordonné que ladite demoi-ſelle de la Chevalerie jouïra des droits de contrôle-tiers des émolumens des gréfes énoncés en ſa requête , où leſdits droits ont été ci-devant perçûs , foit par elle ou fes auteurs , foit par les fermiers des domaines ; fans néanmoins qu'elle puiſſe les établir dans les lieux où ils n'ont pas été perçus juſqu'à préſent ; fauf aux fermiers des domaines à faire preuve qu'ils ont joüi, dans leſdits lieux, deſdits droits pendant plus de trente ans. Ayant faire droit fur la demande en reſtitution de ladite d^lle , il a été ordonné qu'elle fournira un état détaillé , & qu'à cet éfet , les regiſtres lui feront communiqués ; avant faire droit fur fa demande des droits de contrôle-tiers des préſentations des défendeurs , ordonné qu'elle juſtifiera qu'elle , fes fermiers ou prépoſés, en ont joüi depuis trente années ; & elle a été déboutée de fes demandes des droits de contrôle-tiers des préſentations des demandeurs, défauts & congés ; avec défenſes & à fes fermiers , prépoſés & aïans-cauſe de les percevoir, à peine de concuſſion.

§. 2. *Contrôle des affirmations de voïage , préſentations, défauts & congés.*

Les ofices de contrôleurs des actes d'*affirmations* de voïage, furent créés par édit du mois de Septembre 1704, portant fixation de leurs droits , à la moitié de ceux attribués aux gréfiers des affirmations ; voïez *Affirmations* de voïage , pag. 97.

Par édit du mois de Janvier 1707, il fut créé des ofices de contrôleurs des gréfes , fans aucune exception , avec attribution du dixième ou 2 f. pour liv. Et par un autre édit du mois de Décembre 1707 , les fonctions des contrôleurs des *préſentations* , *défauts & congés* , furent diſtraites & déſunies des ofices des contrôleurs des gréfes, ci-devant créés ; en conſéquence , leſdites fonctions furent unies & incorporées à celles des ofices de contrôleurs

des actes d'affirmations de voïage , créés en 1704. Leurs droits furent fixés , pour le contrôle de chaque préſentation, défaut & congé , à raiſon de 3 f. & de 2 f. relativement aux cours & fiéges ; voïez *Défauts & Préſentations.*

Le titre de ces ofices de contrôleurs des affirmations , préſentations, défauts & congés , a été éteint & fuprimé par édit du mois d'Octobre 1708 , portant que les fonctions deſdits ofices , feront à l'avenir éxercés , & les droits y atribués , perçûs , au profit du Roi , fur le pié & ainſi qu'il eſt ordonné par leſdits édits , par le fermier des gréfes , fes procureurs ou commis.

En conſéquence , leſdits droits font compris dans les baux des fermes , comme il a été obſervé ci-deſſus ; & le fermier doit en joüir , même fur les droits d'affirmations , préſentations , défauts & congés aliénés ou engagés , conformément auxdits édits.

Ces droits de contrôle ne peuvent être perçus dans les affaires qui intéreſſent les fermes générales du Roi. Edit du mois de Décembre 1707.

§. 3. *Contrôle des gréfes ; ou dixième des émolumens des gréfes.*

Il avoit été ordonné par déclarations des 3 Mars & 7 Juillet 1705, 18 Septembre 1706, & 11 Janvier 1707, qu'il feroit levé , au profit du Roi , un dixième ou 2 f. pour liv. d'augmentation , fur tous les droits des fermes , & nommément fur les droits de gréfe.

Par édit du mois de Janvier 1707 , il fut créé en titre d'office formé & héréditaire , un contrôleur en chacun des gréfes , tant civils que criminels , plumitifs, des audiences, des décrets, préſentations & affirmations, gardes-facs, qu'autres natures de gréfes , fans en excepter aucuns , dans les conſeils , cours de parlement , & autres

cours fupérieures , requêtes de l'hôtel &
du palais, bureaux des finances, préfidiaux , bailliages , fenéchauſſées , élections , greniers à fel , juges des traites ,
juges confuls & autres jurifdictions roïales,
tant ordinaires qu'extraordinaires , pour
faire le contrôle des droits defdits gréfes ,
& en faire mention fur les expéditions qui
feront délivrées par les gréfiers , à peine
de cent livres d'amende , pour chacune
contravention , contre les gréfiers qui
auront délivré des expéditions , fans être
contrôlées ; & il leur fut attribué le dixième ou 2 f. pour liv. par augmentation du
produit entier defdits gréfes, dont la levée
avoit été ordonnée en 1705 , au profit du
Roi ; pour être lefdits 2 f. pour liv. perçûs
conjointement avec le principal defdits
droits de gréfe , par les propriétaires,
fermiers ou adjudicataires defdits gréfes ,
& en rendre compte auxdits contrôleurs ,
à la fin de chaque mois, à la remife feulement d'un dixième du produit defdits 2 f.
pour liv. pour tous frais & falaires.

Par arrêt du confeil du 19 Avril 1707 ,
il fut ordonné que cet établiſſement auroit
lieu dans tous les gréfes , foit qu'il fuſſent
ès mains du Roi, ou qu'ils fuſſent vendus
ou aliénés , fans aucune exception.

Le titre defdits ofices de contrôleurs
des gréfes , a été éteint & fuprimé par
édit du mois d'Octobre 1708 , par lequel
il eſt ordonné que les fonctions defdits ofices , feront à l'avenir éxercées , & les
droits y attribués, perçus au profit du Roi ,
par le fermier des gréfes , fes procureurs
ou commis.

La fupreſſion du titre, & la réunion des
droits au domaine , ont été de nouveau
ordonnées par l'édit du mois de Février
1715.

Les deux fols pour livre , fur tous les
droits des fermes , aïant été doublés , les
gréfes ont été déchargés de ce doublement.
Arrêt du 25 Janvier 1716. Lettres patentes du 2 Avril 1718 , & arrêt du 2 Juillet

fuivant , portant que , pendant que les 4 f.
pour liv. auront lieu fur les droits des fermes , il ne fera levé fur les droits de gréfe ,
que les anciens 2 f. pour liv. lefquels continuëront d'être levés & perçus , fur tous
les gréfes de toutes les provinces & généralités du roïaume , foit qu'ils foient dans
la main de S. M. ou aliénés.

Par autre arrêt du confeil du 24 Janvier
1719 , il a été ordonné que lefdits 2 f.
pour liv. feront perçus dans les gréfes engagés, par les gréfiers , engagiftes ou leurs
commis , à la charge par eux, d'en compter à l'adjudicataire des fermes , à la remife d'un f. 6 d. pour liv. de leur recette ,
pour tous frais de régie ou autres.

Les affirmations de voïage , préfentations , défauts & congés, ne font point
fujets à ces 2 f. pour liv. au moïen de
leur droit de contrôle particulier, dont il
eſt parlé au §. 2 ci-deſſus. Arrêts des 23
Septembre 1710, 2 Juillet 1718 , & 25
Janvier 1719.

Les expéditions des fentences , concernant les fermes générales , ont été déchargées du païement de ce droit. Arrêt du
confeil du 28 Juin 1707. Edit du mois
de Décembre 1707 , & arrêts des 20
Mars 1708, 4 Novembre 1710 , & 27
Février 1717.

CONTROLEURS *généraux des domaines & bois.*

Il avoit été établi des contrôleurs particuliers des domaines en chaque recette ordinaire , pour veiller à la confervation des
domaines du Roi , par édit de 1522 , &
enfuite , en chaque généralité , fous le titre de contrôleurs généraux des domaines ,
par édit du mois d'Octobre 1582.

Il fut encore créé, par édit du mois de
Mai 1639 , trois ofices de contrôleurs généraux des domaines de France , & trois
contrôleurs généraux provinciaux en chaque généralité ; & en outre , trois contrôleurs en chaque bailliage , fénéchauſſée &
bureau de recette ordinaire ; & l'établiſſe-

ment en fut ordonné par déclaration du mois de Mai 1644.

Par édit du mois d'Août 1669, tous lesdits ofices de contrôleurs particuliers des domaines, anciens, alternatifs & triennaux, furent fuprimés, de quelque création qu'ils fuffent; ainfi que les contrôleurs généraux des domaines en chaque généralité créés en 1582, & les contrôleurs généraux provinciaux créés en 1639 & 1644; enfemble, l'ofice de contrôleur, clerc du tréfor en la chambre des comptes de Paris, qui étoit d'ancienne création; avec défenfes aux pourvus-defdits ofices de plus s'entremettre en l'éxercice & fonctions d'iceux; & il fut ordonné qu'il feroit procédé à leur rembourfement.

Au lieu defdits ofices, il fut créé par le même édit d'Août 1669, & érigé en titre formé deux contrôleurs généraux des tréforiers des domaines, ancien & alternatif, en chacune des chambres des comptes de Paris, Rouen, Dijon, Grenoble, Aix, Montpellier & Nantes, fans qu'il pût ci-après en être créé ni établi de triennaux, pour, par lefdits contrôleurs, outre le contrôle qu'ils feront de tout ce qui fera reçu & païé par lefdits tréforiers des domaines, faire & éxercer toutes les fonctions & pouvoirs, recherches, pourfuites & diligences attribuées aux contrôleurs généraux & particuliers des domaines, & au contrôleur du tréfor, conformément aux édits de 1581, 1582, & 1583; il leur fut accordé des gages, & quatre deniers pour livre dans les cafuels affermés, donnés ou réfervés, avec les mêmes privilèges dont jouiffoient les tréforiers de France.

Edit du mois de Mars 1673, portant création de deux receveurs, & de deux contrôleurs provinciaux, ancien & alternatif des domaines en chaque généralité du reffort de la chambre des comptes de Paris, pour recevoir des fermiers des domaines, le fonds ordonné pour l'acquit des fiefs & aumônes, rentes, gages d'oficiers, & au-

tres redevances affignées fur lefdits domaines &c.

Par l'art. 11 de l'édit du mois d'Avril 1685, les ofices de tréforiers & contrôleurs généraux, receveurs & contrôleurs provinciaux des domaines créés en 1669, & 1673, & autres de quelque création qu'ils fuffent, ont été fuprimés; à l'exception toutefois des ofices de contrôleurs généraux des domaines, ancien & alternatif de la chambre des comptes de Paris, qui ont été confervés, pour éxercer leurs fonctions en éxécution de l'édit de 1669; ordonné qu'il fera procédé au rembourfement des ofices fuprimés. Et l'art. 12 porte que les quitances des receveurs généraux créés par ledit édit, feront contrôlées par les contrôleurs des recettes générales des finances de chaque généralité, excepté en celle de Paris, où les contrôleurs des domaines continuëront de les contrôler.

Par les lettres patentes du 12 Juillet 1687, il eft encore ordonné que les quitances comptables délivrées aux fermiers du domaine par les receveurs généraux, pour les charges locales, feront contrôlées par les contrôleurs généraux des finances auxquels fera païé dix fols pour le droit.

L'édit du mois de Décembre 1689, portant création & érection en titre d'ofices formés héréditaires de deux confeillers du Roi, *contrôleurs généraux des domaines & bois*, ancien & alternatif dans la généralité de Paris, & un dans chacune des autres provinces & généralités du roïaume où il y a des receveurs généraux établis, fuprime en conféquence les deux ofices de contrôleurs du reffort de la chambre des comptes, réfervés en 1685; ordonne que lefdits contrôleurs généraux contrôleront, chacun dans leur département, les quitances comptables que les receveurs généraux délivreront aux fermiers des domaines, tant des fonds des charges locales emploïées dans les états du Roi, que des frais de juftice, réparations & autres dé-

penfes;

penſes; enſemble les quitances finales qui feront délivrées aux adjudicataires des bois, & celles qui feront pareillement délivrées aux engagiſtes, du fonds des charges locales de leurs domaines; comme auſſi contrôleront tous les contrats & actes tranſlatifs de propriété des héritages mouvans en fief ou en cenſive des domaines du Roi, avant qu'ils puiſſent être enſaiſinés par les receveurs généraux; *attribuë* auxdits contrôleurs, des gages & *un ſol pour livre de tous les droits caſuels* affermés, donnés, remis ou réſervés; & les mêmes priviléges, prérogatives, franchiſes & éxemtions dont jouïſſent les receveurs généraux, ſoit qu'ils réſident actuellement dans le lieu de l'établiſſement des bureaux des finances, ou dans quelqu'autre lieu de l'étenduë de la généralité.

Déclaration du Roi du 15 Mai 1692, par laquelle, ſur ce qu'il a été levé peu deſdits ofices de contrôleurs généraux des domaines, ſi ce n'eſt dans les généralités de *Paris*, *Amiens*, *Dijon*, *Montpellier*, *Bretagne & Dauphiné*, il eſt ordonné que leſdits ofices, autres que ceux qui étoient levés, demeureront unis & incorporés aux ofices de contrôleurs généraux des finances, pour jouïr deſdits ofices héréditairement; déclare pareillement héréditaires leſdits ofices de contrôleurs généraux des finances (qui avoient été créés caſuels); ſans qu'à l'avenir, ils puiſſent être déclarés vacans, faute de païement du prêt & annuel, dont S. M. les a éxemtés à compter du jour de leur quitance de la finance qu'ils feront tenus de païer.

Par édit du mois de Décembre 1701, il eſt *accordé aux contrôleurs généraux des domaines*, *deux ſols pour livre dans les caſuels*, y compris le ſol à eux attribué par l'édit de 1689; &, en outre, de nouvelles attributions ſur les droits d'*enſaiſinement*, & ſur ceux d'*amortiſſemens*, & de *franc-fiefs*.

Il a été créé des ofices de contrôleurs *Tome I.*

généraux des domaines & bois dans l'apanage de M. le duc d'Orléans, par édit du mois de Mai 1702.

Edit du mois de Mai 1717, qui ſuprime l'un des deux ofices de contrôleurs généraux des domaines, créés en la généralité de Paris, par l'édit de 1689, dont le feu ſieur Bonnelle étoit ci-devant pourvû; ordonne que le pourvu de l'autre ofice remplira ſeul les fonctions du contrôle, dans l'étenduë de ladite généralité; & réunit à ſon ofice les droits de contrôle attribués à l'autre, & le ſol pour livre des caſuels, au moïen d'une finance.

Edit du mois de Juin 1725, par l'art. 1er duquel les ofices de *contrôleurs généraux* des domaines & bois créés en 1689, ont été ſuprimés; & il a été ordonné que les titulaires & propriétaires feront liquider leur finance pour être rembourſés. Par l'article 3, il a été créé en chaque province & généralité, & érigé en titre d'ofices formés, trois conſeillers du Roi, *contrôleurs généraux*, anciens, alternatifs & triennaux des domaines & bois; leſquels triennaux demeureront réunis aux anciens & alternatifs, pour être poſſédés ſous le titre d'anciens-mitriennaux, & d'alternatifs-mitriennaux; & éxercés alternativement par année, aux mêmes fonctions, droits, priviléges & éxemtions, que par les précédens règlemens.

L'article 4 leur attribuë des gages au denier vingt-cinq de la finance. L'art. 11 porte que leſdits ofices pourront être poſſédés ſans incompatibilité avec tous autres ofices; que les acquéreurs en pourront être pourvus à l'âge de vingt-deux ans accomplis; & qu'ils pourront être poſſédés dans chaque généralité par une ſeule & même perſonne, avec faculté de les déſunir, vendre toutefois & quantes, & d'en diſpoſer en faveur de telles perſonnes que les acquéreurs aviſeront; & que les oficiers ſuprimés qui acquerront les ofices créés par le préſent édit, les éxerceront ſur leurs quitances

E e e e

Contrôleurs généraux des domaines.

de finance, fans être tenus de prendre de nouvelles provifions, ni de fe faire recevoir de nouveau.

Par l'article 1er de l'édit du mois de Décembre 1727, les receveurs & *contrôleurs généraux* des domaines & bois, ont été maintenus dans leurs ofices, ainfi qu'ils ont été créés par les édits de 1685, 1689, 1701 & autres, pour en jouïr, ainfi qu'ils en ont jouï ou dû jouïr en vertu defdits édits, nonobftant toutes chofes contraires; validant, en tant que befoin eft, tous les actes par eux faits depuis le 1er Janvier 1726, au moïen de ce qu'ils païeront un fuplément de finance. L'art. 13 les rétablit dans le droit d'hérédité attribué à leurs ofices par les édits de 1685, 1689, 1701 & autres; voulant, en conféquence, qu'eux & leurs fuccefleurs jouïffent à l'avenir defdits ofices héréditairement, fans païer aucune finance, de la même manière qu'ils en ont jouï, ou dû jouïr, avant la révocation portée par la déclaration du 9 Août 1722, à laquelle il eft dérogé à cet égard. Et l'art. 14 maintient lefdits receveurs & contrôleurs généraux dans toutes leurs fonctions, gages, chauffages, remifes, taxations, difpenfé de donner caution, de faire réfidence actuelle, éxemtion de toutes tailles, taillon, uftenfiles, logemens de gens de guerre; droits d'entrée, rangs & féance aux bureaux des finances & chambres qui connaifſent des domaines & autres droits.

L'arrét du confeil du 12 Octobre 1728, déclare l'ofice de contrôleur général alternatif des finances en la généralité de *Touloufe*, dont le fieur Falguieres jouïffoit, conjointement avec celui de contrôleur général des domaines, n'avoir vaqué, attendu l'union d'icelui faite par les déclarations des 15 Mai 1692, & 30 Juin 1693, à l'office de contrôleur général des domaines & bois, pour en jouïr en hérédité, au moïen de la finance païée. Ordonne que fon fils jouïra du bénéfice defdites déclarations;

enfemble ceux pourvus de pareils ofices unis dans les autres généralités du roïaume, & qui ont financé en éxécution d'icelles; lefquels demeureront pareillement confirmés & rétablis, en tant que befoin feroit, dans l'hérédité d'iceux, conformément à l'art. 13 de l'édit de 1727, comme fi lefdits ofices unis y avoient été nommément exprimés.

Les contrôleurs généraux des domaines jouïffent de leurs *attributions dans les cafuels*, nonobftant les priviléges accordés poftérieurement auxdites attributions. *Voïez* ci-devant *cafuels*, §. 3, p. 371, tout ce qui y eft raporté eft commun pour les contrôleurs généraux. Il y a même un arrêt du 17 Février 1739, particulièrement obtenu par un contrôleur général.

Au fujet de leurs *réceptions, entrée, rang & féance aux bureaux des finances*, voïez l'Edit du mois de Décembre 1689, portant qu'ils auront entréé & féance dans les bureaux des finances; même ceux de Paris, entrée, féance & parole dans les affaires qui concernent le Roi, dans la chambre du tréfor; comme aufli, dans les bureaux des commiſſaires du confeil qui connaiffent du fait des domaines; & dans les lieux où il n'y a point de bureaux des finances, ils auront entrée & féance aux fiéges qui connaiffent des domaines; l'édit du mois de Mars 1693, porte que les deux contrôleurs généraux des domaines de la généralité de Paris auront leur entrée, féance & parole en la chambre du domaine, dans les affaires qui concernent S. M. telle & ainfi qu'ils l'avoient en la chambre du tréfor, & conformément à l'édit de Décembre 1689; & l'art. 14 de l'édit du mois de Décembre 1727, les maintient nommément dans les droits d'entrée, rang & féance aux bureaux des finances.

Voïez encore l'arrét du confeil du 23 Août 1735, par lequel, fans s'arréter aux demandes & prétentions des oficiers du bureau des finances de Bordeaux, dont ils sont déboutés, il est ordonné que le sieur Misonnet sera installé en la manière accoûtumée, & qu'il aura *rang & séance* aux audiences dudit bureau; qu'il sera placé au-dessous & immédiatement après le procureur & l'avocat du Roi; & qu'il païera seulement la somme de 140 liv. 16 sols pour les droits de son installation; somme pareille à celle qu'il a païée pour les droits de sa réception audit ofice en la chambre des comptes de Paris. Ordonne en outre S. M. qu'à l'avenir les oficiers du bureau des finances de Bordeaux, ne pouront éxiger pour les droits d'installation de tous les oficiers qui seront installés en leur bureau, autres & plus grandes sommes que celles païées par lesdits oficiers en la chambre des comptes de Paris.

Lesdits contrôleurs généraux *peuvent commettre, pour les ensaisinemens.* Il est ordonné par l'arrêt du 19 Juillet 1723, aux commis des contrôleurs des domaines, bois & finances, de prendre des provisions & commissions au grand sceau, à peine de 1000 liv. d'amende, conformément à l'arrêt du 25 Septembre 1718, concernant les ofices de judicature, police, finance, ou domaniaux. Par celui du 16 Mai 1730, il est permis aux contrôleurs généraux des domaines d'établir en vertu de leurs procurations, enregistrées aux bureaux des finances ou chambres des domaines, des commis, dans les lieux éloignés du chef-lieu de la généralité, à l'éfet de contrôler les *ensaisinemens* & enregistremens ordonnés par l'art. 5 de l'édit du mois de Décembre 1727, tenir des registres & les déposer; en conséquence, il est ordonné que lesdits contrôleurs généraux seront tenus d'établir des commis dans tous les lieux où les receveurs généraux jugeront à propos d'en mettre, à peine de demeurer déchus des droits qui devroient leur apartenir; & en cas de négligence de leur part, il y sera commis par les oficiers du domai-

ne, & ceux qui seront ainsi commis, percevront à leur profit les droits de contrôle.

Les contrôleurs généraux des domaines & ceux des finances, ont vainement prétendu jouïr de l'éxemtion des droits de *franc-fiefs*, qui n'est point comprise dans les priviléges qui leur ont été accordés. Ils se sont fondés sur un édit de 1554, & deux déclarations de 1576, & 1624, qui avoient attribué aux receveurs généraux & aux contrôleurs généraux des finances, les priviléges des trésoriers de France; mais, la noblesse ni l'éxemtion du droit de franc-fiefs, n'y sont point exprimées; ce qui suffiroit pour les exclure de cette éxemtion, ainsi qu'il a été décidé au conseil le 7 Avril 1745, contre un intendant des surcies & levées, dont l'ofice étoit créé pour jouïr également des priviléges des trésoriers de France. D'ailleurs, il seroit nécessaire que, dans les édits de création des ofices subsistans desdits contrôleurs généraux, il fût nommément dit qu'ils jouïroient de la noblesse, ou du moins, de l'éxemtion du droit de franc-fiefs.

Arrêt du conseil du 10 Mai 1723, par lequel, faisant droit sur un renvoi au conseil porté par ordonnance de M. l'intendant de Montauban, le sieur Boyer d'Anglezard, contrôleur général alternatif des finances & domaines de la généralité d'Auch, a été condamné au païement du droit de franc-fiefs d'une terre par lui acquise en 1720.

Autre arrêt du conseil du 18 Mars 1732, qui confirme une ordonnance de M. l'intendant de Moulins; & en conséquence, condamne le sieur Garreau de Haute-Faye, contrôleur général des finances, domaines & bois de la généralité de Moulins, au païement du droit de franc-fiefs des biens nobles par lui possédés; cet arrêt a été rendu après avoir communiqué l'affaire à M. de Poilly, inspecteur général du domaine de la couronne, qui, par son dire, avoit conclu à la décharge du droit.

Décision du conseil du 21 Août 1737,

contre le sieur Charron , contrôleur général des finances de Bretagne , condamné
pareillement au païement du droit de franc-
fiefs.

Autre décision du 21 Mai 1749, contre
les contrôleurs généraux des finances , domaines & bois de la généralité de la Rochelle.

CONTROLEURS *des guerres* ; ces
ofices aïant été suprimés par édit du mois
de Mars 1667 , ont été créés de nouveau
en 1691 & 1694. Voïez *Commissaires*
des guerres.

Les contrôleurs , ainsi que les commissaires , ont diférentes fois prétendu l'éxemtion des droits de franc-fiefs ; mais , au
moïen de l'édit du mois d'Août 1715 ,
portant révocation & supression de la noblesse & des priviléges attribués à diférens
ofices , tant militaires , que de judicature ,
police & finance , ils ne pouvoient jouïr
de cette éxemtion.

Décision du conseil du 15 Novembre
1720 , qui condamne le sieur Pierre Ri-
bault , contrôleur ordinaire des guerres ,
au païement du droit de franc-fiefs.

Par arrêt du conseil du 17 Novembre
1721 , sans avoir égard à une ordonnance
de M. l'intendant de Lyon , le sieur Patis-
fier de la Fayette a été condamné au païement du droit de *franc-fiefs* d'une terre
par lui acquise en 1720 ; & par un autre arrêt du 15 Mars 1723 , il a été débouté de l'opofition par lui formée à
l'éxécution de celui de 1722. Il se fondoit
fur ce que la finance de son ofice , étoit de
dix mille livres ; mais , l'édit de 1691 ,
n'accorde point l'éxemtion du droit , & si
elle est exprimée dans celui de 1694 , c'est
au moïen d'une modique finance , qui , par
conséquent , met cette concession dans le
cas de la révocation ordonnée en 1715.

Décision du conseil du 9 Juillet 1730 ,
contre le sieur Gaudouard de la Touche ,
contrôleur ordinaire des guerres ; autre
du 21 Janvier 1731 , contre le sieur De-

dun , contrôleur ordinaire des guerres ,
pour l'une des quatre compagnies des gardes du corps ; autre décision du 25 Janvier 1732 , contre le sieur de Turmenyes ,
contrôleur ordinaire des guerres , au régiment des gardes-suisses & étrangères de
S. M. ; autre décision du 5 Mars 1739 ,
qui confirme une ordonnance de M. l'intendant de Paris , renduë contre le sieur
Loüis Lefévre de Wagicourt , contrôleur
ordinaire des guerres. Autre décision du
conseil du 19 Avril 1742 , contre le sieur
Labbé , contrôleur ordinaire des guerres ,
pour les quatre compagnies de la gendarmerie.

Il y a eû plusieurs autres décisions du
conseil , contre les contrôleurs des guerres , qui ont été condamnés au païement
du droit de franc-fiefs , toutes les fois
qu'ils ont soûtenu devoir en être éxemts ,
sur le fondement des priviléges attribués à
leurs ofices.

Mais , ils ont obtenu un arrêt du conseil
le 26 Mai 1757 , par lequel le Roi voulant
les traiter favorablement , a ordonné que
» les contrôleurs provinciaux & ordinai-
» res des guerres , & ceux à la suite de
» sa maison , seront & demeureront main-
» tenus & confirmés , & en tant que de
» befoin , *rétablis* dans l'éxemtion du
» droit *de franc-fiefs* , de gros , & au-
» tres éxemtions , priviléges , prérogati-
» ves , franchifes & immunités dont jouïf-
» sent les commensaux de la maison de
» S. M. & qui leur sont attribués par leurs
» édits de création : Fait défense S. M.
» au fermier de ses domaines , & à tous
» autres , de les y troubler , tant pour
» le passé que pour l'avenir , à peine de
» tous dépens , dommages & intérêts.
» *Entend néanmoins S. M. que pour rai-*
» *son de ladite confirmation , ils soient*
» *tenus de païer , chacun par forme de*
» *suplément de finance , entre les mains*
» du tréforier des revenus casuels , dans
» trois mois , à compter du jour de la

›› publication du préfent arrêt , *la fom-*
›› *me de trois mille livres , enfemble les*
›› *2 f. pour liv. & que faute par eux d'y*
›› *fatisfaire , ils foient & demeurent*
›› *déchus de tous lefdits priviléges &*
›› *éxemtions ;* fans que ladite peine puiffe
›› être réputée comminatoire ››.

Ainfi les contrôleurs des guerres , qui ,
en vertu de cet arrêt , ont païé le fuplément de finance , dans le délai y porté , fe
trouvent *rétablis* dans l'éxemtion du droit
de franc-fiefs , accordée en 1694 , & révoquée en 1715. La finance entière de
leurs ofices , eft bien moins confidérable
que celle des commiffaires des guerres ,
qui demeurent néanmoins affujétis au païement dudit droit de franc-fiefs.

COPROPRIÉTÉ *du Roi avec des fei-*
gneurs ou autres.

Si le Roi a portion dans une juftice ,
foit haute , moïenne ou baffe , elle doit
être entièrement éxercée par les oficiers
qui feront créés par S. M. & le profit de
la juftice , partagé entre les co-feigneurs ,
s'il n'y a titre , ou convention contraire
faite avec le Roi. Traité de Berthelot , ch.
15 , p. 56.

Par arrêt du confeil du 10 Novembre
1699 , il eft ordonné que les droits de
petit-fcel , ne feront point perçus dans les
jurifdictions des terres & feigneuries , qui
font en paréage entre le Roi & d'autres
feigneurs particuliers , fi lefdites jurifdictions font éxercées fous le nom defdits
particuliers ; mais que , fi elles font éxercées par les oficiers du Roi , ou fous le
nom de S. M. lefdits droits de fcel y feront
perçus , comme dans les autres jurifdictions roïales.

Les biens qui font poffédés en commun ,
par le Roi & par des particuliers , maifons ,
héritages , droits de péage , barrage ou
autres , doivent être affermés par les of-
ciers roïaux , à la charge de païer aux copropriétaires , à proportion du prix & de
ce qu'ils font fondés dans la chofe ; ainfi

jugé contre les religieux de Barbeaux , par
arrêt du 12 Mai 1562 , raporté par Berthelot , chap. 15. *Voïez* encore l'arrêt du
confeil du 28 Octobre 1744 , qui ordonne
que le bail de la totalité des droits de péage du travers du polet de Dieppe , fera
ajugé par M. l'intendant de Roüen , à la
charge par l'adjudicataire de païer le tiers
du prix de fon bail , au fieur Dubufq , co-
propriétaire , qui prétendoit régir fon
tiers , & qu'on ne pouvoit l'affermer.

COTE-MORTE , eft la fucceffion d'un
religieux , pourvû d'une cure ; il peut acquérir & difpofer ; mais , s'il décéde fans
avoir difpofé , fa fucceffion paffe à fon ordre , ou même aux pauvres & à la fabrique ,
comme il a été jugé par un arrêt rendu en
la grand'chambre du parlement de Paris ,
le 4 Février 1710 , pour la fucceffion
d'un prémontré , curé. *Voïez Pécule.*

Le droit de *centième denier* , eft inconteftablement dû des immeubles provenans
defdites fucceffions ; celui d'*amortiffement*
en eft également dû , fi ce n'eft feulement ,
lorfque les biens paffent aux pauvres ,
parce que ne les recevant que pour leur
fubfiftance , & par une efpèce de droit
héréditaire , fans aucune charge , ils doivent joüir de l'éxemtion du droit d'amortiffement , à eux accordée par les règlemens ; mais , les religieux & les fabriques
font foumis à ce droit , lorfqu'ils confervent les biens , à l'éfet de quoi , ils leur
faut des lettres patentes , depuis l'édit du
mois d'Août 1749.

Par une ordonnance du fubdélégué de
l'intendance de Roüen , du 30 Janvier
1744 , il fut jugé que M. l'évêque de Sif-
teron , abbé de Corneville , & fes religieux , ne devoient aucuns droits pour la
cote-morte du fieur Gallot , chanoine régulier de cette abbaïe , & curé de Colletot ;
mais , le fermier s'étant pourvû devant M.
l'intendant , il fut reçu opofant , par ordonnance du 22 Juin 1744 , & en conféquence , M. l'abbé & les religieux furent

condamnés au païement du droit de centiè-me denier des immeubles, même de celui d'amortiſſement de la portion échuë aux religieux ſeulement, parce que l'abbé avoit mis ſa portion dans le commerce, en la ven-dant, en vertu d'arrêt du conſeil.

Par déciſion du conſeil du 3 Avril 1745, il a été jugé que le droit de centiè-me denier eſt dû par l'hôpital des cent fil-les de la miſéricorde à Paris, pour les biens qui lui reviennent à titre d'hérédité, par la mort des filles dudit hôpital.

COUR *ſouveraine*, eſt une cour ſupé-rieure, qui, ſous l'autorité du Roi, con-noit ſouverainement & ſans apel, des dife-rends des particuliers; ſes jugemens ſont des arrêts qui ne peuvent être attaqués que par voie de tierce *opoſition*; de *requête civile*, ou de *caſſation*. Les cours ſouve-raines ſont les parlemens, le grand conſeil, les chambres des comptes, les cours des aides, & les cours des monnoies; M^{rs} les maitres des requêtes de l'hôtel, jugent auſſi, dans de certains cas, au ſouverain. *V.* encore ci-devant, *Conſeils ſupérieurs*.

L'adminiſtration de la juſtice, étant une des fonctions les plus importantes, c'eſt par cette raiſon que ceux qui ont été chargés de la rendre dans un dégré de ſu-périorité, ont toujours été regardés, com-me conſtitués dans un état noble, pour joüir des prérogatives de la nobleſſe per-ſonnelle, ainſi que l'atteſtent diférens au-teurs, entr'autres, Chopin, Loyſeau, Bacquet & le Bret.

Ainſi, les principaux oficiers des cours ſouveraines, en vertu des anciennes loix & mœurs du roïaume, & ſans le ſecours d'aucun édit, ont toujours joüi de la no-bleſſe perſonnelle, & même de la préroga-tive de la tranſmettre aux deſcendans, lorſ-que le père & l'aïeul ont été pourvûs de ces ofices.

Par édit du mois de Juillet 1644, don-né dans la minorité de Loüis XIV. les préſidens, conſeillers, avocats & procureur

généraux, le gréfier en chef, les quatre no-taires & ſecrétaires du *parlement de Paris*, alors pourvûs & qui le feroient ci-après, furent déclarés *nobles*, ainſi que leur poſtérité, pour joüir des mêmes droits, priviléges, franchiſes, immunités, rangs, ſéances & prééminences que les au-tres nobles de race, barons & gentilshom-mes du roïaume, & pour parvenir à tous honneurs, charges & dignités; pourvû que ceux deſdits oficiers, qui ne ſont iſſus de noble & ancienne race, aïent ſervi vingt ans, ou qu'ils décédent revêtus deſ-dites ofics. Il fut en outre ordonné par cet édit, que les mêmes oficiers du parle-ment de Paris, & leurs veuves demeuran-tes en viduité, feroient *exempts* des droits ſeigneuriaux, dûs au Roi. Voïez *Parle-ment*.

La nobleſſe au premier dégré, fut pa-reillement accordée en 1644 & 1645, aux autres compagnies ſupérieures de la ville de Paris; & à l'égard des oficiers des cours ſouveraines des provinces, la plûpart obtinrent également la nobleſſe au premier dégré.

Par déclaration du 6 Novembre 1657, Loüis XIV. en majorité, confirma ces di-férentes attributions.

Mais, par édit du mois de Juillet 1669, portant règlement ſur l'adminiſtration de la juſtice, & ſur les ofices de judicature, ces conceſſions furent révoquées, enſorte que les oficiers du parlement de Paris, & des autres cours ſouveraines, furent remis à la nobleſſe perſonnelle ou graduelle, comme auparavant; les longues guerres aïant en-ſuite obligé le Roi de recourir à des moïens extraordinaires, pour trouver les fonds néceſſaires, S. M. augmenta le nom-bre des oficiers des cours; &, pour leur donner quelque indemnité de cette aug-mentation, la nobleſſe au premier dégré, leur fut accordée de nouveau, avec l'éxemtion des droits ſeigneuriaux, en 1690, 1691 & 1704.

Par édit du mois d'Août 1715 , cette nobleſſe au premier dégré a encore été révoquée , à l'exception des oficiers du parlement, de la chambre des comptes, & de la cour des-aides de Paris , qui ont été nommément exceptés de cette révocation par l'art. 2 de l'édit de 1715. Quant aux autres compagnies , il eſt ordonné par l'article 4 , que les oficiers des cours & compagnies ſupérieures , & bureaux des finances , feront & demeureront maintenus & gardés dans la nobleſſe graduelle , & dans tous les autres honneurs , prérogatives & priviléges qui étoient attribués à leurs charges , & dont ils jouïſſoient aux termes des ordonnances , édits , déclarations & réglemens intervenus avant le 1ᵉʳ Janvier 1689.

Ainſi , les principaux oficiers deſdites cours ſouveraines de Paris , jouïſſent de la nobleſſe au premier dégré , & la tranſmettent pleinement à leurs deſcendans mâles & femelles , pourvû que ces oficiers aïent rempli & éxercé leurs ofices pendant 20 ans , ou qu'ils en ſoient morts revêtus.

Les principaux oficiers des autres cours & compagnies ſupérieures , jouïſſent de la nobleſſe graduelle ; c'eſt-à-dire , d'une nobleſſe perſonnelle , qui ſert de premier dégré à l'un de leurs enfans mâles , pour acquérir une nobleſſe parfaite & tranſmiſſible à ſes deſcendans , lorſque le père & le fils ont éxercé un ofice de cour ſouveraine pendant 20 ans , ou qu'ils en ſont morts revêtus.

A l'égard des oficiers qui , quoique créés en même-tems que les compagnies ſupérieures , & pour être de leur corps , ne prennent aucune part aux fonctions publiques , vraiment intéreſſantes pour l'état , ce ſeroit contrevenir aux intentions du ſouverain , que d'étendre à ces ſortes d'oficiers inférieurs , les prérogatives de la nobleſſe , tant que le Roi n'a pas jugé à propos de les leur attribuer d'une manière ſpéciale ; les expreſſions génériques , & la communication des mêmes & ſemblables priviléges , ne doivent s'entendre que des autres graces du Prince , de l'aplication deſquelles ces oficiers inférieurs ſont ſuſceptibles , comme de jouïr des mêmes gages , & autres émolumens de même qualité ; mais , par raport à la nobleſſe , il ne peut y avoir qu'une attribution expreſſe de ce privilége éminent en faveur de tels ou tels oficiers inférieurs , qui puiſſe les autoriſer à la réclamer ; & , faute de cette conceſſion préciſe & immédiate , le ſilence gardé à cet égard les laiſſe dans la claſſe des non nobles. *Voïez* le dire de M. Freteau , inſpecteur général du domaine de la couronne , inféré dans l'arrêt du conſeil du 9 Octobre 1759 , rendu contre les filles d'un païeur des gages du parlement de Paris.

Sous le titre de chacune des cours ſouveraines , il eſt parlé plus particulièrement de la nobleſſe & de l'éxemtion des droits ſeigneuriaux. Voïez *Chambre* des comptes ; *Conſeils* ſupérieurs ; *Cours* des aides ; *Cours* des monnoïes ; *Grand* conſeil ; *Parlemens* ; & même *Tréſoriers* de France.

COURS *des aides,* ſont des cours ſouveraines , pour juger & décider en dernier reſſort & toute ſouveraineté , les procès , tant civils que criminels , au ſujet des aides , gabelles , tailles , & autres matières de leur compétence.

Dès l'origine des impoſitions extraordinaires , connuës ſous les noms de ſubventions , tailles , aides , gabelles , ſubſides &c. nos Rois ſe ſervirent toujours de commiſſaires particuliers , pour régler & décider tout ce qui regardoit la levée de ces impoſitions ; ainſi , le pouvoir de ces commiſſaires émanoit directement du Prince , en qui réſide la plénitude de l'autorité.

Il en fut député pluſieurs en 1303 par Philippe le Bel , en diférentes provinces , pour lever un ſubſide à l'occaſion de la guerre de Flandre.

De ces commissaires, qui furent d'abord apellés généraux des aides, Charles V. forma une cour ambulatoire, sous le nom de cour des généraux, pour règler les diférends touchant les aides & les subsides ; laquelle cour ne fut fixée & arrêtée à Paris qu'en 1390, sous Charles VI.

La cour des aides de Paris a été long-tems la seule, & son ressort s'étendoit par conséquent dans tout le roïaume.

Il y a actuellement cinq cours des aides distinctes : la première & principale à Paris, & les autres à Montpellier, Bordeaux, Clermont-Ferrand & Montauban. Il y a encore d'autres cours des aides, qui sont unies, soit aux parlemens, soit aux chambres des comptes ; celles de Grenoble, Dijon, Rennes, Pau & Metz sont unies aux parlemens ; & celles de Rouen, Aix & Dole, sont unies aux chambres des comptes.

Voïez ce qui vient d'être observé, Verb. *Cour souveraine*, pour la noblesse des oficiers des compagnies supérieures, & par conséquent des cours des aides.

Par édit du mois de Mars 1691, il fut créé diférens ofices d'augmentation en la cour des aides de *Paris* ; & S. M. voulant traiter favorablement cette compagnie, ordonna que ceux des présidens, conseillers, avocats & procureur généraux, gréfier en chef, quatre notaires & secrétaires, & premier huissier de ladite cour, présentement pourvûs, & qui le seront ci-après, lesquels ne seront pas issus de race noble, ensemble leurs veuves, pendant leur viduité, & leurs enfans & descendans, nés & à naître en légitime mariage, tant mâles que femelles, soient *nobles*, S. M. les tenant pour tels ; & en conséquence, qu'ils jouïroient de tous les droits, priviléges, franchises, immunités, rangs, séances & prééminences dont jouïssent les autres nobles de race du roïaume ; pourvû que lesdits oficiers aïent servi 20 ans, ou qu'ils décédent revêtus de leurs ofices.

Ordonna, en outre, que lesdits oficiers & leurs veuves demeurantes en viduité, seroient *exemts* à l'avenir, tant en aliénant, acquérant, même par échange, qu'à toutes mutations, soit en ligne directe ou collatérale, de tous profits de fief, lods, mi-lods, ventes, rachats, reliefs, & généralement *de tous droits seigneuriaux & féodaux* qui pouroient être dûs à S. M. à cause des ventes & acquisitions qu'ils pouroient faire des maisons, terres, seigneuries, & autres héritages mouvans du domaine actuellement possédé par S. M. & qu'elle possédera à l'avenir en quelque manière que ce puisse être.

Les autres cours des aides ont aussi obtenu en 1704 la noblesse au premier dégré ; & même, quelques-unes d'entr'elles, l'éxemtion des droits seigneuriaux, dans les cas exprimés par le titre de leur concession.

Cette noblesse, au premier dégré, a été révoquée par l'édit du mois d'Août 1715, qui a maintenu les oficiers des cours & compagnies supérieures dans la noblesse graduelle ; mais ceux de la cour des aides de Paris ont été nommément exceptés par l'art. 2 de cet édit, qui les a par conséquent confirmés dans la noblesse au premier dégré. *Voïez* ci-dessus *Cour souveraine*; & à l'égard de l'éxemtion des droits seigneuriaux, voïez *Casuels*, §. 5.

COURS *des monnoies.* Par édit de Henri II, du mois de Janvier 1551, la chambre des monnoies séante à *Paris*, fut érigée en cour & jurisdiction souveraine & supérieure, pour y connaître & juger, par arrêt en dernier ressort & sans apel, de la fabrication des monnoies, des métaux, mines & alliages qui doivent y entrer ; du titre, du prix & du cours desdites monnoies ; de la police, du travail, des fonctions des oficiers, artisans & autres qui y sont emploïés ; de la fabrication & exposition des fausses monnoies, rognures des bonnes ; & de tous crimes sur

le

le même fait, tant en première inftance, que par apel, des gardes & prévôts des monnoies. Cet établiffement fut confirmé par édit de Loüis XIII du mois de Janvier 1635, qui leva les modifications que les parlemens avoient faites lors de l'enregiftrement de l'édit de 1551.

Par autre édit du mois de Juin 1704, Loüis XIV confidérant que la fituation de la ville de Lyon, voifine de Genêve, de la Suiffe, de l'Allemagne & de l'Italie, favorifoit le tranfport des efpèces, les fauffes réformations, le billonnage, & tous les autres abus qui peuvent fe commettre fur le fait des monnoies, créa & établit une nouvelle cour des monnoies en la ville de *Lyon*, à l'inftar de celle de Paris, pour les provinces, généralités & départemens de Lyon, Dauphiné, Provence, Auvergne, Touloufe, Montpellier, Montauban & Bayonne; &, par un autre édit du mois d'Octobre 1705, les provinces & païs de Breffe, Bugey, Valromey & Gex, y furent ajoûtées, & le tout diftrait du reffort de la cour des monnoies de Paris.

Il n'y a dans le Roïaume que ces deux cours des monnoies, proprement dites cours des monnoies; mais, les parlemens de Metz & de Pau, & la chambre des comptes de Dole, connaiffent fouverainement du fait des monnoies dans leur reffort.

Par l'édit du mois de Juin 1704, portant établiffement de la cour des monnoies de *Lyon*, la *nobleffe* au premier dégré fut attribuée aux préfidens, confeillers, avocats & procureur généraux de cette cour; mais, ils font réduits à la nobleffe graduelle par l'édit du mois d'Août 1715.

Par autre édit du mois de Mars 1719, Loüis XV a attribué la nobleffe au premier dégré aux principaux oficiers de la cour des monnoies de *Paris*; cet édit porte que le premier préfident, les préfidens, confeillers, avocats & procureur généraux de la cour des monnoies de Paris, actuellement pourvûs, & qui le feront par

la fuite; enfemble leurs veuves pendant leur viduité, & leurs enfans nés & à naitre en légitime mariage, tant mâles que femelles, feront nobles, tenus & réputés pour tels; voulant auffi S. M. qu'ils jouïffent de tous les droits, priviléges, franchifes, immunités, rangs, féances & prééminences dont jouïffent les autres nobles de race du roïaume, pourvû que lefdits oficiers aïent fervi vingt ans, ou qu'ils décédent revêtus defdits ofices.

CRÉATION *de penfion fur un bénéfice,* réduction & extinction de penfion créée & à créer en cour de Rome, font des actes eccléfiaftiques, dont les droits de contrôle font fixés à 5 liv. par la première fection de l'art. 1er du tarif du 19 Septembre 1722.

CRECY *en Brie*, petite ville du diocèfe de Meaux. La ville, château & châtellenie de Crecy en Brie, & de Crevecœur & dépendances, furent cédés en 1289, en échange à Philippe le Bel & à Jeanne, comteffe de Champagne & de Brie, fon époufe, par Gaucher de Châtillon V du nom, qui reçut en contr'échange le comté de Portian & autres terres. *Voïez* Dupuy, traité des droits du Roi, p. 501.

Lettres patentes du 3 Octobre 1721, qui réuniffent au domaine, la feigneurie de Crecy en Brie, domaines & bois en dépendans, engagés en 1640, aux auteurs de M. le duc de Coiflin, évêque de Metz.

Ce domaine a été engagé de nouveau, le 19 Mars 1722, au fieur Menage, fecrétaire du Roi, à l'exception des bois qui ont été réfervés à S. M.

Par arrêt du confeil du 22 Mai 1745, il a été jugé que M. Moriceau, confeiller au parlement de Paris, qui, en 1736, avoit acquis une terre mouvante du domaine de Crecy, ne devoit à l'engagifte aucuns droits pour cette acquifition; attendu que Crecy n'eft pas aliéné à titre de revente; mais, par un nouvel engagement, après être rentré dans la main de S. M.; & que le privilége des oficiers du parlement de Paris, accordé en 1690, eſt antérieur à ce nouvel engagement. Voïez *Caſuels*, §. 5, n. 3, 4 & 5.

CURATEUR ; on donne des curateurs aux mineurs émancipés, pour les aſſiſter en jugement, & pour les autoriſer dans les aliénations néceſſaires.

On en donne aux prodigues, à ceux qui ſont en démence, & aux furieux, incapables d'adminiſtrer leurs biens.

On en nomme auſſi aux ſucceſſions vacantes, aux ſubſtitutions, & aux biens déguerpis, ou abandonnés.

Toutes ces nominations de curateur doivent être inſinuées ; ſavoir, celles des perſonnes, au lieu de leur domicile ; & celles aux biens, à leur ſituation. Art. 7 & 16 de l'édit du mois de Décembre 1703, article 7 de la déclaration du 19 Juillet 1704, & art. 15 du tarif du 29 Septembre 1722, portant que » pour chacune nomination de
» curateur aux ſucceſſions vacantes, à ſub-
» ſtitutions, aux interdits, aux mineurs
» & autres, ſoit par actes judiciaires ou
» volontaires, pour quelque cauſe que ce
» ſoit, les droits d'*inſinuation* en ſeront
» païés, pour chaque ſucceſſion, & pour
» chacun des interdits, mineurs & autres
» compris dans un même acte ou ſentence,
» par raport à la qualité de la perſonne de
» la ſucceſſion de laquelle il s'agit ».

Curateurs aux mineurs.

Il eſt dû un droit d'inſinuation par chacun des mineurs compris dans l'acte de nomination de curateur, ſur le pié réglé par l'art. 15 du tarif, qui l'explique poſitivement. Déciſion du 28 Février 1733.

Ces droits doivent être avancés par les parens, & pris par préférence ſur les meubles. Lettre de M. le contrôleur général à M. le procureur général du parlement de Dijon du 22 Décembre 1721.

Les droits d'inſinuation ſont dûs pour la nomination de curateur, indépendamment

de ceux réglés par l'art. 14 du tarif pour les lettres de bénéfice d'âge. *Voïez les* Arrêts du conſeil des 18 Août 1716, 13 Mai 1721, 5 Avril 1723, & 7 Mai 1746, raportés, verb. *Bénéfice d'âge* ; & déciſions des 1ᵉʳ Août 1734, 3 & 19 Août 1737.

Ces droits doivent être réglés ſuivant la qualité du père : c'eſt la diſpoſition préciſe du tarif ; & c'eſt ce qui a été jugé par déciſion du conſeil du 26 Août 1741.

Par arrêt du conſeil du 31 Juillet 1742, le ſindic de la communauté des procureurs au bailliage de Grezivaudan, a été débouté de ſa demande, tendante à faire diſpenſer de l'inſinuation, les nominations de curateurs que les juges donnent d'office aux mineurs dans les procès qu'ils ont devant eux, & celles aux diſcuſſions bénéficiaires; en conſéquence, il a été fait défenſes aux gréfiers deſdites jurſdictions & autres de la province de Dauphiné, de délivrer à l'avenir aucune ſentence ou acte de nomination de curateur aux mineurs *pour quelque cauſe que ce ſoit*, ſans les avoir préalablement fait inſinuer & avoir païé les droits, à peine de nullité & de 300 liv. d'amende contre les contrevenans, ſans préjudice des droits qui peuvent être dûs, & des amendes encouruës.

En Normandie, on ſe ſert du terme de conducteur, qui eſt ſinonime avec celui de curateur; comme ils ont les mêmes fonctions, les mêmes règles ſont aplicables à leurs nominations. Routier, dans ſes principes du droit Normand, n. 43 & 44, ſe ſert du terme de curateurs.

La nomination faite, par l'acte de tutelle, d'un curateur, pour aſſiſter à l'inventaire, que l'on nomme à Paris *tuteur ſubrogé*, n'eſt point ſujéte à l'inſinuation ; il n'y a que les nominations de curateur, faites lorſqu'il n'y a plus de tuteur, & que les mineurs ſont émancipés, qui y ſoient ſujétes. Déciſions du conſeil des 6 Juillet 1724, & 2 Juin 1726.

Curateurs aux prodigues , furieux & gens en démence &c.

Ces nominations de curateur doivent être infinuées, & les droits païés fuivant la qualité de celui qui eft mis en curatelle , fur le pié réglé par l'art. 15 du tarif, indépendamment de ceux fixés par l'art. 8 , pour l'interdiction , quand même les deux difpofitions feroient par le même acte ; parce que l'interdiction regarde la perfonne de l'interdit , & que la nomination, qui regarde le curateur , doit être renduë notoire par l'infinuation , fuivant l'édit de 1703. Décifion du confeil du 6 Septembre 1738 , contre Henry Revin , nommé curateur de Jeanne Coffette par l'acte d'interdiction.

Il y a une décifion du 1er Décembre 1736, contre le fermier de Tours , qui juge qu'il n'eft pas dû d'infinuation pour une fentence qui nomme une femme curatrice de la perfonne & des biens de fon mari incapable d'agir , attendu que l'interdiction n'étoit pas prononcée ; mais, cette décifion ne paroit pas jufte, parce qu'une pareille curatelle doit être renduë notoire, pour valider les engagemens de la femme.

Décifion du 19 Juillet 1753 , qui condamne la dame Robiquet, nommée par fentence du châtelet de Paris, curatrice de la perfonne & des biens du fieur Daigremont fon mari , au lieu & place de Nicolas Daigremont deftitué, au païement du droit d'infinuation de ladite fentence ; & prononce les amendes encouruës, tant par elle , que par un huiffier & un procureur au parlement , pour s'être fervi de ladite fentence , & l'avoir fait fignifier avant qu'elle fût infinuée.

Curateurs à fucceffions vacantes , à fubftitutions, & aux biens déguerpis ou abandonnés.

Pour les nominations de curateur à fuc-
ceffions vacantes , il eft dû autant de droits fur le pié de l'art. 15 du tarif, qu'il y a de fucceffions, & fuivant la qualité du défunt. Il en eft de même pour les nominations de curateurs à fubftitutions.

Le droit d'infinuation de la nomination de curateur aux biens déguerpis eft dû fuivant la qualité de celui qui a déguerpi & abandonné lefdits biens.

Quoique cette dernière nomination ne foit pas pofitivement exprimée dans le tarif, elle ne doit pas moins être renduë publique & infinuée.

Le curateur aux biens vacans tient lieu de vaffal ; c'eft un vaffal provifionnel, qui doit païer le centième denier defdits biens , fi la fucceffion vacante eft ouverte en ligne collatérale ; mais, fi elle eft ouverte en ligne directe, quoique les enfans y aïent renoncé, il n'eft point dû de centième denier , tant que les biens reftent vacans. *Voïez* ci-après *Succeffions vacantes.*

CURÉS & *autres eccléfiaftiques ;* il leur eft défendu par l'art. 4 de la déclaration du 20 Mars 1708 , de recevoir aucuns actes de quelque nature qu'ils foient , finon les teftamens en la manière ordinaire , à peine de 200 liv. d'amende.

Ils ne peuvent écrire aucuns actes fousfignatures privées, pour autrui, ni en figner aucuns, comme témoins. *Voïez* les règlemens cités, verb. *Actes fous-fignature privée,* §. 15 & 16.

Voïez encore les arrêts des 2 Juillet 1693 , 13 Septembre, 13 Décembre 1695, 23 Octobre 1696. Déclaration du 20 Mars 1708 , art. 4 ; arrêts des 19 Avril 1720 , & 27 Octobre 1739.

L'article 25 de l'ordonnance du mois d'Août 1735 , concernant les teftamens , porte que les curés féculiers & réguliers pourront recevoir des teftamens ou autres difpofitions, à caufe de mort, dans l'étenduë de leurs paroiffes ; & ce , feulement dans les lieux où les coûtumes ou ftatuts les y autorifent expreffément , & en y apel-

Curés &c. lant avec eux deux témoins. Ce qui fera pareillement permis aux prêtres féculiers prépofés par l'évêque à la defferte des cures, pendant qu'ils les defferviront, fans que les vicaires ni aucunes autres perfonnes eccléfiaftiques, puiffent recevoir des teftamens ou autres dernières difpofitions. N'entend S. M. rien innover aux règlemens & ufages obfervés dans quelques hôpitaux, par raport à ceux qui peuvent y recevoir des teftamens.

Et l'art. 26 de la même ordonnance, porte que le curé ou le deffervant feront tenus, incontinent après la mort du teftateur, s'ils ne l'ont fait auparavant, de dépofer le teftament ou autre dernière difpofition qu'ils auront reçu, chez le notaire ou tabellion du lieu; &, s'il n'y en a point, chez le plus prochain notaire roïal dans l'étenduë du bailliage ou fénéchauffée dans laquelle la paroiffe eft située, fans que lefdits curé ou deffervant puiffent en délivrer aucunes expéditions, à peine de nullité defdites expéditions, & des dommages & intérêts des notaires ou tabellions, &

des parties qui pouroient en prétendre.

Les certificats des curés d'avoir fait les *publications de tranflations de domicile,* ne font pas fujets au contrôle, fuivant une décifion du confeil du 26 Mai 1724, renduë du confentement du fermier. Mais, cette décifion ne paroît pas jufte, parce que ces publications ne font pas du miniftère des curés, qui ne font obligés de publier au prône aucuns actes de juftice, concernant les particuliers, fuivant l'art. 32 de l'édit du mois d'Avril 1695, qui décide que les publications à l'iffuë de la meffe paroiffiale, avec affiche à la porte, produifent le même éfet. Or, n'y aïant pas de néceffité que ces publications foient faites au prône par les curés, il n'y a aucun motif d'éxemtion du droit de contrôle de celles qu'ils font; c'eft même de leur part une entreprife fur les fonctions des huiffiers & fergens. *Voïez* ci-après *Publications.*

Les curés font tenus de communiquer aux emploïés de la ferme les regiftres de fépulture. *Voïez* ci-après *Regiftres.*

Fin du premier volume.

TABLE
De ce qui est contenu dans ce premier Volume.

A

Tome I. * a

C.

Tome I.　　　　　　　　　　　　　　　* b

Fin de la Table des Matières.